VADE MECUM de Legislação PGE-AL

Caio Vinicius Sousa e Souza
Alan de Oliveira Dantas Cruz
Eloise Moreira Campos Monteiro Barreto

VADE MECUM de Legislação PGE-AL

2021

EDITORA *Jus*PODIVM
www.editorajuspodivm.com.br

EDITORA
*Jus*PODIVM
www.editorajuspodivm.com.br

Rua Canuto Saraiva, 131 – Mooca – CEP: 03113-010 – São Paulo – São Paulo
Tel: (11) 3582.5757
• Contato: https://www.editorajuspodivm.com.br/sac

Copyright: Edições *Jus*PODIVM

Diagramação: SBNigri Artes e Textos Ltda. *(sbnigri@centroin.com.br)*

Capa: Ana Caquetti

V123

Vade Mecum de Legislação – PGE-AL / Organizadores: Caio Vinicius Sousa e Souza, Alan de Oliveira Dantas Cruz e Eloise Moreira Campos Monteiro Barreto – São Paulo: Editora JusPodivm, 2021.
992 p.

Bibliografia.
ISBN 978-85-442-3414-3

1. Provas de seleção. 2. Concursos. I. Souza, Caio Vinicius Sousa e. II. Cruz, Alan de Oliveira Dantas. III. Barreto, Eloise Moreira Campos Monteiro. IV. Título.

CDD 341.33312

ÍNDICE CRONOLÓGICO

ÍNDICE ALFABÉTICO-REMISSIVO GERAL 9

DIREITO CONSTITUCIONAL 17

CONSTITUIÇÃO DO ESTADO DE ALAGOAS 19
(atualizada até a Emenda Constitucional nº 48, de 2020)

ATO DAS DISPOSIÇÕES CONSTITUCIONAIS TRANSITÓRIAS 123

DIREITO ADMINISTRATIVO 135

LEI COMPLEMENTAR ESTADUAL Nº 7, DE 18 DE JULHO DE 1991 137
- Institui a Lei Orgânica da Advocacia Geral do Estado de Alagoas.

LEI ESTADUAL Nº 5.247, DE 26 DE JULHO DE 1991 175
- Institui o regime jurídico único dos servidores públicos civis do Estado de Alagoas, das Autarquias e das Fundações Públicas Estaduais.

LEI FEDERAL Nº 9.491, DE 9 DE SETEMBRO DE 1997 219
- Altera procedimentos relativos ao Programa Nacional de Desestatização.

DECRETO FEDERAL Nº 2.594, DE 15 DE MAIO DE 1998 235
- Regulamenta a Lei nº 9.491, de 9 de setembro de 1997, que dispõe sobre o Programa Nacional de Desestatização.

LEI ESTADUAL Nº 6.161, DE 26 DE JUNHO DE 2000 261
- Regula o processo administrativo no âmbito da Administração Pública Estadual.

DECRETO FEDERAL Nº 6.017, DE 17 DE JANEIRO DE 2007 277

- Regulamenta a Lei nº 11.107, de 6 de abril de 2005, que dispõe sobre normas gerais de contratação de consórcios públicos.

DECRETO FEDERAL Nº 7.892, DE 23 DE JANEIRO DE 2013 297

- Regulamenta o Sistema de Registro de Preços previsto no art. 15 da Lei nº 8.666, de 21 de junho de 1993.

LEI FEDERAL Nº 14.133, DE 1º DE ABRIL DE 2021 311

- Lei de Licitações e Contratos Administrativos.

LEI FEDERAL Nº 14.182, DE 12 DE JULHO DE 2021 423

- Dispõe sobre a desestatização da empresa Centrais Elétricas Brasileiras S.A. (Eletrobras).

DIREITO TRIBUTÁRIO 445

LEI ESTADUAL Nº 5.900, DE 27 DE DEZEMBRO DE 1996 447

- Dispõe sobre o imposto sobre operações relativas à circulação de mercadorias e sobre prestação de serviços de transporte interestadual, intermunicipal e de comunicação - ICMS, nos termos da Lei Complementar nº 87, de 13 de setembro de 1996.

LEI ESTADUAL Nº 6.555, DE 30 DE DEZEMBRO DE 2004 535

- Dispõe sobre o tratamento tributário relativo ao Imposto sobre a Propriedade de Veículos Automotores - IPVA.

LEI ESTADUAL Nº 6.771, DE 16 DE NOVEMBRO DE 2006 567

- Dispõe sobre o Processo Administrativo Tributário - PAT.

DECRETO ESTADUAL Nº 10.306, DE 24 DE FEVEREIRO DE 2011 613

- Aprova o regulamento do Imposto sobre Transmissão Causa Mortis e Doação de quaisquer Bens ou Direitos - ITCD, de que tratam os arts. 162 a 183 da Lei nº 5.077, de 12 de junho de 1989.

LEI COMPLEMENTAR FEDERAL Nº 160, DE 7 DE AGOSTO DE 2017 631

- Dispõe sobre convênio que permite aos Estados e ao Distrito Federal deliberar sobre a remissão dos créditos tributários, constituídos ou não, decorrentes das isenções, dos incentivos e dos benefícios fiscais ou financeiro-fiscais instituídos em desacordo com o disposto na alínea "g" do inciso XII do § 2º do art. 155 da Constituição Federal e a reinstituição das respectivas isenções, incentivos e benefícios fiscais ou financeiro-fiscais; e altera a Lei nº 12.973, de 13 de maio de 2014.

DIREITO AMBIENTAL 637

DECRETO FEDERAL Nº 99.274, DE 6 DE JUNHO DE 1990 639

- Regulamenta a Lei nº 6.902, de 27 de abril de 1981, e a Lei nº 6.938, de 31 de agosto de 1981, que dispõem, respectivamente sobre a criação de Estações Ecológicas e Áreas de Proteção Ambiental e sobre a Política Nacional do Meio Ambiente.

RESOLUÇÃO CONAMA Nº 1, DE 23 DE JANEIRO DE 1986 657
- Dispõe sobre critérios básicos e diretrizes gerais para a avaliação de impacto ambiental.

RESOLUÇÃO CONAMA Nº 237, DE 19 DE DEZEMBRO DE 1997 663
- Dispõe sobre conceitos, sujeição, e procedimento para obtenção de Licenciamento Ambiental.

RESOLUÇÃO CONAMA Nº 302, DE 20 DE MARÇO DE 2002 677
- Dispõe sobre os parâmetros, definições e limites de Áreas de Preservação Permanente de reservatórios artificiais e o regime de uso do entorno.

RESOLUÇÃO CONAMA Nº 303, DE 20 DE MARÇO DE 2002 681
- Dispõe sobre parâmetros, definições e limites de Áreas de Preservação Permanente.

RESOLUÇÃO CONAMA Nº 378, DE 19 DE OUTUBRO DE 2006 687
- Define os empreendimentos potencialmente causadores de impacto ambiental nacional ou regional para fins do disposto no inciso III, § 1º, art. 19 da Lei nº 4.771, de 15 de setembro de 1965.

DIREITO PREVIDENCIÁRIO 697

LEI FEDERAL Nº 9.717, DE 27 DE NOVEMBRO DE 1998 699
- Dispõe sobre regras gerais para a organização e o funcionamento dos regimes próprios de previdência social dos servidores públicos da União, dos Estados, do Distrito Federal e dos Municípios, dos militares dos Estados e do Distrito Federal.

DECRETO FEDERAL Nº 3.048, DE 6 DE MAIO DE 1999 707
- Aprova o Regulamento da Previdência Social.

LEI COMPLEMENTAR ESTADUAL Nº 52, DE 30 DE DEZEMBRO DE 2019 947
- Reorganiza o Regime Próprio de Previdência Social dos Servidores Públicos do Estado de Alagoas - RPPS/AL, atende dispositivos da Emenda Constitucional Federal nº 103, de 12 de novembro 2019, estabelece o Índice de Atualização Monetária de Débitos Previdenciários.

DIREITO CIVIL E EMPRESARIAL 973

LEI COMPLEMENTAR FEDERAL Nº 182, DE 1º DE JUNHO DE 2021 975
- Institui o marco legal das startups e do empreendedorismo inovador; e altera a Lei nº 6.404, de 15 de dezembro de 1976, e a Lei Complementar nº 123, de 14 de dezembro de 2006.

ÍNDICE ALFABÉTICO-REMISSIVO GERAL

A

AÇÃO DISCIPLINAR - Arts. 145 ao 149, Lei Estadual 5.247/91

ACORDOS

- *Créditos tributários - art. 269, CE*
- *Previdência Social - arts. 311 a 317, Decreto 3.048/99*

ADMINISTRAÇÃO PÚBLICA ESTADUAL - arts. 42 a 67, CE

ADVOCACIA - art. 161, CE

ADVOCACIA-GERAL DO ESTADO - arts. 151 a 158, CE e Lei Orgânica - LC 7/91

ÁGUAS

- *Bens do Estado - art. 8º, I, CE*
- *Recursos Hídricos - arts. 222 ao 228, CE*
- *Outorda de Recursos Hídricos - Resolução CNRH Nº 16/2001*

APOSENTADORIA DO SERVIDOR PÚBLICO

- *Modalidades - Art. 57, CE*
- *Regime Próprio de Alagoas - LCE 52/2019*

ÁREAS DE PRESERVAÇÃO PERMANENTE

- *Limites para Áreas de Preservação Permanente de reservatórios artificiais e o regime de uso do entorno - Resolução CONAMA 302/2002*
- *Limites para Áreas de Preservação Permanente - Resolução CONAMA 303/2002*

ASSEMBLEIA LEGISLATIVA - arts. 68 ao 83, CE

ASSISTÊNCIA SOCIAL - arts. 190 a 192, CE

ATRIBUIÇÕES DO GOVERNADOR DO ESTADO - arts. 107 e 108, CE

ATRIBUIÇÕES DO PODER LEGISLATIVO - arts. 79 a 82, CE

ADICIONAL

» *por Tempo de Serviço - art. 76, II, LCE 7/91 e art. 72, Lei 5.247/91*

» *de Insalubridade, Periculosidade ou Atividades Penosas - art. 73 ao 77, Lei 5.247/91*

» *por Serviço Extraordinário - art. 78, Lei 5.247/91*

» *Noturno - art. 79, Lei 5.247/91*

» *de Férias - art. 80, Lei 5.247/91*

C

CÂMARA MUNICIPAL - arts. 17 ao 24, CE

CÂMARA DE PREVENÇÃO E RESOLUÇÃO ADMINISTRATIVA DE CONFLITOS - arts. 25-F a 25-U, LC Estadual 7/91

CIÊNCIA E TECNOLOGIA - arts. 215 e 216, CE

COMISSÕES LEGISLATIVAS - art. 83, CE

COMPETÊNCIA

» *Conselho do Estado - art. 116*

» *Conselho Nacional de Desestatização - art. 6º, Lei 9.491/97*

» *Município - art. 12, CE*

» *Procurador-Geral do Estado - art. 11, LCE 7/91*

» *Secretários de Estado - art. 114, CE*

» *Tribunal de Justiça - art. 133*

» *Vice-Governador - art. 108, CE*

COMUNIÇÃO SOCIAL - arts. 211 e 212, CE

CONSÓRCIOS PÚBLICOS

» *Alteração e da extinção dos contratos - art. 29, Decreto Federal 6.017/2007*

» *Cláusulas necessárias - art. 33, Decreto Federal 6.017/2007*

» *Concessão, permissão ou autorização de serviços públicos ou de uso de bens públicos - art. 20 e 21, Decreto Federal 6.017/2007*

» *Contratação - art. 6º, Decreto Federal 6.017/2007*

» *Contratação do consórcio por ente consorciado - art. 18, Decreto Federal 6.017/2007*

» *Contrato de programa - art. 30 e 31, Decreto Federal 6.017/2007*

» *Contrato de rateio - art. 13 ao 17, Decreto Federal 6.017/2007*

» *Dispensa de licitação - art. 32, Decreto Federal 6.017/2007*

» *Estatutos - art. 8º, Decreto Federal 6.017/2007*

» *Licitações compartilhadas - art. 19, Decreto Federal 6.017/2007*

» *Normas aplicáveis à União - art. 36 ao 39, Decreto Federal 6.017/2007*

» *Objetivos - art. 3º, Decreto Federal 6.017/2007*

» *Objeto e definições - art. 1º e 2º, Decreto Federal 6.017/2007*

» *Personalidade jurídica - art. 7º, Decreto Federal 6.017/2007*

» *Protocolo de intenções - art. 4º e 5º, Decreto Federal 6.017/2007*

» *Regime contábil e financeiro - art. 11 e 12, Decreto Federal 6.017/2007*

» *Regulamentação - Decreto Federal 6.017/2007*

» *Retirada e da exclusão de ente consorciado - art. 24 a 28, Decreto Federal 6.017/2007*

» *Servidores - art. 22 e 23, Decreto Federal 6.017/2007*

» *Vigência e extinção - art. 34 e 35, Decreto Federal 6.017/2007*

CONAMA - Conselho Nacional do Meio Ambiente
- » *Avaliação de impacto ambiental - critérios básicos e diretrizes gerais para a avaliação - Resolução CONAMA 1/1986*
- » *Câmaras técnicas do CONAMA- art. 8º e 9º*
- » *Competência do CONAMA - art. 7º*
- » *Constituição e funcionamento do CONAMA - art. 4º ao 6º*
- » *Definição de empreendimentos potencialmente causadores de impacto ambiental - Resolução CONAMA 378, de 19/10/2006*

CONTRATOS ADMINISTRATIVOS
- » *Alocação de riscos - art. 103, Lei Federal 14.133/2021*
- » *Alteração dos contratos e dos preços - art. 124 ao 136, Lei Federal 14.133/2021*
- » *Controle das contratações - art. 169 ao 173, Lei Federal 14.133/2021*
- » *Duração dos contratos - art. 105 ao 114, Lei Federal 14.133/2021*
- » *Execução dos contratos - art. 115 ao 123, Lei Federal 14.133/2021*
- » *Formalização dos contratos - art. 89 ao 95, Lei Federal 14.133/2021*
- » *Garantias - art. 96 ao 102, Lei Federal 14.133/2021*
- » *Hipóteses de extinção dos contratos - art. 137 ao 139, Lei Federal 14.133/2021*
- » *Impugnações - art. 164 ao 168, Lei Federal 14.133/2021*
- » *Infrações - art. 155 ao 163, Lei Federal 14.133/2021*
- » *Meios alternativos de resolução de controvérsias- art. 151 ao 154, Lei Federal 14.133/2021*
- » *Nulidade dos contratos- art. 147 ao 150, Lei Federal 14.133/2021*
- » *Pagamentos - art. 141 ao 146, Lei Federal 14.133/2021*
- » *Pedidos de esclarecimento - art. 164 ao 168, Lei Federal 14.133/2021*
- » *Portal Nacional De Contratações Públicas (PNCP) - art. 174 ao 176, Lei Federal 14.133/2021*
- » *Prerrogativas da administração - art. 104, Lei Federal 14.133/2021*
- » *Recebimento do objeto do contrato- art. 140, Lei Federal 14.133/2021*
- » *Recursos - art. 164 ao 168, Lei Federal 14.133/2021*
- » *Sanções administrativas - art. 155 ao 163, Lei Federal 14.133/2021*

CONTROLE INTERNO - art. 100, CE

CRIANÇA - arts. 229 a 232, CE

CULTURA - arts. 205 a 210, CE

D

DEFENSORIA PÚBLICA - arts. 159 e 160, CE

DEPUTADOS - arts. 74 a 78, CE

DESESTATIZAÇÃO
- » *Empresa Centrais Elétricas Brasileiras S.A. (Eletrobras) - Lei Federal 14.182/21*
- » *Programa Nacional de Desestatização - Lei Federal 9.491/97*
- » *Regulamento - Decreto Federal 2.594/98*

DESPORTO - arts. 213 e 214, CE

E

EDUCAÇÃO - arts. 198 a 204, CE

EMENDAS À CONSTITUIÇÃO ESTADUAL - art. 85, CE

EXECUTIVO - arts. 101 ao 120, CE

F

FAMÍLIA - art. 229 a 232, CE

FAZENDA PÚBLICA ESTADUAL
» *Ação regressiva - art. 124, §2º, Lei Estadual 5.247/91*

FISCALIZAÇÃO CONTÁBIL, FINANCEIRA E ORÇAMENTÁRIA - arts. 93 e 94, CE

FISCALIZAÇÃO FINANCEIRA E ORÇAMENTÁRIA DOS MUNICÍPIOS - arts. 34 a 36, CE

G

GOVERNADOR E VICE-GOVERNADOR DO ESTADO - arts. 101 a 106, CE

I

IDOSO - arts. 229 a 232, CE

IMPOSTOS ESTADUAIS - art. 168, CE
» *Imposto sobre transmissão causa mortis e doação - ITCD - Decreto Estadual 10.306/11*
» *Imposto sobre circulação de mercadorias e serviços de transporte interestadual, intermunicipal e de comunicação - ICMS - Lei Estadual 5.900/96*
» *Imposto sobre a Propriedade de Veículos Automotores - IPVA - Lei Estadual 6.555/04*

IMPOSTOS MUNICIPAIS - art. 169, CE

ÍNDIOS - art. 233, CE

INTERVENÇÃO - arts. 37 a 40, CE

J

JUDICIÁRIO - arts. 121 a 141, CE

JUÍZES DE DIREITO - arts. 136 a 141, CE

L

LEIS ESTADUAIS - arts. 86 a 92, CE

LICENCIAMENTO AMBIENTAL
» *Conceitos, sujeição e procedimentos - Resolução CONAMA 237/97.*

LICITAÇÕES
» *Agentes públicos - art. 7º ao 10, lei federal 14.133/2021*
» *Alienações - art. 76 e 77, lei federal 14.133/2021*
» *Apresentação de propostas e lances - art. 55 ao 58, lei federal 14.133/2021*
» *Compras - art. 40 ao 44, lei federal 14.133/2021*
» *Contratação direta, lei federal 14.133/2021*
» *Credenciamento - art. 79, lei federal 14.133/2021*
» *Critérios de julgamento - art. 33 ao 39, lei federal 14.133/2021*
» *Definições - art. 6º, lei federal 14.133/2021*
» *Dispensa de licitação - art. 75, lei federal 14.133/2021*
» *Dispensa de licitação nos consórcios públicos - art. 32, decreto federal 6.017/2007*
» *Divulgação do edital de licitação - art. 53 e 54, lei federal 14.133/2021*
» *Encerramento da licitação - art. 71, lei federal 14.133/2021*
» *Fase preparatória - art. 18, lei federal 14.133/2021*
» *Habilitação - art. 62 ao 70, lei federal 14.133/2021*

» *Inexigibilidade de licitação - art. 74, lei federal 14.133/2021*
» *Instrução do processo licitatório - art. 18 ao 27, lei federal 14.133/2021*
» *Julgamento - art. 59 ao 61, lei federal 14.133/2021*
» *Licitações compartilhadas nos consórcios públicos - art. 19, decreto federal 6.017/2007*
» *Licitações internacionais - art. 52, lei federal 14.133/2021*
» *Locação de imóveis - art. 51, lei federal 14.133/2021*
» *Modalidades de licitação - art. 28 ao 32, lei federal 14.133/2021*
» *Obras e serviços de engenharia - art. 45 e 46, lei federal 14.133/2021*
» *Pré-qualificação - art. 80, lei federal 14.133/2021*
» *Princípios - art. 5º, lei federal 14.133/2021*
» *Procedimento de manifestação de interesse - art. 81, lei federal 14.133/2021*
» *Procedimentos auxiliares - art. 78, lei federal 14.133/2021*
» *Processo de contratação direta - art. 72 e 73, lei federal 14.133/2021*
» *Processo licitatório - art. 11 ao 17, lei federal 14.133/2021*
» *Registro cadastral - art. 87 e 88, lei federal 14.133/2021*
» *Serviços em geral - art. 47 ao 50, lei federal 14.133/2021*
» *Sistema de registro de preços - art. 82 ao 86, lei federal 14.133/2021*

LICITAÇÃO PARA REGISTRO DE PREÇOS

» *Assinatura da ata e da contratação com fornecedores registrados - art. 13 ao 16, decreto federal nº 7.892/2013*
» *Competências do órgão gerenciador - art. 5º, decreto federal nº 7.892/2013*
» *Competências do órgão participante - art. 6º, decreto federal nº 7.892/2013*
» *Intenção para registro de preços - art. 4º, decreto federal nº 7.892/2013*
» *Licitação para registro de preços - art. 7º ao 10, decreto federal nº 7.892/2013*
» *Registro de preços e da validade da ata - art. 11 e 12, decreto federal nº 7.892/2013*
» *Revisão e do cancelamento dos preços registrados - art. 17 ao 21, decreto federal nº 7.892/2013*
» *Utilização da ata de registro de preços por órgão ou entidades não participantes - art. 22, decreto federal nº 7.892/2013*

M

MEIO AMBIENTE

» *Câmaras técnicas do CONAMA (Conselho Nacional do Meio Ambiente) - art. 8º e 9º*
» *Competência do CONAMA (Conselho Nacional do Meio Ambiente) - art. 7º*
» *Constituição e funcionamento do CONAMA (Conselho Nacional do Meio Ambiente) - art. 4º ao 6º*
» *Definição de empreendimentos potencialmente causadores de impacto ambiental - Resolução CONAMA 378/06*
» *Estrutura do SISNAMA (Sistema Nacional do Meio Ambiente) - art. 3º*
» *Execução da PNMA - art. 1º e 2º,*
» *Licenciamento ambiental - Resolução CONAMA 237/97*
» *Limites para Áreas de Preservação Permanente - Resolução CONAMA 303/02*
» *Limites para Áreas de Preservação Permanente de reservatórios artificiais e o regime de uso do entorno - Resolução CONAMA 302/02*
» *Proteção do Meio Ambiente - arts. 217 a 221, CE*

» *Recursos Hídricos - arts. 222 a 228, CE*
» *Regulamento da PNMA - Decreto Federal nº 99.274/1990*

MILITARES - arts. 63 a 67, CE

MINISTÉRIO PÚBLICO - arts. 142 a 150, CE

O

ORÇAMENTOS - arts. 176 a 183, CE

ORDEM ECONÔMICA - arts. 234 a 243, CE

ORDEM SOCIAL - art. 184, CE

ORGANIZAÇÃO DO ESTADO - arts. 5º a 9º, CE

ORGANIZAÇÃO DOS PODERES NO ESTADO - arts. 68 a 161, CE

ORGANIZAÇÃO MUNICIPAL - Arts. 10 a 36, CE

P

PODER EXECUTIVO - arts. 101 a 120, CE

PODER JUDICIÁRIO - arts. 121 a 141, CE

PODER LEGISLATIVO - arts. 78 a 100, CE

POLÍCIA CIVIL - arts. 244 a 247, CE

POLÍCIA MILITAR - arts. 63 a 67, CE

POLÍTICA NACIONAL DO MEIO AMBIENTE (PNMA)

» *Áreas de proteção ambiental - art. 28 ao 32, Decreto Federal nº 99.274/1990*
» *Atuação do sistema nacional do meio ambiente - art. 14 ao 16, Decreto Federal nº 99.274/1990*
» *Cadastramento - art. 24, Decreto Federal nº 99.274/1990*
» *Câmaras técnicas do CONAMA (Conselho Nacional do Meio Ambiente) - art. 8º e 9º, Decreto Federal nº 99.274/1990*
» *Competência do CONAMA (Conselho Nacional do Meio Ambiente) - art. 7º, Decreto Federal nº 99.274/1990*
» *Constituição e funcionamento do CONAMA (Conselho Nacional do Meio Ambiente) - art. 4º ao 6º, Decreto Federal nº 99.274/1990*
» *Coordenação dos órgãos seccionais federais - art. 12, Decreto Federal nº 99.274/1990*
» *Estações ecológicas - art. 25 ao 27, Decreto Federal nº 99.274/1990*
» *Estrutura do SISNAMA (Sistema Nacional do Meio Ambiente) - art. 3º, Decreto Federal nº 99.274/1990*
» *Execução da PNMA - art. 1º e 2º, Decreto Federal nº 99.274/1990*
» *Incentivos - art. 23, Decreto Federal nº 99.274/1990*
» *Licenciamento das atividades - art. 17 ao 22, Decreto Federal nº 99.274/1990*
» *Órgão central - art. 10, Decreto Federal nº 99.274/1990*
» *Órgãos seccionais estaduais e dos órgãos locais - art. 13, Decreto Federal nº 99.274/1990*
» *Penalidades - art. 33 ao 44, Decreto Federal nº 99.274/1990*
» *Regulamento da PNMA - Decreto Federal nº 99.274/1990*

POLÍTICA AGRÍCOLA E FUNDIÁRIA - arts. 248 a 251, CE

POLÍTICA URBANA - arts. 31 a 33, CE

PRECATÓRIOS
- *Conciliação dos precatórios - arts. 25-I a 25-M, LC Estadual 7/91*

PREFEITO E DO VICE-PREFEITO - arts. 25 a 30, CE

PREVIDÊNCIA SOCIAL - arts. 193 a 196, CE
- *Regimes Próprios de Previdência Social - Lei Federal 9.717/98*
- *Regime Próprio de Previdência Social dos Servidores Públicos do Estado de Alagoas - RPPS/AL - LC Estadual 52/2019*
- *Regulamento da Previdência Social - Decreto Federal 3.048/99*

PROCESSO DISCIPLINAR SERVIDOR ESTADUAL - arts. 145 ao 193, Lei Estadual 5.247/91

PROCESSO LEGISLATIVO - arts. 84 a 92, CE

PROCESSO ADMINISTRATIVO ESTADUAL - Lei Estadual 6.161/00

PROCESSO ADMINISTRATIVO TRIBUTÁRIO ESTADUAL - Lei Estadual 6.771/06

PROCURADORIA GERAL DO ESTADO DE ALAGOAS - arts. 1º ao 25-U, LC Estadual 7/91

PROCURADORES DO ESTADO DE ALAGOAS - arts. 26 ao 82, LC Estadual 7/91

R

RECURSOS HÍDRICOS - arts. 222 a 228, CE
- *Outorga de direito de uso - Resolução CNRH 16/01*

REGIME DISCIPLINAR SERVIDOR ESTADUAL - arts. 118 a 144, Lei Estadual 5.247/91

REGIÕES METROPOLITANAS, AGLOMERAÇÕES URBANAS E MICRORREGIÕES - art. 41, CE

RESPONSABILIDADE DO GOVERNADOR DO ESTADO - arts. 109 a 111, CE

REUNIÕES DA ASSEMBLEIA LEGISLATIVA - art. 69, CE

S

SAÚDE - arts. 186 a 189, CE

SECRETÁRIOS DE ESTADO - arts. 112 a 114, CE

SEGURANÇA PÚBLICA - arts. 244 a 247, CE

SEGURIDADE SOCIAL - art. 185, CE

SERVIDORES NOS CONSÓRCIOS PÚBLICOS - art. 22 e 23, Decreto Federal 6.017/2007

SERVIDORES PÚBLICOS ESTADUAIS - arts. 54 a 62, CE e Lei Estadual 5.247/91

SISNAMA
- *Regulamento da PNMA - Decreto Federal nº 99.274/1990*
- *Câmaras técnicas do CONAMA (Conselho Nacional do Meio Ambiente) - art. 8º e 9º*
- *Competência do CONAMA (Conselho Nacional do Meio Ambiente) - art. 7º*
- *Constituição e funcionamento do CONAMA (Conselho Nacional do Meio Ambiente) - art. 4º ao 6º*

SISTEMA TRIBUTÁRIO ESTADUAL - art. 162 a 167, CE

STARTUPS E EMPREENDEDORISMO INOVADOR - LC Federal 182/2021

T

TRIBUNAL DE JUSTIÇA - arts. 130 a 135, CE

TRIBUTAÇÃO E ORÇAMENTO - art. 162 a 183, CE

V

VANTAGENS SERVIDOR ESTADUAL - arts. 54 ao 80, Lei Estadual 5.247/91

VENCIMENTO E REMUNERAÇÃO SERVIDOR ESTADUAL - arts. 45 ao 53, Lei Estadual 5.247/91

DIREITO

CONSTITUCIONAL

CONSTITUIÇÃO DO ESTADO DE ALAGOAS

(ATUALIZADA ATÉ A EMENDA CONSTITUCIONAL Nº 48, DE 2020)

ÍNDICE

TÍTULO I - DOS PRINCÍPIOS FUNDAMENTAIS - Arts. 1º a 3º
TÍTULO II - DA ORGANIZAÇÃO DO ESTADO
CAPÍTULO I - DA ORGANIZAÇÃO POLÍTICO-ADMINISTRATIVA - Art. 4º
Seção I - Do Estado - Arts. 5º a 9º
Seção II - Do Município
Subseção I - Das Disposições Gerais - Arts. 10 a 16
Subseção II - Das Câmaras Municipais - Arts. 17 a 24
Subseção III - Do Prefeito e do Vice-Prefeito - Arts. 25 a 30
Subseção IV - Da Política Urbana - Arts. 31 a 33
Subseção V - Da Fiscalização Financeira e Orçamentária - Arts. 34 a 36
Seção III - Da Intervenção - Arts. 37 a 40
Seção IV - Das Regiões - Art. 41
CAPÍTULO II - DA ADMINISTRAÇÃO PÚBLICA
Seção I - Das Disposições Gerais - Arts. 42 a 45
Seção II - Dos Servidores em Geral - Arts. 46 a 53
Subseção I - Dos Servidores Públicos Civis - Arts. 54 a 62
Subseção II - Dos Servidores Públicos Militares - Arts. 63 a 67
TÍTULO III - DA ORGANIZAÇÃO DOS PODERES
CAPÍTULO I - DO PODER LEGISLATIVO
Seção I - Das Disposições Gerais - Arts. 68 a 73

Seção II - Dos Deputados Estaduais - Arts. 74 a 78
Seção III - Das Atribuições do Poder Legislativo - Arts. 79 a 82
Seção IV - Das Comissões - Art. 83
Seção V - Do Processo Legislativo
Subseção I - Disposição Geral - Art. 84
Subseção II - Da Emenda à Constituição - Art. 85
Subseção III - Das Leis - Art. 86 a 92
Seção VI - Da Fiscalização Contábil, Financeira e Orçamentária
Subseção I - Das Disposições Gerais - Arts. 93 e 94
Subseção II - Do Tribunal de Contas - Arts. 95 a 99
Subseção III - Do Controle Interno - Art. 100
CAPÍTULO II - O PODER EXECUTIVO
Seção I - Do Governador e Vice-Governador do Estado - Arts. 101 a 106
Seção II - Das Atribuições do Governador e do Vice-Governador - Arts. 107 e 108
Seção III - Da Responsabilidade do Governador do Estado - Arts. 109 a 111
Seção IV - Dos Secretários de Estado - Arts. 112 a 114
Seção V - Do Conselho do Estado - Arts. 115 a 118
Seção VI - Do Conselho de Política de Recursos Humanos - Arts. 119 a 120
CAPÍTULO III - DO PODER JUDICIÁRIO
Seção I - Disposições Gerais - Arts. 121 a 129
Seção II - Do Tribunal de Justiça - Arts. 130 a 135
Seção III - Dos Juízes - Arts. 136 a 141
CAPÍTULO IV - DAS FUNÇÕES ESSENCIAIS À JUSTIÇA
Seção I - Do Ministério Público - Arts. 142 a 150
Seção II - Da Advocacia-Geral do Estado - Arts. 151 a 158
Seção III - Da Defensoria Pública - Arts. 159 e 160
Seção IV - Da Advocacia - Art. 161
TÍTULO IV - DA TRIBUTAÇÃO E DO ORÇAMENTO
CAPÍTULO I - DO SISTEMA TRIBUTÁRIO ESTADUAL
Seção I - Dos Princípios Gerais e das Limitações ao Poder de Tributar - Arts. 162 a 167
Seção II - Dos Impostos do Estado - Art. 168
Seção III - Dos Impostos dos Municípios - Art. 169
Seção IV - Da Repartição das Receitas Tributárias - Arts.170 a 175
CAPÍTULO II - DOS ORÇAMENTOS - ARTS. 176 A 183
TÍTULO V - DA ORDEM SOCIAL
CAPÍTULO I - DISPOSIÇÃO GERAL - ART. 184
CAPÍTULO II - DA SEGURIDADE SOCIAL
Seção I - Disposições Gerais - Art. 185
Seção II - Da Saúde - Arts. 186 a 189
Seção III - Da Assistência Social - Arts. 190 a 192
Seção IV - Da Previdência Social - Arts. 193 a 196
CAPÍTULO III - DA EDUCAÇÃO, DA CULTURA, DA COMUNICAÇÃO SOCIAL E DO DESPORTO

Seção I - Disposição Geral - Art. 197
Seção II - Da Educação - Arts. 198 a 204
Seção III - Da Cultura - Arts. 205 a 210
Seção IV - Da Comunicação Social - Arts. 211 e 212
Seção V - Do Desporto - Arts. 213 e 214
CAPÍTULO IV - DA CIÊNCIA E DA TECNOLOGIA - ARTS. 215 E 216
CAPÍTULO V - DO MEIO AMBIENTE
Seção I - Da Proteção do Meio Ambiente - Arts. 217 a 221
Seção II - Dos Recursos Hídricos - Arts. 222 a 228
CAPÍTULO VI - DA FAMÍLIA, DA CRIANÇA, DO ADOLESCENTE, DO IDOSO E DO PORTADOR DE DEFICIÊNCIA - ARTS. 229 A 232
CAPÍTULO VII - DOS ÍNDIOS - ART. 233
TÍTULO VI - DA ORDEM ECONÔMICA - ARTS. 234 A 243
TÍTULO VII - DA SEGURANÇA PÚBLICA - ARTS. 244 A 247
TÍTULO VIII - DA POLÍTICA AGRÍCOLA E FUNDIÁRIA - ARTS. 248 A 251
TÍTULO IX - DAS DISPOSIÇÕES CONSTITUCIONAIS GERAIS - ARTS. 252 A 288
ATO DAS DISPOSIÇÕES CONSTITUCIONAIS TRANSITÓRIAS - ARTS. 1º A 44

TÍTULO I
DOS PRINCÍPIOS FUNDAMENTAIS

Art. 1º O Estado de Alagoas, constituído de Municípios autônomos, é unidade político-administrativa da República Federativa do Brasil.

Parágrafo único. Todo poder emana do povo, que o exerce por meio de representantes eleitos ou diretamente, nos termos da Constituição da República e desta Constituição.

Art. 2º É finalidade do Estado de Alagoas, guardadas as diretrizes estabelecidas na Constituição Federal, promover o bem-estar social, calcado nos princípios de liberdade democrática, igualdade jurídica, solidariedade e justiça, cumprindo-lhe, especificamente:

I – assegurar a dignidade da pessoa humana, mediante a preservação dos direitos invioláveis a ela inerentes, de modo a proporcionar idênticas oportunidades a todos os cidadãos, sem distinção de sexo, orientação sexual, origem, raça, cor, credo ou convicção política e filosófica e qualquer outra particularidade ou condição discriminatória, objetivando a consecução do bem comum; (Redação dada pela Emenda Constitucional nº 23/2001).

II – garantir a participação da comunidade na condução e no controle da administração pública, nas condições e pelos meios que a lei especificar;

III – contribuir para o desenvolvimento integral e harmônico da comunidade, de modo a remover as desigualdades regionais e sociais;

IV – dar proteção aos valores e ao patrimônio cultural, preservando os bens de natureza material e imaterial referenciados à identidade e à memória dos diferentes grupos formadores da sociedade;

V – promover e estimular, com a colaboração da sociedade, amplas oportunidades de educação, visando ao pleno desenvolvimento da pessoa humana, ao seu preparo para o exercício da cidadania e a sua qualificação para o trabalho;

VI – estimular os desportos, em suas modalidades formais e informais, bem assim o lazer como forma de promoção social;

VII – desenvolver ações permanentes de amparo à infância, à maternidade, aos idosos e aos portadores de deficiências, bem como oferecer assistência aos necessitados, contribuindo para a erradicação do subemprego, da marginalização e da miséria;

VIII – proteger o meio ambiente, zelando pela perenização dos processos ecológicos essenciais e pela conservação da diversidade e da integridade das espécies;

IX – executar ações que visem à redução dos riscos à doença, favorecendo o acesso igualitário e universal aos serviços destinados à promoção, à proteção e à recuperação da saúde, bem assim o desembaraçado exercício dos direitos relativos à assistência social;

X – velar pela preservação da ordem econômica, fundada na valorização do trabalho humano e na livre iniciativa, objetivando a consecução do desenvolvimento integral da comunidade;

XI – conceber e executar ações e programas voltados ao aproveitamento racional e adequado da terra, estimulando a planificação das atividades agrícolas, pecuárias, agroindustriais, pesqueiras e florestais;

XII – fomentar a pesquisa científica e tecnológica, tendo em vista o bem-estar coletivo e o desenvolvimento das ciências;

XIII – contribuir para a indissolubilidade da União Federal;

XIV – promover as condições necessárias para a fixação do homem no campo.

Art. 3º Rege-se o Estado de Alagoas pelas normas estabelecidas nesta Constituição e pelas leis que adotar, observados os princípios prescritos na Constituição da República.

Parágrafo único. São símbolos do Estado de Alagoas a Bandeira, o Hino e o Brasão adotados à data da promulgação desta Constituição, além de outros que a lei estabelecer.

TÍTULO II
DA ORGANIZAÇÃO DO ESTADO

CAPÍTULO I
DA ORGANIZAÇÃO POLÍTICO-ADMINISTRATIVA

Art. 4º A organização político-administrativa do Estado de Alagoas compreende o Estado e os Municípios.

Parágrafo único. São poderes do Estado o Legislativo, o Executivo e o Judiciário, independentes e harmônicos entre si.

Seção I
Do Estado

Art. 5º O território do Estado, constituído por Municípios, tem os limites que lhe são assegurados pela tradição, por documentos históricos, leis e julgados, não podendo ser alterados senão nos casos previstos pela Constituição Federal.

Art. 6º O Estado de Alagoas tem Capital e sede do seu Governo no Município de Maceió.

Parágrafo único. O Município de Marechal Deodoro será sede do Governo Estadual, anualmente, no dia 15 de novembro. (Redação acrescentada pela Emenda Constitucional nº 38/2010).

Art. 7º Exercerá o Estado, exclusiva, concorrente ou supletivamente, as competências que lhe são reservadas pela Constituição da República, sem prejuízo de todas as demais que lhe não sejam expressamente excluídas.

Art. 8º Incluem-se entre os bens do Estado:

I – as águas superficiais ou subterrâneas, fluentes, emergentes e em depósito, ressalvadas, neste caso, na forma da lei, as decorrentes de obras da União;

II – as áreas, nas ilhas oceânicas e costeiras, que estiverem no seu domínio, excluídas aquelas sob domínio da União, dos Municípios ou de terceiros;

III – as ilhas fluviais e lacustres não pertencentes à União;

IV – as terras devolutas não compreendidas entre as da União.

Parágrafo único. Os bens integrantes do patrimônio imobiliário do Estado não poderão ser objeto de alienação ou aforamento senão em virtude de lei.

Art. 9º É vedado ao Estado de Alagoas e aos Municípios:

I – estabelecer cultos religiosos ou igrejas, subvencioná-los, embaraçar-lhes o funcionamento ou manter com eles ou seus representantes relações de dependência ou aliança, ressalvada, na forma da lei, a colaboração de interesse público;

II – recusar fé aos documentos públicos;

III – criar distinções entre brasileiros, em razão de credo, cor, raça, sexo, condição social ou origem;

IV – estabelecer preferências entre si.

Seção II
Do Município

Subseção I
Das Disposições Gerais

Art. 10. O Município, ente político-administrativo autônomo, reger-se-á pela Lei Orgânica que adotar, respeitados os princípios estabelecidos pela Constituição da República e por esta Constituição.

Art. 11. A autonomia municipal será assegurada:

I – pelo poder de auto-organizar-se mediante a decretação de sua Lei Orgânica;

II – pela eleição direta do Prefeito, do Vice-Prefeito e dos Vereadores;

III – pelo exercício de administração própria, no que concerne ao seu peculiar interesse;

IV – pela instituição e pela arrecadação dos tributos de sua competência;

V – pela organização dos serviços públicos locais.

Art. 12. Compete ao Município dispor sobre todas as matérias pertinentes ao seu peculiar interesse e especialmente:

I – zelar pela guarda da Constituição, das leis e das instituições democráticas e conservar o patrimônio público;

II – manter, com a cooperação técnica e financeira da União e do Estado, programas de educação pré-escolar e de ensino fundamental, bem assim prestar serviços de atendimento à saúde da população e de proteção às pessoas portadoras de deficiência;

III – promover, no que couber, adequado ordenamento territorial, mediante planejamento e controle de uso, do parcelamento e da ocupação do solo urbano;

IV – desenvolver ações de proteção ao patrimônio histórico-cultural e ao meio ambiente, observadas as legislações e as atividades fiscalizadoras da União e do Estado;

V – fomentar a produção agropecuária e organizar o abastecimento alimentar;

VI – promover programas de construção de moradias e de melhoria das condições habitacionais e de saneamento básico;

VII – criar, organizar e suprimir distritos, guardada a legislação estadual pertinente;

VIII – organizar e prestar, diretamente ou sob o regime de concessão ou de permissão, os serviços públicos de interesse local, incluído o de transporte coletivo, que tem caráter essencial;

IX – instituir e arrecadar os tributos de sua competência;

X – aplicar suas rendas, observados os deveres de prestação de contas e de publicação mensal de balancetes, respeitados os prazos e as condições prescritas em lei;

XI – legislar sobre os assuntos de interesse local;

XII – suplementar, no que couber, as legislações federal e estadual.

Art. 13. (Redação revogada pela Emenda Constitucional nº 15/1996).

Art. 14. A Lei Orgânica será votada em dois turnos, com interstício mínimo de dez dias, e aprovada pela Câmara Municipal, sendo obrigatória a guarda dos seguintes preceitos fundamentais:

I – realização do planejamento municipal com a participação de entidades representativas da comunidade;

II – fixação das despesas com pessoal ativo e inativo, respeitados os limites estabelecidos em lei complementar federal;

III – criação de cargos e empregos públicos, fixação e majoração de vencimentos e salários, instituição ou reformulação de estruturas de carreiras e ainda a concessão de vantagens pecuniárias, condicionadas à existência de dotação orçamentária suficiente e de autorização específica na lei orçamentária, excluídas, no último caso, as empresas públicas e as companhias de economia mista;

IV – depósito das disponibilidades de caixa das Administrações Direta, Indireta e Fundacional Pública em instituição financeira oficial, ressalvados os casos previstos em lei;

V – Aplicação, anualmente, de pelo menos vinte e cinco por cento da receita resultante da arrecadação de impostos, compreendida a proveniente de transferências, na manutenção e no desenvolvimento do ensino público;

VI – sujeição dos servidores públicos municipais a regime jurídico único.

Art. 15. O Governo Municipal será exercido:

I – pela Câmara Municipal, com funções legislativas e de controle administrativo;

II – Pelo Prefeito Municipal, com funções executivas.

Parágrafo único. Os órgãos do Governo Municipal exercerão suas atribuições com plena independência entre si, bem assim em relação aos Poderes e aos órgãos da União e do Estado.

Art. 16. Cada Município poderá instituir símbolos próprios representados pela bandeira, pelo hino e pelo brasão municipais.

Subseção II
Das Câmaras Municipais

Art. 17. A Câmara Municipal compõe-se de Vereadores, eleitos entre cidadãos maiores de dezoito anos e no exercício dos direitos políticos, por voto direto e secreto, em cada Município.

Parágrafo único. O mandato de vereador será de quatro anos.

Art. 18. O número de Vereadores é proporcional à população do Município, respeitados os seguintes limites:

a) mínimo de nove e máximo de vinte e um nos Municípios de até um milhão de habitantes;

b) mínimo de trinta e três e máximo de quarenta e um nos Municípios de mais de um milhão e menos de cinco milhões de habitantes;

c) mínimo de quarenta e dois e máximo de cinqüenta e cinco nos Municípios de mais de cinco milhões de habitantes.

Art. 19. A remuneração dos Vereadores não poderá ser superior à retribuição que for fixada ao Prefeito Municipal, em espécie, a qualquer título.

Parágrafo único. Fica vedada, às Câmaras Municipais, a concessão de verba de representação aos membros da Mesa Diretora.

Art. 20. Os Vereadores são invioláveis por suas opiniões, palavras e votos, no exercício do mandato e na circunscrição do Município.

Art. 21. Estendem-se, no que couber, aos Vereadores, as proibições, as incompatibilidades e as condições de perda de mandato que são estabelecidas nesta Constituição para os Deputados Estaduais.

Art. 22. As deliberações da Câmara Municipal, salvo expressa disposição legal em contrário, serão tomadas por maioria de votos, presente a maioria de seus membros.

Art. 23. Compete à Câmara Municipal:

I – elaborar e aprovar seu próprio regimento interno;

II – dispor quanto à organização e ao provimento dos cargos dos seus serviços;

III – autorizar o Prefeito Municipal a se ausentar do território do Município, quando previsto afastamento por período superior a quinze dias;

IV – julgar, anualmente, as contas prestadas pelo Prefeito Municipal e apreciar os relatórios trimestrais pertinentes à execução dos planos de governo;

V – fiscalizar e controlar os atos da Administração Municipal, inclusive dos órgãos descentralizados;

VI – fixar a remuneração dos Secretários Municipais, bem assim, a cada legislatura, aquela do Prefeito Municipal, do Vice-Prefeito e dos Vereadores, para vigência no período subseqüente;

VII – conhecer da renúncia do Prefeito e do Vice-Prefeito;

VIII – deliberar sobre os vetos apostos pelo Prefeito Municipal;

IX – admitir acusações contra o Prefeito Municipal, na hipótese de crimes de responsabilidade;

X – dispor, com a sanção do Poder Executivo, sobre as matérias de competência do Município, especialmente:

a) tributos, arrecadação e distribuição de rendas;

b) orçamento, operações de crédito e dívida pública do Município;

c) planos e programas municipais de desenvolvimento;

d) criação, extinção e declaração de desnecessidade de cargos e empregos;

e) transferência precária da sede da administração municipal;

f) fixação e majoração de vencimentos e salários de servidores públicos municipais;

g) autorização prévia para a alienação de bens imóveis integrantes do patrimônio municipal;

h) autorização para a concessão de serviços públicos municipais, bem como de direito de uso, remunerado ou não, de bens públicos;

i) aprovação do plano diretor, obrigatório nas cidades com mais de vinte mil habitantes.

Art. 24. Na elaboração de suas leis, os Municípios observarão, no que couber, as normas desta Constituição referentes ao processo legislativo.

Parágrafo único. A iniciativa popular de projetos de lei de interesse específico de Município, de cidade ou de bairros, formalizar-se-á mediante manifestação de, pelo menos, cinco por cento do eleitorado.

Subseção III
Do Prefeito e do Vice-Prefeito

Art. 25. A Chefia do Poder Executivo é exercida pelo Prefeito Municipal.

Art. 26. O Prefeito e o Vice-Prefeito serão eleitos simultaneamente com os Vereadores, mediante pleito direto, e exercerão mandato de quatro anos.

Parágrafo único. A posse do Prefeito e do Vice-Prefeito ocorrerá sempre no dia 1º de janeiro do ano subseqüente ao das eleições municipais.

Art. 27. O Vice-Prefeito substituirá o Prefeito Municipal nos casos de impedimento e o sucederá nos de renúncia ou morte.

Parágrafo único. A remuneração do Vice-Prefeito compreenderá representação correspondente à que percebe o Prefeito e subsídio equivalente a dois terços daquele que for a este devido.

Art. 28. Ocorrendo vacância dos cargos de Prefeito e de Vice-Prefeito, far-se-á eleição nos noventa dias que se seguirem à data em que se deu a última vaga, cabendo aos eleitos completar o mandato interrompido.

§ 1º Impedidos o Prefeito e o Vice-Prefeito, serão sucessivamente chamados ao exercício do cargo o Presidente e o Vice-Presidente da Câmara de Vereadores.

§ 2º Ocorrendo a dupla vacância nos últimos dois anos do mandato, dar-se-á a eleição, pela Câmara Municipal, trinta dias após a ocorrência da última vaga, na forma do que dispuser a Lei Orgânica.

§ 3º Vagos os cargos de Prefeito e de Vice-Prefeito, coincidentemente com todos os cargos de Vereador, Administrador Municipal será nomeado pelo Governador do Estado, escolhido dentre os integrantes de lista tríplice formada pela Assembleia Legislativa, ao qual incumbirá administrar o Município, até que seja dada posse ao novo Prefeito. (Redação acrescentada pela Emenda Constitucional nº 07/1992).

§ 4º Aplicar-se-á, ainda, a regra do parágrafo precedente, na hipótese de que, ultimados os mandatos de Prefeito e Vice-Prefeito, não estejam eleitos os seus sucessores. (Redação acrescentada pela Emenda Constitucional nº 08/1993).

Art. 29. Compete privativamente ao Prefeito Municipal:

I – nomear e exonerar os Secretários Municipais;

II – exercer, com o auxílio dos Secretários Municipais, a direção superior da administração municipal;

III – iniciar o processo legislativo, na forma e nos casos previstos nesta Constituição e na Lei Orgânica;

IV – sancionar, promulgar e fazer publicar as leis e expedir decretos e regulamentos para a sua fiel execução;

V – vetar projetos de lei, total ou parcialmente;

VI – dispor sobre a organização e o funcionamento da administração municipal, na forma da lei;

VII – remeter mensagem e plano de Governo à Câmara Municipal, por ocasião da abertura da sessão legislativa, expondo a situação do Município e solicitando as providências que reconhecer necessárias;

VIII – conferir condecorações e distinções honoríficas;

IX – enviar à Câmara Municipal o plano plurianual de investimentos e as propostas de orçamento, estes até cento e vinte dias antes do início do exercício financeiro seguinte;

X – prestar, anualmente, à Câmara Municipal, dentro dos sessenta dias após a abertura de cada sessão legislativa, as contas relativas ao exercício anterior;

XI – prover os cargos públicos, na forma da lei;

XII – apresentar, à Câmara Municipal, relatórios trimestrais relativos ao desenvolvimento do plano de governo;

XIII – remeter à Câmara Municipal, até o dia vinte de cada mês. o duodécimo da dotação orçamentária que lhe for reservada.

XIV – exercer outras atribuições previstas nesta Constituição e na Lei Orgânica;

Parágrafo único. O Prefeito Municipal poderá delegar as atribuições mencionadas nos incisos VI e XI aos Secretários Municipais, que observarão os limites estabelecidos nos respectivos atos de delegação.

Art. 30. A inobservância da regra do inciso XIV do artigo anterior implicará crime de responsabilidade do Prefeito Municipal.

Subseção IV
Da Política Urbana

Art. 31. O Município, na concepção e no desempenho da política local de desenvolvimento urbano, visará ao bem-estar social.

Art. 32. O plano diretor é o instrumento básico da política de desenvolvimento urbano.

Art. 33. Lei Municipal específica, observado o que dispuser a legislação federal, exigirá dos proprietários do solo urbano não edificado, não utilizado ou subutilizado, que promovam o correspondente e adequado aproveitamento, sob pena, sucessivamente, de:

I – parcelamento urbano compulsório;

II – instituição de imposto, progressivo no tempo, sobre a propriedade predial e territorial urbana;

III – expropriação por interesse social, necessidade ou utilidade pública.

Subseção V
Da Fiscalização Financeira e Orçamentária

Art. 34. A fiscalização do Município será exercida mediante controle interno e externo.

Art. 35. O controle interno será desenvolvido pelo Poder Executivo Municipal, através de sistema instituído na forma da lei.

Art. 36. O controle externo incumbe à Câmara Municipal, com o auxílio do Tribunal de Contas do Estado.

§ 1º O parecer prévio, expedido pelo Tribunal de Contas, sobre as Contas que o Prefeito anualmente prestar, apenas deixará de prevalecer por decisão de dois terços dos membros da Câmara Municipal.

§ 2º As contas do Município ficarão, durante sessenta dias, anualmente, à disposição de qualquer contribuinte, para exame e apreciação, que poderá questionar-lhes a legitimidade, nos termos da lei.

§ 3º É vedada a criação de Tribunais, Conselhos ou órgãos de Contas Municipais.

Seção III
Da Intervenção

Art. 37. O Estado não intervirá nos Municípios, exceto quando:

I – deixar de ser paga, sem motivo de força maior, por dois anos consecutivos, a dívida fundada;

II – não forem prestadas as contas devidas, na forma da lei;

III - não tiver sido aplicado o mínimo exigido da receita municipal na manutenção e no desenvolvimento do ensino;

IV - o Tribunal de Justiça der provimento a representação para garantir a observância de princípios indicados nesta Constituição, ou para assegurar a execução de lei, de ordem ou de decisão judicial.

Parágrafo único. No caso do inciso IV deste artigo, dispensada a apreciação pela Assembleia Legislativa, o decreto limitar-se-á a suspender a execução do ato impugnado, se essa medida bastar ao restabelecimento da normalidade.

Art. 38. A decretação da intervenção dependerá de requisição:

I - da Câmara Municipal ou do Tribunal de Contas do Estado, nos casos dos incisos I a III, do art. 37;

II - do Tribunal de Justiça, no caso do inciso IV, do art. 37.

Art. 39. O decreto de intervenção, obrigatoriamente, conterá:

I - a indicação das causas que motivaram a ação interventiva, bem como da hipótese constitucional que legitima a medida concreta;

II - a fixação do prazo de duração da medida excepcional, que em nenhum caso poderá ser superior a noventa dias;

III - determinação dos limites da ação interventiva, considerada a natureza das irregularidades administrativas que justificarem as providências, e a indicação dos órgãos da administração municipal em que foram verificadas;

IV - a nomeação do interventor, cuja permanência no desempenho da função fica condicionada a confirmação pela Assembleia Legislativa Estadual;

V - a obrigatoriedade da apresentação, pelo interventor, de relatórios mensais à Assembleia Legislativa, ao Governador do Estado e ao Tribunal de Contas, nos quais exporá circunstanciadamente todas as atividades desenvolvidas no mês anterior, sem prejuízo do relatório final que deverá ser remetido aos órgãos de que trata este inciso, até dez dias após o prazo de duração da medida interventiva.

§ 1º Expedido o decreto que determinar a intervenção, será ele remetido, dentro do prazo de vinte e quatro horas, a contar da data de sua publicação, à Assembleia Legislativa Estadual, que, após apreciá-lo, manterá ou suspenderá a medida excepcional.

§ 2º Na hipótese de não estar a Assembleia Legislativa funcionando, far-se-á a convocação extraordinária no mesmo prazo previsto no parágrafo anterior.

§ 3º O decreto do Poder Executivo que prorrogar a duração da medida interventiva, será submetido à Assembleia Legislativa Estadual, observadas as mesmas condições, inadmissível, em qualquer hipótese, a extrapolação do limite máximo estabelecido no inciso II.

Art. 40. Cessados os motivos da intervenção, as autoridades afastadas de seus cargos a estes voltarão, salvo impedimento legal.

Seção IV
Das Regiões

Art. 41. O Estado poderá, mediante lei complementar, instituir regiões metropolitanas, aglomerações urbanas e microrregiões, constituídas de Municípios limítrofes, para integrarem a organização, o planejamento e a execução de funções públicas de interesse comum.

CAPÍTULO II
DA ADMINISTRAÇÃO PÚBLICA

Seção I
Das Disposições Gerais

Art. 42. A Administração Pública, estadual e municipal, observará os princípios fundamentais de prevalência do interesse público, legalidade, impessoalidade, moralidade, economicidade, publicidade, planejamento e continuidade, além de outros estabelecidos nesta Constituição.

Art. 43. A Administração Pública, estadual e municipal, orientar-se-á pela desconcentração e pela descentralização, compreendendo as administrações direta, indireta e fundacional pública.

§ 1º Integram a Administração Direta as unidades administrativas setoriais desconcentradas, na conformidade do que a lei disciplinar.

§ 2º Compõem a Administração Indireta as autarquias, as sociedades de economia mista e as empresas públicas.

§ 3º Constituem a Administração Fundacional Pública as fundações instituídas e mantidas pelo Poder Público, destinadas à execução de serviços estatais.

Art. 44. São diretrizes específicas de observância obrigatória pela Administração Pública:

I – acessibilidades aos cargos, funções e empregos públicos a todos os brasileiros que satisfaçam os requisitos estabelecidos em lei;

II – publicidade dos atos, programas, obras, serviços e campanhas dos órgãos públicos, através de divulgação de caráter educativo, informativo ou de orientação social, vedada a inclusão de imagens, nomes e símbolos que caracterizem promoção pessoal de autoridade ou de servidores públicos;

III – responsabilidade, pelas pessoas jurídicas de direito público, bem assim pelas de natureza privada prestadores de serviços públicos, pelos danos que seus agentes, nesta qualidade, causarem a terceiros, assegurado o direito de regresso contra o agente direto, nos casos de culpa ou dolo;

IV – indispensabilidade de prévio processo de licitação pública para contratação de obras, serviços, compras e alienações, ressalvados os casos específicos na legislação ordinária;

V – asseguramento aos ofertantes em licitações de iguais condições de participação, mediante exclusivo estabelecimento de exigências referentes às qualificações técnicas e econômicas indispensáveis à garantia do cumprimento do contrato, bem como de cláusulas que prescrevam obrigações do pagamento segundo os efetivos termos da proposta, na forma da lei;

VI – exigibilidade de comprovação da efetiva e regular aplicação dos dinheiros públicos na realização de despesas de qualquer natureza;

VII – imprescindibilidade de lei para criação de cargos, funções e empregos públicos nas administrações direta, autárquica e fundacional pública, bem como para a fixação dos respectivos quantitativos e padrões remuneratórios;

VIII – garantia aos cidadãos, sempre que o requeiram, a informações sobre o andamento dos processos em que sejam diretamente interessados, bem como sobre as decisões nestes proferidas;

IX – acesso de qualquer cidadão a todos os dados e informações relativas às licitações públicas, em todas as suas modalidades, bem como às autorizações concernentes a contratações diretas.

Parágrafo único. A licitação e a contratação de bens, serviços e obras públicas, assim como os convênios deverão atender ao disposto na legislação pertinente, ficando vedado o aumento da despesa com pessoal, expedido nos cento e oitenta dias anteriores ao final do mandato do titular do respectivo Poder ou órgão, a realização de operação de crédito por Antecipação de Receita Orçamentária – ARO e obrigação de despesa nos últimos dois quadrimestres, que não possa ser cumprida integralmente dentro do próprio mandato, ou que tenha parcelas a serem pagas no exercício seguinte, sem que haja suficiente disponibilidade de caixa para este efeito. (Redação dada pela Emenda Constitucional nº 36/2010).

Art. 45. Os órgãos da Administração Direta e Indireta Estadual e Fundacional Pública Estadual, na execução de suas atividades administrativas observarão rigorosamente os seguintes princípios:

I – divulgação prévia, no órgão de imprensa oficial do Estado, para conhecimento público, de todos os atos ou contratos que celebrem, como condição essencial a que tenham validade;

II – publicação mensal de demonstrativo de todos os recursos que, no mês anterior, tenham sido arrecadados pela Fazenda Estadual ou por ela recebidos em razão de transferências do Governo Federal ou ainda de contratos, convênios, ajustes e acordos;

III – prestação de contas ao Tribunal de Contas do Estado, de todas as despesas realizadas pelos órgãos da Administração Pública, inclusive daquelas de qualquer natureza referentes à manutenção do Palácio do Governador, compreendendo alimentação, conservação e limpeza, diárias de viagens, passagens aéreas ou terrestres e ajudas e contribuições;

IV – apresentação, à Assembleia Legislativa Estadual, até o dia dez de cada mês, do demonstrativo de todas as despesas realizadas no mês anterior, com indicação dos recursos realizados;

V – irrestrito impedimento, aos órgãos da Administração Direta, Indireta e Fundacional Pública, da celebração de contrato com pessoas jurídicas de que sejam sócios, administradores ou gerentes, o Governador e o Vice-Governador do Estado, ou ainda qualquer de seus parentes até o terceiro grau, em linha ascendente, descendente ou colateral.

Parágrafo único. O impedimento de que trata o inciso V deste artigo aplica-se ainda aos órgãos da Administração Direta, Indireta, Autárquica e Fundacional Pública, em relação ao seus titulares ou dirigentes e seus parentes até o terceiro grau, em linha ascendente, descendente ou colateral.

Seção II
Dos Servidores em Geral

Art. 46. São servidores públicos os ocupantes de cargos, funções e empregos permanentes ou temporários nas Administrações Direta, Autárquica e Fundacional Pública, estadual e municipal.

Art. 47. São princípios genéricos aplicáveis aos servidores das Administrações Direta, Autárquica e Fundacional Pública:

I – admissão, em cargos ou empregos permanentes, condicionada a prévia habilitação em concurso público de provas ou de provas e títulos, respeitada a ordem final de classificação, fixada a validade das seleções em prazo correspondente a dois anos, e permitida a prorrogação, uma única vez, por igual período;

II – preferencial exercício de cargos de provimento em comissão ou de funções de confiança por servidores ocupantes de cargos de carreira técnica ou profissional, nas condições e nos casos previstos na lei;

III - reserva de percentual de cargos e empregos públicos para preenchimento por pessoas portadoras de deficiência, respeitados os critérios de admissão que a lei estabelecer;

IV - exclusividade das contratações por tempo determinado para o atendimento de necessidades temporárias de excepcional interesse público, desde que suficientemente comprovada esta pré-condição, respeitados os requisitos estipulados em lei;

V - revisão geral periódica da remuneração na atividade e dos proventos dos servidores inativos, sem distinção entre civis e militares, na mesma proporção e na mesma data;

VI - extensibilidade aos servidores públicos inativos, civis e militares, de vantagens ou benefícios concedidos aos servidores públicos ativos, inclusive quando decorrente de reclassificações, reestruturações, transformações ou quaisquer outras mutações do cargo ou função em que foram inativados;

VII - isonomia de vencimentos para os servidores do mesmo Poder, ou entre servidores dos Poderes Legislativo, Executivo e Judiciário, ressalvadas as vantagens de caráter individual e as relativas à natureza e ao local de trabalho, quando ocupantes de cargos de idêntica natureza ou assemelhados, compreendidos como tais aqueles a que correspondam iguais ou similares conteúdos ocupacionais ou para cujos desempenhos se exija a mesma qualificação profissional ou habilitação técnica específica, respectivamente;

VIII - impossibilidade de fixação, para os cargos, empregos ou funções dos Poderes Legislativo e Judiciário, de remuneração superior à devida pelo Poder Executivo, vedadas, para qualquer outro efeito, a vinculação e a equiparação de vencimentos ou salários;

IX - precedência da administração fazendária e seus servidores fiscais sobre os demais setores administrativos, na forma da lei.

§ 1º (Redação revogada pela Emenda Constitucional nº 18/1998).

§ 2º O prazo para inscrição em concurso público será de pelo menos trinta dias, contados da primeira publicação do ato convocatório.

Art. 48. A autoridade que, direta ou indiretamente, contribuir para o pagamento de vantagens indevidas a servidores públicos ou que, de alguma forma, determine a ruptura da isonomia remuneratória estabelecida entre os servidores dos três Poderes, será responsabilizada pelos prejuízos impostos ao erário, obrigando-se a, pessoalmente, proceder aos ressarcimentos devidos.

Art. 49. São direitos comuns assegurados aos servidores da Administração Direta, Civis ou Militares, Autárquica ou Fundacional Pública:

I – irredutibilidade de remuneração, salvo nas hipóteses de extrapolação do limite remuneratório superior, violação à paridade com o Poder Executivo ou descontos decorrentes de obrigações tributárias ou previdenciárias, ou de ordem judicial, ressalvados os casos de retenções autorizadas pelo servidor, resguardados os limites e as condições que a lei estabelecer;

II – piso vencimental nunca inferior a 1/40 (um quarenta avos) da maior remuneração estadual fixada em lei; (Redação dada pela Emenda Constitucional nº 28/2003).

III – previsão, por lei, de todos os acréscimos pecuniários auferíveis a qualquer título, bem assim dos critérios de cálculo das correspondentes parcelas, vedada a computação ou a acumulação destas para fins de concessão de acréscimos posteriores, sob o mesmo título ou idêntico fundamento;

IV – décimo terceiro salário, em valor apurado com base na retribuição integral devida no mês de dezembro, aos servidores ativos, inativos e pensionistas;

V – abono-família, pago em razão do dependente do trabalhador de baixa renda nos termos da lei; (Redação dada pela Emenda Constitucional nº 31/2004).

VI – gozo de férias anuais remuneradas com pelo menos um terço a mais do que a remuneração do período correspondente, paga a vantagem até a data do início do período repouso;

VII – licença à maternidade sem prejuízo do cargo, de função ou de emprego ocupado, com duração de cento e oitenta dias, a contar da data do parto, ou, se o requerer a servidora, a partir do oitavo mês de gestação, ou ainda da data em que aceitar a guarda de criança de idade inferior a trinta dias, por determinação judicial ou recebê-la como filho adotivo; (Redação dada pela Emenda Constitucional nº 34/2007).

VIII – licença à paternidade, nos termos que a lei especificar;

IX – licença especial, com duração correspondente a três meses ao fim de cada qüinqüênio de efetivo exercício do cargo público permanente, facultada a opção pela conversão em abono pecuniário ou pela contagem dobrada do período não gozado, para fins de aposentadoria e adicionais por tempo de serviço;

• Suspendeu-se a eficácia, por maioria, das seguintes expressões deste inciso: "pela conversão em abono pecuniário ou", pela ADI nº 276-7- MC, julgada pelo Pleno do STF em 30/05/1990, publicada no DJ de 17/08/1990. Decisão final: O Pleno julgou, em 13/11/1997, por unanimidade, procedente a ação direta deferindo-se a liminar. Publicada no DJ de 19/12/1997.

X – transposição, a pedido, de um para o outro cargo público permanente, para cujo exercício haja obtido qualificação profissional suficiente, desde que, existente a vaga, comprove sua aptidão em exame seletivo interno;

• Inciso com eficácia suspensa, por unanimidade, até decisão final da ação, pela ADI nº 362-3-MC, julgada pelo Pleno do STF em 27/09/1990, publicada no DJ de 26/10/1990.

Decisão final: O Pleno julgou, em 21/11/1996, por unanimidade, procedente a ação para declarar a inconstitucionalidade deste inciso. Publicada no DJ de 04/04/1997.

XI – percepção dos vencimentos e salários até o dia 10 (dez) do mês subsequente ao vencido. (Redação dada pela Emenda Constitucional nº 03/1991).

XII – repouso semanal remunerado;

XIII – computação, para efeito de aposentadoria, do tempo de serviço público federal, estadual e municipal, bem como do prestador em atividade privada, de acordo com a lei pertinente;

XIV – participação nos colegiados dos órgãos públicos em que seus interesses profissionais, remuneratórios ou previdenciários sejam objeto de discussão e deliberação, através de representantes devidamente indicados pelos correspondentes órgãos de classe;

XV – adicional por tempo de serviço, observados uniformes critérios de concessão e cálculo para os servidores públicos em geral.

XVI – o valor bruto da remuneração e do subsídio dos ocupantes de cargos, funções e empregos públicos da administração direta, indireta e fundacional pública e dos proventos ou qualquer outra espécie remuneratória, excluídas as vantagens de caráter individual, observarão como limite máximo, em cada Poder, o valor devido, em espécie, a título de remuneração mensal, ao Secretário de Estado, ao Deputado Estadual e ao Desembargador do Tribunal de Justiça. (Redação acrescentada pela Emenda Constitucional nº 28/2003).

§ 1º Sempre que ocorrer vaga em cargo público permanente, inicial de carreira ou isolado, dar-se-á preferência ao preenchimento mediante provimento de quem já seja servidor público estadual, desde que, satisfazendo os requisitos indispensáveis fixados em lei, obtenha aprovação em exame seletivo interno, observada a ordem de classificação.

• Parágrafo com eficácia suspensa, por maioria, pela ADI nº 127-2-MC, julgada pelo Pleno do STF em 20/11/1989, publicada no DJ, de 4/12/1992. Resultado: Aguardando julgamento.

§ 2º Nenhuma vantagem pecuniária, exceto adicional por tempo de serviço e gratificação de representação, prêmio de produtividade fiscal e aqueles de que trata o inciso VII, do art. 55, será concedida por prazo superior a seis meses, admitida à renovação, desde que devidamente motivada.

§ 3º Para os fins do inciso XVI deste artigo, consideram-se vantagens de caráter individual exclusivamente os adicionais por tempo de serviço, até o limite total de 35% (trinta e cinco por cento) sobre a remuneração do servidor. (Redação acrescentada pela Emenda Constitucional nº 28/2003).

§ 4º Além do disposto no parágrafo anterior e observado o § 5º, excluem-se do limite previsto no inciso XVI deste artigo, apenas: (Redação acrescentada pela Emenda Constitucional nº 28/2003).

I – a gratificação natalina; (Redação acrescentada pela Emenda Constitucional nº 28/2003).

II – o adicional de férias; (Redação acrescentada pela Emenda Constitucional nº 28/2003).

III – a ajuda de custo, as diárias e a indenização de transporte, vedada qualquer espécie de incorporação; (Redação acrescentada pela Emenda Constitucional nº 28/2003).

IV – o valor devido, ao servidor efetivo, pelo exercício de função gratificada e pela opção de que trata o art. 7º da Lei Estadual nº 5.665, de 18 de janeiro de 1995, com a redação dada pela Lei Estadual nº 5.698, de 2 de junho de 1995, vedada qualquer espécie de incorporação. (Redação acrescentada pela Emenda Constitucional nº 28/2003).

§ 5º Consideradas individualmente ou somadas, as vantagens mencionadas ao inciso IV do parágrafo anterior e no § 3º deste artigo, não poderão exceder a 35% (trinta e cinco por cento) do limite máximo fixado para cada Poder. (Redação acrescentada pela Emenda Constitucional nº 28/2003).

§ 6º As vantagens a que se referem os incisos I e II do § 4º não poderão ser calculadas com base em valor superior ao limite máximo previsto no inciso XVI deste artigo, excetuando-se, para os fins de base de cálculo, a aplicação dos adicionais por tempo de serviço a que fizer jus o servidor, na forma e limites do § 3º. (Redação acrescentada pela Emenda Constitucional nº 28/2003).

Art. 50. É vedada a acumulação remunerada de cargos, funções e empregos públicos, na Administração Direta, Indireta e Fundacional Pública, exceto, quando houver compatibilidade de horários:

a) a de dois cargos de professor;

b) a de um cargo de professor com outro técnico ou científico;

c) a de dois cargos privativos de médicos.

Parágrafo único. Os proventos da inatividade e as pensões previdenciários não serão considerados para efeito de acumulação de cargos.

• Nota: Suspensa a eficácia da expressão "Os proventos da inatividade e" contida no parágrafo único, por unanimidade, até decisão final da ação, referendando o despacho do Presidente, pela ADI nº 1328-9-MC, julgada pelo Pleno do STF em 31/08/1995, publicada no DJ de 24/11/1995. Decisão final: O Pleno julgou, em 12/05/2004, por maioria, procedente, em parte, a ação para declarar a inconstitucionalidade da expressão "Os proventos da inatividade e.", publicada no DJ de 18/06/2004.

Art. 51. Ao servidor público em exercício de mandato eletivo aplicam-se as disposições a saber:

I – tratando-se de mandato eletivo federal, estadual ou distrital, ficará afastado de seu cargo, emprego ou função;

II – investido no mandato de Prefeito, será afastado do cargo, emprego ou função, sendo-lhe facultado optar por sua remuneração;

III – investido no mandato de Vereador, havendo compatibilidade de horários, perceberá as vantagens de seu cargo, emprego ou função, sem prejuízo da remuneração do cargo eletivo, e, caso não haja compatibilidade, aplicar-se-á a norma do inciso anterior;

IV – em qualquer caso que exija o afastamento para o exercício de mandato eletivo, seu tempo de serviço será contado para todos os efeitos legais, exceto para promoção por merecimento;

V – para efeito de benefício previdenciário, no caso de afastamento, os valores serão determinados como se no exercício estivesse.

Parágrafo único. No caso do inciso III, a compatibilidade horária haverá de ser reconhecida pelo plenário da Câmara Municipal.

Art. 52. As pensões pagas pelo Instituto de Previdência e Assistência dos Servidores do Estado de Alagoas – IPASEAL – serão iguais ao valor dos proventos do servidor falecido ou ao valor dos proventos a que teria direito o servidor em atividade na data de seu falecimento, observando-se, como limite máximo o estabelecido para o Poder Executivo, previsto no inciso XVI do art. 49 desta Constituição. (Redação dada pela Emenda Constitucional nº 28/2003).

Parágrafo único. Excetuam-se do limite de que trata o caput deste artigo as pensões que vierem a ser pagas, nos termos de lei específica, diretamente pelos Poderes Legislativo e Judiciário. (Redação dada pela Emenda Constitucional nº 28/2003).

Art. 53. Os vencimentos, proventos, pensões, gratificações e vantagens de quaisquer natureza, pagos fora dos prazos previstos nesta Constituição, serão, obrigatoriamente, corrigidos monetariamente de acordo com os índices oficiais.

Subseção I
Dos Servidores Públicos Civis

Art. 54. O Estado e os Municípios, no âmbito de suas competências, instituirão regime jurídico único, comum a todos os seus servidores, e estabelecerão planos de carreira para os servidores da Administração Direta, Autárquica e Fundacional Pública.

Art. 55. São direitos especificamente assegurados aos servidores públicos civis:

I - piso vencimental ou salarial nunca inferior ao valor correspondente ao salário mínimo nacionalmente unificado;

II - duração do trabalho normal não superior a oito horas diárias e quarenta horas semanais, facultada a compensação de horários e a redução de jornada mediante acordo entre a Administração e o órgão representativo da categoria funcional;

III - repouso semanal remunerado, preferencialmente aos domingos;

IV - remuneração, por serviços extraordinários e noturnos, em valor superior em cinqüenta por cento, no mínimo, à devida pelo trabalho normal e diurno;

V - proteção do mercado de trabalho da mulher mediante incentivos específicos, na forma da lei;

VI - redução dos riscos inerentes ao trabalho, por meio de normas de saúde, higiene e segurança;

VII - adicional de remuneração para atividades penosas, insalubres ou perigosas, na forma da lei;

VIII - proibição de diferença de remuneração, de condições de exercício de função e de critério de demissão por motivos de sexo, idade, cor, estado civil, religião, ideologia ou filiação político-partidária;

IX - livre associação sindical e ingresso em estado de greve, na última hipótese exercitado o direito nos termos e limites definidos em lei complementar;

X - transferência para o quadro de pessoal de outro Poder, mediante solicitação daquele para o qual pretenda ser transposto e anuência daquele em que for originariamente lotado;

• Nota: Inciso com eficácia suspensa, por unanimidade, referendando despacho da Presidência, até decisão final da ação, pela ADI nº 1329-7-MC, julgada pelo Pleno do STF, em 3/08/1995, publicada no DJ de 20/09/1996. Decisão final: O Pleno julgou, em 20/08/2003, por unanimidade, procedente a ação para declarar a inconstitucionalidade deste inciso. Publicada no DJ de 12/09/2003.

XI - criação, modificação e extinção de direitos exclusivamente através de lei complementar ou ordinária;

XII - piso salarial profissional para as categorias com habilitação profissional específica;

• Nota: Inciso com eficácia suspensa, por decisão unânime, pela ADI nº 668-1-MC, julgada pelo Pleno do STF em 27/03/1992, publicada no DJ de 19/06/1992. Resultado: Aguardando julgamento.

XIII - proibição de dispensa, remoção ou transferência, sem justa causa ou por motivos políticos e ideológicos ou por discriminação de qualquer espécie.

Art. 56. Os cônjuges e companheiros, quando ambos servidores públicos estaduais, terão lotação e exercício em repartições situadas na mesma localidade.

Parágrafo único. Sendo ambos membros da Magistratura ou do Ministério Público, apenas se aplicará a regra deste artigo no caso de Comarca que compreenda mais de uma Vara.

Art. 57. Os servidores públicos civis serão aposentados:

I – por invalidez permanente, sendo os proventos integrais quando a aposentação decorrer de acidente em serviço, moléstia profissional ou doença grave, contagiosa ou incurável, especificada em lei, e proporcionais nos demais casos;

II – compulsoriamente, com proventos proporcionais ao tempo de contribuição, aos 70 (setenta) anos de idade ou aos 75 (setenta e cinco) anos de idade, na forma da Lei Complementar; (Redação dada pela Emenda Constitucional nº 40/2015).

III – voluntariamente:

a) aos trinta e cinco anos de serviço, se homem, e aos trinta anos, se mulher, com proventos integrais;

b) aos trinta anos de efetivo exercício em funções de magistério, se professor, e vinte e cinco anos, se professora, com proventos integrais;

c) aos trinta anos de serviço, se homem, e vinte e cinco anos, se mulher, com proventos proporcionais ao tempo de serviço;

d) aos sessenta e cinco anos de idade, se homem, e aos sessenta anos, se mulher, com proventos proporcionais ao tempo de serviço.

§ 1º Lei complementar poderá estabelecer exceções ao disposto no inciso III, a e no caso de exercício de atividades consideradas penosas, insalubres e perigosas.

§ 2º A Lei disporá sobre a aposentadoria em cargos ou empregos temporários.

§ 3º Decorrido o prazo de trinta dias a contar da data da protocolização do pedido de aposentadoria voluntária, sem que a Administração conceda ou motivadamente negue a transferência para a inatividade, ficará o servidor automaticamente desobrigado da prestação de serviços, sem prejuízo de sua remuneração, até que publicada a decisão definitiva.

Art. 58. São estáveis, após dois anos de efetivo exercício, os servidores nomeados em virtude de concurso público.

§ 1º O servidor público estadual só perderá o cargo mediante processo administrativo disciplinar em que lhe seja assegurada ampla defesa. Havendo pedido de revisão administrativa, a autoridade, no prazo de trinta dias, a contar da data de autuação do pleito, decidirá fundamentalmente sobre o acolhimento ou não, publicado o correspondente despacho no Diário Oficial.

§ 2º Invalidada, por sentença judicial, a demissão do servidor estável, será ele reintegrado e o eventual ocupante da vaga reconduzido ao cargo de origem, sem direito a indenização, aproveitado em outro cargo ou posto em disponibilidade.

§ 3º Extinguindo a lei o cargo ou sendo este motivadamente declarado desnecessário, o servidor estável ficará em disponibilidade remunerada, com proventos integrais, até o seu obrigatório aproveitamento em outro cargo.

Art. 59. Os servidores públicos do Estado, civis e militares, bem como aqueles das autarquias, fundações, empresas públicas e sociedades de economia mista, não poderão fazer parte de mais de um órgão de deliberação coletiva, com direito a remuneração, seja qual for a natureza desta.

Art. 60. Lei complementar estabelecerá critérios objetivos e uniformes de classificação dos cargos públicos de todos os Poderes do Estado, de forma a garantir a isonomia de vencimentos, com a apresentação dos limites mínimo e máximo de remuneração e das vantagens de caráter individual.

Art. 61. O servidor público que for revertido à atividade, após cessação dos motivos que determinaram a sua aposentadoria por invalidez, terá direito a contagem do tempo para fins de aposentadoria, adicionais por tem de serviço e progressão horizontal, relativamente ao período em que esteve aposentado.

Art. 62. Aos empregados das empresas públicas e sociedades de economia mista estadual é assegurada a participação nos lucros e na gestão da empresa.

§ 1º A participação no lucro de exercício à conta do resultado superavitário dos balanços financeiros, terá o seu percentual estabelecido pelo órgão superior da administração da empresa, respeitado critério definido em lei.

§ 2º Na composição dos órgãos colegiados das Autarquias, Fundações Públicas, Empresas Públicas e Sociedades de Economia Mista, um dos cargos será preenchido por servidor de seus Quadros de Pessoal, de notório merecimento e ilibada idoneidade moral, com, pelo menos, cinco anos de efetivo exercício, indicado pelas associações de classe, em lista tríplice constituída mediante eleição.

Subseção II
Dos Servidores Públicos Militares

Art. 63. São servidores públicos militares integrantes da Polícia Militar Estadual:

- Os incisos não constam na redação oficial do art. 63.

§ 1º As patentes, conferidas pelo Governador do Estado, com as prerrogativas, os direitos e os deveres a elas inerentes, são asseguradas em plenitude aos oficiais da ativa, da reserva ou reformados, sendo-lhes privativos os títulos e postos militares.

§ 2º O militar da ativa que aceitar cargo público civil permanente, ressalvada a hipótese de cargo de professor ou de cargos privativos da área de saúde, quando houver compatibilidade de horário, será transferido para a reserva, com os direitos e deveres definidos em lei. (Redação dada pela Emenda Constitucional nº 43/2019).

§ 3º O militar da ativa que aceitar o cargo, função ou emprego público civil temporário, não eletivo, ainda que na Administração Indireta ou Fundacional Pública, ressalvada a hipótese de cargo de professor ou de cargos privativos da área de saúde, quando houver compatibilidade de horário, será transferido para a reserva, ficará agregado ao respectivo quadro e somente poderá, enquanto permanecer nesta situação, ser promovido por antiguidade, contando-se-lhe o tempo de serviço apenas para aquela modalidade de promoção e transferência para a reserva, sendo, depois de dois anos de afastamento, contínuos ou não, transferido para a inatividade. (Redação dada pela Emenda Constitucional nº 43/2019).

§ 4º O militar, enquanto em serviço ativo, não poderá estar filiado a partido político.

§ 5º O oficial militar só perderá o posto e a patente se for julgado indigno do oficialato ou com ele incompatível, por decisão do Conselho de Justiça de caráter permanente, devendo a lei especificar os casos de submissão a processo e o rito deste.

§ 6º O oficial condenado na justiça comum ou militar a pena privativa de liberdade superior a dois anos, por sentença transitada em julgado, será submetido ao julgamento previsto no parágrafo precedente.

§ 7º A lei disporá sobre a estabilidade do servidor militar, bem como sobre os direitos de idade e outras condições de transferência para a inatividade.

§ 8º A lei estabelecerá as condições em que a praça perderá a graduação.

§ 9º O Chefe do Poder Executivo Estadual, encaminhará à Assembleia Legislativa de Alagoas, no prazo de 45 (quarenta e cinco) dias, da aprovação desta Emenda, para fins de deliberação pelos seus Deputados, de Projeto de Lei que defina, na forma prescrita pela parte final do inciso LXI do Art. 5º da Constituição Federal, as transgressões militares a que estão sujeitos os servidores públicos militares do Estado de Alagoas. (Redação acrescentada pela Emenda Constitucional nº 22/2000).

• Nota: O § 9º acrescentado pela Emenda à Constituição Estadual nº 22, de 26/12/2000, publicada no Diário Oficial do Estado, edição de 28 de dezembro de 2000, teve sua eficácia suspensa, por unanimidade, pela ADI nº 2393-4-MC, julgada pelo Pleno do STF, em 9/05/2000, publicada no DJ de 21/06/2002. Decisão final: O Pleno julgou, em 13/02/2003, por unanimidade, procedente a ação para declarar a inconstitucionalidade deste parágrafo, com a redação dada pela EC nº 22/2000. Publicada no DJ de 28/03/2003. O STF, no argumento da decisão, relatou que não pode o Poder Legislativo, por meio de Lei, muito menos por meio de Emenda Constitucional, fixar prazo para o Chefe do Executivo – princípio constitucional da Separação dos Poderes e da reserva de iniciativa de Lei.

Art. 64. O servidor militar estadual faz jus à assistência judiciária integral e gratuita por parte do Estado, através do órgão competente da Polícia Militar, nos casos previstos em lei, em que se veja indiciado ou processado.

Art. 65. São considerados cargos, funções ou comissões policiais militares os constantes dos quadros de organização da corporação previstos em lei e contidos na Lei de Organização Básica. (Redação dada pela Emenda Constitucional nº 16/1997).

Parágrafo único. São considerados cargos, funções ou comissões de natureza policial-militar os exercidos pelos integrantes da Polícia Militar. (Redação dada pela Emenda Constitucional nº 16/1997).

I – em órgãos federais relacionados com as missões das Forças auxiliares; (Redação dada pela Emenda Constitucional nº 16/1997).

II – na Casa Militar do Palácio do Governo e nas Assessorias Militares da Assembleia Legislativa, Tribunal de Justiça, do Tribunal de Contas, da Procuradoria Geral de Justiça, da Procuradoria Geral do Estado e da Prefeitura Municipal de Maceió; (Redação dada pela Emenda Constitucional Estadual nº 16/1997).

III – no Gabinete do Vice-Governador. (Redação dada pela Emenda Constitucional nº 16/1997).

Art. 66. Aos policiais militares inativados por incapacidade temporária ou definitiva, fica assegurado direito ao auxílio invalidez, na forma do que dispuser a lei.

Art. 67. O sistema de remuneração do pessoal da Polícia Militar será estabelecido em lei, não podendo o soldo do posto de Coronel ser inferior a quarenta por cento do vencimento base atribuído ao Comandante Geral da Corporação.

• Nota: Artigo com pedido de Suspensão Liminar indeferido, por maioria, na ADI nº 127-2-MC. Julgada pelo Pleno do STF em 20/11/1989. Publicada no DJ, de 4/12/1992. Resultado: Aguardando julgamento.

TÍTULO III
DA ORGANIZAÇÃO DOS PODERES

CAPÍTULO I
DO PODER LEGISLATIVO

Seção I
Das Disposições Gerais

Art. 68. O Poder Legislativo do Estado é exercido pela Assembleia Legislativa, que se compõe de deputados eleitos pelo povo, através de voto direto e secreto, segundo o sistema proporcional, dentre cidadãos maiores de vinte e um anos e no exercício dos direitos políticos.

§ 1º Cada legislatura durará quatro anos.

§ 2º O número de deputados à Assembleia Legislativa corresponderá ao triplo da representação do Estado na Câmara dos Deputados e, atingindo o número de trinta e seis, será acrescido de tantos quantos forem os deputados federais acima de doze.

§ 3º Integram a estrutura da Assembleia Legislativa do Estado de Alagoas:

I – a Mesa Diretora;

II – as Comissões;

III – o Plenário.

§ 4º São órgãos auxiliares da Assembleia Legislativa do Estado de Alagoas:

I – a Diretoria Geral;

II – a Procuradoria Geral;

III – a Coordenação Geral para Assuntos Legislativos.

Art. 69. A Assembleia Legislativa Estadual, reunir-se-á, anualmente, na Capital do Estado, de 15 de fevereiro a 30 de junho e de 1º de agosto a 15 de dezembro. (Redação dada pela Emenda Constitucional nº 01/1990).

§ 1º As reuniões marcadas para essas datas serão transferidas para o primeiro dia útil subseqüente, quando recaírem em sábado, domingo e feriado.

§ 2º A sessão legislativa não será interrompida sem a aprovação do projeto de lei de diretrizes orçamentárias.

§ 3º O Regimento Interno disporá sobre o funcionamento da Assembleia Legislativa nos sessenta dias anteriores às eleições gerais.

Art. 70. A Assembleia Legislativa Estadual reunir-se-á, em sessão preparatória, a partir de 1º de fevereiro, no primeiro ano de cada legislatura, para posse de seus membros e eleição da Mesa Diretora. (Redação dada pela Emenda Constitucional nº 02/1990).

Parágrafo único. Os membros da Mesa Diretora cumprirão mandato de dois anos, permitida a reeleição. (Redação dada pela Emenda constitucional nº 29/2003).

Art. 71. A convocação extraordinária da Assembleia Legislativa far-se-á:

I – pelo seu Presidente, no caso de decretação de intervenção em município;

II – pelo Governador do Estado e pelo Presidente da Assembleia ou a requerimento da maioria dos deputados, em caso de urgência ou interesse público relevante.

Parágrafo único. Na sessão legislativa extraordinária, a Assembleia Legislativa somente deliberará sobre a matéria para a qual foi convocada.

Art. 72. Salvo disposição constitucional em contrário, as deliberações da Assembleia Legislativa e de suas comissões serão adotadas por maioria dos votos, presente a maioria absoluta de seus membros.

Art. 73. A Assembleia Legislativa ou qualquer de suas Comissões poderá convocar Secretário de Estado para prestar, pessoalmente, informações sobre assunto previamente determinado, importando crime de responsabilidade a ausência sem justificação adequada e oportuna.

§ 1º O Secretário de Estado poderá comparecer à Assembleia Legislativa ou a qualquer de suas Comissões, por sua iniciativa e mediante entendimentos com a Mesa, para expor assunto de relevância de sua Secretaria.

§ 2º A Mesa poderá requisitar informações ou documentos de qualquer natureza aos Secretários de Estado, Presidentes de Fundações e Empresas Públicas, Autarquias e Sociedades de Economia Mista, bem como ao Tribunal de Contas do Estado, importando crime de responsabilidade a recusa ou não atendimento no prazo de dez dias, bem como a prestação de informações falsas.

Seção II
Dos Deputados Estaduais

Art. 74. Os Deputados Estaduais são invioláveis, civil e penalmente por quaisquer de suas opiniões, palavras e votos. (Redação dada pela Emenda Constitucional nº 26/2002).

§ 1º Os Deputados Estaduais desde a expedição do diploma serão submetidos a julgamento perante o Tribunal de Justiça do Estado. (Redação dada pela Emenda Constitucional nº 26/2002).

§ 2º Desde a expedição do diploma, os Deputados Estaduais não poderão ser presos, salvo em flagrante de crime inafiançável. Neste caso, os autos serão remetidos, dentro de vinte e quatro horas à Assembleia Legislativa Estadual, para que, pelo voto da maioria de seus membros, resolva sobre a prisão. (Redação dada pela Emenda Constitucional nº 26/2002).

§ 3º Recebida a denúncia contra o Deputado, por crime ocorrido após a diplomação, o Tribunal de Justiça do Estado dará ciência à Assembleia Legislativa que, por iniciativa do partido político nela representado e pelo voto da maioria de seus membros, poderá até a decisão final sustar o andamento da ação. (Redação dada pela Emenda Constitucional nº 26/2002).

§ 4º O pedido da sustação, será apreciado pela Assembleia Legislativa Estadual de Alagoas no prazo improrrogável de quarenta e cinco dias do seu recebimento pela Mesa Diretora. (Redação dada pela Emenda Constitucional nº 26/2002).

§ 5º A sustação do processo suspende a prescrição, enquanto durar o mandato. (Redação dada pela Emenda Constitucional nº 26/2002).

§ 6º Os Deputados Estaduais não serão obrigados a testemunhar sobre informações recebidas ou prestadas em razão do exercício do mandato, nem sobre as pessoas que lhes confiaram ou delas receberam informações. (Redação dada pela Emenda Constitucional nº 26/2002).

§ 7º A incorporação às Forças Armadas de Deputados Estaduais, embora militares e ainda que em tempo de guerra, dependerá de prévia licença da Assembleia Legislativa. (Redação dada pela Emenda Constitucional nº 26/2002).

§ 8º As imunidades de Deputados Estaduais, subsistirão durante o estado de sítio, só podendo ser suspensas mediante o voto de dois terços dos membros da Assembleia Legislativa, nos casos de atos praticados fora do recinto da Assembleia Legislativa, que sejam incompatíveis com a execução da medida. (Redação dada pela Emenda Constitucional nº 26/2002).

• § 8º com eficácia suspensa, com efeitos ex nunc, até o final do julgamento da ação direta, com votação unânime, pela ADI nº 1.828-1-MC, julgada pelo Pleno do STF em 27/05/1998, publicada no DJ, de 7/08/1998. Resultado: Aguardando julgamento. Entretanto, com a nova redação dada ao art. 74 e seus parágrafos pela Emenda Constitucional nº 26/02, pode-se inferir que a ação perdeu seu objeto, o que possivelmente poderá resultar na declaração de sua prejudicialidade pelo STF.

Art. 75. Os Deputados Estaduais não poderão:

I - Desde a expedição do diploma:

a) firmar ou manter contrato com pessoas jurídicas de direito público, fundações e empresas públicas, sociedades de economia mista ou empresas concessionárias de serviço público, salvo quando o contrato obedecer a cláusulas uniformes;

b) aceitar ou exercer cargo, função ou emprego remunerado, inclusive os de que sejam livremente demissíveis, nas entidades constantes da alínea anterior;

II - Desde a posse:

a) ser proprietários, controladores ou diretores de empresas que goze de favor decorrente de contrato com pessoa jurídica de direito público, ou nela exercer função remunerada;

b) ocupar cargo ou função de que sejam livremente demissíveis, nas entidades referidas no inciso I, a;

c) patrocinar causa em que seja interessada qualquer das entidades a que se refere o inciso I, a;

d) ser titulares de mais de um cargo ou mandato público eletivo.

Art. 76. Perderá o mandato o Deputado Estadual:

I – que infringir qualquer das proibições estabelecidas no artigo anterior;

II – cujo procedimento for declarado incompatível com o decoro parlamentar;

III – que deixar de comparecer, em sessão legislativa anual, à terça parte das sessões ordinárias ou a doze sessões ordinárias consecutivas, salvo doença comprovada por junta médica designada pela Mesa Diretora da Assembleia Legislativa, licença ou missão autorizada pela Casa;

IV – que perder ou tiver suspenso os direitos políticos;

V – quando o decretar a Justiça Eleitoral, nos casos previstos na Constituição Federal;

VI – que sofrer condenação criminal em sentença transitada em julgado.

§ 1º Nos casos dos incisos I, II e VI será decidida a perda do mandato pela Assembleia Legislativa, por voto secreto e maioria absoluta, mediante provocação da Mesa ou de partido político representado na corporação legislativa, assegurada ampla defesa.

§ 2º Nos casos previstos nos incisos III a V, a perda será declarada pela Mesa da Assembleia Legislativa, de ofício ou mediante provocação de qualquer de seus membros, ou de partido político representado no corpo legislativo, assegurada ampla defesa.

§ 3º Considera-se incompatível com o decoro parlamentar, além dos casos definidos no Regimento Interno da Assembleia Legislativa, o abuso das prerrogativas asseguradas ao Deputado Estadual ou a percepção de vantagens indevidas.

Art. 77. Não perderá o mandato de Deputado Estadual:

I – Investido no cargo de Ministro de Estado, Secretário Nacional, Superintendente de Órgão Federal de Desenvolvimento Regional, Governador de Território, de Secretário de Estado, do Distrito Federal, de Territórios, de Prefeituras da Capital ou de Chefe de missão diplomática temporária; (Redação dada pela Emenda Constitucional nº 05/1991).

II – licenciado pela Assembleia Legislativa por motivo de doença, ou para tratar, sem remuneração, de interesse particular, desde que, neste caso, o afastamento não ultrapasse cento e vinte dias por sessão legislativa.

§ 1º O suplente será convocado nos casos de vaga, de investidura em funções previstas neste artigo ou de licença superior a cento e vinte dias.

§ 2º Ocorrendo vaga e não havendo suplente, far-se-á eleição se faltarem mais de quinze meses para o término do mandato.

§ 3º Na hipótese do Inciso I, o Deputado Estadual poderá optar pela remuneração do mandato.

Art. 78. Os Deputados Estaduais perceberão remuneração fixada pela Assembleia Legislativa ao final de cada legislatura, para viger na subseqüente, sujeita aos impostos gerais, incluídos os de renda e extraordinários.

Seção III
Das Atribuições do Poder Legislativo

Art. 79. Compete privativamente à Assembleia Legislativa:

I – (Declarado Inconstitucional, em Controle Concentrado, pelo Supremo Tribunal Federal – STF, por meio da Ação Direta de Inconstitucionalidade – ADI nº 4.766, julgada em 12/06/2017, publicada no Diário de Justiça Eletrônico – DJE nº 126, de 13/06/2017).

II – proceder à tomada de contas do Governador do Estado, quando não apresentadas à Assembleia Legislativa dentro de sessenta dias após a abertura da sessão legislativa;

III – elaborar seu Regimento Interno;

IV – dispor sobre sua organização, funcionamento, polícia, criação, transformação, extinção e provimento de cargos e funções de seus serviços e fixação da respectiva remuneração, observados os parâmetros estabelecidos na Lei de Diretrizes Orçamentárias;

V – aprovar, previamente, por voto secreto, após argüição pública, a escolha dos Conselheiros do Tribunal de Contas indicados pelo Governador do Estado, do Procurador Geral de Justiça, do Procurador Geral do Estado, do Comandante Geral da Polícia Militar, dos Presidentes e Diretores das Autarquias estaduais e das entidades fundacionais públicas, bem como de outros cargos que a lei determinar;

• Nota: Suspensa a eficácia das seguintes expressões: "do Procurador Geral do Estado, do Comandante Geral da Polícia Militar, dos Presidentes e Diretores das Autarquias estaduais e das entidades fundacionais públicas, bem como de outros cargos que a lei determinar", por maioria, na ADI nº 127-2-MC, julgada pelo Pleno do STF em 20/11/1989, publicada no DJ, de 4/12/1992. Resultado: Aguardando julgamento.

VI – autorizar o Governador do Estado a se ausentar do Estado, quando a ausência exceder de quinze dias;

VII – fixar, para viger em cada exercício financeiro, a remuneração do Governador do Estado, do Vice-Governador, dos Secretários de Estado e dos Procuradores Gerais de Justiça e do Estado, sujeita aos impostos gerais, incluídos o de renda e extraordinário;

• Nota: Suspensa a eficácia das seguintes expressões: "e dos Procuradores Gerais da Justiça e do Estado", por maioria, na ADI nº 127-2-MC, julgada pelo Pleno do STF em 20/11/1989, publicada no DJ, de 4/12/1992. Resultado: Aguardando julgamento

VIII – julgar as contas do Governador do Estado;

IX - deliberar sobre o adiamento e a suspensão de suas sessões;

X - apreciar as contas do Poder Legislativo, apresentadas obrigatoriamente pela Mesa, sem prejuízo das atribuições próprias do Tribunal de Contas do Estado;

XI - solicitar a intervenção federal nos casos e termos previstos no art. 36, I, da Constituição da República Federativa do Brasil;

XII - receber o compromisso do Governador e do Vice-Governador do Estado;

XIII - emendar a Constituição;

XIV - aprovar ou suspender a intervenção estadual nos municípios;

XV - sustar os atos normativos do Poder Executivo que exorbitem do poder regulamentar ou dos limites de delegação legislativa; e

XVI – participar da composição de todos os Conselhos Estaduais, Fóruns Estaduais, Comitês Gestores e Fundos Estaduais do Poder Executivo, cabendo a Assembleia Legislativa a indicação de 2 (dois) representantes, no mínimo, dos membros com direito a voz e voto nos colegiados. (Redação acrescentada pela Emenda Constitucional nº 45/2019).

§ 1º O disposto no inciso V deste artigo aplica-se à escolha dos nomes que o Estado, na qualidade de acionista majoritário, indicar à Assembleia Geral das Entidades que compõem o Sistema Financeiro e Creditício Oficial do Estado, bem como, das demais Sociedades de Economia Mista, com vistas à eleição para os cargos de Presidente e Diretores das respectivas Entidades e Empresas.

• Nota: Parágrafo com eficácia suspensa, por maioria, pela ADI nº 127-2-MC, julgada pelo Pleno do STF em 20/11/1989, publicada no DJ, de 4/12/1992. Resultado: Aguardando julgamento.

§ 2º O exercício provisório das funções de cargos referidos no inciso V e no § 1º deste artigo, mediante designação, em nenhuma hipótese poderá exceder a quinze dias.

• Nota: Parágrafo com eficácia suspensa, por maioria, pela ADI nº 127-2-MC, julgada pelo Pleno do STF em 20/11/1989, publicada no DJ, de 4/12/1992. Resultado: Aguardando julgamento.

§ 3º Por motivo de conveniência pública e deliberação de maioria absoluta de seus membros, poderá a Assembleia Legislativa reunir-se, temporariamente, em qualquer cidade do Estado de Alagoas.

Art. 80. Cabe à Assembleia Legislativa, com a sanção do Governador do Estado, dispor sobre todas as matérias de competência do Estado, especialmente:

I - tributos, arrecadação e distribuição de renda;

II - plano plurianual, diretrizes orçamentárias e orçamento anual;

III - operação de crédito e dívida pública do Estado;

IV – fixação e modificação do efetivo da Polícia Militar;

V – planos e programas estaduais de desenvolvimento;

VI – criação, transformação e extinção de cargos, funções e empregos públicos e fixação dos respectivos vencimentos ou salários;

VII – alienação de bens imóveis e ações pertencentes ao Estado;

VIII – transferência temporária da sede do Governo do Estado;

IX – organização judiciária do Estado e criação de municípios;

X – direitos, deveres e garantias dos servidores civis e militares;

XI – concessão de garantias do Estado para empréstimos a Municípios, autarquias, sociedades de economia mista, empresas e fundações públicas.

Art. 81. A fiscalização dos atos do Poder Executivo, inclusive os da administração indireta, será feita pelo processo regulado nesta Constituição e em lei complementar.

Art. 82. A Assembleia Legislativa Estadual, mediante Resolução, determinará o afastamento imediato, até que concluído o competente processo de apuração da responsabilidade, de qualquer autoridade civil ou militar, ou ainda de agente público de qualquer grau hierárquico, em razão de representação motivada de cidadão ou da Ordem dos Advogados do Brasil, denunciadora de abuso de poder ou de desrespeito aos membros dos Poderes Legislativo ou Judiciário, ou dos integrantes dos órgãos essenciais à administração da justiça.
• Nota: Caput com eficácia suspensa, por decisão unânime, pela ADI nº 127-2-MC, julgada pelo Pleno do STF em 20/11/1989, publicada no DJ, de 4/12/ 1992. Resultado: Aguardando julgamento.

Parágrafo único. Expedida a resolução, promoverá o Poder Legislativo, junto ao órgão competente, as providências necessárias visando à apuração da responsabilidade do agente do ato abusivo.
• Nota: Parágrafo único com eficácia suspensa, por decisão unânime, pela ADI nº 127-2-MC, julgada pelo Pleno do STF em 20/11/1989, publicada no DJ, de 4/12/ 1992. Resultado: Aguardando julgamento.

Seção IV
Das Comissões

Art. 83. A Assembleia Legislativa terá comissões permanentes e temporárias, constituídas na forma e com as atribuições previstas no Regimento Interno ou no ato que trate de sua criação.

§ 1º Na constituição da Mesa e de cada comissão é assegurada, tanto quanto possível, a representação proporcional de partidos ou dos blocos parlamentares que participem da Assembleia Legislativa.

§ 2º Às comissões, em razão da matéria de sua competência, cabe:

I – discutir e votar projeto de lei que dispensar, na forma do Regimento, a competência do Plenário, salvo se houver recurso de um décimo dos membros do Plenário;

II – realizar audiências públicas com entidades da sociedade civil;

III – convocar Secretários de Estado para prestar informações sobre assuntos inerentes às suas atribuições;

IV – receber petições, reclamações, representações ou queixas de qualquer pessoa contra atos ou omissões das autoridades ou entidades públicas;

V – solicitar depoimento de qualquer autoridade ou cidadão;

VI – apreciar programas de obras, planos estaduais, regionais e setoriais de desenvolvimento e sobre eles emitir parecer.

VII – encaminhar ao Governador do Estado, Secretários de Estado ou titulares dos órgãos da administração descentralizada, conforme o caso, pedido, por escrito, de informação sobre fato relacionado com a matéria legislativa em tramitação ou sobre fato sujeito à fiscalização da Assembleia, bem como requisitar documentos, importando crime de responsabilidade o não atendimento no prazo de 30 (trinta) dias, assim como da prestação de informações falsas. (Redação acrescentada pela Emenda Constitucional nº 19/1998).

§ 3º As comissões parlamentares de inquérito, que terão poderes de investigação próprios das autoridades judiciais, além de outros previstos no Regimento Interno, serão criadas pela Assembleia Legislativa, mediante requerimento de um terço de seus membros, para a apuração de fato determinado e por prazos certo sendo suas conclusões, se for o caso, encaminhadas ao Ministério Público, para que promova a responsabilidade civil ou criminal dos infratores.

§ 4º Durante o recesso, salvo convocação extraordinária, haverá uma comissão representativa da Assembleia Legislativa, eleita na última sessão ordinária do período legislativo, cuja composição guardará, quanto possível, a proporcionalidade da representação partidária, com atribuições definidas no Regimento Interno.

Seção V
Do Processo Legislativo

Subseção I
Disposição Geral

Art. 84. O processo legislativo compreende a elaboração de:

I – emendas à Constituição;

II – leis complementares

III – leis ordinárias;

IV – leis delegadas;

V – decretos legislativos;

VI – resoluções.

Subseção II
Da Emenda à Constituição

Art. 85. A Constituição poderá ser emendada mediante proposta:

I – de um terço, no mínimo, dos membros da Assembleia Legislativa;

II – do Governador do Estado;

III – de mais da metade das Câmaras Municipais do Estado, manifestando-se, cada uma delas, pela maioria relativa de seus membros;

IV – de iniciativa popular, observado o disposto no art. 86, § 2º.

§ 1º A Constituição não poderá ser emendada na vigência de intervenção federal, de estado de defesa ou de estado de sítio.

§ 2º A proposta será discutida e votada em dois turnos, considerando-se aprovada quando obtiver, em ambos, três quintos dos votos dos membros do corpo legislativo.

§ 3º A emenda à Constituição será promulgada pela Mesa da Assembleia Legislativa, com o respectivo número de ordem.

§ 4º A matéria constante de proposta de emenda rejeitada ou havida por prejudicada, não poderá ser objeto de nova proposta na mesma sessão legislativa.

Subseção III
Das Leis

Art. 86. A iniciativa das leis complementares e ordinárias cabe a qualquer membro ou comissão da Assembleia Legislativa, ao Governador do Estado, ao Tribunal de Justiça, ao Tribunal de Contas, ao Procurador Geral de Justiça, ao Defensor Público-Geral do Estado e aos cidadãos, na forma prevista nesta Constituição. (Redação dada pela Emenda Constitucional nº 32/2007).

§ 1º São de iniciativa privada do Governador do Estado as leis que:

I – fixem ou modifiquem o efetivo da Polícia Militar;

II – disponham sobre:

a) criação, transformação e extinção de cargos, funções ou empregos públicos, na administração direta, autárquica e fundacional pública, e fixem ou aumentem a sua remuneração;

b) organização administrativa, matéria orçamentária, serviços públicos e pessoal de administração do Poder Executivo; (Redação dada pela Emenda Constitucional nº 44/2019).

c) servidores públicos do Estado, seu regime jurídico único, provimento de cargos, estabilidade e aposentadoria de civis, reforma e transferência de militares para a inatividade;

d) organização da Advocacia Geral do Estado; (Redação da pela Emenda Constitucional nº 32/2007).

e) criação, estruturação e atribuição das Secretarias de Estado e órgãos da administração pública, direta ou autárquica e fundacional pública;

f) criação e extinção de sociedade de economia mista e empresa pública, e suas subsidiárias.

§ 2º A iniciativa popular poderá ser exercida pela apresentação à Assembleia Legislativa de projeto de lei subscrito por, no mínimo, um por cento do eleitorado estadual, distribuído pelo menos em um quinto dos Municípios e com não menos de um por cento dos eleitores de cada um deles.

Art. 87. Não serão admitidas emendas que impliquem aumento da despesa prevista:

I – nos projetos de iniciativa exclusiva do Governador do Estado, ressalvados os projetos de lei do orçamento e de diretrizes orçamentárias;

II – nos projetos sobre organização dos serviços administrativos da Assembleia Legislativa, do Tribunal de Justiça, do Tribunal de Contas, do Ministério Público e da Defensoria Pública; (Redação da pela Emenda Constitucional nº 32/2007).

III – nos projetos de fixação ou aumento da remuneração dos membros da Magistratura, Tribunal de Contas, Ministério Público e Defensoria Pública. (Redação da pela Emenda Constitucional nº 32/2007).

Art. 88. O Governador do Estado poderá solicitar urgência para apreciação de projeto de sua iniciativa.

§ 1º Se, no caso deste artigo, a Assembleia Legislativa não se manifestar, em até quarenta e cinco dias, sobre a proposição, esta deverá ser incluída na Ordem do Dia, sobrestando-se a deliberação sobre os demais assuntos, para que se ultime a votação.

§ 2º Os prazos do § 1º não correm nos períodos de recesso da Assembleia Legislativa, nem se aplicam aos projetos de código.

Art. 89. O projeto aprovado será enviado ao Governador do Estado que, aquiescendo, sanciona-lo-á.

§ 1º Se o Governador do Estado considerar o projeto, no todo ou em parte, inconstitucional ou contrário ao interesse público, veta-lo-á, total ou parcialmente, no prazo de quinze dias úteis, contados da data do recebimento, e comunicará, dentro de quarenta e oito horas, ao Presidente da Assembleia Legislativa, os motivos do veto, fazendo-os publicar, no mesmo prazo, no Diário Oficial do Estado.

§ 2º O veto parcial somente abrangerá texto integral de artigo, de parágrafo, de inciso ou de alínea.

§ 3º Decorrido o prazo de quinze dias, o silêncio do Governador importará sanção.

§ 4º O veto será apreciado, dentro de trinta dias, a contar de seu recebimento, só podendo ser rejeitado pelo voto da maioria absoluta dos Deputados. (Redação dada pela Emenda Constitucional nº 41/2016).

§ 5º Rejeitado o veto, será o projeto enviado, para promulgação, ao Governador do Estado.

§ 6º Se a lei não for promulgada dentro de quarenta e oito horas pelo Governador do Estado, nos casos dos §§ 3º e 5º, o Presidente da Assembleia Legislativa a promulgará e, se este não o fizer em igual prazo, caberá ao Vice-Presidente fazê-lo.

§ 7º Esgotado, sem deliberação, o prazo estabelecido no parágrafo quarto, o veto será incluído na ordem do dia da sessão imediata, sobrestadas as demais proposições, até sua votação final.

Art. 90. A matéria constante de projeto de lei rejeitado somente poderá constituir objeto de novo projeto, na mesma sessão legislativa, mediante proposta da maioria absoluta dos membros da Assembleia Legislativa.

Art. 91. As leis delegadas serão elaboradas pelo Governador do Estado, que deverá solicitar delegação à Assembleia Legislativa.

§ 1º Não serão objeto de delegação os atos de competência exclusiva da Assembleia Legislativa, a matéria reservada à lei complementar nem à legislação sobre:

I – organização do Poder Judiciário, do Ministério Público e da Defensoria Pública, a carreira e as garantias de seus membros; (Redação da pela Emenda Constitucional nº 32/2007).

II – planos plurianuais, diretrizes orçamentárias e orçamentos;

§ 2º A delegação ao Governador do Estado terá a forma de resolução que especificará seu conteúdo e os termos de seu exercício.

§ 3º Se a resolução determinar a apreciação do projeto pela Assembleia Legislativa, esta a fará em votação única, vedada qualquer emenda.

Art. 92. As leis complementares serão aprovadas por maioria absoluta.

Seção VI
Da Fiscalização Contábil, Financeira e Orçamentária

Subseção I
Das Disposições Gerais

Art. 93. A fiscalização da administração financeira e orçamentária, contábil, operacional e patrimonial do Estado, quanto à legalidade, legitimidade, economicidade, aplicações de subvenções e renúncia de receitas, será exercida pela Assembleia Legislativa, mediante controle externo e pelo sistema de controle interno de cada Poder.

Parágrafo único. Prestará contas qualquer pessoa física ou entidade pública que utilize, arrecade, guarde, gerencie ou administre dinheiros, bens e valores públicos ou pelos quais o Estado responda, ou que, em nome deste, assuma obrigações de natureza pecuniária.

Art. 94. O Controle externo, a cargo da Assembleia Legislativa, será exercido com o auxílio do Tribunal de Contas do Estado e alcançará as entidades da administração direta, as autarquias, as sociedades de economia mista, as empresas públicas, inclusive suas subsidiárias e as fundações públicas.

Parágrafo único. Constatada irregularidade nos atos de gestão ou gerência dos recursos públicos, o tribunal de Contas formalizará denúncia fundamentada à Assembleia Legislativa que, no prazo de sessenta dias, deliberará a respeito, por maioria de votos, e oferecerá representação ao Poder Judiciário para definição de responsabilidade dos gestores da coisa pública indiciados.

Subseção II
Do Tribunal de Contas

Art. 95. O Tribunal de Contas do Estado, integrado por sete Conselheiros, sendo um membro do Ministério Público junto ao Tribunal de Contas e um Auditor, tem sede na Capital do Estado, quadro próprio de pessoal e jurisdição em todo território alagoano, inclusive sobre órgãos ou repartições do Estado, sediadas fora do seu território, exercendo, no que couber, as atribuições previstas no art.133 desta Constituição. (Redação dada pela Emenda Constitucional nº 30/2003).

§ 1º Os Conselheiros do Tribunal de Contas do Estado serão nomeados dentre brasileiros que satisfaçam os seguintes requisitos:

I – mais de trinta e cinco anos e menos de sessenta e cinco anos de idade; (Redação dada pela Emenda Constitucional nº 30/2003).

II – idoneidade moral e reputação ilibada; (Redação dada pela Emenda Constitucional nº 30/2003).

III – notórios conhecimentos jurídicos, contábeis, econômicos e financeiros ou de administração pública; (Redação dada pela Emenda Constitucional nº 30/2003).

IV – mais de dez anos de exercício de função pública ou efetiva atividade profissional que exija os conhecimentos mencionados no inciso anterior. (Redação dada pela Emenda Constitucional nº 30/2003).

§2º Os Conselheiros do Tribunal de Contas do Estado serão escolhidos obedecida a seguinte ordem: (Redação dada pela Emenda Constitucional nº 30/2003).

I – quatro pela Assembleia Legislativa Estadual; (Redação dada pela Emenda Constitucional nº 30/2003).

II – três pelo Governador do Estado, com a aprovação da Assembleia Legislativa, sendo um de livre escolha e dois indicados em lista tríplice organizada pelo Tribunal de Contas, alternadamente entre Membros do Ministério Público junto ao Tribunal de Contas e Auditores, segundo critérios de antiguidade e merecimento. (Redação dada pela Emenda Constitucional nº 30/2003).

§ 3º A escolha ou a aprovação do nome para Conselheiro do Tribunal de Contas será realizada em sessão especialmente designada para esse fim e convocada, impreterivelmente, pelo Presidente da Assembleia Legislativa ou seu substituto legal, até 20 (vinte) dias após a existência da vaga. (Redação dada pela Emenda Constitucional nº 11/1994).

§ 4º O nome do escolhido para Conselheiro na forma do inciso I, será encaminhado ao Chefe do Poder Executivo para a correspondente nomeação. (Redação dada pela Emenda Constitucional nº 30/2003).

§ 5º Se, dentro do prazo de quinze dias úteis subseqüentes à data do recebimento, o Governador deixar de proceder à nomeação, o Presidente da Assembleia Legislativa expedirá o competente ato, que produzirá todos os efeitos legais.

§ 6º Os Conselheiros terão as mesmas garantias, prerrogativas, impedimentos, vencimentos e vantagens dos Desembargadores do Tribunal de Justiça do Estado e somente poderão aposentar-se, com os vencimentos e vantagens do cargo, quando o tenham exercido efetivamente por mais de cinco anos.

§7º Caso não existam, no momento da vacância do cargo, Membros do Ministério Público junto ao Tribunal de Contas e/ou Auditores aptos a compor a lista referida no § 2º, II deste artigo, quer seja por insuficiência de idade ou por se encontrarem submetidos a estágio probatório o preenchimento da vaga respectiva se dará por livre escolha do Governador, cabendo a próxima vaga à categoria impossibilitada de compor o Colegiado e, cumprida a ordem definida neste artigo, será ela sucessivamente renovada. (Redação dada pela Emenda Constitucional nº 35/2009).

Art. 96. Os auditores, em número de três, nomeados pelo Chefe do Executivo, mediante prévia aprovação em concurso público de provas e títulos, terão, quando em substituição a Conselheiro, as mesmas garantias, vencimentos e impedimentos destes e, quando no exercício de suas atribuições, as de Juiz de Direito.

Art. 97. Ao Tribunal de Contas do Estado compete:

I – apreciar as contas prestadas anualmente pelo Governador do Estado, remetendo, dentro do prazo de sessenta dias, a contar de seu recebimento, o parecer prévio à Assembleia Legislativa, sob pena de crime de responsabilidade do Presidente do Tribunal;

II – julgar as contas dos administradores e demais responsáveis por dinheiros, bens e valores públicos das entidades da administração direta, indireta e fundacional pública, inclusive as contas daqueles que derem causa a perda, extravio ou outra irregularidade de que resulte prejuízo à Fazenda Estadual;

III – apreciar, para fins de registro, a legalidade dos atos:

a) de admissão de pessoal, a qualquer título, na administração direta e indireta e nas fundações públicas estaduais, excetuadas as nomeações para cargo de provimento em comissão;

b) de concessão de aposentadoria, transferência para a reserva remunerada, disponibilidade, reforma e pensão, ressalvadas as melhorias que não alterem o fundamento legal do ato concessório;

IV – realizar, por iniciativa própria, da Assembleia Legislativa ou de comissão técnica ou de inquérito, inspeções e auditorias de natureza financeira e orçamentária, contábil, operacional e patrimonial nas unidades administrativas dos Poderes Legislativo, Executivo e Judiciário e nas entidades referidas no inciso II;

V – fiscalizar a aplicação de quaisquer recursos repassados pelo Estado, mediante convênio, acordo, ajuste ou outros instrumentos congêneres, a Município, assim como a instituições de qualquer natureza;

VI – prestar as informações solicitadas pela Assembleia Legislativa, ou por qualquer das suas Comissões, sobre a fiscalização contábil, financeira, orçamentária, operacional e patrimonial e os resultados de auditorias e inspeções realizadas;

VII – assinar prazo para que o órgão ou entidade adote providências necessárias ao exato cumprimento da lei, se verificada ilegalidade ou irregularidade no procedimento administrativo sob apreciação;

IX – sustar, se não atendida a exigência do inciso anterior, a execução do ato impugnado, comunicando a decisão à Assembleia Legislativa;

X – aplicar aos responsáveis, no caso de comprovada ilegalidade de despesa ou irregularidade de contas, as sanções previstas em lei, que estabelecerá, dentre outras cominações, multa proporcional ao dano causado ao erário;

XI – representar ao Poder competente sobre irregularidades ou abusos apurados;

XII – pronunciar-se, conclusivamente, no prazo de trinta dias, sobre solicitação que lhe faça a comissão especial referida no art.177, § 1º, desta Constituição;

XIII – prestar suas contas, anualmente, à Assembleia Legislativa, no prazo de sessenta dias da abertura da Sessão Legislativa, e, trimestralmente, apresentar-lhe-á relatório de suas atividades.

§ 1º No caso de contrato, o ato de sustação será adotado diretamente pela Assembleia Legislativa, que solicitará, de imediato, ao Poder Executivo, as medidas cabíveis.

§ 2º Se a Assembleia Legislativa ou o Poder Executivo, no prazo de noventa dias, a contar da data do recebimento da comunicação, não efetivar as medidas previstas no parágrafo anterior, o Tribunal decidirá a respeito.

§ 3º As decisões do Tribunal de que resulte imputação de débito ou multa terão eficácia de título executivo.

Art. 98. Qualquer cidadão, partido político, associação ou sindicato é parte legítima para, na forma da lei, denunciar irregularidade da administração estadual e municipal, direta ou indireta, inclusive nas fundações públicas, ao Tribunal de Contas do Estado.

Parágrafo único. Formalizada a denúncia, o Tribunal de Contas promoverá sua apuração, através de processo administrativo, dentro do prazo improrrogável de trinta dias.

Art. 99. A lei disporá sobre a organização do Tribunal de Contas, podendo dividi-lo em Câmaras e criar delegações junto às unidades da Administração Estadual, direta, indireta e fundacional pública, em função do controle externo.

Parágrafo único. A recondução do Presidente e do Vice-Presidente do Tribunal de Contas se dará apenas uma vez, para o mandato subseqüente. (Redação dada pela Emenda Constitucional nº 06/1992).

Subseção III
Do Controle Interno

Art. 100. Os Poderes Legislativo, Executivo e Judiciário manterão, de forma integrada, sistema de controle interno com a finalidade de:

I – avaliar a execução orçamentária e o cumprimento das metas previstas no plano plurianual e nos programas de governo;

II – comprovar a legalidade e avaliar os resultados, quanto à eficiência e eficácia, da gestão orçamentária, financeira e patrimonial nos órgãos e entidades da administração estadual, bem como de aplicação de recursos públicos estaduais por entidades subvencionadas;

III – exercer o controle das operações de crédito, avais e garantias, assim como dos direitos e haveres do Estado;

IV – apoiar o controle externo no exercício de sua missão institucional.

Parágrafo único. Os responsáveis pelo controle interno, ao tomarem conhecimento de qualquer irregularidade ou ilegalidade, dela darão ciência, de imediato, ao Tribunal de Contas do Estado, sob pena de responsabilidade solidária.

CAPÍTULO II
O PODER EXECUTIVO

Seção I
Do Governador e do Vice-Governador do Estado

Art. 101. O Poder Executivo é exercido pelo Governador do Estado, auxiliado pelos Secretários de Estado.

Art. 102. O Governador e o Vice-Governador do Estado serão simultaneamente eleitos para mandato de quatro anos, com antecedência de pelo menos noventa dias ao final do mandato dos seus antecessores.

§ 1º Os candidatos a Governador e a Vice-Governador serão conjuntamente registrados por partido político e assim votados, eleitos os que obtiverem maioria absoluta dos votos válidos.

§ 2º Dando-se que nenhum candidato alcance maioria absoluta far-se-á nova eleição dentro do prazo de vinte dias, contados da data da proclamação do resultado, em que concorrerão os dois candidatos mais votados, eleito o que obtiver maioria de votos.

§ 3º Se, antes da realização da segunda eleição, um dos candidatos que nela concorrer vier a falecer, desistir da candidatura ou incorrer em impedimento que o inabilite, será convocado, dentre os remanescentes, aquele com maior votação, qualificando-se o mais idoso no caso de empate.

Art. 103. O Governador e o Vice-Governador do Estado tomarão posse no dia 1º de janeiro do ano subseqüente ao da eleição em sessão da Assembleia Legislativa Estadual, prestando o compromisso de manter, defender e cumprir a Constituição e as leis, de promover o bem-estar do povo alagoano e de contribuir para a preservação da unidade, da integridade e da independência da República Federativa do Brasil.

Parágrafo único. Se, decorridos dez dias da data fixada para a posse, o Governador ou o Vice-Governador, salvo motivo de força maior, não tiver assumido o cargo, será este declarado vago pela Assembleia Legislativa Estadual.

Art. 104. O Vice-Governador substituirá o Governador no caso de impedimento e o sucederá na hipótese de vacância do cargo.

§ 1º Impedidos o Governador e o Vice-Governador do Estado, serão sucessivamente chamados ao exercício do cargo o Presidente da Assembleia Legislativa Estadual e o Presidente do Tribunal de Justiça do Estado.

§ 2º Vagos os cargos de Governador e de Vice-Governador do Estado, proceder-se-á na conformidade do parágrafo precedente, realizando-se eleições, para preenchê-los, noventa dias após a abertura da última vaga.

§ 3º Ocorrendo a dupla vacância nos últimos dois anos do mandato, dar-se-á a eleição pela Assembleia Legislativa Estadual, trinta dias após a ocorrência da última vaga, na forma do que dispuser a lei.

§ 4º Os eleitos, em qualquer dos casos, deverão complementar o período dos seus antecessores.

• Nota: A Emenda Constitucional nº 10/1994 que pretendia modificar a redação deste artigo e seus parágrafos teve a sua eficácia suspensa, por maioria, até decisão final da ação, pela ADI nº 999-1-MC, julgada pelo Pleno do STF em 11/03/1994, publicada no DJ de 16/09/1994. Resultado: Aguardando julgamento.

Art. 105. É vedada a reeleição do Governador e do Vice-Governador do Estado para o período subseqüente.

• Nota: Este dispositivo se apresenta incompatível com a atual ordem constitucional, ocasionando a sua revogação. Vide o § 5º, do art. 14, da Constituição Federal, com redação dada pela Emenda Constitucional nº 16, de 4 de junho de 1997.

Art. 106. Perderá o mandato o Governador e o Vice-Governador do Estado, quando no exercício do cargo de Governador, que se ausentar do território estadual por período superior a quinze dias, sem autorização da Assembleia Legislativa Estadual, ou ainda que assumir outro cargo ou função na administração pública direta, indireta ou fundacional pública, exceto quando se tratar de posse em virtude de concurso público, vedado o correspondente desempenho.

Seção II
Das Atribuições do Governador e do Vice-Governador

Art. 107. Compete privativamente ao Governador do Estado:

I – nomear e exonerar os Secretários de Estado;

II – exercer, com auxílio dos Secretários de Estado, a direção superior da administração estadual;

III – iniciar o processo legislativo, na forma e nos casos previstos nesta Constituição;

IV – sancionar, promulgar e fazer publicar as leis e expedir decretos e regulamentos para sua fiel execução;

V – vetar projetos de lei, total ou parcialmente;

VI – dispor sobre a organização e o funcionamento da administração estadual, na forma da lei;

VII – decretar e executar a intervenção estadual;

VIII – remeter mensagem e plano de Governo à Assembleia Legislativa Estadual, por ocasião da abertura da sessão legislativa, expondo a situação do Estado e solicitando as providências que reconhecer necessárias;

IX – nomear, após aprovação pela Assembleia Legislativa Estadual, o Procurador Geral do Estado, o Procurador Geral de Justiça, o Comandante Geral da Polícia Militar e os Conselheiros do Tribunal de Contas, bem como outros servidores, quando assim disposto nesta Constituição e na lei;

• Nota: Suspensa a eficácia das seguintes expressões: "o Procurador Geral do Estado, o Comandante Geral da Polícia Militar", por maioria, na ADI nº 127-2-MC, julgada pelo Pleno do STF em 20/11/1989, publicada no DJ, de 4/12/1992. Resultado: Aguardando julgamento.

X – nomear os magistrados, nos casos previstos nesta Constituição;

XI – conferir condecorações e distinções honoríficas;

XII – enviar, à Assembleia Legislativa Estadual, o plano plurianual de investimentos e as propostas de orçamento previstas nesta Constituição;

XIII – prestar anualmente, à Assembleia Legislativa Estadual, dentro dos sessenta dias após a abertura de cada sessão legislativa, as contas relativas ao exercício anterior;

XIV – prover os cargos públicos, na forma da lei, e propor a sua extinção;

XV – convocar a presidir o Conselho de Estado e o Conselho de Política de recursos humanos; (Redação dada pela Emenda Constitucional nº 20/2000).

• Nota: a redação padece de erro, quando fala em convocar a presidir no lugar de convocar e presidir. Vide Lei Complementar Estadual nº 19, de 31 de julho de 2000, publicada no DOE de 1º de agosto de 2000.

XVI – exercer outras atribuições previstas nesta Constituição. (Inciso renumerado pela Emenda Constitucional nº 20/2000).

XVII – nomear o Defensor Público-Geral do Estado na forma desta Constituição. (Redação acrescentada pela Emenda Constitucional nº 32/2007).

Parágrafo único. O Governador do Estado poderá delegar as atribuições mencionadas nos incisos VI e XIV aos Secretários de Estado e ao Procurador do Estado, que observarão os limites estabelecidos nos respectivos atos de delegação. (Redação dada pela Emenda Constitucional nº 20/2000).

Art. 108. Compete ao Vice-Governador do Estado, além de outras atribuições que lhe forem conferidas por lei complementar, auxiliar o Governador, sempre que por ele for convocado para o desempenho de missões especiais.

Seção III
Da Responsabilidade do Governador do Estado

Art. 109. São crimes de responsabilidade os atos do Governador do Estado que atentarem contra as Constituições Federal e Estadual e especificamente:

I – a existência e a integridade da União Federal;

II – o livre exercício do Poder Legislativo, do Poder Judiciário, do Ministério Público, da Defensoria Pública e dos Governos Municipais; (Redação dada pela Emenda Constitucional nº 32/2007).

III – o exercício dos direitos políticos, individuais e sociais;

IV – a segurança interna do país, do Estado e do Município;

V – a probidade na Administração;

VI – a lei orçamentária;

VII – o cumprimento das leis e das decisões judiciais;

VIII – a guarda e o legal emprego dos dinheiros públicos;

IX – a honra e o decoro de suas funções.

Parágrafo único. A apuração e o julgamento dos crimes de que trata este artigo serão realizados na conformidade do que dispuser a lei.

Art. 110. Admitida a acusação pela Assembleia Legislativa Estadual, pelo voto de dois terços de seus membros, será o Governador do Estado, nas infrações penais comuns, submetido a julgamento perante o Superior Tribunal de Justiça, e, perante a própria Assembleia Legislativa, na hipótese de crime de responsabilidade.

• Nota: Suspensa a eficácia das expressões: "Admitida a acusação pela Assembleia Legislativa Estadual" e " perante a própria Assembleia Legislativa, na hipótese de crime de responsabilidade", por decisão monocrática do Relator Ministro Luiz Fux, do Supremo Tribunal Federal – STF em 12/06/2017, publicada no Diário de Justiça Eletrônico – DJ nº 126, de 13/06/2017, com esteio no art. 21, §1º, do Regimento Interno do STF, em especial a partir da autorização especial conferida pelo Plenário deste Tribunal por ocasião do julgamento das Ações Diretas de Inconstitucionalidade nºs 4.764, 4.797 e 4.798,na Ação Direta de Inconstitucionalidade – ADI nº 4.766, tendo transitado em julgado em 17/11/2017.

§ 1º O Governador do Estado ficará suspenso de suas funções:

I – (Declarado Inconstitucional, em Controle Concentrado, pelo Supremo Tribunal Federal - STF, por meio da Ação Direta de Inconstitucionalidade - ADI nº 4.766, (em sede de Embargos de Declaração), julgada em 17/10/2017, publicado no Diário de Justiça Eletrônico - DJE nº 239, de 19/10/2017).

II – na hipótese de crimes de responsabilidade, após a instauração do processo pela Assembleia Legislativa.

• Nota: Suspensa a eficácia das expressões: "após a instauração do processo pela Assembleia Legislativa", por decisão monocrática do Relator Ministro Luiz Fux, do Supremo Tribunal Federal - STF em 12/06/2017, publicada no Diário de Justiça Eletrônico - DJ nº 126, de 13/06/2017, com esteio no art. 21, §1º, do Regimento Interno do STF, em especial a partir da autorização especial conferida pelo Plenário deste Tribunal por ocasião do julgamento das Ações Diretas de Inconstitucionalidade nºs 4.764, 4.797 e 4.798,na Ação Direta de Inconstitucionalidade - ADI nº 4.766, tendo transitado em julgado em 17/11/2017.

§ 2º Se, decorrido o prazo de cento e oitenta dias, o julgamento não estiver concluído, cessará o afastamento do Governador, sem prejuízo do regular prosseguimento do processo.

§ 3º Enquanto não sobrevier sentença condenatória, no caso de infrações comuns, o Governador do Estado não se sujeitará a prisão.

• Parágrafo com eficácia suspensa, por maioria, até a decisão final da ação, pela ADI nº 1016-6-MC, julgada pelo Pleno do STF em 15/06/1994, publicada no DJ, de 2/09/1994. Decisão final: por maioria, declarou-se a inconstitucionalidade do referido parágrafo. Julgado pelo Pleno do STF em 19/10/1995, publicada no DJ de 17/11/1995, republicada em 24/11/1995.

Art. 111. O Governador do Estado, na vigência do seu mandato, não responderá por crime de responsabilidade quando se tratar de atos estranhos ao exercício de suas funções.

Seção IV
Dos Secretários de Estados

Art. 112. Os Secretários de Estado serão escolhidos dentre brasileiros natos, maiores de vinte e um anos e no exercício dos direitos políticos.

Art. 113. A lei disporá sobre a criação, a estruturação e as atribuições das Secretarias de Estado.

Art. 114. Compete aos Secretários de Estado, além de outras atribuições estabelecidas nesta Constituição e na lei:

I – exercer a orientação, a coordenação e a supervisão dos órgãos e entidades da administração estadual na área de sua competência, e referendar atos e decretos expedidos pelo Governador do Estado;

II – expedir instruções para a execução de leis, decretos e regulamentos, nas esferas de suas respectivas competências;

III – apresentar, ao Governador do Estado, relatório anual de sua gestão na Secretaria de Estado;

IV – praticar os atos pertinentes às atribuições que lhes forem outorgadas ou delegadas pelo Governador do Estado.

Parágrafo único. Os Secretários de Estado, nos crimes comuns e nos de responsabilidade serão processados e julgados pelo Tribunal de Justiça, sendo que, na última hipótese, havendo conexão com os de Governador do Estado, o julgamento será procedido pela Assembleia Legislativa.

Seção V
Do Conselho do Estado

Art. 115. O Conselho do Estado é órgão superior de consulta do Governador do Estado e dele participam:

I – o Vice-Governador do Estado;

II – o Presidente da Assembleia Legislativa Estadual;

III – os líderes dos partidos com assento na Assembleia Legislativa Estadual;

IV – quatro cidadãos, brasileiros natos, com residência e domicílio no Estado de Alagoas, sendo dois nomeados mediante livre escolha do Governador do Estado e os demais eleitos pela Assembleia Legislativa Estadual, todos com mandato de dois anos, vedada a recondução.

Art. 116. Compete ao Conselho do Estado:

I – pronunciar-se, preliminarmente, quanto à decretação de intervenção estadual, sua amplitude, seu prazo e condições de execução;

II – conhecer e manifestar-se sobre as questões relevantes relacionadas à preservação da autonomia estadual;

III – opinar quanto à solicitação de intervenção federal, na hipótese de sua formulação pelo Poder Executivo coacto ou impedido;

IV – sugerir medidas urgentes visando à remoção de comprometimentos à ordem pública e à garantia do pleno exercício dos direitos individuais e coletivos.

Art. 117. O Governador do Estado poderá convocar Secretário de Estado para participar de reunião do Conselho, quando constar da pauta questão relacionada com a respectiva Secretaria de Estado.

Art. 118. A lei regulará a organização e o funcionamento do Conselho do Estado.

Seção VI
Do Conselho de Política de Recursos Humanos

Art. 119. Fica criado o Conselho de Política de Recursos Humanos, órgão superior de consulta do Governador do Estado.

Art. 120. Lei Complementar disporá sobre a composição, as atribuições e o funcionamento do Conselho.

CAPÍTULO III
DO PODER JUDICIÁRIO

Seção I
Disposições Gerais

Art. 121. São órgãos do Poder Judiciário:

I – o Tribunal de Justiça;

II – o Tribunal do Júri;

III – Juízes de Direito e os Juízes Substitutos;

IV – o Conselho da Justiça Militar;

V – outros Juízes instituídos por lei.

Art. 122. Integram o Poder Judiciário, como órgãos auxiliares da Justiça:

I – o Conselho Estadual da Magistratura;

II – a Corregedoria Geral de Justiça;

III – a Escola Superior da Magistratura de Alagoas;

IV – a Diretoria-Geral do Tribunal de Justiça.

Art. 123. A Magistratura rege-se pelos seguintes princípios:

I – ingresso na carreira, cujo cargo inicial será o de Juiz Substituto, de primeira entrância, através de concurso público de provas e títulos, com a participação da Ordem dos Advogados do Brasil em todas as suas fases, obedecendo-se, nas nomeações, à ordem de classificação;

II – promoção de entrância para entrância, alternadamente, por antiguidade e merecimento, atendendo as seguintes normas:

a) é obrigatória a promoção do Juiz que figure por três vezes consecutivas ou cinco alternadas em lista de merecimento;

b) a promoção por merecimento pressupõe contar o Juiz com dois anos de exercício na respectiva entrância e integrar a primeira quinta parte da lista de antiguidade desta, salvo se não houver com tais requisitos quem aceite o lugar vago;

c) aferição do merecimento pelos critérios de presteza e segurança no exercício da jurisdição e pela freqüência e aproveitamento em cursos reconhecidos de aperfeiçoamento, ministrados pela Escola Superior da Magistratura;

d) na apuração da antiguidade, o Tribunal somente poderá recusar o Juiz mais antigo pelo voto de dois terços de seus membros, conforme procedimento próprio, repetindo-se a votação até fixar-se a indicação;

III – acesso ao Tribunal de Justiça por antiguidade e merecimento, alternadamente, apurados na última entrância, de acordo com o inciso II;

IV – aprovação em cursos de preparação e aperfeiçoamento de magistrados, promovidos pela Escola Superior da Magistratura de Alagoas, como requisito para ingresso e promoção por merecimento, na carreira, respectivamente;

V – fixação dos vencimentos dos magistrados com diferença não superior a dez por cento de uma para outra das categorias da carreira, não podendo, os dos Juízes de primeira instância, a título algum, exceder os dos Desembargadores, sendo que a remuneração destes não será superior aos vencimentos dos Ministros do Supremo Tribunal Federal, nem inferior àquela auferida, em espécie, a qualquer título, pelos membros do Poder Legislativo;

VI – aposentadoria com proventos integrais, compulsória por invalidez ou aos setenta anos de idade, e facultativa aos trinta anos de serviço, após cinco anos de exercício efetivo na judicatura;

VII – residência do Juiz Titular na respectiva comarca e do Juiz Substituto em comarca da Circunscrição Judiciária onde servir;

VIII – remoção, disponibilidade ou aposentadoria do magistrado, por interesse público, fundada em decisão por voto de dois terços do Tribunal de Justiça, assegurada ampla defesa;

IX – publicidade de todos os julgamentos dos órgãos do Poder Judiciário e fundamentação de todas as decisões, sob pena de nulidade, podendo a lei, se o interesse público o exigir, limitar a presença, em determinados atos, às próprias partes e aos seus advogados, ou somente a estes;

X – motivação das decisões administrativas do Tribunal de Justiça, sendo as disciplinares tomadas pelo voto da maioria absoluta de seus membros;

XI – concessão de férias, individualmente, aos Desembargadores do Tribunal de Justiça e aos Juízes de Primeira Instância do Estado de Alagoas, observado, quando em gozo, o que dispuser o Código de Organização e Divisão Judiciárias

§ 1º No caso de existência de vaga para preenchimento pelo critério de merecimento, a promoção de entrância para a entrância ou o acesso ao Tribunal de Justiça resultará da lista dos três nomes mais votados em escrutínio secreto, desde que obtida maioria de votos, procedendo-se, para alcançá-la, a tantas votações quantas necessárias.

§ 2º Formada a lista, o Tribunal indicará, dentre os que a compuserem, o juiz a ser promovido, cabendo ao Presidente do Tribunal, nos três dias úteis subseqüentes, expedir e fazer publicar o ato de promoção.

Art. 124. Os juízes gozam das seguintes garantias:

I – vitaliciedade, que, no primeiro grau, só será adquirida após dois anos de exercício, dependendo a perda do cargo, nesse período, de deliberação do Tribunal de Justiça, e, nos demais casos, de sentença judicial transitada em julgado;

II – inamovibilidade, salvo por motivo de interesse público, na forma do art. 93, VIII, da Constituição da República;

III – Irredutibilidade de vencimentos, observado, quanto à remuneração, o que dispõem os art. 37, XI, 150, II, 153, III, e 153, § 2º, I, da Constituição da República.

§ 1º A garantia da inamovibilidade, quanto ao Juiz Substituto, será observada em relação à circunscrição judiciária onde servir.

§ 2º Aos juízes é vedado:

I – exercer, ainda que em disponibilidade, outro cargo ou função, salvo uma de magistério;

II – receber, a qualquer título ou pretexto, custas ou participação em processo;

III – participar de atividade político-partidária.

Art. 125. O Estado criará, mediante iniciativa do Tribunal de Justiça:

I – juizados especiais, providos por juízes togados, ou togados e leigos, competentes para a conciliação, o julgamento e a execução de causas cíveis de menor complexidade e infrações penais de menor potencial ofensivo, mediante os procedimentos oral e sumaríssimo, permitidos, nas hipóteses previstas em lei, a transação e o julgamento de recursos por turmas de juízes de primeiro grau;

II – justiça de paz, remunerada, composta de cidadãos eleitos pelo voto direto, universal e secreto, com mandato de quatro anos e competência para, na forma da lei, celebrar casamentos, verificar, de ofício ou em face de impugnação apresentada, o processo de habilitação e exercer atribuições conciliatórias, sem caráter jurisdicional, além de outras previstas na legislação.

Art. 126. Para dirimir conflitos fundiários, o Tribunal de Justiça designará juízes de entrância especial, com competência exclusiva para questões agrárias.

Parágrafo único. Sempre que necessário à eficiente prestação jurisdicional, o juiz far-se-á presente no local do litígio.

Art. 127. Compete à Justiça Militar Estadual processar e julgar os policiais militares e bombeiros militares nos crimes militares definidos em lei, cabendo ao Conselho de Justiça Militar decidir sobre a perda do posto e da patente dos oficiais e da graduação das praças.

Parágrafo único. A Justiça Militar Estadual é constituída, em primeira instância, pelo Conselho de Justiça Militar, que terá como órgão de segunda instância o Tribunal de Justiça.

Art. 128. Ao Poder Judiciário são asseguradas as autonomias administrativa e financeira.

§ 1º O Tribunal de Justiça elaborará sua proposta orçamentária dentro dos limites estipulados conjuntamente com os demais Poderes, na lei de diretrizes orçamentárias.

§ 2º O encaminhamento da proposta de que trata o parágrafo anterior compete ao Presidente, após aprovação do Tribunal.

Art. 129. A exceção dos critérios de natureza alimentícia, os pagamentos devidos pela Fazenda Estadual ou Municipal, em virtude de sentença judiciária, far-se-ão exclusivamente na ordem cronológica de apresentação dos precatórios e à conta dos créditos respectivos, proibida a designação de casos ou de pessoas nas dotações orçamentárias e nos créditos adicionais abertos para esse fim.

§1º É obrigatória a inclusão, no orçamento das entidades de direito público, de verba necessária ao pagamento de seus débitos constantes de precatórios judiciários, apresentados até 1º de julho, data em que terão atualizados seus valores, fazendo-se o pagamento até o final do exercício seguinte.

§ 2º As dotações orçamentárias e os créditos abertos serão consignados ao Poder Judiciário, recolhendo-se as importâncias respectivas à repartição competente, cabendo ao Presidente do Tribunal determinar o pagamento segundo as possibilidades do depósito, e autorizar, a requerimento do credor e exclusivamente para o caso de preterição de seu direito de precedência, o seqüestro da quantia necessária à satisfação do débito.

Seção II
Do Tribunal de Justiça

Art. 130. O Tribunal de Justiça, com sede na Capital e jurisdição em todo o território do Estado, compõe-se de, no mínimo, onze Desembargadores, escolhidos dentre Juízes de Direito, Advogados e membros do Ministério Público.

Art. 131. O acesso de Juízes de Direito ao Tribunal de Justiça far-se-á observando-se o disposto no inciso III e § 1º do art. 123 desta Constituição, expedido o ato pelo Presidente do Tribunal de Justiça.

Art. 132. Um quinto dos lugares do Tribunal de Justiça será composto de membros do Ministério Público, com mais de dez anos de carreira, e de advogados de notório saber jurídico e de reputação ilibada, com mais de dez anos de efetiva atividade profissional, indicados em lista sêxtupla pelos órgãos de representação das respectivas classes.

§ 1º Recebidas as indicações, o Tribunal, na primeira sessão plenária seguinte, formará lista tríplice, remetendo-a ao Poder Executivo que, nos quinze dias úteis subseqüentes à data do recebimento, escolherá um dos integrantes para nomeação.

§ 2º Considerar-se-á nomeado o integrante que encabeçar a lista tríplice, se, dentro do prazo previsto no parágrafo anterior, o Governador deixar de expedir o ato de nomeação.

§ 3º Sendo ímpar o número de lugares correspondentes ao quinto, será o mais moderno alternada e sucessivamente preenchido por advogado e por membro do Ministério Público, até que restabelecido o equilíbrio na representação das duas classes.

Art. 133. Compete ao Tribunal de Justiça, precipuamente, a guarda da Constituição do Estado de Alagoas, cabendo-lhe, privativamente:

I – eleger seu órgão diretivo e elaborar seu Regimento Interno, com observância das normas de processo e das garantias processuais das partes, dispondo sobre a competência e o funcionamento de seus órgãos jurisdicionais e administrativos;

II – organizar sua secretaria e serviços auxiliares e os dos juízos que lhe forem vinculados, velando pelo exercício da atividade correcional respectiva:

III – promover o provimento dos cargos de Juiz de Carreira e dos cargos isolados de Juiz Auditor da Justiça Militar;

IV – propor a criação de novas varas judiciárias;

V – propor à Assembleia Legislativa a Lei de Organização e de Divisão Judiciárias;

VI – prover, por concurso público de provas, ou de provas e títulos, os cargos necessários à administração da Justiça, exceto os de confiança assim definidos em lei, obedecido o disposto no art. 169, parágrafo único, da Constituição da República;

VII – conceder licença, férias e outros afastamentos a seus membros e aos juízes e servidores que a ele forem diretamente vinculados;

VIII – propor ao Poder Legislativo, observado o art. 169, da Constituição da República:

a) a criação e a extinção de cargo e a fixação de vencimentos de seus membros, dos juízes, dos serviços e órgãos auxiliares e os dos juízes que a ele forem vinculados;

b) a criação ou extinção de tribunais inferiores;

c) a alteração da organização e da divisão judiciárias;

IX – processar e julgar, originariamente:

a) os juízes estaduais e os membros do Ministério Público, bem como os Procuradores do Estado e os Defensores Públicos, nos crimes comuns e de responsabilidade, ressalvada a competência da Justiça Eleitoral;

b) os Prefeitos Municipais;

c) os Secretários de Estado, os Deputados Estaduais, o Procurador Geral do Estado e o Procurador Geral de Justiça, nos crimes comuns e de responsabilidade, ressalvada a hipótese, no último caso, de conexão com crime de responsabilidade do Chefe do Executivo, quando o julgamento caberá à Assembleia Legislativa;

d) os habeas corpus, quando o coator ou o paciente for qualquer das pessoas mencionadas nas alíneas a, b, e c, e o Corregedor Geral da Justiça, quando coator, ou quando se tratar de crime sujeito à jurisdição privativa do Tribunal, ou quando houver iminente perigo de consumar-se a violência antes de que o Juiz de Direito possa conhecer da espécie;

e) os mandados de segurança e os habeas corpus contra atos do Governador, da Assembleia Legislativa ou respectiva Mesa, do próprio Tribunal de Justiça, do Tribunal de Contas ou de seus respectivos Presidentes ou Vice-Presidentes, do Corregedor Geral da Justiça, do Procurador Geral do Estado, dos Juízes de Direito, do Procurador Geral de Justiça, do Defensor Público-Geral do Estado e do Corregedor-Geral da Defensoria Pública; (Redação dada pela Emenda Constitucional Estadual nº 32/2007).

f) o mandado de injunção, quando a elaboração da norma regulamentadora for atribuição do Governador, da Assembleia Legislativa ou respectiva Mesa, do Tribunal de Contas ou do próprio Tribunal de Justiça;

g) os conflitos de jurisdição entre as Câmaras do Tribunal ou entre Juízes de primeira instância do Estado;

h) os conflitos de atribuições entre autoridades judiciárias e administrativas do Estado ou de Municípios;

i) as ações rescisórias dos julgados de qualquer instância da Justiça do Estado, respeitada a competência dos Tribunais Federais;

j) as revisões criminais quanto a réus condenados pela Justiça do Estado;

l) a execução das sentenças, nas causas de sua competência originária, facultada a delegação de atos processuais;

m) a remoção ou a disponibilidade compulsória de juiz e, bem assim, a perda do respectivo cargo;

n) o desaforamento dos processos criminais;

o) a ação direta da inconstitucionalidade de lei ou de ato normativo estadual ou municipal, lesivos a esta Constituição;

p) as incompatibilidades e suspeições, opostas e não reconhecidas, aos Desembargadores, ao Procurador Geral da Justiça, ao Defensor Público-Geral do Estado ou ao Corregedor Geral da Justiça; (Redação dada pela Emenda Constitucional nº 32/2007).

q) os embargos opostos aos seus acórdãos;

r) a argüição de descumprimento de preceito fundamental decorrente desta Constituição.

X – processar e julgar, como órgão de Segunda Instância:

a) os recursos interpostos de atos, despachos e decisões dos Juízes de Direito, em feitos cíveis e criminais, na conformidade da lei processual;

b) os recursos interpostos da aplicação de penas disciplinares pelo Presidente do Tribunal, Relatores, Corregedor Geral de Justiça e Juízes de Direito;

XI – homologar a transação das partes, nos feitos pendentes de julgamento;

XII – uniformizar sua jurisprudência;

XIII – dar posse ao Governador e ao Vice-Governador, quando não reunida a Assembleia Legislativa;

XIV – exercer outras atribuições que lhe forem conferidas pela Constituição da República, pelo Código de Organização e Divisão Judiciárias, pelo Regimento Interno do Tribunal e legislação complementar, orgânica e supletiva.

Art. 134. Podem propor ação de inconstitucionalidade de lei ou de ato normativo estadual ou municipal, em face desta Constituição, bem assim de ato que descumpra preceito fundamental dela decorrente:

I – o Governador do Estado;

II – a Mesa da Assembleia Legislativa;

III – o Prefeito Municipal;

IV – a Mesa de Câmara Municipal;

V – o Procurador Geral da Justiça;

VI – o Conselho Seccional da Ordem dos Advogados do Brasil, em Alagoas;

VII – partido político com representação na Assembleia Legislativa;

VIII – sindicato ou entidade de classe, de âmbito estadual;

IX – o Defensor Público-Geral do Estado. (Redação acrescentada pela Emenda Constitucional nº 32/2007).

§ 1º O Procurador Geral da Justiça deverá ser previamente ouvido nas ações de inconstitucionalidade.

§ 2º Declarada a inconstitucionalidade por omissão de medida para tornar efetiva norma constitucional, será dada ciência ao Poder competente para a adoção das providências necessárias e, em se tratando de órgão administrativo, para fazê-lo em trinta dias.

§ 3º Quando o Tribunal de Justiça apreciar a inconstitucionalidade, em tese, de norma legal ou ato normativo, citará, previamente, a Procuradoria Geral do Estado, que defenderá o ato ou texto impugnado.

Art. 135. Somente pelo voto da maioria absoluta de seus membros poderá o Tribunal de Justiça declarar a inconstitucionalidade de lei ou de ato normativo do Poder Público.

Seção III
Dos Juízes

Art. 136. Os cargos de Juiz de Direito serão providos mediante ato do Presidente do Tribunal de Justiça.

Art. 137. É permitido ao Juiz não aceitar sua promoção, sem prejuízo, na ordem que lhe couber, quanto à antiguidade, bem como, ao candidato aprovado em concurso, não aceitar sua nomeação, contanto que, neste caso, não ocorram duas recusas, o que implicará perda de validade da aprovação.

Art. 138. Além da aprovação em curso de preparação da Escola Superior da Magistratura e de exame de sanidade mental, são condições para o ingresso na magistratura:

I – ser brasileiro nato ou naturalizado;

II – ser graduado em direito;

III – ter, no máximo, quarenta e cinco anos de idade, salvo se já for ocupante de cargo efetivo no serviço público estadual.

• Este inciso se apresenta incompatível com a atual ordem constitucional.

Art. 139. As atribuições, os encargos e os deveres dos Juízes serão definidos na Lei de Organização e Divisão Judiciárias.

Art. 140. Atribuir-se-á ao Juiz de Direito, para efeito de promoção por merecimento, pontos específicos, por curso promovido pela Escola Superior da Magistratura, de que tenha participado com aproveitamento.

Art. 141. Para efeito de administração da Justiça, o Estado será dividido em comarcas, constituídas de um ou mais Municípios e classificadas em entrâncias.

Parágrafo único. Cada comarca judiciária será provida de um ou mais Juiz de Direito, com exercício na respectiva sede.

CAPÍTULO IV
DAS FUNÇÕES ESSENCIAIS À JUSTIÇA

Seção I
Do Ministério Público

Art. 142. O Ministério Público é instituição permanente, essencial à função jurisdicional do Estado, incumbindo-lhe a defesa da ordem jurídica, do regime democrático e dos interesses sociais e individuais indisponíveis.

Parágrafo único. São princípios institucionais do Ministério Público a unidade, a indivisibilidade e a independência funcional.

Art. 143. Ao Ministério Público são asseguradas autonomias administrativas e funcional, cabendo-lhe:

I – praticar atos próprios de gestão;

II – praticar atos e decidir sobre a situação funcional do pessoal da carreira e dos serviços auxiliares, organizados em quadros próprios;

III – adquirir bens e serviços e efetuar a respectiva contabilização;

IV – propor à Assembleia Legislativa a criação e a extinção de seus cargos e serviços auxiliares, bem como a fixação dos vencimentos de seus membros e servidores;

• Inciso com pedido de Suspensão liminar indeferido, por unanimidade, na ADI nº 127-2-MC. Julgada pelo Pleno do STF em 20/11/1989. Publicada no DJ, de 4/12/ 1992. Resultado: Aguardando julgamento.

V – prover os cargos iniciais de carreira e dos serviços auxiliares, assim como nos casos de promoção, remoção e demais formas de provimentos derivados, expedindo também os atos de aposentadoria;

VI – organizar suas secretarias e os serviços auxiliares das Promotorias de Justiça.

Art. 144. O Ministério Público elaborará proposta orçamentária, dentro dos limites estabelecidos pela Lei de Diretrizes Orçamentárias.

Parágrafo único. Os recursos correspondentes às suas dotações orçamentárias, compreendidos os créditos suplementares e especiais, ser-lhe-ão entregues até o dia vinte de cada mês, sem vinculação a qualquer tipo de despesa.

Art. 145. Lei complementar, cuja iniciativa é reservada ao Procurador-Geral de Justiça, disporá sobre:

I – normas específicas de organização, atribuições e Estatuto do Ministério Público, observados, dentre outros, os seguintes princípios:

a) ingresso na carreira mediante concurso público de provas e títulos, assegurada a participação da Ordem dos Advogados do Brasil na sua realização e observada, nas nomeações, a ordem de classificação;

b) promoção voluntária, por antiguidade e merecimento, alternadamente, de entrância a entrância, e da entrância mais elevada para o cargo de Procurador de Justiça, aplicando-se, no que couber, o disposto no art. 93, II, da Constituição Federal;

c) vencimentos fixados com diferença não superior a dez por cento de uma para outra categoria e da entrância mais elevada para o cargo de Procurador Geral de Justiça, os deste estabelecidos na forma do art. 79, inciso VII, desta Constituição;

• Nota: Suspensa a eficácia das seguintes expressões: "os deste estabelecido na forma do art. 79, inciso VII, desta Constituição", singular constante no original, por maioria, na ADI nº 127-2-MC, julgada pelo Pleno do STF em 20/11/1989, publicada no DJ, de 4/12/1992. Resultado: Aguardando julgamento.

d) aposentadoria com proventos integrais, sendo compulsória por invalidez ou aos setenta anos de idade, e facultativa aos trinta anos de serviço, após cinco anos de exercício efetivo.

II – procedimentos administrativos de sua competência;

III – controle externo da atividade policial;

IV – demais matérias necessárias ao cumprimento de suas finalidades institucionais.

Art. 146. O Ministério Público tem por chefe o Procurador Geral de Justiça, nomeado pelo Governador do Estado, dentre integrantes da carreira, maiores de trinta e cinco anos, indicados em lista tríplice, por eleição, para mandato de dois anos, permitida uma recondução por igual período, na forma da lei complementar.

§ 1º A nomeação e a destituição do Procurador Geral de Justiça condicionam-se à prévia aprovação pela maioria absoluta dos membros da Assembleia Legislativa.

§ 2º Decorridos quinze dias úteis a contar do recebimento da lista tríplice pelo Governador do Estado, sem que ele tenha encaminhado a indicação à Assembleia Legislativa, a esta submeterá o Colégio de Procuradores o nome do mais votado.

§ 3º Aprovada a indicação e efetuada a necessária comunicação, expedirá o Governador do Estado o ato de nomeação ou dará o Colégio de Procuradores posse àquele que houver indicado, conforme o caso, dentro do prazo de quarenta e oito horas.

§ 4º Não se pronunciando a Assembleia Legislativa no prazo de quinze dias úteis, contados do recebimento da indicação, será esta incluída na ordem do dia, sobrestando-se a deliberação sobre os demais assuntos para que se ultime a votação.

Art. 147. Os membros do Ministério Público têm as seguintes garantias:

I – vitaliciedade, após dois anos de exercício, não podendo perder o cargo senão por sentença judicial transitada em julgado;

II – inamovibilidade, salvo por motivo de interesse público, mediante decisão do órgão colegiado competente do Ministério Público, por voto de dois terços de seus membros, assegurada ampla defesa;

III – irredutibilidade de vencimentos, observado, quanto à remuneração, o disposto na Constituição Federal.

Parágrafo único. O ato de remoção e de disponibilidade de membro do Ministério Público, por interesse público, fundar-se-á em decisão por voto de dois terços do órgão colegiado competente, assegurada ampla defesa.

Art. 148. Aos membros do Ministério Público é vedado:

I – receber, a qualquer título e sob qualquer pretexto, honorários, percentagens ou custas processuais;

II – exercer a advocacia;

III – participar da sociedade comercial, na forma da lei;

IV – exercer, ainda que em disponibilidade, qualquer outra função pública, salvo uma de magistério;

V – exercer atividade político-partidária, salvo exceções previstas na lei.

Art. 149. Além das funções previstas na Constituição Federal e nas leis, incumbe, ainda, ao Ministério Público, nos termos de sua lei complementar:

I – exercer a fiscalização dos estabelecimentos prisionais e dos que abriguem idosos, menores, incapazes ou pessoas portadoras de deficiências;

II – fiscalizar a aplicação de verbas públicas destinadas às instituições assistenciais;

III – deliberar sobre a participação em organismos estatais de defesa do meio ambiente, do consumidor, de política penal e penitenciária e outros afetos à sua área de atuação;

IV – receber petições, reclamações ou queixas de qualquer pessoa por desrespeito aos direitos assegurados na Constituição Federal e nesta Constituição.

Parágrafo único. No exercício de suas funções, o Ministério Público poderá:

a) instaurar procedimentos administrativos e, para instruí-los, expedir notificações para colher depoimentos ou esclarecimentos, requisitar informações, exames periciais e documentos, bem como promover inspeções e diligências investigatórias;

b) requisitar à autoridade competente a instauração de sindicância, acompanhá-la e produzir provas;

c) dar publicidade dos procedimentos administrativos que instaurar e das medidas adotadas;

d) sugerir ao Poder competente a edição de normas e a alteração de legislação em vigor;

e) requisitar os serviços temporários de servidores públicos para a realização de atividades específicas.

Art. 150. Lei Complementar de iniciativa do Ministério Público especial que oficia perante ao Tribunal de Contas, disporá sobre a sua organização.

Parágrafo único. Aplicam-se ao Ministério Público junto ao Tribunal de Contas do Estado, no que couber, os princípios e normas constantes desta Seção, pertinentes a garantias, direitos, vedações, vencimentos, vantagens e forma de investidura de seus membros.

Seção II
Da Advocacia Geral do Estado

Art. 151. A Advocacia Geral do Estado, exercida pela Procuradoria Geral do Estado, é instituição permanente essencial à Justiça, tendo por finalidade a preservação dos interesses públicos e o resguardo da legalidade e da moralidade administrativa.

Art. 152. São funções institucionais da Procuradoria Geral do Estado:

I - exercer a representação judicial e extrajudicial do Estado;

II - desenvolver as atividades de consultoria jurídica ao chefe do Executivo e junto aos órgãos da administração direta; (Redação dada pela Emenda Constitucional nº 37/2010).

III - zelar pela defesa do patrimônio público estadual imobiliário;

IV - exercer o controle interno da legalidade dos atos administrativos;

V - executar outras atribuições que lhe forem confiadas, desde que compatíveis com sua finalidade institucional.

§ 1º O Estado centralizará, na Procuradoria Geral do Estado, a orientação normativa das atividades de assessoramento jurídico do Estado quanto a sua Administração Direta. (Redação dada e renumerada pela Emenda Constitucional nº 37/2010).

§ 2º Os Procuradores Autárquicos e os Advogados de Fundação do Estado de Alagoas tem competência privativa na representação judicial e assessoramento jurídico das Entidades a quem pertençam, sendo vedado o desvio de função destes servidores, salvo para assunção de cargos em comissão ou lotação em órgãos da Administração Direta para exercício de atividades assemelhadas a outras carreiras jurídicas, desde que lhes seja garantindo mesma remuneração dos cargos que substituírem. (Redação acrescentada pela Emenda Constitucional nº 37/2010).

• Nota: parágrafo com a constitucionalidade questionada perante o STF, pela ADI nº 4449

§ 3º Os Procuradores Autárquicos e os Advogados de Fundação de Estado de Alagoas, para efeito de incidência de teto remuneratório, são considerados Procuradores nos termos do art. 37. XI da Constituição Federal. (Redação acrescentada pela Emenda Constitucional nº 37/2010).

• Nota: parágrafo com a constitucionalidade questionada perante o STF, pela ADI nº 4449

Art. 153. A Procuradoria Geral do Estado compreende o Conselho Superior da Procuradoria Geral do Estado e órgãos setoriais, conforme dispuser a lei complementar.

Parágrafo único. Na execução da dívida ativa de natureza tributária, a representação do Estado cabe à Procuradoria da Fazenda Estadual, observado o disposto em lei.

Art. 154. As funções de Procuradoria Geral do Estado serão exclusivamente exercidas por Procuradores de Estado, organizados em carreira e providos, em caráter efetivo, mediante prévia e indispensável seleção em concurso público de provas e títulos, vedado o ingresso através de provimento derivado.

Art. 155. A Procuradoria Geral do Estado será dirigida e orientada pelo Procurador Geral do Estado, nomeado pelo Chefe do Executivo e escolhido dentre os componentes da última classe da carreira de Procurador do Estado, maiores de trinta e cinco anos, indicados em lista sêxtupla organizada, mediante eleição, pelos integrantes da categoria.

• Nota: Suspensa a eficácia das seguintes expressões: "da última classe de carreira" e "indicados em lista sêxtupla organizada mediante eleição pelos integrantes da", por maioria, na ADI nº 127-2-MC, julgada pelo Pleno do STF em 20/11/1989, publicada no DJ, de 4/ 12/1992. Resultado: Aguardando julgamento.

§ 1º A nomeação e a destituição do Procurador Geral do Estado condicionam-se à aprovação do nome escolhido e à autorização pela Assembleia Legislativa Estadual, respectivamente.

• Nota: Parágrafo com eficácia suspensa, por maioria, pela ADI nº 127-2-MC, julgada pelo Pleno do STF em 20/11/1989, publicada no DJ, de 4/12/1992. Resultado: Aguardando julgamento.

§ 2º O Procurador Geral do Estado exercerá mandato de dois anos, permitida a recondução.

• Nota: Parágrafo com eficácia suspensa, por maioria, pela ADI nº 127-2-MC, julgada pelo Pleno do STF em 20/11/1989, publicada no DJ, de 4/12/1992. Resultado: Aguardando julgamento.

§ 3º O Procurador Geral do Estado poderá ser destituído por deliberação da maioria absoluta da Assembleia Legislativa, na forma da lei complementar.

• Nota: Parágrafo com eficácia suspensa, por maioria, pela ADI nº 127-2-MC, julgada pelo Pleno do STF em 20/11/1989, publicada no DJ, de 4/12/1992. Resultado: Aguardando julgamento.

Art. 156. São Assegurados aos Procuradores do Estado:

I – isonomia de vencimentos em relação aos cargos de atribuições iguais ou assemelhadas do Ministério Público e dos Poderes Legislativo e Judiciário, e para cujos exercícios seja exigida idêntica e específica qualificação profissional, ressalvadas as vantagens de caráter individual e as relativas à natureza ou ao local de trabalho, na conformidade dos art. 39, § 1º, e 135, da Constituição da República;

• Nota: Inciso com eficácia suspensa, por decisão unânime, pela ADI nº 564-2-MC, julgada pelo Pleno do STF em 18/09/1991, publicada no DJ de 25/10/1991. Resultado: ação julgada prejudicada monocraticamente, ficando sem efeito a liminar anteriormente concedida, tendo em vista não ter sido possível o exame sobre a constitucionalidade do presente dispositivo, em virtude da promulgação da EC nº 19, modificando substancialmente a redação dos arts. 37, XIII, 39, § 1º, 135 e 241 da Constituição Federal, que serviam como parâmetro de confronto.

II – exclusividade quanto ao desempenho das atividades de representação judicial do Estado e de consultoria jurídica ao Chefe do Executivo e junto aos órgãos da administração estadual centralizada;

III – irredutibilidade de vencimentos, observados, quanto à remuneração, o que dispõem os art. 37, XI e XII, 150, II, 153, III e § 2º, I, da Constituição da República;

IV – todos os demais direitos garantidos aos servidores públicos civis em geral, guardadas as peculiaridades da carreira e suas assemelhadas.

Art. 157. É vedado aos Procuradores de Estado:

I – exercer a advocacia contra os interesses de pessoa jurídica de direito público, ou ainda, em qualquer hipótese, quando submetidos a regime de trabalho de dedicação exclusiva;

II – ocupar, ainda que em disponibilidade, qualquer outro cargo público, salvo um de magistério, quando comprovada a compatibilidade horária;

III – desempenhar, mediante desvio de função, atividades estranhas ao conteúdo ocupacional do cargo permanente ocupado;

IV – ser cedido a órgão público diverso daquele em que for lotado, exceto para o fim especial de exercício de cargo de provimento em comissão ou o desempenho de atribuições vinculadas a atividades jurídicas;

V – exercer o comércio, na forma da lei.

Art. 158. Lei complementar disporá sobre a organização da carreira de Procurador de Estado e o funcionamento dos órgãos da Procuradoria Geral do Estado.

Parágrafo único. Aplicam-se aos Procuradores dos Poderes Legislativo e Judiciário, no que couberem, as disposições desta Seção pertinentes a direitos, proibições e forma de investidura, vedada a instituição, para uns e outros, de vantagens diversas daquelas atribuídas aos do Poder Executivo.

Seção III
Da Defensoria Pública

Art. 159. A Defensoria Pública é instituição permanente e essencial à função jurisdicional do Estado, incumbindo-lhe prestar assistência jurídica integral e gratuita aos necessitados, no âmbito judicial e extrajudicial, compreendendo a postulação e defesa de seus direitos em todos os graus e instâncias, na forma do art. 5º, inciso LXXIV da Constituição Federal. (Redação dada pela Emenda Constitucional nº 32/2007).

Parágrafo único. São princípios institucionais da Defensoria Pública a unidade, a indivisibilidade e a independência funcional. (Redação dada pela Emenda Constitucional nº 32/2007).

Art. 159-A. À Defensoria Pública é assegurada autonomia administrativa e funcional, cabendo-lhe: (Redação acrescentada pela Emenda Constitucional nº 32/2007).

I – praticar atos próprios de gestão; (Redação acrescentada pela Emenda Constitucional nº 32/2007).

II – praticar atos e decidir sobre a situação funcional e administrativa dos membros da carreira e dos servidores dos serviços auxiliares, organizados em quadros próprios; (Redação acrescentada pela Emenda Constitucional nº 32/2007).

III – adquirir bens e contratar serviços; (Redação acrescentada pela Emenda Constitucional nº 32/2007).

IV – propor, privativamente, ao Poder Legislativo a criação e a extinção de seus cargos de carreira, bem como a fixação e o reajuste dos subsídios de seus membros; (Redação acrescentada pela Emenda Constitucional nº 32/2007).

V – propor, privativamente, ao Poder Legislativo a criação e a extinção dos cargos de seus serviços auxiliares, bem como a fixação e o reajuste dos vencimentos de seus servidores; (Redação acrescentada pela Emenda Constitucional nº 32/2007).

VI – prover os cargos iniciais da carreira e dos serviços auxiliares, por nomeação, remoção ou promoção e demais formas de provimento derivado; (Redação acrescentada pela Emenda Constitucional nº 32/2007).

VII – editar atos de aposentadoria, exoneração, demissão, afastamento e outros que importem vacância do cargo da carreira e dos serviços auxiliares, bem como os de disponibilidade de seus membros e servidores dos serviços auxiliares; (Redação acrescentada pela Emenda Constitucional nº 32/2007).

VIII – organizar os serviços de apoio institucional e administrativo das Defensorias Públicas de Primeira e Segunda Instâncias; (Redação acrescentada pela Emenda Constitucional nº 32/2007).

IX – elaborar e aprovar seu regimento interno e dos seus órgãos colegiados; (Redação acrescentada pela Emenda Constitucional nº 32/2007).

X – elaborar sua proposta orçamentária dentro dos limites estabelecidos na lei de diretrizes orçamentárias, subordinada ao disposto no art. 99, §2º da Constituição Federal, e encaminhá-la ao chefe do Poder Executivo estadual; (Redação acrescentada pela Emenda Constitucional nº 32/2007).

XI – exercer outras atribuições que forem definidas em lei. (Redação acrescentada pela Emenda Constitucional nº 32/2007).

§1º Os recursos correspondentes às dotações orçamentárias, compreendidos os créditos suplementares e os especiais, consignados à Defensoria Pública, ser-lhe-ão repassados em duodécimos até o dia vinte de cada mês. (Redação acrescentada pela Emenda Constitucional nº 32/2007).

Art. 159-B. A Defensoria Pública tem por chefe o Defensor Público-Geral do Estado, nomeado pelo Governador do Estado dentre integrantes da carreira, maiores de 30 anos, indicados em lista tríplice elaborada através de votação direta, obrigatória e secreta, de todos os seus membros em efetivo exercício, para o mandato de dois anos, permitida uma recondução. (Redação acrescentada pela Emenda Constitucional nº 32/2007).

§ 1º O Defensor Público-Geral poderá ser destituído, antes do término do mandato, por deliberação da maioria absoluta da Assembleia Legislativa, nos casos e na forma de lei complementar estadual. (Redação acrescentada pela Emenda Constitucional nº 32/2007).

§ 2º O Defensor Público-Geral do Estado comparecerá, anualmente, à Assembleia Legislativa para relatar, em sessão pública, as atividades e necessidades da Defensoria Pública. (Redação acrescentada pela Emenda Constitucional nº 32/2007).

Art. 159-C. A Defensoria Pública será organizada por Lei Complementar de iniciativa do Defensor Público-Geral do Estado, que disporá sobre sua organização e funcionamento, assegurado aos seus membros: (Redação acrescentada pela Emenda Constitucional nº 32/2007).

I – inamovibilidade, salvo por motivo de interesse público fundado em decisão adotada por voto de dois terços dos membros do Conselho Superior da Defensoria Pública, assegurada a ampla defesa; (Redação acrescentada pela Emenda Constitucional nº 32/2007).

II – irredutibilidade de subsídios, fixados na forma dos arts. 37 X, XI e XV; 39, § 4º; 134, § 1º, 135, todos da Constituição Federal; (Redação acrescentada pela Emenda Constitucional nº 32/2007).

III – estabilidade, após três anos de exercício, não podendo ser demitido do cargo senão por sentença judicial ou em conseqüência de processo disciplinar administrativo em que lhes seja assegurada ampla defesa; (Redação acrescentada pela Emenda Constitucional nº 32/2007).

IV – ingresso na classe inicial da carreira através de concurso público de provas e títulos, promovido pela Defensoria Pública do Estado, assegurada a participação da Ordem dos Advogados do Brasil em sua realização, observando-se, nas nomeações, a ordem de classificação; (Redação acrescentada pela Emenda Constitucional nº 32/2007).

V – promoção voluntária de classe para classe, alternadamente, por antiguidade e merecimento, esta através de lista tríplice elaborada pelo Conselho Superior da Defensoria Pública; (Redação acrescentada pela Emenda Constitucional nº 32/2007).

VI – aposentadoria e pensão de seus dependentes de conformidade com o disposto no art. 40 da Constituição Federal; (Redação acrescentada pela Emenda Constitucional nº 32/2007).

VII – férias anuais de 60 (sessenta) dias. (Redação acrescentada pela Emenda Constitucional nº 32/2007).

§ 1º Aos membros da carreira é vedado receberem, a qualquer título ou sob qualquer pretexto, honorários, percentagens e custas processuais e exercerem a advocacia fora das suas atribuições institucionais. (Redação acrescentada pela Emenda Constitucional nº 32/2007).

§ 2º O ato de remoção e disponibilidade de membro da Defensoria Pública, por interesse público, fundar-se-á em decisão por voto de dois terços do Conselho Superior da Defensoria Pública, assegurada a ampla defesa. (Redação acrescentada pela Emenda Constitucional nº 32/2007).

Art. 160. Os cargos das carreiras do Ministério Público, de Procurador de Estado e de Defensor Público, bem como o cargo de Advogado de Ofício da Justiça Militar, são considerados assemelhados aos da carreira da Magistratura, inclusive para os fins previstos nos incisos VII e VIII do art. 47 desta Constituição.

• Nota: Artigo com eficácia suspensa, por decisão unânime, pela ADI nº 564-2-MC, julgada pelo Pleno do STF em 18/09/1991, publicada no DJ de 25/10/1991. Resultado: ação julgada prejudicada monocraticamente, ficando sem efeito a liminar anteriormente concedida, tendo em vista não ter sido possível o exame sobre a constitucionalidade do presente dispositivo, em virtude da promulgação da EC nº 19, modificando substancialmente a redação dos arts. 37, XIII, 39, § 1º, 135 e 241 da Constituição Federal, que serviam como parâmetro de confronto.

Seção VI
Da Advocacia

Art. 161. O advogado é indispensável à administração da Justiça e, nos termos da lei, inviolável por seus atos e manifestações no exercício da profissão.

§ 1º É obrigatório o patrocínio das partes por advogado, em qualquer juízo ou tribunal, observado o disposto na lei processual.

§ 2º O Poder Judiciário reservará, em todos os fóruns e tribunais do Estado, salas privativas, condignas e permanentes, destinadas aos advogados.

§ 3º É dever das autoridades e dos servidores do Estado e dos Municípios o respeito aos direitos e às prerrogativas dos advogados, sob pena de responsabilidade, na forma da lei.

TÍTULO IV
DA TRIBUTAÇÃO E DO ORÇAMENTO

CAPÍTULO I
DO SISTEMA TRIBUTÁRIO ESTADUAL

Seção I
Dos Princípios Gerais e das Limitações ao Poder de Tributar

Art. 162. O Estado e os Municípios poderão instituir:

I – impostos;

II – taxas, em razão do exercício do poder de polícia o pela utilização, efetiva ou potencial, de serviços públicos específicos e divisíveis, prestados aos contribuintes ou postos à sua disposição;

III – contribuição de melhoria, decorrente de obra pública.

§ 1º Sempre que possível, os impostos terão caráter pessoal e serão graduados segundo a capacidade econômica do contribuinte, facultado à administração tributária, especialmente para conferir efetividade a esses objetivos, identificar, respeitados os direitos individuais e nos termos da lei, o patrimônio, os rendimentos e as atividades econômicas do contribuinte.

§ 2º As taxas não poderão ter base de cálculo própria de impostos.

Art. 163. É vedada ao Estado e aos Municípios a instituição de empréstimo compulsório.

Art. 164. O Estado e os Municípios, na área de sua competência, adequarão sua legislação tributária às normas gerais estabelecidas pela lei complementar a que se refere o art. 146 da Constituição Federal.

Art. 165. O Estado e os Municípios poderão instituir contribuição, cobrada de seus servidores, para o custeio, em benefício destes e de suas famílias, de sistema de previdência e assistência social, na forma da lei.

Art. 166. Sem prejuízo de outras garantias asseguradas aos contribuintes, é vedado ao Estado e aos Municípios, inclusive suas autarquias e fundações, conforme o caso:

I – exigir, aumentar, extinguir ou reduzir impostos, taxas de quaisquer natureza, contribuições de melhoria, emolumentos por atos da Junta Comercial e custas judiciais, sem lei que o estabeleça;

II – instituir tratamento desigual entre contribuintes que se encontrem em situação de equivalência, proibida qualquer distinção por motivo de ocupação profissional ou de função por eles exercida, independentemente de denominação jurídica dos rendimentos, títulos ou direitos;

III – cobrar tributos:

a) em relação a fatos gerados ocorridos antes do início da vigência da lei que os houver instituído ou aumentado;

b) no mesmo exercício financeiro em que haja sido publicada a lei que os instituiu ou aumentou;

IV – utilizar tributo com efeito de confisco;

V – estabelecer limitações ao tráfego de pessoas ou bens, por meio de tributos interestaduais ou intermunicipais, ressalvada a cobrança de pedágio pela utilização de vias públicas conservadas pelo Poder Público;

VI – instituir impostos sobre:

a) patrimônio, renda ou serviços, uns dos outros;

b) templos de qualquer culto;

c) patrimônio, renda ou serviços dos partidos políticos, inclusive de suas fundações, das entidades sindicais dos trabalhadores, das instituições de educação e de assistência social, sem fins lucrativos, atendidos os requisitos estabelecidos em lei;

d) livros, jornais, periódicos e o papel destinado à sua impressão;

VII – renunciar à Receita e conceder isenções e anistias fiscais, sem interesse público justificado.

§ 1º A vedação do inciso VI, a, é extensiva às autarquias e às fundações instituídas e mantidas pelo Poder Público, no que se refere ao patrimônio, à renda e aos serviços vinculados a suas finalidades essenciais ou às delas decorrentes.

§ 2º As vedações do inciso VI, a, e do parágrafo anterior não se aplicam ao patrimônio, à renda e aos serviços relacionados com exploração de atividades econômicas regidas pelas normas aplicáveis a empreendimentos privados, ou em que haja contraprestação ou pagamento de preços ou tarifas pelo usuário, nem exoneram o adquirente da obrigação de pagar impostos relativamente ao bem imóvel.

§ 3º As vedações expressas nas alíneas b e c do inciso VI compreendem somente o patrimônio, a renda e os serviços relacionados com as finalidades essenciais das entidades nelas mencionadas.

§ 4º Qualquer anistia ou remissão que envolva matéria tributária só poderá ser concedida através de lei específica, estadual ou municipal.

Art. 167. É vedado ao Estado e aos Municípios estabelecer diferença tributária entre bens e serviços de qualquer natureza, em razão de sua procedência ou destino.

Seção II
Dos Impostos do Estado

Art. 168. Compete ao Estado instituir:

I – impostos sobre:

a) transmissão causa mortis e doação de quaisquer bens ou direitos;

b) operações relativas à circulação de mercadorias e sobre a prestação de serviços de transporte interestadual e intermunicipal, e de comunicação, ainda que as operações e as prestações se iniciem no exterior;

c) propriedade de veículos automotores;

II – adicional de até cinco por cento do que for pago por pessoa física ou jurídica domiciliada ou estabelecida no território do Estado, a título de imposto sobre a renda e proventos de qualquer natureza incidente sobre lucros, ganhos e rendimentos de capital.

• Imposto suprimido, desde 1º de janeiro de 1996, pelo art. 3º da Emenda à Constituição Federal Nº 03, de 17 de março de 1993

Parágrafo único. O imposto previsto no inciso I, b, atenderá ao seguinte:

I – será não-cumulativo, compensando-se o que for devido em cada operação relativa à circulação de mercadorias ou prestação de serviços com o montante cobrado nas anteriores pelo mesmo ou outro Estado, o Distrito Federal ou Território;

II – a isenção ou não-incidência, salvo determinação em contrário da legislação:

a) não implicará crédito para compensação com o montante devido nas operações ou prestações subseqüentes;

b) acarretará a exclusão de crédito relativo às operações anteriores;

III – poderão ser seletivos, em função da essencialidade das mercadorias e dos serviços;

IV – incidirão também:

a) sobre a entrada de mercadoria importada do exterior, ainda quando se tratar de bem destinado a consumo ou ativo fixo do estabelecimento, assim como sobre serviços prestados ou iniciados no exterior;

b) sobre o valor total da operação, quando mercadorias forem fornecidas com serviços não-compreendidos na competência tributária dos Municípios;

V – não incidirão:

a) sobre operações que destinem ao exterior produtos industrializados, excluídos os semielaborados definidos em lei complementar federal;

b) sobre operações que destinem a outros Estados petróleo e lubrificantes, combustíveis líquidos e gasosos dele derivados, e anergia elétrica;

c) sobre ouro, nas hipóteses definidas no art. 153, § 5º, da Constituição Federal;

VI – não compreenderá, em sua base de cálculo, o montante do imposto sobre produtos industrializados, quando a operação, realizada entre contribuintes e relativa a produto destinado à industrialização ou à comercialização, configure fato gerador dos dois impostos.

Seção III
Dos Impostos dos Municípios

Art. 169. Compete aos Municípios instituir impostos sobre:

I – propriedade predial e territorial urbana;

II – transmissão inter vivos, a qualquer título, por ato oneroso, de bens imóveis, por natureza ou acessão física, e de direitos reais sobre imóveis, exceto os de garantia, bem como cessão de direitos à aquisição;

III – vendas a varejo de combustíveis líquidos e gasosos, exceto óleo diesel;

• Imposto suprimido, desde 1º de janeiro de 1996, pelo art. 4º da Emenda à Constituição Federal Nº 03, de 17 de março de 1993.

IV – serviços de qualquer natureza, não compreendidos no art. 168, I, b, definidos em lei complementar federal.

§ 1º O imposto previsto no inciso I poderá ser progressivo, nos termos da lei municipal, de forma a assegurar o cumprimento da função social da propriedade.

§ 2º O imposto previsto no inciso II:

I – não incide sobre a transmissão de bens ou direitos incorporados ao patrimônio de pessoa jurídica em realização de capital, nem sobre a transmissão de bens ou direitos decorrentes de fusão, incorporação, cisão ou extinção de pessoa jurídica, salvo se a atividade preponderante do adquirente for a compra e venda desses bens e direitos, locação de bens imóveis ou arrendamento mercantil;

II – compete ao Município da situação do bem.

§ 3º O imposto previsto no inciso III do caput deste artigo compete ao Município em que se completar a venda a varejo e não exclui a incidência do imposto estadual previsto no art. 168, I, b, sobre a mesma operação.

Seção IV
Da Repartição das Receitas Tributárias

Art. 170. Pertencem ao Estado:

I – o produto da arrecadação do imposto da União sobre rendas e proventos de qualquer natureza, incidente na fonte sobre rendimentos pagos, a qualquer título, por ele, suas autarquias e suas fundações públicas;

II – vinte por cento do produto da arrecadação do imposto que a União instituir no exercício da competência que lhe é atribuída pelo art. 154, I, da Constituição Federal.

Art. 171. Pertencem aos Municípios:

I – o produto da arrecadação do imposto da União sobre renda e proventos de qualquer natureza, incidente, na fonte, sobre rendimentos pagos a qualquer título, por eles, suas autarquias e pelas fundações que instituam ou mantenham na forma do art. 158, inciso I, da Constituição Federal;

II – cinquenta por cento do produto da arrecadação:

a) do imposto da União sobre a propriedade territorial rural, na forma do art. 158, inciso II, da Constituição Federal;

b) do imposto do Estado sobre a propriedade de veículos automotores licenciados em seu território;

III – vinte e cinco por cento do produto da arrecadação do imposto do Estado sobre operações relativas à circulação de mercadorias sobre prestações de serviços de transporte interestadual e intermunicipal, e de comunicação.

Parágrafo único. As parcelas de receita pertencentes aos Municípios, mencionados no inciso III, serão creditadas conforme os seguintes critérios:

I – três quartos, no mínimo na proporção do valor adicionado nas operações relativas à circulação de mercadorias e nas prestações de serviços, realizadas em seus territórios;

II – até um quarto, de acordo com o que dispuser a lei estadual.

Art. 172. Além da receita relativa ao Fundo de Participação dos Estados e do Distrito Federal, cabe ao Estado parcela do produto da arrecadação do imposto sobre produtos industrializados, na forma do art. 159, II, da Constituição Federal.

Art. 173. Além da parcela relativa ao Fundo de Participação dos Municípios, cabem a estes vinte e cinco por cento dos recursos que o Estado receber da União, do produto da arrecadação do imposto sobre produtos industrializados, observados os critérios estabelecidos no art. 158, parágrafo único, I e II da Constituição Federal.

Art. 174. É vedada a retenção ou qualquer restrição à entrega ou ao emprego dos recursos atribuídos aos Municípios, inclusive quanto aos adicionais e acréscimos relativos a impostos.

§ 1º Essa vedação não impede o Estado de condicionar a entrega de recursos ao pagamento de seus créditos.

§ 2º A retenção dos recursos mencionados no caput deste artigo, implicará responsabilidade e demissão, a bem do serviço público, da autoridade que der causa, mediante iniciativa e deliberação da Assembleia Legislativa Estadual, pelo voto da maioria absoluta dos seus membros.

Art. 175. O Estado e os Municípios divulgarão, até o último dia do mês subseqüente ao da arrecadação, os montantes de cada um dos tributos arrecadados, os recursos recebidos e os valores de origem tributária entregues e a entregar.

Parágrafo único. Os dados divulgados pelo Estado serão discriminados por Município, indicando a expressão numérica dos critérios de rateio.

CAPÍTULO II
DOS ORÇAMENTOS

Art. 176. Leis de iniciativa do Poder Executivo estabelecerão:

I – o plano plurianual;

II – as diretrizes orçamentárias;

III – os orçamentos anuais.

§ 1º A lei que instituir o plano plurianual estabelecerá as diretrizes, os objetivos e as metas da administração pública estadual para as despesas de capital e outras delas decorrentes, bem como as relativas aos programas de duração continuada.

§ 2º A lei de diretrizes compreenderá as metas e prioridades da administração pública estadual, incluindo as despesas de capital para o exercício financeiro subseqüente, orientará a elaboração da lei orçamentária anual, disporá sobre alterações na legislação tributária estadual e estabelecerá a política de aplicação financeira dos órgãos ou agências estaduais de fomento.

§ 3º O Poder Executivo publicará, até trinta dias após o encerramento de cada bimestre, relatório sucinto da execução orçamentária.

§ 4º Os planos e programas previstos nesta Constituição serão elaborados em consonância com o plano plurianual e apreciados pela Assembleia Legislativa Estadual.

§ 5º A lei orçamentária anual compreenderá:

I – o orçamento fiscal referente aos Poderes do Estado, seus fundos, órgãos e entidades da administração direta e indireta, inclusive fundações públicas;

II – o orçamento de investimentos das empresas em que o Estado, direta ou indiretamente, detenha a maioria do capital social com direito a voto;

III – o orçamento de seguridade social, abrangendo todas as entidades da administração direta ou indireta, e órgãos a ela vinculados, bem como os fundos e fundações públicas.

§ 6º O orçamento fiscal e o das entidades estaduais, compatibilizados com o plano plurianual, terão entre suas funções a de reduzir desigualdades regionais, observado o critério populacional.

§ 7º O projeto de lei orçamentária será acompanhado de demonstrativo dos efeitos decorrentes de isenções, anistias, subsídios e benefícios de natureza financeira, tributária e creditícia, sobre as receitas e despesas.

§ 8º A lei orçamentária anual não conterá dispositivo estranho à previsão da receita e à fixação da despesa, não se incluindo na proibição a autorização para abertura de créditos suplementares e contratação de operações de crédito, inclusive por antecipação de receita, nos termos da lei.

§ 9º Caberá à lei complementar estadual:

I – dispor sobre o exercício financeiro, a vigência, os prazos, a tramitação legislativa, a elaboração e a organização do plano plurianual, da lei de diretrizes orçamentárias e da lei orçamentária anual;

II – estabelecer normas de gestão financeira e patrimonial da administração direta e indireta, bem como condições para a instituição e funcionamento de fundos; e

III – dispor sobre critérios para a execução equitativa, além de procedimentos que serão adotados quando houver impedimentos legais e técnicos, cumprimento de restos a pagar e limitação das programações de caráter obrigatório, para a realização no disposto no § 11 do art. 177. (Redação acrescentada pela Emenda Constitucional nº 42/2019).

§ 10. (Revogado pela Emenda Constitucional nº 17/1997).

§ 11. A administração tem o dever de executar as programações orçamentárias, adotando os meios e as medidas necessários, com o propósito de garantir a efetiva entrega de bens e serviços à sociedade. (Redação acrescentada pela Emenda Constitucional nº 42/2019).

§ 12. O Poder Executivo acrescentará, em forma de anexo, o relatório sobre o Orçamento da Criança e do Adolescente – OCA, com o objetivo de favorecer a transparência, a fiscalização e o controle da gestão fiscal. (Redação acrescentada pela Emenda Constitucional nº 46/2019).

I – para fins desse parágrafo, considera-se Orçamento da Criança e do Adolescente – OCA a soma dos gastos orçamentários exclusivamente destinados às ações e aos programas direcionados para os menores de 18 (dezoito) anos; (Redação acrescentada pela Emenda Constitucional nº 46/2019).

II – o relatório que se refere o parágrafo, deverá conter ações detalhadas em anexo específico direcionado ao Orçamento da Criança e do Adolescente – OCA nas leis orçamentárias; (Redação acrescentada pela Emenda Constitucional nº 46/2019).

III – só por lei específica poderá ser feita a supressão e o remanejamento orçamentário de qualquer função, subfunção, programa, ação ou subação constante no anexo destinado ao Orçamento da Criança e do Adolescente – OCA; (Redação acrescentada pela Emenda Constitucional nº 46/2019).

IV – a vedação do remanejamento orçamentário citados no inciso anterior não se aplicará quando o remanejamento for entre as ações orçamentárias constantes no anexo do Orçamento da Criança e do Adolescente – OCA; e (Redação acrescentada pela Emenda Constitucional nº 46/2019).

V – fica o Poder Executivo obrigado a enviar o relatório do Orçamento da Criança e do Adolescente - OCA junto as leis orçamentárias. (Redação acrescentada pela Emenda Constitucional nº 46/2019).

§ 13. O Orçamento da Criança e do Adolescente - OCA deverá ser dividido por eixos e subeixos de atuação, sendo eles: (Redação acrescentada pela Emenda Constitucional nº 46/2019).

I – eixo de acesso à educação de qualidade e subeixo: cultura, desporto e lazer e educação; (Redação acrescentada pela Emenda Constitucional nº 46/2019).

II – eixo de programação de direitos e proteção integral e subeixo: assistência social e direitos da cidadania; e (Redação acrescentada pela Emenda Constitucional nº 46/2019).

III – eixo de promoção à vida saudável e subeixo: habitação, saneamento e saúde. (Redação acrescentada pela Emenda Constitucional nº 46/2019).

Art. 177. Os projetos de lei relativos ao plano plurianual, às diretrizes orçamentárias, ao orçamento anual e aos créditos adicionais serão apreciados pela Assembleia Legislativa Estadual.

§ 1º Caberá a comissão especial permanente de Deputados:

I – examinar e emitir parecer sobre os projetos referidos neste artigo e sobre as contas apresentadas anualmente pelo Governador do Estado;

II – examinar e emitir parecer sobre os planos e programas estaduais previstos nesta Constituição e exercer o acompanhamento e a fiscalização orçamentária, sem prejuízo da atuação das demais comissões da Assembleia Legislativa Estadual, criadas de acordo com o art. 83 desta Constituição.

§ 2º As emendas serão apresentadas na comissão especial permanente, que sobre elas emitirá parecer, e apreciadas, na forma regimental, pelo plenário da Assembleia Legislativa Estadual.

§ 3º As emendas aos projetos de lei do orçamento anual e aos projetos que o modifiquem somente podem ser aprovados caso:

I – sejam compatíveis com o plano plurianual e com a lei de diretrizes orçamentárias;

II – indiquem os recursos necessários, admitidos apenas ou provenientes de anulação de despesas, excluídas as que incidam sobre:

a) dotações para pessoal e seus encargos;

b) serviços da dívida;

c) transferência tributária de percentual pertencente aos Municípios; ou

III – sejam relacionados:

a) com a correção de erros ou omissões; ou

b) com os dispositivos do texto do projeto de lei.

§ 4º As emendas ao projeto de lei de diretrizes orçamentárias não podem ser aprovadas, quando incompatíveis com o plano plurianual.

§ 5º O Poder Executivo poderá enviar mensagem à Assembleia Legislativa para propor modificação nos projetos a que se refere este artigo, enquanto não iniciada a votação, na comissão especial permanente, da parte cuja alteração é proposta.

§ 6º Os prazos para encaminhamento, à Assembleia Legislativa, dos projetos de lei, de iniciativa governamental, sobre o plano plurianual, as diretrizes orçamentárias e os orçamentos anuais, serão os seguintes:

I – até 15 de setembro do primeiro ano do mandato do Governador eleito, do projeto de lei relativo ao plano plurianual;

II – até 15 de maio, anualmente, do projeto de lei de diretrizes orçamentárias; e

III – até 15 de setembro, de cada ano, do projeto de lei da proposta orçamentária para o exercício subseqüente.

§ 7º (Redação revogada pela Emenda Constitucional nº 27/2002).

I – (Redação revogada pela Emenda Constitucional nº 27/2002).

II – (Redação revogada pela Emenda Constitucional nº 27/2002).

III – (Redação revogada pela Emenda Constitucional nº 27/2002).

§ 8º A sessão legislativa não será encerrada sem a aprovação do plano plurianual, das diretrizes orçamentárias e do orçamento anual. (Redação dada pela Emenda Constitucional nº 44/2019).

I – caso não receba as propostas da lei de diretrizes orçamentárias e orçamento anual nos prazos fixados, nos incisos I e II, § 6º do art. 177, o Poder Legislativo considerará como propostas, a lei de diretrizes orçamentária e orçamento anual vigentes, sem prejuízo das sanções constitucionais previstas. (Redação dada pela Emenda Constitucional nº 44/2019).

II – o dia 15 de julho, de cada ano, o projeto de lei de diretrizes orçamentárias.

§ 8º-A (REVOGADO). (Redação dada pela Emenda Constitucional nº 44/2019).

§ 8º-B (REVOGADO). (Redação dada pela Emenda Constitucional nº 44/2019).

§ 8º-C (REVOGADO). (Redação dada pela Emenda Constitucional nº 44/2019).

§ 8º-D (REVOGADO). (Redação dada pela Emenda Constitucional nº 44/2019).

§ 9º Aplicam-se aos projetos previstos neste artigo, no que não contrariar o disposto nesta Seção, as demais normas relativas ao processo legislativo.

§ 10. Os recursos que, em decorrência de veto, emenda ou rejeição do projeto de lei orçamentária anual, ficarem sem despesas correspondentes, poderão ser utilizados, conforme o caso, mediante créditos especiais ou suplementares, com prévia e específica autorização legislativa.

§ 11. Além de sua publicação no Diário Oficial do Estado, os projetos de lei do Plano Plurianual, das Diretrizes Orçamentárias e dos Orçamentos anuais serão colocados pelo Poder Legislativo, com antecedência mínima de trinta dias de sua apreciação em Plenário, à disposição das instituições e pessoas interessadas, para deles tomarem conhecimento e oferecerem sugestões.

§ 12. As emendas individuais ao projeto de lei orçamentária serão aprovadas no limite de 1,0% (um por cento) da receita corrente líquida prevista no projeto encaminhado pelo Poder Executivo, sendo que a metade deste percentual será destinada a ações e serviços públicos de saúde. (Redação acrescentada pela Emenda Constitucional nº 42/2019).

§ 13. A execução do montante destinado a ações e serviços públicos de saúde previsto no § 12, inclusive custeio, será computada para fins do cumprimento do inciso II do § 2º do art. 198 da Constituição Federal, vedada a destinação para pagamento de pessoal ou encargos sociais. (Redação acrescentada pela Emenda Constitucional nº 42/2019).

§ 14. É obrigatória a execução orçamentária e financeira das programações a que se refere o § 12 deste artigo, em montante correspondente a 1,0% (um por cento) da receita corrente líquida realizada no exercício anterior, conforme os critérios para a execução equitativa da programação definidos na Lei Complementar prevista no § 9º do art. 176. (Redação acrescentada pela Emenda Constitucional nº 42/2019).

§ 15. As programações orçamentárias previstas no § 14 deste artigo não serão de execução obrigatória nos casos dos impedimentos de ordem técnica. (Redação acrescentada pela Emenda Constitucional nº 42/2019).

§ 16. Para fins de cumprimento do disposto no § 14 deste artigo, os órgãos de execução deverão observar, nos ternos da Lei de Diretrizes Orçamentárias, cronograma para análise e verificação de eventuais impedimentos das programações e demais procedimentos necessários à viabilização da execução dos respectivos montantes. (Redação acrescentada pela Emenda Constitucional nº 42/2019).

§ 17. Quando a transferência obrigatória do Estado para a execução da programação prevista no § 14 deste artigo for destinada aos Municípios, independerá da adimplência do ente federativo destinatário e não integrará a base de cálculo da receita corrente líquida para fins de aplicação dos limites de despesa de pessoal de que trata o caput do art. 169 da Constituição Federal. (Redação acrescentada pela Emenda Constitucional nº 42/2019).

§ 18. Os restos a pagar provenientes das programações orçamentárias previstas no § 14 poderão ser considerados para fins de cumprimento da execução financeira até o limite de 0,5% (cinco décimos por cento) da receita corrente líquida realizada no exercício anterior. (Redação acrescentada pela Emenda Constitucional nº 42/2019).

§ 19. Se for verificado que a reestimativa da receita e da despesa poderá resultar no não cumprimento da meta de resultado fiscal estabelecida na Lei de Diretrizes Orçamentárias, os montantes previstos no § 14 deste artigo poderão ser reduzidos em até a mesma proporção da limitação incidente sobre o conjunto das demais despesas discricionárias. (Redação acrescentada pela Emenda Constitucional nº 42/2019).

§ 20. Considera-se equitativa a execução das programações de caráter obrigatório que observe critérios objetivos e imparciais e que atenda de forma igualitária e impessoal às Emendas apresentadas, independentemente da autoria. (Redação acrescentada pela Emenda Constitucional nº 42/2019).

Art. 177-A. As emendas individuais impositivas apresentadas ao projeto de lei orçamentária anual poderão alocar recursos a municípios por meio de: (Redação acrescentada pela Emenda Constitucional nº 47/2020).

I – transferência especial; ou (Redação acrescentada pela Emenda Constitucional nº 47/2020).

II – transferência com finalidade definida. (Redação acrescentada pela Emenda Constitucional nº 47/2020).

§ 1º Os recursos transferidos na forma do caput deste artigo não integrarão a receita dos municípios para fins de repartição e para o cálculo dos limites da despesa com pessoal ativo e inativo, nos termos do § 17 do art. 177, e de endividamento do ente federado, vedada, em qualquer caso, a aplicação dos recursos a que se refere o caput deste artigo no pagamento de: (Redação acrescentada pela Emenda Constitucional nº 47/2020).

I – despesas com pessoal e encargos sociais relativas a ativos e inativos, e com pensionistas; e (Redação acrescentada pela Emenda Constitucional nº 47/2020).

II – encargos referentes ao serviço da dívida. (Redação acrescentada pela Emenda Constitucional nº 47/2020).

§ 2º Na transferência especial a que se refere o inciso I do caput deste artigo, os recursos: (Redação acrescentada pela Emenda Constitucional nº 47/2020).

I – serão repassados diretamente ao município beneficiado, independentemente de celebração de convênio ou de instrumento congênere; (Redação acrescentada pela Emenda Constitucional nº 47/2020).

II – pertencerão ao município no ato da efetiva transferência financeira; e (Redação acrescentada pela Emenda Constitucional nº 47/2020).

III – serão aplicadas em programações finalísticas das áreas de competência do Poder Executivo do município beneficiado, observado o disposto no § 5º deste artigo. (Redação acrescentada pela Emenda Constitucional nº 47/2020).

§ 3º O município beneficiado da transferência especial a que se refere o inciso I do caput deste artigo poderá firmar contratos de cooperação técnica para fins de subsidiar o acompanhamento da execução orçamentária na aplicação dos recursos. (Redação acrescentada pela Emenda Constitucional nº 47/2020).

§ 4º Na transferência com finalidade definida a que se refere o inciso II do caput deste artigo, os recursos serão: (Redação acrescentada pela Emenda Constitucional nº 47/2020).

I – vinculados à programação estabelecida na emenda parlamentar; e (Redação acrescentada pela Emenda Constitucional nº 47/2020).

II – aplicados nas áreas de competência constitucional do Estado. (Redação acrescentada pela Emenda Constitucional nº 47/2020).

§ 5º Pelo menos 70% (setenta por cento) das transferências especiais de que trata o inciso I do caput deste artigo deverão ser aplicadas em despesas de capital, observada a restrição a que se refere o inciso II do § 1º deste artigo. (Redação acrescentada pela Emenda Constitucional nº 47/2020).

Art. 178. São vedados:

I – o início de programas ou projetos não incluídos na lei orçamentária anual;

II – a realização de despesas ou a assunção de obrigações diretas que excedam os critérios orçamentários ou adicionais;

III – a realização de operações de crédito que excedam o montante das despesas de capital, ressalvadas as autorizadas mediante créditos suplementares ou especiais específicos, aprovados pelo Poder Legislativo por maioria absoluta;

IV – a vinculação de receita de impostos a órgãos, fundo ou despesa, ressalvados os percentuais da receita tributária estadual, pertencentes aos Municípios ou que se destinem à manutenção e desenvolvimento do ensino, como determinado no art. 198, I, desta Constituição, e a prestação de garantias às operações de crédito por antecipação de receita, nos termos da lei;

V – a abertura de crédito suplementar ou especial, sem prévia autorização legislativa e sem indicação dos recursos correspondentes;

VI – a transposição, o remanejamento ou a transferência, de recursos de uma categoria de programação para outra ou de um órgão para outro, sem prévia autorização legislativa;

VII – a concessão ou utilização de créditos ilimitados;

VIII – a utilização, sem a autorização legislativa específica, de recursos do orçamento fiscal para suprir necessidade ou cobrir déficit de empresas, fundações e fundos;

IX – a instituição de fundos de qualquer natureza, sem prévia autorização legislativa;

X – a inserção, no orçamento anual, de dotação de recursos sem destinação específica, notadamente de caráter reservado ou secreto.

§ 1º Nenhum investimento cuja execução ultrapasse um exercício financeiro poderá ser iniciado sem prévia inclusão no plano plurianual, sem lei que autorize a inclusão, sob pena de crime de responsabilidade.

§ 2º Os créditos especiais e extraordinários terão vigência no exercício financeiro em que forem autorizados, salvo se o ato de autorização for promulgado nos últimos quatro meses daquele exercício. Caso em que, reabertos os limites dos seus saldos, serão incorporados ao orçamento do exercício financeiro subseqüente.

§ 3º A abertura de crédito extraordinário somente será admitida para atender a despesas imprevisíveis e urgentes, como as decorrentes de guerra, comoção interna ou calamidade pública.

Art. 179. Os recursos correspondentes às dotações orçamentárias, inclusive de créditos suplementares e especiais, destinados aos órgãos dos Poderes Judiciário e Legislativo, bem como ao Tribunal de Contas e Ministério Público, ser-lhes-ão entregues até o vigésimo dia útil de cada mês, sob pena de responsabilidade e demissão, a bem do serviço público, da autoridade que der causa à não transferência dos recursos, mediante iniciativa e deliberação da Assembleia Legislativa Estadual.

• Nota: Suspensa a eficácia das seguintes expressões: "sob pena de responsabilidade e demissão, a bem do serviço público, da autoridade que der causa à não transferência dos recursos, mediante iniciativa e deliberação da Assembleia Legislativa Estadual", por unanimidade, na ADI nº 127-2-MC, julgada pelo Pleno do STF em 20/11/1989, publicada no DJ, de 4/12/1992. Resultado: Aguardando julgamento.

Art. 180. A despesa com pessoal ativo e inativo do Estado e dos Municípios não poderá exceder os limites estabelecidos em lei complementar.

Parágrafo único. A concessão de qualquer vantagem ou aumento de remuneração, a criação de cargos ou alteração de estrutura de carreiras, bem como a admissão, a qualquer título, de pessoal pelos órgãos e entidades da administração direta ou indireta, inclusive fundações públicas, só poderão ser feitas:

I – se houver prévia dotação orçamentária suficiente para atender às projeções de despesas de pessoal e os acréscimos dela decorrentes;

II – se houver autorização específica na lei de diretrizes orçamentárias, ressalvadas as empresas públicas e as sociedades de economia mista.

Art. 181. (Redação revogada pela Emenda Constitucional nº 27/2002).

Art. 182. É fixado em vinte e cinco por cento da receita do orçamento do exercício o limite máximo do montante da dívida consolidada do Estado e dos Municípios.

Parágrafo único. Lei Complementar Estadual, sem prejuízo do estabelecido na legislação federal, disporá sobre a aplicação da regra deste artigo.

Art. 183. As operações de crédito para antecipação da receita, quando autorizada no orçamento anual, não excederão a vinte e cinco por cento da receita total estimada para o exercício financeiro e, até trinta dias depois do encerramento deste, serão, obrigatória e integralmente, liquidadas.

Parágrafo único. O dispêndio mensal com a sua liquidação, compreendendo principal e acessórios, não poderá ser superior a cinco por cento da receita orçamentária do exercício.

TÍTULO V
DA ORDEM SOCIAL

CAPÍTULO I
DISPOSIÇÃO GERAL

Art. 184. É dever do Estado promover o bem-estar coletivo e a realização da justiça social, mediante o desenvolvimento de programas específicos e a participação em ações integradas de iniciativa dos poderes públicos e da sociedade.

CAPÍTULO II
DA SEGURIDADE SOCIAL

Seção I
Disposições Gerais

Art. 185. A seguridade social compreende ações de iniciativa dos poderes públicos e da sociedade, destinadas a assegurar os direitos relativos à saúde, à previdência e à assistência sociais.

§ 1º A lei organizará a seguridade social respeitados os seguintes princípios básicos:

I – universalidade da cobertura e do atendimento;

II – uniformidade e equivalência dos benefícios e serviços às populações urbanas e rurais;

III – seletividade e distributividade na prestação dos bens e serviços;

IV – caráter democrático e descentralizado da gestão administrativa, com a participação da coletividade, em especial de trabalhadores, empresários e aposentados;

V – promoção das condições necessárias para fixação do homem do campo.

§ 2º Os orçamentos do Estado e do Município identificarão e estimarão as receitas destinadas ao financiamento das ações e serviços relativos à seguridade social.

§ 3º Nenhum benefício ou serviço de seguridade social será criado, majorado ou estendido sem a correspondente fonte de custeio total.

Seção II
Da Saúde

Art. 186. Todo ser humano, sem distinção de qualquer natureza, tem direito à saúde.

Art. 187. Constitui função social do Estado velar pela proteção e defesa da saúde a nível individual e coletivo, adotando as medidas necessárias para assegurar os seguintes direitos:

I – condições dignas de trabalho, saneamento, moradia, alimentação, educação, transporte e lazer;

II – respeito ao meio ambiente e controle da poluição ambiental.

Parágrafo único. A lei instituirá normas regulando o cumprimento, por parte do Estado e da comunidade, das obrigações relativas à saúde.

Art. 188. O acesso aos serviços de saúde será garantido pelo Poder Público, cabendo ao Estado e Municípios dispor em lei, no âmbito de suas competências, sobre sua regulamentação, fiscalização e controle.

§ 1º O sistema único de saúde englobará todos os órgãos estaduais e municipais de assistência à saúde, observadas as seguintes diretrizes:

I – municipalização dos recursos e ações dos serviços de saúde;

II – comando único em cada esfera de governo;

III – atendimento integral na prestação das ações preventivas e curativas;

IV – Instituição dos Conselhos Estaduais e Municipais de Saúde como representação paritária do Poder Público, dos profissionais de saúde e da comunidade.

§ 2º O Conselho Estadual de Saúde será o órgão consultivo superior do sistema único de saúde.

§ 3º As instituições privadas, mediante convênio, poderão participar de forma complementar do sistema único de saúde, tendo preferência as entidades filantrópicas e as sem fins lucrativos.

Art. 189. O sistema único de saúde será financiado com recursos do orçamento da seguridade social, da União, e, obrigatoriamente, dos orçamentos do Estado e dos Municípios, além de outras fontes.

Seção III
Da Assistência Social

Art. 190. A assistência social tem por finalidade o amparo a segmentos carentes da coletividade, mediante a proteção à família, à maternidade, à infância, à adolescência e à velhice, promovendo a integração ao mercado de trabalho e viabilizando a habilitação e a reabilitação das pessoas portadoras de deficiências.

Art. 191. A comunidade, através de associações, sindicatos, conselhos, ordens e outros órgãos representativos, participará na formulação das políticas de assistência social e no controle das ações pertinentes em todos os seus níveis.

Art. 192. As ações governamentais de assistência social serão promovidas e financiadas com o apoio da União e da sociedade, cabendo ao Estado coordenar a execução dos programas que desenvolver, reservadas à esfera federal a coordenação geral e a expedição das normas básicas pertinentes.

Seção IV
Da Previdência Social

Art. 193. O Estado e os Municípios, diretamente ou através de órgãos previdenciários que instituírem ou com os quais conveniarem, prestarão a previdência social aos seus servidores e aos familiares e dependentes destes.

Art. 194. Os planos de previdência social, mediante, assegurarão, nos termos da lei:

I – cobertura dos eventos de doença, invalidez e morte, incluídos os resultantes de acidentes do trabalho, velhice e reclusão;

II – assistência financeira, habitacional, médica, hospitalar, farmacêutica e odontológica;

III – proteção à maternidade, especialmente à gestante;

IV – pensão por morte do segurado, homem ou mulher, ao cônjuge ou companheiro e dependentes;

V – auxílio à manutenção dos dependentes dos segurados de baixa renda.

Parágrafo único. O custeio da previdência social será atendido mediante contribuição mensal dos segurados e do Estado ou Município, conforme o caso, incidente sobre as folhas de vencimentos e salários.

Art. 195. A participação dos segurados na administração da Previdência Social dar- se-á mediante integração ao órgão superior de deliberação coletiva, de representantes dos servidores dos Poderes Legislativo, Executivo e Judiciário.

Art. 196. O retardamento, pelo Estado, quanto ao recolhimento de suas contribuições mensais ou ainda quanto a transferência dos valores correspondentes às retenções a que se obriga, implicará responsabilidade do Governador do Estado e demissão, a bem do serviço público, do Secretário da Fazenda, mediante iniciativa da Assembleia Legislativa Estadual.

Parágrafo único. A partir da data da deliberação da Assembleia Legislativa Estadual, ficará o Secretário da Fazenda automaticamente afastado das funções.
• Nota: Artigo e parágrafo único com eficácia suspensa, por decisão unânime, pela ADI nº 127-2-MC, julgada pelo Pleno do STF em 20/11/1989, publicada no DJ, de 4/12/1992. Resultado: Aguardando julgamento

CAPÍTULO III
DA EDUCAÇÃO, DA CULTURA, DA COMUNICAÇÃO SOCIAL E DO DESPORTO

Seção I
Disposição Geral

Art. 197. O Estado, com a contribuição da sociedade, favorecerá o desenvolvimento integral da pessoa humana, seu preparo para o exercício da cidadania e sua qualificação para trabalho, provendo a educação, garantindo acesso às fontes culturais e de comunicação social e fomentando as práticas desportivas formais e não-formais.

Seção II
Da Educação

Art. 198. O dever do Estado e do Município com a educação será efetivado com guarda dos seguintes princípios:

I – aplicação de pelo menos vinte e cinco por cento da receita resultante de impostos, incluída a proveniente de transferências, na manutenção e no desenvolvimento do ensino público;

II - manutenção do ensino fundamental obrigatório e gratuito, inclusive para quantos a ele não tiverem acesso na idade própria;

III - extensão progressiva de gratuidade e obrigatoriedade ao ensino de primeiro grau;

IV - atendimento educacional especializado aos portadores deficiências, preferencialmente na rede regular de ensino, garantindo-se-lhes recursos humanos e equipamentos públicos adequados;

V - oferecimento de ensino noturno regular, adequado às condições do educando;

VI - desenvolvimento de programas suplementares de material didático escolar, transportes, alimentação e saúde, destinados à clientela do ensino fundamental, sob a coordenação ou acompanhamento de profissionais de serviço social, com participação da comunidade escolar;

VII - atendimento, em creches e pré-escolas, às crianças na faixa etária de até seis anos, assegurando-lhes assistências pedagógica, médica, psicológica e nutricional adequadas a seus diferentes graus de desenvolvimento;

VIII - organização do sistema de ensino público em regime de colaboração com a União e os Municípios;

IX - igualdade de condições de acesso e de permanência na escola;

X - liberdade de aprender, ensinar, pesquisar e divulgar pensamento, a arte e o saber;

XI - valorização dos profissionais de ensino, mediante instituição de plano de carreira para o magistério público e remuneração compatível com o grau de qualificação profissional;

XII - orientação do processo educativo de modo a formar consciência da igualdade entre os cidadãos, independentemente de sexo, cor, raça, origem, bem assim da especial contribuição da mulher, como mãe e trabalhadora, para a construção da grandeza da Nação.

XIII - garantia, aos deficientes físicos, de atendimento adequado em todos os níveis de ensino.

Art. 199. O Plano Estadual de Educação, de duração plurianual, visará à articulação e ao desenvolvimento do ensino em seus diversos níveis, à integração das ações do poder público e à adaptação em plano nacional, com os objetivos de:

I - erradicação do analfabetismo;

II - universalização do atendimento escolar;

III – melhoria da qualidade de ensino;

IV – formação para o trabalho;

V – promoção humanística, científica e tecnológica.

Parágrafo único. O Plano Estadual de Educação será encaminhado para exame e aprovação à Assembleia Legislativa até o dia 31 de agosto do ano imediatamente anterior ao início de sua execução.

• Nota: Parágrafo único com pedido de Suspensão liminar indeferido, por unanimidade, na ADI nº 127-2-MC. Julgada pelo Pleno do STF em 20.11.1989. Publicada no DJ, de 4/12/1992. Resultado: Aguardando julgamento

Art. 200. A organização dos sistemas estadual e municipal de ensino, na conformidade do que dispuser a lei, assegurará:

I – estabelecimento, mediante lei estadual, da esfera de competência dos Conselhos Municipais de Educação;

II – participação da comunidade escolar no planejamento das atividades administrativas e pedagógicas, acompanhadas por assistentes sociais, psicólogos e profissionais do ensino;

III – integral aproveitamento da capacidade de utilização das unidades escolares, nos três turnos diários;

IV – oferecimento, pelo Estado, de assistência técnica aos sistemas municipais de ensino;

V – adequação do Calendário Escolar às peculiaridades das áreas rurais.

§ 1º Compete ao Poder Público proceder ao recenseamento anual da clientela do ensino fundamental, fazer-lhe a chamada e zelar junto aos pais e responsáveis pela freqüência regular.

§ 2º O não oferecimento do ensino obrigatório pelo Poder Público e ainda sua oferta irregular importarão responsabilidade do Chefe do Executivo Estadual ou Municipal, conforme o caso.

Art. 201. A Educação Religiosa constituirá área de ensino de oferta obrigatória pelas escolas públicas estaduais e municipais, guardados os seguintes princípios:

I – facultatividade da matrícula;

II – compatibilidade do conteúdo programático aos diferentes credos e cultos;

III – docência, em relação a cada credo, por professores credenciados pela autoridade religiosa correspondente.

Art. 202. As instituições de Ensino Superior, mantidas pelo Poder Público, visam, além da formação de profissionais de nível universitário, à organização da produção científica destinada à difusão e à discussão dos problemas que interessam ao conjunto da sociedade, respeitados os seguintes princípios:

a) autonomia didático-científica e administrativa;

b) autonomia de gestão financeira e patrimonial;

c) indissociabilidade entre ensino, pesquisa e extensão;

d) isonomia salarial.

Parágrafo único. O Estado destinará recursos para manutenção, funcionamento e atendimento às despesas de pessoal da Rede Pública Estadual de 3º grau.

Art. 203. O Conselho Estadual de Educação, de cuja composição participarão, proporcionalmente, representantes das instituições e dos professores das redes pública e particular de ensino, em todos os níveis, bem assim dos pais dos educandos e dos órgãos de representação dos estudantes, expedirá as normas gerais disciplinadoras do ensino nos sistemas oficial e privado e procederá à interpretação, na esfera administrativa, da legislação específica.

Art. 204. O Estado e os Municípios, visando ao desenvolvimento do ensino de 1º e 2º graus e erradicação do analfabetismo, poderão celebrar convênios com entidades mantenedoras de estabelecimentos de ensino, com prévia autorização do Poder Legislativo.

Seção III
Da Cultura

Art. 205. O Estado apoiará e estimulará a valorização e a difusão das manifestações culturais, e promoverá, mediante registros, inventários, tombamento, vigilância, desapropriação e outras formas de acautelamento, a preservação do patrimônio cultural.

Art. 206. Constituem o patrimônio cultural os bens de natureza material e imaterial, tomados individualmente ou em conjunto, portadores de referência à identidade, à ação e à memória dos diferentes grupos formadores da sociedade alagoana e brasileira, nos quais se incluem:

I – as formas de expressão;

II – os modos de criar, fazer e viver;

III – as criações científicas, artísticas e tecnológicas;

IV – as obras, objetos, documentos, edificações e demais espaços destinados às manifestações artístico-culturais;

V – os conjuntos urbanos e sítios de valor histórico, paisagístico, artístico, arqueológico, paleontológico, ecológico e científico.

Art. 207. Incumbe, à Administração Pública, na forma da lei, a gestão da documentação governamental e as providências para franquear sua consulta a quantos dela necessitem.

Art. 208. A lei estabelecerá incentivos para a produção e o conhecimento de bens e valores culturais.

Art. 209. Lei complementar disporá sobre a proteção do patrimônio histórico, artístico, cultural, arquitetônico, arqueológico e paisagístico do povo alagoano, estabelecendo as condições de uso e desfrute dos bens que o integrem, bem assim instituindo mecanismos de controle quanto ao tombamento, à preservação e à guarda.

§ 1º O Poder Público, comprovada a viabilidade, preferivelmente promoverá a transferência dos bens integrantes do patrimônio cultural para o domínio do Estado ou dos Municípios.

§ 2º Os danos e ameaças ao patrimônio cultural serão punidos na forma da Lei Complementar de que trata este artigo.

Art. 210. É vedada a remoção definitiva, do território estadual, de bens e patrimônio artístico-cultural devidamente tombados.

Seção IV
Da Comunicação Social

Art. 211. A manifestação do pensamento, a criação, a expressão e a informação, sob qualquer forma, processo ou veículo, não sofrerão qualquer restrição, observados os princípios estabelecidos na Constituição da República e disciplina específica definida na legislação federal.

Art. 212. Os órgãos de imprensa escrita e de radiodifusão sonora ou de imagem e som, integrantes da Administração Pública Estadual, direta, indireta ou fundacional, terão suas atividades orientadas e supervisionadas pelo Conselho Estadual de Comunicação Social.

§ 1º O Conselho será composto por representantes dos três Poderes, bem assim das entidades de classe vinculadas ao setor, conforme dispuser a lei.

§ 2º Inclui-se entre as atribuições do Conselho Estadual de Comunicação Social, a definição de critérios visando à repartição eqüitativa das dotações destinadas à publicidade governamental, observada a prioridade dos organismos estatais e vedada a promoção política dos governantes e membros do Governo.

§ 3º É vedada a aplicação pelos órgãos da Administração Pública direta, indireta e fundacional pública, de mais de cinco por cento dos recursos públicos destinados, em cada exercício financeiro, à produção e à veiculação de matérias publicitárias pelo órgão de Comunicação Social de imprensa escrita e de radiodifusão sonora e de difusão de imagem e som por sinais eletromagnéticos, a uma só empresa ou grupo empresarial privado ou coligado de qualquer forma, bem como às empresas distintas com sócios ou proprietários comuns.

§ 4º A produção e a programação das emissoras de rádio e televisão, sem prejuízo das atividades voltadas à garantia de suas próprias manutenções, promoverão a cultura nacional e regional e estimularão a produção independente que objetive sua divulgação, bem como darão preferência a finalidades educativas, artísticas, desportivas, culturais e informativas, respeitando os valores éticos sociais da pessoa e da família.

§ 5º A Rádio Difusora de Alagoas, no desenvolvimento de sua programação, observará as exigências de competitividade de mercado.

Seção V
Do Desporto

Art. 213. O fomento, pelo Estado, das práticas esportivas formais e não formais, proceder-se-á com observância dos seguintes princípios:

I – autonomia das entidades desportivas, dirigentes e associações, quanto à sua organização e funcionamento;

II – destinação de recursos públicos para a promoção prioritária do desporto educacional e, em casos específicos, para a do desporto de alto rendimento;

III – tratamento diferenciado para o desporto profissional e não profissional;

IV – proteção e incentivos às manifestações desportivas de criação nacional;

V – reserva de área destinada a praças e campos de esportes, de obrigatoriedade nos projetos de urbanização e de unidades escolares;

VI – concessão de bolsas de estudos aos atletas integrantes de representações estaduais das diversas modalidades esportivas.

Parágrafo único. A lei disporá sobre a origem dos recursos financeiros para aplicação nos desportos e os critérios de distribuição e de repasse dos recursos públicos estaduais às entidades e associações desportivas e para o desporto educacional.

Art. 214. O Poder Público estimulará o lazer como forma de promoção social.

CAPÍTULO IV
DA CIÊNCIA E DA TECNOLOGIA

Art. 215. O Estado, objetivando o bem público, progresso das ciências e o aprimoramento do sistema produtivo nacional e regional, promoverá e estimulará o desenvolvimento científico, a pesquisa e a capacitação tecnológica, apoiando, inclusive, a formação de recursos humanos especializados.

Art. 216. Recursos orçamentários, no montante de pelo menos 1,5% (um e meio por cento) da receita estimada anual decorrente do exercício da competência tributária estadual, deduzidas as transferências aos Municípios previstas no inciso II, alínea b e inciso III do art. 171, serão destinados ao desenvolvimento científico e tecnológico do Estado, sendo transferidos em duodécimos, durante o exercício correspondente, à instituição de que trata o § 1º deste artigo. (Redação dada pela Emenda Constitucional nº 25/2002).

§ 1º Ente fundacional, instituído e mantido pelo Poder Público, planejará, coordenará, supervisionará e avaliará as ações estatais de fomento à pesquisa científica e tecnológica.

§ 2º A fundação de amparo ao desenvolvimento científico e tecnológico, no cumprimento de suas finalidades, propiciará bolsas de estudos e oferecerá auxílio financeiro e apoio especializado visando à realização de projetos, estudos e pesquisas.

§ 3º Será destinado, para efeito de manutenção da Fundação, valor nunca superior a 20% (vinte por cento) dos respectivos recursos orçamentários, aplicado o restante, obrigatoriamente, na execução de programas vinculados aos seus fins institucionais. (Redação dada pela Emenda Constitucional nº 25/2002).

§ 4º A administração superior da Fundação será exercida por colegiado constituído de membros nomeados pelo Governador do Estado, sem remuneração de qualquer espécie, dentre pesquisadores das diversas áreas do conhecimento, em atividade na comunidade científica do Estado e pessoas com reconhecida experiência e atuação nos setores públicos e empresariais, na forma da lei. (Redação dada pela Emenda Constitucional nº 25/2002).

§ 5º Será garantida a prioridade para a pesquisa básica e para a pesquisa tecnológica nas áreas indicadas pelo Plano Estadual de Ciência e Tecnologia, elaborado, anualmente, pelo órgão público responsável pela política setorial.

§ 6º Lei Complementar fixará os mecanismos de estímulo às empresas que invistam em pesquisa e criação de tecnologias adequadas no Estado, formação e aperfeiçoamento de seus recursos humanos e que pratiquem sistemas de remuneração que assegurem ao empregado, desvinculado do salário, participação nos ganhos econômicos resultantes da produtividade de seu trabalho.

§ 7º (Revogado pela Emenda Constitucional nº 25/2002).

CAPÍTULO V
DO MEIO AMBIENTE

Seção I
Da Proteção do Meio Ambiente

Art. 217. O Estado, com a colaboração da comunidade, promoverá a defesa e a preservação do meio ambiente, cumprindo-lhe, especificamente:

I - resguardar o restaurar os processos ecológicos essenciais e prover o manejo racional das espécies e dos ecossistemas;

II - preservar a diversidade e a integridade do patrimônio genético do Estado e fiscalizar as entidades dedicadas à pesquisa e à manipulação de material genético;

III - definir os espaços territoriais a serem especialmente protegidos, inclusive seus componentes, sendo a alteração e a supressão somente permitidas através de lei, vedada qualquer utilização que comprometa a integridade dos atributos que justifiquem sua proteção;

IV - exigir, observado o que dispuser a lei, estudo prévio de impacto ambiental, sempre que se tratar da instalação de obra ou atividade potencialmente causadora de significativa degradação do meio ambiente;

V - controlar a produção, a comercialização e o emprego de técnicas, métodos e substâncias que comportem risco para a vida, para a qualidade de vida e para o meio ambiente;

VI - proteger a fauna e a flora, vedadas, na forma da lei, as práticas que coloquem em risco sua função ecológica, provoquem a extinção de espécies ou submetam os animais à crueldade;

VII - promover a educação ambiental nos diferentes níveis de ensino que mantiver, bem como a conscientização pública para a preservação do meio ambiente;

VIII - manter os recursos hídricos em condições de serem desfrutados pela comunidade e com características que favoreçam suas autodepurações, após verificação dos possíveis impactos ambientais;

IX - preservar a boa qualidade do ar, promovendo, inclusive, os meios para a recuperação das áreas poluídas;

X - fixar normas para utilização da flora e da fauna estaduais, delimitando áreas de reservas biológicas e florestais para a proteção a espécies em extinção;

XI - estabelecer diretrizes gerais e específicas e fiscalizar e normatizar a ocupação do litoral, tendo em vista fatores econômicos, sociais, ecológicos, culturais, paisagísticos e outros com pertinência ao planejamento da sua ocupação;

XII - definir a Política Estadual de Proteção Ambiental, criando as condições técnicas e jurídicas para a sua implantação, fiscalização e execução;

XIII - estimular o reflorestamento, especialmente nas orlas lagunares e nas cabeceiras dos rios, concedendo, inclusive, incentivos fiscais aos proprietários de áreas cobertas por matas nativas ou não, e na proporção de sua extensão;

XIV – proporcionar assistência científica, tecnológica e creditícia às indústrias que desenvolverem e incorporarem tecnologia capaz de transformar resíduos poluentes em matérias-primas proveitosas, ou simplesmente os elimine.

§ 1º Nenhum loteamento ou projeto de urbanização será implantado no litoral do Estado sem prévia autorização do órgão estadual encarregado de zelar pela proteção ambiental, que baixará normas estabelecendo as condições mínimas de proteção do meio ambiente.

§ 2º A lei regulará o fracionamento das áreas e o gabarito das edificações situadas na faixa de um mil metros contados a partir da linha de raia dos terrenos de marinha, assim considerados nos termos da legislação federal pertinente.

Art. 218. As condutas e atividades consideradas lesivas ao meio ambiente sujeitarão os infratores, pessoas físicas ou jurídicas, a sanções penais e administrativas, independentes da obrigação de reparar os danos causados.

Art. 219. São indisponíveis as terras devolutas ou arrecadadas pelo Estado, por ações discriminatórias, necessárias à proteção dos ecossistemas naturais.

Art. 220. Aquele que explorar recursos minerais fica obrigado a recuperar o meio ambiente degradado, de acordo com a solução técnica indicada pelo órgão público competente, na forma da lei.

Art. 221. É proibida a instalação, no território do Estado de Alagoas, de usinas nucleares e de depósitos de resíduos atômicos.

Seção II
Dos Recursos Hídricos

Art. 222. É dever dos cidadãos, da sociedade e dos entes estatais, zelar pela preservação do regime natural das águas.

§ 1º A água constitui recurso natural indispensável para a vida, condicionante e indutor do desenvolvimento econômico e social.

§ 2º A lei, observado o que estabelece a legislação federal, disporá sobre:

I – o aproveitamento de recursos hídricos objetivando o atendimento das necessidades de toda a coletividade;

II – a proteção contra ações ou eventos que comprometam sua utilidade atual e futura, bem como a integridade e a renovabilidade física e ecológica do ciclo hidrológico;

III – o controle dos eventos efeitos dos hidrológicos determinantes de impactos danosos, de modo a evitar-lhes ou minimizar-lhes as conseqüências prejudiciais à coletividade.

Art. 223. A lei instituirá o Sistema Estadual de Gerenciamento de Recursos Hídricos, compatível com o Sistema Nacional, e definirá critérios de outorga de direitos de uso de água, respeitadas as seguintes diretrizes gerais:

I – promoção de benefícios sociais decorrentes dos múltiplos usos da água e minimização de seus efeitos adversos, devendo ser integrado, descentralizado e participativo, adotando-se a bacia hidrográfica como base físico-territorial de gestão;

II – integração das águas superficiais e subterrâneas respeitando-se os regimes naturais de ambas, bem como as interações com o solo e outros recursos naturais;

III – gestão permanente e contínua dos recursos hídricos, utilizando normas e procedimentos gerais que orientam as ações intervenientes;

IV – aproveitamento do potencial hídrico subterrâneo como reserva estratégica para o desenvolvimento como alternativa valiosa de suprimento de água às populações, devendo ser protegido contra a poluição;

V – gestão interestadual, mediante convênio, dos aqüíferos que se estendem a Estados vizinhos.

Parágrafo único. Ouvido o órgão próprio do Sistema Estadual de Gerenciamento de Recursos Hídricos, poderá o Estado delegar aos municípios, ou associações de usuários organizados, a gestão das águas de interesse exclusivamente local.

Art. 224. A Política Estadual de Recursos Hídricos atenderá aos seguintes princípios:

I – reconhecimento dos recursos hídricos como um instrumento indutor do desenvolvimento econômico e social do Estado;

II – necessária compatibilização entre o plano estadual de recursos hídricos e o plano de desenvolvimento econômico do Estado, da União e dos Municípios;

III – disciplinamento do uso da água segundo as peculiaridades de cada bacia hidrográfica e conforme as estratégias de atendimento ao desenvolvimento econômico-social;

IV – aproveitamento das águas superficiais e subterrâneas;

V – adequação de recursos hídricos das regiões árida e semi-árida ao processo de desenvolvimento econômico e social local;

VI – estabelecimento de sistema de irrigação harmonizada com os programas de conservação do solo e da água.

Art. 225. A lei aprovará o Plano Estadual de Recursos Hídricos, assegurando, prioritariamente, o abastecimento das populações humana e animal, e zelando pela preservação da saúde natural do meio-ambiente.

Parágrafo único. O produto da participação dos Municípios no resultado da exploração dos potenciais energéticos em seu território, ou a compensação financeira, deverão ser aplicados prioritariamente nos programas previstos neste artigo.

Art. 226. O Estado, através do sistema estadual de gerenciamento de recursos hídricos, implantará uma rede hidrometereológica nas bacias hidrográficas de seu domínio.

Art. 227. As receitas decorrentes do uso da água, inclusive as pertinentes à participação do Estado no resultado da exploração de recursos hídricos para fins de geração de energia elétrica serão aplicadas na execução do Plano Estadual de Recursos Hídricos.

Art. 228. As diversas receitas resultantes de uso da água, quando recolhidas pelos Municípios ou a eles repassadas, serão exclusivamente empregadas visando à conservação, à proteção e ao aproveitamento dos recursos hídricos existentes em seus territórios.

CAPÍTULO VI
DA FAMÍLIA, DA CRIANÇA, DO ADOLESCENTE, DO IDOSO E DO PORTADOR DE DEFICIÊNCIA

Art. 229. A assistência à família será oferecida na pessoa de cada um dos seus integrantes.

Art. 230. O Estado promoverá programas de assistência integral à saúde da criança e do adolescente, admitida a participação de entidades não-governamentais, obedecidos os princípios estabelecidos na Constituição Federal.

Art. 231. O amparo aos idosos será promovido com a participação da União e da sociedade, de modo a assegurar-lhes o bem-estar, a dignidade e o direito à vida.

Parágrafo único. Aos maiores de sessenta e cinco anos é garantida a gratuidade dos transportes coletivos urbanos.

Art. 232. O Estado promoverá ações permanentes de prevenção de deficiência física, sensorial e mental, bem assim desenvolverá programas de assistência aos portadores de deficiência, objetivando integrá-los plenamente no convívio social, mediante a abertura de oportunidades de educação e de trabalho e a facilitação do acesso aos espaços públicos e aos transportes coletivos.

Parágrafo único. A lei disporá sobre a adaptação dos logradouros, dos edifícios de uso público e dos veículos de transporte coletivo, e criará os mecanismos necessários à implantação das demais ações definidas neste artigo.

CAPÍTULO VII DOS ÍNDIOS

Art. 233. O Estado, respeitada a competência da União, prestará permanente cooperação visando ao desenvolvimento de ações destinadas à proteção dos índios, especialmente no que se refere:

I – à preservação dos direitos originários sobre as terras que tradicionalmente ocupam, inclusive quanto ao usufruto permanente e exclusivo das riquezas do solo, dos rios e dos lagos nelas existentes;

II – ao respeito à organização social, à cultura, aos costumes, às crenças e às tradições das comunidades indígenas;

III – à conservação dos recursos ambientais indispensáveis ao bem-estar das coletividades indígenas, bem assim à reprodução física e cultural, segundo seus usos, costumes e tradições.

TÍTULO VI DA ORDEM ECONÔMICA

Art. 234. O Estado velará pela preservação da ordem econômica, respeitados os princípios fundamentais estabelecidos pela Constituição da República.

Art. 235. A exploração, pelo Estado, de atividade econômica, só será permitida quando necessário aos imperativos de segurança nacional ou a relevante interesse coletivo, conforme definido em lei.

Art. 236. A lei regulamentará as relações da sociedade de economia mista e da empresa pública com o Estado.

Art. 237. A sociedade de economia mista ou empresa pública que, no período de cinco anos consecutivos, apresentar resultado deficitário, será autarquizada ou extinta, na última hipótese desde que se não destine à execução de serviço público essencial.

Parágrafo único. Dando-se que a empresa pública apresente resultados deficitários por dois anos consecutivos, serão destituídos os seus dirigentes, apurando-se-lhes a responsabilidade.

Art. 238. A prestação indireta de serviços públicos dar-se-á sob o regime de concessão ou permissão, sempre através de prévio procedimento licitatório.

Art. 239. O Estado e o Município dispensarão tratamento diferenciado à microempresa e às empresas de pequeno porte, assim definidas em lei, visando a incentivá-las pela simplificação de suas obrigações administrativas e tributárias, ou pela eliminação ou redução destas, na forma da lei.

Art. 240. O Estado e os Municípios incentivarão o turismo, como fator de desenvolvimento social e econômico.

Art. 241. O Estado assegurará a participação da representação cooperativista em todos os conselhos e órgãos estaduais vinculados ao desenvolvimento rural e urbano.

Art. 242. O Estado de Alagoas apoiará e estimulará o cooperativismo e outras formas de associativismo.

Art. 243. Cabe ao Estado explorar, diretamente ou mediante concessão a empresa estatal, os serviços locais de gás canalizado, com exclusividade de distribuição para todos os segmentos do mercado.

Parágrafo único. A lei estabelecerá as condições da outorga da concessão de que trata este artigo.

TÍTULO VII
DA SEGURANÇA PÚBLICA

Art. 244. A segurança pública, dever do Estado e direito e responsabilidade de todos, é exercida para a preservação da ordem pública e da incolumidade das pessoas e do patrimônio.

§ 1º São responsáveis pela segurança pública, respeitada a competência da União: (Redação dada pela Emenda Constitucional nº 48/2020).

I – a Polícia Civil; (Redação dada pela Emenda Constitucional nº 48/2020).

II – a Polícia Militar; (Redação dada pela Emenda Constitucional nº 48/2020).

III – o Corpo de Bombeiros Militar; e (Redação dada pela Emenda Constitucional nº 48/2020).

IV – a Polícia Penal. (Redação dada pela Emenda Constitucional nº 48/2020).

§ 2º À Polícia Civil, dirigida por delegado de polícia, incumbe as funções de polícia judiciária e a apuração das infrações penais, exceto as militares.

§ 3º À Polícia Militar cabem a polícia ostensiva, a preservação da ordem pública, além de outras atribuições definidas em lei.

§ 4º O Corpo de Bombeiros Militar é instituição permanente, força auxiliar e reserva do Exército, organizada segundo hierarquia e disciplina militares e subordinada ao Governador do Estado, competindo-lhe as atividades de prevenção e extinção de incêndios, de proteção, busca e salvamento e de defesa civil, além de outras estabelecidas em Lei. (Redação dada pela Emenda Constitucional nº 09/1993).

§ 5º A Polícia Militar, força auxiliar e reserva do Exército, subordina-se, juntamente com a Polícia Civil, ao Governador do Estado.

§ 6º Os cargos de Comandante-Geral da Polícia Militar e de Comandante-Geral do Corpo de Bombeiro Militar são privativos de Oficiais da ativa das respectivas Corporações, no último posto do correspondente quadro de Combatentes, ressalvado o disposto na legislação federal pertinente. (Redação dada pela Emenda Constitucional nº 09/1993).

§ 7º À Polícia Penal, instituição permanente, essencial a segurança pública e a execução penal, com autonomia administrativa, estruturada em carreira única, dirigida por Polícia Penal incumbe a segurança dos estabelecimentos penais. (Redação acrescentada pela Emenda Constitucional nº 48/2020).

§ 8º O preenchimento do quadro de servidores da Polícia Penal será feito, exclusivamente, por meio de concurso público e por meio da transformação dos cargos isolados, dos cargos de carreira dos atuais Agentes Penitenciários e dos cargos públicos equivalentes. (Redação acrescentada pela Emenda Constitucional nº 48/2020).

§ 9º São cargos isolados para fins de transformação e aproveitamento na Polícia Penal, os servidores do Estado de Alagoas estabilizados pela Constituição Federal de 1988, que estão lotados e desempenhando atividades de apoio operacional do sistema penitenciário alagoano há pelo menos 15 (quinze) anos continuados e efetivos na data da promulgação desta Emenda. (Redação acrescentada pela Emenda Constitucional nº 48/2020).

Art. 245. A lei disciplinará a organização e o funcionamento dos órgãos responsáveis pela segurança pública, de modo a garantir a eficiência de suas atividades.

§ 1º As funções de Polícia Judiciária são privativas dos integrantes das respectivas carreiras funcionais.

§ 2º A lei organizará, em carreira, os cargos da Polícia Civil.

§ 3º A Lei organizará, a carreira, atribuições e competências da Polícia Penal. (Redação acrescentada pela Emenda Constitucional nº 48/2020).

Art. 246. Aplica-se aos delegados de polícia de carreira a isonomia de vencimentos assegurada às carreiras funcionais a que correspondem funções essenciais à justiça, em relação aos cargos dos Poderes Legislativo e Judiciário de atribuições iguais ou assemelhadas.

• Artigo com eficácia suspensa, por decisão unânime, pela ADI nº 564-2-MC, julgada pelo Pleno do STF em 18/09/1991, publicada no DJ de 25/10/1991. Resultado: ação julgada prejudicada monocraticamente, ficando sem efeito a liminar anteriormente concedida, tendo em vista não ter sido possível o exame sobre a constitucionalidade do presente dispositivo, em virtude da promulgação da EC nº 19, modificando substancialmente a redação dos arts. 37, XIII, 39, § 1º, 135 e 241 da Constituição Federal, que serviam como parâmetro de confronto

Art. 247. Os municípios, respeitado o que estabelecer lei complementar estadual específica, poderão constituir guardas municipais destinadas à proteção de seus bens, serviços e instalações.

§ 1º As guardas municipais, quanto às atividades operacionais, serão supervisionadas pela Polícia Militar.

§ 2º Ao guarda municipal é vedado o porte de arma, ressalvada a hipótese de específica autorização do Secretário de Segurança, para condução exclusivamente em objeto de serviço.

TÍTULO VIII
DA POLÍTICA AGRÍCOLA E FUNDIÁRIA

Art. 248. Compete ao Estado promover a Política Fundiária e o desenvolvimento econômico das comunidades rurais, atendidos os princípios de justiça social e o que dispuser a lei sobre alienação de terras públicas e o processo discriminatório de terras devolutas.

Art. 249. Os beneficiários da distribuição de imóveis rurais, pela política de redistribuição, regularização e reorganização, receberão título de concessão de direito e de uso, inegociável pelo prazo de dez anos, fixando, a lei, os critérios para a concessão do Título de Domínio, vencido aquele prazo.

Art. 250. A destinação de Terras Públicas e Devolutas será compatibilizada com a política agrícola estadual e com o Plano Regional de Reforma Agrária.

Art. 251. A Política Agrícola será planejada e executada na forma da lei, com a participação efetiva do setor de produção, envolvendo produtores e trabalhadores rurais, bem como dos setores de comercialização, de armazenamento e de transportes, levando em conta, especialmente:

I – os instrumentos creditícios e fiscais;

II – os preços compatíveis com os custos de produção e a garantia de comercialização;

III – o incentivo à pesquisa e à tecnologia;

IV – a assistência técnica e extensão rural;

V – o seguro agrícola;

VI – o cooperativismo;

VII – a eletrificação rural e a irrigação;

VIII – a habitação para o trabalhador rural.

§ 1º Incluem-se, no planejamento agrícola, as atividades agroindustriais, agropecuárias, pesqueiras e florestais.

§ 2º Serão compatibilizadas as ações de política agrícola e de reforma agrária.

TÍTULO IX
DAS DISPOSIÇÕES CONSTITUCIONAIS GERAIS

Art. 252. As entidades educacionais que, criadas ou de instituição autorizada por lei estadual e municipal, não sejam total ou preponderantemente mantidas com recursos públicos, ficam excluídas da obrigatoriedade do oferecimento de ensino gratuito, desde que já se encontrassem funcionando na data da promulgação da Constituição da República.

Art. 253. O ensino da História de Alagoas, obrigatório nas unidades escolares da rede oficial, levará em conta as contribuições das diferentes culturas e etnias para a formação da sociedade alagoana.

Art. 254. As áreas de ensino correspondentes a Estudos Sociais e Educação Artística compreenderão:

I - Estudos Sociais: noções de ecologia, trânsito, nutrição e geriatria;

II - Educação Artística: noções de música, artes plásticas, teatro e história da música popular brasileira.

Art. 255. A criação de novos cargos públicos, na Administração Direta, Autárquica e Fundacional Pública, apenas será procedida mediante fixação dos quantitativos correspondentes a atribuição de nível, grau e padrão de vencimento, respeitado o sistema remuneratório existente, bem como o estabelecimento de especificações para provimento.

Parágrafo único. Na hipótese de ampliação de quantitativo de cargo já existente, precisar-se-á a quantidade anterior e aquela resultante do acréscimo advindo.

Art. 256. As vantagens pecuniárias que estejam sendo percebidas pelo servidor por ocasião de sua transferência para a inatividade integrarão os cálculos dos proventos, observados os prazos mínimos de auferimento ininterrupto previstos em lei.

Art. 257. As classificações, para efeito remuneratório, atribuídas aos cargos da magistratura, bem como aos integrantes das carreiras essenciais à justiça, seus assemelhados, são inextensíveis a quaisquer outras categorias funcionais.

Parágrafo Único. O cargo de Delegado de Polícia Civil, privativo de bacharel em direito, integra para todos os fins e direitos às carreiras jurídicas do Estado, e as funções serão exercidas com privacidade pelos Delegados de Polícia de Carreira. (Redação acrescentada pela Emenda Constitucional nº 39/2014).

Art. 258. Todo o ato de provimento de cargo público obrigatoriamente indicará a origem da vaga a ser preenchida, precisando, se for o caso, a causa do desprovimento do seu anterior ocupante.

Art. 259. A sistemática da fiscalização contábil, financeira e orçamentária, prescrita na Seção VI do Capítulo I do Título III desta Constituição, aplica-se, no que couber, às Administrações Direta, Indireta e Fundacional Pública dos Municípios.

Art. 260. Todos os recursos financeiros da Administração Direta, Indireta e Fundacional Pública dos Poderes Executivo, Legislativo e Judiciário, serão obrigatoriamente movimentadas em estabelecimentos creditícios oficiais.

Parágrafo único. As disposições deste artigo estendem-se a todos os Municípios, excetuando-se os que não possuam, em sua área territorial, estabelecimento oficial de crédito.

Art. 261. As consignações devidas pela Secretaria da Fazenda, na hipótese de liberação retardada por prazo superior a trinta dias, serão corrigidos monetariamente.

Art. 262. A celebração de acordos relativos a créditos tributários fica condicionada a prévia autorização legislativa, salvo quando, em relação a cada contribuinte, implicar valor que não exceda ao recolhimento médio registrado no período de doze meses imediatamente anterior à formalização do ajuste.

Art. 263. As transferências de que trata o art. 196 serão realizadas até o trigésimo dia do mês subseqüente ao pagamento procedido ao servidor, atualizado, dia-a-dia, o correspondente valor.

Art. 264. O cálculo das transferências a serem feitas aos municípios alagoanos, relativas à participação do ICM, tomará como referência os seguintes períodos de arrecadação:

I – do primeiro ao vigésimo dia do mês que esteja em curso;

II – do vigésimo primeiro ao último dia do mês anterior.

Parágrafo único. As transferências que alude este artigo serão realizadas até o dia 28 de cada mês, acrescentando-se juros e atualização monetárias realizadas fora do prazo legal.

Art. 265. Integram o cálculo das transferências aos Municípios os acréscimos que, relativos à atualização monetária, sejam cobrados, tendo como referência os impostos nos quais tenham participação.

• Nota: Artigo com eficácia suspensa, por decisão unânime, pela ADI nº 127-2-MC, julgada pelo Pleno do STF em 20/11/1989, publicada no DJ, de 4/12/1992. Resultado: Aguardando julgamento.

Art. 266. Ao ex-combatente que tenha efetivamente participado de operações bélicas durante a segunda guerra mundial, nos termos da Lei Federal nº 5.315, de 12 de setembro de 1967, são assegurados os seguintes direitos:

I – aproveitamento no serviço público sem exigência de concurso, com estabilidade;

• Nota: Inciso com pedido de Suspensão liminar indeferido, por unanimidade, na ADI nº 127-2-MC. Julgada pelo Pleno do STF em 20/11/1989. Publicada no DJ, de 4/12/1992. Resultado: Aguardando julgamento.

II – pensão especial correspondente à deixada por Segundo Tenente das Forças Armadas, que poderá ser requerida a qualquer tempo, inacumulável com quaisquer rendimentos recebidos dos cofres públicos, exceto os benefícios previdenciários, ressalvando o direito de opção;

• Nota: Inciso com pedido de Suspensão liminar indeferido, por unanimidade, na ADI nº 127-2-MC. Julgada pelo Pleno do STF em 20/11/1989. Publicada no DJ, de 4/12/1992. Resultado: Aguardando julgamento.

III – em caso de morte, pensão à viúva ou companheira e ou dependente, de forma proporcional, de valor igual a do inciso anterior;

• Nota: Inciso com pedido de Suspensão liminar indeferido, por unanimidade, na ADI nº 127-2-MC. Julgada pelo Pleno do STF em 20/11/1989. Publicada no DJ, de 4/12/1992. Resultado: Aguardando julgamento.

IV – assistência médica, hospitalar e educacional gratuita, extensiva aos seus dependentes;

V – aposentadoria com proventos integrais aos vinte e cinco anos de serviço efetivo, em qualquer regime jurídico;

• Nota: Inciso com pedido de Suspensão liminar indeferido, por unanimidade, na ADI nº 127-2-MC. Julgada pelo Pleno do STF em 20/11/1989. Publicada no DJ, de 4/12/1992. Resultado: Aguardando julgamento.

VI – prioridade na aquisição da casa própria, para os que não a possuem ou para as suas viúvas ou companheira;

VII – preferência de matrícula a seus dependentes nas escolas públicas;

VIII – isenção quanto ao imposto de transmissão inter-vivos na aquisição, por ato oneroso, de imóvel para sua moradia, desde que de outro não disponha em seu patrimônio;

IX – preferência para promoção funcional no serviço público estadual, inclusive autárquico ou fundacional público, sempre que existente vaga e seja qual for o critério utilizado para fins de progressão vertical.

Art. 267. Lei complementar disporá sobre a transferência de servidores públicos civis para a disponibilidade remunerada, respeitados os seguintes princípios:

I – observância de critério objetivo para efeito de identificação dos servidores a serem transferidos à disponibilidade, na hipótese de extinção ou declaração de descessidade de cargos públicos;

II – garantia de remuneração integral aos disponíveis, incluindo adicional por tempo de serviço e abono família;

III – asseguramento quanto ao retorno obrigatório ao trabalho mediante aproveitamento em cargo igual ou de atribuições equivalentes, vedado o decesso remuneratório;

IV – adoção, na hipótese da existência de vários servidores disponíveis, de critério objetivo para o chamamento de volta à atividade.

Art. 268. Fica criado o Conselho Estadual de Defesa da Criança e do Adolescente.

Art. 269. O Instituto de Previdência dos Deputados Estaduais de Alagoas – IPDEAL, instituição previdenciária sem fins lucrativos, é organizado e administrado na forma da lei.

§ 1º Qualquer alteração das finalidades do Instituto ou sua extinção, ficam condicionadas à preliminar deliberação pelo voto de dois terços da Assembleia geral.

§ 2º Na hipótese do parágrafo anterior, a Mesa Diretora da Assembleia Legislativa, ou ainda qualquer dos membros do Poder Legislativo, observados os termos da deliberação da Assembleia geral, proporá o projeto de lei.

§ 3º O projeto de lei proposto considerar-se-á aprovado pelo voto de três quintos dos membros da Assembleia Legislativa.

Art. 270. Os relatórios conclusivos de todas as sindicâncias e auditoriais instaladas em órgãos da Administração Direta, Indireta e Fundacional Pública, serão obrigatoriamente publicados no Diário Oficial do Estado.

Art. 271. Os servidores aposentados e pensionistas do Estado de Alagoas terão seus proventos e pensões pagos na mesma data dos demais servidores estaduais em atividade.

Art. 272. Todos têm direito de requerer e obter, no prazo de trinta dias, informações sobre projetos do Poder Público, salvo em casos cujo sigilo seja comprovadamente imprescindível à segurança da Sociedade e do Estado.

Art. 273. O servidor público estadual da administração direta, autárquica e fundacional pública que, por cinco anos consecutivos ou dez anos intercalados, haja exercido cargos de provimento em comissão, será aposentado com proventos calculados com base naquele a que corresponder maior remuneração, desde que o tenha exercido por pelo menos 03 (três) anos e integrante da estrutura do Poder a que pertença o servidor, sem prejuízo das vantagens de natureza pessoal a que faça jus. (Redação dada pela Emenda Constitucional nº 13/1995).

• Nota: Artigo com eficácia suspensa, efeitos ex nunc, na redação que lhe foi dada pela Emenda Constitucional nº 13/95, na ADI-MC nº 1380-7, julgada pelo Pleno do

STF, à unanimidade, em 3/02/1997, publicada no DJ de 20/02/1998. Todavia, decisão monocrática final de 20/11/2001 julgou prejudicada a ação pelo advento da Emenda à Constituição Federal nº 20, de 15 de dezembro de 1998.

Art. 274. Aplica-se aos procuradores autárquicos, inclusive os do Instituto de Terra de Alagoas - ITERAL, o disposto nos arts. 156, 157 e 158, parágrafo único desta Constituição.

• Nota: Artigo com eficácia suspensa, por unanimidade, até decisão final da ação, pela ADI nº 362-3-MC, julgada pelo Pleno do STF em 27/09/1990, publicada no DJ de 26/10/1990. Decisão final: O Pleno julgou, em 21/11/1996, por unanimidade, procedente a ação para declarar a inconstitucionalidade deste artigo. Publicada no DJ, de 4/04/1997.

Art. 275. É vedada a realização de operações externas de natureza financeira, por parte do Governo do Estado e dos Municípios, sem prévia autorização do Senado Federal.

Art. 276. Os policiais civis, militares e penais, quando invalidados em decorrência de lesão grave adquirida no cumprimento do dever, serão promovidos, ao ensejo da inativação, à classe, graduação e posto respectivo imediatamente superiores, com proventos integrais. (Redação dada pela Emenda Constitucional nº 48/2020).

Art. 277. Os planos de aplicação e demais projetos elaborados pelos órgãos da Administração Direta, Autarquias e Fundações Públicas do Estado e relativos à utilização de recursos oriundos de contratos, convênios ou outro tipo de ajuste firmado com a União ou com quaisquer outras entidades de Direito Público ou Privado, deverão ser submetidos à apreciação e à aprovação da Assembleia Legislativa Estadual.

• Nota: Caput com eficácia suspensa, por decisão unânime, pela ADI nº 127-2-MC, julgada pelo Pleno do STF em 20/11/1989, publicada no DJ, de 4/12/1992. Resultado: Aguardando julgamento

Parágrafo único. No prazo máximo de sessenta dias, contado do encerramento do exercício considerado ou do término da execução de ajuste, será encaminhada prestação de contas à Assembleia Legislativa Estadual relativas aos recursos aplicados na forma dos planos ou projetos aludidos neste artigo.

• Parágrafo único com eficácia suspensa, por decisão unânime, pela ADI nº 127-2-MC, julgada pelo Pleno do STF em 20/11/1989, publicada no DJ, de 4/12/1992. Resultado: Aguardando julgamento

Art. 278. A lei disporá sobre a institucionalização do sistema de cadastro dos dirigentes de órgãos das administrações direta e indireta e fundacional pública.

§ 1º Além dos elementos informativos de caráter curricular, constará, obrigatoriamente, o registro de bens e valores integrantes do patrimônio privado dos gestores da administração pública estadual, à vista dos dados constantes das declarações do Imposto de Renda, anualmente.

§ 2º As declarações deverão ser publicadas, na íntegra, no Diário Oficial do Estado, imediatamente às datas de investidura e exoneração dos cargos de que sejam titulares.

Art. 279. Não produzirão quaisquer efeitos jurídicos as multas aplicadas por infrações imputadas às pessoas físicas ou jurídicas, pelas entidades da Administração Direta, Indireta, inclusive Autárquica e Fundacional Pública, sem que delas os interessados sejam regularmente notificados.

Parágrafo único. A notificação mencionada neste artigo deverá conter todos os detalhes pertinentes à exigência a que se refere, bem como a indicação do prazo para apresentação de defesa, que não deverá ser inferior a trinta dias.

Art. 280. Nenhum ato dos Poderes Públicos do Estado e do Município da Capital, inclusive dos órgãos da Administração Indireta e Fundacional Pública, terá eficácia antes da respectiva publicação no Diário Oficial do Estado, notadamente os que se referem à aplicação dos dinheiros públicos.

Art. 281. Nos primeiros doze meses de cada mandato governamental, deverá ser realizado um senso dos servidores da Administração Direta, Indireta e Fundacional Pública, com a participação das entidades de classe dos servidores, cujo resultado será publicado no Diário Oficial do Estado.

Art. 282. A lei disporá sobre a organização, em carreira, dos cargos de Procurador de Estado do Quadro de Pessoal dos Serviços da Procuradoria Geral do Estado de Alagoas, estabelecendo as correspondentes especificações e definindo as expectativas de avanço funcional. (Redação dada pela Emenda Constitucional nº 21/2000).

Art. 283. Aos ocupantes de cargos de Procurador de Estado, de que trata o artigo precedente, originários da Junta Comercial, aplicar-se-á, também, o disposto nos arts. 132 e 135 da Constituição Federal. (Redação dada pela Emenda Constitucional nº 21/2000).

Art. 284. O Estado apresentará ao Legislativo e publicará até o último dia útil do mês subseqüente o demonstrativo da arrecadação de impostos e aplicação mensal dos recursos previstos no art. 212 da Constituição Federal.

Parágrafo único. Ocorrendo o descumprimento do mínimo previsto, a diferença será contabilizada pelo seu valor real, corrigido pelo indexador oficial e incorporado no mês subseqüente.

Art. 285. Os recursos públicos de que trata o art. 213 da Constituição Federal só poderão ser dirigidos às escolas comunitárias, confessionais ou filantrópicas depois que forem assegurados:

I – oferta de vagas na rede pública suficiente para proporcionar a toda população o acesso à escolaridade completa de 1º grau e progressivamente de 2º grau diurno e noturno;

II – atendimento em creche e em pré-escolar a todas as crianças de até seis anos;

III – melhoria da qualidade de ensino em condições adequadas de formação, exercício e remuneração do magistério.

§ 1º As entidades privadas, suas mantenedoras ou proprietárias, estão excluídas do acesso a isenções ou concessões fiscais de qualquer natureza.

§ 2º Para a concessão de bolsa de estudos nos termos do art. 213 da Constituição Federal, fica o Estado obrigado a suprir a deficiência identificada no prazo máximo de dois anos.

Art. 286. As despesas com pessoal ativo e inativo do Estado e dos Municípios não poderão exceder sessenta e cinco cento do valor das respectivas receitas correntes.

Parágrafo único. O Estado e os Municípios, quando a respectiva despesa de pessoal exceder o limite previsto neste artigo, deverão retornar àquele limite, reduzindo o percentual excedente à razão de um quinto por ano.

Art. 287. Os vencimentos do Secretário de Estado, sujeitos aos impostos gerais, incluído o de renda, não serão inferiores aos auferidos, em espécie, a qualquer título, pelo Desembargador do Tribunal de Justiça, ressalvadas as vantagens de caráter individual a este assegurado.

• Nota: Artigo com eficácia suspensa, por decisão unânime, pela ADI nº 127-2-MC, julgada pelo Pleno do STF em 20/11/1989, publicada no DJ, de 4/12/1992. Resultado: Aguardando julgamento

Art. 288. Esta Constituição, com as Disposições Gerais e o Ato das Disposições Constitucionais Transitórias, entra em vigor na data da sua promulgação.

Maceió, 5 de outubro de 1989.

ATO DAS DISPOSIÇÕES CONSTITUCIONAIS TRANSITÓRIAS

Art. 1º O Governador do Estado, o Presidente do Tribunal de Justiça e os Membros da Assembleia Legislativa Estadual prestarão compromisso de manter, defender e cumprir esta Constituição, no ato e na data de sua promulgação.

Art. 2º A revisão constitucional será realizada após cinco anos, contados da promulgação da Constituição, pelo voto da maioria absoluta dos membros da Assembleia Legislativa Estadual.

Art. 3 º Dentro do prazo de sessenta dias, a contar da data da promulgação desta Constituição, promoverão, o Executivo, o Legislativo e o Judiciário, a declaração, mediante Lei, dos quadros de cargos permanentes existentes, com identificação das categorias funcionais correspondentes, quantitativos, número de cargos vagos e padrões remuneratórios atribuídos a cada classe.

Art. 4º Cada Câmara Municipal, no prazo de seis meses, a contar da data da promulgação desta Constituição, votará a Lei Orgânica Municipal respectiva, respeitado o disposto nesta Constituição e na Constituição Federal.

Art. 5º Os Municípios, no prazo de até dois anos, contados a partir da data da promulgação da Constituição Federal, promoverão, mediante acordo ou arbitramento, demarcação de suas linhas divisórias atualmente litigiosas, podendo para isso fazer alteração e compensações de área que atendam aos acidentes naturais, critérios históricos, conveniências administrativas e comodidades das populações limítrofes.

§ 1º Havendo solicitação dos Municípios interessados, o Estado encarregar-se-á dos trabalhos demarcatórios.

§ 2º Se, decorrido o prazo fixado neste artigo, não forem concluídos os trabalhos demarcatórios, o Estado determinará os limites das áreas litigiosas.

Art. 6º Dentro do prazo de trinta dias, a contar da data da promulgação desta Constituição, proporá o Chefe do Executivo, ao Poder Legislativo, Projeto de Lei visando à declaração de todas as fundações que, instituídas por iniciativa do Poder Público Estadual, se caracterizam como fundações de direito público.

§ 1º Publicada a Lei de que trata este artigo, será aberta, pelo prazo de trinta dias, oportunidade de opção para os servidores das fundações públicas que passem a incorrer em acumulação ilegítima, reconhecida a boa-fé daqueles admitidos antes do advento da Constituição da República.

§ 2º Manifestada a preferência pelo cargo estranho à estrutura da fundação, será o servidor dispensado, formalizada a extinção do contrato de trabalho na forma do que dispõe a legislação trabalhista.

§ 3º Aplicam-se as regras deste artigo aos servidores que, em virtude de ato da administração, tenham sido compelidos a se afastarem do exercício de empregos em fundações que venham a ser declaradas de direito público.

Art. 7º As distorções remuneratórias porventura existentes, tendo em vista a isonomia assegurada entre cargos iguais ou assemelhados do Executivo, do Legislativo ou do Judiciário, serão corrigidos dentro do prazo de sessenta dias, a contar da data da promulgação desta Constituição.

Art. 8º Aos ocupantes de dois cargos ou empregos privativos de profissionais de saúde que, na data da promulgação da Constituição Federal, se encontravam afastados de um dos cargos ou empregos por força de exigência da administração ou opção provisória, é assegurado imediato retorno às suas atividades.

Art. 9º Dentro do prazo de noventa dias, a contar da promulgação da Constituição, proceder-se-á a revisão dos direitos dos servidores públicos inativos e pensionistas e a atualização dos proventos e pensões a eles devidos, a fim de ajustá-los ao disposto na Constituição Federal.

Art. 10. Os municípios com mais de vinte mil habitantes, dentro do prazo de trezentos e sessenta dias, a contar da data da promulgação desta Constituição, aprovarão, mediante Lei, seus Planos Diretores.

§ 1º Até que publicados os correspondentes Planos Diretores, serão observados, objetivando a humanização dos espaços urbanos, os seguintes princípios:

I – exigibilidade, para a comercialização de lotes em parcelamentos urbanos, da arborização das áreas verdes e da implantação de todos os equipamentos urbanos e comunitários, pelo empreendedor;

II – inadmissibilidade de cessões, permissões ou concessões de uso de área pública, salvo, em cada caso, mediante autorização legislativa;

III - exclusividade da exposição de murais, cartazes e similares, para quaisquer fins, em espaço previamente delimitados através de lei local;

IV - impermissibilidade de redestinação das áreas verdes em parcelamentos urbanos ou espaços ajardinados em logradouros públicos.

§ 2º As ocupações já existentes de áreas públicas, desde que não atendam às regras definidas neste artigo, serão removidas dentro do prazo de três meses, a contar da data da promulgação desta Constituição, sob pena de responsabilidade do Prefeito Municipal.

§ 3º Os Planos Diretores a serem expedidos preservarão os princípios estabelecidos neste artigo.

§ 4º A inobservância da regra deste artigo implicará na impossibilidade de expedição de alvarás de construção e de implantação de parcelamentos urbanos, bem como de aberturas de novas vias ou prolongamentos daquelas já existentes, até que entre em vigor o Plano Diretor.

Art. 11. Aos servidores públicos estaduais demitidos a partir de 1986, exceto mediante processo administrativo disciplinar, e aos postos em disponibilidade, fica assegurada a volta ao trabalho, obrigando-se o Estado a repor seus vencimentos atrasados.

Art. 12. (Redação revogada pela Emenda Constitucional nº 30/2003).

I - (Redação revogada pela Emenda Constitucional nº 30/2003).

II - (Redação revogada pela Emenda Constitucional nº 30/2003).

III - (Redação revogada pela Emenda Constitucional nº 30/2003).

Parágrafo único. (Redação revogada pela Emenda Constitucional nº 30/2003).

Art. 13. Aproveitar-se-ão, para os efeitos do art. 123, inciso II, alínea a, desta Constituição, as indicações, em listas tríplices, ocorridas antes da vigência da Constituição Federal.

Art. 14. Dentro do prazo de trinta dias, a contar da data da publicação desta Constituição, promover-se-á o preenchimento do cargo de Procurador Geral do Estado, observado o que dispõe o art. 155 desta Constituição.

Art. 15. Até que organizada a Defensoria Pública, consoante dispuser Lei complementar federal específica, serão exercidos, por Procuradores de Estado, para tal fim designados, as atividades de orientação jurídica e de representação judicial de que trata o art. 5º, inciso LXXIV, da Constituição Federal.

Art. 16. A lei assegurará a absorção, pela carreira da Defensoria Pública, dos antigos Advogados de Ofício e Defensores Públicos, originariamente credenciados, desde que não venham a incorrer em acumulação ilegal de cargos, empregos ou funções públicas.

• Nota: Artigo com eficácia suspensa, por unanimidade, até decisão final da ação, pela ADI nº 362-3-MC, julgada pelo Pleno do STF em 27/09/1990, publicada no DJ de 26/10/1990. Decisão final: O Pleno julgou, em 21/11/1996, por unanimidade, procedente a ação para declarar a inconstitucionalidade deste artigo. Publicada no DJ, de 4/04/1997

Parágrafo único. Assegurar-se-á aos atuais Procuradores de Estado faculdade de opção, de forma irretratável, entre as carreiras de Procurador de Estado e de Defensor Público.

Art. 17. Ao homem ou à mulher que detenha, na condição de enfiteuta, área urbana do domínio direto do Estado de Alagoas, cuja superfície não exceda a quinhentos metros quadrados, utilizando-a para moradia própria e de sua família, assegurar-se-á a imediata propriedade plena, mediante resgate gratuito, independente do trâmite do prazo específico estabelecido na Lei.

§ 1º A remissão dependerá de requerimento fundamentado do interessado, vedado o resgate, nas condições deste artigo, em qualquer hipótese, por uma única pessoa, em relação a mais de um imóvel.

§ 2º Tratando-se de área a que o interesse público reclame redestinação, promoverá o Estado a remoção da moradia para outra gleba, atribuindo ao interessado o domínio pleno sobre esta, observadas as formalidades legais.

Art. 18. Os Municípios, dentro do prazo de seis meses, a contar da data da promulgação desta Constituição, procederão ao levantamento de todos os espaços que, nos parcelamentos urbanos implantados em seus territórios, sejam destinados a áreas verdes e a equipamentos urbanos e comunitários, removendo, em sendo o caso, as ocupações desconformes com as finalidades que lhes são atribuídas, sob pena de responsabilidade do Prefeito Municipal.

Art. 19. O Estado promoverá a instalação de centros integrados de educação, destinados à clientela de primeiro grau e adaptados ao atendimento pleno do educando durante os turnos matutino e vespertino, oferecendo-lhes ensino regular, alimentação e acompanhamento médico, odontológico e psicológico e social, além de lazer e atividades desportivas e culturais.

§ 1º Dentro do prazo de trezentos e sessenta dias, a contar da data da promulgação da Constituição, instituirá o Estado, na Capital, pelo menos três centros integrados de educação.

§ 2º Cumprida a obrigação de que trata o parágrafo precedente, instituirá o Estado, a cada ano, pelo menos dois centros de educação integrada, cada um em cidade com população superior a vinte mil habitantes.

Art. 20. O Estado instituirá ambulatórios destinados à assistência médica especializada para tratamento de idosos, de crianças e de portadores de deficiências de qualquer natureza.

Parágrafo único. As unidades de que trata este artigo compreenderão equipes multidisciplinares, constituídas de médicos, nutricionistas, psicólogos, sociólogos, odontólogos, fisiatras, assistentes sociais e enfermeiros.

Art. 21. Ao ocupante de cargo efetivo do serviço público estadual que, no prazo de cento e vinte dias antes da data da promulgação desta Constituição, encontrava-se no real desempenho de atribuições típicas de Procurador Regional da Junta Comercial, é assegurada a transposição para o cargo a que correspondam as funções exercidas, mediante transformação do cargo em que esteja investido.

• Artigo com eficácia suspensa, por unanimidade, até decisão final da ação, pela ADI nº 362-3-MC, julgada pelo Pleno do STF em 27/09/1990, publicada no DJ de 26/10/1990. Decisão final: O Pleno julgou, em 21/11/1996, por unanimidade, procedente a ação para declarar a inconstitucionalidade deste artigo. Publicada no DJ, de 4/04/1997.

Art. 22. É assegurada, na forma do art. 18 do Ato das Disposições Transitórias da Constituição da República, a estabilidade que, por força do art. 154, parágrafo único, da Constituição Estadual de 1967, com redação introduzida pelo art. 1º, inciso VIII, da Emenda Constitucional nº 22, de 20 de junho de 1986, foi concedida aos servidores estaduais, inclusive autárquicos, admitidos sem concurso público.

• Nota: Foi ajuizada medida cautelar na ADI nº 1663-3, porém o STF a indeferiu, por unanimidade, pelo Pleno, em 4/09/1997, publicada no DJ, de 8/09/2000. Resultado: aguardando julgamento.

Art. 23. Fica criada a Escola de Administração Fazendária do Estado de Alagoas.

Parágrafo único. O Poder Executivo, dentro do prazo de 90 dias, a partir da promulgação desta Constituição, enviará à Assembleia Legislativa Projeto de Lei regulamentando a matéria.

Art. 24. O Poder Executivo promoverá meios visando à instituição da Universidade Estadual de Alagoas.

Art. 25. O Poder Executivo submeterá à Assembleia Legislativa, a partir da data da promulgação desta Constituição, os seguintes projetos de lei:

I – dentro de cento e oitenta dias, o Programa de Desenvolvimento dos Recursos Hídricos do Estado de Alagoas; e

II – até trezentos e sessenta dias, o Plano Estadual dos Recursos Hídricos do Estado de Alagoas.

Art. 26. Fica assegurada a percepção das vantagens pessoais que, decorrentes da extinção do adicional trienal, estejam sendo auferidas, na data da promulgação desta Constituição, por servidor público estadual, ativo ou inativo.

Art. 27. Lei ordinária a ser expedida, no prazo de trinta dias, a partir da promulgação desta Constituição, disciplinará revisão do valor do prêmio produtividade considerado no cálculo dos proventos da aposentadoria de integrantes do Grupo Ocupacional Tributação e Finanças, restabelecendo a relação percentual assegurada, à época da aposentação, entre a parte variável de sua remuneração e o limite máximo de percepção remuneratória à época vigente.

§ 1º Quando do aumento do limite máximo de percepção remuneratória, o prêmio de produtividade incorporada aos proventos será reajustado automaticamente e na mesma proporção.

§ 2º Fica assegurada a extensão dos direitos previstos no parágrafo único do art. 4º da Lei 4.640, de 9 de maio de 1985, aos ex-integrantes do grupo ocupacional tributação e finanças, aposentados antes da instituição da gratificação do prêmio de produtividade.

§ 3º Ficam assegurados ao cônjuge ou companheiro sobrevivo, os direitos de revisão e incorporação de que tratam o caput e parágrafos deste artigo, em relação às pensões percebidas.

Art. 28. Os servidores públicos do Estado e dos Municípios, da Administração Direta, Autárquica e das Fundações Públicas, em exercício na data da promulgação da Constituição da República, há pelo menos cinco anos continuados, e que não tenham sido admitidos na forma regulada no art. 37, II da Constituição da República, são considerados estáveis no serviço público.

§ 1º O tempo de serviço dos servidores referidos neste artigo será contado como título quando se submeterem a concurso para fins de efetivação, na forma da Lei.

§ 2º O disposto neste artigo não se aplica aos servidores exclusivamente ocupantes de cargos, de funções e de empregos de confiança ou em comissão, nem aos que a lei declare de livre exoneração, cujo tempo de serviço não será computado para os fins deste artigo.

Art. 29. Fica criada a Fundação do Bem-Estar do Idoso destinada à Assistência Especializada e Lazer de Pessoas com mais de sessenta anos de idade.

Parágrafo único. Lei definirá a estrutura da Fundação do Bem-Estar do Idoso.

Art. 30. Os serviços notariais e de registro, até que entre em vigor a lei de que trata o art. 236 da Constituição Federal, serão exercidos com observância aos seguintes princípios:

- Artigo e incisos com eficácia suspensa, por unanimidade, até a decisão final da ação, pela ADI nº 1047-6-MC, julgada pelo Pleno do STF em 25/03/1994, publicada no DJ, de 6/05/1994. Decisão monocrática final: ADI julgada prejudicada, declarando-se insubsistente a liminar já concedida, com a edição, pela União, da Lei nº 9.835, de 18/11/1994, julgada em 19/09/1997, publicada no DJ de 30/09/1997.

I – manutenção das atuais serventias notariais e de registro existentes no Estado, com a denominação de "serviços notariais e de registro", exercidos, em caráter privado, por delegação do Poder Executivo;

II – organização, disciplina e fiscalização administrativa dos serviços exercidos pelo Colégio Notarial e Registral, passando a constituir serviço público que ficam desde logo instituído e composto pelos titulares dos serviços notariais e de registro;

III – nomeação dos titulares dos serviços notariais e de registro pelo Colégio Notarial e Registral, dentre aprovados em concurso público de provas e títulos, obedecida a rigorosa ordem de classificação, obrigatória a participação, na comissão examinadora, de um Juiz de Direito, de um Membro do Ministério Público e de um representante da OAB-AL, além de membros do Colégio Notarial e Registral;

IV – asseguramento de direito à nomeação aos candidatos aprovados no concurso público realizado pelo Poder Judiciário, para titulares dos serviços notariais e registro, de direito à nomeação;

V – reconhecimento da condição de delegados do Poder Público, para os fins de exercício de funções notariais e registrais, a quanto as estejam interinamente desempenhando há pelo menos três anos, e, na vacância, aos atuais notários e registradores substitutos;

VI – organização e funcionamento do Colégio Notarial e de Registro na conformidade do regimento que expedir.

Art. 31. No prazo de noventa dias, a contar da data da promulgação desta Constituição, será remetido ao Poder Legislativo Projeto de Lei instituindo a Lei Orgânica do Grupo Ocupacional, Tributação e Finanças.

Art. 32. O Poder Executivo, no prazo de noventa dias, a partir da promulgação desta Constituição, enviará à Assembleia Legislativa Projeto de Lei dispondo sobre a instituição, organização e o funcionamento de Procuradoria da Fazenda Estadual.

Art. 33. As empresas públicas e sociedades de economia mista que, no período de três anos consecutivo anteriores à data da vigência desta Constituição, registraram, em seus balanços, prejuízos financeiros, deverão apresentar à Chefia do Poder Executivo, através das Secretarias a que sejam vinculadas, os seus planos de recuperação que, examinado pela Secretaria do Planejamento e aprovado, será remetido à Assembleia Legislativa Estadual, para conhecimento.

§ 1º O plano de recuperação de que trata este artigo, além de conter todos os elementos informativos indispensáveis à sua aferição, com detalhamentos, demonstrativos e comparativos, definirá, objetiva e conclusivamente, as diretrizes visando a compatibilizar as ações com os fins econômicos e sociais preconizados na sua legislação institucional.

§ 2º As empresas públicas e sociedades de economia mista terão o prazo de cento e oitenta dias, a partir da data de vigência desta Constituição, para apresentarem à Chefia do Poder Executivo os seus planos de recuperação.

Art. 34. Fica criada a Polícia Ecológica.

Parágrafo único. O Poder Executivo, dentro do prazo de noventa dias, a partir da promulgação desta Constituição, enviará à Assembleia Legislativa, Projeto de Lei dispondo sobre a organização, as finalidades e o funcionamento da Polícia Ecológica.

Art. 35. Fica assegurado ao policial militar que, por força da Emenda Constitucional nº 22, de 20 de junho de 1986, tenha sido transferido para o regime estatutário em emprego do Estado, direito de opção por um dos cargos, no prazo de trinta dias, contados da promulgação desta Constituição.

Art. 36. O servidor público estadual que conte mais de um ano de desvio de função na data de promulgação desta Constituição, por ato do Chefe do Poder Executivo, do Poder Legislativo e do Poder Judiciário, caso preencha os requisitos para o exercício do cargo para o qual tenha sido desviado, será para este transposto.

• Nota: Artigo com eficácia suspensa, por unanimidade, até decisão final da ação, pela ADI nº 362-3-MC, julgada pelo Pleno do STF em 27/09/1990, publicada no DJ de 26/10/1990. Decisão final: O Pleno julgou, em 21/11/1996, por unanimidade, procedente a ação para declarar a inconstitucionalidade deste artigo. Publicada no DJ, de 4/04/1997.

Art. 37. A lei estabelecerá no prazo de noventa dias, a contar da promulgação desta Constituição, pisos remuneratórios para os cargos e empregos do grupo de atividade de nível superior e para os cargos de nível intermediário, na Administração Direta, Autárquica e Fundacional Pública, compatíveis com a complexidade das funções e com o grau de responsabilidade cometidos aos seus ocupantes.

Art. 38. O Poder Executivo, dentro do prazo de cento e vinte e dias, a partir da promulgação desta Constituição, encaminhará à Assembleia Legislativa, projeto de lei reestruturando a Secretaria de Educação, adequando-a à realidade educacional do país, inclusive dotando-a de Departamento de Educação Física, como órgão de coordenação dessa atividade.

Art. 39. No prazo de noventa dias a partir da promulgação desta Constituição, os Poderes Legislativo, Judiciário e Executivo, apostilarão os títulos de todos os servidores públicos existentes, de modo a testificar-lhes a atual situação funcional.

Art. 40. As vantagens pecuniárias decorrentes da prestação de serviços extraordinários ou de trabalhos técnicos ou científicos, ou ainda pela execução de atividades de natureza especial, com risco de vida ou de saúde que, na data da promulgação desta Constituição, estejam sendo percebidas há mais de dois anos ininterruptos ou cinco anos intercalados, por servidor público estadual, terão auferimento assegurado, como vantagem pessoal, para todos os legais efeitos, vedada a concessão de novo acréscimo da mesma natureza.

• Nota: Artigo com eficácia suspensa, por maioria, pela ADI nº 127-2-MC, julgada pelo Pleno do STF em 20/11/1989, publicada no DJ, de 4/12/1992. Resultado: Aguardando julgamento.

Art. 41. Ficam criados os Municípios de:

I – Jequiá da Praia, a ser desmembrado dos Municípios de São Miguel dos Campos e Coruripe;

• Nota: A decisão do STF na ADI nº 475-1-MC, julgada pelo Pleno em 12/04/1991, publicada no DJ de 31/05/1991, revela-se, data venia, equivocada, tendo em vista que esta suspendeu inciso I inexistente no art. 43 do ADCT, o que leva a crer, pela matéria discutida na ação direta, que a suspensão se refere a este inciso. Incidência, na hipótese, de possível erro material.

II – Campestre, desmembrado de Jundiá;

III – Pariconha, desmembrado do Município de Água Branca;

IV – Paripueira, desmembrado do Município de Barra de Santo Antonio;

V – Estrela de Alagoas, desmembrado dos Municípios de Palmeira dos Índios, Minador do Negrão e Cacimbinhas.

§ 1º Os limites e confrontações dos Municípios dos incisos I e II, serão definidos pela Comissão Municipal da Assembleia Legislativa.

§ 2º O Município de Pariconha terá os seguintes limites: ao Norte: tem como ponto inicial, a embocadura do Riacho Salobro, no Rio Moxotó, seguindo pelo mesmo riacho até o caminho Real Salobro – Rio d'Águinha; a Leste: daí até o Malhada Vermelha e Malaquias, subindo pela Grota do Fundão, formada pelas Serras da Chapada e dos Cordeiros, até o encontro com a estrada de rodagem que vai para a Serra do Cavalo, denominada AGB-151, por ela seguindo até a estrada AGB-202, que liga Água Branca a Pariconha, partindo de Tatajuba, daí voltando pela AGB-202 até a estrada para o Engenho Queimadas, daí descendo pelo Riacho Apertado da Hora até o Riacho de Quixabeira, nos limites do povoado Várzea do Pico, prosseguindo pelo mesmo Riacho até o Riacho da Mosquita e, por este, até a ponte na rodovia asfaltada AL-145, seguindo por esta até o cruzamento com a rodovia federal BR-423, no povoado Maria Bode; ao Sul: pela rodovia federal BR-423 até o limite com o Município de Delmiro Gouveia. Com Delmiro Gouveia através do antigo limite com o Município de Água Branca, a partir do cruzamento desse limite com a rodovia federal BR-423 até o Rio Moxotó, na ponte ferroviária no povoado Volta, que o separa do Estado de

Pernambuco; a Oeste: do Rio Moxotó, desde a ponte ferroviária até a embocadura do Riacho do Salobro, ponto inicial.

§ 3º O Município de Paripueira terá os seguintes limites: ao Sul e a Oeste: com o Município de Maceió; tem como ponto inicial a embocadura do Rio Suassuí no Oceano Atlântico, seguindo a direção contrária do curso do Rio Suassuí até sua nascente (bem próximo a estrada que vai para o Campo de Pouso da Usina Cachoeira), daí seguindo uma linha reta com azimute de 339º,00" (com extensão de 3.250 metros) até o Rio Sapucaí (próximo a estrada que vai para a Fazenda Juçara); ao Norte: com o Município de Barra de Santo Antonio, começa no Rio Sapucaí (próximo a estrada que vai para a Fazenda Juçara), daí seguindo o curso do Rio Sapucaí até sua embocadura no Oceano Atlântico; a Leste: pelo Oceano Atlântico pela sua orla, até a embocadura do Rio Suassuí, ponto inicial.

§ 4º O Município de Estrela de Alagoas terá os seguintes limites: Ao Norte: inicia-se limite do Município de Estrela de Alagoas no cruzamento da Rodovia PI-33 com o Riacho Baixa da Lama, na divisa com o Estado de Pernambuco; segue em direção ao Sul por esta rodovia, passando pela estrada PI-34 – Norte, até encontrar a estrada PI-34 – Sul, próximo a Lagoa do Xexéu; ao Sul: do ponto de encontro da estrada PI-33, seguindo pela estrada PI-34 na direção Oeste, até uma extensão de quinhentos metros. A partir daí segue na direção Sul por uma linha reta, passando pela Lagoa Cascavel até o ponto de encontro das estradas PI-49 com a PI-50. Segue então este limite pela estrada PI-50 até encontrar-se com a estrada PI-52. A partir daí, o limite segue ainda na direção Sul, pela estrada PI-50 até seu encontro com a linha de limite intermunicipal de Palmeira dos Índios com o Município de Igaci, nas proximidades da Lagoa do Mato. A Oeste: deste ponto o limite acompanha esta linha de limite intermunicipal em direção Oeste em linha reta, até o limite intermunicipal de Cacimbinhas com Palmeira dos Índios. A partir daí segue este limite até encontrar-se com o limite intermunicipal de Minador do Negrão com Palmeira dos Índios. Seguindo-se deste limite até o limite com o Estado de Pernambuco. (Redação dada pela Emenda Constitucional nº 14/1996).

§ 5º A eficácia da regra contida neste artigo fica condicionada em cada caso, ao consentimento das populações interessadas, mediante consulta prévia em plebiscito.

§ 6º O Tribunal Regional Eleitoral adotará as providências necessárias à realização das eleições e posse dos eleitos.

§ 7º Nas hipóteses de que trata este artigo, o Tribunal Regional Eleitoral realizará as consultas plebiscitárias, até noventa dias após a promulgação desta Constituição, respeitados os seguintes preceitos:

I – residência do votante, há mais de um ano, na área a ser desmembrada;

II – cédula oficial que contará as palavras "sim" ou "não" indicando, respectivamente, a aprovação ou rejeição da criação do município.

§ 8º A criação do município só será efetivada se o resultado do plebiscito lhe tiver sido favorável pelo voto da maioria dos eleitores que comparecerem as urnas, em manifestação a que se tenham apresentado pelo menos cinqüenta por cento dos eleitores inscritos.

§ 9º O Prefeito, o Vice-Prefeito e os Vereadores serão eleitos até cento e cinqüenta dias após a promulgação da Constituição, obedecidas entre outras as seguintes normas:

I – o prazo de filiação partidária dos candidatos será encerrado sessenta dias antes da data das eleições;

II – as datas das convenções municipais destinadas a deliberar sobre coligações e escolha de candidatos e dos demais procedimentos legais, serão fixados em calendário especial pela Justiça Eleitoral;

III – são inelegíveis os ocupantes de cargos estaduais ou municipais que não se tenham afastado, em caráter definitivo, sessenta dias antes da data prevista neste parágrafo; e

IV – ficam mantidos os atuais diretórios municipais dos partidos políticos existentes nos Municípios, cabendo às Comissões Executivas Estaduais designar Comissões Provisórias nos Municípios, nos termos e para os fins previstos em lei.

§ 10 Os mandatos do Prefeito, do Vice-Prefeito e dos Vereadores eleitos na forma do parágrafo anterior, extinguir-se-ão concomitantemente, aos demais Municípios do Estado.

§ 11 A Câmara de Vereadores de cada município será instalada no trigésimo dia da eleição de seus integrantes, e dar-se-á posse, na mesma data, ao Prefeito e ao Vice-Prefeito eleitos.

§ 12 Os Municípios de que ocorram desmembramentos ficam isentos dos débitos e encargos decorrentes de empreendimentos no território dos novos Municípios.

Art. 42. A Imprensa Oficial do Estado promoverá edição popular do texto integral desta Constituição, que será posta à disposição das escolas e dos cartórios, dos sindicatos, das associações, dos quartéis, das igrejas, das repartições públicas e de outras instituições representativas a comunidade, gratuitamente.

Art. 43. É preservada a vigência das leis ordinárias e dos regulamentos estaduais e municipais em vigor na data da promulgação desta Constituição, salvo quanto aos dispositivos que se conflitem com os preceitos nela contidos.

• Nota: Artigo com eficácia suspensa, por unanimidade, com efeitos ex nunc, pela ADI nº 475-1-MC, julgada pelo Pleno do STF em 12/04/1991, publicada no DJ de 31/05/1991. Observação: O Tribunal, examinando questão de ordem, deferiu a retificação da petição inicial (correção de erro material) para restringir o objeto da ação ao Decreto 294, 12/06/1990, do Estado de Alagoas, bem como somente ao inciso I, do art.

43, do ADCT, da Constituição do mesmo Estado. Em conseqüência, restringiu também o alcance da Medida Cautelar a esse objeto. Por fim, julgou prejudicado o Agravo Regimental. Tido por votação unânime. Votou o Presidente. Julgado pelo Plenário em 19/09/1991. Publicada no DJ, de 8/11/1991. Resultado: Aguardando julgamento.

Art. 44. O percentual de 1,5% (um e meio por cento) previsto no art. 216 será atingido gradativamente no prazo de cinco anos, iniciando com 0,7% (sete décimos por cento) em 2002 e sequenciando-se com acréscimos anuais de 0,2% (dois décimos por cento) até a integralização de 1,5% (um e meio por cento) a partir do exercício financeiro de 2006. (Redação acrescentada pela Emenda Constitucional nº 25/2002).

Art. 45. Até que entre em vigor a Lei Complementar de que trata o inciso II do art. 57 da Constituição Estadual, os Desembargadores e Juízes de Direito do Tribunal de Justiça do Estado de Alagoas, os membros do Ministério Público Estadual e os Conselheiros do Tribunal de Contas do Estado de Alagoas, aposentar-se-ão, compulsoriamente, aos 75 (setenta e cinco) anos de idade. (Redação acrescentada pela Emenda Constitucional nº 40/2015).

Maceió, 5 de outubro de 1989.

DIREITO ADMINISTRATIVO

LEI COMPLEMENTAR ESTADUAL Nº 7, DE 18 DE JULHO DE 1991

- INSTITUI A LEI ORGÂNICA DA ADVOCACIA GERAL DO ESTADO DE ALAGOAS

***ATUALIZADA ATÉ A LC Nº 47, DE 27 DE ABRIL DE 2018.**

ÍNDICE

TÍTULO I - DA ORGANIZAÇÃO E DA COMPETÊNCIA DA ADVOCACIA GERAL DO ESTADO

CAPÍTULO I - DISPOSIÇÕES PRELIMINARES - art. 1º e 2º

CAPÍTULO II - DAS FUNÇÕES INSTITUCIONAIS - art. 3º

CAPÍTULO III - DA COMPETÊNCIA - art. 4º

CAPÍTULO IV - DOS ÓRGÃOS DA PROCURADORIA GERAL DO ESTADO - art. 5º

Seção I - Do Conselho Superior da Procuradoria Geral do Estado - art. 6º ao 9º

Seção II - Da Procuradoria Geral do Estado - art. 10 ao 14

Seção III - Da Subprocuradoria Geral do Estado - art. 15 ao 17

Seção IV - Da Corregedoria-Geral - art. 18 ao 20

Seção V - Das Procuradorias de Estado - art. 21 ao 25

TÍTULO I-A - FUNDO DE MODERNIZAÇÃO - art. 25-A ao 25-E

TÍTULO I-B - DA CÂMARA DE PREVENÇÃO E RESOLUÇÃO ADMINISTRATIVA DE CONFLITOS - art. 25-F ao 25-U

TÍTULO II - DA CARREIRA PROCURADOR DE ESTADO

CAPÍTULO I - DA ESTRUTURA - art. 26

CAPÍTULO II - DO INGRESSO - art. 27 ao 30

CAPÍTULO III - DA NOMEAÇÃO, DA POSSE E DO COMPROMISSO - art. 31 ao 34

CAPÍTULO IV - DO EXERCÍCIO - art. 35 e 36
CAPÍTULO V - DO ESTÁGIO CONFIRMATÓRIO - art. 37 ao 40
CAPÍTULO VI - DO REGIME DE TRABALHO - art. 40 ao 42
CAPÍTULO VII - DAS PROMOÇÕES - art. 43 ao 51
CAPÍTULO III - DO REINGRESSO - art. 52 ao 55
CAPÍTULO IX - DA REMOÇÃO - art. 56 ao 60
CAPÍTULO X - DA EXONERAÇÃO, DA DEMISSÃO E DA APOSENTADORIA - art. 61 ao 65
CAPÍTULO XI - DOS DEVERES E DAS PROIBIÇÕES - art. 66 e 67
CAPÍTULO VII - DO REGIME DISCIPLINAR - art. 68 e 69
CAPÍTULO XIII - DAS SUBSTITUIÇÕES - art. 70 ao 72
TÍTULO IV - DOS DIREITOS, GARANTIAS E PRERROGATIVAS
CAPÍTULO I - DOS SUBSÍDIOS - art. 73
Seção I - Dos Vencimentos - art. 74 e 75
Seção II - Das Vantagens - art. 76 e 77
CAPÍTULO II - DAS FÉRIAS, LICENÇAS E AFASTAMENTOS - art. 78 ao 80
CAPÍTULO III - DAS PRERROGATIVAS E DAS GARANTIAS - art. 81 e 82
TÍTULO V - DAS DISPOSIÇÕES TRANSITÓRIAS E FINAIS
CAPÍTULO I - DAS DISPOSIÇÕES TRANSITÓRIAS - art. 83 ao 91
CAPÍTULO II - DISPOSIÇÃO FINAL - art. 92

O GOVERNADOR DO ESTADO DE ALAGOAS

Faço saber que o Poder Legislativo decreta e eu sanciono a seguinte Lei Complementar:

TÍTULO I
DA ORGANIZAÇÃO E DA COMPETÊNCIA DA ADVOCACIA GERAL DO ESTADO

CAPÍTULO I
DISPOSIÇÕES PRELIMINARES

Art. 1º A Advocacia-Geral do Estado, instituição permanente e essencial à administração da justiça, exercida pela Procuradoria Geral do Estado, tem por finalidade a preservação dos interesses públicos, o resguardo e o controle da legalidade, da moralidade, da impessoalidade e demais princípios da Administração Pública e o exercício da advocacia pública do Estado. (Redação dada pela Lei Complementar nº 22, de 30.04.2002).

Art. 2º São princípios institucionais da Advocacia-Geral do Estado a unidade e a indivisibilidade.

CAPÍTULO II
DAS FUNÇÕES INSTITUCIONAIS

Art. 3º São funções institucionais da Advocacia-Geral do Estado:

I – o exercício da representação judicial e extra-judicial do Estado;

II – a prestação de consultoria jurídica ao Chefe do Poder Executivo, aos órgãos da administração direta e aos entes da administração indireta e fundacional pública estadual;

III – a defesa do patrimônio imobiliário estadual;

IV – a promoção do controle interno da legalidade e da moralidade dos atos administrativos;

V – a execução de outras atribuições que lhe forem confiadas desde que compatíveis com sua finalidade institucional.

Parágrafo único. As funções institucionais da Advocacia-Geral do Estado são de competência privativa dos Procuradores de Estado, organizados em carreira e regidos na forma desta Lei Complementar. (Redação acrescentada pela Lei Complementar nº 26, de 24.07.2009).

CAPÍTULO III
DA COMPETÊNCIA

Art. 4º Compete à Procuradoria Geral do Estado: (Redação dada pela Lei Complementar nº 22, de 30.04.2002).

I – a representação judicial e extrajudicial do Estado e de suas autarquias e fundações públicas, exceto daquelas que possuam serviço jurídico próprio; (Redação dada pela Lei Complementar nº 26, de 24.07.2009).

II – promover a inscrição, o controle e a cobrança da Dívida Ativa do Estado, de suas autarquias e fundações públicas; (Redação dada pela Lei Complementar nº 26, de 24.07.2009).

III – a execução das atividades de consultoria jurídica e de assessoramento jurídico ao Governador do Estado e aos órgãos da administração direta, às entidades autárquicas e fundacionais a que se refere o inciso I e a aprovação de pareceres dos serviços jurídicos das demais autarquias e fundações públicas; (Redação dada pela Lei Complementar nº 26, de 24.07.2009).

IV – patrocinar as ações diretas de inconstitucionalidade, ações declaratórias de constitucionalidade e as arguições de descumprimento de preceito fundamental propostas pelo Governador, acompanhando e intervindo naquelas que envolvam interesse do Estado; (Redação dada pela Lei Complementar nº 26, de 24.07.2009).

V – a representação contra a inconstitucionalidade de lei ou ato normativo, ou ainda contra a ilegalidade de ato administrativo de qualquer natureza;

VI – a defesa do patrimônio estadual; (Redação dada pela Lei Complementar nº 22, de 30.04.2002).

VII – o ajuizamento, o acompanhamento e o controle das desapropriações; (Redação dada pela Lei Complementar nº 22, de 30.04.2002).

VIII – a promoção da uniformização da jurisprudência administrativa estadual, a ser observada pelos órgãos e entidades da administração estadual;

IX – o controle interno da legalidade e da moralidade administrativa dos atos praticados em nome da administração pública estadual, sem prejuízo da competência dos órgãos técnicos específicos cumprindo-lhe:

a) proceder o exame de todo e qualquer documento público, processo administrativo, editais de licitação, proposta, anteprojeto, projeto, minuta de contrato e contrato preliminar ou definitivo, no âmbito da administração estadual; e

b) propor a anulação de ato administrativo que repute lesivo ao interesse público, ou afrontoso aos princípios da moralidade ou da legalidade administrativa.

X – resolver, no âmbito da administração estadual, as controvérsias sobre a correta aplicação de normas constitucionais e legais:

XI – intervir em todos os negócios jurídicos em que o Estado seja parte, sob pena de nulidade;

XII – representar o Estado nas assembleias gerais das empresas em que tenha participação acionária;

XIII – a elaboração das informações em mandados de segurança em que figurem como autoridades coatoras o Governador do Estado, outras autoridades da administração direta e dirigentes máximos de autarquias; (Redação dada pela Lei Complementar nº 22, de 30.04.2002).

XIV – a supervisão técnica dos órgãos jurídicos das fundações públicas, empresas públicas e sociedades de economia mista do Estado; (Redação dada pela Lei Complementar nº 22, de 30.04.2002).

XV – prestar assessoramento jurídico e técnico-legislativo ao Governador; (Redação acrescentada pela Lei Complementar nº 26, de 24.07.2009).

XVI – definir, previamente, a forma de cumprimento de decisões judiciais; (Redação acrescentada pela Lei Complementar nº 26, de 24.07.2009).

XVII – propor a extensão administrativa da eficácia de decisões judiciais reiteradas; (Redação acrescentada pela Lei Complementar nº 26, de 24.07.2009).

XVIII - manifestar-se conclusivamente sobre as divergências jurídicas entre quaisquer órgãos ou entes da administração estatal direta ou indireta; (Redação acrescentada pela Lei Complementar nº 26, de 24.07.2009).

XIX - representar ao Governador, aos Secretários de Estado e aos dirigentes de entidades da administração indireta sobre providências de ordem jurídica reclamadas pelo interesse público e pela boa aplicação das normas vigentes; (Redação acrescentada pela Lei Complementar nº 26, de 24.07.2009).

XX - gerir e administrar os fundos especiais de despesa que lhe são afetos; (Redação acrescentada pela Lei Complementar nº 26, de 24.07.2009).

XXI - coordenar e supervisionar tecnicamente os serviços jurídicos das autarquias e fundações estaduais, das empresas públicas e das sociedades de economia mista sob controle do Estado; (Redação acrescentada pela Lei Complementar nº 26, de 24.07.2009).

XXII - instituir a identificação funcional dos ocupantes dos cargos de Procurador de Estado, Procurador Autárquico e Advogado Fundacional, em forma a ser estabelecida em Regulamento; (Redação acrescentada pela Lei Complementar nº 26, de 24.07.2009).

XXIII - a Procuradoria Geral do Estado representará judicialmente o Governador, os titulares das Secretarias, de Autarquias e Fundações Públicas estaduais, os Procuradores de Estado e os membros do Ministério Público, quando vítimas de crime sofrido em razão do exercício do cargo, bem como em decorrência dos atos praticados em função de suas atribuições constitucionais, legais ou regulamentares, representação que fica condicionada à solicitação do agente público ao Procurador Geral do Estado, o que legitima inclusive a propositura de representação ao Ministério Público, ação penal privada, habeas corpus e mandado de segurança, observando-se: (Redação acrescentada pela Lei Complementar nº 26, de 24.07.2009)

a) não se aplica aos ex-titulares dos cargos ou das funções referidas; (Redação acrescentada pela Lei Complementar nº 26, de 24.07.2009); e

b) o Procurador Geral do Estado, em ato próprio, poderá disciplinar a representação autorizada por este inciso. (Redação acrescentada pela Lei Complementar nº 26, de 24.07.2009).

§ 1º As autarquias e fundações estaduais que contarem com serviços jurídicos próprios, integrados por Procuradores Autárquicos ou Advogados Fundacionais, serão por estes representadas judicialmente, sob a coordenação e supervisão técnica da Procuradoria Geral do Estado. (Redação dada pela Lei Complementar nº 26, de 24.07.2009).

§ 2º Fica a Procuradoria Geral do Estado autorizada a avocar, ou integrar e coordenar a representação judicial das autarquias e fundações públicas, nas hipóteses da falta ou impedimento de procuradores autárquicos ou de advogados de fundação, ou do interesse público, especialmente quando da constatação da precariedade dos serviços prestados, neste caso por iniciativa do Governador do Estado ou do Procurador-Geral do Estado. (Redação acrescentada pela Lei Complementar nº 22, de 30.04.2002).

§ 3º O Procurador-Geral do Estado, na defesa dos interesses do Estado e nas hipóteses as quais possam trazer reflexos de natureza econômica ao erário estadual, poderá avocar, ou integrar e coordenar, os trabalhos a cargo do órgão jurídico de empresa pública ou sociedade de economia mista. (Redação acrescentada pela Lei Complementar nº 22, de 30.04.2002).

§ 4º Mediante requisição do Procurador-Geral do Estado, os órgãos e entidades da administração estadual direta e indireta designarão servidores para que atuem como peritos ou assistentes técnicos em feitos específicos, ou para assessoramento técnico na elaboração das defesas judiciais. (Redação acrescentada pela Lei Complementar nº 22, de 30.04.2002).

§ 5º Terão prioridade em sua tramitação e deverão ser atendidos nos prazos assinalados os procedimentos administrativos referentes à pedidos de certidões, informações e diligências formulados a qualquer órgão do Poder Executivo pela Procuradoria Geral do Estado. (Redação acrescentada pela Lei Complementar nº 26, de 24.07.2009).

§ 6º Compete exclusivamente ao Governador, aos Secretários de Estado e aos dirigentes das entidades da administração indireta formular consultas ao Procurador-Geral do Estado. (Redação acrescentada pela Lei Complementar nº 26, de 24.07.2009).

CAPÍTULO IV
DOS ÓRGÃOS DA PROCURADORIA GERAL DO ESTADO

(Redação dada pela Lei Complementar nº 22, de 30.04.2002).

Art. 5º A Procuradoria Geral do Estado é exercida pelos órgãos a saber: (Redação dada pela Lei Complementar nº 22, de 30.04.2002).

I – Conselho Superior da Procuradoria Geral do Estado; (Redação dada pela Lei Complementar nº 22, de 30.04.2002).

II – Procuradoria Geral do Estado;

III – Subprocuradoria Geral do Estado;

IV – Corregedoria-Geral da Procuradoria Geral do Estado; (Redação dada pela Lei Complementar nº 22, de 30.04.2002).

V – Procuradorias de Estado.

Parágrafo único. A Procuradoria Geral do Estado terá quadro de pessoal próprio, estruturado em carreira, contando com cargos diretivos e de assessoramento, de provimento em comissão, e cargos de provimento efetivo, que atendam às peculiaridades e às necessidades de apoio técnico administrativo e das atividades institucionais. (Redação acrescentada pela Lei Complementar nº 26, de 24.07.2009).

Seção I
Do Conselho Superior da Procuradoria Geral do Estado

(Redação dada pela Lei Complementar nº 22, de 30.04.2002).

Art. 6º O Conselho Superior da Procuradoria Geral do Estado, órgão superior de deliberação coletiva, tem por finalidade o controle da observância dos princípios institucionais da Advocacia-Geral do Estado e a supervisão das atividades da Procuradoria Geral do Estado. (Redação dada pela Lei Complementar nº 22, de 30.04.2002).

Art. 7º São atribuições do Conselho Superior: (Redação dada pela Lei Complementar nº 22, de 30.04.2002).

I – propor ao Procurador-Geral do Estado, a adoção de providências reclamadas pelo interesse público e concernentes ao aperfeiçoamento das atividades operativas da Advocacia- Geral do Estado;

II – pronunciar-se sobre matéria de interesse da instituição e de grande relevância, dentre as finalidades da Procuradoria Geral do Estado, mediante proposição do Procurador- Geral; (Redação dada pela Lei Complementar nº 22, de 30.04.2002).

III – apreciar processos referentes a promoção, remoção, permuta, reintegração, reversão, aproveitamento e demissão de Procurador de Estado, dirimindo dúvidas ou controvérsias quanto a conflitos de interesses;

IV – deliberar sobre a instauração de sindicâncias e processos administrativos disciplinares, no âmbito da Procuradoria Geral do Estado; (Redação dada pela Lei Complementar nº 22, de 30.04.2002).

V – determinar correições extraordinárias;

VI – avaliar o desempenho de Procuradores de Estado, no cumprimento de estágio probatório;

VII – apreciar o relatório anual da Corregedoria-Geral;

VIII – elaborar listas para promoção por merecimento e homologar as relativas a promoção por antiguidade;

IX – apreciar e julgar recursos de Procurador de Estado contra atos do Procurador- Geral ou do Corregedor-Geral, a ele relacionados; (Redação dada pela Lei Complementar nº 22, de 30.04.2002).

X – recomendar ao Procurador-Geral do Estado o afastamento de Procurador de Estado, Procurador Autárquico e Advogado Fundacional do exercício de suas funções, quando submetido à sindicância ou processo administrativo disciplinar, entendendo oportuna a medida por conveniência da instrução; (Redação dada pela Lei Complementar nº 26, de 24.07.2009).

XI – deliberar sobre casos omissos na legislação regente das atividades da Procuradoria Geral do Estado;

XII – (Revogado pela Lei Complementar nº 23, de 3.07.2002).

XIII – propor ao Procurador-Geral a elaboração e o reexame de súmulas de jurisprudência administrativa; (Redação dada pela Lei Complementar nº 22, de 30.04.2002).

XIV – promover os concursos para ingresso na carreira de Procurador de Estado.

Art. 8º O Conselho Superior é integrado pelo Procurador-Geral do Estado, que o preside, e ainda por seis Procuradores de Estado titulares e três Procuradores de Estado suplentes, todos em atividade, eleitos pelos integrantes em atividade da categoria, para mandato de dois anos. (Redação dada pela Lei Complementar nº 26, de 24.07.2009).

§ 1º O Conselho Superior escolherá um de seus membros para exercer a chefia de sua Secretaria, ficando este dispensado de distribuição de processo administrativo de competência do Colegiado. (Redação acrescentada pela Lei Complementar nº 26, de 24.07.2009).

§ 2º Os Procuradores de Estado em estágio confirmatório são inelegíveis. (Redação acrescentada pela Lei Complementar nº 26, de 24.07.2009).

Art. 9º O Conselho elaborará e aprovará seu regimento interno, que disporá sobre seu funcionamento, suas deliberações e normas eleitorais para sua composição.

Seção II
Da Procuradoria Geral do Estado

Art. 10. A Procuradoria Geral do Estado, órgão superior de coordenação e supervisão administrativa da Advocacia-Geral do Estado, será dirigida pelo Procurador-Geral do Estado, escolhido dentre os integrantes da carreira de Procurador de Estado, ativos e inativos na forma do que dispõe a Constituição do Estado de Alagoas.

Parágrafo único. Ao Procurador-Geral do Estado, chefe da Procuradoria Geral do Estado, são conferidas as mesmas prerrogativas e vantagens asseguradas aos Secretários de Estado. (Redação dada pela Lei Complementar nº 22, de 30.04.2002).

Art. 11. Compete ao Procurador-Geral do Estado:

I – dirigir a Procuradoria Geral do Estado, superintender e coordenar suas atividades e orientar-lhe a atuação;

II – propor ao Governador do Estado a anulação de atos administrativos da administração direta e indireta;

III – representar contra a inconstitucionalidade de leis ou atos normativos, bem assim contra a ilegalidade de atos administrativos;

IV – receber citações e notificações nas ações propostas contra o Estado; (Redação dada pela Lei Complementar nº 26, de 24.07.2009).

V – promover a intervenção do Estado e de sua Fazenda, em qualquer ação, instância, foro ou tribunal;

VI – decidir, mediante autorização do Governador do Estado, sobre o não ajuizamento, desistência, transação, compromisso e confissão nas ações judiciais de interesse do Estado e das autarquias e fundações públicas, bem como para a dispensa de inscrição na Dívida Ativa; (Redação dada pela Lei Complementar nº 26, de 24.07.2009).

VII – prestar assessoria jurídica e técnico-legislativa ao Governador do Estado;

VIII – representar o Estado nos atos de aquisição e alienação de bens imóveis e de seu patrimônio e de direitos e eles relativos, na forma da lei;

IX – propor a estrutura, a organização e as atribuições da Procuradoria Geral do Estado, bem como a criação e a extinção de seus cargos e funções; (Redação dada pela Lei Complementar nº 26, de 24.07.2009).

X – promover a lotação dos cargos da Procuradoria Geral do Estado, a classificação de seus ocupantes, bem como conceder-lhes afastamento, permuta, direitos e vantagens; (Redação dada pela Lei Complementar nº 26, de 24.07.2009).

XI – aplicar penas disciplinares a Procuradores de Estado, salvo as de demissão e cassação de aposentadoria;

XII – aprovar pareceres e informações dos Procuradores de Estado;

XIII – dar cumprimento às decisões do Conselho Superior da Procuradoria Geral do Estado; (Redação dada pela Lei Complementar nº 22, de 30.04.2002).

XIV – homologar concursos para ingresso na Carreira de Procurador de Estado;

XV – presidir o Conselho Superior da Procuradoria Geral do Estado, dar cumprimento às suas deliberações e divulgar as Súmulas de Jurisprudência administrativa por ele estabelecidas; (Redação dada pela Lei Complementar nº 22, de 30.04.2002).

XVI – autorizar afastamentos, conceder licença e férias, fixar, outorgar e suspender vantagens funcionais, na forma da lei;

XVII – editar atos normativos que se relacionem à Procuradoria Geral do Estado; (Redação dada pela Lei Complementar nº 26, de 24.07.2009).

XVIII – referendar atos e decretos autônomos ou regulamentares expedidos pelo Governador do Estado relativos a matérias relacionadas à Procuradoria Geral do Estado; (Redação dada pela Lei Complementar nº 22, de 30.04.2002).

XIX – propor ao Governador a extensão administrativa da eficácia de decisões judiciais reiteradas; (Redação acrescentada pela Lei Complementar nº 26, de 24.07.2009).

XX – propor ao Governador a redistribuição dos Procuradores Autárquicos e Advogados Fundacionais, entre as entidades pertinentes, para melhor organização dos serviços; (Redação acrescentada pela Lei Complementar nº 26, de 24.07.2009).

XXI – deferir o afastamento de Procurador de Estado nas hipóteses do art. 80 desta Lei Complementar, desde que haja conveniência do serviço e não atente contra o interesse público, autorizado previamente pelo Conselho Superior da Procuradoria Geral do Estado; (Redação acrescentada pela Lei Complementar nº 26, de 24.07.2009).

XXII – designar comissão para gerir o Fundo de Modernização da Procuradoria Geral do Estado de Alagoas – FUNPGE; (Redação acrescentada pela Lei Complementar nº 26, de 24.07.2009).

XXIII – definir, com a aprovação do Governador, a posição processual do Estado, das Autarquias e Fundações Públicas nas ações populares e civis públicas. (Redação acrescentada pela Lei Complementar nº 26, de 24.07.2009).

Art. 12. São órgãos componentes da estrutura da Procuradoria Geral do Estado: (Redação dada pela Lei Complementar nº 22, de 30.04.2002).

I – ÓRGÃO COLEGIADO, de caráter deliberativo: (Redação dada pela Lei Complementar nº 22, de 30.04.2002).

a) Conselho Superior. (Redação dada pela Lei Complementar nº 22, de 30.04.2002).

II – ÓRGÃOS DE DIREÇÃO SUPERIOR: (Redação dada pela Lei Complementar nº 22, de 30.04.2002).

a) Gabinete do Procurador-Geral do Estado, integrado por: (Redação dada pela Lei Complementar nº 22, de 30.04.2002).

1. Subprocurador-Geral do Estado; (Redação dada pela Lei Complementar nº 22, de 30.04.2002).

2. Chefe de Gabinete; (Redação dada pela Lei Complementar nº 26, de 24.07.2009).

3. Assessoria do Gabinete do Procurador-Geral do Estado; (Redação dada pela Lei Complementar nº 26, de 24.07.2009).

3.1. Assessoria Especial; (Redação dada pela Lei Complementar nº 26, de 24.07.2009).

3.2. Assessoria no Distrito Federal; e (Redação dada pela Lei Complementar nº 26, de 24.07.2009).

3.3. Assessoria Técnica; (Redação acrescentada pela Lei Complementar nº 26, de 24.07.2009).

3.4. Câmara de Prevenção e Resolução Administrativa de Conflitos. (Redação acrescentada pela Lei Complementar nº 47, de 27.04.2018).

4. Núcleo Especial junto ao Gabinete Civil; (Redação dada pela Lei Complementar nº 26, de 24.07.2009).

5. Assessoria de Informática e Informação; e (Redação dada pela Lei Complementar nº 22, de 30.04.2002).

6. Secretaria Administrativa. (Redação dada pela Lei Complementar nº 22, de 30.04.2002).

Parágrafo único. As atividades do Núcleo da Procuradoria Geral do Estado junto ao Gabinete Civil, serão coordenadas por um Procurador de Estado, escolhido dentre os integrantes ativos da carreira e, mediante indicação do Procurador-Geral do Estado. (Redação acrescentada pela Lei Complementar nº 26, de 24.07.2009).

b) Corregedoria Geral. (Redação dada pela Lei Complementar nº 22, de 30.04.2002).

III - ÓRGÃOS DE APOIO ADMINISTRATIVO: (Redação dada pela Lei Complementar nº 22, de 30.04.2002).

a) Departamento de Administração e Finanças, integrado por: (Redação dada pela Lei Complementar nº 22, de 30.04.2002).

1. Divisão de Recursos Humanos; (Redação dada pela Lei Complementar nº 22, de 30.04.2002).

2. Divisão de Controle e Finanças; (Redação dada pela Lei Complementar nº 22, de 30.04.2002).

3. Divisão de Serviços Gerais. (Redação dada pela Lei Complementar nº 22, de 30.04.2002).

b) Assessoria Militar. (Redação dada pela Lei Complementar nº 22, de 30.04.2002).

IV - ÓRGÃOS OPERATIVOS: (Redação dada pela Lei Complementar nº 22, de 30.04.2002).

1. Procuradorias Especializadas; (Redação dada pela Lei Complementar nº 22, de 30.04.2002).

2. Centro de Estudos; (Redação dada pela Lei Complementar nº 22, de 30.04.2002).

3. Coordenadorias do Interior. (Redação dada pela Lei Complementar nº 22, de 30.04.2002).

Art. 13. O Regimento Interno disporá sobre as unidades integrantes da estrutura organizacional da Procuradoria Geral do Estado, definindo-lhes as atribuições específicas.

Art. 14. O gabinete do Procurador-Geral do Estado será dirigido pelo Chefe de Gabinete, escolhido dentre os Procuradores de Estado e nomeado em comissão pelo Chefe do Poder Executivo.

Da Subprocuradoria Geral do Estado

Art. 15. A Subprocuradoria Geral do Estado é o órgão encarregado do assessoramento imediato e especializado do titular da Procuradoria Geral do Estado, em matérias de sua competência.

Art. 16. As atividades da Subprocuradoria-Geral do Estado serão coordenadas e supervisionadas pelo Subprocurador-Geral do Estado, escolhidos dentre os integrantes ativos da carreira de Procurador de Estado e, mediante indicação do Procurador-Geral do Estado, nomeado em cargo de provimento em comissão pelo Chefe do Poder Executivo Estadual. (Redação dada pela Lei Complementar nº 26, de 24.07.2009).

Parágrafo único. Ao Subprocurador-Geral do Estado é conferida as mesmas prerrogativas e vantagens asseguradas ao Procurador-Geral de Estado, quando no exercício da Procuradoria Geral do Estado. (Redação dada pela Lei Complementar nº 26, de 24.07.2009).

Art. 17. Compete à Subprocuradoria Geral do Estado:

I – coordenar as atividades dos órgãos operativos da Procuradoria Geral do Estado;

II – receber e distribuir, para as diversas unidades operativas, conforme a competência de cada uma, processos ou consultas administrativas para elaboração de informações ou pareceres, bem assim os expedientes para propositura de ações ou defesa em juízo dos interesses do Estado;

III – propor ao Procurador-Geral medidas que entenda necessárias à melhoria dos serviços afetos à Procuradoria Geral do Estado;

IV – baixar, quando autorizado pelo Procurador-Geral, atos normativos do interesse da Procuradoria Geral;

V – promover a uniformização de procedimentos e a cooperação entre os diversos órgãos operativos; e

VI – exercer, por delegação do Procurador-Geral do Estado, outras atribuições compatíveis.

Seção IV
Da Corregedoria-Geral

Art. 18. A Corregedoria-Geral é órgão de fiscalização, disciplinamento e orientação das atividades da Procuradoria Geral do Estado. (Redação dada pela Lei Complementar nº 22, de 30.04.2002).

Art. 19. As atividades da Corregedoria-Geral serão exercidas pelo Corregedor-Geral, e na sua ausência e impedimentos pelo Subcorregedor-Geral, eleitos pelo Conselho Superior para um mandato de dois anos, dentre os integrantes da última classe da carreira, e designados pelo Procurador-Geral do Estado. (Redação dada pela Lei Complementar nº 26, de 24.07.2009).

§ 1º Os mandatos do Corregedor-Geral e do Subcorregedor-Geral coincidirão com o mandato dos integrantes do Conselho Superior, permitida apenas uma recondução consecutiva. (Redação dada pela Lei Complementar nº 26, de 24.07.2009).

§ 2º As funções do Corregedor-Geral serão exercidas de forma exclusiva, afastando- se, durante o mandato, das atribuições próprias do cargo de Procurador de Estado. (Redação dada pela Lei Complementar nº 26, de 24.07.2009).

§ 3º As funções do Subcorregedor-Geral, estabelecidas no Regimento Interno da Corregedoria Geral, serão exercidas sem prejuízo das atribuições do cargo de Procurador de Estado, salvo em razão de interesse público, mediante provocação do Corregedor-Geral e por deliberação do Conselho Superior. (Redação dada pela Lei Complementar nº 26, de 24.07.2009).

Art. 20. São atribuições do Corregedor-Geral:

I - fiscalizar as atividades dos Procuradores de Estado, Procuradores Autárquicos e Advogados Fundacionais; (Redação dada pela Lei Complementar nº 26, de 24.07.2009).

II - realizar, ao menos uma vez por ano, correição ordinária em cada uma das Coordenadorias Especializadas;

III - indicar o Secretário da Corregedoria-Geral, escolhido dentre os Procuradores de Estado, a ser designado pelo Procurador-Geral do Estado; (Redação dada pela Lei Complementar nº 23, de 3.07.2002).

IV - expedir instruções, nos limites de suas atribuições, visando à regularidade e ao aperfeiçoamento da atividade dos Procuradores de Estado, e unidades operativas;

V - receber e processar queixas contra Procuradores de Estado, Procuradores Autárquicos e Advogados Fundacionais, apurar-lhes preliminarmente a procedência e encaminhar as conclusões ao Conselho Superior da Procuradoria Geral do Estado; (Redação dada pela Lei Complementar nº 26, de 24.07.2009).

VI – propor ao Conselho Superior o afastamento de Procurador de Estado, Procurador Autárquico e Advogado Fundacional de suas funções, em razão de indiciamento em sindicância, ou de processo administrativo disciplinar, quando a medida for conveniente à instrução; (Redação dada pela Lei Complementar nº 26, de 24.07.2009).

VII – elaborar o Regimento Interno da Corregedoria-Geral, submetendo-o ao Conselho Superior para apreciação e homologação;

VIII – participar das sessões do Conselho Superior, podendo opinar e esclarecer questões quando solicitado, sem direito a voto, salvo se for Conselheiro; (Redação dada pela Lei Complementar nº 26, de 24.07.2009).

IX – realizar inspeções periódicas nas diversas dependências da Procuradoria-Geral e dos Setores Jurídicos da Administração Indireta, identificando eventuais carências de pessoal, equipamento e material de expediente, de tudo dando conhecimento ao Procurador-Geral e propondo as medidas que reputar oportunas; (Redação dada pela Lei Complementar nº 26, de 24.07.2009).

X – supervisionar a apuração da frequência dos Procuradores de Estado aos locais de trabalho, registrando as faltas não justificadas e determinando as anotações cabíveis no prontuário do servidor;

XI – apresentar ao Procurador-Geral, até o dia dez (10) de janeiro de cada ano, relatório circunstanciado das atividades da Corregedoria-Geral;

XII – desempenhar outras atribuições compatíveis, por determinação do Conselho Superior da Procuradoria Geral do Estado, inclusive supervisionar e promover correições nos serviços jurídicos das entidades da Administração Indireta; e (Redação dada pela Lei Complementar nº 26, de 24.07.2009).

XIII – avaliar o desempenho profissional de cada Procurador de Estado, inclusive de Procurador Autárquico e Advogado Fundacional. (Redação dada pela Lei Complementar nº 26, de 24.07.2009).

Parágrafo único. O Procurador-Geral e o Subprocurador-Geral não estão sujeitos a fiscalização ou abertura de processos no âmbito da Corregedoria Geral, por atos de seus respectivos cargos. (Redação acrescentada pela Lei Complementar nº 26, de 24.07.2009).

Seção V
Das Procuradorias de Estado

Art. 21. As Procuradorias de Estado são órgãos operativos especializados da Advocacia-Geral do Estado.

Art. 22. São Procuradorias Especializadas: (Redação dada pela Lei Complementar nº 22, de 30.04.2002).

I – Procuradoria Administrativa; (Redação dada pela Lei Complementar nº 22, de 30.04.2002).

II – Procuradoria da Fazenda Estadual; (Redação dada pela Lei Complementar nº 22, de 30.04.2002).

III – Procuradoria Judicial; (Redação dada pela Lei Complementar nº 22, de 30.04.2002).

IV – Procuradoria de Controle Técnico dos Serviços Jurídicos da Administração Indireta; (Redação acrescentada pela Lei Complementar nº 26, de 24.07.2009).

V – Procuradoria de Licitações, Contratos e Convênios. (Redação acrescentada pela Lei Complementar nº 26, de 24.07.2009).

Parágrafo único. Os Procuradores de Estado nas funções de Corregedor-Geral, Subcorregedor-Geral, Coordenador do Núcleo Especial, Coordenadores e Subcoordenadores dos Órgãos Operativos e integrantes da Assessoria Especial e da Câmara de Prevenção e Resolução Administrativa de Conflitos, farão jus à gratificação de função, privativa do cargo de Procurador de Estado, conforme Anexos I e II desta Lei Complementar. (Redação dada pela Lei Complementar nº 47, de 27.04.2018).

Art. 23. Cada órgão operativo terá suas atividades orientadas e coordenadas por um Procurador de Estado, para tanto designado pelo Procurador-Geral, incumbindo-lhe, na esfera de sua competência específica:

I – orientar, coordenar e superintender a atuação dos Procuradores de Estado lotados na respectiva unidade e os serviços administrativos; (Redação dada pela Lei Complementar nº 26, de 24.07.2009).

II – distribuir os processos administrativos e ou ações judiciais que lhe forem encaminhadas;

III – conhecer dos pareceres emitidos pelos Procuradores de Estado que servirem junto à respectiva unidade, submetendo-os ao Procurador-Geral, com as observações complementares que entender necessárias;

IV – promover reuniões para discussão de assuntos pertinentes às atividades de cada Procuradoria;

V – elaborar mapa mensal dos feitos judiciais em andamento remetendo-os ao Subprocurador-Geral;

VI – encaminhar relatório semestral ao Subprocurador-Geral;

VII – prestar ao Procurador ou ao Subprocurador-Geral as informações e esclarecimentos sobre matérias que lhe forem submetidas, propondo as providências que julgar conveniente;

VIII – executar outros encargos correlatos que lhe sejam atribuídos pelo Procurador-Geral;

IX – desenvolver estratégias para atuação diferenciada em assuntos ou ações judiciais de elevado valor ou de maior repercussão para os interesses da Administração Estadual; (Redação acrescentada pela Lei Complementar nº 26, de 24.07.2009).

X – zelar pela boa qualidade técnica, presteza e eficiência do trabalho produzido pelos Procuradores de Estado, acolhendo pareceres jurídicos, ou assinando em conjunto peças processuais consideradas mais relevantes; (Redação acrescentada pela Lei Complementar nº 26, de 24.07.2009).

XI – apurar anualmente o desempenho profissional de cada Procurador de Estado, encaminhando o resultado à Corregedoria Geral, para sua avalização; (Redação acrescentada pela Lei Complementar nº 26, de 24.07.2009).

XII – manter sistema de controle de resultados qualitativos e quantitativos para o trabalho executado nas áreas do contencioso e da consultoria, com o fornecimento de dados gerenciais que permitam o aprimoramento da atuação jurídica do Estado, das Autarquias e das Fundações Públicas; (Redação acrescentada pela Lei Complementar nº 26, de 24.07.2009).

XIII – decidir sobre questões administrativas e de organização dos serviços, que não sejam da competência de autoridade superior. (Redação acrescentada pela Lei Complementar nº 26, de 24.07.2009).

Art. 24. As Procuradorias Especializadas e a Assessoria do Procurador Geral do Estado terão Assistentes de Procuradoria para assessoramento, graduados em direito e nomeados em comissão, encarregados de prestar apoio jurídico-administrativo. (Redação dada pela Lei Complementar nº 26, de 24.07.2009).

Art. 25. As Procuradorias Especializadas poderão ser divididas em subunidades para melhor organização dos serviços. (Redação dada pela Lei Complementar nº 26, de 24.07.2009).

§ 1º A divisão em subunidades deverá basear-se em critério racional e equitativo de distribuição do trabalho, levando-se em conta a quantidade, natureza, complexidade, importância estratégica, valor econômico envolvido, local de exercício e grau de dificuldade na execução dos serviços. (Redação dada pela Lei Complementar nº 26, de 24.07.2009).

§ 2º No âmbito da subunidade, o Procurador de Estado designado para a respectiva coordenação exercerá, no que couber, as competências previstas no art. 23. (Redação dada pela Lei Complementar nº 26, de 24.07.2009).

TÍTULO I-A
FUNDO DE MODERNIZAÇÃO

(Redação acrescentada pela Lei Complementar nº 26, de 24.07.2009).

Art. 25-A. Fica criado o Fundo de Modernização da Procuradoria-Geral do Estado - FUNPGE, destinado a custear: (Redação acrescentada pela Lei Complementar nº 26, de 24.07.2009).

I - programas de manutenção, reaparelhamento, modernização, desenvolvimento e aperfeiçoamento da Procuradoria Geral do Estado, inclusive quanto à formação e ao treinamento de recursos humanos; e (Redação acrescentada pela Lei Complementar nº 26, de 24.07.2009).

II - promoção de outras ações afins da Procuradoria Geral do Estado. (Redação acrescentada pela Lei Complementar nº 26, de 24.07.2009).

Art. 25-B. Constituem recursos do FUNPGE: (Redação acrescentada pela Lei Complementar nº 26, de 24.07.2009).

I - os oriundos de convênios, acordos ou ajustes celebrados com organismos nacionais e internacionais; (Redação acrescentada pela Lei Complementar nº 26, de 24.07.2009).

II - as dotações consignadas no orçamento e os créditos adicionais que lhe sejam destinados; (Redação acrescentada pela Lei Complementar nº 26, de 24.07.2009).

III - 10% (dez por cento) do produto da arrecadação de multas e juros de mora por infração à legislação tributária, inclusive os inscritos na Dívida Ativa do Estado de Alagoas; (Redação acrescentada pela Lei Complementar nº 26, de 24.07.2009).

IV - preços de venda de materiais e publicações dos órgãos que compõem a Procuradoria Geral do Estado; (Redação acrescentada pela Lei Complementar nº 26, de 24.07.2009).

V - receitas oriundas da gestão do Centro de Estudos da Procuradoria Geral do Estado; (Redação acrescentada pela Lei Complementar nº 26, de 24.07.2009).

VI - receitas oriundas da taxa de inscrição de concursos públicos realizados no âmbito da Procuradoria Geral do Estado de Alagoas; e (Redação acrescentada pela Lei Complementar nº 26, de 24.07.2009).

VII - outras receitas legalmente constituídas. (Redação acrescentada pela Lei Complementar nº 26, de 24.07.2009).

Art. 25-C. Os recursos do FUNPGE serão aplicados em capacitação, tecnologia da informação, infra-estrutura e equipamentos de apoio e comunicação da

Procuradoria Geral do Estado. (Redação acrescentada pela Lei Complementar nº 26, de 24.07.2009).

Art. 25-D. A gestão do FUNPGE será realizada pelo Procurador-Geral do Estado mediante auxílio de Comissão composta por 3 (três) Procuradores de Estado. (Redação acrescentada pela Lei Complementar nº 26, de 24.07.2009).

§ 1º O Fundo será operado pela Divisão de Controle e Finanças da Procuradoria Geral do Estado. (Redação acrescentada pela Lei Complementar nº 26, de 24.07.2009).

§ 2º Decreto do Chefe do Executivo disciplinará o funcionamento do FUNPGE. (Redação acrescentada pela Lei Complementar nº 26, de 24.07.2009).

§ 3º Os recursos do FUNPGE, a que se refere o inciso III do art. 25-B desta Lei Complementar, serão entregues até o final do mês subsequente ao arrecadado. (Redação acrescentada pela Lei Complementar nº 26, de 24.07.2009).

Art. 25-E. O FUNPGE terá conta bancária, ficando a aplicação dos seus recursos sujeita à prestação de contas na forma e nos prazos da Lei Federal nº 4.320, de 17 de março de l964. (Redação acrescentada pela Lei Complementar nº 26, de 24.07.2009).

TÍTULO I-B
DA CÂMARA DE PREVENÇÃO E RESOLUÇÃO ADMINISTRATIVA DE CONFLITOS

(Redação acrescentada pela Lei Complementar nº 47, de 27.04.2018).

Art. 25-F. A Câmara de Prevenção e Resolução Administrativa de Conflitos tem atribuição relacionada à solução consensual de conflitos no âmbito administrativo, tais como: (Redação acrescentada pela Lei Complementar nº 47, de 27.04.2018).

I – dirimir conflitos envolvendo órgãos e entidades da administração pública; (Redação acrescentada pela Lei Complementar nº 47, de 27.04.2018).

II – avaliar a admissibilidade dos pedidos de resolução de conflitos, por meio de composição, no caso de controvérsia entre particular e pessoa jurídica de direito público; (Redação acrescentada pela Lei Complementar nº 47, de 27.04.2018).

III – promover, quando couber, a celebração de termo de ajustamento de conduta; e (Redação acrescentada pela Lei Complementar nº 47, de 27.04.2018).

IV – compor, mediante acordo direto com os credores, o pagamento de precatórios devidos pelo Estado de Alagoas, suas autarquias e fundações. (Redação acrescentada pela Lei Complementar nº 47, de 27.04.2018).

§ 1º A composição e o funcionamento da Câmara de Prevenção e Resolução Administrativa de Conflitos serão estabelecido por Decreto, devendo conter, no mínimo,

1 (um) representante da Procuradoria Geral do Estado – PGE, 1 (um) representante do Gabinete Civil, 1 (um) representante da Secretaria de Estado da Fazenda – SEFAZ e 1 (um) representante da Secretaria de Estado do Planejamento, Gestão e Patrimônio – SEPLAG, os quais serão indicados pelos respectivos órgãos e nomeados por ato do Chefe do Poder Executivo. (Redação acrescentada pela Lei Complementar nº 47, de 27.04.2018).

§ 2º A submissão do conflito à Câmara de Prevenção e Resolução Administrativa de Conflitos é facultativa e será cabível na forma e nos casos previstos em Decreto. (Redação acrescentada pela Lei Complementar nº 47, de 27.04.2018).

§ 3º Se houver consenso entre as partes, o acordo será reduzido a termo e constituirá título executivo extrajudicial. (Redação acrescentada pela Lei Complementar nº 47, de 27.04.2018).

§ 4º Os termos de conciliação e mediação administrativas deverão indicar a previsão dos recursos orçamentários que assegurem o pagamento das obrigações assumidas pela administração pública, e o processamento da despesa deverá observar as normas previstas na Lei Federal nº 4.320, de 17 de março de 1964. (Redação acrescentada pela Lei Complementar nº 47, de 27.04.2018).

§ 5º Não se incluem na competência da Câmara de Prevenção e Resolução Administrativa de Conflitos as controvérsias que somente possam ser resolvidas por atos ou concessão de direitos sujeitos à autorização do Poder Legislativo. (Redação acrescentada pela Lei Complementar nº 47, de 27.04.2018).

§ 6º Compreendem-se na sua competência a prevenção e a resolução de conflitos que envolvam equilíbrio econômico-financeiro de contratos celebrados pela administração com particulares. (Redação acrescentada pela Lei Complementar nº 47, de 27.04.2018).

Art. 25-G. A Câmara de Prevenção e Resolução Administrativa de Conflitos tem como diretrizes: (Redação acrescentada pela Lei Complementar nº 47, de 27.04.2018).

I – a instituição de valores e meios jurídicos que aprofundem o relacionamento dos cidadãos com a administração pública; (Redação acrescentada pela Lei Complementar nº 47, de 27.04.2018).

II – a prevenção e a solução de controvérsias administrativas e judiciais entre os cidadãos e o Estado de Alagoas ou entre órgãos da Administração Pública Estadual Direta e Indireta; (Redação acrescentada pela Lei Complementar nº 47, de 27.04.2018).

III – a garantia da juridicidade, da eficácia, da estabilidade, da segurança e da boa-fé das relações jurídicas e administrativas; (Redação acrescentada pela Lei Complementar nº 47, de 27.04.2018).

IV – a agilização e a efetividade dos procedimentos de prevenção e solução de controvérsias; (Redação acrescentada pela Lei Complementar nº 47, de 27.04.2018).

V – a racionalização da judicialização de litígios envolvendo a Administração Pública Estadual Direta e Indireta; (Redação acrescentada pela Lei Complementar nº 47, de 27.04.2018).

VI – a redução de passivos financeiros decorrentes de controvérsias de repercussão coletiva; e (Redação acrescentada pela Lei Complementar nº 47, de 27.04.2018).

VII – a redução de passivos financeiros decorrentes das ações judiciais e dos precatórios devidos pelo Estado de Alagoas, suas autarquias e fundações. (Redação acrescentada pela Lei Complementar nº 47, de 27.04.2018).

Art. 25-H. A Câmara de Prevenção e Resolução Administrativa de Conflitos pautará seus atos pelos princípios da juridicidade, da impessoalidade, da igualdade, da moralidade, da imparcialidade, do interesse público, da segurança e da estabilidade das relações jurídicas, da eficiência, da ampla defesa, do contraditório, da motivação, boa-fé, economicidade, publicidade, razoabilidade, oralidade, informalidade e transparência. (Redação acrescentada pela Lei Complementar nº 47, de 27.04.2018).

§ 1º A eficácia dos termos de conciliação e mediação administrativas resultantes dos processos submetidos à Câmara ora instituída dependerá de homologação do Procurador- Geral do Estado. (Redação acrescentada pela Lei Complementar nº 47, de 27.04.2018).

§ 2º A conciliação e mediação administrativas homologada implicará coisa julgada administrativa e renúncia a todo e qualquer direito objeto da controvérsia. (Redação acrescentada pela Lei Complementar nº 47, de 27.04.2018).

Art. 25-I. A conciliação dos precatórios devidos pelo Estado de Alagoas, suas autarquias e fundações, deverá ser realizada por comissão composta por 1 (um) representante da Procuradoria Geral do Estado – PGE, integrante da Câmara, 1 (um) representante da Secretaria de Estado da Fazenda – SEFAZ e 1 (um) representante da Secretaria de Estado do Planejamento, Gestão e Patrimônio – SEPLAG, os quais serão indicados pelos respectivos órgãos e nomeados por ato do Chefe do Poder Executivo. (Redação acrescentada pela Lei Complementar nº 47, de 27.04.2018).

Art. 25-J. À conciliação dos precatórios será destinado o percentual de 50% (cinquenta por cento) dos recursos de que tratam os §§ 1º e 2º do art. 97 do ADCT. (Redação acrescentada pela Lei Complementar nº 47, de 27.04.2018).

Art. 25-K. A conciliação, mediante ato de convocação do credor do precatório devidamente publicado no Diário Oficial do Estado – DOE, será provocada pela PGE e observará os seguintes parâmetros: (Redação acrescentada pela Lei Complementar nº 47, de 27.04.2018).

I – obediência rigorosa à ordem cronológica de inscrição do precatório; (Redação acrescentada pela Lei Complementar nº 47, de 27.04.2018).

II - pagamento com redução de até 40% (quarenta por cento) do valor do precatório, observados os critérios definidos em Decreto; (Redação acrescentada pela Lei Complementar nº 47, de 27.04.2018).

III - possibilidade de pagamento parcelado, em prazo não superior a 2 (dois) anos, para precatório cujo valor obtido após a redução prevista no inciso II deste artigo exceda a 1/3 (um terço) dos recursos repassados mensalmente ao Poder Judiciário previstos no art. 97, §§ 2º e 8º, inciso III, do ADCT; (Redação acrescentada pela Lei Complementar nº 47, de 27.04.2018).

IV - incidência dos descontos legais sobre o valor conciliado; e (Redação acrescentada pela Lei Complementar nº 47, de 27.04.2018).

V - quitação integral da dívida objeto da conciliação e renúncia a qualquer discussão acerca dos critérios de cálculo do percentual apurado e do valor devido. (Redação acrescentada pela Lei Complementar nº 47, de 27.04.2018).

Parágrafo único. As demais condições e requisitos para a formalização do termo de conciliação dos precatórios serão previstos em Decreto. (Redação acrescentada pela Lei Complementar nº 47, de 27.04.2018).

Art. 25-L. Será preservada a ordem cronológica do precatório não conciliado. (Redação acrescentada pela Lei Complementar nº 47, de 27.04.2018).

Art. 25-M. O termo de conciliação dos precatórios será submetido à apreciação do Procurador-Geral do Estado e à posterior homologação do Juízo responsável pelo pagamento do precatório do respectivo Tribunal. (Redação acrescentada pela Lei Complementar nº 47, de 27.04.2018).

Parágrafo único. A homologação é condição para o cumprimento das condições estabelecidas no termo de conciliação dos precatórios. (Redação acrescentada pela Lei Complementar nº 47, de 27.04.2018).

Art. 25-N. A instauração de procedimento administrativo para a resolução consensual de conflito no âmbito da administração pública suspende a prescrição. (Redação acrescentada pela Lei Complementar nº 47, de 27.04.2018).

§ 1º Considera-se instaurado o procedimento quando a Câmara de Prevenção e Resolução Administrativa de Conflitos emitir juízo de admissibilidade, retroagindo a suspensão da prescrição à data de formalização do pedido de resolução consensual do conflito. (Redação acrescentada pela Lei Complementar nº 47, de 27.04.2018).

§ 2º Em se tratando de matéria tributária, a suspensão da prescrição deverá observar o disposto na Lei Federal nº 5.172, de 25 de outubro de 1966 (Código Tributário Nacional - CTN). (Redação acrescentada pela Lei Complementar nº 47, de 27.04.2018).

Art. 25-O. As controvérsias jurídicas que envolvam a Administração Pública Estadual Direta, suas autarquias e fundações poderão ser objeto de transação por adesão, com fundamento em: (Redação acrescentada pela Lei Complementar nº 47, de 27.04.2018).

I – autorização do Procurador-Geral do Estado, com base na jurisprudência pacífica do Supremo Tribunal Federal - STF ou de tribunais superiores; ou (Redação acrescentada pela Lei Complementar nº 47, de 27.04.2018).

II – parecer do Procurador-Geral do Estado, aprovado pelo Governador do Estado. (Redação acrescentada pela Lei Complementar nº 47, de 27.04.2018).

§ 1º Os requisitos e as condições da transação por adesão serão definidos em resolução administrativa própria da PGE. (Redação acrescentada pela Lei Complementar nº 47, de 27.04.2018).

§ 2º Ao fazer o pedido de adesão, o interessado deverá juntar prova de atendimento aos requisitos e às condições estabelecidos na resolução administrativa da PGE. (Redação acrescentada pela Lei Complementar nº 47, de 27.04.2018).

§ 3º A resolução administrativa da PGE terá efeitos gerais e será aplicada aos casos idênticos, tempestivamente habilitados mediante pedido de adesão, ainda que solucione apenas parte da controvérsia. (Redação acrescentada pela Lei Complementar nº 47, de 27.04.2018).

§ 4º A adesão implicará renúncia do interessado ao direito sobre o qual se fundamenta a ação ou o recurso, eventualmente pendentes, de natureza administrativa ou judicial, no que tange aos pontos compreendidos pelo objeto da resolução administrativa da PGE. (Redação acrescentada pela Lei Complementar nº 47, de 27.04.2018).

§ 5º Se o interessado for parte em processo judicial inaugurado por ação coletiva, a renúncia ao direito sobre o qual se fundamenta a ação deverá ser expressa, mediante petição dirigida ao juiz da causa. (Redação acrescentada pela Lei Complementar nº 47, de 27.04.2018).

§ 6º A formalização de resolução administrativa da PGE destinada à transação por adesão não implica a renúncia tácita à prescrição nem sua interrupção ou suspensão. (Redação acrescentada pela Lei Complementar nº 47, de 27.04.2018).

Art. 25-P. No caso de conflitos que envolvam controvérsia jurídica entre órgãos ou entidades de direito público que integram a Administração Pública Estadual, a Procuradoria Geral do Estado deverá realizar composição extrajudicial do conflito, observados os procedimentos previstos em ato do Procurador-Geral do Estado. (Redação acrescentada pela Lei Complementar nº 47, de 27.04.2018).

§ 1º Na hipótese do caput deste artigo, se não houver acordo quanto à controvérsia jurídica, caberá ao Procurador-Geral do Estado dirimi-la, com fundamento na legislação afeta. (Redação acrescentada pela Lei Complementar nº 47, de 27.04.2018).

§ 2º Nos casos em que a resolução da controvérsia implicar o reconhecimento da existência de créditos do Estado, de suas autarquias e fundações em face de pessoas jurídicas de direito público do Estado, o Procurador-Geral do Estado poderá solicitar à SEPLAG a adequação orçamentária para quitação das dívidas reconhecidas como legítimas. (Redação acrescentada pela Lei Complementar nº 47, de 27.04.2018).

§ 3º A composição extrajudicial do conflito não afasta a apuração de responsabilidade do agente público que deu causa à dívida, sempre que se verificar que sua ação ou omissão constitui, em tese, infração disciplinar. (Redação acrescentada pela Lei Complementar nº 47, de 27.04.2018).

§ 4º Nas hipóteses em que a matéria objeto do litígio esteja sendo discutida em ação de improbidade administrativa ou sobre ela haja decisão do Tribunal de Contas do Estado, a conciliação de que trata o caput deste artigo dependerá da anuência expressa do juiz da causa ou do Conselheiro Relator. (Redação acrescentada pela Lei Complementar nº 47, de 27.04.2018).

Art. 25-Q. É facultado aos Municípios, suas autarquias e fundações públicas, bem como às empresas públicas e sociedades de economia mista estaduais, submeter seus litígios com órgãos ou entidades da Administração Pública Estadual à PGE, para fins de composição extrajudicial do conflito. (Redação acrescentada pela Lei Complementar nº 47, de 27.04.2018).

Art. 25-R. A propositura de ação judicial em que figurem concomitantemente nos polos ativo e passivo órgãos ou entidades de direito público que integrem a Administração Pública Estadual deverá ser previamente autorizada pelo Procurador-Geral do Estado. (Redação acrescentada pela Lei Complementar nº 47, de 27.04.2018).

Art. 25-S. Os servidores e empregados públicos que participarem do processo de composição extrajudicial do conflito, somente poderão ser responsabilizados civil, administrativa ou criminalmente quando, mediante dolo ou fraude, receberem qualquer vantagem patrimonial indevida, permitirem ou facilitarem sua recepção por terceiro, ou para tal concorrerem. (Redação acrescentada pela Lei Complementar nº 47, de 27.04.2018).

Art. 25-T. A composição poderá ser feita pela internet ou por outro meio de comunicação que permita a transação a distância, desde que as partes estejam de acordo. (Redação acrescentada pela Lei Complementar nº 47, de 27.04.2018).

Art. 25-U. O Poder Legislativo e o Tribunal de Contas do Estado deverão ser informados mensalmente acerca dos termos de conciliação e mediação administrativas homologados pelo Procurador-Geral do Estado ou pelo Juízo responsável pelo pagamento do precatório do respectivo Tribunal. (Redação acrescentada pela Lei Complementar nº 47, de 27.04.2018).

TÍTULO II
DA CARREIRA DE PROCURADOR DE ESTADO

CAPÍTULO I
DA ESTRUTURA

Art. 26. O quadro de Procuradores de Estado da Procuradoria Geral do Estado de Alagoas, organizado em carreira conforme determinação do art. 132 da Constituição da República, é integrado pelos seguintes cargos: (Redação dada pela Lei Complementar nº 23, de 3.07.2002).

I – Procurador de Estado de 1ª Classe, símbolo PE-1; (Redação dada pela Lei Complementar nº 23, de 3.07.2002).

II – Procurador de Estado de 2ª Classe, símbolo PE-2; (Redação dada pela Lei Complementar nº 23, de 3.07.2002).

III – Procurador de Estado de 3ª Classe, símbolo PE-3; (Redação dada pela Lei Complementar nº 23, de 3.07.2002).

IV – Procurador de Estado de 4ª Classe, símbolo PE-4. (Redação dada pela Lei Complementar nº 23, de 3.07.2002).

§ 1º A simbologia que identifica as Classes previstas neste artigo é privativa dos Procuradores de Estado, vedada a sua utilização por qualquer outra categoria funcional. (Redação acrescentada pela Lei Complementar nº 23, de 3.07.2002).

§ 2º O quantitativo de Procuradores de Estado, em cada Classe, é o definido no Anexo II desta Lei. (Redação acrescentada pela Lei Complementar nº 23, de 3.07.2002).

CAPÍTULO II
DO INGRESSO

Art. 27. O ingresso na carreira Procurador de Estado dar-se-á na primeira classe, mediante prévia aprovação em concurso público de provas e títulos, vedada qualquer forma de provimento derivado.

Art. 28. O concurso para ingresso na carreira será realizado quando o interesse público exigir, a critério do Conselho Superior da Procuradoria Geral do Estado. (Redação dada pela Lei Complementar nº 26, de 24.07.2009).

Art. 29. O edital do concurso indicará o número de vagas a serem preenchidas e conterá o elenco de matérias sobre que versarão as provas, os respectivos programas e os critérios objetivos de avaliação dos títulos.

Art. 30. São pré-requisitos para inscrição de candidato a concurso público para ingresso na carreira de Procurador de Estado, executado por instituição especializada externa e sem fins lucrativos, a comprovação de ser brasileiro nato ou naturalizado e de ser graduado em direito. (Redação dada pela Lei Complementar nº 22, de 30.04.2002).

CAPÍTULO III
DA NOMEAÇÃO, DA POSSE E DO COMPROMISSO

Art. 31. Os cargos iniciais da carreira de Procurador de Estado serão providos em caráter efetivo, por nomeação, obedecida a ordem de classificação.

Art. 32. Os Procuradores de Estado tomarão posse perante o Procurador-Geral, em sessão solene do Conselho Superior da Procuradoria Geral do Estado, mediante compromisso formal de estrita observância das leis, respeito às instituições democráticas e diligente cumprimento dos deveres inerentes ao cargo. (Redação dada pela Lei Complementar nº 22, de 30.04.2002).

Art. 33. É de trinta (30) dias, contados a partir da data de publicação do ato de nomeação, o prazo para a posse do Procurador de Estado, prorrogável por igual período a requerimento do interessado.

Art. 34. São condições para a posse:

I - ter aptidão física e psíquica para o exercício do cargo, comprovada em inspeção médica oficial;

II - possuir idoneidade moral;

III - estar quite com o serviço militar;

IV - estar no gozo dos direitos políticos;

V - ser inscrito na OAB. (Redação acrescentada pela Lei Complementar nº 22, de 30.04.2002).

CAPÍTULO IV
DO EXERCÍCIO

Art. 35. O Procurador de Estado deverá entrar em exercício dentro do prazo de dez (10) dias, contados a partir da data, inclusive, em que houver sido empossado.

Art. 36. (Revogado pela Lei Complementar nº 22, de 30.04.2002).

CAPÍTULO V
DO ESTÁGIO CONFIRMATÓRIO

Art. 37. Durante os três primeiros anos de efetivo exercício na carreira submeter-se-á o Procurador de Estado a estágio confirmatório, através de avaliação periódica, com o objetivo de verificar o preenchimento dos requisitos mínimos necessários à sua confirmação na carreira, quais sejam: (Redação dada pela Lei Complementar nº 23, de 3.07.2002).

I – assiduidade; (Redação dada pela Lei Complementar nº 23, de 3.07.2002).

II – disciplina; (Redação dada pela Lei Complementar nº 23, de 3.07.2002).

III – eficiência; (Redação dada pela Lei Complementar nº 23, de 3.07.2002).

IV – aptidão para o exercício do cargo; e (Redação dada pela Lei Complementar nº 23, de 3.07.2002).

V – conduta profissional compatível com o exercício do cargo. (Redação dada pela Lei Complementar nº 23, de 3.07.2002).

Art. 38. Compete à Corregedoria-Geral acompanhar o desempenho do Procurador de Estado no curso do estágio confirmatório.

§ 1º Até cento e vinte (120) dias antes do término do estágio confirmatório, o Corregedor-Geral encaminhará relatório circunstanciado ao Conselho Superior da Procuradoria Geral do Estado, opinando conclusivamente quanto ao desempenho do estagiário e sobre a conveniência ou não de sua confirmação. (Redação dada pela Lei Complementar nº 22, de 30.04.2002).

§ 2º No caso de parecer contrário, o Conselho abrirá prazo de dez (10) dias para que o interessado manifeste sua defesa.

§ 3º De posse do relatório e da defesa, o Conselho deliberará sobre a matéria, até trinta dias antes do término do estágio, pelo voto de maioria simples de seus membros.

Art. 39. Sendo a decisão do Conselho contrária à confirmação, o Procurador-Geral do Estado encaminhará expediente ao Governador do Estado, propondo a exoneração de ofício.

Art. 40. A exoneração ou a confirmação, em qualquer hipótese, deverá ocorrer entes de escoado o biênio do estágio.

CAPÍTULO VI
DO REGIME DE TRABALHO

Art. 41. É de vinte (20) horas semanais a carga horária a que são submetidos os Procuradores de Estado.

Art. 42. Considerar-se-ão, para efeito de completação da jornada de trabalho, os períodos de permanência, a serviço, fora das dependências da Procuradoria Geral do Estado.

CAPÍTULO VII
DAS PROMOÇÕES

Art. 43. Promoção é a elevação do Procurador de Estado de uma classe da carreira para a outra que lhe seja imediatamente superior.

Art. 44. As promoções serão processadas semestralmente pelo Conselho Superior da Procuradoria Geral do Estado, para as vagas ocorridas até 30 de junho e 31 de dezembro de cada ano, em todas as classes da carreira segundo os critérios alternados de antiguidade e de merecimento. (Redação dada pela Lei Complementar nº 22, de 30.04.2002).

Parágrafo único. Incluem-se dentre as vagas, para efeito deste artigo, as decorrentes das promoções nele previstas e abertas sucessivamente nas respectivas classes.

Art. 45. A participação no processo de promoção por merecimento depende de inscrição do interessado.

Art. 46. Somente concorrerá à promoção o Procurador de Estado que tiver um ano de efetivo exercício na classe em que se encontre, salvo se não houver quem preencha tal requisito.

Art. 47. Não concorrerá à promoção por merecimento o Procurador de Estado que:

I – encontrar-se em estágio confirmatório;

II – estiver afastado do exercício do cargo que ocupa na carreira de Procurador de Estado;

III – tiver sido punido disciplinarmente nos cinco anos anteriores à abertura do processo de promoção. (Redação dada pela Lei Complementar nº 23, de 03.07.2002).

Art. 48. A antiguidade e o merecimento serão apurados classe a classe.

§ 1º O Procurador-Geral fará publicar no Diário Oficial do Estado, em janeiro e julho de cada ano, a lista de antiguidade dos Procuradores de Estado de cada classe, contando em dias o tempo de serviço na classe, na carreira e no serviço público estadual.

§ 2º As reclamações contra a lista de antiguidade deverão ser apresentadas no prazo de cinco (05) dias úteis, contados a partir da data de publicação.

§ 3º O empate na classificação por antiguidade resolver-se-á em favor do candidato que sucessivamente:

a) contar maior tempo de serviço na classe;

b) tiver maior tempo de serviço na carreira;

c) comprovar maior tempo de serviço público estadual;

d) for mais idoso.

Art. 49. O merecimento, para efeitos de promoção, será aferido por comissão composta de Procuradores do Estado de última classe, segundo critérios e pontuações exclusivamente objetivos, fixados no regimento interno. (Redação dada pela Lei Complementar nº 22, de 30.04.2002).

Art. 50. O merecimento é progressivo, sendo vedada a computação por mais de uma vez do mesmo título para promoção por esse critério.

Art. 51. O Conselho Superior da Procuradoria Geral encaminhará ao Chefe do Poder Executivo, por intermédio do Procurador-Geral do Estado, a lista dos candidatos aptos a promoção pelos critérios de antiguidade ou merecimento, com rigorosa observância da ordem de classificação. (Redação dada pela Lei Complementar nº 23, de 3.07.2002).

CAPÍTULO III
DO REINGRESSO

Art. 52. O reingresso na carreira de Procurador de Estado dar-se-á por reintegração, reversão ou aproveitamento.

Art. 53. Reintegração é o reingresso do Procurador de Estado em decorrência de decisão administrativa ou judicial, com ressarcimento dos prejuízos resultantes de sua demissão, observadas as seguintes normas:

I – a reintegração será feita no cargo anteriormente ocupado;

II – se o cargo estiver extinto, o reintegrado será posto em disponibilidade remunerada até seu aproveitamento;

III – se o cargo anteriormente ocupado estiver provido, a reintegração dar-se-á em cargo vago da mesma classe. Inexistindo cargo vago, aplicar-se-á a norma do inciso anterior.

Art. 54. Reversão é o retorno à atividade do Procurador de Estado aposentado e se dará no mesmo cargo antes ocupado, ou se estiver provido, em outro do mesmo nível.

§ 1º A reversão será promovida de ofício, quando insubsistentes as razões que determinaram a aposentadoria por invalidez.

§ 2º A reversão só poderá efetivar-se quando, em inspeção médica, ficar comprovada a capacidade para o exercício do cargo.

§ 3º Será cassada a aposentadoria do inativo que, revertido ao serviço público, não comparecer a inspeção de saúde ou não assumir o exercício no prazo legal.

Art. 55. Aproveitamento é o reingresso do Procurador de Estado que se achava em disponibilidade.

§ 1º O aproveitamento será obrigatório na primeira vaga que sobrevier à transferência à disponibilidade e se efetivará em cargo de igual classe.

§ 2º Em nenhum caso poderá efetivar-se o aproveitamento sem que, mediante inspeção médica, fique provada a capacidade para o exercício do cargo.

§ 3º Será tornado sem efeito o ato de aproveitamento e cassada a disponibilidade do Procurador de Estado que não comparecer à inspeção de saúde ou não assumir o exercício no prazo legal.

§ 4º Será aposentado no cargo que ocupava o Procurador de Estado em disponibilidade que, em inspeção de saúde, for julgado incapaz para o serviço público.

CAPÍTULO IX
DA REMOÇÃO

Arts. 56 ao 60. (Revogado pela Lei Complementar nº 22, de 30.04.2002).

CAPÍTULO X
DA EXONERAÇÃO, DA DEMISSÃO E DA APOSENTADORIA

Art. 61. A exoneração dar-se-á a pedido ou de ofício.

Parágrafo único. Não se concederá exoneração ao Procurador de Estado que se encontre indiciado em sindicância ou processo administrativo disciplinar.

Art. 62. Confirmado no cargo, o Procurador de Estado apenas poderá ser demitido em razão de sentença judicial transitada em julgado, ou ainda de sanção decorrente de processo administrativo disciplinar em que lhe tenham sido abertas amplas oportunidades de defesa.

Art. 63. A aposentadoria do Procurador de Estado observará a disciplina específica estabelecida no Estatuto dos Funcionários Públicos Civis do Estado e legislação complementar.

Art. 64. (Revogado pela Lei Complementar nº 22, de 30.04.2002).

Art. 65. Uma vez aposentado, não perderá o Procurador de Estado os direitos e prerrogativas inerentes ao cargo, salvo aqueles incompatíveis com a condição de inativo.

CAPÍTULO XI
DOS DEVERES E DAS PROIBIÇÕES

Art. 66. Aos Procuradores de Estado, além dos deveres comuns atribuídos aos funcionários públicos, incumbe:

I – desempenhar com zelo e presteza os serviços a seu cargo e os que, na forma da lei, lhes forem atribuídos pelo Procurador-Geral;

II – observar sigilo profissional quanto às matérias dos procedimentos e ações judiciais;

III – zelar pelos bens públicos confiados a sua guarda;

IV – representar ao Procurador-Geral sobre irregularidade desde que afetem o bom desempenho de suas atribuições;

V – sugerir ao Procurador-Geral a adoção de medidas para o aperfeiçoamento dos serviços do órgão.

Art. 67. É vedado ao Procurador de Estado:

I – (Revogado pela Lei Complementar nº 23, de 3.07.2002).

II – ocupar, ainda que em disponibilidade, qualquer outro cargo público, salvo um de magistério, quando comprovada a compatibilidade de horário;

III – desempenhar, mediante desvio de função, atividades estranhas ao conteúdo ocupacional do cargo permanentemente ocupado;

IV – empregar, em expediente oficial, expressões ou termos desrespeitosos;

V – valer-se da condição de Procurador de Estado para obter vantagem de qualquer natureza;

VI – manifestar-se por qualquer meio de divulgação sobre processo administrativo ou autos judiciais em que esteja funcionando, salvo quando autorizado pelo Procurador Geral;

VII – ser cedido a órgãos públicos diversos daquele em que for lotado, exceto para fim especial de exercício de cargo de provimento em comissão ou o desempenho de atribuições vinculadas a atividades jurídicas;

VIII – exercer o comércio, na forma da lei;

IX – fornecer cópias ou de qualquer outro meio dar publicidade de parecer da Procuradoria Geral do Estado antes da competente apreciação do Procurador-Geral. (Redação acrescentada pela Lei Complementar nº 26, de 24.07.2009).

CAPÍTULO VII
DO REGIME DISCIPLINAR

Art. 68. Pelas faltas que praticar no exercício do cargo, fica o Procurador de Estado sujeito às penalidades disciplinares previstas no Estatuto dos Funcionários Públicos civis do Estado.

Parágrafo único. Cabe ao Procurador Geral a aplicação das penalidades previstas na lei, exceto aquelas de competência exclusiva do Governador do Estado.

Art. 69. A apuração das faltas será feita, quando for o caso, através de processo administrativo disciplinar, levado a efeito por comissão designada pelo Procurador Geral do Estado.

Parágrafo único. O processo administrativo disciplinar, nos moldes previstos no Estatuto dos Funcionários Públicos Civis do Estado, precederá, obrigatoriamente, a aplicação das penas de suspensão por mais de trinta dias, demissão, cassação de aposentadoria e disponibilidade.

CAPÍTULO XIII
DAS SUBSTITUIÇÕES

Art. 70. Serão substituídos:

I - o Procurador-Geral pelo Subprocurador-Geral do Estado;

II - o Subprocurador-Geral do Estado por um dos Procuradores de Estado, indicado pelo Procurador-Geral e designado pelo Chefe do Poder Executivo;

III - os Coordenadores dos órgãos operativos da Procuradoria Geral por Procuradores designados pelo Procurador-Geral;

IV - o Corregedor-Geral pelo Subcorregedor-Geral. (Redação acrescentada pela Lei Complementar nº 26, de 24.07.2009).

Art. 71. Nos casos de licença, férias, impedimento, suspensão ou afastamento do Procurador de Estado, os processos em que funcione serão redistribuídos entre os demais Procuradores de Estado.

§ 1º A substituição, nos casos deste artigo, processar-se á mediante designação dos coordenadores do órgão operativo em que tiver exercício o substituído.

§ 2º Na hipótese de impossibilidade de substituição através de Procurador de Estado que sirva na mesma unidade operativa em que atue o substituído, caberá ao Procurador-Geral designar o substituto.

Art. 72. O Procurador de Estado que houver de se afastar do exercício de cargo ou função por qualquer motivo que imponha sua substituição, comunicará o fato ao Procurador- Geral com antecedência mínima de quinze dias, ressalvadas as hipóteses de caso fortuito ou de força maior.

Parágrafo único. Juntamente com a comunicação de que trata este artigo, o Procurador de Estado deverá apresentar relação dos processos ou autos em que venha funcionando como representante do Estado, indicando a fase em que se encontrem.

TÍTULO IV
DOS DIREITOS, GARANTIAS E PRERROGATIVAS

CAPÍTULO I
DOS SUBSÍDIOS

(Redação dada pela Lei Complementar nº 22, de 30 de abril de 2002).

Art. 73. O Procurador do Estado, observado o disposto no art. 135 da Constituição Federal, será remunerado exclusivamente por subsídio, fixado mediante lei ordinária. (Redação dada pela Lei Complementar nº 22, de 30.04.2002).

Parágrafo único. Enquanto a lei ordinária prevista no caput não fixar o subsídio, a retribuição pecuniária dos cargos de Procurador de Estado e dos cargos de provimento em comissão privativos de Procurador de Estado compreende vencimento e vantagens pecuniárias, observado o disposto nas seções seguintes. (Redação acrescentada pela Lei Complementar nº 23, de 3.07.2002).

Seção I
Dos Vencimentos

Art. 74. O subsídio ou vencimento do cargo em comissão de Procurador-Geral do Estado será fixado em valores idênticos aos dos Secretários de Estado, não podendo os Procuradores de Estado de 4ª Classe perceber subsídio ou vencimento inferior ao atribuído ao do cargo de Procurador-Geral, nem superior ao subsídio ou vencimento previsto no inciso XI do art. 37 da Constituição Federal. (Redação dada pela Lei Complementar nº 23, de 3.07.2002).

Art. 75. Os cargos de Procurador de Estado terão subsídios fixados com diferença não superior a 10% (dez por cento) e nem inferior a 5% (cinco por cento) de uma para outra classe da carreira. (Redação dada pela Lei Complementar nº 26, de 24.07.2009).

Seção II
Das Vantagens

Art. 76. Além da retribuição pelo efetivo exercício do cargo correspondente ao padrão fixado em lei, ao Procurador de Estado são deferidas as seguintes vantagens: (Redação dada pela Lei Complementar nº 26, de 24.07.2009).

I - gratificação de representação; (Redação dada pela Lei Complementar nº 23, de 3.07.2002).

II - adicional por tempo de serviço; (Redação dada pela Lei Complementar nº 23, de 3.07.2002).

III - décimo terceiro salário; (Redação dada pela Lei Complementar nº 23, de 3.07.2002).

IV - ajuda de custo; (Redação dada pela Lei Complementar nº 23, de 3.07.2002).

V - diárias; (Redação dada pela Lei Complementar nº 23, de 3.07.2002).

VI - abono família; (Redação dada pela Lei Complementar nº 23, de 3.07.2002).

VII - gratificação pela execução de trabalho técnico ou científico; (Redação dada pela Lei Complementar nº 23, de 3.07.2002).

VIII - gratificação pela participação em órgão de deliberação coletiva; (Redação dada pela Lei Complementar nº 23, de 3.07.2002).

IX - gratificação pelo exercício: (Redação dada pela Lei Complementar nº 23, de 3.07.2002).

a) de encargo de auxiliar ou membro de banca e comissão instituída; (Redação dada pela Lei Complementar nº 23, de 3.07.2002).

b) de magistério, por hora/aula proferida, definida em regulamento, em cursos ou seminários destinados ao aperfeiçoamento dos Procuradores de Estado e servidores da Administração Pública Estadual. (Redação dada pela Lei Complementar nº 26, de 24.07.2009).

§ 1º A gratificação de representação, de que trata o inciso I deste artigo, integra os vencimentos para todos os efeitos legais, salvo para o de sua própria fixação. (Redação dada pela Lei Complementar nº 23, de 3.07.2002).

§ 2º O cálculo do adicional por tempo de serviço incidirá sobre o somatório do vencimento base do cargo ocupado com a gratificação de representação auferida. (Redação dada pela Lei Complementar nº 23, de 3.07.2002).

Art. 77. Não perderá o direito às gratificações previstas neste artigo anterior o Procurador de Estado afastado em virtude de férias, luto, casamento, licença maternidade ou paternidade ou serviço obrigatório por lei. (Redação dada pela Lei Complementar nº 23, de 3.07.2002).

Parágrafo único. Havendo substituição automática, esta será remunerada a partir da data de afastamento do Procurador de Estado substituído. (Redação dada pela Lei Complementar nº 26, de 24.07.2009).

CAPÍTULO II
DAS FÉRIAS, LICENÇAS E AFASTAMENTOS

Art. 78. Os Procuradores de Estado terão direito a férias de sessenta (60) dias por um ano, contínuos ou divididos em dois períodos iguais, salvo acúmulo por necessidade de serviço e pelo máximo de dois (02) anos.

Art. 79. Aplicam-se aos Procuradores de Estado as normas do Estatuto dos Funcionários Públicos Estaduais referentes a licenças, salvo no que for contrário a esta Lei Complementar. (Redação dada pela Lei Complementar nº 26, de 24.07.2009).

Art. 80. São considerados como de efetivo exercício para todos os efeitos legais, exceto para estágio confirmatório, os dias em que o Procurador de Estado estiver afastado de suas funções em razão de:

I – licenças, salvo para trato de interesse particular ou para acompanhar o cônjuge;

II – cursos ou seminários de aperfeiçoamento e estudo, no exterior, ou noutras unidades da Federação, de duração máxima de dois (02) anos mediante prévia autorização da autoridade competente;

III – período de trânsito;

IV – disponibilidade remunerada, exceto para promoção;

V – designação pelo Procurador-Geral do Estado para realização de atividade de relevância para a instituição;

VI – exercício do cargo de Presidente de associação ou de entidade da categoria, de âmbito local ou nacional, permitida a prorrogação do afastamento, em caso de reeleição, por um único período consecutivo e em todos os casos após a autorização do Conselho Superior; (Redação dada pela Lei Complementar nº 26, de 24.07.2009).

VII – atividades exercidas em organismos estatais afetos à área de atuação da Procuradoria Geral do Estado;

VIII – candidatura ou exercício de cargo público eletivo;

IX – exercício de cargo de provimento em comissão ou o desempenho de atribuições vinculadas às atividades jurídicas. (Redação dada pela Lei Complementar nº 26, de 24.07.2009).

CAPÍTULO III
DAS PRERROGATIVAS E DAS GARANTIAS

Art. 81. São prerrogativas do Procurador de Estado:

I – não ser constrangido, por qualquer modo ou forma, a agir em desconformidade com a sua consciência ético-profissional;

II – requisitar, sempre que necessário, auxílio e colaboração das autoridades públicas para o exercício de suas atribuições;

III – requisitar a qualquer órgão ou entidade do Poder Executivo, documentos, certidões, diligências e esclarecimentos necessários à análise de processo administrativo ou judicial, que deverão ser fornecidos no prazo assinalado; (Redação dada pela Lei Complementar nº 26, de 24.07.2009).

IV – irredutibilidade de vencimentos;

V – exclusividade quanto ao desempenho das atividades de representação jurídica do Estado e de consultoria jurídica ao Chefe do Executivo Estadual e junto aos órgãos da administração centralizada;

VI – receber intimação pessoal em qualquer processo e grau de jurisdição, mediante a entrega dos autos com vistas;

VII – portar arma, valendo como documento de autorização a cédula de identidade funcional visada pelo Procurador-Geral do Estado e pelo Secretário Estadual de Segurança Pública;

VIII – dispensa de revista e franco e livre acesso aos locais sob fiscalização de autoridades policiais, devendo todo e qualquer agente do governo prestar-lhe todo o apoio e auxílio necessários ao desempenho de suas funções;

IX – ser processado e julgado pelo Tribunal de justiça, nos crimes comuns ou de responsabilidade, ressalvada a competência da Justiça Eleitoral;

X – receber honorários advocatícios decorrentes da sucumbência, na forma estabelecida pelo regimento;

XI – exercer o direito de livre associação e de greve, nos termos do art. 37, inciso VI e VII, da Constituição Federal.

Parágrafo único. (VETADO).

a) nas salas de sessões dos tribunais, mesmo além dos limites que separem a parte reservada aos magistrados; (Redação acrescentada pela Lei Complementar nº 26, de 24.07.2009).

b) nas salas e dependências de audiências, secretarias, cartórios, tabelionatos, ofícios de justiça, inclusive dos registros públicos, delegacias de polícia e estabelecimentos de integração coletiva; e (Redação acrescentada pela Lei Complementar nº 26, de 24.07.2009).

c) em qualquer local onde funcione repartição ou serviço público onde deva praticar ato ou colher informação útil ao exercício de suas funções, dentro do expediente regulamentar e fora dele, desde que se ache presente qualquer servidor. (Redação acrescentada pela Lei Complementar nº 26, de 24.07.2009).

Art. 82. A prisão ou a detenção de Procurador de Estado, em qualquer circunstância, será imediatamente comunicada ao Procurador-Geral do Estado, sob pena de responsabilidade de quem não o fizer.

TÍTULO V
DAS DISPOSIÇÕES TRANSITÓRIAS E FINAIS

CAPÍTULO I
DAS DISPOSIÇÕES TRANSITÓRIAS

Art. 83. (Revogado pela Lei Complementar nº 22, de 30.04.2002).

Art. 84. O Quadro de Pessoal do Serviço de Procuradoria Jurídica do Estado de Alagoas, mantida a atual estrutura, fica denominado Quadro de Pessoal da Advocacia-Geral do Estado.

Art. 85. Fica extinto o Quadro Suplementar da Procuradoria Geral do Estado, criado pelo art. 6º da Lei nº 5.004, de 21 de junho de 1988, passando os seus integrantes a compor o Quadro de Pessoal de que trata o artigo anterior, cujos quantitativos ficam acrescidos classe a classe, em quantos cargos necessários a absorção, respeitados o símbolo e a classe dos cargos ora ocupados.

Art. 86. A primeira eleição para composição do Conselho Superior da Procuradoria Geral do Estado dar-se-á nos trinta dias que sucederem à promulgação desta Lei. (Redação dada pela Lei Complementar nº 22, de 30.04.2002).

Parágrafo único. Cabe ao Procurador-Geral do Estado convocar a eleição e promover os meios necessários à sua realização, inclusive, expedir instruções para seu disciplinamento.

Art. 87. O Conselho eleito promoverá, de imediato, a elaboração do Regimento Interno do colegiado.

Art. 88. (Revogado pela Lei Complementar nº 22, de 30.04.2002).

Art. 89. (Revogado pela Lei Complementar nº 22, de 30.04.2002).

Art. 90. Fica revogado o § 2º do art. 4º da Lei nº 5.011, de 30 de setembro de 1988.

Art. 91. As despesas decorrentes da aplicação desta Lei correrão à conta de dotação própria, consignada na vigente Lei de Meios.

CAPÍTULO II
DISPOSIÇÃO FINAL

Art. 92. Esta Lei entrará em vigor na data de sua publicação, revogadas as disposições em contrário.

PALÁCIO MARECHAL FLORIANO PEIXOTO, em Maceió, 18 de julho de 1991, 103º da República.

LEI ESTADUAL Nº 5.247, DE 26 DE JULHO DE 1991

- INSTITUI O REGIME JURÍDICO ÚNICO DOS SERVIDORES PÚBLICOS CIVIS DO ESTADO DE ALAGOAS, DAS AUTARQUIAS E DAS FUNDAÇÕES PÚBLICAS ESTADUAIS.

***ATUALIZADA ATÉ A LEI Nº 8.391, DE 10 DE MARÇO 2021.**

ÍNDICE

TÍTULO I - DISPOSIÇÕES PRELIMINARES - Arts. 1º ao 4º

TÍTULO II - DO REGIME FUNCIONAL

CAPÍTULO I - DO INGRESSO - Arts. 5º ao 14

Secção I - Disposições Gerais

Secção II - Da Nomeação

Secção III - Do Concurso Público

Secção IV - Da Posse

CAPÍTULO II - DO PROVIMENTO DERIVADO - Arts. 15 ao 26

Secção I - Da Promoção, Da Ascensão

Secção II - Da Transferência

Secção III - Da Readaptação

Secção IV - Da Reversão

Secção V - Da Reintegração

Secção VI - Da Recondução

Secção VIII - Do Aproveitamento

CAPÍTULO III - DO EXERCÍCIO - Arts. 27 ao 32

CAPÍTULO IV - DA LOTAÇÃO, DA REMOÇÃO, DA REDISTRIBUIÇÃO E DO ACESSO - Arts. 33 ao 37

Secção I - Da Lotação

Secção II - Da Remoção

Secção III - Da Redistribuição

Secção IV - Do Acesso

CAPÍTULO V - DA ESTABILIDADE - Arts. 38 e 39

CAPÍTULO VI - DA VACÂNCIA - Arts. 40 ao 42

CAPÍTULO VII - DA SUBSTITUIÇÃO - Arts. 43 e 44

TÍTULO III - DOS DIREITOS E VANTAGENS

CAPÍTULO I - DO VENCIMENTO E REMUNERAÇÃO - Arts. 45 ao 53

CAPÍTULO II - DAS VANTAGENS - Arts. 54 ao 80

Secção I - Das Indenizações

Subsecção I - Da Ajuda de Custo

Subsecção II - Das Diárias

Subsecção III - Da Indenização de Transporte

Secção II - Das Gratificações e adicionais

Subsecção I - Gratificação pelo Exercício de Função de Direção Chefia ou Assessoramento

Subsecção II - Da Gratificação Natalina

Subsecção III - Do Adicional por Tempo de Serviço

Subsecção IV - Dos Adicionais de Insalubridade, Periculosidade ou Atividades Penosas

Subsecção V - Do Adicional por Serviço Extraordinário

Subsecção VI - Do Adicional Noturno

Subsecção VIII - Adicional de Férias

CAPÍTULO III - DAS FÉRIAS - Arts. 81 ao 84

CAPÍTULO IV - DAS LICENÇAS - Arts. 85 ao 95

Secção I - Disposições Gerais

Seção II - Da Licença por Motivo de Doença em Pessoa da Família

Secção III- Da Licença por Motivo de Afastamento Do Cônjuge

Secção IV - Da Licença para o Serviço Militar

Secção V - Da Licença para Atividade Política

Secção VI - Da Licença Para Capacitação Profissional

Secção VII - Da Licença para Tratar de Interesses Particulares

Secção VIII - Da Licença para o Desempenho de Mandato Classista

CAPÍTULO V - DOS AFASTAMENTOS - Arts. 96 ao 98

Secção I - Da Cessão

Secção II - Do Afastamento para Exercício de Mandato Eletivo

Secção III - Do Afastamento para Estudo ou Missão no Exterior

CAPÍTULO VI - DAS CONCESSÕES - Arts. 99 ao 101

CAPÍTULO VII - DO TEMPO DE SERVIÇO - Arts. 102 ao 105

CAPÍTULO VIII - DO DIREITO DE PETIÇÃO - Arts. 106 ao 117

TÍTULO IV - DO REGIME DISCIPLINAR
CAPÍTULO I - DOS DEVERES - Art. 118
CAPÍTULO II - DAS PROIBIÇÕES - Art. 119
CAPÍTULO III - DA ACUMULAÇÃO - Arts. 120 ao 122
CAPÍTULO IV - DAS RESPONSABILIDADES - Arts. 123 ao 144
TÍTULO V - DA AÇÃO DISCIPLINAR - Arts. 145 ao 149
Secção I - Da Sindicância Administrativa - Arts. 150 ao 157
CAPÍTULO I - DO PROCESSO DISCIPLINAR - Arts. 158 ao 162
Secção I - Do Inquérito - Arts. 163 ao 176
Secção II - Do Julgamento - Arts. 177 ao 183
Secção III - Da Revisão do Processo - Ars. 184 ao 192
CAPÍTULO II - DO AFASTAMENTO PREVENTIVO - Art. 193
TÍTULO VI - DA SEGURIDADE SOCIAL DO SERVIDOR - Arts. 194 ao 225 (revogados)
CAPÍTULO I - DISPOSIÇÕES GERAIS
CAPÍTULO II - DOS BENEFÍCIOS
Secção I - Da Aposentadoria
Secção II - Do Salário-Família
Secção III - Da Licença para Tratamento de Saúde
Secção IV - Da Licença à Gestante, e à Adotante e da Licença À Paternidade.
Secção V - Da Licença por Acidente em Serviço
Secção VI - Do Auxílio-Reclusão
CAPÍTULO III - DO CUSTEIO
TÍTULO VII - CAPÍTULO ÚNICO - DA CONTRATAÇÃO TEMPORÁRIA DE EXCEPCIONAL INTERESSE PÚBLICO - Arts. 226 ao 229 (revogados)
TÍTULO VIII - DISPOSIÇÕES GERAIS, TRANSITÓRIAS E FINAIS - Arts. 230 ao 241
CAPÍTULO I - DAS DISPOSIÇÕES GERAIS
CAPÍTULO II - DISPOSIÇÕES TRANSITÓRIAS

O GOVERNADOR DO ESTADO DE ALAGOAS

Faço saber que o Poder Legislativo Estadual decreta e eu sanciono a seguinte Lei:

TÍTULO I
DISPOSIÇÕES PRELIMINARES

Art. 1º Esta Lei institui o Regime Jurídico Único dos Servidores Públicos Civis do Estado de Alagoas, das Autarquias e das Fundações Públicas Estaduais.

Art. 2º Adotar-se-ão, para os efeitos desta Lei, as definições a saber:

I – função é o conjunto de atribuição e responsabilidades comestíveis a uma categoria funcional ou individualmente a determinado agente da Administração, em caráter permanente ou transitório;

ADMINISTRATIVO

II – cargo é um centro unitário e invisível de competências criado por lei, com denominação própria e em número certo hierarquicamente localizado na estrutura organizacional do serviço público;

III – Servidor Público Civil é quem, legalmente investido em cargo público civil da administração direta, autarquia e fundacional pública, mantém com o ente estatal relação de trabalho de natureza profissional, sob vínculo de dependência hierárquica;

IV – Regime Jurídico Único é o conjunto de normas que disciplinam as relações de trabalho dos servidores públicos civis da administração direta, autárquica e fundacional pública, definindo-lhes os direitos, responsabilidade e deveres.

Art. 3º Os cargos públicos civis são acessíveis a todos os brasileiros, observadas as condições de investidura estabelecidas na lei.

Art. 4º É vedada a prestação de serviços gratuitos salvo nos casos expressamente previstos na lei.

TÍTULO II
DO REGIME FUNCIONAL

CAPÍTULO I
DO INGRESSO

Secção I
Disposições Gerais

Art. 5º São requisitos básicos para ingresso no serviço público:

I – a nacionalidade brasileira;

II – o gozo dos direitos políticos;

III – a quitação com as obrigações militares e eleitorais;

IV – o nível de escolaridade exigido para o exercício do cargo;

V – a idade mínima de 18 (dezoito) anos;

VI – aptidão física e mental.

§ 1º A natureza das atribuições de cargo determinado pode justificar a exigência de outros requisitos específicos, desde que estabelecidos em lei.

§ 2º As pessoas portadoras de deficiência é assegurado o direito de inscrição a concurso público para provimento de cargo cujas atribuições estejam aptas a exercer, sendo- lhes reservadas até 20% (vinte por cento) das vagas oferecidas.

Art. 6º O provimento inicial dos cargos públicos far-se-á mediante ato de autoridade competente de cada Poder, completando-se a investidura com a posse.

Art. 7º A nomeação é a forma originária de provimento dos cargos públicos.

Art. 8º São formas derivadas de provimento de cargo público:

I - promoção;

II - ascensão;

III - transferência;

IV - readaptação;

V - reversão;

VI - reintegração;

VII - recondução;

VIII - aproveitamento.

Secção II
Da Nomeação

Art. 9º A nomeação far-se-á:

I - em caráter efetivo, quando se tratar de cargo isolado de provimento efetivo ou de carreira;

II - em comissão, para cargo de confiança, de livre provimento e exoneração.

Art. 10. A nomeação para cargo de carreira ou cargo isolado de provimento efetivo depende de prévia habilitação em concurso público de provas ou de provas e títulos, obedecidos a ordem de classificação e o prazo de sua validade.

Parágrafo único. Os demais requisitos para o ingresso serão estabelecidos pela lei que fixar as diretrizes do sistema de carreira da administração pública estadual e seus regulamentos.

Secção III
Do Concurso Público

Art. 11. O concurso será de provas e títulos, podendo ser realizado em duas etapas, conforme dispuserem a Lei e o regulamento do respectivo plano de carreira.

Art. 12. O concurso público terá validade de até 02 (dois) anos, podendo ser prorrogada, uma única vez, por igual período.

§ 1º O prazo de validade do concurso e as condições de sua realização serão fixados em edital, que será publicado no Diário Oficial do Estado e em jornal diário de grande circulação.

§ 2º Não se abrirá novo concurso enquanto houver candidato aprovado em concurso anterior com prazo de validade não expirado.

Secção IV
Da Posse

Art. 13. A posse dar-se-á pela assinatura do respectivo termo, no qual deverão constar as atribuições, os deveres, as responsabilidades e os direitos inerentes ao cargo ocupado, que não poderão ser alterados unilateralmente, por qualquer das partes, ressalvas os atos de ofício previstos em lei.

§ 1º Apenas haverá posse nos casos de provimento de cargo por nomeação, acesso e ascensão.

§ 2º A posse ocorrerá dentro do prazo de 30 (trinta) dias, contados da publicação do ato de provimento, prorrogável por mais 30 (trinta) dias, a requerimento do interessado.

§ 3º A inocorrência oportuna da posse determinará a deseficacização do ato de provimento.

§ 4º Em se tratando de servidor em licença, ou afastado por qualquer outro motivo legal, o prazo será contado do término do impedimento.

§ 5º No ato da posse o servidor apresentará declaração do bens e valores que constituem seu patrimônio e do exercício ou não de outro cargo, emprego ou função pública.

§ 6º A posse através de procurador fica condicionada à apresentação de instrumento público de mandato, com outorga de poderes especiais para tal fim.

Art. 14. A posse dependerá de prévia inspeção médica oficial, em que se comprove a aptidão física e mental do candidato para o exercício do cargo.

CAPÍTULO II
DO PROVIMENTO DERIVADO

Secção I
Da Promoção, Da Ascenção

Art. 15. O desenvolvimento do servidor na carreira proceder-se-á mediante promoção e ascensão.

Art. 16. A lei que fixar as diretrizes do sistema de carreira funcional na administração estadual estabelecerá as condições de promoção, ascensão e acesso, definindo os procedimentos através dos quais se processarão.

Secção II
Da Transferência

Art. 17. Transferência é a transposição do servidor estável de um cargo efetivo para outro de igual denominação, pertencente a quadro de pessoal diverso, de órgão ou instituição do mesmo Poder.

§ 1º A transferência ocorrerá de ofício ou a pedido do servidor, atendido o interesse do serviço, em qualquer hipótese condicionada à exigência de vaga.

§ 2º Será admitida a transferência de servidor ocupante de cargo de quadro em extinção para igual situação em quadro de outro órgão ou entidade.

Secção III
Da Readaptação

Art. 18. Readaptação é a investidura do servidor em cargo de atribuições e responsabilidades compatíveis com a limitação que tenha sofrido em sua capacidade física ou mental, verificada em inspeção médico-oficial.

§ 1º Se julgado incapaz para o serviço público, o readaptando será aposentado.

§ 2º A readaptação será efetivada em cargo de atribuições afins, respeitada a habilitação exigida e condicionada à existência de vaga.

Secção IV
Da Reversão

Art. 19. Reversão é o retorno à atividade de servidor aposentado por invalidez, quando, por junta médica oficial, forem declarados insubsistentes os motivos da aposentadoria.

Art. 20. A reversão far-se-á no mesmo cargo ou no cargo resultante de sua transformação.

Parágrafo único. Encontrando-se provido o cargo, o servidor exercerá suas atribuições como excedente, até a ocorrência de vaga.

Art. 21. Não poderá reverter o aposentado que já tiver completado 70 (setenta) anos de idade.

Secção V
Da Reintegração

Art. 22. A reintegração é a reinvestidura do servidor estável no cargo anteriormente ocupado, ou no cargo resultante de sua transformação, quando invalidada a sua demissão por decisão administrativa ou judicial, com ressarcimento de todas as vantagens.

§ 1º Dando-se que tenha sido extinto o cargo anteriormente ocupado, o servidor ficará em disponibilidade.

§ 2º Encontrando-se provido o cargo, o seu eventual ocupante será reconduzido ao cargo de origem, sem direito a indenização, aproveitado em outro cargo, ou, ainda, posto em disponibilidade, respeitado o interesse do serviço público.

Secção VI
Da Recondução

Art. 23. Recondução é o retorno do servidor estável ao cargo anteriormente ocupado.

§ 1º Dar-se-á a recondução:

I – quando apurada, ao curso de estágio probatório, a inaptidão do servidor ao exercício de cargo em que derivadamente provido;

II – quando reintegrado, no cargo que esteja a exercer, o seu anterior ocupante.

§ 2º Encontrando-se provido o cargo de origem, será o servidor provido em outro, de vencimento e atribuições compatíveis com o anteriormente ocupado.

Secção VIII
Do Aproveitamento

Art. 24. Aproveitamento é o retorno obrigatório ao trabalho de servidor que se achava em disponibilidade, ocorrendo em cargo de atribuições e vencimentos compatíveis com o anteriormente ocupado.

Art. 25. O Órgão Central do Sistema de Pessoal Civil determinará o imediato aproveitamento de servidor em disponibilidade em vaga que vier a ocorrer nós órgãos ou entidades da administração pública estadual.

Art. 26. Será tornado sem efeito o aproveitamento e cassada a disponibilidade se o servidor não entrar em exercício no prazo legal, salvo doença comprovada por junta médica oficial.

CAPÍTULO III
DO EXERCÍCIO

Art. 27. Exercício é o efetivo desempenho das atribuições do cargo.

§ 1º É de 30 (trinta) dias o prazo para o servidor entrar em exercício, contados da data da posse.

§ 2º Escoado o prazo estabelecido no parágrafo precedente, sem o início do exercício, será o ato de nomeação revogado.

§ 3º A autoridade competente do órgão ou entidade para onde for designado o servidor compete dar-lhe exercício.

Art. 28. O início, a suspensa, a interrupção e o reinício do exercício serão registrados no assentamento individual do servidor.

Parágrafo único. O servidor, ao entrar em exercício, apresentará ao órgão competente os elementos necessários a abertura do seu assentamento individual.

Art. 29. A promoção ou a ascensão não interrompe o tempo de exercício, que é contado no novo posicionamento na carreira, a partir da data da publicação do ato que promover ou conceder ascensão funcional ao servidor.

Art. 30. O servidor transferido, removido, redistribuído, requisitado ou cedido, que deva ter exercício em outra localidade, terá 30 (trinta) dias de prazo para entrar em exercício, incluindo nesse período o tempo necessário ao deslocamento para a nova sede.

Parágrafo único. Na hipótese de o servidor encontrar-se afastado legalmente, o prazo a que se refere este artigo será contado a partir do término do afastamento autorizado.

Art. 31. O ocupante de cargo público civil fica sujeito a 40 (quarenta) horas semanais de trabalho, salvo quando a Lei estabelecer duração diversa.

Parágrafo único. Ao ocupante de cargo de provimento em comissão é ainda exigida dedicação integral ao serviço, pelo que poderá ser convocado sempre que houver interesse da administração.

Art. 32. O servidor investido em cargo de provimento efetivo, ao iniciar o exercício, ficará sujeito a estágio probatório por período de 24 (vinte e quatro) meses, durante o qual a sua aptidão e capacidade para o desempenho do cargo serão objeto de avaliação, observados os fatores a saber:

I – assiduidade;

II – disciplina

III – capacidade de iniciativa;

IV - produtividade;

V - responsabilidade.

§ 1º Concluído o período de prova, será o resultado da avaliação homologado dentro do prazo máximo de 15 (quinze) dias, contados a partir do dia imediato ao termo final, inclusive.

§ 2º O servidor não aprovado no estágio probatório será exonerado ou, se estável, reconduzido ao cargo anteriormente ocupado, observado o disposto no § 2º do art. 23.

§ 3º É vedado o desvio de função.

CAPÍTULO IV
DA LOTAÇÃO, DA REMOÇÃO, DA REDISTRIBUIÇÃO E DO ACESSO

Secção I
Da Lotação

Art. 33. Lotação genérica é a quantidade dos cargos vinculados e necessários ao desenvolvimento das atividades de órgão ou entidade da administração pública.

Art. 34. Lotação específica é a designação de servidor para ter exercícios em unidade administrativa setorial do ente público a serve.

Parágrafo único. Nenhum servidor poderá servir fora da unidade onde tenha lotação específica, ressalvadas as hipóteses de provimento em cargo comissionado ou cessão segundo as condições e limites estabelecidos nesta Lei.

Secção II
Da Remoção

Art. 35. Remoção é o deslocamento do servidor, a pedido ou de ofício, de uma para outra localidade de trabalho, com ou sem mudança de sede, no âmbito da unidade setorial em que for especificamente lotado.

Parágrafo único. Dar-se-á a remoção, a pedido, para outra localidade, independentemente de vaga, para acompanhar cônjuge ou companheiro ou dependente enfermo, condicionada à comprovação, por junta médica, da indispensabilidade da providência.

Secção III
Da Redistribuição

Art. 36. Redistribuição é o deslocamento do servidor, com o respectivo cargo, para quadro de pessoal de outro órgão ou entidade do mesmo Poder, cujos planos de cargos e vencimentos sejam idênticos, observados sempre o interesse da administração.

§ 1º A redistribuição dar-se-á exclusivamente para ajustamento de quadro de pessoal ás necessidades dos serviços, inclusive nos casos de reorganização, extinção de órgãos ou entidades.

§ 2º Nos casos de extinção de órgão ou entidade, os servidores estáveis que não puderem ser redistribuídos, até seu aproveitamento, na forma deste artigo, serão colocados em disponibilidade, até seu aproveitamento.

Secção IV
Do Acesso

Art. 37. Acesso é a designação de servidor de carreira para exercer função de direção, chefia ou assessoramento.

CAPÍTULO V
DA ESTABILIDADE

Art. 38. O servidor habilitado em concurso público e empossado em cargo de provimento efetivo adquirirá estabilidade nos serviço público ao completar 02 (dois) anos de efetivo exercício.

Art. 39. O servidor estável só poderá o cargo em virtude de sentença judicial transitada em julgado ou de processo administrativo disciplinar no qual lhe seja assegurada ampla defesa.

CAPÍTULO VI
DA VACÂNCIA

Art. 40. Determinarão a vacância do cargo público:

I – a exoneração;

II – a demissão;

III – a promoção;

IV – a ascensão;

V – a transferência;

VI – a readaptação;

VII – a aposentadoria;

VIII – a posse em outro cargo inacumulável;

IX – o falecimento.

Art. 41. A exoneração de cargo efetivo dar-se-á a pedido do servidor, ou ainda de ofício, neste caso quando resultar apurada, em estágio probatório, sua inaptidão ao exercício do cargo.

Art. 42. A exoneração de cargo em comissão ocorrerá:

I – a juízo da autoridade competente;

II – a pedido do próprio servidor.

Parágrafo único. O afastamento do servidor de função de direção, chefia e assessoramento dar-se-á:

I – a pedido

II – mediante dispensa, nos casos de:

a) promoção

b) cumprimento de prazo exigido para rotatividade na função;

c) por falta de exação no exercício de suas atribuições, segundo o resultado do processo de avaliação, conforme estabelecido em lei e regulamento;

d) afastamento para exercício de mandato classista.

CAPÍTULO VII
DA SUBSTITUIÇÃO

Art. 43. Os servidores investidos em cargo ou função de direção ou chefia e os ocupantes de cargos em comissão terão substituídos indicados no regimento interno ou, em caso de omissão, previamente designados pela autoridade competente. (Redação dada pela Lei nº 6.003, de 13.04.1998).

§ 1º O substituto assumirá automática e cumulativamente, sem prejuízo do cargo que ocupa, o exercício do cargo ou função de direção ou chefia nos afastamentos ou impedimentos legais ou regulamentares do titular. (Redação dada pela Lei nº 6.003, de 13.04.1998).

§ 2º O Substituto fará jus à gratificação pelo exercício do cargo ou função de direção ou chefia nos casos de afastamento ou impedimento legais o titular, superiores a trinta dias, paga na proporção dos dias de efetiva substituição. (Redação dada pela Lei nº 6.003, de 13.04.1998).

Art. 44. O disposto no artigo anterior aplica-se aos titulares de unidades administrativa organizadas em nível de assessoria.

TÍTULO III
DOS DIREITOS E VANTAGENS

CAPÍTULO I
DO VENCIMENTO E REMUNERAÇÃO

Art. 45. Vencimento é a retribuição pecuniária pelo exercício do cargo público, com valor fixado em lei.

Parágrafo único. Nenhum servidor receberá, a título de vencimento, importância inferior ao salário mínimo.

Art. 46. Remuneração é o vencimento do cargo efetivo, acrescido das vantagens pecuniárias permanentes estabelecidas em lei.

§ 1º A remuneração do servidor investido em função ou cargo em comissão será paga na forma prevista no art. 67.

§ 2º O vencimento do cargo efetivo, acrescido das vantagens de caráter permanente, é irredutível.

§ 3º É assegurada a isonomia de vencimentos para cargos de atribuições iguais ou assemelhados do mesmo Poder, ou entre servidores dos três Poderes, ressalvadas as vantagens de caráter individual e as relativas à natureza ou ao local de trabalho.

Art. 47. Nenhum servidor poderá perceber, mensalmente, a título de remuneração, importância superior à soma dos valores percebidos como remuneração, em espécie, a qualquer título, no âmbito dos respectivos Poderes, pelos Deputados Estaduais.

Parágrafo único. (VETADO).

Art. 48. A menor remuneração atribuída aos cargos de carreira não será inferior a 1/40 (um quarenta avos) do teto de remuneração fixado no artigo anterior.

Art. 49. O servidor perderá:

I – a remuneração dos dias em que faltar ao serviço;

II – a parcela de remuneração diária, proporcional aos atrasos, ausências e saídas antecipadas iguais ou superior a 60 (sessenta) minutos;

III – metade da remuneração, na hipótese prevista no § 2º do art.132.

Art. 50. Salvo por imposição legal ou mandado judicial, nenhum desconto incidirá sobre a remuneração ou provento.

Parágrafo único. Mediante autorização do servidor, poderá haver consignação em folha de pagamento a favor de terceiros, a critério da administração e com reposição de custos, na forma definida em regulamento.

Art. 51. As reposições e indenizações ao erário serão descontadas em parcelas mensais não excedentes à décima parte da remuneração ou provento, em valores atualizados.

Art. 52. O servidor em débito com o erário, que for demitido, exonerado, ou que tiver sua aposentadoria ou disponibilidade casada, terá prazo de 60 (sessenta) dias para quitar o débito.

Parágrafo único. A não quitação do débito no prazo previsto implicará sua inscrição em dívida ativa.

Art. 53. O vencimento, a remuneração e provento não serão objeto de arresto, sequestro ou penhora, exceto nos casos de prestação de alimentos resultantes de decisão judicial.

CAPÍTULO II
DAS VANTAGENS

Art. 54. Além do vencimento, poderão ser pagas ao servidor as seguintes vantagens:

I – indenizações;

II – gratificações

III – adicionais.

§ 1º As indenizações não se incorporam ao vencimento ou provento para qualquer efeito.

§ 2º As gratificações e os adicionais incorporam-se ao vencimento ou provento, nos casos e condições indicados em lei.

Art. 55. As vantagens pecuniárias não serão computadas, nem acumuladas, para efeito de concessão de quaisquer outros acrescimentos pecuniários ulteriores sob o mesmo título ou idêntico fundamento.

Secção I
Das Indenizações

Art. 56. Constituem indenizações ao servidor:

I – ajuda de custo;

II – diárias;

III – transportes.

Art. 57. Os valores das indenizações, assim como as condições para a sua concessão, serão estabelecidas em regulamento.

Subsecção I
Da Ajuda de Custo

Art. 58. A ajuda de custo destina-se a compensar as despesas de instalação do servidor que, no interesse do serviço, passar a ter exercícios em nova sede, com mudança de domicílio em caráter permanente.

§ 1º Correm por conta da administração as despesas de transporte do servidor e de sua família, compreendendo passagem, bagagem e bens pessoais.

§ 2º A família do servidor que falecer na nova sede são assegurados ajuda de custo e transportes para a localidade de origem, dentro do prazo de 01 (um) ano, contado do óbito.

Art. 59. A ajuda de custo é calculada sobre a remuneração do servidor, conforme dispuser o regulamento, não podendo exceder a importância correspondente a 03 (três) meses.

Art. 60. Será concedida ajuda de custo ao servidor que se afastar do cargo, ou reassumi-lo, em virtude de mandato eletivo, desde que implique mudança de domicílio.

Art. 61. Será concedida ajuda de custo aquele que, não sendo servidor do Estado, for nomeado para cargo em comissão, com mudança de domicilio.

Parágrafo único. Na hipótese de afastamento para exercício de cargo em comissão ou função de confiança, a ajuda de custo será paga pelo órgão cessionário, quando cabível.

Art. 62. O servidor ficará obrigado a restituir a ajuda de custo quando, injustificadamente, não se apresentar na nova sede no prazo de 30(trinta) dias.

Subsecção II
Das Diárias

Art. 63. O servidor que, a serviço, se afastar da sede em caráter eventual ou transitório, para outro ponto do território nacional ou para o exterior, fará jus a diárias, para cobrir despesas de pousada, alimentação e locomoção urbana. (Redação dada pela Lei nº 6.548, de 27.12.2004).

§ 1º A diária será concedida por dia de afastamento sendo devida pela metade quando o deslocamento não exigir pernoite fora de sede.

§ 2º Nos casos em que o deslocamento da sede constituir exigência permanente do cargo, o servidor não fará jus a diárias.

§ 3º As demais disposições sobre diárias não previstas nesta Lei, incluindo os valores e cálculo, serão regulamentadas mediante decreto. (Redação dada pela Lei nº 6.548, de 27.12.2004).

Art. 64. O servidor que receber diárias e não se afastar da sede, por qualquer motivo, fica obrigado a restituí-las integralmente, no prazo de 05 (cinco) dias.

Parágrafo único. Na hipótese de o servidor retornar à sede em prazo menor do que o previsto para o seu afastamento, restituirá as diárias recebidas em excesso, no prazo previsto no caput.

Subsecção III
Da Indenização de Transporte

Art. 65. Conceder-se-á indenização de transporte ao servidor que realizar despesas com a utilização de meio próprio de locomoção para a execução de serviços externos, por força das atribuições próprias do cargo, conforme se dispuser em regulamento.

Secção II
Das Gratificações e adicionais.

Art. 66. Além do vencimento e das vantagens previstas nesta Lei, serão deferidos aos servidores as seguintes gratificações e adicionais:

I – gratificação pelo exercício de função de direção, chefia e assessoramento;

II – gratificação natalina;

III – adicional por tempo de serviço;

IV – adicional pelo exercício de atividades insalubres, perigosas ou penosas;

V – adicional pela prestação de serviços extraordinário;

VI – adicional noturno;

VII – adicional de férias;

VIII – outros, relativos ao local ou à natureza do trabalho.

Subsecção I
Gratificação pelo Exercício de Função de Direção Chefia ou Assessoramento

Art. 67. Ao servidor investido em função de direção, chefia ou assessoramento é devida uma gratificação pelo seu exercício.

§ 1º Os percentuais de gratificação serão estabelecidos em Lei, em ordem decrescente, respeitado, em qualquer hipótese, o teto remuneratório incidente.

§ 2º A gratificação prevista neste artigo incorpora-se à remuneração do servidor e integra e provento da aposentadoria, na proporção de 1/5 (um quinto) por ano de exercício na função de direção, chefia ou assessoramento, até o limite, superior de 05 (cinco) quintos.

§ 3º Quando mais de uma função houver sido desempenhada no período de 01 (um) ano, a importância a ser incorporada terá como base de cálculo a função exercida por maior tempo.

§ 4º Ocorrendo o exercício de função de nível mais elevado, por período de 12 (doze) meses, após a incorporação da fração de 5/5 (cinco quintos), poderá haver a atualização progressiva das parcelas já incorporadas, observado o disposto no parágrafo anterior.

§ 5º Lei específica estabelecerá a remuneração dos cargos de provimento em comissão.

Subsecção II
Da Gratificação Natalina

Art. 68. A gratificação natalina corresponde a 1/12 (um doze avos) da remuneração a que o servidor fizer jus no mês de dezembro, por mês de exercício no respectivo ano.

Parágrafo único. A fração igual ou superior a 15 (quinze) dias será considerada como mês integral.

Art. 69. A gratificação será paga até o dia 20 (vinte) do mês de dezembro de cada ano.

Art. 70. O servidor exonerado perceberá sua gratificação natalina, proporcionalmente aos meses de exercícios, calculada sobre a remuneração do mês da exoneração.

Art. 71. A gratificação natalina não será considerada para cálculo de qualquer vantagem pecuniária.

Subsecção III
Do Adicional por Tempo de Serviço

Art. 72. O adicional por tempo de serviço, devido ao servidor provido em cargo efetivo, será pago à razão de 5% (cinco por cento) por quinquênio de serviço público, incidentes sobre o vencimento do cargo ocupado, até o limite de 35% (trinta e cinco por cento), nele incluídos os anuênios incorporados. (Redação dada pela Lei nº 5.698, de 2.06.1995).

§ 1º Considerar-se-á integrante do vencimento, para os efeitos deste artigo, a gratificação de representação porventura auferida pelo servidor. (Redação dada pela Lei nº 5.698, de 2.06.1995).

§ 2º O servidor fará jus ao adicional a partir do mês em que completar o quinquênio, considerado como termo inicial da contagem o dia imediato ao em que haja completado o último anuênio. (Redação dada pela Lei nº 5.698, de 2.06.1995).

Subsecção IV
Dos Adicionais de Insalubridade, Periculosidade ou Atividades Penosas

Art. 73. Os servidores que trabalham com habitualidade em locais insalubres ou em contato permanente com substâncias tóxicas radioativas, biológicas ou com risco de vida fazem jus a um adicional. (Redação dada pela Lei nº 7.817, de 19.09.2016).

§ 1º O servidor que fizer jus aos adicionais de insalubridade e de periculosidade deverá optar por um deles.

§ 2º O direito ao adicional de insalubridade ou periculosidade cessa com eliminação das condições ou dos riscos que deram causa a sua concessão.

Art. 74. Haverá permanente controle da atividade de servidores em operação ou locais considerados penosos, insalubres ou perigosos.

Parágrafo único. A servidora gestante ou lactante será afastada, enquanto durar a gestação e a lactação, das operações e locais previstos neste artigo, exercendo suas atividades em local salubre e em serviço não penoso e não perigoso.

Art. 75. Na concessão dos adicionais de atividades penosas, de insalubridade e de periculosidade, serão observadas as situações estabelecidas em legislação específica.

Art. 76. O adicional de atividade penosa será devido aos servidores em exercício em localidades cujas condições e limite designados em regulamento.

Art. 77. As locais de trabalho e os servidores que operam com Raio-x ou substâncias radioativas serão mantidos sob controle permanente, de modo que as doses de radiação ionizante não ultrapassam o nível máximo previsto na legislação própria.

Parágrafo único. Os servidores a que se refere este artigo, serão submetidos a exames médicos a cada 06 (seis) meses.

Subsecção V
Do Adicional por Serviço Extraordinário

Art. 78. O serviço extraordinário será remunerado com acréscimo de 50% (cinquenta por cento) em relação á hora normal de trabalho.

Subsecção VI
Do Adicional Noturno

Art. 79. O serviço noturno prestado em horário compreendido entre 22 (vinte e duas) horas de um e 05 (cinco) horas do dia seguinte, terá o valor-hora acrescido de 50% (cinquenta por cento), correspondendo cada hora de trabalho e cinquenta e dois minutos e trinta segundos.

Subsecção VIII
Adicional de Férias

Art. 80. Independentemente de solicitação, será pago ao servidor, por ocasião das férias, um adicional correspondente a 1/3 (um terço) da remuneração do período de férias.

Parágrafo único. No caso de o servidor exercer função de direção, chefia ou assessoramento, ou ocupar cargo em comissão, a respectiva vantagem será considerada no cálculo do adicional de que trata este artigo.

CAPÍTULO III
DAS FÉRIAS

Art. 81. O servidor fará jus a 30 (trinta) dias consecutivos de férias, que podem ser acumuladas até o máximo de 02 (dois) períodos, no caso de necessidade do serviço, ressalvadas as hipóteses em que haja legislação específica.

§ 1º O primeiro período aquisitivo de férias completar-se-á ao final dos 12 (doze) primeiros meses de exercício.

§ 2º É vedado levar à conta de férias qualquer falta ao serviço.

Art. 82. O pagamento da remuneração das férias será efetuado até 02 (dois) dias antes do início do respectivo período. (Redação dada pela Lei nº 5.308, de 19.12.1991).

§ 1º (Revogado pela Lei nº 5.308, de 19.12.1991).

§ 2º (Revogado pela Lei nº 5.308, de 19.12.1991).

Art. 83. O servidor que opera direta e permanentemente com Raio x ou substâncias radioativas gozará 20 (vinte) dias consecutivos de férias, por semestre de atividade profissional, proibida em qualquer hipótese a acumulação.

Parágrafo único. O servidor referido neste artigo não fará jus ao abono pecuniário de que trata o artigo anterior.

Art. 84. As férias somente poderão ser interrompidas por motivo de calamidade pública, comoção interna, convocação para júri, serviço militar ou eleitoral ou por motivo de superior interesse público.

TÍTULO III
DOS DIREITOS E VANTAGENS

(Redação acrescentada pela Lei nº 6.043, de 2.07.1998).

CAPÍTULO IV
DAS LICENÇAS

Secção I
Disposições Gerais

Art. 85. Conceder-se-á ao servidor licença:

I – por motivo de doença em pessoa da família;

II – por motivo de afastamento do cônjuge ou companheiro;

III – para serviço militar;

IV – para atividade política;

V – para capacitação profissional; (Redação dada pela Lei nº 6.043, de 2.07.1998).

VI – para tratar de interesses particulares;

VII – para desempenho de mandato classista;

§ 1º A licença prevista no inciso I será precedida de exame por médico ou junta médica oficial.

§ 2º O servidor não poderá permanecer em licença da mesma espécie por período superior a 24 (vinte e quatro) meses, salvo nos casos dos incisos II, III, IV e VII.

§ 3º É vedado o exercício de atividades remunerada durante o período de licença prevista no inciso I deste artigo.

Art. 86. A licença concedida dentro de 60 (sessenta) dias término de outra da mesma espécie será considerada como prorrogação.

Secção II
Da Licença por Motivo de Doença em Pessoa da Família

Art. 87. Poderá ser concedida licença ao servidor por motivo de doença do cônjuge ou companheiro, padrasto ou madrasta, ascendente, descendente, enteado e colateral consanguíneo ou afim até o segundo grau civil, mediante comprovação por junto médica oficial.

§ 1º A licença somente será deferida se a assistência direta do servidor for indispensável e não puder ser prestada simultaneamente com o exercício do cargo.

§ 2º A licença será concedida sem prejuízo da remuneração do cargo efetivo, até 90 (noventa) dias, podendo ser prorrogada por até 90 (noventa) dias, mediante parecer de junta médica, e, excedendo estes prazos, sem remuneração.

Secção III
Da Licença por Motivo de Afastamento Do Cônjuge

Art. 88. Poderá ser concedida licença ao servidor para acompanhar cônjuge ou companheiro que foi deslocado para outro ponto do território nacional, para o exterior ou para o exercício de mandato eletivo dos Poderes Legislativos Estadual e Municipal, e para o Congresso Nacional.

§ 1º A licença será por prazo indeterminado e sem remuneração.

§ 2º Na hipótese do deslocamento de que trata este artigo, o servidor poderá ser cedido, provisoriamente, em repartição da Administração Federal Direta, autárquica ou fundacional, desde que para o exercício de atividade compatível com o seu cargo.

Secção IV
Da Licença para o Serviço Militar

Art. 89. Ao servidor convocado para o serviço militar será concedida licença na forma prevista na legislação específica.

Parágrafo único. Concluído o serviço militar, o servidor terá até 30 (trinta) dias sem remuneração para reassumir o exercício do cargo.

Secção V
Da Licença para Atividade Política

Art. 90. O servidor terá direito a licença, sem remuneração, durante o período que mediar entre a sua escolha em convenção partidária, como candidato a cargo eletivo, e a véspera do registro de sua candidatura perante a Justiça Eleitoral.

§ 1º O servidor candidato a cargo efetivo na localidade onde desempenha suas funções e que exerça cargo de direção, chefia, assessoramento, arrecadação ou fiscalização, será afastado, a partir do dia imediato ao do registro de sua candidatura perante a Justiça Eleitoral, assim permanecendo até o 15º (décimo quinto) dia seguinte à data da votação.

§ 2º A partir do registro da candidatura e até o 15º (décimo quinto) dia seguinte ou da eleição, o servidor fará jus a licença como se em efeito exercício estivesse.

Secção VI
Da Licença Para Capacitação Profissional

(Redação dada pela Lei nº 6.043, de 2.07.1998).

Art. 91. Após cada quinquênio de efetivo exercício, o servidor público estável poderá, no interesse da administração, afastar-se do exercício do cardo efetivo, com a respectiva remuneração, por até 03 (três) meses, para participar de curso de capacitação profissional. (Redação dada pela Lei nº 6.043, de 2.07.1998).

Parágrafo único. Os períodos de licença de que trata o caput, não são acumuláveis. (Redação dada pela Lei nº 6.043, de 2.07.1998).

Art. 92. (Revogado pela Lei nº 6.043, de 2.07.1998).

Art. 93. O número de servidores em gozo simultâneo de licença para capacitação profissional não poderá ser superior a 1/3 (um terço) da lotação da respectiva unidade administrativa do órgão ou entidade. (Redação dada pela Lei nº 6.043, de 2.07.1998).

Secção VII
Da Licença para Tratar de Interesses Particulares

Art. 94. A critério da Administração, poderá ser concedida ao servidor estável licença para o trato de assuntos particulares, pelo prazo de 02 (dois) anos consecutivos, sem remuneração.

§ 1º A licença poderá ser interrompida, a qualquer tempo, a pedido do servidor ou no interesse do serviço.

§ 2º Não se concederá nova licença antes de decorridos 02 (dois) anos do término da anterior.

§ 3º Não se concederá a licença a servidores nomeados removidos, redistribuídos ou transferidos, antes de completarem 02 (dois) anos de exercício.

Secção VIII
Da Licença para o Desempenho de Mandato Classista

Art. 95. É assegurado ao servidor o direito a licença para o desempenho de mandato em confederação, federação, associação de classe de âmbito nacional, sindicato representativo da categoria ou entidade fiscalizadora da profissão a que pertença em função do cargo ocupado, sem prejuízo de sua remuneração.

§ 1º Somente poderão ser licenciados servidores eleitos para cargos de direção ou representação nas referidas entidades, até o máximo de 03 (três), por entidade.

§ 2º A licença terá duração igual á do mandato, podendo ser prorrogada no caso de reeleição.

CAPÍTULO V
DOS AFASTAMENTOS

Secção I
Da Cessão

Art. 96. O servidor poderá ser cedido para ter exercício em outro órgão ou entidade dos Poderes da União, dos Estados ou do Distrito Federal e dos Municípios, nas seguintes hipóteses: (Redação dada pela Lei nº 5.700, de 16.06.1995).

I – para exercício de cargo em comissão ou função de confiança; (Redação dada pela Lei nº 5.700, de 16.06.1995).

II – em casos previstos em leis especificas; (Redação dada pela Lei nº 5.700, de 16.06.1995).

§ 1º Na hipótese do inciso I, o ônus da remuneração será do órgão ou entidade cessionária. (Redação dada pela Lei nº 5.700, de 16.06.1995).

§ 2º No caso de o servidor cedido a empresa pública ou sociedade de economia mista, nos termos das respectivas normas, optar pela remuneração do cargo efetivo, a entidade cessionária efetuará o reembolso das despesas realizadas pelo órgão ou entidade de origem. (Redação dada pela Lei nº 5.700, de 16.06.1995).

§ 3º A cessão far-se-á mediante portaria publicada no Diário Oficial do Estado. (Redação dada pela Lei nº 5.700, de 16.06.1995).

§ 4º O servidor do Poder Executivo poderá ter exercício em outro órgão ou entidade dos Poderes da União, do Estados, do Distrito Federal e dos Municípios, ou em órgão da Administração centralizada, ou em entidade autárquica ou fundacional pública do Poder Executivo Estadual, para fim determinado e por prazo certo, mediante autorização expressa do Governador do Estado. (Redação dada pela Lei nº 5.700, de 16.06.1995).

§ 5º Dar-se-á a cessão, ainda, mediante convênio com entidade privada sem fins lucrativos, de objetivos culturais, educativos, assistenciais ou filantrópicos, desde que para o desenvolvimento de ações de interesse comum à cessionária e ao Estado de Alagoas. (Redação acrescentada pela Lei nº 5.700, de 16.06.1995).

Secção II
Do Afastamento para Exercício de Mandato Eletivo

Art. 97. Ao servidor investido em mandato eletivo aplicam-se as seguintes disposições:

I – tratando-se de mandato federal, estadual ou distrital, ficará afastado do cargo;

II – investido no mandato de Prefeito, será afastado do cargo, sendo-lhe facultado optar pela sua remuneração;

III – investido no mandato de vereador:

a) havendo compatibilidade de horário, perceberá as vantagens de seu cargo, sem prejuízo da remuneração do cargo eletivo;

b) não havendo compatibilidade de horário será afastado do cargo, sendo-lhe facultado optar pela sua remuneração.

§ 1º No caso de afastamento do cargo, o servidor contribuirá para a seguridade social como se em exercício estivesse.

§ 2º O servidor investido em mandato eletivo ou classista não poderá ser removido ou redistribuído de oficio para localidade diversa daquela onde exerce o mandato.

Secção III
Do Afastamento para Estudo ou Missão no Exterior.

Art. 98. O servidor não poderá ausentar-se do País para estudo ou missão, em caráter oficial, sem autorização do Chefe do Poder a esteja vinculado, e seu afastamento dar-se-á sem prejuízo de sua remuneração.

§ 1º A ausência não excederá a 04 (quatro) anos, e finda a missão ou estudo, somente decorrido igual a período será permitida nova ausência.

§ 2º Ao servidor beneficiado pelo disposto neste artigo não será concedida exoneração ou licença para tratar de interesse particular, antes de decorrido período igual ao do afastamento, ressalvada a hipótese de ressarcimento da despesa com seu afastamento.

CAPÍTULO VI
DAS CONCESSÕES

Art. 99. Poderá o servidor ausentar-se do servidor, sem prejuízo da remuneração:

I – por 01 (um) dia, a cada mês, para doação de sangue;

II – por 02 (dois) dias, para se alistar como eleitor;

III – por 08 (oito) dias consecutivos em razão de:

a) casamento;

b) falecimento do cônjuge, companheiro, pais, madrasta ou padrasto, filhos, enteados, menor sob guarda ou tutela de irmãos.

Art. 100. Será concedido horário especial ao servidor estudante, quando comprovada a incompatibilidade entre o horário escolar e o da repartição sem prejuízo do exercício do cargo.

Parágrafo único. Para efeito do disposto neste artigo, será exigida a compensação de horário na repartição, respeitada a duração semanal do trabalho.

Art. 101. Ao servidor estudante que mudar de sede no interesse da administração é assegurada, na localidade da nova residência ou na mais próxima, matricula em instituição de ensino congênere, em qualquer época, independentemente de vaga, desde que permaneça no território estadual.

Parágrafo único. O disposto neste artigo estende-se ao cônjuge ou companheiro, aos filhos, ou enteados do servidor que vivam na sua companhia, bem como aos menores sob sua guarda com autorização judicial.

CAPÍTULO VII
DO TEMPO DE SERVIÇO

Art. 102. É contado para todos os efeitos o tempo de serviço público estadual.

Art. 103. A apuração do tempo de serviço será feita em dias, que serão convertidos em anos, considerado o ano como de 365 (trezentos e sessenta e cinco) dias.

Parágrafo único. Feita a conversão, os dias restantes até 182 (cento e oitenta e dois), não serão computados, arredonda-se para um ano quando excederem este número, para efeito de aposentadoria.

Art. 104. Além das ausências ao serviço previstas no art. 100, são considerados como de efetivo exercício os afastamentos em virtude de:

I - férias

II - exercício de cargo em comissão ou equivalente, em órgão ou entidade dos Poderes da União, dos Estados Municípios e Distrito Federal;

III - exercício de cargo ou função de governo ou administração, em qualquer parte do território nacional, por nomeação do Presidente da República, Governador e Prefeito;

IV - participação em programa de treinamento regularmente instituído;

V - desempenho de mandato eletivo federal, estadual, municipal, exceto para promoção por merecimento;

VI - júri e outros serviços obrigatórios por lei;

VII - missão ou estudo no exterior, quando autorizado o afastamento;

VIII – licenças:

a) à gestante, à adotante e à paternidade;

b) para tratamento da própria saúde, até 02 (dois) anos;

c) para o desempenho de mandato classista, exceto para efeito de promoção por merecimento;

d) por motivo de acidente em serviço ou doença profissional;

e) prêmio por assiduidade;

f) por convocação para o serviço militar;

IX – deslocamento para a nova sede;

X – participação em competição desportiva nacional ou convocação para integrar representação desportiva nacional, no país ou no exterior, conforme disposto em lei especifica.

Art. 105. Contar-se-á apenas para efeito de aposentadoria:

I – o tempo de serviço prestado a União, aos Estados, Municípios e Distrito Federal;

II – a licença para tratamento de saúde de pessoa da família do servidor, com remuneração;

III – a licença para atividade política, no caso do art. 90, § 2º;

IV – o tempo correspondente ao desempenho de mandato eletivo federal, estadual, anterior ao ingresso no serviço público estadual;

V – o tempo de serviço em atividade privada;

VI – o tempo de serviço relativo a Tiro de Guerra.

§ 1º O tempo em que o servidor esteve aposentado será contado apenas para nova aposentadoria.

§ 2º Será contado em dobro o tempo de serviço prestado às Forças Armados em operação de guerra;

§ 3º É vedada a contagem cumulativa de tempo de serviço prestado concomitantemente em mais de um cargo ou função de órgão ou entidade dos Poderes da União, Estados, Distrito Federal e Municípios, Autarquias, Fundação Pública, Sociedade de Economia Mista e Empresa Pública.

§ 4º (VETADO).

CAPÍTULO VIII
DO DIREITO DE PETIÇÃO

Art. 106. É assegurado ao servidor o direito de requerer aos poderes públicos, em defesa de direito ou interesse legítimo.

Art. 107. O requerimento será dirigido à autoridade competente para decidi-lo e encaminhado por intermédio daquela a que estiver imediatamente subordinado o requerente.

Art. 108. Cabe pedido de reconsideração à autoridade que houver expedido o ato ou proferido a primeira decisão, não podendo ser renovado.

Parágrafo único. O requerimento e o pedido de reconsideração de que tratam os artigos anteriores deverão ser despachados no prazo de 05 (cinco) dias e decididos dentro de 30 (trinta) dias.

Art. 109. Caberá recursos:

I – do indeferimento do pedido de reconsideração;

II – das decisões sobre os recursos sucessivamente interpostos.

§ 1º O recurso será dirigido à autoridade imediatamente superior à que tiver expedido o ato ou proferido a decisão e, sucessivamente, em escala ascendente, às demais autoridades.

§ 2º O recurso será encaminhado por intermédio da autoridade a que estiver imediatamente subordinado o requerente.

Art. 110. O prazo para interposição de pedido de reconsideração ou de recurso é de 30 (trinta) dias, a contar da publicação ou da ciência, pelo interessado, da decisão recorrida.

Art. 111. O recurso poderá ser recebido com efeito suspensivo, a juízo da autoridade competente.

Parágrafo único. Em caso de provimento do pedido de reconsideração ou do recurso, os efeitos da decisão retroagirão à data do ato impugnado.

Art. 112. O direito de requerer prescreve:

I – em 05 (cinco) anos, quanto aos atos de demissão e de cassação de aposentadoria ou disponibilidade, ou que afetem interesse patrimonial e créditos resultantes das relações de trabalho;

II – em 120 (cento e vinte) dias, nos demais casos, salvo quando outro prazo for fixado em lei.

Parágrafo único. O prazo de prescrição será contado da data da publicação do ato impugnado ou da data da ciência pelo interessado, quanto o ato não for publicado.

Art. 113. O pedido de reconsideração e o recurso, quando cabíveis, interrompem a prescrição.

Art. 114. A prescrição é de ordem pública, não podendo ser relevada pela administração.

Art. 115. Para o exercício do direito de petição é assegurada vista do processo ou documento, na repartição, ao servidor ou a procurador por ele constituído.

Art. 116. A administração deverá rever seus atos, a qualquer tempo, quando eivados de ilegalidade, revogando-os quando inoportunos ou inconvenientes ao interesse público.

Art. 117. São fatais e improrrogáveis os prazos estabelecidos neste capítulo, salvo motivo de força maior.

TÍTULO IV
DO REGIME DISCIPLINAR

CAPÍTULO I
DOS DEVERES

Art. 118. São deveres do servidor:

I – exercer com zelo e dedicação as atribuições do cargo;

II – ser leal às instituições a que servir;

III – observar as normas legais e regulamentares;

IV – cumprir as ordens superiores, exceto quando manifestamente ilegais;

V – atender com presteza:

a) ao público em geral, prestando as informações requeridas, reservada as protegidas pelo sigilo;

b) à expedição de certidões requeridas para defesa de direito ou esclarecimento de situações de interesse pessoal;

c) às requisições para a defesa da Fazenda Pública.

VI – levar ao conhecimento da autoridade superior as irregularidades de que tiver ciência em razão do cargo.

VII – zelar pela economia do material e a conservação do patrimônio público;

VIII – guardar sigilo sobre assunto da repartição;

IX – manter conduta compatível com a moralidade administrativa;

X – ser assíduo e pontual ao serviço;

XI – tratar com urbanidade as pessoas;

XII – representar contra ilegalidade, omissão ou abuso do poder.

Parágrafo único. A representação de que trata o inciso XII será encaminhada pela via hierárquica e apreciada pela autoridade superior aquela contra a qual é formulada, assegurando-se ao representado ampla defesa.

CAPÍTULO II
DAS PROIBIÇÕES

Art. 119. Ao servidor é proibido:

I – ausentar-se do serviço durante o expediente, sem prévia autorização do Chefe imediato.

II – retirar, sem prévia anuência da autoridade competente, qualquer documento ou objeto da repartição;

III – recusar fé a documentos públicos;

IV – opor resistência injustificada ao andamento de documento e processo ou execução de serviço;

V – promover manifestação de apreço ou desapreço no recinto da repartição;

VI – cometer a pessoa estranha à repartição, fora dos casos previstos em lei, o desempenho de atribuições que seja de sua responsabilidade ou de seu subordinado;

VII – coagir ou aliciar subordinados no sentindo de filiarem-se a associação profissional ou sindical, ou a partido político;

VIII – valer-se do cargo para lograr proveito pessoal ou de outrem em detrimento da dignidade da função pública;

IX – participar de gerência ou administração de empresa privada, de sociedade civil, ou exercer o comércio, exceto na qualidade de acionista cotista ou comanditário;

X – atuar, como procurador ou intermediário, junto a repartições públicas, salvo quando se tratar de benefícios previdenciários ou assistenciais de parentes até o segundo grau e de cônjuge ou companheiro;

XI – receber propina, comissão, presente ou vantagem de qualquer espécie, em razão de sãs atribuições;

XII – aceitar comissão, emprego ou pensão de estado estrangeiro;

XIII – praticar usura sob qualquer de suas formas;

XIV – proceder de forma desidiosa;

XV – utilizar pessoal ou recursos materiais da repartição em serviço ou atividades particulares;

XVI – cometer a outro servidor atribuições estranhas ao cargo que ocupa, exceto em situações de emergência e transitórias;

XVII – exercer quaisquer atividades que sejam incompatíveis com o exercício do cargo ou função e com o horário de trabalho;

XVIII – desempenhar atribuições diversas daquela do cargo permanente ocupado, salvo na hipótese de investidura em cargo de provimento em comissão;

XIX – violar prerrogativas e direitos dos advogados no exercício de sua função. (Redação acrescentada pela Lei nº 8.391, de 10.03.2021).

CAPÍTULO III
DA ACUMULAÇÃO

Art. 120. Ressalvados os casos previstos na Constituição, é vedada a acumulação remunerada de cargos públicos.

§ 1º A proibição de acumular estende-se a cargos, empregos e funções em autarquias, empresas públicas e sociedades de economia mista da União, do Distrito Federal, dos Estados, dos Territórios e dos Municípios.

§ 2º A acumulação de cargos, ainda que lícita, fica condicionada a comprovação da compatibilidade de horários.

§ 3º Considera-se acumulação proibida a percepção de vencimento de cargo ou emprego público efetivo com proventos da inatividade, salvo quando os cargos de que decorram essas remunerações forem acumuláveis na atividade na atividade. (Redação acrescentada pela Lei nº 6.003, de 13.04.1998).

Art. 121. O servidor não poderá exercer mais de 01 (um) cargo de provimento em comissão, nem ser remunerado pela participação em mais de 01 (um) órgão de deliberação coletiva. (Redação dada pela Lei nº 5.308, de 19.12.1991).

Art. 122. O servidor vinculado ao regime desta Lei, que acumular licitamente 02 (dois) cargos efetivos, ficará afastado de ambos os cargos efetivos, quando investido em cargo de provimento em comissão.

CAPÍTULO IV
DAS RESPONSABILIDADES

Art. 123. O servidor responde civil, penal e administrativamente pelo exercício irregular de suas atribuições.

Art. 124. A responsabilidade civil decorre de ato omisso ou comissivo, doloso ou culposo, que resulta em prejuízo ao erário ou a terceiros.

§ 1º A indenização de prejuízo dolosamente causado ao erário somente liquidada na forma prevista no art. 51, na falta de outros bens que assegurem a execução do débito pela via judicial.

§ 2º Tratando-se de danos causados a terceiros, responderá o servidor perante à Fazenda Pública, em ação regressiva.

§ 3º A obrigação de reparar o dano estende-se aos sucessores e contra eles será executada, até o limite do valor da herança recebida.

Art. 125. A responsabilidade penal abrange os crimes e contravenções imputadas ao servidor, nessa qualidade.

Art. 126. A responsabilidade civil administrativa resulta de ato omissivo ou comissivo praticado no desempenho do cargo ou função.

Art. 127. As Sanções civis, penais e administrativas poderão cumular-se, sendo independentes entre si.

Art. 128. A responsabilidade administrativa do servidor será afastada no caso de absolvição criminal que negue a existência do fato ou sua autoria.

Art. 129. São penalidades disciplinares:

I - advertência;

II - suspensão;

III - demissão;

IV - cassação de aposentadoria ou disponibilidade;

V - destituição de função comissionada.

Art. 130. Na aplicação das penalidades serão consideradas a natureza e a gravidade da infração cometida, os danos que dela provierem para o serviço público, as circunstâncias agravantes ou atenuantes e os antecedentes funcionais.

Art. 131. A advertência será aplicada por escrito, nos casos de violação de proibição constante do art. 119, inciso I a VIII e XIX, e de inobservância de dever funcional previsto em lei, regulamentação ou norma interna, que não justifique imposição de penalidade mais grave. (Redação dada pela Lei nº 8.391, de 10.03.2021).

Art. 132. A suspensão será aplicada em caso de reincidência nas faltas punidas com advertência e de violação das demais proibições que não tipifiquem infração sujeita a penalidade de demissão, não podendo exceder de 90 (noventa) dias.

§ 1º Será punido com suspensão de até 15 (quinze) dias o servidor que, injustificadamente, recusar-se a ser submetido a inspeção médica pela autoridade competente, cessando os efeitos da penalidade uma vez cumprida a determinação.

§ 2º Quando houver conveniência para o serviço, a penalidade de suspensão poderá ser convertida em multa, na base de 50% (cinquenta por cento) por dia de vencimento ou remuneração, ficando o servidor obrigado a permanecer em serviço.

Art. 133. As penalidades de advertência e de suspensão terão seus registros cancelados, após o decurso de 03 (três) e 05 (cinco) anos de efetivo exercício, respectivamente, se o servidor não houver, nesse período, praticado nova infração disciplinar.

Parágrafo único. O cancelamento da penalidade não surtirá efeitos retroativos.

Art. 134. A demissão será aplicada nos seguintes casos:

I – crime contra a administração pública;

II – abandono de cargo;

III – inassiduidade habitual;

IV – improbidade administrativa;

V – incontinência pública e conduta escandalosa na repartição;

VI – insubordinação grave em serviço;

VII – ofensa física, em serviço, a servidor ou a particular, salvo em legitima defesa própria ou de outrem;

VIII – aplicação irregular de dinheiros públicos;

IX – revelação de segredo do qual se tomou ciência em razão do cargo;

X – lesão aos cofres públicos e dilapidação do patrimônio estadual;

XI – corrupção;

XII – acumulação ilegal de cargos, empregos ou funções públicas;

XIII – transgressão dos incisos VIII a XV do art. 119.

Art. 135. Verificada em processo disciplinar acumulação proibida e provada a boa- fé, o servidor optará por um dos cargos.

§ 1º Provada a má-fé, perderá também o cargo que exercia há mais tempo e restituirá o que tiver percebido indevidamente.

§ 2º Na hipótese do parágrafo anterior, sendo um dos cargos, emprego ou função exercido em outro órgão ou entidade, a demissão lhe será comunicada.

Art. 136. Será cassada a aposentadoria ou a disponibilidade do inativo que houver praticado, na atividade, falta punível com a demissão.

Art. 137. A destituição de cargo em comissão exercido por não ocupante de cargo efetivo será aplicada nos casos de infração sujeita ás penalidades de suspensão e de demissão.

Parágrafo único. Constatada a hipótese de que trata este artigo, a exoneração efetuada nos termos do art. 42 será convertida em destituição de cargo em comissão.

Art. 138. A demissão ou a destituição de cargo em comissão, nos casos dos incisos IV, VIII, X e XI do art. 134, implica a indisponibilidade dos bens e o ressarcimento ao erário, sem prejuízo da ação penal cabível.

Art. 139. A demissão ou a destituição de cargo em comissão por infringência do art. 119, inciso VIII e X, incompatibiliza o ex-servidor para nova investidura em cargo público estadual, pelo prazo de 05 (cinco) anos.

Parágrafo único. Não poderá retornar ao serviço público estadual o servidor que for demitido ou destituído do cargo em comissão por infringência ao art. 134, inciso I, IV, VIII, X e XI.

Art. 140. Configura abandono de cargos a ausência internacional do servir ao serviço por mais de 15 (quinze) dias consecutivos. (Redação dada pela Lei nº 5.878, de 22.11.1994).

Art. 141. Entende-se por inassiduidade habitual a falta ao serviço sem causa justificada, por 30 (trinta) dias, interpoladamente, durante o período de 12 (doze) meses. (Redação dada pela Lei nº 5.878, de 22.11.1994).

Art. 142. O ato de imposição de penalidade mencionará sempre o fundamento legal e a causa da sanção disciplinar.

Art. 143. As penalidades disciplinares serão aplicadas:

I – pela autoridade competente para proceder o provimento do cargo ocupado, ou que tiver concedido a aposentadoria ou ordenado a disponibilidade;

II – pelas autoridades administrativas de hierarquia imediatamente inferior àquela mencionadas no inciso anterior, quando se tratar de suspensão superior a 30 (trinta) dias;

III – pelo chefe de repartição de outras autoridades na forma dos respectivos regimentos ou regulamentos, nos casos de advertência ou de suspensão de até 30 (trinta) dias.

Art. 144. A ação disciplinar prescreverá:

I – em 05 (cinco) anos, quanto às infrações puníveis com demissão, cassação de aposentadoria ou disponibilidade de destituição de cargo em comissão;

II – em 02 (dois) anos, quanto à suspensão;

III – em 180 (cento e oitenta) dias, quanto à advertência.

§ 1º O prazo de prescrição começa a correr da data em que o fato se tomou conhecimento.

§ 2º Os prazos de prescrição previstos na lei penal aplicam-se a infrações disciplinares capituladas também como crime.

§ 3º A abertura de sindicância ou a instauração de processo disciplinar interrompe a prescrição, até a decisão final proferida por autoridades competente.

§ 4º Interrompido o curso da prescrição, o prazo começará a correr a partir do dia em que cessar a interrupção.

TÍTULO V
DA AÇÃO DISCIPLINAR

Art. 145. A autoridade que tiver ciência de irregularidade no serviço público é obrigada a promover a sua apuração imediata, mediante sindicância ou processo administrativo disciplinar, assegurada ao acusado ampla defesa.

Art. 146. As denúncias sobre irregularidades serão objeto de apuração, desde que contenham a identificação do denunciante e sejam formuladas por escrito ou ainda reduzidas a termo, se oferecidas verbalmente.

Parágrafo único. No caso de redução a termo, deverá este ser firmado pelo representante e pela autoridade perante a qual for a representação oferecida.

Art. 147. Quando o fato narrado não configurar a evidente infração disciplinar ou ilícito penal, a denúncia será arquivada por falta de objeto.

Art. 148. Nos casos passíveis de aplicação das penas de advertência, censura ou suspensão, quando confessada a falta, documentalmente provada ou manifestamente evidente, a infringência da sanção, a critério da autoridade competente, independerá de prévia sindicância ou inquérito administrativo.

Art. 149. Tratando-se de irregularidade punível com suspensão por mais de 30 (trinta) dias, demissão, destituição de função ou cassação de aposentadoria e disponibilidade, dispensar-se-á a cautela da investigação sindicante como medida preliminar ao processo administrativo disciplinar, sempre que não pairar qualquer dúvida sobre a identidade do infrator.

Secção II
Da Sindicância Administrativa

Art. 150. Será procedida a instauração de sindicância administrativa, na esfera do serviço público estadual, sempre que, havendo noticia de ato ou fato que represente irregularidade de certa ou ponderável gravidade, inexista certeza ou forte probabilidade de sua ocorrência ou não haja segurança quanto à autoria.

Parágrafo único. A sindicância poderá ser realizada em caráter sigiloso, a critério da autoridade que determinar sua abertura.

Art. 151. É competente para determinar a abertura de sindicância administrativa, sem prejuízo da faculdade que para tal fica aos seus superiores hierárquicos conferida, o Chefe do estabelecimento de ensino ou órgão onde a irregularidade se registrar.

Art. 152. Do ato determinativo da instauração da sindicância, constará a designação dos membros da competente comissão, nunca inferior a 03 (três), bem assim do respectivo presidente, além da descrição sucinta do fato a ser apurado.

Parágrafo único. Tratando-se de sindicância sigilosa, fica dispensada a publicação da portaria que a determinar.

Art. 153. Na realização da sindicância observar-se-á o seguinte procedimento:

I – instalação da comissão;

II– inquirição do autor da representação, havendo, e das testemunhas do fato;

III – exame dos documentos que possam esclarecer a informação;

IV - ouvida do indicado;

V – assinação de prazo de 05 (cinco) dias, ao indiciado para arrolar testemunhas e apresentar prova documental;

VI – oferecimento de relatório circunstanciado e conclusivo à autoridade responsável pela instauração da sindicância.

Art. 154. Instaurada a sindicância e indiciado o servidor chamado a acompanhar o procedimento, mediante notificação pessoal.

§ 1º Estando o indiciado em lugar incerto e não sabido, a convocação será feita pelo Diário Oficial do Estado.

§ 2º Não atendida a convocação, a comissão designar-lhe-á defensor.

Art. 155. Em qualquer fase da sindicância poderá o colegiado apurador, havendo necessidade, promover as diligências e pericias indispensáveis à elucidação da ocorrência.

Parágrafo único. É admitida a arguição de suspeição, inclusive de peritos, mediante petição fundamentada do indiciado.

Art. 156. A sindicância será concluída em 30 (trinta) dias improrrogáveis.

Art. 157. Da sindicância poderá resultar:

I – arquivamento do processo;

II – aplicação de penalidade e advertência, ou a suspensão até 30 (trinta) dias;

III – instauração de processo disciplinar.

CAPÍTULO III
DO PROCESSO DISCIPLINAR

Art. 158. O processo disciplinar é o instrumento destinado a apurar responsabilidade de servidor por infração praticada no exercício de sua atribuições, ou que tenha relação com as atribuições do cargo em que se encontre investido.

Art. 159. O processo disciplinar será conduzido por comissão composta de 03 (três) servidores estáveis, designados pela autoridade competente, que indicará, dentre eles, o seu presidente.

§ 1º A comissão terá como secretário servidor designado por seu presidente, podendo a indicação recair em um de seus membros.

§ 2º Não poderá participar da comissão de sindicância ou de inquérito cônjuge ou companheiro do denunciado ou parente consanguíneo ou afim, em linha reta ou colateral, até o terceiro grau.

Art. 160. A comissão exercerá suas atividades com independência e imparcialidade, assegurando o sigilo necessário à elucidação do fato ou exigido pelo interesse da administração.

Art. 161. O processo disciplinar compreenderá as fases a saber:

I – instauração, com publicação do ato que constituir a comissão;

II – inquérito administrativo, que compreende instrução, defesa e relatório final e conclusivo;

III – julgamento.

Art. 162. O prazo para a conclusão do processo administrativo disciplinar não excederá 60 (sessenta) dias, contados da data da publicação do ato da instalação do trabalho da comissão, admitida a sua prorrogação por igual prazo, quando as circunstancias o exigirem.

§ 1º Sempre que necessário a comissão dedicará tempo integral aos seus trabalhos, ficando seus membros dispensados do ponto, até a entrega do relatório final.

§ 2º As reuniões da comissão serão registradas em atas que deverão detalhar todos os fatos ocorridos e deliberações adotadas.

Secção I
Do Inquérito

Art. 163. O inquérito administrativo obedecerá ao principio do contraditório, assegurada ao acusado ampla defesa, com a utilização dos meios e recursos admitidos em direito.

Art. 164. Os autos da sindicância integração o processo disciplinar, como peça informativa da instrução.

Parágrafo único. Na hipótese de o relatório da sindicância concluir que a infração está capitulada como ilícito penal, a autoridade competente encaminhará cópias dos autos ao Ministério Público, independentemente da imediata instauração do processo disciplinar.

Art. 165. Na fase do inquérito a comissão promoverá a tomada de depoimentos e promoverá acareações, investigações e diligências cabíveis, a técnico e peritos, de modo a permitir a completa elucidação dos fatos.

Art. 166. É assegurado ao servidor o direito de acompanhar o processo pessoalmente ou por intermédio de procurador, arrolar e reinquirir testemunhas, produzir provas e contraprovas e ainda formular quesitos, quando se tratar de prova pericial.

§ 1º O presidente da comissão poderá denegar pedidos considerados impertinentes, meramente protelatórios, ou de nenhum interesse para o esclarecimento dos fatos.

§ 2º Será indeferido o pedido de prova pericial, quando a comprovação do fato independer de conhecimento especial de perito.

Art. 167. As testemunhas serão intimadas a depor mediante mandato expedido pelo presidente da comissão, devendo a segunda via com o ciente do interessado, ser anexado aos autos.

Parágrafo único. Se a testemunha for servidor público, a expedição do mandato será imediatamente comunicada ao chefe da repartição onde serve, com a indicação do dia e hora marcados para inquirição.

Art. 168. O depoimento será prestado oralmente e reduzido a termo, não sendo lícito à testemunha trazê-lo por escrito.

§ 1º As testemunhas serão inquiridas separadamente.

§ 2º Na hipótese de depoimentos contraditórios ou que se infirmem, proceder-se-á a acareação entre os depoentes.

Art. 169. Concluída a inquirição das testemunhas, a comissão promoverá o interrogatório do acusado, o observados os procedimentos previstos nos art. 167 e 168.

§ 1º No caso de mais de um acusado, cada um deles será ouvido separadamente, e, sempre que divergirem em suas declarações sobre fatos ou circunstâncias, será promovida a acareação entre eles.

§ 2º O procurador do acusado poderá assistir ao interrogatório, bem como à inquirição das testemunhas, facultando-se-lhe as reinquiri-las, por intermédio do presidente da comissão, sendo-lhe vedada, porém, interferência nas perguntas e respostas.

Art. 170. Quando houver dúvida sobre a sanidade mental do acusado a comissão proporá à autoridade competente que ele seja submetido a exame por junta médica oficial, da qual participe pelo menos um médico psiquiatra.

Parágrafo único. O incidente de sanidade mental será processado em auto apartado e apenso ao processo principal, após a expedição do laudo pericial.

Art. 171. O servidor será indiciado com a especificação dos fatos a ele imputados e das respectivas provas, bem como indicação do ilícito por que indiciado.

§ 1º instaurado o processo, o indiciado será citado por mandato expedido pelo presidente da comissão, para apresentar defesa escrita no prazo de 10 (dez) dias, assegurando- se-lhe vista do processo da repartição.

§ 2º Havendo dois ou mais indiciados, o prazo será de 20 (vinte) dias.

§ 3º O prazo de defesa poderá ser prorrogado pelo dobro, para diligências reputadas indispensáveis.

§ 4º No caso de recusa do indiciado em apor o ciente na cópia da citação, o prazo para defesa contar-se-á da data declarada, em termo próprio, pelo membro da comissão que fez a citação, com a assinatura de 02 (duas) testemunhas.

Art. 172. O indiciado que mudar de residência fica obrigado a comunicar à comissão o lugar onde poderá ser encontrado.

Art. 173. Achando-se o indiciado em lugar incerto e não sabido, será citado por edital, publicado no Diário Oficial do Estado, e em jornal de grande circulação na localidade do último domicílio conhecido, para apresentar defesa.

Parágrafo único. Na hipótese deste artigo, o prazo para defesa será de 15 (quinze) dias, a partir da última publicação do edital.

Art. 174. Considerar-se-á revel o indiciado que, regularmente citado, não apresentar defesa no prazo legal.

§ 1º A revelia será declarada, por termo, nos autos de processo e devolverá o prazo para a defesa.

§ 2º A autoridade instauradora do processo designará como defensor dativo, sendo ocupante de cargo de nível igual ou superior ao do indiciado.

Art. 175. Apreciada a defesa, a comissão elaborará relatório minucioso, onde resumirá as peças principais dos autos e mencionará as provas em que se baseou para formar a sua convicção.

§ 1º O relatório será sempre conclusivo quanto à inocência ou à responsabilidade do servidor.

§ 2º Reconhecida a responsabilidade do servidor, a comissão indicará o dispositivo legal ou regulamentar transgredido, bem como as circunstancias agravantes ou atenuantes.

Art. 176. O processo disciplinar, com o relatório final da comissão, será remetido à autoridade que determinou a sua instauração, para julgamento.

Secção II
Do Julgamento

Art. 177. O julgamento será procedido pela autoridade que determinou a instauração do processo, dentro do prazo de 20 (vinte) dias, contados do recebimento dos autos com o relatório final da comissão processante.

§ 1º Se a penalidade a ser aplicada exceder a alçada da autoridade instauradora do processo, será este encaminhado à autoridade competente, que decidirá em igual prazo.

§ 2º Havendo mais de um indiciado e diversidade de sanções, o julgamento caberá à autoridade competente para a imposição de pena mais grave.

§ 3º Se a penalidade prevista for a demissão ou cassação, de aposentadoria ou disponibilidade, o Julgamento caberá às autoridades de que trata o inciso I do art. 143.

Art. 178. O julgamento louvar-se-á no relatório da comissão, salvo quando contrário ás provas dos autos.

Parágrafo único. Quando o relatório da comissão contrariar as provas dos autos, a autoridade julgadora poderá, motivadamente, agravar a penalidade proposta, abrandá-la ou isentar o servidor de responsabilidade.

Art. 179. Verificada a existência de vício insanável, a autoridade julgadora declarará a nulidade ocorrente e ordenará a reconstituição total ou parcial do processo, conforme o caso.

§ 1º Na hipótese de invalidez total, a reconstituição será procedida por nova comissão processante.

§ 2º O julgamento fora do prazo legal não implica nulidade do processo.

§ 3º A autoridade julgadora que der causa à prescrição de que trata o art. 144, § 2º, será responsabilizada na forma do Capítulo IV do Título IV.

Art. 180. Extinta a punibilidade pela prescrição, a autoridade julgadora determinará o registro do fato nos assentamentos individuais do servidor.

Art. 181. Quando a infração estiver capitulada como crime, o processo disciplinar será remetido ao Ministério Público, para instauração da ação penal, ficando transladado na repartição.

Art. 182. O servidor que responder a processo disciplinar só poderá ser exonerado a pedido, ou aposentado voluntariamente, após a conclusão do processo e cumprimento da penalidade, caso aplicada, sem o que será a exoneração convertida em demissão.

Art. 183. Serão assegurados transporte e diárias:

I – ao servidor convocado para prestar depoimento fora da sede de sua repartição, na condição de testemunha, denunciado ou indiciado;

II – aos membros da comissão e ao secretário, quando obrigados a se deslocarem da sede dos trabalhos para a realização de missão essencial ao esclarecimento dos fatos.

Secção III
Da Revisão do Processo

Art. 184. O processo disciplinar poderá ser revisto, a qualquer tempo, a pedido ou de ofício, quando se aduzirem fatos novos ou circunstancias suscetíveis de justificar a inocência do punido ou inadequação da penalidade aplicada.

§ 1º Em caso de falecimento, ausência ou desaparecimento do servidor, qualquer pessoa da família poderá requerer a revisão do processo.

§ 2º Na petição inicial, o requerente pedirá dia e hora para a produção de provas e inquirição das testemunhas que arrolar.

§ 3º No caso de incapacidade mental do servidor a revisão será requerida por seu curador.

Art. 185. No processo revisional o ônus da prova cabe ao requerente.

Art. 186. A simples alegação de injustiça da penalidade não constitui fundamento para revisão.

Art. 187. O requerimento da revisão do processo será dirigido ao Secretário de Estado ou autoridade equivalente e apenas será conhecido quando compreender a indicação de elementos não apreciados no feito original e suscetíveis de determinar a reforma da decisão atacada.

§ 1º Autorizada a revisão, será o pedido encaminhado ao dirigente do órgão ou entidade onde se originou o processo disciplinar.

§ 2º Deferida a petição, a autoridade competente providenciará a constituição de comissão, na forma do art. 159.

Art. 188. A revisão correrá em apenso ao processo originário.

Art. 189. A comissão revisora terá 60 (sessenta) dias para a conclusão dos trabalhos.

Art. 190. Aplicam-se aos trabalhos da comissão revisora no que couber, as normas e procedimentos próprios da comissão do processo disciplinar.

Art. 191. O julgamento caberá à autoridade que aplicou a penalidade.

Parágrafo único. O prazo para julgamento será de 20 (vinte) dias, contados do recebimento do processo, no curso do qual a autoridade julgadora poderá determinar diligências.

Art. 192. Julgada procedente a revisão, será declarada sem efeito a penalidade aplicada, restabelecendo-se todos os direitos do servidor, exceto em relação à destituição de cargo em comissão, que será convertida em exoneração.

Parágrafo único. Da revisão do processo não poderá resultar agravamento de penalidade.

CAPÍTULO II
DO AFASTAMENTO PREVENTIVO

Art. 193. Como medida cautelar e a fim de que o servidor não venha a influir na apuração da irregularidade motivadora do processo disciplinar poderá a autoridade determinar o seu afastamento do exercício do cargo, pelo prazo de até 60 (sessenta) dias, sem prejuízo de remuneração.

Parágrafo único. O afastamento poderá ser prorrogado, por igual prazo, findo o qual cessarão os seus efeitos, ainda que não concluído o processo.

TÍTULO VI
DA SEGURIDADE SOCIAL DO SERVIDOR

CAPÍTULO I
DISPOSIÇÕES GERAIS.

Arts. 194 ao 198. (Revogado pela Lei nº 7.114, de 5.11.2009).

CAPÍTULO II
DOS BENEFÍCIOS

Secção I
Da Aposentadoria

Arts. 199 ao 207. (Revogado pela Lei nº 7.114, de 5.11.2009).

Secção II
Do Salário-Família

Arts. 208 ao 213. (Revogado pela Lei nº 7.114, de 5.11.2009).

Secção III
Da Licença para Tratamento de Saúde

Arts. 214 e 215. (Revogado pela Lei nº 7.114, de 5.11.2009).

Secção IV
Da Licença à Gestante, e à Adotante e da Licença À Paternidade.

Arts. 216 ao 219. (Revogado pela Lei nº 7.114, de 5.11.2009).

Secção V
Da Licença por Acidente em Serviço

Arts. 220 ao 223. (Revogado pela Lei nº 7.114, de 5.11.2009).

Secção VI
Do Auxílio-Reclusão

Art. 224. (Revogado pela Lei nº 7.114, de 5.11.2009).

CAPÍTULO III
DO CUSTEIO

Art. 225. (Revogado pela Lei nº 7.114, de 5.11.2009).

TÍTULO VII

CAPÍTULO ÚNICO
DA CONTRATAÇÃO TEMPORÁRIA DE EXCEPCIONAL INTERESSE PÚBLICO

Arts. 226 ao 229. (Revogado pela Lei nº 7.966, de 9.01.2018).

TÍTULO VIII
DISPOSIÇÕES GERAIS, TRANSITÓRIAS E FINAIS

CAPÍTULO I
DAS DISPOSIÇÕES GERAIS

Art. 230. O dia do servidor público será comemorado a 28 (vinte e oito) de outubro.

Art. 231. Poderão ser instituídos, no âmbito dos Poderes Executivo, Legislativo e Judiciário, os seguintes incentivos funcionais, além daqueles já previstos nos respectivos planos de carreira:

I – prêmio pela apresentação de ideias, inventos ou trabalhos que favorecem o aumento da produtividade e a redução dos custos operacionais;

II – concessão de medalhas, diplomas de honra ao mérito, condecoração e elogio.

Art. 232. Os prazos previstos nesta lei serão contados em dias corridos, excluindo-se o dia do começo e incluindo-se o do vencimento, ficando prorrogado, para o primeiro dia útil seguinte, o prazo vencido em dia em que não haja expediente.

Art. 233. Por motivo de crença religiosa ou de convicção filosófica ou política, o servidor não poderá ser privado de quaisquer dos seus direitos, sofrer discriminação em sua vida funcional, nem eximir-se do cumprimento de seus deveres.

Art. 234. Ao servidor público civil é assegurado, nos termos da Constituição Federal, o direito à livre associação sindical e os seguintes direitos, entre outros, dela decorrentes:

a) de ser representado pelo sindicato, inclusive como substituto processual;

b) de inamovibilidade do dirigente sindical, até 01 (um) ano após o final do mandato, exceto se a pedido;

c) de descontar em folha, sem ônus para a entidade sindical a que for filiado, o valor das mensalidades e contribuições definidas em assembleia geral da categoria.

Art. 235. Consideram-se da família do servidor, além do cônjuge e filhos, quaisquer outras pessoas que vivam às suas expensas e constem do seu assentamento individual.

Parágrafo único. Equipara-se ao cônjuge a companheira ou companheiro, que comprove união estável como entidade familiar.

Art. 236. Para os fins desta Lei, considera-se sede o município onde a repartição estiver instalada e onde o servidor tiver exercícios, em caráter permanente.

Art. 237. Todo ato de provimento de cargo público obrigatoriamente indicará a origem da vaga a ser reenchida, precisando, em sendo o caso, a causa do desprovimento do seu anterior titular.

Art. 238. O regime jurídico ora instituído é ainda extensivo, no que couber, aos serventuários da Justiça remunerados pelos cofres estaduais.

Art. 239. Os magistrados, bem assim os componentes das carreiras funcionais a que correspondem funções essenciais à Justiça, subordinar-se-ão a regimes jurídicos especiais, consoantes definidos em leis complementares federais e estaduais.

Art. 240. (VETADO).

CAPÍTULO II
DISPOSIÇÕES TRANSITÓRIAS

Art. 241. Ficam submetidos ao regime jurídico instituído nesta Lei, na qualidade de servidores públicos, os servidores dos Poderes do Estado, inclusive das autarquias, mesmo as sujeitas a regime especial, e das fundações públicas, estatutárias e celetistas, exceto os contratados por prazo determinado, cujos contratos não poderão ter prorrogados os respectivos prazos de validade e eficácia.

PALÁCIO REPÚBLICA DOS PALMARES, em Maceió, 26 de julho de 1991, 103º da República.

LEI FEDERAL Nº 9.491, DE 9 DE SETEMBRO DE 1997

- ALTERA PROCEDIMENTOS RELATIVOS AO PROGRAMA NACIONAL DE DESESTATIZAÇÃO.

Art. 1º O Programa Nacional de Desestatização – PND tem como objetivos fundamentais:

I – reordenar a posição estratégica do Estado na economia, transferindo à iniciativa privada atividades indevidamente exploradas pelo setor público;

II – contribuir para a reestruturação econômica do setor público, especialmente através da melhoria do perfil e da redução da dívida pública líquida;

III – permitir a retomada de investimentos nas empresas e atividades que vierem a ser transferidas à iniciativa privada;

IV – contribuir para a reestruturação econômica do setor privado, especialmente para a modernização da infra-estrutura e do parque industrial do País, ampliando sua competitividade e reforçando a capacidade empresarial nos diversos setores da economia, inclusive através da concessão de crédito;

V – permitir que a Administração Pública concentre seus esforços nas atividades em que a presença do Estado seja fundamental para a consecução das prioridades nacionais;

VI – contribuir para o fortalecimento do mercado de capitais, através do acréscimo da oferta de valores mobiliários e da democratização da propriedade do capital das empresas que integrarem o Programa.

Art. 2º Poderão ser objeto de desestatização, nos termos desta Lei:

I - empresas, inclusive instituições financeiras, controladas direta ou indiretamente pela União, instituídas por lei ou ato do Poder Executivo; (Vide ADIN nº 3.577)

II - empresas criadas pelo setor privado e que, por qualquer motivo, passaram ao controle direto ou indireto da União; (Vide ADIN nº 3.577)

III - serviços públicos objeto de concessão, permissão ou autorização;

IV - instituições financeiras públicas estaduais que tenham tido as ações de seu capital social desapropriadas, na forma do Decreto-lei nº 2.321, de 25 de fevereiro de 1987. (Vide ADIN nº 3.577)

V - bens móveis e imóveis da União. (Incluído pela Medida Provisória nº 2.161-35, de 2001).

§ 1º Considera-se desestatização:

a) a alienação, pela União, de direitos que lhe assegurem, diretamente ou através de outras controladas, preponderância nas deliberações sociais e o poder de eleger a maioria dos administradores da sociedade;

b) a transferência, para a iniciativa privada, da execução de serviços públicos explorados pela União, diretamente ou através de entidades controladas, bem como daqueles de sua responsabilidade.

c) a transferência ou outorga de direitos sobre bens móveis e imóveis da União, nos termos desta Lei. (Incluído pela Medida Provisória nº 2.161-35, de 2001)

§ 2º Aplicam-se os dispositivos desta Lei, no que couber, às participações minoritárias diretas e indiretas da União no capital social de quaisquer outras sociedades e às ações excedentes à participação acionária detida pela União representativa do mínimo necessário à manutenção do controle acionário da Petróleo Brasileiro S.A. - Petrobrás, nos termos do artigo 62 da Lei nº 9.478, de 06.08.97.

§ 3º O Banco Nacional de Desenvolvimento Econômico e Social - BNDES, por determinação do Conselho Nacional de Desestatização, definido nesta Lei, e por solicitação de Estados ou Municípios, poderá firmar com eles ajuste para supervisionar o processo de desestatização de empresas controladas por aquelas unidades federadas, detentoras de concessão, permissão ou autorização para prestação de serviços públicos, observados, quanto ao processo de desestatização, os procedimentos estabelecidos nesta Lei.

§ 4º Na hipótese do parágrafo anterior, a licitação para a outorga ou transferência da concessão do serviço a ser desestatizado poderá ser realizada na modalidade de leilão.

§ 5º O Gestor do Fundo Nacional de Desestatização deverá observar, com relação aos imóveis da União incluídos no Programa Nacional de Desestatização, a legislação aplicável às desestatizações e, supletivamente, a relativa aos bens imóveis de domínio da União, sem prejuízo do disposto no inciso VII do art. 6º. (Incluído pela Medida Provisória nº 2.161-35, de 2001)

§ 6º (Revogado pela Lei nº 11.483, de 2007)

Art. 3º Não se aplicam os dispositivos desta Lei ao Banco do Brasil S.A., à Caixa Econômica Federal, e a empresas públicas ou sociedades de economia mista que exerçam atividades de competência exclusiva da União, de que tratam os incisos XI e XXIII do art. 21 e a alínea "c" do inciso I do art. 159 e o art. 177 da Constituição Federal, não se aplicando a vedação aqui prevista às participações acionárias detidas por essas entidades, desde que não incida restrição legal à alienação das referidas participações.

Art. 4º As desestatizações serão executadas mediante as seguintes modalidades operacionais:

I – alienação de participação societária, inclusive de controle acionário, preferencialmente mediante a pulverização de ações;

II – abertura de capital;

III – aumento de capital, com renúncia ou cessão, total ou parcial, de direitos de subscrição;

IV – alienação, arrendamento, locação, comodato ou cessão de bens e instalações;

V – dissolução de sociedades ou desativação parcial de seus empreendimentos, com a conseqüente alienação de seus ativos;

VI – concessão, permissão ou autorização de serviços públicos.

VII – aforamento, remição de foro, permuta, cessão, concessão de direito real de uso resolúvel e alienação mediante venda de bens imóveis de domínio da União. (Incluído pela Medida Provisória nº 2.161-35, de 2001)

§ 1º A transformação, a incorporação, a fusão ou a cisão de sociedades e a criação de subsidiárias integrais poderão ser utilizadas a fim de viabilizar a implementação da modalidade operacional escolhida.

§ 2º Na hipótese de dissolução, caberá ao Ministro de Estado do Planejamento, Orçamento e Gestão acompanhar e tomar as medidas cabíveis à efetivação da liquidação da empresa. (Redação dada pela Medida Provisória nº 2.161-35, de 2001)

§ 3º Nas desestatizações executadas mediante as modalidades operacionais previstas nos incisos I, IV, V, VI e VII deste artigo, a licitação poderá ser realizada na modalidade de leilão. (Redação dada pela Medida Provisória nº 2.161-35, de 2001)

§ 4º O edital de licitação poderá prever a inversão da ordem das fases de habilitação e julgamento, hipótese em que: (Incluído pela Lei nº 13.360, de 2016)

I – encerrada a fase de classificação das propostas ou de oferecimento de lances, será aberto o invólucro com os documentos de habilitação do licitante mais bem classificado, para verificação do atendimento das condições fixadas no edital; (Incluído pela Lei nº 13.360, de 2016)

II – verificado o atendimento das exigências do edital, o licitante será declarado vencedor; (Incluído pela Lei nº 13.360, de 2016)

III – inabilitado o licitante mais bem classificado, serão analisados os documentos de habilitação do licitante com a proposta classificada em segundo lugar, e assim sucessivamente, até que um licitante classificado atenda às condições fixadas no edital; (Incluído pela Lei nº 13.360, de 2016)

IV – proclamado o resultado do certame, o objeto será adjudicado ao vencedor nas condições técnicas e econômicas por ele ofertadas. (Incluído pela Lei nº 13.360, de 2016)

Art. 5º O Programa Nacional de Desestatização terá como órgão superior de decisão o Conselho Nacional de Desestatização – CND, diretamente subordinado ao Presidente da República, integrado pelos seguintes membros:

I – Ministro de Estado do Desenvolvimento, Indústria e Comércio Exterior, na qualidade de Presidente; (Redação dada pela Medida Provisória nº 2.161-35, de 2001)

II – Chefe da Casa Civil da Presidência da República; (Redação dada pela Medida Provisória nº 2.161-35, de 2001)

III – Ministro de Estado da Fazenda; (Redação dada pela Medida Provisória nº 2.161-35, de 2001)

IV – Ministro de Estado do Planejamento, Orçamento e Gestão. (Redação dada pela Medida Provisória nº 2.161-35, de 2001)

§ 1º Das reuniões para deliberar sobre a desestatização de empresas ou serviços públicos participará, com direito a voto, o titular do Ministério ao qual a empresa ou serviço se vincule.

§ 2º Quando se tratar de desestatização de instituições financeiras, participará das reuniões, com direito a voto, o Presidente do Banco Central do Brasil.

§ 3º Participará também das reuniões, sem direito a voto, um representante do Banco Nacional de Desenvolvimento Econômico e Social – BNDES.

§ 4º O Conselho deliberará mediante resoluções, cabendo ao Presidente, além do voto de qualidade, a prerrogativa de deliberar, nos casos de urgência e relevante interesse, ad referendum do colegiado.

§ 5º Quando deliberar ad referendum do Conselho, o Presidente submeterá a decisão ao colegiado, na primeira reunião que se seguir àquela deliberação.

§ 6º O Presidente do Conselho poderá convidar Ministros de Estado, bem como representantes de entidades públicas ou privadas, para participar das reuniões, sem direito a voto.

§ 7º O Conselho reunir-se-á, ordinariamente, uma vez por mês, e, extraordinariamente, sempre que for convocado por seu Presidente.

§ 8º Nas ausências ou impedimentos do Ministro de Estado do Desenvolvimento, Indústria e Comércio Exterior, as reuniões do Conselho serão presididas pelo Chefe da Casa Civil da Presidência da República. (Vide Medida Provisória nº 2.161-35, de 2001)

§ 9º Nas suas ausências ou impedimentos, os membros do Conselho serão representados por substitutos por eles designados.

Art. 6º Compete ao Conselho Nacional de Desestatização:

I – recomendar, para aprovação do Presidente da República, meios de pagamento e inclusão ou exclusão de empresas, inclusive instituições financeiras, serviços públicos e participações minoritárias, bem como a inclusão de bens móveis e imóveis da União no Programa Nacional de Desestatização; (Redação dada pela Medida Provisória nº 2.161-35, de 2001)

II – aprovar, exceto quando se tratar de instituições financeiras:

a) a modalidade operacional a ser aplicada a cada desestatização;

b) os ajustes de natureza societária, operacional, contábil ou jurídica e o saneamento financeiro, necessários às desestatizações;

c) as condições aplicáveis às desestatizações;

d) a criação de ação de classe especial, a ser subscrita pela União;

e) a fusão, incorporação ou cisão de sociedades e a criação de subsidiária integral, necessárias à viabilização das desestatizações;

f) a contratação, pelo Gestor do Fundo Nacional de Desestatização, de pareceres ou estudos especializados necessários à desestatização de setores ou segmentos específicos.

g) a exclusão de bens móveis e imóveis da União incluídos no PND. (Incluída pela Medida Provisória nº 2.161-35, de 2001)

III – determinar a destinação dos recursos provenientes da desestatização, observado o disposto no art. 13 desta Lei;

IV – expedir normas e resoluções necessárias ao exercício de sua competência;

V – deliberar sobre outras matérias relativas ao Programa Nacional de Desestatização, que venham a ser encaminhadas pelo Presidente do Conselho;

VI – fazer publicar o relatório anual de suas atividades.

VII – estabelecer as condições de pagamento à vista e parcelado aplicáveis às desestatizações de bens móveis e imóveis da União. (Incluído pela Medida Provisória nº 2.161-35, de 2001)

§ 1º Na desestatização dos serviços públicos, o Conselho Nacional de Desestatização deverá recomendar, para aprovação do Presidente da República, o órgão da Administração direta ou indireta que deverá ser o responsável pela execução e acompanhamento do correspondente processo de desestatização, ficando esse órgão, no que couber, com as atribuições previstas no art. 18 desta Lei. (Vide Decreto nº 8.094, de 2013)

§ 2º O Conselho Nacional de Desestatização poderá baixar normas regulamentadoras da desestatização de serviços públicos, objeto de concessão, permissão ou autorização, bem como determinar sejam adotados procedimentos previstos em legislação específica, conforme a natureza dos serviços a serem desestatizados.

§ 3º A desestatização de empresas de pequeno e médio portes, conforme definidas pelo Conselho Nacional de Desestatização, poderá ser coordenada pelo Departamento de Coordenação e Controle das Empresas Estatais, da Secretaria-Executiva do Ministério do Planejamento, Orçamento e Gestão, competindo-lhe, no que couber, as atribuições previstas no art. 18 desta Lei. (Redação dada pela Medida Provisória nº 2.161-35, de 2001)

§ 4º Compete ao Presidente do Conselho Nacional de Desestatização:

a) presidir as reuniões do Conselho;

b) coordenar e supervisionar a execução do Programa Nacional de Desestatização;

c) encaminhar à deliberação do Conselho as matérias previstas no caput e nos §§ 1º, 2º e 3º deste artigo;

d) requisitar aos órgãos competentes a designação de servidores da Administração Pública direta e indireta, para integrar os grupos de trabalho de que trata o inciso III do art. 18 desta Lei.

§ 5º A desestatização de instituições financeiras será coordenada pelo Banco Central do Brasil, competindo-lhe, nesse caso, exercer, no que couber, as atribuições previstas no art. 18 desta Lei.

§ 6° A competência para aprovar as medidas mencionadas no inciso II deste artigo, no caso de instituições financeiras, é do Conselho Monetário Nacional, por proposta do Banco Central do Brasil.

§ 7° Fica a União autorizada a adquirir ativos de instituições financeiras federais, financiar ou garantir os ajustes prévios imprescindíveis para a sua privatização, inclusive por conta dos recursos das Reservas Monetárias, de que trata o art. 12, da Lei n° 5.143, de 20 de outubro de 1966, com a redação dada pelo art. 1° do Decreto-lei n° 1.342, de 28 de agosto de 1974.

§ 8° O disposto no parágrafo anterior se estende às instituições financeiras federais que, dentro do Programa Nacional de Desestatização, adquiram ativos de outra instituição financeira federal a ser privatizada, caso em que fica, ainda, a União autorizada a assegurar à instituição financeira federal adquirente:

a) a equalização da diferença apurada entre o valor desembolsado na aquisição dos ativos e o valor que a instituição financeira federal adquirente vier a pagar ao Banco Central do Brasil pelos recursos recebidos em linha de financiamento específica, destinada a dar suporte à aquisição dos ativos, aí considerados todos os custos incorridos, inclusive os de administração, fiscais e processuais;

b) a equalização entre o valor despendido pela instituição financeira federal na aquisição dos ativos e o valor efetivamente recebido em sua liquidação final;

c) a assunção, pelo Tesouro Nacional, da responsabilidade pelos riscos de crédito dos ativos adquiridos na forma deste parágrafo, inclusive pelas eventuais insubsistências ativas identificadas antes ou após havê-los assumido, respondendo, ainda, pelos efeitos financeiros referentes à redução de seus valores por força de pronunciamento judicial de qualquer natureza.

§ 9° A realização da equalização ou assunção pelo Tesouro Nacional, de que trata o parágrafo anterior, dar-se-ão sem prejuízo da responsabilidade civil e penal decorrente de eventual conduta ilícita ou gestão temerária na concessão do crédito pertinente.

§ 10. Fica a Agência Nacional de Energia Elétrica - ANEEL autorizada a anuir com a repactuação, que venha a gerar benefícios potenciais à prestação do serviço público de distribuição de energia, de dívidas setoriais em moeda estrangeira, das empresas incluídas no Programa Nacional de Desestatização - PND, para que seja convertida em moeda nacional, com remuneração mensal pela variação da taxa do Sistema Especial de Liquidação e Custódia - SELIC e prazo máximo de cento e vinte meses considerando períodos de carência e de amortização. (Incluído pela Lei nº 13.182, de 2015)

§ 11. Será considerado como data-base da repactuação de que trata o § 10 o primeiro dia útil do ano em que se deu a inclusão da empresa no PND. (Incluído pela Lei nº 13.182, de 2015)

ADMINISTRATIVO

Art. 7º A desestatização dos serviços públicos, efetivada mediante uma das modalidades previstas no art. 4° desta Lei, pressupõe a delegação, pelo Poder Público, de concessão ou permissão do serviço, objeto da exploração, observada a legislação aplicável ao serviço.

Parágrafo único. Os princípios gerais e as diretrizes específicas aplicáveis à concessão, permissão ou autorização, elaborados pelo Poder Público, deverão constar do edital de desestatização.

Art. 8º Sempre que houver razões que justifiquem, a União deterá, direta ou indiretamente, ação de classe especial do capital social da empresa ou instituição financeira objeto da desestatização, que lhe confira poderes especiais em determinadas matérias, as quais deverão ser caracterizadas nos seus estatutos sociais.

Art. 9° Fica criado o Fundo Nacional de Desestatização – FND, de natureza contábil, constituído mediante vinculação a este, a título de depósito, das ações ou cotas de propriedade direta ou indireta da União, emitidas por sociedades que tenham sido incluídas no Programa Nacional de Desestatização.

§ 1º As ações representativas de quaisquer outras participações societárias, incluídas no Programa Nacional de Desestatização, serão, igualmente, depositadas no Fundo Nacional de Desestatização.

§ 2º Serão emitidos Recibos de Depósitos de Ações – RDA, intransferíveis e inegociáveis a qualquer título, em favor dos depositantes das ações junto ao Fundo Nacional de Desestatização.

§ 3º Os Recibos de Depósitos de Ações, de cada depositante, serão automaticamente cancelados quando do encerramento do processo de desestatização.

§ 4º Os titulares das ações que vierem a ser vinculadas ao Fundo Nacional de Desestatização manterão as ações escrituradas em seus registros contábeis, sem alteração de critério, até que se encerre o processo de desestatização.

Art. 10. A União e as entidades da Administração Indireta, titulares das participações acionárias que vierem a ser incluídas no Programa Nacional de Desestatização, deverão, no prazo máximo e improrrogável de cinco dias, contados da data da publicação, no Diário Oficial da União, da decisão que determinar a inclusão no referido programa, depositar as suas ações no Fundo Nacional de Desestatização.

Parágrafo único. O mesmo procedimento do caput deverá ser observado para a emissão de ações decorrentes de bonificações, de desdobramentos, de subscrições ou de conversões de debêntures, quando couber.

Art. 11. Para salvaguarda do conhecimento público das condições em que se processará a alienação do controle acionário da empresa, inclusive instituição financeira incluída no Programa Nacional de Desestatização, assim como de sua situação econômica, financeira e operacional, será dada ampla divulgação das informações necessárias, mediante a publicação de edital, no Diário Oficial da União e em jornais de notória circulação nacional, do qual constarão, pelo menos, os seguintes elementos:

a) justificativa da privatização, indicando o percentual do capital social da empresa a ser alienado;

b) data e ato que determinou a constituição da empresa originariamente estatal ou, se estatizada, data, ato e motivos que determinaram sua estatização;

c) passivo das sociedades de curto e de longo prazo;

d) situação econômico-financeira da sociedade, especificando lucros ou prejuízos, endividamento interno e externo, nos cinco últimos exercícios;

e) pagamento de dividendos à União ou a sociedades por essa controladas direta ou indiretamente, e aporte de recursos à conta capital, providos direta ou indiretamente pela União, nos últimos quinze anos;

f) sumário dos estudos de avaliação;

g) critério de fixação do valor de alienação, com base nos estudos de avaliação;

h) modelagem de venda e valor mínimo da participação a ser alienada;

i) a indicação, se for o caso, de que será criada ação de classe especial e os poderes nela compreendidos.

Art. 12. A alienação de ações a pessoas físicas ou jurídicas estrangeiras poderá atingir cem por cento do capital votante, salvo disposição legal ou manifestação expressa do Poder Executivo, que determine percentual inferior.

Art. 13. Observados os privilégios legais, o titular dos recursos oriundos da venda de ações ou de bens deverá utilizá-los, prioritariamente, na quitação de suas dívidas vencidas e vincendas perante a União.

Art. 13-A. (VETADO). (Incluído pela Lei nº 13.360, de 2016)

Art. 14. Os pagamentos para aquisição de bens e direitos no âmbito do Programa Nacional de Desestatização serão realizados por meio de moeda corrente. (Redação dada pela Lei nº 13.360, de 2016)

I - (revogado); (Redação dada pela Lei nº 13.360, de 2016)

II - (revogado); (Redação dada pela Lei nº 13.360, de 2016)

III - (revogado). (Redação dada pela Lei nº 13.360, de 2016)

Parágrafo único. O Presidente da República, por recomendação do Conselho Nacional de Desestatização, poderá autorizar outros meios de pagamento, no âmbito do Programa Nacional de Desestatização. (Redação dada pela Lei nº 13.360, de 2016)

Art. 15. O preço mínimo de alienação das ações deverá ser submetido à deliberação do órgão competente do titular das ações.

§ 1° A Resolução do Conselho Nacional de Desestatização que aprovar as condições gerais de desestatização será utilizada pelo representante do titular das ações como instrução de voto para deliberação do órgão competente a que alude o caput deste artigo.

§ 2° O disposto neste artigo não se aplica aos casos de alienação de ações, bens ou direitos quando diretamente detidos pela União.

Art. 16. As empresas incluídas no Programa Nacional de Desestatização que vierem a integrar o Fundo Nacional de Desestatização terão sua estratégia voltada para atender os objetivos da desestatização.

Art. 17. O Fundo Nacional de Desestatização será administrado pelo Banco Nacional de Desenvolvimento Econômico e Social – BNDES, designado Gestor do Fundo.

Art. 18. Compete ao Gestor do Fundo:

I – fornecer apoio administrativo e operacional, necessário ao funcionamento do Conselho Nacional de Desestatização, aí se incluindo os serviços de secretaria;

II – divulgar os processos de desestatização, bem como prestar todas as informações que vierem a ser solicitadas pelos poderes competentes;

III – constituir grupos de trabalho, integrados por funcionários do BNDES e suas subsidiárias e por servidores da Administração direta ou indireta requisitados nos termos da alínea "d" do § 4° do art. 6º, desta Lei, para o fim de prover apoio técnico à implementação das desestatizações;

IV – promover a contratação de consultoria, auditoria e outros serviços especializados necessários à execução das desestatizações;

V – submeter ao Presidente do Conselho Nacional de Desestatização as matérias de que trata o inciso II do art. 6º, desta Lei;

VI – promover a articulação com o sistema de distribuição de valores mobiliários e as Bolsas de Valores;

VII – selecionar e cadastrar empresas de reconhecida reputação e tradicional atuação na negociação de capital, transferência de controle acionário, venda e arrendamento de ativos;

VIII – preparar a documentação dos processos de desestatização, para apreciação do Tribunal de Contas da União;

IX – submeter ao Presidente do Conselho outras matérias de interesse do Programa Nacional de Desestatização.

Parágrafo único. Na contratação dos serviços a que se refere o inciso IV deste artigo, poderá o Gestor do Fundo estabelecer, alternativa ou cumulativamente, na composição da remuneração dos contratados, pagamento a preço fixo ou comissionado, sempre mediante licitação.

Art. 19. Os acionistas controladores e os administradores das empresas incluídas no Programa Nacional de Desestatização adotarão, nos prazos estabelecidos, as providências que vierem a ser determinadas pelo Conselho Nacional de Desestatização, necessárias à implantação dos processos de alienação.

Art. 20. Será de responsabilidade exclusiva dos administradores das sociedades incluídas no Programa Nacional de Desestatização o fornecimento, em tempo hábil, das informações sobre as mesmas, necessárias à execução dos processos de desestatização.

Parágrafo único. Será considerada falta grave a ação ou omissão de empregados ou servidores públicos que, injustificadamente, opuserem dificuldades ao fornecimento de informações e outros dados necessários à execução dos processos de desestatização.

Art. 21. Ao Gestor do Fundo Nacional de Desestatização caberá uma remuneração de 0,2% (dois décimos por cento) do valor líquido apurado nas alienações para cobertura de seus custos operacionais, bem como o ressarcimento dos gastos efetuados com terceiros, necessários à execução dos processos de desestatização previstos nesta Lei.

Parágrafo único. Na hipótese de alienação de participações minoritárias, cujo valor seja de pequena monta, a juízo do Gestor do Fundo Nacional de Desestatização, poderão ser dispensados a cobrança de remuneração e o ressarcimento dos gastos de que trata este artigo.

Art. 22. O Fundo Nacional de Desestatização será auditado por auditores externos independentes registrados na Comissão de Valores Mobiliários, a serem contratados mediante licitação pública pelo Gestor do Fundo.

Art. 23. Será nula de pleno direito a venda, a subscrição ou a transferência de ações que impliquem infringência desta Lei.

Art. 24. No caso de o Conselho Nacional de Desestatização deliberar a dissolução de sociedade incluída no Programa Nacional de Desestatização, aplicar-se-ão, no que couber, as disposições da Lei nº 8.029, de 12 de abril de 1990.

Art. 25. O Gestor do Fundo manterá assistência jurídica aos ex-membros da Comissão Diretora do Programa Nacional de Desestatização, na hipótese de serem demandados em razão de prática de atos decorrentes do exercício das suas respectivas funções no referido órgão.

Art. 26. A União transferirá ao Banco Nacional de Desenvolvimento Econômico e Social - BNDES 94.953.982 (noventa e quatro milhões, novecentos e cinqüenta e três mil, novecentos e oitenta e duas) ações ordinárias nominativas e 4.372.154 (quatro milhões, trezentos e setenta e duas mil, cento e cinqüenta e quatro) ações preferenciais nominativas, de sua propriedade no capital da Companhia Vale do Rio Doce.

§ 1° O BNDES, em contrapartida à transferência das ações pela União, pelo valor nominal equivalente ao valor de venda das ações, deverá, alternativa ou conjuntamente, a critério do Ministro de Estado da Fazenda:

a) assumir dívidas, caracterizadas e novadas da União, nos termos dos atos legais em vigor, relativas ao Fundo de Compensação de Variações Salariais – FCVS;

b) transferir à União debêntures de emissão da BNDES Participações S. A. – BNDESPAR, de sua propriedade, com as mesmas condições de rentabilidade e prazo das dívidas a que se refere a alínea anterior.

§ 2° Não se aplica ao produto da alienação das ações de que trata o caput deste artigo o disposto no inciso III do art. 6° e no art. 13 desta Lei, e na alínea «a» do § 1° do art. 30 da Lei n° 8.177, de 1° de março de 1991, alterada pela Lei n° 8.696, de 26 de agosto de 1993, com a redação ora vigente.

§ 3° As ações de que trata este artigo permanecerão depositadas no Fundo Nacional de Desestatização, em nome do BNDES.

§ 4° Até vinte dias antes da realização do leilão público especial de desestatização da Companhia Vale do Rio Doce será efetivada a transferência de 62.000.000 (sessenta e dois milhões) de ações ordinárias nominativas do total de que trata o caput deste artigo, devendo as ações remanescentes ser transferidas no dia útil seguinte ao da liquidação financeira do leilão.

§ 5° As condições complementares à concretização da operação de que trata este artigo serão regulamentadas por decreto do Presidente da República.

Art. 27. O BNDES destinará o produto da alienação das ações que lhe forem transferidas na forma do art. 26, à concessão de crédito para a reestruturação econômica nacional, de forma a atender os objetivos fundamentais do Programa Nacional de Desestatização, estabelecidos no art. 1° desta Lei, observado ainda que:

I – as operações serão registradas no BNDES, em conta específica;

II – as disponibilidades de caixa serão aplicadas conforme as normas emanadas do Conselho Monetário Nacional;

III – é vedada a concessão de empréstimo ou a concessão de garantias à Administração direta, indireta ou fundacional, excetuando-se:

a) o repasse às empresas subsidiárias integrais do BNDES para a realização dos respectivos objetivos sociais;

b) os empréstimos ao setor privado de que participem, na qualidade de agentes repassadores, instituições financeiras públicas.

Art. 28. Aos empregados e aposentados de empresas controladas, direta ou indiretamente pela União, incluídas no Programa Nacional de Desestatização, é assegurada a oferta de parte das ações representativas de seu capital, segundo os princípios estabelecidos nesta Lei e condições específicas a serem aprovadas pelo Conselho Nacional de Desestatização, inclusive quanto à: (Redação dada pela Lei nº 9.700, de 1998)

I – disponibilidade posterior das ações;

II – quantidade a ser individualmente adquirida.

Parágrafo único. A oferta de que trata o caput deste artigo será de, pelo menos, 10 % (dez por cento) das ações do capital social detidas, direta ou indiretamente, pela União, podendo tal percentual mínimo ser revisto pelo Conselho Nacional de Desestatização, caso o mesmo seja incompatível com o modelo de desestatização aprovado.

Art. 29. A participação dos empregados na aquisição de ações far-se-á, opcionalmente, por intermédio de clube de investimento que constituírem para representá-los legalmente, inclusive como substituto processual, observada a regulamentação baixada pela Comissão de Valores Mobiliários – CVM.

Art. 30. São nulos de pleno direito contratos ou negócios jurídicos de qualquer espécie onde o empregado figure como intermediário de terceiro na aquisição de ações com incentivo, em troca de vantagem pecuniária ou não.

§ 1º O clube de investimento tem legitimidade ativa para propor ação contra os envolvidos nessa operação fraudulenta, retendo os correspondentes títulos mobiliários, se estatutariamente disponíveis.

§ 2º O Ministério Público, em tomando conhecimento dessa ação judicial ou instado por representação, adotará as providências necessárias à determinação da responsabilidade criminal, bem como solicitará fiscalização por parte da Receita Federal, do Ministério do Trabalho e Emprego e do Instituto Nacional do Seguro Social, sem prejuízo de inspeções por órgãos estaduais, distritais e municipais, no âmbito de suas competências, com vistas à identificação dos efeitos produzidos pela mesma operação. (Redação dada pela Medida Provisória nº 2.161-35, de 2001)

Art. 31. Os art. 7º, o caput e os §§ 1º e 3º do art. 18 e o art. 20 da Lei nº 8.036, de 11 de maio de 1990, passam a vigorar com as seguintes alterações e acréscimos: (Regulamento)

"Art. 7º ....

VIII - (VETADO)"

"Art. 18. Ocorrendo rescisão do contrato de trabalho, por parte do empregador, ficará este obrigado a depositar na conta vinculada do trabalhador no FGTS os valores relativos aos depósitos referentes ao mês da rescisão e ao imediatamente anterior, que ainda não houver sido recolhido, sem prejuízo das cominações legais.

§ 1º Na hipótese de despedida pelo empregador sem justa causa, depositará este, na conta vinculada do trabalhador no FGTS, importância igual a quarenta por cento do montante de todos os depósitos realizados na conta vinculada durante a vigência do contrato de trabalho, atualizados monetariamente e acrescidos dos respectivos juros.

....

§ 3º As importâncias de que trata este artigo deverão constar da documentação comprobatória do recolhimento dos valores devidos a título de rescisão do contrato de trabalho, observado o disposto no art. 477 da CLT, eximindo o empregador, exclusivamente, quanto aos valores discriminados.»

"Art. 20. ....

I – despedida sem justa causa, inclusive a indireta, de culpa recíproca e de força maior, comprovada com o depósito dos valores de que trata o artigo 18.

XII – aplicação em quotas de Fundos Mútuos de Privatização, regidos pela Lei nº 6.385, de 7 de dezembro de 1976, permitida a utilização máxima de 50 % (cinqüenta por cento) do saldo existente e disponível em sua conta vinculada do Fundo de Garantia do Tempo de Serviço, na data em que exercer a opção.

§ 6º Os recursos aplicados em quotas dos Fundos Mútuos de Privatização, referidos no inciso XII deste artigo, serão destinados a aquisições de valores mobiliários, no âmbito do Programa Nacional de Desestatização, instituído pela Lei nº 8.031, de 12 de abril de 1990, e de programas estaduais de desestatização, desde que, em ambos os casos, tais destinações sejam aprovadas pelo Conselho Nacional de Desestatização.

§ 7º Os valores mobiliários de que trata o parágrafo anterior só poderão ser integralmente vendidos, pelos respectivos Fundos, seis meses após sua aquisição, podendo ser alienada, em prazo inferior, parcela equivalente a 10 % (dez por cento) do valor adquirido, autorizada a livre aplicação do produto dessa alienação, nos termos da Lei nº 6.385, de 1976.

§ 8º As aplicações em Fundos Mútuos de Privatização são nominativas, impenhoráveis e, salvo as hipóteses previstas nos incisos I a IV e VI a XI deste artigo e o disposto na Lei nº 7.670, de 8 de setembro de 1988, indisponíveis por seus titulares.

§ 9º Decorrido o prazo mínimo de doze meses, contados da efetiva transferência das quotas para os Fundos Mútuos de Privatização, os titulares poderão optar pelo retorno para sua conta vinculada no Fundo de Garantia do Tempo de Serviço.

§ 10. A cada período de seis meses, os titulares das aplicações em Fundos Mútuos de Privatização poderão transferi-las para outro fundo de mesma natureza.

§ 11. O montante das aplicações de que trata o § 6° deste artigo ficará limitado ao valor dos créditos contra o Tesouro Nacional de que seja titular o Fundo de Garantia do Tempo de Serviço.

§ 12. Desde que preservada a participação individual dos quotistas, será permitida a constituição de clubes de investimento, visando a aplicação em quotas de Fundos Mútuos de Privatização.

§ 13. A garantia a que alude o § 4° do art. 13 desta Lei não compreende as aplicações a que se refere o inciso XII deste artigo.

§ 14. O Imposto de Renda incidirá exclusivamente sobre os ganhos dos Fundos Mútuos de Privatização que excederem a remuneração das contas vinculadas do Fundo de Garantia do Tempo de Serviço, no mesmo período.

§ 15. Os recursos automaticamente transferidos da conta do titular no Fundo de Garantia do Tempo de Serviço em razão da aquisição de ações não afetarão a base de cálculo da multa rescisória de que tratam os parágrafos 1° e 2° do art. 18 desta Lei.»

Art. 32. Ficam convalidados os atos praticados com base na Medida Provisória n° 1.481-52, de 8 de agosto de 1997.

Art. 33. O Poder Executivo regulamentará o disposto nesta Lei, no prazo de sessenta dias, baixando as instruções necessárias à sua execução.

Art. 34. Esta Lei entra em vigor na data de sua publicação.

Art. 35. Revoga-se a Lei n° 8.031, de 12 de abril de 1990, e demais disposições em contrário.

DECRETO FEDERAL Nº 2.594, DE 15 DE MAIO DE 1998

– REGULAMENTA A LEI Nº 9.491, DE 9 DE SETEMBRO DE 1997, QUE DISPÕE SOBRE O PROGRAMA NACIONAL DE DESESTATIZAÇÃO.

ÍNDICE

CAPÍTULO I - DO PROGRAMA NACIONAL DE DESESTATIZAÇÃO

SEÇÃO I - Dos Objetivos - Art. 1º

SEÇÃO II - Do Objeto da Desestatização - Arts. 2º a 4º

SEÇÃO III - Do Conceito de Desestatização - Art. 5º

SEÇÃO IV - Das Sociedades Excluídas do Programa Nacional de Desestatização - Art. 6º

SEÇÃO V - Das Modalidades Operacionais - Art. 7º

CAPÍTULO II - DO CONSELHO NACIONAL DE DESESTATIZAÇÃO

SEÇÃO I - Da Composição - Art. 8º

SEÇÃO II - Das Reuniões - Art. 9º

SEÇÃO III - Da Competência - Art. 10

SEÇÃO IV - Da Competência do Presidente - Art. 11

SEÇÃO V - Das Deliberações - Art. 12

CAPÍTULO III - DA DESESTATIZAÇÃO DE INSITUIÇÕES FINANCEIRAS - Arts. 13 a 14

CAPÍTULO IV - DA DESESTATIZAÇÃO DE SERVIÇOS PÚBLICOS - Art. 15

CAPÍTULO V - DAS AÇÕES DE CLASSE ESPECIAL - Art. 16

CAPÍTULO VI - DO FUNDO NACIONAL DE DESESTATIZAÇÃO

SEÇÃO I - De Natureza e Constituição - Art. 17

SEÇÃO II - Do Depósito de Ações e da Emissão do Recibo - Art. 18

SEÇÃO III - Das Quotas de Sociedades Limitadas - Art. 19

SEÇÃO IV - Da Alienação de Ativos - Art. 20

SEÇÃO V - Das Auditorias Externas - Arts. 21 a 22
CAPÍTULO VII - DO GESTOR DO FUNDO NACIONAL DE DESESTATIZAÇÃO - Arts. 23 a 27
SEÇÃO I - Da Designação
SEÇÃO II - Da Competência
SEÇÃO III - Da Remuneração do Gestor e do Ressarcimento das Despesas
CAPÍTULO VIII - DO PROCESSO DE DESESTATIZAÇÃO - Arts. 28 a 44
SEÇÃO I - Da Divulgação e dos Editais
SEÇÃO II - Dos Procedimentos de Avaliação
SEÇÃO III - Dos Procedimentos Simplificados
SEÇÃO IV - Da Alienação de Ações
SEÇÃO V - Da Alienação de Quotas
SEÇÃO VI - Da Dissolução, Liquidação e Extinção
SEÇÃO VII - Da Participação de Estrangeiros
SEÇÃO VIII - Da Participação dos Empregados
SEÇÃO IX - Dos Meios de Pagamento
SEÇÃO X - Da Utilização dos Recursos da Alienação
CAPÍTULO IX - DISPOSIÇÕES GERAIS
SEÇÃO I - Da Responsabilidade dos Servidores e das Informações Sobre as Sociedades - Arts. 45 a 46
SEÇÃO II - Dos Atos Dependentes de Autorização do Conselho Nacional de Desestatização - Art. 47
SEÇÃO III - Das Proibições - Art. 48
SEÇÃO IV - Uso de Informações Privilegiadas - Art. 49
SEÇÃO V - Da Responsabilidade do Administrador e do Acionista - Art. 50
SEÇÃO VI - Da Questão Ambiental - Art. 51
SEÇÃO VII - Da Defesa da Concorrência - Art. 52
SEÇÃO VIII - Da Questão Previdenciária - Art. 53
SEÇÃO IX - Do Tratamento da Mão-de-Obra - Art. 54
SEÇÃO X - Do Atendimento aos Objetivos da Desestatização - Art. 55
SEÇÃO XI - Da Assistência Jurídica - Art. 56
CAPÍTULO X - DAS DISPOSIÇÕES FINAIS
SEÇÃO I - Da Representação de União - Art. 57
SEÇÃO II - Da Não Incidência dos Efeitos - Art. 58
SEÇÃO III - Da Vinculação das Empresas Incluídas no Programa Nacional de Desestatização - Arts. 59 a 62

CAPÍTULO I
DO PROGRAMA NACIONAL DE DESESTATIZAÇÃO

SEÇÃO I
Dos Objetivos

Art. 1º O Programa Nacional de Desestatização – PND tem por objetivos fundamentais:

I – reordenar a posição estratégica do Estado na economia, transferindo à iniciativa privada atividades indevidamente exploradas pelo setor público;

II – contribuir para a reestruturação econômica do setor público, especialmente através da melhoria do perfil e da redução da dívida pública líquida;

III – permitir a retomada de investimentos nas empresas e atividades que vierem a ser transferidas à iniciativa privada;

IV – contribuir para a reestruturação econômica do setor privado, especialmente para a modernização da infra-estrutura e do parque industrial do País, ampliando sua competitividade e reforçando a capacidade empresarial nos diversos setores da economia, inclusive através da concessão de crédito;

V – permitir que a Administração Pública concentre seus esforços nas atividades em que a presença do Estado seja fundamental para a consecução das prioridades nacionais;

VI – contribuir para o fortalecimento do mercado de capitais, através do acréscimo da oferta de valores mobiliários e da democratização da propriedade do capital das empresas que integrarem o PND.

SEÇÃO II
Do Objeto da Desestatização

Art. 2º Poderão ser objeto de desestatização, nos termos da Lei nº 9.491, de 9 de setembro de 1997:

I – empresas, inclusive instituições financeiras, controladas direta ou indiretamente pela União, instituídas por lei ou ato do Poder Executivo;

II – empresas criadas pelo setor privado e que, por qualquer motivo, passaram ao controle direto ou indireto da União;

III – serviços públicos objeto de concessão, permissão ou autorização;

IV – instituições financeiras públicas estaduais que tenham tido as ações de seu capital social desapropriadas, na forma do Decreto-lei nº 2.321, de 25 de fevereiro de 1987.

Art. 3º Aplicam-se os dispositivos deste Decreto, no que couber, às participações minoritárias diretas e indiretas da União no capital social de quaisquer outras sociedades e às ações excedentes à participação acionária detida pela União representativa do mínimo necessário à manutenção do controle acionário da Petróleo Brasileiro S.A. – Petrobrás, nos termos do art. 62 da Lei nº 9.478, de 6 de agosto de 1997.

Art. 4º O Banco Nacional de Desenvolvimento Econômico e Social – BNDES, por determinação do Conselho Nacional de Desestatização – CND, definido na Lei nº

9.491/97, e por solicitação de Estados ou Municípios, poderá firmar com eles ajuste para supervisionar o processo de desestatização de suas empresas controladas, detentoras de concessão, permissão ou autorização para prestação de serviços públicos, observados, quanto ao processo de desestatização, os procedimentos estabelecidos neste Decreto.

Parágrafo único. Na hipótese prevista no caput deste artigo, a licitação para a outorga ou transferência da concessão do serviço a ser desestatizado poderá ser realizada na modalidade de leilão.

SEÇÃO III
Do Conceito de Desestatização

Art. 5º Considera-se desestatização:

I – a alienação, pela União, de direitos que lhe assegurem, diretamente ou através de outras controladas, preponderância nas deliberações sociais e o poder de eleger a maioria dos administradores da sociedade;

II – a transferência, para a iniciativa privada, da execução de serviços públicos explorados pela União, diretamente ou através de entidades controladas, bem como daqueles de sua responsabilidade.

SEÇÃO IV
Das Sociedades Excluídas do Programa Nacional de Desestatização

Art. 6º Não se aplicam os dispositivos deste Decreto:

I – às empresas públicas ou sociedades de economia mista que exerçam atividades de competência exclusiva da União, de que tratam os incisos XI e XXIII do art. 21, a alínea "c" do inciso I do art. 159 e o art. 177 da Constituição;

II – ao Banco do Brasil S.A. e à Caixa Econômica Federal.

Parágrafo único. A vedação prevista no caput deste artigo não se aplica às participações acionárias detidas pelas entidades enumeradas em seus incisos, desde que não incida restrição legal à alienação das referidas participações.

SEÇÃO V
Das Modalidades Operacionais

Art. 7º As desestatizações serão executadas mediante as seguintes modalidades operacionais:

I – alienação de participação societária, inclusive de controle acionário, preferencialmente mediante a pulverização de ações;

II – abertura de capital;

III - aumento de capital, com renúncia ou cessão, total ou parcial, de direitos de subscrição;

IV - alienação, arrendamento, locação, comodato ou cessão de bens e instalações;

V - dissolução de sociedades ou desativação parcial de seus empreendimentos, com a conseqüente alienação de seus ativos;

VI - concessão, permissão ou autorização de serviços públicos.

§ 1º A transformação, a incorporação, a fusão ou a cisão de sociedades e a criação de subsidiárias integrais poderão ser utilizadas a fim de viabilizar a implementação da modalidade operacional escolhida.

§ 2º Na hipótese de dissolução, caberá ao Ministro de Estado da Administração Federal e Reforma do Estado acompanhar e tomar as medidas cabíveis à efetivação da liquidação da empresa.

§ 3º Nas desestatizações executadas mediante as modalidades operacionais previstas nos incisos I, IV, V e VI deste artigo, a licitação poderá ser realizada na modalidade de leilão.

CAPÍTULO II
DO CONSELHO NACIONAL DE DESESTATIZAÇÃO

SEÇÃO I
Da Composição

Art. 8º O PND terá como órgão superior de decisão o CND, diretamente subordinado ao Presidente da República, integrado pelos seguintes membros:

I - Ministro de Estado do Planejamento e Orçamento, na qualidade de Presidente;

II - Ministro de Estado Chefe da Casa Civil da Presidência da República;

III - Ministro de Estado da Fazenda;

IV - Ministro de Estado da Administração Federal e Reforma do Estado;

V - Ministro de Estado da Indústria, do Comércio e do Turismo.

§ 1º Nas ausências ou impedimentos do Ministro de Estado do Planejamento e Orçamento, as reuniões do CND serão presididas pelo Ministro de Estado Chefe da Casa Civil da Presidência da República.

§ 2º Nas suas ausências ou impedimentos, os membros do CND serão representados por substitutos por eles designados.

SEÇÃO II
Das Reuniões

Art. 9º O CND reunir-se-á, ordinariamente, uma vez por mês, e, extraordinariamente, sempre que for convocado por seu Presidente.

§ 1º Das reuniões para deliberar sobre a desestatização de empresas ou serviços públicos participará, com direito a voto, o titular do Ministério ao qual a empresa ou serviço se vincule.

§ 2º Quando se tratar de desestatização de instituições financeiras, participará das reuniões, com direito a voto, o Presidente do Banco Central do Brasil.

§ 3º Participará também das reuniões, sem direito a voto, um representante do BNDES.

§ 4º O Presidente do CND poderá convidar Ministros de Estado, bem como representantes de entidades públicas ou privadas para participar das reuniões, sem direito a voto.

SEÇÃO III
Da Competência

Art. 10. Compete ao CND:

I – recomendar, para aprovação do Presidente da República, meios de pagamento e inclusão ou exclusão de empresas, inclusive instituições financeiras, serviços públicos e participações minoritárias no PND;

II – aprovar, exceto quando se tratar de instituições financeiras:

a) a modalidade operacional a ser aplicada a cada desestatização;

b) os ajustes de natureza societária, operacional, contábil ou jurídica e o saneamento financeiro, necessário às desestatizações;

c) as condições aplicáveis às desestatizações, especialmente no que diz respeito a preço mínimo, objeto de venda, forma de pagamento e critérios de participação, inclusive fixando limites;

d) a criação de ação de classe especial, a ser subscrita pela União, especificando sua quantidade, as matérias passíveis de veto e estabelecendo, quando for o caso, a forma de sua aquisição;

e) a fusão, incorporação ou cisão de sociedades e a criação de subsidiária integral necessárias à viabilização das desestatizações;

f) a contratação, pelo Gestor do Fundo Nacional de Desestatização - FND ou pelos órgãos responsáveis de que tratam os §§ 1º e 2º deste artigo, de pareceres ou estudos especializados necessários à desestatização de setores ou segmentos específicos;

III - determinar a destinação dos recursos provenientes da desestatização, observando o disposto nos arts. 43 e 44 deste Decreto;

IV - expedir normas e resoluções necessárias ao exercício de sua competência;

V - deliberar sobre outras matérias relativas ao PND que venham a ser encaminhadas pelo Presidente do CND, inclusive a apreciação dos relatórios de auditoria externa independente referentes ao FND, e tomar as providências cabíveis;

VI - fazer publicar o relatório anual detalhado de suas atividades.

§ 1º Na desestatização dos serviços públicos, o CND deverá recomendar, para aprovação do Presidente da República, o órgão da Administração direta ou indireta, que poderá ser diferente do Gestor do FND, para ser o responsável pela execução e acompanhamento do correspondente processo de desestatização.

§ 2º A desestatização de empresas de pequeno e médio portes, conforme definidas pelo CND, poderá ser coordenada pela Secretaria de Coordenação e Controle das Empresas Estatais - SEST do Ministério do Planejamento e orçamento, a critério do CND.

§ 3º Nos casos previstos nos parágrafos anteriores, competirá, no que couber, aos órgãos responsáveis, o exercício das atribuições previstas no art. 24 deste Decreto, salvo manifestação expressa em contrário do CND.

§ 4º O CND poderá baixar normas regulamentadoras da desestatização de serviços públicos, objeto de concessão, permissão ou autorização, bem como determinar sejam adotados procedimentos previstos em legislação especifica, conforme a natureza dos serviços a serem desestatizados.

§ 5º Para efeito do disposto no inciso VI deste artigo, os alienantes de bens e direitos e os órgãos responsáveis pela concessão de serviços públicos, no âmbito do PND, ficam obrigados a enviar ao Gestor do FND as informações correspondentes em até trinta dias após a liquidação da desestatização.

§ 6º O CND, para fins da recomendação de inclusão de empresas no PND, ressalvada a prerrogativa de exercício a qualquer tempo da competência de que trata o inciso I do caput, deverá: (Incluído pelo Decreto nº 10.263, de 2020)

I - avaliar, quadrienalmente, a sustentabilidade econômico-financeira de todas as empresas estatais com controle direto da União, além de verificar se permanecem as razões de imperativo à segurança nacional ou de relevante interesse público que justificaram a sua criação; e (Incluído pelo Decreto nº 10.263, de 2020)

II – avaliar, bienalmente, a sustentabilidade econômico-financeira de todas as empresas estatais dependentes, observado o disposto no inciso III do caput do art. 2º da Lei Complementar nº 101, de 4 de maio de 2000, além de verificar se permanecem as razões de imperativo à segurança nacional ou relevante interesse público que justificaram a sua criação. (Incluído pelo Decreto nº 10.263, de 2020)

SEÇÃO IV
Da Competência do Presidente

Art. 11. Compete ao Presidente do CND:

I – presidir as reuniões do CND;

II – coordenar e supervisionar a execução do PND;

III – encaminhar à deliberação do CND as matérias previstas no art. 1º deste Decreto;

IV- requisitar, aos órgãos competentes, a designação de servidores da Administração Pública direta ou indireta para integrar os grupos de trabalho de que trata o inciso III do art. 24 deste Decreto.

SEÇÃO V
Das Deliberações

Art. 12. O CND deliberará mediante resoluções, cabendo ao Presidente, além do voto de qualidade, a prerrogativa de deliberar, nos casos de urgência e relevante interesse, ad referendum do colegiado.

Parágrafo único. Quando deliberar ad referendum do CND, o Presidente submeterá a decisão ao colegiado, na primeira reunião que se seguir àquela deliberação.

CAPÍTULO III
DA DESESTATIZAÇÃO DE INSITUIÇÕES FINANCEIRAS

Art. 13. A desestatização de instituições financeiras será coordenada pelo Banco Central do Brasil.

§ 1º Na hipótese prevista no caput deste artigo, compete ao Banco Central do Brasil, no que couber, as atribuições previstas no art. 24 deste Decreto.

§ 2º A competência para aprovar as medidas mencionadas no inciso II do art. 10 deste Decreto, no caso de instituições financeiras, é do Conselho Monetário Nacional – CMN, por proposta do Banco Central do Brasil.

§ 3º Caberá ao Banco Central do Brasil expedir e fazer publicar no Diário Oficial da União as normas e resoluções aprovadas pelo CMN, relativas às desestatizações de instituições financeiras.

Art. 14. A União poderá adquirir ativos de instituições financeiras federais, financiar ou garantir os ajustes prévios imprescindíveis para a sua privatização, inclusive por conta dos recursos das Reservas Monetárias, de que trata o art. 12 da Lei nº 5.143, de 20 de outubro de 1966, com a redação dada pelo art. 1º do Decreto-Lei nº 1.342, de 28 de agosto de 1974.

§ 1º O disposto no caput deste artigo se estende às instituições financeiras federais que, dentro do PND, adquiram ativos de outra instituição financeira federal a ser privatizada, caso em que fica, ainda, a União autorizada a assegurar à instituição financeira federal adquirente:

I – a equalização da diferença apurada entre o valor desembolsado na aquisição dos ativos e o valor que a instituição financeira federal adquirente vier a pagar ao Banco Central do Brasil pelos recursos recebidos em linha de financiamento específica, destinada a dar suporte à aquisição dos ativos, aí considerados todos os custos incorridos, inclusive os de administração fiscais e processuais;

II – a equalização entre o valor despendido pela instituição financeira federal na aquisição dos ativos e o valor efetivamente recebido em sua liquidação final;

III – a assunção, pelo Tesouro Nacional, da responsabilidade pelos riscos de crédito dos ativos adquiridos na forma deste parágrafo, inclusive pelas eventuais insubsistências ativas identificadas antes ou após havê-los assumido, respondendo, ainda, pelos efeitos financeiros referentes à redução de seus valores, por força de pronunciamento judicial de qualquer natureza.

§ 2º A realização da equalização ou assunção pelo Tesouro Nacional, de que trata o parágrafo anterior, dar-se-á sem prejuízo da responsabilidade civil e penal decorrente de eventual conduta ilícita ou gestão temerária na concessão do crédito pertinente.

CAPÍTULO IV
DA DESESTATIZAÇÃO DE SERVIÇOS PÚBLICOS

Art. 15. A desestatização dos serviços públicos, efetivada mediante uma das modalidades previstas no art. 7º deste Decreto, pressupõe a delegação, pelo Poder Público, de concessão ou permissão do serviço, objeto da exploração, observada a legislação aplicável ao serviço.

Parágrafo único. Os princípios gerais e as diretrizes específicas aplicáveis à concessão, permissão ou autorização, elaborados pelo Poder Público, deverão constar do edital de desestatização.

CAPÍTULO V
DAS AÇÕES DE CLASSE ESPECIAL

Art. 16. Sempre que houver razões que justifiquem, a União deterá, direta ou indiretamente, ação de classe especial do capital social da empresa ou instituição financeira objeto da desestatização, que lhe confira poderes especiais em determinadas matérias, as quais deverão ser caracterizadas nos seus estatutos sociais.

CAPÍTULO VI
DO FUNDO NACIONAL DE DESESTATIZAÇÃO

SEÇÃO I
De Natureza e Constituição

Art. 17. O FND tem natureza contábil, sendo constituído pela vinculação, a título de depósito, das ações ou cotas de propriedade direta ou indireta da União, emitidas por sociedades que tenham sido incluídas no PND.

Parágrafo único. As ações representativas de quaisquer outras participações societárias, incluídas no PND serão, igualmente, depositadas no FND.

SEÇÃO II
Do Depósito de Ações e da Emissão do Recibo

Art. 18. A União e as entidades da Administração indireta, titulares das participações acionárias que vierem a ser incluídas no PND, deverão, no prazo máximo e improrrogável de cinco dias, contados da data da publicação do Decreto que determinar a inclusão no referido Programa, depositar as suas ações no FND.

§ 1º O mesmo procedimento do caput deverá ser observado para a emissão de ações decorrentes de bonificações, de desdobramentos, de subscrições ou de conversões de debêntures, quando couber.

§ 2º Contra o depósito das ações, o Gestor do FND emitirá, em favor do depositante, Recibo de Depósito de Ações – RDA, que:

I – será intransferível e inegociável a qualquer título;

II – identificará os certificados, ou títulos múltiplos das ações objeto do depósito, bem como a espécie e a quantidade das ações.

§ 3º Juntamente com o depósito das ações, o depositante outorgará mandato ao Gestor do FND, com poderes para aliená-las nas condições aprovadas pelo CND, e indicará o capital social realizado da sociedade e o percentual correspondente das ações objeto do depósito.

§ 4º O RDA emitido em favor do depositante será cancelado automaticamente, para todos os eleitos, quando do encerramento do processo de desestatização.

§ 5º Na hipótese de exclusão do PND, da sociedade cujas ações representativas do capital social tenham sido objeto de depósito, além do cancelamento do RDA, ficará revogado de pleno direito o mandato referido no § 3º deste artigo.

§ 6º Os titulares de ações depositadas deverão mantê-las escrituradas em seus registros contábeis, sem alteração de critério, até que seja encerrado o processo de desestatização, observado o disposto nos §§ 4º e 5º deste artigo.

SEÇÃO III
Das Quotas de Sociedades Limitadas

Art. 19. No caso de sociedade por quotas de responsabilidade limitada, o titular das quotas outorgará mandato ao Gestor do FND, com poderes para aliená-las nas condições aprovadas pelo CND, bem como para assinar os atos de alteração do contrato social.

§ 1º Na hipótese de que trata este artigo, o Gestor do FND fornecerá ao titular das quotas recibo do mandato, que conterá:

I – a denominação e o capital social realizado da sociedade;

II – o percentual da participação do titular das quotas, em relação ao capital social realizado da sociedade;

III – outros elementos determinados pelo CND.

§ 2º O mandato referido neste artigo não poderá ser exercido pelo Gestor do FND, nos seguintes casos:

I – em desacordo com as condições de alienação das quotas aprovadas pelo CND;

II – no caso de transformação da sociedade por quotas em companhia;

III – se for declarada insubsistente a inclusão da sociedade no PND.

SEÇÃO IV
Da Alienação de Ativos

Art. 20. No caso de o processo de desestatização abranger apenas a alienação de ativos incluídos no PND, caberá ao CND estabelecer a forma de procedimento e definir os atos que devam ser praticados pelos respectivos administradores.

Parágrafo único. O disposto no caput deste artigo aplica-se às hipóteses de alienação, arrendamento, locação, comodato, cessão de bens e instalações e de desativação parcial de empreendimentos de sociedade incluída no PND.

SEÇÃO V
Das Auditorias Externas

Art. 21. O FND será auditado por auditor externo independente, registrado na Comissão de Valores Mobiliários – CVM, que será contratado mediante licitação pública promovida pelo Gestor do FND.

Parágrafo único. O auditor externo do FND prestará, por escrito, os esclarecimentos sobre o seu parecer que forem solicitados pelo CND e, quando convocado, comparecerá às suas reuniões.

Art. 22. Os processos de desestatização serão auditados, a partir da publicação do respectivo edital, por auditor externo independente, registrado na CVM.

§ 1º Em cada processo de desestatização será feita licitação pública para a contratação de auditor externo independente.

§ 2º Ao auditor externo independente competirá verificar e atestar a lisura e a observância das regras estabelecidas no edital de alienação, prestar os demais serviços previstos no respectivo contrato e apresentar, ao final do processo, relatório que será submetido à apreciação do CND.

§ 3º O CND poderá, conforme o caso, determinar a contratação de auditor para o acompanhamento de outras fases do processo de desestatização, anteriores à publicação do edital.

CAPÍTULO VII
DO GESTOR DO FUNDO NACIONAL DE DESESTATIZAÇÃO

SEÇÃO I
Da Designação

Art. 23. O FND será administrado pelo BNDES.

Parágrafo único. O exercício das atribuições do administrador de que trata o caput decorre diretamente do disposto na Lei nº 9.491, de 1997, hipótese em que não será cabível a assinatura de contrato com o titular do ativo para a sua execução. (Incluído pelo Decreto nº 10.263, de 2020)

SEÇÃO II
Da Competência

Art. 24. Compete ao Gestor do FND:

I – fornecer apoio administrativo e operacional, necessário ao funcionamento do CND, aí se incluindo os serviços de secretaria;

II – divulgar os processos de desestatização, bem como prestar todas as informações que vierem a ser solicitadas pelos poderes competentes;

III – constituir grupos de trabalho, integrados por funcionários do BNDES e suas subsidiárias e por servidores da Administração direta e indireta requisitados nos termos do inciso IV do art. 11 deste Decreto, para o fim de prover apoio técnico à implementação das desestatizações;

IV – promover a contratação de consultaria, auditoria e outros serviços especializados necessários à execução das desestatizações;

V – submeter ao Presidente do CND as matérias de que trata o inciso II do art. 10 deste Decreto;

VI – promover a articulação com o sistema de distribuição de valores mobiliários e as Bolsas de Valores;

VII – selecionar e cadastrar empresas de reconhecida reputação e tradicional atuação na negociação de capital, transferência de controle acionário, venda e arrendamento de ativos;

VIII – preparar a documentação dos processos de desestatização, para apreciação do Tribunal de Contas da União;

IX – apresentar prestação de contas ao CND, no encerramento de cada processo de desestatização;

X – submeter ao Presidente do CND outras matérias de interesse do PND.

Parágrafo único. Na contratação dos serviços a que se refere o inciso IV deste artigo poderá o Gestor do FND estabelecer, alternativa ou cumulativamente, na composição da remuneração dos contratados, pagamento a preço fixo ou comissionado, sempre mediante licitação.

SEÇÃO III
Da Remuneração do Gestor e do Ressarcimento das Despesas

Art. 25. Pelo exercício da função de administrador, o Gestor do FND fará jus à remuneração de dois décimos por cento do valor líquido apurado em cada alienação, para cobertura de seus custos operacionais.

§ 1º Para efeito de determinação da base de cálculo da remuneração de que trata este artigo, considera-se valor liquido o apurado nas alienações, deduzidos os gastos efetuados com terceiros, de acordo com os critérios estabelecidos pelo CND.

§ 2º A remuneração do Gestor do FND, será paga quando da liquidação financeira de cada alienação, observadas as normas aprovadas pelo CND.

Art. 26. Serão ressarcidos, pelo titular do RDA ou pelo titular das quotas do capital de sociedade incluída no PND, os gastos com serviços de terceiros, incorridos pelo Gestor do FND, ou por órgão da Administração direta ou indireta responsável pela execução e acompanhamento do processo de desestatização e relativos a:

I – publicação e publicidade do programa de desestatização da sociedade;

II – corretagem e preço de serviços de empresas de consultoria técnica, auditoria ou de outro ramo de atividade necessários à execução do projeto de desestatização da sociedade;

III – taxas, emolumentos e demais encargos ou despesas relativos ao processo de desestatização, inclusive outros custos especificados pelo CND.

§ 1º Os gastos de que trata o caput deste artigo, acrescidos de encargos, serão ressarcidos quando da liquidação financeira de cada alienação, observadas as normas aprovadas pelo CND.

§ 2º Nos casos em que a alienação não venha a ser concretizada, os gastos serão cobrados por ocasião da devolução das ações ao seu titular ou da decisão do CND que aprovar a alienação das mesmas, de acordo com os procedimentos simplificados definidos para as ações depositadas no FND, conforme o Decreto nº 1.068, de 2 de março de 1994.

Art. 26-A. Serão ressarcidos pela União os gastos efetuados pelo Gestor do FND com a contratação de pareceres ou de estudos especializados necessários à desestatização de setores ou segmentos específicos, de que trata a alínea "f" do inciso II do caput do art. 6º da Lei nº 9.491, de 1997, inclusive quando prévios à entrada de ativos no PND, observadas as disponibilidades orçamentária e financeira. (Incluído pelo Decreto nº 10.459, de 2020)

§ 1º O ressarcimento de que trata o caput será autorizado apenas quando a contratação de pareceres ou de estudos for previamente aprovada pelo CND. (Incluído pelo Decreto nº 10.459, de 2020)

§ 2º Observadas as Resoluções do CND, os gastos de que trata o caput serão ressarcidos na data da entrega dos estudos e da comprovação das despesas pelo Gestor do FND. (Incluído pelo Decreto nº 10.459, de 2020)

Art. 27. Na hipótese de alienação de participações minoritárias, cujo valor seja de pequena monta, a juízo do Gestor do FND, poderão ser dispensados a cobrança de remuneração e o ressarcimento dos gastos de que tratam os arts. 25 e 26 deste Decreto.

CAPÍTULO VIII
DO PROCESSO DE DESESTATIZAÇÃO

SEÇÃO I
Da Divulgação e dos Editais

Art. 28. Para salvaguarda do conhecimento público das condições em que se processará a alienação do controle acionário da empresa, inclusive instituição financeira, incluída no PND, assim como de sua situação econômica, financeira e operacional, será dada ampla divulgação das informações necessárias, mediante a publicação do edital, no Diário Oficial da União e em jornais de notória circulação nacional, do qual constarão, pelo menos, os seguintes elementos:

I – justificativa da desestatização, com indicação do percentual do capital social da sociedade a ser alienado;

II – a data e o ato que determinou a constituição da empresa originariamente estatal ou, se estatizada, data, ato e motivos que determinaram sua estatização;

III – o passivo de curto e longo prazo das sociedades;

IV – a situação econômico-financeira da sociedade, especificando lucros ou prejuízos, endividamento interno e externo, nos cinco últimos exercícios;

V – pagamento de dividendos à União ou a sociedades por essa controladas direta ou indiretamente, e aporte de recursos à conta capital, providos direta ou indiretamente pela União, nos últimos quinze anos;

VI – sumário dos estudos de avaliação;

VII – critério de fixação do valor de alienação, com base nos estudos de avaliação;

VIII – modelagem de venda o valor mínimo da participação a ser alienada;

IX – indicação, se for o caso, de que será criada ação de classe especial e os poderes nela compreendidos.

§ 1º Excluídas as informações que digam respeito a matérias relacionadas, com segredo de indústria ou de comércio, o CND assegurará, a qualquer interessado, acesso aos estudos de avaliação econômica e patrimonial, após a publicação do respectivo edital das ações ou bens e a apreciação dos referidos estudos pelo Conselho.

§ 2º O disposto no parágrafo anterior não se aplica quando se tratar de alienação de participações minoritárias.

§ 3º Nos casos em que o processo de desestatização requerer a abertura de sala de informações contendo dados e documentos de interesse da empresa, poderá o CND determinar que apenas grupos qualificados tenham acesso à mesma.

§ 4º O CND fixará o prazo a ser observado entre a publicação do edital e a data de alienação, respeitado o intervalo mínimo de quinze dias.

§ 5º Eventuais alterações deverão ser divulgadas no Diário Oficial da União e nos jornais em que o edital houver sido originalmente publicado, hipótese em que a alienação realizar-se-á, no mínimo, quinze dias após a referida divulgação.

Art. 29. A alienação de participações minoritárias, através de negociação normal ou pregão especial em bolsa de valores, será divulgada pelos meios próprios do mercado de capitais com a publicação, conforme o caso, dos editais exigidos segundo regras fixadas pela CVM.

SEÇÃO II
Dos Procedimentos de Avaliação

Art. 30. A determinação do preço mínimo dos ativos incluídos no PND, para desestatização mediante as modalidades operacionais previstas no art. 7º deste Decreto, levará em consideração os estudos elaborados com base na análise detalhada das condições de mercado, da situação eeconômico-financeira e das perspectivas de rentabilidade da sociedade.

§ 1º Os estudos a que se refere o caput deste artigo deverão indicar o valor econômico da empresa bem como outros parâmetros que venham a ser julgados necessários à fixação do valor de alienação.

§ 2º O valor de liquidação da sociedade objeto de desestatização somente deverá ser calculado para os efeitos do § 1º deste artigo nos casos em que for adequado recomendar a liquidação da sociedade.

§ 3º Para os efeitos do disposto neste artigo, considera-se valor econômico da empresa aquele calculado a partir da projeção do seu fluxo de caixa operacional, ajustado pelos valores dos direitos o obrigações não vinculados às suas atividades operacionais, bem como pelos valores que reflitam contingências e outros efeitos.

§ 4º As ações de sociedade incluída no PND ofertadas a empregados e ao público em geral, mediante distribuição no mercado acionário, bem como em bloco de ações que forem a leilão, poderão ter preços e condições diferenciados daquelas objeto da alienação do controle acionário ou da oferta de bloco estratégico.

§ 5º Para os efeitos do disposto no parágrafo anterior, o CND deverá fixar o preço mínimo das demais ações a serem ofertadas, de forma a compensar a redução no valor das ações objeto das ofertas especiais.

§ 6º Nas ofertas ao público em geral, quando as ações objeto de alienação forem de espécies ou classes diferentes ou quando as mesmas já forem negociadas em bolsas de valores, poderá o CND fixar o preço mínimo por outros critérios, considerando as características dos valores mobiliários objeto de cada oferta.

§ 7º Poderá o CND recorrer a outros critérios para fixação do preço mínimo no caso das ações que remanescerem no FND por prazo superior a doze meses contados da data da alienação do controle ou bloco estratégico das ações de emissão da empresa desestatizada.

§ 8º Na fixação do preço mínimo de alienação de participação societária em sociedade concessionária ou permissionária de serviços públicos ou de bens do seu ativo patrimonial, serão levados em conta os critérios de fixação e revisão tarifária e outras condições previstas nos atos de concessão ou permissão existentes ou que vierem a ser expedidos.

§ 9º- A competência prevista nos §§ 5º, 6º e 7º deste artigo, no caso de instituições financeiras, é do CMN, por proposta do Banco Central do Brasil.

Art. 31. O preço mínimo será fixado com base em estudos de avaliação, elaborados por duas empresas contratadas mediante licitação pública promovida pelo Gestor do FND ou pelos órgãos responsáveis de que tratam o § 1º do art. 10 e o art. 13 deste Decreto.

§ 1º Havendo divergência quanto ao preço mínimo recomendado nas avaliações, superior a vinte por cento, será facultado ao CND determinar a contratação de terceiro avaliador, para se manifestar, em até sessenta dias, sobre as avaliações, hipótese em que o respectivo estudo também servirá de base para a determinação do preço mínimo.

§ 2º Na hipótese de contratação de terceiro avaliador, o órgão contratante colocará à disposição do contratado toda a documentação referente aos estudos e serviços já elaborados.

§ 3º O CND poderá determinar a revisão dos estudos de avaliação, no caso de eventos relevantes ocorridos após a elaboração dos mesmos.

Art. 32. O preço mínimo de alienação, aprovado pelo CND, será submetido à homologação do órgão de deliberação competente da empresa titular das ações ou quotas incluídas no PND.

§ 1º A Resolução do CND que aprovar as condições gerais de desestatização será utilizada pelo representante do titular das ações ou bens como instrução de voto para deliberação do órgão competente a que alude o caput deste artigo.

§ 2º O disposto neste artigo não se aplica aos casos de alienação de ações, bens ou direitos quando diretamente detidos pela União.

SEÇÃO III
Dos Procedimentos Simplificados

Art. 33. O CND poderá estabelecer procedimentos simplificados para os processos de desestatização, inclusive para fixação do preço mínimo ou do preço de emissão das ações, conforme o caso, em hipóteses tais como: (Redação dada pelo Decreto nº 7.380, de 2010)

I - desestatização de empresas de pequeno e médio porte;

II - desestatização de empresas com ações negociadas em bolsa de valores;

III - desestatização de participações minoritárias;

IV - alienação, arrendamento, locação, comodato ou cessão de bens e instalações;

V - desestatização de serviços públicos objeto de concessão, permissão ou autorização, cujo porte ou outras características especificas, a critério do CND, indiquem ser esse o procedimento adequado ao caso; e (Redação dada pelo Decreto nº 7.380, de 2010)

VI - desestatização sob a modalidade operacional de aumento de capital com renúncia ou cessão, total ou parcial, de direitos de subscrição, prevista no inciso III do art. 7º deste Decreto. (Incluído pelo Decreto nº 7.380, de 2010)

Parágrafo único. Para os efeitos do disposto neste artigo, a definição de empresa de pequeno e médio porte será aquela adotada pelo BNDES.

SEÇÃO IV
Da Alienação de Ações

Art. 34. A alienação de ações das companhias a serem desestatizadas será efetuada mediante:

I - leilão público, em pregão especial ou através de envelopes fechados, ou através de uma combinação destas formas, em bolsa de valores do País;

II - distribuição de ações a preço fixo, no País ou no exterior, preferencialmente de modo a propiciar sua pulverização ao público, inclusive aos acionistas minoritários, aos empregados, aos fornecedores e aos consumidores;

III - outra forma de oferta pública admitida pela legislação do mercado de capitais.

§ 1º No caso de pulverização do bloco de ações de controle, o CND tomará as providências para que sejam instituídos mecanismos de preservação da estabilidade dos órgãos administrativos da sociedade.

§ 2º O CND poderá fixar, em cada processo de desestatização, o limite máximo de ações do capital da sociedade que poderá ser adquirido por participante ou grupo de participante no processo de desestatização.

SEÇÃO V
Da Alienação de Quotas

Art. 35. O disposto no artigo anterior aplica-se, no que couber, à desestatização de sociedade por quotas de responsabilidade limitada.

SEÇÃO VI
Da Dissolução, Liquidação e Extinção

Art. 36. A dissolução e a liquidação de sociedade incluída no PND observarão as disposições legais aplicáveis à matéria, e, no que couber, as disposições da Lei nº 8.029, de 12 de abril de 1990.

Parágrafo único. No caso de o CND deliberar sobre a dissolução de empresa incluída no PND, deverá comunicar tal decisão ao Ministério da Administração e Reforma do Estado, devendo este, nos trinta dias seguintes ao recebimento da comunicação, tomar as medidas legais cabíveis para a nomeação do liquidante, fixando, inclusive, prazo para o término da liquidação.

SEÇÃO VII
Da Participação de Estrangeiros

Art. 37. A alienação de ações a pessoas físicas ou jurídicas estrangeiras poderá atingir cem por cento do capital votante, salvo disposição legal ou manifestação expressa do Poder Executivo, que determine percentual inferior.

SEÇÃO VIII
Da Participação dos Empregados

Art. 38. Aos empregados de empresas controladas, direta ou indiretamente pela União, incluídas no PND, é assegurada a oferta de parte das ações representativas de seu capital, segundo os princípios estabelecidos neste Decreto e condições específicas a serem aprovadas pelo CND, inclusive quanto a:

I – disponibilidade posterior das ações;

II – quantidade a ser individualmente adquirida.

Parágrafo único. A oferta de que trata o caput deste artigo será de pelo menos dez por cento das ações do capital social detidas direta ou indiretamente, pela União, podendo tal percentual mínimo ser revisto pelo CND, caso o mesmo seja incompatível com o modelo de desestatização aprovado.

Art. 39. A participação dos empregados na aquisição de ações far-se-á opcionalmente, por intermédio do clube de investimento de que trata o Decreto nº 2.430, de 17 de dezembro de 1997, constituído para representá-los legalmente, inclusive como substituto processual.

Art. 40. São nulos de pleno direito contratos ou negócios jurídicos de qualquer espécie onde o empregado figure como intermediário de terceiro na aquisição de ações com incentivo, em troca de vantagem pecuniária ou não.

§ 1º O clube de investimento tem legitimidade ativa para propor ação contra os envolvidos nessa operação fraudulenta, retendo os correspondentes títulos mobiliários, se estatutariamente disponíveis.

§ 2º O Ministério Público, em tomando conhecimento dessa ação judicial ou instado por representação, adotará as providências necessárias à determinação da responsabilidade criminal, bem como solicitará fiscalização por parte da Secretaria da Receita Federal, do Ministério do Trabalho e do Instituto Nacional do Seguro Social, sem prejuízo de inspeções por órgãos estaduais e municipais, no âmbito de suas competências, com vistas à identificação dos efeitos produzidos pela mesma operação.

SEÇÃO IX
Dos Meios de Pagamento

Art. 41. Os pagamentos para aquisição de bens e direitos no âmbito do PND serão realizados por meio de moeda corrente. (Redação dada pelo Decreto nº 8.945, de 2016)

Parágrafo único. O Presidente da República, por recomendação do CND, poderá autorizar outros meios de pagamento, no âmbito do PND. (Incluído pelo Decreto nº 8.945, de 2016)

SEÇÃO X
Da Utilização dos Recursos da Alienação

Art. 42. Os recursos recebidos em cada alienação deverão ser colocados à disposição do aliciante, pelo valor líquido, deduzidas a remuneração e os custos previstos nos arts. 25 e 26 deste Decreto, ou, quando for o caso, transferidos ao Tesouro Nacional, no prazo máximo de trinta dias a contar da data do efetivo recebimento dos recursos pelo Gestor do FND, acrescidos do rendimento liquido de aplicação financeira efetuada de acordo com os critérios estabelecidos pelo CND.

Art. 43. Observados os privilégios legais, o titular dos recursos oriundos da venda de ações ou de bens deverá utilizá-los, prioritariamente, na quitação de suas dívidas vencidas e vincendas perante a União.

Parágrafo único. As condições e critérios para a quitação das dívidas de que trata o caput deste artigo serão estabelecidos pelo Ministério da Fazenda, em cada caso, considerando as características de cada dívida.

Art. 44. (Revogado pelo Decreto nº 8.945, de 2016)

CAPÍTULO IX
DISPOSIÇÕES GERAIS

SEÇÃO I
Da Responsabilidade dos Servidores e das Informações Sobre as Sociedades

Art. 45. Os servidores da Administração Pública Federal direta e autárquica responderão, nos termos da lei, por eventuais ações ou omissões que impeçam ou prejudiquem o curso dos processos de desestatização.

Art. 46. Os administradores das sociedades incluídas no PND são responsáveis pela exatidão e pelo fornecimento, em tempo hábil, das informações necessárias à instrução do processo de desestatização.

SEÇÃO II
Dos Atos Dependentes de Autorização do Conselho Nacional de Desestatização

Art. 47. A partir de sua inclusão no PND, a sociedade não poderá: (Vide Decreto nº 10.670, de 2021)

I – alienar elementos do seu ativo permanente ou adquirir bens que nele venham a ser registrados sem prévia autorização do CND, exceto os necessários à manutenção e operação da empresa;

II – contrair obrigações financeiras sem prévia autorização do CND, exceto aquelas necessárias à manutenção e operação da empresa.

Parágrafo único. A partir da fixação, pelo CND, do preço mínimo das ações ou bens objeto de alienação, a sociedade não poderá praticar atos que impliquem diminuição do seu patrimônio líquido, inclusive distribuição de dividendos e redução de capital mediante distribuição de reservas, sem prévia autorização do CND.

SEÇÃO III
Das Proibições

Art. 48. É vedado aos servidores que participem dos trabalhos do CND, aos servidores dos órgãos de que tratam os §§ 1º e 2º do art. 10 e o art. 13 deste Decreto, aos funcionários do Gestor do FND, e respectivos cônjuges e parentes até segundo grau, diretamente ou por intermédio de sociedade sob seu controle:

I – participar das licitações promovidas no âmbito do PND;

II – adquirir participações societárias ou elementos do ativo patrimonial de sociedades incluídas no PND.

§ 1º O disposto neste artigo aplica-se às modalidades operacionais de privatização mediante alienação, arrendamento, locação, comodato ou cessão de bens e instalações de sociedade incluída no PND.

§ 2º Não se aplica o disposto no inciso II deste artigo quando se tratar de aquisição de ações por subscrição ou outras formas de oferta pública.

SEÇÃO IV
Uso de Informações Privilegiadas

Art. 49. É vedado aos servidores que participem dos trabalhos do CND, bem como aos administradores das sociedades e funcionários do Gestor do FND, valer-se de informações sobre o processo de privatização, às quais tenham acesso privilegiado em razão do exercício de seu cargo, relativas a fato ou ato relevante não divulgado ao mercado.

Parágrafo único. Os participantes guardarão sigilo sobre as informações relativas a ato ou fato referente aos processos de privatização, até sua divulgação ao público, e não se utilizarão de informações às quais tenham acesso em razão do exercício do cargo, de modo a obter, para si ou para outrem, vantagem de qualquer natureza.

SEÇÃO V
Da Responsabilidade do Administrador e do Acionista

Art. 50. Os acionistas controladores e os administradores das empresas incluídas no PND adotarão, nos prazos estabelecidos, as providências que vierem a ser determinadas pelo CND, necessárias à implantação dos processos de alienação.

§ 1º Serão pessoalmente responsáveis, na forma da lei, pela realização do depósito e pela outorga do mandato previstos no art. 18 deste Decreto:

I – os administradores das empresas detentoras de ações de sociedades incluídas no PND e os dos seus acionistas controladores;

II – os administradores das entidades titulares de participação societária minoritária incluída no PND.

§ 2º Será considerada falta grave a ação ou omissão de empregados ou servidores públicos que, injustificadamente, opuserem dificuldades ao fornecimento, em tempo hábil, das informações sobre as mesmas, necessárias à execução dos processos de desestatização.

SEÇÃO VI
Da Questão Ambiental

Art. 51. Os adquirentes de ações representativas do controle acionário obrigar-se-ão, expressamente, a:

I – fazer com que a sociedade desestatizada realize os investimentos necessários e vinculados à recuperação ou preservação do meio ambiente;

II - liquidar as multas e demais penalidades cominadas à sociedade desestatizada, por infração à legislação do meio ambiente, consideradas na fixação do preço mínimo de alienação.

Parágrafo único. Caberá aos órgãos ambientais competentes exigir e acompanhar o cumprimento das obrigações previstas neste artigo.

SEÇÃO VII
Da Defesa da Concorrência

Art. 52. Os adquirentes de ações representativas do controle acionário da empresa desestatizada obrigar-se-ão a fazer com que a sociedade preste à Secretaria de Direito Econômico - SDE, após a liquidação financeira da operação de compra, as informações que possibilitem aferir a aplicabilidade do disposto na Lei nº 8.884, de 11 de junho de 1994.

SEÇÃO VIII
Da Questão Previdenciária

Art. 53. Os adquirentes de ações representativas do controle acionário comprometer-se-ão a fazer com que a sociedade desestatizada satisfaça, prontamente, as obrigações de natureza previdenciária.

Parágrafo único. Caberá aos órgãos previdenciários competentes exigir e acompanhar o cumprimento das obrigações previstas neste artigo.

SEÇÃO IX
Do Tratamento da Mão-de-Obra

Art. 54. No caso de os adquirentes do controle acionário deliberarem pela dissolução e liquidação da sociedade desestatizada em prazo inferior a um ano, contado a partir da liquidação financeira da aquisição, deverão oferecer aos empregados o treinamento necessário à sua absorção pelo mercado de trabalho.

§ 1º O treinamento previsto no caput deste artigo será oferecido, igualmente, aos empregados que forem demitidos, sem justa causa, nos seis meses que se seguirem à liquidação financeira.

§ 2º Caberá ao Ministério do Trabalho fiscalizar o cumprimento do disposto neste artigo.

SEÇÃO X
Do Atendimento aos Objetivos da Desestatização

Art. 55. As empresas incluídas no PND que vierem a integrar o FND terão sua estratégia voltada para atender os objetivos da desestatização.

SEÇÃO XI
Da Assistência Jurídica

Art. 56. O Gestor do FND manterá assistência jurídica aos ex-membros da Comissão Diretora do PND, na hipótese de serem demandados em razão da prática de atos decorrentes do exercício das suas respectivas funções no referido órgão.

CAPÍTULO X
DAS DISPOSIÇÕES FINAIS

SEÇÃO I
Da Representação de União

Art. 57. Compete à Procuradoria-Geral da Fazenda Nacional, de acordo com a legislação pertinente, representar a União nas assembléias gerais de sociedade de cujo capital o Tesouro Nacional participe, bem assim na outorga do mandato ao Gestor do FND e nos atos de transferência de ações ou cessão de direitos de subscrição.

SEÇÃO II
Da Não Incidência dos Efeitos

Art. 58. Ficam excluídas da vedação prevista pelo art. 1º e seu parágrafo único do Decreto nº 96.915, de 3 de outubro de 1988, todas as entidades da Administração Federal ou sob controle, direto ou indireto, da União, incluídas no PND, nos termos da Lei nº 9.491/97.

§ 1º O disposto neste artigo somente se aplica às dívidas vincendas das entidades nele referidas.

§ 2º O Banco Central do Brasil expedirá as normas necessárias à execução do disposto neste artigo.

SEÇÃO III
Da Vinculação das Empresas Incluídas no Programa Nacional de Desestatização

Art. 59. Sem prejuízo da vinculação de que trata o Decreto nº 9.660, de 1º de janeiro de 2019, as empresas incluídas no PND e as empresas titulares de participações acionárias incluídas no referido Programa ficarão administrativamente subordinadas ao Ministério da Economia, que, no âmbito de suas competências, adotará as medidas necessárias à efetivação dos processos de desestatização. (Redação dada pelo Decreto nº 10.006, de 2019) (Vide Decreto nº 10.669, de 2021) (Vide Decreto nº 10.670, de 2021)

§ 1º Para cumprimento do disposto neste artigo, compete ao Ministro de Estado da Economia: (Redação dada pelo Decreto nº 10.006, de 2019)

I – indicar, nas vagas destinadas aos representantes da União, membros do conselho de administração a serem eleitos em assembleia de acionistas; (Redação dada pelo Decreto nº 10.006, de 2019)

II – indicar os membros da diretoria-executiva ao conselho de administração, para avaliação e posterior eleição; e (Redação dada pelo Decreto nº 10.006, de 2019)

III – autorizar previamente a empresa para que esta possa praticar os seguintes atos: (Redação dada pelo Decreto nº 10.006, de 2019)

a) proceder à abertura de capital, aumentar o capital social por subscrição de novas ações, renunciar a direitos de subscrição, lançar debêntures conversíveis em ações ou emitir outros valores mobiliários, no País ou no exterior; (Incluído pelo Decreto nº 10.006, de 2019)

b) promover operações de cisão, fusão ou incorporação; (Incluído pelo Decreto nº 10.006, de 2019)

c) firmar acordos de acionistas ou compromissos de natureza societária ou renunciar a direitos neles previstos; (Incluído pelo Decreto nº 10.006, de 2019)

d) firmar ou repactuar contratos de financiamentos ou de acordos comerciais por prazo superior a três meses ou transações que não correspondam a operações e giro normal dos negócios da empresa; e (Incluído pelo Decreto nº 10.006, de 2019)

e) adquirir ou alienar ativos em montante igual ou superior a cinco por cento do patrimônio líquido da empresa. (Incluído pelo Decreto nº 10.006, de 2019)

IV – (Revogado pelo Decreto nº 10.006, de 2019)

V – (Revogado pelo Decreto nº 10.006, de 2019)

§ 2º Aplicam-se, no que couber, as disposições deste artigo às participações acionárias, de caráter minoritário, depositadas no FND.

§ 3º O depositante de ações no PND titular de participações minoritárias em companhia privada que, em decorrência de acordo de acionistas, integre o respectivo grupo controlador deverá, quando se tratar de deliberação sobre as matérias de que trata o § 1º, submeter o seu voto, nas matérias em deliberação nos órgãos societários daquelas companhias, à anuência prévia do Ministro de Estado da Economia. (Redação dada pelo Decreto nº 10.006, de 2019)

Art. 60. Caberá ao Ministério do Planejamento e Orçamento coordenar, supervisionar e fiscalizar a execução do PND.

Art. 61. Este Decreto entra em vigor na data de sua publicação.

Art. 62. Revogam-se o Decreto nº 1.204, de 29 de julho de 1994, o Decreto nº 1.227, de 22 de agosto de 1994, o Decreto nº 2.077, de 21 de novembro de 1996, e o Decreto nº 2.274, de 15 de julho de 1997.

LEI ESTADUAL Nº 6.161, DE 26 DE JUNHO DE 2000

- REGULA O PROCESSO ADMINISTRATIVO NO ÂMBITO DA ADMINISTRAÇÃO PÚBLICA ESTADUAL

***ATUALIZADA ATÉ A LEI Nº 8.356, DE 2 DE DEZEMBRO DE 2020.**

ÍNDICE

CAPÍTULO I - DAS DISPOSIÇÕES GERAIS - art. 1º e 2º

CAPÍTULO II - DOS DIREITOS DOS ADMINISTRADOS - art. 3º

CAPÍTULO III - DOS DEVERES DO ADMINISTRADO - art. 4º

CAPÍTULO IV - DO INÍCIO DO PROCESSO - art. 5º ao 8º

CAPÍTULO V - DOS INTERESSADOS - art. 9º e 10

CAPÍTULO VI - DA COMPETÊNCIA - art. 11 ao 17

CAPÍTULO VII - DOS IMPEDIMENTOS E DA SUSPEIÇÃO - art. 18 ao 21

CAPÍTULO VIII - DA FORMA, TEMPO E LUGAR DOS ATOS DO PROCESSO - art. 22 ao 25

CAPÍTULO IX - DA COMUNICAÇÃO DOS ATOS - art. 26 ao 28

CAPÍTULO X - DA INSTRUÇÃO - art. 29 ao 47

CAPÍTULO XI - DO DEVER DE DECIDIR - art. 48 e 49

CAPÍTULO XII - DA MOTIVAÇÃO - art. 50

CAPÍTULO XIII - DA DESISTÊNCIA E OUTROS CASOS DE EXTINÇÃO DO PROCESSO - art. 50 e 51

CAPÍTULO XIV - DA ANULAÇÃO, REVOGAÇÃO E CONVALIDAÇÃO - art. 53 ao 55

CAPÍTULO XV - DO RECURSO ADMINISTRATIVO E DA REVISÃO - art. 56 ao 65

CAPÍTULO XVI - DOS PRAZOS - art. 66 e 67

CAPÍTULO XVII - DAS SANÇÕES - art. 68
CAPÍTULO XVIII - DAS DISPOSIÇÕES FINAIS - art. 69 ao 71

CAPÍTULO I
DAS DISPOSIÇÕES GERAIS

Art. 1º Esta Lei regula os atos e procedimentos administrativos da Administração Pública centralizada e descentralizada do Estado de Alagoas.

§ 1º Considera-se integrante da Administração descentralizada estadual toda pessoa jurídica controlada ou mantida, direta ou indiretamente, pelo Poder Público estadual, seja qual for o seu regime jurídico.

§ 2º Os preceitos desta Lei também se aplicam aos órgãos dos Poderes Legislativo e Judiciário, quando no desempenho de função administrativa.

§ 3º Para os fins desta Lei, consideram-se:

I – órgão – a unidade de atuação integrante da estrutura da Administração direta e da estrutura da administração indireta;

II – entidade – a unidade de atuação dotada de personalidade jurídica;

III – autoridade – o servidor ou agente público dotado de poder de decisão.

Art. 2º A Administração Pública obedecerá, dentre outros, aos princípios da legalidade, finalidade, motivação, razoabilidade, proporcionalidade, moralidade, ampla defesa, contraditório, segurança jurídica, interesse público e eficiência.

Parágrafo único. Nos processos administrativos serão observados, entre outros, os critérios de:

I – atuação conforme a lei e o Direito;

II – atendimento a fins de interesse geral, vedada à renúncia total ou parcial de poderes ou competências, salvo autorização em lei;

III – objetividade no atendimento do interesse público, vedada a promoção pessoal de agentes ou autoridades;

IV – atuação segundo padrões éticos de probidade, decoro e boa-fé;

V – divulgação oficial dos atos administrativos, ressalvadas as hipóteses de sigilo previstas na Constituição;

VI – adequação entre meios e fins, vedada a imposição de obrigações, restrições e sanções em medida superior àquelas estritamente necessárias ao atendimento do interesse público;

VII – indicação dos pressupostos de fato e de direito que determinarem a decisão;

VIII – observância das formalidades essenciais à garantia dos direitos dos administrados;

IX – adoção de formas simples, suficientes para propiciar adequado grau de certeza, segurança e respeito aos direitos dos administrados;

X – garantia dos direitos à comunicação, à apresentação de alegações finais, à produção de provas e à interposição de recursos, nos processos de que possam resultar sanções e nas situações de litígio;

XI – proibição de cobrança de despesas processuais, ressalvadas as previstas em lei;

XII – impulsão, de ofício, do processo administrativo, sem prejuízo da atuação dos interessados;

XIII – interpretação da norma administrativa da forma que melhor garanta o atendimento do fim público a que se dirige, vedada aplicação retroativa de nova interpretação.

CAPÍTULO II
DOS DIREITOS DOS ADMINISTRADOS

Art. 3º O administrado tem os seguintes direitos perante a Administração, sem prejuízo de outros que lhe sejam assegurados:

I – ser tratado com respeito pelas autoridades e servidores, que deverão facilitar o exercício de seus direitos e o cumprimento de suas obrigações;

II – ter ciência da tramitação dos processos administrativos em que tenha a condição de interessado, ter vista dos autos, obter cópias de documentos neles contidos e conhecer as decisões proferidas;

III – formular alegações e apresentar documentos antes da decisão, os quais serão objeto de consideração pelo órgão competente;

IV – fazer-se assistir, facultativamente, por advogado, salvo quando obrigatória a representação, por força de lei.

CAPÍTULO III
DOS DEVERES DO ADMINISTRADO

Art. 4º São deveres do administrado perante a Administração, sem prejuízo de outros previstos em ato normativo:

I – expor os fatos conforme a verdade;

II – proceder com lealdade, urbanidade e boa-fé;

III – não agir de modo temerário;

IV – prestar as informações que lhe forem solicitadas e colaborar para o esclarecimento dos fatos.

CAPÍTULO IV
DO INÍCIO DO PROCESSO

Art. 5º O processo administrativo pode iniciar-se de ofício ou a pedido de interessado.

Art. 6º O requerimento inicial do interessado, salvo casos em que for admitida solicitação oral, deve ser formulado por escrito e conter os seguintes dados:

I – órgão ou autoridade administrativa a que se dirige;

II – identificação do interessado ou de quem o represente;

III – domicílio do requerente ou local para recebimento de comunicações;

IV – formulação do pedido, com exposição dos fatos e de seus fundamentos;

V – data e assinatura do requerente ou de seu representante.

Parágrafo único. É vedada à Administração a recusa imotivada de recebimento de documentos, devendo o servidor orientar o interessado quanto ao suprimento de eventuais falhas.

Art. 7º Os órgãos e entidades administrativas deverão elaborar modelos ou formulários padronizados para assuntos que importem pretensões equivalentes.

Art. 8º Quando os pedidos de uma pluralidade de interessados tiverem conteúdo e fundamentos idênticos, poderão ser formulados em um único requerimento, salvo preceito legal em contrário.

CAPÍTULO V
DOS INTERESSADOS

Art. 9º São legitimados como interessados no processo administrativo:

I – pessoas físicas ou jurídicas que o iniciem como titulares de direitos ou interesses individuais ou no exercício do direito de representação;

II – aqueles que, sem terem iniciado o processo, têm direitos ou interesses que possam ser afetados pela decisão a ser adotada;

III – as organizações e associações representativas, no tocante a direitos e interesses coletivos;

IV – as pessoas ou as associações legalmente constituídas quanto a direitos ou interesses difusos.

Art. 10. São capazes, para fins de processo administrativo, os maiores de dezoito anos, ressalvada previsão especial em ato normativo próprio.

CAPÍTULO VI
DA COMPETÊNCIA

Art. 11. A competência é irrenunciável e se exerce pelos órgãos administrativos a que foi atribuída como própria, salvo os casos de delegação e avocação legalmente admitidos.

Art. 12. Um órgão administrativo e seu titular poderão, se não houver impedimento legal, delegar parte da sua competência a outros órgãos ou titulares, ainda que estes não lhe sejam hierarquicamente subordinados, quando for conveniente, em razão de circunstâncias de índole técnica, social, econômica, jurídica ou territorial.

Parágrafo único. O disposto no caput deste artigo aplica-se à delegação de competência dos órgãos colegiados aos respectivos presidentes.

Art. 13. Não podem ser objeto de delegação:

I – a edição de atos de caráter normativo;

II – a decisão de recursos administrativos;

III – as matérias de competência exclusiva do órgão ou autoridade.

Art. 14. O ato de delegação e sua revogação deverão ser publicados no meio oficial.

§ 1º O ato de delegação especificará as matérias e poderes transferidos, os limites da atuação do delegado, a duração e os objetivos da delegação e o recurso cabível, podendo conter ressalva de exercício da atribuição delegada.

§ 2º O ato de delegação é revogável a qualquer tempo pela autoridade delegante.

§ 3º As decisões adotadas por delegação devem mencionar explicitamente esta qualidade e considerar-se-ão editadas pelo delegado.

Art. 15. Será permitida, em caráter excepcional e por motivos relevantes devidamente justificados, a avocação temporária de competência atribuída a órgão hierarquicamente inferior.

Art. 16. Os órgãos e entidades administrativas divulgarão publicamente os locais das respectivas sedes e, quando conveniente, a unidade fundacional competente em matéria de interesse especial.

Art. 17. Inexistindo competência legal específica, o processo administrativo deverá ser iniciado perante a autoridade de menor grau hierárquico para decidir.

CAPÍTULO VII
DOS IMPEDIMENTOS E DA SUSPEIÇÃO

Art. 18. É impedido de atuar em processo administrativo o servidor ou autoridade que:

I – tenha interesse direto ou indireto na matéria;

II – tenha participado ou venha a participar como perito, testemunha ou representante, ou se tais situações ocorrem quanto ao cônjuge, companheiro ou parente e afins até o terceiro grau;

III – esteja litigando judicial ou administrativamente com o interessado ou respectivo cônjuge ou companheiro.

Art. 19. A autoridade ou servidor que incorrer em impedimento deve comunicar o fato à autoridade competente, abstendo-se de atuar.

Parágrafo único. A omissão do dever de comunicar o impedimento constitui falta grave, para efeitos disciplinares.

Art. 20. Pode ser argüida a suspeição de autoridade ou servidor que tenha amizade íntima ou inimizade notória com algum dos interessados ou com os respectivos cônjuges, companheiros, parentes e afins até o terceiro grau.

Art. 21. O indeferimento de alegação de suspeição poderá ser objeto de recurso, sem efeito suspensivo.

CAPÍTULO VIII
DA FORMA, TEMPO E LUGAR DOS ATOS DO PROCESSO

Art. 22. Os atos do processo administrativo não dependem de forma determinada senão quando a lei expressamente a exigir.

§ 1º Os atos do processo devem ser produzidos por escrito, em vernáculo, com a data e o local de sua realização e a assinatura da autoridade responsável.

§ 2º Salvo imposição legal, o reconhecimento de firma somente será exigido quando houver dúvida de autenticidade.

§ 3º Os documentos digitalizados juntados aos autos por Contadores privados tem a mesma força probante dos originais, ressalvada a alegação motivada e fundamentada de adulteração antes ou durante a tramitação do processo, e a autenticação de cópias de documentos físicos exigidos na forma da Lei poderá ser feita pelo Órgão Administrativo ou pelo Contador constituído para os fins específicos desta Lei. (Redação dada pela Lei nº 8.356, de 2.12.2020.)

§ 4º O processo deverá ter suas páginas numeradas seqüencialmente e rubricadas.

Art. 23. Os atos do processo devem realizar-se em dias úteis, no horário normal de funcionamento da repartição na qual tramitar o processo.

Parágrafo único. Serão concluídos depois do horário normal os atos já iniciados, cujo adiamento prejudique o curso regular do procedimento ou cause dano ao interessado ou à Administração.

Art. 24. Inexistindo disposição específica, os atos do órgão ou autoridade responsável pelo processo e dos administrados que dele participem devem ser praticados no prazo de cinco dias, salvo motivo de força maior.

Parágrafo único. O prazo previsto neste artigo pode ser dilatado até o dobro, mediante comprovada justificação.

Art. 25. Os atos do processo devem realizar-se preferencialmente na sede do órgão, cientificando-se o interessado se outro for o local de realização.

CAPÍTULO IX
DA COMUNICAÇÃO DOS ATOS

Art. 26. O órgão competente perante o qual tramita o processo administrativo determinará a intimação do interessado para ciência de decisão ou a efetivação de diligências.

§ 1º A intimação deverá conter:

I – identificação do intimado e nome do órgão ou entidade administrativa;

II – finalidade da intimação;

III – data, hora e local em que deve comparecer;

IV – se o intimado deve comparecer pessoalmente, ou fazer-se representar;

V – informação da continuidade do processo independentemente do seu comparecimento;

VI – indicação dos fatos e fundamentos legais pertinentes.

§ 2º A intimação observará a antecedência mínima de três dias úteis quanto à data de comparecimento.

§ 3º A intimação pode ser efetuada por ciência no processo, por via postal com aviso de recebimento, por telegrama ou outro meio que assegure a certeza da ciência do interessado.

§ 4º No caso de interessados indeterminados, desconhecidos ou com domicílio indefinido, a intimação deve ser efetuada por meio de publicação oficial.

§ 5º As intimações serão nulas quando feitas sem observância das prescrições legais, mas o comparecimento do administrado supre sua falta ou irregularidade.

Art. 27. O desatendimento da intimação não importa o reconhecimento da verdade dos fatos, nem a renúncia a direito pelo administrado.

Parágrafo único. No prosseguimento do processo, será garantido direito de ampla defesa ao interessado.

Art. 28. Devem ser objeto de intimação os atos do processo que resultem para o interessado em imposição de deveres, ônus, sanções ou restrição ao exercício de direitos e atividades e os atos de outra natureza, de seu interesse.

CAPÍTULO X
DA INSTRUÇÃO

Art. 29. As atividades de instrução destinadas a averiguar e comprovar os dados necessários à tomada de decisão, realizam-se de ofício ou mediante impulsão do órgão responsável pelo processo, sem prejuízo do direito dos interessados de propor atuações probatórias.

§ 1º O órgão competente para a instrução fará constar dos autos os dados necessários à decisão do processo.

§ 2º Os atos de instrução que exijam a atuação dos interessados devem realizar-se do modo menos oneroso para estes.

Art. 30. São inadmissíveis no processo administrativo as provas obtidas por meios ilícitos.

Art. 31. Quando a matéria do processo envolver assunto de interesse geral, o órgão competente poderá, mediante despacho motivado, abrir período de consulta pública para manifestação de terceiros, antes da decisão do pedido, se não houver prejuízo para a parte interessada.

§ 1º A abertura da consulta pública será objeto de divulgação pelos meios oficiais, a fim de que pessoas físicas ou jurídicas possam examinar os autos, fixando-se prazo para oferecimento de alegações escritas.

§ 2º O comparecimento à consulta pública não confere, por si, a condição de interessado do processo, mas confere o direito de obter da Administração resposta fundamentada, que poderá ser comum a todas as alegações substancialmente iguais.

Art. 32. Antes da tomada de decisão, a juízo da autoridade, diante da relevância da questão, poderá ser realizada audiência pública para debates sobre a matéria do processo.

Art. 33. Os órgãos e entidades administrativas, em matéria relevante, poderão estabelecer outros meios de participação de administrados, diretamente ou por meio de organizações e associações legalmente reconhecidas.

Art. 34. Os resultados da consulta e audiência pública e de outros meios de participação de administrados deverão ser apresentados com a indicação do procedimento adotado.

Art. 35. Quando necessária à instrução do processo, a audiência de outros órgãos ou entidades administrativas poderá ser realizada em reunião conjunta, com a participação de titulares ou representantes dos órgãos competentes, lavrando-se a respectiva ata, a ser juntada aos autos.

Art. 36. Cabe ao interessado a prova dos fatos que tenha alegado, sem prejuízo do dever atribuído ao órgão competente para a instrução e do disposto no art. 37 desta Lei.

Art. 37. Quando o interessado declarar que fatos e dados estão registrados em documentos existentes na própria Administração responsável pelo processo ou em outro órgão administrativo, o órgão competente para a instrução proverá, de ofício, à obtenção dos documentos ou das respectivas cópias.

Art. 38. O interessado poderá, na fase instrutória e antes da tomada da decisão, juntar documentos e pareceres, requerer diligências e perícias, bem como aduzir alegações referentes à matéria objeto do processo.

§ 1º Os elementos probatórios deverão ser considerados na motivação do relatório e da decisão.

§ 2º Somente poderão ser recusadas, mediante decisão fundamentada, as provas propostas pelos interessados quando sejam ilícitas, impertinentes, desnecessárias ou protelatórias.

Art. 39. Quando for necessária a prestação de informações ou a apresentação de provas pelos interessados ou terceiros, serão expedidas intimações para esse fim, mencionando-se data, prazo, forma e condições de atendimento.

Parágrafo único. Não sendo atendida a intimação, poderá o órgão competente, se entender relevante a matéria, suprir de ofício a omissão, não se eximindo de proferir a decisão.

Art. 40. Quando dados, atuações ou documentos solicitados ao interessado forem necessários à apreciação de pedido formulado, o não atendimento no prazo fixado pela Administração para a respectiva apresentação implicará arquivamento do processo.

Art. 41. Os interessados serão intimados de prova ou diligência ordenada, com antecedência mínima de três dias úteis, mencionando-se data, hora e local de realização.

Art. 42. Quando deva ser obrigatoriamente ouvido um órgão consultivo, o parecer deverá ser emitido no prazo máximo de quinze dias, salvo norma especial ou comprovada necessidade de maior prazo.

§ 1º Se um parecer obrigatório e vinculante deixar de ser emitido no prazo fixado, o processo não terá seguimento até a respectiva apresentação, responsabilizando-se quem der causa ao atraso.

§ 2º Se um parecer obrigatório e não vinculante deixar de ser emitido no prazo fixado, o processo poderá ter prosseguimento e ser decidido com sua dispensa, sem prejuízo da responsabilidade de quem se omitiu no atendimento.

Art. 43. Quando por disposição de ato normativo devam ser previamente obtidos laudos técnicos de órgãos administrativos e estes não cumprirem o encargo no prazo assinalado, o órgão responsável pela instrução deverá solicitar laudo técnico de outro órgão dotado de qualificação e capacidade técnica equivalentes.

Art. 44. Encerrada a instrução, o interessado terá o direito de manifestar-se no prazo máximo de dez dias, salvo se outro prazo for legalmente fixado.

Art. 45. Em caso de risco iminente, a Administração Pública poderá motivadamente adotar providências acauteladoras sem a prévia manifestação do interessado.

Art. 46. Os interessados têm direito à vista do processo e a obter certidões ou cópias reprográficas dos dados e documentos que o integram, ressalvados os dados e documentos de terceiros protegidos por sigilo ou pelo direito à privacidade, à honra e à imagem.

Art. 47. O órgão de instrução que não for competente para emitir a decisão final elaborará relatório indicando o pedido inicial, o conteúdo das fases do procedimento e formulará proposta de decisão, objetivamente justificada, encaminhando o processo à autoridade competente.

CAPÍTULO XI
DO DEVER DE DECIDIR

Art. 48. A Administração tem o dever de explicitamente emitir decisão nos processos administrativos e sobre solicitações ou reclamações, em matéria de sua competência.

Art. 49. Concluída a instrução de processo administrativo, a Administração tem o prazo de até trinta dias para decidir, salvo prorrogação por igual período expressamente motivada.

CAPÍTULO XII
DA MOTIVAÇÃO

Art. 50. Os atos administrativos deverão ser motivados, com indicação dos fatos e dos fundamentos jurídicos, quando:

I - neguem, limitem ou afetem direitos ou interesses;

II - imponham ou agravem deveres, encargos ou sanções;

III - decidam processos administrativos de concurso ou seleção pública;

IV - dispensem ou declarem a inexigibilidade de processo licitatório;

V - decidam recursos administrativos;

VI - decorram de reexame de ofício;

VII - deixem de aplicar jurisprudência firmada sobre a questão ou discrepem de pareceres, laudos, propostas e relatórios oficiais;

VIII - importem anulação, revogação, suspensão ou convalidação de ato administrativo.

§ 1º A motivação deve ser explícita, clara e congruente, podendo consistir em declaração de concordância com fundamentos de anteriores pareceres, informações, decisões ou propostas, que, neste caso, serão parte integrante do ato.

§ 2º Na solução de vários assuntos da mesma natureza, pode ser utilizado meio mecânico que reproduza os fundamentos das decisões, desde que não prejudique direito ou garantia dos interessados.

§ 3º A motivação das decisões de órgãos colegiados e comissões ou de decisões orais constará da respectiva ata ou de termo escrito.

CAPÍTULO XIII
DA DESISTÊNCIA E OUTROS CASOS DE EXTINÇÃO DO PROCESSO

Art. 51. O interessado poderá, mediante manifestação escrita, desistir total ou parcialmente do pedido formulado ou, ainda, renunciar a direitos disponíveis.

§ 1º Havendo vários interessados, a desistência ou renúncia atinge somente quem a tenha formulado.

§ 2º A desistência ou renúncia do interessado, conforme o caso, não prejudica o prosseguimento do processo, se a Administração considerar que o interesse público assim o exige.

Art. 52. O órgão competente poderá declarar extinto o processo quando exaurida sua finalidade ou o objeto da decisão se tornar impossível, inútil ou prejudicado por fato superveniente.

CAPÍTULO XIV
DA ANULAÇÃO, REVOGAÇÃO E CONVALIDAÇÃO

Art. 53. A Administração deve anular seus próprios atos, quando eivados de vício de legalidade, e pode revogá-los por motivo de conveniência ou oportunidade, respeitados os direitos adquiridos.

Art. 54. O direito da Administração de anular os atos administrativos de que decorram efeitos favoráveis para os destinatários decai em cinco anos, contados da data em que foram praticados, salvo comprovada má-fé.

§ 1º No caso de efeitos patrimoniais contínuos, o prazo de decadência contar-se-á da percepção do primeiro pagamento.

§ 2º Considera-se exercício do direito de anular qualquer medida de autoridade administrativa que importe impugnação à validade do ato.

Art. 55. Em decisão na qual se evidencie não acarretarem lesão ao interesse público nem prejuízo a terceiros, os atos que apresentarem defeitos sanáveis poderão ser convalidados pela própria Administração.

CAPÍTULO XV
DO RECURSO ADMINISTRATIVO E DA REVISÃO

Art. 56. Das decisões administrativas cabe recurso, em face de razões de legalidade e de mérito.

§ 1º O recurso será dirigido à autoridade que proferiu a decisão, a qual, se não a reconsiderar no prazo de cinco dias, o encaminhará à autoridade superior.

§ 2º Salvo exigência legal, a interposição de recurso administrativo independe de caução.

Art. 57. O recurso administrativo tramitará no máximo por três instâncias administrativas, salvo disposição legal diversa.

Art. 58. Têm legitimidade para interpor recurso administrativo:

I – os titulares de direitos e interesses que forem partes no processo;

II – aqueles cujos direitos ou interesses forem indiretamente afetados pela decisão recorrida;

III – as organizações e associações representativas, no tocante a direitos e interesses coletivos;

IV – os cidadãos ou associações, quanto a direitos ou interesses difusos.

Art. 59. Salvo disposição legal específica, é de dez dias o prazo para interposição de recurso administrativo, contado a partir da ciência ou divulgação oficial da decisão recorrida.

§ 1º Quando a lei não fixar prazo diferente, o recurso administrativo deverá ser decidido no prazo máximo de trinta dias, a partir do recebimento dos autos pelo órgão competente.

§ 2º O prazo mencionado no parágrafo anterior poderá ser prorrogado por igual período, ante justificativa explícita.

Art. 60. O recurso interpõe-se por meio de requerimento no qual o recorrente deverá expor os fundamentos do pedido de reexame, podendo juntar os documentos que julgar conveniente.

Art. 61. Salvo disposição legal em contrário, o recurso não tem efeito suspensivo.

Parágrafo único. Havendo justo receio de prejuízo de difícil ou incerta reparação decorrente da execução, a autoridade recorrida ou a imediatamente superior poderá, de ofício ou a pedido, dar efeito suspensivo ao recurso.

Art. 62. Interposto o recurso, o órgão competente para dele conhecer deverá intimar os demais interessados para que, no prazo de cinco dias úteis, apresentem alegações.

Art. 63. O recurso não será conhecido quando interposto:

I – fora do prazo;

II – perante órgão incompetente;

III – por quem não seja legitimado;

IV – após exaurida a esfera administrativa.

§ 1º Na hipótese do inciso II, será indicada ao recorrente a autoridade competente, sendo-lhe devolvido o prazo para recurso.

§ 2º O não conhecimento do recurso não impede a Administração de rever de ofício o ato ilegal, desde que não ocorrida preclusão administrativa.

Art. 64. O órgão competente para decidir o recurso poderá confirmar, modificar, anular ou revogar, total ou parcialmente, a decisão recorrida, se a matéria for de sua competência.

Parágrafo único. Se da aplicação do disposto neste artigo puder decorrer gravame à situação do recorrente, este deverá ser cientificado para que formule suas alegações antes da decisão.

Art. 65. Os processos administrativos de que resultem sanções poderão ser revistos, a qualquer tempo, a pedido ou de ofício, quando surgirem fatos novos ou circunstâncias relevantes suscetíveis de justificar a inadequação da sanção aplicada.

Parágrafo único. Da revisão do processo não poderá resultar agravamento da sanção.

CAPÍTULO XVI
DOS PRAZOS

Art. 66. Os prazos começam a correr a partir da data da cientificação oficial, excluindo-se da contagem o dia do começo e incluindo-se o do vencimento.

§ 1º Considera-se prorrogado o prazo até o primeiro dia útil seguinte se o vencimento cair em dia em que não houver expediente ou este for encerrado antes da hora normal.

§ 2º Os prazos expressos em dias contam-se de modo contínuo.

§ 3º Os prazos fixados em meses ou anos contam-se de data a data. Se no mês do vencimento não houver o dia equivalente àquele do início do prazo, tem-se como termo o último dia do mês.

§ 4º Para fins de início de contagem de prazo, a cientificação oficial de que trata o caput deste artigo dar-se-á a partir da data de protocolo no setor específico para este fim, não sendo admitido o mero recebimento por outra pessoa que não a do setor de protocolo de cada órgão, excetuando-se os casos em que inexista tal setor no órgão a que se destina o processo. (Redação acrescentada pela Lei nº 8.146, de 19.08.2019.)

Art. 67. Salvo motivo de força maior devidamente comprovado, os prazos processuais não se suspendem.

CAPÍTULO XVII
DAS SANÇÕES

Art. 68. As sanções, a serem aplicadas por autoridade competente, terão natureza pecuniária ou consistirão em obrigação de fazer ou de não fazer, assegurado sempre o direito de defesa.

CAPÍTULO XVIII
DAS DISPOSIÇÕES FINAIS

Art. 69. Os processos administrativos específicos continuarão a reger-se por lei própria, aplicando-se-lhes apenas subsidiariamente os preceitos desta Lei.

Art. 70. (Argüida a inconstitucionalidade do art. 70, promulgado pela Assembléia Legislativa de Alagoas em 13.10.2000 e publicado no DOE de 20.10.2000. Liminar concedida. ADIn nº 2.364-AL)

Art. 71. Esta Lei entra em vigor na data de sua publicação, revogadas as disposições em contrário.

PALÁCIO MARECHAL FLORIANO PEIXOTO, em Maceió, 26 de junho de 2000, 111º da República.

DECRETO FEDERAL Nº 6.017, DE 17 DE JANEIRO DE 2007

– REGULAMENTA A LEI Nº 11.107, DE 6 DE ABRIL DE 2005, QUE DISPÕE SOBRE NORMAS GERAIS DE CONTRATAÇÃO DE CONSÓRCIOS PÚBLICOS.

ÍNDICE

CAPÍTULO I - DO OBJETO E DAS DEFINIÇÕES - art. 1º e 2º

CAPÍTULO II - DA CONSTITUIÇÃO DOS CONSÓRCIOS PÚBLICOS

SEÇÃO I - DOS OBJETIVOS - art. 3º

SEÇÃO II - DO PROTOCOLO DE INTENÇÕES - art. 4º e 5º

SEÇÃO III - DA CONTRATAÇÃO - art. 6º

SEÇÃO IV - DA PERSONALIDADE JURÍDICA - art. 7º

SEÇÃO V - DOS ESTATUTOS - art. 8º

CAPÍTULO III - DA GESTÃO DOS CONSÓRCIOS PÚBLICOS

SEÇÃO I - DISPOSIÇÕES GERAIS - art. 9º e 10

SEÇÃO II - DO REGIME CONTÁBIL E FINANCEIRO - art. 11 e 12

SEÇÃO III - DO CONTRATO DE RATEIO - art. 13 ao 17

SEÇÃO IV - DA CONTRATAÇÃO DO CONSÓRCIO POR ENTE CONSORCIADO - art. 18

SEÇÃO V - DAS LICITAÇÕES COMPARTILHADAS - art. 19

SEÇÃO VI - DA CONCESSÃO, PERMISSÃO OU AUTORIZAÇÃO DE SERVIÇOS PÚBLICOS OU DE USO DE BENS PÚBLICOS - art. 20 e 21

SEÇÃO VII - DOS SERVIDORES - art. 22 e 23

CAPÍTULO IV - DA RETIRADA E DA EXCLUSÃO DE ENTE CONSORCIADO

SEÇÃO I - DISPOSIÇÃO GERAL - art. 24

SEÇÃO II - DO RECESSO - art. 25

SEÇÃO III - DA EXCLUSÃO - art. 26 ao 28

CAPÍTULO V - DA ALTERAÇÃO E DA EXTINÇÃO DOS CONTRATOS DE CONSÓRCIO PÚBLICO - art. 29

CAPÍTULO VI - DO CONTRATO DE PROGRAMA

SEÇÃO I - DAS DISPOSIÇÕES PRELIMINARES - art. 30 e 31

SEÇÃO II -DA DISPENSA DE LICITAÇÃO - art. 32

SEÇÃO III - DAS CLÁUSULAS NECESSÁRIAS - art. 33

SEÇÃO IV - DA VIGÊNCIA E DA EXTINÇÃO - art. 34 e 35

CAPÍTULO VII - DAS NORMAS APLICÁVEIS À UNIÃO - art. 36 ao 39

CAPÍTULO VIII - DAS DISPOSIÇÕES FINAIS E TRANSITÓRIAS - art. 40 ao 42

O PRESIDENTE DA REPÚBLICA, no uso da atribuição que lhe confere o art. 84, inciso IV, da Constituição, e tendo em vista o disposto no art. 20 da Lei nº 11.107, de 6 de abril de 2005,

DECRETA:

CAPÍTULO I
DO OBJETO E DAS DEFINIÇÕES

Art. 1º Este Decreto estabelece normas para a execução da Lei nº 11.107, de 6 de abril de 2005.

Art. 2º Para os fins deste Decreto, consideram-se:

I – consórcio público: pessoa jurídica formada exclusivamente por entes da Federação, na forma da Lei nº 11.107, de 2005, para estabelecer relações de cooperação federativa, inclusive a realização de objetivos de interesse comum, constituída como associação pública, com personalidade jurídica de direito público e natureza autárquica, ou como pessoa jurídica de direito privado sem fins econômicos;

II – área de atuação do consórcio público: área correspondente à soma dos seguintes territórios, independentemente de figurar a União como consorciada:

a) dos Municípios, quando o consórcio público for constituído somente por Municípios ou por um Estado e Municípios com territórios nele contidos;

b) dos Estados ou dos Estados e do Distrito Federal, quando o consórcio público for, respectivamente, constituído por mais de um Estado ou por um ou mais Estados e o Distrito Federal; e

c) dos Municípios e do Distrito Federal, quando o consórcio for constituído pelo Distrito Federal e Municípios.

III – protocolo de intenções: contrato preliminar que, ratificado pelos entes da Federação interessados, converte-se em contrato de consórcio público;

IV – ratificação: aprovação pelo ente da Federação, mediante lei, do protocolo de intenções ou do ato de retirada do consórcio público;

V – reserva: ato pelo qual ente da Federação não ratifica, ou condiciona a ratificação, de determinado dispositivo de protocolo de intenções;

VI – retirada: saída de ente da Federação de consórcio público, por ato formal de sua vontade;

VII – contrato de rateio: contrato por meio do qual os entes consorciados comprometem-se a fornecer recursos financeiros para a realização das despesas do consórcio público;

VIII – convênio de cooperação entre entes federados: pacto firmado exclusivamente por entes da Federação, com o objetivo de autorizar a gestão associada de serviços públicos, desde que ratificado ou previamente disciplinado por lei editada por cada um deles;

IX – gestão associada de serviços públicos: exercício das atividades de planejamento, regulação ou fiscalização de serviços públicos por meio de consórcio público ou de convênio de cooperação entre entes federados, acompanhadas ou não da prestação de serviços públicos ou da transferência total ou parcial de encargos, serviços, pessoal e bens essenciais à continuidade dos serviços transferidos;

X – planejamento: as atividades atinentes à identificação, qualificação, quantificação, organização e orientação de todas as ações, públicas e privadas, por meio das quais um serviço público deve ser prestado ou colocado à disposição de forma adequada;

XI – regulação: todo e qualquer ato, normativo ou não, que discipline ou organize um determinado serviço público, incluindo suas características, padrões de qualidade, impacto socioambiental, direitos e obrigações dos usuários e dos responsáveis por sua oferta ou prestação e fixação e revisão do valor de tarifas e outros preços públicos;

XII – fiscalização: atividades de acompanhamento, monitoramento, controle ou avaliação, no sentido de garantir a utilização, efetiva ou potencial, do serviço público;

XIII – prestação de serviço público em regime de gestão associada: execução, por meio de cooperação federativa, de toda e qualquer atividade ou obra com o objetivo de permitir aos usuários o acesso a um serviço público com características e padrões de qualidade determinados pela regulação ou pelo contrato de programa, inclusive quando operada por transferência total ou parcial de encargos, serviços, pessoal e bens essenciais à continuidade dos serviços transferidos;

XIV – serviço público: atividade ou comodidade material fruível diretamente pelo usuário, que possa ser remunerado por meio de taxa ou preço público, inclusive tarifa;

XV - titular de serviço público: ente da Federação a quem compete prover o serviço público, especialmente por meio de planejamento, regulação, fiscalização e prestação direta ou indireta;

XVI - contrato de programa: instrumento pelo qual devem ser constituídas e reguladas as obrigações que um ente da Federação, inclusive sua administração indireta, tenha para com outro ente da Federação, ou para com consórcio público, no âmbito da prestação de serviços públicos por meio de cooperação federativa;

XVII - termo de parceria: instrumento passível de ser firmado entre consórcio público e entidades qualificadas como Organizações da Sociedade Civil de Interesse Público, destinado à formação de vínculo de cooperação entre as partes para o fomento e a execução de atividades de interesse público previstas no art. 3º da Lei nº 9.790, de 23 de março de 1999; e

XVIII - contrato de gestão: instrumento firmado entre a administração pública e autarquia ou fundação qualificada como Agência Executiva, na forma do art. 51 da Lei nº 9.649, de 27 de maio de 1998, por meio do qual se estabelecem objetivos, metas e respectivos indicadores de desempenho da entidade, bem como os recursos necessários e os critérios e instrumentos para a avaliação do seu cumprimento.

Parágrafo único. A área de atuação do consórcio público mencionada no inciso II do caput deste artigo refere-se exclusivamente aos territórios dos entes da Federação que tenham ratificado por lei o protocolo de intenções.

CAPÍTULO II
DA CONSTITUIÇÃO DOS CONSÓRCIOS PÚBLICOS

SEÇÃO I
DOS OBJETIVOS

Art. 3º Observados os limites constitucionais e legais, os objetivos dos consórcios públicos serão determinados pelos entes que se consorciarem, admitindo-se, entre outros, os seguintes:

I - a gestão associada de serviços públicos;

II - a prestação de serviços, inclusive de assistência técnica, a execução de obras e o fornecimento de bens à administração direta ou indireta dos entes consorciados;

III - o compartilhamento ou o uso em comum de instrumentos e equipamentos, inclusive de gestão, de manutenção, de informática, de pessoal técnico e de procedimentos de licitação e de admissão de pessoal;

IV - a produção de informações ou de estudos técnicos;

V – a instituição e o funcionamento de escolas de governo ou de estabelecimentos congêneres;

VI – a promoção do uso racional dos recursos naturais e a proteção do meio-ambiente;

VII – o exercício de funções no sistema de gerenciamento de recursos hídricos que lhe tenham sido delegadas ou autorizadas;

VIII – o apoio e o fomento do intercâmbio de experiências e de informações entre os entes consorciados;

IX – a gestão e a proteção de patrimônio urbanístico, paisagístico ou turístico comum;

X – o planejamento, a gestão e a administração dos serviços e recursos da previdência social dos servidores de qualquer dos entes da Federação que integram o consórcio, vedado que os recursos arrecadados em um ente federativo sejam utilizados no pagamento de benefícios de segurados de outro ente, de forma a atender o disposto no art. 1º, inciso V, da Lei nº 9.717, de 1998;

XI – o fornecimento de assistência técnica, extensão, treinamento, pesquisa e desenvolvimento urbano, rural e agrário;

XII – as ações e políticas de desenvolvimento urbano, socioeconômico local e regional; e

XIII – o exercício de competências pertencentes aos entes da Federação nos termos de autorização ou delegação.

§ 1º Os consórcios públicos poderão ter um ou mais objetivos e os entes consorciados poderão se consorciar em relação a todos ou apenas a parcela deles.

§ 2º Os consórcios públicos, ou entidade a ele vinculada, poderão desenvolver as ações e os serviços de saúde, obedecidos os princípios, diretrizes e normas que regulam o Sistema Único de Saúde – SUS.

SEÇÃO II
DO PROTOCOLO DE INTENÇÕES

Art. 4º A constituição de consórcio público dependerá da prévia celebração de protocolo de intenções subscrito pelos representantes legais dos entes da Federação interessados.

Art. 5º O protocolo de intenções, sob pena de nulidade, deverá conter, no mínimo, cláusulas que estabeleçam:

I – a denominação, as finalidades, o prazo de duração e a sede do consórcio público, admitindo-se a fixação de prazo indeterminado e a previsão de alteração da sede mediante decisão da Assembléia Geral;

II – a identificação de cada um dos entes da Federação que podem vir a integrar o consórcio público, podendo indicar prazo para que subscrevam o protocolo de intenções;

III – a indicação da área de atuação do consórcio público;

IV – a previsão de que o consórcio público é associação pública, com personalidade jurídica de direito público e natureza autárquica, ou pessoa jurídica de direito privado;

V – os critérios para, em assuntos de interesse comum, autorizar o consórcio público a representar os entes da Federação consorciados perante outras esferas de governo;

VI – as normas de convocação e funcionamento da assembléia geral, inclusive para a elaboração, aprovação e modificação dos estatutos do consórcio público;

VII – a previsão de que a assembléia geral é a instância máxima do consórcio público e o número de votos para as suas deliberações;

VIII – a forma de eleição e a duração do mandato do representante legal do consórcio público que, obrigatoriamente, deverá ser Chefe do Poder Executivo de ente da Federação consorciado;

IX – o número, as formas de provimento e a remuneração dos empregados do consórcio público;

X – os casos de contratação por tempo determinado para atender a necessidade temporária de excepcional interesse público;

XI – as condições para que o consórcio público celebre contrato de gestão, nos termos da Lei nº 9.649, de 1998, ou termo de parceria, na forma da Lei nº 9.790, de 1999;

XII – a autorização para a gestão associada de serviço público, explicitando:

a) competências cuja execução será transferida ao consórcio público;

b) os serviços públicos objeto da gestão associada e a área em que serão prestados;

c) a autorização para licitar e contratar concessão, permissão ou autorizar a prestação dos serviços;

d) as condições a que deve obedecer o contrato de programa, no caso de nele figurar como contratante o consórcio público; e

e) os critérios técnicos de cálculo do valor das tarifas e de outros preços públicos, bem como os critérios gerais a serem observados em seu reajuste ou revisão;

XIII – o direito de qualquer dos contratantes, quando adimplentes com as suas obrigações, de exigir o pleno cumprimento das cláusulas do contrato de consórcio público.

§ 1º O protocolo de intenções deve definir o número de votos que cada ente da Federação consorciado possui na assembléia geral, sendo assegurado a cada um ao menos um voto.

§ 2º Admitir-se-á, à exceção da assembléia geral:

I – a participação de representantes da sociedade civil nos órgãos colegiados do consórcio público;

II – que órgãos colegiados do consórcio público sejam compostos por representantes da sociedade civil ou por representantes apenas dos entes consorciados diretamente interessados nas matérias de competência de tais órgãos.

§ 3º Os consórcios públicos deverão obedecer ao princípio da publicidade, tornando públicas as decisões que digam respeito a terceiros e as de natureza orçamentária, financeira ou contratual, inclusive as que digam respeito à admissão de pessoal, bem como permitindo que qualquer do povo tenha acesso a suas reuniões e aos documentos que produzir, salvo, nos termos da lei, os considerados sigilosos por prévia e motivada decisão.

§ 4º O mandato do representante legal do consórcio público será fixado em um ou mais exercícios financeiros e cessará automaticamente no caso de o eleito não mais ocupar a Chefia do Poder Executivo do ente da Federação que representa na assembléia geral, hipótese em que será sucedido por quem preencha essa condição.

§ 5º Salvo previsão em contrário dos estatutos, o representante legal do consórcio público, nos seus impedimentos ou na vacância, será substituído ou sucedido por aquele que, nas mesmas hipóteses, o substituir ou o suceder na Chefia do Poder Executivo.

§ 6º É nula a cláusula do protocolo de intenções que preveja determinadas contribuições financeiras ou econômicas de ente da Federação ao consórcio público, salvo a doação, destinação ou cessão do uso de bens móveis ou imóveis e as transferências ou cessões de direitos operadas por força de gestão associada de serviços públicos.

§ 7º O protocolo de intenções deverá ser publicado na imprensa oficial.

§ 8º A publicação do protocolo de intenções poderá dar-se de forma resumida, desde que a publicação indique o local e o sítio da rede mundial de computadores – internet em que se poderá obter seu texto integral.

SEÇÃO III
DA CONTRATAÇÃO

Art. 6º O contrato de consórcio público será celebrado com a ratificação, mediante lei, do protocolo de intenções.

§ 1º A recusa ou demora na ratificação não poderá ser penalizada.

§ 2º A ratificação pode ser realizada com reserva que deverá ser clara e objetiva, preferencialmente vinculada à vigência de cláusula, parágrafo, inciso ou alínea do protocolo de intenções, ou que imponha condições para a vigência de qualquer desses dispositivos.

§ 3º Caso a lei mencionada no caput deste artigo preveja reservas, a admissão do ente no consórcio público dependerá da aprovação de cada uma das reservas pelos demais subscritores do protocolo de intenções ou, caso já constituído o consórcio público, pela assembléia geral.

§ 4º O contrato de consórcio público, caso assim esteja previsto no protocolo de intenções, poderá ser celebrado por apenas uma parcela dos seus signatários, sem prejuízo de que os demais venham a integrá-lo posteriormente.

§ 5º No caso previsto no § 4º deste artigo, a ratificação realizada após dois anos da primeira subscrição do protocolo de intenções dependerá da homologação dos demais subscritores ou, caso já constituído o consórcio, de decisão da assembléia geral.

§ 6º Dependerá de alteração do contrato de consórcio público o ingresso de ente da Federação não mencionado no protocolo de intenções como possível integrante do consórcio público.

§ 7º É dispensável a ratificação prevista no caput deste artigo para o ente da Federação que, antes de subscrever o protocolo de intenções, disciplinar por lei a sua participação no consórcio público, de forma a poder assumir todas as obrigações previstas no protocolo de intenções.

SEÇÃO IV
DA PERSONALIDADE JURÍDICA

Art. 7º O consórcio público adquirirá personalidade jurídica:

I - de direito público, mediante a vigência das leis de ratificação do protocolo de intenções; e

II - de direito privado, mediante o atendimento do previsto no inciso I e, ainda, dos requisitos previstos na legislação civil.

§ 1º Os consórcios públicos, ainda que revestidos de personalidade jurídica de direito privado, observarão as normas de direito público no que concerne à realização de licitação, celebração de contratos, admissão de pessoal e à prestação de contas.

§ 2º Caso todos os subscritores do protocolo de intenções encontrem-se na situação prevista no § 7º do art. 6º deste Decreto, o aperfeiçoamento do contrato de consórcio público e a aquisição da personalidade jurídica pela associação pública dependerão apenas da publicação do protocolo de intenções.

§ 3º Nas hipóteses de criação, fusão, incorporação ou desmembramento que atinjam entes consorciados ou subscritores de protocolo de intenções, os novos entes da Federação, salvo disposição em contrário do protocolo de intenções, serão automaticamente tidos como consorciados ou subscritores.

SEÇÃO V
DOS ESTATUTOS

Art. 8º O consórcio público será organizado por estatutos cujas disposições, sob pena de nulidade, deverão atender a todas as cláusulas do seu contrato constitutivo.

§ 1º Os estatutos serão aprovados pela assembléia geral.

§ 2º Com relação aos empregados públicos do consórcio público, os estatutos poderão dispor sobre o exercício do poder disciplinar e regulamentar, as atribuições administrativas, hierarquia, avaliação de eficiência, lotação, jornada de trabalho e denominação dos cargos.

§ 3º Os estatutos do consórcio público de direito público produzirão seus efeitos mediante publicação na imprensa oficial no âmbito de cada ente consorciado.

§ 4º A publicação dos estatutos poderá dar-se de forma resumida, desde que a publicação indique o local e o sítio da rede mundial de computadores - internet em que se poderá obter seu texto integral.

CAPÍTULO III
DA GESTÃO DOS CONSÓRCIOS PÚBLICOS

SEÇÃO I
DISPOSIÇÕES GERAIS

Art. 9º Os entes da Federação consorciados respondem subsidiariamente pelas obrigações do consórcio público.

Parágrafo único. Os dirigentes do consórcio público responderão pessoalmente pelas obrigações por ele contraídas caso pratiquem atos em desconformidade com a lei, os estatutos ou decisão da assembléia geral.

Art. 10. Para cumprimento de suas finalidades, o consórcio público poderá:

I - firmar convênios, contratos, acordos de qualquer natureza, receber auxílios, contribuições e subvenções sociais ou econômicas;

II - ser contratado pela administração direta ou indireta dos entes da Federação consorciados, dispensada a licitação; e

III - caso constituído sob a forma de associação pública, ou mediante previsão em contrato de programa, promover desapropriações ou instituir servidões nos termos de declaração de utilidade ou necessidade pública, ou de interesse social.

Parágrafo único. A contratação de operação de crédito por parte do consórcio público se sujeita aos limites e condições próprios estabelecidos pelo Senado Federal, de acordo com o disposto no art. 52, inciso VII, da Constituição.

SEÇÃO II
DO REGIME CONTÁBIL E FINANCEIRO

Art. 11. A execução das receitas e das despesas do consórcio público deverá obedecer às normas de direito financeiro aplicáveis às entidades públicas.

Art. 12. O consórcio público está sujeito à fiscalização contábil, operacional e patrimonial pelo Tribunal de Contas competente para apreciar as contas do seu representante legal, inclusive quanto à legalidade, legitimidade e economicidade das despesas, atos, contratos e renúncia de receitas, sem prejuízo do controle externo a ser exercido em razão de cada um dos contratos que os entes da Federação consorciados vierem a celebrar com o consórcio público.

SEÇÃO III
DO CONTRATO DE RATEIO

Art. 13. Os entes consorciados somente entregarão recursos financeiros ao consórcio público mediante contrato de rateio.

§ 1º O contrato de rateio será formalizado em cada exercício financeiro, com observância da legislação orçamentária e financeira do ente consorciado contratante e depende da previsão de recursos orçamentários que suportem o pagamento das obrigações contratadas.

§ 2º Constitui ato de improbidade administrativa, nos termos do disposto no art. 10, inciso XV, da Lei nº 8.429, de 2 de junho de 1992, celebrar contrato de rateio sem suficiente e prévia dotação orçamentária, ou sem observar as formalidades previstas em Lei.

§ 3º As cláusulas do contrato de rateio não poderão conter disposição tendente a afastar, ou dificultar a fiscalização exercida pelos órgãos de controle interno e externo ou pela sociedade civil de qualquer dos entes da Federação consorciados.

§ 4º Os entes consorciados, isolados ou em conjunto, bem como o consórcio público, são partes legítimas para exigir o cumprimento das obrigações previstas no contrato de rateio.

Art. 14. Havendo restrição na realização de despesas, de empenhos ou de movimentação financeira, ou qualquer outra derivada das normas de direito financeiro, o ente consorciado, mediante notificação escrita, deverá informá-la ao consórcio público, apontando as medidas que tomou para regularizar a situação, de modo a garantir a contribuição prevista no contrato de rateio.

Parágrafo único. A eventual impossibilidade de o ente consorciado cumprir obrigação orçamentária e financeira estabelecida em contrato de rateio obriga o consórcio público a adotar medidas para adaptar a execução orçamentária e financeira aos novos limites.

Art. 15. É vedada a aplicação dos recursos entregues por meio de contrato de rateio, inclusive os oriundos de transferências ou operações de crédito, para o atendimento de despesas classificadas como genéricas.

§ 1º Entende-se por despesa genérica aquela em que a execução orçamentária se faz com modalidade de aplicação indefinida.

§ 2º Não se considera como genérica as despesas de administração e planejamento, desde que previamente classificadas por meio de aplicação das normas de contabilidade pública.

Art. 16. O prazo de vigência do contrato de rateio não será superior ao de vigência das dotações que o suportam, com exceção dos que tenham por objeto exclusivamente projetos consistentes em programas e ações contemplados em plano plurianual.

Art. 17. Com o objetivo de permitir o atendimento dos dispositivos da Lei Complementar no 101, de 4 de maio de 2000, o consórcio público deve fornecer as informações financeiras necessárias para que sejam consolidadas, nas contas dos entes consorciados, todas as receitas e despesas realizadas, de forma a que possam ser contabilizadas nas contas de cada ente da Federação na conformidade dos elementos econômicos e das atividades ou projetos atendidos.

SEÇÃO IV
DA CONTRATAÇÃO DO CONSÓRCIO POR ENTE CONSORCIADO

Art. 18. O consórcio público poderá ser contratado por ente consorciado, ou por entidade que integra a administração indireta deste último, sendo dispensada a licitação nos termos do art. 2º, inciso III, da Lei nº 11.107, de 2005.

Parágrafo único. O contrato previsto no caput, preferencialmente, deverá ser celebrado sempre quando o consórcio fornecer bens ou prestar serviços para um determinado ente consorciado, de forma a impedir que sejam eles custeados pelos demais.

SEÇÃO V
DAS LICITAÇÕES COMPARTILHADAS

Art. 19. Os consórcios públicos, se constituídos para tal fim, podem realizar licitação cujo edital preveja contratos a serem celebrados pela administração direta ou indireta dos entes da Federação consorciados, nos termos do § 1º do art. 112 da Lei nº 8.666, de 21 de junho de 1993.

SEÇÃO VI
DA CONCESSÃO, PERMISSÃO OU AUTORIZAÇÃO DE SERVIÇOS PÚBLICOS OU DE USO DE BENS PÚBLICOS

Art. 20. Os consórcios públicos somente poderão outorgar concessão, permissão, autorização e contratar a prestação por meio de gestão associada de obras ou de serviços públicos mediante:

I – obediência à legislação de normas gerais em vigor; e

II – autorização prevista no contrato de consórcio público.

§ 1º A autorização mencionada no inciso II do caput deverá indicar o objeto da concessão, permissão ou autorização e as condições a que deverá atender, inclusive metas de desempenho e os critérios para a fixação de tarifas ou de outros preços públicos.

§ 2º Os consórcios públicos poderão emitir documentos de cobrança e exercer atividades de arrecadação de tarifas e outros preços públicos pela prestação de serviços ou pelo uso ou outorga de uso de bens públicos ou, no caso de específica autorização, serviços ou bens de ente da Federação consorciado.

Art. 21. O consórcio público somente mediante licitação contratará concessão, permissão ou autorizará a prestação de serviços públicos.

§ 1º O disposto neste artigo aplica-se a todos os ajustes de natureza contratual, independentemente de serem denominados como convênios, acordos ou termos de cooperação ou de parceria.

§ 2º O disposto neste artigo não se aplica ao contrato de programa, que poderá ser contratado com dispensa de licitação conforme o art. 24, inciso XXVI, da Lei nº. 8.666, de 21 de junho de 1993.

SEÇÃO VII
DOS SERVIDORES

Art. 22. A criação de empregos públicos depende de previsão do contrato de consórcio público que lhe fixe a forma e os requisitos de provimento e a sua respectiva remuneração, inclusive quanto aos adicionais, gratificações, e quaisquer outras parcelas remuneratórias ou de caráter indenizatório.

Art. 23. Os entes da Federação consorciados, ou os com eles conveniados, poderão ceder-lhe servidores, na forma e condições da legislação de cada um.

§ 1º Os servidores cedidos permanecerão no seu regime originário, somente lhe sendo concedidos adicionais ou gratificações nos termos e valores previstos no contrato de consórcio público.

§ 2º O pagamento de adicionais ou gratificações na forma prevista no § 1º deste artigo não configura vínculo novo do servidor cedido, inclusive para a apuração de responsabilidade trabalhista ou previdenciária.

§ 3º Na hipótese de o ente da Federação consorciado assumir o ônus da cessão do servidor, tais pagamentos poderão ser contabilizados como créditos hábeis para operar compensação com obrigações previstas no contrato de rateio.

CAPÍTULO IV
DA RETIRADA E DA EXCLUSÃO DE ENTE CONSORCIADO

SEÇÃO I
DISPOSIÇÃO GERAL

Art. 24. Nenhum ente da Federação poderá ser obrigado a se consorciar ou a permanecer consorciado.

SEÇÃO II
DO RECESSO

Art. 25. A retirada do ente da Federação do consórcio público dependerá de ato formal de seu representante na assembléia geral, na forma previamente disciplinada por lei.

§ 1º Os bens destinados ao consórcio público pelo consorciado que se retira somente serão revertidos ou retrocedidos no caso de expressa previsão do contrato de consórcio público ou do instrumento de transferência ou de alienação.

§ 2º A retirada não prejudicará as obrigações já constituídas entre o consorciado que se retira e o consórcio público.

§ 3º A retirada de um ente da Federação do consórcio público constituído por apenas dois entes implicará a extinção do consórcio.

SEÇÃO III
DA EXCLUSÃO

Art. 26. A exclusão de ente consorciado só é admissível havendo justa causa.

§ 1º Além das que sejam reconhecidas em procedimento específico, é justa causa a não inclusão, pelo ente consorciado, em sua lei orçamentária ou em créditos adicionais, de dotações suficientes para suportar as despesas que, nos termos do orçamento do consórcio público, prevê-se devam ser assumidas por meio de contrato de rateio.

§ 2º A exclusão prevista no § 1º deste artigo somente ocorrerá após prévia suspensão, período em que o ente consorciado poderá se reabilitar.

Art. 27. A exclusão de consorciado exige processo administrativo onde lhe seja assegurado o direito à ampla defesa e ao contraditório.

Art. 28. Mediante previsão do contrato de consórcio público, poderá ser dele excluído o ente que, sem autorização dos demais consorciados, subscrever protocolo de intenções para constituição de outro consórcio com finalidades, a juízo da maioria da assembléia geral, iguais, assemelhadas ou incompatíveis.

CAPÍTULO V
DA ALTERAÇÃO E DA EXTINÇÃO DOS CONTRATOS DE CONSÓRCIO PÚBLICO

Art. 29. A alteração ou a extinção do contrato de consórcio público dependerá de instrumento aprovado pela assembléia geral, ratificado mediante lei por todos os entes consorciados.

§ 1º Em caso de extinção:

I – os bens, direitos, encargos e obrigações decorrentes da gestão associada de serviços públicos custeados por tarifas ou outra espécie de preço público serão atribuídos aos titulares dos respectivos serviços;

II – até que haja decisão que indique os responsáveis por cada obrigação, os entes consorciados responderão solidariamente pelas obrigações remanescentes, garantido o direito de regresso em face dos entes beneficiados ou dos que deram causa à obrigação.

§ 2º Com a extinção, o pessoal cedido ao consórcio público retornará aos seus órgãos de origem, e os empregados públicos terão automaticamente rescindidos os seus contratos de trabalho com o consórcio.

CAPÍTULO VI
DO CONTRATO DE PROGRAMA

SEÇÃO I
DAS DISPOSIÇÕES PRELIMINARES

Art. 30. Deverão ser constituídas e reguladas por contrato de programa, como condição de sua validade, as obrigações contraídas por ente da Federação, inclusive entidades de sua administração indireta, que tenham por objeto a prestação de serviços por meio de gestão associada ou a transferência total ou parcial de encargos, serviços, pessoal ou de bens necessários à continuidade dos serviços transferidos.

§ 1º Para os fins deste artigo, considera-se prestação de serviço público por meio de gestão associada aquela em que um ente da Federação, ou entidade de sua administração indireta, coopere com outro ente da Federação ou com consórcio público, independentemente da denominação que venha a adotar, exceto quando a prestação se der por meio de contrato de concessão de serviços públicos celebrado após regular licitação.

§ 2º Constitui ato de improbidade administrativa, a partir de 7 de abril de 2005, celebrar contrato ou outro instrumento que tenha por objeto a prestação de serviços públicos por meio de cooperação federativa sem a celebração de contrato de programa, ou sem que sejam observadas outras formalidades previstas em lei, nos termos do disposto no art. 10, inciso XIV, da Lei nº 8.429, de 1992.

§ 3º Excluem-se do previsto neste artigo as obrigações cujo descumprimento não acarrete qualquer ônus, inclusive financeiro, a ente da Federação ou a consórcio público.

Art. 31. Caso previsto no contrato de consórcio público ou em convênio de cooperação entre entes federados, admitir-se-á a celebração de contrato de programa de ente da Federação ou de consórcio público com autarquia, empresa pública ou sociedade de economia mista.

§ 1º Para fins do caput, a autarquia, empresa pública ou sociedade de economia mista deverá integrar a administração indireta de ente da Federação que, por meio de consórcio público ou de convênio de cooperação, autorizou a gestão associada de serviço público.

§ 2º O contrato celebrado na forma prevista no caput deste artigo será automaticamente extinto no caso de o contratado não mais integrar a administração indireta do ente da Federação que autorizou a gestão associada de serviços públicos por meio de consórcio público ou de convênio de cooperação.

§ 3º É lícito ao contratante, em caso de contrato de programa celebrado com sociedade de economia mista ou com empresa pública, receber participação societária com o poder especial de impedir a alienação da empresa, a fim de evitar que o contrato de programa seja extinto na conformidade do previsto no § 2º deste artigo.

§ 4º O convênio de cooperação não produzirá efeitos entre os entes da Federação cooperantes que não o tenham disciplinado por lei.

SEÇÃO II
DA DISPENSA DE LICITAÇÃO

Art. 32. O contrato de programa poderá ser celebrado por dispensa de licitação nos termos do art. 24, inciso XXVI, da Lei nº 8.666, de 1993.

Parágrafo único. O termo de dispensa de licitação e a minuta de contrato de programa deverão ser previamente examinados e aprovados por assessoria jurídica da Administração.

SEÇÃO III
DAS CLÁUSULAS NECESSÁRIAS

Art. 33. Os contratos de programa deverão, no que couber, atender à legislação de concessões e permissões de serviços públicos e conter cláusulas que estabeleçam:

I – o objeto, a área e o prazo da gestão associada de serviços públicos, inclusive a operada por meio de transferência total ou parcial de encargos, serviços, pessoal e bens essenciais à continuidade dos serviços;

II – o modo, forma e condições de prestação dos serviços;

III – os critérios, indicadores, fórmulas e parâmetros definidores da qualidade dos serviços;

IV – o atendimento à legislação de regulação dos serviços objeto da gestão associada, especialmente no que se refere à fixação, revisão e reajuste das tarifas ou de outros preços públicos e, se necessário, as normas complementares a essa regulação;

V – procedimentos que garantam transparência da gestão econômica e financeira de cada serviço em relação a cada um de seus titulares, especialmente de apuração de quanto foi arrecadado e investido nos territórios de cada um deles, em relação a cada serviço sob regime de gestão associada de serviço público;

VI – os direitos, garantias e obrigações do titular e do prestador, inclusive os relacionados às previsíveis necessidades de futura alteração e expansão dos serviços e conseqüente modernização, aperfeiçoamento e ampliação dos equipamentos e instalações;

VII – os direitos e deveres dos usuários para obtenção e utilização dos serviços;

VIII – a forma de fiscalização das instalações, dos equipamentos, dos métodos e práticas de execução dos serviços, bem como a indicação dos órgãos competentes para exercê-las;

IX – as penalidades contratuais e administrativas a que se sujeita o prestador dos serviços, inclusive quando consórcio público, e sua forma de aplicação;

X – os casos de extinção;

XI – os bens reversíveis;

XII – os critérios para o cálculo e a forma de pagamento das indenizações devidas ao prestador dos serviços, inclusive quando consórcio público, especialmente do valor dos bens reversíveis que não foram amortizados por tarifas e outras receitas emergentes da prestação dos serviços;

XIII – a obrigatoriedade, forma e periodicidade da prestação de contas do consórcio público ou outro prestador dos serviços, no que se refere à prestação dos serviços por gestão associada de serviço público;

XIV – a periodicidade em que os serviços serão fiscalizados por comissão composta por representantes do titular do serviço, do contratado e dos usuários, de forma a cumprir o disposto no art. 30, parágrafo único, da Lei nº 8.987, de 13 de fevereiro de 1995;

XV – a exigência de publicação periódica das demonstrações financeiras relativas à gestão associada, a qual deverá ser específica e segregada das demais demonstrações do consórcio público ou do prestador de serviços; e

XVI – o foro e o modo amigável de solução das controvérsias contratuais.

§ 1º No caso de transferência total ou parcial de encargos, serviços, pessoal e bens essenciais à continuidade dos serviços transferidos, o contrato de programa deverá conter também cláusulas que prevejam:

I – os encargos transferidos e a responsabilidade subsidiária do ente que os transferiu;

II – as penalidades no caso de inadimplência em relação aos encargos transferidos;

III – o momento de transferência dos serviços e os deveres relativos à sua continuidade;

IV – a indicação de quem arcará com o ônus e os passivos do pessoal transferido;

V – a identificação dos bens que terão apenas a sua gestão e administração transferidas e o preço dos que sejam efetivamente alienados ao prestador dos serviços ou ao consórcio público; e

VI – o procedimento para o levantamento, cadastro e avaliação dos bens reversíveis que vierem a ser amortizados mediante receitas de tarifas ou outras emergentes da prestação dos serviços.

§ 2º O não pagamento da indenização prevista no inciso XII do caput, inclusive quando houver controvérsia de seu valor, não impede o titular de retomar os serviços ou adotar outras medidas para garantir a continuidade da prestação adequada do serviço público.

§ 3º É nula a cláusula de contrato de programa que atribuir ao contratado o exercício dos poderes de planejamento, regulação e fiscalização dos serviços por ele próprio prestados.

SEÇÃO IV
DA VIGÊNCIA E DA EXTINÇÃO

Art. 34. O contrato de programa continuará vigente mesmo quando extinto o contrato de consórcio público ou o convênio de cooperação que autorizou a gestão associada de serviços públicos.

Art. 35. A extinção do contrato de programa não prejudicará as obrigações já constituídas e dependerá do prévio pagamento das indenizações eventualmente devidas.

CAPÍTULO VII
DAS NORMAS APLICÁVEIS À UNIÃO

Art. 36. A União somente participará de consórcio público em que também façam parte todos os Estados em cujos territórios estejam situados os Municípios consorciados.

Art. 37. Os órgãos e entidades federais concedentes darão preferência às transferências voluntárias para Estados, Distrito Federal e Municípios cujas ações sejam desenvolvidas por intermédio de consórcios públicos.

Art. 38. Quando necessário para que sejam obtidas as escalas adequadas, a execução de programas federais de caráter local poderá ser delegada, no todo ou em parte, mediante convênio, aos consórcios públicos.

Parágrafo único. Os Estados e Municípios poderão executar, por meio de consórcio público, ações ou programas a que sejam beneficiados por meio de transferências voluntárias da União.

Art. 39. A partir de 1º de janeiro de 2008 a União somente celebrará convênios com consórcios públicos constituídos sob a forma de associação pública ou que para essa forma tenham se convertido.

§ 1º A celebração dos convênios de que trata o caput está condicionada à comprovação do cumprimento das exigências legais pelo consórcio público, conforme o disposto no parágrafo único do art. 14 da Lei nº 11.107, de 2005. (Redação dada pelo Decreto nº 10.243, de 2020)

§ 2º A comprovação do cumprimento das exigências legais para a celebração de convênios poderá ser feita por meio de extrato emitido no Serviço Auxiliar de Informações para Transferências Voluntárias – CAUC ou por outro meio que venha a ser estabelecido por ato do Secretário do Tesouro Nacional da Secretaria Especial de Fazenda do Ministério da Economia. (Redação dada pelo Decreto nº 10.243, de 2020)

CAPÍTULO VIII
DAS DISPOSIÇÕES FINAIS E TRANSITÓRIAS

Art. 40. Para que a gestão financeira e orçamentária dos consórcios públicos se realize na conformidade dos pressupostos da responsabilidade fiscal, a Secretaria do Tesouro Nacional do Ministério da Fazenda:

I – disciplinará a realização de transferências voluntárias ou a celebração de convênios de natureza financeira ou similar entre a União e os demais Entes da Federação que envolvam ações desenvolvidas por consórcios públicos;

II – editará normas gerais de consolidação das contas dos consórcios públicos, incluindo:

a) critérios para que seu respectivo passivo seja distribuído aos entes consorciados;

b) regras de regularidade fiscal a serem observadas pelos consórcios públicos.

Art. 41. Os consórcios constituídos em desacordo com a Lei nº 11.107, de 2005, poderão ser transformados em consórcios públicos de direito público ou de direito privado, desde que atendidos os requisitos de celebração de protocolo de intenções e de sua ratificação por lei de cada ente da Federação consorciado.

Parágrafo único. Caso a transformação seja para consórcio público de direito público, a eficácia da alteração estatutária não dependerá de sua inscrição no registro civil das pessoas jurídicas.

Art. 42. Este Decreto entra em vigor na data de sua publicação.

Brasília, 17 de janeiro de 2007; 186º da Independência e 119º da República.

DECRETO FEDERAL Nº 7.892, DE 23 DE JANEIRO DE 2013

– REGULAMENTA O SISTEMA DE REGISTRO DE PREÇOS PREVISTO NO ART. 15 DA LEI Nº 8.666, DE 21 DE JUNHO DE 1993.

ÍNDICE

CAPÍTULO I – DISPOSIÇÕES GERAIS – art. 1º ao 3º

CAPÍTULO II – DA INTENÇÃO PARA REGISTRO DE PREÇOS – art. 4º

CAPÍTULO III – DAS COMPETÊNCIAS DO ÓRGÃO GERENCIADOR – art. 5º

CAPÍTULO IV – DAS COMPETÊNCIAS DO ÓRGÃO PARTICIPANTE – art. 6º

CAPÍTULO V – DA LICITAÇÃO PARA REGISTRO DE PREÇOS – art. 7º ao 10

CAPÍTULO VI – DO REGISTRO DE PREÇOS E DA VALIDADE DA ATA – art. 11 e 12

CAPÍTULO VII – DA ASSINATURA DA ATA E DA CONTRATAÇÃO COM FORNECEDORES REGISTRADOS – art. 13 ao 16

CAPÍTULO VIII – DA REVISÃO E DO CANCELAMENTO DOS PREÇOS REGISTRADOS – art. 17 ao 21

CAPÍTULO IX – DA UTILIZAÇÃO DA ATA DE REGISTRO DE PREÇOS POR ÓRGÃO OU ENTIDADES NÃO PARTICIPANTES – art. 22

CAPÍTULO X – DISPOSIÇÕES FINAIS E TRANSITÓRIAS – art. 23 ao 29

A PRESIDENTA DA REPÚBLICA, no uso da atribuição que lhe confere o art. 84, caput, inciso IV, da Constituição, e tendo em vista o disposto no art. 15 da Lei nº 8.666, de 21 de junho de 1993, e no art. 11 da Lei nº 10.520, de 17 de julho de 2002,

DECRETA:

CAPÍTULO I
DISPOSIÇÕES GERAIS

Art. 1º As contratações de serviços e a aquisição de bens, quando efetuadas pelo Sistema de Registro de Preços - SRP, no âmbito da administração pública federal direta, autárquica e fundacional, fundos especiais, empresas públicas, sociedades de economia mista e demais entidades controladas, direta ou indiretamente pela União, obedecerão ao disposto neste Decreto.

Art. 2º Para os efeitos deste Decreto, são adotadas as seguintes definições:

I - Sistema de Registro de Preços - conjunto de procedimentos para registro formal de preços relativos à prestação de serviços e aquisição de bens, para contratações futuras;

II - ata de registro de preços - documento vinculativo, obrigacional, com característica de compromisso para futura contratação, em que se registram os preços, fornecedores, órgãos participantes e condições a serem praticadas, conforme as disposições contidas no instrumento convocatório e propostas apresentadas;

III - órgão gerenciador - órgão ou entidade da administração pública federal responsável pela condução do conjunto de procedimentos para registro de preços e gerenciamento da ata de registro de preços dele decorrente;

IV - órgão participante - órgão ou entidade da administração pública que participa dos procedimentos iniciais do Sistema de Registro de Preços e integra a ata de registro de preços; (Redação dada pelo Decreto nº 8.250, de 2.014)

V - órgão não participante - órgão ou entidade da administração pública que, não tendo participado dos procedimentos iniciais da licitação, atendidos os requisitos desta norma, faz adesão à ata de registro de preços.

VI - compra nacional - compra ou contratação de bens e serviços, em que o órgão gerenciador conduz os procedimentos para registro de preços destinado à execução descentralizada de programa ou projeto federal, mediante prévia indicação da demanda pelos entes federados beneficiados; e (Incluído pelo Decreto nº 8.250, de 2.014)

VII - órgão participante de compra nacional - órgão ou entidade da administração pública que, em razão de participação em programa ou projeto federal, é contemplado no registro de preços independente de manifestação formal. (Incluído pelo Decreto nº 8.250, de 2.014)

Art. 3º O Sistema de Registro de Preços poderá ser adotado nas seguintes hipóteses:

I - quando, pelas características do bem ou serviço, houver necessidade de contratações frequentes;

II - quando for conveniente a aquisição de bens com previsão de entregas parceladas ou contratação de serviços remunerados por unidade de medida ou em regime de tarefa;

III - quando for conveniente a aquisição de bens ou a contratação de serviços para atendimento a mais de um órgão ou entidade, ou a programas de governo; ou

IV - quando, pela natureza do objeto, não for possível definir previamente o quantitativo a ser demandado pela Administração.

CAPÍTULO II
DA INTENÇÃO PARA REGISTRO DE PREÇOS

Art. 4º Fica instituído o procedimento de Intenção de Registro de Preços - IRP, a ser operacionalizado por módulo do Sistema de Administração e Serviços Gerais - SIASG, que deverá ser utilizado pelos órgãos e entidades integrantes do Sistema de Serviços Gerais - SISG, para registro e divulgação dos itens a serem licitados e para a realização dos atos previstos nos incisos II e V do caput do art. 5º e dos atos previstos no inciso II e caput do art. 6º.

§ 1 º A divulgação da intenção de registro de preços poderá ser dispensada, de forma justificada pelo órgão gerenciador. (Redação dada pelo Decreto nº 8.250, de 2.014)

§ 1º-A O prazo para que outros órgãos e entidades manifestem interesse em participar de IRP será de oito dias úteis, no mínimo, contado da data de divulgação da IRP no Portal de Compras do Governo federal. (Incluído pelo Decreto nº 9.488, de 2018) (Vigência)

§ 2º O Ministério do Planejamento, Orçamento e Gestão editará norma complementar para regulamentar o disposto neste artigo.

§ 3 º Caberá ao órgão gerenciador da Intenção de Registro de Preços - IRP: (Incluído pelo Decreto nº 8.250, de 2.014)

I - estabelecer, quando for o caso, o número máximo de participantes na IRP em conformidade com sua capacidade de gerenciamento; (Incluído pelo Decreto nº 8.250, de 2.014)

II - aceitar ou recusar, justificadamente, os quantitativos considerados ínfimos ou a inclusão de novos itens; e (Incluído pelo Decreto nº 8.250, de 2.014)

III - deliberar quanto à inclusão posterior de participantes que não manifestaram interesse durante o período de divulgação da IRP. (Incluído pelo Decreto nº 8.250, de 2.014)

§ 4 º Os procedimentos constantes dos incisos II e III do § 3 º serão efetivados antes da elaboração do edital e de seus anexos. (Incluído pelo Decreto nº 8.250, de 2.014)

§ 5 º Para receber informações a respeito das IRPs disponíveis no Portal de Compras do Governo Federal, os órgãos e entidades integrantes do SISG se cadastrarão no módulo IRP e inserirão a linha de fornecimento e de serviços de seu interesse. (Incluído pelo Decreto nº 8.250, de 2.014)

§ 6 º É facultado aos órgãos e entidades integrantes do SISG, antes de iniciar um processo licitatório, consultar as IRPs em andamento e deliberar a respeito da conveniência de sua participação. (Incluído pelo Decreto nº 8.250, de 2.014)

CAPÍTULO III
DAS COMPETÊNCIAS DO ÓRGÃO GERENCIADOR

Art. 5º Caberá ao órgão gerenciador a prática de todos os atos de controle e administração do Sistema de Registro de Preços, e ainda o seguinte:

I – registrar sua intenção de registro de preços no Portal de Compras do Governo federal;

II – consolidar informações relativas à estimativa individual e total de consumo, promovendo a adequação dos respectivos termos de referência ou projetos básicos encaminhados para atender aos requisitos de padronização e racionalização;

III – promover atos necessários à instrução processual para a realização do procedimento licitatório;

IV – realizar pesquisa de mercado para identificação do valor estimado da licitação e, consolidar os dados das pesquisas de mercado realizadas pelos órgãos e entidades participantes, inclusive nas hipóteses previstas nos §§ 2 º e 3 º do art. 6 º deste Decreto; (Redação dada pelo Decreto nº 8.250, de 2.014)

V – confirmar junto aos órgãos participantes a sua concordância com o objeto a ser licitado, inclusive quanto aos quantitativos e termo de referência ou projeto básico;

VI – realizar o procedimento licitatório;

VII – gerenciar a ata de registro de preços;

VIII – conduzir eventuais renegociações dos preços registrados;

IX – aplicar, garantida a ampla defesa e o contraditório, as penalidades decorrentes de infrações no procedimento licitatório; e

X – aplicar, garantida a ampla defesa e o contraditório, as penalidades decorrentes do descumprimento do pactuado na ata de registro de preços ou do descumprimento das obrigações contratuais, em relação às suas próprias contratações.

XI – autorizar, excepcional e justificadamente, a prorrogação do prazo previsto no § 6 º do art. 22 deste Decreto, respeitado o prazo de vigência da ata, quando solicitada pelo órgão não participante. (Incluído pelo Decreto nº 8.250, de 2.014)

§ 1º A ata de registro de preços, disponibilizada no Portal de Compras do Governo federal, poderá ser assinada por certificação digital.

§ 2º O órgão gerenciador poderá solicitar auxílio técnico aos órgãos participantes para execução das atividades previstas nos incisos III, IV e VI do caput.

CAPÍTULO IV
DAS COMPETÊNCIAS DO ÓRGÃO PARTICIPANTE

Art. 6º O órgão participante será responsável pela manifestação de interesse em participar do registro de preços, providenciando o encaminhamento ao órgão gerenciador de sua estimativa de consumo, local de entrega e, quando couber, cronograma de contratação e respectivas especificações ou termo de referência ou projeto básico, nos termos da Lei nº 8.666, de 21 de junho de 1993, e da Lei nº 10.520, de 17 de julho de 2002, adequado ao registro de preços do qual pretende fazer parte, devendo ainda:

I – garantir que os atos relativos a sua inclusão no registro de preços estejam formalizados e aprovados pela autoridade competente;

II – manifestar, junto ao órgão gerenciador, mediante a utilização da Intenção de Registro de Preços, sua concordância com o objeto a ser licitado, antes da realização do procedimento licitatório; e

III – tomar conhecimento da ata de registros de preços, inclusive de eventuais alterações, para o correto cumprimento de suas disposições.

§ 1 º Cabe ao órgão participante aplicar, garantida a ampla defesa e o contraditório, as penalidades decorrentes do descumprimento do pactuado na ata de registro de preços ou do descumprimento das obrigações contratuais, em relação às suas próprias contratações, informando as ocorrências ao órgão gerenciador. (Incluído pelo Decreto nº 8.250, de 2.014)

§ 2 º No caso de compra nacional, o órgão gerenciador promoverá a divulgação da ação, a pesquisa de mercado e a consolidação da demanda dos órgãos e entidades da administração direta e indireta da União, dos Estados, do Distrito Federal e dos Municípios. (Incluído pelo Decreto nº 8.250, de 2.014)

§ 3 º Na hipótese prevista no § 2 º, comprovada a vantajosidade, fica facultado aos órgãos ou entidades participantes de compra nacional a execução da ata de registro de preços vinculada ao programa ou projeto federal. (Incluído pelo Decreto nº 8.250, de 2.014)

§ 4 º Os entes federados participantes de compra nacional poderão utilizar recursos de transferências legais ou voluntárias da União, vinculados aos processos ou projetos objeto de descentralização e de recursos próprios para suas demandas de aquisição no âmbito da ata de registro de preços de compra nacional. (Incluído pelo Decreto nº 8.250, de 2.014)

§ 5 º Caso o órgão gerenciador aceite a inclusão de novos itens, o órgão participante demandante elaborará sua especificação ou termo de referência ou projeto básico, conforme o caso, e a pesquisa de mercado, observado o disposto no art. 6º. (Incluído pelo Decreto nº 8.250, de 2.014)

§ 6 º Caso o órgão gerenciador aceite a inclusão de novas localidades para entrega do bem ou execução do serviço, o órgão participante responsável pela demanda elaborará, ressalvada a hipótese prevista no § 2º, pesquisa de mercado que contemple a variação de custos locais ou regionais. (Incluído pelo Decreto nº 8.250, de 2.014)

CAPÍTULO V
DA LICITAÇÃO PARA REGISTRO DE PREÇOS

Art. 7º A licitação para registro de preços será realizada na modalidade de concorrência, do tipo menor preço, nos termos da Lei nº 8.666, de 1993, ou na modalidade de pregão, nos termos da Lei nº 10.520, de 2002, e será precedida de ampla pesquisa de mercado.

§ 1 º O julgamento por técnica e preço, na modalidade concorrência, poderá ser excepcionalmente adotado, a critério do órgão gerenciador e mediante despacho fundamentado da autoridade máxima do órgão ou entidade. (Redação dada pelo Decreto nº 8.250, de 2.014)

§ 2º Na licitação para registro de preços não é necessário indicar a dotação orçamentária, que somente será exigida para a formalização do contrato ou outro instrumento hábil.

Art. 8º O órgão gerenciador poderá dividir a quantidade total do item em lotes, quando técnica e economicamente viável, para possibilitar maior competitividade, observada a quantidade mínima, o prazo e o local de entrega ou de prestação dos serviços.

§ 1 º No caso de serviços, a divisão considerará a unidade de medida adotada para aferição dos produtos e resultados, e será observada a demanda específica de cada órgão ou entidade participante do certame. (Redação dada pelo Decreto nº 8.250, de 2.014)

§ 2º Na situação prevista no § 1º, deverá ser evitada a contratação, em um mesmo órgão ou entidade, de mais de uma empresa para a execução de um mesmo serviço, em uma mesma localidade, para assegurar a responsabilidade contratual e o princípio da padronização.

Art. 9º O edital de licitação para registro de preços observará o disposto nas Leis nº 8.666, de 1993, e nº 10.520, de 2002, e contemplará, no mínimo:

I – a especificação ou descrição do objeto, que explicitará o conjunto de elementos necessários e suficientes, com nível de precisão adequado para a caracterização do bem ou serviço, inclusive definindo as respectivas unidades de medida usualmente adotadas;

II – estimativa de quantidades a serem adquiridas pelo órgão gerenciador e órgãos participantes;

III – estimativa de quantidades a serem adquiridas por órgãos não participantes, observado o disposto no § 4º do art. 22, no caso de o órgão gerenciador admitir adesões;

IV – quantidade mínima de unidades a ser cotada, por item, no caso de bens;

V – condições quanto ao local, prazo de entrega, forma de pagamento, e nos casos de serviços, quando cabível, frequência, periodicidade, características do pessoal, materiais e equipamentos a serem utilizados, procedimentos, cuidados, deveres, disciplina e controles a serem adotados;

VI – prazo de validade do registro de preço, observado o disposto no caput do art. 12;

VII – órgãos e entidades participantes do registro de preço;

VIII – modelos de planilhas de custo e minutas de contratos, quando cabível;

IX – penalidades por descumprimento das condições;

X – minuta da ata de registro de preços como anexo; e

XI – realização periódica de pesquisa de mercado para comprovação da vantajosidade.

§ 1º O edital poderá admitir, como critério de julgamento, o menor preço aferido pela oferta de desconto sobre tabela de preços praticados no mercado, desde que tecnicamente justificado.

§ 2º Quando o edital previr o fornecimento de bens ou prestação de serviços em locais diferentes, é facultada a exigência de apresentação de proposta diferenciada por região, de modo que aos preços sejam acrescidos custos variáveis por região.

§ 3º A estimativa a que se refere o inciso III do caput não será considerada para fins de qualificação técnica e qualificação econômico-financeira na habilitação do licitante.

§ 4 º O exame e a aprovação das minutas do instrumento convocatório e do contrato serão efetuados exclusivamente pela assessoria jurídica do órgão gerenciador. (Incluído pelo Decreto nº 8.250, de 2.014)

Art. 10. Após o encerramento da etapa competitiva, os licitantes poderão reduzir seus preços ao valor da proposta do licitante mais bem classificado.

Parágrafo único. A apresentação de novas propostas na forma do caput não prejudicará o resultado do certame em relação ao licitante mais bem classificado.

CAPÍTULO VI
DO REGISTRO DE PREÇOS E DA VALIDADE DA ATA

Art. 11. Após a homologação da licitação, o registro de preços observará, entre outras, as seguintes condições:

I - serão registrados na ata de registro de preços os preços e quantitativos do licitante mais bem classificado durante a fase competitiva; (Redação dada pelo Decreto nº 8.250, de 2.014)

II - será incluído, na respectiva ata na forma de anexo, o registro dos licitantes que aceitarem cotar os bens ou serviços com preços iguais aos do licitante vencedor na sequência da classificação do certame, excluído o percentual referente à margem de preferência, quando o objeto não atender aos requisitos previstos no art. 3º da Lei nº 8.666, de 1993 ; (Redação dada pelo Decreto nº 8.250, de 2.014)

III - o preço registrado com indicação dos fornecedores será divulgado no Portal de Compras do Governo Federal e ficará disponibilizado durante a vigência da ata de registro de preços; e (Redação dada pelo Decreto nº 8.250, de 2.014)

IV - a ordem de classificação dos licitantes registrados na ata deverá ser respeitada nas contratações. (Redação dada pelo Decreto nº 8.250, de 2.014)

§ 1º O registro a que se refere o inciso II do caput tem por objetivo a formação de cadastro de reserva no caso de impossibilidade de atendimento pelo primeiro colocado da ata, nas hipóteses previstas nos arts. 20 e 21. (Redação dada pelo Decreto nº 8.250, de 2.014)

§ 2º Se houver mais de um licitante na situação de que trata o inciso II do caput, serão classificados segundo a ordem da última proposta apresentada durante a fase competitiva. (Redação dada pelo Decreto nº 8.250, de 2.014)

§ 3º A habilitação dos fornecedores que comporão o cadastro de reserva a que se refere o inciso II do caput será efetuada, na hipótese prevista no parágrafo único do art. 13 e quando houver necessidade de contratação de fornecedor remanescente, nas hipóteses previstas nos arts. 20 e 21. (Redação dada pelo Decreto nº 8.250, de 2.014)

§ 4º O anexo que trata o inciso II do caput consiste na ata de realização da sessão pública do pregão ou da concorrência, que conterá a informação dos licitantes que aceitarem cotar os bens ou serviços com preços iguais ao do licitante vencedor do certame. (Incluído pelo Decreto nº 8.250, de 2.014)

Art. 12. O prazo de validade da ata de registro de preços não será superior a doze meses, incluídas eventuais prorrogações, conforme o inciso III do § 3º do art. 15 da Lei nº 8.666, de 1993.

§ 1º É vedado efetuar acréscimos nos quantitativos fixados pela ata de registro de preços, inclusive o acréscimo de que trata o § 1º do art. 65 da Lei nº 8.666, de 1993.

§ 2º A vigência dos contratos decorrentes do Sistema de Registro de Preços será definida nos instrumentos convocatórios, observado o disposto no art. 57 da Lei nº 8.666, de 1993.

§ 3º Os contratos decorrentes do Sistema de Registro de Preços poderão ser alterados, observado o disposto no art. 65 da Lei nº 8.666, de 1993.

§ 4º O contrato decorrente do Sistema de Registro de Preços deverá ser assinado no prazo de validade da ata de registro de preços.

CAPÍTULO VII
DA ASSINATURA DA ATA E DA CONTRATAÇÃO COM FORNECEDORES REGISTRADOS

Art. 13. Homologado o resultado da licitação, o fornecedor mais bem classificado será convocado para assinar a ata de registro de preços, no prazo e nas condições estabelecidos no instrumento convocatório, podendo o prazo ser prorrogado uma vez, por igual período, quando solicitado pelo fornecedor e desde que ocorra motivo justificado aceito pela administração. (Redação dada pelo Decreto nº 8.250, de 2.014)

Parágrafo único. É facultado à administração, quando o convocado não assinar a ata de registro de preços no prazo e condições estabelecidos, convocar os licitantes remanescentes, na ordem de classificação, para fazê-lo em igual prazo e nas mesmas condições propostas pelo primeiro classificado.

Art. 14. A ata de registro de preços implicará compromisso de fornecimento nas condições estabelecidas, após cumpridos os requisitos de publicidade.

Parágrafo único. A recusa injustificada de fornecedor classificado em assinar a ata, dentro do prazo estabelecido neste artigo, ensejará a aplicação das penalidades legalmente estabelecidas.

Art. 15. A contratação com os fornecedores registrados será formalizada pelo órgão interessado por intermédio de instrumento contratual, emissão de nota de empenho de despesa, autorização de compra ou outro instrumento hábil, conforme o art. 62 da Lei nº 8.666, de 1993.

Art. 16. A existência de preços registrados não obriga a administração a contratar, facultando-se a realização de licitação específica para a aquisição pretendida, assegurada preferência ao fornecedor registrado em igualdade de condições.

CAPÍTULO VIII
DA REVISÃO E DO CANCELAMENTO DOS PREÇOS REGISTRADOS

Art. 17. Os preços registrados poderão ser revistos em decorrência de eventual redução dos preços praticados no mercado ou de fato que eleve o custo dos serviços ou bens registrados, cabendo ao órgão gerenciador promover as negociações junto aos fornecedores, observadas as disposições contidas na alínea "d" do inciso II do caput do art. 65 da Lei nº 8.666, de 1993.

Art. 18. Quando o preço registrado tornar-se superior ao preço praticado no mercado por motivo superveniente, o órgão gerenciador convocará os fornecedores para negociarem a redução dos preços aos valores praticados pelo mercado.

§ 1º Os fornecedores que não aceitarem reduzir seus preços aos valores praticados pelo mercado serão liberados do compromisso assumido, sem aplicação de penalidade.

§ 2º A ordem de classificação dos fornecedores que aceitarem reduzir seus preços aos valores de mercado observará a classificação original.

Art. 19. Quando o preço de mercado tornar-se superior aos preços registrados e o fornecedor não puder cumprir o compromisso, o órgão gerenciador poderá:

I - liberar o fornecedor do compromisso assumido, caso a comunicação ocorra antes do pedido de fornecimento, e sem aplicação da penalidade se confirmada a veracidade dos motivos e comprovantes apresentados; e

II - convocar os demais fornecedores para assegurar igual oportunidade de negociação.

Parágrafo único. Não havendo êxito nas negociações, o órgão gerenciador deverá proceder à revogação da ata de registro de preços, adotando as medidas cabíveis para obtenção da contratação mais vantajosa.

Art. 20. O registro do fornecedor será cancelado quando:

I - descumprir as condições da ata de registro de preços;

II - não retirar a nota de empenho ou instrumento equivalente no prazo estabelecido pela Administração, sem justificativa aceitável;

III - não aceitar reduzir o seu preço registrado, na hipótese deste se tornar superior àqueles praticados no mercado; ou

IV - sofrer sanção prevista nos incisos III ou IV do caput do art. 87 da Lei nº 8.666, de 1993, ou no art. 7º da Lei nº 10.520, de 2002.

Parágrafo único. O cancelamento de registros nas hipóteses previstas nos incisos I, II e IV do caput será formalizado por despacho do órgão gerenciador, assegurado o contraditório e a ampla defesa.

Art. 21. O cancelamento do registro de preços poderá ocorrer por fato superveniente, decorrente de caso fortuito ou força maior, que prejudique o cumprimento da ata, devidamente comprovados e justificados:

I - por razão de interesse público; ou

II - a pedido do fornecedor.

CAPÍTULO IX
DA UTILIZAÇÃO DA ATA DE REGISTRO DE PREÇOS POR ÓRGÃO OU ENTIDADES NÃO PARTICIPANTES

Art. 22. Desde que devidamente justificada a vantagem, a ata de registro de preços, durante sua vigência, poderá ser utilizada por qualquer órgão ou entidade da administração pública federal que não tenha participado do certame licitatório, mediante anuência do órgão gerenciador.

§ 1º Os órgãos e entidades que não participaram do registro de preços, quando desejarem fazer uso da ata de registro de preços, deverão consultar o órgão gerenciador da ata para manifestação sobre a possibilidade de adesão.

§ 1º-A A manifestação do órgão gerenciador de que trata o § 1º fica condicionada à realização de estudo, pelos órgãos e pelas entidades que não participaram do registro de preços, que demonstre o ganho de eficiência, a viabilidade e a economicidade para a administração pública federal da utilização da ata de registro de preços, conforme estabelecido em ato do Secretário de Gestão do Ministério do Planejamento, Desenvolvimento e Gestão. (Incluído pelo Decreto nº 9.488, de 2018) (Vigência)

§ 1º-B O estudo de que trata o § 1º-A, após aprovação pelo órgão gerenciador, será divulgado no Portal de Compras do Governo federal. (Incluído pelo Decreto nº 9.488, de 2018) (Vigência)

§ 2º Caberá ao fornecedor beneficiário da ata de registro de preços, observadas as condições nela estabelecidas, optar pela aceitação ou não do fornecimento decorrente de adesão, desde que não prejudique as obrigações presentes e futuras decorrentes da ata, assumidas com o órgão gerenciador e órgãos participantes.

§ 3º As aquisições ou as contratações adicionais de que trata este artigo não poderão exceder, por órgão ou entidade, a cinquenta por cento dos quantitativos dos itens do instrumento convocatório e registrados na ata de registro de preços para o órgão gerenciador e para os órgãos participantes. (Redação dada pelo Decreto nº 9.488, de 2018) (Vigência)

§ 4º O instrumento convocatório preverá que o quantitativo decorrente das adesões à ata de registro de preços não poderá exceder, na totalidade, ao dobro do quantitativo de cada item registrado na ata de registro de preços para o órgão gerenciador e para os órgãos participantes, independentemente do número de órgãos não participantes que aderirem. (Redação dada pelo Decreto nº 9.488, de 2018) (Vigência)

§ 4º-A Na hipótese de compra nacional: (Incluído pelo Decreto nº 9.488, de 2018) (Vigência)

I – as aquisições ou as contratações adicionais não excederão, por órgão ou entidade, a cem por cento dos quantitativos dos itens do instrumento convocatório e registrados na ata de registro de preços para o órgão gerenciador e para os órgãos participantes; e (Incluído pelo Decreto nº 9.488, de 2018) (Vigência)

II – o instrumento convocatório da compra nacional preverá que o quantitativo decorrente das adesões à ata de registro de preços não excederá, na totalidade, ao quíntuplo do quantitativo de cada item registrado na ata de registro de preços para o órgão gerenciador e para os órgãos participantes, independentemente do número de órgãos não participantes que aderirem. (Incluído pelo Decreto nº 9.488, de 2018) (Vigência)

§ 5º O órgão gerenciador somente poderá autorizar adesão à ata após a primeira aquisição ou contratação por órgão integrante da ata, exceto quando, justificadamente, não houver previsão no edital para aquisição ou contratação pelo órgão gerenciador. (Revogado pelo Decreto nº 8.250, de 2.014)

§ 6º Após a autorização do órgão gerenciador, o órgão não participante deverá efetivar a aquisição ou contratação solicitada em até noventa dias, observado o prazo de vigência da ata.

§ 7º Compete ao órgão não participante os atos relativos à cobrança do cumprimento pelo fornecedor das obrigações contratualmente assumidas e a aplicação, observada a ampla defesa e o contraditório, de eventuais penalidades decorrentes do descumprimento de cláusulas contratuais, em relação às suas próprias contratações, informando as ocorrências ao órgão gerenciador.

§ 8º É vedada aos órgãos e entidades da administração pública federal a adesão a ata de registro de preços gerenciada por órgão ou entidade municipal, distrital ou estadual.

§ 9º É facultada aos órgãos ou entidades municipais, distritais ou estaduais a adesão a ata de registro de preços da Administração Pública Federal.

§ 9º-A Sem prejuízo da observância ao disposto no § 3º, à hipótese prevista no § 9º não se aplica o disposto nos § 1º-A e § 1º-B no caso de órgãos e entidades de outros entes federativos. (Incluído pelo Decreto nº 9.488, de 2018) (Vigência)

§ 10. É vedada a contratação de serviços de tecnologia da informação e comunicação por meio de adesão a ata de registro de preços que não seja: (Incluído pelo Decreto nº 9.488, de 2018) (Vigência)

I – gerenciada pelo Ministério do Planejamento, Desenvolvimento e Gestão; ou (Incluído pelo Decreto nº 9.488, de 2018) (Vigência)

II – gerenciada por outro órgão ou entidade e previamente aprovada pela Secretaria de Tecnologia da Informação e Comunicação do Ministério do Planejamento, Desenvolvimento e Gestão. (Incluído pelo Decreto nº 9.488, de 2018) (Vigência)

§ 11. O disposto no § 10 não se aplica às hipóteses em que a contratação de serviços esteja vinculada ao fornecimento de bens de tecnologia da informação e comunicação constante da mesma ata de registro de preços. (Incluído pelo Decreto nº 9.488, de 2018) (Vigência)

CAPÍTULO X
DISPOSIÇÕES FINAIS E TRANSITÓRIAS

Art. 23. A Administração poderá utilizar recursos de tecnologia da informação na operacionalização do disposto neste Decreto e automatizar procedimentos de controle e atribuições dos órgãos gerenciadores e participantes.

Art. 24. As atas de registro de preços vigentes, decorrentes de certames realizados sob a vigência do Decreto nº 3.931, de 19 de setembro de 2001, poderão ser utilizadas pelos órgãos gerenciadores e participantes, até o término de sua vigência.

Art. 25. Até a completa adequação do Portal de Compras do Governo federal para atendimento ao disposto no § 1º do art. 5º, o órgão gerenciador deverá:

I - providenciar a assinatura da ata de registro de preços e o encaminhamento de sua cópia aos órgãos ou entidades participantes; e

II - providenciar a indicação dos fornecedores para atendimento às demandas, observada a ordem de classificação e os quantitativos de contratação definidos pelos órgãos e entidades participantes.

Art. 26. Até a completa adequação do Portal de Compras do Governo federal para atendimento ao disposto nos incisos I e II do caput do art. 11 e no inciso II do § 2º do art. 11, a ata registrará os licitantes vencedores, quantitativos e respectivos preços.

Art. 27. O Ministério do Planejamento, Orçamento e Gestão poderá editar normas complementares a este Decreto.

Art. 28. Este Decreto entra em vigor trinta dias após a data de sua publicação.

Art. 29. Ficam revogados:

I - o Decreto nº 3.931, de 19 de setembro de 2001 ; e

II - o Decreto nº 4.342, de 23 de agosto de 2002.

Brasília, 23 de janeiro de 2013; 192º da Independência e 125º da República.

LEI FEDERAL Nº 14.133, DE 1º DE ABRIL DE 2021

- LEI DE LICITAÇÕES E CONTRATOS ADMINISTRATIVOS.

ÍNDICE

TÍTULO I - DISPOSIÇÕES PRELIMINARES

CAPÍTULO I - DO ÂMBITO DE APLICAÇÃO DESTA LEI - art. 1º ao 4º

CAPÍTULO II - DOS PRINCÍPIOS - art. 5º

CAPÍTULO III - DAS DEFINIÇÕES - art. 6º

CAPÍTULO IV - DOS AGENTES PÚBLICOS - art. 7º ao 10

TÍTULO II - DAS LICITAÇÕES

CAPÍTULO I - DO PROCESSO LICITATÓRIO - art. 11 ao 17

CAPÍTULO II - DA FASE PREPARATÓRIA

SEÇÃO I - DA INSTRUÇÃO DO PROCESSO LICITATÓRIO - art. 18 ao 27

SEÇÃO II - DAS MODALIDADES DE LICITAÇÃO - art. 28 ao 32

SEÇÃO III - DOS CRITÉRIOS DE JULGAMENTO - art. 33 ao 39

SEÇÃO IV - DISPOSIÇÕES SETORIAIS - art.

SUBSEÇÃO I - DAS COMPRAS - art. 40 ao 44

SUBSEÇÃO II - DAS OBRAS E SERVIÇOS DE ENGENHARIA - art. 45 e 46

SUBSEÇÃO III - DOS SERVIÇOS EM GERAL - art. 47 ao 50

SUBSEÇÃO IV - DA LOCAÇÃO DE IMÓVEIS - art. 51

SUBSEÇÃO V - DAS LICITAÇÕES INTERNACIONAIS - art. 52

CAPÍTULO III - DA DIVULGAÇÃO DO EDITAL DE LICITAÇÃO - art. 53 e 54

CAPÍTULO IV - DA APRESENTAÇÃO DE PROPOSTAS E LANCES - art. 55 ao 58

CAPÍTULO V - DO JULGAMENTO - art. 59 ao 61

CAPÍTULO VI - DA HABILITAÇÃO - art. 62 ao 70

CAPÍTULO VII - DO ENCERRAMENTO DA LICITAÇÃO - art. 71

CAPÍTULO VIII - DA CONTRATAÇÃO DIRETA

SEÇÃO I - DO PROCESSO DE CONTRATAÇÃO DIRETA - art. 72 e 73

SEÇÃO II - DA INEXIGIBILIDADE DE LICITAÇÃO - art. 74

SEÇÃO III - DA DISPENSA DE LICITAÇÃO - art. 75

CAPÍTULO IX - DAS ALIENAÇÕES - art. 76 e 77

CAPÍTULO X - DOS INSTRUMENTOS AUXILIARES

SEÇÃO I - DOS PROCEDIMENTOS AUXILIARES - art. 78

SEÇÃO II - DO CREDENCIAMENTO - art. 79

SEÇÃO III - DA PRÉ-QUALIFICAÇÃO - art. 80

SEÇÃO IV - DO PROCEDIMENTO DE MANIFESTAÇÃO DE INTERESSE - art. 81

SEÇÃO V - DO SISTEMA DE REGISTRO DE PREÇOS - art. 82 ao 86

SEÇÃO VI - DO REGISTRO CADASTRAL - art. 87 e 88

TÍTULO III - DOS CONTRATOS ADMINISTRATIVOS

CAPÍTULO I - DA FORMALIZAÇÃO DOS CONTRATOS - art. 89 ao 95

CAPÍTULO II - DAS GARANTIAS - art. 96 ao 102

CAPÍTULO III - DA ALOCAÇÃO DE RISCOS - art. 103

CAPÍTULO IV - DAS PRERROGATIVAS DA ADMINISTRAÇÃO - art. 104

CAPÍTULO V - DA DURAÇÃO DOS CONTRATOS - art. 105 ao 114

CAPÍTULO VI - DA EXECUÇÃO DOS CONTRATOS - art. 115 ao 123

CAPÍTULO VII - DA ALTERAÇÃO DOS CONTRATOS E DOS PREÇOS - art. 124 ao 136

CAPÍTULO VIII - DAS HIPÓTESES DE EXTINÇÃO DOS CONTRATOS - art. 137 ao 139

CAPÍTULO IX - DO RECEBIMENTO DO OBJETO DO CONTRATO- art. 140

CAPÍTULO X - DOS PAGAMENTOS - art. 141 ao 146

CAPÍTULO XI - DA NULIDADE DOS CONTRATOS- art. 147 ao 150

CAPÍTULO XII - DOS MEIOS ALTERNATIVOS DE RESOLUÇÃO DE CONTROVÉRSIAS- art. 151 ao 154

TÍTULO IV - DAS IRREGULARIDADES

CAPÍTULO I - DAS INFRAÇÕES E SANÇÕES ADMINISTRATIVAS - art. 155 ao 163

CAPÍTULO II - DAS IMPUGNAÇÕES, DOS PEDIDOS DE ESCLARECIMENTO E DOS RECURSOS - art. 164 ao 168

CAPÍTULO III - DO CONTROLE DAS CONTRATAÇÕES - art. 169 ao 173

TÍTULO V - DISPOSIÇÕES GERAIS

CAPÍTULO I - DO PORTAL NACIONAL DE CONTRATAÇÕES PÚBLICAS (PNCP) - art. 174 ao 176

CAPÍTULO II - DAS ALTERAÇÕES LEGISLATIVAS - art. 177 ao 180

CAPÍTULO III - DISPOSIÇÕES TRANSITÓRIAS E FINAIS - art. 181 ao 194

O PRESIDENTE DA REPÚBLICA Faço saber que o Congresso Nacional decreta e eu sanciono a seguinte Lei:

TÍTULO I
DISPOSIÇÕES PRELIMINARES

CAPÍTULO I
DO ÂMBITO DE APLICAÇÃO DESTA LEI

Art. 1º Esta Lei estabelece normas gerais de licitação e contratação para as Administrações Públicas diretas, autárquicas e fundacionais da União, dos Estados, do Distrito Federal e dos Municípios, e abrange:

I – os órgãos dos Poderes Legislativo e Judiciário da União, dos Estados e do Distrito Federal e os órgãos do Poder Legislativo dos Municípios, quando no desempenho de função administrativa;

II – os fundos especiais e as demais entidades controladas direta ou indiretamente pela Administração Pública.

§ 1º Não são abrangidas por esta Lei as empresas públicas, as sociedades de economia mista e as suas subsidiárias, regidas pela Lei nº 13.303, de 30 de junho de 2016, ressalvado o disposto no art. 178 desta Lei.

§ 2º As contratações realizadas no âmbito das repartições públicas sediadas no exterior obedecerão às peculiaridades locais e aos princípios básicos estabelecidos nesta Lei, na forma de regulamentação específica a ser editada por ministro de Estado.

§ 3º Nas licitações e contratações que envolvam recursos provenientes de empréstimo ou doação oriundos de agência oficial de cooperação estrangeira ou de organismo financeiro de que o Brasil seja parte, podem ser admitidas:

I – condições decorrentes de acordos internacionais aprovados pelo Congresso Nacional e ratificados pelo Presidente da República;

II – condições peculiares à seleção e à contratação constantes de normas e procedimentos das agências ou dos organismos, desde que:

a) sejam exigidas para a obtenção do empréstimo ou doação;

b) não conflitem com os princípios constitucionais em vigor;

c) sejam indicadas no respectivo contrato de empréstimo ou doação e tenham sido objeto de parecer favorável do órgão jurídico do contratante do financiamento previamente à celebração do referido contrato;

d) (VETADO).

§ 4º A documentação encaminhada ao Senado Federal para autorização do empréstimo de que trata o § 3º deste artigo deverá fazer referência às condições contratuais que incidam na hipótese do referido parágrafo.

§ 5º As contratações relativas à gestão, direta e indireta, das reservas internacionais do País, inclusive as de serviços conexos ou acessórios a essa atividade, serão disciplinadas em ato normativo próprio do Banco Central do Brasil, assegurada a observância dos princípios estabelecidos no caput do art. 37 da Constituição Federal.

Art. 2º Esta Lei aplica-se a:

I – alienação e concessão de direito real de uso de bens;

II – compra, inclusive por encomenda;

III – locação;

IV – concessão e permissão de uso de bens públicos;

V – prestação de serviços, inclusive os técnico-profissionais especializados;

VI – obras e serviços de arquitetura e engenharia;

VII – contratações de tecnologia da informação e de comunicação.

Art. 3º Não se subordinam ao regime desta Lei:

I – contratos que tenham por objeto operação de crédito, interno ou externo, e gestão de dívida pública, incluídas as contratações de agente financeiro e a concessão de garantia relacionadas a esses contratos;

II – contratações sujeitas a normas previstas em legislação própria.

Art. 4º Aplicam-se às licitações e contratos disciplinados por esta Lei as disposições constantes dos arts. 42 a 49 da Lei Complementar nº 123, de 14 de dezembro de 2006.

§ 1º As disposições a que se refere o caput deste artigo não são aplicadas:

I – no caso de licitação para aquisição de bens ou contratação de serviços em geral, ao item cujo valor estimado for superior à receita bruta máxima admitida para fins de enquadramento como empresa de pequeno porte;

II – no caso de contratação de obras e serviços de engenharia, às licitações cujo valor estimado for superior à receita bruta máxima admitida para fins de enquadramento como empresa de pequeno porte.

§ 2º A obtenção de benefícios a que se refere o caput deste artigo fica limitada às microempresas e às empresas de pequeno porte que, no ano-calendário de realização da licitação, ainda não tenham celebrado contratos com a Administração Pública cujos valores somados extrapolem a receita bruta máxima admitida para fins de enquadramento como empresa de pequeno porte, devendo o órgão ou entidade exigir do licitante declaração de observância desse limite na licitação.

§ 3º Nas contratações com prazo de vigência superior a 1 (um) ano, será considerado o valor anual do contrato na aplicação dos limites previstos nos §§ 1º e 2º deste artigo.

CAPÍTULO II
DOS PRINCÍPIOS

Art. 5º Na aplicação desta Lei, serão observados os princípios da legalidade, da impessoalidade, da moralidade, da publicidade, da eficiência, do interesse público, da probidade administrativa, da igualdade, do planejamento, da transparência, da eficácia, da segregação de funções, da motivação, da vinculação ao edital, do julgamento objetivo, da segurança jurídica, da razoabilidade, da competitividade, da proporcionalidade, da celeridade, da economicidade e do desenvolvimento nacional sustentável, assim como as disposições do Decreto-Lei nº 4.657, de 4 de setembro de 1942 (Lei de Introdução às Normas do Direito Brasileiro).

CAPÍTULO III
DAS DEFINIÇÕES

Art. 6º Para os fins desta Lei, consideram-se:

I – órgão: unidade de atuação integrante da estrutura da Administração Pública;

II – entidade: unidade de atuação dotada de personalidade jurídica;

III – Administração Pública: administração direta e indireta da União, dos Estados, do Distrito Federal e dos Municípios, inclusive as entidades com personalidade jurídica de direito privado sob controle do poder público e as fundações por ele instituídas ou mantidas;

IV – Administração: órgão ou entidade por meio do qual a Administração Pública atua;

V – agente público: indivíduo que, em virtude de eleição, nomeação, designação, contratação ou qualquer outra forma de investidura ou vínculo, exerce mandato, cargo, emprego ou função em pessoa jurídica integrante da Administração Pública;

VI – autoridade: agente público dotado de poder de decisão;

VII – contratante: pessoa jurídica integrante da Administração Pública responsável pela contratação;

VIII – contratado: pessoa física ou jurídica, ou consórcio de pessoas jurídicas, signatária de contrato com a Administração;

IX – licitante: pessoa física ou jurídica, ou consórcio de pessoas jurídicas, que participa ou manifesta a intenção de participar de processo licitatório, sendo-lhe equiparável, para os fins desta Lei, o fornecedor ou o prestador de serviço que, em atendimento à solicitação da Administração, oferece proposta;

X - compra: aquisição remunerada de bens para fornecimento de uma só vez ou parceladamente, considerada imediata aquela com prazo de entrega de até 30 (trinta) dias da ordem de fornecimento;

XI - serviço: atividade ou conjunto de atividades destinadas a obter determinada utilidade, intelectual ou material, de interesse da Administração;

XII - obra: toda atividade estabelecida, por força de lei, como privativa das profissões de arquiteto e engenheiro que implica intervenção no meio ambiente por meio de um conjunto harmônico de ações que, agregadas, formam um todo que inova o espaço físico da natureza ou acarreta alteração substancial das características originais de bem imóvel;

XIII - bens e serviços comuns: aqueles cujos padrões de desempenho e qualidade podem ser objetivamente definidos pelo edital, por meio de especificações usuais de mercado;

XIV - bens e serviços especiais: aqueles que, por sua alta heterogeneidade ou complexidade, não podem ser descritos na forma do inciso XIII do caput deste artigo, exigida justificativa prévia do contratante;

XV - serviços e fornecimentos contínuos: serviços contratados e compras realizadas pela Administração Pública para a manutenção da atividade administrativa, decorrentes de necessidades permanentes ou prolongadas;

XVI - serviços contínuos com regime de dedicação exclusiva de mão de obra: aqueles cujo modelo de execução contratual exige, entre outros requisitos, que:

a) os empregados do contratado fiquem à disposição nas dependências do contratante para a prestação dos serviços;

b) o contratado não compartilhe os recursos humanos e materiais disponíveis de uma contratação para execução simultânea de outros contratos;

c) o contratado possibilite a fiscalização pelo contratante quanto à distribuição, controle e supervisão dos recursos humanos alocados aos seus contratos;

XVII - serviços não contínuos ou contratados por escopo: aqueles que impõem ao contratado o dever de realizar a prestação de um serviço específico em período predeterminado, podendo ser prorrogado, desde que justificadamente, pelo prazo necessário à conclusão do objeto;

XVIII - serviços técnicos especializados de natureza predominantemente intelectual: aqueles realizados em trabalhos relativos a:

a) estudos técnicos, planejamentos, projetos básicos e projetos executivos;

b) pareceres, perícias e avaliações em geral;

c) assessorias e consultorias técnicas e auditorias financeiras e tributárias;

d) fiscalização, supervisão e gerenciamento de obras e serviços;

e) patrocínio ou defesa de causas judiciais e administrativas;

f) treinamento e aperfeiçoamento de pessoal;

g) restauração de obras de arte e de bens de valor histórico;

h) controles de qualidade e tecnológico, análises, testes e ensaios de campo e laboratoriais, instrumentação e monitoramento de parâmetros específicos de obras e do meio ambiente e demais serviços de engenharia que se enquadrem na definição deste inciso;

XIX – notória especialização: qualidade de profissional ou de empresa cujo conceito, no campo de sua especialidade, decorrente de desempenho anterior, estudos, experiência, publicações, organização, aparelhamento, equipe técnica ou outros requisitos relacionados com suas atividades, permite inferir que o seu trabalho é essencial e reconhecidamente adequado à plena satisfação do objeto do contrato;

XX – estudo técnico preliminar: documento constitutivo da primeira etapa do planejamento de uma contratação que caracteriza o interesse público envolvido e a sua melhor solução e dá base ao anteprojeto, ao termo de referência ou ao projeto básico a serem elaborados caso se conclua pela viabilidade da contratação;

XXI – serviço de engenharia: toda atividade ou conjunto de atividades destinadas a obter determinada utilidade, intelectual ou material, de interesse para a Administração e que, não enquadradas no conceito de obra a que se refere o inciso XII do caput deste artigo, são estabelecidas, por força de lei, como privativas das profissões de arquiteto e engenheiro ou de técnicos especializados, que compreendem:

a) serviço comum de engenharia: todo serviço de engenharia que tem por objeto ações, objetivamente padronizáveis em termos de desempenho e qualidade, de manutenção, de adequação e de adaptação de bens móveis e imóveis, com preservação das características originais dos bens;

b) serviço especial de engenharia: aquele que, por sua alta heterogeneidade ou complexidade, não pode se enquadrar na definição constante da alínea "a" deste inciso;

XXII – obras, serviços e fornecimentos de grande vulto: aqueles cujo valor estimado supera R$ 200.000.000,00 (duzentos milhões de reais);

XXIII – termo de referência: documento necessário para a contratação de bens e serviços, que deve conter os seguintes parâmetros e elementos descritivos:

a) definição do objeto, incluídos sua natureza, os quantitativos, o prazo do contrato e, se for o caso, a possibilidade de sua prorrogação;

b) fundamentação da contratação, que consiste na referência aos estudos técnicos preliminares correspondentes ou, quando não for possível divulgar esses estudos, no extrato das partes que não contiverem informações sigilosas;

c) descrição da solução como um todo, considerado todo o ciclo de vida do objeto;

d) requisitos da contratação;

e) modelo de execução do objeto, que consiste na definição de como o contrato deverá produzir os resultados pretendidos desde o seu início até o seu encerramento;

f) modelo de gestão do contrato, que descreve como a execução do objeto será acompanhada e fiscalizada pelo órgão ou entidade;

g) critérios de medição e de pagamento;

h) forma e critérios de seleção do fornecedor;

i) estimativas do valor da contratação, acompanhadas dos preços unitários referenciais, das memórias de cálculo e dos documentos que lhe dão suporte, com os parâmetros utilizados para a obtenção dos preços e para os respectivos cálculos, que devem constar de documento separado e classificado;

j) adequação orçamentária;

XXIV – anteprojeto: peça técnica com todos os subsídios necessários à elaboração do projeto básico, que deve conter, no mínimo, os seguintes elementos:

a) demonstração e justificativa do programa de necessidades, avaliação de demanda do público-alvo, motivação técnico-econômico-social do empreendimento, visão global dos investimentos e definições relacionadas ao nível de serviço desejado;

b) condições de solidez, de segurança e de durabilidade;

c) prazo de entrega;

d) estética do projeto arquitetônico, traçado geométrico e/ou projeto da área de influência, quando cabível;

e) parâmetros de adequação ao interesse público, de economia na utilização, de facilidade na execução, de impacto ambiental e de acessibilidade;

f) proposta de concepção da obra ou do serviço de engenharia;

g) projetos anteriores ou estudos preliminares que embasaram a concepção proposta;

h) levantamento topográfico e cadastral;

i) pareceres de sondagem;

j) memorial descritivo dos elementos da edificação, dos componentes construtivos e dos materiais de construção, de forma a estabelecer padrões mínimos para a contratação;

XXV – projeto básico: conjunto de elementos necessários e suficientes, com nível de precisão adequado para definir e dimensionar a obra ou o serviço, ou o complexo de obras ou de serviços objeto da licitação, elaborado com base nas indicações dos estudos técnicos preliminares, que assegure a viabilidade técnica e o adequado tratamento do impacto ambiental do empreendimento e que possibilite a avaliação do custo da obra e a definição dos métodos e do prazo de execução, devendo conter os seguintes elementos:

a) levantamentos topográficos e cadastrais, sondagens e ensaios geotécnicos, ensaios e análises laboratoriais, estudos socioambientais e demais dados e levantamentos necessários para execução da solução escolhida;

b) soluções técnicas globais e localizadas, suficientemente detalhadas, de forma a evitar, por ocasião da elaboração do projeto executivo e da realização das obras e montagem, a necessidade de reformulações ou variantes quanto à qualidade, ao preço e ao prazo inicialmente definidos;

c) identificação dos tipos de serviços a executar e dos materiais e equipamentos a incorporar à obra, bem como das suas especificações, de modo a assegurar os melhores resultados para o empreendimento e a segurança executiva na utilização do objeto, para os fins a que se destina, considerados os riscos e os perigos identificáveis, sem frustrar o caráter competitivo para a sua execução;

d) informações que possibilitem o estudo e a definição de métodos construtivos, de instalações provisórias e de condições organizacionais para a obra, sem frustrar o caráter competitivo para a sua execução;

e) subsídios para montagem do plano de licitação e gestão da obra, compreendidos a sua programação, a estratégia de suprimentos, as normas de fiscalização e outros dados necessários em cada caso;

f) orçamento detalhado do custo global da obra, fundamentado em quantitativos de serviços e fornecimentos propriamente avaliados, obrigatório exclusivamente para os regimes de execução previstos nos incisos I, II, III, IV e VII do caput do art. 46 desta Lei;

XXVI – projeto executivo: conjunto de elementos necessários e suficientes à execução completa da obra, com o detalhamento das soluções previstas no projeto básico, a identificação de serviços, de materiais e de equipamentos a serem incorporados à obra, bem como suas especificações técnicas, de acordo com as normas técnicas pertinentes;

XXVII – matriz de riscos: cláusula contratual definidora de riscos e de responsabilidades entre as partes e caracterizadora do equilíbrio econômico-financeiro inicial do contrato, em termos de ônus financeiro decorrente de eventos supervenientes à contratação, contendo, no mínimo, as seguintes informações:

a) listagem de possíveis eventos supervenientes à assinatura do contrato que possam causar impacto em seu equilíbrio econômico-financeiro e previsão de eventual necessidade de prolação de termo aditivo por ocasião de sua ocorrência;

b) no caso de obrigações de resultado, estabelecimento das frações do objeto com relação às quais haverá liberdade para os contratados inovarem em soluções metodológicas ou tecnológicas, em termos de modificação das soluções previamente delineadas no anteprojeto ou no projeto básico;

c) no caso de obrigações de meio, estabelecimento preciso das frações do objeto com relação às quais não haverá liberdade para os contratados inovarem em soluções metodológicas ou tecnológicas, devendo haver obrigação de aderência entre a execução e a solução predefinida no anteprojeto ou no projeto básico, consideradas as características do regime de execução no caso de obras e serviços de engenharia;

XXVIII – empreitada por preço unitário: contratação da execução da obra ou do serviço por preço certo de unidades determinadas;

XXIX – empreitada por preço global: contratação da execução da obra ou do serviço por preço certo e total;

XXX – empreitada integral: contratação de empreendimento em sua integralidade, compreendida a totalidade das etapas de obras, serviços e instalações necessárias, sob inteira responsabilidade do contratado até sua entrega ao contratante em condições de entrada em operação, com características adequadas às finalidades para as quais foi contratado e atendidos os requisitos técnicos e legais para sua utilização com segurança estrutural e operacional;

XXXI – contratação por tarefa: regime de contratação de mão de obra para pequenos trabalhos por preço certo, com ou sem fornecimento de materiais;

XXXII – contratação integrada: regime de contratação de obras e serviços de engenharia em que o contratado é responsável por elaborar e desenvolver os projetos básico e executivo, executar obras e serviços de engenharia, fornecer bens ou prestar serviços especiais e realizar montagem, teste, pré-operação e as demais operações necessárias e suficientes para a entrega final do objeto;

XXXIII – contratação semi-integrada: regime de contratação de obras e serviços de engenharia em que o contratado é responsável por elaborar e desenvolver o projeto executivo, executar obras e serviços de engenharia, fornecer bens ou prestar serviços especiais e realizar montagem, teste, pré-operação e as demais operações necessárias e suficientes para a entrega final do objeto;

XXXIV – fornecimento e prestação de serviço associado: regime de contratação em que, além do fornecimento do objeto, o contratado responsabiliza-se por sua operação, manutenção ou ambas, por tempo determinado;

XXXV – licitação internacional: licitação processada em território nacional na qual é admitida a participação de licitantes estrangeiros, com a possibilidade de cotação de preços em moeda estrangeira, ou licitação na qual o objeto contratual pode ou deve ser executado no todo ou em parte em território estrangeiro;

XXXVI – serviço nacional: serviço prestado em território nacional, nas condições estabelecidas pelo Poder Executivo federal;

XXXVII – produto manufaturado nacional: produto manufaturado produzido no território nacional de acordo com o processo produtivo básico ou com as regras de origem estabelecidas pelo Poder Executivo federal;

XXXVIII – concorrência: modalidade de licitação para contratação de bens e serviços especiais e de obras e serviços comuns e especiais de engenharia, cujo critério de julgamento poderá ser:

a) menor preço;

b) melhor técnica ou conteúdo artístico;

c) técnica e preço;

d) maior retorno econômico;

e) maior desconto;

XXXIX – concurso: modalidade de licitação para escolha de trabalho técnico, científico ou artístico, cujo critério de julgamento será o de melhor técnica ou conteúdo artístico, e para concessão de prêmio ou remuneração ao vencedor;

XL – leilão: modalidade de licitação para alienação de bens imóveis ou de bens móveis inservíveis ou legalmente apreendidos a quem oferecer o maior lance;

XLI – pregão: modalidade de licitação obrigatória para aquisição de bens e serviços comuns, cujo critério de julgamento poderá ser o de menor preço ou o de maior desconto;

XLII – diálogo competitivo: modalidade de licitação para contratação de obras, serviços e compras em que a Administração Pública realiza diálogos com licitantes previamente selecionados mediante critérios objetivos, com o intuito de desenvolver uma ou mais alternativas capazes de atender às suas necessidades, devendo os licitantes apresentar proposta final após o encerramento dos diálogos;

XLIII – credenciamento: processo administrativo de chamamento público em que a Administração Pública convoca interessados em prestar serviços ou fornecer bens para que, preenchidos os requisitos necessários, se credenciem no órgão ou na entidade para executar o objeto quando convocados;

XLIV – pré-qualificação: procedimento seletivo prévio à licitação, convocado por meio de edital, destinado à análise das condições de habilitação, total ou parcial, dos interessados ou do objeto;

XLV – sistema de registro de preços: conjunto de procedimentos para realização, mediante contratação direta ou licitação nas modalidades pregão ou concorrência, de registro formal de preços relativos a prestação de serviços, a obras e a aquisição e locação de bens para contratações futuras;

XLVI – ata de registro de preços: documento vinculativo e obrigacional, com característica de compromisso para futura contratação, no qual são registrados o objeto, os preços, os fornecedores, os órgãos participantes e as condições a serem praticadas, conforme as disposições contidas no edital da licitação, no aviso ou instrumento de contratação direta e nas propostas apresentadas;

XLVII – órgão ou entidade gerenciadora: órgão ou entidade da Administração Pública responsável pela condução do conjunto de procedimentos para registro de preços e pelo gerenciamento da ata de registro de preços dele decorrente;

XLVIII – órgão ou entidade participante: órgão ou entidade da Administração Pública que participa dos procedimentos iniciais da contratação para registro de preços e integra a ata de registro de preços;

XLIX – órgão ou entidade não participante: órgão ou entidade da Administração Pública que não participa dos procedimentos iniciais da licitação para registro de preços e não integra a ata de registro de preços;

L – comissão de contratação: conjunto de agentes públicos indicados pela Administração, em caráter permanente ou especial, com a função de receber, examinar e julgar documentos relativos às licitações e aos procedimentos auxiliares;

LI – catálogo eletrônico de padronização de compras, serviços e obras: sistema informatizado, de gerenciamento centralizado e com indicação de preços, destinado a permitir a padronização de itens a serem adquiridos pela Administração Pública e que estarão disponíveis para a licitação;

LII – sítio eletrônico oficial: sítio da internet, certificado digitalmente por autoridade certificadora, no qual o ente federativo divulga de forma centralizada as informações e os serviços de governo digital dos seus órgãos e entidades;

LIII – contrato de eficiência: contrato cujo objeto é a prestação de serviços, que pode incluir a realização de obras e o fornecimento de bens, com o objetivo de proporcionar economia ao contratante, na forma de redução de despesas correntes, remunerado o contratado com base em percentual da economia gerada;

LIV – seguro-garantia: seguro que garante o fiel cumprimento das obrigações assumidas pelo contratado;

LV – produtos para pesquisa e desenvolvimento: bens, insumos, serviços e obras necessários para atividade de pesquisa científica e tecnológica, desenvolvimento de tecnologia ou inovação tecnológica, discriminados em projeto de pesquisa;

LVI – sobrepreço: preço orçado para licitação ou contratado em valor expressivamente superior aos preços referenciais de mercado, seja de apenas 1 (um) item, se a licitação ou a contratação for por preços unitários de serviço, seja do valor global do objeto, se a licitação ou a contratação for por tarefa, empreitada por preço global ou empreitada integral, semi-integrada ou integrada;

LVII – superfaturamento: dano provocado ao patrimônio da Administração, caracterizado, entre outras situações, por:

a) medição de quantidades superiores às efetivamente executadas ou fornecidas;

b) deficiência na execução de obras e de serviços de engenharia que resulte em diminuição da sua qualidade, vida útil ou segurança;

c) alterações no orçamento de obras e de serviços de engenharia que causem desequilíbrio econômico-financeiro do contrato em favor do contratado;

d) outras alterações de cláusulas financeiras que gerem recebimentos contratuais antecipados, distorção do cronograma físico-financeiro, prorrogação injustificada do prazo contratual com custos adicionais para a Administração ou reajuste irregular de preços;

LVIII – reajustamento em sentido estrito: forma de manutenção do equilíbrio econômico-financeiro de contrato consistente na aplicação do índice de correção monetária previsto no contrato, que deve retratar a variação efetiva do custo de produção, admitida a adoção de índices específicos ou setoriais;

LIX – repactuação: forma de manutenção do equilíbrio econômico-financeiro de contrato utilizada para serviços contínuos com regime de dedicação exclusiva de mão de obra ou predominância de mão de obra, por meio da análise da variação dos custos contratuais, devendo estar prevista no edital com data vinculada à apresentação das propostas, para os custos decorrentes do mercado, e com data vinculada ao acordo, à convenção coletiva ou ao dissídio coletivo ao qual o orçamento esteja vinculado, para os custos decorrentes da mão de obra;

LX – agente de contratação: pessoa designada pela autoridade competente, entre servidores efetivos ou empregados públicos dos quadros permanentes da Administração Pública, para tomar decisões, acompanhar o trâmite da licitação, dar impulso ao procedimento licitatório e executar quaisquer outras atividades necessárias ao bom andamento do certame até a homologação.

CAPÍTULO IV
DOS AGENTES PÚBLICOS

Art. 7º Caberá à autoridade máxima do órgão ou da entidade, ou a quem as normas de organização administrativa indicarem, promover gestão por competências e designar agentes públicos para o desempenho das funções essenciais à execução desta Lei que preencham os seguintes requisitos:

I – sejam, preferencialmente, servidor efetivo ou empregado público dos quadros permanentes da Administração Pública;

II – tenham atribuições relacionadas a licitações e contratos ou possuam formação compatível ou qualificação atestada por certificação profissional emitida por escola de governo criada e mantida pelo poder público; e

III – não sejam cônjuge ou companheiro de licitantes ou contratados habituais da Administração nem tenham com eles vínculo de parentesco, colateral ou por afinidade, até o terceiro grau, ou de natureza técnica, comercial, econômica, financeira, trabalhista e civil.

§ 1º A autoridade referida no caput deste artigo deverá observar o princípio da segregação de funções, vedada a designação do mesmo agente público para atuação simultânea em funções mais suscetíveis a riscos, de modo a reduzir a possibilidade de ocultação de erros e de ocorrência de fraudes na respectiva contratação.

§ 2º O disposto no caput e no § 1º deste artigo, inclusive os requisitos estabelecidos, também se aplica aos órgãos de assessoramento jurídico e de controle interno da Administração.

Art. 8º A licitação será conduzida por agente de contratação, pessoa designada pela autoridade competente, entre servidores efetivos ou empregados públicos dos quadros permanentes da Administração Pública, para tomar decisões, acompanhar o trâmite da licitação, dar impulso ao procedimento licitatório e executar quaisquer outras atividades necessárias ao bom andamento do certame até a homologação.

§ 1º O agente de contratação será auxiliado por equipe de apoio e responderá individualmente pelos atos que praticar, salvo quando induzido a erro pela atuação da equipe.

§ 2º Em licitação que envolva bens ou serviços especiais, desde que observados os requisitos estabelecidos no art. 7º desta Lei, o agente de contratação poderá ser substituído por comissão de contratação formada por, no mínimo, 3 (três) membros, que responderão solidariamente por todos os atos praticados pela comissão, ressalvado o membro que expressar posição individual divergente fundamentada e registrada em ata lavrada na reunião em que houver sido tomada a decisão.

§ 3º As regras relativas à atuação do agente de contratação e da equipe de apoio, ao funcionamento da comissão de contratação e à atuação de fiscais e gestores de contratos de que trata esta Lei serão estabelecidas em regulamento, e deverá ser prevista a possibilidade de eles contarem com o apoio dos órgãos de assessoramento jurídico e de controle interno para o desempenho das funções essenciais à execução do disposto nesta Lei.

§ 4º Em licitação que envolva bens ou serviços especiais cujo objeto não seja rotineiramente contratado pela Administração, poderá ser contratado, por prazo determinado, serviço de empresa ou de profissional especializado para assessorar os agentes públicos responsáveis pela condução da licitação.

§ 5º Em licitação na modalidade pregão, o agente responsável pela condução do certame será designado pregoeiro.

Art. 9º É vedado ao agente público designado para atuar na área de licitações e contratos, ressalvados os casos previstos em lei:

I – admitir, prever, incluir ou tolerar, nos atos que praticar, situações que:

a) comprometam, restrinjam ou frustrem o caráter competitivo do processo licitatório, inclusive nos casos de participação de sociedades cooperativas;

b) estabeleçam preferências ou distinções em razão da naturalidade, da sede ou do domicílio dos licitantes;

c) sejam impertinentes ou irrelevantes para o objeto específico do contrato;

II – estabelecer tratamento diferenciado de natureza comercial, legal, trabalhista, previdenciária ou qualquer outra entre empresas brasileiras e estrangeiras, inclusive no que se refere a moeda, modalidade e local de pagamento, mesmo quando envolvido financiamento de agência internacional;

III – opor resistência injustificada ao andamento dos processos e, indevidamente, retardar ou deixar de praticar ato de ofício, ou praticá-lo contra disposição expressa em lei.

§ 1º Não poderá participar, direta ou indiretamente, da licitação ou da execução do contrato agente público de órgão ou entidade licitante ou contratante, devendo ser observadas as situações que possam configurar conflito de interesses no exercício ou após o exercício do cargo ou emprego, nos termos da legislação que disciplina a matéria.

§ 2º As vedações de que trata este artigo estendem-se a terceiro que auxilie a condução da contratação na qualidade de integrante de equipe de apoio, profissional especializado ou funcionário ou representante de empresa que preste assessoria técnica.

Art. 10. Se as autoridades competentes e os servidores públicos que tiverem participado dos procedimentos relacionados às licitações e aos contratos de que trata esta Lei precisarem defender-se nas esferas administrativa, controladora ou judicial em razão de ato praticado com estrita observância de orientação constante em parecer jurídico elaborado na forma do § 1º do art. 53 desta Lei, a advocacia pública promoverá, a critério do agente público, sua representação judicial ou extrajudicial.

§ 1º Não se aplica o disposto no caput deste artigo quando:

I – (VETADO);

II – provas da prática de atos ilícitos dolosos constarem nos autos do processo administrativo ou judicial.

§ 2º Aplica-se o disposto no caput deste artigo inclusive na hipótese de o agente público não mais ocupar o cargo, emprego ou função em que foi praticado o ato questionado.

TÍTULO II
DAS LICITAÇÕES

CAPÍTULO I
DO PROCESSO LICITATÓRIO

Art. 11. O processo licitatório tem por objetivos:

I – assegurar a seleção da proposta apta a gerar o resultado de contratação mais vantajoso para a Administração Pública, inclusive no que se refere ao ciclo de vida do objeto;

II – assegurar tratamento isonômico entre os licitantes, bem como a justa competição;

III – evitar contratações com sobrepreço ou com preços manifestamente inexequíveis e superfaturamento na execução dos contratos;

IV – incentivar a inovação e o desenvolvimento nacional sustentável.

Parágrafo único. A alta administração do órgão ou entidade é responsável pela governança das contratações e deve implementar processos e estruturas, inclusive de gestão de riscos e controles internos, para avaliar, direcionar e monitorar os processos licitatórios e os respectivos contratos, com o intuito de alcançar os objetivos estabelecidos no caput deste artigo, promover um ambiente íntegro e confiável, assegurar o alinhamento das contratações ao planejamento estratégico e às leis orçamentárias e promover eficiência, efetividade e eficácia em suas contratações.

Art. 12. No processo licitatório, observar-se-á o seguinte:

I – os documentos serão produzidos por escrito, com data e local de sua realização e assinatura dos responsáveis;

II – os valores, os preços e os custos utilizados terão como expressão monetária a moeda corrente nacional, ressalvado o disposto no art. 52 desta Lei;

III – o desatendimento de exigências meramente formais que não comprometam a aferição da qualificação do licitante ou a compreensão do conteúdo de sua proposta não importará seu afastamento da licitação ou a invalidação do processo;

IV – a prova de autenticidade de cópia de documento público ou particular poderá ser feita perante agente da Administração, mediante apresentação de original ou de declaração de autenticidade por advogado, sob sua responsabilidade pessoal;

V – o reconhecimento de firma somente será exigido quando houver dúvida de autenticidade, salvo imposição legal;

VI – os atos serão preferencialmente digitais, de forma a permitir que sejam produzidos, comunicados, armazenados e validados por meio eletrônico;

VII – a partir de documentos de formalização de demandas, os órgãos responsáveis pelo planejamento de cada ente federativo poderão, na forma de regulamento, elaborar plano de contratações anual, com o objetivo de racionalizar as contratações dos órgãos e entidades sob sua competência, garantir o alinhamento com o seu planejamento estratégico e subsidiar a elaboração das respectivas leis orçamentárias.

§ 1º O plano de contratações anual de que trata o inciso VII do caput deste artigo deverá ser divulgado e mantido à disposição do público em sítio eletrônico oficial e será observado pelo ente federativo na realização de licitações e na execução dos contratos.

§ 2º É permitida a identificação e assinatura digital por pessoa física ou jurídica em meio eletrônico, mediante certificado digital emitido em âmbito da Infraestrutura de Chaves Públicas Brasileira (ICP-Brasil).

Art. 13. Os atos praticados no processo licitatório são públicos, ressalvadas as hipóteses de informações cujo sigilo seja imprescindível à segurança da sociedade e do Estado, na forma da lei.

Parágrafo único. A publicidade será diferida:

I – quanto ao conteúdo das propostas, até a respectiva abertura;

II – quanto ao orçamento da Administração, nos termos do art. 24 desta Lei.

Art. 14. Não poderão disputar licitação ou participar da execução de contrato, direta ou indiretamente:

I – autor do anteprojeto, do projeto básico ou do projeto executivo, pessoa física ou jurídica, quando a licitação versar sobre obra, serviços ou fornecimento de bens a ele relacionados;

II – empresa, isoladamente ou em consórcio, responsável pela elaboração do projeto básico ou do projeto executivo, ou empresa da qual o autor do projeto seja dirigente, gerente, controlador, acionista ou detentor de mais de 5% (cinco por cento) do capital com direito a voto, responsável técnico ou subcontratado, quando a licitação versar sobre obra, serviços ou fornecimento de bens a ela necessários;

III – pessoa física ou jurídica que se encontre, ao tempo da licitação, impossibilitada de participar da licitação em decorrência de sanção que lhe foi imposta;

IV – aquele que mantenha vínculo de natureza técnica, comercial, econômica, financeira, trabalhista ou civil com dirigente do órgão ou entidade contratante ou com agente público que desempenhe função na licitação ou atue na fiscalização ou na gestão do contrato, ou que deles seja cônjuge, companheiro ou parente em linha reta, colateral ou por afinidade, até o terceiro grau, devendo essa proibição constar expressamente do edital de licitação;

V – empresas controladoras, controladas ou coligadas, nos termos da Lei nº 6.404, de 15 de dezembro de 1976, concorrendo entre si;

VI – pessoa física ou jurídica que, nos 5 (cinco) anos anteriores à divulgação do edital, tenha sido condenada judicialmente, com trânsito em julgado, por exploração de trabalho infantil, por submissão de trabalhadores a condições análogas às de escravo ou por contratação de adolescentes nos casos vedados pela legislação trabalhista.

§ 1º O impedimento de que trata o inciso III do caput deste artigo será também aplicado ao licitante que atue em substituição a outra pessoa, física ou jurídica, com o intuito de burlar a efetividade da sanção a ela aplicada, inclusive a sua controladora, controlada ou coligada, desde que devidamente comprovado o ilícito ou a utilização fraudulenta da personalidade jurídica do licitante.

§ 2º A critério da Administração e exclusivamente a seu serviço, o autor dos projetos e a empresa a que se referem os incisos I e II do caput deste artigo poderão participar no apoio das atividades de planejamento da contratação, de execução da licitação ou de gestão do contrato, desde que sob supervisão exclusiva de agentes públicos do órgão ou entidade.

§ 3º Equiparam-se aos autores do projeto as empresas integrantes do mesmo grupo econômico.

§ 4º O disposto neste artigo não impede a licitação ou a contratação de obra ou serviço que inclua como encargo do contratado a elaboração do projeto básico e do projeto executivo, nas contratações integradas, e do projeto executivo, nos demais regimes de execução.

§ 5º Em licitações e contratações realizadas no âmbito de projetos e programas parcialmente financiados por agência oficial de cooperação estrangeira ou por organismo financeiro internacional com recursos do financiamento ou da contrapartida nacional, não poderá participar pessoa física ou jurídica que integre o rol de pessoas sancionadas por essas entidades ou que seja declarada inidônea nos termos desta Lei.

Art. 15. Salvo vedação devidamente justificada no processo licitatório, pessoa jurídica poderá participar de licitação em consórcio, observadas as seguintes normas:

I – comprovação de compromisso público ou particular de constituição de consórcio, subscrito pelos consorciados;

II – indicação da empresa líder do consórcio, que será responsável por sua representação perante a Administração;

III – admissão, para efeito de habilitação técnica, do somatório dos quantitativos de cada consorciado e, para efeito de habilitação econômico-financeira, do somatório dos valores de cada consorciado;

IV – impedimento de a empresa consorciada participar, na mesma licitação, de mais de um consórcio ou de forma isolada;

V – responsabilidade solidária dos integrantes pelos atos praticados em consórcio, tanto na fase de licitação quanto na de execução do contrato.

§ 1º O edital deverá estabelecer para o consórcio acréscimo de 10% (dez por cento) a 30% (trinta por cento) sobre o valor exigido de licitante individual para a habilitação econômico-financeira, salvo justificação.

§ 2º O acréscimo previsto no § 1º deste artigo não se aplica aos consórcios compostos, em sua totalidade, de microempresas e pequenas empresas, assim definidas em lei.

§ 3º O licitante vencedor é obrigado a promover, antes da celebração do contrato, a constituição e o registro do consórcio, nos termos do compromisso referido no inciso I do caput deste artigo.

§ 4º Desde que haja justificativa técnica aprovada pela autoridade competente, o edital de licitação poderá estabelecer limite máximo para o número de empresas consorciadas.

§ 5º A substituição de consorciado deverá ser expressamente autorizada pelo órgão ou entidade contratante e condicionada à comprovação de que a nova empresa do consórcio possui, no mínimo, os mesmos quantitativos para efeito de habilitação técnica e os mesmos valores para efeito de qualificação econômico-financeira apresentados pela empresa substituída para fins de habilitação do consórcio no processo licitatório que originou o contrato.

Art. 16. Os profissionais organizados sob a forma de cooperativa poderão participar de licitação quando:

I – a constituição e o funcionamento da cooperativa observarem as regras estabelecidas na legislação aplicável, em especial a Lei nº 5.764, de 16 de dezembro de 1971, a Lei nº 12.690, de 19 de julho de 2012, e a Lei Complementar nº 130, de 17 de abril de 2009;

II – a cooperativa apresentar demonstrativo de atuação em regime cooperado, com repartição de receitas e despesas entre os cooperados;

III – qualquer cooperado, com igual qualificação, for capaz de executar o objeto contratado, vedado à Administração indicar nominalmente pessoas;

IV – o objeto da licitação referir-se, em se tratando de cooperativas enquadradas na Lei nº 12.690, de 19 de julho de 2012, a serviços especializados constantes do objeto social da cooperativa, a serem executados de forma complementar à sua atuação.

Art. 17. O processo de licitação observará as seguintes fases, em sequência:

I – preparatória;

II – de divulgação do edital de licitação;

III – de apresentação de propostas e lances, quando for o caso;

IV – de julgamento;

V – de habilitação;

VI – recursal;

VII – de homologação.

§ 1º A fase referida no inciso V do caput deste artigo poderá, mediante ato motivado com explicitação dos benefícios decorrentes, anteceder as fases referidas nos incisos III e IV do caput deste artigo, desde que expressamente previsto no edital de licitação.

§ 2º As licitações serão realizadas preferencialmente sob a forma eletrônica, admitida a utilização da forma presencial, desde que motivada, devendo a sessão pública ser registrada em ata e gravada em áudio e vídeo.

§ 3º Desde que previsto no edital, na fase a que se refere o inciso IV do caput deste artigo, o órgão ou entidade licitante poderá, em relação ao licitante provisoriamente vencedor, realizar análise e avaliação da conformidade da proposta, mediante homologação de amostras, exame de conformidade e prova de conceito, entre outros testes de interesse da Administração, de modo a comprovar sua aderência às especificações definidas no termo de referência ou no projeto básico.

§ 4º Nos procedimentos realizados por meio eletrônico, a Administração poderá determinar, como condição de validade e eficácia, que os licitantes pratiquem seus atos em formato eletrônico.

§ 5º Na hipótese excepcional de licitação sob a forma presencial a que refere o § 2º deste artigo, a sessão pública de apresentação de propostas deverá ser gravada em áudio e vídeo, e a gravação será juntada aos autos do processo licitatório depois de seu encerramento.

§ 6º A Administração poderá exigir certificação por organização independente acreditada pelo Instituto Nacional de Metrologia, Qualidade e Tecnologia (Inmetro) como condição para aceitação de:

I – estudos, anteprojetos, projetos básicos e projetos executivos;

II – conclusão de fases ou de objetos de contratos;

III – material e corpo técnico apresentados por empresa para fins de habilitação.

CAPÍTULO II
DA FASE PREPARATÓRIA

SEÇÃO I
DA INSTRUÇÃO DO PROCESSO LICITATÓRIO

Art. 18. A fase preparatória do processo licitatório é caracterizada pelo planejamento e deve compatibilizar-se com o plano de contratações anual de que trata o inciso VII do caput do art. 12 desta Lei, sempre que elaborado, e com as leis orçamentárias, bem como abordar todas as considerações técnicas, mercadológicas e de gestão que podem interferir na contratação, compreendidos:

I – a descrição da necessidade da contratação fundamentada em estudo técnico preliminar que caracterize o interesse público envolvido;

II – a definição do objeto para o atendimento da necessidade, por meio de termo de referência, anteprojeto, projeto básico ou projeto executivo, conforme o caso;

III – a definição das condições de execução e pagamento, das garantias exigidas e ofertadas e das condições de recebimento;

IV – o orçamento estimado, com as composições dos preços utilizados para sua formação;

V – a elaboração do edital de licitação;

VI – a elaboração de minuta de contrato, quando necessária, que constará obrigatoriamente como anexo do edital de licitação;

VII – o regime de fornecimento de bens, de prestação de serviços ou de execução de obras e serviços de engenharia, observados os potenciais de economia de escala;

VIII – a modalidade de licitação, o critério de julgamento, o modo de disputa e a adequação e eficiência da forma de combinação desses parâmetros, para os fins de seleção da proposta apta a gerar o resultado de contratação mais vantajoso para a Administração Pública, considerado todo o ciclo de vida do objeto;

IX – a motivação circunstanciada das condições do edital, tais como justificativa de exigências de qualificação técnica, mediante indicação das parcelas de maior relevância técnica ou valor significativo do objeto, e de qualificação econômico-financeira, justificativa dos critérios de pontuação e julgamento das propostas técnicas, nas licitações com julgamento por melhor técnica ou técnica e preço, e justificativa das regras pertinentes à participação de empresas em consórcio;

X – a análise dos riscos que possam comprometer o sucesso da licitação e a boa execução contratual;

XI – a motivação sobre o momento da divulgação do orçamento da licitação, observado o art. 24 desta Lei.

§ 1º O estudo técnico preliminar a que se refere o inciso I do caput deste artigo deverá evidenciar o problema a ser resolvido e a sua melhor solução, de modo a permitir a avaliação da viabilidade técnica e econômica da contratação, e conterá os seguintes elementos:

I – descrição da necessidade da contratação, considerado o problema a ser resolvido sob a perspectiva do interesse público;

II – demonstração da previsão da contratação no plano de contratações anual, sempre que elaborado, de modo a indicar o seu alinhamento com o planejamento da Administração;

III – requisitos da contratação;

IV – estimativas das quantidades para a contratação, acompanhadas das memórias de cálculo e dos documentos que lhes dão suporte, que considerem interdependências com outras contratações, de modo a possibilitar economia de escala;

V – levantamento de mercado, que consiste na análise das alternativas possíveis, e justificativa técnica e econômica da escolha do tipo de solução a contratar;

VI – estimativa do valor da contratação, acompanhada dos preços unitários referenciais, das memórias de cálculo e dos documentos que lhe dão suporte, que poderão constar de anexo classificado, se a Administração optar por preservar o seu sigilo até a conclusão da licitação;

VII – descrição da solução como um todo, inclusive das exigências relacionadas à manutenção e à assistência técnica, quando for o caso;

VIII – justificativas para o parcelamento ou não da contratação;

IX – demonstrativo dos resultados pretendidos em termos de economicidade e de melhor aproveitamento dos recursos humanos, materiais e financeiros disponíveis;

X – providências a serem adotadas pela Administração previamente à celebração do contrato, inclusive quanto à capacitação de servidores ou de empregados para fiscalização e gestão contratual;

XI – contratações correlatas e/ou interdependentes;

XII – descrição de possíveis impactos ambientais e respectivas medidas mitigadoras, incluídos requisitos de baixo consumo de energia e de outros recursos, bem como logística reversa para desfazimento e reciclagem de bens e refugos, quando aplicável;

XIII – posicionamento conclusivo sobre a adequação da contratação para o atendimento da necessidade a que se destina.

§ 2º O estudo técnico preliminar deverá conter ao menos os elementos previstos nos incisos I, IV, VI, VIII e XIII do § 1º deste artigo e, quando não contemplar os demais elementos previstos no referido parágrafo, apresentar as devidas justificativas.

§ 3º Em se tratando de estudo técnico preliminar para contratação de obras e serviços comuns de engenharia, se demonstrada a inexistência de prejuízo para a aferição dos padrões de desempenho e qualidade almejados, a especificação do objeto poderá ser realizada apenas em termo de referência ou em projeto básico, dispensada a elaboração de projetos.

Art. 19. Os órgãos da Administração com competências regulamentares relativas às atividades de administração de materiais, de obras e serviços e de licitações e contratos deverão:

I – instituir instrumentos que permitam, preferencialmente, a centralização dos procedimentos de aquisição e contratação de bens e serviços;

II – criar catálogo eletrônico de padronização de compras, serviços e obras, admitida a adoção do catálogo do Poder Executivo federal por todos os entes federativos;

III – instituir sistema informatizado de acompanhamento de obras, inclusive com recursos de imagem e vídeo;

IV – instituir, com auxílio dos órgãos de assessoramento jurídico e de controle interno, modelos de minutas de editais, de termos de referência, de contratos padronizados e de outros documentos, admitida a adoção das minutas do Poder Executivo federal por todos os entes federativos;

V – promover a adoção gradativa de tecnologias e processos integrados que permitam a criação, a utilização e a atualização de modelos digitais de obras e serviços de engenharia.

§ 1º O catálogo referido no inciso II do caput deste artigo poderá ser utilizado em licitações cujo critério de julgamento seja o de menor preço ou o de maior desconto e conterá toda a documentação e os procedimentos próprios da fase interna de licitações, assim como as especificações dos respectivos objetos, conforme disposto em regulamento.

§ 2º A não utilização do catálogo eletrônico de padronização de que trata o inciso II do caput ou dos modelos de minutas de que trata o inciso IV do caput deste artigo deverá ser justificada por escrito e anexada ao respectivo processo licitatório.

§ 3º Nas licitações de obras e serviços de engenharia e arquitetura, sempre que adequada ao objeto da licitação, será preferencialmente adotada a Modelagem da Informação da Construção (Building Information Modelling – BIM) ou tecnologias e processos integrados similares ou mais avançados que venham a substituí-la.

Art. 20. Os itens de consumo adquiridos para suprir as demandas das estruturas da Administração Pública deverão ser de qualidade comum, não superior à necessária para cumprir as finalidades às quais se destinam, vedada a aquisição de artigos de luxo.

§ 1º Os Poderes Executivo, Legislativo e Judiciário definirão em regulamento os limites para o enquadramento dos bens de consumo nas categorias comum e luxo.

§ 2º A partir de 180 (cento e oitenta) dias contados da promulgação desta Lei, novas compras de bens de consumo só poderão ser efetivadas com a edição, pela autoridade competente, do regulamento a que se refere o § 1º deste artigo.

§ 3º (VETADO).

Art. 21. A Administração poderá convocar, com antecedência mínima de 8 (oito) dias úteis, audiência pública, presencial ou a distância, na forma eletrônica, sobre licitação que pretenda realizar, com disponibilização prévia de informações pertinentes, inclusive de estudo técnico preliminar e elementos do edital de licitação, e com possibilidade de manifestação de todos os interessados.

Parágrafo único. A Administração também poderá submeter a licitação a prévia consulta pública, mediante a disponibilização de seus elementos a todos os interessados, que poderão formular sugestões no prazo fixado.

Art. 22. O edital poderá contemplar matriz de alocação de riscos entre o contratante e o contratado, hipótese em que o cálculo do valor estimado da contratação poderá considerar taxa de risco compatível com o objeto da licitação e com os riscos atribuídos ao contratado, de acordo com metodologia predefinida pelo ente federativo.

§ 1º A matriz de que trata o caput deste artigo deverá promover a alocação eficiente dos riscos de cada contrato e estabelecer a responsabilidade que caiba a cada parte contratante, bem como os mecanismos que afastem a ocorrência do sinistro e mitiguem os seus efeitos, caso este ocorra durante a execução contratual.

§ 2º O contrato deverá refletir a alocação realizada pela matriz de riscos, especialmente quanto:

I – às hipóteses de alteração para o restabelecimento da equação econômico-financeira do contrato nos casos em que o sinistro seja considerado na matriz de riscos como causa de desequilíbrio não suportada pela parte que pretenda o restabelecimento;

II – à possibilidade de resolução quando o sinistro majorar excessivamente ou impedir a continuidade da execução contratual;

III – à contratação de seguros obrigatórios previamente definidos no contrato, integrado o custo de contratação ao preço ofertado.

§ 3º Quando a contratação se referir a obras e serviços de grande vulto ou forem adotados os regimes de contratação integrada e semi-integrada, o edital obrigatoriamente contemplará matriz de alocação de riscos entre o contratante e o contratado.

§ 4º Nas contratações integradas ou semi-integradas, os riscos decorrentes de fatos supervenientes à contratação associados à escolha da solução de projeto básico pelo contratado deverão ser alocados como de sua responsabilidade na matriz de riscos.

Art. 23. O valor previamente estimado da contratação deverá ser compatível com os valores praticados pelo mercado, considerados os preços constantes de bancos de dados públicos e as quantidades a serem contratadas, observadas a potencial economia de escala e as peculiaridades do local de execução do objeto.

§ 1º No processo licitatório para aquisição de bens e contratação de serviços em geral, conforme regulamento, o valor estimado será definido com base no melhor preço aferido por meio da utilização dos seguintes parâmetros, adotados de forma combinada ou não:

I – composição de custos unitários menores ou iguais à mediana do item correspondente no painel para consulta de preços ou no banco de preços em saúde disponíveis no Portal Nacional de Contratações Públicas (PNCP);

II – contratações similares feitas pela Administração Pública, em execução ou concluídas no período de 1 (um) ano anterior à data da pesquisa de preços, inclusive mediante sistema de registro de preços, observado o índice de atualização de preços correspondente;

III – utilização de dados de pesquisa publicada em mídia especializada, de tabela de referência formalmente aprovada pelo Poder Executivo federal e de sítios eletrônicos especializados ou de domínio amplo, desde que contenham a data e hora de acesso;

IV – pesquisa direta com no mínimo 3 (três) fornecedores, mediante solicitação formal de cotação, desde que seja apresentada justificativa da escolha desses fornecedores e que não tenham sido obtidos os orçamentos com mais de 6 (seis) meses de antecedência da data de divulgação do edital;

V – pesquisa na base nacional de notas fiscais eletrônicas, na forma de regulamento.

§ 2º No processo licitatório para contratação de obras e serviços de engenharia, conforme regulamento, o valor estimado, acrescido do percentual de Benefícios e Despesas Indiretas (BDI) de referência e dos Encargos Sociais (ES) cabíveis, será definido por meio da utilização de parâmetros na seguinte ordem:

I – composição de custos unitários menores ou iguais à mediana do item correspondente do Sistema de Custos Referenciais de Obras (Sicro), para serviços e obras de infraestrutura de transportes, ou do Sistema Nacional de Pesquisa de Custos e Índices de Construção Civil (Sinapi), para as demais obras e serviços de engenharia;

II – utilização de dados de pesquisa publicada em mídia especializada, de tabela de referência formalmente aprovada pelo Poder Executivo federal e de sítios eletrônicos especializados ou de domínio amplo, desde que contenham a data e a hora de acesso;

III – contratações similares feitas pela Administração Pública, em execução ou concluídas no período de 1 (um) ano anterior à data da pesquisa de preços, observado o índice de atualização de preços correspondente;

IV – pesquisa na base nacional de notas fiscais eletrônicas, na forma de regulamento.

§ 3º Nas contratações realizadas por Municípios, Estados e Distrito Federal, desde que não envolvam recursos da União, o valor previamente estimado da contratação, a que se refere o caput deste artigo, poderá ser definido por meio da utilização de outros sistemas de custos adotados pelo respectivo ente federativo.

§ 4º Nas contratações diretas por inexigibilidade ou por dispensa, quando não for possível estimar o valor do objeto na forma estabelecida nos §§ 1º, 2º e 3º deste artigo, o contratado deverá comprovar previamente que os preços estão em conformidade com os praticados em contratações semelhantes de objetos de mesma natureza, por meio da apresentação de notas fiscais emitidas para outros contratantes no período de até 1 (um) ano anterior à data da contratação pela Administração, ou por outro meio idôneo.

§ 5º No processo licitatório para contratação de obras e serviços de engenharia sob os regimes de contratação integrada ou semi-integrada, o valor estimado da contratação será calculado nos termos do § 2º deste artigo, acrescido ou não de parcela referente à remuneração do risco, e, sempre que necessário e o anteprojeto o permitir, a estimativa de preço será baseada em orçamento sintético, balizado em sistema de custo definido no inciso I do § 2º deste artigo, devendo a utilização de metodologia expedita ou paramétrica e de avaliação aproximada baseada em outras contratações similares ser reservada às frações do empreendimento não suficientemente detalhadas no anteprojeto.

§ 6º Na hipótese do § 5º deste artigo, será exigido dos licitantes ou contratados, no orçamento que compuser suas respectivas propostas, no mínimo, o mesmo nível de detalhamento do orçamento sintético referido no mencionado parágrafo.

Art. 24. Desde que justificado, o orçamento estimado da contratação poderá ter caráter sigiloso, sem prejuízo da divulgação do detalhamento dos quantitativos e das demais informações necessárias para a elaboração das propostas, e, nesse caso:

I – o sigilo não prevalecerá para os órgãos de controle interno e externo;

II - (VETADO).

Parágrafo único. Na hipótese de licitação em que for adotado o critério de julgamento por maior desconto, o preço estimado ou o máximo aceitável constará do edital da licitação.

Art. 25. O edital deverá conter o objeto da licitação e as regras relativas à convocação, ao julgamento, à habilitação, aos recursos e às penalidades da licitação, à fiscalização e à gestão do contrato, à entrega do objeto e às condições de pagamento.

§ 1º Sempre que o objeto permitir, a Administração adotará minutas padronizadas de edital e de contrato com cláusulas uniformes.

§ 2º Desde que, conforme demonstrado em estudo técnico preliminar, não sejam causados prejuízos à competitividade do processo licitatório e à eficiência do respectivo contrato, o edital poderá prever a utilização de mão de obra, materiais, tecnologias e matérias-primas existentes no local da execução, conservação e operação do bem, serviço ou obra.

§ 3º Todos os elementos do edital, incluídos minuta de contrato, termos de referência, anteprojeto, projetos e outros anexos, deverão ser divulgados em sítio eletrônico oficial na mesma data de divulgação do edital, sem necessidade de registro ou de identificação para acesso.

§ 4º Nas contratações de obras, serviços e fornecimentos de grande vulto, o edital deverá prever a obrigatoriedade de implantação de programa de integridade pelo licitante vencedor, no prazo de 6 (seis) meses, contado da celebração do contrato, conforme regulamento que disporá sobre as medidas a serem adotadas, a forma de comprovação e as penalidades pelo seu descumprimento.

§ 5º O edital poderá prever a responsabilidade do contratado pela:

ADMINISTRATIVO

I – obtenção do licenciamento ambiental;

II – realização da desapropriação autorizada pelo poder público.

§ 6º Os licenciamentos ambientais de obras e serviços de engenharia licitados e contratados nos termos desta Lei terão prioridade de tramitação nos órgãos e entidades integrantes do Sistema Nacional do Meio Ambiente (Sisnama) e deverão ser orientados pelos princípios da celeridade, da cooperação, da economicidade e da eficiência.

§ 7º Independentemente do prazo de duração do contrato, será obrigatória a previsão no edital de índice de reajustamento de preço, com data-base vinculada à data do orçamento estimado e com a possibilidade de ser estabelecido mais de um índice específico ou setorial, em conformidade com a realidade de mercado dos respectivos insumos.

§ 8º Nas licitações de serviços contínuos, observado o interregno mínimo de 1 (um) ano, o critério de reajustamento será por:

I – reajustamento em sentido estrito, quando não houver regime de dedicação exclusiva de mão de obra ou predominância de mão de obra, mediante previsão de índices específicos ou setoriais;

II – repactuação, quando houver regime de dedicação exclusiva de mão de obra ou predominância de mão de obra, mediante demonstração analítica da variação dos custos.

§ 9º O edital poderá, na forma disposta em regulamento, exigir que percentual mínimo da mão de obra responsável pela execução do objeto da contratação seja constituído por:

I – mulheres vítimas de violência doméstica;

II – oriundos ou egressos do sistema prisional.

Art. 26. No processo de licitação, poderá ser estabelecida margem de preferência para:

I – bens manufaturados e serviços nacionais que atendam a normas técnicas brasileiras;

II – bens reciclados, recicláveis ou biodegradáveis, conforme regulamento.

§ 1º A margem de preferência de que trata o caput deste artigo:

I – será definida em decisão fundamentada do Poder Executivo federal, no caso do inciso I do caput deste artigo;

II – poderá ser de até 10% (dez por cento) sobre o preço dos bens e serviços que não se enquadrem no disposto nos incisos I ou II do caput deste artigo;

III – poderá ser estendida a bens manufaturados e serviços originários de Estados Partes do Mercado Comum do Sul (Mercosul), desde que haja reciprocidade com o País prevista em acordo internacional aprovado pelo Congresso Nacional e ratificado pelo Presidente da República.

§ 2º Para os bens manufaturados nacionais e serviços nacionais resultantes de desenvolvimento e inovação tecnológica no País, definidos conforme regulamento do Poder Executivo federal, a margem de preferência a que se refere o caput deste artigo poderá ser de até 20% (vinte por cento).

§ 3º (VETADO).

§ 4º (VETADO).

§ 5º A margem de preferência não se aplica aos bens manufaturados nacionais e aos serviços nacionais se a capacidade de produção desses bens ou de prestação desses serviços no País for inferior:

I – à quantidade a ser adquirida ou contratada; ou

II – aos quantitativos fixados em razão do parcelamento do objeto, quando for o caso.

§ 6º Os editais de licitação para a contratação de bens, serviços e obras poderão, mediante prévia justificativa da autoridade competente, exigir que o contratado promova, em favor de órgão ou entidade integrante da Administração Pública ou daqueles por ela indicados a partir de processo isonômico, medidas de compensação comercial, industrial ou tecnológica ou acesso a condições vantajosas de financiamento, cumulativamente ou não, na forma estabelecida pelo Poder Executivo federal.

§ 7º Nas contratações destinadas à implantação, à manutenção e ao aperfeiçoamento dos sistemas de tecnologia de informação e comunicação considerados estratégicos em ato do Poder Executivo federal, a licitação poderá ser restrita a bens e serviços com tecnologia desenvolvida no País produzidos de acordo com o processo produtivo básico de que trata a Lei nº 10.176, de 11 de janeiro de 2001.

Art. 27. Será divulgada, em sítio eletrônico oficial, a cada exercício financeiro, a relação de empresas favorecidas em decorrência do disposto no art. 26 desta Lei, com indicação do volume de recursos destinados a cada uma delas.

SEÇÃO II
DAS MODALIDADES DE LICITAÇÃO

Art. 28. São modalidades de licitação:

I – pregão;

II – concorrência;

III - concurso;

IV - leilão;

V - diálogo competitivo.

§ 1º Além das modalidades referidas no caput deste artigo, a Administração pode servir-se dos procedimentos auxiliares previstos no art. 78 desta Lei.

§ 2º É vedada a criação de outras modalidades de licitação ou, ainda, a combinação daquelas referidas no caput deste artigo.

Art. 29. A concorrência e o pregão seguem o rito procedimental comum a que se refere o art. 17 desta Lei, adotando-se o pregão sempre que o objeto possuir padrões de desempenho e qualidade que possam ser objetivamente definidos pelo edital, por meio de especificações usuais de mercado.

Parágrafo único. O pregão não se aplica às contratações de serviços técnicos especializados de natureza predominantemente intelectual e de obras e serviços de engenharia, exceto os serviços de engenharia de que trata a alínea "a" do inciso XXI do caput do art. 6º desta Lei.

Art. 30. O concurso observará as regras e condições previstas em edital, que indicará:

I - a qualificação exigida dos participantes;

II - as diretrizes e formas de apresentação do trabalho;

III - as condições de realização e o prêmio ou remuneração a ser concedida ao vencedor.

Parágrafo único. Nos concursos destinados à elaboração de projeto, o vencedor deverá ceder à Administração Pública, nos termos do art. 93 desta Lei, todos os direitos patrimoniais relativos ao projeto e autorizar sua execução conforme juízo de conveniência e oportunidade das autoridades competentes.

Art. 31. O leilão poderá ser cometido a leiloeiro oficial ou a servidor designado pela autoridade competente da Administração, e regulamento deverá dispor sobre seus procedimentos operacionais.

§ 1º Se optar pela realização de leilão por intermédio de leiloeiro oficial, a Administração deverá selecioná-lo mediante credenciamento ou licitação na modalidade pregão e adotar o critério de julgamento de maior desconto para as comissões a serem cobradas, utilizados como parâmetro máximo os percentuais definidos na lei que regula a referida profissão e observados os valores dos bens a serem leiloados.

§ 2º O leilão será precedido da divulgação do edital em sítio eletrônico oficial, que conterá:

I – a descrição do bem, com suas características, e, no caso de imóvel, sua situação e suas divisas, com remissão à matrícula e aos registros;

II – o valor pelo qual o bem foi avaliado, o preço mínimo pelo qual poderá ser alienado, as condições de pagamento e, se for o caso, a comissão do leiloeiro designado;

III – a indicação do lugar onde estiverem os móveis, os veículos e os semoventes;

IV – o sítio da internet e o período em que ocorrerá o leilão, salvo se excepcionalmente for realizado sob a forma presencial por comprovada inviabilidade técnica ou desvantagem para a Administração, hipótese em que serão indicados o local, o dia e a hora de sua realização;

V – a especificação de eventuais ônus, gravames ou pendências existentes sobre os bens a serem leiloados.

§ 3º Além da divulgação no sítio eletrônico oficial, o edital do leilão será afixado em local de ampla circulação de pessoas na sede da Administração e poderá, ainda, ser divulgado por outros meios necessários para ampliar a publicidade e a competitividade da licitação.

§ 4º O leilão não exigirá registro cadastral prévio, não terá fase de habilitação e deverá ser homologado assim que concluída a fase de lances, superada a fase recursal e efetivado o pagamento pelo licitante vencedor, na forma definida no edital.

Art. 32. A modalidade diálogo competitivo é restrita a contratações em que a Administração:

I – vise a contratar objeto que envolva as seguintes condições:

a) inovação tecnológica ou técnica;

b) impossibilidade de o órgão ou entidade ter sua necessidade satisfeita sem a adaptação de soluções disponíveis no mercado; e

c) impossibilidade de as especificações técnicas serem definidas com precisão suficiente pela Administração;

II – verifique a necessidade de definir e identificar os meios e as alternativas que possam satisfazer suas necessidades, com destaque para os seguintes aspectos:

a) a solução técnica mais adequada;

b) os requisitos técnicos aptos a concretizar a solução já definida;

c) a estrutura jurídica ou financeira do contrato;

III – (VETADO).

§ 1º Na modalidade diálogo competitivo, serão observadas as seguintes disposições:

I – a Administração apresentará, por ocasião da divulgação do edital em sítio eletrônico oficial, suas necessidades e as exigências já definidas e estabelecerá prazo mínimo de 25 (vinte e cinco) dias úteis para manifestação de interesse na participação da licitação;

II – os critérios empregados para pré-seleção dos licitantes deverão ser previstos em edital, e serão admitidos todos os interessados que preencherem os requisitos objetivos estabelecidos;

III – a divulgação de informações de modo discriminatório que possa implicar vantagem para algum licitante será vedada;

IV – a Administração não poderá revelar a outros licitantes as soluções propostas ou as informações sigilosas comunicadas por um licitante sem o seu consentimento;

V – a fase de diálogo poderá ser mantida até que a Administração, em decisão fundamentada, identifique a solução ou as soluções que atendam às suas necessidades;

VI – as reuniões com os licitantes pré-selecionados serão registradas em ata e gravadas mediante utilização de recursos tecnológicos de áudio e vídeo;

VII – o edital poderá prever a realização de fases sucessivas, caso em que cada fase poderá restringir as soluções ou as propostas a serem discutidas;

VIII – a Administração deverá, ao declarar que o diálogo foi concluído, juntar aos autos do processo licitatório os registros e as gravações da fase de diálogo, iniciar a fase competitiva com a divulgação de edital contendo a especificação da solução que atenda às suas necessidades e os critérios objetivos a serem utilizados para seleção da proposta mais vantajosa e abrir prazo, não inferior a 60 (sessenta) dias úteis, para todos os licitantes pré-selecionados na forma do inciso II deste parágrafo apresentarem suas propostas, que deverão conter os elementos necessários para a realização do projeto;

IX – a Administração poderá solicitar esclarecimentos ou ajustes às propostas apresentadas, desde que não impliquem discriminação nem distorçam a concorrência entre as propostas;

X – a Administração definirá a proposta vencedora de acordo com critérios divulgados no início da fase competitiva, assegurada a contratação mais vantajosa como resultado;

XI – o diálogo competitivo será conduzido por comissão de contratação composta de pelo menos 3 (três) servidores efetivos ou empregados públicos pertencentes aos quadros permanentes da Administração, admitida a contratação de profissionais para assessoramento técnico da comissão;

XII – (VETADO).

§ 2º Os profissionais contratados para os fins do inciso XI do § 1º deste artigo assinarão termo de confidencialidade e abster-se-ão de atividades que possam configurar conflito de interesses.

SEÇÃO III
DOS CRITÉRIOS DE JULGAMENTO

Art. 33. O julgamento das propostas será realizado de acordo com os seguintes critérios:

I – menor preço;

II – maior desconto;

III – melhor técnica ou conteúdo artístico;

IV – técnica e preço;

V – maior lance, no caso de leilão;

VI – maior retorno econômico.

Art. 34. O julgamento por menor preço ou maior desconto e, quando couber, por técnica e preço considerará o menor dispêndio para a Administração, atendidos os parâmetros mínimos de qualidade definidos no edital de licitação.

§ 1º Os custos indiretos, relacionados com as despesas de manutenção, utilização, reposição, depreciação e impacto ambiental do objeto licitado, entre outros fatores vinculados ao seu ciclo de vida, poderão ser considerados para a definição do menor dispêndio, sempre que objetivamente mensuráveis, conforme disposto em regulamento.

§ 2º O julgamento por maior desconto terá como referência o preço global fixado no edital de licitação, e o desconto será estendido aos eventuais termos aditivos.

Art. 35. O julgamento por melhor técnica ou conteúdo artístico considerará exclusivamente as propostas técnicas ou artísticas apresentadas pelos licitantes, e o edital deverá definir o prêmio ou a remuneração que será atribuída aos vencedores.

Parágrafo único. O critério de julgamento de que trata o caput deste artigo poderá ser utilizado para a contratação de projetos e trabalhos de natureza técnica, científica ou artística.

Art. 36. O julgamento por técnica e preço considerará a maior pontuação obtida a partir da ponderação, segundo fatores objetivos previstos no edital, das notas atribuídas aos aspectos de técnica e de preço da proposta.

§ 1º O critério de julgamento de que trata o caput deste artigo será escolhido quando estudo técnico preliminar demonstrar que a avaliação e a ponderação da qualidade técnica das propostas que superarem os requisitos mínimos estabelecidos no edital forem relevantes aos fins pretendidos pela Administração nas licitações para contratação de:

I – serviços técnicos especializados de natureza predominantemente intelectual, caso em que o critério de julgamento de técnica e preço deverá ser preferencialmente empregado;

II – serviços majoritariamente dependentes de tecnologia sofisticada e de domínio restrito, conforme atestado por autoridades técnicas de reconhecida qualificação;

III – bens e serviços especiais de tecnologia da informação e de comunicação;

IV – obras e serviços especiais de engenharia;

V – objetos que admitam soluções específicas e alternativas e variações de execução, com repercussões significativas e concretamente mensuráveis sobre sua qualidade, produtividade, rendimento e durabilidade, quando essas soluções e variações puderem ser adotadas à livre escolha dos licitantes, conforme critérios objetivamente definidos no edital de licitação.

§ 2º No julgamento por técnica e preço, deverão ser avaliadas e ponderadas as propostas técnicas e, em seguida, as propostas de preço apresentadas pelos licitantes, na proporção máxima de 70% (setenta por cento) de valoração para a proposta técnica.

§ 3º O desempenho pretérito na execução de contratos com a Administração Pública deverá ser considerado na pontuação técnica, observado o disposto nos §§ 3º e 4º do art. 88 desta Lei e em regulamento.

Art. 37. O julgamento por melhor técnica ou por técnica e preço deverá ser realizado por:

I – verificação da capacitação e da experiência do licitante, comprovadas por meio da apresentação de atestados de obras, produtos ou serviços previamente realizados;

II – atribuição de notas a quesitos de natureza qualitativa por banca designada para esse fim, de acordo com orientações e limites definidos em edital, considerados a demonstração de conhecimento do objeto, a metodologia e o programa de trabalho, a qualificação das equipes técnicas e a relação dos produtos que serão entregues;

III – atribuição de notas por desempenho do licitante em contratações anteriores aferida nos documentos comprobatórios de que trata o § 3º do art. 88 desta Lei e em registro cadastral unificado disponível no Portal Nacional de Contratações Públicas (PNCP).

§ 1º A banca referida no inciso II do caput deste artigo terá no mínimo 3 (três) membros e poderá ser composta de:

I – servidores efetivos ou empregados públicos pertencentes aos quadros permanentes da Administração Pública;

II – profissionais contratados por conhecimento técnico, experiência ou renome na avaliação dos quesitos especificados em edital, desde que seus trabalhos sejam supervisionados por profissionais designados conforme o disposto no art. 7º desta Lei.

§ 2º Ressalvados os casos de inexigibilidade de licitação, na licitação para contratação dos serviços técnicos especializados de natureza predominantemente intelectual previstos nas alíneas "a", "d" e "h" do inciso XVIII do caput do art. 6º desta Lei cujo valor estimado da contratação seja superior a R$ 300.000,00 (trezentos mil reais), o julgamento será por:

I – melhor técnica; ou

II – técnica e preço, na proporção de 70% (setenta por cento) de valoração da proposta técnica."

Art. 38. No julgamento por melhor técnica ou por técnica e preço, a obtenção de pontuação devido à capacitação técnico-profissional exigirá que a execução do respectivo contrato tenha participação direta e pessoal do profissional correspondente.

Art. 39. O julgamento por maior retorno econômico, utilizado exclusivamente para a celebração de contrato de eficiência, considerará a maior economia para a Administração, e a remuneração deverá ser fixada em percentual que incidirá de forma proporcional à economia efetivamente obtida na execução do contrato.

§ 1º Nas licitações que adotarem o critério de julgamento de que trata o caput deste artigo, os licitantes apresentarão:

I – proposta de trabalho, que deverá contemplar:

a) as obras, os serviços ou os bens, com os respectivos prazos de realização ou fornecimento;

b) a economia que se estima gerar, expressa em unidade de medida associada à obra, ao bem ou ao serviço e em unidade monetária;

II – proposta de preço, que corresponderá a percentual sobre a economia que se estima gerar durante determinado período, expressa em unidade monetária.

§ 2º O edital de licitação deverá prever parâmetros objetivos de mensuração da economia gerada com a execução do contrato, que servirá de base de cálculo para a remuneração devida ao contratado.

§ 3º Para efeito de julgamento da proposta, o retorno econômico será o resultado da economia que se estima gerar com a execução da proposta de trabalho, deduzida a proposta de preço.

§ 4º Nos casos em que não for gerada a economia prevista no contrato de eficiência:

I – a diferença entre a economia contratada e a efetivamente obtida será descontada da remuneração do contratado;

II – se a diferença entre a economia contratada e a efetivamente obtida for superior ao limite máximo estabelecido no contrato, o contratado sujeitar-se-á, ainda, a outras sanções cabíveis.

SEÇÃO IV
DISPOSIÇÕES SETORIAIS

SUBSEÇÃO I
DAS COMPRAS

Art. 40. O planejamento de compras deverá considerar a expectativa de consumo anual e observar o seguinte:

I – condições de aquisição e pagamento semelhantes às do setor privado;

II – processamento por meio de sistema de registro de preços, quando pertinente;

III – determinação de unidades e quantidades a serem adquiridas em função de consumo e utilização prováveis, cuja estimativa será obtida, sempre que possível, mediante adequadas técnicas quantitativas, admitido o fornecimento contínuo;

IV – condições de guarda e armazenamento que não permitam a deterioração do material;

V – atendimento aos princípios:

a) da padronização, considerada a compatibilidade de especificações estéticas, técnicas ou de desempenho;

b) do parcelamento, quando for tecnicamente viável e economicamente vantajoso;

c) da responsabilidade fiscal, mediante a comparação da despesa estimada com a prevista no orçamento.

§ 1º O termo de referência deverá conter os elementos previstos no inciso XXIII do caput do art. 6º desta Lei, além das seguintes informações:

I – especificação do produto, preferencialmente conforme catálogo eletrônico de padronização, observados os requisitos de qualidade, rendimento, compatibilidade, durabilidade e segurança;

II – indicação dos locais de entrega dos produtos e das regras para recebimentos provisório e definitivo, quando for o caso;

III – especificação da garantia exigida e das condições de manutenção e assistência técnica, quando for o caso.

§ 2º Na aplicação do princípio do parcelamento, referente às compras, deverão ser considerados:

I – a viabilidade da divisão do objeto em lotes;

II – o aproveitamento das peculiaridades do mercado local, com vistas à economicidade, sempre que possível, desde que atendidos os parâmetros de qualidade; e

III – o dever de buscar a ampliação da competição e de evitar a concentração de mercado.

§ 3º O parcelamento não será adotado quando:

I – a economia de escala, a redução de custos de gestão de contratos ou a maior vantagem na contratação recomendar a compra do item do mesmo fornecedor;

II – o objeto a ser contratado configurar sistema único e integrado e houver a possibilidade de risco ao conjunto do objeto pretendido;

III – o processo de padronização ou de escolha de marca levar a fornecedor exclusivo.

§ 4º Em relação à informação de que trata o inciso III do § 1º deste artigo, desde que fundamentada em estudo técnico preliminar, a Administração poderá exigir que os serviços de manutenção e assistência técnica sejam prestados mediante deslocamento de técnico ou disponibilizados em unidade de prestação de serviços localizada em distância compatível com suas necessidades.

Art. 41. No caso de licitação que envolva o fornecimento de bens, a Administração poderá excepcionalmente:

I – indicar uma ou mais marcas ou modelos, desde que formalmente justificado, nas seguintes hipóteses:

a) em decorrência da necessidade de padronização do objeto;

b) em decorrência da necessidade de manter a compatibilidade com plataformas e padrões já adotados pela Administração;

c) quando determinada marca ou modelo comercializados por mais de um fornecedor forem os únicos capazes de atender às necessidades do contratante;

d) quando a descrição do objeto a ser licitado puder ser mais bem compreendida pela identificação de determinada marca ou determinado modelo aptos a servir apenas como referência;

II – exigir amostra ou prova de conceito do bem no procedimento de pré-qualificação permanente, na fase de julgamento das propostas ou de lances, ou no período de vigência do contrato ou da ata de registro de preços, desde que previsto no edital da licitação e justificada a necessidade de sua apresentação;

III – vedar a contratação de marca ou produto, quando, mediante processo administrativo, restar comprovado que produtos adquiridos e utilizados anteriormente pela Administração não atendem a requisitos indispensáveis ao pleno adimplemento da obrigação contratual;

IV – solicitar, motivadamente, carta de solidariedade emitida pelo fabricante, que assegure a execução do contrato, no caso de licitante revendedor ou distribuidor.

Parágrafo único. A exigência prevista no inciso II do caput deste artigo restringir-se-á ao licitante provisoriamente vencedor quando realizada na fase de julgamento das propostas ou de lances.

Art. 42. A prova de qualidade de produto apresentado pelos proponentes como similar ao das marcas eventualmente indicadas no edital será admitida por qualquer um dos seguintes meios:

I – comprovação de que o produto está de acordo com as normas técnicas determinadas pelos órgãos oficiais competentes, pela Associação Brasileira de Normas Técnicas (ABNT) ou por outra entidade credenciada pelo Inmetro;

II – declaração de atendimento satisfatório emitida por outro órgão ou entidade de nível federativo equivalente ou superior que tenha adquirido o produto;

III – certificação, certificado, laudo laboratorial ou documento similar que possibilite a aferição da qualidade e da conformidade do produto ou do processo de fabricação, inclusive sob o aspecto ambiental, emitido por instituição oficial competente ou por entidade credenciada.

§ 1º O edital poderá exigir, como condição de aceitabilidade da proposta, certificação de qualidade do produto por instituição credenciada pelo Conselho Nacional de Metrologia, Normalização e Qualidade Industrial (Conmetro).

§ 2º A Administração poderá, nos termos do edital de licitação, oferecer protótipo do objeto pretendido e exigir, na fase de julgamento das propostas, amostras do licitante provisoriamente vencedor, para atender a diligência ou, após o julgamento, como condição para firmar contrato.

§ 3º No interesse da Administração, as amostras a que se refere o § 2º deste artigo poderão ser examinadas por instituição com reputação ético-profissional na especialidade do objeto, previamente indicada no edital.

Art. 43. O processo de padronização deverá conter:

I – parecer técnico sobre o produto, considerados especificações técnicas e estéticas, desempenho, análise de contratações anteriores, custo e condições de manutenção e garantia;

II – despacho motivado da autoridade superior, com a adoção do padrão;

III – síntese da justificativa e descrição sucinta do padrão definido, divulgadas em sítio eletrônico oficial.

§ 1º É permitida a padronização com base em processo de outro órgão ou entidade de nível federativo igual ou superior ao do órgão adquirente, devendo o ato que decidir pela adesão a outra padronização ser devidamente motivado, com indicação da necessidade da Administração e dos riscos decorrentes dessa decisão, e divulgado em sítio eletrônico oficial.

§ 2º As contratações de soluções baseadas em software de uso disseminado serão disciplinadas em regulamento que defina processo de gestão estratégica das contratações desse tipo de solução.

Art. 44. Quando houver a possibilidade de compra ou de locação de bens, o estudo técnico preliminar deverá considerar os custos e os benefícios de cada opção, com indicação da alternativa mais vantajosa.

SUBSEÇÃO II
DAS OBRAS E SERVIÇOS DE ENGENHARIA

Art. 45. As licitações de obras e serviços de engenharia devem respeitar, especialmente, as normas relativas a:

I – disposição final ambientalmente adequada dos resíduos sólidos gerados pelas obras contratadas;

II – mitigação por condicionantes e compensação ambiental, que serão definidas no procedimento de licenciamento ambiental;

III – utilização de produtos, de equipamentos e de serviços que, comprovadamente, favoreçam a redução do consumo de energia e de recursos naturais;

IV – avaliação de impacto de vizinhança, na forma da legislação urbanística;

V – proteção do patrimônio histórico, cultural, arqueológico e imaterial, inclusive por meio da avaliação do impacto direto ou indireto causado pelas obras contratadas;

VI - acessibilidade para pessoas com deficiência ou com mobilidade reduzida.

Art. 46. Na execução indireta de obras e serviços de engenharia, são admitidos os seguintes regimes:

I - empreitada por preço unitário;

II - empreitada por preço global;

III - empreitada integral;

IV - contratação por tarefa;

V - contratação integrada;

VI - contratação semi-integrada;

VII - fornecimento e prestação de serviço associado.

§ 1º É vedada a realização de obras e serviços de engenharia sem projeto executivo, ressalvada a hipótese prevista no § 3º do art. 18 desta Lei.

§ 2º A Administração é dispensada da elaboração de projeto básico nos casos de contratação integrada, hipótese em que deverá ser elaborado anteprojeto de acordo com metodologia definida em ato do órgão competente, observados os requisitos estabelecidos no inciso XXIV do art. 6º desta Lei.

§ 3º Na contratação integrada, após a elaboração do projeto básico pelo contratado, o conjunto de desenhos, especificações, memoriais e cronograma físico-financeiro deverá ser submetido à aprovação da Administração, que avaliará sua adequação em relação aos parâmetros definidos no edital e conformidade com as normas técnicas, vedadas alterações que reduzam a qualidade ou a vida útil do empreendimento e mantida a responsabilidade integral do contratado pelos riscos associados ao projeto básico.

§ 4º Nos regimes de contratação integrada e semi-integrada, o edital e o contrato, sempre que for o caso, deverão prever as providências necessárias para a efetivação de desapropriação autorizada pelo poder público, bem como:

I - o responsável por cada fase do procedimento expropriatório;

II - a responsabilidade pelo pagamento das indenizações devidas;

III - a estimativa do valor a ser pago a título de indenização pelos bens expropriados, inclusive de custos correlatos;

IV - a distribuição objetiva de riscos entre as partes, incluído o risco pela diferença entre o custo da desapropriação e a estimativa de valor e pelos eventuais danos e prejuízos ocasionados por atraso na disponibilização dos bens expropriados;

V – em nome de quem deverá ser promovido o registro de imissão provisória na posse e o registro de propriedade dos bens a serem desapropriados.

§ 5º Na contratação semi-integrada, mediante prévia autorização da Administração, o projeto básico poderá ser alterado, desde que demonstrada a superioridade das inovações propostas pelo contratado em termos de redução de custos, de aumento da qualidade, de redução do prazo de execução ou de facilidade de manutenção ou operação, assumindo o contratado a responsabilidade integral pelos riscos associados à alteração do projeto básico.

§ 6º A execução de cada etapa será obrigatoriamente precedida da conclusão e da aprovação, pela autoridade competente, dos trabalhos relativos às etapas anteriores.

§ 7º (VETADO).

§ 8º (VETADO).

§ 9º Os regimes de execução a que se referem os incisos II, III, IV, V e VI do caput deste artigo serão licitados por preço global e adotarão sistemática de medição e pagamento associada à execução de etapas do cronograma físico-financeiro vinculadas ao cumprimento de metas de resultado, vedada a adoção de sistemática de remuneração orientada por preços unitários ou referenciada pela execução de quantidades de itens unitários.

SUBSEÇÃO III
DOS SERVIÇOS EM GERAL

Art. 47. As licitações de serviços atenderão aos princípios:

I – da padronização, considerada a compatibilidade de especificações estéticas, técnicas ou de desempenho;

II – do parcelamento, quando for tecnicamente viável e economicamente vantajoso.

§ 1º Na aplicação do princípio do parcelamento deverão ser considerados:

I – a responsabilidade técnica;

II – o custo para a Administração de vários contratos frente às vantagens da redução de custos, com divisão do objeto em itens;

III – o dever de buscar a ampliação da competição e de evitar a concentração de mercado.

§ 2º Na licitação de serviços de manutenção e assistência técnica, o edital deverá definir o local de realização dos serviços, admitida a exigência de deslocamento de técnico ao local da repartição ou a exigência de que o contratado tenha unidade de prestação de serviços em distância compatível com as necessidades da Administração.

Art. 48. Poderão ser objeto de execução por terceiros as atividades materiais acessórias, instrumentais ou complementares aos assuntos que constituam área de competência legal do órgão ou da entidade, vedado à Administração ou a seus agentes, na contratação do serviço terceirizado:

I – indicar pessoas expressamente nominadas para executar direta ou indiretamente o objeto contratado;

II – fixar salário inferior ao definido em lei ou em ato normativo a ser pago pelo contratado;

III – estabelecer vínculo de subordinação com funcionário de empresa prestadora de serviço terceirizado;

IV – definir forma de pagamento mediante exclusivo reembolso dos salários pagos;

V – demandar a funcionário de empresa prestadora de serviço terceirizado a execução de tarefas fora do escopo do objeto da contratação;

VI – prever em edital exigências que constituam intervenção indevida da Administração na gestão interna do contratado.

Parágrafo único. Durante a vigência do contrato, é vedado ao contratado contratar cônjuge, companheiro ou parente em linha reta, colateral ou por afinidade, até o terceiro grau, de dirigente do órgão ou entidade contratante ou de agente público que desempenhe função na licitação ou atue na fiscalização ou na gestão do contrato, devendo essa proibição constar expressamente do edital de licitação.

Art. 49. A Administração poderá, mediante justificativa expressa, contratar mais de uma empresa ou instituição para executar o mesmo serviço, desde que essa contratação não implique perda de economia de escala, quando:

I – o objeto da contratação puder ser executado de forma concorrente e simultânea por mais de um contratado; e

II – a múltipla execução for conveniente para atender à Administração.

Parágrafo único. Na hipótese prevista no caput deste artigo, a Administração deverá manter o controle individualizado da execução do objeto contratual relativamente a cada um dos contratados.

Art. 50. Nas contratações de serviços com regime de dedicação exclusiva de mão de obra, o contratado deverá apresentar, quando solicitado pela Administração, sob pena de multa, comprovação do cumprimento das obrigações trabalhistas e com o Fundo de Garantia do Tempo de Serviço (FGTS) em relação aos empregados diretamente envolvidos na execução do contrato, em especial quanto ao:

I – registro de ponto;

II – recibo de pagamento de salários, adicionais, horas extras, repouso semanal remunerado e décimo terceiro salário;

III – comprovante de depósito do FGTS;

IV – recibo de concessão e pagamento de férias e do respectivo adicional;

V – recibo de quitação de obrigações trabalhistas e previdenciárias dos empregados dispensados até a data da extinção do contrato;

VI – recibo de pagamento de vale-transporte e vale-alimentação, na forma prevista em norma coletiva.

SUBSEÇÃO IV
DA LOCAÇÃO DE IMÓVEIS

Art. 51. Ressalvado o disposto no inciso V do caput do art. 74 desta Lei, a locação de imóveis deverá ser precedida de licitação e avaliação prévia do bem, do seu estado de conservação, dos custos de adaptações e do prazo de amortização dos investimentos necessários.

SUBSEÇÃO V
DAS LICITAÇÕES INTERNACIONAIS

Art. 52. Nas licitações de âmbito internacional, o edital deverá ajustar-se às diretrizes da política monetária e do comércio exterior e atender às exigências dos órgãos competentes.

§ 1º Quando for permitido ao licitante estrangeiro cotar preço em moeda estrangeira, o licitante brasileiro igualmente poderá fazê-lo.

§ 2º O pagamento feito ao licitante brasileiro eventualmente contratado em virtude de licitação nas condições de que trata o § 1º deste artigo será efetuado em moeda corrente nacional.

§ 3º As garantias de pagamento ao licitante brasileiro serão equivalentes àquelas oferecidas ao licitante estrangeiro.

§ 4º Os gravames incidentes sobre os preços constarão do edital e serão definidos a partir de estimativas ou médias dos tributos.

§ 5º As propostas de todos os licitantes estarão sujeitas às mesmas regras e condições, na forma estabelecida no edital.

§ 6º Observados os termos desta Lei, o edital não poderá prever condições de habilitação, classificação e julgamento que constituam barreiras de acesso ao licitante estrangeiro, admitida a previsão de margem de preferência para bens produzidos no País e serviços nacionais que atendam às normas técnicas brasileiras, na forma definida no art. 26 desta Lei.

CAPÍTULO III
DA DIVULGAÇÃO DO EDITAL DE LICITAÇÃO

Art. 53. Ao final da fase preparatória, o processo licitatório seguirá para o órgão de assessoramento jurídico da Administração, que realizará controle prévio de legalidade mediante análise jurídica da contratação.

§ 1º Na elaboração do parecer jurídico, o órgão de assessoramento jurídico da Administração deverá:

I – apreciar o processo licitatório conforme critérios objetivos prévios de atribuição de prioridade;

II – redigir sua manifestação em linguagem simples e compreensível e de forma clara e objetiva, com apreciação de todos os elementos indispensáveis à contratação e com exposição dos pressupostos de fato e de direito levados em consideração na análise jurídica;

III – (VETADO).

§ 2º (VETADO).

§ 3º Encerrada a instrução do processo sob os aspectos técnico e jurídico, a autoridade determinará a divulgação do edital de licitação conforme disposto no art. 54.

§ 4º Na forma deste artigo, o órgão de assessoramento jurídico da Administração também realizará controle prévio de legalidade de contratações diretas, acordos, termos de cooperação, convênios, ajustes, adesões a atas de registro de preços, outros instrumentos congêneres e de seus termos aditivos.

§ 5º É dispensável a análise jurídica nas hipóteses previamente definidas em ato da autoridade jurídica máxima competente, que deverá considerar o baixo valor, a baixa complexidade da contratação, a entrega imediata do bem ou a utilização de minutas de editais e instrumentos de contrato, convênio ou outros ajustes previamente padronizados pelo órgão de assessoramento jurídico.

§ 6º (VETADO).

Art. 54. A publicidade do edital de licitação será realizada mediante divulgação e manutenção do inteiro teor do ato convocatório e de seus anexos no Portal Nacional de Contratações Públicas (PNCP).

§ 1º Sem prejuízo do disposto no caput, é obrigatória a publicação de extrato do edital no Diário Oficial da União, do Estado, do Distrito Federal ou do Município, ou, no caso de consórcio público, do ente de maior nível entre eles, bem como em jornal diário de grande circulação.

§ 2º É facultada a divulgação adicional e a manutenção do inteiro teor do edital e de seus anexos em sítio eletrônico oficial do ente federativo do órgão ou entidade responsável pela licitação ou, no caso de consórcio público, do ente de maior nível entre eles, admitida, ainda, a divulgação direta a interessados devidamente cadastrados para esse fim.

§ 3º Após a homologação do processo licitatório, serão disponibilizados no Portal Nacional de Contratações Públicas (PNCP) e, se o órgão ou entidade responsável pela licitação entender cabível, também no sítio referido no § 2º deste artigo, os documentos elaborados na fase preparatória que porventura não tenham integrado o edital e seus anexos.

CAPÍTULO IV
DA APRESENTAÇÃO DE PROPOSTAS E LANCES

Art. 55. Os prazos mínimos para apresentação de propostas e lances, contados a partir da data de divulgação do edital de licitação, são de:

I – para aquisição de bens:

a) 8 (oito) dias úteis, quando adotados os critérios de julgamento de menor preço ou de maior desconto;

b) 15 (quinze) dias úteis, nas hipóteses não abrangidas pela alínea "a" deste inciso;

II – no caso de serviços e obras:

a) 10 (dez) dias úteis, quando adotados os critérios de julgamento de menor preço ou de maior desconto, no caso de serviços comuns e de obras e serviços comuns de engenharia;

b) 25 (vinte e cinco) dias úteis, quando adotados os critérios de julgamento de menor preço ou de maior desconto, no caso de serviços especiais e de obras e serviços especiais de engenharia;

c) 60 (sessenta) dias úteis, quando o regime de execução for de contratação integrada;

d) 35 (trinta e cinco) dias úteis, quando o regime de execução for o de contratação semi-integrada ou nas hipóteses não abrangidas pelas alíneas "a", "b" e "c" deste inciso;

III – para licitação em que se adote o critério de julgamento de maior lance, 15 (quinze) dias úteis;

IV – para licitação em que se adote o critério de julgamento de técnica e preço ou de melhor técnica ou conteúdo artístico, 35 (trinta e cinco) dias úteis.

§ 1º Eventuais modificações no edital implicarão nova divulgação na mesma forma de sua divulgação inicial, além do cumprimento dos mesmos prazos dos atos e procedimentos originais, exceto quando a alteração não comprometer a formulação das propostas.

§ 2º Os prazos previstos neste artigo poderão, mediante decisão fundamentada, ser reduzidos até a metade nas licitações realizadas pelo Ministério da Saúde, no âmbito do Sistema Único de Saúde (SUS).

Art. 56. O modo de disputa poderá ser, isolada ou conjuntamente:

I – aberto, hipótese em que os licitantes apresentarão suas propostas por meio de lances públicos e sucessivos, crescentes ou decrescentes;

II – fechado, hipótese em que as propostas permanecerão em sigilo até a data e hora designadas para sua divulgação.

§ 1º A utilização isolada do modo de disputa fechado será vedada quando adotados os critérios de julgamento de menor preço ou de maior desconto.

§ 2º A utilização do modo de disputa aberto será vedada quando adotado o critério de julgamento de técnica e preço.

§ 3º Serão considerados intermediários os lances:

I – iguais ou inferiores ao maior já ofertado, quando adotado o critério de julgamento de maior lance;

II – iguais ou superiores ao menor já ofertado, quando adotados os demais critérios de julgamento.

§ 4º Após a definição da melhor proposta, se a diferença em relação à proposta classificada em segundo lugar for de pelo menos 5% (cinco por cento), a Administração poderá admitir o reinício da disputa aberta, nos termos estabelecidos no instrumento convocatório, para a definição das demais colocações.

§ 5º Nas licitações de obras ou serviços de engenharia, após o julgamento, o licitante vencedor deverá reelaborar e apresentar à Administração, por meio eletrônico, as planilhas com indicação dos quantitativos e dos custos unitários, bem como com detalhamento das Bonificações e Despesas Indiretas (BDI) e dos Encargos Sociais (ES), com os respectivos valores adequados ao valor final da proposta vencedora, admitida a utilização dos preços unitários, no caso de empreitada por preço global, empreitada integral, contratação semi-integrada e contratação integrada, exclusivamente para eventuais adequações indispensáveis no cronograma físico-financeiro e para balizar excepcional aditamento posterior do contrato.

Art. 57. O edital de licitação poderá estabelecer intervalo mínimo de diferença de valores entre os lances, que incidirá tanto em relação aos lances intermediários quanto em relação à proposta que cobrir a melhor oferta.

Art. 58. Poderá ser exigida, no momento da apresentação da proposta, a comprovação do recolhimento de quantia a título de garantia de proposta, como requisito de pré-habilitação.

§ 1º A garantia de proposta não poderá ser superior a 1% (um por cento) do valor estimado para a contratação.

§ 2º A garantia de proposta será devolvida aos licitantes no prazo de 10 (dez) dias úteis, contado da assinatura do contrato ou da data em que for declarada fracassada a licitação.

§ 3º Implicará execução do valor integral da garantia de proposta a recusa em assinar o contrato ou a não apresentação dos documentos para a contratação.

§ 4º A garantia de proposta poderá ser prestada nas modalidades de que trata o § 1º do art. 96 desta Lei.

CAPÍTULO V
DO JULGAMENTO

Art. 59. Serão desclassificadas as propostas que:

I – contiverem vícios insanáveis;

II – não obedecerem às especificações técnicas pormenorizadas no edital;

III – apresentarem preços inexequíveis ou permanecerem acima do orçamento estimado para a contratação;

IV – não tiverem sua exequibilidade demonstrada, quando exigido pela Administração;

V – apresentarem desconformidade com quaisquer outras exigências do edital, desde que insanável.

§ 1º A verificação da conformidade das propostas poderá ser feita exclusivamente em relação à proposta mais bem classificada.

§ 2º A Administração poderá realizar diligências para aferir a exequibilidade das propostas ou exigir dos licitantes que ela seja demonstrada, conforme disposto no inciso IV do caput deste artigo.

§ 3º No caso de obras e serviços de engenharia e arquitetura, para efeito de avaliação da exequibilidade e de sobrepreço, serão considerados o preço global, os quantitativos e os preços unitários tidos como relevantes, observado o critério de aceitabilidade de preços unitário e global a ser fixado no edital, conforme as especificidades do mercado correspondente.

§ 4º No caso de obras e serviços de engenharia, serão consideradas inexequíveis as propostas cujos valores forem inferiores a 75% (setenta e cinco por cento) do valor orçado pela Administração.

§ 5º Nas contratações de obras e serviços de engenharia, será exigida garantia adicional do licitante vencedor cuja proposta for inferior a 85% (oitenta e cinco por cento) do valor orçado pela Administração, equivalente à diferença entre este último e o valor da proposta, sem prejuízo das demais garantias exigíveis de acordo com esta Lei.

Art. 60. Em caso de empate entre duas ou mais propostas, serão utilizados os seguintes critérios de desempate, nesta ordem:

I – disputa final, hipótese em que os licitantes empatados poderão apresentar nova proposta em ato contínuo à classificação;

II – avaliação do desempenho contratual prévio dos licitantes, para a qual deverão preferencialmente ser utilizados registros cadastrais para efeito de atesto de cumprimento de obrigações previstos nesta Lei;

III – desenvolvimento pelo licitante de ações de equidade entre homens e mulheres no ambiente de trabalho, conforme regulamento;

IV – desenvolvimento pelo licitante de programa de integridade, conforme orientações dos órgãos de controle.

§ 1º Em igualdade de condições, se não houver desempate, será assegurada preferência, sucessivamente, aos bens e serviços produzidos ou prestados por:

I – empresas estabelecidas no território do Estado ou do Distrito Federal do órgão ou entidade da Administração Pública estadual ou distrital licitante ou, no caso de licitação realizada por órgão ou entidade de Município, no território do Estado em que este se localize;

II – empresas brasileiras;

III – empresas que invistam em pesquisa e no desenvolvimento de tecnologia no País;

IV – empresas que comprovem a prática de mitigação, nos termos da Lei nº 12.187, de 29 de dezembro de 2009.

§ 2º As regras previstas no caput deste artigo não prejudicarão a aplicação do disposto no art. 44 da Lei Complementar nº 123, de 14 de dezembro de 2006.

Art. 61. Definido o resultado do julgamento, a Administração poderá negociar condições mais vantajosas com o primeiro colocado.

§ 1º A negociação poderá ser feita com os demais licitantes, segundo a ordem de classificação inicialmente estabelecida, quando o primeiro colocado, mesmo após a negociação, for desclassificado em razão de sua proposta permanecer acima do preço máximo definido pela Administração.

§ 2º A negociação será conduzida por agente de contratação ou comissão de contratação, na forma de regulamento, e, depois de concluída, terá seu resultado divulgado a todos os licitantes e anexado aos autos do processo licitatório.

CAPÍTULO VI
DA HABILITAÇÃO

Art. 62. A habilitação é a fase da licitação em que se verifica o conjunto de informações e documentos necessários e suficientes para demonstrar a capacidade do licitante de realizar o objeto da licitação, dividindo-se em:

I – jurídica;

II – técnica;

III – fiscal, social e trabalhista;

IV – econômico-financeira.

Art. 63. Na fase de habilitação das licitações serão observadas as seguintes disposições:

I – poderá ser exigida dos licitantes a declaração de que atendem aos requisitos de habilitação, e o declarante responderá pela veracidade das informações prestadas, na forma da lei;

II – será exigida a apresentação dos documentos de habilitação apenas pelo licitante vencedor, exceto quando a fase de habilitação anteceder a de julgamento;

III – serão exigidos os documentos relativos à regularidade fiscal, em qualquer caso, somente em momento posterior ao julgamento das propostas, e apenas do licitante mais bem classificado;

IV – será exigida do licitante declaração de que cumpre as exigências de reserva de cargos para pessoa com deficiência e para reabilitado da Previdência Social, previstas em lei e em outras normas específicas.

§ 1º Constará do edital de licitação cláusula que exija dos licitantes, sob pena de desclassificação, declaração de que suas propostas econômicas compreendem a integralidade dos custos para atendimento dos direitos trabalhistas assegurados na Constituição

Federal, nas leis trabalhistas, nas normas infralegais, nas convenções coletivas de trabalho e nos termos de ajustamento de conduta vigentes na data de entrega das propostas.

§ 2º Quando a avaliação prévia do local de execução for imprescindível para o conhecimento pleno das condições e peculiaridades do objeto a ser contratado, o edital de licitação poderá prever, sob pena de inabilitação, a necessidade de o licitante atestar que conhece o local e as condições de realização da obra ou serviço, assegurado a ele o direito de realização de vistoria prévia.

§ 3º Para os fins previstos no § 2º deste artigo, o edital de licitação sempre deverá prever a possibilidade de substituição da vistoria por declaração formal assinada pelo responsável técnico do licitante acerca do conhecimento pleno das condições e peculiaridades da contratação.

§ 4º Para os fins previstos no § 2º deste artigo, se os licitantes optarem por realizar vistoria prévia, a Administração deverá disponibilizar data e horário diferentes para os eventuais interessados.

Art. 64. Após a entrega dos documentos para habilitação, não será permitida a substituição ou a apresentação de novos documentos, salvo em sede de diligência, para:

I – complementação de informações acerca dos documentos já apresentados pelos licitantes e desde que necessária para apurar fatos existentes à época da abertura do certame;

II – atualização de documentos cuja validade tenha expirado após a data de recebimento das propostas.

§ 1º Na análise dos documentos de habilitação, a comissão de licitação poderá sanar erros ou falhas que não alterem a substância dos documentos e sua validade jurídica, mediante despacho fundamentado registrado e acessível a todos, atribuindo-lhes eficácia para fins de habilitação e classificação.

§ 2º Quando a fase de habilitação anteceder a de julgamento e já tiver sido encerrada, não caberá exclusão de licitante por motivo relacionado à habilitação, salvo em razão de fatos supervenientes ou só conhecidos após o julgamento.

Art. 65. As condições de habilitação serão definidas no edital.

§ 1º As empresas criadas no exercício financeiro da licitação deverão atender a todas as exigências da habilitação e ficarão autorizadas a substituir os demonstrativos contábeis pelo balanço de abertura.

§ 2º A habilitação poderá ser realizada por processo eletrônico de comunicação a distância, nos termos dispostos em regulamento.

Art. 66. A habilitação jurídica visa a demonstrar a capacidade de o licitante exercer direitos e assumir obrigações, e a documentação a ser apresentada por ele limita-se à comprovação de existência jurídica da pessoa e, quando cabível, de autorização para o exercício da atividade a ser contratada.

Art. 67. A documentação relativa à qualificação técnico-profissional e técnico-operacional será restrita a:

I – apresentação de profissional, devidamente registrado no conselho profissional competente, quando for o caso, detentor de atestado de responsabilidade técnica por execução de obra ou serviço de características semelhantes, para fins de contratação;

II – certidões ou atestados, regularmente emitidos pelo conselho profissional competente, quando for o caso, que demonstrem capacidade operacional na execução de serviços similares de complexidade tecnológica e operacional equivalente ou superior, bem como documentos comprobatórios emitidos na forma do § 3º do art. 88 desta Lei;

III – indicação do pessoal técnico, das instalações e do aparelhamento adequados e disponíveis para a realização do objeto da licitação, bem como da qualificação de cada membro da equipe técnica que se responsabilizará pelos trabalhos;

IV – prova do atendimento de requisitos previstos em lei especial, quando for o caso;

V – registro ou inscrição na entidade profissional competente, quando for o caso;

VI – declaração de que o licitante tomou conhecimento de todas as informações e das condições locais para o cumprimento das obrigações objeto da licitação.

§ 1º A exigência de atestados será restrita às parcelas de maior relevância ou valor significativo do objeto da licitação, assim consideradas as que tenham valor individual igual ou superior a 4% (quatro por cento) do valor total estimado da contratação.

§ 2º Observado o disposto no caput e no § 1º deste artigo, será admitida a exigência de atestados com quantidades mínimas de até 50% (cinquenta por cento) das parcelas de que trata o referido parágrafo, vedadas limitações de tempo e de locais específicos relativas aos atestados.

§ 3º Salvo na contratação de obras e serviços de engenharia, as exigências a que se referem os incisos I e II do caput deste artigo, a critério da Administração, poderão ser substituídas por outra prova de que o profissional ou a empresa possui conhecimento técnico e experiência prática na execução de serviço de características semelhantes, hipótese em que as provas alternativas aceitáveis deverão ser previstas em regulamento.

§ 4º Serão aceitos atestados ou outros documentos hábeis emitidos por entidades estrangeiras quando acompanhados de tradução para o português, salvo se comprovada a inidoneidade da entidade emissora.

§ 5º Em se tratando de serviços contínuos, o edital poderá exigir certidão ou atestado que demonstre que o licitante tenha executado serviços similares ao objeto da licitação, em períodos sucessivos ou não, por um prazo mínimo, que não poderá ser superior a 3 (três) anos.

§ 6º Os profissionais indicados pelo licitante na forma dos incisos I e III do caput deste artigo deverão participar da obra ou serviço objeto da licitação, e será admitida a sua substituição por profissionais de experiência equivalente ou superior, desde que aprovada pela Administração.

§ 7º Sociedades empresárias estrangeiras atenderão à exigência prevista no inciso V do caput deste artigo por meio da apresentação, no momento da assinatura do contrato, da solicitação de registro perante a entidade profissional competente no Brasil.

§ 8º Será admitida a exigência da relação dos compromissos assumidos pelo licitante que importem em diminuição da disponibilidade do pessoal técnico referido nos incisos I e III do caput deste artigo.

§ 9º O edital poderá prever, para aspectos técnicos específicos, que a qualificação técnica seja demonstrada por meio de atestados relativos a potencial subcontratado, limitado a 25% (vinte e cinco por cento) do objeto a ser licitado, hipótese em que mais de um licitante poderá apresentar atestado relativo ao mesmo potencial subcontratado.

§ 10. Em caso de apresentação por licitante de atestado de desempenho anterior emitido em favor de consórcio do qual tenha feito parte, se o atestado ou o contrato de constituição do consórcio não identificar a atividade desempenhada por cada consorciado individualmente, serão adotados os seguintes critérios na avaliação de sua qualificação técnica:

I – caso o atestado tenha sido emitido em favor de consórcio homogêneo, as experiências atestadas deverão ser reconhecidas para cada empresa consorciada na proporção quantitativa de sua participação no consórcio, salvo nas licitações para contratação de serviços técnicos especializados de natureza predominantemente intelectual, em que todas as experiências atestadas deverão ser reconhecidas para cada uma das empresas consorciadas;

II – caso o atestado tenha sido emitido em favor de consórcio heterogêneo, as experiências atestadas deverão ser reconhecidas para cada consorciado de acordo com os respectivos campos de atuação, inclusive nas licitações para contratação de serviços técnicos especializados de natureza predominantemente intelectual.

§ 11. Na hipótese do § 10 deste artigo, para fins de comprovação do percentual de participação do consorciado, caso este não conste expressamente do atestado ou da certidão, deverá ser juntada ao atestado ou à certidão cópia do instrumento de constituição do consórcio.

§ 12. Na documentação de que trata o inciso I do caput deste artigo, não serão admitidos atestados de responsabilidade técnica de profissionais que, na forma de regulamento, tenham dado causa à aplicação das sanções previstas nos incisos III e IV do caput do art. 156 desta Lei em decorrência de orientação proposta, de prescrição técnica ou de qualquer ato profissional de sua responsabilidade.

Art. 68. As habilitações fiscal, social e trabalhista serão aferidas mediante a verificação dos seguintes requisitos:

I – a inscrição no Cadastro de Pessoas Físicas (CPF) ou no Cadastro Nacional da Pessoa Jurídica (CNPJ);

II – a inscrição no cadastro de contribuintes estadual e/ou municipal, se houver, relativo ao domicílio ou sede do licitante, pertinente ao seu ramo de atividade e compatível com o objeto contratual;

III – a regularidade perante a Fazenda federal, estadual e/ou municipal do domicílio ou sede do licitante, ou outra equivalente, na forma da lei;

IV – a regularidade relativa à Seguridade Social e ao FGTS, que demonstre cumprimento dos encargos sociais instituídos por lei;

V – a regularidade perante a Justiça do Trabalho;

VI – o cumprimento do disposto no inciso XXXIII do art. 7º da Constituição Federal.

§ 1º Os documentos referidos nos incisos do caput deste artigo poderão ser substituídos ou supridos, no todo ou em parte, por outros meios hábeis a comprovar a regularidade do licitante, inclusive por meio eletrônico.

§ 2º A comprovação de atendimento do disposto nos incisos III, IV e V do caput deste artigo deverá ser feita na forma da legislação específica.

Art. 69. A habilitação econômico-financeira visa a demonstrar a aptidão econômica do licitante para cumprir as obrigações decorrentes do futuro contrato, devendo ser comprovada de forma objetiva, por coeficientes e índices econômicos previstos no edital, devidamente justificados no processo licitatório, e será restrita à apresentação da seguinte documentação:

I – balanço patrimonial, demonstração de resultado de exercício e demais demonstrações contábeis dos 2 (dois) últimos exercícios sociais;

II – certidão negativa de feitos sobre falência expedida pelo distribuidor da sede do licitante.

§ 1º A critério da Administração, poderá ser exigida declaração, assinada por profissional habilitado da área contábil, que ateste o atendimento pelo licitante dos índices econômicos previstos no edital.

§ 2º Para o atendimento do disposto no caput deste artigo, é vedada a exigência de valores mínimos de faturamento anterior e de índices de rentabilidade ou lucratividade.

§ 3º É admitida a exigência da relação dos compromissos assumidos pelo licitante que importem em diminuição de sua capacidade econômico-financeira, excluídas parcelas já executadas de contratos firmados.

§ 4º A Administração, nas compras para entrega futura e na execução de obras e serviços, poderá estabelecer no edital a exigência de capital mínimo ou de patrimônio líquido mínimo equivalente a até 10% (dez por cento) do valor estimado da contratação.

§ 5º É vedada a exigência de índices e valores não usualmente adotados para a avaliação de situação econômico-financeira suficiente para o cumprimento das obrigações decorrentes da licitação.

§ 6º Os documentos referidos no inciso I do caput deste artigo limitar-se-ão ao último exercício no caso de a pessoa jurídica ter sido constituída há menos de 2 (dois) anos.

Art. 70. A documentação referida neste Capítulo poderá ser:

I – apresentada em original, por cópia ou por qualquer outro meio expressamente admitido pela Administração;

II – substituída por registro cadastral emitido por órgão ou entidade pública, desde que previsto no edital e que o registro tenha sido feito em obediência ao disposto nesta Lei;

III – dispensada, total ou parcialmente, nas contratações para entrega imediata, nas contratações em valores inferiores a 1/4 (um quarto) do limite para dispensa de licitação para compras em geral e nas contratações de produto para pesquisa e desenvolvimento até o valor de R$ 300.000,00 (trezentos mil reais).

Parágrafo único. As empresas estrangeiras que não funcionem no País deverão apresentar documentos equivalentes, na forma de regulamento emitido pelo Poder Executivo federal.

CAPÍTULO VII
DO ENCERRAMENTO DA LICITAÇÃO

Art. 71. Encerradas as fases de julgamento e habilitação, e exauridos os recursos administrativos, o processo licitatório será encaminhado à autoridade superior, que poderá:

I – determinar o retorno dos autos para saneamento de irregularidades;

II – revogar a licitação por motivo de conveniência e oportunidade;

III – proceder à anulação da licitação, de ofício ou mediante provocação de terceiros, sempre que presente ilegalidade insanável;

IV – adjudicar o objeto e homologar a licitação.

§ 1º Ao pronunciar a nulidade, a autoridade indicará expressamente os atos com vícios insanáveis, tornando sem efeito todos os subsequentes que deles dependam, e dará ensejo à apuração de responsabilidade de quem lhes tenha dado causa.

§ 2º O motivo determinante para a revogação do processo licitatório deverá ser resultante de fato superveniente devidamente comprovado.

§ 3º Nos casos de anulação e revogação, deverá ser assegurada a prévia manifestação dos interessados.

§ 4º O disposto neste artigo será aplicado, no que couber, à contratação direta e aos procedimentos auxiliares da licitação.

CAPÍTULO VIII
DA CONTRATAÇÃO DIRETA

SEÇÃO I
DO PROCESSO DE CONTRATAÇÃO DIRETA

Art. 72. O processo de contratação direta, que compreende os casos de inexigibilidade e de dispensa de licitação, deverá ser instruído com os seguintes documentos:

I – documento de formalização de demanda e, se for o caso, estudo técnico preliminar, análise de riscos, termo de referência, projeto básico ou projeto executivo;

II – estimativa de despesa, que deverá ser calculada na forma estabelecida no art. 23 desta Lei;

III – parecer jurídico e pareceres técnicos, se for o caso, que demonstrem o atendimento dos requisitos exigidos;

IV – demonstração da compatibilidade da previsão de recursos orçamentários com o compromisso a ser assumido;

V – comprovação de que o contratado preenche os requisitos de habilitação e qualificação mínima necessária;

VI – razão da escolha do contratado;

VII – justificativa de preço;

VIII – autorização da autoridade competente.

Parágrafo único. O ato que autoriza a contratação direta ou o extrato decorrente do contrato deverá ser divulgado e mantido à disposição do público em sítio eletrônico oficial.

Art. 73. Na hipótese de contratação direta indevida ocorrida com dolo, fraude ou erro grosseiro, o contratado e o agente público responsável responderão solidariamente pelo dano causado ao erário, sem prejuízo de outras sanções legais cabíveis.

SEÇÃO II
DA INEXIGIBILIDADE DE LICITAÇÃO

Art. 74. É inexigível a licitação quando inviável a competição, em especial nos casos de:

I – aquisição de materiais, de equipamentos ou de gêneros ou contratação de serviços que só possam ser fornecidos por produtor, empresa ou representante comercial exclusivos;

II – contratação de profissional do setor artístico, diretamente ou por meio de empresário exclusivo, desde que consagrado pela crítica especializada ou pela opinião pública;

III – contratação dos seguintes serviços técnicos especializados de natureza predominantemente intelectual com profissionais ou empresas de notória especialização, vedada a inexigibilidade para serviços de publicidade e divulgação:

a) estudos técnicos, planejamentos, projetos básicos ou projetos executivos;

b) pareceres, perícias e avaliações em geral;

c) assessorias ou consultorias técnicas e auditorias financeiras ou tributárias;

d) fiscalização, supervisão ou gerenciamento de obras ou serviços;

e) patrocínio ou defesa de causas judiciais ou administrativas;

f) treinamento e aperfeiçoamento de pessoal;

g) restauração de obras de arte e de bens de valor histórico;

h) controles de qualidade e tecnológico, análises, testes e ensaios de campo e laboratoriais, instrumentação e monitoramento de parâmetros específicos de obras e do meio ambiente e demais serviços de engenharia que se enquadrem no disposto neste inciso;

IV – objetos que devam ou possam ser contratados por meio de credenciamento;

V – aquisição ou locação de imóvel cujas características de instalações e de localização tornem necessária sua escolha.

§ 1º Para fins do disposto no inciso I do caput deste artigo, a Administração deverá demonstrar a inviabilidade de competição mediante atestado de exclusividade, contrato de exclusividade, declaração do fabricante ou outro documento idôneo capaz de comprovar que o objeto é fornecido ou prestado por produtor, empresa ou representante comercial exclusivos, vedada a preferência por marca específica.

§ 2º Para fins do disposto no inciso II do caput deste artigo, considera-se empresário exclusivo a pessoa física ou jurídica que possua contrato, declaração, carta ou outro documento que ateste a exclusividade permanente e contínua de representação, no País ou em Estado específico, do profissional do setor artístico, afastada a possibilidade de contratação direta por inexigibilidade por meio de empresário com representação restrita a evento ou local específico.

§ 3º Para fins do disposto no inciso III do caput deste artigo, considera-se de notória especialização o profissional ou a empresa cujo conceito no campo de sua especialidade, decorrente de desempenho anterior, estudos, experiência, publicações, organização, aparelhamento, equipe técnica ou outros requisitos relacionados com suas atividades, permita inferir que o seu trabalho é essencial e reconhecidamente adequado à plena satisfação do objeto do contrato.

§ 4º Nas contratações com fundamento no inciso III do caput deste artigo, é vedada a subcontratação de empresas ou a atuação de profissionais distintos daqueles que tenham justificado a inexigibilidade.

§ 5º Nas contratações com fundamento no inciso V do caput deste artigo, devem ser observados os seguintes requisitos:

I – avaliação prévia do bem, do seu estado de conservação, dos custos de adaptações, quando imprescindíveis às necessidades de utilização, e do prazo de amortização dos investimentos;

II – certificação da inexistência de imóveis públicos vagos e disponíveis que atendam ao objeto;

III – justificativas que demonstrem a singularidade do imóvel a ser comprado ou locado pela Administração e que evidenciem vantagem para ela.

SEÇÃO III
DA DISPENSA DE LICITAÇÃO

Art. 75. É dispensável a licitação:

I – para contratação que envolva valores inferiores a R$ 100.000,00 (cem mil reais), no caso de obras e serviços de engenharia ou de serviços de manutenção de veículos automotores;

II – para contratação que envolva valores inferiores a R$ 50.000,00 (cinquenta mil reais), no caso de outros serviços e compras;

III – para contratação que mantenha todas as condições definidas em edital de licitação realizada há menos de 1 (um) ano, quando se verificar que naquela licitação:

a) não surgiram licitantes interessados ou não foram apresentadas propostas válidas;

b) as propostas apresentadas consignaram preços manifestamente superiores aos praticados no mercado ou incompatíveis com os fixados pelos órgãos oficiais competentes;

IV – para contratação que tenha por objeto:

a) bens, componentes ou peças de origem nacional ou estrangeira necessários à manutenção de equipamentos, a serem adquiridos do fornecedor original desses equipamentos durante o período de garantia técnica, quando essa condição de exclusividade for indispensável para a vigência da garantia;

b) bens, serviços, alienações ou obras, nos termos de acordo internacional específico aprovado pelo Congresso Nacional, quando as condições ofertadas forem manifestamente vantajosas para a Administração;

c) produtos para pesquisa e desenvolvimento, limitada a contratação, no caso de obras e serviços de engenharia, ao valor de R$ 300.000,00 (trezentos mil reais);

d) transferência de tecnologia ou licenciamento de direito de uso ou de exploração de criação protegida, nas contratações realizadas por instituição científica, tecnológica e de inovação (ICT) pública ou por agência de fomento, desde que demonstrada vantagem para a Administração;

e) hortifrutigranjeiros, pães e outros gêneros perecíveis, no período necessário para a realização dos processos licitatórios correspondentes, hipótese em que a contratação será realizada diretamente com base no preço do dia;

f) bens ou serviços produzidos ou prestados no País que envolvam, cumulativamente, alta complexidade tecnológica e defesa nacional;

g) materiais de uso das Forças Armadas, com exceção de materiais de uso pessoal e administrativo, quando houver necessidade de manter a padronização requerida pela estrutura de apoio logístico dos meios navais, aéreos e terrestres, mediante autorização por ato do comandante da força militar;

h) bens e serviços para atendimento dos contingentes militares das forças singulares brasileiras empregadas em operações de paz no exterior, hipótese em que a contratação deverá ser justificada quanto ao preço e à escolha do fornecedor ou executante e ratificada pelo comandante da força militar;

i) abastecimento ou suprimento de efetivos militares em estada eventual de curta duração em portos, aeroportos ou localidades diferentes de suas sedes, por motivo de movimentação operacional ou de adestramento;

j) coleta, processamento e comercialização de resíduos sólidos urbanos recicláveis ou reutilizáveis, em áreas com sistema de coleta seletiva de lixo, realizados por associações ou cooperativas formadas exclusivamente de pessoas físicas de baixa renda reconhecidas pelo poder público como catadores de materiais recicláveis, com o uso de equipamentos compatíveis com as normas técnicas, ambientais e de saúde pública;

k) aquisição ou restauração de obras de arte e objetos históricos, de autenticidade certificada, desde que inerente às finalidades do órgão ou com elas compatível;

l) serviços especializados ou aquisição ou locação de equipamentos destinados ao rastreamento e à obtenção de provas previstas nos incisos II e V do caput do art. 3º da Lei nº 12.850, de 2 de agosto de 2013, quando houver necessidade justificada de manutenção de sigilo sobre a investigação;

m) aquisição de medicamentos destinados exclusivamente ao tratamento de doenças raras definidas pelo Ministério da Saúde;

V – para contratação com vistas ao cumprimento do disposto nos arts. 3º, 3º-A, 4º, 5º e 20 da Lei nº 10.973, de 2 de dezembro de 2004, observados os princípios gerais de contratação constantes da referida Lei;

VI – para contratação que possa acarretar comprometimento da segurança nacional, nos casos estabelecidos pelo Ministro de Estado da Defesa, mediante demanda dos comandos das Forças Armadas ou dos demais ministérios;

VII – nos casos de guerra, estado de defesa, estado de sítio, intervenção federal ou de grave perturbação da ordem;

VIII – nos casos de emergência ou de calamidade pública, quando caracterizada urgência de atendimento de situação que possa ocasionar prejuízo ou comprometer a continuidade dos serviços públicos ou a segurança de pessoas, obras, serviços, equipamentos e outros bens, públicos ou particulares, e somente para aquisição dos bens necessários ao atendimento da situação emergencial ou calamitosa e para as parcelas de obras e serviços que possam ser concluídas no prazo máximo de 1 (um) ano, contado da data de ocorrência da emergência ou da calamidade, vedadas a prorrogação dos respectivos contratos e a recontratação de empresa já contratada com base no disposto neste inciso;

IX – para a aquisição, por pessoa jurídica de direito público interno, de bens produzidos ou serviços prestados por órgão ou entidade que integrem a Administração Pública e que tenham sido criados para esse fim específico, desde que o preço contratado seja compatível com o praticado no mercado;

X – quando a União tiver que intervir no domínio econômico para regular preços ou normalizar o abastecimento;

XI – para celebração de contrato de programa com ente federativo ou com entidade de sua Administração Pública indireta que envolva prestação de serviços públicos de forma associada nos termos autorizados em contrato de consórcio público ou em convênio de cooperação;

XII – para contratação em que houver transferência de tecnologia de produtos estratégicos para o Sistema Único de Saúde (SUS), conforme elencados em ato da direção nacional do SUS, inclusive por ocasião da aquisição desses produtos durante as etapas de absorção tecnológica, e em valores compatíveis com aqueles definidos no instrumento firmado para a transferência de tecnologia;

XIII – para contratação de profissionais para compor a comissão de avaliação de critérios de técnica, quando se tratar de profissional técnico de notória especialização;

XIV – para contratação de associação de pessoas com deficiência, sem fins lucrativos e de comprovada idoneidade, por órgão ou entidade da Administração Pública, para a prestação de serviços, desde que o preço contratado seja compatível com o praticado no mercado e os serviços contratados sejam prestados exclusivamente por pessoas com deficiência;

XV – para contratação de instituição brasileira que tenha por finalidade estatutária apoiar, captar e executar atividades de ensino, pesquisa, extensão, desenvolvimento institucional, científico e tecnológico e estímulo à inovação, inclusive para gerir administrativa e financeiramente essas atividades, ou para contratação de instituição dedicada à recuperação social da pessoa presa, desde que o contratado tenha inquestionável reputação ética e profissional e não tenha fins lucrativos;

XVI – para aquisição, por pessoa jurídica de direito público interno, de insumos estratégicos para a saúde produzidos por fundação que, regimental ou estatutariamente, tenha por finalidade apoiar órgão da Administração Pública direta, sua autarquia ou fundação em projetos de ensino, pesquisa, extensão, desenvolvimento institucional, científico e tecnológico e de estímulo à inovação, inclusive na gestão administrativa e financeira necessária à execução desses projetos, ou em parcerias que envolvam transferência de tecnologia de produtos estratégicos para o SUS, nos termos do inciso XII do caput deste artigo, e que tenha sido criada para esse fim específico em data anterior à entrada em vigor desta Lei, desde que o preço contratado seja compatível com o praticado no mercado.

§ 1º Para fins de aferição dos valores que atendam aos limites referidos nos incisos I e II do caput deste artigo, deverão ser observados:

I – o somatório do que for despendido no exercício financeiro pela respectiva unidade gestora;

II – o somatório da despesa realizada com objetos de mesma natureza, entendidos como tais aqueles relativos a contratações no mesmo ramo de atividade.

§ 2º Os valores referidos nos incisos I e II do caput deste artigo serão duplicados para compras, obras e serviços contratados por consórcio público ou por autarquia ou fundação qualificadas como agências executivas na forma da lei.

§ 3º As contratações de que tratam os incisos I e II do caput deste artigo serão preferencialmente precedidas de divulgação de aviso em sítio eletrônico oficial, pelo prazo mínimo de 3 (três) dias úteis, com a especificação do objeto pretendido e com a manifestação de interesse da Administração em obter propostas adicionais de eventuais interessados, devendo ser selecionada a proposta mais vantajosa.

§ 4º As contratações de que tratam os incisos I e II do caput deste artigo serão preferencialmente pagas por meio de cartão de pagamento, cujo extrato deverá ser divulgado e mantido à disposição do público no Portal Nacional de Contratações Públicas (PNCP).

§ 5º A dispensa prevista na alínea "c" do inciso IV do caput deste artigo, quando aplicada a obras e serviços de engenharia, seguirá procedimentos especiais instituídos em regulamentação específica.

§ 6º Para os fins do inciso VIII do caput deste artigo, considera-se emergencial a contratação por dispensa com objetivo de manter a continuidade do serviço público, e deverão ser observados os valores praticados pelo mercado na forma do art. 23 desta Lei e adotadas as providências necessárias para a conclusão do processo licitatório, sem prejuízo de apuração de responsabilidade dos agentes públicos que deram causa à situação emergencial.

§ 7º Não se aplica o disposto no § 1º deste artigo às contratações de até R$ 8.000,00 (oito mil reais) de serviços de manutenção de veículos automotores de propriedade do órgão ou entidade contratante, incluído o fornecimento de peças.

CAPÍTULO IX
DAS ALIENAÇÕES

Art. 76. A alienação de bens da Administração Pública, subordinada à existência de interesse público devidamente justificado, será precedida de avaliação e obedecerá às seguintes normas:

I – tratando-se de bens imóveis, inclusive os pertencentes às autarquias e às fundações, exigirá autorização legislativa e dependerá de licitação na modalidade leilão, dispensada a realização de licitação nos casos de:

a) dação em pagamento;

b) doação, permitida exclusivamente para outro órgão ou entidade da Administração Pública, de qualquer esfera de governo, ressalvado o disposto nas alíneas "f", "g" e "h" deste inciso;

c) permuta por outros imóveis que atendam aos requisitos relacionados às finalidades precípuas da Administração, desde que a diferença apurada não ultrapasse a metade do valor do imóvel que será ofertado pela União, segundo avaliação prévia, e ocorra a torna de valores, sempre que for o caso;

d) investidura;

e) venda a outro órgão ou entidade da Administração Pública de qualquer esfera de governo;

f) alienação gratuita ou onerosa, aforamento, concessão de direito real de uso, locação e permissão de uso de bens imóveis residenciais construídos, destinados ou efetivamente usados em programas de habitação ou de regularização fundiária de interesse social desenvolvidos por órgão ou entidade da Administração Pública;

g) alienação gratuita ou onerosa, aforamento, concessão de direito real de uso, locação e permissão de uso de bens imóveis comerciais de âmbito local, com área de até 250 m² (duzentos e cinquenta metros quadrados) e destinados a programas de regularização fundiária de interesse social desenvolvidos por órgão ou entidade da Administração Pública;

h) alienação e concessão de direito real de uso, gratuita ou onerosa, de terras públicas rurais da União e do Instituto Nacional de Colonização e Reforma Agrária (Incra) onde incidam ocupações até o limite de que trata o § 1º do art. 6º da Lei nº 11.952, de 25 de junho de 2009, para fins de regularização fundiária, atendidos os requisitos legais;

i) legitimação de posse de que trata o art. 29 da Lei nº 6.383, de 7 de dezembro de 1976, mediante iniciativa e deliberação dos órgãos da Administração Pública competentes;

j) legitimação fundiária e legitimação de posse de que trata a Lei nº 13.465, de 11 de julho de 2017;

II – tratando-se de bens móveis, dependerá de licitação na modalidade leilão, dispensada a realização de licitação nos casos de:

a) doação, permitida exclusivamente para fins e uso de interesse social, após avaliação de oportunidade e conveniência socioeconômica em relação à escolha de outra forma de alienação;

b) permuta, permitida exclusivamente entre órgãos ou entidades da Administração Pública;

c) venda de ações, que poderão ser negociadas em bolsa, observada a legislação específica;

d) venda de títulos, observada a legislação pertinente;

e) venda de bens produzidos ou comercializados por entidades da Administração Pública, em virtude de suas finalidades;

f) venda de materiais e equipamentos sem utilização previsível por quem deles dispõe para outros órgãos ou entidades da Administração Pública.

§ 1º A alienação de bens imóveis da Administração Pública cuja aquisição tenha sido derivada de procedimentos judiciais ou de dação em pagamento dispensará autorização legislativa e exigirá apenas avaliação prévia e licitação na modalidade leilão.

§ 2º Os imóveis doados com base na alínea "b" do inciso I do caput deste artigo, cessadas as razões que justificaram sua doação, serão revertidos ao patrimônio da pessoa jurídica doadora, vedada sua alienação pelo beneficiário.

§ 3º A Administração poderá conceder título de propriedade ou de direito real de uso de imóvel, admitida a dispensa de licitação, quando o uso destinar-se a:

I – outro órgão ou entidade da Administração Pública, qualquer que seja a localização do imóvel;

II – pessoa natural que, nos termos de lei, regulamento ou ato normativo do órgão competente, haja implementado os requisitos mínimos de cultura, de ocupação mansa e pacífica e de exploração direta sobre área rural, observado o limite de que trata o § 1º do art. 6º da Lei nº 11.952, de 25 de junho de 2009.

§ 4º A aplicação do disposto no inciso II do § 3º deste artigo será dispensada de autorização legislativa e submeter-se-á aos seguintes condicionamentos:

I – aplicação exclusiva às áreas em que a detenção por particular seja comprovadamente anterior a 1º de dezembro de 2004;

II – submissão aos demais requisitos e impedimentos do regime legal e administrativo de destinação e de regularização fundiária de terras públicas;

III – vedação de concessão para exploração não contemplada na lei agrária, nas leis de destinação de terras públicas ou nas normas legais ou administrativas de zoneamento ecológico-econômico;

IV – previsão de extinção automática da concessão, dispensada notificação, em caso de declaração de utilidade pública, de necessidade pública ou de interesse social;

V – aplicação exclusiva a imóvel situado em zona rural e não sujeito a vedação, impedimento ou inconveniente à exploração mediante atividade agropecuária;

VI – limitação a áreas de que trata o § 1º do art. 6º da Lei nº 11.952, de 25 de junho de 2009, vedada a dispensa de licitação para áreas superiores;

VII – acúmulo com o quantitativo de área decorrente do caso previsto na alínea "i" do inciso I do caput deste artigo até o limite previsto no inciso VI deste parágrafo.

§ 5º Entende-se por investidura, para os fins desta Lei, a:

I – alienação, ao proprietário de imóvel lindeiro, de área remanescente ou resultante de obra pública que se tornar inaproveitável isoladamente, por preço que não seja inferior ao da avaliação nem superior a 50% (cinquenta por cento) do valor máximo permitido para dispensa de licitação de bens e serviços previsto nesta Lei;

II – alienação, ao legítimo possuidor direto ou, na falta dele, ao poder público, de imóvel para fins residenciais construído em núcleo urbano anexo a usina hidrelétrica, desde que considerado dispensável na fase de operação da usina e que não integre a categoria de bens reversíveis ao final da concessão.

§ 6º A doação com encargo será licitada e de seu instrumento constarão, obrigatoriamente, os encargos, o prazo de seu cumprimento e a cláusula de reversão, sob pena de nulidade do ato, dispensada a licitação em caso de interesse público devidamente justificado.

§ 7º Na hipótese do § 6º deste artigo, caso o donatário necessite oferecer o imóvel em garantia de financiamento, a cláusula de reversão e as demais obrigações serão garantidas por hipoteca em segundo grau em favor do doador.

Art. 77. Para a venda de bens imóveis, será concedido direito de preferência ao licitante que, submetendo-se a todas as regras do edital, comprove a ocupação do imóvel objeto da licitação.

CAPÍTULO X
DOS INSTRUMENTOS AUXILIARES

SEÇÃO I
DOS PROCEDIMENTOS AUXILIARES

Art. 78. São procedimentos auxiliares das licitações e das contratações regidas por esta Lei:

I – credenciamento;

II – pré-qualificação;

III – procedimento de manifestação de interesse;

IV – sistema de registro de preços;

V – registro cadastral.

§ 1º Os procedimentos auxiliares de que trata o caput deste artigo obedecerão a critérios claros e objetivos definidos em regulamento.

§ 2º O julgamento que decorrer dos procedimentos auxiliares das licitações previstos nos incisos II e III do caput deste artigo seguirá o mesmo procedimento das licitações.

SEÇÃO II
DO CREDENCIAMENTO

Art. 79. O credenciamento poderá ser usado nas seguintes hipóteses de contratação:

I – paralela e não excludente: caso em que é viável e vantajosa para a Administração a realização de contratações simultâneas em condições padronizadas;

II – com seleção a critério de terceiros: caso em que a seleção do contratado está a cargo do beneficiário direto da prestação;

III – em mercados fluidos: caso em que a flutuação constante do valor da prestação e das condições de contratação inviabiliza a seleção de agente por meio de processo de licitação.

Parágrafo único. Os procedimentos de credenciamento serão definidos em regulamento, observadas as seguintes regras:

I – a Administração deverá divulgar e manter à disposição do público, em sítio eletrônico oficial, edital de chamamento de interessados, de modo a permitir o cadastramento permanente de novos interessados;

II – na hipótese do inciso I do caput deste artigo, quando o objeto não permitir a contratação imediata e simultânea de todos os credenciados, deverão ser adotados critérios objetivos de distribuição da demanda;

III – o edital de chamamento de interessados deverá prever as condições padronizadas de contratação e, nas hipóteses dos incisos I e II do caput deste artigo, deverá definir o valor da contratação;

IV – na hipótese do inciso III do caput deste artigo, a Administração deverá registrar as cotações de mercado vigentes no momento da contratação;

V – não será permitido o cometimento a terceiros do objeto contratado sem autorização expressa da Administração;

VI – será admitida a denúncia por qualquer das partes nos prazos fixados no edital.

SEÇÃO III
DA PRÉ-QUALIFICAÇÃO

Art. 80. A pré-qualificação é o procedimento técnico-administrativo para selecionar previamente:

I – licitantes que reúnam condições de habilitação para participar de futura licitação ou de licitação vinculada a programas de obras ou de serviços objetivamente definidos;

II – bens que atendam às exigências técnicas ou de qualidade estabelecidas pela Administração.

§ 1º Na pré-qualificação observar-se-á o seguinte:

I – quando aberta a licitantes, poderão ser dispensados os documentos que já constarem do registro cadastral;

II – quando aberta a bens, poderá ser exigida a comprovação de qualidade.

§ 2º O procedimento de pré-qualificação ficará permanentemente aberto para a inscrição de interessados.

§ 3º Quanto ao procedimento de pré-qualificação, constarão do edital:

I – as informações mínimas necessárias para definição do objeto;

II – a modalidade, a forma da futura licitação e os critérios de julgamento.

§ 4º A apresentação de documentos far-se-á perante órgão ou comissão indicada pela Administração, que deverá examiná-los no prazo máximo de 10 (dez) dias úteis e determinar correção ou reapresentação de documentos, quando for o caso, com vistas à ampliação da competição.

§ 5º Os bens e os serviços pré-qualificados deverão integrar o catálogo de bens e serviços da Administração.

§ 6º A pré-qualificação poderá ser realizada em grupos ou segmentos, segundo as especialidades dos fornecedores.

§ 7º A pré-qualificação poderá ser parcial ou total, com alguns ou todos os requisitos técnicos ou de habilitação necessários à contratação, assegurada, em qualquer hipótese, a igualdade de condições entre os concorrentes.

§ 8º Quanto ao prazo, a pré-qualificação terá validade:

I – de 1 (um) ano, no máximo, e poderá ser atualizada a qualquer tempo;

II – não superior ao prazo de validade dos documentos apresentados pelos interessados.

§ 9º Os licitantes e os bens pré-qualificados serão obrigatoriamente divulgados e mantidos à disposição do público.

§ 10. A licitação que se seguir ao procedimento da pré-qualificação poderá ser restrita a licitantes ou bens pré-qualificados.

SEÇÃO IV
DO PROCEDIMENTO DE MANIFESTAÇÃO DE INTERESSE

Art. 81. A Administração poderá solicitar à iniciativa privada, mediante procedimento aberto de manifestação de interesse a ser iniciado com a publicação de edital de chamamento público, a propositura e a realização de estudos, investigações, levantamentos e projetos de soluções inovadoras que contribuam com questões de relevância pública, na forma de regulamento.

§ 1º Os estudos, as investigações, os levantamentos e os projetos vinculados à contratação e de utilidade para a licitação, realizados pela Administração ou com a sua autorização, estarão à disposição dos interessados, e o vencedor da licitação deverá ressarcir os dispêndios correspondentes, conforme especificado no edital.

§ 2º A realização, pela iniciativa privada, de estudos, investigações, levantamentos e projetos em decorrência do procedimento de manifestação de interesse previsto no caput deste artigo:

I – não atribuirá ao realizador direito de preferência no processo licitatório;

II – não obrigará o poder público a realizar licitação;

III – não implicará, por si só, direito a ressarcimento de valores envolvidos em sua elaboração;

IV – será remunerada somente pelo vencedor da licitação, vedada, em qualquer hipótese, a cobrança de valores do poder público.

§ 3º Para aceitação dos produtos e serviços de que trata o caput deste artigo, a Administração deverá elaborar parecer fundamentado com a demonstração de que o produto ou serviço entregue é adequado e suficiente à compreensão do objeto, de que as premissas adotadas são compatíveis com as reais necessidades do órgão e de que a metodologia proposta é a que propicia maior economia e vantagem entre as demais possíveis.

§ 4º O procedimento previsto no caput deste artigo poderá ser restrito a startups, assim considerados os microempreendedores individuais, as microempresas e as empresas de pequeno porte, de natureza emergente e com grande potencial, que se dediquem à pesquisa, ao desenvolvimento e à implementação de novos produtos ou serviços baseados em soluções tecnológicas inovadoras que possam causar alto impacto, exigida, na seleção definitiva da inovação, validação prévia fundamentada em métricas objetivas, de modo a demonstrar o atendimento das necessidades da Administração.

SEÇÃO V
DO SISTEMA DE REGISTRO DE PREÇOS

Art. 82. O edital de licitação para registro de preços observará as regras gerais desta Lei e deverá dispor sobre:

I - as especificidades da licitação e de seu objeto, inclusive a quantidade máxima de cada item que poderá ser adquirida;

II - a quantidade mínima a ser cotada de unidades de bens ou, no caso de serviços, de unidades de medida;

III - a possibilidade de prever preços diferentes:

a) quando o objeto for realizado ou entregue em locais diferentes;

b) em razão da forma e do local de acondicionamento;

c) quando admitida cotação variável em razão do tamanho do lote;

d) por outros motivos justificados no processo;

IV - a possibilidade de o licitante oferecer ou não proposta em quantitativo inferior ao máximo previsto no edital, obrigando-se nos limites dela;

V - o critério de julgamento da licitação, que será o de menor preço ou o de maior desconto sobre tabela de preços praticada no mercado;

VI - as condições para alteração de preços registrados;

VII - o registro de mais de um fornecedor ou prestador de serviço, desde que aceitem cotar o objeto em preço igual ao do licitante vencedor, assegurada a preferência de contratação de acordo com a ordem de classificação;

VIII - a vedação à participação do órgão ou entidade em mais de uma ata de registro de preços com o mesmo objeto no prazo de validade daquela de que já tiver participado, salvo na ocorrência de ata que tenha registrado quantitativo inferior ao máximo previsto no edital;

IX - as hipóteses de cancelamento da ata de registro de preços e suas consequências.

§ 1º O critério de julgamento de menor preço por grupo de itens somente poderá ser adotado quando for demonstrada a inviabilidade de se promover a adjudicação por item e for evidenciada a sua vantagem técnica e econômica, e o critério de aceitabilidade de preços unitários máximos deverá ser indicado no edital.

§ 2º Na hipótese de que trata o § 1º deste artigo, observados os parâmetros estabelecidos nos §§ 1º, 2º e 3º do art. 23 desta Lei, a contratação posterior de item específico constante de grupo de itens exigirá prévia pesquisa de mercado e demonstração de sua vantagem para o órgão ou entidade.

§ 3º É permitido registro de preços com indicação limitada a unidades de contratação, sem indicação do total a ser adquirido, apenas nas seguintes situações:

I – quando for a primeira licitação para o objeto e o órgão ou entidade não tiver registro de demandas anteriores;

II – no caso de alimento perecível;

III – no caso em que o serviço estiver integrado ao fornecimento de bens.

§ 4º Nas situações referidas no § 3º deste artigo, é obrigatória a indicação do valor máximo da despesa e é vedada a participação de outro órgão ou entidade na ata.

§ 5º O sistema de registro de preços poderá ser usado para a contratação de bens e serviços, inclusive de obras e serviços de engenharia, observadas as seguintes condições:

I – realização prévia de ampla pesquisa de mercado;

II – seleção de acordo com os procedimentos previstos em regulamento;

III – desenvolvimento obrigatório de rotina de controle;

IV – atualização periódica dos preços registrados;

V – definição do período de validade do registro de preços;

VI – inclusão, em ata de registro de preços, do licitante que aceitar cotar os bens ou serviços em preços iguais aos do licitante vencedor na sequência de classificação da licitação e inclusão do licitante que mantiver sua proposta original.

§ 6º O sistema de registro de preços poderá, na forma de regulamento, ser utilizado nas hipóteses de inexigibilidade e de dispensa de licitação para a aquisição de bens ou para a contratação de serviços por mais de um órgão ou entidade.

Art. 83. A existência de preços registrados implicará compromisso de fornecimento nas condições estabelecidas, mas não obrigará a Administração a contratar, facultada a realização de licitação específica para a aquisição pretendida, desde que devidamente motivada.

Art. 84. O prazo de vigência da ata de registro de preços será de 1 (um) ano e poderá ser prorrogado, por igual período, desde que comprovado o preço vantajoso.

Parágrafo único. O contrato decorrente da ata de registro de preços terá sua vigência estabelecida em conformidade com as disposições nela contidas.

Art. 85. A Administração poderá contratar a execução de obras e serviços de engenharia pelo sistema de registro de preços, desde que atendidos os seguintes requisitos:

I – existência de projeto padronizado, sem complexidade técnica e operacional;

II – necessidade permanente ou frequente de obra ou serviço a ser contratado.

Art. 86. O órgão ou entidade gerenciadora deverá, na fase preparatória do processo licitatório, para fins de registro de preços, realizar procedimento público de intenção de registro de preços para, nos termos de regulamento, possibilitar, pelo prazo mínimo de 8 (oito) dias úteis, a participação de outros órgãos ou entidades na respectiva ata e determinar a estimativa total de quantidades da contratação.

§ 1º O procedimento previsto no caput deste artigo será dispensável quando o órgão ou entidade gerenciadora for o único contratante.

§ 2º Se não participarem do procedimento previsto no caput deste artigo, os órgãos e entidades poderão aderir à ata de registro de preços na condição de não participantes, observados os seguintes requisitos:

I – apresentação de justificativa da vantagem da adesão, inclusive em situações de provável desabastecimento ou descontinuidade de serviço público;

II – demonstração de que os valores registrados estão compatíveis com os valores praticados pelo mercado na forma do art. 23 desta Lei;

III – prévias consulta e aceitação do órgão ou entidade gerenciadora e do fornecedor.

§ 3º A faculdade conferida pelo § 2º deste artigo estará limitada a órgãos e entidades da Administração Pública federal, estadual, distrital e municipal que, na condição de não participantes, desejarem aderir à ata de registro de preços de órgão ou entidade gerenciadora federal, estadual ou distrital.

§ 4º As aquisições ou as contratações adicionais a que se refere o § 2º deste artigo não poderão exceder, por órgão ou entidade, a 50% (cinquenta por cento) dos quantitativos dos itens do instrumento convocatório registrados na ata de registro de preços para o órgão gerenciador e para os órgãos participantes.

§ 5º O quantitativo decorrente das adesões à ata de registro de preços a que se refere o § 2º deste artigo não poderá exceder, na totalidade, ao dobro do quantitativo de cada item registrado na ata de registro de preços para o órgão gerenciador e órgãos participantes, independentemente do número de órgãos não participantes que aderirem.

§ 6º A adesão à ata de registro de preços de órgão ou entidade gerenciadora do Poder Executivo federal por órgãos e entidades da Administração Pública estadual, distrital e municipal poderá ser exigida para fins de transferências voluntárias, não ficando sujeita ao limite de que trata o § 5º deste artigo se destinada à execução descentralizada de programa ou projeto federal e comprovada a compatibilidade dos preços registrados com os valores praticados no mercado na forma do art. 23 desta Lei.

§ 7º Para aquisição emergencial de medicamentos e material de consumo médico-hospitalar por órgãos e entidades da Administração Pública federal, estadual, distrital e municipal, a adesão à ata de registro de preços gerenciada pelo Ministério da Saúde não estará sujeita ao limite de que trata o § 5º deste artigo.

§ 8º Será vedada aos órgãos e entidades da Administração Pública federal a adesão à ata de registro de preços gerenciada por órgão ou entidade estadual, distrital ou municipal.

SEÇÃO VI
DO REGISTRO CADASTRAL

Art. 87. Para os fins desta Lei, os órgãos e entidades da Administração Pública deverão utilizar o sistema de registro cadastral unificado disponível no Portal Nacional de Contratações Públicas (PNCP), para efeito de cadastro unificado de licitantes, na forma disposta em regulamento.

§ 1º O sistema de registro cadastral unificado será público e deverá ser amplamente divulgado e estar permanentemente aberto aos interessados, e será obrigatória a realização de chamamento público pela internet, no mínimo anualmente, para atualização dos registros existentes e para ingresso de novos interessados.

§ 2º É proibida a exigência, pelo órgão ou entidade licitante, de registro cadastral complementar para acesso a edital e anexos.

§ 3º A Administração poderá realizar licitação restrita a fornecedores cadastrados, atendidos os critérios, as condições e os limites estabelecidos em regulamento, bem como a ampla publicidade dos procedimentos para o cadastramento.

§ 4º Na hipótese a que se refere o § 3º deste artigo, será admitido fornecedor que realize seu cadastro dentro do prazo previsto no edital para apresentação de propostas.

Art. 88. Ao requerer, a qualquer tempo, inscrição no cadastro ou a sua atualização, o interessado fornecerá os elementos necessários exigidos para habilitação previstos nesta Lei.

§ 1º O inscrito, considerada sua área de atuação, será classificado por categorias, subdivididas em grupos, segundo a qualificação técnica e econômico-financeira avaliada, de acordo com regras objetivas divulgadas em sítio eletrônico oficial.

§ 2º Ao inscrito será fornecido certificado, renovável sempre que atualizar o registro.

§ 3º A atuação do contratado no cumprimento de obrigações assumidas será avaliada pelo contratante, que emitirá documento comprobatório da avaliação realizada, com menção ao seu desempenho na execução contratual, baseado em indicadores objetivamente definidos e aferidos, e a eventuais penalidades aplicadas, o que constará do registro cadastral em que a inscrição for realizada.

§ 4º A anotação do cumprimento de obrigações pelo contratado, de que trata o § 3º deste artigo, será condicionada à implantação e à regulamentação do cadastro de atesto de cumprimento de obrigações, apto à realização do registro de forma objetiva, em atendimento aos princípios da impessoalidade, da igualdade, da isonomia, da publicidade e da transparência, de modo a possibilitar a implementação de medidas de incentivo aos licitantes que possuírem ótimo desempenho anotado em seu registro cadastral.

§ 5º A qualquer tempo poderá ser alterado, suspenso ou cancelado o registro de inscrito que deixar de satisfazer exigências determinadas por esta Lei ou por regulamento.

§ 6º O interessado que requerer o cadastro na forma do caput deste artigo poderá participar de processo licitatório até a decisão da Administração, e a celebração do contrato ficará condicionada à emissão do certificado referido no § 2º deste artigo.

TÍTULO III
DOS CONTRATOS ADMINISTRATIVOS

CAPÍTULO I
DA FORMALIZAÇÃO DOS CONTRATOS

Art. 89. Os contratos de que trata esta Lei regular-se-ão pelas suas cláusulas e pelos preceitos de direito público, e a eles serão aplicados, supletivamente, os princípios da teoria geral dos contratos e as disposições de direito privado.

§ 1º Todo contrato deverá mencionar os nomes das partes e os de seus representantes, a finalidade, o ato que autorizou sua lavratura, o número do processo da licitação ou da contratação direta e a sujeição dos contratantes às normas desta Lei e às cláusulas contratuais.

§ 2º Os contratos deverão estabelecer com clareza e precisão as condições para sua execução, expressas em cláusulas que definam os direitos, as obrigações e as responsabilidades das partes, em conformidade com os termos do edital de licitação e os da proposta vencedora ou com os termos do ato que autorizou a contratação direta e os da respectiva proposta.

Art. 90. A Administração convocará regularmente o licitante vencedor para assinar o termo de contrato ou para aceitar ou retirar o instrumento equivalente, dentro do prazo e nas condições estabelecidas no edital de licitação, sob pena de decair o direito à contratação, sem prejuízo das sanções previstas nesta Lei.

§ 1º O prazo de convocação poderá ser prorrogado 1 (uma) vez, por igual período, mediante solicitação da parte durante seu transcurso, devidamente justificada, e desde que o motivo apresentado seja aceito pela Administração.

§ 2º Será facultado à Administração, quando o convocado não assinar o termo de contrato ou não aceitar ou não retirar o instrumento equivalente no prazo e nas condições estabelecidas, convocar os licitantes remanescentes, na ordem de classificação, para a celebração do contrato nas condições propostas pelo licitante vencedor.

§ 3º Decorrido o prazo de validade da proposta indicado no edital sem convocação para a contratação, ficarão os licitantes liberados dos compromissos assumidos.

§ 4º Na hipótese de nenhum dos licitantes aceitar a contratação nos termos do § 2º deste artigo, a Administração, observados o valor estimado e sua eventual atualização nos termos do edital, poderá:

I – convocar os licitantes remanescentes para negociação, na ordem de classificação, com vistas à obtenção de preço melhor, mesmo que acima do preço do adjudicatário;

II – adjudicar e celebrar o contrato nas condições ofertadas pelos licitantes remanescentes, atendida a ordem classificatória, quando frustrada a negociação de melhor condição.

§ 5º A recusa injustificada do adjudicatário em assinar o contrato ou em aceitar ou retirar o instrumento equivalente no prazo estabelecido pela Administração caracterizará o descumprimento total da obrigação assumida e o sujeitará às penalidades legalmente estabelecidas e à imediata perda da garantia de proposta em favor do órgão ou entidade licitante.

§ 6º A regra do § 5º não se aplicará aos licitantes remanescentes convocados na forma do inciso I do § 4º deste artigo.

§ 7º Será facultada à Administração a convocação dos demais licitantes classificados para a contratação de remanescente de obra, de serviço ou de fornecimento em consequência de rescisão contratual, observados os mesmos critérios estabelecidos nos §§ 2º e 4º deste artigo.

Art. 91. Os contratos e seus aditamentos terão forma escrita e serão juntados ao processo que tiver dado origem à contratação, divulgados e mantidos à disposição do público em sítio eletrônico oficial.

§ 1º Será admitida a manutenção em sigilo de contratos e de termos aditivos quando imprescindível à segurança da sociedade e do Estado, nos termos da legislação que regula o acesso à informação.

§ 2º Contratos relativos a direitos reais sobre imóveis serão formalizados por escritura pública lavrada em notas de tabelião, cujo teor deverá ser divulgado e mantido à disposição do público em sítio eletrônico oficial.

§ 3º Será admitida a forma eletrônica na celebração de contratos e de termos aditivos, atendidas as exigências previstas em regulamento.

§ 4º Antes de formalizar ou prorrogar o prazo de vigência do contrato, a Administração deverá verificar a regularidade fiscal do contratado, consultar o Cadastro Nacional de Empresas Inidôneas e Suspensas (Ceis) e o Cadastro Nacional de Empre-

ADMINISTRATIVO

sas Punidas (Cnep), emitir as certidões negativas de inidoneidade, de impedimento e de débitos trabalhistas e juntá-las ao respectivo processo.

Art. 92. São necessárias em todo contrato cláusulas que estabeleçam:

I – o objeto e seus elementos característicos;

II – a vinculação ao edital de licitação e à proposta do licitante vencedor ou ao ato que tiver autorizado a contratação direta e à respectiva proposta;

III – a legislação aplicável à execução do contrato, inclusive quanto aos casos omissos;

IV – o regime de execução ou a forma de fornecimento;

V – o preço e as condições de pagamento, os critérios, a data-base e a periodicidade do reajustamento de preços e os critérios de atualização monetária entre a data do adimplemento das obrigações e a do efetivo pagamento;

VI – os critérios e a periodicidade da medição, quando for o caso, e o prazo para liquidação e para pagamento;

VII – os prazos de início das etapas de execução, conclusão, entrega, observação e recebimento definitivo, quando for o caso;

VIII – o crédito pelo qual correrá a despesa, com a indicação da classificação funcional programática e da categoria econômica;

IX – a matriz de risco, quando for o caso;

X – o prazo para resposta ao pedido de repactuação de preços, quando for o caso;

XI – o prazo para resposta ao pedido de restabelecimento do equilíbrio econômico-financeiro, quando for o caso;

XII – as garantias oferecidas para assegurar sua plena execução, quando exigidas, inclusive as que forem oferecidas pelo contratado no caso de antecipação de valores a título de pagamento;

XIII – o prazo de garantia mínima do objeto, observados os prazos mínimos estabelecidos nesta Lei e nas normas técnicas aplicáveis, e as condições de manutenção e assistência técnica, quando for o caso;

XIV – os direitos e as responsabilidades das partes, as penalidades cabíveis e os valores das multas e suas bases de cálculo;

XV – as condições de importação e a data e a taxa de câmbio para conversão, quando for o caso;

XVI – a obrigação do contratado de manter, durante toda a execução do contrato, em compatibilidade com as obrigações por ele assumidas, todas as condições exigidas para a habilitação na licitação, ou para a qualificação, na contratação direta;

XVII – a obrigação de o contratado cumprir as exigências de reserva de cargos prevista em lei, bem como em outras normas específicas, para pessoa com deficiência, para reabilitado da Previdência Social e para aprendiz;

XVIII – o modelo de gestão do contrato, observados os requisitos definidos em regulamento;

XIX – os casos de extinção.

§ 1º Os contratos celebrados pela Administração Pública com pessoas físicas ou jurídicas, inclusive as domiciliadas no exterior, deverão conter cláusula que declare competente o foro da sede da Administração para dirimir qualquer questão contratual, ressalvadas as seguintes hipóteses:

I – licitação internacional para a aquisição de bens e serviços cujo pagamento seja feito com o produto de financiamento concedido por organismo financeiro internacional de que o Brasil faça parte ou por agência estrangeira de cooperação;

II – contratação com empresa estrangeira para a compra de equipamentos fabricados e entregues no exterior precedida de autorização do Chefe do Poder Executivo;

III – aquisição de bens e serviços realizada por unidades administrativas com sede no exterior.

§ 2º De acordo com as peculiaridades de seu objeto e de seu regime de execução, o contrato conterá cláusula que preveja período antecedente à expedição da ordem de serviço para verificação de pendências, liberação de áreas ou adoção de outras providências cabíveis para a regularidade do início de sua execução.

§ 3º Independentemente do prazo de duração, o contrato deverá conter cláusula que estabeleça o índice de reajustamento de preço, com data-base vinculada à data do orçamento estimado, e poderá ser estabelecido mais de um índice específico ou setorial, em conformidade com a realidade de mercado dos respectivos insumos.

§ 4º Nos contratos de serviços contínuos, observado o interregno mínimo de 1 (um) ano, o critério de reajustamento de preços será por:

I – reajustamento em sentido estrito, quando não houver regime de dedicação exclusiva de mão de obra ou predominância de mão de obra, mediante previsão de índices específicos ou setoriais;

II – repactuação, quando houver regime de dedicação exclusiva de mão de obra ou predominância de mão de obra, mediante demonstração analítica da variação dos custos.

§ 5º Nos contratos de obras e serviços de engenharia, sempre que compatível com o regime de execução, a medição será mensal.

§ 6º Nos contratos para serviços contínuos com regime de dedicação exclusiva de mão de obra ou com predominância de mão de obra, o prazo para resposta ao pedido de repactuação de preços será preferencialmente de 1 (um) mês, contado da data do fornecimento da documentação prevista no § 6º do art. 135 desta Lei.

Art. 93. Nas contratações de projetos ou de serviços técnicos especializados, inclusive daqueles que contemplem o desenvolvimento de programas e aplicações de internet para computadores, máquinas, equipamentos e dispositivos de tratamento e de comunicação da informação (software) – e a respectiva documentação técnica associada -, o autor deverá ceder todos os direitos patrimoniais a eles relativos para a Administração Pública, hipótese em que poderão ser livremente utilizados e alterados por ela em outras ocasiões, sem necessidade de nova autorização de seu autor.

§ 1º Quando o projeto se referir a obra imaterial de caráter tecnológico, insuscetível de privilégio, a cessão dos direitos a que se refere o caput deste artigo incluirá o fornecimento de todos os dados, documentos e elementos de informação pertinentes à tecnologia de concepção, desenvolvimento, fixação em suporte físico de qualquer natureza e aplicação da obra.

§ 2º É facultado à Administração Pública deixar de exigir a cessão de direitos a que se refere o caput deste artigo quando o objeto da contratação envolver atividade de pesquisa e desenvolvimento de caráter científico, tecnológico ou de inovação, considerados os princípios e os mecanismos instituídos pela Lei nº 10.973, de 2 de dezembro de 2004.

§ 3º Na hipótese de posterior alteração do projeto pela Administração Pública, o autor deverá ser comunicado, e os registros serão promovidos nos órgãos ou entidades competentes.

Art. 94. A divulgação no Portal Nacional de Contratações Públicas (PNCP) é condição indispensável para a eficácia do contrato e de seus aditamentos e deverá ocorrer nos seguintes prazos, contados da data de sua assinatura:

I – 20 (vinte) dias úteis, no caso de licitação;

II – 10 (dez) dias úteis, no caso de contratação direta.

§ 1º Os contratos celebrados em caso de urgência terão eficácia a partir de sua assinatura e deverão ser publicados nos prazos previstos nos incisos I e II do caput deste artigo, sob pena de nulidade.

§ 2º A divulgação de que trata o caput deste artigo, quando referente à contratação de profissional do setor artístico por inexigibilidade, deverá identificar os custos do cachê do artista, dos músicos ou da banda, quando houver, do transporte, da hospedagem, da infraestrutura, da logística do evento e das demais despesas específicas.

§ 3º No caso de obras, a Administração divulgará em sítio eletrônico oficial, em até 25 (vinte e cinco) dias úteis após a assinatura do contrato, os quantitativos e os preços unitários e totais que contratar e, em até 45 (quarenta e cinco) dias úteis após a conclusão do contrato, os quantitativos executados e os preços praticados.

§ 4º (VETADO).

§ 5º (VETADO).

Art. 95. O instrumento de contrato é obrigatório, salvo nas seguintes hipóteses, em que a Administração poderá substituí-lo por outro instrumento hábil, como carta-contrato, nota de empenho de despesa, autorização de compra ou ordem de execução de serviço:

I – dispensa de licitação em razão de valor;

II – compras com entrega imediata e integral dos bens adquiridos e dos quais não resultem obrigações futuras, inclusive quanto a assistência técnica, independentemente de seu valor.

§ 1º Às hipóteses de substituição do instrumento de contrato, aplica-se, no que couber, o disposto no art. 92 desta Lei.

§ 2º É nulo e de nenhum efeito o contrato verbal com a Administração, salvo o de pequenas compras ou o de prestação de serviços de pronto pagamento, assim entendidos aqueles de valor não superior a R$ 10.000,00 (dez mil reais).

CAPÍTULO II
DAS GARANTIAS

Art. 96. A critério da autoridade competente, em cada caso, poderá ser exigida, mediante previsão no edital, prestação de garantia nas contratações de obras, serviços e fornecimentos.

§ 1º Caberá ao contratado optar por uma das seguintes modalidades de garantia:

I – caução em dinheiro ou em títulos da dívida pública emitidos sob a forma escritural, mediante registro em sistema centralizado de liquidação e de custódia autorizado pelo Banco Central do Brasil, e avaliados por seus valores econômicos, conforme definido pelo Ministério da Economia;

II – seguro-garantia;

III – fiança bancária emitida por banco ou instituição financeira devidamente autorizada a operar no País pelo Banco Central do Brasil.

§ 2º Na hipótese de suspensão do contrato por ordem ou inadimplemento da Administração, o contratado ficará desobrigado de renovar a garantia ou de endossar a apólice de seguro até a ordem de reinício da execução ou o adimplemento pela Administração.

§ 3º O edital fixará prazo mínimo de 1 (um) mês, contado da data de homologação da licitação e anterior à assinatura do contrato, para a prestação da garantia pelo contratado quando optar pela modalidade prevista no inciso II do § 1º deste artigo.

Art. 97. O seguro-garantia tem por objetivo garantir o fiel cumprimento das obrigações assumidas pelo contratado perante à Administração, inclusive as multas, os prejuízos e as indenizações decorrentes de inadimplemento, observadas as seguintes regras nas contratações regidas por esta Lei:

I – o prazo de vigência da apólice será igual ou superior ao prazo estabelecido no contrato principal e deverá acompanhar as modificações referentes à vigência deste mediante a emissão do respectivo endosso pela seguradora;

II – o seguro-garantia continuará em vigor mesmo se o contratado não tiver pago o prêmio nas datas convencionadas.

Parágrafo único. Nos contratos de execução continuada ou de fornecimento contínuo de bens e serviços, será permitida a substituição da apólice de seguro-garantia na data de renovação ou de aniversário, desde que mantidas as mesmas condições e coberturas da apólice vigente e desde que nenhum período fique descoberto, ressalvado o disposto no § 2º do art. 96 desta Lei.

Art. 98. Nas contratações de obras, serviços e fornecimentos, a garantia poderá ser de até 5% (cinco por cento) do valor inicial do contrato, autorizada a majoração desse percentual para até 10% (dez por cento), desde que justificada mediante análise da complexidade técnica e dos riscos envolvidos.

Parágrafo único. Nas contratações de serviços e fornecimentos contínuos com vigência superior a 1 (um) ano, assim como nas subsequentes prorrogações, será utilizado o valor anual do contrato para definição e aplicação dos percentuais previstos no caput deste artigo.

Art. 99. Nas contratações de obras e serviços de engenharia de grande vulto, poderá ser exigida a prestação de garantia, na modalidade seguro-garantia, com cláusula de retomada prevista no art. 102 desta Lei, em percentual equivalente a até 30% (trinta por cento) do valor inicial do contrato.

Art. 100. A garantia prestada pelo contratado será liberada ou restituída após a fiel execução do contrato ou após a sua extinção por culpa exclusiva da Administração e, quando em dinheiro, atualizada monetariamente.

Art. 101. Nos casos de contratos que impliquem a entrega de bens pela Administração, dos quais o contratado ficará depositário, o valor desses bens deverá ser acrescido ao valor da garantia.

Art. 102. Na contratação de obras e serviços de engenharia, o edital poderá exigir a prestação da garantia na modalidade seguro-garantia e prever a obrigação de a seguradora, em caso de inadimplemento pelo contratado, assumir a execução e concluir o objeto do contrato, hipótese em que:

I – a seguradora deverá firmar o contrato, inclusive os aditivos, como interveniente anuente e poderá:

a) ter livre acesso às instalações em que for executado o contrato principal;

b) acompanhar a execução do contrato principal;

c) ter acesso a auditoria técnica e contábil;

d) requerer esclarecimentos ao responsável técnico pela obra ou pelo fornecimento;

II – a emissão de empenho em nome da seguradora, ou a quem ela indicar para a conclusão do contrato, será autorizada desde que demonstrada sua regularidade fiscal;

III – a seguradora poderá subcontratar a conclusão do contrato, total ou parcialmente.

Parágrafo único. Na hipótese de inadimplemento do contratado, serão observadas as seguintes disposições:

I – caso a seguradora execute e conclua o objeto do contrato, estará isenta da obrigação de pagar a importância segurada indicada na apólice;

II – caso a seguradora não assuma a execução do contrato, pagará a integralidade da importância segurada indicada na apólice.

CAPÍTULO III
DA ALOCAÇÃO DE RISCOS

Art. 103. O contrato poderá identificar os riscos contratuais previstos e presumíveis e prever matriz de alocação de riscos, alocando-os entre contratante e contratado, mediante indicação daqueles a serem assumidos pelo setor público ou pelo setor privado ou daqueles a serem compartilhados.

§ 1º A alocação de riscos de que trata o caput deste artigo considerará, em compatibilidade com as obrigações e os encargos atribuídos às partes no contrato, a natureza do risco, o beneficiário das prestações a que se vincula e a capacidade de cada setor para melhor gerenciá-lo.

§ 2º Os riscos que tenham cobertura oferecida por seguradoras serão preferencialmente transferidos ao contratado.

§ 3º A alocação dos riscos contratuais será quantificada para fins de projeção dos reflexos de seus custos no valor estimado da contratação.

§ 4º A matriz de alocação de riscos definirá o equilíbrio econômico-financeiro inicial do contrato em relação a eventos supervenientes e deverá ser observada na solução de eventuais pleitos das partes.

§ 5º Sempre que atendidas as condições do contrato e da matriz de alocação de riscos, será considerado mantido o equilíbrio econômico-financeiro, renunciando as partes aos pedidos de restabelecimento do equilíbrio relacionados aos riscos assumidos, exceto no que se refere:

I – às alterações unilaterais determinadas pela Administração, nas hipóteses do inciso I do caput do art. 124 desta Lei;

II – ao aumento ou à redução, por legislação superveniente, dos tributos diretamente pagos pelo contratado em decorrência do contrato.

§ 6º Na alocação de que trata o caput deste artigo, poderão ser adotados métodos e padrões usualmente utilizados por entidades públicas e privadas, e os ministérios e secretarias supervisores dos órgãos e das entidades da Administração Pública poderão definir os parâmetros e o detalhamento dos procedimentos necessários a sua identificação, alocação e quantificação financeira.

CAPÍTULO IV
DAS PRERROGATIVAS DA ADMINISTRAÇÃO

Art. 104. O regime jurídico dos contratos instituído por esta Lei confere à Administração, em relação a eles, as prerrogativas de:

I – modificá-los, unilateralmente, para melhor adequação às finalidades de interesse público, respeitados os direitos do contratado;

II – extingui-los, unilateralmente, nos casos especificados nesta Lei;

III – fiscalizar sua execução;

IV – aplicar sanções motivadas pela inexecução total ou parcial do ajuste;

V – ocupar provisoriamente bens móveis e imóveis e utilizar pessoal e serviços vinculados ao objeto do contrato nas hipóteses de:

a) risco à prestação de serviços essenciais;

b) necessidade de acautelar apuração administrativa de faltas contratuais pelo contratado, inclusive após extinção do contrato.

§ 1º As cláusulas econômico-financeiras e monetárias dos contratos não poderão ser alteradas sem prévia concordância do contratado.

§ 2º Na hipótese prevista no inciso I do caput deste artigo, as cláusulas econômico-financeiras do contrato deverão ser revistas para que se mantenha o equilíbrio contratual.

CAPÍTULO V
DA DURAÇÃO DOS CONTRATOS

Art. 105. A duração dos contratos regidos por esta Lei será a prevista em edital, e deverão ser observadas, no momento da contratação e a cada exercício financeiro, a disponibilidade de créditos orçamentários, bem como a previsão no plano plurianual, quando ultrapassar 1 (um) exercício financeiro.

Art. 106. A Administração poderá celebrar contratos com prazo de até 5 (cinco) anos nas hipóteses de serviços e fornecimentos contínuos, observadas as seguintes diretrizes:

I – a autoridade competente do órgão ou entidade contratante deverá atestar a maior vantagem econômica vislumbrada em razão da contratação plurianual;

II – a Administração deverá atestar, no início da contratação e de cada exercício, a existência de créditos orçamentários vinculados à contratação e a vantagem em sua manutenção;

III – a Administração terá a opção de extinguir o contrato, sem ônus, quando não dispuser de créditos orçamentários para sua continuidade ou quando entender que o contrato não mais lhe oferece vantagem.

§ 1º A extinção mencionada no inciso III do caput deste artigo ocorrerá apenas na próxima data de aniversário do contrato e não poderá ocorrer em prazo inferior a 2 (dois) meses, contado da referida data.

§ 2º Aplica-se o disposto neste artigo ao aluguel de equipamentos e à utilização de programas de informática.

Art. 107. Os contratos de serviços e fornecimentos contínuos poderão ser prorrogados sucessivamente, respeitada a vigência máxima decenal, desde que haja previsão em edital e que a autoridade competente ateste que as condições e os preços permanecem vantajosos para a Administração, permitida a negociação com o contratado ou a extinção contratual sem ônus para qualquer das partes.

Art. 108. A Administração poderá celebrar contratos com prazo de até 10 (dez) anos nas hipóteses previstas nas alíneas "f" e "g" do inciso IV e nos incisos V, VI, XII e XVI do caput do art. 75 desta Lei.

Art. 109. A Administração poderá estabelecer a vigência por prazo indeterminado nos contratos em que seja usuária de serviço público oferecido em regime de monopólio, desde que comprovada, a cada exercício financeiro, a existência de créditos orçamentários vinculados à contratação.

Art. 110. Na contratação que gere receita e no contrato de eficiência que gere economia para a Administração, os prazos serão de:

I - até 10 (dez) anos, nos contratos sem investimento;

II - até 35 (trinta e cinco) anos, nos contratos com investimento, assim considerados aqueles que impliquem a elaboração de benfeitorias permanentes, realizadas exclusivamente a expensas do contratado, que serão revertidas ao patrimônio da Administração Pública ao término do contrato.

Art. 111. Na contratação que previr a conclusão de escopo predefinido, o prazo de vigência será automaticamente prorrogado quando seu objeto não for concluído no período firmado no contrato.

Parágrafo único. Quando a não conclusão decorrer de culpa do contratado:

I - o contratado será constituído em mora, aplicáveis a ele as respectivas sanções administrativas;

II - a Administração poderá optar pela extinção do contrato e, nesse caso, adotará as medidas admitidas em lei para a continuidade da execução contratual.

Art. 112. Os prazos contratuais previstos nesta Lei não excluem nem revogam os prazos contratuais previstos em lei especial.

Art. 113. O contrato firmado sob o regime de fornecimento e prestação de serviço associado terá sua vigência máxima definida pela soma do prazo relativo ao fornecimento inicial ou à entrega da obra com o prazo relativo ao serviço de operação e manutenção, este limitado a 5 (cinco) anos contados da data de recebimento do objeto inicial, autorizada a prorrogação na forma do art. 107 desta Lei.

Art. 114. O contrato que previr a operação continuada de sistemas estruturantes de tecnologia da informação poderá ter vigência máxima de 15 (quinze) anos.

CAPÍTULO VI
DA EXECUÇÃO DOS CONTRATOS

Art. 115. O contrato deverá ser executado fielmente pelas partes, de acordo com as cláusulas avençadas e as normas desta Lei, e cada parte responderá pelas consequências de sua inexecução total ou parcial.

§ 1º É proibido à Administração retardar imotivadamente a execução de obra ou serviço, ou de suas parcelas, inclusive na hipótese de posse do respectivo chefe do Poder Executivo ou de novo titular no órgão ou entidade contratante.

§ 2º (VETADO).

§ 3º (VETADO).

§ 4º Nas contratações de obras e serviços de engenharia, sempre que a responsabilidade pelo licenciamento ambiental for da Administração, a manifestação prévia ou licença prévia, quando cabíveis, deverão ser obtidas antes da divulgação do edital.

§ 5º Em caso de impedimento, ordem de paralisação ou suspensão do contrato, o cronograma de execução será prorrogado automaticamente pelo tempo correspondente, anotadas tais circunstâncias mediante simples apostila.

§ 6º Nas contratações de obras, verificada a ocorrência do disposto no § 5º deste artigo por mais de 1 (um) mês, a Administração deverá divulgar, em sítio eletrônico oficial e em placa a ser afixada em local da obra de fácil visualização pelos cidadãos, aviso público de obra paralisada, com o motivo e o responsável pela inexecução temporária do objeto do contrato e a data prevista para o reinício da sua execução.

§ 7º Os textos com as informações de que trata o § 6º deste artigo deverão ser elaborados pela Administração.

Art. 116. Ao longo de toda a execução do contrato, o contratado deverá cumprir a reserva de cargos prevista em lei para pessoa com deficiência, para reabilitado da Previdência Social ou para aprendiz, bem como as reservas de cargos previstas em outras normas específicas.

Parágrafo único. Sempre que solicitado pela Administração, o contratado deverá comprovar o cumprimento da reserva de cargos a que se refere o caput deste artigo, com a indicação dos empregados que preencherem as referidas vagas.

Art. 117. A execução do contrato deverá ser acompanhada e fiscalizada por 1 (um) ou mais fiscais do contrato, representantes da Administração especialmente designados conforme requisitos estabelecidos no art. 7º desta Lei, ou pelos respectivos substitutos, permitida a contratação de terceiros para assisti-los e subsidiá-los com informações pertinentes a essa atribuição.

§ 1º O fiscal do contrato anotará em registro próprio todas as ocorrências relacionadas à execução do contrato, determinando o que for necessário para a regularização das faltas ou dos defeitos observados.

§ 2º O fiscal do contrato informará a seus superiores, em tempo hábil para a adoção das medidas convenientes, a situação que demandar decisão ou providência que ultrapasse sua competência.

§ 3º O fiscal do contrato será auxiliado pelos órgãos de assessoramento jurídico e de controle interno da Administração, que deverão dirimir dúvidas e subsidiá-lo com informações relevantes para prevenir riscos na execução contratual.

§ 4º Na hipótese da contratação de terceiros prevista no caput deste artigo, deverão ser observadas as seguintes regras:

I – a empresa ou o profissional contratado assumirá responsabilidade civil objetiva pela veracidade e pela precisão das informações prestadas, firmará termo de compromisso de confidencialidade e não poderá exercer atribuição própria e exclusiva de fiscal de contrato;

II – a contratação de terceiros não eximirá de responsabilidade o fiscal do contrato, nos limites das informações recebidas do terceiro contratado.

Art. 118. O contratado deverá manter preposto aceito pela Administração no local da obra ou do serviço para representá-lo na execução do contrato.

Art. 119. O contratado será obrigado a reparar, corrigir, remover, reconstruir ou substituir, a suas expensas, no total ou em parte, o objeto do contrato em que se verificarem vícios, defeitos ou incorreções resultantes de sua execução ou de materiais nela empregados.

Art. 120. O contratado será responsável pelos danos causados diretamente à Administração ou a terceiros em razão da execução do contrato, e não excluirá nem reduzirá essa responsabilidade a fiscalização ou o acompanhamento pelo contratante.

Art. 121. Somente o contratado será responsável pelos encargos trabalhistas, previdenciários, fiscais e comerciais resultantes da execução do contrato.

§ 1º A inadimplência do contratado em relação aos encargos trabalhistas, fiscais e comerciais não transferirá à Administração a responsabilidade pelo seu pagamento e não poderá onerar o objeto do contrato nem restringir a regularização e o uso das obras e das edificações, inclusive perante o registro de imóveis, ressalvada a hipótese prevista no § 2º deste artigo.

§ 2º Exclusivamente nas contratações de serviços contínuos com regime de dedicação exclusiva de mão de obra, a Administração responderá solidariamente pelos encargos previdenciários e subsidiariamente pelos encargos trabalhistas se comprovada falha na fiscalização do cumprimento das obrigações do contratado.

§ 3º Nas contratações de serviços contínuos com regime de dedicação exclusiva de mão de obra, para assegurar o cumprimento de obrigações trabalhistas pelo contratado, a Administração, mediante disposição em edital ou em contrato, poderá, entre outras medidas:

I – exigir caução, fiança bancária ou contratação de seguro-garantia com cobertura para verbas rescisórias inadimplidas;

II – condicionar o pagamento à comprovação de quitação das obrigações trabalhistas vencidas relativas ao contrato;

III – efetuar o depósito de valores em conta vinculada;

IV – em caso de inadimplemento, efetuar diretamente o pagamento das verbas trabalhistas, que serão deduzidas do pagamento devido ao contratado;

V – estabelecer que os valores destinados a férias, a décimo terceiro salário, a ausências legais e a verbas rescisórias dos empregados do contratado que participarem da execução dos serviços contratados serão pagos pelo contratante ao contratado somente na ocorrência do fato gerador.

§ 4º Os valores depositados na conta vinculada a que se refere o inciso III do § 3º deste artigo são absolutamente impenhoráveis.

§ 5º O recolhimento das contribuições previdenciárias observará o disposto no art. 31 da Lei nº 8.212, de 24 de julho de 1991.

Art. 122. Na execução do contrato e sem prejuízo das responsabilidades contratuais e legais, o contratado poderá subcontratar partes da obra, do serviço ou do fornecimento até o limite autorizado, em cada caso, pela Administração.

§ 1º O contratado apresentará à Administração documentação que comprove a capacidade técnica do subcontratado, que será avaliada e juntada aos autos do processo correspondente.

§ 2º Regulamento ou edital de licitação poderão vedar, restringir ou estabelecer condições para a subcontratação.

§ 3º Será vedada a subcontratação de pessoa física ou jurídica, se aquela ou os dirigentes desta mantiverem vínculo de natureza técnica, comercial, econômica, financeira, trabalhista ou civil com dirigente do órgão ou entidade contratante ou com agente público que desempenhe função na licitação ou atue na fiscalização ou na gestão do contrato, ou se deles forem cônjuge, companheiro ou parente em linha reta, colateral, ou por afinidade, até o terceiro grau, devendo essa proibição constar expressamente do edital de licitação.

Art. 123. A Administração terá o dever de explicitamente emitir decisão sobre todas as solicitações e reclamações relacionadas à execução dos contratos regidos por esta Lei, ressalvados os requerimentos manifestamente impertinentes, meramente protelatórios ou de nenhum interesse para a boa execução do contrato.

Parágrafo único. Salvo disposição legal ou cláusula contratual que estabeleça prazo específico, concluída a instrução do requerimento, a Administração terá o prazo de 1 (um) mês para decidir, admitida a prorrogação motivada por igual período.

CAPÍTULO VII
DA ALTERAÇÃO DOS CONTRATOS E DOS PREÇOS

Art. 124. Os contratos regidos por esta Lei poderão ser alterados, com as devidas justificativas, nos seguintes casos:

I – unilateralmente pela Administração:

a) quando houver modificação do projeto ou das especificações, para melhor adequação técnica a seus objetivos;

b) quando for necessária a modificação do valor contratual em decorrência de acréscimo ou diminuição quantitativa de seu objeto, nos limites permitidos por esta Lei;

II – por acordo entre as partes:

a) quando conveniente a substituição da garantia de execução;

b) quando necessária a modificação do regime de execução da obra ou do serviço, bem como do modo de fornecimento, em face de verificação técnica da inaplicabilidade dos termos contratuais originários;

c) quando necessária a modificação da forma de pagamento por imposição de circunstâncias supervenientes, mantido o valor inicial atualizado e vedada a antecipação do pagamento em relação ao cronograma financeiro fixado sem a correspondente contraprestação de fornecimento de bens ou execução de obra ou serviço;

d) para restabelecer o equilíbrio econômico-financeiro inicial do contrato em caso de força maior, caso fortuito ou fato do príncipe ou em decorrência de fatos imprevisíveis ou previsíveis de consequências incalculáveis, que inviabilizem a execução do contrato tal como pactuado, respeitada, em qualquer caso, a repartição objetiva de risco estabelecida no contrato.

§ 1º Se forem decorrentes de falhas de projeto, as alterações de contratos de obras e serviços de engenharia ensejarão apuração de responsabilidade do responsável técnico e adoção das providências necessárias para o ressarcimento dos danos causados à Administração.

§ 2º Será aplicado o disposto na alínea "d" do inciso II do caput deste artigo às contratações de obras e serviços de engenharia, quando a execução for obstada pelo atraso na conclusão de procedimentos de desapropriação, desocupação, servidão administrativa ou licenciamento ambiental, por circunstâncias alheias ao contratado.

Art. 125. Nas alterações unilaterais a que se refere o inciso I do caput do art. 124 desta Lei, o contratado será obrigado a aceitar, nas mesmas condições contratuais, acréscimos ou supressões de até 25% (vinte e cinco por cento) do valor inicial atualizado do contrato que se fizerem nas obras, nos serviços ou nas compras, e, no caso de reforma de edifício ou de equipamento, o limite para os acréscimos será de 50% (cinquenta por cento).

Art. 126. As alterações unilaterais a que se refere o inciso I do caput do art. 124 desta Lei não poderão transfigurar o objeto da contratação.

Art. 127. Se o contrato não contemplar preços unitários para obras ou serviços cujo aditamento se fizer necessário, esses serão fixados por meio da aplicação da relação geral entre os valores da proposta e o do orçamento-base da Administração sobre os preços referenciais ou de mercado vigentes na data do aditamento, respeitados os limites estabelecidos no art. 125 desta Lei.

Art. 128. Nas contratações de obras e serviços de engenharia, a diferença percentual entre o valor global do contrato e o preço global de referência não poderá ser reduzida em favor do contratado em decorrência de aditamentos que modifiquem a planilha orçamentária.

Art. 129. Nas alterações contratuais para supressão de obras, bens ou serviços, se o contratado já houver adquirido os materiais e os colocado no local dos trabalhos, estes deverão ser pagos pela Administração pelos custos de aquisição regularmente comprovados e monetariamente reajustados, podendo caber indenização por outros danos eventualmente decorrentes da supressão, desde que regularmente comprovados.

Art. 130. Caso haja alteração unilateral do contrato que aumente ou diminua os encargos do contratado, a Administração deverá restabelecer, no mesmo termo aditivo, o equilíbrio econômico-financeiro inicial.

Art. 131. A extinção do contrato não configurará óbice para o reconhecimento do desequilíbrio econômico-financeiro, hipótese em que será concedida indenização por meio de termo indenizatório.

Parágrafo único. O pedido de restabelecimento do equilíbrio econômico-financeiro deverá ser formulado durante a vigência do contrato e antes de eventual prorrogação nos termos do art. 107 desta Lei.

Art. 132. A formalização do termo aditivo é condição para a execução, pelo contratado, das prestações determinadas pela Administração no curso da execução do contrato, salvo nos casos de justificada necessidade de antecipação de seus efeitos, hipótese em que a formalização deverá ocorrer no prazo máximo de 1 (um) mês.

Art. 133. Nas hipóteses em que for adotada a contratação integrada ou semi-integrada, é vedada a alteração dos valores contratuais, exceto nos seguintes casos:

I – para restabelecimento do equilíbrio econômico-financeiro decorrente de caso fortuito ou força maior;

II – por necessidade de alteração do projeto ou das especificações para melhor adequação técnica aos objetivos da contratação, a pedido da Administração, desde que não decorrente de erros ou omissões por parte do contratado, observados os limites estabelecidos no art. 125 desta Lei;

III – por necessidade de alteração do projeto nas contratações semi-integradas, nos termos do § 5º do art. 46 desta Lei;

IV – por ocorrência de evento superveniente alocado na matriz de riscos como de responsabilidade da Administração.

Art. 134. Os preços contratados serão alterados, para mais ou para menos, conforme o caso, se houver, após a data da apresentação da proposta, criação, alteração ou extinção de quaisquer tributos ou encargos legais ou a superveniência de disposições legais, com comprovada repercussão sobre os preços contratados.

Art. 135. Os preços dos contratos para serviços contínuos com regime de dedicação exclusiva de mão de obra ou com predominância de mão de obra serão repactuados para manutenção do equilíbrio econômico-financeiro, mediante demonstração analítica da variação dos custos contratuais, com data vinculada:

I – à da apresentação da proposta, para custos decorrentes do mercado;

II – ao acordo, à convenção coletiva ou ao dissídio coletivo ao qual a proposta esteja vinculada, para os custos de mão de obra.

§ 1º A Administração não se vinculará às disposições contidas em acordos, convenções ou dissídios coletivos de trabalho que tratem de matéria não trabalhista, de pagamento de participação dos trabalhadores nos lucros ou resultados do contratado, ou que estabeleçam direitos não previstos em lei, como valores ou índices obrigatórios de encargos sociais ou previdenciários, bem como de preços para os insumos relacionados ao exercício da atividade.

§ 2º É vedado a órgão ou entidade contratante vincular-se às disposições previstas nos acordos, convenções ou dissídios coletivos de trabalho que tratem de obrigações e direitos que somente se aplicam aos contratos com a Administração Pública.

§ 3º A repactuação deverá observar o interregno mínimo de 1 (um) ano, contado da data da apresentação da proposta ou da data da última repactuação.

§ 4º A repactuação poderá ser dividida em tantas parcelas quantas forem necessárias, observado o princípio da anualidade do reajuste de preços da contratação, podendo ser realizada em momentos distintos para discutir a variação de custos que tenham sua anualidade resultante em datas diferenciadas, como os decorrentes de mão de obra e os decorrentes dos insumos necessários à execução dos serviços.

§ 5º Quando a contratação envolver mais de uma categoria profissional, a repactuação a que se refere o inciso II do caput deste artigo poderá ser dividida em tantos quantos forem os acordos, convenções ou dissídios coletivos de trabalho das categorias envolvidas na contratação.

§ 6º A repactuação será precedida de solicitação do contratado, acompanhada de demonstração analítica da variação dos custos, por meio de apresentação da planilha de custos e formação de preços, ou do novo acordo, convenção ou sentença normativa que fundamenta a repactuação.

Art. 136. Registros que não caracterizam alteração do contrato podem ser realizados por simples apostila, dispensada a celebração de termo aditivo, como nas seguintes situações:

I – variação do valor contratual para fazer face ao reajuste ou à repactuação de preços previstos no próprio contrato;

II – atualizações, compensações ou penalizações financeiras decorrentes das condições de pagamento previstas no contrato;

III – alterações na razão ou na denominação social do contratado;

IV – empenho de dotações orçamentárias.

CAPÍTULO VIII
DAS HIPÓTESES DE EXTINÇÃO DOS CONTRATOS

Art. 137. Constituirão motivos para extinção do contrato, a qual deverá ser formalmente motivada nos autos do processo, assegurados o contraditório e a ampla defesa, as seguintes situações:

I – não cumprimento ou cumprimento irregular de normas editalícias ou de cláusulas contratuais, de especificações, de projetos ou de prazos;

II – desatendimento das determinações regulares emitidas pela autoridade designada para acompanhar e fiscalizar sua execução ou por autoridade superior;

III – alteração social ou modificação da finalidade ou da estrutura da empresa que restrinja sua capacidade de concluir o contrato;

IV – decretação de falência ou de insolvência civil, dissolução da sociedade ou falecimento do contratado;

V – caso fortuito ou força maior, regularmente comprovados, impeditivos da execução do contrato;

VI – atraso na obtenção da licença ambiental, ou impossibilidade de obtê-la, ou alteração substancial do anteprojeto que dela resultar, ainda que obtida no prazo previsto;

VII – atraso na liberação das áreas sujeitas a desapropriação, a desocupação ou a servidão administrativa, ou impossibilidade de liberação dessas áreas;

VIII – razões de interesse público, justificadas pela autoridade máxima do órgão ou da entidade contratante;

IX – não cumprimento das obrigações relativas à reserva de cargos prevista em lei, bem como em outras normas específicas, para pessoa com deficiência, para reabilitado da Previdência Social ou para aprendiz.

§ 1º Regulamento poderá especificar procedimentos e critérios para verificação da ocorrência dos motivos previstos no caput deste artigo.

§ 2º O contratado terá direito à extinção do contrato nas seguintes hipóteses:

I – supressão, por parte da Administração, de obras, serviços ou compras que acarrete modificação do valor inicial do contrato além do limite permitido no art. 125 desta Lei;

II – suspensão de execução do contrato, por ordem escrita da Administração, por prazo superior a 3 (três) meses;

III – repetidas suspensões que totalizem 90 (noventa) dias úteis, independentemente do pagamento obrigatório de indenização pelas sucessivas e contratualmente imprevistas desmobilizações e mobilizações e outras previstas;

IV – atraso superior a 2 (dois) meses, contado da emissão da nota fiscal, dos pagamentos ou de parcelas de pagamentos devidos pela Administração por despesas de obras, serviços ou fornecimentos;

V – não liberação pela Administração, nos prazos contratuais, de área, local ou objeto, para execução de obra, serviço ou fornecimento, e de fontes de materiais naturais especificadas no projeto, inclusive devido a atraso ou descumprimento das obrigações atribuídas pelo contrato à Administração relacionadas a desapropriação, a desocupação de áreas públicas ou a licenciamento ambiental.

§ 3º As hipóteses de extinção a que se referem os incisos II, III e IV do § 2º deste artigo observarão as seguintes disposições:

I – não serão admitidas em caso de calamidade pública, de grave perturbação da ordem interna ou de guerra, bem como quando decorrerem de ato ou fato que o contratado tenha praticado, do qual tenha participado ou para o qual tenha contribuído;

II – assegurarão ao contratado o direito de optar pela suspensão do cumprimento das obrigações assumidas até a normalização da situação, admitido o restabelecimento do equilíbrio econômico-financeiro do contrato, na forma da alínea "d" do inciso II do caput do art. 124 desta Lei.

§ 4º Os emitentes das garantias previstas no art. 96 desta Lei deverão ser notificados pelo contratante quanto ao início de processo administrativo para apuração de descumprimento de cláusulas contratuais.

Art. 138. A extinção do contrato poderá ser:

I – determinada por ato unilateral e escrito da Administração, exceto no caso de descumprimento decorrente de sua própria conduta;

II – consensual, por acordo entre as partes, por conciliação, por mediação ou por comitê de resolução de disputas, desde que haja interesse da Administração;

III – determinada por decisão arbitral, em decorrência de cláusula compromissória ou compromisso arbitral, ou por decisão judicial.

§ 1º A extinção determinada por ato unilateral da Administração e a extinção consensual deverão ser precedidas de autorização escrita e fundamentada da autoridade competente e reduzidas a termo no respectivo processo.

§ 2º Quando a extinção decorrer de culpa exclusiva da Administração, o contratado será ressarcido pelos prejuízos regularmente comprovados que houver sofrido e terá direito a:

I – devolução da garantia;

II – pagamentos devidos pela execução do contrato até a data de extinção;

III – pagamento do custo da desmobilização.

Art. 139. A extinção determinada por ato unilateral da Administração poderá acarretar, sem prejuízo das sanções previstas nesta Lei, as seguintes consequências:

I – assunção imediata do objeto do contrato, no estado e local em que se encontrar, por ato próprio da Administração;

II – ocupação e utilização do local, das instalações, dos equipamentos, do material e do pessoal empregados na execução do contrato e necessários à sua continuidade;

III – execução da garantia contratual para:

a) ressarcimento da Administração Pública por prejuízos decorrentes da não execução;

b) pagamento de verbas trabalhistas, fundiárias e previdenciárias, quando cabível;

c) pagamento das multas devidas à Administração Pública;

d) exigência da assunção da execução e da conclusão do objeto do contrato pela seguradora, quando cabível;

IV – retenção dos créditos decorrentes do contrato até o limite dos prejuízos causados à Administração Pública e das multas aplicadas.

§ 1º A aplicação das medidas previstas nos incisos I e II do caput deste artigo ficará a critério da Administração, que poderá dar continuidade à obra ou ao serviço por execução direta ou indireta.

§ 2º Na hipótese do inciso II do caput deste artigo, o ato deverá ser precedido de autorização expressa do ministro de Estado, do secretário estadual ou do secretário municipal competente, conforme o caso.

CAPÍTULO IX
DO RECEBIMENTO DO OBJETO DO CONTRATO

Art. 140. O objeto do contrato será recebido:

I – em se tratando de obras e serviços:

a) provisoriamente, pelo responsável por seu acompanhamento e fiscalização, mediante termo detalhado, quando verificado o cumprimento das exigências de caráter técnico;

b) definitivamente, por servidor ou comissão designada pela autoridade competente, mediante termo detalhado que comprove o atendimento das exigências contratuais;

II – em se tratando de compras:

a) provisoriamente, de forma sumária, pelo responsável por seu acompanhamento e fiscalização, com verificação posterior da conformidade do material com as exigências contratuais;

b) definitivamente, por servidor ou comissão designada pela autoridade competente, mediante termo detalhado que comprove o atendimento das exigências contratuais.

§ 1º O objeto do contrato poderá ser rejeitado, no todo ou em parte, quando estiver em desacordo com o contrato.

§ 2º O recebimento provisório ou definitivo não excluirá a responsabilidade civil pela solidez e pela segurança da obra ou serviço nem a responsabilidade ético-profissional pela perfeita execução do contrato, nos limites estabelecidos pela lei ou pelo contrato.

§ 3º Os prazos e os métodos para a realização dos recebimentos provisório e definitivo serão definidos em regulamento ou no contrato.

§ 4º Salvo disposição em contrário constante do edital ou de ato normativo, os ensaios, os testes e as demais provas para aferição da boa execução do objeto do contrato exigidos por normas técnicas oficiais correrão por conta do contratado.

§ 5º Em se tratando de projeto de obra, o recebimento definitivo pela Administração não eximirá o projetista ou o consultor da responsabilidade objetiva por todos os danos causados por falha de projeto.

§ 6º Em se tratando de obra, o recebimento definitivo pela Administração não eximirá o contratado, pelo prazo mínimo de 5 (cinco) anos, admitida a previsão de prazo de garantia superior no edital e no contrato, da responsabilidade objetiva pela solidez e pela segurança dos materiais e dos serviços executados e pela funcionalidade da construção, da reforma, da recuperação ou da ampliação do bem imóvel, e, em caso de vício, defeito ou incorreção identificados, o contratado ficará responsável pela reparação, pela correção, pela reconstrução ou pela substituição necessárias.

CAPÍTULO X
DOS PAGAMENTOS

Art. 141. No dever de pagamento pela Administração, será observada a ordem cronológica para cada fonte diferenciada de recursos, subdividida nas seguintes categorias de contratos:

I – fornecimento de bens;

II – locações;

III – prestação de serviços;

IV – realização de obras.

§ 1º A ordem cronológica referida no caput deste artigo poderá ser alterada, mediante prévia justificativa da autoridade competente e posterior comunicação ao órgão de controle interno da Administração e ao tribunal de contas competente, exclusivamente nas seguintes situações:

I – grave perturbação da ordem, situação de emergência ou calamidade pública;

II – pagamento a microempresa, empresa de pequeno porte, agricultor familiar, produtor rural pessoa física, microempreendedor individual e sociedade cooperativa, desde que demonstrado o risco de descontinuidade do cumprimento do objeto do contrato;

III – pagamento de serviços necessários ao funcionamento dos sistemas estruturantes, desde que demonstrado o risco de descontinuidade do cumprimento do objeto do contrato;

IV – pagamento de direitos oriundos de contratos em caso de falência, recuperação judicial ou dissolução da empresa contratada;

V – pagamento de contrato cujo objeto seja imprescindível para assegurar a integridade do patrimônio público ou para manter o funcionamento das atividades finalísticas do órgão ou entidade, quando demonstrado o risco de descontinuidade da prestação de serviço público de relevância ou o cumprimento da missão institucional.

§ 2º A inobservância imotivada da ordem cronológica referida no caput deste artigo ensejará a apuração de responsabilidade do agente responsável, cabendo aos órgãos de controle a sua fiscalização.

§ 3º O órgão ou entidade deverá disponibilizar, mensalmente, em seção específica de acesso à informação em seu sítio na internet, a ordem cronológica de seus pagamentos, bem como as justificativas que fundamentarem a eventual alteração dessa ordem.

Art. 142. Disposição expressa no edital ou no contrato poderá prever pagamento em conta vinculada ou pagamento pela efetiva comprovação do fato gerador.

Parágrafo único. (VETADO).

Art. 143. No caso de controvérsia sobre a execução do objeto, quanto a dimensão, qualidade e quantidade, a parcela incontroversa deverá ser liberada no prazo previsto para pagamento.

Art. 144. Na contratação de obras, fornecimentos e serviços, inclusive de engenharia, poderá ser estabelecida remuneração variável vinculada ao desempenho do contratado, com base em metas, padrões de qualidade, critérios de sustentabilidade ambiental e prazos de entrega definidos no edital de licitação e no contrato.

§ 1º O pagamento poderá ser ajustado em base percentual sobre o valor economizado em determinada despesa, quando o objeto do contrato visar à implantação de processo de racionalização, hipótese em que as despesas correrão à conta dos mesmos créditos orçamentários, na forma de regulamentação específica.

§ 2º A utilização de remuneração variável será motivada e respeitará o limite orçamentário fixado pela Administração para a contratação.

Art. 145. Não será permitido pagamento antecipado, parcial ou total, relativo a parcelas contratuais vinculadas ao fornecimento de bens, à execução de obras ou à prestação de serviços.

§ 1º A antecipação de pagamento somente será permitida se propiciar sensível economia de recursos ou se representar condição indispensável para a obtenção do bem ou para a prestação do serviço, hipótese que deverá ser previamente justificada no processo licitatório e expressamente prevista no edital de licitação ou instrumento formal de contratação direta.

§ 2º A Administração poderá exigir a prestação de garantia adicional como condição para o pagamento antecipado.

§ 3º Caso o objeto não seja executado no prazo contratual, o valor antecipado deverá ser devolvido.

Art. 146. No ato de liquidação da despesa, os serviços de contabilidade comunicarão aos órgãos da administração tributária as características da despesa e os valores pagos, conforme o disposto no art. 63 da Lei nº 4.320, de 17 de março de 1964.

CAPÍTULO XI
DA NULIDADE DOS CONTRATOS

Art. 147. Constatada irregularidade no procedimento licitatório ou na execução contratual, caso não seja possível o saneamento, a decisão sobre a suspensão da execução ou sobre a declaração de nulidade do contrato somente será adotada na hipótese em que se revelar medida de interesse público, com avaliação, entre outros, dos seguintes aspectos:

I – impactos econômicos e financeiros decorrentes do atraso na fruição dos benefícios do objeto do contrato;

II – riscos sociais, ambientais e à segurança da população local decorrentes do atraso na fruição dos benefícios do objeto do contrato;

III – motivação social e ambiental do contrato;

IV – custo da deterioração ou da perda das parcelas executadas;

V – despesa necessária à preservação das instalações e dos serviços já executados;

VI – despesa inerente à desmobilização e ao posterior retorno às atividades;

VII – medidas efetivamente adotadas pelo titular do órgão ou entidade para o saneamento dos indícios de irregularidades apontados;

VIII – custo total e estágio de execução física e financeira dos contratos, dos convênios, das obras ou das parcelas envolvidas;

IX – fechamento de postos de trabalho diretos e indiretos em razão da paralisação;

X – custo para realização de nova licitação ou celebração de novo contrato;

XI – custo de oportunidade do capital durante o período de paralisação.

Parágrafo único. Caso a paralisação ou anulação não se revele medida de interesse público, o poder público deverá optar pela continuidade do contrato e pela solução da irregularidade por meio de indenização por perdas e danos, sem prejuízo da apuração de responsabilidade e da aplicação de penalidades cabíveis.

Art. 148. A declaração de nulidade do contrato administrativo requererá análise prévia do interesse público envolvido, na forma do art. 147 desta Lei, e operará retroativamente, impedindo os efeitos jurídicos que o contrato deveria produzir ordinariamente e desconstituindo os já produzidos.

§ 1º Caso não seja possível o retorno à situação fática anterior, a nulidade será resolvida pela indenização por perdas e danos, sem prejuízo da apuração de responsabilidade e aplicação das penalidades cabíveis.

§ 2º Ao declarar a nulidade do contrato, a autoridade, com vistas à continuidade da atividade administrativa, poderá decidir que ela só tenha eficácia em momento futuro, suficiente para efetuar nova contratação, por prazo de até 6 (seis) meses, prorrogável uma única vez.

Art. 149. A nulidade não exonerará a Administração do dever de indenizar o contratado pelo que houver executado até a data em que for declarada ou tornada eficaz, bem como por outros prejuízos regularmente comprovados, desde que não lhe seja imputável, e será promovida a responsabilização de quem lhe tenha dado causa.

Art. 150. Nenhuma contratação será feita sem a caracterização adequada de seu objeto e sem a indicação dos créditos orçamentários para pagamento das parcelas contratuais vincendas no exercício em que for realizada a contratação, sob pena de nulidade do ato e de responsabilização de quem lhe tiver dado causa.

CAPÍTULO XII
DOS MEIOS ALTERNATIVOS DE RESOLUÇÃO DE CONTROVÉRSIAS

Art. 151. Nas contratações regidas por esta Lei, poderão ser utilizados meios alternativos de prevenção e resolução de controvérsias, notadamente a conciliação, a mediação, o comitê de resolução de disputas e a arbitragem.

Parágrafo único. Será aplicado o disposto no caput deste artigo às controvérsias relacionadas a direitos patrimoniais disponíveis, como as questões relacionadas ao restabelecimento do equilíbrio econômico-financeiro do contrato, ao inadimplemento de obrigações contratuais por quaisquer das partes e ao cálculo de indenizações.

Art. 152. A arbitragem será sempre de direito e observará o princípio da publicidade.

Art. 153. Os contratos poderão ser aditados para permitir a adoção dos meios alternativos de resolução de controvérsias.

Art. 154. O processo de escolha dos árbitros, dos colegiados arbitrais e dos comitês de resolução de disputas observará critérios isonômicos, técnicos e transparentes.

TÍTULO IV
DAS IRREGULARIDADES

CAPÍTULO I
DAS INFRAÇÕES E SANÇÕES ADMINISTRATIVAS

Art. 155. O licitante ou o contratado será responsabilizado administrativamente pelas seguintes infrações:

I - dar causa à inexecução parcial do contrato;

II - dar causa à inexecução parcial do contrato que cause grave dano à Administração, ao funcionamento dos serviços públicos ou ao interesse coletivo;

III – dar causa à inexecução total do contrato;

IV – deixar de entregar a documentação exigida para o certame;

V – não manter a proposta, salvo em decorrência de fato superveniente devidamente justificado;

VI – não celebrar o contrato ou não entregar a documentação exigida para a contratação, quando convocado dentro do prazo de validade de sua proposta;

VII – ensejar o retardamento da execução ou da entrega do objeto da licitação sem motivo justificado;

VIII – apresentar declaração ou documentação falsa exigida para o certame ou prestar declaração falsa durante a licitação ou a execução do contrato;

IX – fraudar a licitação ou praticar ato fraudulento na execução do contrato;

X – comportar-se de modo inidôneo ou cometer fraude de qualquer natureza;

XI – praticar atos ilícitos com vistas a frustrar os objetivos da licitação;

XII – praticar ato lesivo previsto no art. 5º da Lei nº 12.846, de 1º de agosto de 2013.

Art. 156. Serão aplicadas ao responsável pelas infrações administrativas previstas nesta Lei as seguintes sanções:

I – advertência;

II – multa;

III – impedimento de licitar e contratar;

IV – declaração de inidoneidade para licitar ou contratar.

§ 1º Na aplicação das sanções serão considerados:

I – a natureza e a gravidade da infração cometida;

II – as peculiaridades do caso concreto;

III – as circunstâncias agravantes ou atenuantes;

IV – os danos que dela provierem para a Administração Pública;

V – a implantação ou o aperfeiçoamento de programa de integridade, conforme normas e orientações dos órgãos de controle.

§ 2º A sanção prevista no inciso I do caput deste artigo será aplicada exclusivamente pela infração administrativa prevista no inciso I do caput do art. 155 desta Lei, quando não se justificar a imposição de penalidade mais grave.

§ 3º A sanção prevista no inciso II do caput deste artigo, calculada na forma do edital ou do contrato, não poderá ser inferior a 0,5% (cinco décimos por cento) nem superior a 30% (trinta por cento) do valor do contrato licitado ou celebrado com contratação direta e será aplicada ao responsável por qualquer das infrações administrativas previstas no art. 155 desta Lei.

§ 4º A sanção prevista no inciso III do caput deste artigo será aplicada ao responsável pelas infrações administrativas previstas nos incisos II, III, IV, V, VI e VII do caput do art. 155 desta Lei, quando não se justificar a imposição de penalidade mais grave, e impedirá o responsável de licitar ou contratar no âmbito da Administração Pública direta e indireta do ente federativo que tiver aplicado a sanção, pelo prazo máximo de 3 (três) anos.

§ 5º A sanção prevista no inciso IV do caput deste artigo será aplicada ao responsável pelas infrações administrativas previstas nos incisos VIII, IX, X, XI e XII do caput do art. 155 desta Lei, bem como pelas infrações administrativas previstas nos incisos II, III, IV, V, VI e VII do caput do referido artigo que justifiquem a imposição de penalidade mais grave que a sanção referida no § 4º deste artigo, e impedirá o responsável de licitar ou contratar no âmbito da Administração Pública direta e indireta de todos os entes federativos, pelo prazo mínimo de 3 (três) anos e máximo de 6 (seis) anos.

§ 6º A sanção estabelecida no inciso IV do caput deste artigo será precedida de análise jurídica e observará as seguintes regras:

I – quando aplicada por órgão do Poder Executivo, será de competência exclusiva de ministro de Estado, de secretário estadual ou de secretário municipal e, quando aplicada por autarquia ou fundação, será de competência exclusiva da autoridade máxima da entidade;

II – quando aplicada por órgãos dos Poderes Legislativo e Judiciário, pelo Ministério Público e pela Defensoria Pública no desempenho da função administrativa, será de competência exclusiva de autoridade de nível hierárquico equivalente às autoridades referidas no inciso I deste parágrafo, na forma de regulamento.

§ 7º As sanções previstas nos incisos I, III e IV do caput deste artigo poderão ser aplicadas cumulativamente com a prevista no inciso II do caput deste artigo.

§ 8º Se a multa aplicada e as indenizações cabíveis forem superiores ao valor de pagamento eventualmente devido pela Administração ao contratado, além da perda desse valor, a diferença será descontada da garantia prestada ou será cobrada judicialmente.

§ 9º A aplicação das sanções previstas no caput deste artigo não exclui, em hipótese alguma, a obrigação de reparação integral do dano causado à Administração Pública.

Art. 157. Na aplicação da sanção prevista no inciso II do caput do art. 156 desta Lei, será facultada a defesa do interessado no prazo de 15 (quinze) dias úteis, contado da data de sua intimação.

Art. 158. A aplicação das sanções previstas nos incisos III e IV do caput do art. 156 desta Lei requererá a instauração de processo de responsabilização, a ser conduzido por comissão composta de 2 (dois) ou mais servidores estáveis, que avaliará fatos e circunstâncias conhecidos e intimará o licitante ou o contratado para, no prazo de 15 (quinze) dias úteis, contado da data de intimação, apresentar defesa escrita e especificar as provas que pretenda produzir.

§ 1º Em órgão ou entidade da Administração Pública cujo quadro funcional não seja formado de servidores estatutários, a comissão a que se refere o caput deste artigo será composta de 2 (dois) ou mais empregados públicos pertencentes aos seus quadros permanentes, preferencialmente com, no mínimo, 3 (três) anos de tempo de serviço no órgão ou entidade.

§ 2º Na hipótese de deferimento de pedido de produção de novas provas ou de juntada de provas julgadas indispensáveis pela comissão, o licitante ou o contratado poderá apresentar alegações finais no prazo de 15 (quinze) dias úteis, contado da data da intimação.

§ 3º Serão indeferidas pela comissão, mediante decisão fundamentada, provas ilícitas, impertinentes, desnecessárias, protelatórias ou intempestivas.

§ 4º A prescrição ocorrerá em 5 (cinco) anos, contados da ciência da infração pela Administração, e será:

I – interrompida pela instauração do processo de responsabilização a que se refere o caput deste artigo;

II – suspensa pela celebração de acordo de leniência previsto na Lei nº 12.846, de 1º de agosto de 2013;

III – suspensa por decisão judicial que inviabilize a conclusão da apuração administrativa.

Art. 159. Os atos previstos como infrações administrativas nesta Lei ou em outras leis de licitações e contratos da Administração Pública que também sejam tipificados como atos lesivos na Lei nº 12.846, de 1º de agosto de 2013, serão apurados e julgados conjuntamente, nos mesmos autos, observados o rito procedimental e a autoridade competente definidos na referida Lei.

Parágrafo único. (VETADO).

Art. 160. A personalidade jurídica poderá ser desconsiderada sempre que utilizada com abuso do direito para facilitar, encobrir ou dissimular a prática dos atos ilícitos previstos nesta Lei ou para provocar confusão patrimonial, e, nesse caso, todos os efeitos das sanções aplicadas à pessoa jurídica serão estendidos aos seus administradores e sócios com poderes de administração, a pessoa jurídica sucessora ou a empresa do mesmo ramo com relação de coligação ou controle, de fato ou de direito, com o sancionado, observados, em todos os casos, o contraditório, a ampla defesa e a obrigatoriedade de análise jurídica prévia.

Art. 161. Os órgãos e entidades dos Poderes Executivo, Legislativo e Judiciário de todos os entes federativos deverão, no prazo máximo 15 (quinze) dias úteis, contado da data de aplicação da sanção, informar e manter atualizados os dados relativos às sanções por eles aplicadas, para fins de publicidade no Cadastro Nacional de Empresas Inidôneas e Suspensas (Ceis) e no Cadastro Nacional de Empresas Punidas (Cnep), instituídos no âmbito do Poder Executivo federal.

Parágrafo único. Para fins de aplicação das sanções previstas nos incisos I, II, III e IV do caput do art. 156 desta Lei, o Poder Executivo regulamentará a forma de cômputo e as consequências da soma de diversas sanções aplicadas a uma mesma empresa e derivadas de contratos distintos.

Art. 162. O atraso injustificado na execução do contrato sujeitará o contratado a multa de mora, na forma prevista em edital ou em contrato.

Parágrafo único. A aplicação de multa de mora não impedirá que a Administração a converta em compensatória e promova a extinção unilateral do contrato com a aplicação cumulada de outras sanções previstas nesta Lei.

Art. 163. É admitida a reabilitação do licitante ou contratado perante a própria autoridade que aplicou a penalidade, exigidos, cumulativamente:

I – reparação integral do dano causado à Administração Pública;

II – pagamento da multa;

III – transcurso do prazo mínimo de 1 (um) ano da aplicação da penalidade, no caso de impedimento de licitar e contratar, ou de 3 (três) anos da aplicação da penalidade, no caso de declaração de inidoneidade;

IV – cumprimento das condições de reabilitação definidas no ato punitivo;

V – análise jurídica prévia, com posicionamento conclusivo quanto ao cumprimento dos requisitos definidos neste artigo.

Parágrafo único. A sanção pelas infrações previstas nos incisos VIII e XII do caput do art. 155 desta Lei exigirá, como condição de reabilitação do licitante ou contratado, a implantação ou aperfeiçoamento de programa de integridade pelo responsável.

CAPÍTULO II
DAS IMPUGNAÇÕES, DOS PEDIDOS DE ESCLARECIMENTO E DOS RECURSOS

Art. 164. Qualquer pessoa é parte legítima para impugnar edital de licitação por irregularidade na aplicação desta Lei ou para solicitar esclarecimento sobre os seus termos, devendo protocolar o pedido até 3 (três) dias úteis antes da data de abertura do certame.

Parágrafo único. A resposta à impugnação ou ao pedido de esclarecimento será divulgada em sítio eletrônico oficial no prazo de até 3 (três) dias úteis, limitado ao último dia útil anterior à data da abertura do certame.

Art. 165. Dos atos da Administração decorrentes da aplicação desta Lei cabem:

I – recurso, no prazo de 3 (três) dias úteis, contado da data de intimação ou de lavratura da ata, em face de:

a) ato que defira ou indefira pedido de pré-qualificação de interessado ou de inscrição em registro cadastral, sua alteração ou cancelamento;

b) julgamento das propostas;

c) ato de habilitação ou inabilitação de licitante;

d) anulação ou revogação da licitação;

e) extinção do contrato, quando determinada por ato unilateral e escrito da Administração;

II – pedido de reconsideração, no prazo de 3 (três) dias úteis, contado da data de intimação, relativamente a ato do qual não caiba recurso hierárquico.

§ 1º Quanto ao recurso apresentado em virtude do disposto nas alíneas "b" e "c" do inciso I do caput deste artigo, serão observadas as seguintes disposições:

I – a intenção de recorrer deverá ser manifestada imediatamente, sob pena de preclusão, e o prazo para apresentação das razões recursais previsto no inciso I do caput deste artigo será iniciado na data de intimação ou de lavratura da ata de habilitação ou inabilitação ou, na hipótese de adoção da inversão de fases prevista no § 1º do art. 17 desta Lei, da ata de julgamento;

II – a apreciação dar-se-á em fase única.

§ 2º O recurso de que trata o inciso I do caput deste artigo será dirigido à autoridade que tiver editado o ato ou proferido a decisão recorrida, que, se não reconsiderar o ato ou a decisão no prazo de 3 (três) dias úteis, encaminhará o recurso com a sua motivação à autoridade superior, a qual deverá proferir sua decisão no prazo máximo de 10 (dez) dias úteis, contado do recebimento dos autos.

§ 3º O acolhimento do recurso implicará invalidação apenas de ato insuscetível de aproveitamento.

§ 4º O prazo para apresentação de contrarrazões será o mesmo do recurso e terá início na data de intimação pessoal ou de divulgação da interposição do recurso.

§ 5º Será assegurado ao licitante vista dos elementos indispensáveis à defesa de seus interesses.

Art. 166. Da aplicação das sanções previstas nos incisos I, II e III do caput do art. 156 desta Lei caberá recurso no prazo de 15 (quinze) dias úteis, contado da data da intimação.

Parágrafo único. O recurso de que trata o caput deste artigo será dirigido à autoridade que tiver proferido a decisão recorrida, que, se não a reconsiderar no prazo de 5 (cinco) dias úteis, encaminhará o recurso com sua motivação à autoridade superior, a qual deverá proferir sua decisão no prazo máximo de 20 (vinte) dias úteis, contado do recebimento dos autos.

Art. 167. Da aplicação da sanção prevista no inciso IV do caput do art. 156 desta Lei caberá apenas pedido de reconsideração, que deverá ser apresentado no prazo de 15 (quinze) dias úteis, contado da data da intimação, e decidido no prazo máximo de 20 (vinte) dias úteis, contado do seu recebimento.

Art. 168. O recurso e o pedido de reconsideração terão efeito suspensivo do ato ou da decisão recorrida até que sobrevenha decisão final da autoridade competente.

Parágrafo único. Na elaboração de suas decisões, a autoridade competente será auxiliada pelo órgão de assessoramento jurídico, que deverá dirimir dúvidas e subsidiá-la com as informações necessárias.

CAPÍTULO III
DO CONTROLE DAS CONTRATAÇÕES

Art. 169. As contratações públicas deverão submeter-se a práticas contínuas e permanentes de gestão de riscos e de controle preventivo, inclusive mediante adoção de recursos de tecnologia da informação, e, além de estar subordinadas ao controle social, sujeitar-se-ão às seguintes linhas de defesa:

I – primeira linha de defesa, integrada por servidores e empregados públicos, agentes de licitação e autoridades que atuam na estrutura de governança do órgão ou entidade;

II – segunda linha de defesa, integrada pelas unidades de assessoramento jurídico e de controle interno do próprio órgão ou entidade;

III – terceira linha de defesa, integrada pelo órgão central de controle interno da Administração e pelo tribunal de contas.

§ 1º Na forma de regulamento, a implementação das práticas a que se refere o caput deste artigo será de responsabilidade da alta administração do órgão ou entidade e levará em consideração os custos e os benefícios decorrentes de sua implementação, optando-se pelas medidas que promovam relações íntegras e confiáveis, com segurança jurídica para todos os envolvidos, e que produzam o resultado mais vantajoso para a Administração, com eficiência, eficácia e efetividade nas contratações públicas.

§ 2º Para a realização de suas atividades, os órgãos de controle deverão ter acesso irrestrito aos documentos e às informações necessárias à realização dos trabalhos, inclusive aos documentos classificados pelo órgão ou entidade nos termos da Lei nº 12.527, de 18 de novembro de 2011, e o órgão de controle com o qual foi compartilhada eventual informação sigilosa tornar-se-á corresponsável pela manutenção do seu sigilo.

§ 3º Os integrantes das linhas de defesa a que se referem os incisos I, II e III do caput deste artigo observarão o seguinte:

I – quando constatarem simples impropriedade formal, adotarão medidas para o seu saneamento e para a mitigação de riscos de sua nova ocorrência, preferencialmente com o aperfeiçoamento dos controles preventivos e com a capacitação dos agentes públicos responsáveis;

II – quando constatarem irregularidade que configure dano à Administração, sem prejuízo das medidas previstas no inciso I deste § 3º, adotarão as providências necessárias para a apuração das infrações administrativas, observadas a segregação de funções e a necessidade de individualização das condutas, bem como remeterão ao Ministério Público competente cópias dos documentos cabíveis para a apuração dos ilícitos de sua competência.

Art. 170. Os órgãos de controle adotarão, na fiscalização dos atos previstos nesta Lei, critérios de oportunidade, materialidade, relevância e risco e considerarão as razões apresentadas pelos órgãos e entidades responsáveis e os resultados obtidos com a contratação, observado o disposto no § 3º do art. 169 desta Lei.

§ 1º As razões apresentadas pelos órgãos e entidades responsáveis deverão ser encaminhadas aos órgãos de controle até a conclusão da fase de instrução do processo e não poderão ser desentranhadas dos autos.

§ 2º A omissão na prestação das informações não impedirá as deliberações dos órgãos de controle nem retardará a aplicação de qualquer de seus prazos de tramitação e de deliberação.

§ 3º Os órgãos de controle desconsiderarão os documentos impertinentes, meramente protelatórios ou de nenhum interesse para o esclarecimento dos fatos.

§ 4º Qualquer licitante, contratado ou pessoa física ou jurídica poderá representar aos órgãos de controle interno ou ao tribunal de contas competente contra irregularidades na aplicação desta Lei.

Art. 171. Na fiscalização de controle será observado o seguinte:

I – viabilização de oportunidade de manifestação aos gestores sobre possíveis propostas de encaminhamento que terão impacto significativo nas rotinas de trabalho dos órgãos e entidades fiscalizados, a fim de que eles disponibilizem subsídios para avaliação prévia da relação entre custo e benefício dessas possíveis proposições;

II – adoção de procedimentos objetivos e imparciais e elaboração de relatórios tecnicamente fundamentados, baseados exclusivamente nas evidências obtidas e organizados de acordo com as normas de auditoria do respectivo órgão de controle, de modo a evitar que interesses pessoais e interpretações tendenciosas interfiram na apresentação e no tratamento dos fatos levantados;

III – definição de objetivos, nos regimes de empreitada por preço global, empreitada integral, contratação semi-integrada e contratação integrada, atendidos os requisitos técnicos, legais, orçamentários e financeiros, de acordo com as finalidades da contratação, devendo, ainda, ser perquirida a conformidade do preço global com os parâmetros de mercado para o objeto contratado, considerada inclusive a dimensão geográfica.

§ 1º Ao suspender cautelarmente o processo licitatório, o tribunal de contas deverá pronunciar-se definitivamente sobre o mérito da irregularidade que tenha dado causa à suspensão no prazo de 25 (vinte e cinco) dias úteis, contado da data do recebimento das informações a que se refere o § 2º deste artigo, prorrogável por igual período uma única vez, e definirá objetivamente:

I – as causas da ordem de suspensão;

II – o modo como será garantido o atendimento do interesse público obstado pela suspensão da licitação, no caso de objetos essenciais ou de contratação por emergência.

§ 2º Ao ser intimado da ordem de suspensão do processo licitatório, o órgão ou entidade deverá, no prazo de 10 (dez) dias úteis, admitida a prorrogação:

I – informar as medidas adotadas para cumprimento da decisão;

II – prestar todas as informações cabíveis;

III – proceder à apuração de responsabilidade, se for o caso.

§ 3º A decisão que examinar o mérito da medida cautelar a que se refere o § 1º deste artigo deverá definir as medidas necessárias e adequadas, em face das alternativas possíveis, para o saneamento do processo licitatório, ou determinar a sua anulação.

§ 4º O descumprimento do disposto no § 2º deste artigo ensejará a apuração de responsabilidade e a obrigação de reparação do prejuízo causado ao erário.

Art. 172. (VETADO).

Art. 173. Os tribunais de contas deverão, por meio de suas escolas de contas, promover eventos de capacitação para os servidores efetivos e empregados públicos designados para o desempenho das funções essenciais à execução desta Lei, incluídos cursos presenciais e a distância, redes de aprendizagem, seminários e congressos sobre contratações públicas.

TÍTULO V
DISPOSIÇÕES GERAIS

CAPÍTULO I
DO PORTAL NACIONAL DE CONTRATAÇÕES PÚBLICAS (PNCP)

Art. 174. É criado o Portal Nacional de Contratações Públicas (PNCP), sítio eletrônico oficial destinado à:

I – divulgação centralizada e obrigatória dos atos exigidos por esta Lei;

II – realização facultativa das contratações pelos órgãos e entidades dos Poderes Executivo, Legislativo e Judiciário de todos os entes federativos.

§ 1º O PNCP será gerido pelo Comitê Gestor da Rede Nacional de Contratações Públicas, a ser presidido por representante indicado pelo Presidente da República e composto de:

I – 3 (três) representantes da União indicados pelo Presidente da República;

II – 2 (dois) representantes dos Estados e do Distrito Federal indicados pelo Conselho Nacional de Secretários de Estado da Administração;

III – 2 (dois) representantes dos Municípios indicados pela Confederação Nacional de Municípios.

§ 2º O PNCP conterá, entre outras, as seguintes informações acerca das contratações:

I – planos de contratação anuais;

II – catálogos eletrônicos de padronização;

III – editais de credenciamento e de pré-qualificação, avisos de contratação direta e editais de licitação e respectivos anexos;

IV – atas de registro de preços;

V – contratos e termos aditivos;

VI – notas fiscais eletrônicas, quando for o caso.

§ 3º O PNCP deverá, entre outras funcionalidades, oferecer:

I – sistema de registro cadastral unificado;

II – painel para consulta de preços, banco de preços em saúde e acesso à base nacional de notas fiscais eletrônicas;

ADMINISTRATIVO

III – sistema de planejamento e gerenciamento de contratações, incluído o cadastro de atesto de cumprimento de obrigações previsto no § 4º do art. 88 desta Lei;

IV – sistema eletrônico para a realização de sessões públicas;

V – acesso ao Cadastro Nacional de Empresas Inidôneas e Suspensas (Ceis) e ao Cadastro Nacional de Empresas Punidas (Cnep);

VI – sistema de gestão compartilhada com a sociedade de informações referentes à execução do contrato, que possibilite:

a) envio, registro, armazenamento e divulgação de mensagens de texto ou imagens pelo interessado previamente identificado;

b) acesso ao sistema informatizado de acompanhamento de obras a que se refere o inciso III do caput do art. 19 desta Lei;

c) comunicação entre a população e representantes da Administração e do contratado designados para prestar as informações e esclarecimentos pertinentes, na forma de regulamento;

d) divulgação, na forma de regulamento, de relatório final com informações sobre a consecução dos objetivos que tenham justificado a contratação e eventuais condutas a serem adotadas para o aprimoramento das atividades da Administração.

§ 4º O PNCP adotará o formato de dados abertos e observará as exigências previstas na Lei nº 12.527, de 18 de novembro de 2011.

§ 5º (VETADO).

Art. 175. Sem prejuízo do disposto no art. 174 desta Lei, os entes federativos poderão instituir sítio eletrônico oficial para divulgação complementar e realização das respectivas contratações.

§ 1º Desde que mantida a integração com o PNCP, as contratações poderão ser realizadas por meio de sistema eletrônico fornecido por pessoa jurídica de direito privado, na forma de regulamento.

§ 2º Até 31 de dezembro de 2023, os Municípios deverão realizar divulgação complementar de suas contratações mediante publicação de extrato de edital de licitação em jornal diário de grande circulação local.

Art. 176. Os Municípios com até 20.000 (vinte mil) habitantes terão o prazo de 6 (seis) anos, contado da data de publicação desta Lei, para cumprimento:

I – dos requisitos estabelecidos no art. 7º e no caput do art. 8º desta Lei;

II – da obrigatoriedade de realização da licitação sob a forma eletrônica a que se refere o § 2º do art. 17 desta Lei;

III – das regras relativas à divulgação em sítio eletrônico oficial.

Parágrafo único. Enquanto não adotarem o PNCP, os Municípios a que se refere o caput deste artigo deverão:

I – publicar, em diário oficial, as informações que esta Lei exige que sejam divulgadas em sítio eletrônico oficial, admitida a publicação de extrato;

II – disponibilizar a versão física dos documentos em suas repartições, vedada a cobrança de qualquer valor, salvo o referente ao fornecimento de edital ou de cópia de documento, que não será superior ao custo de sua reprodução gráfica.

CAPÍTULO II
DAS ALTERAÇÕES LEGISLATIVAS

Art. 177. O caput do art. 1.048 da Lei nº 13.105, de 16 de março de 2015 (Código de Processo Civil), passa a vigorar acrescido do seguinte inciso IV:

"Art.1.048. ....

....

IV – em que se discuta a aplicação do disposto nas normas gerais de licitação e contratação a que se refere o inciso XXVII do caput do art. 22 da Constituição Federal.

...." (NR)

Art. 178. O Título XI da Parte Especial do Decreto-Lei nº 2.848, de 7 de dezembro de 1940 (Código Penal), passa a vigorar acrescido do seguinte Capítulo II-B:

"CAPÍTULO II-B

DOS CRIMES EM LICITAÇÕES E CONTRATOS ADMINISTRATIVOS

Contratação direta ilegal

Art. 337-E. Admitir, possibilitar ou dar causa à contratação direta fora das hipóteses previstas em lei:

Pena – reclusão, de 4 (quatro) a 8 (oito) anos, e multa.

Frustração do caráter competitivo de licitação

Art. 337-F. Frustrar ou fraudar, com o intuito de obter para si ou para outrem vantagem decorrente da adjudicação do objeto da licitação, o caráter competitivo do processo licitatório:

Pena – reclusão, de 4 (quatro) anos a 8 (oito) anos, e multa.

Patrocínio de contratação indevida

Art. 337-G. Patrocinar, direta ou indiretamente, interesse privado perante a Administração Pública, dando causa à instauração de licitação ou à celebração de contrato cuja invalidação vier a ser decretada pelo Poder Judiciário:

Pena – reclusão, de 6 (seis) meses a 3 (três) anos, e multa.

Modificação ou pagamento irregular em contrato administrativo

Art. 337-H. Admitir, possibilitar ou dar causa a qualquer modificação ou vantagem, inclusive prorrogação contratual, em favor do contratado, durante a execução dos contratos celebrados com a Administração Pública, sem autorização em lei, no edital da licitação ou nos respectivos instrumentos contratuais, ou, ainda, pagar fatura com preterição da ordem cronológica de sua exigibilidade:

Pena – reclusão, de 4 (quatro) anos a 8 (oito) anos, e multa.

Perturbação de processo licitatório

Art. 337-I. Impedir, perturbar ou fraudar a realização de qualquer ato de processo licitatório:

Pena – detenção, de 6 (seis) meses a 3 (três) anos, e multa.

Violação de sigilo em licitação

Art. 337-J. Devassar o sigilo de proposta apresentada em processo licitatório ou proporcionar a terceiro o ensejo de devassá-lo:

Pena – detenção, de 2 (dois) anos a 3 (três) anos, e multa.

Afastamento de licitante

Art. 337-K. Afastar ou tentar afastar licitante por meio de violência, grave ameaça, fraude ou oferecimento de vantagem de qualquer tipo:

Pena – reclusão, de 3 (três) anos a 5 (cinco) anos, e multa, além da pena correspondente à violência.

Parágrafo único. Incorre na mesma pena quem se abstém ou desiste de licitar em razão de vantagem oferecida.

Fraude em licitação ou contrato

Art. 337-L. Fraudar, em prejuízo da Administração Pública, licitação ou contrato dela decorrente, mediante:

I – entrega de mercadoria ou prestação de serviços com qualidade ou em quantidade diversas das previstas no edital ou nos instrumentos contratuais;

II – fornecimento, como verdadeira ou perfeita, de mercadoria falsificada, deteriorada, inservível para consumo ou com prazo de validade vencido;

III – entrega de uma mercadoria por outra;

IV – alteração da substância, qualidade ou quantidade da mercadoria ou do serviço fornecido;

V – qualquer meio fraudulento que torne injustamente mais onerosa para a Administração Pública a proposta ou a execução do contrato:

Pena – reclusão, de 4 (quatro) anos a 8 (oito) anos, e multa.

Contratação inidônea

Art. 337-M. Admitir à licitação empresa ou profissional declarado inidôneo:

Pena – reclusão, de 1 (um) ano a 3 (três) anos, e multa.

§ 1º Celebrar contrato com empresa ou profissional declarado inidôneo:

Pena – reclusão, de 3 (três) anos a 6 (seis) anos, e multa.

§ 2º Incide na mesma pena do caput deste artigo aquele que, declarado inidôneo, venha a participar de licitação e, na mesma pena do § 1º deste artigo, aquele que, declarado inidôneo, venha a contratar com a Administração Pública.

Impedimento indevido

Art. 337-N. Obstar, impedir ou dificultar injustamente a inscrição de qualquer interessado nos registros cadastrais ou promover indevidamente a alteração, a suspensão ou o cancelamento de registro do inscrito:

Pena – reclusão, de 6 (seis) meses a 2 (dois) anos, e multa.

Omissão grave de dado ou de informação por projetista

Art. 337-O. Omitir, modificar ou entregar à Administração Pública levantamento cadastral ou condição de contorno em relevante dissonância com a realidade, em frustração ao caráter competitivo da licitação ou em detrimento da seleção da proposta mais vantajosa para a Administração Pública, em contratação para a elaboração de projeto básico, projeto executivo ou anteprojeto, em diálogo competitivo ou em procedimento de manifestação de interesse:

Pena – reclusão, de 6 (seis) meses a 3 (três) anos, e multa.

§ 1º Consideram-se condição de contorno as informações e os levantamentos suficientes e necessários para a definição da solução de projeto e dos respectivos preços pelo licitante, incluídos sondagens, topografia, estudos de demanda, condições ambientais e demais elementos ambientais impactantes, considerados requisitos mínimos ou obrigatórios em normas técnicas que orientam a elaboração de projetos.

§ 2º Se o crime é praticado com o fim de obter benefício, direto ou indireto, próprio ou de outrem, aplica-se em dobro a pena prevista no caput deste artigo.

Art. 337-P. A pena de multa cominada aos crimes previstos neste Capítulo seguirá a metodologia de cálculo prevista neste Código e não poderá ser inferior a 2% (dois por cento) do valor do contrato licitado ou celebrado com contratação direta."

Art. 179. Os incisos II e III do caput do art. 2º da Lei nº 8.987, de 13 de fevereiro de 1995, passam a vigorar com a seguinte redação:

"Art. 2º ....

....

II – concessão de serviço público: a delegação de sua prestação, feita pelo poder concedente, mediante licitação, na modalidade concorrência ou diálogo competitivo, a pessoa jurídica ou consórcio de empresas que demonstre capacidade para seu desempenho, por sua conta e risco e por prazo determinado;

III – concessão de serviço público precedida da execução de obra pública: a construção, total ou parcial, conservação, reforma, ampliação ou melhoramento de quaisquer obras de interesse público, delegados pelo poder concedente, mediante licitação, na modalidade concorrência ou diálogo competitivo, a pessoa jurídica ou consórcio de empresas que demonstre capacidade para a sua realização, por sua conta e risco, de forma que o investimento da concessionária seja remunerado e amortizado mediante a exploração do serviço ou da obra por prazo determinado;

...." (NR)

Art. 180. O caput do art. 10 da Lei nº 11.079, de 30 de dezembro de 2004, passa a vigorar com a seguinte redação:

"Art. 10. A contratação de parceria público-privada será precedida de licitação na modalidade concorrência ou diálogo competitivo, estando a abertura do processo licitatório condicionada a:

...." (NR)

CAPÍTULO III
DISPOSIÇÕES TRANSITÓRIAS E FINAIS

Art. 181. Os entes federativos instituirão centrais de compras, com o objetivo de realizar compras em grande escala, para atender a diversos órgãos e entidades sob sua competência e atingir as finalidades desta Lei.

Parágrafo único. No caso dos Municípios com até 10.000 (dez mil) habitantes, serão preferencialmente constituídos consórcios públicos para a realização das atividades previstas no caput deste artigo, nos termos da Lei nº 11.107, de 6 de abril de 2005.

Art. 182. O Poder Executivo federal atualizará, a cada dia 1º de janeiro, pelo Índice Nacional de Preços ao Consumidor Amplo Especial (IPCA-E) ou por índice que venha a substituí-lo, os valores fixados por esta Lei, os quais serão divulgados no PNCP.

Art. 183. Os prazos previstos nesta Lei serão contados com exclusão do dia do começo e inclusão do dia do vencimento e observarão as seguintes disposições:

I – os prazos expressos em dias corridos serão computados de modo contínuo;

II – os prazos expressos em meses ou anos serão computados de data a data;

III – nos prazos expressos em dias úteis, serão computados somente os dias em que ocorrer expediente administrativo no órgão ou entidade competente.

§ 1º Salvo disposição em contrário, considera-se dia do começo do prazo:

I – o primeiro dia útil seguinte ao da disponibilização da informação na internet;

II – a data de juntada aos autos do aviso de recebimento, quando a notificação for pelos correios.

§ 2º Considera-se prorrogado o prazo até o primeiro dia útil seguinte se o vencimento cair em dia em que não houver expediente, se o expediente for encerrado antes da hora normal ou se houver indisponibilidade da comunicação eletrônica.

§ 3º Na hipótese do inciso II do caput deste artigo, se no mês do vencimento não houver o dia equivalente àquele do início do prazo, considera-se como termo o último dia do mês.

Art. 184. Aplicam-se as disposições desta Lei, no que couber e na ausência de norma específica, aos convênios, acordos, ajustes e outros instrumentos congêneres celebrados por órgãos e entidades da Administração Pública, na forma estabelecida em regulamento do Poder Executivo federal.

Art. 185. Aplicam-se às licitações e aos contratos regidos pela Lei nº 13.303, de 30 de junho de 2016, as disposições do Capítulo II-B do Título XI da Parte Especial do Decreto-Lei nº 2.848, de 7 de dezembro de 1940 (Código Penal).

Art. 186. Aplicam-se as disposições desta Lei subsidiariamente à Lei nº 8.987, de 13 de fevereiro de 1995, à Lei nº 11.079, de 30 de dezembro de 2004, e à Lei nº 12.232, de 29 de abril de 2010.

Art. 187. Os Estados, o Distrito Federal e os Municípios poderão aplicar os regulamentos editados pela União para execução desta Lei.

Art. 188. (VETADO).

Art. 189. Aplica-se esta Lei às hipóteses previstas na legislação que façam referência expressa à Lei nº 8.666, de 21 de junho de 1993, à Lei nº 10.520, de 17 de julho de 2002, e aos arts. 1º a 47-A da Lei nº 12.462, de 4 de agosto de 2011.

Art. 190. O contrato cujo instrumento tenha sido assinado antes da entrada em vigor desta Lei continuará a ser regido de acordo com as regras previstas na legislação revogada.

Art. 191. Até o decurso do prazo de que trata o inciso II do caput do art. 193, a Administração poderá optar por licitar ou contratar diretamente de acordo com esta Lei ou de acordo com as leis citadas no referido inciso, e a opção escolhida deverá ser indicada expressamente no edital ou no aviso ou instrumento de contratação direta, vedada a aplicação combinada desta Lei com as citadas no referido inciso.

Parágrafo único. Na hipótese do caput deste artigo, se a Administração optar por licitar de acordo com as leis citadas no inciso II do caput do art. 193 desta Lei, o contrato respectivo será regido pelas regras nelas previstas durante toda a sua vigência.

Art. 192. O contrato relativo a imóvel do patrimônio da União ou de suas autarquias e fundações continuará regido pela legislação pertinente, aplicada esta Lei subsidiariamente.

Art. 193. Revogam-se:

I – os arts. 89 a 108 da Lei nº 8.666, de 21 de junho de 1993, na data de publicação desta Lei;

II – a Lei nº 8.666, de 21 de junho de 1993, a Lei nº 10.520, de 17 de julho de 2002, e os arts. 1º a 47-A da Lei nº 12.462, de 4 de agosto de 2011, após decorridos 2 (dois) anos da publicação oficial desta Lei.

Art. 194. Esta Lei entra em vigor na data de sua publicação.

Brasília, 1º de abril de 2021; 200o da Independência e 133º da República.

LEI FEDERAL Nº 14.182, DE 12 DE JULHO DE 2021

- DISPÕE SOBRE A DESESTATIZAÇÃO DA EMPRESA CENTRAIS ELÉTRICAS BRASILEIRAS S.A. (ELETROBRAS).

ÍNDICE

CAPÍTULO I - DA DESESTATIZAÇÃO DA ELETROBRAS - Arts. 1º e 2º
CAPÍTULO II - DAS CONDIÇÕES PARA A DESESTATIZAÇÃO DA ELETROBRAS - Arts. 3º a 11
CAPÍTULO III - DISPOSIÇÕES FINAIS - Arts. 12 a 33

CAPÍTULO I
DA DESESTATIZAÇÃO DA ELETROBRAS

Art. 1º A desestatização da companhia Centrais Elétricas Brasileiras S.A. (Eletrobras) ocorrerá nos termos da Lei nº 9.491, de 9 de setembro de 1997, e do § 1º deste artigo e estará condicionada à outorga de novas concessões de geração de energia elétrica para os Contratos de Concessão nº 007/2004-Aneel-Eletronorte, firmado pela União e Centrais Elétricas do Norte do Brasil S.A. (Eletronorte), e nº 004/2004-Aneel/Furnas, especificamente para a Usina Hidrelétrica (UHE) Mascarenhas de Moraes, firmado pela União e Furnas Centrais Elétricas S.A. (Furnas), observadas as regras e as condições estabelecidas nesta Lei.

§ 1º A desestatização da Eletrobras será executada na modalidade de aumento do capital social, por meio da subscrição pública de ações ordinárias com renúncia do direito de subscrição pela União, e será realizada a outorga de novas concessões de geração de energia elétrica pelo prazo de 30 (trinta) anos, contado da data de assinatura dos novos contratos referidos no caput deste artigo, e será realizada a contratação de geração termelétrica movida a gás natural pelo poder concedente, na modalidade de leilão de reserva de capacidade referida nos arts. 3º e 3º-A da Lei nº 10.848, de 15 de março de 2004, no montante de 1.000 MW (mil megawatts) na Região Nordeste nas regiões metropolitanas das unidades da Federação que não possuam na sua capital ponto de suprimento de gás natural na data de publicação desta Lei, no montante de 2.500 MW (dois mil e quinhentos megawatts) na Região Norte distribuídos nas capitais dos Estados ou região metropolitana onde seja viável a utilização das reservas provadas de gás natural nacional existentes na Região Amazônica, garantindo, pelo menos, o suprimento a duas capitais que não possuam ponto de suprimento de gás natural na data de publicação desta Lei, no montante de 2.500 MW (dois mil e quinhentos megawatts) na Região Centro-Oeste nas capitais dos Estados ou região metropolitana que não possuam ponto de suprimento de gás natural na data de publicação desta Lei, com inflexibilidade de, no mínimo, 70% (setenta por cento) para o gás natural, para entrega da geração térmica a gás natural de 1.000 MW (mil megawatts) no ano de 2026, de 2.000 MW (dois mil megawatts) no ano de 2027, e de 3.000 MW (três mil megawatts) no ano de 2028, com período de suprimento de 15 (quinze) anos, ao preço máximo equivalente ao preço-teto para geração a gás natural do Leilão A-6 de 2019, com atualização desse valor até a data de publicação do edital específico pelo mesmo critério de correção do Leilão A-6 de 2019, e no montante de 2.000 MW (dois mil megawatts) na Região Sudeste, dos quais 1.250 MW (mil duzentos e cinquenta megawatts) para Estados que possuam ponto de suprimento de gás natural na data de publicação desta Lei e 750 MW (setecentos e cinquenta megawatts) para Estados na Região Sudeste na área de influência da Superintendência do Desenvolvimento do Nordeste (Sudene) que não possuam ponto de suprimento de gás natural na data de publicação desta Lei, com inflexibilidade de, no mínimo, 70% (setenta por cento) para o gás natural, para entrega da geração térmica a gás natural de 1.000 MW (mil megawatts) no ano de 2029, para Estados que possuam ponto de suprimento de gás natural na data de publicação desta Lei, e de 1.000 MW (mil megawatts) no ano de 2030, dos quais 250 MW (duzentos e cinquenta megawatts) para Estados que possuam ponto de suprimento de gás natural na data de publicação desta Lei e 750 MW (setecentos e cinquenta megawatts) para Estados na Região Sudeste na área de influência da Sudene que não possuam ponto de suprimento de gás natural na data de publicação desta Lei, com período de suprimento de 15 (quinze) anos, ao preço máximo equivalente ao preço-teto para geração a gás natural do Leilão A-6 de 2019, com atualização desse valor até a data de publicação do edital específico pelo mesmo critério de correção do Leilão A-6 de 2019, e a prorrogação dos contratos do Programa de Incentivos às Fontes Alternativas de Energia Elétrica (Proinfa) por 20 (vinte) anos, assim como à contratação nos Leilões A-5 e A-6 de, no mínimo, 50% (cinquenta por cento) da demanda declarada das distribuidoras, de centrais hidrelétricas até 50 MW (cinquenta megawatts), ao preço máximo equivalente ao teto estabelecido para geração de Pequena Central Hidrelétrica (PCH) do Leilão A-6 de 2019 para empreendimentos sem outorga, com atualização desse valor até a data de publicação do edital específico pelo mesmo critério de correção do Leilão A-6 de 2019, conforme estabelecido nos arts. 20 e 21 desta Lei.

§ 2º O aumento do capital social da Eletrobras poderá ser acompanhado de oferta pública secundária de ações de propriedade da União ou de empresa por ela controlada, direta ou indiretamente, respeitado o previsto no § 6º deste artigo.

§ 3º Fica o Banco Nacional de Desenvolvimento Econômico e Social (BNDES) responsável pela execução e pelo acompanhamento do processo de desestatização da Eletrobras.

§ 4º O BNDES poderá contratar os serviços técnicos especializados necessários ao processo de desestatização da Eletrobras.

§ 5º O Conselho do Programa de Parcerias de Investimentos (CPPI) da Presidência da República poderá estabelecer atribuições ao BNDES e à Eletrobras, necessárias ao processo de desestatização de que trata esta Lei.

§ 6º (VETADO).

§ 7º (VETADO).

§ 8º (VETADO).

§ 9º A desestatização da Eletrobras de que trata o caput deste artigo não impedirá a continuidade das obras de infraestrutura destinadas à geração de energia elétrica do Linhão de Tucuruí, e caberá à União promover a interligação de sistemas isolados dos Estados ao Sistema Interligado Nacional (SIN).

§ 10. Para os fins de que trata o § 9º deste artigo, uma vez concluído o Plano Básico Ambiental-Componente Indígena (PBA-CI), traduzido na língua originária e apresentado aos indígenas, fica a União autorizada a iniciar as obras do Linhão de Tucuruí.

§ 11. Cumprida a formalidade de que trata o § 10 deste artigo, em razão do disposto na Resolução nº 1, de 27 de fevereiro de 2019, do Conselho de Defesa Nacional, fica a União autorizada a iniciar imediatamente as obras do Linhão de Tucuruí para atendimento do interesse da defesa nacional.

Art. 2º Para a promoção da desestatização de que trata esta Lei, a União fica autorizada a conceder, pelo prazo previsto no § 1º do art. 1º desta Lei, contado da data de assinatura dos novos contratos, novas outorgas de concessões de geração de energia elétrica sob titularidade ou controle, direto ou indireto, da Eletrobras, que:

I – tenham sido prorrogadas nos termos do art. 1º da Lei nº 12.783, de 11 de janeiro de 2013;

II – sejam alcançadas pelo disposto no inciso II do § 2º do art. 22 da Lei nº 11.943, de 28 de maio de 2009;

III - sejam alcançadas pelo disposto no § 3º do art. 10 da Lei nº 13.182, de 3 de novembro de 2015;

IV - tenham sido outorgadas por meio do Contrato de Concessão nº 007/2004-Aneel-Eletronorte; e

V - tenham sido outorgadas por meio do Contrato de Concessão nº 004/2004-Aneel-Furnas, especificamente para a UHE Mascarenhas de Moraes.

CAPÍTULO II
DAS CONDIÇÕES PARA A DESESTATIZAÇÃO DA ELETROBRAS

Art. 3º A desestatização da Eletrobras fica condicionada à aprovação, por sua assembleia geral de acionistas, das seguintes condições:

I - reestruturação societária para manter sob o controle, direto ou indireto da União, empresas, instalações e participações, detidas ou gerenciadas pela Eletrobras, especificamente Eletrobras Termonuclear S.A. (Eletronuclear) e Itaipu Binacional;

II - celebração dos novos contratos de concessão de geração de energia elétrica de que trata o art. 2º desta Lei, em substituição aos contratos vigentes na data de publicação desta Lei, com a alteração do regime de exploração para produção independente, nos termos da Lei nº 9.074, de 7 de julho de 1995, inclusive quanto às condições de extinção das outorgas, da encampação das instalações e das indenizações, bem como a assunção, a contratação e a administração, pela empresa resultante da reestruturação societária definida no inciso I deste caput, das obrigações relativas aos contratos do Proinfa;

III - alteração do estatuto social da Eletrobras para:

a) vedar que qualquer acionista ou grupo de acionistas exerça votos em número superior a 10% (dez por cento) da quantidade de ações em que se dividir o capital votante da Eletrobras;

b) vedar a realização de acordos de acionistas para o exercício de direito de voto, exceto para a formação de blocos com número de votos inferior ao limite de que trata a alínea a deste inciso; e

c) criar ação preferencial de classe especial, de propriedade exclusiva da União, nos termos do § 7º do art. 17 da Lei nº 6.404, de 15 de dezembro de 1976, que dará o poder de veto nas deliberações sociais relacionadas às matérias de que trata este inciso;

IV - manutenção do pagamento das contribuições associativas ao Centro de Pesquisas de Energia Elétrica (Cepel), pelo prazo de 6 (seis) anos, contado da data da desestatização;

V - desenvolvimento de projetos que comporão os programas de:

a) revitalização dos recursos hídricos das bacias do Rio São Francisco e do Rio Parnaíba, diretamente pela Eletrobras ou, indiretamente, por meio de sua subsidiária Companhia Hidrelétrica do São Francisco (Chesf) ou de unidades do Exército brasileiro;

b) redução estrutural de custos de geração de energia na Amazônia Legal e para navegabilidade do Rio Madeira e do Rio Tocantins, diretamente pela Eletrobras ou, indiretamente, por meio de sua subsidiária Eletronorte; e

c) revitalização dos recursos hídricos das bacias hidrográficas, definidas conforme o inciso V do caput do art. 1º da Lei nº 9.433, de 8 de janeiro de 1997, na área de influência dos reservatórios das usinas hidrelétricas de Furnas, cujos contratos de concessão são afetados por esta Lei, diretamente pela Eletrobras ou, indiretamente, por meio de sua subsidiária Furnas;

VI – assunção de responsabilidade subsidiária quanto ao cumprimento dos programas estabelecidos nos arts. 6º, 7º e 8º desta Lei; e

VII – (VETADO).

§ 1º O CPPI, no uso da competência de que trata o inciso II do caput do art. 6º da Lei nº 9.491, de 9 de setembro de 1997, poderá estabelecer condições adicionais às previstas no caput deste artigo para aprovação pela assembleia geral da Eletrobras para a sua desestatização, sem, contudo, alterar os princípios estabelecidos nesta Lei.

§ 2º A eficácia das medidas estabelecidas no caput e no § 1º deste artigo fica condicionada à desestatização de que trata o art. 1º desta Lei.

§ 3º A Eletrobras permanecerá responsável pela recomposição de dívida e de recursos perante a Reserva Global de Reversão (RGR), de que trata o art. 21-A da Lei nº 12.783, de 11 de janeiro de 2013.

§ 4º A contribuição associativa de que trata o inciso IV do caput deste artigo deverá:

I – no primeiro ano após a entrada em vigor desta Lei, corresponder, no mínimo, ao valor efetivamente pago pela Eletrobras e por suas subsidiárias no ano de 2019 corrigido pelo Índice Nacional de Preços ao Consumidor Amplo (IPCA), divulgado pela Fundação Instituto Brasileiro de Geografia e Estatística (IBGE), ou por outro índice que vier a substituí-lo;

II – ser reduzida, a partir do segundo ano após a entrada em vigor desta Lei, em até 1/6 (um sexto) ao ano, aplicado o critério de correção indicado no inciso I deste parágrafo.

§ 5º Será dado à contribuição associativa de que trata o inciso IV do caput deste artigo o mesmo tratamento a que se refere o § 3º do art. 4º da Lei nº 9.991, de 24 de julho de 2000.

ADMINISTRATIVO

§ 6º Fica vedado à União exercer, direta ou indiretamente, nas deliberações da assembleia geral de acionistas da Eletrobras que antecedam a desestatização, o direito de voto nas matérias de que tratam os incisos II, III, IV, V, VI e VII do caput e os §§ 1º e 4º deste artigo.

Art. 4º São condições para as novas outorgas de concessão de geração de energia elétrica de que trata o art. 2º desta Lei:

I – o pagamento pela Eletrobras ou por suas subsidiárias, na forma definida pelo Conselho Nacional de Política Energética (CNPE), à Conta de Desenvolvimento Energético (CDE), de que trata a Lei nº 10.438, de 26 de abril de 2002, correspondente a 50% (cinquenta por cento) do valor adicionado à concessão pelos novos contratos;

II – o pagamento pela Eletrobras ou por suas subsidiárias de bonificação pela outorga de novos contratos de concessão de geração de energia elétrica correspondente a 50% (cinquenta por cento) do valor adicionado à concessão pelos novos contratos abatidos das seguintes parcelas:

a) despesas relacionadas à revitalização dos recursos hídricos das bacias do Rio São Francisco e do Rio Parnaíba, nos termos da alínea a do inciso V do caput do art. 3º desta Lei;

b) despesas relacionadas ao desenvolvimento de projetos na Amazônia Legal com vistas a reduzir estruturalmente os custos de geração de energia e para a navegabilidade do Rio Madeira e do Rio Tocantins, de acordo com o disposto na alínea b do inciso V do caput do art. 3º desta Lei;

c) despesas relacionadas aos projetos na área de influência dos reservatórios das usinas hidrelétricas de Furnas, cujos contratos de concessão sejam afetados por esta Lei, nos termos da alínea c do inciso V do caput do art. 3º desta Lei; e

d) despesas para ressarcir o valor econômico do fornecimento de energia elétrica para o Projeto de Integração do Rio São Francisco com Bacias Hidrográficas do Nordeste Setentrional (PISF), conforme tratado no § 6º do art. 6º desta Lei;

III – a alteração do regime de exploração para produção independente, nos termos da Lei nº 9.074, de 7 de julho de 1995, inclusive quanto às condições da extinção das outorgas, da encampação das instalações e das indenizações; e

IV – a assunção da gestão do risco hidrológico, vedada a repactuação nos termos da Lei nº 13.203, de 8 de dezembro de 2015.

§ 1º O novo contrato de concessão de geração das usinas alcançadas pelo disposto no inciso II do § 2º do art. 22 da Lei nº 11.943, de 28 de maio de 2009, e no § 3º do art. 10 da Lei nº 13.182, de 3 de novembro de 2015, preservará as obrigações estabelecidas no art. 22 da Lei nº 11.943, de 28 de maio de 2009, e no art. 10 da Lei nº 13.182, de 3 de novembro de 2015, respeitadas as condições e a vigência dos atuais contratos de venda de energia elétrica de que tratam os referidos artigos, observado que a energia proveniente das obrigações estabelecidas no art. 22 da Lei nº 11.943, de 28 de maio de 2009, e no art. 10 da Lei nº 13.182, de 3 de novembro de 2015, não poderá ser objeto de revenda, de comercialização ou de cessão no Ambiente de Contratação Livre (ACL), e o seu uso deverá restringir-se aos consumidores integrantes dos contratos de venda de energia elétrica de que tratam os referidos artigos.

§ 2º O disposto no art. 7º da Lei nº 9.648, de 27 de maio de 1998, não se aplica aos novos contratos de concessão de geração de energia elétrica de que trata este artigo, e a quota de que trata o inciso I do caput deste artigo será creditada integralmente em favor das concessionárias e permissionárias de distribuição de energia elétrica, para fins de modicidade tarifária no Ambiente de Contratação Regulada (ACR), distribuída de forma proporcional aos montantes descontratados em decorrência da alteração do regime de exploração para produção independente de que trata o inciso III do caput deste artigo.

Art. 5º Caberá ao CNPE estabelecer o valor adicionado pelos novos contratos de concessão de geração de energia elétrica e fixar os valores de que tratam os incisos I e II do caput do art. 4º desta Lei.

§ 1º Para o cálculo do valor adicionado à concessão, serão consideradas:

I – a alteração do regime de exploração para produção independente;

II – a dedução dos créditos relativos ao reembolso pelas despesas comprovadas com aquisição de combustível, incorridas até 30 de junho de 2017, pelas concessionárias que foram controladas pela Eletrobras e titulares das concessões de que trata o art. 4º-A da Lei nº 12.111, de 9 de dezembro de 2009, que tenham sido comprovadas, porém não reembolsadas, por força das exigências de eficiência econômica e energética de que trata o § 12 do art. 3º da referida Lei, incluídas as atualizações monetárias, hipótese em que a compensação ficará limitada a R$ 3.500.000.000,00 (três bilhões e quinhentos milhões de reais);

III – a descontratação da energia elétrica contratada nos termos do art. 1º da Lei nº 12.783, de 11 de janeiro de 2013, para atender ao estabelecido no inciso III do caput do art. 4º desta Lei, de forma gradual e uniforme, no prazo mínimo de 5 (cinco) anos e máximo de 10 (dez) anos; e

IV – (VETADO).

§ 2º Para o cálculo do valor adicionado à concessão, poderão ser considerados os ajustes de que trata a alínea b do inciso II do caput do art. 6º da Lei nº 9.491, de 9 de setembro de 1997, desde que sejam relativos a obrigações reconhecidas pela União perante a Eletrobras.

§ 3º O reconhecimento dos créditos de que trata o inciso II do § 1º deste artigo implicará a sua quitação.

§ 4º Caberá ao Ministério de Minas e Energia e ao Ministério da Economia propor os valores que serão fixados de acordo com o estabelecido no caput deste artigo.

Art. 6º Constituirá obrigação das concessionárias de geração de energia elétrica localizadas na bacia do Rio São Francisco, cujos contratos de concessão sejam afetados por esta Lei, para o cumprimento da medida de que trata a alínea a do inciso V do caput do art. 3º desta Lei, o aporte de R$ 350.000.000,00 (trezentos e cinquenta milhões de reais) anuais, pelo prazo de 10 (dez) anos, atualizados pelo IPCA, divulgado pelo IBGE, ou por outro índice que vier a substituí-lo, a partir do mês de assinatura dos novos contratos de concessão.

§ 1º A forma de aplicação do valor a que se refere o caput deste artigo e os projetos que irão compor o programa de revitalização dos recursos hídricos das bacias do Rio São Francisco e do Rio Parnaíba que receberão o aporte de recursos para o cumprimento da medida de que trata a alínea a do inciso V do caput do art. 3º desta Lei serão estabelecidos por comitê gestor, presidido por representante indicado pelo Ministro de Estado do Desenvolvimento Regional, a ser instituído em regulamento do Poder Executivo federal, com foco em ações que gerem recarga das vazões afluentes e ampliem a flexibilidade operativa dos reservatórios, sem prejudicar o uso prioritário e o uso múltiplo dos recursos hídricos.

§ 2º A Eletrobras fica obrigada a aportar anualmente a totalidade do valor a que se refere o caput deste artigo em conta específica em instituição financeira autorizada a funcionar pelo Banco Central do Brasil.

§ 3º A conta de que trata o § 2º deste artigo não integrará o patrimônio da Eletrobras para nenhum fim.

§ 4º As obrigações do aporte do valor a que se refere o caput deste artigo e da efetiva implementação dos projetos estabelecidos pelo comitê gestor constarão dos contratos de concessão de geração de energia elétrica relativos aos empreendimentos localizados nas bacias do Rio São Francisco e do Rio Parnaíba e estarão sujeitas à regulação e à fiscalização pela Agência Nacional de Energia Elétrica (Aneel), nos termos da Lei nº 9.427, de 26 de dezembro de 1996.

§ 5º Ao final de 15 (quinze) anos, contados a partir do mês de assinatura dos novos contratos de concessão, os recursos da conta de que trata o § 2º deste artigo não comprometidos com projetos contratados ou aprovados pelo comitê gestor serão revertidos em favor da CDE, de que trata o art. 13 da Lei nº 10.438, de 26 de abril de 2002, sem prejuízo das penalidades administrativas aplicadas pela Aneel.

§ 6º Em adição ao aporte especificado no caput deste artigo, as concessionárias de geração de energia elétrica localizadas nas bacias do Rio São Francisco, cujos contratos de concessão sejam afetados por esta Lei, deverão disponibilizar energia elétrica em um montante anual de 85 MWmed (oitenta e cinco megawatts médios), pelo prazo de 20 (vinte) anos, a partir da data de publicação desta Lei, pelo preço de R$ 80,00/MWh (oitenta reais por megawatt-hora), a ser corrigido pelo IPCA, ou por outro índice que vier a substituí-lo, por meio de contrato específico diretamente ao Operador Federal das instalações do PISF.

§ 7º O montante anual previsto no § 6º deste artigo poderá ser modulado ao longo dos meses de cada ano, para atender à otimização da operação do uso da água pelas operadoras estaduais das bacias receptoras abastecidas pelo PISF.

§ 8º (VETADO).

Art. 7º Constituirá obrigação da concessionária signatária do Contrato de Concessão nº 007/2004-Aneel-Eletronorte, observado o disposto no caput do art. 1º desta Lei, para o cumprimento da medida de que trata a alínea b do inciso V do caput do art. 3º desta Lei, o aporte de R$ 295.000.000,00 (duzentos e noventa e cinco milhões de reais) anuais, pelo prazo de 10 (dez) anos, atualizados pelo IPCA, divulgado pelo IBGE, ou por outro índice que vier a substituí-lo, a partir do mês de assinatura do novo contrato de concessão, para aplicação no programa de redução estrutural de custos de geração de energia na Amazônia Legal e, no mínimo, 20% (vinte por cento) em ações para garantir a navegabilidade do Rio Madeira e 10% (dez por cento) em ações para garantir a navegabilidade do Rio Tocantins.

§ 1º A forma de aplicação do valor a que se refere o caput deste artigo e os projetos que irão compor o programa de redução estrutural de custos de geração de energia na Amazônia Legal e de navegabilidade do Rio Madeira e do Rio Tocantins que receberão o aporte de recursos para o cumprimento da medida de que trata a alínea b do inciso V do caput do art. 3º desta Lei serão estabelecidos por comitê gestor, presidido por representante indicado pelo Ministro de Estado de Minas e Energia, a ser instituído em regulamento do Poder Executivo federal, considerados, para a geração de energia na Amazônia Legal, para o desenvolvimento de projetos de energia renovável ou a partir de combustível renovável e para as interligações de localidades isoladas e remotas.

§ 2º A Eletrobras fica obrigada a aportar anualmente a totalidade do valor a que se refere o caput deste artigo em conta específica em instituição financeira autorizada a funcionar pelo Banco Central do Brasil.

§ 3º A conta de que trata o § 2º deste artigo não integrará o patrimônio da Eletrobras para nenhum fim.

§ 4º As obrigações de aporte do valor a que se refere o caput deste artigo e da efetiva implementação dos projetos estabelecidos pelo comitê gestor constarão do novo contrato de concessão de que trata o caput deste artigo e estarão sujeitas à regulação e à fiscalização pela Aneel, nos termos da Lei nº 9.427, de 26 de dezembro de 1996.

§ 5º Ao final de 15 (quinze) anos, contados a partir do mês de assinatura dos novos contratos de concessão, os recursos da conta de que trata o § 2º deste artigo não comprometidos com projetos contratados ou aprovados pelo comitê gestor serão revertidos em favor da CDE, de que trata o art. 13 da Lei nº 10.438, de 26 de abril de 2002, sem prejuízo das penalidades administrativas aplicadas pela Aneel.

Art. 8º Constituirá obrigação das concessionárias de geração de energia elétrica localizadas na área de influência dos reservatórios das usinas hidrelétricas de Furnas, cujos contratos de concessão são afetados por esta Lei, para o cumprimento da medida de que trata a alínea c do inciso V do caput do art. 3º desta Lei, o aporte de R$ 230.000.000,00 (duzentos e trinta milhões de reais) anuais, pelo prazo de 10 (dez) anos, atualizados pelo IPCA, divulgado pelo IBGE, ou por outro índice que vier a substituí-lo, a partir do mês de assinatura dos novos contratos de concessão.

§ 1º A forma de aplicação do valor a que se refere o caput deste artigo e os projetos que irão compor o programa de revitalização dos recursos hídricos das bacias hidrográficas na área de influência dos reservatórios das usinas hidrelétricas de Furnas, cujos contratos de concessão sejam afetados por esta Lei, que receberão o aporte de recursos para o cumprimento da medida de que trata a alínea c do inciso V do caput do art. 3º desta Lei serão estabelecidos por comitê gestor, presidido por representante indicado pelo Ministro de Estado do Desenvolvimento Regional, a ser instituído em regulamento do Poder Executivo federal, com foco em ações que gerem recarga das vazões afluentes e ampliem a flexibilidade operativa dos reservatórios, sem prejudicar o uso prioritário e o uso múltiplo dos recursos hídricos.

§ 2º A Eletrobras fica obrigada a aportar anualmente a totalidade do valor a que se refere o caput deste artigo em conta específica em instituição financeira autorizada a funcionar pelo Banco Central do Brasil.

§ 3º A conta de que trata o § 2º deste artigo não integrará o patrimônio da Eletrobras para nenhum fim.

§ 4º As obrigações do aporte do valor a que se refere o caput deste artigo e da efetiva implementação dos projetos estabelecidos por comitê gestor constarão dos contratos de concessão das usinas hidrelétricas de Furnas afetados por esta Lei e estarão sujeitas à regulação e à fiscalização pela Aneel, nos termos da Lei nº 9.427, de 26 de dezembro de 1996.

§ 5º Ao final de 15 (quinze) anos, contados a partir do mês de assinatura dos novos contratos de concessão, os recursos da conta de que trata o § 2º deste artigo não comprometidos com projetos contratados ou aprovados pelo comitê gestor serão revertidos em favor da CDE, de que trata o art. 13 da Lei nº 10.438, de 26 de abril de 2002, sem prejuízo das penalidades administrativas aplicadas pela Aneel.

§ 6º O programa de revitalização de que trata o § 1º deste artigo deve contemplar a execução das obras de derrocamento do canal de navegação a jusante da UHE de Nova Avanhandava, que deverá ser realizada até o primeiro semestre de 2024.

Art. 9º Para fins do disposto no inciso I do caput do art. 3º desta Lei, a União fica autorizada a criar sociedade de economia mista ou empresa pública, caso não exerça o controle direto das empresas.

§ 1º A sociedade de economia mista ou a empresa pública a que se refere o caput deste artigo terá por finalidade:

I – manter sob o controle da União a operação de usinas nucleares, nos termos do inciso V do caput do art. 177 da Constituição Federal;

II – manter a titularidade do capital social e a aquisição dos serviços de eletricidade da Itaipu Binacional por órgão ou por entidade da administração pública federal, para atender ao disposto no Tratado entre a República Federativa do Brasil e a República do Paraguai para o Aproveitamento Hidrelétrico dos Recursos Hídricos do Rio Paraná, Pertencentes em Condomínio aos Dois Países, desde e Inclusive o Salto Grande de Sete Quedas ou Salto de Guairá até a Foz do Rio Iguaçu, promulgado pelo Decreto nº 72.707, de 28 de agosto de 1973;

III – gerir contratos de financiamento que utilizem recursos da RGR celebrados até 17 de novembro de 2016 e administrar os bens da União sob administração da Eletrobras previstos no Decreto-Lei nº 1.383, de 26 de dezembro de 1974, e manter direitos e obrigações relativos ao Proinfa e sua prorrogação; e

IV – administrar a conta-corrente denominada Programa Nacional de Conservação de Energia Elétrica (Procel), de que trata a Lei nº 9.991, de 24 de julho de 2000.

§ 2º A Eletronuclear fica autorizada a incluir nas suas finalidades aquelas estabelecidas no § 1º deste artigo, na hipótese de a União não criar a empresa pública ou a sociedade de economia mista de que trata o caput deste artigo.

§ 3º A sociedade de economia mista ou a empresa pública de que trata o caput deste artigo fica autorizada a se associar ao Cepel.

Art. 10. Atendidas as condições estabelecidas no art. 3º desta Lei, fica vedado à União subscrever novas ações da Eletrobras na sua desestatização, direta ou indiretamente, por meio de empresa por ela controlada.

Art. 11. Para fins do disposto no inciso III do § 1º do art. 9º desta Lei, a sociedade de economia mista ou a empresa pública de que trata o caput do art. 9º desta Lei reembolsará à RGR, no prazo de 5 (cinco) dias, contado da data de pagamento estabelecida em cada contrato de financiamento, os recursos referentes à:

I – amortização;

II – taxa de juros contratual; e

III – taxa de reserva de crédito.

§ 1º Durante a vigência dos contratos de financiamento de que trata o caput deste artigo, a sociedade de economia mista ou a empresa pública responsável por sua gestão fará jus à taxa de administração contratual.

§ 2º Na hipótese de eventual inadimplemento contratual por parte do agente devedor, o reembolso à RGR deverá ocorrer após o pagamento efetivo pelo agente devedor à sociedade de economia mista ou à empresa pública gestora dos contratos de financiamento de que trata o caput deste artigo, e o valor será acrescido dos juros e da multa, recolhidos conforme previsão contratual, devidos até a data do pagamento.

§ 3º Na hipótese de não ser efetuado o reembolso das parcelas no prazo estabelecido, a sociedade de economia mista ou a empresa pública gestora dos contratos de financiamento de que trata o caput deste artigo restituirá à RGR os valores devidos, acrescidos dos juros e da multa previstos em contrato, observado o disposto no § 2º deste artigo.

§ 4º Eventuais responsabilidades e obrigações relativas à gestão da RGR originárias de fatos anteriores à data de entrada em vigor desta Lei não serão assumidas pela sociedade de economia mista ou pela empresa pública gestora dos contratos de financiamento de que trata o caput deste artigo.

§ 5º A sociedade de economia mista ou a empresa pública gestora dos contratos de financiamento de que trata o caput deste artigo não será responsável pela recomposição de dívida ou pelos eventuais valores de que trata o art. 21-A da Lei nº 12.783, de 11 de janeiro de 2013.

§ 6º A sociedade de economia mista ou a empresa pública gestora dos contratos de financiamento de que trata o caput deste artigo não será responsável, em qualquer hipótese, pelo risco de crédito relativo aos empréstimos que usem recursos da RGR.

CAPÍTULO III
DISPOSIÇÕES FINAIS

Art. 12. Ficam mantidas as garantias concedidas pela União à Eletrobras e às suas subsidiárias e à sociedade de economia mista ou à empresa pública de que trata o caput do art. 9º desta Lei, ficando a Eletrobras e as suas subsidiárias obrigadas a manter a garantia oferecida a terceiros, em contratos firmados anteriormente à desestatização de que trata esta Lei.

Art. 13. O art. 4º da Lei nº 5.899, de 5 de julho de 1973, passa a vigorar com a seguinte redação:

"Art. 4º Fica a União autorizada a designar órgão ou entidade da administração pública federal para a aquisição da totalidade dos serviços de eletricidade da Itaipu Binacional, do Proinfa e sua prorrogação.

Parágrafo único. O órgão ou a entidade da administração pública federal de que trata o caput deste artigo será o agente comercializador de energia e ficará encarregado de realizar a comercialização da totalidade dos serviços de eletricidade, nos termos da regulação da Agência Nacional de Energia Elétrica (Aneel)." (NR)

Art. 14. Os arts. 4º e 5º-A da Lei nº 9.991, de 24 de julho de 2000, passam a vigorar com as seguintes alterações:

"Art. 4º ....

....

§ 5º As empresas que atuam nos segmentos de geração, de transmissão e de distribuição de energia elétrica, no atendimento de sua obrigação regulatória de aplicação em pesquisa e desenvolvimento, poderão destinar, alternativamente a investimentos em projetos nos termos do inciso II do caput deste artigo, percentual de sua opção dos recursos de que trata o referido inciso, na forma de aporte para suporte e desenvolvimento de instituições de pesquisas e tecnologia vinculadas ao setor elétrico, assim reconhecidas pela Aneel, não se aplicando nesta hipótese o disposto no inciso II do caput do art. 5º desta Lei." (NR)

"Art. 5º-A ....

....

§ 6º Os recursos previstos na alínea b do inciso I do caput do art. 5º desta Lei serão depositados pelas concessionárias e permissionárias de serviços públicos de distribuição de energia elétrica na conta-corrente denominada Procel, a ser administrada pela sociedade de economia mista ou pela empresa pública originada da reestruturação de que trata o caput do art. 9º da lei resultante da conversão da Medida Provisória nº 1.031, de 23 de fevereiro de 2021, e fiscalizada pela Aneel, conforme regulamentado em ato do Poder Executivo federal." (NR)

Art. 15. O art. 13 da Lei nº 10.438, de 26 de abril de 2002, passa a vigorar com as seguintes alterações:

"Art. 13 ....

....

XV – prover recursos para fins de modicidade tarifária no Ambiente de Contratação Regulada (ACR) por meio de créditos em favor das concessionárias e permissionárias de distribuição de energia elétrica;

XVI – promover incentivo ao agrupamento de outorgas de que trata o art. 4º-E da Lei nº 9.074, de 7 de julho de 1995.

§ 1º ....

....

V – das quotas anuais pagas por concessionárias de geração de energia elétrica cuja obrigação esteja prevista nos respectivos contratos de concessão de que trata a lei resultante da conversão da Medida Provisória nº 1.031, de 23 de fevereiro de 2021;

VI – (VETADO).

....

§ 15. Os recursos de que trata o inciso V do § 1º deste artigo somente poderão ser destinados à finalidade especificada no inciso XV do caput deste artigo, na forma do § 2º do art. 4º da lei resultante da conversão da Medida Provisória nº 1.031, de 23 de fevereiro de 2021." (NR)

Art. 16. Os arts. 2º e 2º-B da Lei nº 10.848, de 15 de março de 2004, passam a vigorar com as seguintes alterações:

"Art. 2º ....

....

§ 8º ....

....

II – ....

a) geração oriunda de empreendimentos concessionários, permissionários, autorizados e aqueles de que trata o art. 8º da Lei nº 9.074, de 7 de julho de 1995, conectados no sistema elétrico da distribuidora compradora, observados, nos termos definidos em regulamento, as condições técnicas, as formas de contratação e os limites de repasse às tarifas;

...." (NR)

"Art. 2º-B Na contratação da geração prevista na alínea a do inciso II do § 8º do art. 2º desta Lei, para fins de repasse de custo devem ser observados os Valores Anuais de Referência Específicos (VRES) definidos pelo Ministério de Minas e Energia e a regulação da Aneel, não podendo a concessionária ou permissionária de distribuição contratar nessa modalidade mais que 10% (dez por cento) da sua necessidade de expansão anual.

§ 1º O VRES será calculado pela Empresa de Pesquisa Energética (EPE), considerados as condições técnicas, os preços de mercado e as características de cada fonte de geração, e será aprovado pelo Ministério de Minas e Energia.

§ 2º O VRES será definido para cada fonte de geração, entre as quais as seguintes:

I – biogás;

II – biomassa dedicada;

III – biomassa residual;

IV – cogeração a gás natural;

V – eólica;

VI – pequenas centrais hidrelétricas e centrais geradoras hidrelétricas;

VII – resíduos sólidos; e

VIII – solar fotovoltaica.

§ 3º A Aneel, para fins de repasse dos custos de aquisição de energia elétrica prevista na alínea a do inciso II do § 8º do art. 2º desta Lei, estabelecerá regulação específica, considerado o preço resultante da chamada pública.

§ 4º A contratação da geração pelo agente de distribuição ao qual está conectado o empreendimento deverá ser efetuada por meio de chamada pública, observadas:

I – a competição entre empreendimentos instalados em qualquer local na área de concessão ou permissão da distribuidora;

II – a possibilidade de escolha das fontes de geração concorrentes;

III – a definição do preço-teto do certame em conformidade com o disposto nos §§ 2º e 3º deste artigo; e

IV – a atualização monetária do contrato com base no Índice Nacional de Preços ao Consumidor Amplo (IPCA) ou em outro índice que vier a substituí-lo.

§ 5º Para fins do disposto no inciso III do § 4º deste artigo, será considerado o VRES vigente no ano de realização da chamada pública.

§ 6º O preço resultante da chamada pública será atualizado monetariamente nos termos do inciso IV do § 4º deste artigo, até a data de início de suprimento." (NR)

Art. 17. (VETADO).

Art. 18. A Lei nº 13.203, de 8 de dezembro de 2015, passa a vigorar com as seguintes alterações:

"Art. 2º-A ....

....

§ 4º A compensação de que trata o caput deste artigo, a ser promovida para todos os titulares das usinas hidrelétricas participantes do MRE na proporção dos montantes de energia assegurada fixados para as respectivas usinas, incluídas aquelas que foram qualificadas como empreendimentos estruturantes, deverá considerar a atualização do capital despendido, tanto pelo IPCA como pela taxa de desconto de que trata o § 2º do art. 1º desta Lei, e dar-se-á mediante extensão do prazo de outorga dos empreendimentos participantes do MRE, limitada a 7 (sete) anos, calculada com base nos valores dos parâmetros aplicados pela Aneel para as extensões decorrentes do inciso II do § 2º do art. 1º desta Lei, dispondo o gerador livremente da energia.

....” (NR)

“Art. 2º-B ....

....

§ 9º Para o período anterior ao início de vigência da repactuação de risco hidrológico, a integralidade da garantia física da usina será considerada como parcela de energia não repactuada para fins de aplicação do inciso II do caput deste artigo.

....” (NR)

Art. 19. (VETADO).

Art. 20. O poder concedente contratará reserva de capacidade, referida nos arts. 3º e 3º-A da Lei nº 10.848, de 15 de março de 2004, no montante de 1.000 MW (mil megawatts) na Região Nordeste nas regiões metropolitanas das unidades da Federação que não possuam na sua capital ponto de suprimento de gás natural na data de publicação desta Lei, no montante de 2.500 MW (dois mil e quinhentos megawatts) na Região Norte distribuídos nas capitais dos Estados ou região metropolitana onde seja viável a utilização das reservas provadas de gás natural nacional existentes na Região Amazônica, garantindo, pelo menos, o suprimento a duas capitais que não possuam ponto de suprimento de gás natural na data de publicação desta Lei, no montante de 2.500 MW (dois mil e quinhentos megawatts) na Região Centro-Oeste nas capitais dos Estados ou região metropolitana que não possuam ponto de suprimento de gás natural na data de publicação desta Lei, com inflexibilidade de, no mínimo, 70% (setenta por cento) para o gás natural, para entrega da geração térmica a gás natural de 1.000 MW (mil megawatts) no ano de 2026, de 2.000 MW (dois mil megawatts) no ano de 2027, e de 3.000 MW (três mil megawatts) no ano de 2028, com período de suprimento de 15 (quinze) anos, ao preço máximo equivalente ao preço-teto para geração a gás natural do Leilão A-6 de 2019, com atualização desse valor até a data de publicação do edital específico pelo mesmo critério de correção do Leilão A-6 de 2019, e no montante de 2000 MW (dois mil megawatts) na região Sudeste, dos quais 1.250 MW (mil duzentos e cinquenta megawatts) para Estados que possuam ponto de suprimento de gás natural na data de publicação desta Lei e 750 MW (setecentos e cinquenta megawatts) para Estados na Região Sudeste na área de influência da Sudene que não possuam ponto de suprimento de gás natural na data de publicação desta Lei, com inflexibilidade de, no mínimo, 70% (setenta por cento) para o gás natural, para entrega da geração térmica a gás natural de 1.000 MW (mil megawatts) no ano de 2029, para Estados que possuam ponto de suprimento de gás natural na data de publicação desta Lei, e de 1.000 MW (mil megawatts) no ano de 2030, dos quais 250 MW (duzentos e cinquenta megawatts) para Estados que possuam ponto de suprimento de gás natural na data de publicação desta Lei e 750 MW (setecentos e cinquenta megawatts) para Estados na Região Sudeste na área de influência da Sudene que não possuam ponto de suprimento de gás natural na data de publicação desta Lei, com período de suprimento de 15 (quinze) anos, ao preço máximo equivalente ao preço-teto para geração a gás natural do Leilão A-6 de 2019, com atualização desse valor até a data de publicação do edital específico pelo mesmo critério de correção do Leilão A-6 de 2019.

§ 1º O leilão para entrega de geração termelétrica movida a gás natural em 2026 de 1.000 MW (mil megawatts) por 15 (quinze) anos deverá privilegiar o consumo de gás nacional produzido na Região Amazônica.

§ 2º O leilão para entrega de geração termelétrica movida a gás natural em 2027 de 2.000 MW (dois mil megawatts) por 15 (quinze) anos deverá privilegiar a Região Nordeste e a Região Norte, nessa ordem, garantindo preferência à contratação térmica com gás natural de origem nacional na Região Nordeste e gás natural produzido na Região Amazônica para a Região Norte, assegurando a instalação de térmicas objeto desta Lei, em duas capitais ou regiões metropolitanas de Estados que não possuam ponto de suprimento de gás natural na data de publicação desta Lei.

§ 3º O leilão para entrega de geração termelétrica movida a gás natural em 2028 de 3.000 MW (três mil megawatts) por 15 (quinze) anos deverá privilegiar a instalação de 2.500 MW (dois mil e quinhentos megawatts) na Região Centro-Oeste divididos igualmente nas capitais dos Estados ou regiões metropolitanas que ainda não possuam suprimento de gás na data de publicação desta Lei, e a instalação de 500 MW (quinhentos megawatts) na Região Norte, assegurando a instalação de térmicas objeto desta Lei, em capital ou região metropolitana de Estado que não possua ponto de suprimento de gás natural na data de publicação desta Lei, deverá garantir a preferência de contratação com a utilização de gás produzido no Brasil.

§ 4º Os leilões para entrega de geração termelétrica movida a gás natural em 2029 e em 2030, de 2.000 MW (dois mil megawatts) por 15 (quinze) anos na região Sudeste, dos quais 1.250 MW (mil duzentos e cinquenta megawatts) para Estados que possuam ponto de suprimento de gás natural na data de publicação desta Lei e 750 MW (setecentos e cinquenta megawatts) para Estados na Região Sudeste na área de influência da Sudene que não possuam ponto de suprimento de gás natural na data de publicação desta Lei, deverão garantir a preferência de contratação com a utilização de gás produzido no Brasil.

Art. 21. Os Leilões A-5 e A-6 deverão destinar, no mínimo, 50% (cinquenta por cento) da demanda declarada pelas distribuidoras à contratação de centrais hidrelétricas até 50 MW (cinquenta megawatts), até o atingimento de 2.000 MW (dois mil megawatts).

§ 1º Após a contratação dos 2.000 MW (dois mil megawatts) estabelecidos no caput deste artigo, o percentual de destinação deverá ser reduzido para 40% (quarenta por cento) da demanda declarada pelas distribuidoras dos Leilões A-5 e A-6 realizados até 2026.

§ 2º As contratações estabelecidas no caput deste artigo serão por 20 (vinte) anos, ao preço máximo equivalente ao teto estabelecido para geração de PCH do Leilão A-6 de 2019, atualizado esse valor até a data de publicação do edital específico pelo mesmo critério de correção do Leilão A-6 de 2019.

§ 3º Os leilões de que trata o caput deste artigo deverão ter critérios de contratação que priorizem, preferencialmente, os Estados com maior número de projetos habilitados, não podendo nenhum Estado ter mais de 25% (vinte e cinco por cento) da capacidade total contratada.

§ 4º Os empreendimentos contratados nos leilões referidos no caput deste artigo não terão direito aos descontos previstos no § 1º do art. 26 da Lei nº 9.427, de 26 de dezembro de 1996.

Art. 22. Eventual excedente econômico oriundo da revisão do Anexo C ao Tratado referido no inciso II do § 1º do art. 9º desta Lei, será direcionado:

I – até o ano de 2032:

a) 75% (setenta e cinco por cento) dos recursos para a CDE;

b) 25% (vinte e cinco por cento) dos recursos para a União aplicar em programa de transferência de renda do governo federal; e

II – do ano de 2033 em diante:

a) 25% (vinte e cinco por cento) dos recursos para a sociedade de economia mista ou para a empresa pública de que trata o caput do art. 9º desta Lei com vistas à execução das obrigações estabelecidas nos arts. 6º, 7º e 8º desta Lei;

b) 50% (cinquenta por cento) dos recursos para a CDE; e

c) 25% (vinte e cinco por cento) para a União aplicar em programa de transferência de renda do governo federal.

Art. 23. A sociedade de economia mista ou a empresa pública de que trata o caput do art. 9º desta Lei deverá assumir a titularidade dos contratos de compra de energia do Proinfa, de que trata o art. 3º da Lei nº 10.438, de 26 de abril de 2002, vigentes na data de publicação desta Lei, observado que:

I – caso haja a manifestação de concordância do gerador contratado, em até 90 (noventa) dias após a publicação desta Lei, os contratos poderão ser prorrogados por período de 20 (vinte) anos após a data de vencimento atual, mediante apuração pela Aneel dos benefícios tarifários;

II – caso ocorra a prorrogação dos contratos de que trata o inciso I deste caput, os atos de outorga deverão ser prorrogados pelo órgão competente, pelo mesmo período de vigência dos contratos prorrogados;

III – os contratos resultantes da prorrogação de que trata o inciso I deste caput terão preço igual ao preço-teto do Leilão A-6 de 2019, corrigido pelo IPCA até a data de publicação desta Lei, e, a partir dessa data, serão reajustados pelo mesmo índice ou outro que vier a substituí-lo;

IV – os empreendimentos que aderirem à prorrogação dos contratos existentes não terão direito aos descontos previstos no § 1º do art. 26 da Lei nº 9.427, de 26 de dezembro de 1996; e

V – a aceitação da prorrogação prevista no inciso I deste caput implicará a renúncia da correção dos contratos existentes ao Índice Geral de Preços do Mercado (IGP-M) de 2020 para 2021, que deverá ser substituído pelo IPCA.

Art. 24. Os comitês gestores de que tratam os arts. 6º, 7º e 8º desta Lei deverão enviar, com periodicidade semestral, ao Tribunal de Contas da União e à Controladoria-Geral da União, relatórios de prestação de contas com informações sobre a destinação dos valores, sobre os critérios utilizados para seleção de projetos e sobre os resultados das ações no âmbito dos respectivos programas de que tratam os arts. 6º, 7º e 8º desta Lei.

Art. 25. Fica o Poder Executivo autorizado a realizar, nos termos da Lei nº 6.404, de 15 de dezembro de 1976, a incorporação das Indústrias Nucleares do Brasil S.A. (INB) pela empresa resultante da reestruturação acionária prevista no inciso I do caput do art. 3º desta Lei.

Art. 26. (VETADO).

Art. 27. As desestatizações de empresas controladas diretamente pela União, pelos Estados e pelos Municípios poderão ser executadas mediante alienação de participação societária, inclusive de controle acionário, abertura ou aumento de capital, com renúncia ou cessão, total ou parcial, de direitos de subscrição, desde que a operação seja realizada mediante pregão em bolsa de valores ou oferta pública de distribuição de valores mobiliários nos mercados primário ou secundário, observadas as normas expedidas pela Comissão de Valores Mobiliários (CVM), respeitada a exigência de autorização legislativa nos casos que couber.

Art. 28. A ANA estabelecerá as regras operativas dos reservatórios de usinas hidrelétricas do SIN, situados no Rio Grande e no Rio Paranaíba, a começar pelos reservatórios de cabeceira com capacidade de regularização sazonal, anual e plurianual, observado o disposto no § 3º do art. 4º da Lei 9.984, de 17 de julho de 2000.

§ 1º A ANA publicará, no prazo de 60 (sessenta) dias, sua agenda regulatória a fim de atender ao disposto no caput deste artigo.

§ 2º As regras operativas de que trata o caput deste artigo serão definidas com base nas seguintes faixas:

I – faixa de operação normal: corresponde à porção superior do reservatório, definida pelo percentual do volume útil acima do qual há garantia de atendimento pleno à geração hidrelétrica e demais usos múltiplos;

II – faixa de operação de atenção: corresponde à porção intermediária do reservatório, limitada pelos percentuais do volume útil em que há restrição à geração hidrelétrica e aos demais usos múltiplos;

III – faixa de operação de restrição: corresponde à porção inferior do reservatório, definida pelo percentual do volume útil do reservatório abaixo do qual a geração hidrelétrica será autorizada de forma excepcional.

§ 3º (VETADO).

§ 4º (VETADO).

§ 5º (VETADO).

Art. 29. (VETADO).

Art. 30. Sem prejuízo das regras desta Lei aplicáveis ao Rio Grande e ao Rio Paranaíba, o Poder Executivo deverá elaborar, em até 12 (doze) meses a contar da data de vigência desta Lei, plano para viabilizar a recuperação dos reservatórios de regularização do País, ao longo de até 10 (dez) anos.

§ 1º Para elaboração do plano de que trata o caput deste artigo deverão ser consideradas as seguintes diretrizes:

I – priorização para a dessedentação humana e animal;

II – garantia da segurança energética do SIN;

III – segurança dos usos múltiplos da água;

IV – curva de armazenamento de cada reservatório de acumulação a ser definida anualmente; e

V – flexibilização da curva de armazenamento dos reservatórios em condições de escassez definida pela ANA, em articulação com o ONS.

§ 2º Para a execução do plano de que trata o caput deste artigo, poderão ser utilizados os recursos previstos nos arts. 6º e 8º desta Lei para as bacias hidrográficas alcançadas pelos respectivos dispositivos.

Art. 31. A Lei nº 9.074, de 7 de julho de 1995, passa a vigorar acrescida do seguinte art. 4º-E:

"Art. 4º-E A concessionária de serviço público de distribuição de energia elétrica que adquirir prestadora de serviço público de distribuição de energia elétrica com mercado próprio inferior a 700 GWh/ano (setecentos gigawatts por ano), da qual é supridora, total ou parcialmente, terá direito, pelo prazo de 10 (dez) anos, a:

I – 25% (vinte e cinco por cento) do valor da subvenção de que trata o inciso XIII do caput do art. 13 da Lei nº 10.438, de 26 de abril de 2002, recebida pela prestadora de serviço público de distribuição de energia elétrica adquirida; ou

II – 55% (cinquenta e cinco por cento) do ganho econômico proporcionado aos consumidores atendidos pela prestadora de serviço público de distribuição de energia elétrica adquirida.

§ 1º O ganho econômico de que trata o inciso II do caput deste artigo corresponde ao resultado da multiplicação do mercado anual da prestadora de serviço público de distribuição de energia elétrica adquirida pela diferença entre a sua tarifa média de fornecimento e a tarifa média, considerando todo o País, de fornecimento das concessionárias do serviço público de distribuição de energia elétrica.

§ 2º Os valores de que tratam os incisos I e II do caput deste artigo serão:

I – apurados no ano em que ocorrer a aquisição; e

II – corrigidos pela variação média anual das tarifas, considerando todo o País, de fornecimento de energia elétrica praticadas pelas concessionárias do serviço público de distribuição de energia elétrica.

§ 3º O incentivo de que trata este artigo é condicionado ao agrupamento das outorgas na forma do art. 4º-B desta Lei."

Art. 32. Ficam revogados:

I – os seguintes dispositivos da Lei nº 3.890-A, de 25 de abril de 1961:

a) art. 7º; e

b) art. 12; e

II – o § 1º do art. 31 da Lei nº 10.848, de 15 de março de 2004.

Art. 33. Esta Lei entra em vigor na data de sua publicação.

DIREITO TRIBUTÁRIO

LEI ESTADUAL Nº 5.900, DE 27 DE DEZEMBRO DE 1996

- DISPÕE SOBRE O IMPOSTO SOBRE OPERAÇÕES RELATIVAS À CIRCULAÇÃO DE MERCADORIAS E SOBRE PRESTAÇÃO DE SERVIÇOS DE TRANSPORTE INTERESTADUAL, INTERMUNICIPAL E DE COMUNICAÇÃO - ICMS, NOS TERMOS DA LEI COMPLEMENTAR Nº 87, DE 13 DE SETEMBRO DE 1996.

***ATUALIZADA ATÉ A LEI Nº 8.355, DE 2 DE DEZEMBRO DE 2020.**

ÍNDICE

CAPÍTULO I - DA INCIDÊNCIA - art. 1º

CAPÍTULO II - DO FATO GERADOR - art. 2º

CAPÍTULO III - DA EXONERAÇÃO DO IMPOSTO

SEÇÃO I - DA NÃO INCIDÊNCIA - art. 3º

SEÇÃO II - DAS ISENÇÕES, INCENTIVOS E BENEFÍCIOS FISCAIS - art. 4º

SEÇÃO III - DA SUSPENSÃO - art. 5º

CAPÍTULO IV - DA BASE DE CÁLCULO - art. 6º ao 16

CAPÍTULO V - DAS ALÍQUOTAS - art. 17

CAPÍTULO VI - DA SUJEIÇÃO PASSIVA

SEÇÃO I - DO CONTRIBUINTE - art. 18

SEÇÃO II - DO ESTABELECIMENTO - art. 19

SEÇÃO III - DO RESPONSÁVEL - art. 20 e 21

SEÇÃO IV - DA RESPONSABILIDADE SOLIDÁRIA - art. 22

SEÇÃO V - DA SUBSTITUIÇÃO TRIBUTÁRIA - art. 23 ao 27

SEÇÃO VI - DAS DISPOSIÇÕES GERAIS SOBRE SUJEIÇÃO PASSIVA - art. 28 e 29

CAPÍTULO VII - DO LOCAL DA OPERAÇÃO E DA PRESTAÇÃO - art. 30
CAPÍTULO VIII - DOS LANÇAMENTOS - art. 31
CAPÍTULO IX - DA COMPENSAÇÃO DO IMPOSTO
SEÇÃO I - DA NÃO-CUMULATIVIDADE - art. 32
SEÇÃO II - DO CRÉDITO FISCAL - art. 33 e 34
SEÇÃO III - DA VEDAÇÃO AO CRÉDITO - art. 35 e 36
SEÇÃO IV - DO ESTORNO E DA MANUTENÇÃO DO CRÉDITO - art. 37 e 38
CAPÍTULO X - DA APURAÇÃO E DO PAGAMENTO DO IMPOSTO - art. 39 ao 44
CAPÍTULO XI - DA RESTITUIÇÃO DO IMPOSTO - art. 45
CAPÍTULO XII - DAS OBRIGAÇÕES ACESSÓRIAS
SEÇÃO I - DA INSCRIÇÃO - art. 46 ao 49-B
SEÇÃO II - DOS DOCUMENTOS E LIVROS FISCAIS - art. 50 ao 58
SEÇÃO III - DAS DISPOSIÇÕES GERAIS - art. 58-A ao 58-C
CAPÍTULO XIII - DA FISCALIZAÇÃO - art. 59 e 60
CAPÍTULO XIV - DAS MERCADORIAS E EFEITOS EM SITUAÇÃO IRREGULAR - art. 61 ao 70
CAPÍTULO XV - DA MORA E DAS PENALIDADES DO IMPOSTO
SEÇÃO I - DA MORA - art. 71
SEÇÃO II - DAS DISPOSIÇÕES GERAIS - art. 72 ao 78-A
SEÇÃO III - DAS MULTAS RELATIVAS A OBRIGAÇÃO PRINCIPAL
SUBSEÇÃO I - DAS INFRAÇÕES APURADAS PELAS AUTORIDADES FISCAIS - art. 79 ao 95
SUBSEÇÃO II - DA DENÚNCIA ESPONTÂNEA - art. 96
SEÇÃO IV - DAS INFRAÇÕES ÀS OBRIGAÇÕES ACESSÓRIAS
SUBSEÇÃO I - DAS INFRAÇÕES RELATIVAS A DOCUMENTOS FISCAIS SUJEITAS À MULTA, SEM PREJUÍZO DO PAGAMENTO DO IMPOSTO EVENTUALMENTE DEVIDO - art. 97 ao 107
SUBSEÇÃO II - -DAS INFRAÇÕES RELATIVAS AOS DOCUMENTOS FISCAIS SUJEITAS SOMENTE A MULTA - art. 108 ao 135-A
SUBSEÇÃO III - DAS INFRAÇÕES RELATIVAS A EQUIPAMENTOS DE MEDIÇÃO E CONTROLE E LACRE DE SEGURANÇA - art. 135-B ao 135-D
CAPÍTULO XVI - DAS MEDIDAS ACAUTELADORAS - art. 136
CAPÍTULO XVII - DAS DISPOSIÇÕES FINAIS - art. 137 ao 141

O GOVERNADOR DO ESTADO DE ALAGOAS

Faço saber que a Assembléia Legislativa do Estado de Alagoas decreta e eu sanciono a seguinte Lei:

CAPÍTULO I
DA INCIDÊNCIA

Art. 1º O imposto sobre operações relativas à circulação de mercadorias e sobre prestações de serviços de transporte interestadual e intermunicipal e de comunicação – ICMS incide sobre:

I - operações relativas à circulação de mercadorias, inclusive o fornecimento de alimentação e bebidas em bares, restaurantes e estabelecimentos similares;

II - prestações de serviços de transporte interestadual e intermunicipal, por qualquer via, de pessoas, bens, mercadorias ou valores;

III - prestações onerosas de serviços de comunicação por qualquer meio, inclusive a geração, a emissão, a recepção, a transmissão, a retransmissão, a repetição e a ampliação de comunicação de qualquer natureza;

IV - fornecimento de mercadorias com prestação de serviços não compreendido na competência tributária dos Municípios;

V - fornecimento de mercadorias com prestação de serviços sujeitos ao imposto sobre serviços, de competência dos Municípios, quando a Lei complementar aplicável à matéria expressamente o sujeitar à incidência do imposto estadual.

Parágrafo único. O imposto incide também sobre:

I - a entrada de bem ou mercadoria importados do exterior por pessoa física ou jurídica, ainda que não seja contribuinte habitual do imposto, qualquer que seja a sua finalidade; (Redação dada pela Lei nº 6.319, de 03.07.2002).

II - o serviço prestado no exterior ou cuja prestação se tenha iniciado no exterior;

III - a entrada neste Estado, decorrente de operação interestadual, de: (Redação dada pela Lei nº 5.979, de 19.12.1997).

a) energia elétrica e petróleo, inclusive lubrificantes e combustíveis líquido e gasosos dele derivados, quando destinados à comercialização ou à industrialização; (Redação dada pela Lei nº 5.979, de 19.12.1997).

b) bem ou serviço destinados a contribuinte do ICMS, para serem utilizados, consumidos ou incorporados ao Ativo Permanente; (Redação dada pela Lei nº 5.979, de 19.12.1997).

c) mercadorias sujeita ao regime de pagamento antecipado do ICMS; e (Redação dada pela Lei nº 5.979, de 19.12.1997).

d) mercadoria a ser comercializada sem destinatário certo, destinada e estabelecimento em situação cadastral irregular ou a contribuinte inscrito na Dívida Ativa do Estado. (Redação dada pela Lei nº 5.979, de 19.12.1997).

IV - a entrada neste Estado, decorrente de operação interestadual, de:

a) energia elétrica e petróleo, inclusive lubrificantes e combustíveis líquidos e gasosos dele derivados, quando não destinados à comercialização ou à industrialização;

b) bem ou serviço destinados a contribuinte do ICMS, para serem utilizados, consumidos ou incorporados ao Ativo Permanente;

c) mercadoria sujeita ao regime de pagamento antecipado do ICMS; e

d) mercadoria a ser comercializada sem destinatário certo, destinada a estabelecimento em situação cadastral irregular ou a contribuinte inscrito na Dívida Ativa do Estado.

CAPÍTULO II
DO FATO GERADOR

Art. 2º Considera-se ocorrido o fato gerador do ICMS no momento:

I – da saída de mercadoria, a qualquer título, de estabelecimento de contribuinte, ainda que para outro estabelecimento do mesmo titular;

II – do fornecimento de alimentação, bebidas e outras mercadorias por qualquer estabelecimento;

III – do fornecimento de mercadoria com prestação de serviços:

a) não compreendidos na competência tributária dos Municípios; e

b) compreendidos na competência tributária dos Municípios, e com indicação expressa de incidência do imposto de competência estadual, como definido em Lei Complementar aplicável à matéria.

IV – do desembaraço aduaneiro de mercadoria ou bem importados do exterior;

V – da entrada no estabelecimento do contribuinte de mercadoria proveniente de outra unidade da Federação, destinada a integrar o respectivo ativo permanente ou a seu próprio uso ou consumo;

VI – da utilização, por contribuinte, de serviço cuja prestação se tenha iniciado em outra unidade da Federação e não esteja vinculada a operação ou prestação subsequente; (Redação dada pela Lei nº 5.979, de 19.12.1997).

VII – da aquisição em licitação pública de mercadorias ou bens importados do exterior e apreendidos ou abandonados; (Redação dada pela Lei nº 6.348, de 30.12.2002).

VIII – do início da prestação de serviços de transporte interestadual e intermunicipal, de qualquer natureza;

IX – do ato final do transporte iniciado no exterior;

X – da prestação onerosa de serviços de comunicação, feita por qualquer meio, inclusive a geração, a emissão, a recepção, a transmissão, a retransmissão, a repetição e a ampliação de comunicação de qualquer natureza;

XI – do recebimento, pelo destinatário, de serviço prestado no exterior;

XII – da transmissão a terceiro de mercadoria depositada em armazém geral ou em depósito fechado, neste Estado; (Redação dada pela Lei nº 5.979, de 19.12.1997).

XIII – da transmissão de propriedade de mercadoria, ou de título que a represente, quando a mercadoria não tiver transitado pelo estabelecimento transmitente;

XIV – da entrada no território deste Estado de lubrificantes e combustíveis líquidos e gasosos derivados de petróleo e energia elétrica oriundos de outro Estado, quando não destinados à comercialização ou à industrialização; (Redação dada pela Lei nº 6.209, de 21.12.2000).

XV – da entrada de mercadoria neste Estado, nas hipóteses das alíneas c e d, do inciso III, do parágrafo único do art. 1º. (Redação acrescentada pela Lei nº 5.979, de 19.12.1997).

§ 1º Aplica-se o disposto no inciso I ainda que o estabelecimento extrator, produtor ou gerador, inclusive de energia, se localize em área contígua àquele onde ocorra a industrialização, a utilização ou o consumo da mercadoria, inclusive quando as atividades sejam integradas.

§ 2º Considera-se saída do estabelecimento:

I – a mercadoria constante do estoque final, na data do encerramento da atividade;

II – desacompanhada de documento fiscal, a mercadoria cuja entrada não tenha sido escriturada nos livros fiscais próprios; (Redação dada pela Lei nº 8.085, de 28.12.2018).

III – de quem promoveu a remessa para abate, a carne e todo o produto resultante da matança de gado ocorrida em matadouros públicos ou particulares não pertencentes ao remetente. (Redação dada pela Lei nº 5.979, de 19.12.1997).

§ 3º Para efeito desta Lei, equipara-se à saída o consumo ou a integração no ativo fixo de mercadoria produzida pelo próprio estabelecimento ou adquirida para industrialização ou comercialização.

§ 4º Na hipótese do inciso X, caso o serviço seja prestado mediante pagamento em ficha, cartão ou assemelhado, considera-se ocorrido o fato gerador quando do fornecimento desses instrumentos ao usuário.

§ 5º Na hipótese do inciso IV, após o desembaraço aduaneiro, a entrega, pelo depositário, de mercadoria ou bem importados do exterior, deverá ser autorizada pelo órgão responsável pelo seu desembaraço, que somente se fará mediante a exibição do comprovante de pagamento do imposto incidente no ato do despacho aduaneiro, salvo disposição em contrário estabelecida em decreto do Poder Executivo.

§ 6º A caracterização do fato gerador independe da natureza jurídica da operação ou prestação que o constitua ou do título jurídico pelo qual a mercadoria efetivamente saída do estabelecimento estava na posse do respectivo titular.

§ 7º O Estado poderá exigir o pagamento antecipado do imposto, com a fixação, se for o caso, do valor da operação ou da prestação subsequente efetuada pelo próprio contribuinte. (Redação dada pela Lei nº 5.979, de 19.12.1997).

§ 8º Diferentemente da substituição tributária, a antecipação do imposto, nos termos da legislação regulamentar, não encerra a fase de tributação, consistindo o imposto antecipado em crédito fiscal a ser apropriado pelo contribuinte, ressalvados os caso em que a legislação específica expressamente estabeleça sistemática adversa. (Redação acrescentada pela Lei nº 5.979, de 19.12.1997).

§ 9º Presumem-se ocorridas operações ou prestações, internas, tributadas, sem pagamento do imposto e desacompanhadas de documento fiscal, ressalvada ao sujeito passivo a prova da improcedência da presunção, quando se constatar, dentre outras, as seguintes situações de omissão ou inclusão de registros contábeis ou fiscais: (Redação dada pela Lei nº 8.085, de 28.12.2018).

I – omissão de registro de aplicação de recursos em contas representativas de disponibilidades ou direitos; (Redação dada pela Lei nº 6.970, de 04.08.2008).

II – omissão de registro referente à entrada onerosa de mercadorias ou bens, ou a utilização onerosa de serviços, inclusive quando originada em documento apresentado por outro sujeito passivo; (Redação dada pela Lei nº 6.970, de 04.08.2008).

III – suprimento de conta representativa de disponibilidades, ou de qualquer outra conta do ativo, sem comprovação de origem; (Redação dada pela Lei nº 6.970, de 04.08.2008).

IV – passivo fictício; (Redação dada pela Lei nº 6.970, de 04.08.2008).

V – valores informados por instituições financeiras e de pagamento, administradoras de cartões de crédito e de débito, condomínios comerciais ou outra pessoa jurídica legalmente detentora de informações financeiras, sem a respectiva emissão de documentos fiscais ou tendo sido estes emitidos com valores inferiores aos informados; (Redação dada pela Lei nº 8.085, de 28.12.2018).

VI – valores constantes de dados registrados em sistema de processamento de dados, equipamento de controle fiscal ou de outra espécie, utilizados sem prévia autorização ou de forma irregular; (Redação dada pela Lei nº 6.970, de 04.08.2008).

VII – diferença de estoque verificada em levantamento físico ou documental; ou (Redação dada pela Lei nº 6.970, de 04.08.2008).

VIII – estoque avaliado em importância diversa da escriturada. (Redação dada pela Lei nº 6.970, de 04.08.2008).

§ 10. A presunção de que cuida o parágrafo anterior aplica-se, igualmente, quando a soma das despesas, pagamentos de títulos, salários, retiradas pró-labore, serviços de terceiros, aquisição de bens em geral, pagamentos de tributos, honorários, empréstimos, aplicações e quaisquer outras retiradas ou quantias pagas pelo contribuinte, seja superior à receita do estabelecimento. (Redação acrescentada pela Lei nº 5.979, de 19.12.1997).

§ 11. Presume-se zero a disponibilidade de numerário em espécie ou depositado em conta bancária, relativamente ao saldo vindo do exercício anterior, de contribuinte que não possui escrituração de livros contábeis para apuração do lucro real, quando não declarado no Livro registro de Utilização de Documentos Fiscais e Termos de Ocorrência, até o 5º (quinto) dia seguinte a data de encerramento do exercício financeiro, devidamente assinada a declaração pelo sócio-gerente ou seu representante legal. (Redação acrescentada pela Lei nº 5.979, de 19.12.1997).

§ 12. Considera-se como montante a ser computado nas saídas tributáveis em operações internas do contribuinte a diferença positiva entre a saída de mercadorias tributadas, tomando como valor o custo das mercadorias vendidas agregado de 30% (trinta por cento), e a saída tributada efetivamente declarada nos livros e/ou documentos fiscais próprios, apurada no último dia do exercício financeiro da empresa, na hipótese em que o contribuinte não possua escrituração contábil para fins de apuração do lucro real. (Redação acrescentada pela Lei nº 5.979, de 19.12.1997).

§ 13. Será utilizado percentual distinto daquele de que trata o parágrafo anterior, desde que previsto na legislação tributária. (Redação acrescentada pela Lei nº 5.979, de 19.12.1997).

§ 14 Na hipótese de entrega de mercadoria ou bem importados do exterior antes do desembaraço aduaneiro, considera-se ocorrido o fato gerador neste momento, devendo a autoridade responsável, salvo disposição em contrário, exigir a comprovação do pagamento do imposto. (Redação acrescentada pela Lei nº 6.348, de 30.12.2002).

CAPÍTULO III
DA EXONERAÇÃO DO IMPOSTO

Seção I
Da Não Incidência

Art. 3º O imposto não incide sobre:

I – operação com livros, jornais, periódicos e o papel destinado a sua impressão;

II – operação e prestação que destine ao exterior mercadorias, inclusive produtos primários e produtos industrializados semi-elaborados, ou serviço;

III – operação que destine a outra unidade da Federação energia elétrica e petróleo, inclusive lubrificante, combustível líquido e gasoso dele derivados, quando destinados à industrialização ou à comercialização;

IV – operação com ouro, quando definido em lei como ativo financeiro ou instrumento cambial;

V – operação decorrente de alienação fiduciária em garantia, inclusive aquela efetuada pelo credor em decorrência do inadimplemento do devedor;

VI – operação com mercadoria de terceiro, na saída de estabelecimento de empresa de transporte ou de depósito, por conta e ordem desta;

VII – a saída de mercadoria para estabelecimento localizado neste Estado ou na transmissão de sua propriedade, decorrente da transferência de estoque de uma sociedade para outra, em virtude de:

a) transformação, fusão, cisão ou incorporação; e

b) aquisição do estabelecimento, havendo a continuidade das atividades do estabelecimento pelo novo titular. (Redação dada pela Lei nº 5.979, de 19.12.1997).

VIII – a saída de mercadoria para estabelecimento localizado neste Estado ou na transmissão de sua propriedade, decorrente de transferência de estoque de uma empresa individual para outra, ou para uma sociedade, em virtude de aquisição do estabelecimento, havendo a continuidade das atividades do estabelecimento pelo novo titular; (Redação dada pela Lei nº 5.979, de 19.12.1997).

IX – a saída de mercadoria decorrente da transferência de estoque, dentro do Estado, ou na transmissão de sua propriedade, de firma individual ou de sociedade, para integralização do capital de outra sociedade;

X – prestação de transporte de carga própria ou prestações efetuadas entre estabelecimento do mesmo titular, desde que acompanhadas da Nota Fiscal correspondente, da qual constem os dados de que comprovem tratar-se de veículo próprio ou locado, e a expressão: "Transporte de Carga Própria"; (Redação dada pela Lei nº 5.979, de 19.12.1997).

XI – a saída de mercadoria destinada a armazém geral situado neste Estado, para depósito em nome do remetente;

XII – a saída de mercadoria destinada a depósito fechado do próprio contribuinte, localizado neste Estado;

XIII – a saída de mercadoria dos estabelecimentos referidos nos incisos XI e XII, em retorno ao estabelecimento depositante;

XIV – operação com impresso personalizado, promovida por estabelecimento da indústria gráfica diretamente a usuário final, pessoa física ou jurídica;

XV – operação com mercadoria em decorrência de locação ou comodato, em que haja contrato devidamente registrado;

XVI – operação relativa a mercadoria que tenha sido ou que se destine a ser utilizada na prestação, pelo próprio autor da saída, de serviço de qualquer natureza definido em Lei Complementar como sujeito ao imposto sobre serviços, de competência tributária municipal, ressalvadas as hipóteses previstas na mesma lei complementar;

XVII – operação de arrendamento mercantil, não compreendida a venda do bem arrendado ao arrendatário;

XVIII – operação de qualquer natureza de que decorra a transferência, para companhias seguradoras, de bens móveis salvados de sinistro.

XIX – fonogramas e videofonogramas musicais produzidos no Brasil contendo obras musicais ou literomusicais de autores brasileiros e/ou obras em geral interpretadas por artistas brasileiros bem como os suportes materiais ou arquivos digitais que os contenham, salvo na etapa de replicação industrial de mídias ópticas de leitura a laser. (Redação acrescentada pela Lei nº 8.085, de 28.12.2018).

§ 1º O disposto no inciso I do caput deste artigo não se aplica às operações relativas a circulação das seguintes mercadorias:

I – livro em branco ou simplesmente pautado, bem como o utilizado para escrituração de qualquer natureza;

II – agenda ou similar;

III – catálogo, guia, lista e outros impressos que contenham propaganda comercial.

§ 2º equipara-se à operação de que trata o inciso II do caput deste artigo a saída de mercadoria realizada com o fim específico de exportação para o exterior, destinada a:

I – empresa comercial exportadora, inclusive trading ou outro estabelecimento da mesma empresa;

II – armazém alfandegado ou entreposto aduaneiro.

§ 3º Nas hipóteses do parágrafo anterior, verificado, a qualquer tempo, que a mercadoria não chegou ao destino indicado ou foi reintroduzida no mercado interno, a operação será considerada tributável, ficando o contribuinte obrigado a recolher o imposto relativo à saída, com os acréscimos e penalidades cabíveis.

§ 4º O disposto no inciso XIV não se aplica à saída de impresso de que se destine à participação, de alguma forma, em etapas seguintes do processo de comercialização ou industrialização. (Redação dada pela Lei nº 5.979, de 19.12.1997).

Seção II
Das Isenções, Incentivos e Benefícios Fiscais

Art. 4º As isenções serão concedidas ou revogadas nos termos de convênios celebrados e ratificados pelo Estado, conforme o estabelecido em Lei Complementar Federal. (Redação dada pela Lei nº 5.979, de 19.12.1997).

§ 1º O disposto neste artigo também se aplica: (Redação dada pela Lei nº 5.979, de 19.12.1997).

I – à redução da base de cálculo; (Redação dada pela Lei nº 5.979, de 19.12.1997).

II – à concessão de créditos presumidos; (Redação dada pela Lei nº 5.979, de 19.12.1997).

III – às prorrogações e as extensões das isenções vigentes. (Redação dada pela Lei nº 5.979, de 19.12.1997).

§ 2º Quando a isenção depender de condição, não sendo esta satisfeita, o imposto será considerado devido no momento em que ocorreu a operação. (Redação dada pela Lei nº 5.979, de 19.12.1997).

§ 3º O benefício fiscal concedido através de Convênio ICMS: (Redação acrescentada pela Lei nº 6.970, de 04.08.2008).

I – autorizativo, somente integrará a legislação tributária do Estado de Alagoas após sua regulamentação mediante decreto; (Redação acrescentada pela Lei nº 6.970, de 04.08.2008).

II – impositivo, passa a vigorar a partir da data nele prevista. (Redação acrescentada pela Lei nº 6.970, de 04.08.2008).

§ 4º O disposto no § 3º aplica-se, no que couber, a revogações de benefícios fiscais normatizados por via de Convênio ICMS. (Redação acrescentada pela Lei nº 6.970, de 04.08.2008).

§ 5º É imediata a aplicação de Convênio ICMS destinado a prorrogar o prazo de vigência de benefício fiscal, um a vez publicada a sua ratificação no Diário Oficial da União, mesmo nos casos de benefício fiscal contemplado em Convênio autorizativo incorporado à legislação estadual. (Redação acrescentada pela Lei nº 6.970, de 04.08.2008).

Art. 4º-A. No fornecimento de refeições em bares, restaurantes e estabelecimentos similares, assim como na saída de refeições promovida por empresas preparadoras de refeições coletivas, fica assegurada ao contribuinte, nos termos da regulamentação: (Redação acrescentada pela Lei nº 8.085, de 28.12.2018).

I – carga tributária de 4% (quatro por cento) do ICMS em substituição aos créditos normais do imposto, mediante opção do contribuinte; (Redação acrescentada pela Lei nº 8.085, de 28.12.2018).

II - a recuperação do ICMS antecipado ou recolhido por substituição tributária das mercadorias adquiridas e utilizadas no preparo das refeições cujo fornecimento ou saída seja tributada. (Redação acrescentada pela Lei nº 8.085, de 28.12.2018).

Seção III
Da Suspensão

(Redação acrescentada pela Lei nº 5.979, de 19.12.1997).

Art. 5º Haverá suspensão do lançamento do imposto nas operações em que a exigência do tributo ficar condicionada a evento futuro, ficando a responsabilidade tributária pelo respectivo imposto atribuída ao remetente ou destinatário situado neste Estado. (Redação dada pela Lei nº 5.979, de 19.12.1997).

§ 1º Fica suspenso o lançamento do imposto, dentre outras hipóteses previstas na legislação regulamentar: (Redação dada pela Lei nº 5.979, de 19.12.1997).

I - na operação com mercadoria componente do estoque do estabelecimento, de um lugar para outro dentro do Estado, em decorrência da mudança de sua localização; (Redação dada pela Lei nº 5.979, de 19.12.1997).

II - nas saídas de mercadorias para fins de demonstração, quando o destinatário estiver localizado no território do Estado e se revestir na qualidade de contribuinte do imposto. (Redação dada pela Lei nº 5.979, de 19.12.1997).

§ 2º Encerra a condição suspensiva do lançamento do imposto, prevista no inciso II do parágrafo anterior, a ocorrência da transmissão de propriedade da mercadoria ou a inexistência, por qualquer motivo, de seu retorno ao estabelecimento remetente dentro do prazo de 60 (sessenta) dias contados da data da saída. (Redação dada pela Lei nº 5.979, de 19.12.1997).

CAPÍTULO IV
DA BASE DE CÁLCULO

Art. 6º A base de cálculo do imposto é: (art. 13 - LC).

I - no caso dos incisos I, XII e XIII do art. 2º, o valor da operação de que decorrer a saída da mercadoria;

II - no caso do inciso II do art. 2º, o valor total da operação, compreendendo o fornecimento da mercadoria e a prestação do serviço;

III - no caso do inciso XV do art. 2º: a prevista no art. 16; (Redação dada pela Lei nº 6.348, de 30.12.2002).

IV - no fornecimento de que trata o inciso III do art. 2º:

a) o valor total da operação, na hipótese da alínea a; e

b) o preço corrente da mercadoria fornecida ou empregada, na hipótese da alínea b.

V - no caso do inciso IV do art. 2º, a soma das seguintes parcelas:

a) o valor da mercadoria ou bem constante dos documentos de importação, observado o disposto no art. 13;

b) imposto de importação;

c) imposto sobre produtos industrializados;

d) imposto sobre operações de câmbio;

e) quaisquer despesas aduaneiras, assim entendidos os valores pagos ou devidos à repartição alfandegária até o momento do desembaraço da mercadoria, tais como taxas e os decorrentes de diferenças de peso, erro na classificação fiscal ou multa por infração; e

f) quaisquer outros impostos, taxas, contribuições e despesas aduaneiras; (Redação acrescentada pela Lei nº 6.348, de 30.12.2002).

VI - no caso do inciso V do art. 2º, o valor da operação de que decorrer a entrada da mercadoria, sendo o imposto correspondente à diferença entre a alíquota interna e a interestadual;

VII - no caso do inciso VI do art. 2º, o valor da prestação do serviço no Estado de origem, sendo o imposto correspondente à diferença entre a alíquota interna e a interestadual;

VIII - no caso do inciso VII do art. 2º, o valor da operação, acrescido do valor dos impostos sobre importação e produtos industrializados, quando for o caso, e de todas as despesas cobradas ou debitadas ao adquirente;

IX - no caso dos incisos VIII e X do art. 2º, o preço do serviço; (Redação dada pela Lei nº 5.979, de 19.12.1997).

X - no caso dos incisos IX e XI do art. 2º, o valor da prestação do serviço, acrescido, se for o caso, de todos os encargos relacionados com a sua utilização; (Redação dada pela Lei nº 5.979, de 19.12.1997).

XI - no caso do inciso XIV do art. 2º, o valor da operação de que decorrer a entrada;

XII - no caso do § 2º do art. 2º, salvo percentual específico aplicável à mercadoria, estabelecido na legislação: (Redação dada pela Lei nº 5.979, de 19.12.1997).

a) o valora do custo de aquisição mais recente, acrescido do percentual de 30% (trinta por cento), na hipótese do inciso I; (Redação dada pela Lei nº 5.979, de 19.12.1997).

b) o valor relativo ao custo total, constante no documento fiscal de aquisição, acrescido de 50% (cinquenta por centos), na hipótese do inciso II; e (Redação dada pela Lei nº 5.979, de 19.12.1997).

c) o valor correspondente ao preço corrente do produto no mercado atacadista, na hipótese do inciso III. (Redação dada pela Lei nº 5.979, de 19.12.1997).

XIII – para fins de substituição tributária:

a) em relação às operações ou prestações antecedentes ou concomitantes, o valor da operação ou prestação praticado pelo contribuinte substituído;

b) em relação às operações ou prestações subsequentes, esgotada sucessivamente cada hipótese:

1. tratando-se de mercadoria ou serviço cujo preço final a consumidor, único ou máximo, seja fixado por órgão ou entidade competente da Administração Pública, o mencionado preço;

2. existindo preço final a consumidor, sugerido pelo fabricante ou importador, o mencionado preço, desde que previsto em legislação específica ou em acordo firmado com outras unidades da Federação;

3. nos demais casos, obtida pelo somatório das parcelas seguintes:

3.1. o valor da operação ou prestação própria realizada pelo substituto tributário ou pelo substituído intermediário;

3.2. o montante dos valores de seguro, de frete e de outros encargos cobrados ou transferíveis aos adquirentes ou tomadores de serviço;

3.3. a margem de valor agregado, inclusive lucro, relativa às operações ou prestações subsequentes, a ser fixada em decreto do Poder Executivo, com base em preços usualmente praticados no mercado considerado, obtidos por levantamento, ainda que por amostragem ou através de informações e outros elementos fornecidos por entidades representativas dos respectivos setores, adotando-se a média ponderada dos preços coletados;

c) no caso do inciso III do art. 23, o valor da mercadoria ou, na sua falta, o preço referido no art. 9º; e

d) no caso do inciso IV do art. 23, o valor da prestação ou, na sua falta, o valor corrente do serviço.

XIV – no caso do § 3º do art. 2º o valor correspondente à entrada mais recente ou o custo da mercadoria produzida; (Redação acrescentada pela Lei nº 5.979, de 19.12.1997).

TRIBUTÁRIO

XV – no caso de entrada de mercadorias desacompanhada de documento fiscal, apurada por meio de levantamento fisco-contábil, o valor do custo de aquisição mais recente, ou, na sua falta, o preço corrente da mercadoria, ou de sua similar, no mercado atacadista do local da operação, considerado como parâmetro temporal o exercício financeiro fiscalizado (entrada mais recente) ou o último dia do referido exercício (preço corrente no mercado atacadista), respectivamente; (Redação acrescentada pela Lei nº 5.979, de 19.12.1997).

XVI – no caso de mercadoria encontrada em trânsito, em estabelecimento não devidamente cadastrado, ou em qualquer local, desacompanhada de documentação fiscal ou sendo esta inidônea, o maior preço de venda na praça da ocorrência do fato, ou, na inexistência deste, o maior preço no mercado varejista regional; (Redação acrescentada pela Lei nº 5.979, de 19.12.1997).

XVII – no caso de saída de mercadoria desacompanhada de documento fiscal, apurada por meio de levantamento fisco-contábil, o valor do custo de aquisição mais recente ou custo da mercadoria produzida, acrescido, em qualquer das hipóteses, da margem de agregação de 50% (cinquenta por cento), salvo percentual específico estabelecido pela legislação, considerado como parâmetro temporal o exercício financeiro fiscalizado. (Redação acrescentada pela Lei nº 5.979, de 19.12.1997).

§ 1º No fornecimento de máquina, aparelho, equipamento, conjunto industrial ou outras mercadorias, como tapete, cortina, papel de parede, vidro, lambris e outros, cuja alienação esteja vinculada à respectiva montagem, instalação, colocação ou operação similar, a base de cálculo do imposto compreende, também, o valor da montagem, instalação, colocação ou operação similar, salvo disposição expressa em contrário.

§ 2º Na alienação de bem objeto de arrendamento mercantil, o imposto será calculado com base no valor residual do bem, observado o disposto no § 3º do art. 37.

§ 3º Aplicam-se, no que couber, aos serviços de transporte interestadual ou intermunicipal e de comunicação, as disposições do inciso XVI, hipótese em que se tornará por base de cálculo o preço corrente do serviço na praça do prestador. (Redação acrescentada pela Lei nº 5.979, de 19.12.1997).

§ 4º Em substituição ao disposto no item 3, da alínea b, do inciso XIII, do caput deste artigo, a base de cálculo em relação às operações ou prestações subseqüentes poderá ser o preço a consumidor final usualmente praticado no mercado considerado, relativamente ao serviço, à mercadoria ou sua similar, em condições de livre concorrência, adotando-se para sua apuração as regras estabelecidas no sub-item 3.3, do item 3, da alínea b, do inciso XIII, do caput deste artigo. (Redação acrescentada pela Lei nº 6.348, de 30.12.2002).

§ 5º Para fins de pagamento do imposto devido pelas operações próprias e pelas subsequentes, em relação a contribuinte que possua na data de início da vigência do regime de substituição tributária estoque da mercadoria sujeita ao referido regime, não sendo possível a adoção da regra de mensuração da base de cálculo prevista na instituição do regime para a mercadoria, conforme a alínea b do inciso XIII do caput deste artigo ou no § 4º deste artigo, deverá ser tomado como base de cálculo o custo de aquisição mais recente da mercadoria acrescido da sua correspondente margem de valor agregado a que se refere o item 3.3 da alínea b do inciso XIII do caput deste artigo. (Redação acrescentada pela Lei nº 7.080, de 24.07.2009).

Art. 7º Integra a base do cálculo do imposto: (art. 13, § 1º - LC).

I - o montante do próprio imposto, inclusive na importação do exterior de bem, mercadoria ou serviço, constituindo o respectivo destaque mera indicação para fins de controle; (Redação dada pela Lei nº 6.319, de 03.07.2002).

II - o valor correspondente a:

a) seguro, juro e qualquer importância paga, recebida ou debitada, bem como descontos concedidos sob condição; e

b) frete, quando o transporte for efetuado pelo próprio remetente ou por sua conta e ordem, e seja cobrado em separado.

§ 1º Nas vendas a crédito sob qualquer modalidade, incluem-se na base de cálculo os ônus relativos à concessão do crédito, ainda que cobrados em separado.

§ 2º Quando o frete for cobrado por estabelecimento pertencente ao mesmo titular do estabelecimento remetente da mercadoria ou por empresa interdependente, na hipótese em que exceda o nível normal do preço em vigor, no mercado local, para serviço semelhante, constante de tabela elaborada pelo órgão competente, o valor excedente é havido como parte do preço da mercadoria.

§ 3º Para efeito do parágrafo anterior, considera-se interdependentes duas empresas quando:

I - uma delas, por si, seus sócios ou acionistas e respectivos cônjuges ou filhos menores, for titular de mais de 50% (cinquenta por cento) do capital da outra;

II - uma mesma pessoa fizer parte de ambas, na qualidade de diretor, ou sócio com função de gerência, ainda que exercida sobre outra denominação;

III - uma delas locar ou transferir a outra, a qualquer título, veículo destinado ao transporte de mercadoria.

Art. 8º Não integra a base de cálculo do imposto o montante do imposto sobre produtos industrializados, quando a operação, realizada entre contribuintes e relativa a produto destinado à industrialização ou à comercialização, configurar fato gerador de ambos os impostos.

Parágrafo único. Excetuada a hipótese prevista neste artigo, o valor do IPI integra a base de cálculo do ICMS.

Art. 9º Na falta do valor a que se referem os incisos I e XI do art. 6º, ressalvado o disposto no art. 10, a base de cálculo do ICMS é: (art. 15, LC).

I – o preço corrente da mercadoria, ou de sua similar, no mercado atacadista do local da operação, ou, na sua falta, no mercado atacadista regional, caso o remetente seja produtor, extrator ou gerador, inclusive de energia;

II – o preço FOB estabelecimento industrial à vista, caso o remetente seja industrial;

III – o preço FOB estabelecimento comercial à vista, nas vendas a outros comerciantes ou industriais, caso o remetente seja comerciante.

§ 1º Para a aplicação dos incisos II e III do caput, adotar-se-á, sucessivamente:

I – o preço efetivamente cobrado pelo estabelecimento remetente na operação recente;

II – caso o remetente não tenha efetuado venda de mercadoria, o preço corrente da mercadoria ou de seu similar no mercado atacadista do local da operação ou, na falta deste, no mercado atacadista regional.

§ 2º Na hipótese do inciso III do caput, caso o estabelecimento remetente não efetue venda a outros comerciantes ou industriais ou, em qualquer caso, se não houver mercadoria similar, a base de cálculo será equivalente a 75% (setenta e cinco por cento) do preço de venda corrente no varejo, observado o disposto no parágrafo anterior.

Art. 10. Na saída de mercadoria para estabelecimento do mesmo titular, localizado em outro Estado, a base de cálculo do imposto é:

I – o valor correspondente à entrada mais recente da mercadoria;

II – o custo da mercadoria produzida, assim entendido a soma do custo da matéria- prima, material secundário, mão-de-obra e acondicionamento;

III – em se tratando de mercadorias não industrializadas, o seu preço corrente no mercado atacadista do estabelecimento remetente.

Art. 11. Na operação de circulação de mercadoria ou na prestação de serviço entre estabelecimentos de contribuintes diferentes, caso haja reajuste do valor depois da remessa ou da prestação, a diferença fica sujeita ao imposto no estabelecimento do remetente ou do prestador.

Art. 12. Na prestação sem preço determinado, a base de cálculo do imposto é o valor corrente do serviço no local da prestação.

Art. 13. O preço de importação expresso em moeda estrangeira será convertido em moeda nacional pela mesma taxa de câmbio utilizada no cálculo do imposto de importação, sem qualquer acréscimo ou devolução posterior, ainda que haja variação da taxa de câmbio até o pagamento efetivo do preço.

§ 1º O valor fixado pela autoridade aduaneira para base de cálculo do imposto de importação substituirá o preço declarado.

§ 2º Na hipótese da mercadoria proveniente do exterior estar desonerada do imposto de importação, a conversão em moeda nacional se fará com base na taxa de câmbio vigente na data do desembaraço aduaneiro.

Art. 14. Quando o preço declarado pelo contribuinte for inferior ao de mercado, o Secretário da Fazenda do Estado de Alagoas pode determinar, em ato normativo, que a base de cálculo do imposto seja o preço corrente da mercadoria ou, na sua falta, o preço de produção ou de aquisição mais recente, acrescido de percentual de margem de comercialização.

§ 1º Para fins do disposto neste artigo, o preço de mercado será, segundo a ordem:

I - produto tabelado ou com preço máximo de venda, fixado pela autoridade competente, ou pelo fabricante, o respectivo preço;

II - o valor mínimo entre os coletados nas regiões fiscais do Estado;

III - o valor constante em publicação ou correspondência oficial de órgão ou entidade privada.

§ 2º Quando o valor da operação for superior ao fixado em pauta, prevalecerá aquele como valor da base de cálculo.

§ 3º Havendo discordância em relação ao valor fixado, cabe ao contribuinte comprovar a exatidão do valor por ele declarado, que prevalecerá como base de cálculo.

§ 4º Na operação interestadual, a aplicação do disposto neste artigo depende de celebração de acordo com o Estado envolvido na operação, para estabelecer os critérios e a fixação da base de cálculo. (Redação dada pela Lei nº 6.970, de 04.08.2008).

Art. 15. O valor das operações ou das prestações será arbitrado pelo Fisco, quando: (Redação dada pela Lei nº 6.970, de 04.08.2008).

I - não forem exibidos à fiscalização os elementos necessários à comprovação do valor da operação ou da prestação, inclusive nos casos de perda ou extravio de livros ou documentos fiscais, mesmo decorrente de furto ou roubo; (Redação dada pela Lei nº 6.970, de 04.08.2008).

II - houver fundada suspeita de que os documentos fiscais não refletem o valor real da operação ou da prestação; (Redação dada pela Lei nº 6.970, de 04.08.2008).

III - as operações ou prestações tiverem sido realizadas desacompanhadas de documentação fiscal idônea; (Redação dada pela Lei nº 6.970, de 04.08.2008).

IV – o registro efetuado pelo sujeito passivo não se basear em documento idôneo; (Redação dada pela Lei nº 6.970, de 04.08.2008).

V – os livros, informações e documentos, fiscais ou contábeis, contiverem vícios ou irregularidades que os tornem imprestáveis para comprovação das operações e prestações realizadas; (Redação dada pela Lei nº 6.970, de 04.08.2008).

VI – ocorrer a falta de seqüência do número de ordem das operações de saídas ou das prestações realizadas em Cupom Fiscal; ou (Redação dada pela Lei nº 6.970, de 04.08.2008).

VII – em qualquer outra hipótese em que sejam omissos ou não mereçam fé as declarações, os esclarecimentos prestados ou os documentos expedidos pelo sujeito passivo ou por terceiro legalmente obrigado. (Redação dada pela Lei nº 6.970, de 04.08.2008).

§ 1º Fica assegurado ao sujeito passivo a avaliação contraditória a ser apresentada na impugnação do lançamento e julgada nas instâncias do processo administrativo fiscal respectivo. (Redação dada pela Lei nº 6.970, de 04.08.2008).

§ 2º Para efeito de arbitramento de que trata o caput, o Fisco adotará os seguintes parâmetros: (Redação dada pela Lei nº 6.970, de 04.08.2008).

I – o valor de pauta; (Redação dada pela Lei nº 6.970, de 04.08.2008).

II – o preço corrente da mercadoria, ou de sua similar, ou da prestação, na praça do contribuinte fiscalizado ou no local da autuação; (Redação dada pela Lei nº 6.970, de 04.08.2008).

III – o preço FOB à vista da mercadoria, calculado para qualquer operação; (Redação dada pela Lei nº 6.970, de 04.08.2008).

IV – o preço de custo da mercadoria acrescido das despesas indispensáveis à manutenção do estabelecimento, nos termos do § 3º deste artigo, quando se tratar de arbitramento do montante da operação em determinado período, no qual seja conhecida a quantidade de mercadoria transacionada; (Redação dada pela Lei nº 6.970, de 04.08.2008).

V – o valor fixado por órgão competente ou o preço divulgado ou fornecido por organismos especializados, quando for o caso; (Redação dada pela Lei nº 6.970, de 04.08.2008).

VI – o valor da mercadoria adquirida acrescido do lucro bruto apurado na escrita contábil ou fiscal, na hipótese de não-escrituração da nota fiscal relativa à aquisição; (Redação dada pela Lei nº 6.970, de 04.08.2008).

VII – o valor estabelecido por avaliador designado pelo Fisco; (Redação dada pela Lei nº 6.970, de 04.08.2008).

VIII – o valor dos recursos de caixa fornecidos à empresa por administradores, sócios, titular da empresa individual, acionista controlador da companhia ou por terceiros, se a efetividade da entrega e a origem dos recursos não forem demonstradas; (Redação dada pela Lei nº 6.970, de 04.08.2008).

IX – o valor constante do totalizador geral, no caso de equipamento Emissor de Cupom Fiscal (ECF), Máquina Registradora (MR) ou Terminal Ponto de Venda (PDV) utilizados em desacordo com a legislação; (Redação dada pela Lei nº 6.970, de 04.08.2008).

X – o valor que mais se aproximar dos parâmetros estabelecidos nos incisos anteriores, na impossibilidade de aplicação de qualquer deles. (Redação dada pela Lei nº 6.970, de 04.08.2008).

§ 3º A Secretaria de Estado da Fazenda, nas hipóteses do § 2º, poderá estabelecer parâmetros específicos, com valores máximo e mínimo, para o arbitramento do valor de prestação ou de operação com determinadas mercadorias, podendo tais parâmetros variar de acordo com a região em que devam ser aplicados e ter seu valor atualizado, sempre que necessário. (Redação dada pela Lei nº 6.970, de 04.08.2008).

§ 4º Para o efeito do disposto no inciso IV do caput deste artigo, são consideradas despesas indispensáveis à manutenção do estabelecimento: (Redação dada pela Lei nº 6.970, de 04.08.2008).

I – salários e retiradas; (Redação dada pela Lei nº 6.970, de 04.08.2008).

II – aluguel, água, luz e telefone; (Redação dada pela Lei nº 6.970, de 04.08.2008).

III – impostos, taxas e contribuições; (Redação dada pela Lei nº 6.970, de 04.08.2008).

IV – outras despesas gerais. (Redação dada pela Lei nº 6.970, de 04.08.2008).

Art. 16. Em operação realizada com mercadoria trazida por contribuinte de outra unidade da Federação sem destinatário certo neste Estado, o imposto deve ser recolhido antecipadamente, tomando-se como base de cálculo:

I – em se tratando de produto tabelado ou com preço máximo de venda, fixado pela autoridade competente, ou pelo fabricante, o respectivo preço;

II – em se tratando de produto sujeito ao regime de substituição tributária, a prevista para esse regime; (Redação dada pela Lei nº 7.079, de 20.07.2009).

III – o valor constante do documento fiscal de remessa, incluídos os valores correspondentes a fretes e carretos, seguros, impostos e todas as despesas cobradas ou debitadas ao adquirente, acrescido de 50% (cinquenta por cento), salvo outro percentual de agregação definido em decreto, nos demais casos. (Redação dada pela Lei nº 7.079, de 20.07.2009).

Parágrafo único. Na hipótese deste artigo, é admitida a compensação do imposto pago no Estado de origem, respeitado o limite resultante da aplicação da alíquota interestadual sobre a base de cálculo relativa à remessa.

CAPÍTULO V
DAS ALÍQUOTAS

Art. 17. As alíquotas do imposto são as seguintes:

I – nas operações e prestações internas e na importação de mercadorias e bens e serviços do exterior:

a) 25 % (vinte e cinco por cento) para:

1. bebidas alcoólicas; (Redação dada pela Lei nº 7.740, de 09.10.2015).

2. fogos de artifício;

3. (Revogado pela Lei nº 7.740, de 09.10.2015).

4. embarcações de esporte e recreio, motores de popa e artigos ou equipamentos aquáticos para divertimento ou esporte, inclusive barcos infláveis, barcos a remo e caiaques, barcos a vela, mesmo com motor auxiliar, barcos a motor e moto aquática (jet ski), iates, esquis aquáticos, pranchas de surfe, pranchas a vela, pranchas de stand up e outros equipamentos para a prática de esportes aquáticos; (Redação dada pela Lei nº 7.740, de 09.10.2015).

5. (Revogado pela Lei nº 7.740, de 09.10.2015).

6. ultraleves, asas-deltas, balões e dirigíveis, planadores e outros veículos aéreos, não concebidos para propulsão com motor, outros veículos aéreos e partes dos veículos e aparelhos; (Redação dada pela Lei nº 7.740, de 09.10.2015).

7. rodas esportivas para autos;

8. (Revogado pela Lei nº 7.740, de 09.10.2015).

9. (Revogado pela Lei nº 7.740, de 09.10.2015).

10. energia elétrica, cujo fornecimento que exceda a faixa de consumo de 150 (cento e cinquenta) Kwh mensais, para consumo domiciliar e de estabelecimento comercial; (Redação dada pela Lei nº 6.137, de 30.12.1999).

11. (Revogado pela Lei nº 7.740, de 09.10.2015).

12. perfumes e águas-de-colônia (NBM/SH – 3303.00); produtos de beleza ou de maquilagem preparados e preparações para conservação ou cuidados da pele (exceto medicamentos), incluídas as preparações anti-solares e os bronzeadores e as preparações para manicuros e pedicuros (NBM/SH – 3304); preparações capilares (NBM/SH

- 3305); preparações para barbear (antes, durante ou após), desodorantes corporais, preparações para banhos, depilatórios, outros produtos de perfumaria ou de toucador preparados e outras preparações cosméticas, não especificados ou compreendidos em outras posições e desodorantes de ambientes, preparados, mesmo não perfumados, com ou sem propriedades desinfetantes (NBM/SH - 3307); (Redação dada pela Lei nº 5.979, de 19.12.1997).

13. peleteria e suas obras e peleteria artificial; (Redação acrescentada pela Lei nº 7.740, de 09.10.2015).

14. aparelhos de sauna elétricos e banheiras de hidromassagem; (Redação acrescentada pela Lei nº 7.740, de 09.10.2015).

15. consoles e máquinas de vídeo games, suas partes e acessórios e respectivos jogos; (Redação acrescentada pela Lei nº 7.740, de 09.10.2015).

16. artigos de antiquário; e (Redação acrescentada pela Lei nº 7.740, de 09.10.2015).

17. brinquedos, na forma de réplica ou assemelhados de armas e outros artefatos de luta ou de guerra, que estimulem a violência. (Redação acrescentada pela Lei nº 7.740, de 09.10.2015).

b) 17% (dezessete por cento), nos demais casos.

c) 12% (doze por cento), nos serviços de transporte aéreo; (Redação acrescentada pela Lei nº 5.979, de 19.12.1997).

d) 28% (vinte e oito por cento) para serviços de telecomunicação; (Redação acrescentada pela Lei nº 7.740, de 09.10.2015).

e) 29% (vinte e nove por cento) para: (Redação acrescentada pela Lei nº 7.740, de 09.10.2015).

1. armas de fogo e munições, suas partes e acessórios, armas de ar-comprimido, de mola ou de gás, para defesa pessoal, de tiro a alvo ou de caça, inclusive revólveres, pistolas, espingardas e carabinas, ainda que destinados a tiros de festim ou com êmbolo cativo para abater animais; (Redação acrescentada pela Lei nº 7.740, de 09.10.2015).

2. cigarro, charuto, cigarrilha, fumo, cachimbos, cigarreiras, piteiras e isqueiros; (Redação acrescentada pela Lei nº 7.740, de 09.10.2015).

3. joias, incluindo-se neste conceito toda peça de ouro, platina ou prata associada a ouro, incrustada ou não, de pedra preciosa e semipreciosa e/ou pérola, relógios encaixados nos referidos metais e pulseiras com as mesmas características, inclusive armações para óculos, dos mesmos metais; e (Redação acrescentada pela Lei nº 7.740, de 09.10.2015).

TRIBUTÁRIO

4. aviões e helicópteros, para uso não comercial. (Redação acrescentada pela Lei nº 7.740, de 09.10.2015).

f) 27 % (vinte e sete por cento) para gasolina; e (Redação acrescentada pela Lei nº 7.740, de 09.10.2015).

g) 23 % (vinte e três por cento) para álcool etílico hidratado combustível - AEHC, álcool etílico anidro combustível - AEAC e álcool para outros fins. (Redação acrescentada pela Lei nº 7.740, de 09.10.2015).

II – nas operações e prestações interestaduais: (Redação dada pela Lei nº 8.085, de 28.12.2018).

a) 4% (quatro por cento): (Redação dada pela Lei nº 8.085, de 28.12.2018).

1. a partir de 16 de dezembro de 1996, na prestação de serviço de transporte aéreo de passageiro, carga ou mala postal (Resolução nº 95, de 13 de dezembro de 1996, do Senado Federal); e (Redação acrescentada pela Lei nº 8.085, de 28.12.2018).

2. a partir de 1º de janeiro de 2013, nas operações com bens e mercadorias importados do exterior, observado o disposto no § 4º deste artigo (Resolução nº 13, de 25 de abril de 2012, do Senado Federal). (Redação acrescentada pela Lei nº 8.085, de 28.12.2018).

b) 12% (doze por cento), nos demais casos. (Redação dada pela Lei nº 5.979, de 19.12.1997).

§ 1º Nas operações e prestações que destinem bens e serviços a consumidor final localizado em outra unidade da federação, será adotada a alíquota interestadual. (Redação dada pela Lei nº 8.085, de 28.12.2018).

§ 2º Na hipótese do § 1º deste artigo, caberá à unidade da federação de localização do destinatário o imposto correspondente à diferença entre a alíquota interna e a interestadual. (Redação dada pela Lei nº 8.085, de 28.12.2018).

§ 3º Para efeito deste artigo, as alíquotas internas são aplicadas quando: (Redação acrescentada pela Lei nº 5.979, de 19.12.1997).

I – o remetente ou o prestador e o destinatário da mercadoria ou do serviço estejam situados neste Estado; (Redação acrescentada pela Lei nº 5.979, de 19.12.1997).

II – da entrada de mercadorias ou bens importados do exterior; (Redação acrescentada pela Lei nº 5.979, de 19.12.1997).

III – da entrada, neste Estado, de petróleo, inclusive lubrificantes e combustíveis líquidos e gasosos dele derivados, e de energia elétrica, quando não destinados à comercialização ou à industrialização; (Redação acrescentada pela Lei nº 5.979, de 19.12.1997).

IV – das prestações de serviço de transporte iniciado ou contratado no exterior; (Redação acrescentada pela Lei nº 5.979, de 19.12.1997).

V – da prestações de serviço de comunicação transmitida ou emitida no estrangeiro e recebida neste Estado; (Redação acrescentada pela Lei nº 5.979, de 19.12.1997).

VI – (Revogado pela Lei nº 8.085, de 28.12.2018).

VII – da arrematação de mercadorias ou bens. (Redação acrescentada pela Lei nº 5.979, de 19.12.1997).

§ 4º A alíquota de 4% (quatro por cento), de que trata o item 2 da alínea a do inciso II do caput deste artigo: (Redação acrescentada pela Lei nº 8.085, de 28.12.2018).

I – aplica-se nas operações interestaduais com bens e mercadorias importados do exterior que, após o desembaraço aduaneiro: (Redação acrescentada pela Lei nº 8.085, de 28.12.2018).

a) não tenham sido submetidos a processo de industrialização; (Redação acrescentada pela Lei nº 8.085, de 28.12.2018).

b) ainda que submetidos a processo de transformação, beneficiamento, montagem, acondicionamento, reacondicionamento, renovação ou recondicionamento, resultem em mercadorias ou bens com conteúdo de importação superior a 40% (quarenta por cento). (Redação acrescentada pela Lei nº 8.085, de 28.12.2018).

II – não se aplica nas operações interestaduais com: (Redação acrescentada pela Lei nº 8.085, de 28.12.2018).

a) bens e mercadorias importados do exterior que não tenham similar nacional, definidos em lista editada pelo Conselho de Ministros da Câmara de Comércio Exterior - CAMEX, para os fins da Resolução nº 13, de 2012, do Senado Federal; (Redação acrescentada pela Lei nº 8.085, de 28.12.2018).

b) bens e mercadorias produzidos em conformidade com os processos produtivos básicos de que tratam o Decreto-Lei nº 288, de 28 de fevereiro de 1967, e as Leis Federais nºs 8.248, de 23 de outubro de 1991, 8.387, de 30 de dezembro de 1991, 10.176, de 11 de janeiro de 2001, e 11.484, de 31 de maio de 2007; e (Redação acrescentada pela Lei nº 8.085, de 28.12.2018).

c) gás natural importado do exterior. (Redação acrescentada pela Lei nº 8.085, de 28.12.2018).

Art. 17-A Aplica-se alíquota de 12% (doze por cento) para o ICMS às operações com os seguintes produtos: (incluído pela Lei nº 8.355, de 2 de dezembro de 2020)

I – armas de fogo;

II – coletes balísticos;

III – munição;

IV – insumos para recarga de munição;

V – prensas de recarga de munição e suas matrizes; e

VI – peças de armas de fogo, suas partes e componentes.

§ 1º A alíquota tratada no caput aplica-se às operações internas e às importações, sempre que os produtos dessas operações ou importações sejam destinados aos seguintes consumidores finais:

I – policiais e bombeiros militares de Alagoas;

II – policiais civis de Alagoas;

III – policiais penais de Alagoas;

IV – guardas municipais de municípios de Alagoas;

V – policiais federais e policiais rodoviários federais cujos locais de lotação e de domicílio estejam situados no território alagoano; e

VI – atiradores, caçadores ou colecionadores, registrados no Exército Brasileiro, cujo endereço constante no Certificado de Registro esteja localizado em Alagoas.

§ 2º Na hipótese de transmissão da propriedade da arma de fogo ou do colete balístico, a qualquer título, no prazo de até 36 (trinta e seis) meses contados da data da aquisição, o beneficiário adquirente deverá recolher a diferença do imposto dispensada, com os acréscimos legais, a contar da data da aquisição constante no documento fiscal, nos termos da legislação vigente.

§ 3º O benefício previsto neste artigo também se aplica ao servidor inativo que atenda, concomitantemente, aos seguintes requisitos:

I – cuja inatividade tenha ocorrido em qualquer dos cargos relacionados nos incisos I a V do caput deste artigo e

II – que tenha domicílio em Alagoas.

CAPÍTULO VI
DA SUJEIÇÃO PASSIVA

Seção I
Do Contribuinte

Art. 18. Contribuinte é qualquer pessoa, física ou jurídica, que realize, com habitualidade ou em volume que caracterize intuito comercial, operação de circulação de mercadoria ou prestação de serviços de transporte interestadual e intermunicipal e de comunicação, ainda que as operações e prestações se iniciem no exterior. (art. 5º, LC).

§ 1º É também contribuinte a pessoa física ou jurídica que, mesmo sem habitualidade ou intuito comercial: (Redação dada pela Lei nº 6.348, de 30.12.2002).

I - importe mercadorias ou bens do exterior, qualquer que seja a sua finalidade; (Redação dada pela Lei nº 6.348, de 30.12.2002).

II - seja destinatária de serviço prestado no exterior ou cuja a prestação se tenha iniciado no exterior;

III - adquira em licitação mercadorias ou bens apreendidos ou abandonados; (Redação dada pela Lei nº 6.348, de 30.12.2002).

IV - adquira, em outro Estado, lubrificantes e combustíveis líquidos e gasosos derivados de petróleo e energia elétrica, quando não destinados à comercialização ou à industrialização; (Redação dada pela Lei nº 6.209, de 21.12.2000).

§ 2º Incluem-se entre os contribuintes do imposto:

I - o importador, o arrematante ou o adquirente, o produtor, o extrator, o industrial e o comerciante;

II - o prestador de serviços de transporte interestadual e intermunicipal e de comunicação;

III - a cooperativa;

IV - a instituição financeira e a seguradora;

V - a sociedade civil de fim econômico;

VI - a sociedade civil de fim não econômico que explore estabelecimento de extração de substância mineral ou fóssil, de produção agropecuária, industrial ou que comercialize mercadorias que para esse fim adquira ou produza;

VII - o órgão da administração pública direta, a autarquia, a empresa pública federal, estadual ou municipal e a fundação instituída e mantida pelo Poder Público que vendam, ainda que apenas a comprador de determinada categoria profissional ou funcional, mercadoria que, para esse fim, adquirirem ou produzirem;

VIII - a concessionária ou permissionária de serviço público de transporte, de comunicação e de energia elétrica;

IX - o prestador de serviços não compreendidos na competência tributária dos Municípios, e que envolvam fornecimento de mercadorias;

X– o prestador de serviços compreendidos na competência tributária dos Municípios, e que envolvam fornecimento de mercadorias ressalvadas em lei complementar;

XI – o fornecedor de alimentação, bebidas e outras mercadorias em qualquer estabelecimento;

XII – qualquer pessoa indicada nos incisos anteriores que, na condição de consumidor final, adquira bens ou serviços em operações e prestações interestaduais.

Seção II
Do Estabelecimento

Art. 19. Estabelecimento é o local, privado ou público, edificado ou não, próprio ou de terceiro, onde pessoa física ou jurídica exerça sua atividade em caráter permanente ou temporário, bem como onde se encontre armazenada mercadoria.

§ 1º Equipara-se a estabelecimento autônomo o veículo utilizado no comércio ambulante e na captura de pescado.

§ 2º Na impossibilidade de determinação do estabelecimento, considera-se como tal, para os efeitos destas normas, o local em que tenha sido efetuada a operação ou prestação, encontrada a mercadoria ou constatada a prestação.

§ 3º Considera-se como estabelecimento autônomo, para efeito de manutenção e escrituração de livros e documentos fiscais e, quando for o caso, para recolhimento do imposto relativo às operações e prestações nele realizadas, cada estabelecimento produtor, extrator, gerador, inclusive de energia, industrial, comercial e importador ou prestador de serviços de transporte e de comunicação, do mesmo contribuinte, ainda que as atividades sejam integradas e desenvolvidas no mesmo local.

§ 4º Respondem pelo crédito tributário todos os estabelecimentos do mesmo titular.

Seção III
Do Responsável

Art. 20. A responsabilidade pelo pagamento do imposto e acréscimos legais não pagos pelo contribuinte ou responsável pode ser atribuída a terceiros quando os atos ou omissões destes concorrerem para o não recolhimento do tributo.

Art. 21. São responsáveis pelo pagamento do imposto:

I – o leiloeiro, em relação ao imposto devido sobre a saída de mercadoria decorrente de arrematação em leilão, quando o imposto não for pago pelo arrematante;

II – o síndico, comissário, inventariante ou liquidante, em relação ao imposto devido sobre a saída de mercadoria decorrente de sua alienação em falência, concordata, inventário ou dissolução de sociedade, respectivamente;

III – o armazém geral e estabelecimento depositário congênere:

a) na saída de mercadoria depositada por contribuinte de outro Estado;

b) na transmissão de propriedade de mercadoria depositada por contribuinte de outro Estado;

c) no recebimento para depósito ou na saída de mercadoria sem documentação fiscal ou com documentação fiscal inidônea.

IV – o transportador, em relação à mercadoria:

a) proveniente de outro Estado para entrega em território deste Estado a destinatário não designado, ou não regularmente inscrito, ou ainda, com endereço ou nome fictícios;

b) negociada em território deste Estado durante o transporte;

c) que aceitar para despacho ou transportar sem documentação fiscal, ou acompanhada de documento fiscal inidôneo; e

d) que entregar a destinatário ou em local diverso do indicado na documentação fiscal;

V – o estabelecimento industrial ou comercial que promover a saída de mercadoria sem documentação fiscal ou com documentação fiscal inidônea, em relação ao imposto devido pela operação subsequente com a mercadoria;

VI – qualquer possuidor ou detentor de mercadoria desacompanhada de documento fiscal ou acompanhada de documento fiscal inidôneo;

VII – a pessoa jurídica de direito privado que resultar de cisão, fusão, transformação ou incorporação de outra ou em outra, responsabilizando-se pelo imposto, até a data do ato, pelas pessoas jurídicas de direito privado, cindidas, fusionadas, transformadas ou incorporadas;

VIII – a pessoa física ou jurídica de direito privado que adquirir de outra, por qualquer título, fundo de comércio ou estabelecimento comercial, industrial ou profissional e continuar a respectiva exploração, sob a mesma ou outra razão social, ou sob firma ou nome individual, respondendo pelo imposto relativo ao fundo do estabelecimento adquirido, devido até a data do ato:

a) integralmente, se o alienante cessar a exploração do comércio, indústria ou atividade; e

b) subsidiariamente, com o alienante, se este prosseguir na exploração ou iniciar dentro de seis meses, a contar da data da alienação, nova atividade no mesmo ou em outro ramo do comércio, indústria ou prestação de serviço.

§ 1º O disposto no inciso VII aplica-se aos casos de extinção de pessoa jurídica de direito privado, quando a exploração da respectiva atividade seja continuada por qualquer sócio remanescente, ou seu espólio, sob a mesma ou outra razão social, ou sob firma individual.

§ 2º O responsável sub-roga-se em todos os direitos e obrigações do contribuinte originário, ressalvando-se a Fazenda Estadual o direito de exigir deste o cumprimento da obrigação não satisfeita pelo responsável.

§ 3º O Poder Executivo poderá identificar, no Regulamento, outros responsáveis na forma deste artigo, bem como fixar os prazos e as bases de cálculo para efeito de recolhimento do imposto.

IX – O contribuinte que adquirir mercadoria sem documentação fiscal ou sendo esta inidônea. (Redação acrescentada pela Lei nº 5.979, de 19.12.1997).

Seção IV
Da Responsabilidade Solidária

Art. 22. Respondem solidariamente pelo pagamento do imposto:

I – o entreposto aduaneiro ou qualquer pessoa que promova:

a) a saída de mercadoria estrangeira com destino ao mercado interno, sem documentação fiscal correspondente ou com destino a estabelecimento de titular diverso daquele que a houver importado ou arrematado; e

b) a reintrodução, no mercado interno, de mercadoria depositada para o fim específico de exportação.

II – o representante, mandatário ou gestor de negócio, em relação à operação realizada por seu intermédio;

III – os demais estabelecimentos do mesmo titular (art. 11, IV-LC);

IV – o estabelecimento abatedor, frigorífico ou matadouro, que promova a entrada de animais apenas para abate, desacompanhada de documentação fiscal hábil, relativamente ao imposto devido nas operações subsequentes com os produtos resultantes da matança;

V – o estabelecimento gráfico que imprimir documentos fiscais, emitidos por terceiros, se o débito do imposto tiver origem nos mencionados documentos quando não houver:

a) o prévio credenciamento do referido estabelecimento; e

b) a prévia autorização fazendária para a impressão;

VI – os terceiros cujos atos ou omissões concorrerem para o não recolhimento do imposto e acréscimos devidos pelo contribuinte ou responsável;

VII – os fabricantes e as pessoas credenciadas que prestem assistência técnica em máquinas, equipamentos e aparelhos destinados à emissão de documentos fiscais, quando a irregularidade por eles cometida concorrer para a omissão total ou parcial dos valores registrados nos totalizadores e, consequentemente, para a insuficiência ou falta de recolhimento do imposto.

§ 1º Para efeito do inciso IV, o estabelecimento abatedor deverá manter controle efetivo das entradas, na forma estabelecida no Regulamento.

§ 2º A solidariedade referida neste artigo não comporta benefício de ordem.

Seção V
Da Substituição Tributária

Art. 23. São sujeitos passivos por substituição tributária, responsáveis pela retenção e recolhimento do imposto incidente em operações ou prestações antecedentes, concomitantes ou subseqüentes, inclusive do valor decorrente da diferença entre as alíquotas interna e interestadual nas operações e prestações que destinem mercadorias, bens e serviços a consumidor final localizado neste Estado, nas hipóteses definidas na legislação: (Redação dada pela Lei nº 6.846, de 25.09.2007).

I – o destinatário da mercadoria – industrial, comerciante, cooperativa ou outra categoria de contribuinte, relativamente às operações antecedentes definidas no Anexo I; (Redação dada pela Lei nº 6.846, de 25.09.2007).

II – o remetente da mercadoria – produtor, extrator, gerador, inclusive de energia, importador, industrial, distribuidor, comerciante, transportador ou o adquirente em licitação promovida pelo Poder Público, relativamente ao imposto devido nas operações subseqüentes com as mercadorias constantes no Anexo II; (Redação dada pela Lei nº 6.846, de 25.09.2007).

III – ao depositário, a qualquer título, em relação a mercadoria depositada por contribuinte;

IV – o tomador do serviço, quando contribuinte do imposto neste Estado, no caso de prestação de serviço de transporte de mercadoria, bem ou valor iniciado neste Estado, realizada por transportador autônomo, qualquer que seja o seu domicílio, ou por empresa transportadora estabelecida fora do território alagoano e não inscrita no cadastro de contribuintes deste Estado; (Redação dada pela Lei nº 6.846, de 25.09.2007).

V – ao remetente contribuinte quando destinar mercadorias a contribuinte não inscrito, pelo pagamento do imposto devido nas operações subseqüentes, inclusive nas seguintes hipóteses: (Redação acrescentada pela Lei nº 6.664, de 29.12.2005).

a) quando destinar mercadorias a revendedores que efetuem vendas porta-a-porta ou em bancas de jornal e revista; e (Redação acrescentada pela Lei nº 6.664, de 29.12.2005).

b) quando destinar mercadorias a contribuintes que distribuam os produtos exclusivamente a revendedores que efetuem venda porta-a-porta. (Redação acrescentada pela Lei nº 6.664, de 29.12.2005).

VI – o contribuinte que possua em estoque mercadorias sujeitas à substituição tributária, na data de início de vigência do referido regime; (Redação acrescentada pela Lei nº 6.846, de 25.09.2007).

VII – o tomador do serviço, quando contribuinte do imposto neste Estado, no caso de prestação de serviço de comunicação realizada por prestador autônomo; (Redação acrescentada pela Lei nº 6.846, de 25.09.2007).

§ 1º A adoção do regime de substituição tributária em operações interestaduais dependerá de acordo específico celebrado entre os Estados interessados.

§ 2º A responsabilidade a que se refere este artigo é também atribuída:

I – ao contribuinte que realizar operação interestadual com petróleo, inclusive lubrificantes e combustíveis líquidos e gasosos dele derivados, em relação às operações subsequentes;

II – as empresas geradoras ou distribuidoras de energia elétrica, nas operações internas e interestaduais, na condição de contribuinte ou de substituto tributário, pelo pagamento do imposto desde a produção ou importação até a última operação, sendo seu cálculo efetuado sobre o preço praticado na operação final, assegurado seu recolhimento onde deva ocorrer essa operação.

III – (Revogado pela Lei nº 7.080, de 24.07.2009).

IV – ao contribuinte substituído, situado em outro Estado, que realizar operação subsequente interestadual com mercadorias sob o regime de substituição tributária a ser recebidas por contribuinte inscrito e estabelecido neste Estado; (Redação acrescentada pela Lei nº 6.846, de 25.09.2007).

V – à refinaria de petróleo ou suas bases, relativamente à operação com álcool etílico anidro combustível destinada a estabelecimento distribuidor de combustível, como tal definido pela Agência Nacional de Petróleo – ANP, para fins de mistura com gasolina. (Redação acrescentada pela Lei nº 6.846, de 25.09.2007).

VI – ao estabelecimento frigorífico, matadouro público ou privado, ou qualquer outro estabelecimento que promova o abate do gado ou realize operações com produtos resultantes do seu abate, em relação às operações antecedentes com gado ou subsequentes com os produtos resultantes de seu abate; e (Redação acrescentada pela Lei nº 7.080, de 24.07.2009).

VII - ao destinatário da mercadoria em Alagoas, nas operações de entrada de mercadoria procedente de Estado não signatário de convênio ou protocolo, hipótese em que também será antecipado o imposto referente à operação própria subsequente de saída do adquirente. (Redação acrescentada pela Lei nº 7.080, de 24.07.2009).

§ 3º Nas operações interestaduais com energia elétrica e petróleo, inclusive lubrificantes e combustíveis líquidos e gasosos dele derivados, de que tratam os incisos I e II do parágrafo anterior, que tenham como destinatário consumidor final, o imposto total incidente na operação será devido ao Estado onde estiver localizado o adquirente e será pago pelo remetente.

§ 4º Para efeito de exigência do imposto por substituição tributária, inclui-se como fato gerador a entrada de mercadoria ou bem no estabelecimento do adquirente ou em outro por ele indicado.

§ 5º No caso do inciso II do caput deste artigo, considera-se ocorrido o fato gerador relativo à operação ou operações subsequentes, tão logo a mercadoria seja posta em circulação pelo substituto tributário.

§ 6º Nos serviços de transporte e comunicação, quando a prestação for efetuada por mais de uma empresa, a responsabilidade pelo pagamento do imposto pode ser atribuída, por convênio com outros Estados, àquela que promover a cobrança integral do respectivo valor diretamente do usuário do serviço.

§ 7º A responsabilidade pelo pagamento do imposto devido nas operações entre o associado e a cooperativa de produtores de que faça parte, situada neste Estado, fica transferida para a destinatária.

§ 8º O disposto no parágrafo anterior é aplicável à mercadoria remetida pelo estabelecimento de cooperativa de produtores para estabelecimento, situado neste Estado, da própria cooperativa, de cooperativa central ou de Federação de cooperativas de que a cooperativa remetente faça parte.

§ 9º O imposto devido pelas saídas mencionadas nos §§ 7º e 8º será recolhido pela destinatária quando da saída subsequente, esteja esta sujeita ou não ao pagamento do imposto.

§ 10. É facultado ao Poder Executivo submeter ao regime de diferimento operações e prestações, estabelecendo o momento em que deva ocorrer o lançamento e pagamento do imposto e atribuindo a responsabilidade, por substituição, a qualquer contribuinte vinculado ao momento final do diferimento.

§ 11. As mercadorias sujeitas ao regime de substituição tributária relativa às operações subsequentes são aquelas relacionadas no Anexo II desta Lei, observado o disposto no inciso V do caput. (Redação dada pela Lei nº 6.846, de 25.09.2007).

TRIBUTÁRIO

§ 12. Para os efeitos dos incisos IV e VII do caput deste artigo, considera-se prestador autônomo de serviço de transporte ou de comunicação: (Redação acrescentada pela Lei nº 6.846, de 25.09.2007).

I – a pessoa natural que se dedique a esta atividade; (Redação acrescentada pela Lei nº 6.846, de 25.09.2007).

II – outra pessoa a ele equiparada, nos termos da legislação. (Redação acrescentada pela Lei nº 6.846, de 25.09.2007).

Art. 24. Na hipótese de responsabilidade tributária em relação às operações ou prestações antecedentes, o imposto devido pelas referidas operações ou prestações será pago pelo responsável quando, nas hipóteses especificadas na legislação:

I – da entrada ou recebimento da mercadoria, do bem ou do serviço; (Redação dada pela Lei nº 6.348, de 30.12.2002).

II – da saída subsequente por ele promovida, ainda que isenta ou não tributada;

III – verificar-se qualquer saída ou evento que impossibilite a ocorrência do fato determinante do pagamento do imposto.

Art. 25. A base de cálculo do imposto devido por empresa distribuidora de energia elétrica, responsável pelo pagamento do imposto relativamente às operações anteriores e posteriores, na qualidade de substituto tributário, é o valor da operação da qual decorra o fornecimento do produto ao consumidor.

Art. 25-A. (Revogado pela Lei nº 7.080, de 24.07.2009).

Art. 26. O imposto a ser pago por substituição tributária, na hipótese de responsabilidade tributária em relação às operações ou prestações subsequentes, corresponderá à diferença entre o valor resultante da aplicação da alíquota prevista para as operações ou prestações internas do Estado de destino sobre a respectiva base de cálculo e o valor do imposto devido pela operação ou prestação própria do substituto tributário.

Parágrafo único. O contribuinte que receber, de dentro ou de fora do Estado, mercadoria sujeita à substituição tributária, sem que tenha sido feita a retenção total na operação anterior, fica solidariamente responsável pelo recolhimento do imposto que deveria ter sido retido.

Art. 27. É assegurado ao contribuinte substituído o direito à restituição, total ou parcial, conforme o caso, do valor do imposto pago por força da substituição tributária. (Redação dada pela Lei nº 8.085, de 28.12.2018).

I – caso não se realize o fato gerador presumido; (Redação acrescentada pela Lei nº 8.085, de 28.12.2018).

II – caso a operação ou prestação destinada a consumidor final da mercadoria ou serviço se realize com valor inferior ao presumido, nos termos do art. 6º, XIII e

§ 4º desta Lei (Lei Complementar Federal nº 87, de 13 de setembro de 1996, art. 8º). (Redação acrescentada pela Lei nº 8.085, de 28.12.2018).

§ 1º Formulado o pedido de restituição e não havendo deliberação no prazo de 90 (noventa) dias, o contribuinte substituído poderá se creditar, em sua escrita fiscal, do valor objeto do pedido, devidamente atualizado, segundo os mesmos critérios aplicáveis ao tributo.

§ 2º Na hipótese do parágrafo anterior, sobrevindo decisão administrativa contrária irrecorrível, o contribuinte substituído, no prazo de 15 (quinze) dias da respectiva (ciência) notificação, procederá ao estorno dos créditos lançados, também devidamente atualizados, com o pagamento dos acréscimos legais cabíveis.

§ 3º O disposto no inciso II do caput deste artigo somente se aplica a fatos ocorridos após 5 de abril de 2017 ou que se refiram a litígios judiciais pendentes na referida data e submetidos à sistemática da repercussão geral pelo Supremo Tribunal Federal - STF. (Redação acrescentada pela Lei nº 8.085, de 28.12.2018).

§ 4º Em substituição ao procedimento ou forma de restituição previsto neste artigo, fica o Poder Executivo autorizado a estabelecer, observados a forma, os prazos e as condições previstas em regulamento: (Redação acrescentada pela Lei nº 8.085, de 28.12.2018).

I – procedimento ou forma diversa de restituição; (Redação acrescentada pela Lei Lei nº 8.085, de 28.12.2018).

II – mediante anuência expressa do contribuinte, a definitividade da base de cálculo do imposto devido por substituição tributária, ainda que a base de cálculo da operação a consumidor final se efetive em montante diverso da base de cálculo presumida, hipótese em que não caberá restituição nem complementação do imposto devido a título de substituição tributária." (Redação acrescentada pela Lei nº 8.085, de 28.12.2018).

Art. 27-A. No caso em que a operação ou prestação se realize com valor superior ao presumido com base no art. 6º, XIII e § 4º, desta Lei (Lei Complementar Federal nº 87, de 1996, art. 8º), deverá o contribuinte substituído efetuar o pagamento do valor correspondente à diferença entre o valor efetivo e o presumido por força da substituição tributária. (Redação acrescentada pela Lei nº 8.085, de 28.12.2018).

Seção VI
Das Disposições Gerais Sobre Sujeição Passiva

Art. 28. É irrelevante, para excluir a responsabilidade do cumprimento da obrigação ou a decorrente de sua inobservância:

I – a capacidade civil da pessoa natural;

II – o fato de achar-se a pessoa natural sujeita a medida que importe na limitação do exercício de atividade civil, comercial ou profissional, ou da administração direta de seu bem ou negócio;

III – a irregularidade formal na constituição de pessoa jurídica de direito privado ou de firma individual, bastando que configure uma unidade econômica ou profissional;

IV – a inexistência de estabelecimento fixo e a sua clandestinidade, ou precariedade de suas instalações.

Art. 29. As convenções particulares relativas à responsabilidade pelo pagamento do imposto não podem ser opostas à Fazenda Pública, para modificar a definição legal do sujeito passivo das obrigações tributárias correspondentes.

CAPÍTULO VII
DO LOCAL DA OPERAÇÃO E DA PRESTAÇÃO

Art. 30. O local da operação ou da prestação, para os efeitos de cobrança do imposto e definição do estabelecimento responsável, é:

I – tratando-se de mercadoria ou bem:

a) o do estabelecimento onde se encontre, no momento da ocorrência do fato gerador;

b) o do estabelecimento em que se realiza cada atividade de produção, extração, industrialização ou comercialização, na hipótese de atividades integradas;

c) o local onde se encontre, quando em situação fiscal irregular, pela falta de documentação fiscal ou quando com documentação inidônea, nos termos da legislação tributária;

d) o do estabelecimento onde ocorrer a entrada física, no caso de mercadoria ou bem importados do exterior;

e) o do domicílio do adquirente, quando não estabelecido, no caso de mercadoria ou bem importados do exterior;

f) aquele onde seja realizada a licitação, no caso de arrematação de mercadoria ou bem importados do exterior e apreendidos ou abandonados; (Redação dada pela Lei nº 6.348, de 30.12.2002).

g) o do desembarque do produto, na hipótese de captura de peixes, crustáceos e moluscos;

h) o do Estado onde o ouro tenha sido extraído, quando não considerado como ativo financeiro ou instrumento cambial;

i) do estabelecimento destinatário da mercadoria, no caso do inciso V do art. 2º; e (Redação dada pela Lei nº 5.979, de 19.12.1997).

j) o do estabelecimento que transfira a propriedade, ou o título que a represente, de mercadoria por ele adquirida no País e que por ele não tenha transitado, não se aplicando esta regra às mercadorias recebidas em regime de depósito de contribuinte de Estado que não o do depositário.

II – tratando-se de prestação de serviço de transporte:

a) onde tenha início à prestação;

b) o do estabelecimento destinatário do serviço, no caso do inciso VI do art. 2º; e

c) onde se encontre o transportador, quando em situação irregular pela falta de documentação fiscal ou quando acompanhada de documentação inidônea, nos termos da legislação tributária.

III – tratando-se de prestação onerosa de serviço de comunicação:

a) o da prestação do serviço de radiodifusão sonora e de som e imagem, assim entendido o da geração, emissão, recepção, transmissão, retransmissão, repetição e ampliação;

b) o do estabelecimento da concessionária ou permissionária que forneça ficha, cartão ou assemelhados com que o serviço é pago;

c) o estabelecimento destinatário do serviço, no caso do inciso VI do art. 2º;

d) o do estabelecimento ou domicílio do tomador do serviço, quando prestado por meio de satélite; e (Redação dada pela Lei nº 6.209, de 21.12.2000).

e) onde seja cobrado o serviço, nos demais casos. (Redação acrescentada pela Lei nº 6.209, de 21.12.2000).

IV – tratando-se de serviço prestado ou iniciado no exterior, o do estabelecimento ou do domicílio do destinatário.

§ 1º Para efeito do disposto na alínea h do inciso I, o ouro, quando definido como ativo financeiro ou instrumento cambial, deve ter sua origem identificada.

§ 2º Quando a mercadoria for remetida para armazém geral ou para depósito fechado do próprio contribuinte, no mesmo Estado, a posterior saída considerar-se-á ocorrida no estabelecimento do depositante, salvo se para retornar ao estabelecimento remetente.

§ 3º Para fins destas normas, a plataforma continental, o mar territorial e a zona econômica exclusiva integram o território do Estado e do Município que lhes é confrontante.

§ 4º Quando o imóvel rural estiver situado no território de mais de um Município, considera-se o contribuinte jurisdicionado no Município em que se encontrar localizada a sede da propriedade.

§ 5º Considera-se interna a operação destinada a contribuinte localizado em outro Estado ou no Distrito Federal, ou a destinada ao exterior, quando não devidamente comprovada a saída da mercadoria do território do Estado ou a sua efetiva exportação.

§ 6º Na hipótese do inciso III do caput deste artigo, tratando-se de serviços não medidos, prestados entre localidades situadas nesta e em outra unidade federada, e cujo preço seja cobrado por períodos definidos, o imposto devido será recolhido em partes iguais para este Estado e para a outra unidade federada envolvida, onde estiverem localizados o prestador e o tomador. (Redação acrescentada pela Lei nº 6.209, de 21.12.2000).

CAPÍTULO VIII
DOS LANÇAMENTOS

Art. 31. Os lançamentos do imposto serão feitos nos documentos e livros fiscais, com a descrição das operações ou prestações realizadas, na forma prevista no Regulamento.

§ 1º Os lançamentos serão complementados com sua declaração a Repartição Fazendária competente que, por sua vez, os homologará ou não.

§ 2º Constituem obrigação do contribuinte ou do responsável, os lançamentos a que se refere este artigo e a sua extinção ou exclusão far-se-ão na forma prevista na Lei nº 4.418, de 27 de dezembro de 1982.

CAPÍTULO IX
DA COMPENSAÇÃO DO IMPOSTO

Seção I
Da Não-Cumulatividade

Art. 32. O imposto é não-cumulativo, compensando-se o que for devido em cada operação relativa à circulação de mercadorias ou prestação de serviços de transporte interestadual e intermunicipal e de comunicação com o montante cobrado nas anteriores por esta ou por outra unidade da Federação, nos termos e condições estabelecidos neste capítulo.

Seção II
Do Crédito Fiscal

Art. 33. Para a compensação a que se refere o artigo anterior, é assegurado ao sujeito passivo o direito de creditar-se do imposto anteriormente cobrado em operações de que tenha resultado a entrada da mercadoria, real ou simbólica, no estabelecimento, inclusive a destinada ao seu uso ou consumo ou ao respectivo ativo permanente, ou ao recebimento de serviço de transporte interestadual e intermunicipal ou de comunicação.

Art. 34. O direito ao crédito, para efeito de compensação com o débito do imposto reconhecido ao estabelecimento que tenha recebido as mercadorias ou para o qual tenham sido prestados os serviços, está condicionado à idoneidade da documentação e à escrituração nos prazos e condições estabelecidos no Regulamento.

§ 1º O direito de utilizar o crédito extingue-se após decorridos cinco anos contados da data de emissão do documento que lhe deu origem.

§ 2º Sendo o imposto destacado a maior no documento fiscal, o valor do crédito não compreenderá o correspondente ao excesso.

§ 3º O crédito será admitido somente após sanadas as irregularidades, quando contidas em documento fiscal que:

I – não seja o exigido para a respectiva operação ou prestação;

II – não contenha as indicações necessárias a perfeita identificação da operação ou da prestação;

III – apresente emendas ou rasuras que lhe prejudiquem a clareza.

§ 4º O lançamento de qualquer crédito do imposto relativo a mercadorias entradas ou adquiridas, ou recebimento do serviço prestado, será feito no período em que se verificar a entrada ou aquisição da mercadoria ou recebimento do serviço.

§ 5º O lançamento a que se refere o parágrafo anterior fora do período referido, somente será admitido na forma em que dispuser o Regulamento.

§ 6º Para fins da compensação de que trata esta seção, relativamente aos créditos decorrentes de entrada, no estabelecimento, de bens destinados ao ativo permanente, deverá ser observado: (Redação dada pela Lei nº 6.209, de 21.12.2000).

I – a apropriação será feita à razão de um quarenta e oito avos por mês, devendo a primeira fração ser apropriada no mês em que ocorrer a entrada do bem no estabelecimento; (Redação dada pela Lei nº 6.209, de 21.12.2000).

II – em cada período de apuração do imposto, não será admitido o creditamento de que trata o inciso anterior, em relação à proporção das operações de saídas ou prestações isentas ou não tributadas sobre o total das operações de saídas ou prestações efetuadas no mesmo período; (Redação dada pela Lei nº 6.209, de 21.12.2000).

III – para aplicação do disposto nos incisos I e II deste parágrafo, o montante do crédito a ser apropriado será obtido multiplicando-se o valor total do respectivo crédito pelo fator igual a 1/48 (um quarenta e oito avos) da relação entre o valor das operações de saídas e prestações tributadas e o total das operações de saídas e prestações do período, equiparando- se às tributadas, para fins deste inciso, as saídas e prestações com destino ao exterior ou as saídas de papel destinado à impressão de livros, jornais e periódicos; (Redação dada pela Lei nº 7.079, de 20.07.2009).

IV – o quociente de um quarenta e oito avos será proporcionalmente aumentado ou diminuído, pro rata die, caso o período de apuração seja superior ou inferior a um mês; (Redação dada pela Lei nº 6.209, de 21.12.2000).

V – na hipótese de alienação dos bens do ativo permanente, antes de decorrido o prazo de quatro anos contado da data de sua aquisição, não será admitido, a partir da data da alienação, o creditamento de que trata este parágrafo em relação a fração que corresponderia ao restante do quadriênio; (Redação dada pela Lei nº 6.209, de 21.12.2000).

VI – serão objeto de outro lançamento, além do lançamento em conjunto com os demais créditos, para efeito da compensação de que trata esta seção, em livro próprio ou de outra forma que a legislação determinar, para aplicação do disposto nos incisos anteriores; (Redação dada pela Lei nº 6.209, de 21.12.2000).

VII – ao final do quadragésimo oitavo mês contado da data da entrada do bem no estabelecimento, o saldo remanescente do crédito será cancelado. (Redação dada pela Lei nº 6.209, de 21.12.2000).

§ 7º Somente dará direito a crédito a entrada de energia elétrica no estabelecimento: (Redação acrescentada pela Lei nº 6.209, de 21.12.2000).

I – quando for objeto de subsequente operação de saída de energia elétrica; (Redação acrescentada pela Lei nº 6.209, de 21.12.2000).

II – quando consumida no processo de industrialização; (Redação acrescentada pela Lei nº 6.209, de 21.12.2000).

III – quando seu consumo resultar em operação de saída ou prestação para o exterior, na proporção desta sobre as saídas ou prestações totais; (Redação acrescentada pela Lei nº 6.209, de 21.12.2000).

IV – a partir da data prevista na Lei Complementar nº 87/96, nas demais hipóteses. (Redação dada pela Lei nº 7.286, de 30.11.2011).

§ 8º Somente dará direito a credito o recebimento de serviços de comunicação utilizados pelo estabelecimento: (Redação acrescentada pela Lei nº 6.209, de 21.12.2000).

I – ao qual tenham sido prestados na execução de serviços da mesma natureza; (Redação acrescentada pela Lei nº 6.209, de 21.12.2000).

II – quando sua utilização resultar em operação de saída ou prestação para o exterior, na proporção desta sobre as saídas ou prestações totais; e (Redação acrescentada pela Lei nº 6.209, de 21.12.2000).

III – a partir da data prevista na Lei Complementar nº 87/96, nas demais hipóteses (Redação dada pela Lei nº 7.286, de 30.11.2011).

Seção III
Da Vedação ao Crédito

Art. 35. Não dão direito a crédito as entradas de mercadorias ou utilização de serviços resultantes de operações isentas ou não-tributadas, ou que se refiram a mercadorias ou serviços alheios à atividade do estabelecimento.

Parágrafo único. Salvo prova em contrário, presumem-se alheios à atividade do estabelecimento os veículos de transporte pessoal.

Art. 36. É vedado o crédito relativo a mercadoria entrada no estabelecimento ou a prestação de serviços a ele feita:

I – para integração ou consumo em processo de industrialização ou produção rural, quando a saída resultante não for tributada ou estiver isenta do imposto, bem como quando a referida operação for beneficiada com redução de alíquota ou de base de cálculo, hipótese em que a vedação ao crédito é proporcional à mencionada redução, exceto, em qualquer hipótese, quando se tratar de saída para o exterior;

II – para comercialização ou prestação de serviços, quando a operação ou prestação subsequente for beneficiada por isenção ou não-incidência, bem como quando a referida operação for beneficiada com redução de alíquota ou de base de cálculo, hipótese em que a vedação ao crédito é proporcional à mencionada redução, exceto, em qualquer hipótese, as destinadas ao exterior;

III – quando o produto utilizado no processo industrial, não seja nele consumido ou não integre o produto final na condição de elemento indispensável à sua composição, observado o disposto no inciso IV do art.138.

§ 1º Operações tributadas, posteriores a saídas de que trata o caput, dão ao estabelecimento que as praticar direito a creditar-se do imposto cobrado nas operações anteriores às isentas ou não-tributadas sempre que a saída isenta ou não tributada seja relativa a produtos agropecuários.

§ 2º Mediante ato da autoridade competente da Secretaria da Fazenda, poderá ser vedado o lançamento do crédito, ainda que destacado em documento fiscal, quando, em desacordo com disposições de lei complementar pertinente, for concedido por outra Unidade da Federação qualquer beneficio de que resulte exoneração ou devolução do tributo, total ou parcial, direta ou indireta, condicionada ou incondicionada.

TRIBUTÁRIO

Seção IV
Do Estorno e da Manutenção do Crédito

Art. 37. O contribuinte efetuará o estorno do imposto creditado sempre que o serviço tomado ou a mercadoria entrada no estabelecimento:

I – for objeto de saída ou prestação de serviço não tributada ou isenta ou beneficiada com redução de base de cálculo, sendo o estorno, neste caso, proporcional à redução, e esta circunstância imprevisível na data da entrada da mercadoria ou da utilização do serviço;

II – for integrada ou consumida em processo de industrialização, quando a saída do produto resultante não for tributada, estiver com isenção do imposto ou beneficiada com redução de base de cálculo, sendo o estorno, neste caso, proporcional à redução;

III – vier a ser utilizada em fim alheio à atividade do estabelecimento;

IV – vier a perecer, deteriorar-se ou extraviar-se;

V – vier na operação ou prestação subsequente a gozar de redução da base de cálculo, hipótese em que o estorno será proporcional à redução.

§ 1º Havendo mais de uma aquisição e sendo impossível determinar a qual delas corresponde a mercadoria, o imposto a estornar será calculado mediante aplicação da alíquota vigente na data do estorno sobre o preço da aquisição mais recente.

§ 2º Quando, por qualquer motivo, a mercadoria for alienada por importância inferior ao custo de aquisição de que decorreu sua entrada, será obrigatória a anulação do crédito correspondente à diferença entre o valor citado e o que serviu de base de cálculo na saída respectiva.

§ 3º (Revogado pela Lei nº 6.209, de 21.12.2000).

§ 4º (Revogado pela Lei nº 6.209, de 21.12.2000).

§ 5º (Revogado pela Lei nº 6.209, de 21.12.2000).

§ 6º (Revogado pela Lei nº 6.209, de 21.12.2000).

§ 7º (Revogado pela Lei nº 6.209, de 21.12.2000).

§ 8º Ao fim do quinto ano contado da data do lançamento a que se refere o § 6º do art. 34, o saldo remanescente do crédito será cancelado de modo a não mais ocasionar estorno. (Revogado pela Lei nº 6.209, de 21.12.2000).

Art. 38. Não serão anulados créditos referentes a mercadorias e serviços que venham a ser objeto de operações ou prestações destinadas ao exterior ou de operações com o papel destinado à impressão de livros, jornais e periódicos. (Redação dada pela Lei nº 7.079, de 20.07.2009).

CAPÍTULO X
DA APURAÇÃO E DO PAGAMENTO DO IMPOSTO

Art. 39. O período de apuração do imposto obedecerá o previsto na legislação tributária, considerando-se as obrigações vencidas na data em que termina o mencionado período de apuração e podendo ser liquidadas por compensação ou mediante pagamento em dinheiro, na seguinte forma:

I - as obrigações consideram-se liquidadas por compensação até o montante dos créditos escriturados no mesmo período mais o saldo credor advindo de período ou períodos anteriores, se for o caso;

II - se o montante dos débitos do período superar o dos créditos, a diferença será paga dentro do prazo fixado em decreto do Poder Executivo;

III - se o montante dos créditos do período superar o dos débitos, a diferença será transportada para o período seguinte.

§ 1º Para efeito deste artigo, os débitos e créditos devem ser apurados em cada estabelecimento, compensando-se os saldos credores e devedores entre os estabelecimentos do mesmo sujeito passivo localizados neste Estado, conforme dispuser regulamento. (Redação dada pela Lei nº 6.209, de 21.12.2000).

§ 2º Os débitos são constituídos pelos valores resultantes da aplicação das alíquotas cabíveis sobre as bases de cálculo das operações ou prestações tributadas.

§ 3º A partir de 16 de setembro de 1996, os saldos credores acumulados por estabelecimento que realize operações e prestações destinadas ao exterior de que trata o art. 3º, II, desta Lei, podem ser, na proporção que estas saídas representem do total das saídas realizadas pelo estabelecimento, e conforme dispuser a legislação:

I - imputados pelo sujeito passivo a qualquer estabelecimento seu localizado neste Estado;

II - transferidos pelo sujeito passivo, havendo saldo remanescente, para outros contribuintes estabelecidos neste Estado, mediante a emissão, pela Secretaria da Fazenda, conforme critérios a serem estabelecidos em Decreto do Executivo, de documento que reconheça o crédito.

§ 4º Salvo nas hipóteses previstas na regulamentação do imposto, é vedada a utilização de crédito para compensar o imposto devido: (Redação acrescentada pela Lei nº 7.080, de 24.07.2009).

I - por substituição tributária; (Redação acrescentada pela Lei nº 7.080, de 24.07.2009).

II - na importação de mercadorias, bens ou serviços; e (Redação acrescentada pela Lei nº 7.080, de 24.07.2009).

TRIBUTÁRIO

III – nas entradas interestaduais a que refere o parágrafo único do art. 1º. (Redação acrescentada pela Lei nº 7.080, de 24.07.2009).

Art. 40. Em substituição ao regime de apuração mencionado no artigo anterior, decreto do Poder Executivo poderá estabelecer:

I – que o cotejo entre créditos e débitos se faça por mercadoria ou serviço dentro de um determinado período;

II – que o cotejo entre créditos e débitos se faça por mercadoria ou serviço em cada operação ou prestação;

III – que, em função do porte ou da atividade do estabelecimento, o imposto seja pago em parcelas periódicas e calculado por estimativa, para um determinado período, assegurado ao sujeito passivo o direito de impugná-la e instaurar processo contraditório.

§ 1º Na hipótese do inciso III do caput, observar-se-á:

I – ao fim do período estimado, será feito o ajuste, com base na escrituração regular do contribuinte, que pagará a diferença apurada, se positiva;

II – se a diferença referida no inciso anterior for negativa, será compensada com o pagamento referente ao período ou períodos imediatamente seguintes;

III – a inclusão do estabelecimento no regime não dispensa o sujeito passivo do cumprimento de obrigações acessórias.

§ 2º O saldo do imposto, apurado na forma da legislação e segundo qualquer dos critérios referidos nos incisos I a III do caput deste artigo, será:

I – declarado à repartição fazendária competente e pago na forma e nos prazos fixados pelo Regulamento, quando devedor;

II – transferido para o período ou períodos seguintes, quando credor.

Art. 41. Os estabelecimentos de produtores e aqueles que se dedicam a atividade extrativa, mineral ou vegetal, recolherão o imposto no seu próprio nome:

I – nas saídas de mercadorias ou prestações de serviços com destino a outro Estado, ao exterior, a outros produtores ou a pessoas de direito Público ou privado, não obrigados a inscrição como contribuintes;

II – nas transmissões de propriedades de mercadorias depositadas, em seu nome, em armazéns gerais ou em outro qualquer local, neste ou em outro Estado, quando as mesmas não transitarem pelo estabelecimento depositante ou quando deste tenham saído sem pagamento do imposto, salvo se o adquirente for comerciante ou industrial estabelecido neste Estado;

III - nas saídas de mercadorias ou prestações de serviços efetuados a consumidor final ou a não revendedor;

IV - em qualquer hipótese, quando o produtor tiver organização administrativa e comercial, considerada pela autoridade fiscal adequada ao atendimento das obrigações fiscais.

Parágrafo único. O imposto será recolhido pelo destinatário, como fixado no Regulamento, quando não se aplicar qualquer das regras referidas no caput deste artigo.

Art. 42. O recolhimento do imposto far-se-á em documento padronizado, autorizado pela Secretaria da Fazenda.

Parágrafo único. Os recolhimentos dos tributos estaduais deverão ser efetivados nas repartições fiscais ou instituições financeiras devidamente credenciadas pela Secretaria da Fazenda.

Art. 43. O Regulamento estabelecerá a forma e os prazos para o recolhimento do imposto, admitida a distinção em função de categorias, grupos ou setores de atividades econômicas.

§ 1º Nas saídas de mercadorias promovidas por contribuintes submetidos a regime especial de fiscalização, o recolhimento do imposto poderá ser exigido antes da entrega ou remessa da mercadoria.

§ 2º O disposto no parágrafo anterior aplica-se também aos contribuintes que só efetuem operações ou prestações durante períodos determinados, em caráter eventual ou transitório.

§ 3º Vence na data da ocorrência do fato gerador o imposto devido em decorrência de operações e prestações em desacordo com a legislação que impliquem supressão ou redução do imposto. (Redação acrescentada pela Lei nº 6.846, de 25.09.2007).

Art. 44. Independentemente da incidência, imunidade, não incidência, isenção ou remissão do imposto, assim como da forma e do prazo do seu lançamento, escrituração e recolhimento, as pessoas que realizem operações relativas a circulação de mercadorias e prestações de serviços tributados pelo Estado, são obrigados a declarar:

I - periodicamente, segundo o Regulamento, o valor de suas operações ou prestações e o demonstrativo da apuração do imposto;

II - anualmente, para apuração do valor adicionado, o valor das entradas e saídas de mercadorias ou bens importados e o da prestação de serviços, na forma da legislação aplicável.

CAPÍTULO XI
DA RESTITUIÇÃO DO IMPOSTO

Art. 45. As quantias indevidamente recolhidas aos cofres do Estado, serão restituídas, atualizadas monetariamente, a requerimento do contribuinte, desde que este comprove que o respectivo encargo financeiro não foi transferido a terceiros ou, no caso de tê-lo recebido de outrem, estar por este devidamente autorizado a recebê-la.

§ 1º O terceiro que fizer prova de haver sido transferido o encargo financeiro do imposto pago pelo contribuinte, sub-roga-se no direito daquele à respectiva restituição. (Redação Renumerada pela Lei nº 8.085, de 28.12.2018).

§ 2º Deferido o pedido de restituição, o valor a ser compensado em cada período de apuração não poderá ser superior a 20% (vinte por cento) do saldo devedor do respectivo período. (Redação acrescentada pela Lei nº 8.085, de 28.12.2018).

CAPÍTULO XII
DAS OBRIGAÇÕES ACESSÓRIAS

Seção I
Da Inscrição

Art. 46. Os contribuintes definidos nesta Lei, os armazéns gerais e congêneres, inclusive o substituto tributário estabelecido em outra unidade da Federação, são obrigados a inscrever seus estabelecimentos no Cadastro de Contribuintes do Estado de Alagoas – CACEAL, antes de iniciarem suas atividades.

§ 1º No interesse da Administração Fazendária poderá ser exigida a renovação da inscrição já efetivada.

§ 2º A falta de renovação da inscrição no prazo e na forma previstos na legislação, para todos os efeitos legais, implica ser o estabelecimento considerado não inscrito.

Art. 46-A. O contribuinte é responsável pela verificação, mediante os meios disponibilizados pela Fazenda Estadual, inclusive via Internet, da regularidade cadastral do contribuinte que com ele promover transação comercial. (Redação acrescentada pela Lei nº 6.846, de 25.09.2007).

Art. 47. O contribuinte é obrigado a comunicar as alterações dos dados cadastrais relativos a sua inscrição, a paralisação temporária e a cessação da sua atividade, na forma que dispuser a legislação.

Art. 48. O cancelamento ou a baixa da inscrição não implicam quitação de quaisquer débitos porventura existentes.

Art. 49. O Secretário da Fazenda estabelecerá as normas a serem observadas para inscrição ou sua renovação, alteração de dados cadastrais, paralisação temporária, cessação da atividade, cancelamento ou baixa, especificando os documentos que deverão ser apresentados.

Parágrafo único. A Secretaria da Fazenda sempre que entender mais prático, conveniente ou necessário:

I - poderá autorizar inscrição não obrigatória;

II - determinar a inscrição de estabelecimento ou pessoas que, embora não se revistam da condição de contribuintes ou responsáveis, intervenham no mecanismo de circulação de mercadorias ou bens e no de prestação de serviços.

Art. 49-A. Será cancelada a inscrição do contribuinte que adquirir, distribuir, transportar, estocar ou revender derivados de petróleo, gás natural e suas frações recuperáveis, álcool etílico hidratado carburante, álcool anidro e demais combustíveis líquidos carburantes, em desconformidade com as especificações estabelecidas pelo órgão competente. (Redação acrescentada pela Lei nº 6.847, de 25.09.2007).

Art. 49-B. O cancelamento da inscrição no cadastro de contribuintes do ICMS prevista no art. 49-A implicará: (Redação acrescentada pela Lei nº 6.847, de 25.09.2007).

I - aos sócios, pessoas físicas ou jurídicas, em comum ou separadamente, do estabelecimento penalizado: (Redação acrescentada pela Lei nº 6.847, de 25.09.2007).

a) o impedimento de exercerem o mesmo ramo de atividade, mesmo que em estabelecimento distinto; (Redação acrescentada pela Lei nº 6.847, de 25.09.2007).

b) vedação de pedido de inscrição de nova empresa de mesmo ramo de atividade. (Redação acrescentada pela Lei nº 6.847, de 25.09.2007).

II - ao responsável ou preposto, ainda que temporariamente ou a qualquer título, do estabelecimento penalizado: (Redação acrescentada pela Lei nº 6.847, de 25.09.2007).

a) pertencer ao quadro administrativo como sócio, diretor, gerente ou gestor de negócios, de empresa ou estabelecimento comercial que pretenda sua inscrição no Cadastro de Contribuintes do ICMS. (Redação acrescentada pela Lei nº 6.847, de 25.09.2007).

Parágrafo único. As restrições previstas nos incisos I e II prevalecerão pelo prazo de cinco anos, contados da data do cancelamento da inscrição cadastral. (Redação acrescentada pela Lei nº 6.847, de 25.09.2007).

§ 1º A desconformidade referida no caput será apurada na forma prevista em regulamento, observadas as normas estabelecidas pela Agência Nacional do Petróleo - ANP. (Redação acrescentada pela Lei nº 6.847, de 25.09.2007).

§ 2º O cancelamento da inscrição do contribuinte será precedido da ampla defesa e do contraditório, nos termos que dispuser o regulamento. (Redação acrescentada pela Lei nº 6.847, de 25.09.2007).

TRIBUTÁRIO

Seção II
Dos Documentos e Livros Fiscais

Art. 50. Os contribuintes e as demais pessoas obrigadas à inscrição deverão, de acordo com a respectiva atividade e em relação a cada um de seus estabelecimentos:

I – emitir documentos fiscais, conforme as operações e prestações que realizarem;

II – manter escrita fiscal destinada ao registro das operações efetuadas.

§ 1º O Regulamento estabelecerá os modelos dos documentos e livros fiscais que deverão ser utilizados, bem como a forma e os prazos de sua emissão e escrituração.

§ 2º Os estabelecimentos que exerçam a atividade de venda ou revenda de mercadorias ou bens, ou de prestação de serviços, em que o adquirente ou tomador seja pessoa física ou jurídica não contribuinte do ICMS, estão obrigados ao uso de equipamento emissor de Cupom Fiscal - ECF, inclusive para imprimir, obrigatoriamente, o comprovante de crédito ou débito referente ao uso de Transferência Eletrônica de Fundos - TEF, nos termos que dispuser a legislação. (Redação dada pela Lei nº 6.846, de 25.09.2007).

§ 3º É proibida a impressão e a utilização de documentos estritamente comerciais que devam ser entregues ao adquirente ou encomendante de mercadorias ou serviços, com características semelhantes aos documentos fiscais, os quais possibilitem confundir o consumidor.

§ 4º É vedado o uso de máquina registradora, terminal ponto de venda ou equipamento emissor de cupom fiscal - ECF, bem como de qualquer outro equipamento emissor de cupom ou com possibilidade de emiti-lo, que possa ser confundido com Cupom Fiscal, exclusivamente para operações de controle interno do estabelecimento, no recinto de atendimento ao público.

§ 5º O documento emitido por máquina registradora, terminal ponto de venda, Equipamento Emissor de Cupom Fiscal - ECF, computador, impressora ou equipamento semelhante, referente à operação sujeita ao Imposto sobre Circulação de Mercadorias e Serviços, tem valor fiscal para efeito de apuração do imposto, estando sua utilização sujeita a prévia autorização fiscal.

§ 6º O usuário dos equipamentos mencionados no parágrafo anterior deve colocar à disposição do Fisco as informações registradas nos equipamentos, inclusive em meio magnético ou semelhante, quando for o caso.

§ 7º No caso de informação registrada em meio magnético ou semelhante, poderá o Fisco determinar a apresentação das informações de maneira selecionada, classificada ou agrupada.

§ 8º O fabricante, o credenciado ou o produtor de software responderão solidariamente com os usuários sempre que contribuírem para o uso indevido do equipamento, através de mecanismos, dispositivos ou funções de máquina registradora, terminal ponto de venda, ECF, computador, impressora ou equipamento semelhante, ou de programa.

§ 9º Na hipótese em que, solicitado pela Fazenda Estadual, não for apresentado pelo contribuinte o livro Registro de Inventário, ainda que sob a justificativa de não ter sido adquirido ou escriturado, presume-se zero o estoque de mercadorias relativo aos respectivos exercícios. (Redação acrescentada pela Lei nº 6.331, de 22.07.2002).

§ 10. Presume-se extraviado, admitindo-se prova em contrário, o livro fiscal, documento fiscal ou formulário contínuo, que: (Redação acrescentada pela Lei nº 6.331, de 22.07.2002).

I – solicitado pela Fazenda Estadual, não tenha sido entregue no prazo máximo de 30 (trinta) dias; (Redação acrescentada pela Lei nº 6.331, de 22.07.2002).

II – na hipótese de encerramento da atividade do estabelecimento, inclusive por motivo de baixa ou cancelamento da inscrição estadual, não tenha sido entregue à repartição fiscal no prazo previsto na legislação. (Redação acrescentada pela Lei nº 6.331, de 22.07.2002).

§ 11. As instituições financeiras e de pagamento, integrantes ou não do Sistema de Pagamentos Brasileiro – SPB, as administradoras de cartão de crédito, débito ou similares, as administradoras de shopping center, de condomínios comerciais e de empreendimentos semelhantes deverão nos termos da legislação, informar ao fisco estadual: (Redação dada pela Lei nº 8.085, de 28.12.2018).

I – o valor referente a cada operação ou prestação efetuada por contribuintes do imposto por meio de seus sistemas de crédito, débito ou similares; (Redação dada pela Lei nº 8.085, de 28.12.2018).

II – os dados relativos a bens, negócios, atividades ou outras informações que disponham a respeito dos contribuintes localizados no seu empreendimento, inclusive sobre valor locatício; e (Redação dada pela Lei nº 8.085, de 28.12.2018).

III – as informações constantes nos comprovantes de pagamento de operação ou prestação efetuadas com cartões de débito, crédito, de loja (private label) e demais instrumentos de pagamento eletrônico. (Redação dada pela Lei nº 8.085, de 28.12.2018).

§ 12. A emissão do comprovante de pagamento de operação ou prestação efetuada com cartões de débito, crédito, de loja (private label) e demais instrumentos de pagamento eletrônico deve estar vinculada ao documento fiscal emitido na operação ou prestação respectiva, conforme disposto na legislação regulamentar. (Redação acrescentada pela Lei nº 8.085, de 28.12.2018).

§ 13. A Secretaria de Estado da Fazenda de Alagoas poderá solicitar em arquivo impresso ou eletrônico as informações dispostas no § 11 deste artigo. (Redação acrescentada pela Lei nº 8.085, de 28.12.2018).

Art. 51. No interesse da arrecadação, controle e fiscalização do imposto, o Secretário de Estado de Fazenda poderá:

I - instituir, substituir ou dispensar livros e documentos fiscais;

II - determinar que o valor das operações e do saldo credor ou devedor do imposto, apurado no respectivo período, seja declarado em documento específico, bem como sejam prestadas quaisquer informações complementares;

III - (Revogado pela Lei nº 6.970, de 04.08.2008).

§ 1º O Superintendente da Receita Estadual poderá conceder Regime Especial ao sujeito passivo, que consiste em qualquer tratamento diferenciado, adotado em casos peculiares, em relação às regras gerais de exigência do ICMS e de cumprimento das obrigações acessórias, mediante manifestação de órgão técnico fazendário, objetivando facilitar o cumprimento das obrigações tributárias pelo sujeito passivo, sem que disso resulte desoneração da carga tributária. (Redação dada pela Lei nº 6.970, de 04.08.2008).

§ 2º Sem prejuízo da posterior arguição de nulidade, da atribuição de responsabilidade funcional e da cobrança dos pertinentes créditos tributários, não produzirá efeitos o Regime Especial de que decorra desoneração, no todo ou em parte, do pagamento do imposto. (Redação acrescentada pela Lei nº 5.979, de 19.12.1997).

Art. 52. Os documentos fiscais que acobertarem o transporte de mercadorias deverão, por ocasião da passagem destas pelos Postos Fiscais, ser apresentados aos funcionários fiscais em plantão, a fim de que se proceda a verificação da regularidade fiscal da operação, e sejam visados.

§ 1º Presumir-se-á a entrega ou comercialização de mercadoria em território alagoano: (Redação acrescentada pela Lei nº 7.079, de 20.07.2009).

I - se objeto de operação interestadual iniciada ou em trânsito neste Estado e sujeita ao controle interestadual de mercadorias (passe fiscal), não ocorrer o registro de sua saída deste Estado ou a entrada em outro Estado, na forma e prazo estabelecidos em decreto; ou (Redação acrescentada pela Lei nº 7.079, de 20.07.2009).

II - quando o veículo estiver transitando sem as mercadorias referidas em passe fiscal interestadual ou transportando mercadorias diversas ou com especificações diferentes das nele indicadas, ainda que não tenha decorrido o prazo previsto no inciso I deste artigo. (Redação acrescentada pela Lei nº 7.079, de 20.07.2009).

§ 2º Presumir-se-á a entrega da mercadoria em estabelecimento diverso do indicado no documento fiscal, além das hipóteses previstas no § 1º deste artigo se, sujeita ao controle interno de mercadorias (passe fiscal), não ocorrer o registro de sua baixa. (Redação acrescentada pela Lei nº 7.079, de 20.07.2009).

§ 3º As presunções referidas no inciso I do § 1º e no § 2º deste artigo poderão ser ilididas por prova inequívoca. (Redação acrescentada pela Lei nº 7.079, de 20.07.2009).

Art. 53. Os livros obrigatórios de escrituração e os comprovantes dos lançamentos neles efetuados, inclusive os documentos fiscais, serão conservados até que ocorra a prescrição dos créditos tributários decorrentes das operações a que se refiram. (Redação dada pela Lei nº 7.080, de 24.07.2009).

§ 1º Nos casos de perda ou extravio de livros fiscais, o contribuinte fica obrigado a comprovar o montante das operações escrituradas ou que deveriam ter sido escrituradas nos referidos livros, para efeito de verificação do pagamento do imposto.

§ 2º Na hipótese do parágrafo anterior, se o contribuinte, no prazo que o Regulamento fixar, deixar de fazer a comprovação, ou não puder fazê-la, e bem assim, nos casos em que a mesma for considerada insuficiente ou inidônea, o valor das operações e das prestações será arbitrado pela autoridade fiscal, pelos meios a seu alcance, deduzindo-se, do montante devido, os recolhimentos efetivamente comprovados pelo contribuinte ou pelos registros da repartição.

Art. 54. O Secretário da Fazenda poderá exigir a autenticação dos documentos fiscais a serem utilizados pelo contribuinte.

Art. 55. Sempre que o documento fiscal referente à entrada de mercadoria for escriturado com atraso, desde que envolva aproveitamento do crédito fiscal, fica o contribuinte obrigado a comunicar a ocorrência, devidamente justificada, à repartição fiscal a que estiver jurisdicionado, no prazo fixado pela legislação.

Art. 56. O contribuinte é obrigado a apresentar as declarações necessárias à apuração dos índices de participação dos municípios, no produto de arrecadação do imposto, e todos os demais formulários de caráter econômico fiscal, conforme dispuser a legislação.

Art. 57. Sempre que necessário e mediante intimação, o contribuinte fica obrigado a fornecer, no prazo de 30 (trinta) dias, prorrogável por igual período a requerimento da parte, a relação individual das operações realizadas com comerciantes ou industriais em determinados períodos.

Art. 58. O regime especial concedido ao contribuinte, para o cumprimento de suas obrigações, poderá ser cassado, se o beneficiário proceder em desacordo com as normas fixadas para sua concessão.

Seção III
Das Disposições Gerais

(Redação acrescentada pela Lei nº 7.080, de 24.07.2009).

Art. 58-A. Compete à Secretaria de Estado da Fazenda dispor sobre as obrigações acessórias relativas ao ICMS, estabelecendo, inclusive, forma, prazo e condições para o seu cumprimento e o respectivo sujeito passivo. (Redação acrescentada pela Lei nº 7.080, de 24.07.2009).

TRIBUTÁRIO

Art. 58-B. Sujeito passivo da obrigação acessória é a pessoa natural ou jurídica, contribuinte ou não do imposto, obrigada às prestações que constituam o seu objeto. (Redação acrescentada pela Lei nº 7.080, de 24.07.2009).

Parágrafo único. Salvo nas hipóteses previstas na regulamentação do imposto, o sujeito passivo não está dispensado do cumprimento das obrigações acessórias, ainda que: (Redação acrescentada pela Lei nº 7.080, de 24.07.2009).

I – as operações ou prestações sejam isentas ou não-tributadas; (Redação acrescentada pela Lei nº 7.080, de 24.07.2009).

II – esteja enquadrado em regime especial de tributação; e (Redação acrescentada pela Lei nº 7.080, de 24.07.2009).

III – a exigibilidade do crédito tributário esteja suspensa. (Redação acrescentada pela Lei nº 7.080, de 24.07.2009).

Art. 58-C. Sem prejuízo das obrigações estabelecidas neste Capítulo, os contribuintes que desenvolverem atividade com produtos passíveis de medição e controle, poderão ser obrigados a instalar, nos termos que dispuser a legislação: (Redação acrescentada pela Lei nº 7.080, de 24.07.2009).

I – sistemas de controle e medição de vazão; (Redação acrescentada pela Lei nº 7.080, de 24.07.2009).

II – lacres de segurança; e (Redação acrescentada pela Lei nº 7.080, de 24.07.2009).

III – qualquer outro equipamento que se fizer necessário ao controle das operações pelo fisco. (Redação acrescentada pela Lei nº 7.080, de 24.07.2009).

CAPÍTULO XIII
DA FISCALIZAÇÃO

Art. 59. Observadas as normas gerais estabelecidas nos arts. 194 e 200 do Código Tributário Nacional, a fiscalização do imposto compete à Secretaria da Fazenda, através de seus órgãos específicos e será exercida sobre todas as pessoas naturais ou jurídicas, contribuintes ou não, que estiverem obrigadas ao cumprimento de disposições da legislação tributária estadual, bem como em relação aos que gozaram de não incidência ou isenção.

Art. 60. O Regime Especial de Controle de Fiscalização será determinado por ato do Secretário de Estado da Fazenda e consistirá, isolada ou cumulativamente: (Redação dada pela Lei nº 7.747, de 09.10.2015).

I – na obrigatoriedade do pagamento do imposto relativo às operações de saídas de mercadorias ou prestações de serviços, inclusive do imposto devido por substituição tributária: (Redação dada pela Lei nº 7.747, de 09.10.2015).

a) a cada operação ou prestação ou em outro momento ou prazo previsto na regulamentação do imposto; e (Redação dada pela Lei nº 7.747, de 09.10.2015).

b) por antecipação, na primeira repartição fazendária da divisa ou do percurso, quando da entrada, no território deste Estado, de mercadoria ou serviço proveniente de outra Unidade da Federação. (Redação dada pela Lei nº 7.747, de 09.10.2015).

II – na sujeição ao cumprimento das seguintes obrigações acessórias de caráter especial, além de outras previstas na regulamentação do imposto: (Redação dada pela Lei nº 7.747, de 09.10.2015).

a) exigência de apresentação periódica de informações econômicas, patrimoniais e financeiras; (Redação dada pela Lei nº 7.747, de 09.10.2015).

b) retenção, para averiguação, de todas as mercadorias em trânsito por ele remetidas ou a ele destinadas, e (Redação dada pela Lei nº 7.747, de 09.10.2015).

c) exigência da apresentação das suas 05 (cinco) últimas declarações do Imposto de Renda, bem como dos seus sócios. (Redação dada pela Lei nº 7.747, de 09.10.2015).

III – na exigência de comprovação da entrada da mercadoria ou bem ou do recebimento do serviço, para a apropriação do respectivo crédito; (Redação dada pela Lei nº 7.747, de 09.10.2015).

IV – no impedimento à utilização de tratamento tributário favorecido ou diferenciado, e (Redação dada pela Lei nº 7.747, de 09.10.2015).

V – na suspensão da autorização para emissão de documentos fiscais ou sua emissão diretamente pela Secretaria de Estado da Fazenda. (Redação dada pela Lei nº 7.747, de 09.10.2015).

§ 1º A imposição do Regime Especial de Controle de Fiscalização não prejudica a aplicação de qualquer penalidade prevista na legislação tributária ou a adoção de qualquer outra medida que vise garantir o recebimento dos créditos tributários. (Redação dada pela Lei nº 7.747, de 09.10.2015).

§ 2º O ato que determinar a aplicação do Regime Especial de Controle de Fiscalização especificará o prazo de sua duração e os critérios para sua aplicação, de acordo com as hipóteses do caput deste artigo, independentemente da fiscalização normal. (Redação dada pela Lei nº 7.747, de 09.10.2015).

Art. 60-A. Poderá ser submetido a Regime Especial de Controle de Fiscalização o sujeito passivo que: (Redação acrescentada pela Lei nº 7.747, de 09.10.2015).

I – for considerado devedor contumaz, assim entendido aquele que: (Redação acrescentada pela Lei nº 7.747, de 09.10.2015).

TRIBUTÁRIO

a) deixar de recolher o imposto declarado, pelos períodos respectivamente indicados, consecutivos ou alternados: (Redação acrescentada pela Lei nº 7.747, de 09.10.2015).

1. 03 (três) meses, na hipótese de contribuinte beneficiário de tratamento tributário diferenciado ou favorecido; e (Redação acrescentada pela Lei nº 7.747, de 09.10.2015).

2. 06 (seis) meses, nos demais casos. (Redação acrescentada pela Lei nº 7.747, de 09.10.2015).

b) deixar de recolher, por 02 (dois) meses, consecutivos ou alternados, o imposto retido em razão de substituição tributária; ou (Redação acrescentada pela Lei nº 7.747, de 09.10.2015).

c) tiver créditos tributários inscritos em Dívida Ativa, em valor que ultrapasse: (Redação acrescentada pela Lei nº 7.747, de 09.10.2015).

1. R$ 250.000,00 (duzentos e cinquenta mil reais), considerados todos os estabelecimentos da empresa; (Redação acrescentada pela Lei nº 7.747, de 09.10.2015).

2. 30% (trinta por cento) do patrimônio conhecido da empresa, observado o disposto no § 2º; ou (Redação acrescentada pela Lei nº 7.747, de 09.10.2015).

3. 30% (trinta por cento) do valor total das operações e prestações do ano imediatamente anterior. (Redação acrescentada pela Lei nº 7.747, de 09.10.2015).

II – deixar de entregar, por 03 (três) meses, consecutivos ou não, ou entregar em desacordo com o estabelecido na legislação do imposto, arquivo eletrônico relativo a operações ou prestações, declaração do imposto ou escrituração fiscal digital; (Redação acrescentada pela Lei nº 7.747, de 09.10.2015).

III – praticar operações ou prestações em estabelecimento não inscrito no CACEAL; (Redação acrescentada pela Lei nº 7.747, de 09.10.2015).

IV – deixar de atender a intimação para exibir livro, documento ou arquivo eletrônico exigido pelo fisco, ainda que sob a alegação de desaparecimento, perda, extravio, sinistro, furto, roubo ou atraso na escrituração; (Redação acrescentada pela Lei nº 7.747, de 09.10.2015).

V – transportar, remeter, receber, fornecer, entregar ou manter em guarda ou em estoque mercadoria desacompanhada de documentação fiscal idônea; (Redação acrescentada pela Lei nº 7.747, de 09.10.2015).

VI – oferecer resistência à fiscalização, caracterizada pela negativa de acesso ao estabelecimento, ao domicílio fiscal ou a qualquer outro local onde desenvolvam suas atividades ou se encontrem bens de sua propriedade; (Redação acrescentada pela Lei nº 7.747, de 09.10.2015).

VII - revelar indícios de incompatibilidade entre a operação ou a prestação realizada e a capacidade econômico-financeira evidenciada; (Redação acrescentada pela Lei nº 7.747, de 09.10.2015).

VIII - revelar indícios de incompatibilidade entre o volume dos recursos utilizados em operação ou prestação que realizar e a capacidade econômico-financeira dos sócios; e (Redação acrescentada pela Lei nº 7.747, de 09.10.2015).

IX - incidir em prática que caracterize crime contra a ordem tributária, não sendo possível apurar o imposto, em decorrência da omissão de lançamento nos livros fiscais ou contábeis ou de lançamento fictício ou inexato. (Redação acrescentada pela Lei nº 7.747, de 09.10.2015).

§ 1º A incursão apenas nas disposições dos incisos VII e VIII do caput deste artigo autoriza a aplicação do Regime Especial de Controle e Fiscalização apenas em relação às disposições do inciso II do caput do art. 60. (Redação acrescentada pela Lei nº 7.747, de 09.10.2015).

§ 2º Para efeito de aplicação do disposto no item 2 da alínea c do inciso I do caput deste artigo, considera-se patrimônio conhecido, na falta de outros elementos indicativos: (Redação acrescentada pela Lei nº 7.747, de 09.10.2015).

I - tratando-se de pessoa jurídica: (Redação acrescentada pela Lei nº 7.747, de 09.10.2015).

a) com escrituração contábil, o valor contábil do grupo patrimônio líquido registrado na contabilidade; ou (Redação acrescentada pela Lei nº 7.747, de 09.10.2015).

b) sem escrituração contábil, o valor dos bens do ativo imobilizado registrado no livro Registro de Inventário. (Redação acrescentada pela Lei nº 7.747, de 09.10.2015).

II - tratando-se de pessoa física, o valor dos bens e direitos constantes de sua declaração de rendimentos apresentada à Secretaria da Receita Federal do Brasil, observado o valor de mercado. (Redação acrescentada pela Lei nº 7.747, de 09.10.2015).

§ 3º Não serão computados, para os efeitos deste artigo, os créditos tributários cuja exigibilidade esteja suspensa, nos termos do Código Tributário Nacional. (Redação acrescentada pela Lei nº 7.747, de 09.10.2015).

§ 4º O contribuinte deixará de ser considerado devedor contumaz quando os créditos tributários que motivaram a referida condição forem extintos ou tiverem a exigibilidade suspensa. (Redação acrescentada pela Lei nº 7.747, de 09.10.2015).

§ 5º O contribuinte que, no prazo de 15 (quinze) dias contados da ciência do seu enquadramento como devedor contumaz, não sanar as causas que originaram o respectivo enquadramento, estará sujeito à inclusão em Regime Especial de Controle de Fiscalização. (Redação acrescentada pela Lei nº 7.747, de 09.10.2015).

CAPÍTULO XIV
DAS MERCADORIAS E EFEITOS EM SITUAÇÃO IRREGULAR

Art. 61. Serão apreendidas e apresentadas à repartição competente, mediante as formalidades legais, mercadorias, notas fiscais, livros e demais documentos em contradição com as disposições da legislação do imposto e todas as coisas móveis que forem necessárias à comprovação da infração.

§ 1º Se não for possível efetuar a remoção das mercadorias ou dos objetos apreendidos, o apreensor, tomadas as necessárias cautelas, incumbirá, de sua guarda ou depósito, pessoa idônea, que poderá ser o próprio infrator, mediante termo de depósito.

§ 2º Se as provas das faltas existentes em livros ou documentos fiscais ou comerciais ou verificadas através deles, independerem de verificação da mercadoria, será feita a apreensão somente do documento que materializar a infração ou que comprovar a sua existência.

§ 3º O disposto neste artigo não se aplica aos casos em que a apreensão seja efetuada como forma coercitiva de cobrança de tributo.

§ 4º Fica estabelecido processo simplificado para liberação de mercadorias apreendidas, observando o disposto no parágrafo anterior, que será regulamentado pelo Poder Executivo. (Redação acrescentada pela Lei nº 8.085, de 28.12.2018).

Art. 62. Havendo prova, ou fundada suspeita de que as mercadorias, objetos e livros fiscais, se encontram em residência particular ou em dependência de estabelecimento comercial, industrial, produtor, profissional ou qualquer outro utilizado como moradia, tomadas as necessárias cautelas para evitar sua remoção clandestina, será promovida a busca e apreensão judicial, se o morador ou detentor, pessoalmente intimado, recusar-se a fazer a sua entrega.

Art. 63. No caso de suspeita de estarem em situação irregular as mercadorias que devam ser expedidas nas estações de transportes ferroviários, rodoviários, aéreos, fluviais ou marítimos, serão tomadas medidas necessárias a retenção dos volumes, até que se proceda a verificação.

§ 1º No caso de ausência de fiscalização, a empresa transportadora encarregar-se-á de comunicar o fato ao órgão fiscalizador mais próximo, aguardando as providências legais.

§ 2º Se a suspeita ocorrer na descarga, a empresa transportadora agirá pela forma indicada no parágrafo anterior.

Art. 64. A devolução dos bens apreendidos poderá ser feita desde que, a critério da Administração Tributária, não haja inconveniente para a comprovação da infração e sejam pagas as despesas com a apreensão.

Parágrafo único. Quando se tratar de documento, dele será extraído, a critério da Administração Tributária, cópia autêntica, total ou parcial.

Art. 65. Ressalvado o disposto no artigo anterior, a devolução da mercadoria somente será autorizada:

I - mediante a exibição de elementos que provem a regularidade da situação do contribuinte ou da mercadoria;

II - com o pagamento do imposto e multa devidos;

III - com o depósito da importância devida, no caso de impugnação;

IV - quando, em qualquer das hipóteses acima, forem pagas as despesas com a apreensão.

Art. 66. O contribuinte ou responsável terá o prazo de 30 (trinta) dias, contados da lavratura do Termo de Apreensão, para sanar as irregularidades ou apresentar impugnação, sob pena de serem as mercadorias consideradas abandonadas e vendidas em leilão Público.

Parágrafo único. O disposto no caput deste artigo aplica-se às mercadorias que não forem retiradas depois de decorrido o prazo da intimação do julgamento definitivo do processo contencioso.

Art. 67. Considerar-se-ão igualmente abandonadas as mercadorias de fácil deterioração, cuja liberação não tenha sido providenciada no prazo de 72 (setenta e duas) horas, contadas do momento da apreensão, se outro menor não for fixado pelo apreensor a vista de sua natureza e estado.

§ 1º O risco de perecimento natural ou da perda de valor da coisa apreendida, é do proprietário ou responsável pela mercadoria, no momento da apreensão.

§ 2º O abandono da mercadoria pelo seu proprietário ou responsável, no ato da apreensão, não acarretará qualquer responsabilidade ou obrigação de ressarcimento por parte da Administração Tributária Estadual.

Art. 67-A. Às mercadorias ou bens, apreendidos ou abandonados, quando inexista lide judicial ou, em sede administrativa, o contribuinte não tenha revelado interesse pelas mesmas, na forma dos arts. 66 e 67 desta Lei, e quando não atendidos pelo contribuinte os prazos estabelecidos nestes, poderá ser atribuída uma das seguintes destinações: (Redação acrescentada pela Lei nº 6.510, de 17.09.2004).

I - venda, mediante leilão, a pessoas jurídicas, para seu uso, consumo, industrialização ou comércio; (Redação acrescentada pela Lei nº 6.510, de 17.09.2004).

II - venda, mediante leilão, a pessoas físicas, para uso ou consumo; (Redação acrescentada pela Lei nº 6.510, de 17.09.2004).

TRIBUTÁRIO

III – incorporação a órgãos da administração pública direta ou indireta federal, estadual ou municipal, dotados de personalidade jurídica de direito público; (Redação acrescentada pela Lei nº 6.510, de 17.09.2004).

IV – incorporação a entidades sem fins lucrativos declaradas de utilidade pública federal, estadual ou municipal; ou (Redação acrescentada pela Lei nº 6.510, de 17.09.2004).

V – destruição ou inutilização nos seguintes casos: (Redação acrescentada pela Lei nº 6.510, de 17.09.2004).

a) cigarros e demais derivados do tabaco, nacionais ou estrangeiros, conforme previsto no art. 14 do Decreto-Lei nº 1.593, de 21 de dezembro de 1977, com a nova redação dada pela Lei nº 9.822, de 23 de agosto de 1999; (Redação acrescentada pela Lei nº 6.510, de 17.09.2004).

b) brinquedos réplicas e simulacros de armas de fogo, que com estas se possam confundir; (Redação acrescentada pela Lei nº 6.510, de 17.09.2004).

c) mercadorias deterioradas, estragadas, com data de validade vencida e outras, as quais, de qualquer modo, forem imprestáveis para fins de doação, incorporação ou venda por meio de leilão; (Redação acrescentada pela Lei nº 6.510, de 17.09.2004).

d) mercadorias sujeitas à análise técnica ou laboratorial, representadas por quantidades que não permitam ou valores que não justifiquem, técnica ou economicamente, a obtenção de laudo; (Redação acrescentada pela Lei nº 6.510, de 17.09.2004).

e) mercadorias apreendidas em decorrência de inobservância à Lei de Propriedade Industrial, esgotada a possibilidade de incorporação, observado o interesse público; (Redação acrescentada pela Lei nº 6.510, de 17.09.2004).

f) discos, fitas, compact disc digital, CD-ROM, DVD's, cartuchos e outros suportes para gravação, contendo obras ou fonogramas, reproduzidos com fraude conforme legislação relativa a direitos autorais; e (Redação acrescentada pela Lei nº 6.510, de 17.09.2004).

g) outras mercadorias, quando assim o recomendar o interesse da Administração Pública e do bem comum e na forma de regulamento próprio. (Redação acrescentada pela Lei nº 6.510, de 17.09.2004).

§ 1º Para os efeitos deste artigo, entende-se por incorporação a transferência das mercadorias ou bens, destinados pela autoridade competente, para a administração da entidade ou órgão beneficiário, os quais passarão a constituir bem patrimonial da entidade ou órgão, ou bem de consumo a ser utilizado em suas atividades rotineiras ou especiais. (Redação acrescentada pela Lei nº 6.510, de 17.09.2004).

§ 2º A incorporação de que trata este artigo é decorrente da avaliação, pela autoridade competente, de sua oportunidade e conveniência, relativamente à escolha de outra forma de destinação, objetivando alcançar, mais rapidamente, benefícios administrativos, econômicos e sociais. (Redação acrescentada pela Lei nº 6.510, de 17.09.2004).

§ 3º A incorporação referida no inciso III do caput deste artigo, dependerá de formalização do pedido por parte do órgão interessado ou de determinação de autoridade competente. (Redação acrescentada pela Lei nº 6.510, de 17.09.2004).

§ 4º A destinação aludida no inciso IV do caput deste artigo, dependerá de pedido da entidade interessada, devendo o processo respectivo ser instruído com documentos comprobatórios da personalidade jurídica da entidade, da investidura do representante legal da entidade que tenha assinado o pedido, declaração de utilidade pública, bem assim outros elementos a critério da autoridade competente para efetuar a destinação. (Redação acrescentada pela Lei nº 6.510, de 17.09.2004).

§ 5º Cabe aos beneficiários das incorporações de que tratam os incisos III e IV do caput deste artigo, a responsabilidade pela adequada utilização das mercadorias ou bens, na forma da legislação pertinente, de modo a atender ao interesse público ou social. (Redação acrescentada pela Lei nº 6.510, de 17.09.2004).

§ 6º Caberá também a incorporação na hipótese de mercadorias ou bens colocados em leilão por duas vezes e não alienados, bem como no caso de mercadorias ou bens danificados, desde que demonstrado interesse de incorporação por parte das entidades de que tratam os incisos III e IV do caput deste artigo. (Redação acrescentada pela Lei nº 6.510, de 17.09.2004).

§ 7º Na destinação de que trata este artigo será observada a legislação que dê tratamento próprio a mercadorias ou bens com características especiais, tais como armas e munições, medicamentos, substâncias entorpecentes e psicotrópicos. (Redação acrescentada pela Lei nº 6.510, de 17.09.2004).

§ 8º Quando se tratar de semoventes, perecíveis, mercadorias ou bens que exijam condições especiais de armazenamento, bem assim cigarros e demais derivados do tabaco em consonância com o disposto no inciso V, alínea a, do caput deste artigo, a destinação poderá ocorrer imediatamente, após esgotado os prazos de validade das mercadorias e/ou de saneamento das irregularidades. (Redação acrescentada pela Lei nº 6.510, de 17.09.2004).

§ 9º A destinação de mercadorias ou bens será efetivada por comissão própria, designada por ato do Secretário Executivo de Fazenda, integrada, no mínimo, por três servidores públicos efetivos, em exercício na Secretaria Executiva de Fazenda e sem vinculação com a área de controle físico ou contábil das mercadorias ou bens apreendidos. (Redação acrescentada pela Lei nº 6.510, de 17.09.2004).

§ 10. Os leilões para destinação de mercadorias ou bens deverão observar, no que couber, as disposições da Lei nº 8.666, de 21 de junho de 1993, e demais normas pertinentes à matéria. (Redação acrescentada pela Lei nº 6.510, de 17.09.2004).

§ 11. Da importância decorrente da venda em leilão das mercadorias ou bens apreendidos será deduzido o valor total do débito e devolvido ao interessado o saldo, se houver, com seu valor atualizado, prosseguindo-se na cobrança se o saldo for devedor. (Redação acrescentada pela Lei nº 6.510, de 17.09.2004).

§ 12. Compete à Secretaria Executiva de Fazenda o controle das formas de destinação das mercadorias ou bens apreendidos, previstas nesta Lei. (Redação acrescentada pela Lei nº 6.510, de 17.09.2004).

Art. 68. Os produtos falsificados, adulterados ou deteriorados serão inutilizados, na forma do disposto no Regulamento.

Art. 69. As mercadorias e os objetos apreendidos, que estiverem depositados em poder de comerciante que vier a falir, não serão arrecadados na massa, mas removidas para outro local, a pedido da Administração Tributária Estadual.

Art. 70. Aplica-se, no que couber, às disposições deste Capítulo as operações realizadas com energia elétrica, combustíveis líquidos e gasosos, lubrificantes e minerais.

CAPÍTULO XV
DA MORA E DAS PENALIDADES DO IMPOSTO

Seção I
Da Mora

Art. 71. Os débitos de qualquer natureza para com a Fazenda Estadual não recolhidos até a data do respectivo vencimento, inclusive aqueles objeto de parcelamento, serão acrescidos, na via administrativa ou judicial, de juros de mora incidentes sobre o valor atualizado do débito, e calculados da seguinte forma: (Redação dada pela Lei nº 5.979, de 19.12.1997).

I – à razão de 1% (um por cento) relativamente ao mês de vencimento de 1% (um por cento) relativamente ao mês de pagamento; (Redação acrescentada pela Lei nº 5.979, de 19.12.1997).

II – equivalente à taxa referencial do Sistema Especial de Liquidação e de Custódia – SELIC, em se tratando dos meses intermediários, para os quais tenha-se como definida a mencionada taxa. (Redação acrescentada pela Lei nº 5.979, de 19.12.1997).

Parágrafo único. Os acréscimos moratórios de que trata este artigo, sem prejuízo das penalidades cabíveis em cada caso, aplicam-se tanto aos créditos tributários recolhidos espontaneamente quanto aos constituídos mediante lançamento de ofício.

Seção II
Das Disposições Gerais

Art. 72. O descumprimento das obrigações principal e acessórias instituídas pela legislação do imposto, fica sujeito as penalidades previstas neste Capítulo.

§ 1º Para os fins do disposto no caput deste artigo, as multas serão calculadas tomando-se como base a data em que tenha ocorrido a infração. (Redação acrescentada pela Lei nº 7.080, de 24.07.2009).

§ 2º Quando não for possível precisar a data da ocorrência da infração, adotar-se-á, para o cálculo da atualização monetária e juros, o último dia do exercício ou do período fiscalizado, conforme o caso, como data da ocorrência da infração. (Redação dada pela Lei nº 8.085, de 28.12.2018).

§ 3º As penalidades previstas neste Capítulo referentes a operações relativas à circulação de mercadorias aplicam-se, no que couber, às prestações de serviço de transporte interestadual ou intermunicipal e de comunicação. (Redação acrescentada pela Lei nº 8.085, de 28.12.2018).

Art. 73. As multas previstas na Seção III, Subseção I e Seção IV, Subseção I, deste Capítulo, serão reduzidas de acordo com as seguintes condições:

I - em 70% (setenta por cento), se o crédito tributário for pago de uma só vez no prazo de 30 (trinta) dias, contados da data da ciência do lançamento tributário; (Redação dada pela Lei nº 5.979, de 19.12.1997).

II - em 42% (quarenta e dois por cento), se o crédito tributário for pago de uma só vez, quando decorridos mais de 30 (trinta) dias da data da ciência do lançamento tributário e antes da: (Redação dada pela Lei nº 6.846, de 25.09.2007).

a) decisão de primeira instância administrativa; ou (Redação dada pela Lei nº 6.846, de 25.09.2007).

b) inscrição em dívida ativa, no caso de não impugnação da exigência. (Redação dada pela Lei nº 6.846, de 25.09.2007).

III - em 28% (vinte e oito por cento), se o crédito tributário for pago de uma só vez no prazo de 30 (trinta) dias, contados da ciência da decisão de primeira instância administrativa; (Redação dada pela Lei nº 5.979, de 19.12.1997).

IV - em 10% (dez por cento), se o crédito tributário for pago de uma só vez no prazo de 30 (trinta) dias, contados da ciência da decisão do Conselho Tributário Estadual; (Redação acrescentada pela Lei nº 5.979, de 19.12.1997).

§ 1º Tratando-se de parcelamento de crédito tributário, a multa sofrerá as seguintes reduções: (Redação acrescentada pela Lei nº 5.979, de 19.12.1997).

I - em 25% (vinte e cinco por cento), se o parcelamento for requerido em até 12 (doze) parcelas, no prazo de 30 (trinta) dias, a contar da data da ciência do lançamento tributário; (Redação acrescentada pela Lei nº 5.979, de 19.12.1997).

II - em 15% (quinze por cento), se o parcelamento for requerido em até 20 (vinte) parcelas e no prazo de 60 (sessenta) dias, a contar da data da ciência do lançamento tributário e antes da: (Redação dada pela Lei nº 6.846, de 25.09.2007).

a) decisão de primeira instância administrativa; ou (Redação dada pela Lei nº 6.846, de 25.09.2007).

b) inscrição em dívida ativa, no caso de não impugnação da exigência. (Redação dada pela Lei nº 6.846, de 25.09.2007).

III - em 5% (cinco por cento), se o parcelamento for requerido em até 25 (vinte e cinco) parcelas e no prazo de 60 (sessenta) dias, a contar da data da ciência do lançamento tributário e antes da: (Redação dada pela Lei nº 6.846, de 25.09.2007).

a) decisão de primeira instância administrativa; ou (Redação dada pela Lei nº 6.846, de 25.09.2007).

b) inscrição em dívida ativa, no caso de não impugnação da exigência. (Redação dada pela Lei nº 6.846, de 25.09.2007).

§ 2º O atraso no pagamento integral de qualquer parcela por período superior a 60 (sessenta) dias implicará o cancelamento do parcelamento, considerando-se vencidas todas as parcelas vincendas. (Redação dada pela Lei nº 6.454, de 14.01.2004).

Art. 74. Tratando-se de infração tributária a que não corresponda sanção expressamente prevista aplicar-se-á pena pecuniária em valor variável de 10 (dez) a 100 (cem) vezes a Unidade Padrão Fiscal do Estado de Alagoas - UPFAL, observada gradação compatível com a gravidade da ofensa a Fazenda Estadual.

Art. 75. As multas serão cumulativas, quando resultantes, concomitantemente, do não cumprimento de obrigações tributária principal e acessórias.

§ 1º O pagamento de multa não dispensa a exigência do imposto quando devido.

§ 2º Os abatimentos estabelecidos no art. 73 serão concedidos em relação as multas aplicadas sobre o delito do imposto apurado, corrigido monetariamente, desde a data da ocorrência da infração, que originou o lançamento, até o pagamento.

Art. 76. (Revogado pela Lei nº 7.080, de 24.07.2009).

Art. 77. O não recolhimento no prazo legal, do imposto retido pelo substituto tributário, constitui apropriação indébita.

Art. 78. As multas de que trata este Capítulo penalizam na mesma proporção, conforme o caso, aos contribuintes do ICMS inscritos como prestadores de serviço de transporte interestadual e intermunicipal e de comunicação.

Art. 78-A. As disposições previstas neste Capítulo, quanto a documentos fiscais, aplicam-se, também, à Nota Fiscal Eletrônica - NF-e, ao Documento Auxiliar da Nota Fiscal Eletrônica - DANFE, ao Conhecimento de Transporte Eletrônico - CT-e e ao Documento Auxiliar do Conhecimento de Transporte Eletrônico - DACTE, no que couber. (Redação acrescentada pela Lei nº 7.080, de 24.07.2009).

Seção III
Das Multas Relativas a Obrigação Principal

Subseção I
Das Infrações Apuradas Pelas Autoridades Fiscais

Art. 79. Falta de recolhimento do imposto no prazo legal, em situação não compreendida nas hipóteses previstas nos artigos seguintes: (Redação dada pela Lei nº 7.079, de 20.07.2009).

MULTA – Equivalente a 50% (cinquenta por cento) do valor do imposto. (Redação dada pela Lei nº 7.079, de 20.07.2009).

Art. 80. Falta de recolhimento do imposto, no todo ou em parte, nos prazos regulamentares, pelos contribuintes desobrigados da escrita fiscal e da emissão de documento:

MULTA – equivalente a 50% (cinquenta por cento) do valor do imposto.

Art. 81. Falta de recolhimento do imposto, no todo ou em parte, nos prazos legais, quando os documentos fiscais relativos às respectivas operações tenham sido emitidos e regularmente escriturados nos livros fiscais próprios:

MULTA – equivalente a 50% (cinquenta por cento) do valor do imposto.

Art. 81-A. Falta de recolhimento do imposto constante de Notificação de Débito: (Redação acrescentada pela Lei nº 6.348, de 30.12.2002).

MULTA – equivalente a 20% (vinte por cento) do valor do imposto. (Redação acrescentada pela Lei nº 6.348, de 30.12.2002).

Parágrafo único. Não se aplica à infração especificada neste artigo o disposto no art. 73. (Redação acrescentada pela Lei nº 6.348, de 30.12.2002).

Art. 82. Falta de recolhimento de parcela mensal devida por contribuinte enquadrado no Regime de Estimativa:

MULTA – equivalente a 50% (cinquenta por cento) do valor do imposto.

Art. 83. Falta de recolhimento do imposto, no todo ou em parte, quando os documentos fiscais relativos às respectivas operações de saídas não estejam escriturados regularmente nos livros fiscais próprios:

MULTA – equivalente a 60% (sessenta por cento) do valor do imposto.

Art. 84. (Revogado pela Lei nº 7.079, de 20.07.2009).

Art. 85. Falta de recolhimento do imposto, em virtude de registro incorreto do valor da operação:

MULTA – equivalente a 60% (sessenta por cento) do valor do imposto. (Redação dada pela Lei nº 5.979, de 19.12.1997).

Art. 86. Falta de recolhimento do imposto, por indicação, nos documentos fiscais, de operações sujeitas ao imposto, como não tributadas ou isentas:

MULTA – equivalente a 60% (sessenta por cento) do valor do imposto. (Redação dada pela Lei nº 5.979, de 19.12.1997).

Art. 87. Falta de recolhimento do imposto, deduzida da ocorrência das seguintes situações de omissão ou inclusão de registros contábeis ou fiscais, dentre outras: (Redação dada pela Lei nº 8.085, de 28.12.2018).

I – omissão de registro de aplicação de recursos em contas representativas de disponibilidades ou direitos; (Redação acrescentada pela Lei nº 8.085, de 28.12.2018).

II – omissão de registro referente à entrada onerosa de mercadorias ou bens, ou a utilização onerosa de serviços, inclusive quando originada em documento apresentado por outro sujeito passivo; (Redação acrescentada pela Lei nº 8.085, de 28.12.2018).

III – suprimento de conta representativa de disponibilidades, ou de qualquer outra conta do ativo, sem comprovação de origem; (Redação acrescentada pela Lei nº 8.085, de 28.12.2018).

IV – passivo fictício; (Redação acrescentada pela Lei nº 8.085, de 28.12.2018).

V – valores informados por instituições financeiras e de pagamento, administradoras de cartões de crédito e de débito, condomínios comerciais ou outra pessoa jurídica legalmente detentora de informações financeiras, sem a respectiva emissão de documentos fiscais ou tendo sido estes emitidos com valores inferiores aos informados; (Redação acrescentada pela Lei nº 8.085, de 28.12.2018).

VI – valores constantes de dados registrados em sistema de processamento de dados, equipamento de controle fiscal ou de outra espécie, utilizados sem prévia autorização ou de forma irregular; (Redação acrescentada pela Lei nº 8.085, de 28.12.2018).

VII – diferença de estoque verificada em levantamento físico ou documental; ou (Redação acrescentada pela Lei nº 8.085, de 28.12.2018).

VIII – estoque avaliado em importância diversa da escriturada. (Redação acrescentada pela Lei nº 8.085, de 28.12.2018).

MULTA – equivalente a 100% (cem por cento) do valor do imposto devido. (Redação dada pela Lei nº 8.085, de 28.12.2018).

Parágrafo único. Para os efeitos deste artigo, os documentos comprobatórios de pagamentos que não contenham a data de sua quitação, consideram-se pagos:

I – na data do vencimento do respectivo título;

II - na data de emissão de Nota Fiscal, quando não for emitida duplicata, ou esta não for apresentada.

Art. 88. Falta de recolhimento do imposto de que o contribuinte se tornou responsável, em razão de suspensão ou diferimento: (Redação dada pela Lei nº 8.085, de 28.12.2018).

MULTA - equivalente a 100% (cem por cento) do imposto devido. (Redação dada pela Lei nº 8.085, de 28.12.2018).

Art. 89. Falta de retenção do imposto, nas hipóteses de responsabilidade por substituição tributária prevista na legislação vigente:

MULTA- equivalente a 100% (cem por cento) do valor do imposto não retido, sem prejuízo do recolhimento do tributo não retido.

Art. 90. Deixar o substituto tributário de recolher o imposto que houver retido: (Redação dada pela Lei nº 6.331, de 22.07.2002).

MULTA - equivalente a 100% (cem por cento) do valor do imposto retido. (Redação dada pela Lei nº 6.331, de 22.07.2002).

Art. 90-A. Deixar o adquirente de mercadoria ou o tomador de serviço de recolher o imposto, nas hipóteses de substituição tributária ou de antecipação do tributo previstas na legislação: (Redação acrescentada pela Lei nº 6.331, de 22.07.2002).

MULTA - equivalente a 100% (cem por cento) do valor do imposto. (Redação acrescentada pela Lei nº 6.331, de 22.07.2002).

Art. 90-B. Deixar de recolher, no todo ou em parte, o imposto correspondente à diferença entre a alíquota interna e a interestadual nas operações e prestações interestaduais que destinem bens, mercadorias e serviços a consumidor final: (Redação acrescentada pela Lei nº 8.085, de 28.12.2018).

MULTA - equivalente a 100% (cem por cento) do imposto devido. (Redação acrescentada pela Lei nº 8.085, de 28.12.2018).

Art. 91. Falta de recolhimento do imposto em decorrência do uso antecipado de crédito fiscal:

MULTA - equivalente a 80% (oitenta por cento) do valor do imposto.

Art. 92. Transferir para outros estabelecimentos créditos do imposto, nas hipóteses não permitidas pela legislação tributária ou utilizar parcelas de crédito além dos limites permitidos:

MULTA - equivalente a 100% (cem por cento) do valor do crédito indevidamente transferido ou utilizado.

Art. 93. Utilizar crédito indevido ou inexistente, desde que resulte na falta de recolhimento do imposto: (Redação dada pela Lei nº 6.348, de 30.12.2002).

MULTA - equivalente a 60% (sessenta por cento) do valor do crédito indevido ou inexistente efetivamente utilizado. (Redação dada pela Lei nº 6.348, de 30.12.2002).

Art. 94. Falta de estorno, nos casos previstos na legislação vigente, de crédito de imposto recebido por ocasião da entrada da mercadoria:

MULTA – equivalente a 60% (sessenta por cento) do valor do crédito, sem prejuízo da efetivação do estorno.

Art. 95. Recolhimento espontâneo do imposto, fora dos prazos regulamentares, desacompanhado da multa correspondente: (Redação dada pela Lei nº 8.085, de 28.12.2018).

MULTA - equivalente a 100% (cem por cento) da cominada no art. 96 desta Lei. (Redação dada pela Lei nº 8.085, de 28.12.2018).

Subseção II
Da Denúncia Espontânea

Art. 96. Os contribuintes que, antes de qualquer procedimento fiscal, procurarem espontaneamente a repartição fiscal de seu domicílio para sanar irregularidades, além da incidência de juros de mora, conforme couber, sujeitar-se-ão aos seguintes acréscimos moratórios: (Redação dada pela Lei nº 6.454, de 14.01.2004).

I – nos casos de falta de lançamento ou recolhimento do imposto: (Redação dada pela Lei nº 8.085, de 28.12.2018).

a) tratando-se de fato gerador realizado por microempresa ou empresa de pequeno porte definidos na Lei Complementar Federal nº 123, de 14 de dezembro de 2006: (Redação dada pela Lei nº 8.085, de 28.12.2018).

1. 0,13% (treze centésimos por cento) do valor do imposto por dia de atraso, limitado a 4% (quatro por cento); (Redação dada pela Lei nº 8.085, de 28.12.2018).

2. 4% (quatro por cento) do valor do imposto, se o débito for objeto de parcelamento, exclusivamente para fins de consolidação, observando-se, quanto às parcelas em atraso ou pagas extemporaneamente, a não incidência do referido acréscimo moratório. (Redação dada pela Lei nº 8.085, de 28.12.2018).

b) nos demais casos: (Redação dada pela Lei nº 8.085, de 28.12.2018).

1. 0,33% (trinta e três centésimos por cento) do valor do imposto por dia de atraso, limitado a 20% (vinte por cento); (Redação dada pela Lei nº 8.085, de 28.12.2018).

2. 20% (vinte por cento) do valor do imposto, se o débito for objeto de parcelamento, exclusivamente para fins de consolidação, observando-se, quanto às parcelas em atraso ou pagas extemporaneamente, a não incidência do referido acréscimo moratório. (Redação dada pela Lei nº 8.085, de 28.12.2018).

c) (Revogada pela Lei nº 7.080, de 24.07.2009).

1. (Revogado pela Lei nº 7.080, de 24.07.2009).

2. (Revogado pela Lei nº 7.080, de 24.07.2009).

II – nos casos relativos ao descumprimento de obrigações acessórias: (Redação dada pela Lei nº 6.331, de 22.07.2002).

MULTA – equivalente a 20% (vinte por cento) do valor da multa que seria aplicável em decorrência de procedimento fiscal. (Redação dada pela Lei nº 6.331, de 22.07.2002).

§ 1º A aplicação da multa prevista no art. 95 exclui o pagamento dos acréscimos moratórios previstos neste artigo. (Redação Renumerada pela Lei nº 8.085, de 28.12.2018).

§ 2º A multa moratória prevista no caput deste artigo aplica-se inclusive ao crédito tributário declarado pelo sujeito passivo em documento de informação econômico-fiscal, livro fiscal ou em instrumento equivalente, devendo a partir da inscrição em dívida ativa corresponder a 25% (vinte e cinco por cento) do valor do imposto não recolhido. (Redação acrescentada pela Lei nº 8.085, de 28.12.2018).

TRIBUTÁRIO

Seção IV
Das Infrações às Obrigações Acessórias

Subseção I
Das Infrações Relativas a Documentos Fiscais Sujeitas à Multa, sem Prejuízo do Pagamento do Imposto Eventualmente Devido

(Redação dada pela Lei nº 8.085, de 28.12.2018).

Art. 97. Entregar, remeter, transportar, receber, estocar ou depositar mercadorias desacompanhadas de documentos fiscais, ou sendo estes inidôneos: (Redação dada pela Lei nº 8.085, de 28.12.2018).

MULTA – equivalente a 100% (cem por cento) do valor do imposto. (Redação dada pela Lei nº 8.085, de 28.12.2018).

Art. 98. Desviar mercadorias em trânsito ou entregá-las sem prévia autorização do Fisco a destinatário diverso do indicado no documento fiscal:

MULTA – equivalente a 100% (cem por cento) do valor do imposto.

Art. 98-A. Entregar ou comercializar em território alagoano mercadoria destinada a outro Estado, ao Distrito Federal ou ao exterior, quando acompanhada de documento de controle de operações interestaduais (passe fiscal): (Redação dada pela Lei nº 8.085, de 28.12.2018).

MULTA – equivalente a 100% (cem por cento) do valor do imposto. (Redação dada pela Lei nº 8.085, de 28.12.2018).

Art. 98-B. Transitar com o documento de controle de operações internas ou interestaduais (passe fiscal) inidôneo: (Redação dada pela Lei nº 8.085, de 28.12.2018).

MULTA – equivalente a 100% (cem por cento) do valor do imposto. (Redação dada pela Lei nº 8.085, de 28.12.2018).

Art. 99. Entregar mercadorias depositadas a pessoa ou estabelecimento diverso do depositante, quando este não tenha emitido o documento fiscal correspondente: (Redação dada pela Lei nº 8.085, de 28.12.2018).

MULTA – equivalente a 100% (cem por cento) do valor do imposto. (Redação dada pela Lei nº 8.085, de 28.12.2018).

Art. 100. Acobertar, mais de uma vez, com o mesmo documento fiscal, o trânsito de mercadorias: (Redação dada pela Lei nº 8.085, de 28.12.2018).

MULTA – equivalente a 100% (cem por cento) do valor do imposto. (Redação dada pela Lei nº 8.085, de 28.12.2018).

Art. 101. Emitir Nota Fiscal ou qualquer documento fiscal exigido pela legislação tributária, em nome de pessoa não inscrita, quando obrigada, de comprador fictício ou de quem não seja adquirente da mercadoria: (Redação dada pela Lei nº 8.085, de 28.12.2018).

MULTA – equivalente a 100% (cem por cento) do valor do imposto. (Redação dada pela Lei nº 8.085, de 28.12.2018).

Art. 102. Emitir documento fiscal com numeração e/ou seriado em duplicidade: (Redação dada pela Lei nº 8.085, de 28.12.2018).

MULTA – equivalente a 100% (cem por cento) do valor do imposto. (Redação dada pela Lei nº 8.085, de 28.12.2018).

Art. 103. Emitir documento fiscal contendo indicações diferentes nas respectivas vias: (Redação dada pela Lei nº 8.085, de 28.12.2018).

MULTA – equivalente a 100% (cem por cento) do valor do imposto. (Redação dada pela Lei nº 8.085, de 28.12.2018).

Art. 104. Consignar no documento fiscal importância diversa do valor da operação ou prestação: (Redação dada pela Lei nº 8.085, de 28.12.2018).

MULTA - equivalente a 100% (cem por cento) do valor do imposto. (Redação dada pela Lei nº 8.085, de 28.12.2018).

Art. 105. Forjar, adulterar ou falsificar livro, documentos fiscais ou contábeis e documentos auxiliares de documentos fiscais eletrônicos, com a finalidade de se eximir do pagamento do imposto ou proporcionar a outrem a mesma vantagem: (Redação dada pela Lei nº 8.085, de 28.12.2018).

MULTA - equivalente a 100% (cem por cento) do valor do imposto. (Redação dada pela Lei nº 8.085, de 28.12.2018).

Art. 106. Falta, no talonário, da 1ª (primeira) via da Nota Fiscal: (Redação dada pela Lei nº 8.085, de 28.12.2018).

MULTA - equivalente a 100% (cem por cento) do valor do imposto. (Redação dada pela Lei nº 8.085, de 28.12.2018).

Art. 107. Falta de lançamento de documento fiscal no livro Registro de Entradas: (Redação dada pela Lei nº 8.085, de 28.12.2018).

MULTA - equivalente a 5% (cinco por cento) do valor da operação ou prestação relativa ao documento fiscal não lançado, não inferior a 2 (duas) vezes a Unidade Padrão Fiscal do Estado de Alagoas - UPFAL por documento. (Redação dada pela Lei nº 8.085, de 28.12.2018).

TRIBUTÁRIO

Subseção II
Das infrações relativas aos documentos fiscais sujeitas somente a multa

Art. 108. Emitir documento fiscal referente a operação isenta, imune ou não tributada, com destaque do imposto:

MULTA - equivalente a 100% (cem por cento) do valor do imposto indevidamente destacado.

Parágrafo único. Não se aplicará a penalidade prevista neste artigo, se o imposto foi pago ou debitado.

Art. 109. Emitir documento fiscal que não corresponda a uma saída de mercadoria, a uma transmissão de propriedade de mercadoria ou a uma entrada de mercadoria no estabelecimento do contribuinte, com o propósito de obter vantagem ilícita, para si ou para outrem: (Redação dada pela Lei nº 8.085, de 28.12.2018).

MULTA - equivalente a 100% (cem por cento) do valor do imposto. (Redação dada pela Lei nº 8.085, de 28.12.2018).

Art. 109-A. Deixar de emitir o documento de controle de operações internas ou interestaduais (passe fiscal). (Redação acrescentada pela Lei nº 7.079, de 20.07.2009).

MULTA - Equivalente a 10% (dez por cento) do valor da operação. (Redação acrescentada pela Lei nº 7.079, de 20.07.2009).

Art. 110. Deixar de emitir documentos fiscais relativos a operações que realizaram, estando as mesmas devidamente registradas, mesmo sem débito do imposto:

I - quando se tratar de operação tributada:

MULTA - de 3 (três) vezes a Unidade padrão Fiscal do Estado de Alagoas - UPFAL, para cada valor da operação equivalente a 100 (cem) Unidades Padrão Fiscal do Estado de Alagoas - UPFAL, ou fração não podendo a multa ser inferior a 3 (três) vezes a UPFAL;

II - quando se tratar de operação sem débito do imposto:

MULTA - de 1 (uma) vez a Unidade Padrão Fiscal do Estado de Alagoas - UPFAL, para cada valor da operação equivalente a 100 (cem) Unidades Padrão do Estado de Alagoas - UPFAL, ou fração, não podendo a multa ser inferior a 1 (uma) UPFAL.

Art. 111. Emitir ou utilizar Nota Fiscal com inobservância das disposições regulamentares:

MULTA - 0l (uma) vez a Unidade Padrão Fiscal do Estado de Alagoas - UPFAL, por cada Nota Fiscal emitida ou utilizada.

Art. 112. Emitir Nota Fiscal para contribuinte que ainda não tenha renovado a sua inscrição:

MULTA - de 1 (uma) uma vez a UPFAL, por Nota Fiscal.

Art. 113. Falta, no talonário, de vias de Notas Fiscais, a exceção das vias de entrega obrigatória ao destinatário:

MULTA - de 1 (uma) vez a UPFAL, por via.

Art. 114. Falta de visto do Posto Fiscal em documento fiscal ou de comunicação à repartição fiscal do domicilio do contribuinte, relativos a: (Redação dada pela Lei nº 6.556, de 30.12.2004).

I - mercadorias conduzidas ou prestação de serviço de transporte em trânsito: (Redação dada pela Lei nº 6.556, de 30.12.2004).

a) tributadas pelo ICMS: (Redação dada pela Lei nº 6.556, de 30.12.2004).

MULTA - de 5% (cinco por cento) do valor da operação ou prestação; ou (Redação dada pela Lei nº 6.556, de 30.12.2004).

b) isentas ou não tributadas pelo ICMS: (Redação dada pela Lei nº 6.556, de 30.12.2004).

MULTA - de 1 (uma) vez a Unidade Padrão Fiscal do Estado de Alagoas - UPFAL, para cada documento fiscal e para cada valor da operação ou prestação equivalente a 50 (cinqüenta) UPFAL's, ou fração, não podendo a multa ser inferior a 1 (uma) UPFAL; e (Redação dada pela Lei nº 6.556, de 30.12.2004).

II - documento fiscal registrado normalmente no Livro Registro de Entradas de Mercadorias: (Redação dada pela Lei nº 6.556, de 30.12.2004).

a) tributadas pelo ICMS: (Redação dada pela Lei nº 6.556, de 30.12.2004).

MULTA - de 1 (uma) vez a Unidade Padrão Fiscal do Estado de Alagoas -UPFAL, para cada documento fiscal e para cada valor da operação ou prestação equivalente a 50 (cinqüenta) UPFAL's, ou fração, não podendo a multa ser inferior a 1 (uma) UPFAL; ou (Redação dada pela Lei nº 6.556, de 30.12.2004).

b) isentas ou não tributadas pelo ICMS: (Redação dada pela Lei nº 6.556, de 30.12.2004).

MULTA - de 1 (uma) vez a Unidade Padrão Fiscal do Estado de Alagoas - UPFAL, para cada documento fiscal. (Redação dada pela Lei nº 6.556, de 30.12.2004).

Art. 115. Impressão de talonário fiscal por estabelecimento gráfico, para uso próprio ou de terceiros: (Redação dada pela Lei nº 5.979, de 19.12.1997).

I - sem prévia autorização da repartição fazendária competente: (Redação dada pela Lei nº 5.979, de 19.12.1997).

MULTA - de 500 (quinhentas) vezes a UPFAL, por talão impresso. (Redação dada pela Lei nº 5.979, de 19.12.1997).

II - em desacordo com as disposições da legislação tributária: (Redação dada pela Lei nº 5.979, de 19.12.1997).

MULTA - de 20 (vinte) a 100 (cem) vezes a UPFAL, por talão impresso, devendo a penalidade guardar proporção com o prejuízo do Erário Estadual, causando ou potencializado. (Redação dada pela Lei nº 5.979, de 19.12.1997).

Parágrafo único. A multa prevista neste artigo é aplicável, simultaneamente, ao impressor e ao usuário. (Redação dada pela Lei nº 5.979, de 19.12.1997).

Art. 116. Deixar de entregar ou apresentar, no prazo regulamentar, os seguintes documentos, inclusive em arquivo magnético, quando for o caso: (Redação dada pela Lei nº 6.556, de 30.12.2004).

I - Declaração de Movimento Econômico e/ou balanço patrimonial analítico: (Redação dada pela Lei nº 6.556, de 30.12.2004).

MULTA - equivalente a 1% (um por cento) do valor total das operações de saída e das prestações realizadas, concernente a cada estabelecimento, e ao período o qual se refira o documento não entregue ou não apresentado, não podendo a multa ser inferior a 100 (cem) vezes o valor da UPFAL. (Redação dada pela Lei nº 6.556, de 30.12.2004).

II – Declaração Anual do Contribuinte – DAC: (Redação dada pela Lei nº 6.556, de 30.12.2004).

MULTA – equivalente a 50 (cinquenta) vezes o valor da UPFAL, se entregue até 30 (trinta) dias após o prazo regulamentar, devendo ser acrescida de 25 (vinte e cinco) UPFAL's para cada mês adicional em atraso, até o limite total de 1000 (mil) vezes o valor da UPFAL (Redação dada pela Lei nº 6.556, de 30.12.2004).

III – Documento de Informação Mensal – DIM: (Redação dada pela Lei nº 6.556, de 30.12.2004).

MULTA – equivalente a 20 (vinte) vezes o valor da UPFAL; (Redação dada pela Lei nº 6.556, de 30.12.2004).

IV – outros documentos de informações econômico-fiscais: (Redação dada pela Lei nº 6.556, de 30.12.2004).

a) documentos com registro fiscal de operações com mercadorias e/ou prestações de serviços: (Redação dada pela Lei nº 8.085, de 28.12.2018).

MULTA – equivalente a: (Redação dada pela Lei nº 8.085, de 28.12.2018).

1. 25 (vinte cinco) vezes o valor da UPFAL, quando se referir à entrega de periodicidade anual, se paga até 30 (trinta) dias após o prazo regulamentar, devendo ser acrescida de 12,5 (doze inteiros e cinco décimos) UPFALs para cada mês adicional em atraso, até o limite total de 500 (quinhentas) vezes o valor da UPFAL; e (Redação dada pela Lei nº 8.085, de 28.12.2018).

2. 10 (dez) vezes o valor da UPFAL, quando se referir à entrega de periodicidade mensal, devendo ser acrescida de 5 (cinco) UPFALs para cada mês adicional em atraso, até o limite total de 250 (duzentos cinquenta) vezes o valor da UPFAL. (Redação dada pela Lei nº 8.085, de 28.12.2018).

b) demais documentos, inclusive simples comunicação: (Redação dada pela Lei nº 6.556, de 30.12.2004).

MULTA – equivalente a 5 (cinco) vezes o valor da UPFAL por documento; e (Redação dada pela Lei nº 6.556, de 30.12.2004).

V – Declaração de Atividades do Contribuinte – DAC ou documento que venha a substituí-la: (Redação dada pela Lei nº 8.085, de 28.12.2018).

MULTA – equivalente a 20 (vinte) UPFAL, acrescida de 10 (dez) UPFAL para cada mês adicional em atraso, até o limite total de 500 (quinhentas) vezes o valor da UPFAL. (Redação dada pela Lei nº 8.085, de 28.12.2018).

§ 1º Nos casos de denúncia espontânea, quando a entrega ou apresentação dos documentos referidos nos incisos deste artigo, seja realizada em até 15 (quinze) dias após o término do prazo regulamentar, aplicar-se-á, por documento, multa de 1 (uma) vez o valor da UPFAL, para os contribuintes cadastrados como Ambulante - AMB, Microempresa - ME e Empresa de Pequeno Porte - EPP, e de 2 (duas) vezes o valor da UPFAL, para os demais contribuintes. (Redação dada pela Lei nº 6.556, de 30.12.2004).

§ 2º Na hipótese do parágrafo anterior, não se aplicam as disposições contidas no art. 96, inciso II, e 135-A, desta Lei. (Redação dada pela Lei nº 6.556, de 30.12.2004).

Art. 116-A. A entrega ou a apresentação, inclusive em arquivo magnético, das informações a que se referem os incisos II a V do caput do art. 116 desta Lei, nas situações abaixo indicadas, sem prejuízo da exigência da retificação pertinente, acarretará as seguintes penalidades: (Redação dada pela Lei nº 8.085, de 28.12.2018).

I - nos casos em que fique impossibilitada a leitura do arquivo magnético respectivo, ou quando fornecidas as referidas informações em padrão diferente do estabelecido pela legislação: (Redação dada pela Lei nº 8.085, de 28.12.2018).

a) relativamente ao Documento de Informação Mensal - DIM: (Redação dada pela Lei nº 6.556, de 30.12.2004).

MULTA - equivalente a 20 (vinte) vezes o valor da UPFAL; (Redação dada pela Lei nº 6.556, de 30.12.2004).

b) relativamente a outros documentos: (Redação dada pela Lei nº 8.085, de 28.12.2018).

MULTA - equivalente a 5 (cinco) vezes o valor da UPFAL, devendo ser acrescida de 2,5 (dois inteiros e cinco décimos) UPFALs para cada mês adicional em atraso até o limite total de 150 (cento e cinquenta) vezes o valor da UPFAL. (Redação dada pela Lei nº 8.085, de 28.12.2018).

II - se forem omitidas informações no arquivo ou se apresentadas informações divergentes das constantes nos documentos ou livros fiscais obrigatórios: (Redação dada pela Lei nº 6.556, de 30.12.2004).

a) relativamente ao Documento de Informação Mensal - DIM: (Redação dada pela Lei nº 6.556, de 30.12.2004).

MULTA - equivalente a 20 (vinte) vezes o valor da UPFAL; (Redação dada pela Lei nº 6.556, de 30.12.2004).

b) relativamente a outros documentos: (Redação dada pela Lei nº 8.085, de 28.12.2018).

MULTA - equivalente a 10 (dez) vezes o valor da UPFAL, devendo ser acrescida de 5 (cinco) UPFAL para cada mês adicional em atraso até a supressão do vício,

TRIBUTÁRIO

limitada ao total de 300 (trezentas) vezes o valor da UPFAL. (Redação dada pela Lei nº 8.085, de 28.12.2018).

§ 1º Nos casos de denúncia espontânea, quando a entrega ou apresentação dos documentos referidos no caput deste artigo, seja realizada em até 15 (quinze) dias após o término do prazo regulamentar, aplicar-se-á, por documento, multa de 1 (uma) vez o valor da UPFAL, para os contribuintes cadastrados como Ambulante - AMB, Microempresa - ME e Empresa de Pequeno Porte - EPP, e de 2 (duas) vezes o valor da UPFAL, para os demais contribuintes. (Redação dada pela Lei nº 6.556, de 30.12.2004).

§ 2º Na hipótese do parágrafo anterior, não se aplicam as disposições contidas no art. 96, inciso II, e 135-A, desta Lei. (Redação dada pela Lei nº 6.556, de 30.12.2004).

Art. 116-B. Deixar a administradora de cartão de crédito, débito, ou equivalente, de apresentar ou entregar, no local, forma ou prazo regulamentar, informações sobre as operações ou prestações ocorridas mediante pagamento por seus sistemas de crédito, débito ou similares, ou fazê-lo de forma inexata ou incompleta: (Redação acrescentada pela Lei nº 6.970, de 04.08.2008).

I - multa equivalente a 6 (seis) vezes a UPFAL por grupo de até cinco informações inexatas, incompletas ou omitidas, não podendo ser inferior a 6 (seis) vezes a UPFAL; (Redação acrescentada pela Lei nº 6.970, de 04.08.2008).

II - multa equivalente a 600 (seiscentas) vezes a UPFAL por mês-calendário ou fração, independentemente da multa prevista no inciso I, na hipótese de não apresentação ou entrega. (Redação acrescentada pela Lei nº 6.970, de 04.08.2008).

Art. 117. Falta de lançamento no Livro Registro de Entradas de Mercadorias, quando a isso obrigado, de documentos fiscais relativos a compras de mercadorias tributadas, efetuadas no mesmo exercício:

MULTA - de 2 (duas) vezes a Unidade Padrão Fiscal do Estado de Alagoas - UPFAL, para cada valor do(s) documento(s) equivalente até a 50 (cinquenta) UPFALs, ou fração, não podendo a multa ser inferior a esta penalidade.

Art. 118. Falta de lançamento de documento fiscal nos livros fiscais próprios, referentes a mercadorias isentas, imunes ou não tributadas: (Redação dada pela Lei nº 8.085, de 28.12.2018).

MULTA - de 1% (um por cento) do valor da operação ou prestação, não podendo a multa ser inferior a 2 (duas) vezes a UPFAL por documento. (Redação dada pela Lei nº 8.085, de 28.12.2018).

Art. 119. Extraviar, perder, inutilizar ou manter fora do estabelecimento, em local não autorizado: (Redação dada pela Lei nº 6.970, de 04.08.2008).

I - livro fiscal: (Redação dada pela Lei nº 6.970, de 04.08.2008).

a) por contribuinte não enquadrado como microempresa ou empresa de pequeno porte, nos termos da Lei Complementar nº 123, de 14 de dezembro de 2006: (Redação dada pela Lei nº 6.970, de 04.08.2008).

MULTA - equivalente a 300 (trezentas) vezes a UPFAL, por livro; (Redação dada pela Lei nº 5.979, de 19.12.1997).

b) por contribuinte enquadrado como microempresa ou empresa de pequeno porte, nos termos da Lei Complementar nº 123, de 14 de dezembro de 2006: (Redação dada pela Lei nº 6.970, de 04.08.2008).

MULTA - equivalente a 75 (setenta e cinco) vezes a UPFAL, por livro; (Redação dada pela Lei nº 5.979, de 19.12.1997).

II - documento fiscal: (Redação dada pela Lei nº 6.970, de 04.08.2008).

a) tratando-se de Notas Fiscais, modelos 1 ou 1-A e Conhecimentos de Transportes, modelos 7 a 12: (Redação dada pela Lei nº 5.979, de 19.12.1997).

MULTA - equivalente a 20 (vinte) vezes UPFAL, por documento; (Redação dada pela Lei nº 5.979, de 19.12.1997).

b) em relação aos demais documentos, inclusive os emitidos para fins de controle ou fornecimento de informações fiscais ou econômico-financeiras: (Redação dada pela Lei nº 5.979, de 19.12.1997).

MULTA - 05 (cinco) vezes a UPFAL, por documento. (Redação dada pela Lei nº 5.979, de 19.12.1997).

§ 1º As sanções previstas neste artigo aplicam-se, também, na hipótese de não exibição de livro ou documento, fiscal ou econômico-fiscal, a Servidor Fiscal, mediante intimação regular. (Redação dada pela Lei nº 6.970, de 04.08.2008).

§ 2º Não se aplica às infrações especificadas neste artigo o disposto no art. 96, deste Capítulo, mesmo com a publicação do ato que ensejou a prática da infração, ressalvados os casos de sinistro devidamente comprovado e certificado pela autoridade competente (Redação dada pela Lei nº 6.970, de 04.08.2008).

Art. 120. Falta de livros fiscais ou sua utilização sem a prévia autenticação: MULTA - de 05 (cinco) vezes a UPFAL por livro.

Art. 121. Não escriturar os livros fiscais na forma e prazos regulamentares, a exceção do Livro de Registro de Inventário:

MULTA - de 05 (cinco) vezes a UPFAL por livro.

Art. 121-A. Consignar escrituralmente crédito indevido ou inexistente, nas hipóteses não contempladas no art. 93: (Redação acrescentada pela Lei nº 6.348, de 30.12.2002).

TRIBUTÁRIO

MULTA - equivalente a 30% (trinta por cento) do valor do crédito indevido ou inexistente consignado. (Redação acrescentada pela Lei nº 6.348, de 30.12.2002).

Art. 122. Não escriturar o Livro Registro de Inventário na forma e nos prazos regulamentares:

MULTA - de 20 (vinte) vezes a UPFAL, por mês, ou fração de mês, contados da data limite para a escrituração. (Redação dada pela Lei nº 5.979, de 19.12.1997).

Art. 123. O uso ou não de equipamento de controle fiscal ou de sistema eletrônico de processamento de dados para emissão ou escrituração de documentos ou livros fiscais, nas hipóteses abaixo discriminadas, acarretará as seguintes penalidades: (Redação dada pela Lei nº 6.331, de 22.07.2002).

I - utilizar ou manter, no estabelecimento, sem a devida autorização da Secretaria de Estado da Fazenda, equipamento de controle fiscal: (Redação dada pela Lei nº 6.331, de 22.07.2002).

MULTA - equivalente a 80 (oitenta) vezes a UPFAL por equipamento; (Redação dada pela Lei nº 6.331, de 22.07.2002).

II - utilizar ou manter equipamento de controle fiscal em estabelecimento diferente daquele para o qual tenha sido autorizado pela Secretaria de Estado da Fazenda, ainda que da mesma empresa: (Redação dada pela Lei nº 6.331, de 22.07.2002).

MULTA - equivalente a 80 (oitenta) vezes a UPFAL por equipamento; (Redação dada pela Lei nº 6.331, de 22.07.2002).

III - utilizar ou manter, no estabelecimento, equipamento de controle fiscal sem o dispositivo de segurança (lacre), ou ainda, estando este violado, danificado, aposto de forma a possibilitar o acesso aos dispositivos por ele assegurados, ou com sua identificação impossibilitada: (Redação dada pela Lei nº 6.331, de 22.07.2002).

MULTA - equivalente a 80 (oitenta) vezes a UPFAL por equipamento; (Redação dada pela Lei nº 6.331, de 22.07.2002).

IV - utilizar ou manter, no estabelecimento, equipamento de controle fiscal sem afixação de etiqueta de identificação relativa à autorização de uso do equipamento pela Secretaria de Estado da Fazenda, ou estando a mesma rasurada ou danificada: (Redação dada pela Lei nº 6.331, de 22.07.2002).

MULTA - equivalente a 20 (vinte) vezes a UPFAL por equipamento; (Redação dada pela Lei nº 6.331, de 22.07.2002).

V - utilizar equipamentos com tecla, função, ou versão de software básico, não autorizados ou vedados pela legislação: (Redação dada pela Lei nº 6.331, de 22.07.2002).

MULTA - equivalente a 20 (vinte) vezes a UPFAL por equipamento; (Redação dada pela Lei nº 6.331, de 22.07.2002).

VI - deixar de emitir os documentos leitura X, redução Z ou leitura da memória fiscal, nas hipóteses previstas na legislação, ou ainda, extraviar ou emitir referidos documentos com indicações ilegíveis ou com ausência de indicações: (Redação dada pela Lei nº 6.331, de 22.07.2002).

MULTA - equivalente a 03 (três) vezes a UPFAL por documento; (Redação dada pela Lei nº 6.331, de 22.07.2002).

VII - utilizar ou manter, no estabelecimento, equipamento de controle fiscal com etiqueta de identificação, relativa à autorização de uso do equipamento pela Secretaria de Estado da Fazenda, falsa ou adulterada: (Redação dada pela Lei nº 6.331, de 22.07.2002).

MULTA - equivalente a 80 (oitenta) vezes a UPFAL por equipamento; (Redação dada pela Lei nº 6.331, de 22.07.2002).

VIII - utilizar ou manter, sem a devida autorização da Secretaria de Estado da Fazenda, equipamento que possibilite: (Redação dada pela Lei nº 6.331, de 22.07.2002).

a) a emissão de documento que possa ser confundido com documento fiscal; e (Redação dada pela Lei nº 6.331, de 22.07.2002).

b) o registro ou o processamento de dados relativos a operações com mercadorias ou prestações de serviço: (Redação dada pela Lei nº 6.331, de 22.07.2002).

MULTA - equivalente a 80 (oitenta) vezes a UPFAL por equipamento; (Redação dada pela Lei nº 6.331, de 22.07.2002).

IX - emitir, por meio de máquina registradora, cupom fiscal que deixe de indicar, por departamento, o totalizador parcial da situação tributária da mercadoria comercializada ou do serviço prestado, ou, caso haja a referida indicação, não corresponda à prevista pela legislação para a respectiva mercadoria ou serviço: (Redação dada pela Lei nº 6.331, de 22.07.2002).

MULTA - equivalente a 30 (trinta) vezes a UPFAL por equipamento; (Redação dada pela Lei nº 6.331, de 22.07.2002).

X - emitir, por meio de terminal ponto de venda - PDV ou equipamento Emissor de Cupom Fiscal - ECF, cupom fiscal que deixe de indicar a mercadoria comercializada ou o serviço prestado e/ou a respectiva situação tributária, ou, caso haja a referida indicação, não corresponda ela à prevista pela legislação para a respectiva mercadoria ou serviço: (Redação dada pela Lei nº 6.331, de 22.07.2002).

MULTA - equivalente a 30 (trinta) vezes a UPFAL por equipamento; (Redação dada pela Lei nº 6.331, de 22.07.2002).

XI – utilizar equipamento de controle fiscal fora do recinto de atendimento ao público ou em local não visível ao consumidor: (Redação dada pela Lei nº 6.331, de 22.07.2002).

MULTA – equivalente a 10 (dez) vezes a UPFAL por equipamento; (Redação dada pela Lei nº 6.331, de 22.07.2002).

XII – extraviar ou inutilizar equipamento de controle fiscal autorizado pela Secretaria de Estado da Fazenda: (Redação dada pela Lei nº 6.331, de 22.07.2002).

MULTA – equivalente a 80 (oitenta) vezes a UPFAL por equipamento; (Redação dada pela Lei nº 6.331, de 22.07.2002).

XIII – deixar de escriturar os documentos Mapa Resumo de Caixa, Mapa Resumo PDV ou Mapa Resumo ECF, ou atrasar referida escrituração, quando estiver o contribuinte obrigado a escriturá-los, ou, não estando obrigado, tenha optado pela escrituração: (Redação dada pela Lei nº 6.331, de 22.07.2002).

MULTA – equivalente a 05 (cinco) vezes a UPFAL por documento não escriturado, ou escriturado fora do prazo; (Redação dada pela Lei nº 6.331, de 22.07.2002).

XIV – retirar do estabelecimento equipamento de controle fiscal sem a prévia anuência da Secretaria de Estado da Fazenda, exceto no caso de remessa a estabelecimento neste Estado credenciado a intervir no equipamento: (Redação dada pela Lei nº 6.331, de 22.07.2002).

MULTA – equivalente a 50 (cinquenta) vezes a UPFAL por equipamento; (Redação dada pela Lei nº 6.331, de 22.07.2002).

XV – deixar de registrar, em equipamento emissor de cupom fiscal – ECF, quando exigido pela legislação, as operações ou prestações que realizar, relativo a: (Redação dada pela Lei nº 6.556, de 30.12.2004).

a) operações ou prestações que tenham sido documentadas por outro documento fiscal: (Redação dada pela Lei nº 6.556, de 30.12.2004).

MULTA – de 1 (uma) vez a Unidade Padrão Fiscal do Estado de Alagoas – UPFAL, para cada documento fiscal e para cada valor da operação ou prestação equivalente a 50 (cinquenta) UPFAL's, ou fração, não podendo a multa ser inferior a 1 (uma) UPFAL; e (Redação dada pela Lei nº 6.556, de 30.12.2004).

b) operações ou prestações que não tenham sido documentadas por outro documento fiscal: (Redação dada pela Lei nº 6.556, de 30.12.2004).

MULTA – equivalente a 1% (um por cento) do valor das operações de saída e/ou prestações tributadas realizadas que não tenham sido registradas no ECF, não podendo a multa ser inferior a 50 (cinquenta) vezes o valor da UPFAL; (Redação dada pela Lei nº 6.556, de 30.12.2004).

XVI – utilizar máquina registradora ou equipamento emissor de cupom fiscal do tipo ECF-MR, interligado a equipamento de controle fiscal ou a outro equipamento de processamento de dados, sem a devida autorização da Secretaria de Estado da Fazenda: (Redação dada pela Lei nº 6.331, de 22.07.2002).

MULTA – equivalente a 30 (trinta) vezes a UPFAL por máquina registradora ou equipamento emissor de cupom fiscal (ECF-MR), indevidamente interligados, conforme o caso; (Redação dada pela Lei nº 6.331, de 22.07.2002).

XVII – adulterar ou permitir a adulteração de valores armazenados em equipamento de controle fiscal: (Redação dada pela Lei nº 6.331, de 22.07.2002).

MULTA – equivalente a 100 (cem) vezes a UPFAL por equipamento; (Redação dada pela Lei nº 6.331, de 22.07.2002).

XVIII – deixar de arquivar fita-detalhe que deveria conter ou contenha impressos os documentos registrados em equipamento de controle fiscal: (Redação dada pela Lei nº 6.331, de 22.07.2002).

MULTA – equivalente a 1% (um por cento) dos valores das operações ou prestações, conforme o caso, registrados ou que deveriam estar registrados na bobina; (Redação dada pela Lei nº 6.331, de 22.07.2002).

XIX – seccionar fita-detalhe que contenha impressos os documentos registrados em equipamento de controle fiscal: (Redação dada pela Lei nº 6.331, de 22.07.2002).

MULTA – equivalente a 5 (cinco) vezes a UPFAL por seccionamento, até o limite mensal de 100 (cem) vezes a UPFAL; (Redação dada pela Lei nº 6.331, de 22.07.2002).

XX – cessar o uso de equipamento de controle fiscal sem cumprir as exigências da legislação: (Redação dada pela Lei nº 6.331, de 22.07.2002).

MULTA – equivalente a 30 (trinta) vezes a UPFAL por equipamento de controle fiscal; (Redação dada pela Lei nº 6.331, de 22.07.2002).

XXI – utilizar ou manter programa de processamento de dados que possibilite fraudar os valores registrados ou acumulados no equipamento de controle fiscal: (Redação dada pela Lei nº 6.331, de 22.07.2002).

MULTA – equivalente a 100 (cem) vezes a UPFAL; (Redação dada pela Lei nº 6.331, de 22.07.2002).

XXII – deixar de disponibilizar à Secretaria de Estado da Fazenda programa aplicativo necessário à gravação, em meio magnético, da leitura da memória fiscal ou leitura da memória de fita detalhe, conforme o caso, se o ECF não dispuser desse recurso mediante teclado ou outro dispositivo: (Redação dada pela Lei nº 6.331, de 22.07.2002).

MULTA – equivalente a 20 (vinte) vezes a UPFAL por equipamento; (Redação dada pela Lei nº 6.331, de 22.07.2002).

XXIII – deixar de emitir, o estabelecimento usuário de equipamento de controle fiscal, pelo referido equipamento, o comprovante relativo à operação ou prestação cujo pagamento tenha sido efetuado por meio de Transferência Eletrônica de Fundos – TEF: (Redação dada pela Lei nº 6.331, de 22.07.2002).

MULTA – equivalente a 1% (um por cento) do somatório dos valores das operações e/ou prestações, cujo pagamento foi efetuado por TEF; (Redação dada pela Lei nº 6.331, de 22.07.2002).

XXIV – deixar de apresentar à Secretaria de Estado da Fazenda listagem atualizada contendo código e descrição das mercadorias objeto de comercialização pelo estabelecimento, quando solicitado: (Redação dada pela Lei nº 6.331, de 22.07.2002).

MULTA – equivalente a 15 (quinze) vezes a UPFAL; (Redação dada pela Lei nº 6.331, de 22.07.2002).

XXV – alterar, danificar ou retirar o número de fabricação de equipamento de controle fiscal: (Redação dada pela Lei nº 6.331, de 22.07.2002).

MULTA – equivalente a 30 (trinta) vezes a UPFAL; (Redação dada pela Lei nº 6.331, de 22.07.2002).

XXVI – manter equipamento interligado a Emissor de Cupom Fiscal (ECF-IF), com possibilidade de comunicação com outro periférico capaz de imprimir documentos, sem prévia anuência da Secretaria de Estado da Fazenda: (Redação dada pela Lei nº 6.331, de 22.07.2002).

MULTA – equivalente a 30 (trinta) vezes a UPFAL por equipamento; (Redação dada pela Lei nº 6.331, de 22.07.2002).

XXVII – emitir, por meio de equipamento de controle fiscal, cupom fiscal, nota fiscal de venda a consumidor ou fita-detalhe, em desacordo com a legislação, nas hipóteses não especificadas nos demais incisos: (Redação dada pela Lei nº 6.331, de 22.07.2002).

MULTA – equivalente a 1 (uma) vez a UPFAL por documento emitido; (Redação dada pela Lei nº 6.331, de 22.07.2002).

XXVIII – utilizar sistema eletrônico de processamento de dados para emissão de documento fiscal ou escrituração de livro fiscal, sem a prévia autorização da Secretaria de Estado da Fazenda: (Redação dada pela Lei nº 6.331, de 22.07.2002).

a) no caso de documento fiscal: (Redação dada pela Lei nº 6.331, de 22.07.2002).

MULTA – equivalente a 1% (um por cento) do somatório dos valores das operações e/ou prestações do período de apuração em que se verificar a ocorrência, não podendo a multa ser inferior a 150 (cento e cinquenta) vezes a UPFAL; (Redação dada pela Lei nº 6.331, de 22.07.2002).

b) no caso de livro fiscal: (Redação dada pela Lei nº 6.331, de 22.07.2002).

MULTA - equivalente a 05 (cinco) vezes a UPFAL, por livro, por mês escriturado; (Redação dada pela Lei nº 6.331, de 22.07.2002).

XXIX - alterar o sistema eletrônico de processamento de dados para emissão de livros e documentos fiscais, sem prévia autorização da Secretaria de Estado da Fazenda, ou deixar de proceder a comunicação da alteração, conforme o caso: (Redação dada pela Lei nº 6.331, de 22.07.2002).

MULTA - equivalente a 0,3% (três décimos por cento) do somatório dos valores das operações e/ou prestações do período de apuração em que se verificar a ocorrência, não podendo a multa ser inferior a 45 (quarenta e cinco) vezes a UPFAL; (Redação dada pela Lei nº 6.331, de 22.07.2002).

§ 1º Para os efeitos deste artigo, entende-se por equipamento de controle fiscal os equipamentos do tipo máquina registradora, terminal ponto de venda (PDV) e equipamento Emissor de Cupom Fiscal - ECF. (Redação dada pela Lei nº 6.331, de 22.07.2002).

§ 2º A sanção prevista no inciso XV deste artigo aplica-se, inclusive, no caso em que as operações ou prestações tenham sido registradas em outro documento fiscal, que não o cupom fiscal de ECF. (Redação dada pela Lei nº 6.331, de 22.07.2002).

Art. 123-A. As empresas credenciadas para intervir em equipamento de controle fiscal e aquelas responsáveis por programas relativos à emissão de documentos ou livros fiscais, nas hipóteses abaixo discriminadas, sujeitar-se-ão às seguintes penalidades: (Redação acrescentada pela Lei nº 6.331, de 22.07.2002).

I - fornecer ou divulgar programa de processamento de dados que permita ao sujeito passivo da obrigação tributária possuir informação contábil diversa daquela legalmente fornecida à Secretaria de Estado da Fazenda, ou que permita fraudar os valores registrados ou acumulados em equipamento de controle fiscal: (Redação acrescentada pela Lei nº 6.331, de 22.07.2002).

MULTA - equivalente a 100 (cem) vezes a UPFAL; (Redação acrescentada pela Lei nº 6.331, de 22.07.2002).

II - atestar o funcionamento de equipamento de controle fiscal ou de programa para emissão de documentos ou livros fiscais, em desacordo com as exigências previstas na legislação: (Redação acrescentada pela Lei nº 6.331, de 22.07.2002).

MULTA - equivalente a 80 (oitenta) vezes a UPFAL; (Redação acrescentada pela Lei nº 6.331, de 22.07.2002).

III - intervir em equipamento de controle fiscal sem prévio credenciamento pela Secretaria de Estado da Fazenda para a marca e modelo do equipamento: (Redação acrescentada pela Lei nº 6.331, de 22.07.2002).

MULTA – equivalente a 50 (cinquenta) vezes a UPFAL por equipamento; (Redação acrescentada pela Lei nº 6.331, de 22.07.2002).

IV – realizar intervenção em equipamento de controle fiscal sem a emissão imediata, antes e depois da intervenção, dos cupons de leitura exigidos pela legislação: (Redação acrescentada pela Lei nº 6.331, de 22.07.2002).

MULTA – equivalente a 10 (dez) vezes a UPFAL por documento não emitido; (Redação acrescentada pela Lei nº 6.331, de 22.07.2002).

V – deixar de emitir o Atestado de Intervenção Técnica, ou emiti-lo de forma a consignar informações inexatas, quando promover intervenção técnica em equipamento de controle fiscal: (Redação acrescentada pela Lei nº 6.331, de 22.07.2002).

MULTA – equivalente a 100 (cem) vezes a UPFAL por intervenção efetuada; (Redação acrescentada pela Lei nº 6.331, de 22.07.2002).

VI – emitir Atestado de Intervenção Técnica com a finalidade de simular intervenção não realizada: (Redação acrescentada pela Lei nº 6.331, de 22.07.2002).

MULTA – equivalente a 100 (cem) vezes a UPFAL por Atestado de Intervenção Técnica emitido; (Redação acrescentada pela Lei nº 6.331, de 22.07.2002).

VII – lacrar equipamento de controle fiscal em desacordo com a forma prevista na legislação: (Redação acrescentada pela Lei nº 6.331, de 22.07.2002).

MULTA – equivalente a 80 (oitenta) vezes a UPFAL por equipamento; (Redação acrescentada pela Lei nº 6.331, de 22.07.2002).

VIII – extraviar ou inutilizar lacre fornecido pela Secretaria de Estado da Fazenda, tenha ou não sido utilizado anteriormente: (Redação acrescentada pela Lei nº 6.331, de 22.07.2002).

MULTA – equivalente a 80 (oitenta) vezes a UPFAL por lacre extraviado ou inutilizado; (Redação acrescentada pela Lei nº 6.331, de 22.07.2002).

IX – deixar de proceder a substituição de dispositivo de armazenamento de software básico, quando obrigada sua troca de acordo com o previsto na legislação: (Redação acrescentada pela Lei nº 6.331, de 22.07.2002).

MULTA – equivalente a 10 (dez) vezes a UPFAL por dispositivo de armazenamento não substituído; (Redação acrescentada pela Lei nº 6.331, de 22.07.2002).

X – deixar de entregar à Secretaria de Estado da Fazenda, na forma e prazo estabelecidos na legislação, o Atestado de Intervenção Técnica em equipamento de controle fiscal: (Redação acrescentada pela Lei nº 6.331, de 22.07.2002).

MULTA – equivalente a 05 (cinco) vezes a UPFAL por Atestado não entregue; (Redação acrescentada pela Lei nº 6.331, de 22.07.2002).

XI – contribuir, de qualquer forma, para o uso indevido de equipamento de controle fiscal: (Redação acrescentada pela Lei nº 6.331, de 22.07.2002).

MULTA – equivalente a 80 (oitenta) vezes a UPFAL. (Redação acrescentada pela Lei nº 6.331, de 22.07.2002).

Parágrafo único. A aplicação das multas previstas neste artigo não elide a instauração de processo administrativo, com vistas à suspensão ou cassação do respectivo credenciamento. (Redação acrescentada pela Lei nº 6.331, de 22.07.2002).

Art. 123-B. Manter no recinto de atendimento ao público ou utilizar equipamento, nas situações adiante indicadas: (Redação acrescentada pela Lei nº 6.970, de 04.08.2008).

I – para emissão de comprovante de pagamento efetuado por meio de cartão de crédito, débito, ou similar, nos casos em que seja obrigatória a emissão desse comprovante por equipamento Emissor de Cupom Fiscal – ECF, exceto quando ambos estiverem integrados ou haja autorização da Secretaria de Estado da Fazenda para sua utilização: (Redação acrescentada pela Lei nº 6.970, de 04.08.2008).

MULTA – equivalente a 100 (cem) vezes a UPFAL, por equipamento. (Redação acrescentada pela Lei nº 6.970, de 04.08.2008).

II – capaz de capturar assinatura digitalizada, que possibilite o armazenamento ou a transmissão de documento fiscal eletrônico ou comprovante de pagamento em forma digital, sem a correspondente emissão de comprovantes de pagamento por ECF: (Redação acrescentada pela Lei nº 6.970, de 04.08.2008).

MULTA – equivalente a 100 (cem) UPFAL por equipamento. (Redação acrescentada pela Lei nº 6.970, de 04.08.2008).

III – para emissão de comprovante de pagamento efetuado por meio de cartão de crédito, de débito ou similar, autorizado para uso em outro estabelecimento, ainda que da mesma pessoa jurídica: (Redação acrescentada pela Lei nº 8.085, de 28.12.2018).

MULTA – equivalente a 100 (cem) vezes a UPFAL, por equipamento. (Redação acrescentada pela Lei nº 8.085, de 28.12.2018).

Art. 124. Entregar mercadorias apreendidas pelo Fisco e depositadas em armazéns ou estabelecimentos, sem a prévia autorização da autoridade competente:

MULTA – de 3 (três) vezes a Unidade Padrão Fiscal do Estado de Alagoas – UPFAL.

Art. 125. Omitir, do manifesto de carga, qualquer mercadoria conduzida:

MULTA – de 2 (duas) vezes a Unidade Padrão Fiscal do Estado de Alagoas – UPFAL, sem prejuízo do disposto no art. 111, deste Código.

Art. 126. Não possuir inscrição no Cadastro Geral de Contribuintes do Estado de Alagoas - CACEAL, quando a isso estiver obrigado:

MULTA - de 2 (duas) vezes a UPFAL, por mês ou fração de mês de funcionamento.

Art. 127. Omitir, em Notas Fiscais, os dados cadastrais do comprador ou destinatário:

MULTA - de 1 (uma) vez a UPFAL por documento.

Art. 128. Deixar de renovar a Ficha de Inscrição Cadastral - FIC, no prazo regulamentar:

MULTA - de 05 (cinco) vezes a UPFAL por mês ou fração de mês.

Art. 129. Deixar de comunicar a transferência do estabelecimento, bem como qualquer modificação ocorrida, relativamente aos dados que impliquem alteração cadastral:

MULTA - de 10 (dez) vezes a Unidade padrão Fiscal do Estado de Alagoas - UPFAL.

Art. 130. Deixar de requerer à repartição fiscal a baixa de sua inscrição cadastral, em decorrência do encerramento das atividades do estabelecimento: (Redação dada pela Lei nº 6.556, de 30.12.2004).

MULTA - equivalente a 100 (cem) vezes a Unidade Padrão Fiscal do Estado de Alagoas - UPFAL. (Redação dada pela Lei nº 6.556, de 30.12.2004).

Art. 131. Deixar de exibir, quando solicitada, a respectiva Ficha de Inscrição Cadastral - FIC:

MULTA - de 1 (uma) vez a Unidade Padrão Fiscal do Estado de Alagoas - UPFAL.

Art. 132. Fornecer informações inverídicas ou apresentar documentos inexatos ao se inscrever como contribuinte ou ao requerer alteração cadastral:

MULTA - de 20 (vinte) vezes a Unidade Padrão Fiscal do Estado de Alagoas - UPFAL.

Art. 133. Deixar de comunicar a repartição competente o montante das mercadorias existentes no estabelecimento, por ocasião de encerramento do exercício financeiro, nos prazos e na forma estabelecidos em Regulamento:

MULTA - de 3 (três) vezes a Unidade Padrão Fiscal do Estado de Alagoas - UPFAL.

Art. 134. Omitir ou sonegar documentos necessários a fixação de estimativa: MULTA - de 20 (vinte) vezes a UPFAL, por documento.

Art. 135. Embaraçar, desacatar Agente do Fisco e dificultar ou impedir, por qualquer meio, a sua ação fiscalizadora, bem como recusar-se a apresentar livros, papéis ou outros documentos exigidos pela legislação tributária:

MULTA - de 10 (dez) a 50 (cinquenta) vezes a Unidade Padrão Fiscal do Estado de Alagoas.

Parágrafo único. O disposto nos arts. 116 e 132 não exime os contribuintes do cumprimento da obrigação de apresentarem os livros e os documentos fiscais neles referidos.

Art. 135-A. No caso de contribuinte cadastrado como AMBULANTE - AMB, MICROEMPRESA - ME ou EMPRESA DE PEQUENO PORTE - EPP, as multas previstas nesta subseção serão reduzidas, respectivamente, em 70% (setenta por cento), 50% (cinquenta por cento) e 30% (trinta por cento), em qualquer caso, não podendo ser inferior a 1 (uma) UPFAL (Redação dada pela Lei nº 6.556, de 30.12.2004).

Subseção III
Das Infrações Relativas a Equipamentos de Medição e Controle e Lacre de Segurança

(Redação acrescentada pela Lei nº 7.080, de 24.07.2009).

Art. 135-B. Os contribuintes que desenvolverem atividade com produtos passíveis de medição e controle de vazão, sujeitar-se-ão às seguintes penalidades: (Redação acrescentada pela Lei nº 7.080, de 24.07.2009).

I - deixar de instalar ou utilizar equipamento de medição e controle de vazão exigido pela legislação do imposto: (Redação acrescentada pela Lei nº 7.080, de 24.07.2009).

MULTA - de 5% (cinco por cento) do valor das operações ou prestações realizadas no período em que havia a obrigação de ter o equipamento instalado ou em utilização, não podendo a multa ser inferior a 190 (cento e noventa) vezes a UPFAL, por mês ou fração de mês; (Redação acrescentada pela Lei nº 7.080, de 24.07.2009).

II - utilizar equipamento medidor ou contador adulterado: (Redação acrescentada pela Lei nº 7.080, de 24.07.2009).

MULTA - de 900 (novecentas) vezes a UPFAL por equipamento; (Redação acrescentada pela Lei nº 7.080, de 24.07.2009).

III - utilizar equipamento medidor de vazão em desacordo com as especificações técnicas previstas na legislação do imposto ou sem a regular homologação pelo fisco: (Redação acrescentada pela Lei nº 7.080, de 24.07.2009).

MULTA - de 600 (seiscentas) vezes a UPFAL por equipamento; (Redação acrescentada pela Lei nº 7.080, de 24.07.2009).

IV - utilizar equipamento medidor de vazão sem dispositivo de segurança, com dispositivo de segurança violado ou com dispositivo que não atenda às especificações exigidas pela legislação: (Redação acrescentada pela Lei nº 7.080, de 24.07.2009).

MULTA - de 600 (seiscentas) vezes a UPFAL por equipamento; (Redação acrescentada pela Lei nº 7.080, de 24.07.2009).

V - utilizar equipamento medidor ou contador submetido a procedimento ou intervenção por pessoa não credenciada: (Redação acrescentada pela Lei nº 7.080, de 24.07.2009).

MULTA - de 190 (cento e noventa) vezes a UPFAL por equipamento; (Redação acrescentada pela Lei nº 7.080, de 24.07.2009).

VI - utilizar equipamento medidor ou contador submetido a procedimento ou intervenção irregular por pessoa credenciada: (Redação acrescentada pela Lei nº 7.080, de 24.07.2009).

MULTA - de 90 (noventa) vezes a UPFAL por equipamento; (Redação acrescentada pela Lei nº 7.080, de 24.07.2009).

VII - realizar intervenção irregular em equipamento medidor de vazão: (Redação acrescentada pela Lei nº 7.080, de 24.07.2009).

MULTA - de 90 (noventa) vezes a UPFAL por intervenção; (Redação acrescentada pela Lei nº 7.080, de 24.07.2009).

VIII - deixar de prestar informações geradas por equipamento medidor de vazão ou prestá-las em desacordo com a legislação: (Redação acrescentada pela Lei nº 7.080, de 24.07.2009).

MULTA - de 90 (noventa) vezes a UPFAL por período de apuração do imposto; (Redação acrescentada pela Lei nº 7.080, de 24.07.2009).

IX - deixar de comunicar ao Fisco, no prazo e na forma previstos na legislação do imposto, a interrupção de funcionamento de equipamento medidor de vazão: (Redação acrescentada pela Lei nº 7.080, de 24.07.2009).

MULTA - de 60 (sessenta) vezes a UPFAL por período de apuração do imposto; (Redação acrescentada pela Lei nº 7.080, de 24.07.2009).

X - qualquer outra infração relativa a equipamento medidor de vazão, em hipótese não prevista nos incisos anteriores: (Redação acrescentada pela Lei nº 7.080, de 24.07.2009).

MULTA - de 30 (trinta) vezes a UPFAL. (Redação acrescentada pela Lei nº 7.080, de 24.07.2009).

Art. 135-C. Os contribuintes obrigados à utilização de lacre de segurança, nas hipóteses abaixo discriminadas, sujeitar-se-ão às seguintes penalidades: (Redação acrescentada pela Lei nº 7.080, de 24.07.2009).

I – violar lacre ou qualquer outro dispositivo de segurança utilizado pelo fisco para controle de mercadorias, bens, móveis, livros, documentos, impressos e quaisquer outros papéis: (Redação acrescentada pela Lei nº 7.080, de 24.07.2009).

MULTA – de 600 (seiscentas) vezes a UPFAL por lacre ou dispositivo de segurança violado; (Redação acrescentada pela Lei nº 7.080, de 24.07.2009).

II – manutenção, no estabelecimento, de equipamento com lacre violado ou cuja forma de aposição do lacre possibilite qualquer intervenção técnica que não fique evidenciada: (Redação acrescentada pela Lei nº 7.080, de 24.07.2009).

MULTA – de 600 (seiscentas) vezes a UPFAL por equipamento; (Redação acrescentada pela Lei nº 7.080, de 24.07.2009).

III – não utilizar lacre de segurança: (Redação acrescentada pela Lei nº 7.080, de 24.07.2009).

MULTA – de 650 (seiscentas e cinquenta) vezes a UPFAL por lacre, mês ou fração; (Redação acrescentada pela Lei nº 7.080, de 24.07.2009).

IV – utilizar lacre que não seja o legalmente exigido pela Secretaria de Estado da Fazenda: (Redação acrescentada pela Lei nº 7.080, de 24.07.2009).

MULTA – de 900 (novecentas) vezes a UPFAL por lacre utilizado; (Redação acrescentada pela Lei nº 7.080, de 24.07.2009).

V – falta de indicação do número do lacre de segurança na nota fiscal, quando obrigado: (Redação acrescentada pela Lei nº 7.080, de 24.07.2009).

MULTA – de 250 (duzentos e cinquenta) vezes a UPFAL por lacre. (Redação acrescentada pela Lei nº 7.080, de 24.07.2009).

Parágrafo único. As multas previstas neste artigo não se aplicam às infrações relativas à lacre de segurança em equipamento Emissor de Cupom Fiscal – ECF. (Redação acrescentada pela Lei nº 7.080, de 24.07.2009).

Art. 135-D. Utilizar bomba de abastecimento de combustível adulterada: (Redação acrescentada pela Lei nº 8.085, de 28.12.2018).

MULTA – de 600 (seiscentas) UPFAL por bomba adulterada. (Redação acrescentada pela Lei nº 8.085, de 28.12.2018).

Parágrafo único. Para os efeitos deste artigo, considera-se bomba de abastecimento adulterada aquela que possuir qualquer mecanismo para fraudar a quantidade de combustível fornecida ao consumidor. (Redação acrescentada pela Lei nº 8.085, de 28.12.2018).

CAPÍTULO XVI
DAS MEDIDAS ACAUTELADORAS

Art. 136. A juízo do Secretário da Fazenda, poderá ser declarado devedor remisso, com a publicação de seu nome e dos seus fiadores no órgão de imprensa Oficial do Estado, todo aquele que, esgotados os meios administrativos de cobrança da dívida, não saldar seu débito com a Fazenda Estadual.

§ 1º As repartições públicas ou autárquicas estaduais, os estabelecimentos creditícios e as empresas controladas pelo Estado, ficam proibidas de transacionar, a qualquer título, com os devedores e seus fiadores declarados remissos.

§ 2º A proibição de transacionar com os devedores remissos e seus fiadores, compreende a admissão em licitação, a celebração de contrato de qualquer natureza, a concessão de empréstimos e quaisquer outros atos que importem em transação com o Estado e seus órgãos.

§ 3º A declaração de devedor remisso somente poderá ser feita após decorridos 30 (trinta) dias da data em que se tornar irrecorrível a decisão administrativa condenatória.

§ 4º Paga a dívida, ou deferido o seu parcelamento, efetuada a penhora de bens na ação executiva, bem como, sendo iniciada a ação anulatória de decisão administrativa com o depósito na importância em litígio calculada pelo índice de atualização monetária, cessarão os efeitos da declaração de remissão, publicando-se o fato no Diário Oficial do Estado.

CAPÍTULO XVII
DAS DISPOSIÇÕES FINAIS

Art. 137. São extensivas ao Distrito Federal as referências feitas aos Estados nesta Lei. (Redação dada pela Lei nº 5.979, de 19.12.1997).

Art. 138. Esta Lei entra em vigor na data de sua publicação, produzindo efeitos a partir de:

I – 16 de setembro de 1996, relativamente:

a) à não incidência do imposto sobre operações que destinem ao exterior mercadorias, inclusive produtos primários e produtos industrializados semi-elaborados, bem como sobre prestações de serviços para o exterior; e

b) ao direito de crédito, que não será objeto de estorno, quanto às mercadorias que entrem no estabelecimento, a partir da mencionada data, para integração ou consumo em processo de produção de mercadorias industrializadas, inclusive semi-elaboradas destinadas ao exterior;

II - 1º de novembro de 1996, quanto às normas do art.33, relativamente ao direito de crédito correspondente:

a) a energia elétrica usada ou consumida no estabelecimento, a partir da mencionada data, observado o disposto no § 7º do art. 34; (Redação dada pela Lei nº 6.209, de 21.12.2000).

b) à entrada de mercadoria, a partir da mencionada data, destinada ao ativo permanente do estabelecimento;

c) à entrada de mercadoria, a partir da mencionada data, para a produção de produtos primários destinados ao exterior;

d) à entrada de mercadoria, a partir da mencionada data, para a prestação que destine serviço ao exterior; e

e) à entrada de serviços relativos a produto primário, produto industrializado, inclusive semi-elaborado, e serviço destinado ao exterior.

III - 1º de janeiro de 1997, relativamente à cobrança do imposto sobre a prestação de serviço de transporte aéreo e à majoração das alíquotas previstas no art. 17;

IV - da data prevista na Lei Complementar nº 87/96, relativamente ao direito de crédito correspondente à entrada de mercadoria destinada ao uso ou consumo do estabelecimento, a partir da mencionada data. (Redação dada pela Lei nº 7.286, de 30.11.2011).

Art. 139. Continua em vigor a Lei nº 5.572, de 29 de dezembro de 1993, naquilo em que não conflitar com esta Lei.

Art. 140. O Poder Executivo baixará as normas que se fizerem necessárias à aplicação desta Lei.

Art. 141. Revogam-se as disposições em contrário, em especial os arts. 4º a 155 da Lei nº 5.077, de 12 de junho de 1989.

PALÁCIO MARECHAL FLORIANO, em Maceió, 27 de dezembro de 1996; 108º da República.

ANEXO I
SUBSTITUIÇÃO TRIBUTÁRIA RELATIVA ÀS OPERAÇÕES ANTECEDENTES

(Redação acrescentada pela Lei nº 6.846, de 25.09.2007).

ITEM	DESCRIÇÃO
1	Operações realizadas por produtores ou extratores, ou suas cooperativas.
2	Operações com sucatas e resíduos, exceto a consumidor final.

TRIBUTÁRIO

3	Operações relativas à remessa de álcool etílico hidratado, do estabelecimento industrial para estabelecimento distribuidor de combustíveis, como tal definido pelo órgão federal responsável.
4	Operações de saída de energia elétrica de usina termelétrica, gerada a partir da utilização de gás natural produzido neste Estado, quando destinada a estabelecimento distribuidor de energia elétrica.

ANEXO II
SUBSTITUIÇÃO TRIBUTÁRIA RELATIVA ÀS OPERAÇÕES SUBSEQÜENTES

(Renumerado o Anexo Único para Anexo II pela Lei nº 6.846, de 25.09.2007).

ITEM	MERCADORIA
1	Cigarros, cigarrilhas, charutos e fumos
2	Bebidas, inclusive água mineral, cerveja, chope e refrigerante, xarope ou extrato concentrado utilizado no preparo de refrigerantes em máquina de pré-mix ou post-mix, hidroeletrolíticas (isotônicas) e energéticas
3	Sorvetes de qualquer espécie (inclusive sanduíches de sorvetes e picolés) e preparados para fabricação de sorvete em máquina
4	Farinhas de trigo, misturas de farinhas de trigo a outros produtos e derivados de farinha de trigo
5	Cimentos de qualquer espécie
6	Gasolina, óleo diesel, glp, demais combustíveis derivados de petróleo, álcool hidratado, álcool anidro, lubrificantes, aditivos, agentes de limpeza, anticorrosivos, desengraxantes, desinfetantes, fluidos, graxas, removedores e óleo de tempera, protetivos e para transformadores e aguarrás mineral
7	Pneumáticos, câmaras de ar e protetores de borracha
8	Vacinas, soros, drogas e medicamentos de uso não veterinário, absorventes higiênicos, fraldas descartáveis ou não, mamadeiras, bicos para mamadeiras e chupetas, gaze, algodão, ataduras, esparadrapos, preservativos, seringas, escovas de dente, pastas dentifrícias, provitaminas, vitaminas, contraceptivos, agulhas para seringas, fio ou fita dental, preparação para higiene bucal e dentária, hastes flexíveis ou não, com uma ou ambas as extremidades de algodão, preparações químicas a base de hormônios ou de espermicidas
9	Veículos automotores novos
10	Filmes fotográficos, cinematográficos e slide, discos fonográficos, fitas virgens ou gravadas

LEI ESTADUAL Nº 6.555, DE 30 DE DEZEMBRO DE 2004

- DISPÕE SOBRE O TRATAMENTO TRIBUTÁRIO RELATIVO AO IMPOSTO SOBRE A PROPRIEDADE DE VEÍCULOS AUTOMOTORES - IPVA.

***ATUALIZADA ATÉ A LEI Nº 8.427, DE 10 DE JUNHO DE 2021.**

*** AÇÃO DIRETA DE INCONSTITUCIONALIDADE - ADI Nº 4.734, AJUIZADA PELO GOVERNADOR DO ESTADO DE ALAGOAS PERANTE O SUPREMO TRIBUNAL FEDERAL - STF, EM FACE DESTA LEI.**

ÍNDICE

CAPÍTULO I - DISPOSIÇÃO PRELIMINAR - art. 1º

CAPÍTULO II - DA INCIDÊNCIA - art. 2º

CAPÍTULO III - DO FATO GERADOR - art. 3º

CAPÍTULO IV - DA NÃO-INCIDÊNCIA E DA ISENÇÃO

Seção I - Da Não-Incidência - art. 4º e 5º

Seção II - Das Isenções - art. 6º e 6º-A

CAPÍTULO V - DA BASE DE CÁLCULO - art. 7º

CAPÍTULO VI - DAS ALÍQUOTAS - art. 8º

CAPÍTULO VII - DA SUJEIÇÃO PASSIVA

Seção I - Do Contribuinte - art. 9º

Seção II - Do Responsável Solidário - art. 10

Seção III - Das Obrigações do Sujeito Passivo - art. 11

CAPÍTULO VIII - DO LANÇAMENTO - art. 12 ao 16

CAPÍTULO IX - DO PAGAMENTO

Seção I - Das Disposições Gerais - art. 17 ao 23

Seção II - Do Parcelamento do IPVA - art. 24 ao 28

Seção III - Do Parcelamento de Taxas de Fiscalização e Serviços Diversos e Multas por Infração ao Código de Trânsito Brasileiro Lavradas por Órgãos Executivos Estaduais de Trânsito - art. 29 ao 33

CAPÍTULO X - DA RESTITUIÇÃO - art. 34 e 35

CAPÍTULO XI - DA FISCALIZAÇÃO - art. 36 e 37

CAPÍTULO XII - DO CADASTRO - art. 38

CAPÍTULO XIII - DAS PENALIDADES E ACRÉSCIMOS - art. 39 ao 43

CAPÍTULO XIV - DA REPARTIÇÃO DO IMPOSTO ARRECADADO - art. 43

CAPÍTULO XV - DO PROCESSO ADMINISTRATIVO FISCAL - art 44

Seção I - Da Intimação do Auto de Lançamento - art. 45

Seção II - Da Impugnação - art. 46

Seção III - Do Julgamento - art. 47

Seção IV - Da Diligência - art. 49

Seção V - Da Vista dos Autos - art. 50

Seção VI - Da Parte do Crédito Tributário não Impugnado - art. 51

CAPÍTULO XVI - DAS DISPOSIÇÕES TRANSITÓRIAS - art. 52 e 53

CAPÍTULO XVII - DAS DISPOSIÇÕES FINAIS - art. 54

O GOVERNADOR DO ESTADO DE ALAGOAS

Faço saber que o Poder Legislativo estadual decreta e eu sanciono a seguinte Lei:

CAPÍTULO I
DISPOSIÇÃO PRELIMINAR

Art. 1º O tratamento tributário relativo ao Imposto sobre a Propriedade de Veículos Automotores – IPVA, previsto no art. 155, inciso III, da Constituição Federal, rege-se pelo disposto nesta Lei.

CAPÍTULO II
DA INCIDÊNCIA

Art. 2º O Imposto sobre a Propriedade de Veículos Automotores – IPVA incide sobre a propriedade de veículo automotor de qualquer espécie, sujeito ao registro, matrícula ou licenciamento neste Estado.

Parágrafo único. Para efeito desta Lei, veículo automotor é qualquer veículo aéreo, terrestre, aquático ou anfíbio, dotado de força motriz própria, ainda que complementar ou alternativa de fonte de energia natural.

CAPÍTULO III
DO FATO GERADOR

Art. 3º O fato gerador do imposto ocorre:

I - para veículo novo, inclusive montado em local diverso do fabricante do chassi:

a) na data de sua aquisição por consumidor final;

b) na data da incorporação ao ativo permanente de empresa fabricante ou revendedora;

II - para veículo usado: no dia primeiro de janeiro de cada exercício;

III - quando se tratar de veículo não registrado e não licenciado em Alagoas: na data da aquisição, se não houver comprovação do pagamento do IPVA em outra Unidade da Federação;

IV - tratando-se de veículo de procedência estrangeira, para efeito da primeira tributação:

a) na data do desembaraço aduaneiro, quando importado por consumidor final;

b) na data da aquisição por consumidor final, quando importado por empresa revendedora;

c) no momento da incorporação ao ativo permanente da empresa importadora revendedora, quando importado por esta;

V - no dia primeiro de janeiro do exercício da revogação ou anulação da não-incidência ou isenção, quando o interessado deixar de preencher as condições e os requisitos previstos nesta ou em outra lei que a conceder; e

VI - no dia primeiro de janeiro do exercício do restabelecimento da posse ou do direito de propriedade do veículo, nos casos de furto ou roubo. (Redação dada pela Lei nº 7.745, de 09.10.2015).

VII - relativamente a veículo de propriedade de empresa locadora: (Redação acrescentada pela Lei nº 7.745, de 09.10.2015).

a) no dia 1º de janeiro de cada ano, em se tratando de veículo usado e já registrado neste Estado; (Redação acrescentada pela Lei nº 7.745, de 09.10.2015).

b) na data em que vier a ser locado ou colocado à disposição para locação no território deste Estado, em se tratando de veículo usado e registrado em outro Estado; e (Redação acrescentada pela Lei nº 7.745, de 09.10.2015).

c) na data de sua aquisição para integrar a frota destinada à locação neste Estado, em se tratando de veículo novo. (Redação acrescentada pela Lei nº 7.745, de 09.10.2015).

§ 1º Para os efeitos desta Lei, considera-se novo o veículo sem uso, até a sua saída, do estabelecimento revendedor ou fabricante, para o consumidor final; (Parágrafo renumerado pela Lei nº 7.745, de 09.10.2015).

§ 2º O disposto no inciso VII deste artigo se aplica às empresas locadoras de veículos, qualquer que seja o seu domicílio, sem prejuízo da aplicação das disposições dos incisos I a VI, no que couber; (Redação acrescentada pela Lei nº 7.745, de 09.10.2015).

§ 3º Relativamente ao exercício de 2016, o fato gerador previsto no inciso II do caput ocorrerá no dia 1º de fevereiro de 2016. (Redação acrescentada pela Lei nº 7.745, de 09.10.2015).

Art. 3º-A. O imposto será devido no local do domicílio ou da residência do proprietário do veículo neste Estado. (Redação acrescentada pela Lei nº 7.745, de 09.10.2015).

§ 1º Para os efeitos desta Lei, considerar-se-á domicílio: (Redação acrescentada pela Lei nº 7.745, de 09.10.2015).

I – se o proprietário for pessoa natural: (Redação acrescentada pela Lei nº 7.745, de 09.10.2015).

a) a sua residência habitual; ou (Redação acrescentada pela Lei nº 7.745, de 09.10.2015).

b) se a residência habitual for incerta ou desconhecida, o centro habitual de sua atividade onde o veículo estiver sendo utilizado. (Redação acrescentada pela Lei nº 7.745, de 09.10.2015).

II – se o proprietário for pessoa jurídica de direito privado: (Redação acrescentada pela Lei nº 7.745, de 09.10.2015).

a) o estabelecimento situado no território deste Estado, quanto aos veículos que a ele estiverem vinculados na data da ocorrência do fato gerador; (Redação acrescentada pela Lei nº 7.745, de 09.10.2015).

b) o estabelecimento onde o veículo estiver disponível para entrega ao locatário na data da ocorrência do fato gerador, na hipótese de contrato de locação avulsa; e (Redação acrescentada pela Lei nº 7.745, de 09.10.2015).

c) o local do domicílio do locatário ao qual estiver vinculado o veículo na data da ocorrência do fato gerador, na hipótese de locação de veículo para integrar a sua frota. (Redação acrescentada pela Lei nº 7.745, de 09.10.2015).

§ 2º No caso de pessoa natural com múltiplas residências, presume-se como domicílio tributário para fins de pagamento do IPVA: (Redação acrescentada pela Lei nº 7.745, de 09.10.2015).

I - o local onde, cumulativamente, possua residência e exerça profissão; (Redação acrescentada pela Lei nº 7.745, de 09.10.2015).

II - caso possua residência e exerça profissão em mais de um local, o endereço constante da Declaração de Imposto de Renda. (Redação acrescentada pela Lei nº 7.745, de 09.10.2015).

§ 3º Na impossibilidade de se precisar o domicílio tributário da pessoa natural nos termos dos §§ 1º e 2º deste artigo, a autoridade administrativa poderá fixá-lo tomando por base o endereço que vier a ser apurado em órgãos públicos, nos cadastros de domicílio eleitoral e nos cadastros de empresa seguradora e concessionária de serviço público, dentre outros. (Redação acrescentada pela Lei nº 7.745, de 09.10.2015).

§ 4º No caso de pessoas jurídicas de direito privado, não sendo possível determinar a vinculação do veículo na data da ocorrência do fato gerador, nos termos do inciso II do § 1º deste artigo, presume-se como domicílio o local do estabelecimento onde haja indícios de utilização do veículo com predominância sobre os demais estabelecimentos da mesma pessoa jurídica. (Redação acrescentada pela Lei nº 7.745, de 09.10.2015).

§ 5º Presume-se domiciliado no Estado de Alagoas o proprietário cujo veículo estiver registrado no órgão competente deste Estado. (Redação acrescentada pela Lei nº 7.745, de 09.10.2015).

§ 6º Em se tratando de veículo de propriedade de empresa de arrendamento mercantil (leasing), o imposto será devido no local do domicílio ou residência do arrendatário, nos termos deste artigo. (Redação acrescentada pela Lei nº 7.745, de 09.10.2015).

§ 7º Para os efeitos da alínea b do inciso II do § 1º deste artigo, equipara-se a estabelecimento da empresa locadora neste Estado o lugar de situação dos veículos mantidos ou colocados à disposição para locação. (Redação acrescentada pela Lei nº 7.745, de 09.10.2015).

CAPÍTULO IV
DA NÃO-INCIDÊNCIA E DA ISENÇÃO

Seção I
Da Não-Incidência

Art. 4º O IPVA não incide sobre veículo automotor que integre o patrimônio:

I - da União, dos Estados, do Distrito Federal e dos Municípios;

II - das autarquias e fundações instituídas e mantidas pelo Poder Público, no que se refere aos veículos vinculados às suas finalidades essenciais ou às delas decorrentes;

III - dos partidos políticos, inclusive suas fundações;

IV – das entidades sindicais dos trabalhadores;

V – dos templos de qualquer culto;

VI – das instituições de educação e assistência social, sem fins lucrativos, observados os seguintes requisitos:

a) não distribuam qualquer parcela de seu patrimônio ou de suas rendas, a qualquer título;

b) apliquem integralmente, no País, os seus recursos, na manutenção dos objetivos institucionais, previstos nos respectivos estatutos ou atos constitutivos;

c) mantenham escrituração de suas receitas e despesas em livros revestidos de formalidades capazes de assegurar sua exatidão;

d) sejam reconhecidas de utilidade pública através de lei federal, estadual ou municipal;

e) apresentem comprovante de credenciamento atualizado junto a conselho educacional ou de assistência social de âmbito federal, estadual ou municipal, conforme couber.

§ 1º A não-incidência prevista nos incisos I e II não se aplica aos veículos relacionados com a exploração de atividades econômicas regidas pelas normas aplicáveis a empreendimentos privados ou em que haja pagamento de tarifas ou preços pelos usuários.

§ 2º A não-incidência a que se referem os incisos III, IV, V e VI compreende somente os veículos relacionados com as finalidades essenciais das entidades neles mencionadas.

§ 3º Na utilização de veículos em desacordo com as finalidades essenciais das entidades, conforme previsão do § 2º, aplica-se o disposto no inciso V do art. 3º.

Art. 5º Ato normativo do Secretário Executivo de Fazenda disciplinará os requisitos a serem observados para o reconhecimento e concessão dos casos de não-incidência condicionada, quando couber.

Seção II
Das Isenções

Art. 6º São isentos do IPVA os veículos automotores:

I – de propriedade de missões diplomáticas, órgãos consulares e representações de organismos internacionais, de caráter permanente, e de propriedade dos respectivos funcionários estrangeiros indicados pelo Ministério das Relações Exteriores;

II – fabricados para uso exclusivo na atividade agrícola ou florestal;

III - tipo automóvel, de fabricação nacional, com motor de cilindrada não superior a dois mil centímetros cúbicos (2.0l), comprovadamente registrado ou licenciado na categoria aluguel, pertencente a profissional autônomo habilitado (taxista), observada a legislação que disciplina o transporte público de passageiros, desde que, cumulativa e comprovadamente: (Redação dada pela Lei nº 7.336, de 03.04.2012).

a) o profissional: (Redação dada pela Lei nº 6.973, de 07.08.2008).

1. exerça, há pelo menos 1 (ano), a atividade de condutor autônomo de passageiros, na categoria de aluguel (táxi); (Redação dada pela Lei nº 6.973, de 07.08.2008).

2. utilize o veículo na atividade de condutor autônomo de passageiros, na categoria de aluguel (táxi); (Redação dada pela Lei nº 6.973, de 07.08.2008).

3. tenha sua atividade de profissional autônomo reconhecida pelo Município, nos termos de lei municipal que trate da permissão de serviço público de transporte de passageiro; (Redação dada pela Lei nº 6.973, de 07.08.2008).

4. comprove inscrição no Instituto Nacional de Seguridade Social - INSS; (redação dada pela Lei nº 6.973, de 07.08.2008).

b) sejam atendidas outras exigências previstas em ato da Secretaria de Estado da Fazenda; (Redação dada pela Lei nº 6.973, de 07.08.2008).

IV - tipo automóvel de passageiros, para uso por pessoa portadora de deficiência física, visual, mental severa ou profunda, ou autista, observadas as condições previstas em regulamento; (Redação dada pela Lei nº 7.745, de 09.10.2015).

V - de uso terrestre, fabricados até 31 de dezembro de 2000; (Redação dada pela Lei nº 7.745, de 09.10.2015).

VI - tipo embarcações e aeronaves, com trinta ou mais anos de fabricação;

VII - furtados ou roubados, desde que ocorrido no território do Estado de Alagoas, ou sinistrados com perda total, a partir do mês seguinte ao da: (Redação dada pela Lei nº 7.745, de 09.10.2015).

a) ocorrência do furto ou roubo até o mês anterior ao de devolução do veículo ao proprietário; e (Redação dada pela Lei nº 7.745, de 09.10.2015).

b) efetiva baixa de circulação do veículo sinistrado junto ao órgão de trânsito. (Redação dada pela Lei nº 7.745, de 09.10.2015).

VIII - de propriedade ou posse de turistas estrangeiros, portadores de "Certificados Internacionais de Circular e Conduzir", pelos prazos estabelecidos nesses Certificados, mas nunca superior a um ano, desde que o país de origem adote tratamento recíproco relativamente aos veículos do Brasil;

IX – tipo motocicleta e motoneta, de fabricação nacional, com potência de até duzentas cilindradas, de propriedade de pessoas físicas e destinadas ao uso exclusivo em atividade agrícola, desde que o beneficiário apresente certidão emitida por órgão competente que comprove sua condição de pequeno proprietário, produtor rural ou assentado em áreas destinadas à reforma agrária, nos termos de ato normativo do Secretário Executivo de Fazenda;

X – (Revogado pela Lei nº 6.973, de 07.08.2008).

XI – apreendidos e levados a leilão pelo Poder Público do Estado de Alagoas, a partir do mês seguinte ao de sua apreensão até o mês anterior ao da arrematação; (Redação acrescentada pela Lei nº 7.745, de 09.10.2015).

XII – de duas rodas, comprovadamente registrados ou licenciados na categoria aluguel, pertencentes a profissional autônomo habilitado, observada a legislação que disciplina o transporte público de passageiros, limitada a isenção a 01 (um) veículo por proprietário, atendidas as disposições das alíneas do inciso III do caput deste artigo; (Redação acrescentada pela Lei nº 7.745, de 09.10.2015).

XIII – comprovadamente registrados ou licenciados na categoria aluguel, utilizados no serviço complementar de transporte rodoviário intermunicipal de passageiros, limitada a isenção a 01 (um) veículo por proprietário, desde que: (Redação acrescentada pela Lei nº 7.745, de 09.10.2015).

a) com outorga de permissão estadual para exploração do respectivo serviço; e (Redação acrescentada pela Lei nº 7.745, de 09.10.2015).

b) atendidas outras exigências previstas em ato da Secretaria de Estado da Fazenda. (Redação acrescentada pela Lei nº 7.745, de 09.10.2015).

§ 1º A isenção prevista nos incisos III, IV e IX aplica-se, exclusivamente, a um único veículo próprio ou com arrendamento mercantil, desde que o interessado não possua mais de um veículo registrado em seu nome, excluindo-se motocicleta, observada disciplina da Secretaria de Estado da Fazenda. (Redação dada pela Lei nº 7.745, de 09.10.2015).

§ 2º Para os efeitos do inciso IV, deve o beneficiário comprovar a condição de portador de deficiência e preencher os requisitos para a concessão do benefício, conforme dispuser ato normativo do Secretario Executivo de Fazenda.

§ 3º A falta de atendimento às condições e requisitos exigidos para comprovação e fruição dos benefícios, na forma dos §§ 1º e 2º, implicará a revogação ou anulação destes, sujeitando-se o contribuinte ou responsável ao recolhimento do imposto com os acréscimos tributários, quando couber.

§ 4º O disposto no § 3º aplica-se, também, na hipótese de desvio da finalidade do veículo beneficiário.

§ 5º O requerimento de isenção deve ser formalizado antes do prazo previsto para o vencimento do imposto, observando-se que:

I - será dispensada a análise de pedidos apresentados fora do prazo, exceto se o sujeito passivo comprovar não haver dado causa ao seu descumprimento; e

II - fica vedada a restituição dos valores já recolhidos, exceto no caso de a autoridade administrativa reconhecer o direito à isenção, conforme inciso I.

§ 6º A isenção prevista no inciso VII fica condicionada à comprovação do registro do fato no sistema de Registro Nacional de Veículos Automotores - RENAVAM, no prazo e forma estabelecidos pelo CONTRAN. (Redação dada pela Lei nº 7.745, de 09.10.2015).

§ 7º (Revogado pela Lei nº 6.973, de 07.08.2008).

§ 8º (Revogado pela Lei nº 7.745, de 09.10.2015).

§ 9º (Revogado pela Lei nº 7.745, de 09.10.2015).

§ 10. Ato normativo do Secretário Executivo de Fazenda disciplinará os requisitos a serem observados para o reconhecimento e concessão dos casos de isenção condicionada, quando couber.

§ 11. São isentos do pagamento de Taxa de Fiscalização e Serviços Diversos os pedidos de reconhecimento de não-incidência e concessão de isenção feitos por intermédio de sistema eletrônico de processamento de dados, consoante dispuser ato da Secretaria de Estado da Fazenda. (Redação dada pela Lei nº 6.973, de 07.08.2008).

§ 12. A isenção somente será concedida àquele que não possuir débito com a Fazenda Pública Estadual. (Redação acrescentada pela Lei nº 7.745, de 09.10.2015).

XIV - tipo ciclomotores ou ciclo-elétricos, se de cilindrada não superior a 50 (cinquenta) cm^3. (Redação dada pela Lei nº 7.862 de 30.12.2016).

Art. 6º-A. Poderá ser dispensado o pagamento do imposto relativo ao veículo de propriedade de empresa locadora: (Redação acrescentada pela Lei nº 7.745, de 09.10.2015).

I - a partir do mês seguinte ao da transferência para operação do veículo em outro Estado, em caráter não esporádico, desde que seja comprovado o pagamento proporcional aos meses restantes do ano civil em favor do Estado de destino, se assim estiver previsto na legislação do referido Estado; e (Redação acrescentada pela Lei nº 7.745, de 09.10.2015).

II - quando, na hipótese prevista na alínea b do inciso VII do art. 3º, tratar-se de veículo destinado à locação avulsa, e a permanência neste Estado seja temporária, conforme disposição regulamentar. (Redação acrescentada pela Lei nº 7.745, de 09.10.2015).

TRIBUTÁRIO

Parágrafo único. O imposto pago será restituído proporcionalmente em relação ao período em que se configurar a hipótese prevista no inciso I deste artigo. (Redação acrescentada pela Lei nº 7.745, de 09.10.2015).

CAPÍTULO V
DA BASE DE CÁLCULO

Art. 7º A base de cálculo do imposto, observado o disposto no § 7º, é:

I - quando se tratar da primeira aquisição, por consumidor final, o valor do veículo: (Redação dada pela Lei nº 6.973, de 07.08.2008).

a) correspondente ao preço de venda a consumidor constante de tabela sugerida pelo fabricante, acrescido do valor do frete, do IPI e dos acessórios colocados no veículo pelo estabelecimento responsável pelo pagamento do imposto; ou (Redação dada pela Lei nº 6.973, de 07.08.2008).

b) se for maior que o previsto na alínea anterior, constante no documento fiscal de aquisição, incluindo os valores dos opcionais e acessórios, e demais despesas relativas à operação. (Redação dada pela Lei nº 6.973, de 07.08.2008).

II - o somatório dos valores constantes nos documentos fiscais de aquisição, relativos a partes, peças e serviços prestados, quando se tratar de veículo montado em local diverso do fabricante do chassi, por encomenda de consumidor final ou para incorporação ao ativo permanente de empresa fabricante ou revendedora;

III - quando se tratar de veículo importado do exterior, por consumidor final, o valor constante no documento de importação do veículo, acrescido dos valores dos tributos incidentes e de qualquer despesa decorrente da importação, ainda que não pagos pelo importador, não podendo ser inferior ao utilizado como base de cálculo do ICMS; (Redação dada pela Lei nº 6.973, de 07.08.2008).

IV - o valor do custo de fabricação ou aquisição constante no documento relativo a operação, quando se tratar de incorporação de veículo ao ativo permanente do fabricante ou do revendedor;

V - o somatório dos valores, constantes nos documentos fiscais de aquisição, de partes e peças, incluídos os serviços prestados, quando se tratar de veículo montado pelo próprio consumidor, ou por conta e ordem deste;

VI - o valor médio de mercado, previsto na tabela discriminativa constante em ato normativo do Secretario Executivo de Fazenda, quando se tratar de veículo usado, conforme o disposto nos §§ 1º e 2º, e observando-se:

a) o preço usualmente praticado no mercado;

b) os preços médios aferidos por publicações nacionais especializadas;

c) em relação ao veículo aéreo: o fabricante, o modelo, o ano de fabricação e o peso de decolagem;

d) em relação ao veículo aquático: a potência do motor, o comprimento, o tipo de casco e o ano de fabricação;

e) em relação ao veículo terrestre: a marca, o modelo, a potência, a espécie, o combustível e o ano de fabricação.

§ 1º A tabela discriminativa do valor médio de mercado, prevista no inciso VI deste artigo, indicará o valor da base de cálculo em moeda corrente apurado, preferencialmente, nos meses de setembro e outubro, devendo ser publicada até o último dia do exercício de apuração, para vigência e aplicação no exercício seguinte. (Redação dada pela Lei nº 7.745, de 09.10.2015).

§ 2º Caso a tabela discriminativa não seja publicada no prazo estabelecido no § 1º, o imposto será cobrado com base nos valores previstos na tabela anterior.

§ 3º O contribuinte que não concordar com o valor da base de cálculo poderá apresentar impugnação fundamentada, até quinze dias posteriores à data do lançamento, sendo dispensada a análise de pedidos apresentados fora do prazo ou em desacordo com o disposto na legislação tributária.

§ 4º Na impossibilidade da aplicação da base de cálculo prevista neste artigo, deve-se adotar o valor:

I – resultante da média aritmética dos valores de veículo similar, constantes na tabela discriminativa ou, se não couber, os praticados no mercado, observando-se a marca, modelo e ano de fabricação do veículo;

II – arbitrado pela autoridade administrativa, na inviabilidade da aplicação do disposto no inciso I, conforme ato normativo do Secretário Executivo de Fazenda.

§ 5º A Secretaria Executiva de Fazenda poderá adotar os valores venais constantes em tabela que venha a ser aprovada através de convênio ou protocolo firmado entre as Unidades da Federação.

§ 6º Não se incluem na base de cálculo os custos financeiros referentes à venda a prazo ou financiada.

§ 7º O valor da base de cálculo não pode ser inferior ao valor médio do mercado, observados os valores constantes na tabela discriminativa prevista no inciso VI.

§ 8º Para os efeitos deste artigo, e observada a seqüência disposta, na definição do valor médio do mercado devem ser observados os preços praticados nos seguintes mercados consumidores:

I – Estado de Alagoas;

II – Região Nordeste; e

III – Território Nacional.

§ 9º É irrelevante para a determinação da base de cálculo o estado de conservação do veículo individualmente considerado.

CAPÍTULO VI
DAS ALÍQUOTAS

Art. 8º As alíquotas do imposto são: (Redação dada pela Lei nº 7.745, de 09.10.2015).

I – 1,0% (um por cento), para ônibus, micro-ônibus, caminhão, cavalo mecânico, aeronave e embarcação; (Redação dada pela Lei nº 7.862 de 30.12.2016).

II – para motocicleta, motoneta, ciclomotor, triciclo, quadriciclo e similares: (Redação dada pela Lei nº 7.862 de 30.12.2016).

a) 2,0% (dois por cento), se de cilindrada não superior a 150 (cento e cinquenta) cm^3; (Redação dada pela Lei nº 7.862 de 30.12.2016).

b) 2,75% (dois vírgula setenta e cinco por cento), se de cilindrada superior a 150 (cento e cinquenta) cm^3, mas não superior a 400 (quatrocentos) cm^3; e (Redação dada pela Lei nº 7.862 de 30.12.2016).

c) 3,25% (três vírgula vinte e cinco por cento), se de cilindrada superior a 400 (quatrocentos) cm^3. (Redação dada pela Lei nº 7.862 de 30.12.2016).

III – 2,0% (dois por cento), para veículo especificado para funcionar com eletricidade; (Redação dada pela Lei nº 7.745, de 09.10.2015).

IV– para veículo automóvel de passageiro, de carga ou misto: (Redação dada pela Lei nº 7.862 de 30.12.2016).

a) 2,75% (dois vírgula setenta e cinco por cento), se de potência não superior a 80 (oitenta) HP; (Redação dada pela Lei nº 7.862 de 30.12.2016).

b) 3,0% (três por cento), se de potência superior a 80 (oitenta) HP, mas não superior a 160 (cento e sessenta) HP; (Redação dada pela Lei nº 7.862 de 30.12.2016).

c) 3,25% (três vírgula vinte e cinco por cento), se de potência superior a 160 (cento e sessenta) HP; e (Redação dada pela Lei nº 7.862 de 30.12.2016).

d) 1,5% (um e meio por cento) para veículos que utilizem gás natural ou veículos híbridos que possuem mais de um motor de propulsão, usando cada um seu tipo de energia para funcionamento sendo que a fonte energética de um dos motores seja energia elétrica (Alínea promulgada pelo Presidente da Assembleia Legislativa Estadual, em 07.03.2017).

V - 3,25% (três vírgula vinte e cinco por cento), para os demais veículos não discriminados nos incisos anteriores. (Redação dada pela Lei nº 7.862 de 30.12.2016).

§ 1º Para os efeitos do inciso I deste artigo, entende-se por caminhão o veículo rodoviário com capacidade de carga igual ou superior a 3.500 kg (três mil e quinhentos quilogramas). (Redação dada pela Lei nº 7.745, de 09.10.2015).

§ 2º Para a definição dos veículos será observada a Nomenclatura Brasileira de Mercadorias - Sistema Harmonizado - NBM/SH ou, na sua falta e alternativamente, as normas técnicas dos respectivos fabricantes, da Associação Brasileira de Normas Técnicas - ABNT e constantes no Código de Trânsito Brasileiro e legislação complementar. (Redação dada pela Lei nº 7.745, de 09.10.2015).

§ 3º Para veículos de propriedade de pessoa jurídica com atividade exclusiva de locação, ou que estejam em sua posse em virtude de contrato formal de arrendamento mercantil ou de alienação fiduciária, a alíquota será de 1,0% (um por cento), desde que sejam atendidos os requisitos estabelecidos em Decreto do Poder Executivo. (Redação dada pela Lei nº 7.745, de 09.10.2015).

§ 4º O enquadramento na faixa de potência do veículo, para a fixação da alíquota do imposto, nos termos deste artigo, observará: (Redação dada pela Lei nº 7.745, de 09.10.2015).

I - para os veículos movidos a gasolina e álcool, a referência de potência é o combustível gasolina; (Redação dada pela Lei nº 7.745, de 09.10.2015).

II - para os veículos movidos a gasolina, álcool e GNV, a referência de potência é o combustível gasolina; e (Redação dada pela Lei nº 7.745, de 09.10.2015).

III - para os veículos movidos a diesel, a referência de potência é o combustível diesel. (Redação dada pela Lei nº 7.745, de 09.10.2015).

CAPÍTULO VII
DA SUJEIÇÃO PASSIVA

Seção I
Do Contribuinte

Art. 9º Contribuinte do imposto é a pessoa natural ou jurídica proprietária de veículo automotor.

Parágrafo único. No caso de arrendamento mercantil, contribuinte é a empresa arrendadora.

Seção II
Do Responsável Solidário

Art. 10. São solidariamente responsáveis pelo cumprimento da obrigação principal:

I – o devedor fiduciário, em relação ao veículo automotor adquirido com alienação fiduciária em garantia;

II – o arrendatário, em relação ao veículo automotor, objeto de arrendamento mercantil;

III – o possuidor do veículo automotor a qualquer título;

IV – o servidor que autorizar ou efetuar o registro, licenciamento, inscrição, matrícula, inspeção, vistoria ou transferência de veículo, de qualquer espécie, sem o pagamento, com o pagamento a menor, ou sem o reconhecimento da não-incidência ou isenção do imposto, devidamente comprovados;

V – o despachante documentalista que tenha promovido os despachos de registro ou licenciamento do veículo, sem o pagamento do imposto ou com pagamento a menor do que o devido;

VI – o adquirente, em relação ao imposto cujo fato gerador seja anterior ao tempo de sua aquisição;

VII – o leiloeiro, no caso de veículo objeto de leilão;

VIII – qualquer pessoa que adulterar ou falsificar documentos e dados com o fim de suprimir ou reduzir o valor do imposto;

IX – os curadores, observada a alínea e do inciso IV do art. 6º.

X – a pessoa jurídica de direito privado, bem como o sócio, diretor, gerente ou administrador, que tomarem em locação veículo para uso neste Estado, em relação aos fatos geradores ocorridos nos exercícios em que o veículo estiver sob locação; (Redação acrescentada pela Lei nº 7.745, de 09.10.2015).

XI – o agente público responsável pela contratação de locação de veículo, para uso neste Estado por pessoa jurídica de direito público, em relação aos fatos geradores ocorridos nos exercícios em que o veículo estiver sob locação; e (Redação acrescentada pela Lei nº 7.745, de 09.10.2015).

XII – o sócio, diretor, gerente, administrador ou responsável pela empresa locadora, em relação aos veículos locados ou colocados à disposição para locação neste Estado. (Redação acrescentada pela Lei nº 7.745, de 09.10.2015).

§ 1º A solidariedade estabelecida neste artigo:

I - não comporta benefício de ordem;

II - aplica-se às obrigações acessórias, no que couber.

§ 2º O disposto neste artigo não se aplica no caso de veículo vendido em leilão promovido pelo Poder Público.

§ 3º Para eximir-se da responsabilidade prevista nos incisos X e XI deste artigo, a pessoa jurídica ou o agente público deverá exigir comprovação de regular pagamento do imposto devido a este Estado, relativamente aos veículos objetos da locação. (Redação acrescentada pela Lei nº 7.745, de 09.10.2015).

Seção III
Das Obrigações do Sujeito Passivo

Art. 11. São obrigações do contribuinte ou responsável:

I - pagar o imposto devido no prazo fixado na legislação;

II - facilitar a ação fiscal, franqueando o acesso a seus estabelecimentos, livros e documentos necessários ao desempenho funcional da autoridade competente;

III - prestar, quando solicitado, informações de interesse da fiscalização;

IV - cumprir as disposições previstas em atos normativos expedidos pela Secretaria Executiva de Fazenda.

Parágrafo único. O disposto nos incisos II, III e IV aplica-se às pessoas naturais ou jurídicas, contribuintes ou não, inclusive às que gozem de não-incidência ou isenção do imposto.

CAPÍTULO VIII
DO LANÇAMENTO

Art. 12. O imposto, devido anualmente, será lançado de ofício ou ficará sujeito à homologação.

§ 1º O lançamento de ofício será cientificado ao contribuinte por meio de:

I - Auto de Lançamento do IPVA, relativamente ao imposto não vencido, no qual conste, no mínimo:

a) a identificação do sujeito passivo;

b) a identificação do veículo;

c) o valor da base de cálculo e da alíquota;

d) o valor do imposto devido;

e) a data para recolhimento do imposto;

f) a intimação para cumprimento ou impugnação da exigência, no prazo de até quinze dias do lançamento do imposto, observado o disposto no § 3º do art. 7º.

g) a indicação do órgão e da autoridade administrativa que o emitiu.

II – Notificação de Débito do IPVA, relativamente ao imposto vencido e não pago ou não parcelado, ou pago a menor, decorrente de emissão de Auto de Lançamento ou sujeito à homologação, na qual conste, no mínimo:

a) os dados discriminados nas alíneas do inciso I;

b) o dispositivo infringido e a penalidade aplicável.

III – Auto de Infração, nos casos de dolo, fraude ou simulação, que caracterize a falta ou redução do pagamento do imposto, aplicando-se o previsto no inciso II do art. 39;

§ 2º A intimação será feita:

I – relativamente ao Auto de Lançamento, mediante remessa por via postal ou qualquer outro meio ou via, com aviso de recebimento – AR ou com prova de entrega, no endereço do sujeito passivo ou interessado, de cópia do instrumento;

II – relativamente à Notificação de Débito, por publicação no Diário Oficial do Estado, posteriormente ao decurso do prazo previsto para pagamento ou vencimento do imposto.

§ 3º A intimação considera-se:

I – para os efeitos do inciso I do § 2º:

a) efetivada na data do recebimento no domicílio fiscal do sujeito passivo, sendo que, se for omitida a data, a intimação considera-se feita na data em que for devolvido o comprovante de recebimento ao órgão fazendário encarregado da intimação;

b) validamente efetuada quando for:

1. entregue no domicílio fiscal do contribuinte ou responsável;

2. devolvida por desatualização do domicílio fiscal do contribuinte ou responsável.

II – efetivada, para os efeitos do inciso II do § 2º:

a) no primeiro dia útil posterior ao da data de sua publicação no Diário Oficial do Estado, quando o sujeito passivo ou interessado for domiciliado na capital do Estado; ou

b) no décimo quinto dia posterior ao da data de sua publicação no Diário Oficial do Estado, quando o sujeito passivo ou interessado for domiciliado no interior do Estado.

§ 4º A Secretaria Executiva de Fazenda encaminhará ao domicílio fiscal do sujeito passivo:

I – o Documento de Arrecadação – DAR, para recolhimento do crédito tributário, caso em que poderá constituir um documento único, conjugado com o Auto de Lançamento;

II – cópia da Notificação de Débito do IPVA, na qual conste a data de sua publicação no Diário Oficial do Estado.

§ 5º A homologação do lançamento ocorrerá nos casos em que o contribuinte ou responsável:

I – não receba, em seu domicílio fiscal, o Auto de Lançamento até o prazo de vencimento do imposto, desde que tenha efetuado o pagamento devido;

II – efetue o pagamento devido, relativamente aos veículos adquiridos no decorrer do exercício de referência do imposto;

III – esteja obrigado, pela legislação, a declarar e recolher antecipadamente o imposto, independentemente do lançamento de ofício da autoridade competente.

§ 6º Na hipótese do sujeito passivo recolher o valor do imposto a menor, nos casos de lançamento sujeito à homologação, previstos no § 5º, a Secretaria Executiva de Fazenda emitirá Notificação de Débito com o valor do imposto não recolhido, acrescido de multa, juros e atualização monetária, conforme couber.

Art. 13. O lançamento por meio de Auto de Infração seguirá o mesmo tratamento dispensado, pela legislação tributária, aos demais tributos de competência do Estado, observando-se:

I – no que tange à intimação, o disposto nos §§ 2º e 3º do art. 12;

II – no que tange ao julgamento, o disposto nos arts. 47 e 48.

Art. 14. A Notificação de Débito supre a lavratura de Auto de Infração, e deverá ser adotada obrigatoriamente, uma vez constatada a ocorrência, observando-se o seguinte:

I – não será instaurado o processo contencioso, ainda que lavrado o pertinente Auto de Infração, o qual será obrigatoriamente cancelado, devendo ser emitida a respectiva Notificação de Débito;

II – compete ao Secretário Adjunto da Receita Estadual cancelar o Auto de Infração lavrado e emitir a Notificação de Débito, nos termos do inciso I.

Parágrafo único. A Notificação de Débito:

I – será emitida, retificada ou anulada de ofício:

a) pelo Secretário Adjunto da Receita Estadual, no caso previsto no inciso II do caput;

b) pelo Diretor de Fiscalização, nos demais casos.

II – atenderá, quanto à configuração, ao previsto em ato do Secretário Executivo de Fazenda.

Art. 15. Publicada a Notificação de Débito, deverá o sujeito passivo, no prazo de trinta dias contados da data da referida publicação:

I – efetuar o recolhimento do imposto acrescido de multa e juros moratórios, inclusive atualização monetária, se couber;

II – comprovar sua quitação; ou

III – solicitar, mediante a apresentação de elementos comprobatórios, a retificação de dados, inclusive relativos à propriedade, marca, modelo e ano de fabricação do veículo.

§ 1º Aplicam-se unicamente os acréscimos moratórios, relativos ao pagamento espontâneo, aos recolhimentos efetuados no prazo assinalado no caput.

§ 2º Inocorrendo, no prazo de 30 (trinta) dias, contados da publicação da Notificação de Débito, o pagamento do crédito tributário, o início de pagamento mediante parcelamento regular, a comprovação de quitação ou a retificação de dados, será o débito inscrito na Dívida Ativa do Estado, acrescido da multa prevista no inciso I do art. 39, dos juros e atualização monetária, conforme couber, afastada a espontaneidade referida no § 1º.

§ 3º A Notificação de Débito poderá ser retificada pelo órgão competente, após a inscrição do crédito tributário na Dívida Ativa, inclusive nos casos em que a retificação importe alteração no valor do saldo a pagar.

Art. 16. Os débitos constantes de Notificação, observado o disposto no § 2º do art. 15, caracterizam reconhecimento da obrigação tributária e produzem efeito de decisão final em processo administrativo fiscal.

CAPÍTULO IX
DO PAGAMENTO

Seção I
Das Disposições Gerais

Art. 17. O pagamento anual do imposto poderá ser feito em cota única ou em até 6 (seis) parcelas mensais e sucessivas, nos termos de disciplina da Secretaria de Estado da Fazenda – SEFAZ. (Redação dada pela Lei nº 8.427, de 10.06.2021).

§ 1º Sobre o valor do imposto será concedido desconto de 5% (cinco por cento), na hipótese de pagamento: (Redação dada pela Lei nº 8.427, de 10.06.2021).

I – integral, em cota única, no prazo de vencimento; e (Redação dada pela Lei nº 8.427, de 10.06.2021).

II – parcelado, ao contribuinte cadastrado no Programa Nota Fiscal Cidadã de que trata a Lei Estadual nº 6.991, de 24 de outubro de 2008, nos termos de disciplina da SEFAZ. (Redação dada pela Lei nº 8.427, de 10.06.2021).

§ 2º O pagamento da cota única do imposto deverá ser efetuado no prazo de dez dias, contados:

I – da data de saída aposta na nota fiscal ou do documento que represente a aquisição da propriedade de veículo novo;

II – da data da revogação ou anulação da não-incidência ou isenção, acrescido de multa, juros e atualização, conforme couber, nos termos previstos no inciso V do art. 3º;

III – da data do desembaraço aduaneiro.

§ 3º O imposto é vinculado ao veículo, devendo o comprovante de seu pagamento, feito nesta ou em outra unidade da Federação, ser transferido ao novo proprietário, respeitada a relação entre o fato gerador e a alienação.

Art. 18. O imposto será pago na proporção de um doze avos do valor devido anualmente, incluído o mês da ocorrência do evento, de acordo com os meses restantes para o término do ano civil ou com os meses em que o veículo esteve na posse ou propriedade, inclusive nas seguintes situações: (Redação dada pela Lei nº 6.973, de 07.08.2008).

I – incorporação de veículo ao ativo permanente do fabricante, do revendedor ou do importador revendedor;

II – revogação ou anulação da não-incidência ou isenção, nos termos previstos no inciso V do art. 3º, exceto se decorrer de dolo, fraude ou simulação;

III – Revogado pela Lei nº 6.973, de 07.08.2008.

IV – na isenção parcial prevista nos incisos VII e XI do art. 6º desta Lei; (Redação dada pela Lei nº 7.745, de 09.10.2015).

V – aquisição de veículo novo por adquirente consumidor final; ou (Redação dada pela Lei nº 6.973, de 07.08.2008).

VI – importação de veículo por consumidor final. (Redação dada pela Lei nº 6.973, de 07.08.2008).

Art. 19. O licenciamento anual do veículo usado e o registro e licenciamento do veículo novo, pelo órgão competente, somente será efetuado com a comprovação do pagamento do valor total do imposto em cota única ou parcelado, conforme dispuser Decreto do Poder Executivo. (Redação dada pela Lei nº 7.862 de 30.12.2016).

Art. 20. O imposto, quando não pago no prazo de seu vencimento, ficará sujeito ao acréscimo de multa e juros, estabelecidos nesta Lei, e atualização monetária, conforme couber.

Art. 21. Fica vedada a transferência, para outra unidade da Federação, da propriedade de veículo que possua débito fiscal, inclusive objeto de parcelamento não quitado.

Art. 22. Nenhum veículo será transferido ou licenciado, pelos órgãos competentes, sem a comprovação do pagamento ou do reconhecimento da não-incidência ou isenção de imposto já vencido.

Parágrafo único. O disposto no caput aplica-se igualmente aos casos de renovação, averbação, fornecimento de prontuário, emissão de certificados e quaisquer outros que impliquem alteração no registro, na inscrição ou na matrícula do veículo.

Art. 23. O local, a forma e o prazo de pagamento, respeitados os estabelecidos nesta Lei, serão dispostos em ato normativo do Secretário Executivo de Fazenda.

Seção II
Do Parcelamento do IPVA

Art. 24. Os débitos fiscais pendentes de pagamento após o vencimento do IPVA, inclusive os inscritos em Dívida Ativa, ajuizados ou não, calculados até a data da solicitação do parcelamento, serão pagos em até 06 (seis) parcelas mensais e sucessivas, nos termos de Decreto do Poder Executivo, podendo ser parcelado com desconto. (Redação dada pela Lei nº 7.862 de 30.12.2016).

§ 1º O valor mínimo de cada parcela não poderá ser inferior a R$ 50,00 (cinqüenta reais).

§ 2º As parcelas vencerão no último dia útil de cada mês.

§ 3º Entende-se por débito fiscal do IPVA a consolidação, mantida a individualização de cada componente, resultante da soma do valor:

I – originário do imposto;

II – originário da multa;

III – dos juros de mora; e

IV – da atualização monetária.

§ 4º Os acréscimos tributários, compreendendo multa e juros, e a atualização monetária, para efeito de consolidação do débito, serão calculados até o mês do pagamento da parcela inicial. (Redação dada pela Lei nº 6.973, de 07.08.2008).

§ 5º Para efeito de parcelamento, os débitos fiscais poderão ser agrupados por exercícios, independentemente da data de ocorrência do fato gerador, da data de vencimento da obrigação tributária ou do lançamento tributário, excetuados os inscritos em Dívida Ativa, que formarão agrupamento específico.

§ 6º O pedido de parcelamento importa confissão irretratável do débito, desistência ou renúncia à defesa e a recursos administrativos ou judiciais interpostos.

§ 7º O atraso no pagamento de qualquer parcela, por período superior a sessenta dias, implicará o cancelamento do parcelamento, considerando-se vencidas todas as parcelas vincendas.

§ 8º Cancelado o parcelamento, o saldo do débito fiscal será inscrito em Dívida Ativa ou acarretará a substituição da certidão, para início ou prosseguimento da cobrança executiva, conforme couber.

§ 9º A eficácia do parcelamento dependerá do pagamento tempestivo da parcela inicial. (Redação dada pela Lei nº 6.973, de 07.08.2008).

Art. 25. Na consolidação do débito a ser parcelado, haverá incidência de juros aplicados sobre seu valor atualizado, até o mês de pagamento da primeira parcela, obedecido o seguinte:

I – à razão de 1% (um por cento) relativamente ao mês de vencimento e 1% (um por cento) relativamente ao mês de pagamento;

II – equivalente à taxa referencial do Sistema Especial de Liquidação e de Custódia – SELIC, para títulos federais, em se tratando dos meses intermediários, para os quais se tenha como definida a mencionada taxa.

§ 1º Cada parcela a ser paga, posterior à primeira, sofrerá mensalmente a incidência de juros de mora, equivalentes ao somatório dos percentuais referentes à taxa do Sistema Especial de Liquidação e de Custódia – SELIC, computados desde a consolidação até o mês do pagamento.

§ 2º Os débitos parcelados não sofrerão incidência de multa de mora por atraso no pagamento de parcelas, sem prejuízo da incidência da multa de mora por ocasião da consolidação do débito a ser parcelado.

Art. 26. O pedido de parcelamento deverá conter:

I – os dados do requerente;

II – os dados do veículo;

III – a confissão irretratável do débito;

IV – o número de parcelas;

TRIBUTÁRIO

V – a relação discriminativa do débito fiscal por exercício;

VI – o comprovante do pagamento da parcela inicial;

VII – a assinatura do requerente ou de seu mandatário, sendo indispensável, nesse último caso, a anexação da procuração que o autorize;

VIII – o Termo de Acordo para pagamento parcelado, na forma prevista em ato normativo do Secretário Executivo de Fazenda, devidamente preenchido e assinado pelo requerente ou seu representante legal.

Art. 27. O parcelamento não será concedido, após o recebimento da denúncia pelo juiz, para débitos fiscais relacionados a atos qualificados em lei como crime ou contravenção e para aqueles que, mesmo sem essa qualificação, sejam praticados com dolo, fraude ou simulação pelo sujeito passivo ou por terceiro em benefício daquele. (Redação dada pela Lei nº 6.973, de 07.08.2008).

Art. 28. É competente para autorizar o parcelamento:

I – o Secretário Adjunto da Receita Estadual; ou

II – o titular da Procuradoria da Fazenda Estadual, em relação aos débitos inscritos na Dívida Ativa.

§ 1º O Secretário Executivo de Fazenda poderá instituir comissão com atribuições de examinar os pedidos de parcelamento, opinando pelo deferimento ou indeferimento desse pedido.

§ 2º Não cabe recurso do despacho que indeferir o pedido de parcelamento.

Seção III
Do Parcelamento de Taxas de Fiscalização e Serviços Diversos e Multas por Infração ao Código de Trânsito Brasileiro Lavradas por Órgãos Executivos Estaduais de Trânsito

Art. 29. Os débitos relativos a Taxa de Fiscalização e Serviços Diversos e as multas de trânsito lavradas por órgãos executivos estaduais de trânsito, inclusive os inscritos em Dívida Ativa, ajuizados ou não, calculados até a data da solicitação do parcelamento, serão pagos em até seis parcelas, mensais e sucessivas, nos termos de Decreto do Poder Executivo. (Redação dada pela Lei nº 6.973, de 07.08.2008).

§ 1º O valor mínimo de cada parcela não poderá ser inferior a R$ 50,00 (cinqüenta reais).

§ 2º As parcelas vencerão no último dia útil de cada mês.

§ 3º Entende-se por débito fiscal relativo a Taxa de Fiscalização e Serviços Diversos e multas de trânsito por infração ao Código de Trânsito Brasileiro a consolidação, mantida a individualização de cada componente, resultante da soma do valor:

• Suspensa a eficácia da expressão "e multas de trânsito por infração do Código de Trânsito Brasileiro" por decisão do Pleno do Supremo Tribunal Federal - STF, na Ação Direta de Inconstitucionalidade - ADI nº 4.734, julgada em 16/05/2013, publicada no Diário de Justiça Eletrônico - DJE nº 134 de 17/09/2013.

I - originário das Taxas de Fiscalização e Serviços Diversos;

II - (Declarado Inconstitucional, em Controle Concentrado, pelo Supremo Tribunal Federal - STF, por meio da Ação Direta de Inconstitucionalidade - ADI nº 4.734, julgada em 16/05/2013, publicada no Diário de Justiça Eletrônico - DJE nº 134 de 17/09/2013);

III - dos juros de mora;

IV - da atualização monetária.

§ 4º O pedido de parcelamento importa confissão irretratável do débito, desistência ou renúncia à defesa e a recursos administrativos ou judiciais interpostos.

§ 5º O atraso no pagamento de qualquer parcela, por período superior a sessenta dias, implicará o cancelamento do parcelamento, considerando-se vencidas todas as parcelas vincendas.

§ 6º Cancelado o parcelamento, o saldo do débito fiscal será inscrito em Dívida Ativa ou acarretará a substituição da certidão, para início ou prosseguimento da cobrança executiva, conforme couber.

Art. 30. O pedido de parcelamento deverá conter:

I - os dados do requerente;

II - os dados do veículo;

III - a confissão irretratável do débito;

IV - o número de parcelas;

V - a relação discriminativa do débito fiscal por exercício;

VI - o comprovante do pagamento da parcela inicial;

VII - a assinatura do requerente ou de seu mandatário, sendo indispensável, nesse último caso, a anexação da procuração que o autorize;

VIII - o Termo de Acordo para pagamento parcelado, na forma prevista em ato normativo do Diretor Geral do Departamento Estadual de Trânsito, devidamente preenchido e assinado pelo requerente ou seu representante legal.

Art. 31. O parcelamento não será concedido, após o recebimento da denúncia pelo juiz, para débitos relacionados a atos qualificados em lei como crime ou contravenção e para aqueles que, mesmo sem essa qualificação, sejam praticados com dolo, fraude ou simulação pelo sujeito passivo ou por terceiro em benefício daquele. (Redação dada pela Lei nº 6.973, de 07.08.2008).

Art. 32. É competente para autorizar o parcelamento:

I – o Diretor Geral do Departamento Estadual de Trânsito

II – o Titular da Procuradoria da Fazenda Estadual, em relação aos débitos inscritos na Dívida Ativa.

§ 1º O Diretor Geral do Departamento Estadual de Trânsito poderá instituir comissão com atribuições de examinar os pedidos de parcelamento, opinando pelo deferimento ou indeferimento desse pedido.

§ 2º Não cabe recurso do despacho que indeferir o pedido de parcelamento.

Art. 33. Aplica-se ao parcelamento previsto nesta seção o disposto nos arts. 24 a 28, no que couber.

CAPÍTULO X
DA RESTITUIÇÃO

Art. 34. Serão restituídas, no todo ou em parte, as quantias pagas indevidamente, relativas ao imposto ou penalidade, nos seguintes casos:

I – cobrança ou pagamento espontâneo de quantia indevida ou maior que a devida em face da legislação tributária aplicável ou de natureza ou circunstância do fato gerador efetivamente ocorrido;

II – erro na identificação do sujeito passivo, na determinação da alíquota aplicável, no cálculo do montante do débito ou na elaboração ou conferência de qualquer documento relativo ao imposto;

III – reforma, anulação, revogação ou rescisão de decisão condenatória;

IV – quando ocorrer erro de fato.

§ 1º A restituição total ou parcial do imposto deve ser acompanhada da devolução, na mesma proporção, dos valores das multas, juros e atualização monetária, conforme couber, pagos a maior ou indevidamente.

§ 2º A restituição dependerá de petição dirigida ao Secretário Adjunto da Receita Estadual, observada a legislação tributária, no tocante a sua tramitação e efetivação.

§ 3º O direito de pleitear a restituição extingue-se com o decurso do prazo de 5 (cinco) anos, contados:

I - da data do recolhimento da quantia paga indevidamente;

II - da data em que se tornar definitiva a decisão administrativa ou passar em julgado a decisão judicial que tenha reformado, anulado, revogado ou rescindido a decisão condenatória.

Art. 35. Na hipótese de sinistro com perda total, roubo ou furto que caracterize a isenção prevista no inciso VII do art. 6º desta Lei, deverá ser observado o seguinte: (Redação dada pela Lei nº 7.745, de 09.10.2015).

I - o imposto pago será restituído ou compensado proporcionalmente ao período isento; e (Redação dada pela Lei nº 7.745, de 09.10.2015).

II - a restituição ou compensação será efetuada a partir do exercício subsequente ao da ocorrência da isenção. (Redação dada pela Lei nº 7.745, de 09.10.2015).

CAPÍTULO XI
DA FISCALIZAÇÃO

Art. 36. A fiscalização e a arrecadação do imposto competem, originariamente, à Secretaria Executiva de Fazenda - SEFAZ.

Parágrafo único. A SEFAZ poderá firmar convênios com órgãos públicos federais, estaduais e municipais, objetivando:

I - a arrecadação e fiscalização conjunta ou integrada do imposto;

II - a permuta de informações, registros, licenciamentos e cadastramentos de veículos e seus condutores;

III - o acesso a banco de dados, relativamente à arrecadação e fiscalização do imposto.

Art. 37. A fiscalização será efetuada, inclusive:

I - nas vias públicas do Estado de Alagoas;

II - nos órgãos encarregados do licenciamento, registro ou controle de veículos aquáticos, aeroviários e terrestres;

III - nos veículos em trânsito, conduzidos por seus proprietários ou terceiros;

IV - nas empresas:

a) fabricantes e de comércio, inclusive de peças e acessórios de veículos;

b) de reparo, conserto, desmancho ou exposição de veículos;

TRIBUTÁRIO

V – nas concessionárias autorizadas e agências revendedoras de veículos; e

VI – nos cartórios.

CAPÍTULO XII
DO CADASTRO

Art. 38. A Secretaria Executiva de Fazenda poderá instituir, isolada ou conjuntamente, com outro órgão público de âmbito federal, estadual ou municipal, o cadastro de contribuintes proprietários e responsáveis do IPVA.

§ 1º O cadastro de veículos será mantido atualizado:

I – pelo DETRAN, tratando-se de veículos rodoviários;

II – pela SEFAZ, tratando-se dos demais veículos.

§ 2º Os órgãos responsáveis pela matrícula, inscrição ou registro de veículos aéreos, aquáticos ou terrestres devem fornecer à SEFAZ os dados cadastrais relativos aos veículos e seus respectivos proprietários e possuidores, a qualquer título, observado o disposto no parágrafo único do art. 36.

§ 3º No caso de transferência de propriedade de veículo automotor, o proprietário que estiver efetuando a transferência deverá comunicar o fato ao órgão responsável pela matrícula, inscrição ou registro do veículo.

§ 4º A falta de comunicação, prevista no § 3º, implica a responsabilidade subsidiária do alienante pelo pagamento do imposto.

CAPÍTULO XIII
DAS PENALIDADES E ACRÉSCIMOS

Art. 39. Os descumprimentos às disposições desta Lei ficam sujeitos às seguintes penalidades:

I – pagamento do imposto devido após o prazo de vencimento previsto na legislação tributária, ressalvado o caso de denúncia espontânea, disposto no art. 40:

MULTA – 20% (vinte por cento) do valor do imposto devido.

II – falta de pagamento total ou parcial do imposto devido, quando ocorrer dolo, fraude ou simulação, pelo sujeito passivo ou por terceiro:

MULTA – 5% (cinco por cento) do valor venal do veículo.

III – falta de comunicação da recuperação do veículo, no prazo estabelecido na alínea b do inciso II do § 8º do art. 6º:

MULTA - 5% (cinco por cento) do valor do imposto devido.

IV - não prestar informações ou esclarecimentos de interesse da fiscalização tributária, quando intimado: (Redação dada pela Lei nº 6.973, de 07.08.2008).

MULTA - equivalente a 20 (vinte) vezes a Unidade Padrão Fiscal do Estado de Alagoas - UPFAL por intimação não atendida; (Redação dada pela Lei nº 6.973, de 07.08.2008).

V - Embaraçar, desacatar, dificultar ou impedir, por qualquer meio, a ação de servidor fiscal no exercício da fiscalização do tributo: (Redação dada pela Lei nº 6.973, de 07.08.2008).

MULTA - de 30 (trinta) vezes a UPFAL. (Redação dada pela Lei nº 6.973, de 07.08.2008).

Art. 40. Considerar-se-á espontânea a denúncia apresentada antes do início de qualquer procedimento administrativo ou medida de fiscalização relacionados com a infração, ficando o contribuinte sujeito, além da incidência de juros de mora, conforme couber, aos seguintes acréscimos moratórios, nos casos de falta de recolhimento do imposto:

I - 0,2% (dois décimos por cento) do valor do imposto, por dia, se o débito for recolhido dentro de trinta dias, contados do término do prazo previsto para recolhimento tempestivo;

II - 9% (nove por cento) do valor do imposto, se o débito for recolhido depois de trinta dias e até sessenta dias, contados do término do prazo previsto para recolhimento tempestivo;

III - 15% (quinze por cento) do valor do imposto, se o débito for recolhido depois de sessenta dias, contados do término do prazo previsto para o recolhimento tempestivo.

Parágrafo único. Relativamente ao débito espontaneamente denunciado, o contribuinte terá o prazo de até 5 (cinco) dias úteis, contados da protocolização da denúncia, para quitá-lo ou para requerer o parcelamento, sob pena de, findo este prazo, ser emitida Notificação de Débito.

Art. 41. A denúncia espontânea exclui a aplicação de multa por infração relativa à obrigação tributária a que corresponda a falta confessada, desde que acompanhada, se for o caso, do pagamento do imposto e acréscimos moratórios.

Art. 42. Os débitos de qualquer natureza, para com a Fazenda Estadual, não recolhidos até a data do respectivo vencimento, inclusive aqueles objeto de parcelamento, serão acrescidos, na via administrativa ou judicial, de juros de mora incidentes sobre o valor atualizado do débito, obedecido o seguinte:

I – à razão de 1% (um por cento) relativamente ao mês de vencimento e 1% (um por cento) relativamente ao mês de pagamento;

II – equivalente à taxa referencial do Sistema Especial de Liquidação e de Custódia – SELIC, para títulos federais, em se tratando dos meses intermediários, para os quais se tenha como definida a mencionada taxa.

Parágrafo único. Os acréscimos moratórios de que trata este artigo, sem prejuízo das penalidades cabíveis em cada caso, aplicam-se tanto aos créditos tributários recolhidos espontaneamente quanto aos constituídos mediante lançamento de ofício.

CAPÍTULO XIV
DA REPARTIÇÃO DO IMPOSTO ARRECADADO

Art. 43. O imposto efetivamente arrecadado será repartido da seguinte forma:

I – 50 % (cinqüenta por cento) para o Estado de Alagoas;

II – 50 % (cinqüenta por cento) para o município onde o veículo for licenciado.

§ 1º O repasse do imposto será feito na forma e prazo estabelecidos na legislação tributária, inclusive no caso de ser efetuado por estabelecimento bancário ou instituição financeira.

§ 2º A SEFAZ deve estornar o valor repassado indevidamente ao município, quando houver restituição do imposto ao sujeito passivo.

CAPÍTULO XV
DO PROCESSO ADMINISTRATIVO FISCAL

Art. 44. Na instauração, preparo, instrução, e tramitação do processo administrativo fiscal do IPVA serão observadas, quando couber, as disposições vigentes na legislação tributária estadual, quanto ao lançamento efetuado por meio de:

I – Notificação de Débito, nos termos previstos no inciso II, do art. 12, e observado o disposto nos arts. 14 a 16;

II – Auto de Infração, nos termos previstos no inciso III, do art. 12, respeitado, quanto ao julgamento, o disposto nos arts. 47 e 48.

Seção I
Da Intimação do Auto de Lançamento

Art. 45. A intimação do sujeito passivo, por meio de Auto de Lançamento, considera-se efetuada na data do seu recebimento no endereço tributário do intimado, sendo que, se for omitida a data, a intimação considera-se feita na data em que for devolvido o comprovante de recebimento ao órgão fazendário encarregado da intimação, nos termos estabelecidos na alínea a do inciso I do § 3º do art. 12.

Seção II
Da Impugnação

Art. 46. Na cobrança, por meio de Auto de Lançamento, cabe ao sujeito passivo impugnar o valor do imposto exigido dentro do prazo de até quinze dias posteriores ao do lançamento, respeitado o disposto no § 3º do art. 7º, e observando-se que a impugnação:

I – será protocolizada em repartição fiscal;

II – conterá as razões e argumentos de defesa do sujeito passivo que, desde logo, juntará as provas que tiver;

III – instaura a fase litigiosa do processo;

IV – apresentada tempestivamente supre eventual omissão ou defeito da intimação.

Seção III
Do Julgamento

Art. 47. Apresentada a impugnação, o processo será encaminhado para a Coordenadoria de Julgamento que decidirá, no prazo de vinte dias.

Parágrafo único. Caso não seja apresentado o pedido de revisão, nos termos previstos no art. 48, a decisão será considerada definitiva no âmbito administrativo.

Art. 48. Da decisão prevista no art. 47 caberá, como único recurso, pedido de revisão dirigido ao titular da Coordenadoria de Julgamento, a ser interposto no prazo de dez dias, devendo a decisão, relativa ao recurso, ser prolatada dentro do prazo de vinte dias.

Parágrafo único. A decisão do titular da Coordenadoria de julgamento será considerada definitiva no âmbito administrativo.

Seção IV
Da Diligência

Art. 49. A autoridade administrativa, a requerimento do sujeito passivo ou de ofício, poderá determinar a realização de diligências ou requisitar documentos ou informações que forem considerados úteis ao esclarecimento das questões discutidas no processo.

TRIBUTÁRIO

Parágrafo único. Durante o prazo de realização da diligência, que será de até trinta dias, fica suspensa a contagem dos prazos previstos nos arts. 47 e 48.

Seção V
Da Vista dos Autos

Art. 50. É assegurado ao sujeito passivo o direito de vista dos autos no órgão fazendário onde o processo tramitar, sendo permitido o fornecimento de cópias autenticadas ou certidões, por solicitação do interessado, devendo o servidor lavrar termo com indicação das peças fornecidas, independentemente do pagamento de taxa.

Seção VI
Da Parte do Crédito Tributário não Impugnado

Art. 51. Se o sujeito passivo concordar apenas parcialmente com a exigência ou com a decisão de primeira instância poderá impugnar ou interpor recurso, conforme couber, apenas em relação à parcela do crédito tributário contestado, devendo efetuar o pagamento da parte não contestada.

CAPÍTULO XVI
DAS DISPOSIÇÕES TRANSITÓRIAS

Art. 52. A cobrança do imposto vencido e não recolhido, relativamente a exercícios anteriores à publicação desta Lei, será feita por meio de Notificação de Débito, publicada no Diário Oficial do Estado, na qual conste:

I – o valor do crédito tributário devido, demonstrado em relação a cada exercício;

II – o valor da base de cálculo e da alíquota;

III – o dispositivo infringido e a penalidade aplicável;

IV – a identificação do sujeito passivo;

V – a identificação do veículo;

VI – o local e a data da emissão;

VII – a intimação para que, no prazo de trinta dias, o sujeito passivo:

a) efetue o recolhimento do imposto e/ou da multa, e respectivos acréscimos tributários, inclusive atualização monetária, conforme o caso;

b) comprove já haver efetuado o pagamento do imposto; ou

c) solicite, mediante a apresentação de elementos comprobatórios, a retificação de dados, inclusive relativos à propriedade, marca, modelo e ano de fabricação do veículo.

VIII – a indicação do órgão e da autoridade administrativa que o emitiu.

§ 1º As eventuais falhas da Notificação de Débito não acarretam sua nulidade, desde que permitam determinar com segurança o sujeito passivo, o veículo, o valor do imposto e a infração, sem prejuízo da Fazenda Pública ou do sujeito passivo.

§ 2º Decorrido o prazo de 30 (trinta) dias, contado da publicação da Notificação de Débito, sem que o sujeito passivo tome qualquer das iniciativas previstas nas alíneas do inciso VII, será o débito inscrito na Dívida Ativa do Estado, adicionado da multa e dos acréscimos tributários incidentes.

§ 3º A Notificação de Débito poderá ser retificada pelo órgão competente, após a inscrição do crédito tributário na Dívida Ativa, inclusive nos casos em que a retificação importe alteração no valor do saldo a pagar.

§ 4º Os débitos constantes de Notificação, observado o disposto no § 2º, caracterizam reconhecimento da obrigação tributária e produzem efeito de decisão final em processo administrativo tributário.

§ 5º Aplica-se à Notificação de Débito, prevista neste artigo, o disposto no parágrafo único do art. 14, desta Lei, e na legislação tributária, no que couber.

Art. 53. Para os efeitos das disposições previstas neste capítulo, o lançamento do imposto relativo aos exercícios anteriores à vigência desta Lei considera-se:

I – homologado:

a) caso o imposto tenha sido pago integralmente, nos termos da legislação em vigor à época da ocorrência de seu fato gerador e de seu vencimento;

b) caso já tenha decorrido o prazo previsto para sua homologação, assim considerado o período de cinco anos, a contar da data de ocorrência do fato gerador, observado o disposto no § 4º do art. 150 da Lei nº 5.172, de 25 de outubro de 1966.

II – não-homologado e sujeito à cobrança por meio de Notificação de Débito, quando se comprove omissão ou inexatidão no lançamento ou pagamento do imposto, observado o disposto no inciso V do art. 149 da Lei nº 5.172, de 25 de outubro de 1966.

CAPÍTULO XVII
DAS DISPOSIÇÕES FINAIS

Art. 54. Para os efeitos desta Lei, considera-se veículo sinistrado aquele que, na forma do Código de Trânsito Brasileiro e legislação complementar, deva, obrigatoriamente, ter seu registro baixado no RENAVAM, no prazo e forma estabelecidos pelo CONTRAN.

Art. 55. O Secretário Executivo de Fazenda poderá estabelecer valor mínimo para efeito de inscrição do débito do IPVA na Dívida Ativa.

Art. 56. O comprovante de pagamento do imposto deve ser apresentado à fiscalização, quando solicitado.

Art. 57. Ficam automaticamente prorrogadas as isenções previstas nos incisos III e IV do art. 6º, concedidas no exercício de 2004, relativamente ao exercício de 2005.

Art. 57-A. Ato do Secretário de Estado da Fazenda poderá prorrogar a certidão de reconhecimento de não-incidência ou de concessão de isenção, independentemente de pedido do interessado. (Redação acrescentada pela Lei nº 6.973, de 07.08.2008).

Art. 58. O Poder Executivo editará atos normativos necessários à implementação das disposições contidas nesta Lei.

Art. 59. Esta Lei entra em vigor transcorridos 30 dias de sua publicação.

Art. 60. Ficam revogadas as Leis nºs 5.568, de 29 de dezembro de 1993, 6.136, de 30 de dezembro de 1999, e 6.505, de 20 de julho de 2004, e as disposições em contrário.

PALÁCIO MARECHAL FLORIANO PEIXOTO, em Maceió, 30 de dezembro de 2004, 116º da República.

LEI ESTADUAL Nº 6.771, DE 16 DE NOVEMBRO DE 2006

- DISPÕE SOBRE O PROCESSO ADMINISTRATIVO TRIBUTÁRIO - PAT.

ÍNDICE

TÍTULO I - DO PROCESSO ADMINISTRATIVO TRIBUTÁRIO

CAPÍTULO I - DAS DISPOSIÇÕES GERAIS

Seção I - Disposições Preliminares - art. 1º

Seção II - Dos Atos do Sujeito Passivo no Processo - arts. 3º a 5º

Seção III - Da Organização do Processo Administrativo Tributário - art. 6º

Seção III-A - Dos Atos Processuais Realizados em Meio Eletrônico - arts. 6º-A a 6º-C

Seção IV - Das Nulidades - art. 7º

Seção V - Dos Prazos Processuais - arts. 8º a 10

Seção VI - Da Intimação do Sujeito Passivo - arts. 11 a 12

Seção VII - Da Revelia - arts. 13 e 14

CAPÍTULO II - DA INTERPRETAÇÃO NORMATIVA DA LEGISLAÇÃO - art. 15

TÍTULO II - DO INÍCIO E ENCERRAMENTO DO PROCESSO TRIBUTÁRIO

CAPÍTULO I - DAS DISPOSIÇÕES GERAIS - arts. 16 a 17

CAPÍTULO II - DO CRÉDITO TRIBUTÁRIO - arts. 18 a 20-A

Seção I - Do Auto de Infração

Seção II - Do Crédito Tributário Não Contencioso

Seção III - Da Cobrança Administrativa

TÍTULO III - DO PROCESSO ADMINISTRATIVO TRIBUTÁRIO DECORRENTE DE AUTO DE INFRAÇÃO

CAPÍTULO I - DA INSTAURAÇÃO E DA EXTINÇÃO - arts. 21 e 22

CAPÍTULO II - DA DEFESA - arts. 23 e 24

CAPÍTULO III - DO PREPARO DO PROCESSO - arts. 25 e 26

CAPÍTULO IV - DAS PROVAS, DILIGÊNCIAS E PERÍCIAS - arts. 27 a 27-A

CAPÍTULO V - DAS INSTÂNCIAS JULGADORAS ADMINISTRATIVAS - art. 28 a 44

Seção I - Das Disposições Gerais

Seção II - Da Primeira Instância Administrativa

Subseção I - Da Organização

Seção III - Dos Procedimentos

Seção IV - Da Segunda Instância Administrativa

Subseção I - Da Organização

Subseção II - Da Competência

CAPÍTULO VI - DOS RECURSOS E DO REEXAME NECESSÁRIO

Seção I - Dos Recursos - arts. 45 a 47

Subseção I - Dos Tipos de Recursos

Subseção II - Do Recurso Ordinário

Subseção III - Do Recurso Especial

Seção II - Do Reexame Necessário - art. 48

CAPÍTULO VII - DA EFICÁCIA DAS DECISÕES - art. 49

CAPÍTULO VIII - DA RESCISÃO DA DECISÃO - arts. 51 e 52

CAPÍTULO IX - DAS SÚMULAS - art. 53

CAPÍTULO X - DA REPRESENTAÇÃO FISCAL - arts. 54 e 55

TÍTULO IV - DOS DEMAIS PROCESSOS ADMINISTRATIVOS

CAPÍTULO I - DA CONSULTA - arts. 56 a 61

Seção I - Do Direito à Consulta e dos Seus Efeitos

Seção II - Da Competência para Responder a Consulta

Seção III - Do Recurso e do Pedido de Reconsideração

CAPÍTULO II - DA RESTITUIÇÃO DE INDÉBITOS

Seção I - Do Direito à Restituição - art. 62

Seção II - Das Formas de Efetivação da Restituição - art. 63

Seção III - Da Competência para Deferir a Restituição e dos Recursos - arts. 64 e 65

Seção IV - Do Preparo e da Tramitação do Processo de Restituição de Indébitos - art. 66

CAPÍTULO III - DO PEDIDO DE RECONHECIMENTO DE BENEFÍCIO FISCAL - arts. 67 a 69

CAPÍTULO IV - DA HOMOLOGAÇÃO DO PAGAMENTO DO CRÉDITO TRIBUTÁRIO - arts. 70 a 72

CAPÍTULO V - DO DEPÓSITO ADMINISTRATIVO - art. 73

CAPÍTULO VI - DA RESTAURAÇÃO OU RECONSTITUIÇÃO DE PROCESSO ADMINISTRATIVO TRIBUTÁRIO - arts. 74 e 75

CAPÍTULO VII - DA CERTIDÃO NEGATIVA DE DÉBITOS DE TRIBUTOS ESTADUAIS, DA CERTIDÃO POSITIVA E DA CERTIDÃO POSITIVA COM EFEITOS DE NEGATIVA

Seção I - Do Direito à Certidão e da Formalização do Requerimento - arts. 76 e 77

Seção II - Das Certidões de Débitos de Tributos Estaduais - arts. 78 e 80

Subseção I - Da Certidão Negativa de Débitos

Subseção II - Da Certidão Positiva de Débitos com Efeitos de Negativa
Subseção III - Da Certidão Positiva de Débito
Seção III - Das Disposições Gerais - arts. 81 a 83
CAPÍTULO VIII - DO REGIME ESPECIAL - art. 84
CAPÍTULO IX - DA DENÚNCIA ESPONTÂNEA - arts. 85 e 86
TÍTULO V - DA DÍVIDA ATIVA E DA DISCUSSÃO JUDICIAL
CAPÍTULO I - DA INSCRIÇÃO DO CRÉDITO TRIBUTÁRIO NA DÍVIDA ATIVA - arts. 87 a 92
CAPÍTULO II - DA CONCOMITÂNCIA DO PROCESSO ADMINISTRATIVO COM A DISCUSSÃO JUDICIAL - arts. 93 a 94
TÍTULO VI - DAS DISPOSIÇÕES FINAIS - arts. 95 a 99

O GOVERNADOR DO ESTADO DE ALAGOAS

Faço saber que o Poder Legislativo Estadual decreta e eu sanciono a seguinte Lei:

TÍTULO I
DO PROCESSO ADMINISTRATIVO TRIBUTÁRIO

CAPÍTULO I
DAS DISPOSIÇÕES GERAIS

Seção I
Disposições Preliminares

Art. 1º Esta Lei disciplina o processo administrativo tributário, contencioso ou não, proveniente de lançamento de crédito tributário, de consulta, de restituição de indébito, de reconhecimento de benefícios fiscais, de homologação de pagamento de crédito tributário, de depósito administrativo, de restauração e reconstituição de autos, de fornecimento de certidões relativas a tributos estaduais, de denúncia espontânea e de regime especial.

§ 1º Os procedimentos relativos aos processos de simples comunicação do sujeito passivo serão disciplinados em ato normativo do Secretário Executivo de Fazenda.

§ 2º Relativamente aos processos administrativos tributários não disciplinados especificamente, atender-se-á, naquilo que couber, às disposições desta Lei e da respectiva legislação regulamentar.

Art. 2º Na instauração, preparo, instrução, tramitação e decisão do processo administrativo tributário, contencioso ou não, serão atendidos os princípios da oficialidade, da legalidade, da verdade material, da ampla defesa e do contraditório, sem prejuízo de outros princípios de direito.

§ 1º No preparo, instrução e tramitação dos autos, ter-se-á sempre em vista a conveniência da rápida solução do pedido ou litígio, restringindo-se as exigências ao

TRIBUTÁRIO

estritamente necessário à elucidação do processo e à formação do convencimento da autoridade requerida ou do órgão julgador.

§ 2º Quando por mais de um modo se puder praticar o ato, ou cumprir a exigência, preferir-se-á o menos oneroso para o requerente.

Seção II
Dos Atos do Sujeito Passivo no Processo

Art. 3º As petições do sujeito passivo e suas intervenções no processo serão feitas:

I – pelo titular, sócio-gerente, administrador, diretor ou equivalente, na forma como for designado em declaração de firma individual, contrato social, estatuto ou ata de constituição da sociedade, conforme o caso; e

II – por representante legalmente habilitado, consoante previsto na legislação regulamentar.

Parágrafo único. A prova da identificação do interessado, do seu vínculo com o sujeito passivo ou do instrumento de mandato será feita com a petição ou no ato da intervenção.

Art. 4º Tem legitimidade para postular todo aquele a quem a lei atribua responsabilidade pelo pagamento de crédito tributário ou cumprimento de obrigação acessória, bem como aquele que esteja submetido a exigência ou medida fiscal de qualquer espécie.

Art. 5º A petição será indeferida de plano pela autoridade ou órgão responsável pela apreciação da matéria, conforme o caso, se intempestiva, se postulada ou assinada por pessoa sem legitimidade ou se inepta, vedada a recusa de seu recebimento ou protocolização.

§ 1º A petição será considerada:

I – intempestiva, quando apresentada fora do prazo legal;

II – viciada de ilegitimidade de parte, quando postulada ou assinada por pessoa sem capacidade ou competência legal para fazê-lo, inclusive em caso de ausência de legítimo interesse ou de ilegalidade da representação;

III – inepta, quando:

a) não contiver pedido ou seus fundamentos;

b) contiver pedido relativo à matéria estranha à legislação tributária aplicável aos tributos de competência estadual; e

c) não contiver elementos essenciais à identificação do sujeito passivo, inclusive sua assinatura, após devidamente intimado o requerente para supri-los.

§ 2º É assegurado ao interessado o direito de impugnar o indeferimento da petição declarada intempestiva, viciada de ilegitimidade ou inepta no prazo de 15 (quinze) dias contados da ciência, mediante petição dirigida à autoridade ou órgão competente imediatamente superior àquele que proferiu o indeferimento.

§ 3º Verificando que a petição está incompleta ou que não está devidamente instruída, a autoridade ou órgão competente intimará o interessado para que a corrija, no prazo de 10 (dez) dias, sob pena de indeferimento. (Redação dada pela Lei nº 8.076, de 26.12.2018).

Seção III
Da Organização do Processo Administrativo Tributário

Art. 6º O processo administrativo tributário, contencioso ou não, será organizado à semelhança dos autos forenses, nos termos da legislação regulamentar. (Redação dada pela Lei nº 8.076, de 26.12.2018).

§ 1º O processo físico poderá conter provas e demonstrativos produzidos em meio eletrônico, sendo sua admissão e validade condicionadas ao atendimento das exigências previstas na legislação tributária. (Redação dada pela Lei nº 8.076, de 26.12.2018).

§ 2º As matérias referentes à formação dos volumes dos autos, quantidade de folhas por volume, indicações de capas, e outras semelhantes, serão previstas na legislação tributária. (Redação dada pela Lei nº 8.076, de 26.12.2018).

Seção III-A
Dos Atos Processuais Realizados em Meio Eletrônico

(Redação acrescida pela Lei nº 8.076, de 26.12.2018).

Art. 6º-A Os atos processuais poderão ser total ou parcialmente digitais de forma a permitir que sejam produzidos, comunicados, armazenados e validados por meio eletrônico, conforme disciplinado na legislação tributária. (Redação acrescida pela Lei nº 8.076, de 26.12.2018).

Art. 6º-B O registro de ato processual eletrônico deverá atender aos requisitos de autenticidade, integridade, temporalidade, não repúdio, conservação e, quando se cuide de informações protegidas pelo sigilo fiscal, de confidencialidade, observada a infraestrutura de chaves públicas unificada nacionalmente, nos termos da legislação. (Redação acrescida pela Lei nº 8.076, de 26.12.2018).

Art. 6º-C A Secretaria de Estado da Fazenda divulgará as informações constantes de seu sistema de automação em página própria na rede mundial de computadores, gozando a divulgação de presunção de veracidade e confiabilidade. (Redação acrescida pela Lei nº 8.076, de 26.12.2018).

Seção IV
Das Nulidades

Art. 7º São nulos:

I – os atos nas hipóteses de incompetência, vício de forma, ilegalidade do objeto, inexistência dos motivos ou desvio de finalidade; (Redação dada pela Lei nº 8.076, de 26.12.2018).

II – os atos praticados e as decisões proferidas com preterição do direito de defesa;

III – as decisões não fundamentadas;

IV – o lançamento de ofício:

a) que não contiver elementos suficientes para se determinar, com segurança, a infração e o infrator; e

b) em que se configure a ilegitimidade passiva.

§ 1º As eventuais incorreções ou omissões e a não-observância de exigências meramente formais contidas na legislação não acarretam a nulidade do ato administrativo, desde que seja possível determinar a natureza da infração, o sujeito passivo e o montante do crédito tributário, devendo ser corrigidas e suprimidas as incorreções e omissões por determinação da autoridade competente, desde que o fato não acarrete prejuízo à defesa do sujeito passivo.

§ 2º Na hipótese do § 1º, se as incorreções, omissões ou exigências causarem prejuízo à defesa do sujeito passivo, desde que este não tenha contribuído para tal situação, deverá o mesmo ser intimado das alterações, concedendo-se-lhe o prazo de 30 (trinta) dias para pagamento do débito com o desconto previsto à época da efetivação do ato administrativo ou apresentação de impugnação.

§ 3º As irregularidades que tiverem causado prejuízo à defesa, quando devidamente identificadas e justificadas, só acarretarão a nulidade dos atos que não puderem ser supridos ou retificados.

§ 4º Enquanto o débito não for inscrito na Dívida Ativa, a decisão de qualquer instância administrativa que contiver erro de cálculo ou outro erro de fato será passível de retificação, observada a legislação regulamentar.

Seção V
Dos Prazos Processuais

Art. 8º Os atos processuais serão realizados nos prazos previstos nesta Lei.

Parágrafo único. Na falta de disposição expressa, o prazo será estabelecido pelo órgão de julgamento no qual se encontrar o processo, ou pela autoridade ou servidor que tenha requisitado a realização do ato, obedecido o princípio da razoabilidade. (Redação dada pela Lei nº 8.076, de 26.12.2018).

Art. 9º Os prazos processuais serão contínuos, excluindo-se na sua contagem o dia de início e incluindo-se o dia do vencimento.

§ 1º Os prazos só se iniciam ou vencem em dia de expediente normal no órgão em que tramite o processo ou onde deva ser praticado o ato.

§ 2º Nos casos em que o processo seja baixado em diligência pela autoridade ou órgão que deva praticar determinado ato em prazo prefixado, interrompe-se o prazo com o despacho da diligência, reiniciando-se a contagem na data do retorno do processo. (Redação dada pela Lei nº 8.076, de 26.12.2018).

Art. 10. O prazo para que o sujeito passivo ou interessado atenda a exigência de regularização do processo ou de juntada de documento é de 10 (dez) dias, a contar da ciência da intimação, salvo disposição expressa em contrário da legislação tributária.

Seção VI
Da Intimação do Sujeito Passivo

Art. 11. A intimação do sujeito passivo ou de pessoa interessada acerca de qualquer ato, fato ou exigência fiscal, quando não estiver prevista forma diversa na legislação tributária, será feita:

I – pessoalmente, pelo autor do procedimento ou outro servidor a quem for conferida a atribuição, mediante aposição de data e assinatura do sujeito passivo ou interessado, seu representante legal ou preposto, no próprio instrumento que se deseja comunicar ou em expediente, com entrega, quando for o caso, de cópia do documento;

II – mediante remessa, pelo órgão encarregado do preparo do processo, por via postal ou qualquer outro meio ou via, com Aviso de Recebimento – AR ou com prova de entrega no endereço do sujeito passivo ou interessado, de cópia do instrumento ou de comunicação de decisão ou circunstância constante de expediente; (Redação dada pela Lei nº 8.076, de 26.12.2018).

III – por edital publicado no Diário Oficial do Estado, no caso de:

a) o sujeito passivo ou interessado encontrar-se em lugar ignorado, incerto ou inacessível, caso em que no processo deverão ser anexados documentos comprobatórios do fato ou declaração fundamentada; (Redação dada pela Lei nº 7.078, de 20.07.2009).

b) recusa do sujeito passivo ou interessado, em assinar a intimação pessoal, hipótese em que será lavrada declaração nesse sentido, da qual constarão as assinaturas de 2 (duas) testemunhas;

c) não se efetivar a comunicação pelas formas previstas nos incisos I e II do caput deste artigo ou em seu § 5º, bastando a legitimar o edital que qualquer uma delas tenha sido tentada. (Redação dada pela Lei nº 8.076, de 26.12.2018).

§ 1º (Revogado pela Lei nº 7.078, de 20.07.2009).

§ 2º A intimação deverá ser feita: (Redação dada pela Lei nº 8.076, de 26.12.2018).

I – no caso de sujeito passivo desaparecido, assim também considerado aquele que não mais exerce suas atividades no endereço por ele indicado, em nome do sujeito passivo e, na condição de corresponsáveis pelo crédito tributário, em nome dos sócios-gerentes, diretores ou administradores; (Redação dada pela Lei nº 8.076, de 26.12.2018).

II – no caso de sujeito passivo com a inscrição estadual baixada: (Redação dada pela Lei nº 8.076, de 26.12.2018).

a) não extinta a pessoa jurídica: em nome do sujeito passivo e em nome dos titulares, sócios e administradores, na condição de responsáveis solidários; (Redação dada pela Lei nº 8.076, de 26.12.2018).

b) extinta a pessoa jurídica: na pessoa dos titulares, sócios e administradores, na condição de responsáveis solidários. (Redação dada pela Lei nº 8.076, de 26.12.2018).

§ 3º É, também, modo válido de intimação a tomada de conhecimento, nos autos de processo ou em outro documento oficial, da exigência de crédito tributário ou da imposição de qualquer dever jurídico, inclusive quanto à ciência de decisões de litígios em qualquer instância administrativa.

§ 4º A intimação deve indicar:

I – a identificação do sujeito passivo intimado;

II – o conteúdo do ato ou exigência a que se refere;

III – o prazo para pagamento ou impugnação, quando for o caso; e

IV – a repartição, local, data, assinatura, nome e matrícula da autoridade ou servidor dos quais emana.

§ 5º As intimações poderão ser feitas de forma eletrônica, conforme regulado em lei própria. (Redação dada pela Lei nº 7.743, de 09.10.2015).

§ 6º Equivale à via postal, o serviço de entrega de correspondência, documentos e objetos a terceiros, efetuado por pessoa autorizada pelo Poder Público, com a respectiva prova de realização. (Redação acrescida pela Lei nº 7.078, de 20.07.2009).

Art. 12. Considera-se efetivada a intimação:

I - quando pessoal, na data da aposição da ciência do sujeito passivo ou interessado, ou do representante ou preposto destes, no instrumento ou expediente; (Redação dada pela Lei nº 7.078, de 20.07.2009).

II - quando por remessa, por via postal, por qualquer outro meio ou via, na data do recebimento no endereço tributário do intimado, sendo que, se for omitida a data, a intimação considera-se feita na data em que for devolvido o comprovante de recebimento ao órgão fazendário encarregado da intimação; (Redação dada pela Lei nº 8.076, de 26.12.2018).

III - se efetuada por edital, no primeiro dia útil posterior ao da data de sua publicação no Diário Oficial do Estado ou no Diário Eletrônico da SEFAZ. (Redação dada pela Lei nº 8.076, de 26.12.2018).

§ 1º Presume-se cientificado o sujeito passivo ou interessado, por via postal, quando houver o recebimento do AR no local correspondente ao seu endereço tributário, constante no Cadastro de Contribuintes do Estado.

§ 2º Para os fins deste artigo, equipara-se à intimação pessoal a realizada por meio eletrônico, conforme regulado em lei própria. (Redação dada pela Lei nº 7.743, de 09.10.2015).

§ 3º Na hipótese de intimações válidas de mais de 1 (um) representante, diretor, administrador ou sócio legitimado ou na mesma pessoa e no mesmo endereço, em datas diferentes, será considerada efetivada a intimação: (Redação acrescida pela Lei nº 8.076, de 26.12.2018).

I - na data da última intimação, quando ainda no decurso do prazo assinalado nesta; e (Redação acrescida pela Lei nº 8.076, de 26.12.2018).

II - na data da intimação anterior, quando já esgotado o prazo nela assinalado. (Redação acrescida pela Lei nº 8.076, de 26.12.2018).

Seção VII
Da Revelia

Art. 13. Não sendo cumprida a exigência ou apresentada defesa, no prazo legal, o sujeito passivo será considerado revel, importando a revelia no reconhecimento da obrigação tributária e produzindo efeito de decisão final em processo administrativo tributário. (Redação dada pela Lei nº 8.076, de 26.12.2018).

§ 1º A defesa genérica não induz revelia. (Redação dada pela Lei nº 8.076, de 26.12.2018).

§ 2º Na hipótese de revelia, poderá o lançamento ser objeto de revisão, nos termos que dispuser a regulamentação, observado o seguinte:

I – a revisão deverá ser feita pela representação fiscal; e

II – a retificação ou o cancelamento do lançamento deverá ser objeto de ratificação pelo Secretário Adjunto da Receita Estadual.

Art. 14. A revelia será declarada: (Redação dada pela Lei nº 8.076, de 26.12.2018).

I – em Termo de Revelia emitido pelo órgão preparador, no caso de inexistência de defesa; (Redação dada pela Lei nº 8.076, de 26.12.2018).

II – em decisão emitida pelo órgão de julgamento, no caso de defesa intempestiva, não sendo conhecida a petição de defesa. (Redação dada pela Lei nº 8.076, de 26.12.2018).

§ 1º Do não conhecimento da defesa intempestiva caberá recurso no prazo de 15 (quinze) dias da ciência da decisão. (Redação dada pela Lei nº 8.076, de 26.12.2018).

§ 2º Ocorrida a revelia, o débito será inscrito em dívida ativa, observado o disposto no art. 20-A desta Lei. (Redação dada pela Lei nº 8.076, de 26.12.2018).

CAPÍTULO II
DA INTERPRETAÇÃO NORMATIVA DA LEGISLAÇÃO

Art. 15. A interpretação normativa da legislação tributária estadual será feita por meio de instruções normativas do Secretário Executivo de Fazenda e/ou Secretário Adjunto da Fazenda Estadual e de pareceres normativos elaborados pela Diretoria de Tributação da Secretaria Executiva de Fazenda – SEFAZ, devidamente aprovados por aquelas autoridades.

TÍTULO II
DO INÍCIO E ENCERRAMENTO DO PROCESSO TRIBUTÁRIO

CAPÍTULO I
DAS DISPOSIÇÕES GERAIS

Art. 16. Considera-se iniciado o procedimento administrativo tributário no momento da:

I – apreensão ou retenção de mercadoria, bem, livro ou documento;

II – lavratura do Termo de Início de Fiscalização;

III – intimação do sujeito passivo, seu preposto ou responsável, para prestar esclarecimento, exibir elementos solicitados pela fiscalização ou efetuar o recolhimento de tributo; e

IV - formalização do crédito tributário. (Redação dada pela Lei nº 8.076, de 26.12.2018).

Parágrafo único. A legislação regulamentar disporá acerca dos procedimentos atinentes à apreensão ou retenção de bens e mercadorias.

Art. 17. O encerramento do processo administrativo tributário, contencioso ou não, dar-se-á por decisão irrecorrível da autoridade competente. (Redação dada pela Lei nº 8.076, de 26.12.2018).

§ 1º Não será conhecida a defesa ou o recurso, encerrando o processo, quando: (Redação dada pela Lei nº 8.076, de 26.12.2018).

I – intempestivo, viciado de ilegitimidade ou inepto, nos termos do art. 5º desta Lei; (Redação dada pela Lei nº 8.076, de 26.12.2018).

II – da escolha da via judicial, em relação à parte objeto da ação judicial, observado o disposto no art. 94 desta Lei; ou (Redação dada pela Lei nº 8.076, de 26.12.2018).

III – não preencher os requisitos previstos para sua interposição. (Redação dada pela Lei nº 8.076, de 26.12.2018).

§ 2º O encerramento do processo dar-se-á, também, com o pagamento do crédito tributário pelo valor: (Redação dada pela Lei nº 8.076, de 26.12.2018).

I – originalmente lançado ou, na hipótese de revisão, pelo maior valor objeto de lançamento; ou (Redação dada pela Lei nº 8.076, de 26.12.2018).

II – constante de decisão administrativa, salvo se sujeita ao reexame necessário previsto no art. 48 desta Lei. (Redação dada pela Lei nº 8.076, de 26.12.2018).

§ 3º Na hipótese do § 2º deste artigo, serão os autos encaminhados à Gerência de Arrecadação e Crédito Tributário - GERAC, nos termos do art. 70 desta Lei, dispensada decisão pelas instâncias de julgamento de que trata o art. 28 deste Diploma Legal. (Redação dada pela Lei nº 8.076, de 26.12.2018).

CAPÍTULO II
DO CRÉDITO TRIBUTÁRIO

(Redação dada pela Lei nº 8.076, de 26.12.2018).

Seção I
Do Auto de Infração

Art. 18. O Auto de Infração será lavrado para exigência de tributo, multa, atualização monetária e juros, sempre que constatada infração à legislação tributária. (Redação dada pela Lei nº 8.076, de 26.12.2018).

§ 1º O Auto de Infração também será lavrado para efetivar o lançamento do crédito tributário, inclusive visando a evitar a decadência.

§ 2º O Auto de Infração atenderá, quanto à configuração e forma de emissão, ao previsto em decreto regulamentar.

§ 3º Na lavratura do Auto de Infração, não sendo possível discriminar o débito por períodos mensais, considerar-se-á o tributo devido no último dia do período fiscalizado.

§ 4º A lavratura do Auto de Infração é de competência privativa dos fiscais de tributos estaduais.

§ 5º Ato normativo do Secretário de Estado da Fazenda disporá sobre os procedimentos a serem adotados para fins de disponibilização do processo administrativo tributário quando da constatação de pluralidade de sujeitos passivos de uma mesma obrigação tributária. (Redação acrescida pela Lei nº 8.076, de 26.12.2018).

Seção II
Do Crédito Tributário Não Contencioso
(Redação dada pela Lei nº 8.076, de 26.12.2018).

Art. 19. (Revogado pela Lei nº 8.076, de 26.12.2018).

Art. 20. A declaração de obrigação tributária pelo sujeito passivo em documentos de informações econômico-fiscais importa em confissão de dívida e torna constituído o crédito tributário, independentemente de prévia notificação ou da instauração de processo administrativo tributário. (Redação dada pela Lei nº 7.078, de 20.07.2009).

§ 1º Aplica-se também o disposto no caput deste artigo na hipótese de crédito tributário apurado pelo próprio sujeito passivo e declarado nas seguintes situações: (Redação dada pela Lei nº 7.078, de 20.07.2009).

I – nos livros fiscais próprios; (Redação dada pela Lei nº 7.078, de 20.07.2009).

II – em denúncia espontânea, inclusive para fins de parcelamento; (Redação dada pela Lei nº 7.078, de 20.07.2009).

III – em documento de arrecadação, cujo pagamento tenha sido frustrado por circunstâncias diversas ou feito através de cheque sem suficiente provisão de fundos; e (Redação dada pela Lei nº 7.078, de 20.07.2009).

IV – em documento de opção ou documento periódico de informação, relativos a regime tributário de pagamento periódico de valores fixos, inclusive no caso de estimativa fiscal. (Redação dada pela Lei nº 7.078, de 20.07.2009).

§ 2º O crédito tributário declarado nos termos deste artigo será denominado crédito tributário de natureza não-contenciosa. (Redação dada pela Lei nº 7.078, de 20.07.2009).

§ 3º Não efetuado o recolhimento do crédito tributário formalizado nos termos deste artigo, deverá: (Redação dada pela Lei nº 8.076, de 26.12.2018).

I - ser lavrada a respectiva "Certidão de Débito Declarado - CDD" com a inclusão da multa correspondente, devendo ser observada disciplina da SEFAZ; e (Redação dada pela Lei nº 8.076, de 26.12.2018).

II - ser inscrito em dívida ativa, observado o disposto no art. 20-A desta Lei. (Redação dada pela Lei nº 8.076, de 26.12.2018).

Seção III
Da Cobrança Administrativa

(Redação acrescida pela Lei nº 8.076, de 26.12.2018).

Art. 20-A. O crédito tributário, cujo pagamento não for realizado no respectivo vencimento, sujeita-se à cobrança administrativa, conforme disciplina do Secretário de Estado da Fazenda. (Redação acrescida pela Lei nº 8.076, de 26.12.2018).

Parágrafo único. A cobrança administrativa não ultrapassará o prazo previsto na regulamentação, findo o qual deverá o processo não liquidado ou que não tenha sido objeto de parcelamento ser inscrito em dívida ativa. (Redação acrescida pela Lei nº 8.076, de 26.12.2018).

TÍTULO III
DO PROCESSO ADMINISTRATIVO TRIBUTÁRIO DECORRENTE DE AUTO DE INFRAÇÃO

CAPÍTULO I
DA INSTAURAÇÃO E DA EXTINÇÃO

Art. 21. Instaura-se o processo administrativo tributário contencioso decorrente de Auto de Infração no momento da apresentação da defesa, por escrito, impugnando o lançamento de crédito tributário. (Redação dada pela Lei nº 8.076, de 26.12.2018).

Art. 22. Encerra-se o processo administrativo tributário decorrente de Auto de Infração com a decisão administrativa definitiva dos órgãos julgadores administrativos previstos no art. 28, observado o disposto nos arts. 17 e 49, todos desta Lei. (Redação dada pela Lei nº 8.076, de 26.12.2018).

CAPÍTULO II
DA DEFESA

Art. 23. É assegurado ao sujeito passivo tributário o direito de apresentar a impugnação do lançamento na esfera administrativa, aduzida por escrito e acompanhada das provas que tiver, inclusive documentos e demonstrativos, laudos e pareceres técnicos que entender necessários ao esclarecimento da controvérsia, no prazo de 30 (trinta) dias a contar da intimação. (Redação dada pela Lei nº 8.076, de 26.12.2018).

§ 1º A matéria relacionada com a situação que constitua o objeto da lide deverá ser alegada de uma só vez.

§ 2º A defesa poderá referir-se apenas a parte da exigência fiscal, assegurando-se ao sujeito passivo, quanto à parte não impugnada, o direito de recolher o crédito tributário com as reduções de penalidades previstas em lei.

§ 3º Não se conhecerá da defesa nas hipóteses do § 1º do art. 17 desta Lei. (Redação dada pela Lei nº 8.076, de 26.12.2018).

§ 4º Do não conhecimento da defesa caberá recurso no prazo de 15 (quinze) dias da ciência da decisão. (Redação dada pela Lei nº 8.076, de 26.12.2018).

Art. 24. A defesa será juntada ao processo administrativo tributário, indicando-se a data do recebimento, devendo os autos ser encaminhados à Representação Fiscal para se pronunciar no prazo de 30 (trinta) dias, prorrogáveis por igual prazo, salvo o disposto na legislação regulamentar. (Redação dada pela Lei nº 8.076, de 26.12.2018).

Parágrafo único. Ato do Secretário de Estado da Fazenda poderá relacionar situações em que será dispensada a manifestação da Representação Fiscal, observada a dispensa prevista no art. 36, § 1º, II, desta Lei. (Redação dada pela Lei nº 8.076, de 26.12.2018).

CAPÍTULO III
DO PREPARO DO PROCESSO

Art. 25. O preparo do processo administrativo tributário decorrente de Auto de Infração compete: (Redação dada pela Lei nº 8.076, de 26.12.2018).

I – tratando-se do início do processo: (Redação dada pela Lei nº 8.076, de 26.12.2018).

a) físico, ao órgão fazendário: (Redação dada pela Lei nº 8.076, de 26.12.2018).

1. do domicílio do sujeito passivo; e (Redação dada pela Lei nº 8.076, de 26.12.2018).

2. do local da ocorrência do procedimento fiscal, inclusive em relação a sujeito passivo não cadastrado ou a infração apurada no trânsito de mercadorias. (Redação dada pela Lei nº 8.076, de 26.12.2018).

b) eletrônico, à Gerência de Arrecadação e Crédito Tributário. (Redação dada pela Lei nº 8.076, de 26.12.2018).

II – tratando-se de processo já iniciado: ao órgão fazendário responsável pelo seu recebimento, controle, guarda e distribuição. (Redação dada pela Lei nº 8.076, de 26.12.2018).

III – (Revogado pela Lei nº 8.076, de 26.12.2018).

Parágrafo único. O preparo do processo, relativamente às providências pertinentes, atenderá ao previsto em decreto regulamentar.

Art. 26. Ocorrendo, por qualquer motivo, o desaparecimento dos autos, deve ser promovida sua restauração, inclusive com a juntada de peças suplementares, observado o disposto nos arts. 74 e 75.

CAPÍTULO IV
DAS PROVAS, DILIGÊNCIAS E PERÍCIAS

Art. 27. O interessado, ao solicitar a produção de prova ou a realização de diligência ou perícia fiscal, deverá, no pedido, fundamentar sua necessidade.

§ 1º A recusa da parte interessada em comprovar fato controverso, com elemento probatório de que necessariamente disponha, importa presunção de veracidade da afirmação da parte contrária.

§ 2º A realização de diligência ou perícia interrompe o prazo de conclusão do processo tributário nas instâncias administrativas. (Redação dada pela Lei nº 8.076, de 26.12.2018).

§ 3º Se a diligência ou perícia implicar novas evidências do fato infringente ou revisão do lançamento, inclusive nova classificação jurídica, deverão ser cientificados: (Redação dada pela Lei nº 8.076, de 26.12.2018).

I – o sujeito passivo: para, no prazo de 30 (trinta) dias contados da ciência: (Redação dada pela Lei nº 8.076, de 26.12.2018).

a) efetuar o pagamento do débito com o desconto previsto à época da efetivação do ato administrativo originário; ou (Redação dada pela Lei nº 8.076, de 26.12.2018).

b) manifestar-se em relação às inovações. (Redação dada pela Lei nº 8.076, de 26.12.2018).

II – a Representação Fiscal: para manifestar-se em relação às inovações. (Redação dada pela Lei nº 8.076, de 26.12.2018).

§ 4º Quando não for estipulado, o prazo para cumprimento de diligência ou perícia será de 30 (trinta) dias, prorrogáveis por igual prazo. (Redação dada pela Lei nº 8.076, de 26.12.2018).

§ 5º A decisão relativa ao pedido de diligência:

I – poderá determinar a conversão do pedido de diligência em determinação de perícia; e

II – dar-se-á nos termos da legislação regulamentar.

§ 6º Compete à autoridade julgadora determinar a produção de provas, podendo, em decisão fundamentada, rejeitar o requerimento de diligência ou perícia.

§ 7º Se a produção de provas importar a entrega ou exibição de documento ou de coisa que se encontre em poder do autuante, do sujeito passivo ou de terceiro, a autoridade competente deverá solicitar a sua entrega, discriminando:

I – o documento ou a coisa;

II – a enumeração dos fatos que devam ser provados; e

III – a indicação das circunstâncias em que o requerente se baseia para afirmar que o documento ou coisa existe e se acha em poder da parte contrária.

§ 8º A entrega ou exibição do documento ou coisa não poderá ser negada:

I – se houver obrigação de entregá-los ou exibi-los, prevista na legislação tributária; e

II – se houver sido feita referência aos mesmos, pelo detentor, com o propósito de constituir prova.

§ 9º A autoridade julgadora admitirá como verdadeiros os fatos, no caso de não haver a entrega ou exibição de documento ou coisa, nos termos do § 8º.

Art. 27-A. Em se tratando de infrações caracterizadas em documentos recebidos, emitidos ou escriturados pelo sujeito passivo, admitir-se-á como elemento de prova para instruir o lançamento, em substituição aos referidos documentos, demonstrativo no qual as operações, prestações ou eventos estejam individualmente discriminados. (Redação acrescida pela Lei nº 7.078, de 20.07.2009).

§ 1º O demonstrativo a que se refere o caput deste artigo poderá ter como origem documentos eletrônicos emitidos ou entregues pelo sujeito passivo ou por terceiros ou apreendidos pelo Fisco. (Redação dada pela Lei nº 8.076, de 26.12.2018).

§ 2º Na hipótese em que o demonstrativo não tenha como origem documentos eletrônicos, o mesmo deverá ser instruído com originais ou cópias de parte dos documentos a que se referir, de acordo com critério de amostragem que, conforme o caso, seja suficiente para comprovar a ocorrência da infração. (Redação acrescida pela Lei nº 7.078, de 20.07.2009).

§ 3º O sujeito passivo deverá, quando da impugnação, apontar todos os erros ou incorreções porventura existentes no demonstrativo, fazendo-o de forma objetiva, com indicação precisa do erro ou incorreção encontrada e apresentação da correspondente comprovação. (Redação acrescida pela Lei nº 7.078, de 20.07.2009).

CAPÍTULO V
DAS INSTÂNCIAS JULGADORAS ADMINISTRATIVAS

Seção I
Das Disposições Gerais

Art. 28. A instrução e o julgamento do processo administrativo tributário decorrente de Auto de Infração compete, em primeira instância administrativa, à Gerência de Julgamento - GJ, e, em segunda instância, ao Conselho Tributário Estadual - CTE. (Redação dada pela Lei nº 8.076, de 26.12.2018).

§ 1º Não se inclui na competência do julgador afastar a aplicação de norma sob alegação de inconstitucionalidade, ressalvada a hipótese em que tenha havido a declaração nesse sentido pelo Supremo Tribunal Federal, em ação direta ou declaratória, após a publicação da decisão, ou pela via incidental, após a publicação da Resolução do Senado Federal que suspender a execução do ato.

§ 2º É vedado à autoridade julgadora divulgar, antecipadamente, por qualquer meio ou forma, o resultado de decisão a ser prolatada em processo administrativo tributário, sob pena de responsabilidade.

§ 3º A distribuição e instrução dos processos, a elaboração das pautas de julgamento e sua publicação no Diário Oficial do Estado atenderão ao disposto no regimento das instâncias julgadoras.

§ 4º Confessada a obrigação tributária, deverá ser observado o disposto nos arts. 17, 20 e 23, § 3º, desta Lei, sendo que, se a confissão ocorrer na petição de defesa, esta não excluirá o controle de legalidade do lançamento pelo órgão julgador de primeira instância, dispensada instrução probatória à parte incontroversa. (Redação dada pela Lei nº 8.076, de 26.12.2018).

§ 5º O julgador fica impedido de atuar quando:

I - tiver participado diretamente de ação fiscal que originou ou que instruiu o processo;

II - tiver qualquer participação societária na empresa autuada; e

III - tiver parentes consangüíneos ou afins, até o terceiro grau, com interesse no processo.

§ 6º Verificado o não preenchimento dos requisitos ou das condições, essenciais ao julgamento do feito, o julgador declarará de plano, conforme o caso, a nulidade ou extinção do processo.

§ 7º As decisões no CTE serão tomadas por maioria simples, cabendo ao presidente o voto de qualidade.

Art. 29. A decisão reconhecerá a nulidade, a procedência ou a improcedência, total ou parcial, do lançamento de ofício de crédito tributário. (Redação dada pela Lei nº 8.076, de 26.12.2018).

Parágrafo único. O julgamento do processo administrativo deverá ser feito a partir do lançamento originário, consideradas as eventuais correções e revisões subsequentes do lançamento, não produzindo estas, por si só, a extinção do crédito tributário. (Redação dada pela Lei nº 8.076, de 26.12.2018).

Art. 30. Desde que mantidas as mesmas circunstâncias materiais em que se fundou o ato original de constituição do crédito tributário, poderá o julgador dar ao fato apurado definição jurídica diversa da que constar no auto de infração, inclusive relativamente:

I – à penalidade ou penalidades aplicáveis ao infrator ou a quem deva responder pela infração, nos termos da lei; e

II – à fixação da quantia da pena, respeitados os limites legais.

§ 1º Apurando-se no mesmo processo a prática de duas ou mais infrações, pela mesma pessoa natural ou jurídica, aplicam-se cumulativamente, no grau correspondente, quando for o caso, as penas a ela cominadas. (Redação Renumerada pela Lei nº 8.076, de 26.12.2018).

§ 2º O exercício da competência prevista no caput deste artigo: (Redação acrescida pela Lei nº 8.076, de 26.12.2018).

I – poderá resultar majoração do crédito relativo à multa; e (Redação acrescida pela Lei nº 8.076, de 26.12.2018).

II – deverá ser precedido da intimação do sujeito passivo e da Representação Fiscal, para se manifestarem quanto à reclassificação, se a definição jurídica diversa não tiver sido objeto de contraditório. (Redação acrescida pela Lei nº 8.076, de 26.12.2018).

Art. 31. A decisão do julgador singular e o acórdão do órgão colegiado deverão conter:

I – identificação das partes e o número do processo;

II – ementa, que indicará a matéria julgada, com breve resumo da imputação, dos fatos, das teses esposadas na lide e da conclusão adotada;

III – relatório, contendo o histórico de todos os fatos relevantes verificados desde o início do processo, com a síntese dos pronunciamentos das partes e das autoridades que tenham interferido nos autos como informantes, pareceristas ou peritos;

IV – os fundamentos, em que o julgador fará a exposição do seu ponto de vista quanto aos fatos e ao direito aplicável, expondo por fim a sua conclusão quanto às questões preliminares e/ou quanto ao mérito da lide;

V - parte dispositiva, na qual serão resolvidas as questões, contendo:

a) o teor da decisão;

b) a tipificação do fato descrito no Auto de Infração;

c) o valor do crédito tributário, discriminado por períodos, se for o caso, com especificação das multas aplicadas, conforme couber, e menção à incidência da correção monetária e dos acréscimos moratórios;

d) a ordem para intimação do sujeito passivo; e

e) o despacho para o reexame necessário, quando for o caso.

Parágrafo único. Nos processos de procedimento especial e naqueles em que se verifique a extinção ou a exclusão por anistia do crédito tributário, a decisão mencionará os elementos de convicção do julgador, com breve resumo dos fatos relevantes, dispensado o relatório. (Redação acrescida pela Lei nº 7.078, de 20.07.2009).

Art. 32. O sujeito passivo ou interessado será intimado da decisão ou acórdão na forma do art. 11 desta Lei. (Redação dada pela Lei nº 7.743, de 09.10.2015).

Parágrafo único. A ementa e a parte dispositiva da decisão deverão ser publicadas no Diário Oficial do Estado. (Redação dada pela Lei nº 8.076, de 26.12.2018).

Art. 33. É vedado aos órgãos de julgamento alterar decisão ou acórdão já publicado, exceto para, de ofício ou a requerimento de qualquer das partes, corrigir erro material.

Seção II
Da Primeira Instância Administrativa

Subseção I
Da Organização

Art. 34. O órgão julgador de primeira instância, integrante da estrutura organizacional da SEFAZ, tem a seguinte estrutura orgânica: (Redação dada pela Lei nº 8.076, de 26.12.2018).

I - Gestor; (Redação dada pela Lei nº 8.076, de 26.12.2018).

II - 10 (dez) Julgadores Fazendários; (Redação dada pela Lei nº 8.076, de 26.12.2018).

III - Secretaria; e (Redação dada pela Lei nº 8.076, de 26.12.2018).

IV - Assessoria de Apoio Administrativo. (Redação dada pela Lei nº 8.076, de 26.12.2018).

§ 1º Os cargos de Gestor e de Julgadores Fazendários serão preenchidos por integrantes da classe de Auditor Fiscal da Receita Estadual com mais de 5 (cinco) anos de efetivo exercício e, no caso: (Redação dada pela Lei nº 8.076, de 26.12.2018).

I – do Gestor, graduação em Direito; e (Redação dada pela Lei nº 8.076, de 26.12.2018).

II – dos Julgadores Fazendários, preferencialmente com graduação em Direito. (Redação dada pela Lei nº 8.076, de 26.12.2018).

§ 2º A estrutura e a composição da Secretaria da GJ serão dispostas no Regimento da Gerência. (Redação dada pela Lei nº 8.076, de 26.12.2018).

§ 3º Caso o número de processos pendentes de julgamento venha a exigir, poderá o Secretário de Estado da Fazenda nomear Julgadores Fazendários suplementares, que deverão possuir a mesma qualificação dos efetivos. (Redação dada pela Lei nº 8.076, de 26.12.2018).

§ 4º Os atos praticados pelos Julgadores Fazendários não dependem de ratificação do titular da Gerência de Julgamento. (Redação dada pela Lei nº 8.076, de 26.12.2018).

§ 5º (Revogado pela Lei nº 6.990, de 23.10.2008).

Subseção II
Da Competência

Art. 35. A competência para julgamento do processo administrativo tributário decorrente de Auto de Infração, em primeira instância, em razão de defesa do sujeito passivo, é da Gerência de Julgamento. (Redação dada pela Lei nº 8.076, de 26.12.2018).

§ 1º O julgador de primeira instância fica impedido de participar de ações fiscalizadoras. (Redação Renumerada pela Lei nº 8.076, de 26.12.2018).

§ 2º Na competência prevista no caput deste artigo inclui-se o exercício do controle de legalidade do lançamento, independentemente das alegações da defesa, de interessado ou da Representação Fiscal. (Redação acrescida pela Lei nº 8.076, de 26.12.2018).

Seção III
Dos Procedimentos

Art. 36. Aos processos administrativos tributários decorrentes de Auto de Infração aplicar-se-ão os seguintes procedimentos: (Redação dada pela Lei nº 7.078, de 20.07.2009).

I – ordinário, inerente aos processos decorrentes de Auto de Infração não incluídos no inciso subseqüente;

II – especial, quando o valor do crédito tributário exigido seja igual ou inferior a 1.00 (mil) Unidades Padrão Fiscal do Estado de Alagoas – UPFAL. (Redação dada pela Lei nº 8.076, de 26.12.2018).

a) lavrado em razão de infração cometida no trânsito de mercadorias; e

b) cujo valor do crédito tributário seja igual ou inferior a 100 (cem) Unidades Padrão Fiscal do Estado de Alagoas – UPFAL.

§ 1º Especificamente em relação ao procedimento especial, observar-se-á o seguinte:

I – (Revogado pela Lei nº 8.076, de 26.12.2018).

II – não conterá a manifestação da representação fiscal ou do autuante, em relação às impugnações do sujeito passivo;

III – (Revogado pela Lei nº 8.076, de 26.12.2018).

IV – das decisões contrárias ao sujeito passivo caberá, como único recurso, pedido de revisão dirigido ao titular da Gerência de Julgamento, a ser interposto no prazo de 15 (quinze) dias. (Redação dada pela Lei nº 8.076, de 26.12.2018).

§ 2º O julgamento independe da homologação do titular da Gerência de Julgamento. (Redação dada pela Lei nº 8.076, de 26.12.2018).

§ 3º O procedimento especial será convertido em ordinário, no caso de ser requisitada ou deferida diligência ou perícia de que resulte majoração do crédito tributário para valor monetário superior a 1.000 (mil) UPFAL. (Redação dada pela Lei nº 8.076, de 26.12.2018).

Seção IV
Da Segunda Instância Administrativa

Subseção I
Da Organização

Art. 37. O Conselho Tributário Estadual – CTE é o órgão julgador de segunda instância administrativa, compondo sua estrutura orgânica:

I – 1 (um) órgão Plenário;

II – 2 (duas) Câmaras;

III – 1 (uma) Secretaria;

IV – 1 (uma) Assessoria Técnica; e

V – 1 (uma) Assessoria de Apoio Administrativo.

§ 1º O CTE é integrante da SEFAZ, tem sede na capital e sua circunscrição é todo o território estadual. (Redação Renumerada pela Lei nº 8.076, de 26.12.2018).

§ 2º Funcionará junto ao CTE subunidade da Procuradoria Geral do Estado – PGE. (Redação acrescida pela Lei nº 8.076, de 26.12.2018).

§ 3º Todas as manifestações orais de relevância para o julgamento, a exemplo de pareceres e votos, serão reduzidas a termo para inclusão nos autos do processo. (Redação acrescida pela Lei nº 8.076, de 26.12.2018).

Art. 38. Cada uma das câmaras do CTE, observada as condições estabelecidas no § 3º, será constituída da seguinte forma:

I – 1 (um) Presidente, escolhido pelo Governador do Estado, integrante da classe de Procuradores do Estado ou da classe de Fiscal de Tributos Estaduais;

II – 4 (quatro) julgadores, sendo:

a) 2 (dois) julgadores escolhidos dentre os integrantes da classe de Fiscal de Tributos Estaduais; e

b) 2 (dois) julgadores escolhidos dentre os indicados pelos contribuintes.

§ 1º A nomeação para o exercício das funções mencionadas nos incisos I e II do caput será feita pelo Governador do Estado.

§ 2º Os julgadores serão substituídos, em seus eventuais impedimentos, por suplentes, nomeados, em igual número e nas mesmas condições dos efetivos, pelo Governador do Estado.

§ 3º Os julgadores do CTE deverão ter reputação ilibada e ser graduados em direito ou ciências contábeis, sendo que os integrantes da classe de Auditor Fiscal da Receita Estadual devem ter no mínimo 5 (cinco) anos de efetivo exercício. (Redação dada pela Lei nº 8.076, de 26.12.2018).

§ 4º Para fins do inciso II, b, do caput deste artigo, deverá ser apresentada, pelos sindicatos representativos de cada uma das categorias econômicas do comércio, indústria, agricultura e serviços de caráter estadual ou suas respectivas federações, lista tríplice de nomes, dentre os quais serão escolhidos os julgadores para atuar como representantes dos contribuintes, dentre profissionais com notório conhecimento em direito tributário ou em contabilidade, graduados em Direito ou Ciências Contábeis, que não integrem o quadro funcional das respectivas entidades. (Redação dada pela Lei nº 8.076, de 26.12.2018).

§ 5º A nomeação de que trata o § 1º dependerá de confirmação, pelos referidos indicados, de certidão negativa de débitos ou certidão positiva de débitos com efeitos de negativa para com a Fazenda Estadual.

§ 6º Em substituição ao Presidente de cada Câmara, inclusive em suas faltas e impedimentos, atuará julgador integrante da classe de Fiscal de Tributos Estaduais, conforme dispuser o Regimento do CTE.

§ 7º Os julgadores efetivos do Conselho Tributário Estadual, integrantes da classe de Auditor Fiscal da Receita Estadual, bem como os Presidentes de Câmara e do Pleno do CTE, não terão dedicação exclusiva, devendo ser escolhidos observando-se os seguintes critérios: (Redação dada pela Lei nº 8.076, de 26.12.2018).

I - 1 (um) fiscal, dentre os lotados na Representação Fiscal; (Redação dada pela Lei nº 8.076, de 26.12.2018).

II - 1 (um) fiscal, dentre os lotados na Gerência de Julgamento; (Redação dada pela Lei nº 8.076, de 26.12.2018).

III - 1 (um) fiscal, dentre os lotados na Gerência de Tributação; e (Redação dada pela Lei nº 8.076, de 26.12.2018).

IV - 3 (três) fiscais de livre indicação do Secretário de Estado da Fazenda. (Redação dada pela Lei nº 8.076, de 26.12.2018).

§ 8º Os julgadores fazem jus à gratificação por participação efetiva em cada sessão de julgamento, conforme dispuser lei específica. (Redação dada pela Lei nº 7.078, de 20.07.2009).

§ 9º O Presidente da Câmara receberá, independentemente da gratificação de que trata o § 8º, o equivalente a 1 (uma) sessão por mês, pela investidura no cargo.

§ 10. A gratificação prevista no § 9º será equivalente a 2 (duas) sessões por mês, quando o Presidente da Câmara acumular as funções de Presidente do Pleno.

§ 11. É vedada a nomeação para julgador indicado pelos contribuintes de pessoa que esteja no exercício de função ou cargo público.

§ 12. O julgamento no CTE, a estrutura e a composição de sua Secretaria, observarão o que dispuser o regimento interno. (Redação dada pela Lei nº 8.076, de 26.12.2018).

§ 13. Não se aplicam os critérios dos incisos do § 7º deste artigo às hipóteses de recondução de que trata o art. 40 desta Lei. (Redação acrescida pela Lei nº 8.076, de 26.12.2018).

§ 14. Considera-se jeton, para os efeitos desta Lei, o valor de caráter indenizatório equivalente a dois inteiros do piso vencimental praticado no Estado de Alagoas. (Redação acrescida pela Lei nº 8.076, de 26.12.2018).

Art. 38-A. Junto a cada Câmara Julgadora funcionarão 3 (três) representantes da Procuradoria Geral do Estado - PGE, sendo 2 (dois) titulares e 1 (um) suplente, designados pelo Procurador-Geral do Estado, dentre os integrantes da Procuradoria da Fazenda Estadual, competindo-lhes: (Redação acrescida pela Lei nº 8.076, de 26.12.2018).

I - comparecer às sessões, acompanhar o julgamento até o final da votação e manifestar-se sobre o processo na sessão de julgamento; (Redação acrescida pela Lei nº 8.076, de 26.12.2018).

II - emitir parecer jurídico, oral ou por escrito, nos processos sujeitos a julgamento, zelando pela fiel execução das leis, regulamentos e demais atos normativos; (Redação acrescida pela Lei nº 8.076, de 26.12.2018).

III - requerer ao Colegiado vista dos processos, adiamento de seus julgamentos e realização de diligências que entender necessárias; (Redação acrescida pela Lei nº 8.076, de 26.12.2018).

IV - representar ao Secretário de Estado da Fazenda as irregularidades apuradas em processos fiscais; (Redação acrescida pela Lei nº 8.076, de 26.12.2018).

V - interpor o recurso especial de que trata o art. 47 e a rescisão de que trata o art. 51, ambos desta Lei; (Redação acrescida pela Lei nº 8.076, de 26.12.2018).

VI - solicitar a remessa ao Ministério Público Estadual - MPE de cópia dos processos que contenham elementos que evidenciem a prática de crime contra a ordem tributária, quando reconhecida em decisão final do CTE. (Redação acrescida pela Lei nº 8.076, de 26.12.2018).

§ 1º Os representantes da Procuradoria Geral do Estado em atuação nas Câmaras de Julgamento, inclusive suplentes, funcionarão também junto ao Pleno do CTE. (Redação acrescida pela Lei nº 8.076, de 26.12.2018).

§ 2º Os representantes da PGE junto ao Conselho Tributário terão mandato de 2 (dois) anos, permitidas até 2 (duas) reconduções. (Redação acrescida pela Lei nº 8.076, de 26.12.2018).

§ 3º Na ausência do Procurador de Estado, será feita a leitura das conclusões do parecer jurídico. (Redação acrescida pela Lei nº 8.076, de 26.12.2018).

§ 4º A ausência do representante da Procuradoria Geral do Estado não impede a realização da sessão de julgamento, nem constitui motivo para sua nulidade. (Redação acrescida pela Lei nº 8.076, de 26.12.2018).

§ 5º Os Procuradores de Estado que estiverem funcionando como titulares na Subunidade do Conselho Tributário Estadual, sem prejuízo de suas atribuições na Procuradoria Geral do Estado, receberão, cada um, 4 (quatro) jetons, por mês de atuação no CTE. (Redação acrescida pela Lei nº 8.076, de 26.12.2018).

Art. 39. São impedidos de participar do CTE:

I – os julgadores e assessores de qualquer outra instância;

II – os servidores da SEFAZ que estejam à disposição de outros órgãos públicos; e

III – os sócios, gerentes e diretores de um mesmo grupo empresarial.

Art. 40. Os mandatos dos presidentes e dos julgadores serão de 2 (dois) anos, admitindo-se até 2 (duas) reconduções consecutivas. (Redação dada pela Lei nº 8.076, de 26.12.2018).

§ 1º Se ocorrer vaga antes de expirado o prazo do mandato, o julgador suplente exercerá o cargo pelo restante do tempo admitido, observado, se for o caso, o disposto no § 7º do art. 38.

§ 2º Findo o mandato, o julgador continuará nas funções até a entrada em exercício do seu sucessor ou sua respectiva recondução.

§ 3º O julgador terá sua nomeação cancelada quando não tomar posse no prazo de 30 (trinta) dias, contados da publicação dessa nomeação no Diário Oficial do Estado.

Art. 41. Caso o número de processos pendentes de julgamento venha a exigir, poderá o Governador do Estado, mediante solicitação do Secretário Executivo de Fazenda, nomear presidentes e julgadores para compor câmaras suplementares, até o máximo de 2 (duas), por período não superior a 1 (um) ano.

Parágrafo único. Os julgadores nomeados para compor câmaras suplementares devem possuir as mesmas qualificações exigidas dos efetivos.

Art. 42. O Pleno do CTE compõe-se de:

I – 1 (um) Presidente; e

II – 8 (oito) julgadores, integrantes da 1ª e da 2ª Câmaras.

§ 1º O Presidente do CTE será o Presidente da 1ª Câmara.

§ 2º Na ausência do Presidente do Pleno, as sessões serão presididas pelo Presidente da 2ª Câmara, que exercerá a função de Vice-Presidente do CTE.

§ 3º Ausentando-se o julgador da sessão plenária, deverá o Presidente do Pleno nomear, como substituto, suplente de quaisquer das câmaras, respeitada a paridade disposta nas alíneas do inciso II do caput do art. 38.

Subseção II
Da Competência

Art. 43. A competência para julgamento do processo administrativo tributário decorrente de Auto de Infração, após o julgamento de primeira instância, é do CTE, exceto: (Redação dada pela Lei nº 7.078, de 20.07.2009).

I – nos casos de procedimento especial; ou (Redação acrescida pela Lei nº 7.078, de 20.07.2009).

II – na decisão contrária à Fazenda Estadual quando a importância pecuniária excluída não exceder, na data da decisão, a 1.000 (mil) UPFAL. (Redação dada pela Lei nº 8.076, de 26.12.2018).

Parágrafo único. A regulamentação poderá aumentar o valor limite de que trata o inciso II do caput deste artigo. (Redação acrescida pela Lei nº 7.078, de 20.07.2009).

Art. 44. Observado o disposto no art. 43, compete, também, ao CTE:

I – promover o cumprimento das metas de desempenho estabelecidas para maior celeridade da tramitação processual em segunda instância administrativa;

II – representar ao Secretário Executivo de Fazenda, propondo adoção de medidas tendentes ao aperfeiçoamento da legislação tributária e que objetivem, principalmente, a justiça fiscal e a conciliação dos interesses dos contribuintes com os da Fazenda Estadual; e

III – editar súmulas, nos termos do art. 53.

IV – representar ao Secretário de Estado da Fazenda as irregularidades apuradas em processos fiscais. (Redação acrescida pela Lei nº 8.076, de 26.12.2018).

CAPÍTULO VI
DOS RECURSOS E DO REEXAME NECESSÁRIO

Seção I
Dos Recursos

Subseção I
Dos Tipos de Recursos

Art. 45. São cabíveis os seguintes recursos ao CTE:

I – recurso ordinário; e

II – recurso especial.

§ 1º O prazo para recorrer será de 15 (quinze) dias, contados da ciência da decisão.

§ 2º O recurso ordinário interposto pelo autuado será encaminhado, como regra, à Representação Fiscal, para que se manifeste no prazo de 30 (trinta) dias, prorrogáveis por igual prazo, findo o qual, com ou sem a manifestação, o processo será encaminhado ao CTE. (Redação dada pela Lei nº 8.076, de 26.12.2018).

§ 3º Os procedimentos relativos à tramitação dos recursos serão dispostos na legislação regulamentar.

§ 4º Ao CTE não caberá pedido de reconsideração ou qualquer outro recurso além dos previstos neste artigo, e da impugnação de que cuida o § 2º do art. 5º desta Lei. (Redação acrescida pela Lei nº 8.076, de 26.12.2018).

Subseção II
Do Recurso Ordinário

Art. 46. O sujeito passivo vencido, no todo ou em parte, em primeira instância, poderá interpor recurso ordinário ao CTE, excetuado o recurso relativo aos casos de procedimento especial.

§ 1º O recurso ordinário devolverá ao CTE o conhecimento de fato e de direito apenas da matéria impugnada. (Redação dada pela Lei nº 8.076, de 26.12.2018).

§ 2º Ao recurso ordinário, no âmbito do CTE, aplicam-se as seguintes disposições:

I – a petição deverá conter nome e qualificação do recorrente, identificação do processo e os itens de que se recorre com os respectivos fundamentos de fato e de direito, podendo o recurso ser parcial; (Redação dada pela Lei nº 8.076, de 26.12.2018).

II – o recurso de apenas parte da decisão implica em aceitação da parte não impugnada.

III – o pedido de parcelamento, a confissão irretratável do débito, o pagamento do débito, ou a propositura pelo contribuinte, contra a Fazenda Estadual, de ação judicial com o mesmo objeto, importa a desistência do recurso. (Redação acrescida pela Lei nº 8.076, de 26.12.2018).

Subseção III
Do Recurso Especial

Art. 47. Cabe recurso especial ao Pleno do CTE, interposto pelo sujeito passivo, pelo autuante, pelo Procurador da Fazenda Estadual ou pelo Representante Fiscal, quando a decisão de qualquer Câmara divergir do entendimento sobre idêntica questão jurídica manifestada por outra Câmara ou pelo Pleno.

§ 1º Cabe à Secretaria do CTE providenciar a instrução do processo com cópia da primeira decisão indicada, por divergência demonstrada, ficando a cargo do recorrente a apresentação de cópia das demais, juntamente com o recurso, se for o caso. (Redação Renumerada pela Lei nº 8.076, de 26.12.2018).

§ 2º Somente será conhecido o recurso que demonstrar a questão jurídica tributária interpretada de forma divergente. (Redação acrescida pela Lei nº 8.076, de 26.12.2018).

§ 3º Não servirá como paradigma o acórdão que, na data da interposição do recurso, tenha sido reformado na matéria que aproveitaria ao recorrente. (Redação acrescida pela Lei nº 8.076, de 26.12.2018).

Seção II
Do Reexame Necessário

Art. 48. Quando contrárias à Fazenda Estadual, ficam sujeitas à reexame necessário: (Redação dada pela Lei nº 7.078, de 20.07.2009).

I – por uma das câmaras do CTE, as decisões proferidas por julgador de primeira instância; (Redação dada pela Lei nº 7.078, de 20.07.2009).

II – pelo Pleno do CTE, as decisões não unânimes de uma de suas Câmaras. (Redação dada pela Lei nº 7.078, de 20.07.2009).

§ 1º O processo será remetido para reexame necessário no prazo de 15 (quinze) dias, contados da data em que for publicada a decisão. (Redação dada pela Lei nº 8.076, de 26.12.2018).

§ 2º O disposto no inciso I do caput deste artigo não se aplica: (Redação acrescida pela Lei nº 7.078, de 20.07.2009).

I – nos casos de procedimento especial; ou (Redação acrescida pela Lei nº 7.078, de 20.07.2009).

II – quando a importância pecuniária excluída não exceder, na data da decisão, a 1.00 (mil) UPFAL, podendo a regulamentação aumentar este valor limite. (Redação dada pela Lei nº 8.076, de 26.12.2018).

§ 3º A regulamentação poderá dispensar o reexame necessário. (Redação acrescida pela Lei nº 8.076, de 26.12.2018).

CAPÍTULO VII
DA EFICÁCIA DAS DECISÕES

Art. 49. A decisão do Pleno do CTE contrária à Fazenda Estadual depende, para o seu cumprimento, de homologação do Secretário de Estado da Fazenda, quando tiver 2 (dois) ou mais votos favoráveis à Fazenda Estadual e a importância pecuniária excluída exceder o valor total a ser fixado em ato do Secretário de Estado da Fazenda. (Redação dada pela Lei nº 8.076, de 26.12.2018).

§ 1º Por decisão contrária à Fazenda Estadual entende-se aquela que exonerar o sujeito passivo do pagamento do crédito tributário exigido, total ou parcialmente, considerando-se, para esse fim, os valores correspondentes ao tributo, multa, atualização monetária e juros. (Redação dada pela Lei nº 7.078, de 20.07.2009).

§ 2º Não sendo homologada a decisão do Pleno, nos termos do caput deste artigo, a manifestação do Secretário Executivo de Fazenda surtirá os efeitos de decisão definitiva.

§ 3º Decorrido o prazo de 2 (dois) anos, a contar da decisão prevista no caput deste artigo, sem a homologação expressa ou a manifestação, previstas em seu § 2º, será considerada homologada tacitamente a decisão do Pleno do CTE. (Redação acrescida pela Lei nº 8.076, de 26.12.2018).

Art. 50. São definitivas, na esfera administrativa, as decisões: (Redação dada pela Lei nº 8.076, de 26.12.2018).

I - da Gerência de Julgamento: (Redação dada pela Lei nº 8.076, de 26.12.2018).

a) quando favoráveis à Fazenda Estadual, sem interposição de recurso ou, no caso de procedimento especial, de pedido de revisão pelo sujeito passivo, no prazo legal; e (Redação dada pela Lei nº 8.076, de 26.12.2018).

b) contrárias à Fazenda Estadual, quando não sujeitas a reexame necessário. (Redação dada pela Lei nº 8.076, de 26.12.2018).

II - (Revogado pela Lei nº 8.076, de 26.12.2018).

III - das câmaras de julgamento, quando não estiverem sujeitas a reexame necessário ou a recurso especial;

IV - do Pleno do CTE, observado o disposto no art. 49; e

V - do Secretário Executivo de Fazenda, na hipótese do art. 49.

Parágrafo único. Tornada definitiva a decisão, o processo será encaminhado para inscrição do crédito tributário na dívida ativa, observado o disposto no art. 20-A desta Lei. (Redação dada pela Lei nº 8.076, de 26.12.2018).

CAPÍTULO VIII
DA RESCISÃO DA DECISÃO

Art. 51. Cabe reforma da decisão administrativa definitiva contrária à Fazenda Estadual, quando:

I - contrariar decisão proferida pelo Supremo Tribunal Federal, em ação direta de inconstitucionalidade ou declaratória de constitucionalidade, após a sua publicação, ou pela via incidental, após a publicação da resolução do Senado Federal que suspender a execução do ato normativo;

II - se basear em prova cuja falsidade fique demonstrada posteriormente;

III - for obtido documento novo, cuja existência era ignorada ou do qual não se pôde fazer uso, na ocasião da decisão, e que por si só possa modificá-la; e

IV – fundada em erro de fato, resultante de atos ou documentos dos autos.

§ 1º A decisão rescisória será proferida pelo Pleno do CTE, caso em que se exige, no mínimo, três quartos do total de votos dos julgadores presentes à sessão.

§ 2º A possibilidade de propor a rescisão extingue-se decorridos 2 (dois) anos contados da data da intimação da decisão definitiva.

Art. 52. O pedido de rescisão referido no art. 51 desta Lei cabe ao titular da Representação Fiscal e aos representantes da Procuradoria Geral do Estado nas Câmaras Julgadoras do CTE, na forma prevista na regulamentação, observados o contraditório e a ampla defesa. (Redação dada pela Lei nº 8.076, de 26.12.2018).

CAPÍTULO IX
DAS SÚMULAS

Art. 53. Compete ao Pleno do CTE, por proposta do seu Presidente ou do Titular da Representação Fiscal, em sessão especial, a edição de súmulas para condensar a jurisprudência firmada pelo CTE.

§ 1º A súmula somente será aprovada mediante a concordância eletiva de pelo menos três quartos do número total de julgadores que integram o Pleno do CTE.

§ 2º O representante fiscal tem legitimidade para participar da sessão especial, com direito a manifestação escrita e sustentação oral.

§ 3º A proposta a que alude o caput, antes de ser submetida à deliberação do Pleno, deverá ser referendada pelo Secretário Executivo de Fazenda.

§ 4º A súmula poderá ser revista ou cancelada, observado o mesmo procedimento estabelecido para sua formulação.

§ 5º A cada 4 (quatro) anos, o CTE promoverá, de ofício, a revisão e a consolidação das súmulas editadas, observada a exigência de referendo por parte do Secretário Executivo de Fazenda, anteriormente à deliberação do Pleno.

§ 6º A súmula vinculará a administração fazendária, inclusive os órgãos de julgamento administrativo. (Redação acrescida pela Lei nº 8.076, de 26.12.2018).

CAPÍTULO X
DA REPRESENTAÇÃO FISCAL

Art. 54. A Representação Fiscal tem as seguintes atribuições, observada a legislação regulamentar: (Redação dada pela Lei nº 8.076, de 26.12.2018).

I – defender os interesses da Fazenda Estadual, no processo administrativo tributário, no que se refere aos créditos tributários decorrentes de Auto de Infração;

II - promover o saneamento do processo ou o aperfeiçoamento da instrução do mesmo, quando necessário;

III - contestar defesa ou recurso interpostos pelo sujeito passivo, produzindo parecer fundamentado sobre a reclamação tributária;

IV - interpor, pela Fazenda Estadual, recurso especial;

V - propor rescisão de decisão;

VI - zelar pela fiel execução das leis, dos decretos, regulamentos e atos normativos, emanados das autoridades competentes;

VII - propor a edição de súmulas;

VIII - comparecer às sessões das Câmaras e do Pleno do CTE, e fazer sustentação oral;

IX - revisar os lançamentos nos casos de revelia; (Redação dada pela Lei nº 8.076, de 26.12.2018).

X - realizar a restauração ou reconstituição de processo administrativo.

XI - encaminhar representação ao Ministério Público Estadual nos casos de crime contra a ordem tributária. (Redação acrescida pela Lei nº 8.076, de 26.12.2018).

Parágrafo único. Poderá também ser atribuída à Representação Fiscal a análise do Auto de Infração previamente à notificação do sujeito passivo. (Redação acrescida pela Lei nº 7.078, de 20.07.2009).

Art. 55. A Representação Fiscal tem sede na Capital do Estado e atuação em todo o território alagoano, compondo seu quadro funcional: (Redação dada pela Lei nº 8.076, de 26.12.2018).

I - Gestor (titular), integrante da classe de Auditor Fiscal da Receita Estadual, com mais de 5 (cinco) anos de efetivo exercício, graduado em Direito, e nomeado pelo Secretário de Estado da Fazenda; (Redação dada pela Lei nº 8.076, de 26.12.2018).

II - Chefe de Controle do PAT, integrante da classe de Auditor Fiscal da Receita Estadual com mais de 5 (cinco) anos de efetivo exercício, preferencialmente graduado em Direito; e (Redação dada pela Lei nº 8.076, de 26.12.2018).

III - no mínimo 10 (dez) Representantes Fiscais, integrantes da classe de Auditor Fiscal da Receita Estadual, com mais de 5 (cinco) anos de efetivo exercício, preferencialmente graduados em Direito. (Redação dada pela Lei nº 8.076, de 26.12.2018).

§ 1º Os pareceres, contestações e demais atos praticados pelos Representantes Fiscais não dependem de ratificação do titular da Representação Fiscal, salvo quando contrários à Fazenda Estadual e em outras situações previstas na regulamentação. (Redação dada pela Lei nº 8.076, de 26.12.2018).

§ 2º Compete ao titular da Representação Fiscal: (Redação dada pela Lei nº 8.076, de 26.12.2018).

I – mediante parecer normativo, uniformizar o posicionamento adotado pelos Representantes Fiscais na elaboração de pareceres, de forma que estes reflitam o entendimento da Representação Fiscal; (Redação dada pela Lei nº 8.076, de 26.12.2018).

II – propor rescisão de julgados, bem como referendar os pedidos de rescisão de julgados elaborados pelos Representantes Fiscais, nos termos dos arts. 51 e 52 desta Lei; e (Redação dada pela Lei nº 8.076, de 26.12.2018).

III – encaminhar à deliberação do Conselho Tributário Estadual proposta de elaboração, alteração ou cancelamento de súmula. (Redação dada pela Lei nº 8.076, de 26.12.2018).

§ 3º A ausência e o impedimento do titular da Representação Fiscal serão supridos pelo Chefe de Controle do PAT. (Redação dada pela Lei nº 8.076, de 26.12.2018).

§ 4º Findo o prazo previsto para a emissão de manifestação da Representação Fiscal sem que esta ocorra, o processo deverá ser impulsionado para o trâmite seguinte. (Redação dada pela Lei nº 8.076, de 26.12.2018).

TÍTULO IV
DOS DEMAIS PROCESSOS ADMINISTRATIVOS

CAPÍTULO I
DA CONSULTA

Seção I
Do Direito à Consulta e dos Seus Efeitos

Art. 56. É assegurado ao sujeito passivo ou entidade representativa de classe de contribuintes ou responsáveis o direito de formular consulta, em instância única, sobre a interpretação e aplicação da legislação tributária, em relação a fato determinado e de seu interesse.

Parágrafo único. A consulta será formulada mediante petição escrita, obedecida, quanto à formalização, a disciplina prevista na legislação regulamentar, e deverá versar sobre matéria específica e determinada, claramente explicitada, indicando se, em relação à hipótese, já ocorreu ou não o fato gerador da obrigação tributária.

Art. 57. Não produzirá efeito a consulta:

I – viciada de ilegitimidade de parte;

II - formulada por quem tiver sido intimado a cumprir obrigação relativa a fato ou ato objeto da consulta;

III - feita após o início de procedimento fiscal pertinente à matéria consultada, ou após o vencimento do prazo legal para cumprimento da obrigação a que se referir;

IV - quando o ato ou fato estiver disciplinado em parecer normativo publicado antes de sua apresentação, ou definido expressamente em disposição literal da legislação tributária;

V - que versar sobre questão já resolvida por decisão administrativa ou judicial em que o consulente tenha figurado como parte ou interessado;

VI - que tratar de indagação versando sobre espécie que já tenha sido objeto de decisão dada a consulta anterior, formulada pelo sujeito passivo ou sua entidade representativa; e

VII - que versar sobre constitucionalidade da legislação tributária.

Art. 58. A consulta eficaz produz os seguintes efeitos, exclusivamente em relação à matéria consultada:

I - suspende o curso do prazo de recolhimento dos tributos não vencidos à data em que for apresentada, observado o disposto no § 1º;

II - adquire o caráter de denúncia espontânea, em relação a débito vencido até a data de sua protocolização, desde que, no prazo de 10 (dez) dias a contar da intimação da solução dada à consulta, o sujeito passivo providencie o pagamento do tributo ou requeira o parcelamento do mesmo; e

III - nenhum procedimento fiscal será iniciado contra o consulente a respeito da matéria consultada, desde a data da protocolização da petição até o décimo dia após a ciência da decisão final da consulta.

§ 1º A consulta não suspende o prazo para recolhimento do tributo retido pelo substituto tributário, independentemente do vencimento ocorrer antes ou depois da sua apresentação.

§ 2º O disposto no inciso III, não prevalecerá no caso de crédito tributário cujo termo final do prazo de decadência seja inferior a 1 (um) ano, hipótese em que, no Auto de Infração, deverá ser estipulada a condição de suspensão da exigibilidade do crédito tributário até a solução da consulta.

§ 3º No prazo de 10 (dez) dias, após a ciência da solução dada à consulta, o consulente deverá acatar o entendimento estabelecido na respectiva resposta, ajustando-se à orientação recebida, se for o caso, e efetuando o pagamento das quantias porventura devidas, atualizadas monetariamente, inclusive com acréscimos moratórios, se houver, a depender de enquadramento no inciso I ou II do caput.

§ 4º A modificação da orientação adotada em solução de consulta anterior prevalecerá em relação ao consulente, após ser este cientificado da nova orientação.

§ 5º Sobrevindo, por alteração na legislação tributária, nova orientação, esta prevalecerá sobre o entendimento manifestado na resposta à consulta, devendo o consulente passar a adotar a nova orientação normativa a partir da produção de efeitos do referido ato normativo, salvo disposição em contrário. (Redação dada pela Lei nº 7.078, de 20.07.2009).

I – relativamente à obrigação principal: a partir da entrada em vigor do referido ato normativo; e

II – relativamente às obrigações acessórias: 10 (dez) dias após a entrada em vigor do ato correspondente.

Seção II
Da Competência para Responder a Consulta

Art. 59. É competente para responder a consulta, inclusive para declarar sua ineficácia (art. 57), a Diretoria de Tributação, observada a legislação regulamentar.

Parágrafo único. A solução dada à consulta fica condicionada à homologação do Secretário Adjunto da Receita Estadual.

Seção III
Do Recurso e do Pedido de Reconsideração

Art. 60. Não caberá recurso da solução dada à consulta.

Art. 61. Nos termos da legislação regulamentar, caberá ao consulente:

I – recurso da decisão que determinar o arquivamento da consulta, nas hipóteses do art. 57; e

II – pedido de reconsideração, no prazo de 15 (quinze) dias, contados da ciência da solução dada à consulta, comprovada a divergência entre soluções de consultas dadas para a mesma matéria, fundadas em idêntica norma jurídica.

CAPÍTULO II
DA RESTITUIÇÃO DE INDÉBITOS

Seção I
Do Direito à Restituição

Art. 62. Serão restituídas, no todo ou em parte, as quantias pagas indevidamente, relativas a tributo ou penalidade, seja qual for a modalidade de seu pagamento, nos seguintes casos:

I - cobrança ou pagamento espontâneo de quantia indevida ou maior que a devida em face da legislação tributária aplicável ou de natureza ou circunstância do fato gerador efetivamente ocorrido;

II - erro na identificação do sujeito passivo, na determinação da alíquota aplicável, no cálculo do montante do débito ou na elaboração ou conferência de qualquer documento relativo ao imposto;

III - reforma, anulação, revogação ou rescisão de decisão condenatória;

IV - quando ocorrer erro de fato.

§ 1º A restituição do tributo na forma desta seção será feita a quem provar haver assumido o respectivo encargo financeiro ou estiver expressamente autorizado por quem tiver suportado o ônus financeiro correspondente, observados os prazos de prescrição e decadência.

§ 2º A restituição total ou parcial do tributo deverá ser acompanhada da devolução, na mesma proporção, das multas e dos acréscimos tributários pagos a maior ou indevidamente.

§ 3º A restituição de tributo estadual, seus acréscimos ou multa, em razão de recolhimento a maior ou indevido, dependerá de petição dirigida ao Secretário Adjunto da Receita Estadual, observada a legislação regulamentar.

§ 4º O direito de pleitear a restituição extingue-se com o decurso do prazo de 5 (cinco) anos, contados:

I - da data do recolhimento da quantia paga indevidamente; e

II - da data em que se tornar definitiva a decisão administrativa ou passar em julgado a decisão judicial que tenha reformado, anulado, revogado ou rescindido a decisão condenatória.

Seção II
Das Formas de Efetivação da Restituição

Art. 63. A restituição do indébito será feita:

I - mediante autorização do uso de crédito fiscal, tratando-se de devolução de ICMS a contribuinte inscrito no Cadastro de Contribuintes do Estado de Alagoas - CACEAL; e

II - em moeda corrente sempre que comprovada a impossibilidade de sua utilização sob a forma de crédito fiscal ou quando se tratar dos demais tributos e respectivas penalidades pecuniárias.

§ 1º Se o contribuinte a quem deva ser restituída a quantia reclamada tiver débito definitivamente constituído, o Secretário Executivo de Fazenda autorizará a de-

TRIBUTÁRIO

vida compensação, de acordo com o disciplinamento estipulado em ato normativo, aplicando-se o disposto no caput, relativamente ao saldo, se houver.

§ 2º As quantias restituídas, na forma prevista neste artigo, serão corrigidas monetariamente, de acordo com os mesmos índices exigidos para a atualização dos débitos tributários.

Seção III
Da Competência para Deferir a Restituição e dos Recursos

Art. 64. É competente para deferir o pedido de restituição o Superintendente da Receita Estadual, podendo ser delegada a competência. (Redação dada pela Lei nº 7.078, de 20.07.2009).

Parágrafo único. A regulamentação poderá exigir, nas hipóteses que especificar, que o pedido de restituição seja encaminhado para análise e emissão de parecer pela Diretoria de Tributação. (Redação acrescida pela Lei nº 7.078, de 20.07.2009).

Art. 65. Caberá ao Secretário Executivo de Fazenda decidir em sede de:

I – reexame necessário, com efeito suspensivo, da decisão que deferir o pedido de restituição de quantia superior a 200 (duzentas) UPFAL; e (Redação dada pela Lei nº 7.078, de 20.07.2009).

II – recurso ordinário, das decisões denegatórias de restituição, a ser impetrado dentro do prazo de 10 (dez) dias, contados da intimação do indeferimento

Seção IV
Do Preparo e da Tramitação do Processo de Restituição de Indébitos

Art. 66. O preparo e a tramitação do processo de restituição de indébitos observarão as normas da legislação regulamentar atinente.

CAPÍTULO III
DO PEDIDO DE RECONHECIMENTO DE BENEFÍCIO FISCAL

Art. 67. O benefício fiscal, quando não concedido em caráter geral, dependerá de prévio reconhecimento.

§ 1º Relativamente ao reconhecimento de benefício fiscal, observar-se-á o previsto na legislação regulamentar atinente, no que se refere à formalização e instrução do pedido, ao preparo do processo e à intimação do sujeito passivo.

§ 2º Quando a legislação não contiver indicação expressa da autoridade competente, o pedido de reconhecimento de benefício fiscal será dirigido ao Diretor de Tributação.

Art. 68. Relativamente à decisão do pedido de reconhecimento de benefício fiscal, quando a legislação específica não dispuser de outro modo, caberá ao Secretário Adjunto da Receita Estadual decidir em sede de:

I - reexame necessário, sem efeito suspensivo, quando favorável ao sujeito passivo a decisão originária; e

II - recurso ordinário, a ser impetrado dentro do prazo de 10 (dez) dias da ciência da intimação, no caso de indeferimento do pleito.

Art. 69. O reconhecimento de isenção da Taxa de Fiscalização e Serviços Diversos será decidido de forma sumária pela autoridade responsável pelo setor no qual seja prestado o serviço.

CAPÍTULO IV
DA HOMOLOGAÇÃO DO PAGAMENTO DO CRÉDITO TRIBUTÁRIO

Art. 70. Feito o pagamento total do débito constante em Auto de Infração ou Certidão de Débito Declarado, compete ao titular da Gerência de Arrecadação e Crédito Tributário efetuar a sua homologação. (Redação dada pela Lei nº 8.076, de 26.12.2018).

Art. 71. Na hipótese de extinção do crédito tributário por modalidade diferente do pagamento, é competente para efetuar a homologação o Secretário de Estado da Fazenda, podendo ser feita delegação de competência. (Redação dada pela Lei nº 8.076, de 26.12.2018).

Parágrafo único. Não se aplica o disposto no caput deste artigo na extinção decorrente de decisão definitiva das instâncias julgadoras de que trata o art. 28 desta Lei. (Redação dada pela Lei nº 8.076, de 26.12.2018).

Art. 72. No caso de pagamento parcial do débito: (Redação dada pela Lei nº 8.076, de 26.12.2018).

I – apurado em Auto de Infração: (Redação dada pela Lei nº 8.076, de 26.12.2018).

a) far-se-á constar nos autos a especificação das parcelas pagas; (Redação dada pela Lei nº 8.076, de 26.12.2018).

b) havendo impugnação da parte restante, o processo seguirá os trâmites, para julgamento ou inscrição na dívida ativa, conforme o caso; e (Redação dada pela Lei nº 8.076, de 26.12.2018).

c) não sendo apresentada defesa, a parte do débito que não for paga, após a lavratura do Termo de Revelia, será inscrita em dívida ativa, observado o disposto no art. 20-A desta Lei. (Redação dada pela Lei nº 8.076, de 26.12.2018).

II – havendo impugnação da parte restante, o processo seguirá os trâmites normais rumo ao julgamento ou inscrição na Dívida Ativa, como couber; e (Redação dada pela Lei nº 8.076, de 26.12.2018).

III – (Revogado pela Lei nº 8.076, de 26.12.2018).

CAPÍTULO V
DO DEPÓSITO ADMINISTRATIVO

Art. 73. É facultado ao sujeito passivo, durante a tramitação do processo administrativo tributário, efetuar depósito em garantia, em moeda corrente do País, da totalidade do crédito tributário exigido na data do depósito, mediante requerimento escrito, dirigido ao Diretor de Arrecadação e Crédito Tributário, para suspender a exigibilidade do crédito tributário e a fluência de correção monetária e encargos moratórios.

§ 1º O depósito de que trata este artigo será feito com direito à mesma redução da multa prevista na legislação em função do momento do pagamento do débito, de acordo com a fase em que se encontrar o processo na data do depósito.

§ 2º A suspensão prevista neste artigo somente ocorrerá quando da vinculação do depósito ao respectivo processo administrativo.

§ 3º O depósito deve ser efetuado em instituição financeira oficial, credenciada para arrecadar os tributos estaduais, em conta especial vinculada.

§ 4º O depósito parcial produz os efeitos de que trata este artigo apenas em relação à parcela depositada.

§ 5º Cabe ao sujeito passivo, por ocasião da efetivação do depósito, especificar qual o crédito tributário ou a parcela do crédito tributário abrangidos pelo depósito, quando este for exigido em parcelas, inclusive quando se tratar de depósito efetuado como medida preparatória à instauração do litígio na esfera administrativa.

§ 6º Ressalvadas as hipóteses de repasse previstas na Lei Federal nº 10.482, de 03 de julho de 2002, é vedado o levantamento do depósito ou a sua conversão em renda antes do término do respectivo processo administrativo.

CAPÍTULO VI
DA RESTAURAÇÃO OU RECONSTITUIÇÃO DE PROCESSO ADMINISTRATIVO TRIBUTÁRIO

Art. 74. A restauração ou reconstituição do processo administrativo tributário que, por qualquer circunstância, tiver sido extraviado ou destruído, ou do qual tiverem sido subtraídas ou adulteradas peças essenciais, a ser efetivada nos termos da legislação regulamentar atinente, caberá:

I - à Representação Fiscal, tratando-se de processo administrativo tributário proveniente de lançamento de crédito tributário;

II - à Secretaria Adjunta da Receita Estadual, relativamente ao processo administrativo tributário em tramitação no âmbito da referida Secretaria ou de setor que lhe seja hierarquicamente subordinado; e

III - ao Secretário Executivo de Fazenda, nos demais casos.

Parágrafo único. Concluída a restauração ou reconstituição:

I - os interessados serão intimados da ocorrência, reabrindo-se o prazo de defesa ou recurso, conforme o caso, para que se manifestem, querendo, no prazo legal, observando-se que a manifestação do sujeito passivo poderá consistir na simples apresentação de cópia da impugnação anteriormente formulada; e

II - o processo seguirá a tramitação prescrita na legislação.

Art. 75. Comprovada, em processo disciplinar, a responsabilidade funcional pela destruição, extravio ou adulteração dos autos originais de processo administrativo tributário, sem prejuízo da aplicação de sanções administrativas e penais, responderá o infrator, caso seja impossível a pertinente reconstituição ou restauração, pelo valor do débito atualizado, acrescido das multas e acréscimos moratórios.

§ 1º A responsabilidade pelo pagamento do débito, nos termos do caput deste artigo, prescreverá decorrido o prazo de 5 (cinco) anos, contados da data do conhecimento formal, pela Administração, da destruição, do extravio ou da adulteração dos autos originais.

§ 2º Em qualquer caso, quando ficar comprovado o dolo, o fato será comunicado à promotoria especializada do Ministério Público, para instauração do processo criminal correspondente.

CAPÍTULO VII
DA CERTIDÃO NEGATIVA DE DÉBITOS DE TRIBUTOS ESTADUAIS, DA CERTIDÃO POSITIVA E DA CERTIDÃO POSITIVA COM EFEITOS DE NEGATIVA

Seção I
Do Direito à Certidão e da Formalização do Requerimento

Art. 76. É assegurado ao sujeito passivo, pessoa física ou jurídica, independentemente do pagamento de qualquer taxa, e atendida a legislação regulamentar atinente, o direito de obter certidão acerca de sua situação, relativamente aos tributos de competência deste Estado.

Art. 77. Podem requerer a certidão a que se refere o art. 76:

I – o próprio sujeito passivo, se pessoa física; e

II – o titular da firma individual ou o dirigente da sociedade, se pessoa jurídica.

§ 1º A certidão poderá, também, ser requerida pelos demais representantes legais da pessoa jurídica e pelo procurador devidamente habilitado de qualquer das pessoas citadas no caput.

§ 2º No caso de partilha ou adjudicação de bens de espólio e de suas rendas, poderá requerer a certidão o inventariante, o herdeiro, o meeiro ou o legatário, ou seus respectivos procuradores, devidamente habilitados.

§ 3º O requerimento de certidão relativa a sujeito passivo incapaz deverá ser assinado por um dos pais, pelo tutor ou curador, ou pela pessoa responsável judicialmente pela guarda.

Seção II
Das Certidões de Débitos de Tributos Estaduais

Subseção I
Da Certidão Negativa de Débitos

Art. 78. A Certidão Negativa de Débitos de Tributos Estaduais será fornecida quando não existir débito de tributos em nome do sujeito passivo.

Parágrafo único. A expedição da certidão é condicionada à inexistência de débito em nome de quaisquer dos estabelecimentos do sujeito passivo, independentemente do requerimento ser feito pela matriz ou filial.

Subseção II
Da Certidão Positiva de Débitos com Efeitos de Negativa

Art. 79. A Certidão Positiva de Débitos de Tributos Estaduais com Efeitos de Negativa será fornecida quando constar a existência de débito de tributos em nome do sujeito passivo:

I – cuja exigibilidade esteja suspensa em virtude de:

a) moratória, desde que não haja atraso no pagamento do débito;

b) depósito do seu montante integral;

c) defesa ou recurso, no processo administrativo tributário;

d) concessão de medida liminar em mandado de segurança;

e) concessão de medida liminar ou de tutela antecipada, em outras espécies de ação judicial; e

f) parcelamento, desde que não haja atraso no pagamento do débito.

II - cujo lançamento se encontre no prazo legal de defesa.

Parágrafo único. A certidão de que trata este artigo terá os mesmos efeitos da Certidão Negativa de Débitos de Tributos Estaduais.

Subseção III
Da Certidão Positiva de Débito

Art. 80. A Certidão Positiva de Débitos de Tributos Estaduais será fornecida quando existir, em nome do sujeito passivo, débito de tributos estaduais, consistindo, exclusivamente, do demonstrativo do débito.

Seção III
Das Disposições Gerais

Art. 81. As certidões expedidas não excluem o direito de a Fazenda Estadual exigir, a qualquer tempo, os tributos e penalidades pecuniárias não lançados à data da sua expedição.

Art. 82. A certidão expedida com dolo ou fraude, ou que contenha erro contra a Fazenda Estadual, responsabiliza pessoalmente o servidor que a expediu e todos os que concorreram para a prática lesiva ou irregular, inclusive em relação ao crédito tributário.

Art. 83. Relativamente às certidões de que trata este capítulo, a legislação regulamentar disporá acerca do local para apresentação do requerimento, da competência e das condições para expedir, da formalização das certidões, do prazo para expedição, do prazo de validade e das hipóteses em que será exigida, além dos demais aspectos formais e referentes aos trâmites para a emissão.

§ 1º Será dispensada a prova de quitação de tributos, ou o seu suprimento, quando se tratar de prática de ato indispensável para evitar a caducidade de direito, respondendo, porém, todos os participantes do ato, pelo tributo porventura devido, acréscimos tributários e penalidades cabíveis, exceto as relativas a infrações cuja responsabilidade seja pessoal do infrator.

§ 2º As certidões previstas na Seção II poderão ser disponibilizadas por intermédio da Internet, mediante simples indicação da Inscrição Estadual do sujeito passivo.

CAPÍTULO VIII
DO REGIME ESPECIAL

Art. 84. O Superintendente da Receita Estadual, no interesse da arrecadação, controle e fiscalização de tributos, poderá conceder regime especial ao sujeito passivo, assegurados, em qualquer caso, o montante do tributo devido, o controle e a perfeita

TRIBUTÁRIO

identificação dos atos jurídicos relativos à exigência tributária, inclusive operações ou prestações. (Redação dada pela Lei nº 7.078, de 20.07.2009).

§ 1º "Regime especial", a que se refere o caput, consiste em qualquer tratamento diferenciado, adotado em casos peculiares, por solicitação do sujeito passivo, em relação ao cumprimento das obrigações tributárias, mediante manifestação da Diretoria de Tributação, vedada, em qualquer caso, a desoneração da carga tributária.

§ 2º Sem prejuízo da posterior arguição de nulidade, da atribuição de responsabilidade funcional e da cobrança dos pertinentes créditos tributários, não produzirá efeitos o regime especial de que decorra desoneração, no todo ou em parte, do pagamento do tributo.

§ 3º O instrumento que conceder o regime especial estabelecerá normas especiais a serem observadas pelos contribuintes.

§ 4º Caberá à Diretoria de Tributação emitir parecer a respeito da concessão do regime especial solicitado, submetendo-o à apreciação do Secretário Adjunto da Receita Estadual, que remeterá o processo ao Secretário Executivo de Fazenda.

§ 5º Na concessão de regime especial observar-se-á, ainda, o disposto em convênios e na legislação regulamentar.

CAPÍTULO IX
DA DENÚNCIA ESPONTÂNEA

Art. 85. Considerar-se-á espontânea a denúncia apresentada antes do início de qualquer procedimento administrativo ou medida de fiscalização relacionados com a infração.

§ 1º Relativamente ao débito espontaneamente denunciado, o contribuinte terá o prazo de até 5 (cinco) dias úteis, contados da protocolização da denúncia, para quitá-lo ou para requerer o parcelamento, sob pena de, findo este prazo, ser emitida Notificação de Débito. (Redação dada pela Lei nº 7.078, de 20.07.2009).

§ 2º A regulamentação poderá relacionar situações em que o sujeito passivo será cientificado para a prestação de esclarecimento ou a regularização, sem excluir a espontaneidade de que trata o caput deste artigo, inclusive quando constatada divergência entre informações originadas de terceiros e do próprio sujeito passivo. (Redação acrescida pela Lei nº 7.078, de 20.07.2009).

Art. 86. A denúncia espontânea exclui a aplicação de multa por infração relativa à obrigação tributária a que corresponda a falta confessada, desde que acompanhada, se for o caso, do pagamento do imposto e acréscimos moratórios.

§ 1º A denúncia espontânea não exclui a responsabilidade decorrente exclusivamente de mora no cumprimento de obrigações.

§ 2º O cumprimento de obrigação acessória fora dos prazos estabelecidos não exclui a multa moratória.

§ 3º Não se aplica o disposto no caput deste artigo às ocorrências relacionadas a falsificação, adulteração ou extravio de livros e documentos fiscais, ressalvados os casos de sinistros devidamente comprovados e certificados pela autoridade competente.

TÍTULO V
DA DÍVIDA ATIVA E DA DISCUSSÃO JUDICIAL

CAPÍTULO I
DA INSCRIÇÃO DO CRÉDITO TRIBUTÁRIO NA DÍVIDA ATIVA

Art. 87. Compete à Procuradoria da Fazenda Estadual – PFE, órgão integrante da Procuradoria Geral do Estado, proceder à inscrição dos créditos tributários na Dívida Ativa.

Parágrafo único – A inscrição da Dívida Ativa tem que refletir exatamente os dados apurados do lançamento tributário, inclusive com relação a identificação da sujeição passiva, sob pena de nulidade do ato administrativo. (Redação dada pela Lei nº 8.085, de 28 de dezembro de 2018).

Art. 88. Constituem Dívida Ativa tributária do Estado os créditos de origem tributária, regularmente inscritos na repartição competente, após o esgotamento do prazo fixado para pagamento pela legislação tributária ou por decisão final proferida em processo administrativo tributário regular.

Art. 89. Após ser proferida a decisão final no processo administrativo ou exaurido o prazo para cobrança administrativa do crédito tributário definitivamente constituído, o seu valor será inscrito na Dívida Ativa, devendo ser lavrada a respectiva Certidão, para cobrança executiva judicial.

Art. 90. A Dívida Ativa, regularmente inscrita, goza de presunção de certeza e liquidez e tem efeito de prova pré-constituída.

Parágrafo único. A presunção a que se refere este artigo é relativa, incumbindo ao sujeito passivo o ônus de elidi-la, através de prova inequívoca.

Art. 91. A inscrição na Dívida Ativa será feita em registro eletrônico próprio na forma prevista na legislação regulamentar. (Redação dada pela Lei nº 8.076, de 26.12.2018).

Art. 92. A Procuradoria da Fazenda Estadual, sempre que julgar necessário, no exercício da competência do controle de legalidade, representará ao Pleno do CTE, que fará a apreciação do fato.

§ 1º No caso disposto no caput, o CTE julgará o lançamento do crédito tributário independentemente das alegações do sujeito passivo, a menos que se trate de

TRIBUTÁRIO

questionamento sobre o cerceamento de defesa, inexistência ou vício da intimação. (Redação Renumerada pela Lei nº 8.076, de 26.12.2018).

§ 2º Na hipótese de inscrição na dívida ativa em decorrência de revelia declarada pela Secretaria de Estado da Fazenda, se no exercício do controle administrativo da legalidade a que se refere o caput deste artigo for reconhecida: (Redação acrescida pela Lei nº 8.076, de 26.12.2018).

I – a inexistência de revelia: (Redação acrescida pela Lei nº 8.076, de 26.12.2018).

a) por ter sido apresentada defesa tempestiva, deverá ser retomado o curso do julgamento administrativo; ou (Redação acrescida pela Lei nº 8.076, de 26.12.2018).

b) por ter sido inválida a intimação, deverá ser refeito o ato intimatório. (Redação acrescida pela Lei nº 8.076, de 26.12.2018).

II – configurada a revelia, mas identificada a existência de vício, deverão os autos ser encaminhados à Representação Fiscal, para, observada a norma regulamentar, proceder à revisão dos elementos do lançamento, e, no caso de vício total, determinar o arquivamento do auto de infração. (Redação acrescida pela Lei nº 8.076, de 26.12.2018).

CAPÍTULO II
DA CONCOMITÂNCIA DO PROCESSO ADMINISTRATIVO COM A DISCUSSÃO JUDICIAL

Art. 93. A escolha da via judicial pelo sujeito passivo implica renúncia ou desistência da defesa ou do recurso administrativo, considerando-se prejudicado o julgamento administrativo relativamente à matéria discutida no Judiciário.

Art. 94. Proposta a ação judicial, se a discussão no Judiciário: (Redação dada pela Lei nº 8.076, de 26.12.2018).

I – abranger todo o lançamento, não deverá ser conhecida a defesa ou o recurso administrativo, nos termos do art. 17 desta Lei, devendo os autos ser encaminhados à Procuradoria Geral do Estado; (Redação dada pela Lei nº 8.076, de 26.12.2018).

II – não abranger todo o lançamento, deverá ser observado o seguinte: (Redação dada pela Lei nº 8.076, de 26.12.2018).

a) no julgamento de primeira instância, deverá ser conhecida a defesa e efetuado o controle de legalidade das questões não abrangidas pela discussão judicial; (Redação dada pela Lei nº 8.076, de 26.12.2018).

b) no julgamento do CTE, deverá ser conhecido e efetuado o exame apenas das questões expressamente impugnadas no recurso e não abrangidas pela discussão judicial; e (Redação dada pela Lei nº 8.076, de 26.12.2018).

c) com urgência, deverá ser encaminhada à PGE cópia dos autos para exame, orientação e instrução da defesa judicial cabível. (Redação dada pela Lei nº 8.076, de 26.12.2018).

§ 1º A ação judicial proposta pelo sujeito passivo não suspende a execução do crédito tributário, salvo quando for:

I - acompanhada do depósito do seu montante integral;

II - concedida medida liminar em mandado de segurança; e

III - concedida medida liminar ou tutela antecipada, em outras espécies de ação judicial.

§ 2º As hipóteses previstas no parágrafo anterior não dispensam o cumprimento das obrigações acessórias, dependentes da obrigação principal, cuja execução do crédito seja suspenso.

TÍTULO VI
DAS DISPOSIÇÕES FINAIS

Art. 95. Inexistindo disposição expressa na legislação atinente, caberá à autoridade imediatamente superior ao servidor que tiver praticado o ato decidir o recurso interposto pelo sujeito passivo.

Art. 96. Disciplina da Secretaria de Estado da Fazenda poderá instituir documentos especiais de lançamento de créditos tributários, aos quais serão aplicáveis as disposições previstas no Título III desta Lei. (Redação dada pela Lei nº 8.076, de 26.12.2018).

§ 1º (Revogado pela Lei nº 8.076, de 26.12.2018).

§ 2º (Revogado pela Lei nº 8.076, de 26.12.2018).

Art. 97. Quando o interessado declarar que fatos e dados estão registrados em documentos existentes no âmbito da Secretaria Executiva de Fazenda, o setor competente para a instrução proverá, de ofício, a obtenção dos documentos ou das respectivas cópias.

Art. 97-A. Aplicam-se subsidiariamente ao processo administrativo tributário as normas da Lei Estadual nº 6.161, de 26 de junho de 2000, e, subsidiariamente e supletivamente, as da Lei Federal nº 13.105, de 16 de março de 2015 (Código de Processo Civil). (Redação dada pela Lei nº 8.076, de 26.12.2018).

Art. 97-B. A partir da implementação do Diário Eletrônico da SEFAZ, fica dispensada a publicação no Diário Oficial do Estado de qualquer expediente referente ao processo administrativo tributário, inclusive para fins de comunicação ou intimação. (Redação acrescida pela Lei nº 8.076, de 26.12.2018).

Art. 98. O Poder Executivo editará decreto para regulamentar as disposições contidas nesta Lei.

Art. 99. Esta Lei entra em vigor transcorridos 60 (sessenta dias) dias de sua publicação, revogadas as disposições em contrário, especialmente os arts. 45, 79 a 84, 118 a 175, 178, 181, 182 e 185 da Lei nº 4.418, de 27 de dezembro de 1982.

PALÁCIO REPÚBLICA DOS PALMARES, em Maceió, 16 de novembro de 2006, 118º da República.

DECRETO ESTADUAL Nº 10.306, DE 24 DE FEVEREIRO DE 2011

- APROVA O REGULAMENTO DO IMPOSTO SOBRE TRANSMISSÃO CAUSA MORTIS E DOAÇÃO DE QUAISQUER BENS OU DIREITOS - ITCD, DE QUE TRATAM OS ARTS. 162 A 183 DA LEI Nº 5.077, DE 12 DE JUNHO DE 1989.

***ATUALIZADO ATÉ O DECRETO Nº 53.609, DE 1º DE JUNHO DE 2017.**

ÍNDICE

CAPÍTULO I - DA INCIDÊNCIA - art. 1º e 2º

CAPÍTULO II - DA NÃO-INCIDÊNCIA - art. 3º

CAPÍTULO III - DA ISENÇÃO - art. 4º

CAPÍTULO IV - DO RECONHECIMENTO DA NÃOINCIDÊNCIA E DA ISENÇÃO - art. 5º

CAPÍTULO V - DO FATO GERADOR - art. 6º

CAPÍTULO VI - DO LOCAL DA OPERAÇÃO art. 7º

CAPÍTULO VII - DO CÁLCULO E DO LANÇAMENTO DO IMPOSTO

Seção I - Da Base de Cálculo - art. 8º ao 13

Seção II - Dos Procedimentos de Avaliação e do Lançamento - art. 14 ao 23

Seção III - Das Alíquotas - art. 24 e 25

CAPÍTULO VIII - DA SUJEIÇÃO PASSIVA

Seção I - Dos Contribuintes - art. 26

Seção II - Da Solidariedade - art. 27

Seção III - Da Responsabilidade dos Sucessores - art. 28

CAPÍTULO IX - DO PAGAMENTO

Seção I - Do Prazo de Pagamento - art. 29 e 30

Seção II - Do Pagamento Parcelado - art. 31
CAPÍTULO X - DOS ACRÉSCIMOS E PENALIDADES - art. 32 ao 36
CAPÍTULO XI - DA ADMINISTRAÇÃO TRIBUTÁRIA - art. 37 ao 44
CAPÍTULO XII - DAS DISPOSIÇÕES FINAIS - art. 45 ao 48

CAPÍTULO I
DA INCIDÊNCIA

Art. 1º O ITCD incide sobre:

I – transmissão, de quaisquer bens ou direitos, havidos por sucessão legítima ou testamentária, inclusive por sucessão decorrente de morte presumida e por sucessão provisória; e

II – doação de quaisquer bens ou direitos.

§ 1º Ocorrem tantos fatos geradores distintos quantos forem os herdeiros, legatários ou donatários, ainda que o bem ou direito seja indivisível.

§ 2º Entende-se por doação o ato ou fato em que o doador, por liberalidade, transmitir bem, vantagem ou direito de seu patrimônio ao donatário, que o aceitará expressa, tácita ou presumidamente, incluindo a doação efetuada com encargo ou ônus e o adiantamento da legítima. (Redação dada pelo Decreto nº 53.609, de 1º.06.2017)

§ 3º São hipóteses de incidência do ITCD, a título de doação, dentre outras:

I – a transmissão a título de antecipação de herança de bens ou direitos, inclusive valores;

II – a transmissão de bens ou direitos que, na divisão de patrimônio comum, na partilha ou na adjudicação, forem atribuídos a um dos cônjuges, a um dos companheiros, ou a qualquer herdeiro, acima do valor da meação ou do respectivo quinhão;

III – a renúncia, a cessão não onerosa e a desistência de herança, com determinação do beneficiário; e

IV – a retratação do contrato de doação que já houver sido lavrado e transcrito.

Art. 2º São bens ou direitos sujeitos ao ITCD na transmissão causa mortis ou doação:

I – bem imóvel ou os direitos a ele relativos; e

II – bem móvel, mesmo que representado por título, crédito, certificado ou registro, inclusive:

a) semovente, jóia, obra de arte e mercadoria;

b) qualquer título ou direito representativo do patrimônio ou capital de sociedade e companhia, tal como ação, quota, quinhão, participação civil ou comercial, nacional ou estrangeira, direito societário, debênture, dividendo e crédito de qualquer natureza;

c) dinheiro, em moeda nacional ou estrangeira, depósito bancário, título que represente o crédito, em conta corrente, em caderneta de poupança ou a prazo fixo, quota ou participação em fundo mútuo de ações, de renda fixa, de curto prazo, ou qualquer outra aplicação financeira e de risco, seja qual for o prazo e a forma de garantia; e

d) bem incorpóreo em geral, inclusive título ou crédito que os represente, direitos autorais ou qualquer direito ou ação que deva ser exercido.

CAPÍTULO II
DA NÃO-INCIDÊNCIA

Art. 3º O imposto não incide sobre a transmissão causa mortis ou doação em que figurem como herdeiros, legatários ou donatários:

I – a União, os Estados, o Distrito Federal e os Municípios;

II – autarquia e fundação instituída e mantida pelo Poder Público;

III – partido político, inclusive suas fundações;

IV – templo de qualquer culto; e

V – entidade sindical de trabalhadores, instituição de educação e de assistência social, sem fins lucrativos.

§ 1º O imposto não incide, também, sobre a transmissão em que o herdeiro ou legatário renuncie à herança ou legado, somente quando feita sem ressalva ou condição, em benefício do monte, configurando renúncia pura e simples e que não tenha o renunciante praticado qualquer ato que demonstre aceitação da herança ou legado.

§ 2º As hipóteses de não-incidência previstas para as entidades mencionadas no inciso II do caput aplicam-se às transmissões de bens ou direitos vinculados a suas finalidades essenciais ou às delas decorrentes.

§ 3º A não-incidência de que tratam os incisos III, IV e V do caput compreende somente bens e direitos relacionados às finalidades essenciais das entidades ali mencionadas.

§ 4º A não-incidência de que tratam os incisos III e V condiciona-se à observância dos seguintes requisitos pelas entidades nelas referidas:

I – não distribuam qualquer parcela de seu patrimônio ou de suas rendas, a qualquer título;

II – apliquem integralmente, no País, os seus recursos na manutenção dos objetivos institucionais, previstos nos respectivos estatutos ou atos constitutivos;

III – mantenham escrituração de suas receitas e despesas em livros revestidos de formalidades capazes de assegurar sua exatidão;

IV – fim público sem qualquer discriminação quanto aos beneficiados; e

V – ausência de remuneração para seus dirigentes e conselheiros.

§ 5º O disposto neste artigo não dispensa o cumprimento das obrigações acessórias previstas na legislação.

CAPÍTULO III DA ISENÇÃO

Art. 4º É isenta do ITCD a transmissão de:

I – proventos e pensões atribuídos aos herdeiros; (Redação dada pelo Decreto nº 53.609, de 1º.06.2017)

II – bens por doação ou legado de peças e obras de arte a museus e instituições de fins culturais, sem fins lucrativos, situados neste Estado, observado o disposto no art. 3º, § 3º, deste Decreto; (Redação dada pelo Decreto nº 53.609, de 1º.06.2017)

III – bens e direitos por doação às entidades beneficentes de assistência social, observado o disposto no art. 3º, § 3º, deste Decreto; (Redação acrescentada pelo Decreto nº 53.609, de 1º.06.2017)

IV – bens e direitos, por doação ou legado, às fundações instituídas e mantidas pelo Poder Público (Redação acrescentada pelo Decreto nº 53.609, de 1º.06.2017)

V – bem imóvel destinado à moradia, vinculado a programa de assistência social e habitação, para pessoas carentes ou de baixa renda; e ; (Redação acrescentada pelo Decreto nº 53.609, de 1º.06.2017)

VI – bem imóvel por pessoa jurídica de direito público, empresa pública ou sociedade de economia mista em decorrência de calamidade pública. ; (Redação acrescentada pelo Decreto nº 53.609, de 1º.06.2017)

CAPÍTULO IV DO RECONHECIMENTO DA NÃO-INCIDÊNCIA E DA ISENÇÃO

Art. 5º As hipóteses de não-incidência previstas nos incisos II a V do art. 3º e as de isenção previstas no art. 4º, ficam condicionadas ao reconhecimento pela Secretaria de Estado da Fazenda, que expedirá instruções relativas às obrigações a serem cumpridas pelo interessado para este fim.

CAPÍTULO V
DO FATO GERADOR

Art. 6º Considera-se ocorrido o fato gerador:

I - nas transmissões causa mortis, no último dia do mês posterior ao do falecimento do de cujus; e

II - nas doações, na data em que o donatário receber a posse ou direito sobre a coisa doada.

Parágrafo único. Havendo impossibilidade de se estabelecer a data exata para a fixação da ocorrência do fato gerador, tomar-se-á como válida aquela que:

I - nas transmissões causa mortis corresponder a abertura sucessória; e

II - nas doações, corresponder ao primeiro dia do ano civil em que o donatário recebeu a posse ou o direito sobre a coisa doada.

CAPÍTULO VI
DO LOCAL DA OPERAÇÃO

Art. 7º O ITCD é devido a Alagoas:

I - tratando-se de bens imóveis e respectivos direitos, quando a transmissão ou doação se referir a imóvel situado neste Estado, ainda que:

a) o inventário, o arrolamento, a separação, o divórcio ou a dissolução de união estável, seja processado em outro Estado, no Distrito Federal ou exterior;

b) a escritura pública de partilha amigável de bens seja lavrada em outro Estado ou no Distrito Federal; e

c) o doador, o donatário, o cedente ou o cessionário não tenham domicílio ou residência neste Estado.

II - tratando-se de bens móveis, títulos e créditos, inclusive os que se encontrem em outro Estado ou no Distrito Federal, quando neste Estado:

a) o inventário ou arrolamento se processar; ou

b) tiver domicílio o doador;

III - tratando-se de doador com domicílio ou residência no exterior ou de cujus que possuía bens, era residente ou domiciliado ou teve o seu inventário processado no exterior:

a) no caso de bens imóveis e respectivos direitos, quando o imóvel se situar:

TRIBUTÁRIO

1. neste Estado; ou

2. no exterior e o herdeiro, legatário ou donatário tiver domicílio neste Estado, ainda que o arrolamento ou inventário seja processado em outro Estado.

b) no caso de bens móveis, títulos e créditos, quando o herdeiro, legatário ou donatário tiver domicílio neste Estado.

CAPÍTULO VII
DO CÁLCULO E DO LANÇAMENTO DO IMPOSTO

Seção I
Da Base de Cálculo

Art. 8º A base de cálculo do ITCD é o valor venal ou comercial dos bens ou direitos transmitidos ou doados, expresso em moeda corrente nacional e em seu equivalente em Unidade Padrão Fiscal do Estado de Alagoas – UPFAL.

§ 1º Considera-se valor venal o valor de mercado do bem ou direito na data da ocorrência do fato gerador.

§ 2º Na impossibilidade de se apurar o valor de mercado do bem ou direito na data a que se refere o § 1º, será considerado o valor de mercado apurado na data da avaliação e o seu correspondente em UPFAL vigente na mesma data.

§ 3º O valor da base de cálculo será atualizado segundo a variação da UPFAL ocorrida até a data prevista neste Regulamento para o recolhimento do imposto.

§ 4º Na hipótese em que a universalidade do patrimônio da sociedade conjugal ou da união estável for composta de bens e direitos situados em mais de uma unidade da Federação, a tributação do excedente de meação será proporcional ao valor:

I – dos bens móveis, em relação ao valor da universalidade do patrimônio comum, se o doador for domiciliado neste Estado; e

II – dos bens imóveis situados neste Estado, em relação ao valor da universalidade do patrimônio comum.

Art. 9º Tratando-se de ações representativas do capital de sociedade, a base de cálculo é determinada por sua cotação média na Bolsa de Valores na data da transmissão, ou na imediatamente anterior quando não houver pregão ou quando essas não tiverem sido negociadas naquele dia, regredindo-se, se for o caso, até o máximo de 180 (cento e oitenta) dias.

§ 1º No caso em que a ação, quota, participação ou qualquer título representativo do capital de sociedade não seja objeto de negociação ou não tiver sido negociado nos últimos 180 (cento e oitenta) dias, a base de cálculo será o seu valor patrimonial na data da transmissão, observado o disposto nos §§ 2º a 4º.

§ 2º O valor patrimonial da ação, quota, participação ou qualquer título representativo do capital de sociedade será obtido do balanço patrimonial e da respectiva declaração do imposto de renda da pessoa jurídica entregue à Secretaria da Receita Federal, relativos ao período de apuração mais próximo da data de transmissão, observado o disposto no § 4º, facultado ao Fisco efetuar o levantamento de bens, direitos e obrigações.

§ 3º O valor patrimonial apurado na forma do § 2º será atualizado segundo a variação da UPFAL, da data do balanço patrimonial até a data prevista na legislação tributária para o recolhimento do imposto.

§ 4º Na hipótese em que o capital da sociedade a que se refere o § 1º tenha sido integralizado em prazo inferior a 5 (cinco) anos, mediante incorporação de bens imóveis ou de direitos a eles relativos, a base de cálculo do imposto não será inferior ao valor venal atualizado dos referidos bens imóveis ou direitos.

Art. 10. O valor da base de cálculo não será inferior ao:

I - fixado para o lançamento do Imposto sobre a Propriedade Predial e Territorial Urbana - IPTU, tratando-se de imóvel urbano ou de direito a ele relativo; e

II - valor total do imóvel informado pelo contribuinte para efeito do lançamento do Imposto sobre a Propriedade Territorial Rural - ITR, tratando-se de imóvel rural ou de direito a ele relativo.

Parágrafo único. Constatado que o valor utilizado para lançamento do IPTU ou do ITR é notoriamente inferior ao de mercado, deverá ser adotado, para efeito de apuração da base de cálculo, os seguintes critérios:

I - o valor médio do aluguel praticado na região, hipótese em que o valor da avaliação corresponderá a 100 (cem) vezes os referidos valores; ou

II - outro meio ao seu alcance, tais como:

a) o valor de outros imóveis vizinhos e de igual natureza;

b) a proximidade de centros urbanos, de escolas, hospitais, mercados, centros recreativos, parques, vias de transporte etc.;

c) a localização em ruas calçadas ou pavimentadas;

d) a natureza e produtividade do solo;

e) o tipo de construção;

f) o valor das culturas existentes e do número de plantas quando se tratar de cultura permanente; e

g) valor de jazidas radioativas, térmicas, minerais e outros acessões naturais que valorizem o imóvel.

Art. 11. Os bens, títulos ou créditos, bem como os direitos a eles relativos, serão reavaliados sempre que o pagamento do ITCD não se tenha efetivado no prazo de 1 (um) ano, contado da data da aprovação do valor venal pela Fazenda Pública Estadual.

Parágrafo único. Poderão, ainda, ser reavaliados os bens e os direitos a ele relativos, de ofício ou a requerimento do interessado, quando fato superveniente venha a prejudicar a avaliação e desde que não tenha sido pago o ITCD ou constituído o respectivo crédito tributário.

Art. 12. No caso de bem móvel ou direito não abrangido pelo disposto nos arts. 8º e 9º, a base de cálculo é o valor corrente do mercado na data da transmissão ou do ato translativo.

Parágrafo único. À falta do valor de que trata este artigo, admitir-se-á o que for declarado pelo interessado, ressalvada a revisão do lançamento pela autoridade competente.

Art. 13. As disposições desta Seção aplicam-se, no que couber, às demais partilhas ou divisões de bens sujeitas a processo judicial das quais resultem atos tributáveis.

Seção II
Dos Procedimentos de Avaliação e do Lançamento

Art. 14. O valor venal é apurado mediante avaliação judicial ou avaliação procedida pela Fazenda Pública Estadual.

Parágrafo único. Na hipótese de apuração do valor venal mediante avaliação judicial, a Fazenda Pública Estadual deve ser intimada a se manifestar sobre o valor atribuído aos bens ou direitos e sobre o cálculo do imposto, nos termos da lei processual civil e desta regulamentação.

Art. 15. O contribuinte ou responsável deverá apresentar à Secretaria de Estado da Fazenda Declaração do ITCD, conforme modelo a ser instituído por ato normativo da Secretaria de Estado da Fazenda, contendo todas as informações necessárias à apuração e lançamento do ITCD, nos seguintes prazos:

I – no caso de arrolamento, em 30 (trinta) dias a contar da intimação da homologação da partilha ou da adjudicação, instruída também com as respectivas guias comprobatórias do seu recolhimento;

II – no caso de inventário, em 15 (quinze) dias a contar da apresentação das primeiras declarações em juízo;

III – no caso da realização de inventário, partilha, separação consensual e divórcio consensual por via administrativa, nos termos dos artigos 982 e 1.124-A do

Código de Processo Civil, antes da lavratura da respectiva escritura pública ou do registro de qualquer instrumento; e

IV - no caso de doação, antes da lavratura da respectiva escritura, do contrato ou de documento equivalente.

Parágrafo único. Ocorrendo, após a Declaração do ITCD, qualquer variação patrimonial decorrente de emenda, aditamento ou inclusão de novos bens, ou modificação na partilha, deverá o interessado comunicar ao Fisco, mediante a apresentação de "Declaração Retificadora" acompanhada dos documentos relativos aos bens que a ensejaram.

Art. 16. Caso a Fazenda Pública concorde com os valores declarados pelo contribuinte, serão adotados os seguintes procedimentos:

I - a Procuradoria Geral do Estado, no prazo de 30 (trinta) dias, a contar da apresentação da declaração prevista no art. 15, deverá encaminhar ao juízo competente petição, manifestando-se da seguinte forma:

a) no arrolamento, para requerer expedição de formal de partilha, auto de adjudicação ou alvará, desde que haja comprovação do recolhimento integral do imposto, instruída com o procedimento administrativo originado pela referida declaração;

b) no inventário, para requerer a remessa dos autos à Contadoria Judicial para elaboração dos cálculos do imposto;

II - no caso da realização de inventário, partilha, separação consensual e divórcio consensual, por via administrativa, ou de doação, a concordância com os valores declarados e com o recolhimento do ITCD, ou o reconhecimento da isenção ou da não-incidência, serão manifestados em Certidão de Regularidade do ITCD, emitida pela Fazenda Estadual.

Parágrafo único. Em se tratando de arrolamento, verificado que o imposto não foi recolhido, a Fazenda Pública notificará o devedor para efetuar o recolhimento, no prazo de 10 (dez) dias, remetendo o procedimento a Procuradoria Geral do Estado para adoção das providências concernentes à cobrança do imposto, no caso de inadimplemento.

Art. 17. Caso a Fazenda Pública não concorde com os valores declarados pelo contribuinte, no mesmo prazo fixado no art. 16 serão adotados os seguintes procedimentos:

I - na hipótese de arrolamento:

a) a Fazenda Pública intimará o contribuinte para, no prazo de 30 (trinta) dias, efetuar o recolhimento da diferença de imposto apurada ou apresentar impugnação; e

b) o Procurador do Estado, mediante petição, discordará expressamente da expedição de alvará, formal de partilha ou carta de adjudicação, enquanto o débito não for liquidado.

II – na hipótese de inventário:

a) a Fazenda Pública intimará o contribuinte sobre a discordância com os valores por ele declarados, facultando-lhe a apresentação de impugnação, no prazo de 30 (trinta) dias; e

b) a Procuradoria Geral do Estado comunicará ao juízo a expressa discordância relativa aos valores declarados pelo contribuinte, requerendo a sua intimação para manifestar- se (Código de Processo Civil, arts. 1.007 e 1.008).

III – na hipótese da realização de inventário, partilha, separação consensual e divórcio consensual, por via administrativa, ou de doação, a Fazenda Pública intimará o contribuinte para, no prazo de 30 (trinta) dias, efetuar o recolhimento da diferença de imposto apurada ou apresentar impugnação.

Art. 18. A impugnação será apresentada ao Grupo de Trabalho ITCD – GT ITCD ou à repartição fazendária onde tiver sido entregue a declaração a que se refere o art. 15, instruída com elementos suficientes à revisão da avaliação, podendo juntar laudo assinado por técnico habilitado, incumbindo-lhe, neste caso, o pagamento das despesas.

§ 1º Na hipótese de acolhimento da impugnação apresentada pelo contribuinte, observar-se-á o que dispõe o art. 16.

§ 2º Indeferida a impugnação:

I – quando se tratar de arrolamento ou na hipótese do inciso III do art. 17, será enviada para o endereço indicado pelo contribuinte a notificação de lançamento do imposto para recolhimento no prazo de 30 (trinta) dias, contado da data da ciência da remessa postal ou, quando não localizado no endereço por ele indicado, da publicação da decisão no Diário Oficial do Estado; e

II – quando se tratar de inventário, a Procuradoria Geral do Estado deverá comunicar ao juízo sobre a decisão definitiva verificada no âmbito administrativo, acerca do valor venal dos bens inventariados.

Art. 19. Na hipótese do art. 17, verificado que o contribuinte deixou de recolher a diferença de imposto apurada ou de apresentar impugnação da avaliação, a Fazenda Pública deverá promover o lançamento do imposto.

§ 1º O contribuinte será intimado do lançamento por meio de AR, ou, quando não localizado no endereço por ele indicado, de edital publicado no Diário Oficial do Estado.

§ 2º o contencioso administrativo do ITCD obedecerá às disposições relativas ao contencioso relativo ao ICMS.

§ 3º A impugnação somente será recebida com a prova de pagamento do ITCD calculado de acordo com o valor declarado pelo contribuinte ou responsável.

Art. 20. Em se tratando de inventário, quando cientificada do decurso do prazo sem o recolhimento integral do imposto, compete a Procuradoria Geral do Estado adotar as medidas concernentes à cobrança do saldo apurado.

Parágrafo único. Para a inscrição do débito na dívida ativa, o procedimento administrativo deverá ser instruído com as cópias do cálculo, da decisão homologatória do cálculo e da certidão da sua intimação no Diário Oficial.

Art. 21. Na hipótese de doação realizada no âmbito judicial, o contribuinte, no prazo de 15 (quinze) dias a contar do trânsito em julgado da sentença, fica obrigado a apresentar declaração, na forma e para os fins indicados nos arts. 15 a 17, instruída com a guia comprobatória do recolhimento do imposto.

Art. 22. Poderá a Secretaria de Estado da Fazenda:

I – excepcionalmente, em razão da necessidade de diligência ou da complexidade da avaliação, dilatar o prazo previsto no art. 16;

II – estabelecer forma diversa para cumprimento das obrigações e verificação da regularidade do recolhimento do imposto, previstas nos arts. 15 a 20.

Art. 23. Para fins de cobrança do ITCD não vencido deverá ser utilizado Auto de Lançamento do ITCD, na configuração constante do Anexo único, que conterá, no mínimo:

I – a identificação do sujeito passivo;

II – o valor da base de cálculo e da alíquota;

III – o valor do imposto devido;

IV – a data para recolhimento do imposto;

V – a intimação para cumprimento ou impugnação da exigência; e

VI – a indicação do órgão e da autoridade administrativa que o emitiu.

§ 1º O Auto de Lançamento do ITCD será expedido pelo órgão que administra o tributo e conterá, obrigatoriamente, o nome do chefe do órgão expedidor ou de outro servidor do Fisco autorizado, com a indicação do cargo ou função e número da matrícula funcional.

§ 2º A notificação expedida por processo eletrônico prescinde de assinatura do notificante.

§ 3º O documento de arrecadação, para fins de recolhimento do ITCD, poderá ser conjugado ao Auto de Lançamento de ITCD, conforme disciplina da Secretaria de Estado da Fazenda.

§ 4º Na hipótese de sobrepartilha, na forma prevista no Código de Processo Civil, o Auto de Lançamento de ITCD e o documento de arrecadação devem fazer referência a este fato e ao Auto de Lançamento de ITCD e documento de arrecadação emitidos quando da partilha inicial dos bens e direitos.

Seção III
Das Alíquotas

Art. 24. As alíquotas do ITCD são as seguintes:

I – de 4% (quatro por cento), nas transmissões causa mortis; e (Redação dada pelo Decreto nº 53.609, de 1º.06.2017)

II – de 2% (dois por cento), nas transmissões por doação. (Redação dada pelo Decreto nº 53.609, de 1º.06.2017)

Art. 25. A alíquota do ITCD é a vigente ao tempo da ocorrência do fato gerador.

CAPÍTULO VIII
DA SUJEIÇÃO PASSIVA

Seção I
Dos Contribuintes

Art. 26. São contribuintes do ITCD:

I – na transmissão causa mortis, o herdeiro ou o legatário, inclusive:

a) o beneficiário:

1. na desistência de quinhão ou de direito, por herdeiro ou legatário;

2. na instituição de direito real;

b) o fiduciário, na instituição do fideicomisso; e

c) o fideicomissário, na substituição do fideicomisso.

II – na doação, o donatário, inclusive o cessionário, na cessão de herança ou de bem ou direito a título não oneroso.

Parágrafo único. Em caso de doação de bem móvel, título ou crédito, bem como dos direitos a ele relativos, se o donatário não residir nem for domiciliado no Estado, o contribuinte é o doador.

Seção II
Da Solidariedade

Art. 27. São solidariamente obrigados pelo pagamento do ITCD:

I - os cartórios de registro de títulos e documentos;

II - os cartórios de registro de imóveis;

III - os tabeliães e demais serventuários de justiça;

IV - os titulares, administradores e servidores das demais entidades de direito Público ou privado, onde se processarem os registros, anotações ou averbações de doações, transmissões de bens móveis ou imóveis e respectivos direitos e ações; e

V - o doador, pelo imposto devido pelo donatário inadimplente.

Seção III
Da Responsabilidade dos Sucessores

Art. 28. São pessoalmente responsáveis:

I - o espólio, quanto ao tributo devido pelo de cujus, até a data da abertura da sucessão; e

II - o sucessor a qualquer título e o cônjuge meeiro, quanto ao tributo devido pelo de cujus, até a data da partilha ou adjudicação, limitada esta responsabilidade ao montante do quinhão, do legado ou da meação.

CAPÍTULO IX
DO PAGAMENTO

Seção I
Do Prazo de Pagamento

Art. 29. O pagamento do ITCD deve ser efetuado mediante utilização dos documentos de arrecadação previstos na legislação.

Art. 30. O ITCD deve ser pago:

I - no caso de transmissão causa mortis, antes da sentença homologatória da partilha;

II - no caso de extinção de usufruto por morte do usufrutuário, no prazo de até 30 (trinta) dias, contados do falecimento, salvo se já pago o imposto quando da transmissão da nua-propriedade;

III - no caso de transmissão decorrente de sentença judicial, no prazo de até 30 (trinta) dias, contados de seu trânsito em julgado; e

IV – no caso de doação:

a) na data da lavratura do respectivo instrumento, se lavrado no Estado de Alagoas;

b) no prazo de até 10 (dez) dias, contados da lavratura do respectivo instrumento, se lavrado fora do Estado de Alagoas; e

c) no prazo de até 10 (dez) dias, contados da tradição, em se tratando de bens móveis, títulos e créditos não sujeitos a transcrição.

§ 1º O ITCD deve ser pago antes da lavratura da escritura pública e antes do registro de qualquer instrumento, inclusive:

I – na hipótese de transmissão causa mortis que se processe através de escritura pública, como previsto no art. 982 do Código de Processo Civil, com a redação dada pela Lei nº 11.441, de 4 de janeiro de 2007; e

II – na dissolução da sociedade conjugal, como previsto no art. 1.124-A do Código de Processo Civil, com a redação dada pela Lei nº 11.441, de 4 de janeiro de 2007.

§ 2º Será concedido desconto de 5% (cinco por cento) sobre o valor do imposto devido, desde que o pagamento ocorra no prazo de até 90 (noventa) dias a contar da data da abertura da sucessão.

Seção II
Do Pagamento Parcelado

Art. 31. O débito de ITCD constituído ou não, inscrito ou não na Dívida Ativa, ajuizado ou não a sua cobrança, pode ser parcelado em até 12 (doze) parcelas equivalentes, mensais e sucessivas. (Redação dada pelo Decreto nº 53.609, de 1º.06.2017)

§ 1º Para fins do parcelamento, cada parcela não poderá ser inferior a 10 (dez) UPFAL. (Redação dada pelo Decreto nº 53.609, de 1º.06.2017)

I – o valor do ITCD deve ser convertido em Unidade Padrão Fiscal do Estado de Alagoas - UPFAL, vigente no mês em que ocorrer o fato gerador; e

II - cada parcela deve corresponder ao número de UPFAL multiplicado pelo valor vigente na data do pagamento.

§ 2º O parcelamento somente alcançará débitos com exigibilidade suspensa por força dos incisos III a V do art. 151 da Lei nº 5.172, de 25 de outubro de 1966 – Código Tributário Nacional (CTN), no caso de o sujeito passivo desistir expressamente e de forma irrevogável da impugnação ou do recurso interposto, ou da ação judicial proposta, e cumulativamente renunciar a quaisquer alegações de direito sobre as quais se fundam os referidos processos administrativos e ações judiciais.

§ 3º A inclusão, no parcelamento, dos débitos para os quais se encontrem presentes as hipóteses dos incisos IV ou V do art. 151 do CTN, fica condicionada à comprovação de que o sujeito passivo protocolou requerimento de extinção do processo com julgamento do mérito, nos termos do inciso V do art. 269 da Lei nº 5.869, de 11 de janeiro de 1973 - Código de Processo Civil (CPC).

§ 4º A opção pelo parcelamento importa confissão de dívida irrevogável e irretratável, configura confissão extrajudicial nos termos dos arts. 348, 353 e 354 do CPC e sujeita o sujeito passivo à aceitação plena e irretratável de todas as condições estabelecidas.

§ 5º Na hipótese deste artigo, o contribuinte deverá apresentar o comprovante de quitação do imposto ao cartório perante o qual deva ser lavrado o instrumento relacionado com a transmissão ou efetuado o registro.

§ 6º O procedimento para o parcelamento do ITCD deve obedecer às disposições relativas ao parcelamento do ICMS, no que couber.

CAPÍTULO X
DOS ACRÉSCIMOS E PENALIDADES

Art. 32. A falta de recolhimento do imposto, no todo ou em parte, ou o seu atraso, acarretará:

I - a exigência de juros moratórios até o recolhimento; e

II - a aplicação de penalidade pecuniária.

Art. 33. O débito de ITCD não recolhido até a data do respectivo vencimento, inclusive aquele objeto de parcelamento, será acrescido, na via administrativa ou judicial, de juros de mora incidentes sobre o valor atualizado do débito, obedecido o seguinte:

I - à razão de 1% (um por cento) relativamente ao mês de vencimento e 1% (um por cento) relativamente ao mês de pagamento;

II - equivalente à taxa referencial do Sistema Especial de Liquidação e de Custódia - SELIC, para títulos federais, em se tratando dos meses intermediários.

Parágrafo único. Os acréscimos moratórios de que trata este artigo, sem prejuízo das penalidades cabíveis em cada caso, aplicam-se tanto aos créditos tributários recolhidos espontaneamente quanto aos constituídos mediante lançamento de ofício.

Art. 34. A infração à legislação do ITCD é punida com multa de:

I - 300% (trezentos por cento) do valor do imposto devido, mesmo que recolhido o imposto nos prazos legais:

a) aos que deixarem de mencionar os frutos pendentes e outros bens ou direitos transmitidos juntamente com a propriedade; e

b) aos que sonegarem bens em inventário ou arrolamentos.

II – 0,33% (trinta e três centésimos por cento) por dia de atraso, limitado a 20% (vinte por cento) do imposto devido, quem o recolher espontaneamente após os prazos estabelecidos na legislação. § 1º Quando o processo de inventário e de partilha for requerido depois de 02 (dois) meses, a contar da abertura da sucessão, o imposto será acrescido de multa de 20% (vinte por cento), mesmo se recolhido no prazo previsto. (Redação dada pelo Decreto nº 53.609, de 1º.06.2017)

§ 1º Quando o inventário for requerido depois de 60 (sessenta) dias da abertura da sucessão, o imposto será acrescido de multa de 20% (vinte por cento), mesmo se recolhido no prazo previsto.

§ 2º A sonegação de bens em inventários ou arrolamentos só poderá ser arguida depois de encerrada a descrição dos bens com a declaração de não existirem outros a inventariar.

§ 3º A Fazenda Estadual, por seu representante, como credora da herança pelos tributos não pagos, requererá a ação de sonegados, de acordo com o art. 1.994 do Código Civil, se outros interessados não o fizerem.

§ 4º Não se aplica a multa do inciso I do caput deste artigo ao sujeito passivo que espontaneamente declarar os bens.

III – 100% (cem por cento) do valor do imposto devido, no caso de ação fiscal, observadas as seguintes reduções: (Redação acrescentada pelo Decreto nº 53.609, de 1º.06.2017)

a) em 70% (setenta por cento), se o crédito tributário for pago de uma só vez no prazo de 30 (trinta) dias a contar da data da ciência da exigência; (Redação acrescentada pelo Decreto nº 53.609, de 1º.06.2017)

b) em 42% (quarenta e dois por cento), se o crédito tributário for pago de uma só vez, quando decorridos mais de 30 (trinta) dias da data da ciência da exigência e antes da: (Redação acrescentada pelo Decreto nº 53.609, de 1º.06.2017)

1. decisão de primeira instância administrativa; ou (Redação acrescentada pelo Decreto nº 53.609, de 1º.06.2017)

2. inscrição em dívida ativa, no caso de não impugnação da exigência. (Redação acrescentada pelo Decreto nº 53.609, de 1º.06.2017)

c) em 28% (vinte e oito por cento), se o crédito tributário for pago de uma só vez no prazo de 30 (trinta) dias a contar da ciência da decisão de primeira instância administrativa; e (Redação acrescentada pelo Decreto nº 53.609, de 1º.06.2017)

d) em 10% (dez por cento), se o crédito tributário for pago de uma só vez no prazo de 30 (trinta) dias a contar da ciência da decisão do Conselho Tributário Estadual. (Redação acrescentada pelo Decreto nº 53.609, de 1º.06.2017)

Art. 35. A falta ou inexatidão de declaração relativa a elementos que possam influir no cálculo do imposto, com evidente intuito de sonegação, sujeitará o contribuinte a multa de 3 (três) vezes o valor do imposto sonegado.

Parágrafo único. Igual penalidade será aplicada a qualquer pessoa, inclusive, serventuário ou servidor que intervenha no negócio jurídico ou na declaração e seja conivente ou auxiliar na inexatidão ou omissão praticada.

Art. 36. As penalidades constantes deste Capítulo serão aplicadas sem prejuízo do processo criminal ou administrativo cabível.

Parágrafo único. O serventuário ou servidor que não observar os dispositivos legais e regulamentares relativos ao imposto, concorrendo de qualquer modo para o seu não pagamento, ficará sujeito as mesmas penalidades estabelecidas para os contribuintes, devendo ser notificado para o recolhimento da multa pecuniária.

CAPÍTULO XI
DA ADMINISTRAÇÃO TRIBUTÁRIA

Art. 37. Aplica-se, no que couber, ao procedimento decorrente do lançamento, a disciplina processual estabelecida na legislação do Imposto sobre Operações Relativas à Circulação de Mercadorias e Sobre Prestação de Serviços de Transporte Interestadual e Intermunicipal e de Comunicação - ICMS.

Art. 38. O oficial do Registro Civil remeterá, mensalmente, à repartição fazendária competente da sede da comarca, relação completa, em forma de mapa, de todos os óbitos registrados no cartório, com a declaração da existência ou não de bens a inventariar.

Parágrafo único. A Secretaria de Estado da Fazenda poderá estabelecer forma diversa para cumprimento da obrigação prevista no caput.

Art. 39. Compete à Secretaria de Estado da Fazenda, por meio de seus Fiscais de Tributos Estaduais, a fiscalização, arrecadação, análise dos processos de inventários e arrolamentos e avaliação dos bens, para a consecução da cobrança do ITCD.

Parágrafo único. Compete à Procuradoria Geral do Estado intervir e ser ouvida nos inventários, arrolamentos e outros feitos judiciais processados neste Estado, no interesse da arrecadação do imposto de que trata este Regulamento.

Art. 40. Os notários, registradores, escrivães e os demais servidores do Poder Judiciário são obrigados a facultar aos encarregados da fiscalização, em cartório, o exame de livros, autos e papéis que interessem à arrecadação e fiscalização do ITCD.

Parágrafo único. Poderá a Secretaria de Estado da Fazenda estabelecer forma diversa para cumprimento da obrigação prevista no caput.

Art. 41. O registro de formal de partilha, de carta de adjudicação judicial expedida em autos de inventário ou de arrolamento, de sentença em ação de separação judicial, divórcio ou de partilha de bens na união estável, bem como a escritura pública de doação de bem imóvel ou o inventário e a partilha por escritura pública, será precedido da comprovação do pagamento integral do ITCD, mediante Certidão de Regularidade do ITCD, conforme modelo a ser expedido pela Secretaria de Estado da Fazenda.

Art. 42. Os servidores do Poder Judiciário são obrigados a remeter à Secretaria de Estado da Fazenda, para exame e lançamento, os processos de testamento, inventário, arrolamento, instituição ou extinção de cláusulas, precatórias, rogatórias e quaisquer outros feitos judiciais que envolvam transmissão tributável causa mortis.

Art. 43. A Junta Comercial do Estado de Alagoas (JUCEAL) deverá comunicar, imediatamente, à repartição fazendária competente a entrada de qualquer instrumento de alteração contratual.

Art. 44. Nenhuma carta rogatória ou precatória, oriunda de outra Unidade da Federação, para avaliação de bens, títulos e créditos, alcançados pela incidência do ITCD, será devolvida ao juízo deprecante ou rogante sem o pronunciamento da Fazenda Pública Estadual e sem o pagamento do ITCD respectivo, sob pena de responsabilidade do serventuário ou servidor pelo ITCD devido e acréscimos legais.

CAPÍTULO XII
DAS DISPOSIÇÕES FINAIS

Art. 45. A Secretaria de Estado da Fazenda poderá celebrar protocolo com a Corregedoria-Geral do Tribunal de Justiça do Estado de Alagoas, com vistas à fiscalização conjunta das serventias do foro judicial e dos serviços notariais e de registro, oficializados ou não pelo Poder Público, relativamente ao pagamento do ITCD.

Art. 46. Nenhuma sociedade anônima, com sede neste Estado, averbará transferência de ações sem a prova do pagamento do imposto, se devido.

Art. 47. No inventário ou arrolamento por morte de sócio de sociedade de fins lucrativos, a pessoa jurídica fica obrigada a por à disposição da Secretaria de Estado da Fazenda os haveres apurados do sócio ou acionista falecido.

Art. 48. Além das obrigações específicas previstas neste Regulamento, poderá a Secretaria de Estado da Fazenda, no interesse da fiscalização e da arrecadação do imposto, estabelecer outras acessórias de natureza geral ou particular.

LEI COMPLEMENTAR FEDERAL Nº 160, DE 7 DE AGOSTO DE 2017

- DISPÕE SOBRE CONVÊNIO QUE PERMITE AOS ESTADOS E AO DISTRITO FEDERAL DELIBERAR SOBRE A REMISSÃO DOS CRÉDITOS TRIBUTÁRIOS, CONSTITUÍDOS OU NÃO, DECORRENTES DAS ISENÇÕES, DOS INCENTIVOS E DOS BENEFÍCIOS FISCAIS OU FINANCEIRO-FISCAIS INSTITUÍDOS EM DESACORDO COM O DISPOSTO NA ALÍNEA "G" DO INCISO XII DO § 2º DO ART. 155 DA CONSTITUIÇÃO FEDERAL E A REINSTITUIÇÃO DAS RESPECTIVAS ISENÇÕES, INCENTIVOS E BENEFÍCIOS FISCAIS OU FINANCEIRO-FISCAIS; E ALTERA A LEI Nº 12.973, DE 13 DE MAIO DE 2014.

Art. 1º Mediante convênio celebrado nos termos da Lei Complementar no 24, de 7 de janeiro de 1975, os Estados e o Distrito Federal poderão deliberar sobre:

I – a remissão dos créditos tributários, constituídos ou não, decorrentes das isenções, dos incentivos e dos benefícios fiscais ou financeiro-fiscais instituídos em desacordo com o disposto na alínea "g" do inciso XII do § 2º do art. 155 da Constituição Federal por legislação estadual publicada até a data de início de produção de efeitos desta Lei Complementar;

II – a reinstituição das isenções, dos incentivos e dos benefícios fiscais ou financeiro-fiscais referidos no inciso I deste artigo que ainda se encontrem em vigor.

Art. 2º O convênio a que se refere o art. 1º desta Lei Complementar poderá ser aprovado e ratificado com o voto favorável de, no mínimo:

I - 2/3 (dois terços) das unidades federadas; e

II - 1/3 (um terço) das unidades federadas integrantes de cada uma das 5 (cinco) regiões do País.

Art. 3º O convênio de que trata o art. 1º desta Lei Complementar atenderá, no mínimo, às seguintes condicionantes, a serem observadas pelas unidades federadas:

I – publicar, em seus respectivos diários oficiais, relação com a identificação de todos os atos normativos relativos às isenções, aos incentivos e aos benefícios fiscais ou financeiro-fiscais abrangidos pelo art. 1º desta Lei Complementar;

II – efetuar o registro e o depósito, na Secretaria Executiva do Conselho Nacional de Política Fazendária (Confaz), da documentação comprobatória correspondente aos atos concessivos das isenções, dos incentivos e dos benefícios fiscais ou financeiro-fiscais mencionados no inciso I deste artigo, que serão publicados no Portal Nacional da Transparência Tributária, que será instituído pelo Confaz e disponibilizado em seu sítio eletrônico.

§ 1º O disposto no art. 1º desta Lei Complementar não se aplica aos atos relativos às isenções, aos incentivos e aos benefícios fiscais ou financeiro-fiscais vinculados ao Imposto sobre Operações Relativas à Circulação de Mercadorias e sobre Prestações de Serviços de Transporte Interestadual e Intermunicipal e de Comunicação (ICMS) cujas exigências de publicação, registro e depósito, nos termos deste artigo, não tenham sido atendidas, devendo ser revogados os respectivos atos concessivos.

§ 2º A unidade federada que editou o ato concessivo relativo às isenções, aos incentivos e aos benefícios fiscais ou financeiro-fiscais vinculados ao ICMS de que trata o art. 1º desta Lei Complementar cujas exigências de publicação, registro e depósito, nos termos deste artigo, foram atendidas é autorizada a concedê-los e a prorrogá-los, nos termos do ato vigente na data de publicação do respectivo convênio, não podendo seu prazo de fruição ultrapassar:

I – 31 de dezembro do décimo quinto ano posterior à produção de efeitos do respectivo convênio, quanto àqueles destinados ao fomento das atividades agropecuária e industrial, inclusive agroindustrial, e ao investimento em infraestrutura rodoviária, aquaviária, ferroviária, portuária, aeroportuária e de transporte urbano, bem como quanto àqueles destinados a templos de qualquer culto e a entidades beneficentes de assistência social; (Redação dada pela Lei Complementar nº 170, de 2019)

II – 31 de dezembro do oitavo ano posterior à produção de efeitos do respectivo convênio, quanto àqueles destinados à manutenção ou ao incremento das atividades portuária e aeroportuária vinculadas ao comércio internacional, incluída a operação subsequente à da importação, praticada pelo contribuinte importador;

III – 31 de dezembro do quinto ano posterior à produção de efeitos do respectivo convênio, quanto àqueles destinados à manutenção ou ao incremento das atividades comerciais, desde que o beneficiário seja o real remetente da mercadoria;

IV – 31 de dezembro do terceiro ano posterior à produção de efeitos do respectivo convênio, quanto àqueles destinados às operações e prestações interestaduais com produtos agropecuários e extrativos vegetais in natura;

V – 31 de dezembro do primeiro ano posterior à produção de efeitos do respectivo convênio, quanto aos demais.

§ 3º Os atos concessivos cujas exigências de publicação, registro e depósito, nos termos deste artigo, foram atendidas permanecerão vigentes e produzindo efeitos como normas regulamentadoras nas respectivas unidades federadas concedentes das isenções, dos incentivos e dos benefícios fiscais ou financeiro-fiscais vinculados ao ICMS, nos termos do § 2º deste artigo.

§ 4º A unidade federada concedente poderá revogar ou modificar o ato concessivo ou reduzir o seu alcance ou o montante das isenções, dos incentivos e dos benefícios fiscais ou financeiro-fiscais antes do termo final de fruição.

§ 5º O disposto no § 4º deste artigo não poderá resultar em isenções, incentivos ou benefícios fiscais ou financeiro-fiscais em valor superior ao que o contribuinte podia usufruir antes da modificação do ato concessivo.

§ 6º As unidades federadas deverão prestar informações sobre as isenções, os incentivos e os benefícios fiscais ou financeiro-fiscais vinculados ao ICMS e mantê-las atualizadas no Portal Nacional da Transparência Tributária a que se refere o inciso II do caput deste artigo.

§ 7º As unidades federadas poderão estender a concessão das isenções, dos incentivos e dos benefícios fiscais ou financeiro-fiscais referidos no § 2º deste artigo a outros contribuintes estabelecidos em seu território, sob as mesmas condições e nos prazos-limites de fruição.

§ 8º As unidades federadas poderão aderir às isenções, aos incentivos e aos benefícios fiscais ou financeiro-fiscais concedidos ou prorrogados por outra unidade federada da mesma região na forma do § 2º, enquanto vigentes.

Art. 4º São afastadas as restrições decorrentes da aplicação do art. 14 da Lei Complementar no 101, de 4 de maio de 2000, que possam comprometer a implementação das disposições desta Lei Complementar.

Art. 5º A remissão ou a não constituição de créditos concedidas por lei da unidade federada de origem da mercadoria, do bem ou do serviço afastam as sanções previstas no art. 8º da Lei Complementar nº 24, de 7 de janeiro de 1975, retroativamente à data original de concessão da isenção, do incentivo ou do benefício fiscal ou financeiro-fiscal, vedadas a restituição e a compensação de tributo e a apropriação de crédito extemporâneo por sujeito passivo.

Art. 6º Ressalvado o disposto nesta Lei Complementar, a concessão ou a manutenção de isenções, incentivos e benefícios fiscais ou financeiro-fiscais em desacordo com a Lei Complementar nº 24, de 7 de janeiro de 1975, implica a sujeição da unidade federada responsável aos impedimentos previstos nos incisos I, II e III do § 3º do art. 23 da Lei Complementar nº 101, de 4 de maio de 2000, pelo prazo em que perdurar a concessão ou a manutenção das isenções, dos incentivos e dos benefícios fiscais ou financeiro-fiscais.

§ 1º A aplicação do disposto no caput deste artigo é condicionada ao acolhimento, pelo Ministro de Estado da Fazenda, de representação apresentada por Governador de Estado ou do Distrito Federal.

§ 2º Admitida a representação e ouvida, no prazo de 30 (trinta) dias, a unidade federada interessada, o Ministro de Estado da Fazenda, em até 90 (noventa) dias:

I – determinará o arquivamento da representação, caso não seja constatada a infração;

II – editará portaria declarando a existência da infração, a qual produzirá efeitos a partir de sua publicação.

§ 3º Compete ao Tribunal de Contas da União verificar a aplicação, pela União, da sanção prevista no caput deste artigo.

Art. 7º Para fins de aprovação e de ratificação do convênio previsto no art. 1º desta Lei Complementar, aplicam-se os demais preceitos contidos na Lei Complementar nº 24, de 7 de janeiro de 1975, que não sejam contrários aos dispositivos desta Lei Complementar.

Art. 8º O convênio de que trata o art. 1º desta Lei Complementar deverá ser aprovado pelo Confaz no prazo de 180 (cento e oitenta) dias, a contar da data de publicação desta Lei Complementar, sob pena de perderem eficácia as disposições dos arts. 1º a 6º desta Lei Complementar.

Art. 9º O art. 30 da Lei nº 12.973, de 13 de maio de 2014, passa a vigorar acrescido dos seguintes §§ 4º e 5º: (Parte mantida pelo Congresso Nacional)

"Art. 30. ....

....

§ 4º Os incentivos e os benefícios fiscais ou financeiro-fiscais relativos ao imposto previsto no inciso II do caput do art. 155 da Constituição Federal, concedidos pelos Estados e pelo Distrito Federal, são considerados subvenções para investimento, vedada a exigência de outros requisitos ou condições não previstos neste artigo.

§ 5º O disposto no § 4º deste artigo aplica-se inclusive aos processos administrativos e judiciais ainda não definitivamente julgados.»

Art. 10. O disposto nos §§ 4º e 5º do art. 30 da Lei nº 12.973, de 13 de maio de 2014, aplica-se inclusive aos incentivos e aos benefícios fiscais ou financeiro-fiscais de ICMS instituídos em desacordo com o disposto na alínea 'g' do inciso XII do § 2º do art. 155 da Constituição Federal por legislação estadual publicada até a data de início de produção de efeitos desta Lei Complementar, desde que atendidas as respectivas exigências de registro e depósito, nos termos do art. 3º desta Lei Complementar. (Parte mantida pelo Congresso Nacional)

Art. 11. Esta Lei Complementar entra em vigor na data de sua publicação.

DIREITO AMBIENTAL

DECRETO FEDERAL Nº 99.274, DE 6 DE JUNHO DE 1990

- REGULAMENTA A LEI Nº 6.902, DE 27 DE ABRIL DE 1981, E A LEI Nº 6.938, DE 31 DE AGOSTO DE 1981, QUE DISPÕEM, RESPECTIVAMENTE SOBRE A CRIAÇÃO DE ESTAÇÕES ECOLÓGICAS E ÁREAS DE PROTEÇÃO AMBIENTAL E SOBRE A POLÍTICA NACIONAL DO MEIO AMBIENTE.

ÍNDICE

TÍTULO I - DA EXECUÇÃO DA POLÍTICA NACIONAL DO MEIO AMBIENTE

CAPÍTULO I - DAS ATRIBUIÇÕES - art. 1º e 2º

CAPÍTULO II - DA ESTRUTURA DO SISTEMA NACIONAL DO MEIO AMBIENTE - art. 3º

SEÇÃO I - DA CONSTITUIÇÃO E FUNCIONAMENTO DO CONSELHO NACIONAL DO MEIO AMBIENTE - art. 4º ao 6º

SEÇÃO II - DA COMPETÊNCIA DO CONSELHO NACIONAL DO MEIO AMBIENTE - art. 7º

SEÇÃO III - DAS CÂMARAS TÉCNICAS - art. 8º e 9º

SEÇÃO IV - DO ÓRGÃO CENTRAL - art. 10

SEÇÃO V - DA COORDENAÇÃO DOS ÓRGÃOS SECCIONAIS FEDERAIS - art. 12

SEÇÃO VI - DOS ÓRGÃOS SECCIONAIS ESTADUAIS E DOS ÓRGÃOS LOCAIS - art. 13

CAPÍTULO III - DA ATUAÇÃO DO SISTEMA NACIONAL DO MEIO AMBIENTE - art. 14 ao 16

CAPÍTULO IV - DO LICENCIAMENTO DAS ATIVIDADES - art. 17 ao 22

CAPÍTULO V - DOS INCENTIVOS - art. 23

CAPÍTULO VI - DO CADASTRAMENTO - art. 24

TÍTULO II - DAS ESTAÇÕES ECOLÓGICAS E DAS ÁREAS DE PROTEÇÃO AMBIENTAL

CAPÍTULO I - DAS ESTAÇÕES ECOLÓGICAS - art. 25 ao 27

CAPÍTULO II - DAS ÁREAS DE PROTEÇÃO AMBIENTAL - art. 28 ao 32

TÍTULO III - DAS PENALIDADES - art. 33 ao 44

TÍTULOS IV - DAS DISPOSIÇÕES FINAIS - art. 45 e 46

O PRESIDENTE DA REPÚBLICA, no uso das atribuições que lhe confere o art. 84, incisos IV e VI, da Constituição, e tendo em vista o disposto na Lei nº 6.902, de 27 de abril de 1981, e na Lei nº 6.938, de 31 de agosto de 1981, alterada pelas Leis nºs 7.804, de 18 de julho de 1989, e 8.028, de 12 de abril de 1990, DECRETA:

TÍTULO I
DA EXECUÇÃO DA POLÍTICA NACIONAL DO MEIO AMBIENTE

CAPÍTULO I
DAS ATRIBUIÇÕES

Art. 1º Na execução da Política Nacional do Meio Ambiente cumpre ao Poder Público, nos seus diferentes níveis de governo:

I – manter a fiscalização permanente dos recursos ambientais, visando à compatibilização do desenvolvimento econômico com a proteção do meio ambiente e do equilíbrio ecológico;

II – proteger as áreas representativas de ecossistemas mediante a implantação de unidades de conservação e preservação ecológica;

III – manter, através de órgãos especializados da Administração Pública, o controle permanente das atividades potencial ou efetivamente poluidoras, de modo a compatibilizá-las com os critérios vigentes de proteção ambiental;

IV – incentivar o estudo e a pesquisa de tecnologias para o uso racional e a proteção dos recursos ambientais, utilizando nesse sentido os planos e programas regionais ou setoriais de desenvolvimento industrial e agrícola;

V – implantar, nas áreas críticas de poluição, um sistema permanente de acompanhamento dos índices locais de qualidade ambiental;

VI – identificar e informar, aos órgãos e entidades do Sistema Nacional do Meio Ambiente, a existência de áreas degradadas ou ameaçadas de degradação, propondo medidas para sua recuperação; e

VII – orientar a educação, em todos os níveis, para a participação ativa do cidadão e da comunidade na defesa do meio ambiente, cuidando para que os currículos escolares das diversas matérias obrigatórias contemplem o estudo da ecologia.

Art. 2º A execução da Política Nacional do Meio Ambiente, no âmbito da Administração Pública Federal, terá a coordenação do Secretário do Meio Ambiente.

CAPÍTULO II
DA ESTRUTURA DO SISTEMA NACIONAL DO MEIO AMBIENTE

Art. 3º O Sistema Nacional do Meio Ambiente (Sisnama), constituído pelos órgãos e entidades da União, dos Estados, do Distrito Federal, dos Municípios e pelas fundações instituídas pelo Poder Público, responsáveis pela proteção e melhoria da qualidade ambiental, tem a seguinte estrutura:

I - Órgão Superior: o Conselho de Governo;

II - Órgão Consultivo e Deliberativo: o Conselho Nacional do Meio Ambiente (Conama);

III - Órgão Central: a Secretaria do Meio Ambiente da Presidência da República (Semam/PR);

IV - Órgãos Executores: o Instituto Brasileiro do Meio Ambiente e dos Recursos Naturais Renováveis - IBAMA e o Instituto Chico Mendes de Conservação da Biodiversidade - Instituto Chico Mendes; (Redação dada pelo Decreto nº 6.792, de 2009)

V - Órgãos Seccionais: os órgãos ou entidades da Administração Pública Federal direta e indireta, as fundações instituídas pelo Poder Público cujas atividades estejam associadas às de proteção da qualidade ambiental ou àquelas de disciplinamento do uso de recursos ambientais, bem assim os órgãos e entidades estaduais responsáveis pela execução de programas e projetos e pelo controle e fiscalização de atividades capazes de provocar a degradação ambiental; e

VI - Órgãos Locais: os órgãos ou entidades municipais responsáveis pelo controle e fiscalização das atividades referidas no inciso anterior, nas suas respectivas jurisdições.

SEÇÃO I
DA CONSTITUIÇÃO E FUNCIONAMENTO DO CONSELHO NACIONAL DO MEIO AMBIENTE

Art. 4º O CONAMA compõe-se de: (Redação dada pelo Decreto nº 6.792, de 2009)

I - Plenário; (Redação dada pelo Decreto nº 6.792, de 2009)

II - (Revogado pelo Decreto nº 9.806, de 2019)

III - Comitê de Integração de Políticas Ambientais; (Redação dada pelo Decreto nº 6.792, de 2009)

IV – Câmaras Técnicas; (Redação dada pelo Decreto nº 6.792, de 2009)

V – Grupos de Trabalho; e (Redação dada pelo Decreto nº 6.792, de 2009)

VI – Grupos Assessores. (Redação dada pelo Decreto nº 6.792, de 2009)

Art. 5º Integram o Plenário do Conama:(Redação dada pelo Decreto nº 99.355, de 1990)

I – o Ministro de Estado do Meio Ambiente, que o presidirá; (Redação dada pelo Decreto nº 3.942, de 2001)

II – o Secretário-Executivo do Ministério do Meio Ambiente, que será o seu Secretário-Executivo; (Redação dada pelo Decreto nº 3.942, de 2001)

III – o Presidente do Ibama; (Redação dada pelo Decreto nº 9.806, de 2019)

IV – um representante dos seguintes Ministérios, indicados pelos titulares das respectivas Pastas: (Redação dada pelo Decreto nº 9.806, de 2019)

a) Casa Civil da Presidência da República;(Incluída pelo Decreto nº 9.806, de 2019)

b) Ministério da Economia; (Incluída pelo Decreto nº 9.806, de 2019)

c) Ministério da Infraestrutura; (Incluída pelo Decreto nº 9.806, de 2019)

d) Ministério da Agricultura, Pecuária e Abastecimento; (Incluída pelo Decreto nº 9.806, de 2019)

e) Ministério de Minas e Energia; (Incluída pelo Decreto nº 9.806, de 2019)

f) Ministério do Desenvolvimento Regional; e(Incluída pelo Decreto nº 9.806, de 2019)

g) Secretaria de Governo da Presidência da República; (Incluída pelo Decreto nº 9.806, de 2019)

V – um representante de cada região geográfica do País indicado pelo governo estadual; (Redação dada pelo Decreto nº 9.806, de 2019) (Vide Decreto nº 10.483, de 2020)

VI – dois representantes de Governos municipais, dentre as capitais dos Estados; (Redação dada pelo Decreto nº 9.806, de 2019) (Vide Decreto nº 10.483, de 2020)

VII – quatro representantes de entidades ambientalistas de âmbito nacional inscritas, há, no mínimo, um ano, no Cadastro Nacional de Entidades Ambientalistas -Cnea, mediante carta registrada ou protocolizada junto ao Conama; e(Redação dada pelo Decreto nº 9.806, de 2019) (Vide Decreto nº 10.483, de 2020)

VIII – dois representantes indicados pelas seguintes entidades empresariais: (Redação dada pelo Decreto nº 9.806, de 2019) (Vide Decreto nº 10.483, de 2020)

a) Confederação Nacional da Indústria; (Redação dada pelo Decreto nº 9.806, de 2019)

b) Confederação Nacional do Comércio; (Redação dada pelo Decreto nº 9.806, de 2019)

c) Confederação Nacional de Serviços; (Redação dada pelo Decreto nº 9.806, de 2019)

d) Confederação Nacional da Agricultura; e (Redação dada pelo Decreto nº 9.806, de 2019)

e) Confederação Nacional do Transporte.(Redação dada pelo Decreto nº 9.806, de 2019)

IX – (Revogado pelo Decreto nº 9.806, de 2019)

X – (Revogado pelo Decreto nº 9.806, de 2019)

§ 1º (Revogado pelo Decreto nº 9.806, de 2019)

§ 2º Os representantes a que se referem os incisos IV a VIII do caput e o § 12, os seus respectivos suplentes e o suplente do Presidente do Ibama serão designados pelo Ministro de Estado do Meio Ambiente. (Redação dada pelo Decreto nº 9.938, de 2019)

§ 3º (Revogado pelo Decreto nº 9.806, de 2019)

§ 4º (Revogado pelo Decreto nº 9.806, de 2019)

§ 5º (Revogado pelo Decreto nº 9.806, de 2019)

§ 6º (Revogado pelo Decreto nº 9.806, de 2019)

§ 7º (Revogado pelo Decreto nº 9.806, de 2019)

§ 8º Os representantes a que se referem os incisos V, VI e VIII do caput terão mandato de um ano e serão escolhidos de forma sequencial conforme lista estabelecida por sorteio. (Incluído pelo Decreto nº 9.806, de 2019)

§ 9º Cada entidade ou órgão integrante do Plenário do Conama deverá indicar, além do membro titular, um membro suplente para representá-lo em suas ausências e seus impedimentos. (Incluído pelo Decreto nº 9.806, de 2019)

§ 10. Os representantes a que se refere o inciso VII do caput terão mandato de um ano e serão escolhidos por sorteio anual, vedada a participação das entidades ambientalistas detentoras de mandato. (Incluído pelo Decreto nº 9.806, de 2019)

§ 11. O Distrito Federal será incluído no sorteio do representante dos Governos estaduais da região Centro-Oeste. (Incluído pelo Decreto nº 9.806, de 2019)

§ 12. O Ministério Público Federal poderá indicar um representante, titular e suplente, para participar do Plenário do Conama na qualidade de membro convidado, sem direito a voto. (Incluído pelo Decreto nº 9.939, de 2019)

Art. 6º O Plenário do CONAMA reunir-se-á, em caráter ordinário, a cada três meses, no Distrito Federal, e, extraordinariamente, sempre que convocado pelo seu Presidente, por iniciativa própria ou a requerimento de pelo menos dois terços de seus membros.

§ 1º (Revogado pelo Decreto nº 9.806, de 2019)

§ 2º O Plenário do CONAMA reunir-se-á em sessão pública, com a presença de pelo menos a metade mais um dos seus membros e deliberará por maioria simples dos membros presentes no Plenário, cabendo ao Presidente da sessão, além do voto pessoal, o de qualidade. (Redação dada pelo Decreto nº 3.942, de 2001)

§ 3º O Presidente do Conama será substituído, em suas ausências e seus impedimentos, pelo Secretário-Executivo do Conama. (Redação dada pelo Decreto nº 9.806, de 2019)

§ 4º A participação dos membros do CONAMA é considerada serviço de natureza relevante e não será remunerada, cabendo às instituições representadas o custeio das despesas de deslocamento e estadia.

§ 5º Os representantes de que trata o inciso VII do caput do art. 5º poderão ter as despesas de deslocamento e estada pagas à conta de recursos orçamentários do Ministério do Meio Ambiente.(Redação dada pelo Decreto nº 9.806, de 2019)

Art. 6º-A. (Revogado pelo Decreto nº 9.806, de 2019)

Art. 6º-B. (Revogado pelo Decreto nº 9.806, de 2019)

Art. 6º-C O Conama poderá realizar reuniões regionais, de caráter não deliberativo, com a participação de representantes dos Estados, do Distrito Federal e das capitais dos Estados das respectivas regiões. (Incluído pelo Decreto nº 9.806, de 2019)

SEÇÃO II
DA COMPETÊNCIA DO CONSELHO NACIONAL DO MEIO AMBIENTE

Art. 7º Compete ao CONAMA: (Redação dada pelo Decreto nº 3.942, de 2001)

I – estabelecer, mediante proposta do IBAMA, normas e critérios para o licenciamento de atividades efetiva ou potencialmente poluidoras, a ser concedido pela

União, Estados, Distrito Federal e Municípios e supervisionada pelo referido Instituto; (Redação dada pelo Decreto nº 3.942, de 2001)

II - determinar, quando julgar necessário, a realização de estudos das alternativas e das possíveis conseqüências ambientais de projetos públicos ou privados, requisitando aos órgãos federais, estaduais e municipais, bem assim a entidades privadas, as informações indispensáveis para apreciação dos estudos de impacto ambiental, e respectivos relatórios, no caso de obras ou atividades de significativa degradação ambiental, especialmente nas áreas consideradas patrimônio nacional; (Redação dada pelo Decreto nº 3.942, de 2001)

III - (Revogado pelo Decreto nº 9.806, de 2019)

IV - determinar, mediante representação do IBAMA, a perda ou restrição de benefícios fiscais concedidos pelo Poder Público, em caráter geral ou condicional, e a perda ou suspensão de participação em linhas de financiamento em estabelecimentos oficiais de crédito; (Redação dada pelo Decreto nº 3.942, de 2001)

V - estabelecer, privativamente, normas e padrões nacionais de controle da poluição causada por veículos automotores, aeronaves e embarcações, mediante audiência dos Ministérios competentes; (Redação dada pelo Decreto nº 3.942, de 2001)

VI - estabelecer normas, critérios e padrões relativos ao controle e à manutenção da qualidade do meio ambiente com vistas ao uso racional dos recursos ambientais, principalmente os hídricos; (Redação dada pelo Decreto nº 3.942, de 2001)

VII - assessorar, estudar e propor ao Conselho de Governo diretrizes de políticas governamentais para o meio ambiente e os recursos naturais; (Redação dada pelo Decreto nº 3.942, de 2001)

VIII - deliberar, no âmbito de sua competência, sobre normas e padrões compatíveis com o meio ambiente ecologicamente equilibrado e essencial à sadia qualidade de vida; (Redação dada pelo Decreto nº 3.942, de 2001)

IX - estabelecer os critérios técnicos para declaração de áreas críticas, saturadas ou em vias de saturação; (Redação dada pelo Decreto nº 3.942, de 2001)

X - acompanhar a implementação do Sistema Nacional de Unidades de Conservação da Natureza-SNUC, conforme disposto no inciso I do art. 6º da Lei nº 9.985, de 18 de julho de 2000; (Redação dada pelo Decreto nº 3.942, de 2001)

XI - propor sistemática de monitoramento, avaliação e cumprimento das normas ambientais; (Redação dada pelo Decreto nº 3.942, de 2001)

XII - incentivar a instituição e o fortalecimento institucional dos Conselhos Estaduais e Municipais de Meio Ambiente, de gestão de recursos ambientais e dos Comitês de Bacia Hidrográfica; (Redação dada pelo Decreto nº 3.942, de 2001)

AMBIENTAL

XIII – avaliar a implementação e a execução da política ambiental do País; (Redação dada pelo Decreto nº 3.942, de 2001)

XIV – recomendar ao órgão ambiental competente a elaboração do Relatório de Qualidade Ambiental, previsto no art. 9º inciso X da Lei nº 6.938, de 31 de agosto de 1981; (Redação dada pelo Decreto nº 3.942, de 2001)

XV – estabelecer sistema de divulgação de seus trabalhos; (Incluído pelo Decreto nº 3.942, de 2001)

XVI – promover a integração dos órgãos colegiados de meio ambiente; (Incluído pelo Decreto nº 3.942, de 2001)

XVII – elaborar, aprovar e acompanhar a implementação da Agenda Nacional de Meio Ambiente, a ser proposta aos órgãos e às entidades do SISNAMA, sob a forma de recomendação; (Incluído pelo Decreto nº 3.942, de 2001)

XVIII – deliberar, sob a forma de resoluções, proposições, recomendações e moções, visando o cumprimento dos objetivos da Política Nacional de Meio Ambiente; e (Incluído pelo Decreto nº 3.942, de 2001)

XIX – elaborar o seu regimento interno. (Incluído pelo Decreto nº 3.942, de 2001)

§ 1º As normas e os critérios para o licenciamento de atividades potencial ou efetivamente poluidoras deverão estabelecer os requisitos necessários à proteção ambiental. (Redação dada pelo Decreto nº 3.942, de 2001)

§ 2º As penalidades previstas no inciso IV deste artigo somente serão aplicadas nos casos previamente definidos em ato específico do CONAMA, assegurando-se ao interessado a ampla defesa. (Redação dada pelo Decreto nº 3.942, de 2001)

§ 3º Na fixação de normas, critérios e padrões relativos ao controle e à manutenção da qualidade do meio ambiente, o CONAMA levará em consideração a capacidade de auto-regeneração dos corpos receptores e a necessidade de estabelecer parâmetros genéricos mensuráveis. (Redação dada pelo Decreto nº 3.942, de 2001)

§ 4º A Agenda Nacional de Meio Ambiente de que trata o inciso XVII deste artigo constitui-se de documento a ser dirigido ao SISNAMA, recomendando os temas, programas e projetos considerados prioritários para a melhoria da qualidade ambiental e o desenvolvimento sustentável do País, indicando os objetivos a serem alcançados num período de dois anos. (Incluído pelo Decreto nº 3.942, de 2001)

SEÇÃO III
DAS CÂMARAS TÉCNICAS

Art. 8º O Conama poderá dividir-se em Câmaras Técnicas, para examinar e relatar ao Plenário assuntos de sua competência.

§ 1º A competência, a composição e o prazo de funcionamento de cada uma das Câmaras Técnicas constará do ato do Conama que a criar.

§ 2º (Revogado pelo Decreto nº 9.806, de 2019)

Art. 9º Em caso de urgência, o Presidente do Conama poderá criar Câmaras Técnicas ad referendum do Plenário.

SEÇÃO IV
DO ÓRGÃO CENTRAL

Art. 10. Caberá ao Ministério do Meio Ambiente, por intermédio de sua Secretaria-Executiva, prover os serviços de apoio técnico e administrativo do CONAMA. (Redação dada pelo Decreto nº 3.942, de 2001)

Art. 11. Para atender ao suporte técnico e administrativo do CONAMA, a Secretaria-Executiva do Ministério do Meio Ambiente deverá: (Redação dada pelo Decreto nº 3.942, de 2001)

I – solicitar colaboração, quando necessário, aos órgãos específicos singulares, ao Gabinete e às entidades vinculadas ao Ministério do Meio Ambiente; (Redação dada pelo Decreto nº 3.942, de 2001)

II – coordenar, por meio do Sistema Nacional de Informações sobre o Meio Ambiente-SINIMA, o intercâmbio de informações entre os órgãos integrantes do SISNAMA; e (Redação dada pelo Decreto nº 3.942, de 2001)

III – promover a publicação e divulgação dos atos do CONAMA. (Redação dada pelo Decreto nº 3.942, de 2001)

SEÇÃO V
DA COORDENAÇÃO DOS ÓRGÃOS SECCIONAIS FEDERAIS

Art. 12. Os Órgãos Seccionais, de que trata o art. 3º, inciso V, primeira parte, serão coordenados, no que se referir à Política Nacional do Meio Ambiente, pelo Secretário do Meio Ambiente.

SEÇÃO VI
DOS ÓRGÃOS SECCIONAIS ESTADUAIS E DOS ÓRGÃOS LOCAIS

Art. 13. A integração dos Órgãos Setoriais Estaduais (art. 30, inciso V, segunda parte) e dos Órgãos Locais ao Sisnama, bem assim a delegação de funções do nível federal para o estadual poderão ser objeto de convênios celebrados entre cada Órgão Setorial Estadual e a Semam/PR, admitida a interveniência de Órgãos Setoriais Federais do Sisnama.

CAPÍTULO III
DA ATUAÇÃO DO SISTEMA NACIONAL DO MEIO AMBIENTE

Art. 14. A atuação do Sisnama efetivar-se-á mediante articulação coordenada dos órgãos e entidades que o constituem, observado o seguinte:

I – o acesso da opinião pública às informações relativas às agressões ao meio ambiente e às ações de proteção ambiental, na forma estabelecida pelo Conama; e

II – caberá aos Estados, ao Distrito Federal e aos Municípios a regionalização das medidas emanadas do Sisnama, elaborando normas e padrões supletivos e complementares.

Parágrafo único. As normas e padrões dos Estados, do Distrito Federal e dos Municípios poderão fixar parâmetros de emissão, ejeção e emanação de agentes poluidores, observada a legislação federal.

Art. 15. Os Órgãos Seccionais prestarão ao Conama informações sobre os seus planos de ação e programas em execução, consubstanciadas em relatórios anuais, sem prejuízo de relatórios parciais para atendimento de solicitações específicas.

Parágrafo único. A Semam/PR consolidará os relatórios mencionados neste artigo em um relatório anual sobre a situação do meio ambiente no País, a ser publicado e submetido à consideração do Conama, em sua segunda reunião do ano subseqüente.

Art. 16. O Conama, por intermédio da Semam/PR, poderá solicitar informações e pareceres dos Órgão Seccionais e Locais, justificando, na respectiva requisição, o prazo para o seu atendimento.

1º Nas atividades de licenciamento, fiscalização e controle deverão ser evitadas exigências burocráticas excessivas ou pedidos de informações já disponíveis.

2º Poderão ser requeridos à Semam/PR, bem assim aos Órgãos Executor, Seccionais e Locais, por pessoa física ou jurídica que comprove legítimo interesse, os resultados das análises técnicas de que disponham.

3º Os órgãos integrantes do Sisnama, quando solicitarem ou prestarem informações, deverão preservar o sigilo industrial e evitar a concorrência desleal, correndo o processo, quando for o caso, sob sigilo administrativo, pelo qual será responsável a autoridade dele encarregada.

CAPÍTULO IV
DO LICENCIAMENTO DAS ATIVIDADES

Art. 17. A construção, instalação, ampliação e funcionamento de estabelecimento de atividades utilizadoras de recursos ambientais, consideradas efetiva ou potencialmente poluidoras, bem assim os empreendimentos capazes, sob qualquer forma, de causar degradação ambiental, dependerão de prévio licenciamento do órgão estadual competente integrante do Sisnama, sem prejuízo de outras licenças legalmente exigíveis.

§ 1º Caberá ao Conama fixar os critérios básicos, segundo os quais serão exigidos estudos de impacto ambiental para fins de licenciamento, contendo, entre outros, os seguintes itens:

a) diagnóstico ambiental da área;

b) descrição da ação proposta e suas alternativas; e

c) identificação, análise e previsão dos impactos significativos, positivos e negativos.

2º O estudo de impacto ambiental será realizado por técnicos habilitados e constituirá o Relatório de Impacto Ambiental Rima, correndo as despesas à conta do proponente do projeto.

3º Respeitada a matéria de sigilo industrial, assim expressamente caracterizada a pedido do interessado, o Rima, devidamente fundamentado, será acessível ao público.

4º Resguardado o sigilo industrial, os pedidos de licenciamento, em qualquer das suas modalidades, sua renovação e a respectiva concessão da licença serão objeto de publicação resumida, paga pelo interessado, no jornal oficial do Estado e em um periódico de grande circulação, regional ou local, conforme modelo aprovado pelo Conama.

Art. 18. O órgão estadual do meio ambiente e o Ibama, este em caráter supletivo, sem prejuízo das penalidades pecuniárias cabíveis, determinarão, sempre que necessário, a redução das atividades geradoras de poluição, para manter as emissões gasosas ou efluentes líquidos e os resíduos sólidos nas condições e limites estipulados no licenciamento concedido.

Art. 19. O Poder Público, no exercício de sua competência de controle, expedirá as seguintes licenças:

I – Licença Prévia (LP), na fase preliminar do planejamento de atividade, contendo requisitos básicos a serem atendidos nas fases de localização, instalação e operação, observados os planos municipais, estaduais ou federais de uso do solo;

II – Licença de Instalação (LI), autorizando o início da implantação, de acordo com as especificações constantes do Projeto Executivo aprovado; e

III – Licença de Operação (LO), autorizando, após as verificações necessárias, o início da atividade licenciada e o funcionamento de seus equipamentos de controle de poluição, de acordo com o previsto nas Licenças Prévia e de Instalação.

1º Os prazos para a concessão das licenças serão fixados pelo Conama, observada a natureza técnica da atividade.

2º Nos casos previstos em resolução do Conama, o licenciamento de que trata este artigo dependerá de homologação do Ibama.

3º Iniciadas as atividades de implantação e operação, antes da expedição das respectivas licenças, os dirigentes dos Órgãos Setoriais do Ibama deverão, sob pena de responsabilidade funcional, comunicar o fato às entidades financiadoras dessas atividades, sem prejuízo da imposição de penalidades, medidas administrativas de interdição, judiciais, de embargo, e outras providências cautelares.

4º O licenciamento dos estabelecimentos destinados a produzir materiais nucleares ou a utilizar a energia nuclear e suas aplicações, competirá à Comissão Nacional de Energia Nuclear (CENEN), mediante parecer do Ibama, ouvidos os órgãos de controle ambiental estaduais ou municipais.

5º Excluída a competência de que trata o parágrafo anterior, nos demais casos de competência federal o Ibama expedirá as respectivas licenças, após considerar o exame técnico procedido pelos órgãos estaduais e municipais de controle da poluição.

Art. 20. Caberá recurso administrativo:

I – para o Secretário de Assuntos Estratégicos, das decisões da Comissão Nacional de Energia Nuclear (CNEN); e

II – para o Secretário do Meio Ambiente, nos casos de licenciamento da competência privativa do Ibama, inclusive nos de denegação de certificado homologatório.

Parágrafo único. No âmbito dos Estados, do Distrito Federal e dos Municípios, o recurso de que trata este artigo será interposto para a autoridade prevista na respectiva legislação.

Art. 21. Compete à Semam/PR propor ao Conama a expedição de normas gerais para implantação e fiscalização do licenciamento previsto neste decreto.

1º A fiscalização e o controle da aplicação de critérios, normas e padrões de qualidade ambiental serão exercidos pelo Ibama, em caráter supletivo à atuação dos Órgãos Seccionais Estaduais e dos Órgãos Locais.

2º Inclui-se na competência supletiva do Ibama a análise prévia de projetos, de entidades públicas ou privadas, que interessem à conservação ou à recuperação dos recursos ambientais.

3º O proprietário de estabelecimento ou o seu preposto responsável permitirá, sob a pena da lei, o ingresso da fiscalização no local das atividades potencialmente poluidoras para a inspeção de todas as suas áreas.

4º As autoridades policiais, quando necessário, deverão prestar auxílio aos agentes fiscalizadores no exercício de suas atribuições.

Art. 22. O Ibama, na análise dos projetos submetidos ao seu exame, exigirá, para efeito de aprovação, que sejam adotadas, pelo interessado, medidas capazes de assegurar que as matérias-primas, insumos e bens produzidos tenham padrão de qualidade que elimine ou reduza, o efeito poluente derivado de seu emprego e utilização.

CAPÍTULO V
DOS INCENTIVOS

Art. 23. As entidades governamentais de financiamento ou gestoras de incentivos, condicionarão a sua concessão à comprovação do licenciamento previsto neste decreto.

CAPÍTULO VI
DO CADASTRAMENTO

Art. 24. O Ibama submeterá à aprovação do Conama as normas necessárias à implantação do Cadastro Técnico Federal de Atividades e Instrumentos de Defesa Ambiental.

TÍTULO II
DAS ESTAÇÕES ECOLÓGICAS E DAS ÁREAS DE PROTEÇÃO AMBIENTAL

CAPÍTULO I
DAS ESTAÇÕES ECOLÓGICAS

Art. 25. As Estações Ecológicas Federais serão criadas por Decreto do Poder Executivo, mediante proposta do Secretário do Meio Ambiente, e terão sua administração coordenada pelo Ibama.

§ 1º O ato de criação da Estação Ecológica definirá os seus limites geográficos, a sua denominação, a entidade responsável por sua administração e o zoneamento a que se refere o art. 1º, § 2º, da Lei nº 6.902, de 27 de abril de 1981.

§ 2º Para a execução de obras de engenharia que possam afetar as estações ecológicas, será obrigatória a audiência prévia do Conama.

Art. 26. Nas Estações Ecológicas Federais, o zoneamento a que se refere o art. 1º, § 2º, da Lei nº 6.902, de 1981, será estabelecido pelo Ibama.

Art. 27. Nas áreas circundantes das Unidades de Conservação, num raio de dez quilômetros, qualquer atividade que possa afetar a biota ficará subordinada às normas editadas pelo Conama.

CAPÍTULO II
DAS ÁREAS DE PROTEÇÃO AMBIENTAL

Art. 28. No âmbito federal, compete ao Secretário do Meio Ambiente, com base em parecer do Ibama, propor ao Presidente da República a criação de Áreas de Proteção Ambiental.

Art. 29. O decreto que declarar a Área de Proteção Ambiental mencionará a sua denominação, limites geográficos, principais objetivos e as proibições e restrições de uso dos recursos ambientais nela contidos.

Art. 30. A entidade supervisora e fiscalizadora da Área de Proteção Ambiental deverá orientar e assistir os proprietários, a fim de que os objetivos da legislação pertinente sejam atingidos.

Parágrafo único. Os proprietários de terras abrangidas pelas Áreas de Proteção Ambiental poderão mencionar os nomes destas nas placas indicadoras de propriedade, na promoção de atividades turísticas, bem assim na indicação de procedência dos produtos nela originados.

Art. 31. Serão considerados de relevância e merecedores do reconhecimento público os serviços prestados, por qualquer forma, à causa conservacionista.

Art. 32. As instituições federais de crédito e financiamento darão prioridade aos pedidos encaminhados com apoio da Semam/PR, destinados à melhoria do uso racional do solo e das condições sanitárias e habitacionais das propriedades situadas nas Áreas de Proteção Ambiental.

TÍTULO III
DAS PENALIDADES

Art. 33. Constitui infração, para os efeitos deste decreto, toda ação ou omissão que importe na inobservância de preceitos nele estabelecidos ou na desobediência às determinações de caráter normativo dos órgãos ou das autoridades administrativas competentes.

Art. 34. Serão impostas multas diárias de 61,70 a 6.170 Bônus do Tesouro Nacional (BTN), proporcionalmente à degradação ambiental causada, nas seguintes infrações:

I – contribuir para que um corpo d'água fique em categoria de qualidade inferior à prevista na classificação oficial;

II – contribuir para que a qualidade do ar ambiental seja inferior ao nível mínimo estabelecido em resolução;

III – emitir ou despejar efluentes ou resíduos sólidos, líquidos ou gasosos causadores de degradação ambiental, em desacordo com o estabelecido em resolução ou licença especial;

IV – exercer atividades potencialmente degradadoras do meio ambiente, sem a licença ambiental legalmente exigível ou em desacordo com a mesma;

V – causar poluição hídrica que torne necessária a interrupção do abastecimento público de água de uma comunidade;

VI – causar poluição de qualquer natureza que provoque destruição de plantas cultivadas ou silvestres;

VII – ferir, matar ou capturar, por quaisquer meios, nas Unidades de Conservação, exemplares de espécies consideradas raras da biota regional;

VIII – causar degradação ambiental mediante assoreamento de coleções d'água ou erosão acelerada, nas Unidades de Conservação;

IX – desrespeitar interdições de uso, de passagem e outras estabelecidas administrativamente para a proteção contra a degradação ambiental;

X – impedir ou dificultar a atuação dos agentes credenciados pelo Ibama, para inspecionar situação de perigo potencial ou examinar a ocorrência de degradação ambiental;

XI – causar danos ambientais, de qualquer natureza, que provoquem destruição ou outros efeitos desfavoráveis à biota nativa ou às plantas cultivadas e criações de animais;

XII – descumprir resoluções do Conama.

Art. 35. Serão impostas multas de 308,50 a 6.170 BTN, proporcionalmente à degradação ambiental causada, nas seguintes infrações:

I – realizar em Área de Proteção Ambiental, sem licença do respectivo órgão de controle ambiental, abertura de canais ou obras de terraplanagem, com movimentação de areia, terra ou material rochoso, em volume superior a 100m3, que possam causar degradação ambiental;

II – causar poluição de qualquer natureza que possa trazer danos à saúde ou ameaçar o bem-estar.

Art. 36. Serão impostas multas de 617 a 6.170 BTN nas seguintes infrações:

I – causar poluição atmosférica que provoque a retirada, ainda que momentânea, dos habitantes de um quarteirão urbano ou localidade equivalente;

II – causar poluição do solo que torne uma área, urbana ou rural, imprópria para a ocupação humana;

III – causar poluição de qualquer natureza, que provoque mortandade de mamíferos, aves, répteis, anfíbios ou peixes.

Art. 37. O valor das multas será graduado de acordo com as seguintes circunstâncias:

I – atenuantes:

a) menor grau de compreensão e escolaridade do infrator;

b) reparação espontânea do dano ou limitação da degradação ambiental causada;

c) comunicação prévia do infrator às autoridades competentes, em relação a perigo iminente de degradação ambiental;

d) colaboração com os agentes encarregados da fiscalização e do controle ambiental;

II – agravantes:

a) reincidência específica;

b) maior extensão da degradação ambiental;

c) dolo, mesmo eventual;

d) ocorrência de efeitos sobre a propriedade alheia;

e) infração ocorrida em zona urbana;

f) danos permanentes à saúde humana;

g) atingir área sob proteção legal;

h) emprego de métodos cruéis na morte ou captura de animais.

Art. 38. No caso de infração continuada, caracterizada pela permanência da ação ou omissão inicialmente punida, será a respectiva penalidade aplicada diariamente até cessar a ação degradadora.

Art. 39. Quando a mesma infração for objeto de punição em mais de um dispositivo deste decreto, prevalecerá o enquadramento no item mais específico em relação ao mais genérico.

Art. 40. Quando as infrações forem causadas por menores ou incapazes, responderá pela multa quem for juridicamente responsável pelos mesmos.

Art. 41. A imposição de penalidades pecuniárias, por infrações à legislação ambiental, pelos Estados, pelo Distrito Federal e pelos Municípios, excluirá a exigência de multas federais, na mesma hipótese de incidência. (Redação dada pelo Decreto nº 122, de 1991)

Art. 42. As multas poderão ter a sua exigibilidade suspensa quando o infrator, por termo de compromisso aprovado pela autoridade ambiental que aplicou a penalidade, se obrigar à adoção de medidas específicas para cessar e corrigir a degradação ambiental.

Parágrafo único. Cumpridas as obrigações assumidas pelo infrator, a multa será reduzida em até noventa por cento.

Art. 43. (Revogado pelo Decreto nº 9.806, de 2019)

Art. 44. O Ibama poderá celebrar convênios com entidades oficiais dos Estados, delegando-lhes, em casos determinados, o exercício das atividades de fiscalização e controle.

TÍTULOS IV
DAS DISPOSIÇÕES FINAIS

Art. 45. Este decreto entra em vigor na data de sua publicação.

Art. 46. Revogam-se os Decretos nºs 88.351, de 1º de junho de 1983, 89.532, de 6 de abril de 1984, 91.305, de 3 de junho de 1985, 93.630, de 28 de novembro de 1986, 94.085, de 10 de março de 1987, 94.764 de 11 de agosto de 1987, 94.998, de 5 de outubro de 1987, 96.150 de 13 de junho de 1988, 97.558, de 7 de março de 1989, 97.802, de 5 de junho de 1989, e 98.109, de 31 de agosto de 1989.

Brasília, 6 de junho de 1990; 169º da Independência e 102º da República.

RESOLUÇÃO CONAMA Nº 1, DE 23 DE JANEIRO DE 1986

- DISPÕE SOBRE CRITÉRIOS BÁSICOS E DIRETRIZES GERAIS PARA A AVALIAÇÃO DE IMPACTO AMBIENTAL.

O Conselho Nacional do Meio Ambiente - CONAMA, no uso das atribuições que lhe confere o art. 48 do Decreto nº 88.351, de 1º de junho de 1983, para efetivo exercício das responsabilidades que lhe são atribuídas pelo art. 18 do mesmo decreto, e

Considerando a necessidade de se estabelecerem as definições, as responsabilidades, os critérios básicos e as diretrizes gerais para uso e implementação da Avaliação de Impacto Ambiental como um dos instrumentos da Política Nacional do Meio Ambiente,

Resolve:

Art. 1º Para efeito desta Resolução, considera-se impacto ambiental qualquer alteração das propriedades físicas, químicas e biológicas do meio ambiente, causada por qualquer forma de matéria ou energia resultante das atividades humanas que, direta ou indiretamente, afetam:

I - a saúde, a segurança e o bem-estar da população;

II - as atividades sociais e econômicas;

III - a biota;

IV - as condições estéticas e sanitárias do meio ambiente;

V - a qualidade dos recursos ambientais.

Art. 2º Dependerá de elaboração de estudo de impacto ambiental e respectivo relatório de impacto ambiental - RIMA, a serem submetidos à aprovação do órgão estadual competente, e do SEMA em caráter supletivo, o licenciamento de atividades modificadoras do meio ambiente, tais como:

I - Estradas de rodagem com duas ou mais faixas de rolamento;

II - Ferrovias;

III - Portos e terminais de minério, petróleo e produtos químicos;

IV - Aeroportos, conforme definidos pelo inciso I, art. 48, do Decreto-Lei nº 32, de 18.11.1966;

V - Oleodutos, gasodutos, minerodutos, troncos coletores e emissários de esgotos sanitários;

VI - Linhas de transmissão de energia elétrica, acima de 230 Kv;

VII - Obras hidráulicas para exploração de recursos hídricos, tais como: barragem para fins hidrelétricos, acima de 10 MW, de saneamento ou de irrigação, abertura de canais para navegação, drenagem e irrigação, retificação de cursos d'água, abertura de barras e embocaduras, transposição de bacias, diques;

VIII - Extração de combustível fóssil (petróleo, xisto, carvão);

IX - Extração de minério, inclusive os da classe II, definidas no Código de Mineração;

X - Aterros sanitários, processamento e destino final de resíduos tóxicos ou perigosos;

XI - Usinas de geração de eletricidade, qualquer que seja a fonte de energia primária, acima de 10 MW;

XII - Complexo e unidades industriais e agroindustriais (petroquímicos, siderúrgicos, cloroquímicos, destilarias de álcool, hulha, extração e cultivo de recursos hídricos);

XIII - Distritos industriais e zonas estritamente industriais - ZEI;

XIV - Exploração econômica de madeira ou de lenha, em áreas acima de 100 hectares ou menores, quando atingir áreas significativas em termos percentuais ou de importância do ponto de vista ambiental;

XV - Projetos urbanísticos, acima de 100 ha ou em áreas consideradas de relevante interesse ambiental a critério da SEMA e dos órgãos municipais e estaduais competentes;

XVI - Qualquer atividade que utilizar carvão vegetal, derivados ou produtos similares, em quantidade superior a dez toneladas por dia. (Redação dada ao inciso pela Resolução CONAMA nº 11, de 18.03.1986, DOU 02.05.1986)

XVII - Projetos Agropecuários que contemplem áreas acima de 1.000 ha ou menores, neste caso, quando se tratar de áreas significativas em termos percentuais ou de importância do ponto de vista ambiental, inclusive nas áreas de proteção ambiental. (Inciso acrescentado pela Resolução CONAMA nº 11, de 18.03.1986, DOU 02.05.1986)

Art. 3º (Revogado pela Resolução CONAMA nº 237, de 19.12.1997, DOU 22.12.1997)

Art. 4º Os órgãos ambientais competentes e os órgãos setoriais do SISNAMA deverão compatibilizar os processos de licenciamento com as etapas de planejamento e implantação das atividades modificadoras do meio Ambiente, respeitados os critérios e diretrizes estabelecidos por esta Resolução e tendo por base a natureza, o porte e as peculiaridades de cada atividade.

Art. 5º O estudo de impacto ambiental, além de atender à legislação, em especial os princípios e objetivos expressos na Lei de Política Nacional do Meio Ambiente, obedecerá às seguintes diretrizes gerais:

I - Contemplar todas as alternativas tecnológicas e de localização do projeto, confrontando-as com a hipótese de não execução do projeto;

II - Identificar e avaliar sistematicamente os impactos ambientais gerados nas fases de implantação e operação da atividade;

III - Definir os limites da área geográfica a ser direta ou indiretamente afetada pelos impactos, denominada área de influência do projeto, considerando, em todos os casos, a bacia hidrográfica na qual se localiza;

IV - Considerar os planos e programas governamentais, propostos e em implantação na área de influência do projeto, e sua compatibilidade.

Parágrafo único. Ao determinar a execução do estudo de impacto ambiental, o órgão estadual competente, ou a SEMA ou, quando couber, o Município, fixará as diretrizes adicionais que, pelas peculiaridades do projeto e características ambientais da área, forem julgadas necessárias, inclusive os prazos para conclusão e análise dos estudos.

Art. 6º O estudo de impacto ambiental desenvolverá, no mínimo, as seguintes atividades técnicas:

I - Diagnóstico ambiental da área de influência do projeto completa descrição e análise dos recursos ambientais e suas interações, tal como existem, de modo a caracterizar a situação ambiental da área, antes da implantação do projeto, considerando:

a) o meio físico – o subsolo, as águas, o ar e o clima, destacando os recursos minerais, a topografia, os tipos e aptidões do solo, os corpos d'água, o regime hidrológico, as correntes marinhas, as correntes atmosféricas;

b) o meio biológico e os ecossistemas naturais – a fauna e a flora, destacando as espécies indicadoras da qualidade ambiental, de valor científico e econômico, raras e ameaçadas de extinção e as áreas de preservação permanente;

c) o meio socioeconômico – o uso e ocupação do solo, os usos da água e a sócio economia, destacando os sítios e monumentos arqueológicos, históricos e culturais da comunidade, as relações de dependência entre a sociedade local, os recursos ambientais e a potencial utilização futura desses recursos.

II – Análise dos impactos ambientais do projeto e de suas alternativas, através de identificação, previsão da magnitude e interpretação da importância dos prováveis impactos relevantes, discriminando: os impactos positivos e negativos (benéficos e adversos), diretos e indiretos, imediatos e a médio e longo prazos, temporários e permanentes; seu grau de reversibilidade; suas propriedades cumulativas e sinérgicas; a distribuição dos ônus e benefícios sociais.

III – Definição das medidas mitigadoras dos impactos negativos, entre elas os equipamentos de controle e sistemas de tratamento de despejos, avaliando a eficiência de cada uma delas.

IV – Elaboração do programa de acompanhamento e monitoramento dos impactos positivos e negativos, indicando os fatores e parâmetros a serem considerados.

Parágrafo único. Ao determinar a execução do estudo de impacto ambiental, o órgão estadual competente, ou a SEMA ou, quando couber, o Município fornecerá as instruções adicionais que se fizerem necessárias, pelas peculiaridades do projeto e características ambientais da área.

Art. 7º (Revogado pela Resolução CONAMA nº 237, de 19.12.1997, DOU 22.12.1997)

Art. 8º Correrão por conta do proponente do projeto todas as despesas e custos referentes à realização do estudo de impacto ambiental, tais como: coleta e aquisição dos dados e informações, trabalhos e inspeções de campo, análises de laboratório, estudos técnicos e científicos e acompanhamento e monitoramento dos impactos, elaboração do RIMA e fornecimento de pelo menos 5 (cinco) cópias.

Art. 9º O relatório de impacto ambiental – RIMA refletirá as conclusões do estudo de impacto ambiental e conterá, no mínimo:

I – Os objetivos e justificativas do projeto, sua relação e compatibilidade com as políticas setoriais, planos e programas governamentais;

II – A descrição do projeto e suas alternativas tecnológicas e locacionais, especificando para cada um deles, nas fases de construção e operação a área de influência, as matérias primas, e mão-de-obra, as fontes de energia, os processos e técnicas operacionais, os prováveis efluentes, emissões, resíduos e perdas de energia, os empregos diretos e indiretos a serem gerados;

III – A síntese dos resultados dos estudos de diagnósticos ambiental da área de influência do projeto;

IV – A descrição dos prováveis impactos ambientais da implantação e operação da atividade, considerando o projeto, suas alternativas, os horizontes de tempo de incidência dos impactos e indicando os métodos, técnicas e critérios adotados para sua identificação, quantificação e interpretação;

V – A caracterização da qualidade ambiental futura da área de influência, comparando as diferentes situações da adoção do projeto e suas alternativas, bem como com a hipótese de sua não realização;

VI – A descrição do efeito esperado das medidas mitigadoras previstas em relação aos impactos negativos, mencionando aqueles que não puderem ser evitados, e o grau de alteração esperado;

VII – O programa de acompanhamento e monitoramento dos impactos;

VIII – Recomendação quanto à alternativa mais favorável (conclusões e comentários de ordem geral).

Parágrafo único. O RIMA deve ser apresentado de forma objetiva e adequada à sua compreensão. As informações devem ser traduzidas em linguagem acessível, ilustradas por mapas, cartas, quadros, gráficos e demais técnicas de comunicação visual, de modo que se possam entender as vantagens e desvantagens do projeto, bem como todas as consequências ambientais de sua implementação.

Art. 10. O órgão estadual competente, ou a SEMA ou, quando couber, o Município terá um prazo para se manifestar de forma conclusiva sobre o RIMA apresentado.

Parágrafo único. O prazo a que se refere o caput deste artigo terá o seu termo inicial na data do recebimento pelo órgão estadual competente ou pela SEMA do estudo do impacto ambiental e seu respectivo RIMA.

Art. 11. Respeitado o sigilo industrial, assim solicitando e demonstrando pelo interessado o RIMA será acessível ao público. Suas cópias permanecerão à disposição dos interessados, nos centros de documentação ou bibliotecas da SEMA e do órgão estadual de controle ambiental correspondente, inclusive durante o período de análise técnica.

§ 1º Os órgãos públicos que manifestarem interesse, ou tiverem relação direta com o projeto, receberão cópia do RIMA, para conhecimento e manifestação.

§ 2º Ao determinar a execução do estudo de impacto ambiental e apresentação do RIMA, o órgão estadual competente ou a SEMA ou, quando couber o Município, determinará o prazo para recebimento dos comentários a serem feitos pelos órgãos públicos e demais interessados e, sempre que julgar necessário, promoverá a realização de audiência pública para informação sobre o projeto e seus impactos ambientais e discussão do RIMA.

Art. 12. Esta Resolução entra em vigor na data de sua publicação.

RESOLUÇÃO CONAMA Nº 237, DE 19 DE DEZEMBRO DE 1997

- DISPÕE SOBRE CONCEITOS, SUJEIÇÃO, E PROCEDIMENTO PARA OBTENÇÃO DE LICENCIAMENTO AMBIENTAL.

O Conselho Nacional do Meio Ambiente – CONAMA, no uso das atribuições e competências que lhe são conferidas pela Lei nº 6.938, de 31 de agosto de 1981, regulamentadas pelo Decreto nº 99.274, de 06 de junho de 1990, e tendo em vista o disposto em seu Regimento Interno, e

Considerando a necessidade de revisão dos procedimentos e critérios utilizados no licenciamento ambiental, de forma a efetivar a utilização do sistema de licenciamento como instrumento de gestão ambiental, instituído pela Política Nacional do Meio Ambiente;

Considerando a necessidade de se incorporar ao sistema de licenciamento ambiental os instrumentos de gestão ambiental, visado o desenvolvimento sustentável e a melhoria contínua;

Considerando as diretrizes estabelecidas na Resolução CONAMA nº 011/94, que determina a necessidade de revisão no sistema de licenciamento ambiental;

Considerando a necessidade de regulamentação de aspectos do licenciamento ambiental estabelecidos na Política Nacional de Meio Ambiente que ainda não foram definidos;

Considerando a necessidade de ser estabelecido critério para exercício da competência para o licenciamento a que se refere o artigo 10 da Lei nº 6.938, de 31 de agosto de 1981;

Considerando a necessidade de se integrar a atuação dos órgãos competentes do Sistema Nacional de Meio Ambiente – SISNAMA na execução da Política Nacional do Meio Ambiente, em conformidade com as respectivas competências, resolve:

Art. 1º. Para efeito desta Resolução são adotadas as seguintes definições:

I – Licenciamento Ambiental: procedimento administrativo pelo qual o órgão ambiental competente licencia a localização, instalação, ampliação e a operação de empreendimentos e atividades utilizadoras de recursos ambientais consideradas efetiva ou potencialmente poluidoras ou daquelas que, sob qualquer forma, possam causar degradação ambiental, considerando as disposições legais e regulamentares e as normas técnicas aplicáveis ao caso;

II – Licença Ambiental: ato administrativo pelo qual o órgão ambiental competente estabelece as condições, restrições e medidas de controle ambiental que deverão ser obedecidas pelo empreendedor, pessoa física ou jurídica, para localizar, instalar, ampliar e operar empreendimentos ou atividades utilizadoras dos recursos ambientais consideradas efetiva ou potencialmente poluidoras ou aquelas que, sob qualquer forma, possam causar degradação ambiental;

III – Estudos Ambientais: são todos e quaisquer estudos relativos aos aspectos ambientais relacionados à localização, instalação, operação e ampliação de uma atividade ou empreendimento, apresentado como subsídio para a análise da licença requerida, tais como: relatório ambiental, plano e projeto de controle ambiental, relatório ambiental preliminar, diagnóstico ambiental, plano de manejo, plano de recuperação de área degradada e análise preliminar de risco;

IV – Impacto Ambiental Regional: é todo e qualquer impacto ambiental que afete diretamente (área de influência direta do projeto), no todo ou em parte, o território de dois ou mais Estados.

Art. 2º. A localização, construção, instalação, ampliação, modificação e operação de empreendimentos e atividades utilizadoras de recursos ambientais consideradas efetiva ou potencialmente poluidoras, bem como os empreendimentos capazes, sob qualquer forma, de causar degradação ambiental, dependerão de prévio licenciamento do órgão ambiental competente, sem prejuízo de outras licenças legalmente exigíveis.

§ 1º. Estão sujeitos ao licenciamento ambiental os empreendimentos e as atividades relacionadas no Anexo I, parte integrante desta Resolução.

§ 2º. Caberá ao órgão ambiental competente definir os critérios de exigibilidade, o detalhamento e a complementação do Anexo I, levando em consideração as especificidades, os riscos ambientais, o porte e outras características do empreendimento ou atividade.

Art. 3º. A licença ambiental para empreendimentos e atividades consideradas efetiva ou potencialmente causadoras de significativa degradação do meio dependerá de prévio estudo de impacto ambiental e respectivo relatório de impacto sobre o meio ambiente (EIA/RIMA), ao qual dar-se-á publicidade, garantida a realização de audiências públicas, quando couber, de acordo com a regulamentação.

Parágrafo único. O órgão ambiental competente, verificando que a atividade ou empreendimento não é potencialmente causador de significativa degradação do meio ambiente, definirá os estudos ambientais pertinentes ao respectivo processo de licenciamento.

Art. 4º. Compete ao Instituto Brasileiro do Meio Ambiente e dos Recursos Naturais Renováveis - IBAMA, órgão executor do SISNAMA, o licenciamento ambiental, a que se refere o artigo 10 da Lei nº 6.938, de 31 de agosto de 1981, de empreendimentos e atividades com significativo impacto ambiental de âmbito nacional ou regional, a saber:

I – localizadas ou desenvolvidas conjuntamente no Brasil e em país limítrofe; no mar territorial; na plataforma continental; na zona econômica exclusiva; em terras indígenas ou em unidades de conservação do domínio da União;

II – localizadas ou desenvolvidas em dois ou mais Estados;

III – cujos impactos ambientais diretos ultrapassem os limites territoriais do País ou de um ou mais Estados;

IV – destinados a pesquisar, lavrar, produzir, beneficiar, transportar, armazenar e dispor material radioativo, em qualquer estágio, ou que utilizem energia nuclear em qualquer de suas formas e aplicações, mediante parecer da Comissão Nacional de Energia Nuclear - CNEN;

V – bases ou empreendimentos militares, quando couber, observada a legislação específica.

§ 1º. O IBAMA fará o licenciamento de que trata este artigo após considerar o exame técnico procedido pelos órgãos ambientais dos Estados e Municípios em que se localizar a atividade ou empreendimento, bem como, quando couber, o parecer dos demais órgãos competentes da União, dos Estados, do Distrito Federal e dos Municípios, envolvidos no procedimento de licenciamento.

§ 2º. O IBAMA, ressalvada sua competência supletiva, poderá delegar aos Estados o licenciamento de atividade com significativo impacto ambiental de âmbito regional, uniformizando, quando possível, as exigências.

Art. 5º. Compete ao órgão ambiental estadual ou do Distrito Federal o licenciamento ambiental dos empreendimentos e atividades:

I – localizados ou desenvolvidos em mais de um Município ou em unidades de conservação de domínio estadual ou do Distrito Federal;

II – localizados ou desenvolvidos nas florestas e demais formas de vegetação natural de preservação permanente relacionadas no artigo 2º da Lei nº 4.771, de 15 de setembro de 1965, e em todas as que assim forem consideradas por normas federais, estaduais ou municipais;

III – cujos impactos ambientais diretos ultrapassem os limites territoriais de um ou mais Municípios;

IV – delegados pela União aos Estados ou ao Distrito Federal, por instrumento legal ou convênio.

Parágrafo único. O órgão ambiental estadual ou do Distrito Federal fará o licenciamento de que trata este artigo após considerar o exame técnico procedido pelos órgãos ambientais dos Municípios em que se localizar a atividade ou empreendimento, bem como, quando couber, o parecer dos demais órgãos competentes da União, dos Estados, do Distrito Federal e dos Municípios, envolvidos no procedimento de licenciamento.

Art. 6º. Compete ao órgão ambiental municipal, ouvidos os órgãos competentes da União, dos Estados e do Distrito Federal, quando couber, o licenciamento ambiental de empreendimentos e atividades de impacto ambiental local e daquelas que lhe forem delegadas pelo Estado por instrumento legal ou convênio.

Art. 7º. Os empreendimentos e atividades serão licenciados em um único nível de competência, conforme estabelecido nos artigos anteriores.

Art. 8º. O Poder Público, no exercício de sua competência de controle, expedirá as seguintes licenças:

I – Licença Prévia (LP) – concedida na fase preliminar do planejamento do empreendimento ou atividade aprovando sua localização e concepção, atestando a viabilidade ambiental e estabelecendo os requisitos básicos e condicionantes, a serem atendidos nas próximas fases de sua implementação;

II – Licença de Instalação (LI) – autoriza a instalação do empreendimento ou atividade de acordo com as especificações constantes dos planos, programas e projetos aprovados, incluindo as medidas de controle ambiental e demais condicionantes da qual constituem motivo determinante;

III – Licença de Operação (LO) – autoriza a operação da atividade ou empreendimento, após a verificação do efetivo cumprimento do que consta das licenças anteriores, com as medidas de controle ambiental e condicionantes determinados para a operação.

Parágrafo único. As licenças ambientais poderão ser expedidas isolada ou sucessivamente, de acordo com a natureza, características e fase do empreendimento ou atividade.

Art. 9º. O CONAMA definirá, quando necessário, licenças ambientais específicas, observadas a natureza, características e peculiaridades da atividade ou empreendimento e, ainda, a compatibilização do processo de licenciamento com as etapas de planejamento, implantação e operação.

Art. 10. O procedimento de licenciamento ambiental obedecerá às seguintes etapas:

I – definição pelo órgão ambiental competente, com a participação do empreendedor, dos documentos, projetos e estudos ambientais, necessários ao início do processo de licenciamento correspondente à licença a ser requerida;

II – requerimento da licença ambiental pelo empreendedor, acompanhado dos documentos, projetos e estudos ambientais pertinentes, dando-se a devida publicidade;

III – análise pelo órgão ambiental competente, integrante do SISNAMA, dos documentos, projetos e estudos ambientais apresentados e a realização de vistorias técnicas, quando necessárias;

IV – solicitação de esclarecimentos e complementações pelo órgão ambiental competente, integrante do SISNAMA, uma única vez, em decorrência da análise dos documentos, projetos e estudos ambientais apresentados, quando couber, podendo haver a reiteração da mesma solicitação caso os esclarecimentos e complementações não tenham sido satisfatórios;

V – audiência pública, quando couber, de acordo com a regulamentação pertinente;

VI – solicitação de esclarecimentos e complementações pelo órgão ambiental competente, decorrente de audiências públicas, quando couber, podendo haver reiteração da solicitação quando os esclarecimentos e complementações não tenham sido satisfatórios;

VII – emissão de parecer técnico conclusivo e, quando couber, parecer jurídico;

VIII – deferimento ou indeferimento do pedido de licença, dando-se a devida publicidade.

§ 1º. No procedimento de licenciamento ambiental deverá constar, obrigatoriamente, a certidão da Prefeitura Municipal, declarando que o local e o tipo de empreendimento ou atividade estão em conformidade com a legislação aplicável ao uso e ocupação do solo e, quando for o caso, a autorização para supressão de vegetação e a outorga para o uso da água, emitidas pelos órgãos competentes.

§ 2º. No caso de empreendimentos e atividades sujeitos ao estudo do impacto ambiental – EIA, se verificada a necessidade de nova complementação em decorrência de esclarecimentos já prestados, conforme incisos IV e VI, o órgão ambiental competente, mediante decisão motivada e com a participação do empreendedor, poderá formular novo pedido de complementação.

Art. 11. Os estudos necessários ao processo de licenciamento deverão ser realizados por profissionais legalmente habilitados, às expensas do empreendedor.

Parágrafo único. O empreendedor e os profissionais que subscrevem os estudos previstos no caput deste artigo serão responsáveis pelas informações apresentadas, sujeitando-se às sanções administrativas, civis e penais.

Art. 12. O órgão ambiental competente definirá, se necessário, procedimentos específicos para as licenças ambientais, observadas a natureza, características e peculiaridades da atividade ou empreendimento e, ainda, a compatibilização do processo de licenciamento com as etapas de planejamento, implantação e operação.

§ 1º. Poderão ser estabelecidos procedimentos simplificados para as atividades e empreendimentos de pequeno potencial de impacto ambiental, que deverão ser aprovados pelos respectivos Conselhos de Meio Ambiente.

§ 2º. Poderá ser admitido um único processo de licenciamento ambiental para pequenos empreendimentos e atividades similares e vizinhos ou para aqueles integrantes de planos de desenvolvimento aprovados, previamente, pelo órgão governamental competente, desde que definida a responsabilidade legal pelo conjunto de empreendimentos ou atividades.

§ 3º. Deverão ser estabelecidos critérios para agilizar e simplificar os procedimentos de licenciamento ambiental das atividades e empreendimentos que implementem planos e programas voluntários de gestão ambiental, visando a melhoria contínua e o aprimoramento do desempenho ambiental.

Art. 13. O custo de análise para a obtenção da licença ambiental deverá ser estabelecido por dispositivo legal, visando o ressarcimento, pelo empreendedor, das despesas realizadas pelo órgão ambiental competente.

Parágrafo único. Facultar-se-á ao empreendedor acesso à planilha de custos realizados pelo órgão ambiental para a análise da licença.

Art. 14. O órgão ambiental competente poderá estabelecer prazos de análise diferenciados para cada modalidade de licença (LP, LI e LO), em função das peculiaridades da atividade ou empreendimento, bem como para a formulação de exigências complementares, desde que observado o prazo máximo de 6 (seis) meses a contar do ato de protocolar o requerimento até seu deferimento ou indeferimento, ressalvados os casos em que houver EIA/RIMA e/ou audiência pública, quando o prazo será de até 12 (doze) meses.

§ 1º. A contagem do prazo previsto no caput deste artigo será suspensa durante a elaboração dos estudos ambientais complementares ou preparação de esclarecimentos pelo empreendedor.

§ 2º. Os prazos estipulados no caput poderão ser alterados, desde que justificados e com a concordância do empreendedor e do órgão ambiental competente.

Art. 15. O empreendedor deverá atender à solicitação de esclarecimentos e complementações formuladas pelo órgão ambiental competente, dentro do prazo máximo de 4 (quatro) meses, a contar do recebimento da respectiva notificação.

Parágrafo único. O prazo estipulado no caput poderá ser prorrogado, desde que justificado e com a concordância do empreendedor e do órgão ambiental competente.

Art. 16. O não cumprimento dos prazos estipulados nos artigos 14 e 15, respectivamente, sujeitará o licenciamento à ação do órgão que detenha competência para atuar supletivamente e o empreendedor ao arquivamento de seu pedido de licença.

Art. 17. O arquivamento do processo de licenciamento não impedirá a apresentação de novo requerimento de licença, que deverá obedecer aos procedimentos estabelecidos no artigo 10, mediante novo pagamento de custo de análise.

Art. 18. O órgão ambiental competente estabelecerá os prazos de validade de cada tipo de licença, especificando-os no respectivo documento, levando em consideração os seguintes aspectos:

I – o prazo de validade da Licença de Prévia (LP) deverá ser, no mínimo, o estabelecido pelo cronograma de elaboração dos planos, programas e projetos relativos ao empreendimento ou atividade, não podendo ser superior a 5 (cinco) anos;

II – o prazo de validade da Licença de Instalação (LI) deverá ser, no mínimo, o estabelecido pelo cronograma de instalação do empreendimento ou atividade, não podendo ser superior a 6 (seis) anos;

III – o prazo de validade da Licença de Operação (LO) deverá considerar os planos de controle ambiental e será de, no mínimo, 4 (quatro) anos e, no máximo, 10 (dez) anos.

§ 1º. A Licença Prévia (LP) e a Licença de Instalação (LI) poderão ter os prazos de validade prorrogados, desde que não ultrapassem os prazos máximos estabelecidos nos incisos I e II.

§ 2º. O órgão ambiental competente poderá estabelecer prazos de validade específicos para a Licença de Operação (LO) de empreendimentos ou atividades que, por sua natureza e peculiaridades, estejam sujeitos a encerramento ou modificação em prazos inferiores.

§ 3º. Na renovação da Licença de Operação (LO) de uma atividade ou empreendimento, o órgão ambiental competente poderá, mediante decisão motivada, aumentar ou diminuir o seu prazo de validade, após avaliação do desempenho ambiental da atividade ou empreendimento no período de vigência anterior, respeitados os limites estabelecidos no inciso III.

§ 4º. A renovação da Licença de Operação (LO) de uma atividade ou empreendimento deverá ser requerida com antecedência mínima de 120 (cento e vinte) dias da expiração de seu prazo de validade, fixado na respectiva licença, ficando este automaticamente prorrogado até a manifestação definitiva do órgão ambiental competente.

Art. 19. O órgão ambiental competente, mediante decisão motivada, poderá modificar os condicionantes e as medidas de controle e adequação, suspender ou cancelar uma licença expedida, quando ocorrer:

I – violação ou inadequação de quaisquer condicionantes ou normas legais;

II – omissão ou falsa descrição de informações relevantes que subsidiaram a expedição da licença;

III – superveniência de graves riscos ambientais e de saúde.

Art. 20. Os entes federados, para exercerem suas competências licenciatórias, deverão ter implementados os Conselhos de Meio Ambiente, com caráter deliberativo e participação social e, ainda, possuir em seus quadros ou a sua disposição profissionais legalmente habilitados.

Art. 21. Esta Resolução entra em vigor na data de sua publicação, aplicando seus efeitos aos processos de licenciamento em tramitação nos órgãos ambientais competentes, revogadas as disposições em contrário, em especial os artigo 3º e 7º da Resolução CONAMA nº 001, de 23 de janeiro de 1986.

Gustavo Krause Gonçalves Sobrinho – Presidente do Conselho

Raimundo Deusdará Filho – Secretário Executivo

ANEXO I
ATIVIDADES OU EMPREENDIMENTOS SUJEITOS AO LICENCIAMENTO AMBIENTAL

Extração e tratamento de minerais

– pesquisa mineral com guia de utilização

– lavra a céu aberto, inclusive de aluvião, com ou sem beneficiamento

– lavra subterrânea com ou sem beneficiamento

– lavra garimpeira

– perfuração de poços e produção de petróleo e gás natural

Indústria de produtos minerais não metálicos

– beneficiamento de minerais não metálicos, não associados à extração

- fabricação e elaboração de produtos minerais não metálicos tais como: produção de material cerâmico, cimento, gesso, amianto e vidro, entre outros

Indústria metalúrgica

- fabricação de aço e de produtos siderúrgicos

- produção de fundidos de ferro e aço/forjados/arames/relaminados com ou sem tratamento de superfície, inclusive galvanoplastia

- metalurgia dos metais não-ferrosos, em formas primárias e secundárias, inclusive ouro

- produção de laminados/ligas/artefatos de metais não-ferrosos com ou sem tratamento de superfície, inclusive galvanoplastia

- relaminação de metais não-ferrosos, inclusive ligas

- produção de soldas e anodos

- metalurgia de metais preciosos

- metalurgia do pó, inclusive peças moldadas

- fabricação de estruturas metálicas com ou sem tratamento de superfície, inclusive galvanoplastia

- fabricação de artefatos de ferro/aço e de metais não-ferrosos com ou sem tratamento de superfície, inclusive galvanoplastia

- têmpera e cementação de aço, recozimento de arames, tratamento de superfície

Indústria mecânica

- fabricação de máquinas, aparelhos, peças, utensílios e acessórios com e sem tratamento térmico e/ou de superfície

Indústria de material elétrico, eletrônico e comunicações

- fabricação de pilhas, baterias e outros acumuladores

- fabricação de material elétrico, eletrônico e equipamentos para telecomunicação e informática

- fabricação de aparelhos elétricos e eletrodomésticos

Indústria de material de transporte

- fabricação e montagem de veículos rodoviários e ferroviários, peças e acessórios

- fabricação e montagem de aeronaves

– fabricação e reparo de embarcações e estruturas flutuantes

Indústria de madeira

– serraria e desdobramento de madeira

– preservação de madeira

– fabricação de chapas, placas de madeira aglomerada, prensada e compensada

– fabricação de estruturas de madeira e de móveis

Indústria de papel e celulose

– fabricação de celulose e pasta mecânica

– fabricação de papel e papelão

– fabricação de artefatos de papel, papelão, cartolina, cartão e fibra prensada

Indústria de borracha

– beneficiamento de borracha natural

– fabricação de câmara de ar e fabricação e recondicionamento de pneumáticos

– fabricação de laminados e fios de borracha

– fabricação de espuma de borracha e de artefatos de espuma de borracha, inclusive látex

Indústria de couros e peles

– secagem e salga de couros e peles

– curtimento e outras preparações de couros e peles

– fabricação de artefatos diversos de couros e peles

– fabricação de cola animal

Indústria química

– produção de substâncias e fabricação de produtos químicos

– fabricação de produtos derivados do processamento de petróleo, de rochas betuminosas e da madeira

– fabricação de combustíveis não derivados de petróleo

– produção de óleos/gorduras/ceras vegetais-animais/óleos essenciais vegetais e outros produtos da destilação da madeira

– fabricação de resinas e de fibras e fios artificiais e sintéticos e de borracha e látex sintéticos

– fabricação de pólvora/explosivos/detonantes/munição para caça-desporto, fósforo de segurança e artigos pirotécnicos

– recuperação e refino de solventes, óleos minerais, vegetais e animais

– fabricação de concentrados aromáticos naturais, artificiais e sintéticos

– fabricação de preparados para limpeza e polimento, desinfetantes, inseticidas, germicidas e fungicidas

– fabricação de tintas, esmaltes, lacas, vernizes, impermeabilizantes, solventes e secantes

– fabricação de fertilizantes e agroquímicos

– fabricação de produtos farmacêuticos e veterinários

– fabricação de sabões, detergentes e velas

– fabricação de perfumarias e cosméticos

– produção de álcool etílico, metanol e similares

Indústria de produtos de matéria plástica

– fabricação de laminados plásticos

– fabricação de artefatos de material plástico

Indústria têxtil, de vestuário, calçados e artefatos de tecidos

– beneficiamento de fibras têxteis, vegetais, de origem animal e sintéticos

– fabricação e acabamento de fios e tecidos

– tingimento, estamparia e outros acabamentos em peças do vestuário e artigos diversos de tecidos

– fabricação de calçados e componentes para calçados

Indústria de produtos alimentares e bebidas

– beneficiamento, moagem, torrefação e fabricação de produtos alimentares

– matadouros, abatedouros, frigoríficos, charqueadas e derivados de origem animal

– fabricação de conservas

– preparação de pescados e fabricação de conservas de pescados

– preparação, beneficiamento e industrialização de leite e derivados

– fabricação e refinação de açúcar.

– refino/preparação de óleo e gorduras vegetais

– produção de manteiga, cacau, gorduras de origem animal para alimentação

– fabricação de fermentos e leveduras

– fabricação de rações balanceadas e de alimentos preparados para animais

– fabricação de vinhos e vinagre

– fabricação de cervejas, chopes e maltes

– fabricação de bebidas não alcoólicas, bem como engarrafamento e gaseificação de águas minerais

– fabricação de bebidas alcoólicas

Indústria de fumo

– fabricação de cigarros/charutos/cigarrilhas e outras atividades de beneficiamento do fumo

Indústrias diversas

– usinas de produção de concreto

– usinas de asfalto

– serviços de galvanoplastia

Obras civis

– rodovias, ferrovias, hidrovias, metropolitanos

– barragens e diques

– canais para drenagem

– retificação de curso de água

– abertura de barras, embocaduras e canais

– transposição de bacias hidrográficas

– outras obras de arte.

Serviços de utilidade

- produção de energia termelétrica

- transmissão de energia elétrica

- estações de tratamento de água

- interceptores, emissários, estação elevatória e tratamento de esgoto sanitário

- tratamento e destinação de resíduos industriais (líquidos e sólidos)

- tratamento/disposição de resíduos especiais, tais como: de agroquímicos e suas embalagens usadas e de serviço de saúde, entre outros

- tratamento e destinação de resíduos sólidos urbanos, inclusive aqueles provenientes de fossas

- dragagem e derrocamentos em corpos d'água

- recuperação de áreas contaminadas ou degradadas

Transporte, terminais e depósitos

- transporte de cargas perigosas

- transporte por dutos

- marinas, portos e aeroportos

- terminais de minério, petróleo e derivados e produtos químicos

- depósitos de produtos químicos e produtos perigosos

Turismo

- complexos turísticos e de lazer, inclusive parques temáticos e autódromos

Atividades diversas

- parcelamento do solo

- distrito e polo industrial

Atividades agropecuárias

- projeto agrícola

- criação de animais

- projetos de assentamentos e de colonização

Uso de recursos naturais

- silvicultura

- exploração econômica da madeira ou lenha e subprodutos florestais

- atividade de manejo de fauna exótica e criadouro de fauna silvestre

- utilização do patrimônio genético natural

- manejo de recursos aquáticos vivos

- introdução de espécies exóticas e/ou geneticamente modificadas

- uso da diversidade biológica pela biotecnologia

RESOLUÇÃO CONAMA Nº 302, DE 20 DE MARÇO DE 2002

- DISPÕE SOBRE OS PARÂMETROS, DEFINIÇÕES E LIMITES DE ÁREAS DE PRESERVAÇÃO PERMANENTE DE RESERVATÓRIOS ARTIFICIAIS E O REGIME DE USO DO ENTORNO.

O Conselho Nacional do Meio Ambiente-CONAMA, no uso das competências que lhe são conferidas pela Lei nº 6.938, de 31 de agosto de 1981, regulamentada pelo Decreto nº 99.274, de 6 de junho de 1990, e tendo em vista o disposto nas Leis nºs 4.771, de 15 de setembro de 1965, 9.433, de 8 de janeiro de 1997, e no seu Regimento Interno, e

Considerando que a função socioambiental da propriedade prevista nos arts. 5º, inciso XXIII, 170, inciso VI, 182, § 2º, 186, inciso II e 225 da Constituição, os princípios da prevenção, da precaução e do poluidor-pagador;

Considerando a necessidade de regulamentar o art. 2º da Lei nº 4.771, de 1965, no que concerne às áreas de preservação permanente no entorno dos reservatórios artificiais;

Considerando as responsabilidades assumidas pelo Brasil por força da Convenção da Biodiversidade, de 1992, da Convenção de Ramsar, de 1971 e da Convenção de Washington, de 1940, bem como os compromissos derivados da Declaração do Rio de Janeiro, de 1992;

Considerando que as Áreas de Preservação Permanente e outros espaços territoriais especialmente protegidos, como instrumento de relevante interesse ambiental, integram o desenvolvimento sustentável, objetivo das presentes e futuras gerações;

Considerando a função ambiental das Áreas de Preservação Permanente de preservar os recursos hídricos, a paisagem, a estabilidade geológica, a biodiversidade, o fluxo gênico de fauna e flora, proteger o solo e assegurar o bem-estar das populações humanas, resolve:

Art. 1º Constitui objeto da presente Resolução o estabelecimento de parâmetros, definições e limites para as Áreas de Preservação Permanente de reservatório artificial e a instituição da elaboração obrigatória de plano ambiental de conservação e uso do seu entorno.

Art. 2º Para efeito desta Resolução são adotadas as seguintes definições:

I - Reservatório artificial: acumulação não natural de água destinada a quaisquer de seus múltiplos usos;

II - Área de Preservação Permanente: a área marginal ao redor do reservatório artificial e suas ilhas, com a função ambiental de preservar os recursos hídricos, a paisagem, a estabilidade geológica, a biodiversidade, o fluxo gênico de fauna e flora, proteger o solo e assegurar o bem-estar das populações humanas;

III - Plano Ambiental de Conservação e Uso do Entorno de Reservatório Artificial: conjunto de diretrizes e proposições com o objetivo de disciplinar a conservação, recuperação, o uso e ocupação do entorno do reservatório artificial, respeitados os parâmetros estabelecidos nesta Resolução e em outras normas aplicáveis;

IV - Nível Máximo Normal: é a cota máxima normal de operação do reservatório;

V - Área Urbana Consolidada: aquela que atende aos seguintes critérios:

a) definição legal pelo poder público;

b) existência de, no mínimo, quatro dos seguintes equipamentos de infraestrutura urbana:

1. malha viária com canalização de águas pluviais;

2. rede de abastecimento de água;

3. rede de esgoto;

4. distribuição de energia elétrica e iluminação pública;

5. recolhimento de resíduos sólidos urbanos;

6. tratamento de resíduos sólidos urbanos; e

c) densidade demográfica superior a cinco mil habitantes por km^2.

Art. 3º Constitui Área de Preservação Permanente a área com largura mínima, em projeção horizontal, no entorno dos reservatórios artificiais, medida a partir do nível máximo normal de:

I – trinta metros para os reservatórios artificiais situados em áreas urbanas consolidadas e cem metros para áreas rurais;

II – quinze metros, no mínimo, para os reservatórios artificiais de geração de energia elétrica com até dez hectares, sem prejuízo da compensação ambiental;

III – quinze metros, no mínimo, para reservatórios artificiais não utilizados em abastecimento público ou geração de energia elétrica, com até vinte hectares de superfície e localizados em área rural.

§ 1º Os limites da Área de Preservação Permanente, previstos no inciso I, poderão ser ampliados ou reduzidos, observando-se o patamar mínimo de trinta metros, conforme estabelecido no licenciamento ambiental e no plano de recursos hídricos da bacia onde o reservatório se insere, se houver.

§ 2º Os limites da Área de Preservação Permanente, previstos no inciso II, somente poderão ser ampliados, conforme estabelecido no licenciamento ambiental, e, quando houver, de acordo com o plano de recursos hídricos da bacia onde o reservatório se insere.

§ 3º A redução do limite da Área de Preservação Permanente, prevista no § 1º deste artigo não se aplica às áreas de ocorrência original da floresta ombrófila densa – porção amazônica, inclusive os cerradões e aos reservatórios artificiais utilizados para fins de abastecimento público.

§ 4º A ampliação ou redução do limite das Áreas de Preservação Permanente, a que se refere o § 1º, deverá ser estabelecida considerando, no mínimo, os seguintes critérios:

I – características ambientais da bacia hidrográfica;

II – geologia, geomorfologia, hidrogeologia e fisiografia da bacia hidrográfica;

III – tipologia vegetal;

IV – representatividade ecológica da área no bioma presente dentro da bacia hidrográfica em que está inserido, notadamente a existência de espécie ameaçada de extinção e a importância da área como corredor de biodiversidade;

V – finalidade do uso da água;

VI – uso e ocupação do solo no entorno;

VII – o impacto ambiental causado pela implantação do reservatório e no entorno da Área de Preservação Permanente até a faixa de cem metros.

§ 5º Na hipótese de redução, a ocupação urbana, mesmo com parcelamento do solo através de loteamento ou subdivisão em partes ideais, dentre outros mecanismos, não poderá exceder a dez por cento dessa área, ressalvadas as benfeitorias existentes na área urbana consolidada, à época da solicitação da licença prévia ambiental.

§ 6º Não se aplicam as disposições deste artigo às acumulações artificiais de água, inferiores a cinco hectares de superfície, desde que não resultantes do barramento ou represamento de cursos d›água e não localizadas em Área de Preservação Permanente, à exceção daquelas destinadas ao abastecimento público.

Art. 4º O empreendedor, no âmbito do procedimento de licenciamento ambiental, deve elaborar o plano ambiental de conservação e uso do entorno de reservatório artificial em conformidade com o termo de referência expedido pelo órgão ambiental competente, para os reservatórios artificiais destinados à geração de energia e abastecimento público.

§ 1º Cabe ao órgão ambiental competente aprovar o plano ambiental de conservação e uso do entorno dos reservatórios artificiais, considerando o plano de recursos hídricos, quando houver, sem prejuízo do procedimento de licenciamento ambiental.

§ 2º A aprovação do plano ambiental de conservação e uso do entorno dos reservatórios artificiais deverá ser precedida da realização de consulta pública, sob pena de nulidade do ato administrativo, na forma da Resolução CONAMA nº 09, de 3 de dezembro de 1987, naquilo que for aplicável, informando-se ao Ministério Público com antecedência de trinta dias da respectiva data.

§ 3º Na análise do plano ambiental de conservação e uso de que trata este artigo, será ouvido o respectivo comitê de bacia hidrográfica, quando houver.

§ 4º O plano ambiental de conservação e uso poderá indicar áreas para implantação de polos turísticos e lazer no entorno do reservatório artificial, que não poderão exceder a dez por cento da área total do seu entorno.

§ 5º As áreas previstas no parágrafo anterior somente poderão ser ocupadas respeitadas a legislação municipal, estadual e federal, e desde que a ocupação esteja devidamente licenciada pelo órgão ambiental competente.

Art. 5º Aos empreendimentos objeto de processo de privatização, até a data de publicação desta Resolução, aplicam-se às exigências ambientais vigentes à época da privatização, inclusive os cem metros mínimos de Área de Preservação Permanente.

Parágrafo único. Aos empreendimentos que dispõem de licença de operação aplicam-se as exigências nela contidas.

Art. 6º Esta Resolução entra em vigor na data de sua publicação, incidindo, inclusive, sobre os processos de licenciamento ambiental em andamento.

RESOLUÇÃO CONAMA Nº 303, DE 20 DE MARÇO DE 2002

- DISPÕE SOBRE PARÂMETROS, DEFINIÇÕES E LIMITES DE ÁREAS DE PRESERVAÇÃO PERMANENTE.

O Conselho Nacional do Meio Ambiente-CONAMA, no uso das competências que lhe são conferidas pela Lei nº 6.938, de 31 de agosto de 1981, regulamentada pelo Decreto nº 99.274, de 6 de junho de 1990, e tendo em vista o disposto nas Leis nºs 4.771, de 15 de setembro e 1965, 9.433, de 8 de janeiro de 1997, e o seu Regimento Interno, e

Considerando a função socioambiental da propriedade prevista nos arts. 5º, inciso XXIII, 170, inciso VI, 182, § 2º, 186, inciso II e 225 da Constituição e os princípios da prevenção, da precaução e do poluidor-pagador;

Considerando a necessidade de regulamentar o art. 2º da Lei nº 4.771, de 15 de setembro de 1965, no que concerne às Áreas de Preservação Permanente;

Considerando as responsabilidades assumidas pelo Brasil por força da Convenção da Biodiversidade, de 1992, da Convenção Ramsar, de 1971 e da Convenção de Washington, de 1940, bem como os compromissos derivados da Declaração do Rio de Janeiro, de 1992;

Considerando que as Áreas de Preservação Permanente e outros espaços territoriais especialmente protegidos, como instrumentos de relevante interesse ambiental, integram o desenvolvimento sustentável, objetivo das presentes e futuras gerações;

Considerando a conveniência de regulamentar os arts. 2º e 3º da Lei nº 4.771, de 15 de setembro de 1965, no que concerne às Áreas de Preservação Permanente;

(Considerando acrescentado pela Resolução CONAMA nº 341, de 25.09.2003, DOU 03.11.2003)

Considerando ser dever do Poder Público e dos particulares preservar a biodiversidade, notadamente a flora, a fauna, os recursos hídricos, as belezas naturais e o equilíbrio ecológico, evitando a poluição das águas, solo e ar, pressuposto intrínseco ao reconhecimento e exercício do direito de propriedade, nos termos dos arts. 5º, caput (direito à vida) e inciso XXIII (função social da propriedade), 170, VI, 186, II, e 225, todos da Constituição Federal, bem como do art. 1.299, do Código Civil, que obriga o proprietário e posseiro a respeitarem os regulamentos administrativos; (Considerando acrescentado pela Resolução CONAMA nº 341, de 25.09.2003, DOU 03.11.2003)

Considerando a função fundamental das dunas na dinâmica da zona costeira, no controle dos processos erosivos e na formação e recarga de aqüíferos; (Considerando acrescentado pela Resolução CONAMA nº 341, de 25.09.2003, DOU 03.11.2003)

Considerando a excepcional beleza cênica e paisagística das dunas, e a importância da manutenção dos seus atributos para o turismo sustentável; resolve: (Considerando acrescentado pela Resolução CONAMA nº 341, de 25.09.2003, DOU 03.11.2003)

Art. 1º Constitui objeto da presente Resolução o estabelecimento de parâmetros, definições e limites referentes às Áreas de Preservação Permanente.

Art. 2º Para os efeitos desta Resolução, são adotadas as seguintes definições:

I – nível mais alto: nível alcançado por ocasião da cheia sazonal do curso d'água perene ou intermitente;

II – nascente ou olho d'água: local onde aflora naturalmente, mesmo que de forma intermitente, a água subterrânea;

III – vereda: espaço brejoso ou encharcado, que contém nascentes ou cabeceiras de cursos d'água, onde há ocorrência de solos hidromórficos, caracterizado predominantemente por renques de buritis do brejo (Mauritia flexuosa) e outras formas de vegetação típica;

IV – morro: elevação do terreno com cota do topo em relação a base entre cinqüenta e trezentos metros e encostas com declividade superior a trinta por cento (aproximadamente dezessete graus) na linha de maior declividade;

V – montanha: elevação do terreno com cota em relação a base superior a trezentos metros;

VI – base de morro ou montanha: plano horizontal definido por planície ou superfície de lençol d'água adjacente ou, nos relevos ondulados, pela cota da depressão mais baixa ao seu redor;

VII – linha de cumeada: linha que une os pontos mais altos de uma seqüência de morros ou de montanhas, constituindo-se no divisor de águas;

VIII – restinga: depósito arenoso paralelo a linha da costa, de forma geralmente alongada, produzido por processos de sedimentação, onde se encontram diferentes comunidades que recebem influência marinha, também consideradas comunidades edáficas por dependerem mais da natureza do substrato do que do clima. A cobertura vegetal nas restingas ocorrem mosaico, e encontra-se em praias, cordões arenosos, dunas e depressões, apresentando, de acordo com o estágio sucessional, estrato herbáceo, arbustivos e arbóreo, este último mais interiorizado;

IX – manguezal: ecossistema litorâneo que ocorre em terrenos baixos, sujeitos à ação das marés, formado por vasas lodosas recentes ou arenosas, às quais se associa, predominantemente, a vegetação natural conhecida como mangue, com influência flúvio-marinha, típica de solos limosos de regiões estuarinas e com dispersão descontínua ao longo da costa brasileira, entre os estados do Amapá e Santa Catarina;

X – duna: unidade geomorfológica de constituição predominante arenosa, com aparência de cômoro ou colina, produzida pela ação dos ventos, situada no litoral ou no interior do continente, podendo estar recoberta, ou não, por vegetação;

XI – tabuleiro ou chapada: paisagem de topografia plana, com declividade média inferior a dez por cento, aproximadamente seis graus e superfície superior a dez hectares, terminada de forma abrupta em escarpa, caracterizando-se a chapada por grandes superfícies a mais de seiscentos metros de altitude;

XII – escarpa: rampa de terrenos com inclinação igual ou superior a quarenta e cinco graus, que delimitam relevos de tabuleiros, chapadas e planalto, estando limitada no topo pela ruptura positiva de declividade (linha de escarpa) e no sopé por ruptura negativa de declividade, englobando os depósitos de colúvio que localizam-se próximo ao sopé da escarpa;

XIII – área urbana consolidada: aquela que atende aos seguintes critérios:

a) definição legal pelo poder público;

b) existência de, no mínimo, quatro dos seguintes equipamentos de infraestrutura urbana:

1. malha viária com canalização de águas pluviais;

2. rede de abastecimento de água;

3. rede de esgoto;

4. distribuição de energia elétrica e iluminação pública;

5. recolhimento de resíduos sólidos urbanos;

6. tratamento de resíduos sólidos urbanos; e

c) densidade demográfica superior a cinco mil habitantes por km2.

Art. 3º Constitui Área de Preservação Permanente a área situada:

I – em faixa marginal, medida a partir do nível mais alto, em projeção horizontal, com largura mínima, de:

a) trinta metros, para o curso d'água com menos de dez metros de largura;

b) cinqüenta metros, para o curso d'água com dez a cinqüenta metros de largura;

c) cem metros, para o curso d'água com cinqüenta a duzentos metros de largura;

d) duzentos metros, para o curso d'água com duzentos a seiscentos metros de largura;

e) quinhentos metros, para o curso d'água com mais de seiscentos metros de largura;

II – ao redor de nascente ou olho d'água, ainda que intermitente, com raio mínimo de cinqüenta metros de tal forma que proteja, em cada caso, a bacia hidrográfica contribuinte;

III – ao redor de lagos e lagoas naturais, em faixa com metragem mínima de:

a) trinta metros, para os que estejam situados em áreas urbanas consolidadas;

b) cem metros, para as que estejam em áreas rurais, exceto os corpos d'água com até vinte hectares de superfície, cuja faixa marginal será de cinqüenta metros;

IV – em vereda e em faixa marginal, em projeção horizontal, com largura mínima de cinqüenta metros, a partir do limite do espaço brejoso e encharcado;

V – no topo de morros e montanhas, em áreas delimitadas a partir da curva de nível correspondente a dois terços da altura mínima da elevação em relação a base;

VI – nas linhas de cumeada, em área delimitada a partir da curva de nível correspondente a dois terços da altura, em relação à base, do pico mais baixo da cumeada, fixando-se a curva de nível para cada segmento da linha de cumeada equivalente a mil metros;

VII – em encosta ou parte desta, com declividade superior a cem por cento ou quarenta e cinco graus na linha de maior declive;

VIII – nas escarpas e nas bordas dos tabuleiros e chapadas, a partir da linha de ruptura em faixa nunca inferior a cem metros em projeção horizontal no sentido do reverso da escarpa;

IX - nas restingas:

a) em faixa mínima de trezentos metros, medidos a partir da linha de preamar máxima;

b) em qualquer localização ou extensão, quando recoberta por vegetação com função fixadora de dunas ou estabilizadora de mangues;

X - em manguezal, em toda a sua extensão;

XI - em duna;

XII - em altitude superior a mil e oitocentos metros, ou, em Estados que não tenham tais elevações, à critério do órgão ambiental competente;

XIII - nos locais de refúgio ou reprodução de aves migratórias;

XIV - nos locais de refúgio ou reprodução de exemplares da fauna ameaçadas de extinção que constem de lista elaborada pelo Poder Público Federal, Estadual ou Municipal;

XV - nas praias, em locais de nidificação e reprodução da fauna silvestre.

Parágrafo único. Na ocorrência de dois ou mais morros ou montanhas cujos cumes estejam separados entre si por distâncias inferiores a quinhentos metros, a Área de Preservação Permanente abrangerá o conjunto de morros ou montanhas, delimitada a partir da curva de nível correspondente a dois terços da altura em relação à base do morro ou montanha de menor altura do conjunto, aplicando-se o que segue:

I - agrupam-se os morros ou montanhas cuja proximidade seja de até quinhentos metros entre seus topos;

II - identifica-se o menor morro ou montanha;

III - traça-se uma linha na curva de nível correspondente a dois terços deste; e

IV - considera-se de preservação permanente toda a área acima deste nível.

Art. 4º O CONAMA estabelecerá, em Resolução específica, parâmetros das Áreas de Preservação Permanente de reservatórios artificiais e o regime de uso de seu entorno.

Art. 5º Esta Resolução entra em vigor na data de sua publicação, revogando-se a Resolução CONAMA 004, de 18 de setembro de 1985.

RESOLUÇÃO CONAMA Nº 378, DE 19 DE OUTUBRO DE 2006

– DEFINE OS EMPREENDIMENTOS POTENCIALMENTE CAUSADORES DE IMPACTO AMBIENTAL NACIONAL OU REGIONAL PARA FINS DO DISPOSTO NO INCISO III, § 1º, ART. 19 DA LEI Nº 4.771, DE 15 DE SETEMBRO DE 1965.

O CONSELHO NACIONAL DO MEIO AMBIENTE-CONAMA, no uso de suas competências previstas na Lei nº 6.938, de 31 de agosto de 1981, regulamentada pelo Decreto nº 99.274, de 6 de julho de 1990, e tendo em vista o disposto em seu Regimento Interno, anexo à Portaria nº 168, de 10 de junho de 2005; e

Considerando a necessidade de se definir quais são os empreendimentos potencialmente causadores de impacto ambiental nacional ou regional para fins do disposto no inciso III, § 1º, do art. 19 da Lei nº 4.771, de 15 de setembro de 1965, alterado pelo art. 83 da Lei nº 11.284, de 2 de março de 2006, que estabelece as competências dos entes federados para autorizar a exploração de florestas e formações sucessoras, resolve:

Art. 1º Para fins do disposto no inciso III, § 1º, art. 19 da Lei nº 4.771, de 15 de setembro de 1965, com redação dada pelo art. 83 da Lei nº 11.284, de 2 de março de 2006, compete ao Instituto Brasileiro do Meio Ambiente e dos Recursos Naturais Renováveis – IBAMA a aprovação dos seguintes empreendimentos:

I – exploração de florestas e formações sucessoras que envolvam manejo ou supressão de espécies enquadradas no Anexo II da Convenção sobre Comércio Internacional das Espécies da Flora e Fauna Selvagens em Perigo de Extinção – CITES, promulgada pelo Decreto nº 76.623, de 17 de novembro de 1975, com texto aprovado pelo Decreto Legislativo nº 54, de 24 de junho de 1975;

II - exploração de florestas e formações sucessoras que envolvam manejo ou supressão de florestas e formações sucessoras em imóveis rurais que abranjam dois ou mais Estados;

III - supressão de florestas e outras formas de vegetação nativa em área maior que:

a) dois mil hectares em imóveis rurais localizados na Amazônia Legal;

b) mil hectares em imóveis rurais localizados nas demais regiões do país;

IV - supressão de florestas e formações sucessoras em obras ou atividades potencialmente poluidoras licenciadas pelo IBAMA;

V - manejo florestal em área superior a cinqüenta mil hectares.

Parágrafo único. A exploração de florestas e formações sucessoras deverá respeitar as regras e limites dispostos em normas específicas para o bioma.

Art. 2º Os entes federados poderão celebrar instrumentos de cooperação para exercerem as competências previstas no art. 19 da Lei nº 4.771, de 1965, com redação dada pelo art. 83 da Lei nº 11.284, de 2006.

Art. 3º A autorização para manejo ou supressão de florestas e formações sucessoras em zona de amortecimento de unidade de conservação e nas Áreas de Proteção Ambiental - APAs somente poderá ser concedida pelo órgão competente mediante prévia manifestação do órgão responsável por sua administração.

Parágrafo único. (Revogado pela Resolução CONAMA nº 428, de 17.12.2010, DOU 20.12.2010)

Art. 4º A autorização para exploração de florestas e formações sucessoras que envolva manejo ou supressão de florestas e formações sucessoras em imóveis rurais numa faixa de dez quilômetros no entorno de terra indígena demarcada deverá ser precedida de informação georreferenciada à Fundação Nacional do Índio - FUNAI, exceto no caso da pequena propriedade rural ou posse rural familiar, definidas no art. 1º, § 2º, inciso I da Lei nº 4.771, de 1965.

Art. 5º Aplicam-se a esta Resolução, no que couber, as disposições da Resolução CONAMA nº 237, de 19 de dezembro de 1997.

Art. 6º Esta Resolução entra em vigor na data de sua publicação.

RESOLUÇÃO CNRH Nº 16, DE 8 DE MAIO DE 2001 - Dispõe sobre a outorga de direito de uso de recursos hídricos.

O Conselho Nacional de Recursos Hídricos, no uso das competências que lhe são conferidas pelo art. 13 da Lei nº 9.433, de 08 de janeiro de 1997, pelo art. 1º do Decreto nº 2.612, de 03 de junho de 1998, e conforme o disposto em seu Regimento Interno, e:

Considerando a necessidade da atuação integrada dos órgãos componentes do SNGRH na execução da Política Nacional de Recursos Hídricos, em conformidade com as respectivas competências, resolve:

Art. 1º A outorga de direito de uso de recursos hídricos é o ato administrativo mediante o qual a autoridade outorgante faculta ao outorgado previamente ou mediante o direito de uso de recurso hídrico, por prazo determinado, nos termos e nas condições expressas no respectivo ato, consideradas as legislações específicas vigentes.

§ 1º A outorga não implica alienação total ou parcial das águas, que são inalienáveis, mas o simples direito de uso.

§ 2º A outorga confere o direito de uso de recursos hídricos condicionado à disponibilidade hídrica e ao regime de racionamento, sujeitando o outorgado à suspensão da outorga.

§ 3º O outorgado é obrigado a respeitar direitos de terceiros.

§ 4º A análise dos pleitos de outorga deverá considerar a interdependência das águas superficiais e subterrâneas e as interações observadas no ciclo hidrológico visando a gestão integrada dos recursos hídricos.

Art. 2º A transferência do ato de outorga a terceiros deverá conservar as mesmas características e condições da outorga original e poderá ser feita total ou parcialmente quando aprovada pela autoridade outorgante e será objeto de novo ato administrativo indicando o(s) titular(es).

Art. 3º O outorgado poderá disponibilizar ao outorgante, a critério deste, por prazo igual ou superior a um ano, vazão parcial ou total de seu direito de uso, devendo o outorgante emitir novo ato administrativo.

Art. 4º Estão sujeitos à outorga:

I – a derivação ou captação de parcela de água existente em um corpo de água, para consumo final, inclusive abastecimento público ou insumo de processo produtivo;

II – extração de água de aqüífero subterrâneo para consumo final ou insumo de processo produtivo;

III – lançamento em corpo de água de esgotos e demais resíduos líquidos ou gasosos, tratados ou não, com o fim de sua diluição, transporte ou disposição final;

IV – o uso para fins de aproveitamento de potenciais hidrelétricos; e

V – outros usos e/ou interferências, que alterem o regime, a quantidade ou a qualidade da água existente em um corpo de água.

Parágrafo único. A outorga poderá abranger direito de uso múltiplo e/ou integrado de recursos hídricos, superficiais e subterrâneos, ficando o outorgado responsável pela observância concomitante de todos os usos a ele outorgados.

Art. 5º Independem de outorga:

I – o uso de recursos hídricos para a satisfação das necessidades de pequenos núcleos populacionais distribuídos no meio rural;

II – as derivações, captações e lançamentos considerados insignificantes, tanto do ponto de vista de volume quanto de carga poluente; e

III – as acumulações de volumes de água consideradas insignificantes.

Parágrafo único. Os critérios específicos de vazões ou acumulações de volumes de água consideradas insignificantes serão estabelecidos nos planos de recursos hídricos, devidamente aprovados pelos correspondentes comitês de bacia hidrográfica ou, na inexistência destes, pela autoridade outorgante.

Art. 6º A outorga de direito de uso de recursos hídricos terá o prazo máximo de vigência de trinta e cinco anos, contados da data da publicação do respectivo ato administrativo, respeitados os seguintes limites de prazo:

I – até dois anos, para o início da implantação do empreendimento objeto da outorga;

II – até seis anos, para conclusão da implantação do empreendimento projetado.

§ 1º O prazo de que trata o caput poderá ser prorrogado, pela respectiva autoridade outorgante, respeitando-se as prioridades estabelecidas nos Planos de Recursos Hídricos.

§ 2º Os prazos de vigência das outorgas de direito de uso e recursos hídricos serão fixados em função da natureza, finalidade e do porte do empreendimento, levando-se em consideração, quando for o caso, o período de retorno do investimento.

§ 3º Os prazos a que se referem os incisos I e II deste artigo, poderão ser ampliados quando o porte e a importância social e econômica do empreendimento o justificar, ouvido o Conselho de Recursos Hídricos competente.

§ 4º A outorga de direito de uso de recursos hídricos para concessionárias e autorizadas de serviços públicos e de geração de energia hidrelétrica, bem como suas prorrogações, vigorará por prazo coincidente com o do correspondente contrato de concessão ou ato administrativo de autorização.

Art. 7º A autoridade outorgante poderá emitir outorgas preventivas de uso de recursos hídricos, instituídas pelo art. 6º da Lei nº 9.984, de 17 de julho de 2000, mediante requerimento, com a finalidade de declarar a disponibilidade de água para os usos requeridos, observado o disposto no art. 13 da Lei nº 9.433 de 08 de janeiro de 1997.

§ 1º A outorga preventiva não confere direito de uso de recursos hídricos e se destina a reservar a vazão passível de outorga, possibilitando, aos investidores, o planejamento de empreendimentos que necessitem desses recursos.

§ 2º O prazo de validade da outorga preventiva será fixado levando-se em conta a complexidade do planejamento do empreendimento, limitando-se ao máximo de três anos, findo o qual será considerado o disposto nos incisos I e II do artigo anterior.

§ 3º A outorga de que trata este artigo deverá observar as prioridades estabelecidas nos Planos de Recursos Hídricos e os prazos requeridos no procedimento de licenciamento ambiental.

Art. 8º A autoridade outorgante deverá estabelecer prazos máximos de análise dos procedimentos de outorga preventiva e de outorga de direito de uso, considerando as peculiaridades da atividade ou empreendimento, a contar da data da protocolização do requerimento, ressalvada a necessidade da formulação de exigências complementares.

Art. 9º As outorgas preventiva e de direito de uso dos recursos hídricos relativas a atividades setoriais, poderão ser objeto de resolução, em consonância com o disposto nesta Resolução.

Art. 10. A autoridade outorgante deverá assegurar ao público o acesso aos critérios que orientaram as tomadas de decisão referentes a outorga.

Art. 11. Para licitar a concessão ou autorizar o uso de potencial de energia hidráulica, a Agência Nacional de Energia Elétrica - ANEEL deverá promover, junto à autoridade outorgante competente, a prévia obtenção de declaração de reserva de disponibilidade hídrica, observando o período de transição conforme estipulado na Lei nº 9.984, de 2000.

§ 1º A declaração de reserva de disponibilidade hídrica será transformada, pela respectiva autoridade outorgante, em outorga de direito de uso de recursos hídricos à entidade que receber da ANEEL a concessão ou a autorização de uso do potencial de energia hidráulica.

§ 2º A declaração de reserva de disponibilidade hídrica obedecerá ao disposto no art. 13 da Lei nº 9.433, de 1997, e será fornecida em prazos a serem regulamentados.

Art. 12. A outorga deverá observar os planos de recursos hídricos e, em especial:

I - as prioridades de uso estabelecidas;

II - a classe em que o corpo de água estiver enquadrado, em consonância com a legislação ambiental;

III - a preservação dos usos múltiplos previstos; e

IV - a manutenção das condições adequadas ao transporte aquaviário, quando couber.

§ 1º As vazões e os volumes outorgados poderão ficar indisponíveis, total ou parcialmente, para outros usos no corpo de água, considerando o balanço hídrico e a capacidade de autodepuração para o caso de diluição de efluentes.

§ 2º A vazão de diluição poderá ser destinada a outros usos no corpo de água, desde que não agregue carga poluente adicional.

Art. 13. A emissão da outorga obedecerá, no mínimo, às seguintes prioridades:

I - o interesse público;

II - a data da protocolização do requerimento, ressalvada a complexidade de análise do uso ou interferência pleiteados e a. necessidade de complementação de informações.

Art. 14. Os Planos de Recursos Hídricos de Bacias Hidrográficas deverão considerar as outorgas existentes em suas correspondentes áreas de abrangência e recomendar às autoridades outorgantes, quando for o caso, a realização de ajustes e adaptações nos respectivos atos.

Art. 15. A outorga de direito de uso da água para o lançamento de efluentes será dada em quantidade de água necessária para a diluição da carga poluente, que pode variar ao longo do prazo de validade da outorga, com base nos padrões de qualidade da água correspondentes à classe de enquadramento do respectivo corpo receptor e/ou em critérios específicos definidos no correspondente plano de recursos hídricos ou pelos órgãos competentes.

Art. 16. O requerimento de outorga, de uso de recursos hídricos será formulado por escrito, à autoridade competente e instruído com, no mínimo, as seguintes informações:

I - em todos os casos:

a) identificação do requerente;

b) localização geográfica do(s) ponto(s) característico(s) objeto do pleito de outorga, incluindo nome do corpo de água e da bacia hidrográfica principal;

c) especificação da finalidade do uso da água;

II - quando se tratar de derivação ou captação de água oriunda de corpo de água superficial ou subterrâneo:

a) razão máxima instantânea e volume diário que se pretenda derivar;

b) regime de variação em termos de número de dias de captação, em cada mês, e de número de horas de captação, em cada dia;

III - quando se tratar de lançamento de esgotos e demais resíduos líquidos ou gasosos, tratados ou não, com o fim de sua diluição, transporte ou disposição final:

a) vazão máxima instantânea e volume diário a ser lançado no corpo de água receptor e regime de variação do lançamento;

b) concentrações e cargas de poluentes físicos, químicos e biológicos.

Parágrafo único. Os estudos e projetos hidráulicos, geológicos, hidrológicos e hidrogeológicos, correspondentes às atividades necessárias ao uso dos recursos hídricos, deverão ser executados sob a responsabilidade de profissional devidamente habilitado junto ao Conselho Regional de Engenharia, Arquitetura e Agronomia - CREA.

Art. 17. O requerimento de outorga e seus anexos deverão ser protocolizados junto à autoridade outorgante competente, de acordo com a jurisdição onde se localizarem os corpos de água objetos da outorga.

Art. 18. O processo objeto do requerimento de outorga de direito de uso de recursos hídricos, poderá ser arquivado quando o requerente deixar de apresentar as informações ou documentos solicitados pela autoridade outorgante, após três meses contados da data da solicitação.

Art. 19. Os pedidos de outorga poderão ser indeferidos em função do não-cumprimento das exigências técnicas ou legais ou do interesse público, mediante decisão devidamente fundamentada, devendo ser publicada na forma de extrato no Diário Oficial.

Art. 20. Do ato administrativo da outorga, deverão constar, no mínimo, as seguintes informações:

I - identificação do outorgado;

II - localização geográfica e hidrográfica, quantidade, e finalidade a que se destinem as águas;

III - prazo de vigência;

IV - obrigação, nos termos da legislação, de recolher os valores da cobrança pelo uso dos recursos hídricos, quando exigível, que será definida mediante regulamento específico;

V - condição em que a outorga poderá cessar seus efeitos legais, observada a legislação pertinente; e

VI - situações ou circunstâncias em que poderá ocorrer a suspensão da outorga em observância ao art. 15 da Lei nº 9.433, de 1997 e do art. 24 desta Resolução.

Art. 21. A autoridade outorgante manterá cadastro dos usuários de recursos hídricos contendo, para cada corpo de água, no mínimo:

I - registro das outorgas emitidas e dos usos que independem de outorga;

II - vazão máxima instantânea e volume diário outorgado no corpo de água e em todos os corpos de água localizados a montante e a jusante;

III – vazão máxima instantânea e volume diário disponibilizados no corpo de água e nos corpos de água localizados a montante e a jusante, para atendimento aos usos que independem de outorga; e

IV – vazão mínima do corpo de água necessária à prevenção da degradação ambiental, à manutenção dos ecossistemas aquáticos e à manutenção de condições adequadas ao transporte aquaviário, quando couber, dentre outros usos.

§ 1º As informações sobre o cadastro e o registro das outorgas integrarão o Sistema Nacional de Informações sobre Recursos Hídricos.

§ 2º A cada emissão de nova outorga a autoridade outorgante fará o registro do aumento da vazão e do volume outorgados no respectivo corpo de água.

§ 3º Será obrigatório o cadastro para qualquer tipo de uso de recurso hídrico e deverá ser efetuada a comunicação à autoridade outorgante, da paralisação temporária de uso por período superior a seis meses, bem como da desistência do(s) uso(s) outorgado(s).

Art. 22. O outorgado interessado em renovar a outorga deverá apresentar requerimento à autoridade outorgante competente com antecedência mínima de noventa dias da data de término da outorga.

§ 1º O pedido de renovação somente será atendido se forem observadas as normas, critérios e prioridades vigentes na época da renovação.

§ 2º Cumpridos os termos do caput, se a autoridade outorgante não houver se manifestado expressamente a respeito do pedido de renovação até a data de término da outorga, fica esta automaticamente prorrogada até que ocorra deferimento ou indeferimento do referido pedido.

Art. 23. As outorgas emitidas serão publicadas no Diário Oficial da União, do Estado ou do Distrito Federal, conforme o caso, na forma de extrato, no qual deverá constar, no mínimo, as informações constantes do art. 20, desta Resolução.

§ 1º Fica facultada às autoridades outorgantes a adoção de sistema eletrônico para requerimento das outorgas, podendo dispensar a apresentação dos originais da documentação exigível, desde que seja assegurada sua disponibilidade a qualquer tempo, para fins de verificação e fiscalização.

§ 2º Caso a autoridade outorgante verifique inexatidão quanto à documentação apresentada pelo requerente, serão aplicadas as sanções cabíveis, previstas em lei.

Art. 24. A outorga de. uso de recursos hídricos poderá ser suspensa pela autoridade outorgante, parcial ou totalmente, em definitivo ou por prazo determinado, sem qualquer direito de indenização ao usuário, nas seguintes circunstâncias:

I – não-cumprimento pelo outorgado dos termos da outorga;

II – ausência de uso por três anos consecutivos;

III – necessidade premente de água para atender a situações de calamidade, inclusive as decorrentes de condições climáticas adversas;

IV – necessidade de se prevenir ou reverter grave degradação ambiental;

V – necessidade de se atender a usos prioritários de interesse coletivo para os quais não se disponha de fontes alternativas;

VI – necessidade de serem mantidas as características de navegabilidade do corpo de água; e

VII – indeferimento ou cassação da licença ambiental.

§ 1º A suspensão da outorga só poderá ser efetivada se devidamente fundamentada em estudos técnicos que comprovem a necessidade do ato.

§ 2º A suspensão de outorga de uso de recursos hídricos, prevista neste artigo, implica automaticamente no corte ou na redução dos usos outorgados.

Art. 25. A outorga de direito de uso de recursos hídricos extingue-se, sem qualquer direito de indenização ao usuário, nas seguintes circunstâncias:

I – morte do usuário – pessoa física;

II – liquidação judicial ou extrajudicial do usuário – pessoa jurídica; e

III – término do prazo de validade de outorga sem que tenha havido tempestivo pedido de renovação.

Parágrafo único. No caso do inciso I deste artigo, os herdeiros ou inventariantes do usuário outorgado, se interessados em prosseguir com a utilização da outorga, deverão solicitar em até cento e oitenta dias da data do óbito, a retificação do ato administrativo da portaria, que manterá seu prazo e condições originais, quando da definição do(s) legítimo(s) herdeiro(s), sendo emitida nova portaria, em nome deste(s).

Art. 26. Quando da ocorrência de eventos críticos na bacia hidrográfica, a autoridade outorgante poderá instituir regime de racionamento de água para os usuários, pelo período que se fizer necessário, ouvido o respectivo Comitê.

§ 1º Serão prioritariamente assegurados os volumes mínimos necessários para consumo humano e dessedentação de animais.

§ 2º Em caso onde haja o não-atendimento da vazão outorgada, poderá o usuário prejudicado solicitar providências à autoridade outorgante, de modo a garantir providências que assegure o seu direito de uso ou o tratamento eqüitativo.

§ 3º Poderão ser racionadas, indistintamente, as captações de água e/ou as diluições de efluentes, sendo que, neste último caso, o racionamento poderá implicar restrição ao lançamento de efluentes que comprometam a qualidade de água do corpo receptor.

Art. 27. As Unidades da Federação a quem compete a emissão das outorgas dos recursos hídricos subterrâneos, deverão manter os serviços indispensáveis à avaliação destes recursos, ao comportamento hidrológico dos aquíferos e ao controle da qualidade e quantidade.

Art. 28. Em caso de conflito no uso das águas subterrâneas de aquíferos que se estendam a mais de uma Unidade da Federação, caberá ao Conselho Nacional de Recursos Hídricos arbitrá-lo.

Art. 29. A autoridade outorgante poderá delegar às Agências de Água o exercício das seguintes atividades relacionadas à outorga de uso dos recursos hídricos situados em suas respectivas áreas de atuação:

I – recepção dos requerimentos de outorga;

II – análise técnica dos pedidos de outorga;

III – emissão de parecer sobre os pedidos de outorga.

Art. 30. O ato administrativo de outorga não exime o outorgado do cumprimento da legislação ambiental pertinente ou das exigências que venham a ser feitas por outros órgãos e entidades competentes.

Art. 31. O outorgado deverá implantar e manter o monitoramento da vazão captada e/ou lançada e da qualidade do efluente, encaminhando à autoridade outorgante os dados observados ou medidos na forma preconizada no ato da outorga.

Art. 32. O não-cumprimento ao disposto nesta Resolução acarretará aos infratores as sanções previstas na Lei nº 9.433, de 1997, e na legislação correlata.

Art. 33. Esta Resolução entra em vigor na data de sua publicação.

DIREITO

PREVIDENCIÁRIO

LEI FEDERAL Nº 9.717, DE 27 DE NOVEMBRO DE 1998

- DISPÕE SOBRE REGRAS GERAIS PARA A ORGANIZAÇÃO E O FUNCIONAMENTO DOS REGIMES PRÓPRIOS DE PREVIDÊNCIA SOCIAL DOS SERVIDORES PÚBLICOS DA UNIÃO, DOS ESTADOS, DO DISTRITO FEDERAL E DOS MUNICÍPIOS, DOS MILITARES DOS ESTADOS E DO DISTRITO FEDERAL.

Art. 1º Os regimes próprios de previdência social dos servidores públicos da União, dos Estados, do Distrito Federal e dos Municípios, dos militares dos Estados e do Distrito Federal deverão ser organizados, baseados em normas gerais de contabilidade e atuária, de modo a garantir o seu equilíbrio financeiro e atuarial, observados os seguintes critérios:

I – realização de avaliação atuarial inicial e em cada balanço utilizando-se parâmetros gerais, para a organização e revisão do plano de custeio e benefícios; (Redação dada pela Medida Provisória nº 2.187-13, de 2001)

II – financiamento mediante recursos provenientes da União, dos Estados, do Distrito Federal e dos Municípios e das contribuições do pessoal civil e militar, ativo, inativo e dos pensionistas, para os seus respectivos regimes;

III – as contribuições e os recursos vinculados ao Fundo Previdenciário da União, dos Estados, do Distrito Federal e dos Municípios e as contribuições do pessoal civil e militar, ativo, inativo, e dos pensionistas, somente poderão ser utilizadas para pagamento de benefícios previdenciários dos respectivos regimes, ressalvadas as despesas administrativas estabelecidas no art. 6º, inciso VIII, desta Lei, observado os limites de gastos estabelecidos em parâmetros gerais; (Redação dada pela Medida Provisória nº 2.187-13, de 2001)

IV – cobertura de um número mínimo de segurados, de modo que os regimes possam garantir diretamente a totalidade dos riscos cobertos no plano de benefícios, preservando o equilíbrio atuarial sem necessidade de resseguro, conforme parâmetros gerais;

V – cobertura exclusiva a servidores públicos titulares de cargos efetivos e a militares, e a seus respectivos dependentes, de cada ente estatal, vedado o pagamento de benefícios, mediante convênios ou consórcios entre Estados, entre Estados e Municípios e entre Municípios;

VI – pleno acesso dos segurados às informações relativas à gestão do regime e participação de representantes dos servidores públicos e dos militares, ativos e inativos, nos colegiados e instâncias de decisão em que os seus interesses sejam objeto de discussão e deliberação;

VII – registro contábil individualizado das contribuições de cada servidor e dos entes estatais, conforme diretrizes gerais;

VIII – identificação e consolidação em demonstrativos financeiros e orçamentários de todas as despesas fixas e variáveis com pessoal inativo civil, militar e pensionistas, bem como dos encargos incidentes sobre os proventos e pensões pagos;

IX – sujeição às inspeções e auditorias de natureza atuarial, contábil, financeira, orçamentária e patrimonial dos órgãos de controle interno e externo.

X – vedação de inclusão nos benefícios, para efeito de percepção destes, de parcelas remuneratórias pagas em decorrência de local de trabalho, de função de confiança ou de cargo em comissão, exceto quando tais parcelas integrarem a remuneração de contribuição do servidor que se aposentar com fundamento no art. 40 da Constituição Federal, respeitado, em qualquer hipótese, o limite previsto no § 2º do citado artigo; (Redação dada pela Lei nº 10.887, de 2004)

XI – vedação de inclusão nos benefícios, para efeito de percepção destes, do abono de permanência de que tratam o § 19 do art. 40 da Constituição Federal, o § 5º do art. 2º e o § 1º do art. 3º da Emenda Constitucional nº 41, de 19 de dezembro de 2003. (Redação dada pela Lei nº 10.887, de 2004)

§ 1º Aplicam-se adicionalmente aos regimes próprios de previdência social as disposições estabelecidas no art. 6º desta Lei relativas aos fundos com finalidade previdenciária por eles instituídos. (Renumerado do parágrafo único pela Lei nº 13.846, de 2019)

§ 2º Os regimes próprios de previdência social da União, dos Estados, do Distrito Federal e dos Municípios operacionalizarão a compensação financeira a que se referem o § 9º do art. 201 da Constituição Federal e a Lei nº 9.796, de 5 de maio de 1999, entre si e com o regime geral de previdência social, sob pena de incidirem nas sanções de que trata o art. 7º desta Lei. (Incluído pela Lei nº 13.846, de 2019)

Art. 1º-A. O servidor público titular de cargo efetivo da União, dos Estados, do Distrito Federal e dos Municípios ou o militar dos Estados e do Distrito Federal filiado a regime próprio de previdência social, quando cedido a órgão ou entidade de outro ente da federação, com ou sem ônus para o cessionário, permanecerá vinculado ao regime de origem. (Redação dada pela Medida Provisória nº 2.187-13, de 2001)

Art. 2º A contribuição da União, dos Estados, do Distrito Federal e dos Municípios, incluídas suas autarquias e fundações, aos regimes próprios de previdência social a que estejam vinculados seus servidores não poderá ser inferior ao valor da contribuição do servidor ativo, nem superior ao dobro desta contribuição.(Redação dada pela Lei nº 10.887, de 2004)

§ 1º A União, os Estados, o Distrito Federal e os Municípios são responsáveis pela cobertura de eventuais insuficiências financeiras do respectivo regime próprio, decorrentes do pagamento de benefícios previdenciários. (Redação dada pela Lei nº 10.887, de 2004)

§ 2º A União, os Estados, o Distrito Federal e os Municípios publicarão, até 30 (trinta) dias após o encerramento de cada bimestre, demonstrativo financeiro e orçamentário da receita e despesa previdenciárias acumuladas no exercício financeiro em curso.(Redação dada pela Lei nº 10.887, de 2004)

§ 3º (revogado) (Redação dada pela Lei nº 10.887, de 2004)

§ 4º (revogado) (Redação dada pela Lei nº 10.887, de 2004)

§ 5º (revogado) (Redação dada pela Lei nº 10.887, de 2004)

§ 6º (revogado) (Redação dada pela Lei nº 10.887, de 2004)

§ 7º (revogado) (Redação dada pela Lei nº 10.887, de 2004)

Art. 2º-A. (Revogado pela Lei nº 10.887, de 2004)

Art. 3º As alíquotas de contribuição dos servidores ativos dos Estados, do Distrito Federal e dos Municípios para os respectivos regimes próprios de previdência social não serão inferiores às dos servidores titulares de cargos efetivos da União, devendo ainda ser observadas, no caso das contribuições sobre os proventos dos inativos e sobre as pensões, as mesmas alíquotas aplicadas às remunerações dos servidores em atividade do respectivo ente estatal. (Redação dada pela Lei nº 10.887, de 2004)

Art. 4º (Revogado pela Lei nº 10.887, de 2004)

Art. 5º Os regimes próprios de previdência social dos servidores públicos da União, dos Estados, do Distrito Federal e dos Municípios, dos militares dos Estados e do Distrito Federal não poderão conceder benefícios distintos dos previstos no Regime Geral de Previdência Social, de que trata a Lei nº 8.213, de 24 de julho de 1991, salvo disposição em contrário da Constituição Federal.

Parágrafo único. Fica vedada a concessão de aposentadoria especial, nos termos do § 4º do art. 40 da Constituição Federal, até que lei complementar federal discipline a matéria. (Redação dada pela Medida Provisória nº 2.187-13, de 2001)

Art. 6º Fica facultada à União, aos Estados, ao Distrito Federal e aos Municípios, a constituição de fundos integrados de bens, direitos e ativos, com finalidade previdenciária, desde que observados os critérios de que trata o artigo 1º e, adicionalmente, os seguintes preceitos:

I – (Revogado pela Medida Provisória nº 2.187-13, de 2001)

II – existência de conta do fundo distinta da conta do Tesouro da unidade federativa;

III – (Revogado pela Medida Provisória nº 2.187-13, de 2001)

IV – aplicação de recursos, conforme estabelecido pelo Conselho Monetário Nacional;

V – vedação da utilização de recursos do fundo de bens, direitos e ativos para empréstimos de qualquer natureza, inclusive à União, aos Estados, ao Distrito Federal e aos Municípios, a entidades da administração indireta e aos respectivos segurados;

VI – vedação à aplicação de recursos em títulos públicos, com exceção de títulos do Governo Federal;

VII – avaliação de bens, direitos e ativos de qualquer natureza integrados ao fundo, em conformidade com a Lei 4.320, de 17 de março de 1964 e alterações subseqüentes;

VIII – estabelecimento de limites para a taxa de administração, conforme parâmetros gerais;

IX – constituição e extinção do fundo mediante lei.

Parágrafo único. No estabelecimento das condições e dos limites para aplicação dos recursos dos regimes próprios de previdência social, na forma do inciso IV do caput deste artigo, o Conselho Monetário Nacional deverá considerar, entre outros requisitos: (Incluído pela Lei nº 13.846, de 2019)

I – a natureza pública das unidades gestoras desses regimes e dos recursos aplicados, exigindo a observância dos princípios de segurança, proteção e prudência financeira; (Incluído pela Lei nº 13.846, de 2019)

II – a necessidade de exigência, em relação às instituições públicas ou privadas que administram, direta ou indiretamente por meio de fundos de investimento, os recursos desses regimes, da observância de critérios relacionados a boa qualidade de gestão, ambiente de controle interno, histórico e experiência de atuação, solidez patrimonial, volume de recursos sob administração e outros destinados à mitigação de riscos. (Incluído pela Lei nº 13.846, de 2019)

Art. 7º O descumprimento do disposto nesta Lei pelos Estados, Distrito Federal e Municípios e pelos respectivos fundos, implicará, a partir de 1º de julho de 1999:

I – suspensão das transferências voluntárias de recursos pela União;

II – impedimento para celebrar acordos, contratos, convênios ou ajustes, bem como receber empréstimos, financiamentos, avais e subvenções em geral de órgãos ou entidades da Administração direta e indireta da União;

III – suspensão de empréstimos e financiamentos por instituições financeiras federais.

IV – (Revogado pela Lei nº 13.846, de 2019)

Art. 8º Os responsáveis pelos poderes, órgãos ou entidades do ente estatal, os dirigentes da unidade gestora do respectivo regime próprio de previdência social e os membros dos seus conselhos e comitês respondem diretamente por infração ao disposto nesta Lei, sujeitando-se, no que couber, ao regime disciplinar estabelecido na Lei Complementar nº 109, de 29 de maio de 2001, e seu regulamento, e conforme diretrizes gerais. (Redação dada pela Lei nº 13.846, de 2019)

§ 1º As infrações serão apuradas mediante processo administrativo que tenha por base o auto, a representação ou a denúncia positiva dos fatos irregulares, assegurados ao acusado o contraditório e a ampla defesa, em conformidade com diretrizes gerais. (Renumerado do parágrafo único pela Lei nº 13.846, de 2019)

§ 2º São também responsáveis quaisquer profissionais que prestem serviços técnicos ao ente estatal e respectivo regime próprio de previdência social, diretamente ou por intermédio de pessoa jurídica contratada. (Incluído pela Lei nº 13.846, de 2019)

Art. 8º-A Os dirigentes do ente federativo instituidor do regime próprio de previdência social e da unidade gestora do regime e os demais responsáveis pelas ações de investimento e aplicação dos recursos previdenciários, inclusive os consultores, os distribuidores, a instituição financeira administradora da carteira, o fundo de investimentos que tenha recebido os recursos e seus gestores e administradores serão solidariamente responsáveis, na medida de sua participação, pelo ressarcimento dos prejuízos decorrentes de aplicação em desacordo com a legislação vigente a que tiverem dado causa. (Incluído pela Lei nº 13.846, de 2019)

Art. 8º-B Os dirigentes da unidade gestora do regime próprio de previdência social deverão atender aos seguintes requisitos mínimos: (Incluído pela Lei nº 13.846, de 2019)

I - não ter sofrido condenação criminal ou incidido em alguma das demais situações de inelegilidade previstas no inciso I do caput do art. 1º da Lei Complementar nº 64, de 18 de maio de 1990, observados os critérios e prazos previstos na referida Lei Complementar; (Incluído pela Lei nº 13.846, de 2019)

II - possuir certificação e habilitação comprovadas, nos termos definidos em parâmetros gerais; (Incluído pela Lei nº 13.846, de 2019)

III - possuir comprovada experiência no exercício de atividade nas áreas financeira, administrativa, contábil, jurídica, de fiscalização, atuarial ou de auditoria; (Incluído pela Lei nº 13.846, de 2019)

IV - ter formação superior. (Incluído pela Lei nº 13.846, de 2019)

Parágrafo único. Os requisitos a que se referem os incisos I e II do caput deste artigo aplicam-se aos membros dos conselhos deliberativo e fiscal e do comitê de investimentos da unidade gestora do regime próprio de previdência social. (Incluído pela Lei nº 13.846, de 2019)

Art. 9º Compete à União, por intermédio da Secretaria Especial de Previdência e Trabalho do Ministério da Economia, em relação aos regimes próprios de previdência social e aos seus fundos previdenciários: (Redação dada pela Lei nº 13.846, de 2019)

I - a orientação, a supervisão, a fiscalização e o acompanhamento; (Redação dada pela Lei nº 13.846, de 2019)

II - o estabelecimento e a publicação de parâmetros, diretrizes e critérios de responsabilidade previdenciária na sua instituição, organização e funcionamento, relativos a custeio, benefícios, atuária, contabilidade, aplicação e utilização de recursos e constituição e manutenção dos fundos previdenciários, para preservação do caráter contributivo e solidário e do equilíbrio financeiro e atuarial; (Redação dada pela Lei nº 13.846, de 2019)

III - a apuração de infrações, por servidor credenciado, e a aplicação de penalidades, por órgão próprio, nos casos previstos no art. 8º desta Lei; (Redação dada pela Lei nº 13.846, de 2019)

IV - a emissão do Certificado de Regularidade Previdenciária (CRP), que atestará, para os fins do disposto no art. 7º desta Lei, o cumprimento, pelos Estados, Distrito Federal e Municípios, dos critérios e exigências aplicáveis aos regimes próprios de previdência social e aos seus fundos previdenciários. (Incluído pela Lei nº 13.846, de 2019)

Parágrafo único. A União, os Estados, o Distrito Federal e os Municípios encaminharão à Secretaria Especial de Previdência e Trabalho do Ministério da Economia, na forma, na periodicidade e nos critérios por ela definidos, dados e informações sobre o regime próprio de previdência social e seus segurados. (Redação dada pela Lei nº 13.846, de 2019)

Art. 10. No caso de extinção de regime próprio de previdência social, a União, o Estado, o Distrito Federal e os Municípios assumirão integralmente a responsabilidade pelo pagamento dos benefícios concedidos durante a sua vigência, bem como daqueles benefícios cujos requisitos necessários a sua concessão foram implementados anteriormente à extinção do regime próprio de previdência social.

Art. 11. Esta Lei entra em vigor na data de sua publicação.

DECRETO FEDERAL Nº 3.048, DE 6 DE MAIO DE 1999

- APROVA O REGULAMENTO DA PREVIDÊNCIA SOCIAL

***ATUALIZADO ATÉ O DECRETO Nº 10.410, DE 30 DE JUNHO DE 2020**

ÍNDICE

LIVRO I - DA FINALIDADE E DOS PRINCÍPIOS BÁSICOS

TÍTULO I - DA SEGURIDADE SOCIAL - art. 1º

TÍTULO II - DA SAÚDE - art. 2º

TÍTULO III - DA ASSISTÊNCIA SOCIAL - art. 3º

TÍTULO IV - DA PREVIDÊNCIA SOCIAL - arts. 4º e 5º

LIVRO II - DOS BENEFÍCIOS DA PREVIDÊNCIA SOCIAL

TÍTULO I - DOS REGIMES DA PREVIDÊNCIA SOCIAL - arts. 6º e 7º

TÍTULO II - DO REGIME GERAL DE PREVIDÊNCIA SOCIAL - arts. 8º ao 24

CAPÍTULO I - DOS BENEFICIÁRIOS - arts. 8º ao 24

Seção I - Dos Segurados - arts. 9º ao 15

Subseção Única - Da Manutenção e da Perda da Qualidade de Segurado - arts. 13 ao 15

Seção II - Dos Dependentes - arts. 16 e 17

Seção III - Das Inscrições - arts. 18 ao 24

Subseção I - Do Segurado - arts. 18 ao 21

Subseção II - Do Dependente - arts. 22 ao 24

CAPÍTULO II - DAS PRESTAÇÕES EM GERAL - arts. 25 ao 120

Seção I - Das Espécies de Prestação - art. 25

Seção II - Da Carência - arts. 26 ao 30

Seção III - Do Salário-de-benefício - arts. 31 ao 34
Seção IV - Da Renda Mensal do Benefício - arts. 35 ao 39
Seção V - Do Reajustamento do Valor do Benefício - arts. 40 ao 42
Seção VI - Dos Benefícios - arts. 43 ao 120
Subseção I - Da Aposentadoria por Invalidez - arts. 43 ao 50
Subseção II - Da Aposentadoria por Idade - arts. 51 ao 55
Subseção III - Da Aposentadoria por Tempo de Contribuição - arts. 52 ao 63
Subseção IV - Da Aposentadoria Especial - arts. 64 ao 70
Subseção IV-A - Das Aposentadorias por Tempo de Contribuição e por Idade do Segurado com Deficiência - arts. 70-A ao 70-I
Subseção V - Do Auxílio-doença - arts. 71 ao 80
Subseção VI - Do Salário-família - arts. 81 ao 92
Subseção VII - Do Salário-maternidade - arts. 93 ao 103
Subseção VIII - Do Auxílio-acidente - art. 104
Subseção IX - Da Pensão por Morte - arts. 105 ao 115
Subseção X - Do Auxílio-reclusão - arts. 116 ao 119
Subseção XI - Do Abono Anual - art. 120
CAPÍTULO III - DO RECONHECIMENTO DA FILIAÇÃO - arts. 121 ao 124
Seção Única - Do Reconhecimento do Tempo de Filiação - arts. 121 ao 124
Subseção I - Da Indenização - arts. 122 e 123
Subseção II - Da Retroação da Data do Início das Contribuições - art. 124
CAPÍTULO IV - DA CONTAGEM RECÍPROCA DE TEMPO DE CONTRIBUIÇÃO - arts. 125 ao 135
CAPÍTULO V - DA HABILITAÇÃO E DA REABILITAÇÃO PROFISSIONAL - arts. 136 ao 141
CAPÍTULO VI - DA JUSTIFICAÇÃO ADMINISTRATIVA - arts. 142 ao 151
CAPÍTULO VII - DAS DISPOSIÇÕES DIVERSAS RELATIVAS ÀS PRESTAÇÕES DO REGIME GERAL DE PREVIDÊNCIA SOCIAL - arts. 152 ao 181-C
CAPÍTULO VIII - DAS DISPOSIÇÕES TRANSITÓRIAS RELATIVAS ÀS PRESTAÇÕES DO REGIME GERAL DE PREVIDÊNCIA SOCIAL - arts. 182 ao 193
LIVRO III - DO CUSTEIO DA SEGURIDADE SOCIAL - arts. 194 ao 278-A
TÍTULO I - DO FINANCIAMENTO DA SEGURIDADE SOCIAL - arts. 194 ao 265
CAPÍTULO I - INTRODUÇÃO - arts. 194 e 195
CAPÍTULO II - DA CONTRIBUIÇÃO DA UNIÃO - arts. 196 e 197
CAPÍTULO III - DA CONTRIBUIÇÃO DO SEGURADO - arts. 198 ao 200-B
Seção I - Da Contribuição do Segurado Empregado, Empregado Doméstico e Trabalhador Avulso - art. 198
Seção II - Da Contribuição dos Segurados Contribuinte Individual e Facultativo - arts. 199 e 199-A
Seção III - Da Contribuição do Produtor Rural Pessoa Física e do Segurado Especial - arts. 200 ao 200-B
CAPÍTULO IV - DAS CONTRIBUIÇÕES DA EMPRESA E DO EMPREGADOR DOMÉSTICO - arts. 201 ao 211
Seção I - Das Contribuições da Empresa - arts. 201 ao 205
Seção II - Da Isenção de Contribuições - arts. 206 ao 210
Seção III - Da Contribuição do Empregador Doméstico - art. 211

CAPÍTULO V - DA CONTRIBUIÇÃO SOBRE A RECEITA DE CONCURSOS DE PROGNÓSTICOS - art. 212

CAPÍTULO VI - DAS OUTRAS RECEITAS DA SEGURIDADE SOCIAL - art. 213

CAPÍTULO VII - DO SALÁRIO-DE-CONTRIBUIÇÃO - arts. 214 e 215

CAPÍTULO VIII - DA ARRECADAÇÃO E RECOLHIMENTO DAS CONTRIBUIÇÕES

Seção I - Das Normas Gerais de Arrecadação - arts. 216 a 218

Seção II - Da Retenção e da Responsabilidade Solidária - arts. 219 a 224-A

Seção III - Das Obrigações Acessórias - arts. 225 a 228

Seção IV - Da Competência para Arrecadar, Fiscalizar e Cobrar - arts. 229 a 230

Seção V - Do Exame da Contabilidade - arts. 231 a 237

Seção VI - Das Contribuições e Outras Importâncias não Recolhidas até o Vencimento - arts. 238 a 246

Seção VII - Da Restituição e da Compensação de Contribuições e Outras Importâncias - arts. 247 a 254

Seção VIII - Do Reembolso de Pagamento - art. 255

CAPÍTULO IX - DA MATRÍCULA DA EMPRESA, DO PRODUTOR RURAL PESSOA FÍSICA E DO SEGURADO ESPECIAL - arts. 256 a 256-A

CAPÍTULO X - DA PROVA DE INEXISTÊNCIA DE DÉBITO - arts. 257 a 265

TÍTULO II - DAS DISPOSIÇÕES DIVERSAS RELATIVAS AO CUSTEIO DA SEGURIDADE SOCIAL - arts. 266 a 278

TÍTULO III - DAS DISPOSIÇÕES TRANSITÓRIAS RELATIVAS AO CUSTEIO DA SEGURIDADE SOCIAL

LIVRO IV - DAS PENALIDADES EM GERAL

TÍTULO I - DAS RESTRIÇÕES - arts. 279 a 280

TÍTULO II - DAS INFRAÇÕES E DAS PENALIDADES

CAPÍTULO I - DOS CRIMES - Art. 281

CAPÍTULO II - DA APREENSÃO DE DOCUMENTOS - art. 282

CAPÍTULO III - DAS INFRAÇÕES - arts. 283 a 289

CAPÍTULO IV - DAS CIRCUNSTÂNCIAS AGRAVANTES DA PENALIDADE - art. 290

CAPÍTULO V - DAS CIRCUNSTÂNCIAS ATENUANTES DA PENALIDADE - art. 291 (Revogado)

CAPÍTULO VI - DA GRADAÇÃO DAS MULTAS - arts. 292 a 293

LIVRO V - DA ORGANIZAÇÃO DA SEGURIDADE SOCIAL - art. 294

TÍTULO I - DO SISTEMA NACIONAL DE SEGURIDADE SOCIAL

CAPÍTULO ÚNICO - DOS ÓRGÃOS COLEGIADOS

Seção I - Do Conselho Nacional de Previdência Social - arts. 295 a 302

Seção II - Do Conselho de Recursos da Previdência Social

Subseção I - Da Composição - arts. 303 a 304

Subseção II - Dos Recursos - arts. 305 a 310

TÍTULO II - DOS CONVÊNIOS, CONTRATOS, CREDENCIAMENTOS E ACORDOS - arts. 311 a 317

TÍTULO III - DA DIVULGAÇÃO DOS ATOS E DECISÕES DA PREVIDÊNCIA SOCIAL - arts. 318 a 325

TÍTULO IV - DAS DISPOSIÇÕES DIVERSAS RELATIVAS À ORGANIZAÇÃO DA SEGURIDADE SOCIAL - arts. 326 a 335

LIVRO VI - DAS DISPOSIÇÕES GERAIS - arts. 336 a 382

LIVRO I
DA FINALIDADE E DOS PRINCÍPIOS BÁSICOS

TÍTULO I
DA SEGURIDADE SOCIAL

Art. 1º A seguridade social compreende um conjunto integrado de ações de iniciativa dos poderes públicos e da sociedade, destinado a assegurar o direito relativo à saúde, à previdência e à assistência social.

Parágrafo único. A seguridade social obedecerá aos seguintes princípios e diretrizes:

I – universalidade da cobertura e do atendimento;

II – uniformidade e equivalência dos benefícios e serviços às populações urbanas e rurais;

III – seletividade e distributividade na prestação dos benefícios e serviços;

IV – irredutibilidade do valor dos benefícios, de forma a preservar-lhe o poder aquisitivo;

V – eqüidade na forma de participação no custeio;

VI – diversidade da base de financiamento; e

VII – caráter democrático e descentralizado da administração, mediante gestão quadripartite, com participação dos trabalhadores, dos empregadores, dos aposentados e do governo nos órgãos colegiados.

TÍTULO II
DA SAÚDE

Art. 2º A saúde é direito de todos e dever do Estado, garantido mediante políticas sociais e econômicas que visem à redução do risco de doença e de outros agravos e ao acesso universal e igualitário às ações e serviços para sua promoção, proteção e recuperação.

Parágrafo único. As atividades de saúde são de relevância pública, e sua organização obedecerá aos seguintes princípios e diretrizes:

I – acesso universal e igualitário;

II – provimento das ações e serviços mediante rede regionalizada e hierarquizada, integrados em sistema único;

III – descentralização, com direção única em cada esfera de governo;

IV – atendimento integral, com prioridade para as atividades preventivas;

V – participação da comunidade na gestão, fiscalização e acompanhamento das ações e serviços de saúde; e

VI – participação da iniciativa privada na assistência à saúde, em obediência aos preceitos constitucionais.

TÍTULO III
DA ASSISTÊNCIA SOCIAL

Art. 3º A assistência social é a política social que provê o atendimento das necessidades básicas, traduzidas em proteção à família, à maternidade, à infância, à adolescência, à velhice e à pessoa portadora de deficiência, independentemente de contribuição à seguridade social.

Parágrafo único. A organização da assistência social obedecerá às seguintes diretrizes:

I – descentralização político-administrativa; e

II – participação da população na formulação e controle das ações em todos os níveis.

TÍTULO IV
DA PREVIDÊNCIA SOCIAL

Art. 4º A previdência social rege-se pelos seguintes princípios e objetivos:

I – universalidade de participação nos planos previdenciários;

II – uniformidade e equivalência dos benefícios e serviços às populações urbanas e rurais;

III – seletividade e distributividade na prestação dos benefícios;

IV – cálculo dos benefícios considerando-se os salários-de-contribuição corrigidos monetariamente;

V – irredutibilidade do valor dos benefícios, de forma a preservar-lhe o poder aquisitivo;

VI – valor da renda mensal dos benefícios substitutos do salário-de-contribuição ou do rendimento do trabalho do segurado não inferior ao do salário mínimo; e

VII – caráter democrático e descentralizado da administração, mediante gestão quadripartite, com participação dos trabalhadores, dos empregadores, dos aposentados e do governo nos órgãos colegiados.

Art. 5º A previdência social será organizada sob a forma de regime geral, de caráter contributivo e de filiação obrigatória, observados critérios que preservem o equilíbrio financeiro e atuarial, e atenderá a:

I – cobertura de eventos de incapacidade temporária ou permanente para trabalho e idade avançada; (Redação dada pelo Decreto nº 10.410, de 2020).

II – proteção à maternidade, especialmente à gestante;

III – proteção ao trabalhador em situação de desemprego involuntário;

IV – salário-família e auxílio-reclusão para os dependentes dos segurados de baixa renda; e

V – pensão por morte do segurado, homem ou mulher, ao cônjuge ou companheiro e dependentes.

LIVRO II
DOS BENEFÍCIOS DA PREVIDÊNCIA SOCIAL

TÍTULO I
DOS REGIMES DA PREVIDÊNCIA SOCIAL

Art. 6º A previdência social compreende:

I – o Regime Geral de Previdência Social; e

II – os regimes próprios de previdêcia social dos servidores públicos e dos militares.

Parágrafo único. O Regime Geral de Previdência Social garante a cobertura de todas as situações expressas no art. 5º, exceto a de desemprego involuntário, observado o disposto no art. 199-A quanto ao direito à aposentadoria por tempo de contribuição. (Redação dada pelo Decreto nº 6.042, de 2007).

Art. 7º A administração do Regime Geral de Previdência Social é atribuída ao Ministério da Previdência e Assistência Social, sendo exercida pelos órgãos e entidades a ele vinculados.

TÍTULO II
DO REGIME GERAL DE PREVIDÊNCIA SOCIAL

CAPÍTULO I
DOS BENEFICIÁRIOS

Art. 8º São beneficiários do Regime Geral de Previdência Social as pessoas físicas classificadas como segurados e dependentes, nos termos das Seções I e II deste Capítulo.

Seção I
Dos Segurados

Art. 9º São segurados obrigatórios da previdência social as seguintes pessoas físicas:

I – como empregado:

a) aquele que presta serviço de natureza urbana ou rural a empresa, em caráter não eventual, sob sua subordinação e mediante remuneração, inclusive como diretor empregado;

b) aquele que, contratado por empresa de trabalho temporário, na forma prevista em legislação específica, por prazo não superior a cento e oitenta dias, consecutivos ou não, prorrogável por até noventa dias, presta serviço para atender a necessidade transitória de substituição de pessoal regular e permanente ou a acréscimo extraordinário de serviço de outras empresas; (Redação dada pelo Decreto nº 10.410, de 2020).

c) o brasileiro ou o estrangeiro domiciliado e contratado no Brasil para trabalhar como empregado no exterior, em sucursal ou agência de empresa constituída sob as leis brasileiras e que tenha sede e administração no País;

d) o brasileiro ou o estrangeiro domiciliado e contratado no Brasil para trabalhar como empregado em empresa domiciliada no exterior com maioria do capital votante pertencente a empresa constituída sob as leis brasileiras, que tenha sede e administração no País e cujo controle efetivo esteja em caráter permanente sob a titularidade direta ou indireta de pessoas físicas domiciliadas e residentes no País ou de entidade de direito público interno;

e) aquele que presta serviço no Brasil a missão diplomática ou a repartição consular de carreira estrangeira e a órgãos a elas subordinados, ou a membros dessas missões e repartições, excluídos o não-brasileiro sem residência permanente no Brasil e o brasileiro amparado pela legislação previdenciária do país da respectiva missão diplomática ou repartição consular;

f) o brasileiro civil que trabalha para a União no exterior, em organismos oficiais internacionais dos quais o Brasil seja membro efetivo, ainda que lá domiciliado e contratado, salvo se amparado por regime próprio de previdência social;

g) o brasileiro civil que presta serviços à União no exterior, em repartições governamentais brasileiras, lá domiciliado e contratado, inclusive o auxiliar local de que tratam os arts. 56 e 57 da Lei nº 11.440, de 29 de dezembro de 2006, este desde que, em razão de proibição legal, não possa filiar-se ao sistema previdenciário local; (Redação dada pelo Decreto nº 6.722, de 2008).

h) o bolsista e o estagiário que prestam serviços a empresa, em desacordo com a Lei nº 11.788, de 25 de setembro de 2008; (Redação dada pelo Decreto nº 6.722, de 2008).

i) o servidor da União, Estado, Distrito Federal ou Município, incluídas suas autarquias e fundações, ocupante, exclusivamente, de cargo em comissão declarado em lei de livre nomeação e exoneração;

j) o servidor do Estado, Distrito Federal ou Município, bem como o das respectivas autarquias e fundações, ocupante de cargo efetivo, desde que, nessa qualidade, não esteja amparado por regime próprio de previdência social;

l) o servidor contratado pela União, Estado, Distrito Federal ou Município, bem como pelas respectivas autarquias e fundações, por tempo determinado, para atender a necessidade temporária de excepcional interesse público, nos termos do inciso IX do art. 37 da Constituição Federal;

m) o servidor da União, Estado, Distrito Federal ou Município, incluídas suas autarquias e fundações, ocupante de emprego público;

n) (Revogada pelo Decreto nº 3.265, de 1999)

o) o escrevente e o auxiliar contratados por titular de serviços notariais e de registro a partir de 21 de novembro de 1994, bem como aquele que optou pelo Regime Geral de Previdência Social, em conformidade com a Lei nº 8.935, de 18 de novembro de 1994; e

p) aquele em exercício de mandato eletivo federal, estadual, distrital ou municipal, desde que não seja vinculado a regime próprio de previdência social; (Redação dada pelo Decreto nº 10.410, de 2020).

q) o empregado de organismo oficial internacional ou estrangeiro em funcionamento no Brasil, salvo quando coberto por regime próprio de previdência social; (Incluída pelo Decreto nº 3.265, de 1999)

r) o trabalhador rural contratado por produtor rural pessoa física, na forma do art. 14-A da Lei nº 5.889, de 8 de junho de 1973, para o exercício de atividades de natureza temporária por prazo não superior a dois meses dentro do período de um ano; (Incluído pelo Decreto nº 6.722, de 2008).

s) aquele contratado como trabalhador intermitente para a prestação de serviços, com subordinação, de forma não contínua, com alternância de períodos de prestação de serviços e de inatividade, em conformidade com o disposto no § 3º do art. 443 da Consolidação das Leis do Trabalho, aprovada pelo Decreto-Lei nº 5.452, de 1º de maio de 1943;(Incluído pelo Decreto nº 10.410, de 2020).

II – como empregado doméstico – aquele que presta serviço de forma contínua, subordinada, onerosa e pessoal a pessoa ou família, no âmbito residencial desta, em atividade sem fins lucrativos, por mais de dois dias por semana; (Redação dada pelo Decreto nº 10.410, de 2020).

III – (Revogados pelo Decreto nº 3.265, de 1999)

IV - (Revogados pelo Decreto nº 3.265, de 1999)

V - como contribuinte individual: (Redação dada pelo Decreto nº 3.265, de 1999))

a) a pessoa física, proprietária ou não, que explora atividade agropecuária, a qualquer título, em caráter permanente ou temporário, em área, contínua ou descontínua, superior a quatro módulos fiscais; ou, quando em área igual ou inferior a quatro módulos fiscais ou atividade pesqueira ou extrativista, com auxílio de empregados ou por intermédio de prepostos; ou ainda nas hipóteses dos §§ 8º e 23 deste artigo; (Redação dada pelo Decreto nº 6.722, de 2008).

b) a pessoa física, proprietária ou não, que explora atividade de extração mineral – garimpo -, em caráter permanente ou temporário, diretamente ou por intermédio de prepostos, com ou sem o auxílio de empregados, utilizados a qualquer título, ainda que de forma não contínua; (Redação dada pelo Decreto nº 3.265, de 1999)

c) o ministro de confissão religiosa e o membro de instituto de vida consagrada, de congregação ou de ordem religiosa; (Redação dada pelo Decreto nº 4.079, de 2002)

d) o brasileiro civil que trabalha no exterior para organismo oficial internacional do qual o Brasil é membro efetivo, ainda que lá domiciliado e contratado, salvo quando coberto por regime próprio de previdência social; (Redação dada pelo Decreto nº 3.265, de 1999)

e) desde que receba remuneração decorrente de trabalho na empresa: (Redação dada pelo Decreto nº 10.410, de 2020).

1. o empresário individual e o titular de empresa individual de responsabilidade limitada, urbana ou rural; (Incluído pelo Decreto nº 10.410, de 2020).

2. o diretor não empregado e o membro de conselho de administração de sociedade anônima; (Incluído pelo Decreto nº 10.410, de 2020).

3. o sócio de sociedade em nome coletivo; e(Incluído pelo Decreto nº 10.410, de 2020).

4. o sócio solidário, o sócio gerente, o sócio cotista e o administrador, quanto a este último, quando não for empregado em sociedade limitada, urbana ou rural; (Incluído pelo Decreto nº 10.410, de 2020).

f) (Revogado pelo Decreto nº 10.410, de 2020).

g) (Revogado pelo Decreto nº 10.410, de 2020).

h) (Revogado pelo Decreto nº 10.410, de 2020).

i) o associado eleito para cargo de direção em cooperativa, associação ou entidade de qualquer natureza ou finalidade, bem como o síndico ou administrador eleito para exercer atividade de direção condominial, desde que recebam remuneração; (Incluída pelo Decreto nº 3.265, de 1999)

j) quem presta serviço de natureza urbana ou rural, em caráter eventual, a uma ou mais empresas, sem relação de emprego; (Incluída pelo Decreto nº 3.265, de 1999)

l) a pessoa física que exerce, por conta própria, atividade econômica de natureza urbana, com fins lucrativos ou não; (Incluída pelo Decreto nº 3.265, de 1999)

m) o aposentado de qualquer regime previdenciário nomeado magistrado classista temporário da Justiça do Trabalho, na forma dos incisos II do § 1º do art. 111 ou III do art. 115 ou do parágrafo único do art. 116 da Constituição Federal, ou nomeado magistrado da Justiça Eleitoral, na forma dos incisos II do art. 119 ou III do § 1º do art. 120 da Constituição Federal; (Incluída pelo Decreto nº 3.265, de 1999)

n) o cooperado de cooperativa de produção que, nesta condição, presta serviço à sociedade cooperativa mediante remuneração ajustada ao trabalho executado; e (Incluída pelo Decreto nº 4.032, de 2001)

o) (Revogado pelo Decreto nº 7.054, de 2009)

p) o Micro Empreendedor Individual – MEI de que tratam os arts. 18-A e 18-C da Lei Complementar no 123, de 14 de dezembro de 2006, que opte pelo recolhimento dos impostos e contribuições abrangidos pelo Simples Nacional em valores fixos mensais; (Incluído pelo Decreto nº 6.722, de 2008).

q) o médico participante do Projeto Mais Médicos para o Brasil, instituído pela Lei nº 12.871, de 22 de outubro de 2013, exceto na hipótese de cobertura securitária específica estabelecida por organismo internacional ou filiação a regime de seguridade social em seu país de origem, com o qual a República Federativa do Brasil mantenha acordo de seguridade social;(Incluído pelo Decreto nº 10.410, de 2020).

r) o médico em curso de formação no âmbito do Programa Médicos pelo Brasil, instituído pela Lei nº 13.958, de 18 de dezembro de 2019; (Incluído pelo Decreto nº 10.410, de 2020).

VI – como trabalhador avulso – aquele que: (Redação dada pelo Decreto nº 10.410, de 2020).

a) sindicalizado ou não, preste serviço de natureza urbana ou rural a diversas empresas, ou equiparados, sem vínculo empregatício, com intermediação obrigatória do órgão gestor de mão de obra, nos termos do disposto na Lei nº 12.815, de 5 de junho de 2013, ou do sindicato da categoria, assim considerados: (Redação dada pelo Decreto nº 10.410, de 2020).

1. o trabalhador que exerça atividade portuária de capatazia, estiva, conferência e conserto de carga e vigilância de embarcação e bloco; (Incluído pelo Decreto nº 10.410, de 2020).

2. o trabalhador de estiva de mercadorias de qualquer natureza, inclusive carvão e minério; (Incluído pelo Decreto nº 10.410, de 2020).

3. o trabalhador em alvarenga (embarcação para carga e descarga de navios); (Incluído pelo Decreto nº 10.410, de 2020).

4. o amarrador de embarcação; (Incluído pelo Decreto nº 10.410, de 2020).

5. o ensacador de café, cacau, sal e similares;(Incluído pelo Decreto nº 10.410, de 2020).

6. o trabalhador na indústria de extração de sal; (Incluído pelo Decreto nº 10.410, de 2020).

7. o carregador de bagagem em porto; (Incluído pelo Decreto nº 10.410, de 2020).

8. o prático de barra em porto; (Incluído pelo Decreto nº 10.410, de 2020).

9. o guindasteiro; e (Incluído pelo Decreto nº 10.410, de 2020).

10. o classificador, o movimentador e o empacotador de mercadorias em portos; e (Incluído pelo Decreto nº 10.410, de 2020).

b) exerça atividade de movimentação de mercadorias em geral, nos termos do disposto na Lei nº 12.023, de 27 de agosto de 2009, em áreas urbanas ou rurais, sem vínculo empregatício, com intermediação obrigatória do sindicato da categoria, por meio de acordo ou convenção coletiva de trabalho, nas atividades de: (Redação dada pelo Decreto nº 10.410, de 2020).

1. cargas e descargas de mercadorias a granel e ensacados, costura, pesagem, embalagem, enlonamento, ensaque, arrasto, posicionamento, acomodação, reordenamento, reparação de carga, amostragem, arrumação, remoção, classificação, empilhamento, transporte com empilhadeiras, paletização, ova e desova de vagões, carga e descarga em feiras livres e abastecimento de lenha em secadores e caldeiras; (Incluído pelo Decreto nº 10.410, de 2020).

2. operação de equipamentos de carga e descarga; e (Incluído pelo Decreto nº 10.410, de 2020).

3. pré-limpeza e limpeza em locais necessários às operações ou à sua continuidade; (Incluído pelo Decreto nº 10.410, de 2020).

c) (Revogado pelo Decreto nº 10.410, de 2020).

d) (Revogado pelo Decreto nº 10.410, de 2020).

e) (Revogado pelo Decreto nº 10.410, de 2020).

f) (Revogado pelo Decreto nº 10.410, de 2020).

g) (Revogado pelo Decreto nº 10.410, de 2020).

h) (Revogado pelo Decreto nº 10.410, de 2020).;

i) (Revogado pelo Decreto nº 10.410, de 2020).

j) (Revogado pelo Decreto nº 10.410, de 2020).

VII – como segurado especial: a pessoa física residente no imóvel rural ou em aglomerado urbano ou rural próximo que, individualmente ou em regime de economia familiar, ainda que com o auxílio eventual de terceiros, na condição de: (Redação dada pelo Decreto nº 6.722, de 2008).

a) produtor, seja ele proprietário, usufrutuário, possuidor, assentado, parceiro ou meeiro outorgados, comodatário ou arrendatário rurais, que explore atividade: (Incluído pelo Decreto nº 6.722, de 2008).

1. agropecuária em área contínua ou não de até quatro módulos fiscais; ou (Incluído pelo Decreto nº 6.722, de 2008).

2. de seringueiro ou extrativista vegetal na coleta e extração, de modo sustentável, de recursos naturais renováveis, e faça dessas atividades o principal meio de vida; (Incluído pelo Decreto nº 6.722, de 2008).

b) pescador artesanal ou a este assemelhado, que faça da pesca profissão habitual ou principal meio de vida; e (Incluído pelo Decreto nº 6.722, de 2008).

c) cônjuge ou companheiro, bem como filho maior de dezesseis anos de idade ou a este equiparado, do segurado de que tratam as alíneas "a" e "b" deste inciso, que, comprovadamente, tenham participação ativa nas atividades rurais ou pesqueiras artesanais, respectivamente, do grupo familiar. (Redação dada pelo Decreto nº 8.499, de 2015)

§ 1º O aposentado pelo Regime Geral de Previdência Social que voltar a exercer atividade abrangida por este regime é segurado obrigatório em relação a essa atividade, ficando sujeito às contribuições de que trata este Regulamento.

§ 2º Considera-se diretor empregado aquele que, participando ou não do risco econômico do empreendimento, seja contratado ou promovido para cargo de direção das sociedades anônimas, mantendo as características inerentes à relação de emprego.

§ 3º Considera-se diretor não empregado aquele que, participando ou não do risco econômico do empreendimento, seja eleito, por assembléia geral dos acionistas, para cargo de direção das sociedades anônimas, não mantendo as características inerentes à relação de emprego.

§ 4º Entende-se por serviço prestado em caráter não eventual aquele relacionado direta ou indiretamente com as atividades normais da empresa.

§ 5º Entende-se como regime de economia familiar a atividade em que o trabalho dos membros da família é indispensável à própria subsistência e ao desenvolvimento socioeconômico do núcleo familiar e é exercido em condições de mútua dependência e colaboração, sem a utilização de empregados permanentes. (Redação dada pelo Decreto nº 6.722, de 2008).

§ 6º Entende-se como auxílio eventual de terceiros o que é exercido ocasionalmente, em condições de mútua colaboração, não existindo subordinação nem remuneração.

§ 7º Para efeito do disposto na alínea «a» do inciso VI do caput, entende-se por:

I – capatazia – a atividade de movimentação de mercadorias nas instalações dentro do porto, compreendidos o recebimento, a conferência, o transporte interno, a abertura de volumes para a conferência aduaneira, a manipulação, a arrumação e a entrega e o carregamento e a descarga de embarcações, quando efetuados por aparelhamento portuário; (Redação dada pelo Decreto nº 10.410, de 2020).

II – estiva – a atividade de movimentação de mercadorias nos conveses ou nos porões das embarcações principais ou auxiliares, incluindo transbordo, arrumação, peação e despeação, bem como o carregamento e a descarga das mesmas, quando realizados com equipamentos de bordo;

III – conferência de carga – a contagem de volumes, anotação de suas características, procedência ou destino, verificação do estado das mercadorias, assistência à pesagem, conferência do manifesto e demais serviços correlatos, nas operações de carregamento e descarga de embarcações;

IV – conserto de carga – o reparo e a restauração das embalagens de mercadoria, nas operações de carregamento e descarga de embarcações, reembalagem, marcação, remarcação, carimbagem, etiquetagem, abertura de volumes para vistoria e posterior recomposição;

V – vigilância de embarcações – a atividade de fiscalização da entrada e saída de pessoas a bordo das embarcações atracadas ou fundeadas ao largo, bem como da movimentação de mercadorias nos portalós, rampas, porões, conveses, plataformas e em outros locais da embarcação; e

VI – bloco – a atividade de limpeza e conservação de embarcações mercantes e de seus tanques, incluindo batimento de ferrugem, pintura, reparo de pequena monta e serviços correlatos.

§ 8º Não é segurado especial o membro de grupo familiar que possuir outra fonte de rendimento, exceto se decorrente de: (Redação dada pelo Decreto nº 6.722, de 2008).

I – benefício de pensão por morte, auxílio-acidente ou auxílio-reclusão, cujo valor não supere o do menor benefício da previdência social; (Redação dada pelo Decreto nº 10.410, de 2020).

I-A – benefício concedido ao segurado qualificado como segurado especial, independentemente do valor; (Incluído pelo Decreto nº 10.410, de 2020).

II – benefício previdenciário pela participação em plano de previdência complementar instituído nos termos do inciso III do § 18 deste artigo; (Redação dada pelo Decreto nº 6.722, de 2008).

III – exercício de atividade remunerada em período não superior a cento e vinte dias, corridos ou intercalados, no ano civil, observado o disposto no § 22; (Redação dada pelo Decreto nº 10.410, de 2020).

IV – exercício de mandato eletivo de dirigente sindical de organização da categoria de trabalhadores rurais; (Incluído pelo Decreto nº 6.722, de 2008).

V – exercício de mandato de vereador do município onde desenvolve a atividade rural, ou de dirigente de cooperativa rural constituída exclusivamente por segurados especiais, observado o disposto no § 22 deste artigo; (Incluído pelo Decreto nº 6.722, de 2008).

VI – parceria ou meação outorgada na forma e condições estabelecidas no inciso I do § 18 deste artigo; (Incluído pelo Decreto nº 6.722, de 2008).

VII – atividade artesanal desenvolvida com matéria-prima produzida pelo respectivo grupo familiar, podendo ser utilizada matéria-prima de outra origem, desde que, nesse caso, a renda mensal obtida na atividade não exceda ao menor benefício de prestação continuada da previdência social; e (Incluído pelo Decreto nº 6.722, de 2008).

VIII – atividade artística, desde que em valor mensal inferior ao menor benefício de prestação continuada da previdência social. (Incluído pelo Decreto nº 6.722, de 2008).

§ 9º Para os fins previstos nas alíneas «a» e «b» do inciso V do caput, entende-se que a pessoa física, proprietária ou não, explora atividade através de prepostos quando, na condição de parceiro outorgante, desenvolve atividade agropecuária, pesqueira ou de extração de minerais por intermédio de parceiros ou meeiros.

§ 10. O dirigente sindical mantém, durante o exercício do mandato, o mesmo enquadramento no Regime Geral de Previdência Social de antes da investidura no cargo.

§ 11. O magistrado da Justiça Eleitoral, nomeado na forma do inciso II do art. 119 ou III do § 1º do art. 120 da Constituição Federal, mantém o mesmo enquadramento no Regime Geral de Previdência Social de antes da investidura no cargo. (Redação dada pelo Decreto nº 4.729, de 2003)

§ 12. O exercício de atividade remunerada sujeita a filiação obrigatória ao Regime Geral de Previdência Social.

§ 13. Aquele que exerce concomitantemente mais de uma atividade remunerada sujeita ao RGPS é obrigatoriamente filiado no referido Regime em relação a cada uma dessas atividades, observado o disposto no inciso III do caput do art. 214. (Redação dada pelo Decreto nº 10.410, de 2020).

§ 14. Considera-se pescador artesanal aquele que, individualmente ou em regime de economia familiar, faz da pesca sua profissão habitual ou meio principal de vida, desde que: (Redação dada pelo Decreto nº 3.668, de 2000)

I - não utilize embarcação; ou (Redação dada pelo Decreto nº 8.424, de 2015)

II - utilize embarcação de pequeno porte, nos termos da Lei nº 11.959, de 29 de junho de 2009. (Redação dada pelo Decreto nº 8.424, de 2015)

III - (Revogado pelo Decreto nº 8.424, de 2015)

§ 14-A. Considera-se assemelhado ao pescador artesanal aquele que realiza atividade de apoio à pesca artesanal, exercendo trabalhos de confecção e de reparos de artes e petrechos de pesca e de reparos em embarcações de pequeno porte ou atuando no processamento do produto da pesca artesanal. (Incluído dada pelo Decreto nº 8.499, de 2015)

§ 15. Enquadram-se nas situações previstas nas alíneas «j» e «l» do inciso V do caput, entre outros: (Redação dada pelo Decreto nº 3.265, de 1999)

I – aquele que trabalha como condutor autônomo de veículo rodoviário, inclusive como taxista ou motorista de transporte remunerado privado individual de passageiros, ou como operador de trator, máquina de terraplenagem, colheitadeira e assemelhados, sem vínculo empregatício; (Redação dada pelo Decreto nº 10.410, de 2020).

II – aquele que exerce atividade de auxiliar de condutor autônomo de veículo rodoviário, em automóvel cedido em regime de colaboração, nos termos da Lei nº 6.094, de 30 de agosto de 1974;

III - aquele que, pessoalmente, por conta própria e a seu risco, exerce pequena atividade comercial em via pública ou de porta em porta, como comerciante ambulante, nos termos da Lei nº 6.586, de 6 de novembro de 1978;

IV - o trabalhador associado a cooperativa que, nessa qualidade, presta serviços a terceiros;

V - o membro de conselho fiscal de sociedade por ações;

VI - aquele que presta serviço de natureza não contínua, por conta própria, a pessoa ou família, no âmbito residencial desta, em atividade sem fins lucrativos, até dois dias por semana; (Redação dada pelo Decreto nº 10.410, de 2020).

VII - o notário ou tabelião e o oficial de registros ou registrador, titular de cartório, que detêm a delegação do exercício da atividade notarial e de registro, não remunerados pelos cofres públicos, admitidos a partir de 21 de novembro de 1994;

VIII – aquele que, na condição de pequeno feirante, compra para revenda produtos hortifrutigranjeiros ou assemelhados;

IX – a pessoa física que edifica obra de construção civil;

X – o médico residente de que trata a Lei nº 6.932, de 7 de julho de 1981. (Redação dada pelo Decreto nº 4.729, de 2003)

XI – o pescador que trabalha em regime de parceria, meação ou arrendamento, em embarcação de médio ou grande porte, nos termos da Lei nº 11.959, de 2009; (Redação dada pelo Decreto nº 8.424, de 2015)

XII – o incorporador de que trata o art. 29 da Lei nº 4.591, de 16 de dezembro de 1964.

XIII – o bolsista da Fundação Habitacional do Exército contratado em conformidade com a Lei nº 6.855, de 18 de novembro de 1980; e (Incluído pelo Decreto nº 3.265, de 1999)

XIV – o árbitro e seus auxiliares que atuam em conformidade com a Lei nº 9.615, de 24 de março de 1998.(Incluído pelo Decreto nº 3.265, de 1999)

XV – o membro de conselho tutelar de que trata o art. 132 da Lei nº 8.069, de 13 de julho de 1990, quando remunerado; (Incluído pelo Decreto nº 4.032, de 2001)

XVI – o interventor, o liquidante, o administrador especial e o diretor fiscal de instituição financeira, empresa ou entidade referida no § 6º do art. 201; (Redação dada pelo Decreto nº 10.410, de 2020).

XVII – o transportador autônomo de cargas e o transportador autônomo de cargas auxiliar, nos termos do disposto na Lei nº 11.442, de 5 de janeiro de 2007; (Incluído pelo Decreto nº 10.410, de 2020)

XVIII – o repentista de que trata a Lei nº 12.198, de 14 de janeiro de 2010, desde que não se enquadre na condição de empregado, prevista no inciso I do caput, em relação à referida atividade; e (Incluído pelo Decreto nº 10.410, de 2020)

XIX – o artesão de que trata a Lei nº 13.180, de 22 de outubro de 2015, desde que não se enquadre em outras categorias de segurado obrigatório do RGPS em relação à referida atividade. (Incluído pelo Decreto nº 10.410, de 2020)

§ 16. Aplica-se o disposto na alínea «i» do inciso I do caput ao ocupante de cargo de Ministro de Estado, de Secretário Estadual, Distrital ou Municipal, sem vínculo efetivo com a União, Estados, Distrito Federal e Municípios, suas autarquias, ainda que em regime especial, e fundações. (Incluído pelo Decreto nº 3.265, de 1999)

§ 17. (Revogado pelo Decreto nº 8.424, de 2015)

§ 18. Não descaracteriza a condição de segurado especial: (Redação dada pelo Decreto nº 6.722, de 2008).

I – a outorga, por meio de contrato escrito de parceria, meação ou comodato, de até cinqüenta por cento de imóvel rural cuja área total, contínua ou descontínua, não seja superior a quatro módulos fiscais, desde que outorgante e outorgado continuem a exercer a respectiva atividade, individualmente ou em regime de economia familiar; (Incluído pelo Decreto nº 6.722, de 2008).

II – a exploração da atividade turística da propriedade rural, inclusive com hospedagem, por não mais de cento e vinte dias ao ano; (Incluído pelo Decreto nº 6.722, de 2008).

III – a participação em plano de previdência complementar instituído por entidade classista a que seja associado, em razão da condição de trabalhador rural ou de produtor rural em regime de economia familiar; (Incluído pelo Decreto nº 6.722, de 2008).

IV – a participação como beneficiário ou integrante de grupo familiar que tem algum componente que seja beneficiário de programa assistencial oficial de governo; (Incluído pelo Decreto nº 6.722, de 2008).

V – a utilização pelo próprio grupo familiar de processo de beneficiamento ou industrialização artesanal, na exploração da atividade, de acordo com o disposto no § 25; e (Incluído pelo Decreto nº 6.722, de 2008).

VI – a associação a cooperativa agropecuária ou de crédito rural;(Redação dada pelo Decreto nº 10.410, de 2020).

VII – a incidência do Imposto sobre Produtos Industrializados – IPI sobre o produto das atividades desenvolvidas nos termos do disposto no inciso VIII; e (Incluído pelo Decreto nº 10.410, de 2020)

VIII – a participação do segurado especial em sociedade empresária ou em sociedade simples ou a sua atuação como empresário individual ou como titular de empresa individual de responsabilidade limitada de objeto ou âmbito agrícola, agroindustrial ou agroturístico, considerada microempresa nos termos do disposto na Lei Complementar nº 123, de 2006, desde que, mantido o exercício da sua atividade rural na forma prevista no inciso VII do caput e no § 5º, a pessoa jurídica seja composta apenas por segurados especiais e sediada no mesmo Município ou em Município limítrofe àquele em que ao menos um deles desenvolva as suas atividades.(Incluído pelo Decreto nº 10.410, de 2020)

§ 19. Os segurados de que trata o art. 199-A terão identificação específica nos registros da Previdência Social. (Incluído pelo Decreto nº 6.042, de 2007).

§ 20. Para os fins deste artigo, considera-se que o segurado especial reside em aglomerado urbano ou rural próximo ao imóvel rural onde desenvolve a atividade quando resida no mesmo município de situação do imóvel onde desenvolve a atividade rural, ou em município contíguo ao em que desenvolve a atividade rural. (Incluído pelo Decreto nº 6.722, de 2008).

§ 21. O grupo familiar poderá utilizar-se de empregado contratado por prazo determinado, inclusive daquele referido na alínea "r" do inciso I do caput, ou de trabalhador de que trata a alínea "j" do inciso V do caput, à razão de, no máximo, cento e vinte pessoas por dia no mesmo ano civil, em períodos corridos ou intercalados, ou, ainda, por tempo equivalente em horas de trabalho, à razão de oito horas por dia e quarenta e quatro horas por semana, hipóteses em que períodos de afastamento em decorrência de percepção de auxílio por incapacidade temporária não serão computados. (Redação dada pelo Decreto nº 10.410, de 2020).

§ 22. O disposto nos incisos III e V do § 8º e no inciso VIII do § 18 não dispensará o recolhimento da contribuição devida em relação ao exercício das atividades de que tratam os referidos incisos. (Redação dada pelo Decreto nº 10.410, de 2020).

§ 23. O segurado especial fica excluído dessa categoria: (Incluído pelo Decreto nº 6.722, de 2008).

I – a contar do primeiro dia do mês em que: (Incluído pelo Decreto nº 6.722, de 2008).

a) deixar de satisfazer as condições estabelecidas no inciso VII do caput deste artigo, sem prejuízo do disposto no art. 13, ou exceder qualquer dos limites estabelecidos no inciso I do § 18 deste artigo; (Incluído pelo Decreto nº 6.722, de 2008).

b) se enquadrar em qualquer outra categoria de segurado obrigatório do Regulamento da Previdência Social, exceto nas hipóteses previstas nos incisos III, V, VII e VIII do § 8º e no inciso VIII do § 18, sem prejuízo do disposto no art. 13; (Redação dada pelo Decreto nº 10.410, de 2020).

c) se tornar segurado obrigatório de outro regime previdenciário; ou(Redação dada pelo Decreto nº 10.410, de 2020).

d) na hipótese de descumprimento do disposto no inciso VIII do § 18: (Incluído pelo Decreto nº 10.410, de 2020)

1. participar de sociedade empresária ou de sociedade simples; ou (Incluído pelo Decreto nº 10.410, de 2020)

2. atuar como empresário individual ou como titular de empresa individual de responsabilidade limitada; ou(Incluído pelo Decreto nº 10.410, de 2020)

II – a contar do primeiro dia do mês subseqüente ao da ocorrência, quando o grupo familiar a que pertence exceder o limite de: (Incluído pelo Decreto nº 6.722, de 2008).

a) utilização de trabalhadores nos termos do § 21 deste artigo; (Incluído pelo Decreto nº 6.722, de 2008).

b) dias em atividade remunerada estabelecidos no inciso III do § 8º deste artigo; e (Incluído pelo Decreto nº 6.722, de 2008).

c) dias de hospedagem a que se refere o inciso II do § 18 deste artigo. (Incluído pelo Decreto nº 6.722, de 2008).

§ 24. Aplica-se o disposto na alínea "a" do inciso V do caput deste artigo ao cônjuge ou companheiro do produtor que participe da atividade rural por este explorada. (Incluído pelo Decreto nº 6.722, de 2008).

§ 25. Considera-se processo de beneficiamento ou industrialização artesanal aquele realizado diretamente pelo próprio produtor rural pessoa física, observado o disposto no § 5º do art. 200, desde que não esteja sujeito à incidência do Imposto Sobre Produtos Industrializados - IPI.§ 26. É considerado MEI o empresário individual a que se refere o art. 966 da Lei nº 10.406, de 10 de janeiro de 2002 - Código Civil, que tenha auferido receita bruta, no ano-calendário anterior, de até R$ 36.000,00 (trinta e seis mil reais), optante pelo Simples Nacional e que não esteja impedido de optar pela sistemática de recolhimento mencionada na alínea "p" do inciso V do caput. (Incluído pelo Decreto nº 6.722, de 2008).

§ 26. É considerado microempreendedor individual - MEI o empresário individual a que se refere o art. 966 da Lei nº 10.406, de 2002 - Código Civil, ou o empreendedor que exerça as atividades de industrialização, comercialização e prestação de serviços no âmbito rural, que tenha auferido receita bruta no ano-calendário imediatamente anterior até o limite estabelecido no art. 18-A da Lei Complementar nº 123, de 2006, que tenha optado pelo Simples Nacional e não esteja impedido de optar pela sistemática de recolhimento a que se refere a alínea "p" do inciso V do caput. (Incluído pelo Decreto nº 10.410, de 2020)

§ 27. O vínculo empregatício mantido entre cônjuges ou companheiros não impede o reconhecimento da qualidade de segurado do empregado, excluído o doméstico, observado o disposto no art. 19-B. (Incluído pelo Decreto nº 10.410, de 2020)

Art. 10. O servidor civil ocupante de cargo efetivo ou o militar da União, Estado, Distrito Federal ou Município, bem como o das respectivas autarquias e fundações, são excluídos do Regime Geral de Previdência Social consubstanciado neste Regulamento, desde que amparados por regime próprio de previdência social. (Redação dada pelo Decreto nº 3.265, de 1999)

§ 1º Caso o servidor ou o militar, amparados por regime próprio de previdência social, sejam requisitados para outro órgão ou entidade cujo regime previdenciário não permita a filiação nessa condição, permanecerão vinculados ao regime de origem, obedecidas às regras que cada ente estabeleça acerca de sua contribuição. (Redação dada pelo Decreto nº 3.265, de 1999)

§ 2º Caso o servidor ou o militar venham a exercer, concomitantemente, uma ou mais atividades abrangidas pelo Regime Geral de Previdência Social, tornar-se-ão segurados obrigatórios em relação a essas atividades. (Redação dada pelo Decreto nº 3.265, de 1999)

§ 3º Entende-se por regime próprio de previdência social o que assegura pelo menos as aposentadorias e pensão por morte previstas no art. 40 da Constituição Federal. (Redação dada pelo Decreto nº 3.452, de 2000))

Art. 11. É segurado facultativo o maior de dezesseis anos de idade que se filiar ao Regime Geral de Previdência Social, mediante contribuição, na forma do art. 199, desde que não esteja exercendo atividade remunerada que o enquadre como segurado obrigatório da previdência social.

§ 1º Podem filiar-se facultativamente, entre outros:

I - aquele que se dedique exclusivamente ao trabalho doméstico no âmbito de sua residência; (Redação dada pelo Decreto nº 10.410, de 2020).

II - o síndico de condomínio, quando não remunerado;

III - o estudante;

IV - o brasileiro que acompanha cônjuge que presta serviço no exterior;

V - aquele que deixou de ser segurado obrigatório da previdência social;

VI - o membro de conselho tutelar de que trata o art. 132 da Lei nº 8.069, de 13 de julho de 1990, quando não esteja vinculado a qualquer regime de previdência social;

VII - o estagiário que preste serviços a empresa nos termos do disposto na Lei nº 11.788, de 2008;(Redação dada pelo Decreto nº 10.410, de 2020).

VIII - o bolsista que se dedique em tempo integral a pesquisa, curso de especialização, pós-graduação, mestrado ou doutorado, no Brasil ou no exterior, desde que não esteja vinculado a qualquer regime de previdência social;

IX - o presidiário que não exerce atividade remunerada nem esteja vinculado a qualquer regime de previdência social; (Redação dada pelo Decreto nº 7.054, de 2009)

X - o brasileiro residente ou domiciliado no exterior;(Redação dada pelo Decreto nº 10.410, de 2020).

XI - o segurado recolhido à prisão sob regime fechado ou semi-aberto, que, nesta condição, preste serviço, dentro ou fora da unidade penal, a uma ou mais empresas, com ou sem intermediação da organização carcerária ou entidade afim, ou que exerce atividade artesanal por conta própria. (Incluído pelo Decreto nº 7.054, de 2009)

XII - o atleta beneficiário da Bolsa-Atleta não filiado a regime próprio de previdência social ou não enquadrado em uma das hipóteses previstas no art. 9º. (Incluído pelo Decreto nº 10.410, de 2020)

§ 2º É vedada a filiação ao Regime Geral de Previdência Social, na qualidade de segurado facultativo, de pessoa participante de regime próprio de previdência social, salvo na hipótese de afastamento sem vencimento e desde que não permitida, nesta condição, contribuição ao respectivo regime próprio.

§ 3º A filiação na qualidade de segurado facultativo representa ato volitivo, gerando efeito somente a partir da inscrição e do primeiro recolhimento, não podendo retroagir e não permitindo o pagamento de contribuições relativas a competências anteriores à data da inscrição, ressalvado o § 3º do art. 28.

§ 4º Após a inscrição, o segurado facultativo somente poderá recolher contribuições em atraso quando não tiver ocorrido perda da qualidade de segurado, conforme o disposto no inciso VI do art. 13.

§ 5º O segurado poderá contribuir facultativamente durante os períodos de afastamento ou de inatividade, desde que não receba remuneração nesses períodos e não exerça outra atividade que o vincule ao RGPS ou a regime próprio de previdência social.(Incluído pelo Decreto nº 10.410, de 2020)

Art. 12. Consideram-se:

I – empresa – a firma individual ou a sociedade que assume o risco de atividade econômica urbana ou rural, com fins lucrativos ou não, bem como os órgãos e as entidades da administração pública direta, indireta e fundacional; e

II – empregador doméstico – aquele que admite a seu serviço, mediante remuneração, sem finalidade lucrativa, empregado doméstico.

Parágrafo único. Equiparam-se a empresa, para os efeitos deste Regulamento: (Redação dada pelo Decreto nº 3.265, de 1999)

I – o contribuinte individual, em relação a segurado que lhe presta serviço; (Redação dada pelo Decreto nº 3.265, de 1999)

II – a cooperativa, a associação ou a entidade de qualquer natureza ou finalidade, inclusive a missão diplomática e a repartição consular de carreiras estrangeiras;

III – o operador portuário e o órgão gestor de mão de obra de que trata a Lei nº 12.815, de 2013; e (Redação dada pelo Decreto nº 10.410, de 2020).

IV – o proprietário ou dono de obra de construção civil, quando pessoa física, em relação a segurado que lhe presta serviço.

PREVIDENCIÁRIO

Subseção Única
Da Manutenção e da Perda da Qualidade de Segurado

Art. 13. Mantém a qualidade de segurado, independentemente de contribuições:

I – sem limite de prazo, o segurado que estiver em gozo de benefício, exceto na hipótese de auxílio-acidente; (Redação dada pelo Decreto nº 10.410, de 2020).

II – até doze meses após a cessação de benefício por incapacidade ou das contribuições, observado o disposto nos § 7º e § 8º e no art. 19-E;(Redação dada pelo Decreto nº 10.491, de 2020).

III – até doze meses após cessar a segregação, o segurado acometido de doença de segregação compulsória;

IV – até doze meses após o livramento, o segurado detido ou recluso;

V – até três meses após o licenciamento, o segurado incorporado às Forças Armadas para prestar serviço militar; e

VI – até seis meses após a cessação das contribuições, o segurado facultativo.

§ 1º O prazo do inciso II será prorrogado para até vinte e quatro meses, se o segurado já tiver pago mais de cento e vinte contribuições mensais sem interrupção que acarrete a perda da qualidade de segurado.

§ 2º O prazo do inciso II ou do § 1º será acrescido de doze meses para o segurado desempregado, desde que comprovada essa situação por registro no órgão próprio do Ministério do Trabalho e Emprego.

§ 3º Durante os prazos deste artigo, o segurado conserva todos os seus direitos perante a previdência social.

§ 4º Aplica-se o disposto no inciso II do caput e no § 1º ao segurado que se desvincular de regime próprio de previdência social. (Incluído pelo Decreto nº 3.265, de 1999)

§ 5º A perda da qualidade de segurado não será considerada para a concessão das aposentadorias por tempo de contribuição e especial. (Incluído pelo Decreto nº 4.729, de 2003)

§ 6º Aplica-se o disposto no § 5º à aposentadoria por idade, desde que o segurado conte com, no mínimo, o número de contribuições mensais exigido para efeito de carência na data do requerimento do benefício. (Incluído pelo Decreto nº 4.729, de 2003)

§ 7º Para o contribuinte individual, o período de manutenção da qualidade de segurado inicia-se no primeiro dia do mês subsequente ao da última contribuição com valor igual ou superior ao salário-mínimo. (Incluído pelo Decreto nº 10.410, de 2020)

§ 8º O segurado que receber remuneração inferior ao limite mínimo mensal do salário de contribuição somente manterá a qualidade de segurado se efetuar os ajustes de complementação, utilização e agrupamento a que se referem o § 1º do art. 19-E e o § 27-A do art. 216. (Incluído pelo Decreto nº 10.410, de 2020)

Art. 14. O reconhecimento da perda da qualidade de segurado no termo final dos prazos fixados no art. 13 ocorrerá no dia seguinte ao do vencimento da contribuição do contribuinte individual relativa ao mês imediatamente posterior ao término daqueles prazos. (Redação dada pelo Decreto nº 4.032, de 2001)

Art. 15. (Revogado pelo Decreto nº 4.032, de 2001)

Seção II
Dos Dependentes

Art. 16. São beneficiários do Regime Geral de Previdência Social, na condição de dependentes do segurado:

I – o cônjuge, a companheira, o companheiro e o filho não emancipado, de qualquer condição, menor de vinte e um anos de idade ou inválido ou que tenha deficiência intelectual, mental ou grave; (Redação dada pelo Decreto nº 10.410, de 2020).

II – os pais; ou

III – o irmão não emancipado, de qualquer condição, menor de vinte e um anos de idade ou inválido ou que tenha deficiência intelectual, mental ou grave. (Redação dada pelo Decreto nº 10.410, de 2020).

§ 1º Os dependentes de uma mesma classe concorrem em igualdade de condições.

§ 2º A existência de dependente de qualquer das classes deste artigo exclui do direito às prestações os das classes seguintes.

§ 3º Equiparam-se a filho, na condição de dependente de que trata o inciso I do caput, exclusivamente o enteado e o menor tutelado, desde que comprovada a dependência econômica na forma estabelecida no § 3º do art. 22.(Redação dada pelo Decreto nº 10.410, de 2020).

§ 4º O menor sob tutela somente poderá ser equiparado aos filhos do segurado mediante apresentação de termo de tutela.

§ 5º Considera-se companheira ou companheiro a pessoa que mantenha união estável com o segurado ou segurada.

§ 6º Considera-se união estável aquela configurada na convivência pública, contínua e duradoura entre pessoas, estabelecida com intenção de constituição de família, observado o disposto no § 1º do art. 1.723 da Lei nº 10.406, de 2002 – Código Civil, desde que comprovado o vínculo na forma estabelecida no § 3º do art. 22. (Redação dada pelo Decreto nº 10.410, de 2020).

§ 6º-A As provas de união estável e de dependência econômica exigem início de prova material contemporânea dos fatos, produzido em período não superior aos vinte e quatro meses anteriores à data do óbito ou do recolhimento à prisão do segurado, não admitida a prova exclusivamente testemunhal, exceto na ocorrência de motivo de força maior ou caso fortuito, observado o disposto no § 2º do art. 143. (Incluído pelo Decreto nº 10.410, de 2020)

§ 7º A dependência econômica das pessoas de que trata o inciso I é presumida e a das demais deve ser comprovada.

§ 8º Para fins do disposto na alínea "c" do inciso V do caput do art. 114, em observância ao requisito previsto no § 6º-A, deverá ser apresentado, ainda, início de prova material que comprove união estável pelo período mínimo de dois anos antes do óbito do segurado. (Incluído pelo Decreto nº 10.410, de 2020)

§ 9º Será excluído definitivamente da condição de dependente aquele que tiver sido condenado criminalmente por sentença transitada em julgado, como autor, coautor ou partícipe de homicídio doloso, ou de tentativa desse crime, cometido contra a pessoa do segurado, ressalvados os absolutamente incapazes e os inimputáveis.(Incluído pelo Decreto nº 10.410, de 2020)

Art. 17. A perda da qualidade de dependente ocorre:

I - para o cônjuge, pelo divórcio ou pela separação judicial ou de fato, enquanto não lhe for assegurada a prestação de alimentos, pela anulação do casamento, pelo óbito ou por sentença judicial transitada em julgado; (Redação dada pelo Decreto nº 10.410, de 2020).

II - para a companheira ou companheiro, pela cessação da união estável com o segurado ou segurada, enquanto não lhe for garantida a prestação de alimentos;

III - ao completar vinte e um anos de idade, para o filho, o irmão, o enteado ou o menor tutelado, ou nas seguintes hipóteses, se ocorridas anteriormente a essa idade: (Redação dada pelo Decreto nº 10.410, de 2020).

a) casamento; (Redação dada pelo Decreto nº 10.410, de 2020).

b) início do exercício de emprego público efetivo; (Redação dada pelo Decreto nº 10.410, de 2020).

c) constituição de estabelecimento civil ou comercial ou pela existência de relação de emprego, desde que, em função deles, o menor com dezesseis anos completos tenha economia própria; ou (Redação dada pelo Decreto nº 10.410, de 2020).

d) concessão de emancipação, pelos pais, ou por um deles na falta do outro, por meio de instrumento público, independentemente de homologação judicial, ou por sentença judicial, ouvido o tutor, se o menor tiver dezesseis anos completos; e (Redação dada pelo Decreto nº 10.410, de 2020).

e) (Revogada pelo Decreto nº 10.410, de 2020).

IV - para os dependentes em geral:

a) pela cessação da invalidez ou da deficiência intelectual, mental ou grave; ou- (Redação dada pelo Decreto nº 10.410, de 2020).

b) pelo falecimento.

§ 1º O filho, o irmão, o enteado e o menor tutelado, desde que comprovada a dependência econômica dos três últimos, se inválidos ou se tiverem deficiência intelectual, mental ou grave, não perderão a qualidade de dependentes desde que a invalidez ou a deficiência intelectual, mental ou grave tenha ocorrido antes de uma das hipóteses previstas no inciso III do caput. (Incluído pelo Decreto nº 10.410, de 2020)

§ 2º Para fins do disposto no § 1º, a data de início da invalidez ou da deficiência intelectual, mental ou grave será estabelecida pela Perícia Médica Federal.(Incluído pelo Decreto nº 10.410, de 2020)

Seção III
Das Inscrições

Subseção I
Do Segurado

Art. 18. Considera-se inscrição de segurado para os efeitos da previdência social o ato pelo qual o segurado é cadastrado no RGPS, por meio da comprovação dos dados pessoais, da seguinte forma: (Redação dada pelo Decreto nº 10.410, de 2020).

I - empregado - pelo empregador, por meio da formalização do contrato de trabalho e, a partir da obrigatoriedade do uso do Sistema de Escrituração Digital das Obrigações Fiscais, Previdenciárias e Trabalhistas - eSocial, instituído pelo Decreto nº 8.373, de 11 de dezembro de 2014, ou do sistema que venha a substituí-lo, por meio do registro contratual eletrônico realizado nesse Sistema; (Redação dada pelo Decreto nº 10.410, de 2020).

II - trabalhador avulso - pelo cadastramento e pelo registro no órgão gestor de mão de obra, no caso de trabalhador portuário, ou no sindicato, no caso de trabalhador não portuário, e a partir da obrigatoriedade do uso do eSocial, ou do sistema que venha a substituí-lo, por meio do cadastramento e do registro eletrônico realizado nesse Sistema; (Redação dada pelo Decreto nº 10.410, de 2020).

III - empregado doméstico - pelo empregador, por meio do registro contratual eletrônico realizado no eSocial; (Redação dada pelo Decreto nº 10.410, de 2020).

IV - contribuinte individual:(Redação dada pelo Decreto nº 10.410, de 2020).

a) por ato próprio, por meio do cadastramento de informações para identificação e reconhecimento da atividade, hipótese em que o Instituto Nacional do Seguro Social - INSS poderá solicitar a apresentação de documento que comprove o exercício da atividade declarada; (Incluído pelo Decreto nº 10.410, de 2020)

b) pela cooperativa de trabalho ou pela pessoa jurídica a quem preste serviço, no caso de cooperados ou contratados, respectivamente, se ainda não inscritos no RGPS; e (Incluído pelo Decreto nº 10.410, de 2020)

c) pelo MEI, por meio do sítio eletrônico do Portal do Empreendedor; (Incluído pelo Decreto nº 10.410, de 2020)

V – segurado especial – preferencialmente, pelo titular do grupo familiar que se enquadre em uma das condições previstas no inciso VII do caput do art. 9º, hipótese em que o INSS poderá solicitar a apresentação de documento que comprove o exercício da atividade declarada, observado o disposto no art. 19-D; e (Redação dada pelo Decreto nº 10.410, de 2020).

VI – segurado facultativo – por ato próprio, por meio do cadastramento de informações pessoais que permitam a sua identificação, desde que não exerça atividade que o enquadre na categoria de segurado obrigatório. (Redação dada pelo Decreto nº 10.410, de 2020).

§ 1º (Revogado pelo Decreto nº 10.410, de 2020).

§ 2º A inscrição do segurado em qualquer categoria mencionada neste artigo exige a idade mínima de dezesseis anos.

§ 3º Todo aquele que exercer, concomitantemente, mais de uma atividade remunerada sujeita ao Regime Geral de Previdência Social será obrigatoriamente inscrito em relação a cada uma delas.

§ 4º (Revogado pelo Decreto nº 6.722, de 2008).

§ 5º Presentes os pressupostos da filiação, admite-se a inscrição post mortem do segurado especial.(Incluído pelo Decreto nº 3.265, de 1999)

§ 5º-A Na hipótese prevista no § 5º, caso não seja comprovada a condição de segurado especial, poderá ser atribuído Número de Inscrição do Trabalhador – NIT especificamente para fins de requerimento do benefício previdenciário. (Incluído pelo Decreto nº 10.410, de 2020)

§ 5º-B Não será admitida a inscrição post mortem de segurado contribuinte individual e nem de segurado facultativo. (Incluído pelo Decreto nº 10.410, de 2020)

§ 6º A comprovação dos dados pessoais e de outros elementos necessários e úteis à caracterização do segurado poderá ser exigida pelo INSS, a qualquer tempo, para fins de atualização cadastral, inclusive para a concessão de benefício. (Redação dada pelo Decreto nº 10.410, de 2020).

§ 7º A inscrição do segurado especial será feita de forma a vinculá-lo ao seu grupo familiar e conterá, além das informações pessoais: (Redação dada pelo Decreto nº 10.410, de 2020).

I – a identificação da propriedade em que é desenvolvida a atividade e a informação de a que título ela é ocupada; (Incluído pelo Decreto nº 10.410, de 2020)

II – a informação sobre a residência ou não do segurado na propriedade em que é desenvolvida a atividade, e, em caso negativo, sobre o Município onde reside; e (Incluído pelo Decreto nº 10.410, de 2020)

III – quando for o caso, a identificação e a inscrição da pessoa responsável pelo grupo familiar. (Incluído pelo Decreto nº 10.410, de 2020)

§ 8º O segurado especial integrante de grupo familiar que não seja proprietário do imóvel rural ou da embarcação em que desenvolve sua atividade deve informar, no ato da inscrição, conforme o caso, o nome e o CPF do parceiro ou meeiro outorgante, arrendador, comodante ou assemelhado. (Incluído pelo Decreto nº 6.722, de 2008).

§ 9º A identificação do trabalhador no Cadastro Nacional de Informações Sociais – CNIS poderá ser feita: (Incluído pelo Decreto nº 10.410, de 2020)

I – pelo NIT, único, pessoal e intransferível, independentemente de alterações de categoria profissional; ou (Incluído pelo Decreto nº 10.410, de 2020)

II – pelo Cadastro de Pessoas Físicas – CPF. (Incluído pelo Decreto nº 10.410, de 2020)

§ 10. Ao segurado cadastrado no Programa de Integração Social – PIS, no Programa de Formação do Patrimônio do Servidor Público – Pasep ou no Número de Identificação Social - NIS não caberá novo cadastramento. (Incluído pelo Decreto nº 10.410, de 2020)

Art. 19. Os dados constantes do Cadastro Nacional de Informações Sociais – CNIS relativos a vínculos, remunerações e contribuições valem como prova de filiação à previdência social, tempo de contribuição e salários-de-contribuição. (Redação dada pelo Decreto nº 6.722, de 2008).

§ 1º O segurado poderá solicitar, a qualquer tempo, a inclusão, a exclusão, a ratificação ou a retificação de suas informações constantes do CNIS, com a apresentação de documentos comprobatórios dos dados divergentes, conforme critérios definidos pelo INSS, independentemente de requerimento de benefício, exceto na hipótese prevista no art. 142, observado o disposto nos art. 19-B e art. 19-C. (Redação dada pelo Decreto nº 10.410, de 2020).

§ 2º Informações inseridas extemporaneamente no CNIS, independentemente de serem inéditas ou retificadoras de dados anteriormente informados, somente serão aceitas se corroboradas por documentos que comprovem a sua regularidade, na forma prevista no art. 19-B. (Redação dada pelo Decreto nº 10.410, de 2020).

§ 3º Respeitadas as definições vigentes sobre a procedência e origem das informações, considera-se extemporânea a inserção de dados: (Redação dada pelo Decreto nº 6.722, de 2008).

I – relativos à data de início de vínculo empregatício, após o último dia do quinto mês subsequente ao mês da data da admissão do segurado; (Redação dada pelo Decreto nº 10.410, de 2020).

II - relativos à remuneração de trabalhador avulso ou contribuinte individual que preste serviços a empresa ou equiparado, após o último dia do quinto mês subsequente ao mês da data da prestação de serviço pelo segurado; ou (Redação dada pelo Decreto nº 10.410, de 2020).

a)(Revogado pelo Decreto nº 10.410, de 2020).

b) (Revogado pelo Decreto nº 10.410, de 2020).

III – relativos à contribuição, sempre que o recolhimento tiver sido feito sem observância ao disposto em lei. (Redação dada pelo Decreto nº 10.410, de 2020).

§ 4º A extemporaneidade de que trata o § 3º poderá ser desconsiderada depois de decorrido o prazo de um ano, contado da data de inserção das informações relativas a vínculos e remunerações, conforme critérios definidos pelo INSS.(Redação dada pelo Decreto nº 10.410, de 2020).

I – (Revogado pelo Decreto nº 10.410, de 2020).

II – (Revogado pelo Decreto nº 7.223, de 2010)

III – (Revogado pelo Decreto nº 10.410, de 2020).

§ 5º Ato do Secretário Especial de Previdência e Trabalho do Ministério da Economia poderá reduzir ou ampliar os prazos previstos nos § 3º e § 4º. (Redação dada pelo Decreto nº 10.410, de 2020).

§ 6º O INSS poderá definir critérios para a apuração das informações constantes da Guia de Recolhimento do Fundo de Garantia do Tempo de Serviço e Informações à Previdência Social - GFIP, ou do instrumento que venha a substituí-la, que ainda não tiver sido processada e para o recebimento de informações relativas a situações cuja regularidade dependa do cumprimento de critério estabelecido em lei. (Redação dada pelo Decreto nº 10.410, de 2020).

§ 7º Para os fins de que trata os §§ 2º a 6º, o INSS e a DATAPREV adotarão as providências necessárias para que as informações constantes do CNIS sujeitas à comprovação sejam identificadas e destacadas dos demais registros. (Incluído pelo Decreto nº 6.722, de 2008).

§ 8º Para o exercício de suas competências, o INSS terá acesso às informações do segurado relativas aos períodos em que tenha sido registrada deficiência leve, moderada ou grave, identificada em decorrência de avaliação biopsicossocial realizada por equipe multiprofissional e interdisciplinar, para fins de reconhecimento e manutenção de direitos. (Redação dada pelo Decreto nº 10.410, de 2020).

§ 9º Constarão do CNIS as informações dos segurados e beneficiários dos regimes próprios de previdência social para fins de verificação das situações previstas neste Regulamento que impactem no reconhecimento de direitos e na concessão e no pagamento de benefícios pelo RGPS. (Incluído pelo Decreto nº 10.410, de 2020)

§ 10. O empregado com contrato de trabalho intermitente terá identificação específica em instrumento de prestação de informações à previdência social, de forma a permitir a identificação dos períodos de prestação serviços e dos períodos de inatividade. (Incluído pelo Decreto nº 10.410, de 2020)

§ 11. A partir da obrigatoriedade do uso do eSocial, ou do sistema que venha a substituí-lo, será observado, para o segurado: (Incluído pelo Decreto nº 10.410, de 2020)

I – empregado e empregado doméstico – os registros eletrônicos gerados pelo eSocial equivalerão às anotações relativas ao contrato de trabalho, definidas pela Consolidação das Leis do Trabalho, aprovada pelo Decreto-Lei nº 5.452, de 1943, que serão incorporados ao CNIS e à Carteira de Trabalho Digital; (Incluído pelo Decreto nº 10.410, de 2020)

II – trabalhador avulso – os registros eletrônicos gerados pelo eSocial substituirão as informações relativas ao registro e às remunerações do trabalhador avulso portuário previstas no inciso II do caput do art. 32 e no § 2º do art. 33 da Lei nº 12.815, de 2013, e aquelas relativas ao trabalhador avulso não portuário previstas no art. 4º da Lei nº 12.023, de 2009, que serão incorporados ao CNIS; (Incluído pelo Decreto nº 10.410, de 2020)

III – contribuinte individual que preste serviços conforme o disposto no § 20 do art. 216 – os registros eletrônicos gerados pelo eSocial substituirão as informações prestadas sobre os valores da remuneração na forma prevista no § 21 do art. 216, que serão incorporados ao CNIS; e(Incluído pelo Decreto nº 10.410, de 2020)

IV – contribuinte individual que preste serviços a empresa ou equiparado a partir de abril de 2003, conforme o disposto no art. 4º da Lei nº 10.666, de 8 de maio de 2003 – os registros eletrônicos gerados pelo eSocial substituirão as informações prestadas sobre os valores da remuneração e do desconto feito a título de contribuição previdenciária, conforme previsto no inciso XII do caput do art. 216, que serão incorporados ao CNIS. (Incluído pelo Decreto nº 10.410, de 2020)

§ 12. Os recolhimentos efetuados na época apropriada constantes do CNIS serão reconhecidos automaticamente, observados a contribuição mínima mensal e o disposto no art. 19-E, dispensada a comprovação do exercício da atividade. (Incluído pelo Decreto nº 10.410, de 2020)

Art. 19-A. Para fins de benefícios de que trata este Regulamento, os períodos de vínculos que corresponderem a serviços prestados na condição de servidor estatutário somente serão considerados mediante apresentação de Certidão de Tempo de

Contribuição fornecida pelo órgão público competente, salvo se o órgão de vinculação do servidor não tiver instituído regime próprio de previdência social. (Incluído pelo Decreto nº 6.722, de 2008).

Art. 19-B. Na hipótese de não constarem do CNIS as informações sobre atividade, vínculo, remunerações ou contribuições, ou de haver dúvida sobre a regularidade das informações existentes, o período somente será confirmado por meio da apresentação de documentos contemporâneos dos fatos a serem comprovados, com menção às datas de início e de término e, quando se tratar de trabalhador avulso, à duração do trabalho e à condição em que tiver sido prestada a atividade.(Redação dada pelo Decreto nº 10.410, de 2020).

§ 1º Além dos dados constantes do CNIS a que se refere o art. 19, observada a forma de filiação do trabalhador ao RGPS, os seguintes documentos serão considerados para fins de comprovação do tempo de contribuição de que trata o caput, desde que contemporâneos aos fatos a serem comprovados: (Incluído pelo Decreto nº 10.410, de 2020)

I – carteira profissional ou Carteira de Trabalho e Previdência Social; (Incluído pelo Decreto nº 10.410, de 2020)

II – contrato individual de trabalho;

III – contrato de trabalho por pequeno prazo, na forma prevista no § 3º do art. 14-A da Lei nº 5.889, de 1973; (Incluído pelo Decreto nº 10.410, de 2020)

IV – carteira de férias;(Incluído pelo Decreto nº 10.410, de 2020)

V – carteira sanitária;(Incluído pelo Decreto nº 10.410, de 2020)

VI – caderneta de matrícula; (Incluído pelo Decreto nº 10.410, de 2020)

VII – caderneta de contribuição dos extintos institutos de aposentadoria e pensões; (Incluído pelo Decreto nº 10.410, de 2020)

VIII – caderneta de inscrição pessoal visada: (Incluído pelo Decreto nº 10.410, de 2020)

a) pela Capitania dos Portos; (Incluído pelo Decreto nº 10.410, de 2020)

b) pela Superintendência do Desenvolvimento da Pesca; ou (Incluído pelo Decreto nº 10.410, de 2020)

c) pelo Departamento Nacional de Obras Contra as Secas; (Incluído pelo Decreto nº 10.410, de 2020)

IX – declaração da Secretaria Especial da Receita Federal do Brasil do Ministério da Economia; (Incluído pelo Decreto nº 10.410, de 2020)

X – certidão de inscrição em órgão de fiscalização profissional, acompanhada de documento que prove o exercício da atividade; (Incluído pelo Decreto nº 10.410, de 2020)

XI – contrato social, acompanhado de seu distrato, e, quando for o caso, ata de assembleia geral e registro de empresário; (Incluído pelo Decreto nº 10.410, de 2020)

XII – certificado de sindicato ou órgão gestor de mão de obra que agrupe trabalhadores avulsos; (Incluído pelo Decreto nº 10.410, de 2020)

XIII – extrato de recolhimento do FGTS; e(Incluído pelo Decreto nº 10.410, de 2020)

XIV – recibos de pagamento. (Incluído pelo Decreto nº 10.410, de 2020)

§ 2º Os documentos necessários à atualização do CNIS e à análise de requerimentos de benefícios e serviços poderão ser apresentados em cópias simples, em meio físico ou eletrônico, dispensada a sua autenticação, exceto nas hipóteses em que haja previsão legal expressa e de dúvida fundada quanto à autenticidade ou à integridade do documento, ressalvada a possibilidade de o INSS exigir, a qualquer tempo, os documentos originais para fins do disposto no art. 179, situação em que o responsável pela apresentação das cópias ficará sujeito às sanções administrativas, civis e penais aplicáveis. (Incluído pelo Decreto nº 10.410, de 2020)

§ 3º Caso os documentos apresentados não sejam suficientes para a comprovação de atividade, vínculo ou remunerações, estes poderão ser corroborados por pesquisa, na forma prevista no § 5º, ou justificação administrativa, conforme o caso. (Incluído pelo Decreto nº 10.410, de 2020)

§ 4º Na falta de documento contemporâneo, podem ser aceitos declaração do empregador ou de seu preposto, atestado de empresa ainda existente ou certificado ou certidão de entidade oficial dos quais constem os dados previstos no caput, desde que extraídos de registros existentes, que serão confirmados pelo INSS na forma prevista no § 5º, exceto se fornecidas por órgão público. (Incluído pelo Decreto nº 10.410, de 2020)

§ 5º A empresa disponibilizará a servidor designado por dirigente do INSS as informações e os registros de que dispuser, relativamente a segurado a seu serviço e previamente identificado, para fins de instrução ou revisão de processo de reconhecimento de direitos e outorga de benefícios do RGPS e para inclusão, exclusão, ratificação ou retificação das informações constantes do CNIS, conforme critérios definidos pelo INSS, independentemente de requerimento de benefício. (Incluído pelo Decreto nº 10.410, de 2020)

§ 6º Somente serão exigidos certidões ou documentos expedidos por órgãos públicos quando não for possível a sua obtenção diretamente do órgão ou da entidade responsável pela base de dados oficial. (Incluído pelo Decreto nº 10.410, de 2020)

§ 7º Serão realizados exclusivamente pela Secretaria Especial da Receita Federal do Brasil do Ministério da Economia os acertos de: (Incluído pelo Decreto nº 10.410, de 2020)

I – inclusão de recolhimento, alterações de valor autenticado ou data de pagamento da Guia da Previdência Social ou do documento que venha a substituí-la; (Incluído pelo Decreto nº 10.410, de 2020)

II – transferência de contribuição com identificador de pessoa jurídica ou equiparada para o CNIS; e (Incluído pelo Decreto nº 10.410, de 2020)

III – inclusão da contribuição liquidada por meio de parcelamento (Incluído pelo Decreto nº 10.410, de 2020)

Art. 19-C. Considera-se tempo de contribuição o tempo correspondente aos períodos para os quais tenha havido contribuição obrigatória ou facultativa ao RGPS, dentre outros, o período: (Incluído pelo Decreto nº 10.410, de 2020)

I – de contribuição efetuada por segurado que tenha deixado de exercer atividade remunerada que o enquadrasse como segurado obrigatório da previdência social; (Incluído pelo Decreto nº 10.410, de 2020)

II – em que a segurada tenha recebido salário-maternidade; (Incluído pelo Decreto nº 10.410, de 2020)

III – de licença remunerada, desde que tenha havido desconto de contribuições; (Incluído pelo Decreto nº 10.410, de 2020)

IV – em que o segurado tenha sido colocado em disponibilidade remunerada pela empresa, desde que tenha havido desconto de contribuições; (Incluído pelo Decreto nº 10.410, de 2020)

V – de atividade patronal ou autônoma, exercida anteriormente à vigência da Lei nº 3.807, de 26 de agosto de 1960, desde que tenha sido indenizado conforme o disposto no art. 122; (Incluído pelo Decreto nº 10.410, de 2020)

VI – de atividade na condição de empregador rural, desde que tenha havido contribuição na forma prevista na Lei nº 6.260, de 6 de novembro de 1975, e indenização do período anterior, conforme o disposto no art. 122; (Incluído pelo Decreto nº 10.410, de 2020)

VII – de exercício de mandato eletivo federal, estadual, distrital ou municipal, desde que tenha havido contribuição na época apropriada e este não tenha sido contado para fins de aposentadoria por outro regime de previdência social; (Incluído pelo Decreto nº 10.410, de 2020)

VIII – de licença, afastamento ou inatividade sem remuneração do segurado empregado, inclusive o doméstico e o intermitente, desde que tenha havido contribuição na forma prevista no § 5º do art. 11; e (Incluído pelo Decreto nº 10.410, de 2020)

IX – em que o segurado contribuinte individual e o segurado facultativo tenham contribuído na forma prevista no art. 199-A, observado o disposto em seu § 2º. (Incluído pelo Decreto nº 10.410, de 2020)

§ 1º Será computado o tempo intercalado de recebimento de benefício por incapacidade, na forma do disposto no inciso II do caput do art. 55 da Lei nº 8.213, de 24 de julho de 1991, exceto para efeito de carência. (Incluído pelo Decreto nº 10.410, de 2020)

§ 2º As competências em que o salário de contribuição mensal tenha sido igual ou superior ao limite mínimo serão computadas integralmente como tempo de contribuição, independentemente da quantidade de dias trabalhados. (Incluído pelo Decreto nº 10.410, de 2020)

§ 3º Na hipótese de o débito ser objeto de parcelamento, o período correspondente ao parcelamento somente será computado para fins de concessão de benefício no RGPS e de emissão de certidão de tempo de contribuição para fins de contagem recíproca após a comprovação da quitação dos valores devidos. (Incluído pelo Decreto nº 10.410, de 2020)

Art. 19-D. O Ministério da Economia manterá sistema de cadastro dos segurados especiais no CNIS, observado o disposto nos § 7º e § 8º do art. 18, e poderá firmar acordo de cooperação com o Ministério da Agricultura, Pecuária e Abastecimento e com outros órgãos da administração pública federal, estadual, distrital e municipal para a manutenção e a gestão do sistema de cadastro. (Incluído pelo Decreto nº 10.410, de 2020)

§ 1º O sistema de que trata o caput preverá a manutenção e a atualização anual do cadastro e conterá as informações necessárias à caracterização da condição de segurado especial. (Incluído pelo Decreto nº 10.410, de 2020)

§ 2º A manutenção e a atualização de que trata o § 1º ocorrerão por meio da apresentação, pelo segurado especial, de declaração anual ou de documento equivalente, conforme definido em ato do Secretário Especial de Previdência e Trabalho do Ministério da Economia. (Incluído pelo Decreto nº 10.410, de 2020)

§ 3º A aplicação do disposto neste artigo não poderá acarretar ônus para o segurado, sem prejuízo do disposto no § 4º. (Incluído pelo Decreto nº 10.410, de 2020)

§ 4º O INSS, no ato de habilitação ou de concessão de benefício, verificará a condição de segurado especial e, se for o caso, o pagamento da contribuição previdenciária, nos termos do disposto na Lei nº 8.212, de 24 de julho de 1991, de modo a considerar, dentre outras informações, aquelas constantes do CNIS. (Incluído pelo Decreto nº 10.410, de 2020)

§ 5º A atualização anual de que trata o § 1º será feita pelo segurado especial até 30 de junho do ano subsequente. (Incluído pelo Decreto nº 10.410, de 2020)

§ 6º É vedada a atualização anual de que trata o § 1º decorrido o prazo de cinco anos, contado da data a que se refere o § 5º. (Incluído pelo Decreto nº 10.410, de 2020)

§ 7º Decorrido o prazo de cinco anos de que trata o § 6º, o segurado especial somente poderá computar o período de trabalho rural se efetuados na época apropriada a comercialização da produção e o recolhimento da contribuição prevista no art. 25 da Lei nº 8.212, de 1991. (Incluído pelo Decreto nº 10.410, de 2020)

§ 8º O INSS utilizará as informações constantes do cadastro de que trata o caput para fins de comprovação da condição e do exercício da atividade rural do segurado especial e do seu grupo familiar. (Incluído pelo Decreto nº 10.410, de 2020)

§ 9º A partir de 1º de janeiro de 2023, a comprovação da condição e do exercício da atividade rural do segurado especial ocorrerá, exclusivamente, por meio das informações constantes do cadastro a que se refere o caput, observado o disposto no § 18. (Incluído pelo Decreto nº 10.410, de 2020)

§ 10. Para o período anterior a 1º de janeiro de 2023, o segurado especial comprovará o exercício da atividade rural por meio de autodeclaração ratificada por entidades públicas credenciadas, nos termos do disposto no art. 13 da Lei nº 12.188, de 11 de janeiro de 2010, e por outros órgãos públicos, observado o seguinte: (Incluído pelo Decreto nº 10.410, de 2020)

I – a autodeclaração será feita por meio do preenchimento de formulários que serão disponibilizados pelo INSS; (Incluído pelo Decreto nº 10.410, de 2020)

II – a ratificação da autodeclaração será realizada por meio de informações obtidas das bases de dados da Secretaria de Agricultura Familiar e Cooperativismo do Ministério da Agricultura, Pecuária e Abastecimento e de outras bases de dados a que o INSS tiver acesso; e (Incluído pelo Decreto nº 10.410, de 2020)

III – as informações obtidas por meio de consultas às bases de dados governamentais que forem consideradas insuficientes para o reconhecimento do exercício da atividade rural alegada poderão ser complementadas por prova documental contemporânea ao período informado. (Incluído pelo Decreto nº 10.410, de 2020)

§ 11. Complementarmente à autodeclaração de que trata o § 10 e ao cadastro de que trata o caput, a comprovação do exercício de atividade do segurado especial será feita por meio dos seguintes documentos, dentre outros: (Incluído pelo Decreto nº 10.410, de 2020)

I – contrato de arrendamento, de parceria ou de comodato rural; (Incluído pelo Decreto nº 10.410, de 2020)

II – Declaração de Aptidão ao Programa Nacional de Fortalecimento da Agricultura Familiar de que trata o inciso II do caput do art. 2º da Lei nº 12.188, de 2010, ou pelo documento que venha a substituí-la; (Incluído pelo Decreto nº 10.410, de 2020)

III – bloco de notas do produtor rural; (Incluído pelo Decreto nº 10.410, de 2020)

IV – documentos fiscais de entrada de mercadorias de que trata o § 7º do art. 30 da Lei nº 8.212, de 1991, emitidos pela empresa adquirente da produção, com indicação do nome do segurado como vendedor;(Incluído pelo Decreto nº 10.410, de 2020)

V – documentos fiscais relativos a entrega de produção rural a cooperativa agrícola, entreposto de pescado ou outros, com indicação do segurado como vendedor ou consignante; (Incluído pelo Decreto nº 10.410, de 2020)

VI – comprovantes de recolhimento de contribuição à previdência social decorrentes da comercialização de produção rural; (Incluído pelo Decreto nº 10.410, de 2020)

VII – cópia da declaração de imposto sobre a renda, com indicação de renda proveniente da comercialização de produção rural; ou (Incluído pelo Decreto nº 10.410, de 2020)

VIII – licença de ocupação ou permissão outorgada pelo Instituto Nacional de Colonização e Reforma Agrária – Incra. (Incluído pelo Decreto nº 10.410, de 2020)

§ 12. Sempre que o tipo de outorga informado na autodeclaração de que trata § 10 for de parceiro, meeiro, arrendatário, comodatário ou de outra modalidade de outorgado, o documento deverá identificar e qualificar o outorgante. (Incluído pelo Decreto nº 10.410, de 2020)

§ 13. A condição de segurado especial dos índios será comprovada por meio de certidão fornecida pela Fundação Nacional do Índio – Funai que: (Incluído pelo Decreto nº 10.410, de 2020)

I – conterá a identificação da entidade e de seu emitente, com a indicação do mandato, se for o caso; (Incluído pelo Decreto nº 10.410, de 2020)

II – será fornecida em duas vias, em papel timbrado, com numeração sequencial controlada e ininterrupta; (Incluído pelo Decreto nº 10.410, de 2020)

III – conterá a identificação, a qualificação pessoal do beneficiário e a categoria de produtor a que pertença; (Incluído pelo Decreto nº 10.410, de 2020)

IV – consignará os documentos e as informações que tenham servido de base para a sua emissão e, se for o caso, a origem dos dados extraídos de registros existentes na própria entidade declarante ou em outro órgão, entidade ou empresa, desde que idôneos e acessíveis à previdência social; (Incluído pelo Decreto nº 10.410, de 2020)

V – não conterá informação referente a período anterior ao início da atividade da entidade declarante, exceto se baseada em documento que constitua prova material do exercício dessa atividade; e (Incluído pelo Decreto nº 10.410, de 2020)

VI – consignará os dados relativos ao período e à forma de exercício da atividade rural nos termos estabelecidos pelo INSS. (Incluído pelo Decreto nº 10.410, de 2020)

§ 14. A homologação a que se refere o § 13 se restringirá às informações relativas à atividade rural e deverá atender aos seguintes critérios: (Incluído pelo Decreto nº 10.410, de 2020)

I – conterá a identificação do órgão e do emitente da declaração; (Incluído pelo Decreto nº 10.410, de 2020)

II – conterá a identificação, a qualificação pessoal do beneficiário e a categoria de produtor a que pertença; (Incluído pelo Decreto nº 10.410, de 2020)

III – consignará os documentos e as informações que tenham servido de base para a sua emissão e, se for o caso, a origem dos dados extraídos de registros existentes na própria entidade declarante ou em outro órgão, entidade ou empresa, desde que idôneos e acessíveis à previdência social; e (Incluído pelo Decreto nº 10.410, de 2020)

IV – consignará dados relativos ao período e à forma de exercício da atividade rural nos termos estabelecidos pelo INSS. (Incluído pelo Decreto nº 10.410, de 2020)

§ 15. Até 1º de janeiro de 2025, o cadastro de que trata o caput poderá ser efetuado, atualizado e corrigido sem prejuízo do prazo de que trata o § 9º e das regras permanentes estabelecidas nos § 5º e § 6º. (Incluído pelo Decreto nº 10.410, de 2020)

§ 16. Na hipótese de haver divergência de informações entre o cadastro de que trata o caput e as demais bases de dados, para fins de reconhecimento do direito ao benefício, o INSS poderá exigir a apresentação dos documentos referidos no § 11. (Incluído pelo Decreto nº 10.410, de 2020)

§ 17. As informações obtidas e acolhidas pelo INSS diretamente de bancos de dados disponibilizados por órgãos do Poder Público serão utilizadas para validar ou invalidar informação para o cadastramento do segurado especial e, quando for o caso, para deixar de reconhecer o segurado nessa condição. (Incluído pelo Decreto nº 10.410, de 2020)

§ 18. O prazo a que se refere o § 9º será prorrogado até que cinquenta por cento dos segurados especiais, apurados conforme quantitativo da Pesquisa Nacional por Amostra de Domicílios Contínua, estejam inseridos no sistema de cadastro dos segurados especiais de que trata o caput. (Incluído pelo Decreto nº 10.410, de 2020)

§ 19. O fim da prorrogação a que se refere o § 18 será definido em ato do Secretário Especial de Previdência e Trabalho do Ministério da Economia. (Incluído pelo Decreto nº 10.410, de 2020)

Art. 19-E. A partir de 13 de novembro de 2019, para fins de aquisição e manutenção da qualidade de segurado, de carência, de tempo de contribuição e de cálculo do salário de benefício exigidos para o reconhecimento do direito aos benefícios do RGPS e para fins de contagem recíproca, somente serão consideradas as competências cujo salário de contribuição seja igual ou superior ao limite mínimo mensal do salário de contribuição. (Incluído pelo Decreto nº 10.410, de 2020)

§ 1º Para fins do disposto no caput, ao segurado que, no somatório de remunerações auferidas no período de um mês, receber remuneração inferior ao limite mínimo mensal do salário de contribuição será assegurado: (Incluído pelo Decreto nº 10.410, de 2020)

I - complementar a contribuição das competências, de forma a alcançar o limite mínimo do salário de contribuição exigido; (Incluído pelo Decreto nº 10.410, de 2020)

II - utilizar o excedente do salário de contribuição superior ao limite mínimo de uma competência para completar o salário de contribuição de outra competência até atingir o limite mínimo; ou (Incluído pelo Decreto nº 10.410, de 2020)

III - agrupar os salários de contribuição inferiores ao limite mínimo de diferentes competências para aproveitamento em uma ou mais competências até que estas atinjam o limite mínimo. (Incluído pelo Decreto nº 10.410, de 2020)

§ 2º Os ajustes de complementação, utilização e agrupamento previstos no § 1º poderão ser efetivados, a qualquer tempo, por iniciativa do segurado, hipótese em que se tornarão irreversíveis e irrenunciáveis após processados. (Incluído pelo Decreto nº 10.410, de 2020)

§ 3º A complementação de que trata o inciso I do § 1º poderá ser recolhida até o dia quinze do mês subsequente ao da prestação do serviço e, a partir dessa data, com os acréscimos previstos no art. 35 da Lei nº 8.212, de 1991. (Incluído pelo Decreto nº 10.410, de 2020)

§ 4º Os ajustes de que tratam os incisos II e III do § 1º serão efetuados na forma indicada ou autorizada pelo segurado, desde que utilizadas as competências do mesmo ano civil definido no art. 181-E, em conformidade com o disposto nos § 27-A ao § 27-D do art. 216. (Incluído pelo Decreto nº 10.410, de 2020)

§ 5º A efetivação do ajuste previsto no inciso III do § 1º não impede o recolhimento da contribuição referente à competência que tenha o salário de contribuição transferido, em todo ou em parte, para agrupamento com outra competência a fim de atingir o limite mínimo mensal do salário de contribuição. (Incluído pelo Decreto nº 10.410, de 2020)

§ 6º Para complementação ou recolhimento da competência que tenha o salário de contribuição transferido, em todo ou em parte, na forma prevista no § 5º, será observado o disposto no § 3º. (Incluído pelo Decreto nº 10.410, de 2020)

§ 7º Na hipótese de falecimento do segurado, os ajustes previstos no § 1º poderão ser solicitados por seus dependentes para fins de reconhecimento de direito para benefício a eles devidos até o dia quinze do mês de janeiro subsequente ao do ano civil correspondente, observado o disposto no § 4º. (Incluído pelo Decreto nº 10.410, de 2020)

Art. 19-F. A obrigação do INSS de promover a instrução de requerimentos e a comprovação de requisitos legais para o reconhecimento de direitos não afasta

PREVIDENCIÁRIO

a obrigação de o interessado ou o seu representante juntar ao requerimento toda a documentação útil à comprovação do direito, principalmente em relação aos fatos que não constem da base de dados da previdência social. (Incluído pelo Decreto nº 10.410, de 2020)

Art. 20. Filiação é o vínculo que se estabelece entre pessoas que contribuem para a previdência social e esta, do qual decorrem direitos e obrigações.

§ 1º A filiação à previdência social decorre automaticamente do exercício de atividade remunerada para os segurados obrigatórios, observado o disposto no § 2º, e da inscrição formalizada com o pagamento da primeira contribuição para o segurado facultativo. (Incluído pelo Decreto nº 6.722, de 2008).

§ 2º A filiação do trabalhador rural contratado por produtor rural pessoa física por prazo de até dois meses no período de um ano, para o exercício de atividades de natureza temporária, decorre automaticamente de sua inclusão em declaração prevista em ato do Secretário Especial da Receita Federal do Brasil do Ministério da Economia por meio de identificação específica. (Redação dada pelo Decreto nº 10.410, de 2020).

§ 3º O exercício de atividade prestada de forma gratuita e o serviço voluntário, nos termos do disposto na Lei nº 9.608, de 18 de fevereiro de 1998, não geram filiação obrigatória ao RGPS. (Incluído pelo Decreto nº 10.410, de 2020)

Art. 21. (Revogado pelo Decreto nº 10.410, de 2020).

Subseção II
Do Dependente

Art. 22. A inscrição do dependente do segurado será promovida quando do requerimento do benefício a que tiver direito, mediante a apresentação dos seguintes documentos: (Redação dada pelo Decreto nº 4.079, de 2002)

I – para os dependentes preferenciais:

a) cônjuge e filhos – certidões de casamento e de nascimento;

b) companheira ou companheiro – documento de identidade e certidão de casamento com averbação da separação judicial ou divórcio, quando um dos companheiros ou ambos já tiverem sido casados, ou de óbito, se for o caso; e

c) equiparado a filho – certidão judicial de tutela e, em se tratando de enteado, certidão de casamento do segurado e de nascimento do dependente, observado o disposto no § 3º do art. 16;

II – pais – certidão de nascimento do segurado e documentos de identidade dos mesmos; e

III – irmão – certidão de nascimento.

§ 1º (Revogado pelo Decreto nº 4.079, de 2002)

§ 2º (Revogado pelo Decreto nº 4.079, de 2002)

§ 3º Para comprovação do vínculo e da dependência econômica, conforme o caso, deverão ser apresentados, no mínimo, dois documentos, observado o disposto nos § 6º-A e § 8º do art. 16, e poderão ser aceitos, dentre outros: (Redação dada pelo Decreto nº 10.410, de 2020).

I – certidão de nascimento de filho havido em comum;

II – certidão de casamento religioso;

III – declaração do imposto de renda do segurado, em que conste o interessado como seu dependente;

IV – disposições testamentárias;

V – (Revogado pelo Decreto nº 5.699, de 2006)

VI – declaração especial feita perante tabelião;

VII – prova de mesmo domicílio;

VIII – prova de encargos domésticos evidentes e existência de sociedade ou comunhão nos atos da vida civil;

IX – procuração ou fiança reciprocamente outorgada;

X – conta bancária conjunta;

XI – registro em associação de qualquer natureza, onde conste o interessado como dependente do segurado;

XII – anotação constante de ficha ou livro de registro de empregados;

XIII – apólice de seguro da qual conste o segurado como instituidor do seguro e a pessoa interessada como sua beneficiária;

XIV – ficha de tratamento em instituição de assistência médica, da qual conste o segurado como responsável;

XV – escritura de compra e venda de imóvel pelo segurado em nome de dependente;

XVI – declaração de não emancipação do dependente menor de vinte e um anos; ou

XVII – quaisquer outros que possam levar à convicção do fato a comprovar.

§ 4º O fato superveniente que importe em exclusão ou inclusão de dependente deve ser comunicado ao Instituto Nacional do Seguro Social, com as provas cabíveis.

§ 5º (Revogado pelo Decreto nº 4.079, de 2002)

§ 6º Somente será exigida a certidão judicial de adoção quando esta for anterior a 14 de outubro de 1990, data da vigência da Lei nº 8.069, de 1990.

§§ 7º e 8º (Revogados pelo Decreto nº 3.668, de 2000)

§ 9º No caso de dependente inválido ou com deficiência intelectual, mental ou grave, para fins de inscrição e concessão de benefício, a invalidez será comprovada por meio de exame médico-pericial a cargo da Perícia Médica Federal e a deficiência, por meio de avaliação biopsicossocial realizada por equipe multiprofissional e interdisciplinar. (Redação dada pelo Decreto nº 10.410, de 2020).

§ 10. O dependente menor de vinte e um anos de idade apresentará declaração para atestar a não ocorrência das hipóteses previstas no inciso III do caput do art. 17. (Redação dada pelo Decreto nº 10.410, de 2020).

§ 11. (Revogado pelo Decreto nº 4.079, de 2002)

§ 12. Os dependentes excluídos de tal condição em razão de lei têm suas inscrições tornadas nulas de pleno direito.

§ 13. No caso de equiparado a filho, a inscrição será feita mediante a comprovação da equiparação por documento escrito do segurado falecido manifestando essa intenção, da dependência econômica e da declaração de que não tenha sido emancipado. (Incluído pelo Decreto nº 4.079, de 2002)

§ 14. Caso o dependente só possua um dos documentos a que se refere o § 3º produzido em período não superior a vinte e quatro meses anteriores à data do óbito ou do recolhimento à prisão, a comprovação de vínculo ou de dependência econômica para esse período poderá ser suprida por justificação administrativa, processada na forma prevista nos art. 142 ao art. 151. (Incluído pelo Decreto nº 10.410, de 2020)

Art. 23. (Revogado pelo Decreto nº 4.079, de 2002)

Art. 24. Os pais ou irmãos deverão, para fins de concessão de benefícios, comprovar a inexistência de dependentes preferenciais, mediante declaração firmada perante o Instituto Nacional do Seguro Social.

CAPÍTULO II
DAS PRESTAÇÕES EM GERAL

Seção I
Das Espécies de Prestação

Art. 25. O Regime Geral de Previdência Social compreende as seguintes prestações, expressas em benefícios e serviços:

I – quanto ao segurado:

a) aposentadoria por incapacidade permanente; (Redação dada pelo Decreto nº 10.410, de 2020).

b) aposentadoria programada; (Redação dada pelo Decreto nº 10.410, de 2020).

c) aposentadoria por idade do trabalhador rural;(Redação dada pelo Decreto nº 10.410, de 2020).

d) aposentadoria especial;

e) auxílio por incapacidade temporária; (Redação dada pelo Decreto nº 10.410, de 2020).

f) salário-família;

g) salário-maternidade; e

h) auxílio-acidente;

II – quanto ao dependente:

a) pensão por morte; e

b) auxílio-reclusão; e

III – quanto ao segurado e dependente: reabilitação profissional.

Seção II
Da Carência

Art. 26. Período de carência é o tempo correspondente ao número mínimo de contribuições mensais indispensáveis para que o beneficiário faça jus ao benefício, consideradas as competências cujo salário de contribuição seja igual ou superior ao seu limite mínimo mensal. (Redação dada pelo Decreto nº 10.410, de 2020).

§ 1º Para o segurado especial, considera-se período de carência, para fins de concessão dos benefícios de que trata o inciso I do § 2º do art. 39, o tempo mínimo de efetivo exercício de atividade rural, ainda que de forma descontínua, igual à quantidade de meses necessária à concessão do benefício requerido. (Redação dada pelo Decreto nº 10.410, de 2020).

§ 2º Será considerado, para efeito de carência, o tempo de contribuição para o Plano de Seguridade Social do Servidor Público anterior à Lei nº 8.647, de 13 de abril de 1993, efetuado pelo servidor público ocupante de cargo em comissão sem vínculo efetivo com a União, autarquias, ainda que em regime especial, e fundações públicas federais.

PREVIDENCIÁRIO

§ 3º Não é computado para efeito de carência o tempo de atividade do trabalhador rural anterior à competência novembro de 1991.

§ 4º Para efeito de carência, considera-se presumido o recolhimento das contribuições do segurado empregado, do trabalhador avulso e, relativamente ao contribuinte individual, a partir da competência abril de 2003, as contribuições dele descontadas pela empresa na forma do art. 216. (Redação dada pelo Decreto nº 4.729, de 2003)

§ 4º-A Para fins de carência, no caso de segurado empregado doméstico, considera-se presumido o recolhimento das contribuições dele descontadas pelo empregador doméstico, a partir da competência junho de 2015, na forma prevista no art. 211. (Incluído pelo Decreto nº 10.410, de 2020)

§ 4º-B Para o segurado empregado doméstico filiado ao RGPS nessa condição até 31 de maio de 2015, o período de carência será contado a partir da data do efetivo recolhimento da primeira contribuição sem atraso.(Incluído pelo Decreto nº 10.410, de 2020)

§ 4º-C Para o período de filiação comprovado como empregado doméstico sem a comprovação do recolhimento ou sem a comprovação da primeira contribuição sem atraso, será reconhecido o direito ao benefício na forma prevista no § 2º do art. 36, independentemente da categoria do segurado na data do requerimento. (Incluído pelo Decreto nº 10.410, de 2020)

§ 5º Observado o disposto no § 4º do art. 13, as contribuições vertidas para regime próprio de previdência social serão consideradas para todos os efeitos, inclusive para os de carência.(Incluído pelo Decreto nº 3.265, de 1999)

§ 6º Para fins de carência, as contribuições anteriores à data de publicação da Emenda à Constituição nº 103, de 12 de novembro de 2019, serão consideradas em conformidade com a legislação vigente à época. (Incluído pelo Decreto nº 10.410, de 2020)

Art. 27. (Revogado pelo Decreto nº 5.399, de 2005)

Art. 27-A. Na hipótese de perda da qualidade de segurado, para fins da concessão dos benefícios de auxílio por incapacidade temporária, de aposentadoria por incapacidade permanente, de salário-maternidade e de auxílio-reclusão, as contribuições anteriores à perda somente serão computadas para fins de carência depois que o segurado contar, a partir da nova filiação ao RGPS, com metade do número de contribuições exigidas para o cumprimento do período de carência definido no art. 29. (Redação dada pelo Decreto nº 10.410, de 2020).

Parágrafo único. Aplica-se o disposto no caput ao segurado oriundo de regime próprio de previdência social que se filiar ao Regime Geral de Previdência Social após os prazos a que se refere o inciso II do caput e o § 1º do art. 13. (Incluído pelo Decreto nº 5.545, de 2005)

Art. 28. O período de carência é contado:

I - para o segurado empregado, inclusive o doméstico, e o trabalhador avulso, a partir da data de sua filiação ao RGPS; e (Redação dada pelo Decreto nº 10.410, de 2020).

II - para o segurado contribuinte individual, observado o disposto no § 4º do art. 26, e o segurado facultativo, inclusive o segurado especial que contribua na forma prevista no § 2º do art. 200, a partir da data do efetivo recolhimento da primeira contribuição sem atraso, e não serão consideradas, para esse fim, as contribuições recolhidas com atraso referentes a competências anteriores, observado, quanto ao segurado facultativo, o disposto nos § 3º e § 4º do art. 11. (Redação dada pelo Decreto nº 10.410, de 2020).

§ 1º Para o segurado especial que não contribui na forma do § 2º do art. 200, o período de carência de que trata o § 1º do art. 26 é contado a partir do efetivo exercício da atividade rural, mediante comprovação, na forma do disposto no art. 62. (Redação dada pelo Decreto nº 6.042, de 2007).

§ 2º O período a que se refere o inciso XVIII do art. 60 será computado para fins de carência.

§ 3º Para os segurados a que se refere o inciso II, optantes pelo recolhimento trimestral na forma prevista nos §§ 15 e 16 do art. 216, o período de carência é contado a partir do mês de inscrição do segurado, desde que efetuado o recolhimento da primeira contribuição no prazo estipulado no referido § 15.

§ 4º Para os segurados a que se refere o inciso II do caput, na hipótese de perda da qualidade de segurado, somente serão consideradas, para fins de carência, as contribuições efetivadas após novo recolhimento sem atraso, observado o disposto no art. 19-E. (Incluído pelo Decreto nº 10.410, de 2020)

Art. 29. A concessão das prestações pecuniárias do Regime Geral de Previdência Social, ressalvado o disposto no art. 30, depende dos seguintes períodos de carência:

I - doze contribuições mensais, nos casos de auxílio por incapacidade temporária e aposentadoria por incapacidade permanente; e (Redação dada pelo Decreto nº 10.410, de 2020).

II - cento e oitenta contribuições mensais, nos casos de aposentadoria programada, por idade do trabalhador rural e especial; (Redação dada pelo Decreto nº 10.410, de 2020).

III - dez contribuições mensais, no caso de salário-maternidade, para as seguradas contribuinte individual, especial e facultativa, respeitado o disposto no § 2º do art. 93 e no inciso II do art. 101. (Redação dada pelo Decreto nº 3.452, de 2000)

IV – vinte e quatro contribuições mensais, no caso de auxílio-reclusão. (Incluído pelo Decreto nº 10.410, de 2020)

Parágrafo único. Em caso de parto antecipado, o período de carência a que se refere o inciso III será reduzido em número de contribuições equivalente ao número de meses em que o parto foi antecipado. (Incluído pelo Decreto nº 3.265, de 1999)

Art. 30. Independe de carência a concessão das seguintes prestações:

I – pensão por morte, salário-família e auxílio-acidente de qualquer natureza, observado, quanto à pensão por morte, o disposto no inciso V do caput e nos § 3º e § 4º do art. 114; (Redação dada pelo Decreto nº 10.410, de 2020).

II – salário-maternidade, para as seguradas empregada, empregada doméstica e trabalhadora avulsa; (Redação dada pelo Decreto nº 3.265, de 1999)

III – auxílio por incapacidade temporária e aposentadoria por incapacidade permanente nos casos de acidente de qualquer natureza ou causa e de doença profissional ou do trabalho e nos casos de segurado que, após filiar-se ao RGPS, seja acometido de alguma das doenças ou afecções especificadas em lista elaborada pelos Ministérios da Saúde e da Economia, atualizada a cada três anos, de acordo com os critérios de estigma, deformação, mutilação, deficiência ou outro fator que lhe confira especificidade e gravidade que mereçam tratamento particularizado; (Redação dada pelo Decreto nº 10.410, de 2020).

IV – aposentadoria por idade ou por invalidez, auxílio-doença, auxílio-reclusão ou pensão por morte aos segurados especiais, desde que comprovem o exercício de atividade rural no período imediatamente anterior ao requerimento do benefício, ainda que de forma descontínua, igual ao número de meses correspondente à carência do benefício requerido; e

V – reabilitação profissional.

§ 1º Entende-se como acidente de qualquer natureza ou causa aquele de origem traumática e por exposição a agentes exógenos, físicos, químicos ou biológicos, que acarrete lesão corporal ou perturbação funcional que cause a morte ou a perda ou a redução permanente ou temporária da capacidade laborativa. (Incluído pelo Decreto nº 10.410, de 2020)

§ 2º Até que seja elaborada a lista de doenças ou afecções a que se refere o inciso III do caput, independerá de carência a concessão de auxílio por incapacidade temporária e de aposentadoria por incapacidade permanente ao segurado que, após filiar-se ao RGPS, seja acometido por alguma das seguintes doenças: (Incluído pelo Decreto nº 10.410, de 2020)

I – tuberculose ativa; (Incluído pelo Decreto nº 10.410, de 2020)

II – hanseníase;(Incluído pelo Decreto nº 10.410, de 2020)

III – alienação mental;(Incluído pelo Decreto nº 10.410, de 2020)

IV – esclerose múltipla; (Incluído pelo Decreto nº 10.410, de 2020)

V – hepatopatia grave;(Incluído pelo Decreto nº 10.410, de 2020)

VI – neoplasia maligna;(Incluído pelo Decreto nº 10.410, de 2020)

VII – cegueira; (Incluído pelo Decreto nº 10.410, de 2020)

VIII – paralisia irreversível e incapacitante; (Incluído pelo Decreto nº 10.410, de 2020)

IX – cardiopatia grave; (Incluído pelo Decreto nº 10.410, de 2020)

X – doença de Parkinson; (Incluído pelo Decreto nº 10.410, de 2020)

XI – espondiloartrose anquilosante; (Incluído pelo Decreto nº 10.410, de 2020)

XII – nefropatia grave; (Incluído pelo Decreto nº 10.410, de 2020)

XIII – estado avançado da doença de Paget (osteíte deformante); (Incluído pelo Decreto nº 10.410, de 2020)

XIV – síndrome da imunodeficiência adquirida (aids); ou (Incluído pelo Decreto nº 10.410, de 2020)

XV – contaminação por radiação, com base em conclusão da medicina especializada. (Incluído pelo Decreto nº 10.410, de 2020)

Seção III
Do Salário-de-benefício

Art. 31. Salário de benefício é o valor básico utilizado para o cálculo da renda mensal dos benefícios de prestação continuada, inclusive aqueles regidos por normas especiais, exceto: (Redação dada pelo Decreto nº 10.410, de 2020).

I – o salário-família; (Incluído pelo Decreto nº 10.410, de 2020)

II – a pensão por morte; (Incluído pelo Decreto nº 10.410, de 2020)

III – o salário-maternidade; (Incluído pelo Decreto nº 10.410, de 2020)

IV – o auxílio-reclusão; e (Incluído pelo Decreto nº 10.410, de 2020)

V – os demais benefícios previstos em legislação especial. (Incluído pelo Decreto nº 10.410, de 2020)

Art. 32. O salário de benefício a ser utilizado para o cálculo dos benefícios de que trata este Regulamento, inclusive aqueles previstos em acordo internacional, consiste no resultado da média aritmética simples dos salários de contribuição e das remunerações adotadas como base para contribuições a regime próprio de previdência social ou como base para contribuições decorrentes das atividades militares de que tratam os art. 42 e art. 142 da Constituição, considerados para a concessão do benefício, atualizados monetariamente, correspondentes a cem por cento do período contributivo desde a competência julho de 1994 ou desde o início da contribuição, se posterior a essa competência. (Redação dada pelo Decreto nº 10.410, de 2020).

I – (Revogado pelo Decreto nº 10.410, de 2020).

II – (Revogado pelo Decreto nº 10.410, de 2020).

III – (Revogado pelo Decreto nº 5.545, de 2005)

§ 1º (Revogado pelo Decreto nº 3.265, de 1999)

§ 2º (Revogado pelo Decreto nº 5.399, de 2005)

§ 3º O valor do salário-de-benefício não será inferior ao de um salário mínimo, nem superior ao limite máximo do salário-de-contribuição na data de início do benefício.

§ 4º Serão considerados para o cálculo do salário de benefício os ganhos habituais do segurado empregado, a qualquer título, sob forma de moeda corrente ou de utilidades, sobre os quais tenha incidido contribuição previdenciária, exceto o décimo terceiro salário, observado o disposto no art. 19-E. (Redação dada pelo Decreto nº 10.410, de 2020).

§ 5º Não será considerado, no cálculo do salário-de-benefício, o aumento dos salários-de-contribuição que exceder o limite legal, inclusive o voluntariamente concedido nos trinta e seis meses imediatamente anteriores ao início do benefício, salvo se homologado pela Justiça do Trabalho, resultante de promoção regulada por normas gerais da empresa, admitida pela legislação do trabalho, de sentença normativa ou de reajustamento salarial obtido pela categoria respectiva.

§ 6º Se, no período básico de cálculo, o segurado tiver recebido benefício por incapacidade, considerar-se-á como salário-de-contribuição, no período, o salário-de-benefício que serviu de base para o cálculo da renda mensal, reajustado nas mesmas épocas e nas mesmas bases dos benefícios em geral, não podendo ser inferior ao salário mínimo nem superior ao limite máximo do salário-de-contribuição.

§ 7º Exceto para o salário-família e o auxílio-acidente, será pago o valor mínimo de benefício para as prestações referidas no art. 30, quando não houver salário-de-contribuição no período básico de cálculo.

§ 8º Para fins de apuração do salário-de-benefício de qualquer aposentadoria precedida de auxílio-acidente, o valor mensal deste será somado ao salário-de-contribuição antes da aplicação da correção a que se refere o art. 33, não podendo o total apurado ser superior ao limite máximo do salário-de-contribuição.

§ 9º Quando inexistirem salários de contribuição a partir de julho de 1994, as aposentadorias concedidas nos termos do disposto nos § 5º e § 6º do art. 13 terão o valor correspondente ao do salário-mínimo, observado, no caso de acordos internacionais, o disposto no § 1º do art. 35. (Redação dada pelo Decreto nº 10.410, de 2020).

§ 10. Para os segurados contribuinte individual e facultativo optantes pelo recolhimento trimestral na forma prevista no § 15 do art. 216, que tenham solicitado qualquer benefício previdenciário, o salário-de-benefício consistirá na média aritmética simples de todos os salários-de-contribuição integrantes da contribuição trimestral, desde que efetivamente recolhidos. (Redação dada pelo Decreto nº 3.265, de 1999)

§ 11. (Revogado pelo Decreto nº 10.410, de 2020).

§ 12. (Revogado pelo Decreto nº 10.410, de 2020).

§ 13. (Revogado pelo Decreto nº 10.410, de 2020).

§ 14. (Revogado pelo Decreto nº 10.410, de 2020).

I – (Revogado pelo Decreto nº 10.410, de 2020).

II – (Revogado pelo Decreto nº 10.410, de 2020).

§ 15. No cálculo do salário-de-benefício serão considerados os salário-de-contribuição vertidos para regime próprio de previdência social de segurado oriundo desse regime, após a sua filiação ao Regime Geral de Previdência Social, de acordo com o disposto no art. 214. (Incluído pelo Decreto nº 3.265, de 1999)

§ 16. (Revogado pelo Decreto nº 10.410, de 2020).

§ 17. (Revogado pelo Decreto nº 10.410, de 2020).

§ 18. Para fins de cálculo da renda mensal inicial teórica dos benefícios por totalização, no âmbito dos acordos internacionais, serão considerados os tempos de contribuição para a previdência social brasileira e para a do país acordante, observado o disposto no § 9º. (Redação dada pelo Decreto nº 10.410, de 2020).

I -(Revogado pelo Decreto nº 10.410, de 2020).

II -(Revogado pelo Decreto nº 10.410, de 2020).

III -(Revogado pelo Decreto nº 10.410, de 2020).

§ 19. (Revogado pelo Decreto nº 10.410, de 2020).

§ 20. (Revogado pelo Decreto nº 6.939, de 2009)

§ 21. O salário-de-benefício do segurado especial consiste no valor equivalente ao salário-mínimo, ressalvado o disposto no inciso II do § 2º do art. 39 deste Regulamento. (Incluído pelo Decreto nº 6.722, de 2008).

§ 22. Considera-se período contributivo: (Incluído pelo Decreto nº 6.939, de 2009)

I – para o empregado, inclusive o doméstico, e o trabalhador avulso – o conjunto de competências em que houve ou deveria ter havido contribuição em razão do exercício de atividade remunerada sujeita à filiação obrigatória ao RGPS, observado o disposto no art. 19-E; ou (Redação dada pelo Decreto nº 10.410, de 2020).

II – para os demais segurados, inclusive o facultativo: o conjunto de meses de efetiva contribuição ao regime de que trata este Regulamento. (Incluído pelo Decreto nº 6.939, de 2009)

§ 22-A. O período contributivo até 13 de novembro de 2019 será apurado em conformidade com o disposto no art. 188-G. (Incluído pelo Decreto nº 10.410, de 2020)

§ 23. O auxílio por incapacidade temporária não poderá exceder a média aritmética simples dos últimos doze salários de contribuição, inclusive no caso de remuneração variável, ou, se não houver doze salários de contribuição, a média aritmética simples dos salários de contribuição existentes, observado o disposto no art. 33. (Redação dada pelo Decreto nº 10.410, de 2020).

§ 24. Para fins do cálculo das aposentadorias programadas para as quais seja exigido tempo mínimo de contribuição, poderão ser excluídas do cálculo da média dos salários de contribuição e das remunerações adotadas como base para contribuições a regime próprio de previdência social ou como base para contribuições decorrentes das atividades militares de que tratam os art. 42 e art. 142 da Constituição, utilizado para definição do salário de benefício, as contribuições que resultem em redução do valor do benefício, observado o disposto nos § 25 e § 26. (Redação dada pelo Decreto nº 10.410, de 2020).

§ 25. Para fins da exclusão a que se refere o § 24, consideram-se programadas as aposentadorias programada, especial e por idade do trabalhador rural e as aposentadorias transitórias por idade e por tempo de contribuição, para as quais se exige tempo mínimo de contribuição. (Incluído pelo Decreto nº 10.410, de 2020)

§ 26. A exclusão das contribuições de que trata o § 24 não altera o direito à aposentadoria previamente reconhecido, desde que mantida a quantidade de contribuições equivalentes ao período de carência e observado o tempo mínimo de contribuição necessário à elegibilidade da aposentadoria requerida. (Incluído pelo Decreto nº 10.410, de 2020)

§ 27. É vedada a utilização das contribuições excluídas na forma prevista no § 24 para qualquer finalidade, inclusive para: (Incluído pelo Decreto nº 10.410, de 2020)

I – o acréscimo do percentual da renda mensal; (Incluído pelo Decreto nº 10.410, de 2020)

II – o somatório de pontos das aposentadorias por tempo de contribuição e especial;(Incluído pelo Decreto nº 10.410, de 2020)

III – o cumprimento de período adicional exigido para as aposentadorias por tempo de contribuição;(Incluído pelo Decreto nº 10.410, de 2020)

IV – a averbação em outro regime previdenciário; ou (Incluído pelo Decreto nº 10.410, de 2020)

V – a obtenção dos proventos de inatividade de que tratam os art. 42 e art. 142 da Constituição. (Incluído pelo Decreto nº 10.410, de 2020)

Art. 33. Todos os salários-de-contribuição utilizados no cálculo do salário-de-benefício serão corrigidos, mês a mês, de acordo com a variação integral do Índice Nacional de Preço ao Consumidor – INPC, referente ao período decorrido a partir da primeira competência do salário-de-contribuição que compõe o período básico de cálculo até o mês anterior ao do início do benefício, de modo a preservar o seu valor real. (Redação dada pelo Decreto nº 5.545, de 2005)

Art. 34. O salário de benefício do segurado que contribuir em razão de atividades concomitantes será calculado com base na soma dos salários de contribuição das atividades exercidas na data do requerimento ou do óbito ou no período básico de cálculo, observado o disposto no art. 32. (Redação dada pelo Decreto nº 10.410, de 2020).

I -(Revogado pelo Decreto nº 10.410, de 2020).

II – (Revogado pelo Decreto nº 10.410, de 2020).

a)(Revogado pelo Decreto nº 10.410, de 2020).

b)(Revogado pelo Decreto nº 10.410, de 2020).

III – (Revogado pelo Decreto nº 10.410, de 2020).

§ 1º O disposto neste artigo não se aplica ao segurado que, em obediência ao limite máximo do salário-de-contribuição, contribuiu apenas por uma das atividades concomitantes.

§ 2º(Revogado pelo Decreto nº 10.410, de 2020).

§ 3º(Revogado pelo Decreto nº 10.410, de 2020).

§ 4º(Revogado pelo Decreto nº 10.410, de 2020).

§ 5º Na hipótese prevista no § 3º do art. 73, o salário de benefício do auxílio por incapacidade temporária será calculado com base na soma dos salários de contribuição referentes às atividades para as quais o segurado seja considerado incapacitado. (Redação dada pelo Decreto nº 10.410, de 2020).

I -(Revogado pelo Decreto nº 10.410, de 2020).

II -(Revogado pelo Decreto nº 10.410, de 2020).

§ 6º (Revogado pelo Decreto nº 10.410, de 2020).

Seção IV
Da Renda Mensal do Benefício

Art. 35. A renda mensal do benefício de prestação continuada que substituir o salário-de-contribuição ou o rendimento do trabalho do segurado não terá valor inferior ao do salário mínimo nem superior ao limite máximo do salário-de-contribuição, exceto no caso previsto no art. 45.

§ 1º A renda mensal inicial pro rata dos benefícios por totalização, concedidos com base em acordos internacionais, será proporcional ao tempo de contribuição para previdência social brasileira e poderá ter valor inferior ao do salário-mínimo. (Redação dada pelo Decreto nº 10.410, de 2020).

§ 2º(Revogado pelo Decreto nº 10.410, de 2020).

§ 3º Na hipótese de a média apurada na forma do art. 32 resultar superior ao limite máximo do salário-de-contribuição vigente no mês de início do benefício, a diferença percentual entre esta média e o referido limite será incorporada ao valor do benefício juntamente com o primeiro reajuste do mesmo após a concessão, observado que nenhum benefício assim reajustado poderá superar o limite máximo do salário-de-contribuição vigente na competência em que ocorrer o reajuste.

Art. 36. No cálculo do valor da renda mensal do benefício serão computados:

I – para o segurado empregado, inclusive o doméstico, e o trabalhador avulso, os salários de contribuição referentes aos meses de contribuições devidas, ainda que não recolhidas pela empresa ou pelo empregador doméstico, observado o disposto no art. 19-E, sem prejuízo da respectiva cobrança e da aplicação das penalidades cabíveis; e (Redação dada pelo Decreto nº 10.410, de 2020).

II – para o segurado empregado, inclusive o doméstico, o trabalhador avulso e o segurado especial, o valor do auxílio-acidente será considerado como salário de contribuição para fins de concessão de qualquer aposentadoria, nos termos do disposto no § 8º do art. 32. (Redação dada pelo Decreto nº 10.410, de 2020).

§ 1º Para os demais segurados, somente serão computados os salários de contribuição referentes aos meses de contribuição efetivamente recolhida, observado o disposto no art. 19-E. (Redação dada pelo Decreto nº 10.410, de 2020).

§ 2º No caso de segurado empregado, inclusive o doméstico, e de trabalhador avulso que tenham cumprido todas as condições para a concessão do benefício pleiteado, mas não possam comprovar o valor dos seus salários de contribuição no período básico de cálculo, será considerado, para o cálculo do benefício referente ao período sem comprovação do valor do salário de contribuição, o valor do salário-mínimo e essa renda será recalculada quando da apresentação de prova dos salários de contribuição. (Redação dada pelo Decreto nº 10.410, de 2020).

§ 3º Na hipótese de jornada de trabalho parcial ou intermitente, a aplicação do disposto no § 2º fica condicionada à apresentação do contrato de trabalho do qual conste a remuneração contratada ou a demonstração das remunerações auferidas que possibilite a verificação do valor do salário de contribuição para fins de aplicação do disposto no art. 19-E. (Redação dada pelo Decreto nº 10.410, de 2020).

§ 4º Na hipótese prevista no § 2º, após a concessão do benefício, o INSS notificará a Secretaria Especial da Receita Federal do Brasil do Ministério da Economia por meio eletrônico, para que esta adote as providências a que se referem os art. 238 ao art. 243, o art. 245 e o art. 246. (Redação dada pelo Decreto nº 10.410, de 2020).

§ 5º Sem prejuízo do disposto no § 2º, cabe à previdência social manter cadastro dos segurados com os informes necessários para o cálculo de sua renda mensal. (Redação dada pelo Decreto nº 10.410, de 2020).

§ 6º Para o segurado especial que não contribui facultativamente, o disposto no inciso II será aplicado somando-se ao valor da aposentadoria a renda mensal do auxílio-acidente vigente na data de início da referida aposentadoria, não sendo, neste caso, aplicada a limitação contida no inciso I do § 2º do art. 39 e do art. 183.

§ 7º(Revogado pelo Decreto nº 10.410, de 2020).

Art. 37. A renda mensal inicial, recalculada de acordo com o disposto nos §§ 2º e 3º do art. 36, deve ser reajustada como a dos benefícios correspondentes com igual data de início e substituirá, a partir da data do requerimento de revisão do valor do benefício, a renda mensal que prevalecia até então.

Parágrafo único. Para fins da substituição de que trata o caput, o requerimento de revisão deve ser aceito pelo Instituto Nacional do Seguro Social a partir da concessão do benefício em valor provisório e processado quando da apresentação de prova dos salários-de-contribuição ou de recolhimento das contribuições.

Art. 38. (Revogado pelo Decreto nº 10.410, de 2020).

Art. 39. A renda mensal inicial do benefício será calculada a partir da aplicação dos percentuais definidos neste Regulamento, para cada espécie, sobre o salário de benefício. (Redação dada pelo Decreto nº 10.410, de 2020).

§ 1º Para fins da aplicação dos percentuais a que se refere o caput, presume-se como efetivado o recolhimento correspondente, quando se tratar de segurado empregado, inclusive o doméstico, e de trabalhador avulso, observado o disposto no art. 19-E. (Redação dada pelo Decreto nº 10.410, de 2020).

§ 2º Para os segurados especiais, inclusive os com deficiência, é garantida a concessão, alternativamente:(Redação dada pelo Decreto nº 8.145, de 2013)

I – de aposentadoria por idade do trabalhador rural ou por incapacidade permanente, de auxílio por incapacidade temporária, de auxílio-reclusão ou de pensão por morte, no valor de um salário-mínimo, observado o disposto no inciso III do caput do art. 30, e de auxílio-acidente, observado o disposto no art. 104; ou (Redação dada pelo Decreto nº 10.410, de 2020).

II – dos benefícios especificados neste Regulamento, observados os critérios e a forma de cálculo estabelecidos, desde que contribuam, facultativamente, de acordo com o disposto no § 2º do art. 200.

§ 3º O valor mensal da pensão por morte e do auxílio-reclusão será apurado em conformidade com o disposto, respectivamente, nos art. 106 e art. 117. (Redação dada pelo Decreto nº 10.410, de 2020).

§ 4º Se, na data do óbito, o segurado estiver recebendo aposentadoria e auxílio-acidente, o valor mensal da pensão por morte será calculado conforme o disposto no art. 106, sem a incorporação do valor do auxílio-acidente. (Redação dada pelo Decreto nº 10.410, de 2020).

§ 5º Após a cessação do auxílio por incapacidade temporária decorrente de acidente de qualquer natureza ou causa, independentemente de o segurado ter retornado ou não ao trabalho, se houver agravamento ou sequela que resulte na reabertura do benefício, a renda mensal será igual a noventa e um por cento do valor do salário de benefício do auxílio por incapacidade temporária cessado, observado o disposto no § 23 do art. 32, corrigido até o mês anterior ao da reabertura do benefício pelos mesmos índices de correção empregados no cálculo dos benefícios em geral. (Redação dada pelo Decreto nº 10.410, de 2020).

§ 6º A renda mensal inicial das aposentadorias dos segurados que tenham contribuído exclusivamente na forma prevista no § 2º do art. 21 da Lei nº 8.212, de 1991, corresponderá ao salário-mínimo e, nas demais hipóteses, será aplicado o disposto no art. 32 ou no art. 188-E, conforme o caso. (Incluído pelo Decreto nº 10.410, de 2020)

Seção V
Do Reajustamento do Valor do Benefício

Art. 40. É assegurado o reajustamento dos benefícios para preservar-lhes, em caráter permanente, o valor real da data de sua concessão.

§ 1º Os valores dos benefícios em manutenção serão reajustados, anualmente, na mesma data do reajuste do salário mínimo, pro rata, de acordo com suas respectivas datas de início ou do último reajustamento, com base no Índice Nacional de Preços ao Consumidor - INPC, apurado pela Fundação Instituto Brasileiro de Geografia e Estatística - IBGE. (Redação dada pelo Decreto nº 6.042, de 2007).

§ 2º Os benefícios com renda mensal superior a um salário mínimo serão pagos do primeiro ao quinto dia útil do mês subseqüente ao de sua competência, observada a distribuição proporcional do número de beneficiários por dia de pagamento. (Redação dada pelo Decreto nº 6.722, de 2008).

§ 3º (Revogado pelo Decreto nº 6.042, de 2007).

§ 4º Os benefícios com renda mensal no valor de até um salário mínimo serão pagos no período compreendido entre o quinto dia útil que anteceder o final do mês de sua competência e o quinto dia útil do mês subseqüente, observada a distribuição proporcional dos beneficiários por dia de pagamento. (Redação dada pelo Decreto nº 6.722, de 2008).

§ 5º Para os efeitos dos §§ 2º e 4º, considera-se dia útil aquele de expediente bancário com horário normal de atendimento. (Incluído pelo Decreto nº 6.722, de 2008).

§ 6º Para os benefícios que tenham sido majorados devido à elevação do salário mínimo, o referido aumento deverá ser compensado no momento da aplicação do disposto no § 1º, de acordo com normas a serem baixadas pelo Ministério da Previdência Social. (Incluído pelo Decreto nº 6.722, de 2008).

Art. 41. O valor mensal do abono de permanência em serviço, do auxílio-suplementar e do auxílio-acidente será reajustado na forma do disposto no art. 40 e não varia de acordo com o salário-de-contribuição do segurado.

Art. 42. Nenhum benefício reajustado poderá exceder o limite máximo do salário-de-benefício na data do reajustamento, respeitados os direitos adquiridos, nem inferior ao valor de um salário mínimo. (Redação dada pelo Decreto nº 6.722, de 2008).

Parágrafo único. O auxílio-acidente, o abono de permanência em serviço, o auxílio-suplementar, o salário-família e a parcela a cargo do Regime Geral de Previdência Social dos benefícios por totalização, concedidos com base em acordos internacionais de previdência social, poderão ter valor inferior ao do salário mínimo.

Seção VI
Dos benefícios

Subseção I
Da aposentadoria por incapacidade permanente

(Redação dada pelo Decreto nº 10.410, de 2020).

Art. 43. A aposentadoria por incapacidade permanente, uma vez cumprido o período de carência exigido, quando for o caso, será devida ao segurado que, em gozo ou não de auxílio por incapacidade temporária, for considerado incapaz para o trabalho e insuscetível de reabilitação para o exercício de atividade que lhe garanta a subsistência, que lhe será paga enquanto permanecer nessa condição. (Redação dada pelo Decreto nº 10.410, de 2020).

§ 1º A concessão de aposentadoria por incapacidade permanente dependerá da verificação da condição de incapacidade por meio de exame médico-pericial a cargo da Perícia Médica Federal, de modo que o segurado possa, às suas expensas, ser acompanhado por médico de sua confiança. (Redação dada pelo Decreto nº 10.410, de 2020).

§ 2º A doença ou lesão de que o segurado já era portador ao filiar-se ao RGPS não lhe conferirá direito à aposentadoria por incapacidade permanente, exceto quando a incapacidade sobrevier por motivo de progressão ou agravamento dessa doença ou lesão. (Redação dada pelo Decreto nº 10.410, de 2020).

Art. 44. A aposentadoria por incapacidade permanente será devida a partir do dia imediato ao da cessação do auxílio por incapacidade temporária, ressalvado o disposto no § 1º, e consistirá em renda mensal decorrente da aplicação dos seguintes percentuais incidentes sobre o salário de benefício, definido na forma do disposto no art. 32: (Redação dada pelo Decreto nº 10.410, de 2020).

I – sessenta por cento, com acréscimo de dois pontos percentuais para cada ano de contribuição que exceder o tempo de vinte anos de contribuição, para os homens, ou quinze anos de contribuição, para as mulheres; ou (Incluído pelo Decreto nº 10.410, de 2020)

II – cem por cento, quando a aposentadoria decorrer de:(Incluído pelo Decreto nº 10.410, de 2020)

a) acidente de trabalho; (Incluído pelo Decreto nº 10.410, de 2020)

b) doença profissional; ou (Incluído pelo Decreto nº 10.410, de 2020)

c) doença do trabalho. (Incluído pelo Decreto nº 10.410, de 2020)

§ 1º Na hipótese de a perícia médica inicial concluir pela existência de incapacidade total e definitiva para o trabalho, a aposentadoria por incapacidade permanente será devida: (Redação dada pelo Decreto nº 10.410, de 2020).

I – ao segurado empregado a contar do décimo sexto dia do afastamento da atividade ou a partir da data da entrada do requerimento, se entre o afastamento e a entrada do requerimento decorrerem mais de trinta dias; e (Redação dada pelo Decreto nº 3.265, de 1999)

II – ao segurado empregado doméstico, contribuinte individual, trabalhador avulso, especial ou facultativo, a contar da data do início da incapacidade ou da data da entrada do requerimento, se entre essas datas decorrerem mais de trinta dias. (Redação dada pelo Decreto nº 3.265, de 1999)

§ 2º Durante os primeiros quinze dias de afastamento consecutivos da atividade por motivo de invalidez, caberá à empresa pagar ao segurado empregado o salário. (Redação dada pelo Decreto nº 3.265, de 1999)

§ 3º A concessão de aposentadoria por incapacidade permanente, inclusive quando precedida de auxílio por incapacidade temporária concedido na forma prevista no art. 73, fica condicionada ao afastamento do segurado de todas as suas atividades. (Redação dada pelo Decreto nº 10.410, de 2020).

Art. 45. O valor da aposentadoria por incapacidade permanente do segurado que necessitar da assistência permanente de outra pessoa será acrescido de vinte e cinco por cento, observada a relação constante do Anexo I, e:(Redação dada pelo Decreto nº 10.410, de 2020).

I – devido ainda que o valor da aposentadoria atinja o limite máximo legal; e

II – recalculado quando o benefício que lhe deu origem for reajustado.

Parágrafo único. O acréscimo de que trata o caput cessará com a morte do aposentado, não sendo incorporado ao valor da pensão por morte.

Art. 46. O segurado aposentado por incapacidade permanente poderá ser convocado a qualquer momento para avaliação das condições que ensejaram o afastamento ou a aposentadoria, concedida judicial ou administrativamente, sem prejuízo do disposto no § 1º e sob pena de suspensão do benefício. (Redação dada pelo Decreto nº 10.410, de 2020).

§ 1º Observado o disposto no caput, o aposentado por incapacidade permanente fica obrigado, sob pena de suspensão do pagamento do benefício, a submeter-se a exame médico-pericial pela Perícia Médica Federal, a processo de reabilitação profissional a cargo do INSS e a tratamento dispensado gratuitamente, exceto o cirúrgico e a transfusão de sangue, que são facultativos. (Incluído pelo Decreto nº 10.410, de 2020)

§ 2º O aposentado por incapacidade permanente que não tenha retornado à atividade estará isento do exame médico-pericial de que trata este artigo: (Incluído pelo Decreto nº 10.410, de 2020)

I – após completar cinquenta e cinco anos de idade e quando decorridos quinze anos da data de concessão da aposentadoria por incapacidade permanente ou do auxílio por incapacidade temporária que a tenha precedido; ou (Incluído pelo Decreto nº 10.410, de 2020)

II – após completar sessenta anos de idade. (Incluído pelo Decreto nº 10.410, de 2020)

§ 3º A isenção de que trata o § 2º não se aplica quando o exame tem as seguintes finalidades: (Incluído pelo Decreto nº 10.410, de 2020)

I – verificação da necessidade de assistência permanente de outra pessoa para a concessão do acréscimo de vinte e cinco por cento sobre o valor do benefício, nos termos do disposto no art. 45; (Incluído pelo Decreto nº 10.410, de 2020)

II – verificação da recuperação da capacidade laborativa, por meio de solicitação do aposentado que se julgar apto; ou (Incluído pelo Decreto nº 10.410, de 2020)

III – subsídios à autoridade judiciária na concessão de curatela, observado o disposto no § 4º do art. 162. (Incluído pelo Decreto nº 10.410, de 2020)

§ 4º O aposentado por incapacidade permanente, ainda que tenha implementado as condições de que o trata o § 2º, será submetido ao exame médico-pericial de que trata este artigo quando necessário para apuração de fraude. (Incluído pelo Decreto nº 10.410, de 2020)

§ 5º O segurado com síndrome da imunodeficiência adquirida (aids) fica dispensado da avaliação de que trata o caput, observado o disposto nos § 3º e § 4º. (Incluído pelo Decreto nº 10.410, de 2020)

§ 6º A Perícia Médica Federal terá acesso aos prontuários médicos do segurado registrados no Sistema Único de Saúde – SUS, desde que haja anuência prévia do periciado e seja garantido o sigilo sobre os seus dados. (Incluído pelo Decreto nº 10.410, de 2020)

§ 7º O atendimento domiciliar e hospitalar é assegurado pela Perícia Médica Federal e pelo serviço social ao segurado com dificuldade de locomoção, quando o seu deslocamento, em razão de sua limitação funcional e de condições de acessibilidade, lhe impuser ônus desproporcional e indevido. (Incluído pelo Decreto nº 10.410, de 2020)

Art. 47. O aposentado por incapacidade permanente que se julgar apto a retornar à atividade deverá solicitar ao INSS a realização de nova avaliação médico-pericial. (Redação dada pelo Decreto nº 10.410, de 2020).

Parágrafo único. Na hipótese de a Perícia Médica Federal concluir pela recuperação da capacidade laborativa, a aposentadoria do segurado será cancelada, observado o disposto no art. 49. (Redação dada pelo Decreto nº 10.410, de 2020).

Art. 48. O aposentado por incapacidade permanente que retornar voluntariamente à atividade terá a sua aposentadoria automaticamente cessada, a partir da data de seu retorno, observado o disposto no art. 179.(Redação dada pelo Decreto nº 10.410, de 2020).

Art. 49. Verificada a recuperação da capacidade laborativa do aposentado por incapacidade permanente, exceto na hipótese prevista no art. 48, serão observadas as seguintes normas: (Redação dada pelo Decreto nº 10.410, de 2020).

I – quando a recuperação for total e ocorrer no prazo de cinco anos, contado da data de início da aposentadoria por incapacidade permanente ou do auxílio por incapacidade temporária que a antecedeu sem interrupção, o benefício cessará: (Redação dada pelo Decreto nº 10.410, de 2020).

a) de imediato, para o segurado empregado que tiver direito a retornar à função que desempenhava na empresa ao se aposentar, na forma da legislação trabalhista, valendo como documento, para tal fim, o certificado de capacidade fornecido pela previdência social; ou

b) após tantos meses quantos forem os anos de duração do auxílio por incapacidade temporária e da aposentadoria por incapacidade permanente, para os demais segurados; e (Redação dada pelo Decreto nº 10.410, de 2020).

II – quando a recuperação for parcial ou ocorrer após o período previsto no inciso I, ou ainda quando o segurado for declarado apto para o exercício de trabalho diverso do qual habitualmente exercia, a aposentadoria será mantida, sem prejuízo da volta à atividade:

a) pelo seu valor integral, durante seis meses contados da data em que for verificada a recuperação da capacidade;

b) com redução de cinqüenta por cento, no período seguinte de seis meses; e

c) com redução de setenta e cinco por cento, também por igual período de seis meses, ao término do qual cessará definitivamente.

Art. 50. O segurado que retornar à atividade poderá requerer, a qualquer tempo, novo benefício, tendo este processamento normal.

§ 1º Observado o disposto no art. 167, caso haja requerimento de novo benefício durante os períodos a que se refere o art. 49, caberá ao segurado optar por um dos benefícios, assegurada a opção pelo benefício mais vantajoso. (Incluído pelo Decreto nº 10.410, de 2020)

§ 2º Na hipótese de opção pelo recebimento de novo benefício nos termos do disposto no § 1º, cuja duração se encerre antes da cessação do benefício decorrente do disposto no art. 49, o pagamento deste poderá ser restabelecido pelo período remanescente, respeitadas as reduções correspondentes.(Incluído pelo Decreto nº 10.410, de 2020)

Subseção II
Da aposentadoria programada
(Redação dada pelo Decreto nº 10.410, de 2020).

Art. 51. A aposentadoria programada, uma vez cumprido o período de carência exigido, será devida ao segurado que cumprir, cumulativamente, os seguintes requisitos: (Redação dada pelo Decreto nº 10.410, de 2020).

I – sessenta e dois anos de idade, se mulher, e sessenta e cinco anos de idade, se homem; e (Incluído pelo Decreto nº 10.410, de 2020)

II – quinze anos de tempo de contribuição, se mulher, e vinte anos de tempo de contribuição, se homem. (Incluído pelo Decreto nº 10.410, de 2020)

§ 1º Para fins de apuração do tempo de contribuição a que se refere o inciso II do caput, é vedada a inclusão de tempo fictício. (Redação dada pelo Decreto nº 10.410, de 2020).

§ 2º O período pelo qual os segurados contribuinte individual e facultativo tiverem contribuído na forma prevista no art. 199-A será considerado como tempo de contribuição, observada a restrição estabelecida em seu § 2º. (Redação dada pelo Decreto nº 10.410, de 2020).

§3º (Revogado pelo Decreto nº 10.410, de 2020).

§ 4º (Revogado pelo Decreto nº 10.410, de 2020)

Art. 52. A aposentadoria programada será devida: (Redação dada pelo Decreto nº 10.410, de 2020).

I – ao segurado empregado, inclusive o doméstico:

a) a partir da data do desligamento do emprego, quando requerida até noventa dias depois dela; ou

b) a partir da data do requerimento, quando não houver desligamento do emprego ou quando for requerida após o prazo da alínea "a"; e

II – para os demais segurados, a partir da data da entrada do requerimento.

Art. 53. O valor da aposentadoria programada corresponderá a sessenta por cento do salário de benefício definido na forma prevista no art. 32, com acréscimo de dois pontos percentuais para cada ano de contribuição que exceder o tempo de vinte anos de contribuição, para os homens, ou de quinze anos de contribuição, para as mulheres. (Redação dada pelo Decreto nº 10.491, de 2020).

Subseção II-A
Da aposentadoria programada do professor

(Redação dada pelo Decreto nº 10.410, de 2020).

Art. 54. Para o professor que comprove, exclusivamente, tempo de efetivo exercício em função de magistério na educação infantil, no ensino fundamental ou no ensino médio, desde que cumprido o período de carência exigido, será concedida a aposentadoria de que trata esta Subseção quando cumprir, cumulativamente, os seguintes requisitos: (Redação dada pelo Decreto nº 10.410, de 2020).

I – cinquenta e sete anos de idade, se mulher, e sessenta anos de idade, se homem; e (Incluído pelo Decreto nº 10.410, de 2020)

II – vinte e cinco anos de contribuição, para ambos os sexos, em efetivo exercício na função a que se refere o caput. (Incluído pelo Decreto nº 10.410, de 2020)

§ 1º O valor da aposentadoria de que trata este artigo será apurado na forma prevista no art. 53. (Incluído pelo Decreto nº 10.410, de 2020)

§ 2º Para fins de concessão da aposentadoria de que trata este artigo, considera-se função de magistério aquela exercida por professor em estabelecimento de ensino de educação básica em seus diversos níveis e modalidades, incluídas, além do exercício da docência, as funções de direção de unidade escolar e de coordenação e assessoramento pedagógicos. (Incluído pelo Decreto nº 10.410, de 2020)

§ 3º A comprovação da condição de professor será feita por meio da apresentação: (Incluído pelo Decreto nº 10.410, de 2020)

I – do diploma registrado nos órgãos competentes federais e estaduais ou de documento que comprove a habilitação para o exercício do magistério, na forma prevista em lei específica; e (Incluído pelo Decreto nº 10.410, de 2020)

II – dos registros em carteira profissional ou Carteira de Trabalho e Previdência Social complementados, quando for o caso, por declaração do estabelecimento de ensino no qual tenha sido exercida a atividade, sempre que essa informação for necessária para caracterização do efetivo exercício da função de magistério, nos termos do disposto no caput. (Incluído pelo Decreto nº 10.410, de 2020)

§ 4º É vedada a conversão de tempo de serviço de magistério, exercido em qualquer época, em tempo de serviço comum. (Incluído pelo Decreto nº 10.410, de 2020)

§ 5º A aposentadoria de que trata este artigo será devida na forma prevista no art. 52. (Incluído pelo Decreto nº 10.410, de 2020)

Art. 55. (Revogado pelo Decreto nº 6.722, de 2008).

Subseção III
Da aposentadoria por idade do trabalhador rural

(Redação dada pelo Decreto nº 10.410, de 2020).

Art. 56. A aposentadoria por idade do trabalhador rural, uma vez cumprido o período de carência exigido, será devida aos segurados a que se referem a alínea "a" do inciso I, a alínea "j" do inciso V e os incisos VI e VII do caput do art. 9º e aos segurados garimpeiros que trabalhem, comprovadamente, em regime de economia familiar, conforme definido no § 5º do art. 9º, quando completarem cinquenta e cinco anos de idade, se mulher, e sessenta anos de idade, se homem. (Redação dada pelo Decreto nº 10.410, de 2020).

§ 1º Para fins do disposto no caput, o segurado a que se refere o inciso VII do caput do art. 9º comprovará o efetivo exercício de atividade rural, ainda que de forma descontínua, no período imediatamente anterior ao requerimento do benefício ou, conforme o caso, ao mês em que tiver cumprido o requisito etário, por tempo igual ao número de meses de contribuição correspondente à carência do benefício pretendido, computados os períodos pelos quais o segurado especial tenha recebido os rendimentos a que se referem os incisos III ao VIII do § 8º do art. 9º. (Redação dada pelo Decreto nº 10.410, de 2020).

§ 2º O valor da renda mensal da aposentadoria de que trata este artigo para os trabalhadores rurais a que se referem a alínea "a" do inciso I, a alínea "j" do inciso V e o inciso VI do caput do art. 9º, para o garimpeiro e para o segurado especial que contribua facultativamente corresponderá a setenta por cento do salário de benefício definido na forma prevista no art. 32, com acréscimo de um ponto percentual para cada ano de contribuição. (Redação dada pelo Decreto nº 10.410, de 2020).

§ 3º O valor da renda mensal do benefício de que trata este artigo para os trabalhadores rurais a que se refere o inciso VII do caput do art. 9º será de um salário-mínimo. (Redação dada pelo Decreto nº 10.410, de 2020).

§ 4º O segurado especial que contribui na forma prevista no § 2º do art. 200 somente fará jus à aposentadoria com valor apurado na forma prevista no § 2º deste artigo após o cumprimento do período de carência exigido, hipótese em que não será considerado como período de carência o tempo de atividade rural não contributivo. (Redação dada pelo Decreto nº 10.410, de 2020).

§ 5º A aposentadoria de que trata este artigo será devida na forma prevista no art. 52. (Redação dada pelo Decreto nº 10.410, de 2020).

Art. 57. Os trabalhadores rurais que não atendam ao disposto no art. 56 mas que satisfaçam essa condição, se considerados períodos de contribuição sob outras categorias de segurado, farão jus ao benefício ao atenderem os requisitos definidos nos incisos I e II do caput do art. 51.(Redação dada pelo Decreto nº 10.410, de 2020).

§ 1º Para fins do disposto no caput, o valor da renda mensal da aposentadoria será apurado na forma do disposto no art. 53, considerando-se como salário de contribuição mensal do período como segurado especial o salário-mínimo. (Incluído pelo Decreto nº 10.410, de 2020)

§ 2º O disposto neste artigo aplica-se ainda que, na oportunidade do requerimento da aposentadoria, o segurado não se enquadre como trabalhador rural.(Incluído pelo Decreto nº 10.410, de 2020)

Art. 58. (Revogado pelo Decreto nº 10.410, de 2020)

Art. 59. (Revogado pelo Decreto nº 10.410, de 2020)

Art. 60. (Revogado pelo Decreto nº 10.410, de 2020)

Art. 61. (Revogado pelo Decreto nº 10.410, de 2020)

Art. 62. (Revogado pelo Decreto nº 10.410, de 2020)

Art. 63. (Revogado pelo Decreto nº 10.410, de 2020)

Subseção IV
Da Aposentadoria Especial

Art. 64. A aposentadoria especial, uma vez cumprido o período de carência exigido, será devida ao segurado empregado, trabalhador avulso e contribuinte individual, este último somente quando cooperado filiado a cooperativa de trabalho ou de produção, que comprove o exercício de atividades com efetiva exposição a agentes químicos, físicos e biológicos prejudiciais à saúde, ou a associação desses agentes, de forma permanente, não ocasional nem intermitente, vedada a caracterização por categoria profissional ou ocupação, durante, no mínimo, quinze, vinte ou vinte e cinco anos, e que cumprir os seguintes requisitos: (Redação dada pelo Decreto nº 10.410, de 2020).

I - cinquenta e cinco anos de idade, quando se tratar de atividade especial de quinze anos de contribuição; (Incluído pelo Decreto nº 10.410, de 2020)

II - cinquenta e oito anos de idade, quando se tratar de atividade especial de vinte anos de contribuição; ou(Incluído pelo Decreto nº 10.410, de 2020)

III - sessenta anos de idade, quando se tratar de atividade especial de vinte e cinco anos de contribuição. (Incluído pelo Decreto nº 10.410, de 2020)

§ 1º A efetiva exposição a agente prejudicial à saúde configura-se quando, mesmo após a adoção das medidas de controle previstas na legislação trabalhista, a nocividade não seja eliminada ou neutralizada. (Redação dada pelo Decreto nº 10.410, de 2020).

§ 1º-A Para fins do disposto no § 1º, considera-se: (Incluído pelo Decreto nº 10.410, de 2020)

I - eliminação - a adoção de medidas de controle que efetivamente impossibilitem a exposição ao agente prejudicial à saúde no ambiente de trabalho; e (Incluído pelo Decreto nº 10.410, de 2020)

II - neutralização - a adoção de medidas de controle que reduzam a intensidade, a concentração ou a dose do agente prejudicial à saúde ao limite de tolerância previsto neste Regulamento ou, na sua ausência, na legislação trabalhista. (Incluído pelo Decreto nº 10.410, de 2020)

§ 2º Para fins do disposto no caput, a exposição aos agentes químicos, físicos e biológicos prejudiciais à saúde, ou a associação desses agentes, deverá superar os limites de tolerância estabelecidos segundo critérios quantitativos ou estar caracterizada de acordo com os critérios da avaliação qualitativa de que trata o § 2º do art. 68. (Incluído pelo Decreto nº 10.410, de 2020)

Art. 65. Considera-se tempo de trabalho permanente aquele que é exercido de forma não ocasional nem intermitente, no qual a exposição do empregado, do trabalhador avulso ou do cooperado ao agente nocivo seja indissociável da produção do bem ou da prestação do serviço. (Redação dada pelo Decreto nº 8.123, de 2013)

Parágrafo único. Aplica-se o disposto no caput aos períodos de descanso determinados pela legislação trabalhista, inclusive ao período de férias, e aos de percepção de salário-maternidade, desde que, à data do afastamento, o segurado estivesse exposto aos fatores de risco de que trata o art. 68. (Redação dada pelo Decreto nº 10.410, de 2020)

Art. 66. Para o segurado que houver exercido duas ou mais atividades sujeitas a agentes químicos, físicos e biológicos prejudiciais à saúde, ou a associação desses agentes, sem completar em quaisquer delas o prazo mínimo exigido para a aposentadoria especial, os respectivos períodos de exercício serão somados após conversão, hipótese em que será considerada a atividade preponderante para efeito de enquadramento. (Redação dada pelo Decreto nº 10.410, de 2020

§ 1º Para fins do disposto no caput, não serão considerados os períodos em que a atividade exercida não estava sujeita a condições especiais, observado, nesse caso, o disposto no art. 70. (Incluído pelo Decreto nº 8.123, de 2013)

§ 2º A conversão de que trata o caput será feita segundo a tabela abaixo: (Incluído pelo Decreto nº 8.123, de 2013)

Tempo a Converter	Multiplicadores		
	Para 15	Para 20	Para 25
De 15 anos	-	1,33	1,67
De 20 anos	0,75	-	1,25
De 25 anos	0,60	0,80	

§ 3º A atividade preponderante será aquela pela qual o segurado tenha contribuído por mais tempo, antes da conversão, e servirá como parâmetro para definir o tempo mínimo necessário para a aposentadoria especial e para a conversão. (Incluído pelo Decreto nº 10.410, de 2020)

Art. 67. O valor da aposentadoria especial corresponderá a sessenta por cento do salário de benefício definido na forma prevista no art. 32, com acréscimo de dois pontos percentuais para cada ano de contribuição que exceder o tempo de vinte anos de contribuição exceto no caso da aposentadoria a que se refere o inciso I do caput do art. 64 e das mulheres, cujo acréscimo será aplicado para cada ano de contribuição que exceder quinze anos de contribuição. (Redação dada pelo Decreto nº 10.410, de 2020)

Art. 68. A relação dos agentes nocivos químicos, físicos, biológicos ou associação de agentes prejudiciais à saúde ou à integridade física, considerados para fins de concessão de aposentadoria especial, consta do Anexo IV.

§ 1º A Secretaria Especial de Previdência e Trabalho do Ministério da Economia promoverá a elaboração de estudos com base em critérios técnicos e científicos para atualização periódica do disposto no Anexo IV. (Redação dada pelo Decreto nº 10.410, de 2020)

§ 2º A avaliação qualitativa de riscos e agentes prejudiciais à saúde será comprovada pela descrição: (Redação dada pelo Decreto nº 10.410, de 2020)

I – das circunstâncias de exposição ocupacional a determinado agente ou associação de agentes prejudiciais à saúde presentes no ambiente de trabalho durante toda a jornada de trabalho; (Redação dada pelo Decreto nº 10.410, de 2020)

II – de todas as fontes e possibilidades de liberação dos agentes mencionados no inciso I; e (Incluído pelo Decreto nº 8.123, de 2013)

III – dos meios de contato ou exposição dos trabalhadores, as vias de absorção, a intensidade da exposição, a frequência e a duração do contato. (Incluído pelo Decreto nº 8.123, de 2013)

§ 3º A comprovação da efetiva exposição do segurado a agentes prejudiciais à saúde será feita por meio de documento, em meio físico ou eletrônico, emitido pela empresa ou por seu preposto com base em laudo técnico de condições ambientais do trabalho expedido por médico do trabalho ou engenheiro de segurança do trabalho. (Redação dada pelo Decreto nº 10.410, de 2020)

§ 4º Os agentes reconhecidamente cancerígenos para humanos, listados pela Secretaria Especial de Previdência e Trabalho do Ministério da Economia, serão avaliados em conformidade com o disposto nos § 2º e § 3º deste artigo e no caput do art. 64 e, caso sejam adotadas as medidas de controle previstas na legislação trabalhista que eliminem a nocividade, será descaracterizada a efetiva exposição. (Redação dada pelo Decreto nº 10.410, de 2020)

§ 5º O laudo técnico a que se refere o § 3º conterá informações sobre a existência de tecnologia de proteção coletiva ou individual e sobre a sua eficácia e será elaborado com observância às normas editadas pela Secretaria Especial de Previdência e Trabalho do Ministério Economia e aos procedimentos adotados pelo INSS.(Redação dada pelo Decreto nº 10.410, de 2020)

§ 6º A empresa que não mantiver laudo técnico atualizado com referência aos agentes existentes no ambiente de trabalho prejudiciais à saúde de seus trabalhadores ou que emitir documento de comprovação de efetiva exposição em desacordo com o referido laudo incorrerá na infração a que se refere a alínea "n" do inciso II do caput do art. 283.(Redação dada pelo Decreto nº 10.410, de 2020)

§ 7º O INSS estabelecerá os procedimentos para fins de concessão de aposentadoria especial, podendo, se necessário, confirmar as informações contidas nos documentos mencionados nos § 2º e 3º.

§ 8º A empresa deverá elaborar e manter atualizado o perfil profissiográfico previdenciário, ou o documento eletrônico que venha a substituí-lo, no qual deverão ser contempladas as atividades desenvolvidas durante o período laboral, garantido ao trabalhador o acesso às informações nele contidas, sob pena de sujeição às sanções previstas na alínea "h" do inciso I do caput do art. 283.(Redação dada pelo Decreto nº 10.410, de 2020)

§ 9º Para fins do disposto no § 8º, considera-se perfil profissiográfico previdenciário o documento que contenha o histórico laboral do trabalhador, elaborado de acordo com o modelo instituído pelo INSS. (Redação dada pelo Decreto nº 10.410, de 2020)

§ 10. O trabalhador ou o seu preposto terá acesso às informações prestadas pela empresa sobre o seu perfil profissiográfico previdenciário e poderá, inclusive, solicitar a retificação de informações que estejam em desacordo com a realidade do ambiente de trabalho, conforme orientação estabelecida em ato do Ministro de Estado da Economia. (Redação dada pelo Decreto nº 10.410, de 2020)

§ 11. A cooperativa de trabalho e a empresa contratada para prestar serviços mediante cessão ou empreitada de mão de obra atenderão ao disposto nos §§ 3º, 4º e 5º com base nos laudos técnicos de condições ambientais de trabalho emitidos pela empresa contratante, quando o serviço for prestado em estabelecimento da contratante. (Redação dada pelo Decreto nº 8.123, de 2013)

§ 12. Nas avaliações ambientais deverão ser considerados, além do disposto no Anexo IV, a metodologia e os procedimentos de avaliação estabelecidos pela Fundação Jorge Duprat Figueiredo de Segurança e Medicina do Trabalho – FUNDACENTRO. (Incluído pelo Decreto nº 8.123, de 2013)

§ 13. Na hipótese de não terem sido estabelecidos pela FUNDACENTRO a metodologia e os procedimentos de avaliação, caberá ao Ministério da Economia indicar outras instituições para estabelecê-los. (Redação dada pelo Decreto nº 10.410, de 2020)

Art. 69. A data de início da aposentadoria especial será fixada: (Redação dada pelo Decreto nº 8.123, de 2013)

I – para o segurado empregado: (Incluído pelo Decreto nº 8.123, de 2013)

a) a partir da data do desligamento do emprego, quando requerida a aposentadoria especial, até noventa dias após essa data; ou (Incluída pelo Decreto nº 8.123, de 2013)

b) a partir da data do requerimento, quando não houver desligamento do emprego ou quando a aposentadoria for requerida após o prazo estabelecido na alínea "a"; e (Incluída pelo Decreto nº 8.123, de 2013)

II – para os demais segurados, a partir da data da entrada do requerimento. (Incluído pelo Decreto nº 8.123, de 2013)

Parágrafo único. O segurado que retornar ao exercício de atividade ou operação que o sujeite aos riscos e agentes nocivos constantes do Anexo IV, ou nele permanecer, na mesma ou em outra empresa, qualquer que seja a forma de prestação do serviço ou categoria de segurado, será imediatamente notificado da cessação do pagamento de sua aposentadoria especial, no prazo de sessenta dias contado da data de emissão da notificação, salvo comprovação, nesse prazo, de que o exercício dessa atividade ou operação foi encerrado.

Art. 70. (Revogado pelo Decreto nº 10.410, de 2020)

Subseção IV-A
(Incluído pelo Decreto nº 8.145, de 2013)
Das Aposentadorias por Tempo de Contribuição e por Idade do Segurado com Deficiência

Art. 70-A. A concessão da aposentadoria por tempo de contribuição ou por idade ao segurado que tenha reconhecido, após ter sido submetido a avaliação biopsicossocial realizada por equipe multiprofissional e interdisciplinar, grau de deficiência leve, moderada ou grave está condicionada à comprovação da condição de pessoa com deficiência na data da entrada do requerimento ou na data da implementação dos requisitos para o benefício. (Redação dada pelo Decreto nº 10.410, de 2020)

Art. 70-B. A aposentadoria por tempo de contribuição do segurado com deficiência, cumprida a carência, é devida ao segurado empregado, inclusive o doméstico, trabalhador avulso, contribuinte individual e facultativo, observado o disposto no art. 199-A e os seguintes requisitos:(Incluído pelo Decreto nº 8.145, de 2013)

I – aos vinte e cinco anos de tempo de contribuição na condição de pessoa com deficiência, se homem, e vinte anos, se mulher, no caso de segurado com deficiência grave;(Incluído pelo Decreto nº 8.145, de 2013)

II – aos vinte e nove anos de tempo de contribuição na condição de pessoa com deficiência, se homem, e vinte e quatro anos, se mulher, no caso de segurado com deficiência moderada; e(Incluído pelo Decreto nº 8.145, de 2013)

III – aos trinta e três anos de tempo de contribuição na condição de pessoa com deficiência, se homem, e vinte e oito anos, se mulher, no caso de segurado com deficiência leve.(Incluído pelo Decreto nº 8.145, de 2013)

Parágrafo único. A aposentadoria de que trata o caput é devida aos segurados especiais que contribuam facultativamente, de acordo com o disposto no art. 199 e no § 2º do art. 200.(Incluído pelo Decreto nº 8.145, de 2013)

Art. 70-C. A aposentadoria por idade da pessoa com deficiência, cumprida a carência, é devida ao segurado aos sessenta anos de idade, se homem, e cinquenta e cinco anos de idade, se mulher.(Incluído pelo Decreto nº 8.145, de 2013)

§ 1º Para efeitos de concessão da aposentadoria de que trata o caput, o segurado deve contar com no mínimo quinze anos de tempo de contribuição, cumpridos na condição de pessoa com deficiência, independentemente do grau, observado o disposto no art. 70-D.(Incluído pelo Decreto nº 8.145, de 2013)

§ 2º Aplica-se ao segurado especial com deficiência o disposto nos §§ 1º a 4º do art. 51, e na hipótese do § 2º será considerada a idade prevista no caput deste artigo, desde que o tempo exigido para a carência da aposentadoria por idade seja cumprido na condição de pessoa com deficiência.(Incluído pelo Decreto nº 8.145, de 2013)

Art. 70-D. Para efeito de concessão da aposentadoria da pessoa com deficiência, a avaliação de que trata o art. 70-A deverá, entre outros aspectos: (Redação dada pelo Decreto nº 10.410, de 2020)

I - avaliar o segurado e fixar a data provável do início da deficiência e o seu grau; e (Incluído pelo Decreto nº 8.145, de 2013)

II - identificar a ocorrência de variação no grau de deficiência e indicar os respectivos períodos em cada grau. (Incluído pelo Decreto nº 8.145, de 2013)

§ 1º A comprovação da deficiência anterior à data da vigência da Lei Complementar nº 142, de 8 de maio de 2013, será instruída por documentos que subsidiem a avaliação de que trata o art. 70-A, vedada a prova exclusivamente testemunhal. (Redação dada pelo Decreto nº 10.410, de 2020)

§ 2º A avaliação da pessoa com deficiência será realizada para fazer prova dessa condição exclusivamente para fins previdenciários.(Incluído pelo Decreto nº 8.145, de 2013)

§ 3º Considera-se pessoa com deficiência aquela que tem impedimentos de longo prazo de natureza física, mental, intelectual ou sensorial, os quais, em interação com diversas barreiras, podem obstruir sua participação plena e efetiva na sociedade em igualdade de condições com as demais pessoas.(Incluído pelo Decreto nº 8.145, de 2013)

§ 4º (Revogado pelo Decreto nº 10.410, de 2020)

Art. 70-E. Para o segurado que, após a filiação ao RGPS, tornar-se pessoa com deficiência, ou tiver seu grau alterado, os parâmetros mencionados nos incisos I, II e III do caput do art. 70-B serão proporcionalmente ajustados e os respectivos períodos serão somados após conversão, conforme as tabelas abaixo, considerando o grau de deficiência preponderante, observado o disposto no art. 70-A:(Incluído pelo Decreto nº 8.145, de 2013)

MULHER				
TEMPO A CONVERTER	**MULTIPLICADORES**			
	Para 20	Para 24	Para 28	Para 30
De 20 anos	1,00	1,20	1,40	1,50
De 24 anos	0,83	1,00	1,17	1,25
De 28 anos	0,71	0,86	1,00	1,07
De 30 anos	0,67	0,80	0,93	1,00

PREVIDENCIÁRIO

HOMEM				
TEMPO A CONVERTER	MULTIPLICADORES			
	Para 25	Para 29	Para 33	Para 35
De 25 anos	1,00	1,16	1,32	1,40
De 29 anos	0,86	1,00	1,14	1,21
De 33 anos	0,76	0,88	1,00	1,06
De 35 anos	0,71	0,83	0,94	1,00

§ 1º O grau de deficiência preponderante será aquele em que o segurado cumpriu maior tempo de contribuição, antes da conversão, e servirá como parâmetro para definir o tempo mínimo necessário para a aposentadoria por tempo de contribuição da pessoa com deficiência e para a conversão.(Incluído pelo Decreto nº 8.145, de 2013)

§ 2º Quando o segurado contribuiu alternadamente na condição de pessoa sem deficiência e com deficiência, os respectivos períodos poderão ser somados, após aplicação da conversão de que trata o caput.(Incluído pelo Decreto nº 8.145, de 2013)

Art. 70-F. A redução do tempo de contribuição da pessoa com deficiência não poderá ser acumulada, no mesmo período contributivo, com a redução aplicada aos períodos de contribuição relativos a atividades exercidas sob condições especiais que prejudiquem a saúde ou a integridade física.(Incluído pelo Decreto nº 8.145, de 2013)

§ 1º É garantida a conversão do tempo de contribuição cumprido em condições especiais que prejudiquem a saúde ou a integridade física do segurado, inclusive da pessoa com deficiência, para fins da aposentadoria de que trata o art. 70-B, se resultar mais favorável ao segurado, conforme tabela abaixo:(Incluído pelo Decreto nº 8.145, de 2013)

MULHER					
TEMPO A CONVERTER	MULTIPLICADORES				
	Para 15	Para 20	Para 24	Para 25	Para 28
De 15 anos	1,00	1,33	1,60	1,67	1,87
De 20 anos	0,75	1,00	1,20	1,25	1,40
De 24 anos	0,63	0,83	1,00	1,04	1,17
De 25 anos	0,60	0,80	0,96	1,00	1,12
De 28 anos	0,54	0,71	0,86	0,89	1,00

HOMEM					
TEMPO A CONVERTER	MULTIPLICADORES				
	Para 15	Para 20	Para 25	Para 29	Para 33
De 15 anos	1,00	1,33	1,67	1,93	2,20

De 20 anos	0,75	1,00	1,25	1,45	1,65
De 25 anos	0,60	0,80	1,00	1,16	1,32
De 29 anos	0,52	0,69	0,86	1,00	1,14
De 33 anos	0,45	0,61	0,76	0,88	1,00

§ 2º É vedada a conversão do tempo de contribuição da pessoa com deficiência para fins de concessão da aposentadoria especial de que trata a Subseção IV da Seção VI do Capítulo II.(Incluído pelo Decreto nº 8.145, de 2013)

§ 3º (Revogado pelo Decreto nº 10.410, de 2020)

Art. 70-G. É facultado ao segurado com deficiência optar pela percepção de qualquer outra espécie de aposentadoria do RGPS que lhe seja mais vantajosa.(Incluído pelo Decreto nº 8.145, de 2013)

Art. 70-H. A critério do INSS, o segurado com deficiência deverá, a qualquer tempo, submeter-se à avaliação de que trata o art. 70-A.(Redação dada pelo Decreto nº 10.410, de 2020)

Parágrafo único. Após a concessão das aposentadorias na forma dos arts. 70-B e 70-C, será observado o disposto nos arts. 347 e 347-A.(Incluído pelo Decreto nº 8.145, de 2013)

Art. 70-I. Aplicam-se à pessoa com deficiência as demais normas relativas aos benefícios do RGPS.(Incluído pelo Decreto nº 8.145, de 2013)

Art. 70-J. A renda mensal da aposentadoria devida ao segurado com deficiência será calculada a partir da aplicação dos seguintes percentuais sobre o salário de benefício definido na forma prevista no art. 32: (Incluído pelo Decreto nº 10.410, de 2020)

I - cem por cento, na hipótese de aposentadoria por tempo de contribuição de que trata o art. 70-B; ou (Incluído pelo Decreto nº 10.410, de 2020)

II – setenta por cento, acrescido de um ponto percentual do salário de benefício por grupo de doze contribuições mensais até o máximo de trinta por cento, na hipótese de aposentadoria por idade de que trata o art. 70-C.(Incluído pelo Decreto nº 10.410, de 2020)

Subseção V
(Redação dada pelo Decreto nº 10.410, de 2020)
Do auxílio por incapacidade temporária

Art. 71. O auxílio por incapacidade temporária será devido ao segurado que, uma vez cumprido, quando for o caso, o período de carência exigido, ficar incapacitado para o seu trabalho ou para a sua atividade habitual por mais de quinze dias consecutivos, conforme definido em avaliação médico-pericial. (Redação dada pelo Decreto nº 10.410, de 2020)

§ 1º Não será devido auxílio por incapacidade temporária ao segurado que se filiar ao RGPS já portador de doença ou lesão invocada como causa para a concessão do benefício, exceto quando a incapacidade sobrevier por motivo de progressão ou agravamento dessa doença ou lesão. (Redação dada pelo Decreto nº 10.410, de 2020)

§ 2º Será devido auxílio por incapacidade temporária, independentemente do cumprimento de período de carência, aos segurados obrigatório e facultativo quando sofrerem acidente de qualquer natureza. (Redação dada pelo Decreto nº 10.410, de 2020)

§ 3º Não será devido o auxílio por incapacidade temporária ao segurado recluso em regime fechado. (Incluído pelo Decreto nº 10.410, de 2020)

§ 4º O segurado em gozo de auxílio por incapacidade temporária na data do recolhimento à prisão terá o seu benefício suspenso. (Incluído pelo Decreto nº 10.410, de 2020)

§ 5º A suspensão prevista no § 4º será pelo prazo de até sessenta dias, contado da data do recolhimento à prisão, hipótese em que o benefício será cessado após o referido prazo. (Incluído pelo Decreto nº 10.410, de 2020)

§ 6º Na hipótese de o segurado ser colocado em liberdade antes do prazo previsto no § 5º, o benefício será restabelecido a partir da data de sua soltura. (Incluído pelo Decreto nº 10.410, de 2020)

§ 7º Em caso de prisão declarada ilegal, o segurado terá direito à percepção do benefício por todo o período devido, efetuado o encontro de contas na hipótese de ter havido pagamento de auxílio-reclusão com valor inferior ao do auxílio por incapacidade temporária no mesmo período.

§ 8º O disposto nos § 3º ao § 7º aplica-se somente aos benefícios dos segurados que tiverem sido recolhidos à prisão a partir da data de publicação da Lei nº 13.846, de 18 de junho de 2019. (Incluído pelo Decreto nº 10.410, de 2020)

§ 9º O segurado recluso em cumprimento de pena em regime aberto ou semiaberto fará jus ao auxílio por incapacidade temporária. (Incluído pelo Decreto nº 10.410, de 2020)

Art. 72. O auxílio por incapacidade temporária consiste em renda mensal correspondente a noventa e um por cento do salário de benefício definido na forma prevista no art. 32 e será devido: (Redação dada pelo Decreto nº 10.410, de 2020)

I – a contar do décimo sexto dia do afastamento da atividade para o segurado empregado, exceto o doméstico; (Redação dada pelo Decreto nº 3.265, de 1999)

II – a contar da data do início da incapacidade, para os demais segurados, desde que o afastamento seja superior a quinze dias; (Redação dada pelo Decreto nº 10.410, de 2020)

III – a contar da data de entrada do requerimento, quando requerido após o trigésimo dia do afastamento da atividade, para todos os segurados.

§ 1º Quando o acidentado não se afastar do trabalho no dia do acidente, os quinze dias de responsabilidade da empresa pela sua remuneração integral são contados a partir da data do afastamento.

§ 2º (Revogado pelo Decreto nº 3.668, de 2000)

§ 3º O auxílio por incapacidade temporária será devido durante o curso de reclamação trabalhista relacionada com a rescisão do contrato de trabalho, ou após a decisão final, desde que implementadas as condições mínimas para a concessão do benefício, observado o disposto nos § 2º e § 3º do art. 36. (Redação dada pelo Decreto nº 10.410, de 2020)

Art. 73. O auxílio por incapacidade temporária do segurado que exercer mais de uma atividade abrangida pela previdência social será devido mesmo no caso de incapacidade apenas para o exercício de uma delas, hipótese em que o segurado deverá informar a Perícia Médica Federal a respeito de todas as atividades que estiver exercendo.(Redação dada pelo Decreto nº 10.410, de 2020)

§ 1º Na hipótese prevista neste artigo, o auxílio por incapacidade temporária será concedido em relação à atividade para a qual o segurado estiver incapacitado, consideradas para fins de carência somente as contribuições relativas a essa atividade. (Redação dada pelo Decreto nº 10.410, de 2020)

§ 2º Se nas várias atividades o segurado exercer a mesma profissão, será exigido de imediato o afastamento de todas.

§ 3º Constatada durante o recebimento do auxílio por incapacidade temporária concedido nos termos do disposto neste artigo a incapacidade do segurado para cada uma das demais atividades, o valor do benefício deverá ser revisto com base nos salários de contribuição de cada uma das atividades, observado o disposto nos incisos I ao III do caput do art. 72. (Redação dada pelo Decreto nº 10.410, de 2020)

§ 4º Na hipótese prevista no § 1º, o valor do auxílio por incapacidade temporária poderá ser inferior ao salário-mínimo, desde que, se somado às demais remunerações recebidas, resulte em valor superior ao salário-mínimo. (Redação dada pelo Decreto nº 10.410, de 2020)

§ 5º O segurado que, durante o gozo do auxílio por incapacidade temporária, vier a exercer atividade remunerada que lhe garanta a subsistência poderá ter o benefício cancelado a partir do retorno à atividade, observado o disposto no art. 179. (Incluído pelo Decreto nº 10.410, de 2020)

§ 6º Na hipótese prevista no § 5º, caso a atividade remunerada exercida seja diversa daquela que gerou o benefício, deverá ser verificada a incapacidade para cada uma das atividades exercidas, observado o disposto no caput e nos § 1º, § 2º e § 3º. (Incluído pelo Decreto nº 10.410, de 2020)

Art. 74. Quando o segurado que exercer mais de uma atividade for considerado definitivamente incapacitado para uma delas, o auxílio por incapacidade temporária deverá ser mantido indefinidamente, hipótese em que não caberá a concessão de aposentadoria por incapacidade permanente enquanto a incapacidade não se estender às demais atividades. (Redação dada pelo Decreto nº 10.410, de 2020)

Parágrafo único. Na situação prevista no caput, o segurado somente poderá transferir-se das demais atividades que exerce após o conhecimento da reavaliação médico-pericial.

Art. 75. Durante os primeiros quinze dias consecutivos de afastamento da atividade por motivo de incapacidade temporária, compete à empresa pagar o salário ao segurado empregado. (Redação dada pelo Decreto nº 10.410, de 2020)

§ 1º Cabe à empresa que dispuser de serviço médico próprio ou em convênio o exame médico e o abono das faltas correspondentes aos primeiros quinze dias de afastamento.

§ 2º Quando a incapacidade ultrapassar o período de quinze dias consecutivos, o segurado será encaminhado ao INSS para avaliação médico-pericial. (Redação dada pelo Decreto nº 10.410, de 2020)

§ 3º Se concedido novo benefício decorrente do mesmo motivo que gerou a incapacidade no prazo de sessenta dias, contado da data da cessação do benefício anterior, a empresa ficará desobrigada do pagamento relativo aos quinze primeiros dias de afastamento, prorrogando-se o benefício anterior e descontando-se os dias trabalhados, se for o caso. (Redação dada pelo Decreto nº 10.410, de 2020)

§ 4º Se o segurado empregado, por motivo de incapacidade, afastar-se do trabalho durante o período de quinze dias, retornar à atividade no décimo sexto dia e voltar a se afastar no prazo de sessenta dias, contado da data de seu retorno, em decorrência do mesmo motivo que gerou a incapacidade, este fará jus ao auxílio por incapacidade temporária a partir da data do novo afastamento. (Redação dada pelo Decreto nº 10.410, de 2020)

§ 5º Na hipótese prevista no § 4º, se o retorno à atividade tiver ocorrido antes do período de quinze dias do afastamento, o segurado fará jus ao auxílio por incapacidade temporária a partir do dia seguinte ao que completar aquele período. (Redação dada pelo Decreto nº 10.410, de 2020)

§ 6º Na impossibilidade de realização do exame médico-pericial inicial antes do término do período de recuperação indicado pelo médico assistente em documentação, o empregado é autorizado a retornar ao trabalho no dia seguinte à data indicada pelo médico assistente, mantida a necessidade de comparecimento do segurado à perícia na data agendada. (Redação dada pelo Decreto nº 10.410, de 2020)

Art. 75-A. (Revogado pelo Decreto nº 10.410, de 2020)

Art. 75-B. (Revogado pelo Decreto nº 10.410, de 2020)

Art. 76. A previdência social processará, de ofício, o benefício quando tiver ciência da incapacidade do segurado sem que este tenha requerido auxílio por incapacidade temporária. (Redação dada pelo Decreto nº 10.410, de 2020)

Art. 76-A. É facultado à empresa protocolar requerimento de auxílio por incapacidade temporária ou documento dele originário de seu empregado ou de contribuinte individual a ela vinculado ou a seu serviço, na forma estabelecida pelo INSS. (Redação dada pelo Decreto nº 10.410, de 2020)

Art. 76-B. A empresa terá acesso às decisões administrativas de benefícios requeridos por seus empregados, resguardadas as informações consideradas sigilosas, na forma estabelecida em ato do INSS. (Incluído pelo Decreto nº 10.410, de 2020)

Art. 77. O segurado em gozo de auxílio por incapacidade temporária concedido judicial ou administrativamente está obrigado, independentemente de sua idade e sob pena de suspensão do benefício, a submeter-se a exame médico a cargo da Perícia Médica Federal, processo de reabilitação profissional a cargo do INSS e tratamento dispensado gratuitamente, exceto o cirúrgico e a transfusão de sangue, que são facultativos. (Redação dada pelo Decreto nº 10.410, de 2020)

Art. 77-A. O segurado em gozo de auxílio por incapacidade temporária concedido judicial ou administrativamente poderá ser convocado a qualquer tempo para avaliação das condições que ensejaram sua concessão ou manutenção. (Incluído pelo Decreto nº 10.410, de 2020)

Art. 78. O auxílio por incapacidade temporária cessa pela recuperação da capacidade para o trabalho, pela concessão de aposentadoria por incapacidade permanente ou, na hipótese de o evento causador da redução da capacidade laborativa ser o mesmo que gerou o auxílio por incapacidade temporária, pela concessão do auxílio acidente. (Redação dada pelo Decreto nº 10.410, de 2020)

§ 1º Sempre que possível, o ato de concessão ou de reativação de auxílio por incapacidade temporária, judicial ou administrativo, deverá estabelecer o prazo estimado para a duração do benefício. (Redação dada pelo Decreto nº 10.410, de 2020)

§ 2º Caso o prazo concedido para a recuperação se revele insuficiente, o segurado poderá solicitar a sua prorrogação, na forma estabelecida pelo INSS.(Redação dada pelo Decreto nº 8.691, de 2016)

§ 3º A comunicação da concessão do auxílio por incapacidade temporária conterá as informações necessárias ao requerimento de sua prorrogação. (Redação dada pelo Decreto nº 10.410, de 2020)

PREVIDENCIÁRIO

§ 4º Caso não seja estabelecido o prazo de que trata o § 1º, o benefício cessará após o prazo de cento e vinte dias, contado da data de concessão ou de reativação do auxílio por incapacidade temporária, exceto se o segurado requerer a sua prorrogação ao INSS, observado o disposto no art. 79. (Redação dada pelo Decreto nº 10.410, de 2020)

§ 5º O segurado que se considerar capaz antes do prazo estabelecido pela Perícia Médica Federal no ato da concessão ou da prorrogação do auxílio por incapacidade temporária somente retornará ao trabalho após nova avaliação médico-pericial. (Incluído pelo Decreto nº 10.410, de 2020)

§ 6º O segurado poderá desistir do requerimento de prorrogação antes da realização do exame médico-pericial, hipótese em que o benefício será mantido até a data da sua desistência, desde que posterior à data de cessação estabelecida pela Perícia Médica Federal. (Incluído pelo Decreto nº 10.410, de 2020)

§ 7º O segurado que não concordar com o resultado da avaliação a que se refere o § 1º poderá apresentar, no prazo de trinta dias, recurso da decisão proferida pela Perícia Médica Federal perante o Conselho de Recursos da Previdência Social - CRPS, cuja análise médico-pericial, se necessária, será feita por perito médico federal diverso daquele que tenha realizado o exame anterior. (Incluído pelo Decreto nº 10.410, de 2020)

Art. 79. O segurado em gozo de auxílio por incapacidade temporária insuscetível de recuperação para sua atividade habitual deverá submeter-se a processo de reabilitação profissional para o exercício de outra atividade. (Redação dada pelo Decreto nº 10.410, de 2020)

§ 1º O benefício a que se refere o caput será mantido até que o segurado seja considerado reabilitado para o desempenho de atividade que lhe garanta a subsistência ou, quando considerado não recuperável, seja aposentado por incapacidade permanente. (Incluído pelo Decreto nº 10.410, de 2020)

§ 2º A alteração das atribuições e responsabilidades do segurado compatíveis com a limitação que tenha sofrido em sua capacidade física ou mental não configura desvio de cargo ou função do segurado reabilitado ou que estiver em processo de reabilitação profissional a cargo do INSS. (Incluído pelo Decreto nº 10.410, de 2020)

Art. 80. O segurado empregado, inclusive o doméstico, em gozo de auxílio por incapacidade temporária será considerado pela empresa e pelo empregador doméstico como licenciado. (Redação dada pelo Decreto nº 10.410, de 2020)

Parágrafo único. A empresa que garantir ao segurado licença remunerada ficará obrigada a pagar-lhe, durante o período do auxílio por incapacidade temporária, a eventual diferença entre o valor do benefício recebido e a quantia garantida pela licença. (Redação dada pelo Decreto nº 10.410, de 2020)

Subseção VI
Do Salário-família

Art. 81. O salário-família é devido, mensalmente, ao segurado empregado, inclusive o doméstico, e ao trabalhador avulso com salário de contribuição inferior ou igual a R$ 1.425,56 (mil quatrocentos e vinte e cinco reais e cinquenta e seis centavos), na proporção do respectivo número de filhos ou de enteados e de menores tutelados, desde que comprovada a dependência econômica dos dois últimos nos termos do disposto no art. 16, observado o disposto no art. 83. (Redação dada pelo Decreto nº 10.410, de 2020)

Art. 82. O salário-família será pago mensalmente:

I – ao empregado, inclusive o doméstico, pela empresa ou pelo empregador doméstico, juntamente com o salário, e ao trabalhador avulso, pelo sindicato ou órgão gestor de mão de obra, por meio de convênio; (Redação dada pelo Decreto nº 10.410, de 2020)

II – ao empregado, inclusive o doméstico, e ao trabalhador avulso aposentados por incapacidade permanente ou em gozo de auxílio por incapacidade temporária, pelo INSS, juntamente com o benefício; (Redação dada pelo Decreto nº 10.410, de 2020)

III – ao trabalhador rural aposentado por idade aos sessenta anos, se do sexo masculino, ou cinqüenta e cinco anos, se do sexo feminino, pelo Instituto Nacional do Seguro Social, juntamente com a aposentadoria; e

IV – aos demais empregados, inclusive os domésticos, e aos trabalhadores avulsos aposentados aos sessenta e cinco anos de idade, se homem, ou aos sessenta anos, se mulher, pelo INSS, juntamente com a aposentadoria. (Redação dada pelo Decreto nº 10.410, de 2020)

§ 1º No caso do inciso I, quando o salário do empregado não for mensal, o salário-família será pago juntamente com o último pagamento relativo ao mês.

§ 2º O salário-família do trabalhador avulso independe do número de dias trabalhados no mês, devendo o seu pagamento corresponder ao valor integral da cota.

§ 3º Quando o pai e a mãe são segurados empregados, inclusive domésticos, ou trabalhadores avulsos, ambos têm direito ao salário-família. (Redação dada pelo Decreto nº 10.410, de 2020)

§ 4º As cotas do salário-família pagas pela empresa ou pelo empregador doméstico serão deduzidas quando do recolhimento das contribuições. (Redação dada pelo Decreto nº 10.410, de 2020)

Art. 83. O valor da cota do salário-família por filho ou por enteado e por menor tutelado, desde que comprovada a dependência econômica dos dois últimos, até quatorze anos de idade ou inválido, é de R$ 48,62 (quarenta e oito reais e sessenta e dois centavos). (Redação dada pelo Decreto nº 10.410, de 2020)

Art. 84. O pagamento do salário-família será devido a partir da data de apresentação da certidão de nascimento do filho ou da documentação relativa ao enteado e ao menor tutelado, desde que comprovada a dependência econômica dos dois últimos, e fica condicionado à apresentação anual de atestado de vacinação obrigatória dos referidos dependentes, de até seis anos de idade, e de comprovação semestral de frequência à escola dos referidos dependentes, a partir de quatro anos de idade, observado, para o empregado doméstico, o disposto no § 5º. (Redação dada pelo Decreto nº 10.410, de 2020)

§ 1º A empresa e o empregador doméstico deverão conservar, durante o prazo decadencial de que trata o art. 348, os comprovantes dos pagamentos e as cópias das certidões correspondentes, para exame pela fiscalização. (Redação dada pelo Decreto nº 10.410, de 2020)

§ 2º Na hipótese de o segurado empregado ou de o trabalhador avulso não apresentar o atestado de vacinação obrigatória e a comprovação de frequência escolar do filho, do enteado ou do menor tutelado, desde que comprovada a dependência econômica dos dois últimos, nas datas definidas pelo INSS, o benefício do salário-família será suspenso até que a documentação seja apresentada. (Redação dada pelo Decreto nº 10.410, de 2020)

§ 3º Não é devido salário-família no período entre a suspensão do benefício motivada pela falta de comprovação da frequência escolar e o seu reativamento, exceto se provada a frequência escolar regular no período. (Redação dada pelo Decreto nº 10.410, de 2020)

§ 4º A comprovação semestral de frequência escolar de que trata o caput será feita por meio da apresentação de documento emitido pela escola, na forma estabelecida na legislação específica, em nome do aluno, de qual conste o registro de frequência regular, ou de atestado do estabelecimento de ensino que comprove a regularidade da matrícula e a frequência escolar do aluno. (Redação dada pelo Decreto nº 10.410, de 2020)

§ 5º Para recebimento do salário-família, o empregado doméstico apresentará ao seu empregador apenas a certidão de nascimento do filho ou a documentação relativa ao enteado e ao menor tutelado, desde que comprovada a dependência econômica dos dois últimos. (Incluído pelo Decreto nº 10.410, de 2020)

Art. 85. A invalidez do filho, do enteado ou do menor tutelado, desde que comprovada a dependência econômica dos dois últimos, maior de quatorze anos de idade será verificada em exame médico-pericial realizado pela Perícia Médica Federal. (Redação dada pelo Decreto nº 10.410, de 2020)

Art. 86. O salário-família correspondente ao mês de afastamento do trabalho será pago integralmente pela empresa, pelo empregador doméstico ou pelo sindicato ou pelo órgão gestor de mão de obra, conforme o caso, e, ao mês da cessação de benefício, pelo INSS. (Redação dada pelo Decreto nº 10.410, de 2020)

Art. 87. Tendo havido divórcio, separação judicial ou de fato dos pais, ou em caso de abandono legalmente caracterizado ou perda do pátrio-poder, o salário-família passará a ser pago diretamente àquele a cujo cargo ficar o sustento do menor, ou a outra pessoa, se houver determinação judicial nesse sentido.

Art. 88. O direito ao salário-família cessa automaticamente:

I – por morte do filho, do enteado ou do menor tutelado, a contar do mês seguinte ao do óbito; (Redação dada pelo Decreto nº 10.410, de 2020)

II – quando o filho, o enteado ou o menor tutelado completar quatorze anos de idade, exceto se inválido, a contar do mês seguinte ao da data do aniversário; (Redação dada pelo Decreto nº 10.410, de 2020)

III – pela recuperação da capacidade do filho, do enteado ou do menor tutelado inválido, a contar do mês seguinte ao da cessação da incapacidade; ou (Redação dada pelo Decreto nº 10.410, de 2020)

IV – pelo desemprego do segurado.

Art. 89. Para efeito de concessão e manutenção do salário-família, o segurado firmará termo de responsabilidade, no qual se comprometerá a comunicar à empresa, ao empregador doméstico ou ao INSS, conforme o caso, qualquer fato ou circunstância que determine a perda do direito ao benefício e ficará sujeito, em caso de descumprimento, às sanções penais e trabalhistas. (Redação dada pelo Decreto nº 10.410, de 2020)

Art. 90. A falta de comunicação oportuna de fato que implique cessação do salário-família e a prática, pelo segurado, de fraude de qualquer natureza para o seu recebimento autorizam a empresa, o empregador doméstico ou o INSS, conforme o caso, a descontar dos pagamentos de cotas devidas com relação a outros filhos, enteados ou menores tutelados ou, na falta delas, do próprio salário do segurado ou da renda mensal do seu benefício, o valor das cotas indevidamente recebidas, sem prejuízo das sanções penais cabíveis, observado o disposto no § 2º do art. 154. (Redação dada pelo Decreto nº 10.410, de 2020)

Art. 91. O empregado, inclusive o doméstico, ou o trabalhador avulso deve dar quitação à empresa ou ao empregador doméstico de cada recebimento mensal do salário-família, na própria folha de pagamento ou por outra forma admitida, de modo que a quitação fique claramente caracterizada. (Redação dada pelo Decreto nº 10.410, de 2020)

Art. 92. As cotas do salário-família não serão incorporadas, para qualquer efeito, ao salário ou ao benefício.

Subseção VII
Do Salário-maternidade

Art. 93. O salário-maternidade é devido à segurada da previdência social, durante cento e vinte dias, com início vinte e oito dias antes e término noventa e um dias depois do parto, podendo ser prorrogado na forma prevista no § 3º. (Redação dada pelo Decreto nº 4.862, de 2003)

§ 1º Para a segurada empregada, inclusive a doméstica, observar-se-á, no que couber, as situações e condições previstas na legislação trabalhista relativas à proteção à maternidade.

§ 2º Será devido o salário-maternidade à segurada especial, desde que comprove o exercício de atividade rural nos últimos dez meses imediatamente anteriores à data do parto ou do requerimento do benefício, quando requerido antes do parto, mesmo que de forma descontínua, aplicando-se, quando for o caso, o disposto no parágrafo único do art. 29. (Redação dada pelo Decreto nº 5.545, de 2005)

§ 3º Em casos excepcionais, os períodos de repouso anterior e posterior ao parto podem ser aumentados de mais duas semanas, por meio de atestado médico específico submetido à avaliação medico-pericial. (Redação dada pelo Decreto nº 10.410, de 2020)

§ 4º Em caso de parto antecipado ou não, a segurada tem direito aos cento e vinte dias previstos neste artigo.

§ 5º Em caso de aborto não criminoso, comprovado mediante atestado médico, a segurada terá direito ao salário-maternidade correspondente a duas semanas. (Redação dada pelo Decreto nº 3.668, de 2000)

§ 6º (Revogado pelo Decreto nº 4.032, de 2001)

Art. 93-A. O salário-maternidade é devido ao segurado ou à segurada da previdência social que adotar ou obtiver guarda judicial, para fins de adoção de criança de até doze anos de idade, pelo período de cento e vinte dias. (Redação dada pelo Decreto nº 10.410, de 2020)

§ 1º O salário-maternidade é devido ao segurado ou à segurada independentemente de a mãe biológica ter recebido o mesmo benefício quando do nascimento da criança.(Redação dada pelo Decreto nº 10.410, de 2020)

§ 2º O salário-maternidade não é devido quando o termo de guarda não contiver a observação de que é para fins de adoção ou só contiver o nome do cônjuge ou companheiro. (Incluído pelo Decreto nº 4.729, de 2003)

§ 3º Para a concessão do salário-maternidade é indispensável: (Redação dada pelo Decreto nº 10.410, de 2020)

I – que conste da nova certidão de nascimento da criança o nome do segurado ou da segurada adotante; ou (Incluído pelo Decreto nº 10.410, de 2020)

II – no caso do termo de guarda para fins de adoção, que conste o nome do segurado ou da segurada guardião. (Incluído pelo Decreto nº 10.410, de 2020)

§ 4º Na hipótese de haver adoção ou guarda judicial para adoção de mais de uma criança, será devido somente um salário-maternidade, observado o disposto no art. 98. (Redação dada pelo Decreto nº 10.410, de 2020)

§ 5º A renda mensal do salário-maternidade é calculada na forma do disposto nos arts. 94, 100 ou 101, de acordo com a forma de contribuição da segurada à Previdência Social. (Incluído pelo Decreto nº 4.729, de 2003)

§ 6º O salário-maternidade de que trata este artigo é pago diretamente pela previdência social. (Incluído pelo Decreto nº 4.862, de 2003)

§ 7º Ressalvadas as hipóteses de pagamento de salário-maternidade à mãe biológica e de pagamento ao cônjuge ou companheiro sobrevivente, nos termos do disposto no art. 93-B, não poderá ser concedido salário-maternidade a mais de um segurado ou segurada em decorrência do mesmo processo de adoção ou guarda, ainda que o cônjuge ou companheiro esteja vinculado a regime próprio de previdência social. (Incluído pelo Decreto nº 10.410, de 2020)

Art. 93-B. No caso de óbito do segurado ou da segurada que fazia jus ao recebimento do salário-maternidade, o benefício será pago, pelo tempo restante a que o segurado ou a segurada teria direito ou por todo o período, ao cônjuge ou companheiro sobrevivente que tenha a qualidade de segurado, exceto no caso de óbito do filho ou de seu abandono. (Incluído pelo Decreto nº 10.410, de 2020)

§ 1º O pagamento do benefício nos termos do disposto no caput deverá ser requerido até o último dia do prazo previsto para o término do salário-maternidade originário. (Incluído pelo Decreto nº 10.410, de 2020)

§ 2º Os requerimentos de salário-maternidade efetuados após a data prevista no § 1º serão indeferidos. (Incluído pelo Decreto nº 10.410, de 2020)

§ 3º O benefício de que trata o caput será pago diretamente pela previdência social durante o período entre a data do óbito e o último dia do término do salário-maternidade originário e corresponderá: (Incluído pelo Decreto nº 10.410, de 2020)

I – à remuneração integral, para o empregado e o trabalhador avulso, observado o disposto no art. 248 da Constituição e no art. 19-E; (Incluído pelo Decreto nº 10.410, de 2020)

II – ao último salário de contribuição, para o empregado doméstico, observado o disposto no art. 19-E; (Incluído pelo Decreto nº 10.410, de 2020)

III - a um doze avos da soma dos doze últimos salários de contribuição, apurados em período não superior a quinze meses, para o contribuinte individual, o facultativo ou o desempregado que mantenha a qualidade de segurado, nos termos do disposto no art. 13; e (Incluído pelo Decreto nº 10.410, de 2020)

IV - ao valor do salário-mínimo, para o segurado especial que não contribua facultativamente. (Incluído pelo Decreto nº 10.410, de 2020)

§ 4º Aplica-se o disposto neste artigo ao segurado ou à segurada que adotar ou obtiver guarda judicial para fins de adoção. (Incluído pelo Decreto nº 10.410, de 2020)

Art. 93-C. A percepção do salário-maternidade, inclusive nos termos do disposto no art. 93-B, está condicionada ao afastamento do trabalho ou da atividade desempenhada pelo segurado ou pela segurada, sob pena de suspensão do benefício. (Incluído pelo Decreto nº 10.410, de 2020)

Art. 94. O salário-maternidade para a segurada empregada consiste numa renda mensal igual à sua remuneração integral e será pago pela empresa, efetivando-se a compensação, observado o disposto no art. 248 da Constituição, quando do recolhimento das contribuições incidentes sobre a folha de salários e demais rendimentos pagos ou creditados, a qualquer título, à pessoa física que lhe preste serviço, devendo aplicar-se à renda mensal do benefício o disposto no art. 198. (Redação dada pelo Decreto nº 4.862, de 2003)

§§ 1º e 2º. (Revogados pelo Decreto nº 3.265, de 1999)

§ 3º A empregada deve dar quitação à empresa dos recolhimentos mensais do salário-maternidade na própria folha de pagamento ou por outra forma admitida, de modo que a quitação fique plena e claramente caracterizada.(Incluído pelo Decreto nº 4.862, de 2003)

§ 4º A empresa deve conservar, durante o prazo decadencial de que trata o art. 348, comprovantes dos pagamentos e atestados ou das certidões correspondentes para exame pela fiscalização. (Redação dada pelo Decreto nº 10.410, de 2020)

Art. 95. Compete à interessada instruir o requerimento do salário-maternidade com os atestados médicos necessários. (Redação dada pelo Decreto nº 3.668, de 2000)

Parágrafo único. Quando o benefício for requerido após o parto, o documento comprobatório é a Certidão de Nascimento, podendo, no caso de dúvida, a segurada ser submetida à avaliação pericial junto ao Instituto Nacional do Seguro Social. (Redação dada pelo Decreto nº 3.668, de 2000)

Art. 96. O início do afastamento do trabalho da segurada empregada, inclusive da doméstica, será determinado com base em atestado médico ou certidão de nascimento do filho. (Redação dada pelo Decreto nº 10.410, de 2020)

§§ 1º e 2º. (Revogado pelo Decreto nº 4.729, de 2003)

Art. 97. O salário-maternidade da segurada empregada será devido pela previdência social enquanto existir relação de emprego, observadas as regras quanto ao pagamento desse benefício pela empresa. (Redação dada pelo Decreto nº 6.122, de 2007)

Parágrafo único. Durante o período de graça a que se refere o art. 13, a segurada desempregada fará jus ao recebimento do salário-maternidade, situação em que o benefício será pago diretamente pela previdência social. (Redação dada pelo Decreto nº 10.410, de 2020)

Art. 98. A segurada que exerça atividades concomitantes fará jus ao salário-maternidade relativo a cada atividade para a qual tenha cumprido os requisitos exigidos, observadas as seguintes condições: (Redação dada pelo Decreto nº 10.410, de 2020)

I – na hipótese de uma ou mais atividades ter remuneração ou salário de contribuição inferior ao salário-mínimo mensal, o benefício somente será devido se o somatório dos valores auferidos em todas as atividades for igual ou superior a um salário-mínimo mensal; (Incluído pelo Decreto nº 10.410, de 2020)

II – o salário-maternidade relativo a uma ou mais atividades poderá ser inferior ao salário-mínimo mensal; e (Incluído pelo Decreto nº 10.410, de 2020)

III – o valor global do salário-maternidade, consideradas todas as atividades, não poderá ser inferior ao salário-mínimo mensal. (Incluído pelo Decreto nº 10.410, de 2020)

Art. 99. Nos meses de início e término do salário-maternidade da segurada empregada, inclusive da doméstica, o salário-maternidade será proporcional aos dias de afastamento do trabalho. (Redação dada pelo Decreto nº 10.410, de 2020)

Art. 100. O salário-maternidade da segurada trabalhadora avulsa, pago diretamente pela previdência social, consiste em renda mensal igual à sua remuneração integral, observado o disposto no art. 19-E, hipótese em que se aplica à renda mensal do benefício o disposto no art. 198. (Redação dada pelo Decreto nº 10.410, de 2020)

Art. 100-A. O salário-maternidade devido à empregada do MEI, de que trata o § 26 do art. 9º, será pago diretamente pela previdência social, e o valor da contribuição previdenciária será deduzido da renda mensal do benefício, nos termos do disposto no art. 198. (Incluído pelo Decreto nº 10.410, de 2020)

Parágrafo único. Caberá ao MEI recolher a contribuição previdenciária a seu cargo durante a percepção do salário-maternidade pela segurada a seu serviço. (Incluído pelo Decreto nº 10.410, de 2020)

Art. 100-B. O salário-maternidade devido à empregada intermitente será pago diretamente pela previdência social, observado o disposto no art. 19-E, e o valor da contribuição previdenciária será deduzido da renda mensal do benefício, nos termos do disposto no art. 198, e não será aplicado o disposto no art. 94. (Incluído pelo Decreto nº 10.410, de 2020)

§ 1º O salário-maternidade de que trata este artigo consiste na média aritmética simples das remunerações apuradas no período referente aos doze meses que antecederem o parto, a adoção ou a obtenção da guarda para fins de adoção. (Incluído pelo Decreto nº 10.410, de 2020)

§ 2º Na hipótese de empregos intermitentes concomitantes, a média aritmética a que se refere o § 1º será calculada em relação a todos os empregos e será pago somente um salário-maternidade. (Incluído pelo Decreto nº 10.410, de 2020)

§ 3º A contribuição previdenciária a cargo da empresa terá como base de cálculo a soma das remunerações pagas no período de doze meses anteriores à data de início do salário-maternidade, dividida pelo número de meses em que houve remuneração. (Incluído pelo Decreto nº 10.410, de 2020)

Art. 100-C. O salário-maternidade devido à empregada com jornada parcial cujo salário de contribuição seja inferior ao seu limite mínimo mensal, observado o disposto no art. 19-E, será pago diretamente pela previdência social, e o valor da contribuição previdenciária deverá ser deduzido da renda mensal do benefício, nos termos do disposto no art. 198. (Incluído pelo Decreto nº 10.410, de 2020)

§ 1º Na hipótese de empregos parciais concomitantes, se o somatório dos rendimentos auferidos em todos os empregos for igual ou superior ao limite mínimo mensal do salário de contribuição, o salário-maternidade será pago pelas empresas, observado o disposto no inciso II do caput do art. 98. (Incluído pelo Decreto nº 10.410, de 2020)

§ 2º Para fins do disposto no § 1º, a empresa que pagar remuneração inferior ao limite mínimo mensal do salário de contribuição deverá exigir da empregada cópia dos comprovantes de pagamento efetuado pelas demais empresas. (Incluído pelo Decreto nº 10.410, de 2020)

§ 3º Cabe à empresa recolher a contribuição previdenciária a seu cargo durante a percepção do salário-maternidade pela segurada a seu serviço, mesmo na hipótese de o benefício ser pago pela previdência social. (Incluído pelo Decreto nº 10.410, de 2020)

§4º A contribuição a que se refere o § 3º terá como base de cálculo a remuneração integral que a empresa pagava à empregada antes da percepção do salário-maternidade. (Incluído pelo Decreto nº 10.410, de 2020)

§ 5º Na hipótese prevista no caput, o valor do salário-maternidade será de um salário-mínimo. (Incluído pelo Decreto nº 10.410, de 2020)

§ 6º A empresa deverá conservar, durante o prazo decadencial de que trata o art. 348, os comprovantes de pagamento a que se refere o § 2º, para exame pela fiscalização. (Incluído pelo Decreto nº 10.410, de 2020)

Art. 101. O salário-maternidade, observado o disposto nos art. 35, art. 198, art. 199, art. 199-A ou art. 200, pago diretamente pela previdência social, consistirá: (Redação dada pelo Decreto nº 10.410, de 2020)

I - no valor correspondente ao do último salário de contribuição, para a segurada empregada doméstica, observado o disposto no art. 19-E; (Redação dada pelo Decreto nº 10.410, de 2020)

II - em um salário mínimo, para a segurada especial; (Incluído pelo Decreto nº 3.265, de 1999)

III - em um doze avos da soma dos doze últimos salários de contribuição, observado o disposto no art. 19-E, apurados em período não superior a quinze meses, para as seguradas contribuinte individual e facultativa e para a desempregada que mantenha a qualidade de segurada na forma prevista no art. 13. (Redação dada pelo Decreto nº 10.410, de 2020)

§§ 1º e 2º. (Revogados pelo Decreto nº 3.265, de 1999)

§ 3º O documento comprobatório para requerimento do salário-maternidade da segurada que mantenha esta qualidade é a certidão de nascimento do filho, exceto nos casos de aborto espontâneo, quando deverá ser apresentado atestado médico, e no de adoção ou guarda para fins de adoção, casos em que serão observadas as regras do art. 93-A, devendo o evento gerador do benefício ocorrer, em qualquer hipótese, dentro do período previsto no art. 13. (Incluído pelo Decreto nº 6.122, de 2007)

Art. 102. O salário-maternidade não pode ser acumulado com benefício por incapacidade.

Parágrafo único. Quando ocorrer incapacidade em concomitância com o período de pagamento do salário-maternidade, o benefício por incapacidade, conforme o caso, deverá ser suspenso enquanto perdurar o referido pagamento, ou terá sua data de início adiada para o primeiro dia seguinte ao término do período de cento e vinte dias.

Art. 103. A segurada aposentada que retornar à atividade fará jus ao pagamento do salário-maternidade, de acordo com o disposto no art. 93.

Subseção VIII
Do Auxílio-acidente

Art. 104. O auxílio-acidente será concedido, como indenização, ao segurado empregado, inclusive o doméstico, ao trabalhador avulso e ao segurado especial quando, após a consolidação das lesões decorrentes de acidente de qualquer natureza, resultar sequela definitiva que, a exemplo das situações discriminadas no Anexo III, implique redução da capacidade para o trabalho que habitualmente exercia. (Redação dada pelo Decreto nº 10.410, de 2020)

I - (Revogado pelo Decreto nº 10.410, de 2020)

II - (Revogado pelo Decreto nº 10.410, de 2020)

III – (Revogado pelo Decreto nº 10.410, de 2020)

§ 1º O auxílio-acidente mensal corresponderá a cinqüenta por cento do salário-de-benefício que deu origem ao auxílio-doença do segurado, corrigido até o mês anterior ao do início do auxílio-acidente e será devido até a véspera de início de qualquer aposentadoria ou até a data do óbito do segurado.

§ 2º O auxílio-acidente será devido a partir do dia seguinte ao da cessação do auxílio por incapacidade temporária, independentemente de qualquer remuneração ou rendimento auferido pelo acidentado, vedada a sua acumulação com qualquer aposentadoria. (Redação dada pelo Decreto nº 10.410, de 2020)

§ 3º O recebimento de salário ou concessão de outro benefício, exceto de aposentadoria, não prejudicará a continuidade do recebimento do auxílio-acidente.

§ 4º Não dará ensejo ao benefício a que se refere este artigo o caso:

I – que apresente danos funcionais ou redução da capacidade funcional sem repercussão na capacidade laborativa; e

II – de mudança de função, mediante readaptação profissional promovida pela empresa, como medida preventiva, em decorrência de inadequação do local de trabalho.

§ 5º A perda da audição, em qualquer grau, somente proporcionará a concessão do auxílio-acidente quando, além do reconhecimento do nexo entre o trabalho e o agravo, resultar, comprovadamente, na redução ou perda da capacidade para o trabalho que o segurado habitualmente exercia. (Redação dada pelo Decreto nº 6.939, de 2009)

§ 6º No caso de reabertura de auxílio por incapacidade temporária por acidente de qualquer natureza que tenha dado origem a auxílio-acidente, este será suspenso até a cessação do auxílio por incapacidade temporária reaberto, quando será reativado. (Redação dada pelo Decreto nº 10.410, de 2020)

§ 7º Cabe a concessão de auxílio-acidente oriundo de acidente de qualquer natureza ocorrido durante o período de manutenção da qualidade de segurado, desde que atendidas às condições inerentes à espécie. (Redação dada pelo Decreto nº 6.722, de 2008).

§ 8º Para fins do disposto no caput considerar-se-á a atividade exercida na data do acidente.(Incluído pelo Decreto nº 4.729, de 2003)

Subseção IX
Da Pensão por Morte

Art. 105. A pensão por morte será devida ao conjunto dos dependentes do segurado que falecer, aposentado ou não, a contar da data:

I – do óbito, quando requerida em até cento e oitenta dias após o óbito, para os filhos menores de dezesseis anos, ou quando requerida no prazo de noventa dias, para os demais dependentes; (Redação dada pelo Decreto nº 10.410, de 2020)

II – do requerimento, quando requerida após o prazo previsto no inciso I; ou

III – da decisão judicial, no caso de morte presumida.

§ 1º No caso do disposto no inciso II, a data de início do benefício será a data do óbito, aplicados os devidos reajustamentos até a data de início do pagamento, não sendo devida qualquer importância relativa ao período anterior à data de entrada do requerimento. (Redação dada pelo Decreto nº 5.545, de 2005)

§ 2º (Revogado pelo Decreto nº 5.545, de 2005)

§ 3º O exercício de atividade remunerada, inclusive na condição de MEI, não impede a concessão ou a manutenção da parte individual da pensão do dependente com deficiência intelectual, mental ou grave. (Incluído pelo Decreto nº 10.410, de 2020)

§ 4º Perde o direito à pensão por morte o condenado criminalmente por sentença transitada em julgado, como autor, coautor ou partícipe de homicídio doloso, ou de tentativa desse crime, cometido contra a pessoa do segurado, ressalvados os absolutamente incapazes e os inimputáveis. (Incluído pelo Decreto nº 10.410, de 2020)

§ 5º Perde o direito à pensão por morte o cônjuge ou o companheiro ou a companheira se comprovada, a qualquer tempo, simulação ou fraude no casamento ou na união estável, ou a formalização desses com o fim exclusivo de constituir benefício previdenciário, apurada em processo judicial, assegurados os direitos ao contraditório e à ampla defesa. (Incluído pelo Decreto nº 10.410, de 2020)

§ 6º Ajuizada a ação judicial para reconhecimento da condição de dependente, este poderá requerer a sua habilitação provisória ao benefício de pensão por morte, exclusivamente para fins de rateio dos valores com outros dependentes, vedado o pagamento da cota respectiva até o trânsito em julgado da ação, ressalvada a existência de decisão judicial que disponha em sentido contrário. (Incluído pelo Decreto nº 10.410, de 2020)

§ 7º Nas ações judiciais em que o INSS for parte, este poderá proceder, de ofício, à habilitação excepcional da pensão objeto da ação apenas para efeitos de rateio, descontados os valores referentes à habilitação das demais cotas, vedado o pagamento da respectiva cota até o trânsito em julgado da ação, ressalvada a existência de decisão judicial que disponha em sentido contrário. (Incluído pelo Decreto nº 10.410, de 2020)

§ 8º Julgada improcedente a ação a que se referem os § 6º e § 7º, o valor retido para pagamento ao autor será corrigido pelos índices legais de reajustamento e será pago de forma proporcional aos demais dependentes, de acordo com as suas cotas e o tempo de duração de seus benefícios. (Incluído pelo Decreto nº 10.410, de 2020)

§ 9º Fica assegurada ao INSS a cobrança dos valores indevidamente pagos em decorrência da habilitação a que se referem os § 6º e § 7º (Incluído pelo Decreto nº 10.410, de 2020)

Art. 106. A pensão por morte consiste em renda mensal equivalente a uma cota familiar de cinquenta por cento do valor da aposentadoria recebida pelo segurado ou daquela a que teria direito se fosse aposentado por incapacidade permanente na data do óbito, acrescida de cotas de dez pontos percentuais por dependente, até o máximo de cem por cento. (Redação dada pelo Decreto nº 10.410, de 2020)

§ 1º O valor da pensão por morte, no caso de morte de segurado recluso que tenha contribuído para a previdência social durante o período de reclusão, será calculado de modo a considerar o tempo de contribuição adicional e os correspondentes salários de contribuição. (Incluído pelo Decreto nº 10.410, de 2020)

§ 2º Na hipótese de haver dependente inválido ou com deficiência intelectual, mental ou grave, o valor da pensão por morte será equivalente a cem por cento do valor da aposentadoria recebida pelo segurado ou daquela a que teria direito se fosse aposentado por incapacidade permanente na data do óbito, até o limite máximo do salário de benefício do RGPS, observado o disposto no § 1º do art. 113. (Incluído pelo Decreto nº 10.410, de 2020)

§ 3º O valor da pensão será recalculado na forma do disposto no caput, quando: (Incluído pelo Decreto nº 10.410, de 2020)

I – a invalidez ou deficiência intelectual, mental ou grave sobrevier à data do óbito, enquanto estiver mantida a qualidade de dependente; ou (Incluído pelo Decreto nº 10.410, de 2020)

II – deixar de haver dependente inválido ou com deficiência intelectual, mental ou grave. (Incluído pelo Decreto nº 10.410, de 2020)

Art. 107. A concessão da pensão por morte não será protelada pela falta de habilitação de outro possível dependente, e qualquer habilitação posterior que importe em exclusão ou inclusão de dependente somente produzirá efeito a contar da data da habilitação.

Art. 108. A pensão por morte será devida ao filho, ao enteado, ao menor tutelado e ao irmão, desde que comprovada a dependência econômica dos três últimos, que sejam inválidos ou que tenham deficiência intelectual, mental ou grave, cuja invalidez ou deficiência tenha ocorrido antes da data do óbito, observado o disposto no § 1º do art. 17. (Redação dada pelo Decreto nº 10.410, de 2020)

§ 1º A invalidez será reconhecida pela Perícia Médica Federal e a deficiência, por meio de avaliação biopsicossocial realizada por equipe multiprofissional e interdisciplinar. (Incluído pelo Decreto nº 10.410, de 2020)

§ 2º A condição do dependente inválido ou com deficiência intelectual, mental ou grave poderá ser reconhecida previamente ao óbito do segurado e, quando necessário, ser reavaliada quando da concessão do benefício. (Incluído pelo Decreto nº 10.410, de 2020)

Art. 109. O pensionista inválido fica obrigado, sob pena de suspensão do benefício, a submeter-se a exame médico a cargo da Perícia Médica Federal, processo de reabilitação profissional a cargo do INSS e tratamento dispensado gratuitamente, exceto o cirúrgico e a transfusão de sangue, que são facultativos. (Redação dada pelo Decreto nº 10.410, de 2020)

§ 1º O pensionista inválido que não tenha retornado à atividade estará isento do exame de que trata o caput a partir dos sessenta anos de idade.(Incluído pelo Decreto nº 10.410, de 2020)

§ 2º A isenção de que trata o § 1º não se aplica quando o exame tiver a finalidade de: (Incluído pelo Decreto nº 10.410, de 2020)

I – verificar a recuperação da capacidade de trabalho, em razão de solicitação do pensionista que se julgar apto; e (Incluído pelo Decreto nº 10.410, de 2020)

II – subsidiar autoridade judiciária na concessão de curatela, nos termos do disposto no art. 162. (Incluído pelo Decreto nº 10.410, de 2020)

§ 3º O pensionista inválido, ainda que tenha implementado a condição de que trata o § 1º, será submetido ao exame médico-pericial de que trata este artigo quando necessário para apuração de fraude. (Incluído pelo Decreto nº 10.410, de 2020)

Art. 110. O cônjuge ausente somente fará jus ao benefício a partir da data de sua habilitação e mediante prova de dependência econômica, não excluindo do direito a companheira ou o companheiro.

Art. 111. O cônjuge divorciado ou separado judicialmente ou de fato, que recebia pensão de alimentos, receberá a pensão em igualdade de condições com os demais dependentes referidos no inciso I do art. 16.

Parágrafo único. Na hipótese de o segurado estar, na data do seu óbito, obrigado por determinação judicial a pagar alimentos temporários a ex-cônjuge ou a ex-companheiro ou ex-companheira, a pensão por morte será devida pelo prazo remanescente na data do óbito, caso não incida outra hipótese de cancelamento anterior do benefício. (Incluído pelo Decreto nº 10.410, de 2020)

Art. 112. A pensão poderá ser concedida, em caráter provisório, por morte presumida:

I – mediante sentença declaratória de ausência, expedida por autoridade judiciária, a contar da data de sua emissão; ou

II – em caso de desaparecimento do segurado por motivo de catástrofe, acidente ou desastre, a contar da data da ocorrência, mediante prova hábil.

Parágrafo único. Verificado o reaparecimento do segurado, o pagamento da pensão cessa imediatamente, ficando os dependentes desobrigados da reposição dos valores recebidos, salvo má-fé.

Art. 113. A pensão por morte, havendo mais de um pensionista, será rateada entre todos, em partes iguais.

§ 1º Na hipótese prevista no § 2º do art. 106, enquanto o dependente inválido ou com deficiência intelectual, mental ou grave mantiver essa condição, independentemente do número de dependentes habilitados ao benefício, o valor da pensão será rateado entre todos os dependentes em partes iguais.(Incluído pelo Decreto nº 10.410, de 2020)

§ 2º Na hipótese de deixar de haver dependente inválido ou com deficiência intelectual, mental ou grave, o valor da pensão será recalculado na forma prevista no caput do art. 106 e rateado de acordo com o disposto no caput. (Incluído pelo Decreto nº 10.410, de 2020)

§ 3º As cotas por dependente cessarão com a perda dessa qualidade e não serão reversíveis aos demais dependentes, preservado o valor de cem por cento da pensão por morte quando o número de dependentes remanescentes for igual ou superior a cinco. (Incluído pelo Decreto nº 10.410, de 2020)

Art. 114. O pagamento da cota individual da pensão por morte cessa:

I – pela morte do pensionista;

II – para o filho, o enteado, o menor tutelado ou o irmão, de ambos os sexos, ao completar vinte e um anos de idade, exceto se o pensionista for inválido ou tiver deficiência intelectual, mental ou grave; (Redação dada pelo Decreto nº 10.410, de 2020)

III – para o filho, o enteado, o menor tutelado ou o irmão inválido, pela cessação da invalidez; (Redação dada pelo Decreto nº 10.410, de 2020)

III-A – para o filho, o enteado, o menor tutelado ou o irmão que tenha deficiência intelectual, mental ou grave, pelo afastamento da deficiência;(Incluído pelo Decreto nº 10.410, de 2020)

IV – pela adoção, para o filho adotado que receba pensão por morte dos pais biológicos. (Incluído pelo Decreto nº 5.545, de 2005)

V – para o cônjuge ou o companheiro ou a companheira: (Incluído pelo Decreto nº 10.410, de 2020)

a) se inválido ou com deficiência, pela cessação da invalidez ou pelo afastamento da deficiência, respeitados os períodos mínimos decorrentes da aplicação do disposto nas alíneas “b” e “c”; (Incluído pelo Decreto nº 10.410, de 2020)

b) em quatro meses, se o óbito ocorrer sem que o segurado tenha vertido dezoito contribuições mensais ou se o casamento ou a união estável tiver sido iniciado a menos de dois anos antes do óbito do segurado; ou(Incluído pelo Decreto nº 10.410, de 2020)

c) transcorridos os seguintes períodos, estabelecidos de acordo com a idade do beneficiário na data de óbito do segurado, se o óbito ocorrer depois de vertidas dezoito contribuições mensais e de, no mínimo, dois anos de casamento ou união estável: (Incluído pelo Decreto nº 10.410, de 2020)

1. três anos, com menos de vinte e um anos de idade; (Incluído pelo Decreto nº 10.410, de 2020)

2. seis anos, entre vinte e um e vinte e seis anos de idade; (Incluído pelo Decreto nº 10.410, de 2020)

3. dez anos, entre vinte e sete e vinte e nove anos de idade;(Incluído pelo Decreto nº 10.410, de 2020)

4. quinze anos, entre trinta e quarenta anos de idade;(Incluído pelo Decreto nº 10.410, de 2020)

5. vinte anos, entre quarenta e um e quarenta e três anos de idade; ou(Incluído pelo Decreto nº 10.410, de 2020)

6. vitalícia, com quarenta e quatro ou mais anos de idade; (Incluído pelo Decreto nº 10.410, de 2020)

VI – pela perda do direito na forma do disposto nos § 4º e § 5º do art. 105; e(Incluído pelo Decreto nº 10.410, de 2020)

VII – pelo decurso do prazo remanescente na data do óbito estabelecido na determinação judicial para recebimento de pensão de alimentos temporários para o ex-cônjuge ou o ex-companheiro ou a ex-companheira, caso não incida outra hipótese de cancelamento anterior do benefício. (Incluído pelo Decreto nº 10.410, de 2020)

§ 1º Com a extinção da cota do último pensionista, a pensão por morte será encerrada. (Incluído pelo Decreto nº 5.545, de 2005)

§ 2º Não se aplica o disposto no inciso IV do caput quando o cônjuge ou companheiro adota o filho do outro. (Incluído pelo Decreto nº 5.545, de 2005)

§ 3º Serão aplicados, conforme o caso, o disposto na alínea "a" ou na alínea "c" do inciso V do caput se o óbito do segurado decorrer de acidente de qualquer natureza ou de doença profissional ou do trabalho, independentemente do recolhimento de dezoito contribuições mensais ou da comprovação de dois anos de casamento ou de união estável. (Incluído pelo Decreto nº 10.410, de 2020)

§ 4º O tempo de contribuição para regime próprio de previdência social, utilizado na forma prevista no art. 125, será considerado na contagem das dezoito contribuições mensais de que tratam as alíneas “b” e “c” do inciso V do caput. (Incluído pelo Decreto nº 10.410, de 2020)

§ 5º Na hipótese de haver fundados indícios de autoria, coautoria ou participação de dependente, ressalvados os absolutamente incapazes e os inimputáveis, em homicídio, ou em tentativa desse crime, cometido contra a pessoa do segurado, será possível a suspensão provisória de sua parte no benefício de pensão por morte, por meio de processo administrativo próprio, respeitados os direitos à ampla defesa e ao contraditório, e, na hipótese de absolvição, serão devidas as parcelas corrigidas desde a data da suspensão e a reativação imediata do benefício. (Incluído pelo Decreto nº 10.410, de 2020)

§ 6º Para os fins do disposto na alínea “c” do inciso V do caput, após o transcurso de, no mínimo, três anos e desde que nesse período se verifique o incremento mínimo de um ano inteiro na média nacional única, para ambos os sexos, correspondente à expectativa de sobrevida da população brasileira ao nascer, poderão ser estabelecidos, em números inteiros, novas idades, em ato do Ministro de Estado da Economia, limitado o acréscimo à comparação com as idades anteriores ao referido incremento. (Incluído pelo Decreto nº 10.410, de 2020)

Art. 115. A cota do filho, do enteado, do menor tutelado ou do irmão dependente que se tornar inválido ou pessoa com deficiência intelectual, mental ou grave antes de completar vinte e um anos de idade não será extinta se confirmada a invalidez ou a deficiência nos termos do disposto no § 1º do art. 108. (Redação dada pelo Decreto nº 10.410, de 2020)

Subseção X
Do Auxílio-reclusão

Art. 116. O auxílio-reclusão, cumprida a carência prevista no inciso IV do caput do art. 29, será devido, nas condições da pensão por morte, aos dependentes do segurado de baixa renda recolhido à prisão em regime fechado que não receber remuneração da empresa nem estiver em gozo de auxílio por incapacidade temporária, de pensão por morte, de salário-maternidade, de aposentadoria ou de abono de permanência em serviço.(Redação dada pelo Decreto nº 10.410, de 2020)

§ 1º Para fins de concessão do benefício de que trata este artigo, considera-se segurado de baixa renda aquele que tenha renda bruta mensal igual ou inferior a R$ 1.425,56 (um mil quatrocentos e vinte e cinco reais e cinquenta e seis centavos), corrigidos pelos mesmos índices de reajuste aplicados aos benefícios do RGPS, calculada com base na média aritmética simples dos salários de contribuição apurados no período dos doze meses anteriores ao mês do recolhimento à prisão.(Redação dada pelo Decreto nº 10.410, de 2020)

§ 2º O requerimento do auxílio-reclusão será instruído com certidão judicial que ateste o recolhimento efetivo à prisão e será obrigatória a apresentação de prova de permanência na condição de presidiário para a manutenção do benefício.(Redação dada pelo Decreto nº 10.410, de 2020)

§ 2º-A O INSS celebrará convênios com os órgãos públicos responsáveis pelo cadastro dos presos para obter informações sobre o recolhimento à prisão.(Incluído pelo Decreto nº 10.410, de 2020)

§ 2º-B A certidão judicial e a prova de permanência na condição de presidiário serão substituídas pelo acesso à base de dados, por meio eletrônico, a ser disponibilizada pelo Conselho Nacional de Justiça, com dados cadastrais que assegurem a identificação plena do segurado e da sua condição de presidiário. (Incluído pelo Decreto nº 10.410, de 2020)

§ 3º Aplicam-se ao auxílio-reclusão as normas referentes à pensão por morte e, no caso de qualificação de cônjuge ou companheiro ou companheira após a prisão do segurado, o benefício será devido a partir da data de habilitação, desde que comprovada a preexistência da dependência econômica. (Redação dada pelo Decreto nº 10.410, de 2020)

§ 4º A data de início do benefício será: (Redação dada pelo Decreto nº 10.410, de 2020)

I – a do efetivo recolhimento do segurado à prisão, se o benefício for requerido no prazo de cento e oitenta dias, para os filhos menores de dezesseis anos, ou de noventa dias, para os demais dependentes; ou (Incluído pelo Decreto nº 10.410, de 2020)

II – a do requerimento, se o benefício for requerido após os prazos a que se refere o inciso I. (Incluído pelo Decreto nº 10.410, de 2020)

§ 5º O auxílio-reclusão será devido somente durante o período em que o segurado estiver recolhido à prisão sob regime fechado. (Redação dada pelo Decreto nº 10.410, de 2020)

§ 6º O exercício de atividade remunerada iniciado após a prisão do segurado recluso em cumprimento de pena em regime fechado não acarreta a perda do direito ao recebimento do auxílio-reclusão para os seus dependentes. (Redação dada pelo Decreto nº 10.410, de 2020)

Art. 117. O valor do auxílio-reclusão será apurado na forma estabelecida para o cálculo da pensão por morte, não poderá exceder o valor de um salário-mínimo e será mantido enquanto o segurado permanecer em regime fechado. (Redação dada pelo Decreto nº 10.410, de 2020)

§ 1º Até que o acesso à base de dados a que se refere o § 2º-B do art. 116 seja disponibilizado pelo Conselho Nacional de Justiça, o beneficiário apresentará trimestralmente atestado de que o segurado continua em regime fechado, que deverá ser firmado pela autoridade competente. (Redação dada pelo Decreto nº 10.410, de 2020)

§ 2º No caso de fuga, o benefício será suspenso e, se houver recaptura do segurado, será restabelecido a contar da data em que esta ocorrer, desde que esteja ainda mantida a qualidade de segurado.

§ 3º Se houver exercício de atividade dentro do período de fuga, o mesmo será considerado para a verificação da perda ou não da qualidade de segurado.

Art. 118. Na hipótese de óbito do segurado recluso, o auxílio-reclusão que estiver sendo pago será cessado e será concedida a pensão por morte em conformidade com o disposto nos art. 105 ao art. 115. (Redação dada pelo Decreto nº 10.410, de 2020)

Parágrafo único. Não havendo concessão de auxílio-reclusão, em razão da não comprovação da baixa renda, será devida pensão por morte aos dependentes se o óbito do segurado tiver ocorrido no prazo previsto no inciso IV do caput do art. 13. (Redação dada pelo Decreto nº 10.410, de 2020)

Art. 119. É vedada a concessão do auxílio-reclusão após a soltura do segurado.

Subseção XI
Do Abono Anual

Art. 120. Será devido abono anual ao segurado e ao dependente que, durante o ano, receberam auxílio por incapacidade temporária, auxílio-acidente, aposentadoria, salário-maternidade, pensão por morte ou auxílio-reclusão. (Redação dada pelo Decreto nº 10.410, de 2020)

§ 1º O abono anual será calculado, no que couber, da mesma forma que a gratificação natalina dos trabalhadores e terá por base o valor da renda mensal do benefício do mês de dezembro de cada ano e o seu pagamento será efetuado em duas parcelas, da seguinte forma: (Redação dada pelo Decreto nº 10.410, de 2020).(Vigência)

I – a primeira parcela corresponderá a até cinquenta por cento do valor do benefício devido no mês de agosto e será paga juntamente com os benefícios dessa competência; e (Incluído pelo Decreto nº 10.410, de 2020)(Vigência)

II – a segunda parcela corresponderá à diferença entre o valor total do abono anual e o valor da primeira parcela e será paga juntamente com os benefícios da competência de novembro. (Incluído pelo Decreto nº 10.410, de 2020).(Vigência)

§ 2º O valor do abono anual correspondente ao período de duração do salário-maternidade será pago, em cada exercício, juntamente com a última parcela do benefício nele devida. (Incluído pelo Decreto nº 4.032, de 2001)

CAPÍTULO III
DO RECONHECIMENTO DA FILIAÇÃO

Seção única
(Redação dada pelo Decreto nº 10.410, de 2020)
Do reconhecimento do tempo de contribuição

Art. 121. Reconhecimento do tempo de contribuição é o direito de o segurado ter reconhecido, em qualquer época, o tempo de exercício de atividade anteriormente abrangida pela previdência social, observado o disposto no art. 122. (Redação dada pelo Decreto nº 10.410, de 2020)

Subseção I
Da Indenização

Art. 122. O reconhecimento do tempo de contribuição no período em que o exercício de atividade remunerada não exigia filiação obrigatória à previdência social somente será feito por meio de indenização das contribuições relativas ao respectivo período, conforme o disposto no § 7º e nos § 9º ao § 14 do art. 216 e nos § 8º e § 8º-A do art. 239. (Redação dada pelo Decreto nº 10.410, de 2020)

§ 1º O valor a ser indenizado poderá ser objeto de parcelamento por solicitação do segurado à Secretaria Especial da Receita Federal do Brasil do Ministério da Economia, observado o disposto no § 1º do art. 128. (Redação dada pelo Decreto nº 10.410, de 2020)

§ 2º (Revogado pelo Decreto nº 10.410, de 2020)

Art. 123. Para fins de contagem recíproca, o tempo de serviço prestado pelo trabalhador rural anteriormente à competência novembro de 1991 somente será reconhecido por meio da indenização de que trata o § 13 do art. 216, observado o disposto nos § 8º e § 8º-A do art. 239. (Redação dada pelo Decreto nº 10.410, de 2020)

Subseção II
Da Retroação da Data do Início das Contribuições

Art. 124. Caso o segurado contribuinte individual manifeste interesse em recolher contribuições relativas a período anterior à sua inscrição, a retroação da data do início das contribuições será autorizada, desde que comprovado o exercício de atividade remunerada no respectivo período, observado o disposto no § 7º e nos § 9º ao § 14 do art. 216 e nos § 8º e § 8º-A do art. 239. (Redação dada pelo Decreto nº 10.410, de 2020)

Parágrafo único. O valor do débito poderá ser objeto de parcelamento desde que solicitado pelo segurado à Secretaria Especial da Receita Federal do Brasil do Ministério da Economia. (Redação dada pelo Decreto nº 10.410, de 2020)

CAPÍTULO IV
DA CONTAGEM RECÍPROCA DE TEMPO DE CONTRIBUIÇÃO

Art. 125. Para efeito de contagem recíproca, hipótese em que os diferentes sistemas de previdência social ou proteção social se compensarão financeiramente, fica assegurado: (Redação dada pelo Decreto nº 10.410, de 2020)

I – o cômputo do tempo de contribuição na administração pública e de serviço militar exercido nas atividades de que tratam os art. 42, art. 142 e art. 143 da Constituição, para fins de concessão de benefícios previstos no RGPS, inclusive de aposentadoria em decorrência de tratado, convenção ou acordo internacional; e (Redação dada pelo Decreto nº 10.410, de 2020)

II – para fins de emissão de certidão de tempo de contribuição, pelo INSS, para utilização no serviço público ou para inativação militar, o cômputo do tempo de contribuição na atividade privada, rural e urbana, observado o disposto nos § 4º e § 4º-A deste artigo, no art. 123, no § 13 do art. 216 e nos § 8º e § 8º-A do art. 239. (Redação dada pelo Decreto nº 10.410, de 2020)

§ 1º Para os fins deste artigo, é vedada: (Redação dada pelo Decreto nº 8.145, de 2013)

I – conversão do tempo de contribuição exercido em atividade sujeita à condições especiais, nos termos do disposto no art. 66; (Redação dada pelo Decreto nº 10.410, de 2020)

II – conversão do tempo cumprido pelo segurado com deficiência, reconhecida na forma do art. 70-D, em tempo de contribuição comum; e (Redação dada pelo Decreto nº 8.145, de 2013)

III – a contagem de qualquer tempo de serviço fictício. (Redação dada pelo Decreto nº 8.145, de 2013)

§ 2º Admite-se a aplicação da contagem recíproca de tempo de contribuição no âmbito dos tratados, convenções ou acordos internacionais de previdência social. (Redação dada pelo Decreto nº 6.042, de 2007).

§ 3º É permitida a emissão de certidão de tempo de contribuição para períodos de contribuição posteriores à data da aposentadoria no RGPS, observado o disposto no art. 19-E. (Redação dada pelo Decreto nº 10.410, de 2020)

§ 4º Para efeito de contagem recíproca, o período em que os segurados contribuinte individual e facultativo tiverem contribuído na forma prevista no art. 199-A só será computado se forem complementadas as contribuições na forma prevista no § 2º do referido artigo. (Redação dada pelo Decreto nº 10.410, de 2020)

§ 4º-A Para efeito de contagem recíproca, a partir de 14 de novembro de 2019, somente serão consideradas as competências cujos salários de contribuição tenham valor igual ou superior ao limite mínimo mensal do salário de contribuição para o RGPS, observado o disposto no art. 19-E. (Incluído pelo Decreto nº 10.410, de 2020)

§ 5º A certidão referente ao tempo de contribuição com deficiência deverá identificar os períodos com deficiência e seus graus.(Incluído pelo Decreto nº 8.145, de 2013)

Art. 126. O segurado terá direito de computar, para fins de concessão dos benefícios do Regime Geral de Previdência Social, o tempo de contribuição na administração pública federal direta, autárquica e fundacional". (Redação dada pelo Decreto nº 3.112, de 6.7.99)

Parágrafo único. Poderá ser contado o tempo de contribuição na administração pública direta, autárquica e fundacional dos Estados, do Distrito Federal e dos Municípios, desde que estes assegurem aos seus servidores, mediante legislação própria, a contagem de tempo de contribuição em atividade vinculada ao Regime Geral de Previdência Social.

Art. 127. O tempo de contribuição de que trata este Capítulo será contado de acordo com a legislação pertinente, observadas as seguintes normas:

I - não será admitida a contagem em dobro ou em outras condições especiais;

II - é vedada a contagem de tempo de contribuição no serviço público com o de contribuição na atividade privada, quando concomitantes;

III - não será contado por um regime o tempo de contribuição utilizado para concessão de aposentadoria por outro regime;

IV - o tempo de contribuição anterior ou posterior à obrigatoriedade de filiação à previdência social só será contado por meio de indenização da contribuição correspondente ao período respectivo, com acréscimo de juros moratórios de cinco décimos por cento ao mês, capitalizados anualmente, e multa de dez por cento, observado o disposto nos § 8º e § 8º-A do art. 239; (Redação dada pelo Decreto nº 10.410, de 2020)

V - é vedada a emissão de certidão de tempo de contribuição com o registro exclusivo de tempo de serviço sem a comprovação de contribuição efetiva, exceto para segurado empregado, empregado doméstico, trabalhador avulso e, a partir de 1º de abril de 2003, para o contribuinte individual que preste serviço a empresa obrigada a arrecadar a contribuição a seu cargo, observado o disposto no art. 5º da Lei nº 10.666, de 2003; (Redação dada pelo Decreto nº 10.410, de 2020)

VI - para ex-servidor público, a certidão de tempo de contribuição somente poderá ser emitida por regime próprio de previdência social; (Incluído pelo Decreto nº 10.410, de 2020)

VII - é vedada a contagem recíproca de tempo de contribuição do RGPS por regime próprio de previdência social sem a emissão da certidão de tempo de contribuição correspondente, ainda que o tempo de contribuição referente ao RGPS tenha

PREVIDENCIÁRIO

sido prestado pelo servidor público ao próprio ente instituidor; (Incluído pelo Decreto nº 10.410, de 2020)

VIII - é vedada a desaverbação de tempo em regime próprio de previdência social quando o tempo averbado tiver gerado a concessão de vantagens remuneratórias ao servidor público em atividade; e (Incluído pelo Decreto nº 10.410, de 2020)

IX - para fins de elegibilidade às aposentadorias especiais referidas no § 4º do art. 40 e no § 1º do art. 201 da Constituição, os períodos reconhecidos pelo regime previdenciário de origem como de tempo especial sem conversão em tempo comum deverão estar incluídos nos períodos de contribuição compreendidos na certidão de tempo de contribuição e discriminados de data a data. (Incluído pelo Decreto nº 10.410, de 2020)

Parágrafo único. O disposto no inciso V do caput não se aplica ao tempo de serviço anterior à edição da Emenda Constitucional nº 20, de 15 de dezembro de 1998, que tenha sido equiparado por lei a tempo de contribuição. (Incluído pelo Decreto nº 10.410, de 2020)

Art. 128. A certidão de tempo de contribuição anterior ou posterior à filiação obrigatória à previdência social somente será expedida mediante a observância do disposto nos arts. 122 e 124.

§ 1º A certidão de tempo de contribuição, para fins de averbação do tempo em outros regimes de previdência, somente será expedida pelo Instituto Nacional do Seguro Social após a comprovação da quitação de todos os valores devidos, inclusive de eventuais parcelamentos de débito.

§ 2º (Revogado pelo Decreto nº 3.265, de 1999)

§ 3º A certidão de tempo de contribuição referente a período de atividade rural anterior à competência novembro de 1991 somente será emitida por meio da comprovação do recolhimento das contribuições correspondentes ou da indenização, na forma prevista nos § 13 e § 14 do art. 216, observado o disposto nos § 8º e § 8º-A do art. 239. (Redação dada pelo Decreto nº 10.410, de 2020)

Art. 129. O segurado em gozo de auxílio-acidente, auxílio-suplementar ou abono de permanência em serviço terá o benefício encerrado na data da emissão da certidão de tempo de contribuição. (Redação dada pelo Decreto nº 4.729, de 2003)

Art. 130. O tempo de contribuição para regime próprio de previdência social ou para Regime Geral de Previdência Social deve ser provado com certidão fornecida: (Redação dada pelo Decreto nº 6.722, de 2008).

I - pela unidade gestora do regime próprio de previdência social ou pelo setor competente da administração federal, estadual, do Distrito Federal e municipal, suas autarquias e fundações, desde que devidamente homologada pela unidade gestora do regime próprio, relativamente ao tempo de contribuição para o respectivo regime próprio de previdência social; ou (Redação dada pelo Decreto nº 6.722, de 2008).

II – pelo setor competente do Instituto Nacional do Seguro Social, relativamente ao tempo de contribuição para o Regime Geral de Previdência Social. (Redação dada pelo Decreto nº 3.668, de 2000)

§ 1º O setor competente do INSS promoverá o levantamento do tempo de contribuição ao RGPS, com base na documentação apresentada, observado o disposto no art. 19. (Redação dada pelo Decreto nº 10.410, de 2020)

§ 2º O setor competente do órgão federal, estadual, do Distrito Federal ou municipal deverá promover o levantamento do tempo de contribuição para o respectivo regime próprio de previdência social à vista dos assentamentos funcionais.

§ 3º Após as providências de que tratam os §§ 1º e 2º, e observado, quando for o caso, o disposto no § 9º, os setores competentes deverão emitir certidão de tempo de contribuição, sem rasuras, constando, obrigatoriamente: (Redação dada pelo Decreto nº 3.668, de 2000)

I – órgão expedidor;

II – nome do servidor, seu número de matrícula, RG, CPF, sexo, data de nascimento, filiação, número do PIS ou PASEP, e, quando for o caso, cargo efetivo, lotação, data de admissão e data de exoneração ou demissão; (Redação dada pelo Decreto nº 6.722, de 2008).

III – período de contribuição, de data a data, compreendido na certidão;

IV – fonte de informação;

V – discriminação da freqüência durante o período abrangido pela certidão, indicadas as várias alterações, tais como faltas, licenças, suspensões e outras ocorrências;

VI – soma do tempo líquido;

VII – declaração expressa do servidor responsável pela certidão, indicando o tempo líquido de efetiva contribuição em dias, ou anos, meses e dias;

VIII – assinatura do responsável pela certidão e do dirigente do órgão expedidor e, no caso de ser emitida por outro órgão da administração do ente federativo, homologação da unidade gestora do regime próprio de previdência social; (Redação dada pelo Decreto nº 6.722, de 2008).

IX – indicação da lei que assegure, aos servidores do Estado, do Distrito Federal ou do Município, aposentadorias por invalidez, idade, tempo de contribuição e compulsória, e pensão por morte, com aproveitamento de tempo de contribuição prestado em atividade vinculada ao Regime Geral de Previdência Social.

§ 4º A certidão de tempo de contribuição deverá ser expedida em duas vias, das quais a primeira será fornecida ao interessado, mediante recibo passado na segunda via, implicando sua concordância quanto ao tempo certificado.

§ 5º (Revogado pelo Decreto nº 6.722, de 2008).

§ 6º (Revogado pelo Decreto nº 6.722, de 2008).

§ 7º Quando solicitado pelo segurado que exerce cargos constitucionalmente acumuláveis, é permitida a emissão de certidão única com destinação do tempo de contribuição para, no máximo, dois órgãos distintos.

§ 8º Na situação do parágrafo anterior, a certidão de tempo de contribuição deverá ser expedida em três vias, das quais a primeira e a segunda serão fornecidas ao interessado, mediante recibo passado na terceira via, implicando sua concordância quanto ao tempo certificado.

§ 9º A certidão só poderá ser fornecida para os períodos de efetiva contribuição para o Regime Geral de Previdência Social, devendo ser excluídos aqueles para os quais não tenha havido contribuição, salvo se recolhida na forma dos §§ 7º a 14 do art. 216. (Incluído pelo Decreto nº 3.668, de 2000)

§ 10. Poderá ser emitida, por solicitação do segurado, certidão de tempo de contribuição para período fracionado. (Incluído pelo Decreto nº 3.668, de 2000)

§ 11. Na hipótese do parágrafo anterior, a certidão conterá informação de todo o tempo de contribuição ao Regime Geral de Previdência Social e a indicação dos períodos a serem aproveitados no regime próprio de previdência social.(Incluído pelo Decreto nº 3.668, de 2000)

§ 12. É vedada a contagem de tempo de contribuição de atividade privada com a do serviço público ou de mais de uma atividade no serviço público, quando concomitantes, ressalvados os casos de acumulação de cargos ou empregos públicos admitidos pela Constituição. (Redação dada pelo Decreto nº 6.722, de 2008).

§ 13. Em hipótese alguma será expedida certidão de tempo de contribuição para período que já tiver sido utilizado para a concessão de aposentadoria, em qualquer regime de previdência social. (Incluído pelo Decreto nº 3.668, de 2000)

§ 14. A certidão de que trata o § 3º deverá vir acompanhada de relação dos valores das remunerações, por competência, que serão utilizados para fins de cálculo dos proventos da aposentadoria. (Incluído pelo Decreto nº 6.722, de 2008).

§ 15. O tempo de serviço considerado para efeito de aposentadoria e cumprido até 15 de dezembro de 1998 será contado como tempo de contribuição. (Incluído pelo Decreto nº 6.722, de 2008).

§ 16. Caberá revisão da certidão de tempo de contribuição, inclusive de ofício, quando constatado erro material, vedada à destinação da certidão a órgão diverso daquele a que se destinava originariamente. (Incluído pelo Decreto nº 6.722, de 2008).

Art. 131. Concedido o benefício, caberá:

I – ao Instituto Nacional do Seguro Social comunicar o fato ao órgão público emitente da certidão, para as anotações nos registros funcionais e/ou na segunda via da certidão de tempo de contribuição; e

II – ao órgão público comunicar o fato ao Instituto Nacional do Seguro Social, para efetuar os registros cabíveis.

Art. 132. O tempo de contribuição na administração pública federal, estadual, distrital ou municipal de que trata este Capítulo será considerado para efeito do percentual de acréscimo previsto no inciso I do caput do art. 44, no art. 53, no § 1º do art. 54, no art. 67, no inciso II do caput do art. 70-J, no § 3º do art. 188-H, no § 4º do art. 188-I, no § 3º do art. 188-J, no § 4º do art. 188-M, no § 3º do art. 188-N e no § 3º do art. 188-P. (Redação dada pelo Decreto nº 10.410, de 2020)

Art. 133. O tempo de contribuição certificado na forma deste Capítulo produz, no Instituto Nacional do Seguro Social e nos órgãos ou autarquias federais, estaduais, do Distrito Federal ou municipais, todos os efeitos previstos na respectiva legislação pertinente.

Art. 134. As aposentadorias e demais benefícios resultantes da contagem de tempo de contribuição na forma deste Capítulo serão concedidos e pagos pelo regime a que o interessado pertencer ao requerê-los e o seu valor será calculado na forma da legislação pertinente.

Art. 135. (Revogado pelo Decreto nº 5.545, de 2005)

CAPÍTULO V
DA HABILITAÇÃO E DA REABILITAÇÃO PROFISSIONAL

Art. 136. A assistência (re)educativa e de (re)adaptação profissional, instituída sob a denominação genérica de habilitação e reabilitação profissional, visa proporcionar aos beneficiários, incapacitados parcial ou totalmente para o trabalho, em caráter obrigatório, independentemente de carência, e às pessoas portadoras de deficiência, os meios indicados para proporcionar o reingresso no mercado de trabalho e no contexto em que vivem.

§ 1º Cabe ao Instituto Nacional do Seguro Social promover a prestação de que trata este artigo aos segurados, inclusive aposentados, e, de acordo com as possibilidades administrativas, técnicas, financeiras e as condições locais do órgão, aos seus dependentes, preferencialmente mediante a contratação de serviços especializados.

§ 2º As pessoas portadoras de deficiência serão atendidas mediante celebração de convênio de cooperação técnico-financeira.

Art. 137. O processo de habilitação e de reabilitação profissional do beneficiário será desenvolvido por meio das funções básicas de:

I – avaliação do potencial laborativo; (Redação dada pelo Decreto nº 3.668, de 2000)

II – orientação e acompanhamento da programação profissional;

III – articulação com a comunidade, inclusive mediante a celebração de convênio para reabilitação física restrita a segurados que cumpriram os pressupostos de elegibilidade ao programa de reabilitação profissional, com vistas ao reingresso no mercado de trabalho; e (Redação dada pelo Decreto nº 4.729, de 2003)

IV – acompanhamento e pesquisa da fixação no mercado de trabalho.

§ 1º A execução das funções de que trata o caput será realizada, preferencialmente, por meio do trabalho de equipe multiprofissional especializada, sempre que possível, na localidade do domicílio do beneficiário, ressalvadas as situações excepcionais em que ele tenha direito à reabilitação profissional fora dela. (Redação dada pelo Decreto nº 10.410, de 2020)

§ 1º-A A avaliação da elegibilidade do segurado para encaminhamento à reabilitação profissional, a reavaliação da incapacidade de segurados em programa de reabilitação profissional e a prescrição de órteses, próteses e meios auxiliares de locomoção e acessórios serão realizadas pela Perícia Médica Federal. (Incluído pelo Decreto nº 10.410, de 2020)

§ 2º Quando indispensáveis ao desenvolvimento do processo de reabilitação profissional, o Instituto Nacional do Seguro Social fornecerá aos segurados, inclusive aposentados, em caráter obrigatório, prótese e órtese, seu reparo ou substituição, instrumentos de auxílio para locomoção, bem como equipamentos necessários à habilitação e à reabilitação profissional, transporte urbano e alimentação e, na medida das possibilidades do Instituto, aos seus dependentes.

§ 3º No caso das pessoas portadoras de deficiência, a concessão dos recursos materiais referidos no parágrafo anterior ficará condicionada à celebração de convênio de cooperação técnico-financeira.

§ 4º O Instituto Nacional do Seguro Social não reembolsará as despesas realizadas com a aquisição de órtese ou prótese e outros recursos materiais não prescritos ou não autorizados por suas unidades de reabilitação profissional.

Art. 138. Cabe à unidade de reabilitação profissional encaminhar para avaliação médico-pericial a ocorrência de que trata o § 2º do art. 337. (Redação dada pelo Decreto nº 10.410, de 2020)

Art. 139. A programação profissional será desenvolvida mediante cursos e/ou treinamentos, na comunidade, por meio de contratos, acordos e convênios com instituições e empresas públicas ou privadas, na forma do art. 317.

§ 1º O treinamento do reabilitando, quando realizado em empresa, não estabelece qualquer vínculo empregatício ou funcional entre o reabilitando e a empresa, bem como entre estes e o Instituto Nacional do Seguro Social.

§ 2º Compete ao reabilitando, além de acatar e cumprir as normas estabelecidas nos contratos, acordos ou convênios, pautar-se no regulamento daquelas organizações.

Art. 140. Concluído o processo de reabilitação profissional, o Instituto Nacional do Seguro Social emitirá certificado individual indicando a função para a qual o reabilitando foi capacitado profissionalmente, sem prejuízo do exercício de outra para a qual se julgue capacitado.

§ 1º Não constitui obrigação da previdência social a manutenção do segurado no mesmo emprego ou a sua colocação em outro para o qual foi reabilitado, cessando o processo de reabilitação profissional com a emissão do certificado a que se refere o caput.

§ 2º Cabe à previdência social a articulação com a comunidade, com vistas ao levantamento da oferta do mercado de trabalho, ao direcionamento da programação profissional e à possibilidade de reingresso do reabilitando no mercado formal.

§ 3º O acompanhamento e a pesquisa de que trata o inciso IV do art. 137 é obrigatório e tem como finalidade a comprovação da efetividade do processo de reabilitação profissional.

Art. 141. A empresa com cem ou mais empregados está obrigada a preencher de dois por cento a cinco por cento de seus cargos com beneficiários reabilitados ou pessoas portadoras de deficiência, habilitadas, na seguinte proporção:

I – até duzentos empregados, dois por cento;

II – de duzentos e um a quinhentos empregados, três por cento;

III – de quinhentos e um a mil empregados, quatro por cento; ou

IV – mais de mil empregados, cinco por cento.

§ 1º A dispensa de pessoa com deficiência ou de beneficiário reabilitado pela previdência social ao final de contrato por prazo determinado de mais de noventa dias e a dispensa imotivada em contrato por prazo indeterminado somente poderão ocorrer após a contratação de outro trabalhador com deficiência ou beneficiário reabilitado pela previdência social. (Redação dada pelo Decreto nº 10.410, de 2020)

§ 2º (Revogado pelo Decreto nº 3.298, de 1999)

§ 3º À Secretaria Especial de Previdência e Trabalho do Ministério da Economia compete estabelecer a sistemática de fiscalização e gerar dados e estatísticas sobre o total de empregados e as vagas preenchidas por pessoas com deficiência e por beneficiários reabilitados pela previdência social, além de fornecê-los, quando solicitados, aos sindicatos, às entidades representativas dos empregados ou aos cidadãos interessados. (Incluído pelo Decreto nº 10.410, de 2020)

§ 4º Para a reserva de cargos será considerada somente a contratação direta de pessoa com deficiência, excluído o aprendiz com deficiência de que trata a Consolidação das Leis do Trabalho, aprovada pelo Decreto-Lei nº 5.452, de 1943. (Incluído pelo Decreto nº 10.410, de 2020)

CAPÍTULO VI
DA JUSTIFICAÇÃO ADMINISTRATIVA

Art. 142. A justificação administrativa constitui recurso utilizado para suprir a falta ou insuficiência de documento ou produzir prova de fato ou circunstância de interesse dos beneficiários, perante a previdência social.

§ 1º Não será admitida a justificação administrativa quando o fato a comprovar exigir registro público de casamento, de idade ou de óbito, ou de qualquer ato jurídico para o qual a lei prescreva forma especial.

§ 2º A justificação administrativa é parte do processo de atualização de dados do CNIS ou de reconhecimento de direitos, vedada a sua tramitação na condição de processo autônomo. (Redação dada pelo Decreto nº 10.410, de 2020)

§ 3º Quando a concessão do benefício depender de documento ou de prova de ato ao qual o segurado não tenha acesso, exceto quanto a registro público ou início de prova material, a justificação administrativa será oportunizada, observado o disposto no art. 151. (Incluído pelo Decreto nº 10.410, de 2020)

§ 4º A prova material somente terá validade para a pessoa referida no documento, vedada a sua utilização por outras pessoas. (Incluído pelo Decreto nº 10.410, de 2020)

Art. 143. A justificação administrativa ou judicial, para fins de comprovação de tempo de contribuição, dependência econômica, identidade e relação de parentesco, somente produzirá efeito quando for baseada em início de prova material contemporânea dos fatos e não serão admitidas as provas exclusivamente testemunhais. (Redação dada pelo Decreto nº 10.410, de 2020)

§ 1º Será dispensado o início de prova material quando houver ocorrência de motivo de força maior ou de caso fortuito. (Redação dada pelo Decreto nº 10.410, de 2020)

§ 2º Caracteriza motivo de força maior ou caso fortuito a verificação de ocorrência notória, tais como incêndio, inundação ou desmoronamento, que tenha atingido a empresa na qual o segurado alegue ter trabalhado, devendo ser comprovada mediante registro da ocorrência policial feito em época própria ou apresentação de documentos contemporâneos dos fatos, e verificada a correlação entre a atividade da empresa e a profissão do segurado.

§ 3º Se a empresa não estiver mais em atividade, deverá o interessado juntar prova oficial de sua existência no período que pretende comprovar.

§ 4º No caso dos segurados empregado doméstico e contribuinte individual, após a homologação do processo, este deverá ser encaminhado ao setor competente de arrecadação para levantamento e cobrança do crédito. (Redação dada pelo Decreto nº 3.265, de 1999)

Art. 144. A homologação da justificação judicial processada com base em prova exclusivamente testemunhal dispensa a justificação administrativa, desde que complementada com início de prova material contemporânea dos fatos. (Redação dada pelo Decreto nº 10.410, de 2020)

Parágrafo único. A inclusão, a exclusão, a ratificação e a retificação de vínculos, remunerações e contribuições, ainda que reconhecidos em ação trabalhista transitada em julgado, dependerão da existência de início de prova material contemporânea dos fatos. (Incluído pelo Decreto nº 10.410, de 2020)

Art. 145. Para o processamento de justificação administrativa, o interessado deverá apresentar requerimento no qual exponha, clara e minuciosamente, os pontos que pretende justificar, além de indicar testemunhas idôneas, em número não inferior a dois nem superior a seis, cujos depoimentos possam levar à convicção da veracidade do que se pretende comprovar. (Redação dada pelo Decreto nº 10.410, de 2020)

Parágrafo único. As testemunhas, no dia e no horário marcados, serão inquiridas a respeito dos pontos que forem objeto da justificação de que trata o caput. (Redação dada pelo Decreto nº 10.410, de 2020)

Art. 146. Não podem ser testemunhas:

I – (Revogado pelo Decreto nº 10.410, de 2020)

II – (Revogado pelo Decreto nº 10.410, de 2020)

III – os menores de dezesseis anos; e

IV – o cônjuge, o companheiro ou a companheira, os ascendentes, os descendentes e os colaterais, até o terceiro grau, por consanguinidade ou afinidade. (Redação dada pelo Decreto nº 10.410, de 2020)

Parágrafo único. A pessoa com deficiência poderá testemunhar em igualdade de condições com as demais pessoas e lhe serão assegurados todos os recursos de tecnologia assistiva. (Incluído pelo Decreto nº 10.410, de 2020)

Art. 147. Não caberá recurso da decisão da autoridade competente do Instituto Nacional do Seguro Social que considerar eficaz ou ineficaz a justificação administrativa.

Art. 148. A justificação administrativa será avaliada globalmente quanto à forma e ao mérito, valendo perante o Instituto Nacional do Seguro Social para os fins especificamente visados, caso considerada eficaz.

Art. 149. A justificação administrativa será processada sem ônus para o interessado e nos termos das instruções do Instituto Nacional do Seguro Social.

Art. 150. Aos autores de declarações falsas, prestadas em justificações processadas perante a previdência social, serão aplicadas as penas previstas no art. 299 do Código Penal.

Art. 151. Somente será admitido o processamento de justificação administrativa quando necessário para corroborar o início de prova material apto a demonstrar a plausibilidade do que se pretende comprovar. (Redação dada pelo Decreto nº 10.410, de 2020)

CAPÍTULO VII
DAS DISPOSIÇÕES DIVERSAS RELATIVAS ÀS PRESTAÇÕES DO REGIME GERAL DE PREVIDÊNCIA SOCIAL

Art. 152. Nenhum benefício ou serviço da previdência social poderá ser criado, majorado ou estendido, sem a correspondente fonte de custeio total.

Art. 153. O benefício concedido a segurado ou dependente não pode ser objeto de penhora, arresto ou seqüestro, sendo nula de pleno direito a sua venda ou cessão, ou a constituição de qualquer ônus sobre ele, bem como a outorga de poderes irrevogáveis ou em causa própria para seu recebimento, ressalvado o disposto no art. 154.

Art. 153-A. A concessão de aposentadoria requerida a partir de 14 de novembro de 2019 com utilização de tempo de contribuição decorrente de cargo, emprego ou função pública acarretará o rompimento do vínculo que gerou o referido tempo de contribuição. (Incluído pelo Decreto nº 10.410, de 2020)

Parágrafo único. Para fins do disposto no caput, após a consolidação da aposentadoria, nos termos do disposto no art. 181-B, o INSS notificará a empresa responsável sobre a aposentadoria do segurado e constarão da notificação as datas de concessão e de início do benefício. (Incluído pelo Decreto nº 10.410, de 2020)

Art. 154. O Instituto Nacional do Seguro Social pode descontar da renda mensal do benefício:

I – contribuições devidas pelo segurado à previdência social;

II - pagamento administrativo ou judicial de benefício previdenciário ou assistencial indevido, ou além do devido, inclusive na hipótese de cessação do benefício pela revogação de decisão judicial, em valor que não exceda trinta por cento da importância da renda mensal do benefício, nos termos do disposto neste Regulamento; (Redação dada pelo Decreto nº 10.410, de 2020)

III - imposto de renda na fonte;

IV - alimentos decorrentes de sentença judicial; e

V - mensalidades de associações e de demais entidades de aposentados ou pensionistas legalmente reconhecidas, constituídas e em funcionamento, desde que autorizadas por seus filiados, observado o disposto nos § 1º ao § 1º-I; e (Redação dada pelo Decreto nº 10.537, de 2020)

VI - pagamento de empréstimos, financiamentos, cartões de crédito e operações de arrendamento mercantil concedidos por instituições financeiras e sociedades de arrendamento mercantil ou por entidades fechadas ou abertas de previdência complementar, públicas e privadas, quando expressamente autorizado pelo beneficiário, até o limite de trinta e cinco por cento do valor do benefício, dos quais cinco por cento serão destinados exclusivamente para: (Redação dada pelo Decreto nº 10.410, de 2020)

a) amortização de despesas contraídas por meio de cartão de crédito; ou (Incluído pelo Decreto nº 10.410, de 2020)

b) utilização com a finalidade de saque por meio do cartão de crédito. (Incluído pelo Decreto nº 10.410, de 2020)

§ 1º O INSS estabelecerá requisitos adicionais para a efetivação dos descontos de que trata este artigo, observados critérios de conveniência administrativa, segurança das operações, interesse dos beneficiários e interesse público. (Redação dada pelo Decreto nº 10.410, de 2020)

§ 1º-A Os benefícios previdenciários, uma vez concedidos, permanecerão bloqueados para os descontos previstos no inciso V do caput e somente serão desbloqueados por meio de autorização prévia, pessoal e específica por parte do beneficiário, conforme critérios e requisitos a serem definidos em ato do INSS. (Incluído pelo Decreto nº 10.410, de 2020)

§ 1º-B A autorização do segurado prevista no § 1º-A deverá, sob pena de os descontos serem excluídos automaticamente, ser revalidada a cada três anos, a partir de 31 de dezembro de 2021, segundo critérios e requisitos a serem definidos em ato do INSS. (Incluído pelo Decreto nº 10.410, de 2020)

§ 1º-C A autorização do segurado de que trata o inciso V do caput poderá ser revogada, a qualquer tempo, pelo próprio beneficiário. (Incluído pelo Decreto nº 10.410, de 2020)

§ 1º-D Considera-se associação ou entidade de aposentados ou pensionistas aquela formada por:(Redação dada pelo Decreto nº 10.537, de 2020)

I – aposentados ou pensionistas, com objetivos inerentes a essas categorias; ou (Redação dada pelo Decreto nº 10.537, de 2020)

II – pessoas de categoria profissional específica, cujo estatuto as preveja como associados ativos e inativos, e que tenha dentre os seus objetivos a representação de aposentados ou pensionistas. (Redação dada pelo Decreto nº 10.537, de 2020)

§ 1º-E Considera-se mensalidade de associações e de demais entidades de aposentados ou pensionistas a contribuição associativa, devida exclusivamente em razão da condição de associado, em decorrência de previsão estatutária ou definição pelas assembleias gerais, a qual não admite descontos de taxas extras, contribuições especiais, retribuição por serviços ou pacotes de serviços específicos, prêmios de seguros, empréstimos nem qualquer outro tipo de desconto, sujeita ao limite máximo de desconto estabelecido em ato do Presidente do INSS. (Redação dada pelo Decreto nº 10.537, de 2020)

§ 1º-F O INSS avaliará periodicamente a quantidade de reclamações de beneficiários, ações judiciais, processos de órgãos de controle e impacto em sua rede de atendimento, dentre outros elementos relacionados ao acordo de cooperação técnica celebrado, para fins do disposto no inciso V do caput, e poderá rescindir o referido acordo unilateralmente, a depender da quantidade de irregularidades identificadas. (Redação dada pelo Decreto nº 10.537, de 2020)

§ 1º-G Para fins de repasse do desconto efetuado pelo INSS, as entidades referidas no inciso V do caput deverão estar em situação regular perante as Fazendas nacional, estadual, distrital e municipal, a previdência social, FGTS, o Sistema Integrado de Administração Financeira do Governo Federal – Siafi, o Sistema de Cadastramento Unificado de Fornecedores – Sicaf e o Cadastro Informativo de Créditos não Quitados do Setor Público Federal – Cadin. (Incluído pelo Decreto nº 10.410, de 2020)

§ 1º-H Na hipótese de entidade confederativa que representa instituições a ela vinculadas, as exigências de que tratam os § 1º-D e § 1º-G deverão ser atendidas pela instituição que celebrar o acordo de cooperação técnica. (Incluído pelo Decreto nº 10.537, de 2020)

§ 1º-I O INSS deverá ser ressarcido das despesas realizadas em função da implementação e do controle do acordo de cooperação técnica de que trata o § 1º-F pela instituição que o celebrar. (Incluído pelo Decreto nº 10.537, de 2020)

§ 2º A restituição de importância recebida indevidamente por beneficiário da previdência social, nos casos comprovados de dolo, fraude ou má-fé, deverá ser atualizada nos moldes do art. 175, e feita de uma só vez ou mediante acordo de parcelamento na forma do art. 244, independentemente de outras penalidades legais. (Redação dada pelo Decreto nº 5.699, de 2006)

§ 3º Caso o débito seja originário de erro da previdência social, o segurado, usufruindo de benefício regularmente concedido, poderá devolver o valor de forma parcelada, atualizado nos moldes do art. 175, devendo cada parcela corresponder, no máximo, a trinta por cento do valor do benefício em manutenção, e ser descontado em número de meses necessários à liquidação do débito.

§ 4º Se o débito for originário de erro da previdência social e o segurado não usufruir de benefício, o valor deverá ser devolvido, com a correção de que trata o parágrafo anterior, da seguinte forma:

I - no caso de empregado, com a observância do disposto no art. 365; e

II - no caso dos demais beneficiários, será observado:

a) se superior a cinco vezes o valor do benefício suspenso ou cessado, no prazo de sessenta dias, contados da notificação para fazê-lo, sob pena de inscrição em Dívida Ativa; e

b) se inferior a cinco vezes o valor do benefício suspenso ou cessado, no prazo de trinta dias, contados da notificação para fazê-lo, sob pena de inscrição em Dívida Ativa.

§ 5º No caso de revisão de benefícios em que resultar valor superior ao que vinha sendo pago, em razão de erro da previdência social, o valor resultante da diferença verificada entre o pago e o devido será objeto de atualização nos mesmos moldes do art. 175.

§ 6º O INSS disciplinará o desconto e a retenção de valores de benefícios com fundamento no disposto no inciso VI do caput, observadas as seguintes condições: (Redação dada pelo Decreto nº 10.410, de 2020)

I - a habilitação das instituições consignatárias deverá ser definida de maneira objetiva e transparente; (Incluído pelo Decreto nº 4.862, de 2003)

II - o desconto somente poderá incidir sobre os benefícios de aposentadoria, qualquer que seja sua espécie, ou de pensão por morte, recebidos pelos seus respectivos titulares; (Incluído pelo Decreto nº 4.862, de 2003)

III - a prestação de informações aos titulares de benefícios em manutenção e às instituições consignatárias necessária à realização do desconto deve constar de rotinas próprias; (Incluído pelo Decreto nº 4.862, de 2003)

IV - os prazos para o início dos descontos autorizados e para o repasse das prestações às instituições consignatárias devem ser definidos de forma justa e eficiente; (Incluído pelo Decreto nº 4.862, de 2003)

V - (Revogado pelo Decreto nº 10.410, de 2020)

VI - o próprio titular do benefício deverá firmar autorização expressa para o desconto; (Incluído pelo Decreto nº 4.862, de 2003)

VII – o valor do desconto não poderá exceder trinta e cinco por cento do valor disponível do benefício, assim entendido o valor do benefício após a dedução das consignações de que tratam os incisos I ao V do caput, correspondente à última competência paga, excluídas aquelas que contenham o décimo terceiro salário ou sua parcela, estabelecido no momento da contratação;(Redação dada pelo Decreto nº 10.410, de 2020)

VIII – o empréstimo poderá ser concedido por qualquer instituição consignatária, independentemente de ser ou não responsável pelo pagamento de benefício; (Redação dada pelo Decreto nº 5.180, de 2004)

IX – os beneficiários somente poderão realizar as operações previstas no inciso VI do caput se receberem o benefício no Brasil; (Redação dada pelo Decreto nº 5.180, de 2004)

X – a retenção recairá somente sobre as parcelas mensais fixas integrais, vedada a administração de eventual saldo devedor; (Incluído pelo Decreto nº 4.862, de 2003)

XI – o titular de benefício poderá autorizar mais de um desconto em favor da mesma instituição consignatária, respeitados o limite consignável e a prevalência de retenção em favor dos contratos mais antigos; (Incluído pelo Decreto nº 4.862, de 2003)

XII – a eventual modificação no valor do benefício ou das consignações de que tratam os incisos I a V do caput que resulte margem consignável inferior ao valor da parcela pactuada, poderá ensejar a reprogramação da retenção, alterando-se o valor e o prazo do desconto, desde que solicitado pela instituição consignatária e sem acréscimo de custos operacionais; e (Incluído pelo Decreto nº 4.862, de 2003)

XIII – outras que se fizerem necessárias.(Incluído pelo Decreto nº 4.862, de 2003)

§ 7º Na hipótese de coexistência de descontos relacionados nos incisos II e VI do caput, prevalecerá o desconto do inciso II. (Incluído pelo Decreto nº 4.862, de 2003)

§ 7º-A Os benefícios previdenciários, uma vez concedidos, permanecerão bloqueados para os descontos previstos no inciso VI do caput e somente serão desbloqueados por meio de autorização prévia, pessoal e específica por parte do beneficiário, conforme critérios e requisitos a serem definidos em ato do INSS. (Incluído pelo Decreto nº 10.410, de 2020)

§ 7º-B A autorização do segurado de que trata o § 7º-A poderá ser revogada, a qualquer tempo, pelo próprio beneficiário. (Incluído pelo Decreto nº 10.410, de 2020)

§ 8º É facultado ao titular do benefício solicitar a substituição da instituição financeira pagadora do benefício por outra, para pagamento de benefício mediante crédito em conta corrente, exceto se já tiver realizado operação com a instituição pagadora na forma do § 9º e enquanto houver saldo devedor em amortização. (Redação dada pelo Decreto nº 5.699, de 2006)

§ 9º O titular de benefício de aposentadoria, independentemente de sua espécie, ou de pensão por morte concedida pelo RGPS poderá autorizar, de forma irrevogável e irretratável, que a instituição financeira na qual receba o seu benefício retenha valores referentes ao pagamento mensal de empréstimos, financiamentos, cartões de crédito e operações de arrendamento mercantil por ela concedidos, quando previstos em contrato, para fins de amortização, observadas as normas editadas pelo INSS. (Redação dada pelo Decreto nº 10.410, de 2020)

§ 10. O INSS não responde, em nenhuma hipótese, pelos débitos contratados pelos segurados, restringindo-se sua responsabilidade: (Incluído pelo Decreto nº 5.699, de 2006)

I – à retenção dos valores autorizados pelo beneficiário e seu repasse à instituição consignatária, em relação às operações contratadas na forma do inciso VI do caput; e (Incluído pelo Decreto nº 5.699, de 2006)

II – à manutenção dos pagamentos na mesma instituição financeira enquanto houver saldo devedor, desde que seja por ela comunicado, na forma estabelecida pelo INSS, e enquanto não houver retenção superior ao limite de trinta por cento do valor do benefício, em relação às operações contratadas na forma do § 9º. (Incluído pelo Decreto nº 5.699, de 2006)

§ 11. Serão inscritos em dívida ativa pela Procuradoria-Geral Federal os créditos constituídos pelo INSS em decorrência de benefício previdenciário ou assistencial pago indevidamente ou além do devido, inclusive na hipótese de cessação do benefício pela revogação de decisão judicial, nos termos do disposto na Lei nº 6.830, de 22 de setembro de 1980, para a execução judicial. (Incluído pelo Decreto nº 10.410, de 2020)

§ 12. Será objeto de inscrição em dívida ativa, para fins do disposto no § 11, em conjunto ou separadamente, o terceiro beneficiado que sabia ou deveria saber da origem do benefício pago indevidamente em razão de fraude, dolo ou coação, desde que devidamente identificado em procedimento administrativo de responsabilização. (Incluído pelo Decreto nº 10.410, de 2020)

§ 13. O procedimento administrativo de responsabilização de que trata o § 12 ocorrerá na forma prevista no art. 179 deste Regulamento e no art. 27 do Decreto-Lei nº 4.657, de 4 de setembro de 1942. (Incluído pelo Decreto nº 10.410, de 2020)

Art. 154-A. O INSS poderá arredondar, para a unidade de real imediatamente superior, os valores em centavos dos benefícios de prestação continuada pagos mensalmente a seus beneficiários. (Incluído pelo Decreto nº 4.032, de 2001)

Parágrafo único. Os valores recebidos a maior pelo beneficiário serão descontados no pagamento do abono anual ou do último valor do pagamento do benefício, na hipótese de sua cessação.(Incluído pelo Decreto nº 4.032, de 2001)

Art. 155. Será fornecido ao beneficiário demonstrativo minucioso das importâncias pagas, discriminando-se o valor da mensalidade, as diferenças eventualmente pagas, com o período a que se referem, e os descontos efetuados.

Art. 156. O benefício será pago diretamente ao beneficiário, salvo em caso de ausência, moléstia contagiosa ou impossibilidade de locomoção, quando será pago a procurador, cujo mandato não terá prazo superior a doze meses, podendo ser renovado ou revalidado pelos setores de benefícios do Instituto Nacional do Seguro Social.

Parágrafo único. O procurador do beneficiário deverá firmar, perante o Instituto Nacional do Seguro Social, termo de responsabilidade mediante o qual se compromete a comunicar ao Instituto qualquer evento que possa anular a procuração, principalmente o óbito do outorgante, sob pena de incorrer nas sanções criminais cabíveis.

Art. 157. O Instituto Nacional do Seguro Social apenas poderá negar-se a aceitar procuração quando se manifestar indício de inidoneidade do documento ou do mandatário, sem prejuízo, no entanto, das providências que se fizerem necessárias.

Art. 158. Na constituição de procuradores, observar-se-á subsidiariamente o disposto no Código Civil.

§ 1º O dependente excluído na forma prevista no § 9º do art. 16 ou que tenha a parte provisoriamente suspensa na forma prevista no § 5º do art. 114 não poderá representar outro dependente para fins de recebimento e percepção do benefício. (Incluído pelo Decreto nº 10.410, de 2020)

§ 2º O dependente que perder o direito à pensão por morte na forma prevista no § 5º do art. 105 não poderá representar outro dependente para fins de percepção do benefício. (Incluído pelo Decreto nº 10.410, de 2020)

Art. 159. Somente será aceita a constituição de procurador com mais de uma procuração, ou procurações coletivas, nos casos de representantes credenciados de leprosários, sanatórios, asilos e outros estabelecimentos congêneres, nos casos de parentes de primeiro grau, ou, em outros casos, a critério do Instituto Nacional do Seguro Social.

Art. 160. Não poderão ser procuradores:

I – os servidores públicos civis ativos e os militares ativos, salvo se parentes até o segundo grau; e

II – os incapazes para os atos da vida civil, ressalvado o disposto no art. 666 do Código Civil. (Redação dada pelo Decreto nº 4.729, de 2003)

Parágrafo único. Podem outorgar procuração as pessoas maiores ou emancipadas, no gozo dos direitos civis.

Art. 161. O serviço social constitui atividade auxiliar do seguro social e visa prestar ao beneficiário orientação e apoio no que concerne à solução dos problemas pessoais e familiares e à melhoria da sua inter-relação com a previdência social, para a solução de questões referentes a benefícios, bem como, quando necessário, à obtenção de outros recursos sociais da comunidade.

§ 1º Será dada prioridade de atendimento a segurados em benefício por incapacidade temporária e atenção especial a aposentados e pensionistas. (Incluído pelo Decreto nº 6.722, de 2008).

§ 2º Para assegurar o efetivo atendimento aos beneficiários, poderão ser utilizados mecanismos de intervenção técnica, ajuda material, recursos sociais, intercâmbio com empresas, inclusive mediante celebração de convênios, acordos ou contratos, ou pesquisa social. (Incluído pelo Decreto nº 6.722, de 2008).

§ 3º O serviço social terá como diretriz a participação do beneficiário na implementação e fortalecimento da política previdenciária, em articulação com associações e entidades de classes. (Incluído pelo Decreto nº 6.722, de 2008).

§ 4º O serviço social prestará assessoramento técnico aos estados, Distrito Federal e municípios na elaboração de suas respectivas propostas de trabalho relacionadas com a previdência social. (Incluído pelo Decreto nº 6.722, de 2008).

§ 5º O Ministro de Estado da Previdência Social editará atos complementares para a aplicação do disposto neste artigo. (Incluído pelo Decreto nº 6.722, de 2008).

Art. 162. O benefício devido ao segurado ou dependente civilmente incapaz será pago ao cônjuge, pai, mãe, tutor ou curador, admitindo-se, na sua falta e por período não superior a seis meses, o pagamento a herdeiro necessário, mediante termo de compromisso firmado no ato do recebimento.

§ 1º (Revogado pelo Decreto nº 5.699, de 2006)

§ 2º (Revogado pelo Decreto nº 5.699, de 2006)

§ 3º O período a que se refere o caput poderá ser prorrogado por iguais períodos, desde que comprovado o andamento regular do processo legal de tutela ou curatela. (Incluído pelo Decreto nº 10.410, de 2020)

§ 4º Na hipótese de interdição do beneficiário, para fins de curatela, a autoridade judiciária poderá utilizar-se de laudo médico-pericial da Perícia Médica Federal. (Incluído pelo Decreto nº 10.410, de 2020)

§ 5º No ato de requerimento de benefícios operacionalizados pelo INSS, não será exigida apresentação de termo de curatela de titular ou de beneficiário com deficiência, observados os procedimentos a serem estabelecidos em ato do INSS. (Incluído pelo Decreto nº 10.410, de 2020)

Art. 163. O segurado e o dependente, após dezesseis anos de idade, poderão firmar recibo de benefício, independentemente da presença dos pais ou do tutor.(Redação dada pelo Decreto nº 4.079, de 2002)

Art. 164. A impressão digital do beneficiário incapaz de assinar, aposta na presença de servidor da previdência social ou representante desta, vale como assinatura para quitação de pagamento de benefício.

Art. 165. O valor não recebido em vida pelo segurado somente será pago aos seus dependentes habilitados à pensão por morte ou, na falta deles, aos seus sucessores na forma da lei civil, independentemente de inventário ou arrolamento.

Art. 166. Os benefícios poderão ser pagos mediante depósito em conta corrente bancária em nome do beneficiário. (Redação dada pelo Decreto nº 4.729, de 2003)

§ 1º (Revogado pelo Decreto nº 3.265, de 1999)

§ 2º (Revogado pelo Decreto nº 4.729, de 2003)

§ 3º Na hipótese da falta de movimentação relativo a saque em conta corrente cujos depósitos sejam decorrentes exclusivamente de pagamento de benefícios, por prazo superior a sessenta dias, os valores dos benefícios remanescentes serão estornados e creditados à Conta Única do Tesouro Nacional, com a identificação de sua origem. (Incluído pelo Decreto nº 4.729, de 2003)

Art. 167. Exceto na hipótese de direito adquirido, não é permitido o recebimento conjunto dos seguintes benefícios do RGPS, inclusive quando decorrentes de acidente do trabalho: (Redação dada pelo Decreto nº 10.410, de 2020)

I – aposentadoria com auxílio por incapacidade temporária; (Redação dada pelo Decreto nº 10.410, de 2020)

II – mais de uma aposentadoria;

III – aposentadoria com abono de permanência em serviço;

IV – salário-maternidade com auxílio por incapacidade temporária; (Redação dada pelo Decreto nº 10.410, de 2020)

V – mais de um auxílio-acidente;

VI – mais de uma pensão deixada por cônjuge;

VII – mais de uma pensão deixada por companheiro ou companheira;

VIII – mais de uma pensão deixada por cônjuge e companheiro ou companheira; e

IX – auxílio-acidente com qualquer aposentadoria.

§ 1º Nas hipóteses de que tratam os incisos VI, VII e VIII do caput, fica facultado ao dependente optar pela pensão mais vantajosa, observado o disposto no art. 167-A. (Redação dada pelo Decreto nº 10.410, de 2020)

§ 2º É vedado o recebimento conjunto do seguro-desemprego com qualquer benefício de prestação continuada da previdência social, exceto pensão por morte, auxílio-reclusão, auxílio-acidente, auxílio-suplementar ou abono de permanência em serviço.

§ 3º É permitida a acumulação dos benefícios previstos neste Regulamento com o benefício de que trata a Lei nº 7.070, de 20 de dezembro de 1982, que não poderá ser reduzido em razão de eventual aquisição de capacidade laborativa ou de redução de incapacidade para o trabalho ocorrida após a sua concessão.

§ 4º O segurado recluso em regime fechado, durante a percepção, pelos dependentes, do benefício de auxílio-reclusão, não terá o direito aos benefícios de salário-maternidade e de aposentadoria reconhecido, exceto se manifestada a opção pelo benefício mais vantajoso também pelos dependentes. (Redação dada pelo Decreto nº 10.410, de 2020)

Art. 167-A. Será admitida a acumulação dos seguintes benefícios:(Incluído pelo Decreto nº 10.410, de 2020)

I – de pensão por morte deixada por cônjuge ou companheiro do RGPS com pensão por morte concedida por outro regime de previdência social ou com pensões decorrentes das atividades militares de que tratam o art. 42 e o art. 142 da Constituição;(Incluído pelo Decreto nº 10.410, de 2020)

II – de pensão por morte deixada por cônjuge ou companheiro do RGPS com aposentadoria do mesmo regime e de regime próprio de previdência social ou com proventos de inatividade decorrentes das atividades militares de que tratam o art. 42 e o art. 142 da Constituição; ou(Incluído pelo Decreto nº 10.410, de 2020)

III – de aposentadoria concedida no âmbito do RGPS com pensão deixada por cônjuge ou companheiro de regime próprio de previdência social ou com proventos de inatividade decorrentes das atividades militares de que tratam o art. 42 e o art. 142 da Constituição. (Incluído pelo Decreto nº 10.410, de 2020)

§ 1º Nas hipóteses de acumulação previstas no caput, fica assegurada a percepção do valor integral do benefício mais vantajoso e de uma parte de cada um dos demais benefícios, apurada cumulativamente de acordo com as seguintes faixas: (Incluído pelo Decreto nº 10.410, de 2020)

I – sessenta por cento do valor que exceder um salário-mínimo, até o limite de dois salários-mínimos; (Incluído pelo Decreto nº 10.410, de 2020)

II – quarenta por cento do valor que exceder dois salários-mínimos, até o limite de três salários-mínimos; (Incluído pelo Decreto nº 10.410, de 2020)

III – vinte por cento do valor que exceder três salários-mínimos, até o limite de quatro salários-mínimos; e (Incluído pelo Decreto nº 10.410, de 2020)

IV – dez por cento do valor que exceder quatro salários-mínimos. (Incluído pelo Decreto nº 10.410, de 2020)

§ 2º A aplicação do disposto no § 1º poderá ser revista a qualquer tempo, a pedido do interessado, em razão de alteração de algum dos benefícios.(Incluído pelo Decreto nº 10.410, de 2020)

§ 3º Na hipótese de recebimento de pensão desdobrada, para fins de aplicação do disposto no § 1º, em relação a esse benefício, será considerado o valor correspondente ao somatório da cota individual e da parcela da cota familiar, devido ao pensionista, que será revisto em razão do fim do desdobramento ou da alteração do número de dependentes. (Incluído pelo Decreto nº 10.410, de 2020)

§ 4º As restrições previstas neste artigo não se aplicam caso o direito aos benefícios tenha sido adquirido até 13 de novembro de 2019.(Incluído pelo Decreto nº 10.410, de 2020)

§ 5º Para fins do disposto neste artigo, no ato de habilitação ou concessão de benefício sujeito a acumulação, o INSS deverá: (Incluído pelo Decreto nº 10.410, de 2020)

I – verificar a filiação do segurado ao RGPS ou a regime próprio de previdência social; (Incluído pelo Decreto nº 10.410, de 2020)

II – solicitar ao segurado que manifeste expressamente a sua opção pelo benefício que lhe seja mais vantajoso; e (Incluído pelo Decreto nº 10.410, de 2020)

III – quando for o caso, verificar a condição do segurado ou pensionista, de modo a considerar, dentre outras, as informações constantes do CNIS.(Incluído pelo Decreto nº 10.410, de 2020)

§ 6º O Ministério da Economia manterá sistema de cadastro dos segurados do RGPS e dos servidores vinculados a regimes próprios de previdência social, e poderá, para tanto, firmar acordo de cooperação com outros órgãos da administração pública federal, estadual, distrital ou municipal para a manutenção e a gestão do referido sistema de cadastro.(Incluído pelo Decreto nº 10.410, de 2020)

§ 7º Até que o sistema de que trata o § 6º seja implementado, a comprovação de que o aposentado ou o pensionista cônjuge ou companheira ou companheiro do RGPS não recebe aposentadoria ou pensão de outro regime próprio de previdência social será feita por meio de autodeclaração, a qual o sujeitará às sanções administrativas, civis e penais aplicáveis caso seja constatada a emissão de declaração falsa.(Incluído pelo Decreto nº 10.410, de 2020)

§ 8º Caberá ao aposentado ou pensionista do RGPS informar ao INSS a obtenção de aposentadoria ou pensão de cônjuge ou companheira ou companheiro de outro regime, sob pena de suspensão do benefício. (Incluído pelo Decreto nº 10.410, de 2020)

Art. 168. Exceto nas hipóteses de aposentadoria por incapacidade permanente ou especial, observado quanto a esta última o disposto no parágrafo único do art. 69, o retorno do aposentado à atividade não prejudicará o recebimento de sua aposentadoria. (Redação dada pelo Decreto nº 10.410, de 2020)

Art. 169. Os pagamentos dos benefícios de prestação continuada não poderão ser antecipados.

§ 1º Excepcionalmente, nas hipóteses de estado de calamidade pública, reconhecidas por ato do Poder Executivo federal, o INSS poderá, nos termos estabelecidos em ato do Secretário Especial de Previdência e Trabalho do Ministério da Economia, antecipar aos beneficiários domiciliados nos respectivos Municípios: (Redação da pelo Decreto nº 9.700, de 2019)

I - o cronograma de pagamento dos benefícios de prestação continuada previdenciária e assistencial, enquanto perdurar o estado de calamidade; e (Incluído pelo Decreto nº 7.223, de 2010)

II - o valor correspondente a uma renda mensal do benefício devido, excetuados os temporários, mediante opção dos beneficiários. (Incluído pelo Decreto nº 7.223, de 2010)

§ 2º O valor antecipado de que trata o inciso II do § 1º será ressarcido de forma parcelada, mediante desconto da renda do benefício, para esse fim equiparado ao crédito de que trata o inciso II do caput do art. 154, nos termos do ato a que se refere o § 1º. (Incluído pelo Decreto nº 7.223, de 2010)

Art. 170. Compete exclusivamente aos servidores públicos ocupantes dos cargos de que trata o § 3º do art. 30 da Lei nº 11.907, de 2 de fevereiro de 2009, a realização das atividades médico-periciais relacionadas com o RGPS, sem prejuízo de outras disposições constantes no referido artigo. (Redação dada pelo Decreto nº 10.410, de 2020)

Parágrafo único. Os servidores de que trata o caput poderão solicitar ao médico assistente do beneficiário que forneça informações sobre antecedentes médicos a ele relativas, na forma disciplinada pela Secretaria Especial de Previdência e Trabalho do Ministério da Economia, para fins do disposto no § 2º do art. 43 e no § 1º do art. 71 ou para subsidiar emissão de laudo médico-pericial conclusivo. (Redação dada pelo Decreto nº 10.410, de 2020)

Art. 170-A. Incumbem privativamente aos servidores públicos da Carreira do Seguro Social de que trata a Lei nº 10.855, de 1º de abril de 2004, as atribuições previstas no inciso I do caput do art. 5º-B da referida Lei, e compete à Secretaria Especial de Previdência e Trabalho do Ministério da Economia a edição de atos complementares para a especificação e a definição das atividades acessórias ou preparatórias ao exercício das atribuições privativas e para a atuação no exame de matérias e processos administrativos de benefícios sociais.(Incluído pelo Decreto nº 10.410, de 2020)

Art. 171. Quando o segurado ou dependente deslocar-se por determinação do Instituto Nacional do Seguro Social para submeter-se a exame médico-pericial ou a processo de reabilitação profissional em localidade diversa da de sua residência, deverá a instituição custear o seu transporte e pagar-lhe diária no valor de R$ 24,57 (vinte e quatro reais e cinqüenta e sete centavos), ou promover sua hospedagem mediante contratação de serviços de hotéis, pensões ou similares.

§ 1º Caso o beneficiário, a critério do Instituto Nacional do Seguro Social, necessite de acompanhante, a viagem deste poderá ser autorizada, aplicando-se o disposto neste artigo.

§ 2º Quando o beneficiário ficar hospedado em hotéis, pensões ou similares contratados ou conveniados pelo Instituto Nacional do Seguro Social, não caberá pagamento de diária.

Art. 172. Fica o Instituto Nacional do Seguro Social obrigado a emitir e a enviar aos beneficiários aviso de concessão de benefício, além da memória de cálculo do valor dos benefícios concedidos.

Art. 173. O segurado em gozo de aposentadoria que voltar a exercer atividade abrangida pelo RGPS, observados o disposto no art. 168 e, nos casos de aposentadoria especial, o disposto no parágrafo único do art. 69, fará jus: (Redação dada pelo Decreto nº 10.491, de 2020)

I – ao salário-família e à reabilitação profissional, quando empregado, inclusive o doméstico, ou trabalhador avulso; e (Incluído pelo Decreto nº 10.491, de 2020)

II – ao salário-maternidade. (Incluído pelo Decreto nº 10.491, de 2020)

Art. 174. O primeiro pagamento do benefício será efetuado até quarenta e cinco dias após a data da apresentação, pelo segurado, da documentação necessária à sua concessão. (Redação dada pelo Decreto nº 6.722, de 2008).

Parágrafo único. O prazo fixado no caput fica prejudicado nos casos de justificação administrativa ou outras providências a cargo do segurado, que demandem a sua dilatação, iniciando-se essa contagem a partir da data da conclusão das mesmas.

Art. 175. O pagamento de parcelas relativas a benefícios efetuado com atraso, independentemente de ocorrência de mora e de quem lhe deu causa, deve ser corrigido monetariamente desde o momento em que restou devido, pelo mesmo índice utilizado para os reajustamentos dos benefícios do RGPS, apurado no período compreendido entre o mês que deveria ter sido pago e o mês do efetivo pagamento. (Redação dada pelo Decreto nº 6.722, de 2008).

Art. 176. A apresentação de documentação incompleta não constitui, por si só, motivo para recusa do requerimento de benefício ou serviço, ainda que seja possível identificar previamente que o segurado não faça jus ao benefício ou serviço pretendido. (Redação dada pelo Decreto nº 10.410, de 2020)

§ 1º Na hipótese de que trata o caput, o INSS deverá proferir decisão administrativa, com ou sem análise de mérito, em todos os pedidos administrativos formulados, e, quando for o caso, emitirá carta de exigência prévia ao requerente.(Incluído pelo Decreto nº 10.410, de 2020)

§ 2º Encerrado o prazo para cumprimento da exigência sem que os documentos solicitados tenham sido apresentados pelo requerente, o INSS:(Incluído pelo Decreto nº 10.410, de 2020)

I - decidirá pelo reconhecimento do direito, caso haja elementos suficientes para subsidiar a sua decisão; ou(Incluído pelo Decreto nº 10.410, de 2020)

II - decidirá pelo arquivamento do processo sem análise de mérito do requerimento, caso não haja elementos suficientes ao reconhecimento do direito nos termos do disposto no art. 40 da Lei nº 9.784, de 29 de janeiro de 1999.(Incluído pelo Decreto nº 10.410, de 2020)

§ 3º Não caberá recurso ao CRPS da decisão que determine o arquivamento do requerimento sem análise de mérito decorrente da não apresentação de documentação indispensável ao exame do requerimento.(Incluído pelo Decreto nº 10.410, de 2020)

§ 4º Caso haja manifestação formal do segurado no sentido de não dispor de outras informações ou documentos úteis, diversos daqueles apresentados ou disponíveis ao INSS, será proferida a decisão administrativa com análise de mérito do requerimento.(Incluído pelo Decreto nº 10.410, de 2020)

§ 5º O arquivamento do processo não inviabilizará a apresentação de novo requerimento pelo interessado, que terá efeitos a partir da data de apresentação da nova solicitação. (Incluído pelo Decreto nº 10.410, de 2020)

§ 6º O reconhecimento do direito ao benefício com base em documento apresentado após a decisão administrativa proferida pelo INSS considerará como data de entrada do requerimento a data de apresentação do referido documento. (Incluído pelo Decreto nº 10.410, de 2020)

§ 7º O disposto neste artigo aplica-se aos pedidos de revisão e recursos fundamentados em documentos não apresentados no momento do requerimento administrativo e, quanto aos seus efeitos financeiros, aplica-se o disposto no § 4º do art. 347. (Incluído pelo Decreto nº 10.410, de 2020)

Art. 176-A. O requerimento de benefícios e de serviços administrados pelo INSS será formulado por meio de canais de atendimento eletrônico, observados os procedimentos previstos em ato do INSS. (Incluído pelo Decreto nº 10.410, de 2020)

§ 1º O requerimento formulado será processado em meio eletrônico em todas as fases do processo administrativo, ressalvados os atos que exijam a presença do requerente.(Incluído pelo Decreto nº 10.410, de 2020)

§ 2º Excepcionalmente, caso o requerente não disponha de meios adequados para apresentação da solicitação pelos canais de atendimento eletrônico, o requerimento e o agendamento de serviços poderão ser feitos presencialmente nas Agências da Previdência Social.(Incluído pelo Decreto nº 10.410, de 2020)

Art. 176-B. O INSS poderá firmar acordo de cooperação técnica com entes públicos e demais entidades para fins de geração e recebimento de requerimentos de benefícios.(Incluído pelo Decreto nº 10.410, de 2020)

Art. 176-C. O requerente poderá, enquanto não proferida a decisão do INSS e por meio de manifestação escrita, desistir do requerimento formulado, nos termos do disposto no art. 51 da Lei nº 9.784, de 1999.(Incluído pelo Decreto nº 10.410, de 2020)

§ 1º Havendo vários interessados, a desistência a que se refere o caput atinge somente quem a tenha formulado.(Incluído pelo Decreto nº 10.410, de 2020)

§ 2º A desistência do requerimento não impede o INSS de analisar a matéria objeto do requerimento para fins de uniformização de entendimento, de forma geral e abstrata, ou para efeito de apuração de irregularidade. (Incluído pelo Decreto nº 10.410, de 2020)

Art. 176-D. Se, na data de entrada do requerimento do benefício, o segurado não satisfizer os requisitos para o reconhecimento do direito, mas implementá-los em momento posterior, antes da decisão do INSS, o requerimento poderá ser reafirmado para a data em que satisfizer os requisitos, que será fixada como início do benefício, exigindo-se, para tanto, a concordância formal do interessado, admitida a sua manifestação de vontade por meio eletrônico.(Incluído pelo Decreto nº 10.410, de 2020)

Art. 176-E. Caberá ao INSS conceder o benefício mais vantajoso ao requerente ou benefício diverso do requerido, desde que os elementos constantes do processo administrativo assegurem o reconhecimento desse direito.(Incluído pelo Decreto nº 10.410, de 2020)

Parágrafo único. Na hipótese de direito à concessão de benefício diverso do requerido, caberá ao INSS notificar o segurado para que este manifeste expressamente a sua opção pelo benefício, observado o disposto no art. 176-D.(Incluído pelo Decreto nº 10.410, de 2020)

Art. 177. (Revogado pelo Decreto nº 3.668, de 2000)

Art. 178. O pagamento mensal de benefícios de valor superior a vinte vezes o limite máximo de salário-de-contribuição deverá ser autorizado expressamente pelo Gerente-Executivo do Instituto Nacional do Seguro Social, observada a análise da Divisão ou Serviço de Benefícios. (Redação dada pelo Decreto nº 5.545, de 2005)

Parágrafo único. Os benefícios de valor inferior ao limite estipulado no caput, quando do reconhecimento do direito da concessão, revisão e manutenção de benefícios, serão supervisionados pelas Agências da Previdência Social e Divisões ou Serviços de Benefícios, sob critérios pré-estabelecidos pela Direção Central. (Redação dada pelo Decreto nº 5.545, de 2005)

Art. 179. O INSS manterá programa permanente de revisão da concessão e da manutenção dos benefícios por ele administrados, a fim de apurar irregularidades ou erros materiais. (Redação dada pelo Decreto nº 10.410, de 2020)

§ 1º Na hipótese de haver indícios de irregularidade ou erro material na concessão, na manutenção ou na revisão do benefício, o INSS notificará o beneficiário, o seu representante legal ou o seu procurador para apresentar defesa, provas ou os documentos dos quais dispuser, no prazo de: (Redação dada pelo Decreto nº 10.410, de 2020)

I – trinta dias, no caso de trabalhador urbano; ou (Incluído pelo Decreto nº 10.410, de 2020)

II – sessenta dias, no caso de: (Incluído pelo Decreto nº 10.410, de 2020)

a) trabalhador rural individual; (Incluída pelo Decreto nº 10.410, de 2020)

b) trabalhador rural avulso; (Incluída pelo Decreto nº 10.410, de 2020)

c) agricultor familiar; ou (Incluída pelo Decreto nº 10.410, de 2020)

d) segurado especial. (Incluída pelo Decreto nº 10.410, de 2020)

§ 2º A notificação a que se refere o § 1º será feita, preferencialmente: (Redação dada pelo Decreto nº 10.410, de 2020)

I – por rede bancária, conforme definido em ato do INSS; (Incluído pelo Decreto nº 10.410, de 2020)

II – por meio eletrônico, por meio de cadastramento prévio, na forma definida em ato do INSS, a ser realizado por procedimento em que seja assegurada a identificação adequada do interessado; (Incluído pelo Decreto nº 10.410, de 2020)

III – por via postal, por meio de carta simples destinada ao endereço constante do cadastro do segurado que requereu o benefício, hipótese em que o aviso de recebimento será considerado prova suficiente da sua notificação; (Incluído pelo Decreto nº 10.410, de 2020)

IV – pessoalmente, quando entregue ao interessado em mão; ou (Incluído pelo Decreto nº 10.410, de 2020)

V – por edital, na hipótese de o segurado não ter sido localizado por meio da comunicação a que se refere o inciso III. (Incluído pelo Decreto nº 10.410, de 2020)

§ 3º A defesa poderá ser apresentada pelo canal de atendimento eletrônico do INSS ou na Agência da Previdência Social do domicílio do beneficiário. (Redação dada pelo Decreto nº 10.410, de 2020)

§ 4º O benefício será suspenso nas seguintes hipóteses: (Redação dada pelo Decreto nº 10.410, de 2020)

I – de não apresentação da defesa no prazo estabelecido no § 1º; ou (Incluído pelo Decreto nº 10.410, de 2020)

II - de defesa considerada insuficiente ou improcedente pelo INSS. (Incluído pelo Decreto nº 10.410, de 2020)

§ 5º O INSS notificará o beneficiário quanto à suspensão do benefício de que trata o § 4º, que disporá do prazo de trinta dias, contado da data de notificação, para interposição de recurso. (Redação dada pelo Decreto nº 10.410, de 2020)

§ 6º Decorrido o prazo a que se refere o § 5º sem que o beneficiário, o seu representante legal ou o seu procurador apresente recurso administrativo aos canais de atendimento do INSS ou a outros canais autorizados, o benefício será cessado. (Redação dada pelo Decreto nº 10.410, de 2020)

§ 7º Para fins do disposto no caput, o INSS poderá realizar recenseamento para atualização do cadastro dos beneficiários e verificação dos benefícios administrados pelo INSS, observado o disposto nos incisos III, IV e V do § 8º. (Incluído pelo Decreto nº 10.410, de 2020)

§ 8º Aqueles que receberem benefícios realizarão anualmente a comprovação de vida nas instituições financeiras, por meio de atendimento eletrônico com uso de biometria ou por outro meio definido pelo INSS que assegure a identificação do beneficiário, observadas as seguintes disposições: (Incluído pelo Decreto nº 10.410, de 2020)

I - a prova de vida e a renovação de senha serão efetuadas por aquele que receber o benefício, que deverá ser identificado por funcionário da instituição, quando realizadas nas instituições financeiras; (Incluído pelo Decreto nº 10.410, de 2020)

II - o representante legal ou o procurador do beneficiário, legalmente cadastrado no INSS, poderá realizar a prova de vida no INSS ou na instituição financeira responsável pelo pagamento; (Incluído pelo Decreto nº 10.410, de 2020)

III - a prova de vida de segurados com idade igual ou superior a sessenta anos será disciplinada em ato do INSS; (Incluído pelo Decreto nº 10.410, de 2020)

IV - o INSS disporá de meios, incluída a realização de pesquisa externa, que garantam a identificação e o processo de prova de vida para pessoas com dificuldade de locomoção e idosos acima de oitenta anos que recebam benefícios; e (Incluído pelo Decreto nº 10.410, de 2020)

V - o INSS poderá bloquear o pagamento do benefício encaminhado às instituições financeiras até que o beneficiário atenda à convocação para a realização de prova de vida, permitida a liberação do pagamento automaticamente pela instituição financeira. (Incluído pelo Decreto nº 10.410, de 2020)

§ 8º-A A prova de vida para quem reside no exterior, a ser encaminhada obrigatoriamente ao INSS, deverá ser realizada nas embaixadas ou nos consulados brasileiros no exterior ou por meio de apostilamento de documento definido pelo INSS para esse fim. (Incluído pelo Decreto nº 10.410, de 2020)

§ 9º O recurso de que trata o § 5º não terá efeito suspensivo. (Incluído pelo Decreto nº 10.410, de 2020)

§ 10. Apurada irregularidade recorrente ou fragilidade nos procedimentos, reconhecida na forma prevista no caput ou pelos órgãos de controle, os procedimentos de análise e concessão de benefícios serão revistos, de modo a reduzir o risco de fraude e concessão irregular. (Incluído pelo Decreto nº 10.410, de 2020)

§ 11. Para fins do disposto no § 8º, preservados o sigilo e a integridade dos dados, o INSS: (Incluído pelo Decreto nº 10.410, de 2020)

I – terá acesso aos dados biométricos mantidos e administrados pelos órgãos públicos federais; e (Incluído pelo Decreto nº 10.410, de 2020)

II – poderá ter, por meio de convênio, acesso aos dados biométricos hospedados em sistemas: (Incluído pelo Decreto nº 10.410, de 2020)

a) da Justiça Eleitoral; e (Incluída pelo Decreto nº 10.410, de 2020)

b) de outros entes federativos. (Incluída pelo Decreto nº 10.410, de 2020)

Art. 179-A. O INSS implementará e manterá processo administrativo eletrônico para requerimento de benefícios e serviços e disponibilizará canais eletrônicos de atendimento. (Incluído pelo Decreto nº 10.410, de 2020)

§ 1º O INSS facilitará o requerimento, a concessão, a manutenção e a revisão de benefícios por meio eletrônico e implementará procedimentos automatizados de atendimento e prestação de serviços por meio telefônico ou por canais remotos. (Incluído pelo Decreto nº 10.410, de 2020)

§ 2º Poderão ser celebrados acordos de cooperação, na modalidade de adesão, com órgãos e entidades da União, dos Estados, do Distrito Federal e dos Municípios, para o recebimento de documentos e o apoio administrativo às atividades do INSS que demandem a prestação de serviços presenciais. (Incluído pelo Decreto nº 10.410, de 2020)

§ 3º A implementação de serviços eletrônicos pelo INSS preverá mecanismos de controle preventivos de fraude e de identificação segura do cidadão. (Incluído pelo Decreto nº 10.410, de 2020)

Art. 179-B. No exercício de suas competências, observado o disposto nos incisos XI e XII do caput do art. 5º da Constituição e na Lei nº 13.709, de 14 de agosto de 2018, o INSS terá acesso aos dados necessários para a análise, a concessão, a revisão e a manutenção de benefícios por ele administrados, em especial aos dados: (Incluído pelo Decreto nº 10.410, de 2020)

I – dos registros e dos prontuários eletrônicos do SUS, administrados pelo Ministério da Saúde; (Incluído pelo Decreto nº 10.410, de 2020)

PREVIDENCIÁRIO

II – dos documentos médicos mantidos por entidades públicas e privadas, e, no caso destas últimas, será necessária a celebração de convênio para que o acesso seja garantido; e (Incluído pelo Decreto nº 10.410, de 2020)

III – de movimentação das contas do FGTS, mantidas pela Caixa Econômica Federal. (Incluído pelo Decreto nº 10.410, de 2020)

§ 1º Para fins do cumprimento do disposto no caput, serão preservados o sigilo e a integridade dos dados acessados pelo INSS, eventualmente existentes, e, quanto aos dados dos prontuários eletrônicos do SUS e dos documentos médicos mantidos por entidades públicas e privadas, o acesso será franqueado exclusivamente aos peritos médicos federais designados pelo INSS. (Incluído pelo Decreto nº 10.410, de 2020)

§ 2º O Ministério da Economia terá acesso às bases de dados geridas ou administradas pelo INSS, incluída a folha de pagamento de benefícios detalhada. (Incluído pelo Decreto nº 10.410, de 2020)

§ 3º As bases de dados e as informações de que tratam o caput e o § 1º poderão ser compartilhadas com os regimes próprios de previdência social somente para fins de cumprimento de suas competências relacionadas à recepção, à análise, à concessão, à revisão e à manutenção de benefícios por eles administrados, preservados o sigilo e a integridade dos dados, na forma disciplinada em ato conjunto do Secretário Especial de Previdência e Trabalho do Ministério da Economia e do gestor dos dados. (Incluído pelo Decreto nº 10.410, de 2020)

§ 4º Fica dispensada a celebração de convênio, acordo de cooperação técnica ou instrumentos congêneres para a concessão do acesso aos dados de que trata o caput quando se tratar de dados hospedados por órgãos da administração pública federal e caberá ao INSS a responsabilidade de arcar com os custos envolvidos, quando houver, para o acesso ou a extração dos dados, exceto quando estabelecido de forma diversa entre os órgãos envolvidos. (Incluído pelo Decreto nº 10.410, de 2020)

§ 5º As solicitações de acesso a dados hospedados por entidades privadas têm característica de requisição, dispensados a celebração de convênio, acordo de cooperação técnica ou instrumentos congêneres para a concessão do acesso aos dados de que trata o caput e o ressarcimento de eventuais custos, vedado o compartilhamento dos referidos dados com outras entidades de direito privado. (Incluído pelo Decreto nº 10.410, de 2020)

Art. 179-C. O servidor responsável pela análise dos pedidos dos benefícios motivará suas decisões ou opiniões técnicas e responderá pessoalmente apenas nas hipóteses de dolo e de erro grosseiro. (Incluído pelo Decreto nº 10.410, de 2020)

Art. 179-D. A administração pública federal desenvolverá ações de segurança da informação e das comunicações, incluídas as de segurança cibernética, de segurança das infraestruturas, de qualidade dos dados e de segurança de interoperabilidade de bases governamentais, e efetuará a sua integração, inclusive com as bases de dados e informações dos Estados, do Distrito Federal e dos Municípios, com o objetivo de atenuar riscos e inconformidades em pagamentos de benefícios sociais. (Incluído pelo Decreto nº 10.410, de 2020)

Art. 179-E. Os benefícios administrados pelo INSS que forem objeto de apuração de irregularidade ou fraude pela Coordenação-Geral de Inteligência Previdenciária e Trabalhista da Secretaria Especial de Previdência e Trabalho do Ministério da Economia poderão ter o respectivo valor bloqueado cautelarmente pelo INSS, por meio de decisão fundamentada, quando houver risco iminente de prejuízo ao erário e restarem evidenciados elementos suficientes que indiquem a existência de irregularidade ou fraude na sua concessão ou manutenção, hipótese em que será facultado ao titular a apresentação de defesa, nos termos do disposto neste Regulamento. (Incluído pelo Decreto nº 10.410, de 2020)

§ 1º Para fins do disposto neste artigo, o bloqueio do valor do benefício consiste no comando bancário que impossibilita temporariamente a movimentação do valor referente ao benefício. (Incluído pelo Decreto nº 10.410, de 2020)

§ 2º Será dada prioridade à tramitação de processo no qual seja requerido o bloqueio do valor do benefício. (Incluído pelo Decreto nº 10.410, de 2020)

§ 3º Na hipótese prevista no § 2º, a tramitação do processo deverá ser concluída no prazo de trinta dias, contado da data de apresentação da defesa pelo titular do benefício. (Incluído pelo Decreto nº 10.410, de 2020)

§ 4º Encerrado o prazo de que trata o § 3º, independentemente de concluída a tramitação do processo, o benefício será desbloqueado automaticamente, ressalvada a hipótese prevista no § 5º.

§ 5º Na hipótese de o titular do benefício não apresentar defesa, o bloqueio será convertido automaticamente em suspensão do benefício. (Incluído pelo Decreto nº 10.410, de 2020)

§ 6º Ato conjunto da Secretaria Especial de Previdência e Trabalho do Ministério da Economia e do INSS disciplinará os procedimentos, os requisitos e a forma de encaminhamento das apurações de irregularidade ou fraude e de efetivação do bloqueio de que trata este artigo. (Incluído pelo Decreto nº 10.410, de 2020)

Art. 180. Ressalvado o disposto nos §§ 5º e 6º do art. 13, a perda da qualidade de segurado importa em caducidade dos direitos inerentes a essa qualidade. (Redação dada pelo Decreto nº 4.729, de 2003)

§ 1º A perda da qualidade de segurado não prejudica o direito à aposentadoria para cuja concessão tenham sido preenchidos todos os requisitos, segundo a legislação em vigor à época em que estes requisitos foram atendidos.

§ 2º Não será concedida pensão por morte aos dependentes do segurado que falecer após a perda desta qualidade, nos termos dos arts. 13 a 15, salvo se preenchidos os requisitos para obtenção de aposentadoria na forma do parágrafo anterior, observado o disposto no art. 105.

§ 3º No cálculo da aposentadoria de que trata o § 1º, será observado o disposto no § 9º do art. 32 e no art. 52.

Art. 181. Todo e qualquer benefício concedido pelo Instituto Nacional do Seguro Social, ainda que à conta do Tesouro Nacional, submete-se ao limite a que se refere o § 5º do art. 214.

Parágrafo único. Aos beneficiários de que trata o art. 150 da Lei nº 8.213, de 1991, aplicam-se as disposições previstas neste Regulamento, vedada a adoção de critérios diferenciados para a concessão de benefícios.

Art. 181-A. (Revogado pelo Decreto nº 10.410, de 2020)

Art. 181-B. As aposentadorias concedidas pela previdência social são irreversíveis e irrenunciáveis. (Redação dada pelo Decreto nº 10.410, de 2020)

§ 1º O disposto neste artigo não se aplica à concessão de aposentadoria por incapacidade permanente. (Redação dada pelo Decreto nº 10.410, de 2020)

§ 2º O segurado poderá desistir do seu pedido de aposentadoria desde que manifeste essa intenção e requeira o arquivamento definitivo do pedido antes da ocorrência de um dos seguintes atos: (Incluído pelo Decreto nº 10.410, de 2020)

I – recebimento do primeiro pagamento do benefício; ou (Incluído pelo Decreto nº 10.410, de 2020)

II – efetivação do saque do FGTS ou do PIS. (Incluído pelo Decreto nº 10.410, de 2020)

§ 3º O disposto no caput não impede a cessação dos benefícios não acumuláveis por força de disposição legal ou constitucional. (Incluído pelo Decreto nº 10.410, de 2020)

Art. 181-C. Na hipótese de o inventariante não tomar a iniciativa do pagamento das contribuições devidas pelo segurado falecido o Instituto Nacional do Seguro Social deverá requerer, no inventário ou arrolamento de bens por ele deixado, o pagamento da dívida. (Incluído pelo Decreto nº 4.729, de 2003)

Parágrafo único. Na hipótese de ter sido feita a partilha da herança sem a liquidação das contribuições devidas pelo segurado falecido, respondem os herdeiros, cada qual em proporção da parte que na herança lhe coube, aplicando-se, em relação aos herdeiros dependentes, o disposto no art. 154, inciso I, combinado com o § 3º do mesmo artigo. (Incluído pelo Decreto nº 4.729, de 2003)

Art. 181-D. Se mais vantajoso, fica assegurado o direito à aposentadoria, nas condições legalmente previstas na data do cumprimento de todos os requisitos ao segurado que tiver optado por permanecer em atividade. (Incluído pelo Decreto nº 10.410, de 2020)

§ 1º Para fins do disposto no caput, o valor inicial da aposentadoria, apurado conforme as regras vigentes na data em que todos os requisitos tiverem sido cumpridos, será comparado com o valor da aposentadoria calculada na data de entrada do requerimento, hipótese em que será mantido o benefício mais vantajoso e será considerada como data de início do benefício a data de entrada do requerimento, observado o disposto no art. 52. (Incluído pelo Decreto nº 10.410, de 2020)

§ 2º A renda mensal inicial, apurada na forma prevista no § 1º, será reajustada pelos índices de reajustamento aplicados aos benefícios até a data de entrada do requerimento e não será devido qualquer pagamento relativamente a período anterior a essa data. (Incluído pelo Decreto nº 10.410, de 2020)

Art. 181-E. Para fins do disposto neste Regulamento, considera-se ano civil o período de doze meses contados de 1º de janeiro a 31 de dezembro do respectivo ano. (Incluído pelo Decreto nº 10.410, de 2020)

CAPÍTULO VIII
DAS DISPOSIÇÕES TRANSITÓRIAS RELATIVAS ÀS PRESTAÇÕES DO REGIME GERAL DE PREVIDÊNCIA SOCIAL

Art. 182. A carência das aposentadorias por idade, tempo de contribuição e especial de que tratam os art. 188-H ao art. 188-P para os segurados inscritos na previdência social urbana até 24 de julho de 1991 e para os trabalhadores e empregadores rurais amparados pela previdência social rural obedecerá à seguinte tabela, considerado o ano em que o segurado tiver implementado todas as condições necessárias à obtenção do benefício, ressalvada a aposentadoria por idade, para a qual será considerado o ano em que o segurado tiver implementado a idade exigida: (Redação dada pelo Decreto nº 10.410, de 2020)

ANO DE IMPLEMENTAÇÃO DAS CONDIÇÕES	MESES DE CONTRIBUIÇÃO EXIGIDOS
1998	102 meses
1999	108 meses
2000	114 meses
2001	120 meses
2002	126 meses
2003	132 meses
2004	138 meses
2005	144 meses

2006	150 meses
2007	156 meses
2008	162 meses
2009	168 meses
2010	174 meses
2011	180 meses

Parágrafo único. Não se aplica a tabela de que trata o caput para os benefícios de aposentadoria por tempo de contribuição e por idade garantida aos segurados com deficiência, de que tratam os arts. 70-B e 70-C.(Incluído pelo Decreto nº 8.145, de 2013)

Art. 183. O trabalhador rural enquadrado como segurado obrigatório do RGPS, na forma da alínea "a" do inciso I ou da alínea "j" do inciso V do caput do art. 9º, pode requerer a aposentadoria por idade, no valor de um salário mínimo, até 31 de dezembro de 2010, desde que comprove o exercício de atividade rural, ainda que de forma descontínua, no período imediatamente anterior ao requerimento do benefício ou, conforme o caso, ao mês em que cumpriu o requisito etário, em número de meses idêntico à carência do referido benefício. (Redação dada pelo Decreto nº 6.722, de 2008).

Art. 183-A. Na concessão de aposentadoria por idade do empregado rural, em valor equivalente ao salário mínimo, serão contados para efeito de carência: (Incluído pelo Decreto nº 6.722, de 2008).

I – até 31 de dezembro de 2010, o período de atividade comprovado na forma do inciso II, letra "a", do § 2º do art. 62, observado o disposto no art. 183; (Incluído pelo Decreto nº 6.722, de 2008).

II – de janeiro de 2011 a dezembro de 2015, cada mês comprovado de emprego, multiplicado por três, limitado a doze meses dentro do respectivo ano civil; e (Incluído pelo Decreto nº 6.722, de 2008).

III – de janeiro de 2016 a dezembro de 2020, cada mês comprovado de emprego, multiplicado por dois, limitado a doze meses dentro do respectivo ano civil. (Incluído pelo Decreto nº 6.722, de 2008).

§ 1º O disposto no inciso I do caput aplica-se ao trabalhador rural que se enquadre na categoria de segurado contribuinte individual que comprovar a prestação de serviço de natureza rural, em caráter eventual, a uma ou mais empresas, sem relação de emprego. (Incluído pelo Decreto nº 10.410, de 2020)

§ 2º Para fins do disposto no inciso I do caput, a comprovação do tempo de contribuição até 31 de dezembro de 2010 do empregado rural e do contribuinte individual rural ocorrerá por meio dos documentos de que trata o § 1º do art. 19-B ou por justificação administrativa. (Incluído pelo Decreto nº 10.410, de 2020)

Art. 184. O segurado que recebe aposentadoria por idade, tempo de contribuição ou especial do Regime Geral de Previdência Social que permaneceu ou retornou à atividade e que vinha contribuindo até 14 de abril de 1994, véspera da vigência da Lei nº 8.870, de 15 de abril de 1994, receberá o pecúlio, em pagamento único, quando do desligamento da atividade que vinha exercendo.

§ 1º O pecúlio de que trata este artigo consistirá em pagamento único de valor correspondente à soma das importâncias relativas às contribuições do segurado, remuneradas de acordo com o índice de remuneração básica dos depósitos de poupança com data de aniversário no dia primeiro.

§ 2º O disposto no parágrafo anterior aplica-se a contar de 25 de julho de 1991, data da vigência da Lei nº 8.213, de 1991, observada, com relação às contribuições anteriores, a legislação vigente à época do seu recolhimento.

Art. 185. Serão mantidos, de acordo com a respectiva legislação específica, as prestações e o seu financiamento, referentes aos benefícios de ferroviário servidor público ou autárquico federal ou em regime especial que não optou pelo regime da Consolidação das Leis do Trabalho, na forma da Lei nº 6.184, de 11 de dezembro de 1974, bem como de seus dependentes.

Art. 186. (Revogado pelo Decreto nº 4.079, de 2002)

Art. 187. É assegurada a concessão de aposentadoria, a qualquer tempo, nas condições previstas na legislação anterior à Emenda Constitucional nº 20, de 1998, ao segurado do Regime Geral de Previdência Social que, até 16 de dezembro de 1998, tenha cumprido os requisitos para obtê-la.

§ 1º Quando da concessão de aposentadoria nos termos previstos no caput, o tempo de serviço será considerado até 16 de dezembro de 1998 e a renda mensal inicial será calculada com base nos trinta e seis últimos salários de contribuição anteriores àquela data, reajustada pelos mesmos índices aplicados aos benefícios, até a data de entrada do requerimento, hipótese em que não será devido qualquer pagamento relativamente a período anterior, observado, quando couber, o disposto no § 9º do art. 32. (Incluído pelo Decreto nº 10.410, de 2020)

§ 2º O segurado que, até 16 de dezembro de 1998, tenha cumprido os requisitos para obter a aposentadoria proporcional somente fará jus ao acréscimo de cinco por cento a que se refere o § 4º do art. 188 se cumprir o requisito previsto no inciso I do caput do art. 188. (Incluído pelo Decreto nº 10.410, de 2020)

Art. 187-A. O professor que tenha exercido atividade de magistério, em qualquer nível, e que até 16 de dezembro de 1998 não tenha implementado as condições para aposentadoria por tempo de serviço de professor, poderá ter contado esse tempo até aquela data acrescido de dezessete por cento, se homem, e de vinte por cento, se mulher, se optar pela aposentadoria transitória por tempo de contribuição, desde que cumpridos trinta e cinco anos de contribuição, se homem, e trinta anos, se mulher, exclusivamente em funções de magistério. (Incluído pelo Decreto nº 10.410, de 2020)

Art. 188. Ao segurado filiado ao RGPS até 16 de dezembro de 1998, uma vez cumprido o período de carência exigido, será assegurada, a qualquer tempo, a aposentadoria com valores proporcionais ao tempo de contribuição, quando cumpridos, cumulativamente, até 13 de novembro de 2019, os seguintes requisitos: (Redação dada pelo Decreto nº 10.410, de 2020)

I – contar cinqüenta e três anos ou mais de idade, se homem, e quarenta e oito anos ou mais de idade, se mulher; e

II – contar tempo de contribuição igual, no mínimo, à soma de:

a) trinta anos, se homem, e vinte e cinco anos, se mulher; e (Redação dada pelo Decreto nº 4.729, de 2003)

b) um período adicional de contribuição equivalente a, no mínimo, quarenta por cento do tempo que, em 16 de dezembro de 1998, faltava para atingir o limite de tempo constante da alínea "a". (Redação dada pelo Decreto nº 4.729, de 2003)

§ 1º (Revogado pelo Decreto nº 4.729, de 2003)

§ 2º Para o segurado que tenha cumprido os requisitos a que se refere o caput até 28 de novembro de 1999, a renda mensal inicial da aposentadoria será calculada com base nos trinta e seis últimos salários de contribuição anteriores àquela data, apurados no período de quarenta e oito meses, e reajustada pelos mesmos índices aplicados ao benefício a que o segurado fazia jus, até a data de entrada do requerimento. (Redação dada pelo Decreto nº 10.410, de 2020)

§ 3º Para o segurado que tenha cumprido os requisitos a que se refere o caput no período entre 29 de novembro de 1999 e 13 de novembro de 2019 e que optar pela aposentadoria em conformidade com as regras vigentes à época, a renda mensal inicial será calculada na forma prevista no art. 188-E e reajustada pelos mesmos índices aplicados aos benefícios do RGPS, até a data de entrada do requerimento. (Redação dada pelo Decreto nº 10.410, de 2020)

§ 4º O valor da renda mensal da aposentadoria proporcional será equivalente a setenta por cento da média apurada na forma prevista nos § 2º e § 3º, acrescida de cinco pontos percentuais por ano de contribuição que supere a soma a que se refere o inciso II do caput, até o limite de cem por cento. (Redação dada pelo Decreto nº 10.410, de 2020)

Art. 188-A. Será assegurada a concessão de aposentadoria, a qualquer tempo, ao segurado do RGPS, inclusive o oriundo de regime próprio de previdência social, que, até 13 de novembro de 2019, uma vez cumprido o período de carência exigido, tenha cumprido os seguintes requisitos: (Redação dada pelo Decreto nº 10.410, de 2020)

I – no caso de aposentadoria por idade – sessenta e cinco anos de idade, se homem, e sessenta anos de idade, se mulher; (Incluído pelo Decreto nº 10.410, de 2020)

II – no caso de aposentadoria por tempo de contribuição: (Incluído pelo Decreto nº 10.410, de 2020)

a) para os professores que comprovem tempo de efetivo exercício exclusivamente em função de magistério na educação infantil, no ensino fundamental ou no ensino médio: (Incluída pelo Decreto nº 10.410, de 2020)

1. trinta anos de contribuição, se homem; ou (Incluído pelo Decreto nº 10.410, de 2020)

2. vinte e cinco anos de contribuição, se mulher; e (Incluído pelo Decreto nº 10.410, de 2020)

b) para os demais segurados: (Incluída pelo Decreto nº 10.410, de 2020)

1. trinta e cinco anos de contribuição, se homem; e (Incluído pelo Decreto nº 10.410, de 2020)

2. trinta anos de contribuição, se mulher; ou (Incluído pelo Decreto nº 10.410, de 2020)

III – no caso de aposentadoria especial – quinze, vinte ou vinte e cinco anos de contribuição, conforme o caso, para os segurados sujeitos a condições especiais que prejudiquem a sua saúde ou a sua integridade física. (Incluído pelo Decreto nº 10.410, de 2020)

§ 1º (Revogado pelo Decreto nº 10.410, de 2020)

§ 2º (Revogado pelo Decreto nº 10.410, de 2020)

§ 3º (Revogado pelo Decreto nº 5.399, de 2005)

§ 4º (Revogado pelo Decreto nº 10.410, de 2020)

§ 5º O valor da renda mensal da aposentadoria concedida na forma prevista neste artigo será apurado na data de 13 de novembro de 2019, em conformidade com o disposto nos art. 188-E e art. 188-F, e reajustado pelos mesmos índices aplicados ao benefício até a data do requerimento. (Incluído pelo Decreto nº 10.410, de 2020)

Art. 188-B. (Revogado pelo Decreto nº 10.410, de 2020)

Art. 188-C. (Revogado pelo Decreto nº 4.729, de 2003)

Art. 188-D. (Revogado pelo Decreto nº 4.729, de 2003)

Art. 188-E. O salário de benefício a ser utilizado para apuração do valor da renda mensal dos benefícios concedidos com base em direito adquirido até 13 de novembro de 2019 consistirá: (Redação dada pelo Decreto nº 10.410, de 2020)

PREVIDENCIÁRIO

I – para as aposentadorias por idade e por tempo de contribuição, na média aritmética simples dos maiores salários de contribuição correspondentes a oitenta por cento de todo o período contributivo, multiplicada pelo fator previdenciário; e (Incluído pelo Decreto nº 10.410, de 2020)

II – para as aposentadorias por invalidez e especial, auxílio-doença e auxílio-acidente, na média aritmética simples dos maiores salários de contribuição correspondentes a oitenta por cento de todo o período contributivo. (Incluído pelo Decreto nº 10.410, de 2020)

§ 1º No caso das aposentadorias por idade, por tempo de contribuição e especial, o divisor considerado no cálculo da média a que se referem os incisos I e II do caput não poderá ser inferior a sessenta por cento do período decorrido da competência julho de 1994 até a data de início do benefício, limitado a cem por cento de todo o período contributivo. (Incluído pelo Decreto nº 10.410, de 2020)

§ 2º O fator previdenciário a que se refere o inciso I do caput será calculado com base na idade, na expectativa de sobrevida e no tempo de contribuição do segurado ao se aposentar, por meio da seguinte a fórmula: (Incluído pelo Decreto nº 10.410, de 2020)

$$f = \frac{Tcxa}{Es} x \left[1 + \frac{(Id + Tcxa)}{100} \right]$$

Em que:

f = fator previdenciário;

Es = expectativa de sobrevida no momento da aposentadoria;

Tc = tempo de contribuição até o momento da aposentadoria;

Id = idade no momento da aposentadoria; e

a = alíquota de contribuição correspondente a 0,31.

§ 3º Para fins do disposto no § 2º, a expectativa de sobrevida do segurado na idade da aposentadoria será obtida a partir da tábua completa de mortalidade construída pelo IBGE para toda a população brasileira, considerada a média nacional única para ambos os sexos. (Incluído pelo Decreto nº 10.410, de 2020)

§ 4º Os benefícios previdenciários requeridos a partir da data de publicação da tábua de mortalidade considerarão a nova expectativa de sobrevida. (Incluído pelo Decreto nº 10.410, de 2020)

§ 5º Para efeito da aplicação do fator previdenciário, ao tempo de contribuição do segurado serão adicionados: (Incluído pelo Decreto nº 10.410, de 2020)

I - cinco anos, se mulher; ou (Incluído pelo Decreto nº 10.410, de 2020)

II - no caso de professores que comprovem tempo de efetivo exercício exclusivamente em função de magistério na educação infantil, no ensino fundamental ou no ensino médio: (Incluído pelo Decreto nº 10.410, de 2020)

a) cinco anos, se homem; e (Incluída pelo Decreto nº 10.410, de 2020)

b) dez anos, se mulher. (Incluída pelo Decreto nº 10.410, de 2020)

§ 6º Fica garantida a aplicação do fator previdenciário no cálculo das aposentadorias por tempo de contribuição e por idade devidas ao segurado com deficiência, se resultar em renda mensal de valor mais elevado, hipótese em que caberá ao INSS, quando da concessão do benefício, proceder ao cálculo da renda mensal inicial com e sem a aplicação do fator previdenciário. (Incluído pelo Decreto nº 10.410, de 2020)

§ 7º Fica garantido ao segurado com direito à aposentadoria por idade na forma do disposto no art. 188-H a opção pela não aplicação do fator previdenciário e caberá ao INSS, quando da concessão do benefício, proceder ao cálculo da renda mensal inicial com e sem o fator previdenciário. (Incluído pelo Decreto nº 10.410, de 2020)

§ 8º O segurado que tiver cumprido os requisitos para a aposentadoria por tempo de contribuição poderá optar pela não incidência do fator previdenciário no cálculo de sua aposentadoria se o total resultante da soma de sua idade e de seu tempo de contribuição, incluídas as frações, tiver atingido o número de pontos: (Incluído pelo Decreto nº 10.410, de 2020)

I - a partir de 18 de junho de 2015 até 30 de dezembro de 2018: (Redação dada pelo Decreto nº 10.491, de 2020)

a) igual ou superior a noventa e cinco pontos, se homem, observado o tempo mínimo de contribuição de trinta e cinco anos; ou (Incluída pelo Decreto nº 10.410, de 2020)

b) igual ou superior a oitenta e cinco pontos, se mulher, observado o tempo mínimo de contribuição de trinta anos; e (Incluída pelo Decreto nº 10.410, de 2020)

II - de 31 de dezembro de 2018 até 13 de novembro de 2019: (Redação dada pelo Decreto nº 10.491, de 2020)

a) igual ou superior a noventa e seis pontos, se homem, observado o tempo mínimo de contribuição de trinta e cinco anos; ou (Incluída pelo Decreto nº 10.410, de 2020)

b) igual ou superior a oitenta e seis pontos, se mulher, observado o tempo mínimo de contribuição de trinta anos. (Incluída pelo Decreto nº 10.410, de 2020)

§ 9º Para fins de aplicação do disposto no caput e no § 8º, o tempo mínimo de contribuição dos professores que comprovarem tempo de efetivo exercício exclusivamente em função de magistério na educação infantil, no ensino fundamental ou no ensino médio será de trinta anos de contribuição, se homem, e vinte e cinco anos de contribuição, se mulher. (Incluído pelo Decreto nº 10.410, de 2020)

§ 10. Na hipótese prevista no § 9º, ao resultado da soma da idade do professor e de seu tempo de contribuição serão acrescidos cinco pontos. (Incluído pelo Decreto nº 10.410, de 2020)

Art. 188-F. A renda mensal do benefício concedido ao segurado de que trata o art. 188-A será calculada sobre o salário de benefício, apurado na forma prevista no art. 188-E, ao qual serão aplicados os seguintes percentuais: (Redação dada pelo Decreto nº 10.410, de 2020)

I – no caso de aposentadoria por idade – setenta por cento do salário de benefício, mais um ponto percentual por grupo de doze contribuições mensais, até o máximo de trinta por cento; (Incluído pelo Decreto nº 10.410, de 2020)

II – no caso de aposentadoria por tempo de contribuição: (Incluído pelo Decreto nº 10.410, de 2020)

a) cem por cento do salário de benefício aos trinta anos de contribuição, se mulher; (Incluída pelo Decreto nº 10.410, de 2020)

b) cem por cento do salário de benefício aos trinta e cinco anos de contribuição, se homem; e (Incluída pelo Decreto nº 10.410, de 2020)

c) no caso de professores que comprovem tempo de efetivo exercício exclusivamente em função de magistério na educação infantil, no ensino fundamental ou no ensino médio: (Incluída pelo Decreto nº 10.410, de 2020)

1. cem por cento do salário de benefício aos vinte e cinco anos de contribuição, se mulher; e (Incluído pelo Decreto nº 10.410, de 2020)

2. cem por cento do salário de benefício aos trinta anos de contribuição, se homem; e (Incluído pelo Decreto nº 10.410, de 2020)

III – no caso de aposentadoria especial – cem por cento do salário de benefício. (Incluído pelo Decreto nº 10.410, de 2020)

Parágrafo único. Para fins de cálculo do percentual de acréscimo de que trata o inciso I do caput, presume-se como efetivado o recolhimento correspondente quando se tratar de segurado empregado, empregado doméstico ou trabalhador avulso. (Incluído pelo Decreto nº 10.410, de 2020)

Art. 188-G. O tempo de contribuição até 13 de novembro de 2019 será contado de data a data, desde o início da atividade até a data do desligamento, considerados, além daqueles referidos no art. 19-C, os seguintes períodos: (Incluído pelo Decreto nº 10.410, de 2020)

I – o tempo de serviço militar, exceto se já contado para inatividade remunerada nas Forças Armadas ou auxiliares ou para aposentadoria no serviço público federal, estadual, distrital ou municipal, ainda que anterior à filiação ao RGPS, obrigatório, voluntário ou alternativo, assim considerado o tempo atribuído pelas Forças Armadas àqueles que, após o alistamento, alegaram imperativo de consciência, entendido como tal aquele decorrente de crença religiosa ou de convicção filosófica ou política, para se eximirem de atividades de caráter militar; (Incluído pelo Decreto nº 10.410, de 2020)

II – o tempo em que o anistiado político esteve compelido ao afastamento de suas atividades profissionais, em decorrência de punição ou de fundada ameaça de punição, por motivo exclusivamente político, situação que será comprovada nos termos do disposto na Lei nº 10.559, de 13 de novembro de 2002; (Incluído pelo Decreto nº 10.410, de 2020)

III – o tempo de serviço público federal, estadual, distrital ou municipal, inclusive aquele prestado a autarquia, sociedade de economia mista ou fundação instituída pelo Poder Público, regularmente certificado na forma prevista na Lei nº 3.841, de 15 de dezembro de 1960, desde que a certidão tenha sido requerida na entidade para a qual o serviço tenha sido prestado até 30 de setembro de 1975, data imediatamente anterior ao início da vigência da Lei nº 6.226, de 14 de junho de 1975; (Incluído pelo Decreto nº 10.410, de 2020)

IV – o tempo de serviço do segurado trabalhador rural anterior à competência novembro de 1991; (Incluído pelo Decreto nº 10.410, de 2020)

V – o tempo de exercício de mandato classista junto a órgão de deliberação coletiva em que, nessa qualidade, tenha havido contribuição para a previdência social; (Incluído pelo Decreto nº 10.410, de 2020)

VI – o tempo de serviço prestado à Justiça dos Estados, às serventias extrajudiciais e às escrivanias judiciais, desde que não tenha havido remuneração pelo erário e que a atividade não estivesse, à época, vinculada a regime próprio de previdência social; (Incluído pelo Decreto nº 10.410, de 2020)

VII – o tempo de atividade dos auxiliares locais de nacionalidade brasileira no exterior amparados pela Lei nº 8.745, de 9 de dezembro de 1993, anteriormente a 1º de janeiro de 1994, desde que a sua situação previdenciária esteja regularizada no INSS; (Incluído pelo Decreto nº 10.410, de 2020)

VIII – o tempo de contribuição efetuado pelo servidor público de que tratam as alíneas "i", "j" e "l" do inciso I do caput do art. 9º e o § 2º do art. 26, com fundamento do disposto nos art. 8º e art. 9º da Lei nº 8.162, de 8 de janeiro de 1991, e no art. 2º da Lei nº 8.688, de 21 de julho de 1993; e (Incluído pelo Decreto nº 10.410, de 2020)

IX – o tempo exercido na condição de aluno-aprendiz referente ao período de aprendizado profissional realizado em escola técnica, desde que comprovados a remuneração pelo erário, mesmo que indireta, e o vínculo empregatício. (Incluído pelo Decreto nº 10.410, de 2020)

Parágrafo único. O tempo de contribuição de que trata este artigo será considerado para fins de cálculo do valor da renda mensal de qualquer benefício. (Incluído pelo Decreto nº 10.410, de 2020)

Art. 188-H. Ressalvado o direito de opção pelas aposentadorias de que tratam os art. 51, art. 188-I, art. 188-J, art. 188-K e art. 188-L, a aposentadoria por idade será devida, a qualquer tempo, ao segurado filiado ao RGPS até 13 de novembro de 2019 que cumprir, cumulativamente, os seguintes requisitos: (Incluído pelo Decreto nº 10.410, de 2020)

I – sessenta anos de idade, se mulher, e sessenta e cinco anos de idade, se homem; (Incluído pelo Decreto nº 10.410, de 2020)

II – quinze anos de contribuição, para ambos os sexos; e (Incluído pelo Decreto nº 10.410, de 2020)

III – carência de cento e oitenta contribuições mensais, para ambos os sexos. (Incluído pelo Decreto nº 10.410, de 2020)

§ 1º A partir de 1º de janeiro de 2020, serão acrescidos seis meses a cada ano à idade considerada mínima para a aposentadoria por idade para as mulheres até atingir sessenta e dois anos de idade. (Incluído pelo Decreto nº 10.410, de 2020)

§ 2º A data do início da aposentadoria de que trata este artigo será estabelecida em conformidade com o disposto no art. 52. (Incluído pelo Decreto nº 10.410, de 2020)

§ 3º O valor da aposentadoria de que trata este artigo corresponderá a sessenta por cento do salário de benefício definido na forma prevista no art. 32, com acréscimo de dois pontos percentuais para cada ano de contribuição que exceder o tempo de vinte anos de contribuição, para os homens, e de quinze anos de contribuição, para as mulheres. (Incluído pelo Decreto nº 10.410, de 2020)

Art. 188-I. Ressalvado o direito de opção pelas aposentadorias de que tratam os art. 51, art. 188-H, art. 188-J, art. 188-K e art. 188-L, observado o disposto no art. 199-A, a aposentadoria por tempo de contribuição será devida, a qualquer tempo, ao segurado filiado ao RGPS até 13 de novembro de 2019 que cumprir cumulativamente, os seguintes requisitos: (Incluído pelo Decreto nº 10.410, de 2020)

I – trinta anos de contribuição, se mulher, e trinta e cinco anos de contribuição, se homem; (Incluído pelo Decreto nº 10.410, de 2020)

II – somatório da idade e do tempo de contribuição, incluídas as frações, equivalente a oitenta e seis pontos, se mulher, e noventa e seis pontos, se homem; e (Incluído pelo Decreto nº 10.410, de 2020)

III – carência de cento e oitenta contribuições mensais, para ambos os sexos. (Incluído pelo Decreto nº 10.410, de 2020)

§ 1º A partir de 1º de janeiro de 2020, será acrescido um ponto a cada ano ao somatório considerado mínimo, a que se refere o inciso II do caput, até atingir o limite de cem pontos, se mulher, e de cento e cinco pontos, se homem. (Incluído pelo Decreto nº 10.410, de 2020)

§ 2º A idade e o tempo de contribuição serão apurados em dias para o cálculo do somatório de pontos a que se refere o inciso II do caput. (Incluído pelo Decreto nº 10.410, de 2020)

§ 3º A data do início da aposentadoria de que trata este artigo será estabelecida em conformidade com o disposto no art. 52. (Incluído pelo Decreto nº 10.410, de 2020)

§ 4º O valor da aposentadoria de que trata este artigo será apurado na forma prevista no § 3º do art. 188-H. (Incluído pelo Decreto nº 10.410, de 2020)

Art. 188-J. Ressalvado o direito de opção pelas aposentadorias de que tratam os art. 51, art. 188-H, art. 188-I, art. 188-K e art. 188-L, observado o disposto no art. 199-A, a aposentadoria por tempo de contribuição será devida, a qualquer tempo, ao segurado filiado ao RGPS até 13 de novembro de 2019 que cumprir, cumulativamente, os seguintes requisitos: (Incluído pelo Decreto nº 10.410, de 2020)

I – cinquenta e seis anos de idade, se mulher, e sessenta e um anos de idade, se homem; (Incluído pelo Decreto nº 10.410, de 2020)

II – trinta anos de contribuição, se mulher, e trinta e cinco anos de contribuição, se homem; e (Incluído pelo Decreto nº 10.410, de 2020)

III – carência de cento e oitenta contribuições mensais, para ambos os sexos. (Incluído pelo Decreto nº 10.410, de 2020)

§ 1º A partir de 1º de janeiro de 2020, serão acrescidos seis meses a cada ano à idade considerada mínima para aposentadoria por tempo de contribuição até atingir sessenta e dois anos, para as mulheres, e sessenta e cinco anos, para os homens. (Incluído pelo Decreto nº 10.410, de 2020)

§ 2º A data do início da aposentadoria de que trata este artigo será estabelecida em conformidade com o disposto no art. 52. (Incluído pelo Decreto nº 10.410, de 2020)

§ 3º O valor da aposentadoria concedida em conformidade com o disposto neste artigo será apurado na forma prevista no § 3º do art. 188-H. (Incluído pelo Decreto nº 10.410, de 2020)

Art. 188-K. Ressalvado o direito de opção pelas aposentadorias de que tratam os art. 51, art. 188-H, art. 188-I, art. 188-J e art. 188-L, observado o disposto no art. 199-A, a aposentadoria por tempo de contribuição será devida, a qualquer tempo, ao segurado filiado ao RGPS até 13 de novembro de 2019 que contar com mais de vinte e oito anos de contribuição, se mulher, e com mais de trinta e três anos de contribuição, se homem, que cumprir, cumulativamente, os seguintes requisitos: (Incluído pelo Decreto nº 10.410, de 2020)

I – trinta anos de contribuição, se mulher, e trinta e cinco anos de contribuição, se homem; (Incluído pelo Decreto nº 10.410, de 2020)

II – cumprimento de período adicional de contribuição correspondente a cinquenta por cento do tempo que, em 13 de novembro de 2019, faltaria para atingir trinta anos de contribuição, se mulher, e trinta e cinco anos de contribuição, se homem; e (Incluído pelo Decreto nº 10.410, de 2020)

III – carência de cento e oitenta contribuições mensais, para ambos os sexos. (Incluído pelo Decreto nº 10.410, de 2020)

§ 1º A data do início da aposentadoria de que trata este artigo será estabelecida em conformidade com o disposto no art. 52. (Incluído pelo Decreto nº 10.410, de 2020)

§ 2º O valor da aposentadoria de que trata este artigo corresponderá ao valor do salário de benefício definido na forma prevista no art. 32, multiplicado pelo fator previdenciário, calculado na forma prevista nos § 2º ao § 5º do art. 188-E. (Incluído pelo Decreto nº 10.410, de 2020)

§ 3º A aplicação do fator previdenciário no cálculo do valor da aposentadoria de que trata este artigo é obrigatória, observado o disposto no art. 32, hipótese em que não se aplica o disposto no art. 29-C da Lei nº 8.213, de 1991. (Incluído pelo Decreto nº 10.410, de 2020)

Art. 188-L. Ressalvado o direito de opção pelas aposentadorias de que tratam os art. 51, art. 188-H, art. 188-I, art. 188-J e art. 188-K, a aposentadoria por tempo de contribuição será devida, a qualquer tempo, ao segurado filiado ao RGPS até 13 de novembro de 2019 que cumprir, cumulativamente, os seguintes requisitos: (Incluído pelo Decreto nº 10.410, de 2020)

I – cinquenta e sete anos de idade, se mulher, e sessenta anos de idade, se homem; (Incluído pelo Decreto nº 10.410, de 2020)

II – trinta anos de contribuição, se mulher, e trinta e cinco anos de contribuição, se homem; (Incluído pelo Decreto nº 10.410, de 2020)

III – cumprimento de período adicional de contribuição correspondente ao tempo que, em 13 de novembro de 2019, faltaria para atingir trinta anos de contribuição, se mulher, e trinta e cinco anos de contribuição, se homem; e (Incluído pelo Decreto nº 10.410, de 2020)

IV – carência de cento e oitenta contribuições mensais, para ambos os sexos. (Incluído pelo Decreto nº 10.410, de 2020)

§ 1º A data do início da aposentadoria de que trata este artigo será estabelecida em conformidade com o disposto no art. 52. (Incluído pelo Decreto nº 10.410, de 2020)

§ 2º O valor da aposentadoria de que trata este artigo corresponderá a cem por cento do salário de benefício definido na forma prevista no art. 32. (Incluído pelo Decreto nº 10.410, de 2020)

Art. 188-M. Ressalvado o direito de opção pelas aposentadorias de que tratam os art. 51, art. 54, art. 188-H ao art. 188-L, art. 188-N e art. 188-O, observado o disposto nos § 2º e § 3º do art. 54, a aposentadoria por tempo de contribuição será devida, a qualquer tempo, ao professor filiado ao RGPS até 13 de novembro de 2019 que comprovar tempo de efetivo exercício exclusivamente em função de magistério na educação infantil, no ensino fundamental ou no ensino médio e que cumprir, cumulativamente, os seguintes requisitos: (Incluído pelo Decreto nº 10.410, de 2020)

I – vinte e cinco anos de contribuição, se mulher, e trinta anos de contribuição, se homem; (Incluído pelo Decreto nº 10.410, de 2020)

II – somatório da idade e do tempo de contribuição, incluídas as frações, equivalente a oitenta e um pontos, se mulher, e noventa e um pontos, se homem; e (Incluído pelo Decreto nº 10.410, de 2020)

III – carência de cento e oitenta contribuições mensais, para ambos os sexos. (Incluído pelo Decreto nº 10.410, de 2020)

§ 1º A partir de 1º de janeiro de 2020, será acrescido um ponto a cada ano ao somatório considerado mínimo, a que se refere o inciso II do caput, até atingir o limite de noventa e dois pontos, se mulher, e de cem pontos, se homem. (Incluído pelo Decreto nº 10.410, de 2020)

§ 2º A idade e o tempo de contribuição serão apurados em dias para o cálculo do somatório de pontos a que se refere o inciso II do caput. (Incluído pelo Decreto nº 10.410, de 2020)

§ 3º A data do início da aposentadoria de que trata este artigo será estabelecida em conformidade com o disposto no art. 52. (Incluído pelo Decreto nº 10.410, de 2020)

§ 4º O valor da aposentadoria de que trata este artigo será apurado na forma prevista no § 3º do art. 188-H. (Incluído pelo Decreto nº 10.410, de 2020)

Art. 188-N. Ressalvado o direito de opção pelas aposentadorias de que tratam os art. 51, art. 54, art. 188-H ao 188-M e art. 188-O, observado o disposto no art. 199-A, a aposentadoria por tempo de contribuição será devida, a qualquer tempo, ao professor filiado ao RGPS até 13 de novembro de 2019 que comprovar tempo de efetivo exercício exclusivamente em função de magistério na educação infantil, no ensino fundamental ou no ensino médio e cumprir, cumulativamente, os seguintes requisitos: (Incluído pelo Decreto nº 10.410, de 2020)

I – cinquenta e um anos de idade, se mulher, e cinquenta e seis anos de idade, se homem; (Incluído pelo Decreto nº 10.410, de 2020)

II – vinte e cinco anos de contribuição, se mulher, e trinta anos de contribuição, se homem; e (Incluído pelo Decreto nº 10.410, de 2020)

III – carência de cento e oitenta contribuições mensais, para ambos os sexos. (Incluído pelo Decreto nº 10.410, de 2020)

§ 1º A partir de 1º de janeiro de 2020, serão acrescidos seis meses a cada ano à idade considerada mínima para aposentadoria por idade até atingir cinquenta e sete anos, para as mulheres, e sessenta anos de idade, para os homens. (Incluído pelo Decreto nº 10.410, de 2020)

§ 2º A data do início da aposentadoria de que trata este artigo será estabelecida em conformidade com o disposto no art. 52. (Incluído pelo Decreto nº 10.410, de 2020)

§ 3º O valor da aposentadoria de que trata este artigo será apurado na forma prevista no § 3º do art. 188-H. (Incluído pelo Decreto nº 10.410, de 2020)

Art. 188-O. Ressalvado o direito de opção pelas aposentadorias de que tratam os art. 51, art. 54 e art. 188-H ao 188-N, observado o disposto nos § 2º e § 3º do art. 54, a aposentadoria por tempo de contribuição será devida, a qualquer tempo, ao professor filiado ao RGPS até 13 de novembro de 2019 que comprovar tempo de efetivo exercício exclusivamente em função de magistério na educação infantil, no ensino fundamental ou no ensino médio e que cumprir, cumulativamente, os seguintes requisitos: (Incluído pelo Decreto nº 10.410, de 2020)

I – cinquenta e dois anos de idade, se mulher, e cinquenta e cinco anos de idade, se homem; (Incluído pelo Decreto nº 10.410, de 2020)

II – vinte e cinco anos de contribuição, se mulher, e trinta anos de contribuição, se homem; (Incluído pelo Decreto nº 10.410, de 2020)

III – cumprimento de período adicional de contribuição correspondente ao tempo que, em 13 de novembro de 2019, faltaria para atingir vinte e cinco anos de contribuição, se mulher, e trinta anos de contribuição, se homem; e (Incluído pelo Decreto nº 10.410, de 2020)

IV – carência de cento e oitenta contribuições mensais, para ambos os sexos. (Incluído pelo Decreto nº 10.410, de 2020)

§ 1º A data do início da aposentadoria de que trata este artigo será estabelecida em conformidade com o disposto no art. 52. (Incluído pelo Decreto nº 10.410, de 2020)

§ 2º O valor da aposentadoria de que trata este artigo corresponderá a cem por cento do salário de benefício definido na forma prevista no art. 32. (Incluído pelo Decreto nº 10.410, de 2020)

Art. 188-P. Ressalvado o direito de opção pelas aposentadorias de que tratam os art. 51, art. 64 e art. 188-I ao 188-L, uma vez cumprido o período de carência exigido, a aposentadoria especial será devida ao segurado empregado, trabalhador avulso e contribuinte individual, este último somente quando cooperado filiado a cooperativa de trabalho ou de produção, filiados ao RGPS até 13 de novembro de 2019, quando o somatório da sua idade e do seu tempo de contribuição e o tempo de efetiva exposição forem, respectivamente, de: (Incluído pelo Decreto nº 10.410, de 2020)

I - sessenta e seis pontos e quinze anos de efetiva exposição; (Incluído pelo Decreto nº 10.410, de 2020)

II - setenta e seis pontos e vinte anos de efetiva exposição; ou (Incluído pelo Decreto nº 10.410, de 2020)

III - oitenta e seis pontos e vinte e cinco anos de efetiva exposição. (Incluído pelo Decreto nº 10.410, de 2020)

§ 1º A idade e o tempo de contribuição serão apurados em dias para o cálculo do somatório de pontos a que se refere o caput. (Incluído pelo Decreto nº 10.410, de 2020)

§ 2º A data do início da aposentadoria de que trata este artigo será estabelecida em conformidade com o disposto no art. 52. (Incluído pelo Decreto nº 10.410, de 2020)

§ 3º O valor da aposentadoria de que trata este artigo corresponderá a sessenta por cento do salário de benefício definido na forma prevista no art. 32, com acréscimo de dois pontos percentuais para cada ano de contribuição que exceder o tempo de vinte anos de contribuição, exceto na hipótese prevista no inciso I do caput, e das mulheres, cujo acréscimo será aplicado para cada ano que exceder quinze anos de tempo de contribuição. (Incluído pelo Decreto nº 10.410, de 2020)

§ 4º A concessão da aposentadoria especial prevista neste artigo dependerá da comprovação, durante os períodos mínimos exigidos: (Incluído pelo Decreto nº 10.410, de 2020)

I - do tempo de trabalho permanente, não ocasional nem intermitente; e (Incluído pelo Decreto nº 10.410, de 2020)

II - da efetiva exposição do segurado a agentes químicos, físicos e biológicos prejudiciais à saúde ou à integridade física, ou a associação desses agentes, comprovada na forma prevista nos art. 64 ao art. 68. (Incluído pelo Decreto nº 10.410, de 2020)

§ 5º A conversão de tempo de atividade sob condições especiais em tempo de atividade comum aplica-se somente ao trabalho prestado até 13 de novembro de 2019, em conformidade com o disposto na seguinte tabela: (Incluído pelo Decreto nº 10.410, de 2020)

TEMPO A CONVERTER	MULTIPLICADORES	
	MULHER (30 ANOS DE CONTRIBUIÇÃO	HOMEM (35 ANOS DE CONTRIBUIÇÃO
De 15 anos	2,00	2,33
De 20 anos	1,50	1,75
De 25 anos	1,20	1,40

§ 6º A caracterização e a comprovação do tempo de atividade sob condições especiais obedecerão ao disposto na legislação em vigor à época da prestação do serviço. (Incluído pelo Decreto nº 10.410, de 2020)

Art. 188-Q. Para a aposentadoria por idade concedida a pessoa com deficiência, será assegurada, exclusivamente para fins de cálculo do valor da renda mensal, a conversão do período de exercício de atividade sujeito a condições especiais que prejudiquem a sua saúde ou a sua integridade física, cumprido na condição de pessoa com deficiência até 13 de novembro de 2019, vedado o cômputo do tempo convertido para fins de carência. (Incluído pelo Decreto nº 10.410, de 2020)

Art. 189. Os benefícios de legislação especial pagos pela previdência social à conta do Tesouro Nacional e de ex-combatentes, iniciados até 16 de dezembro de 1998, serão reajustados com base nos mesmos índices aplicáveis aos benefícios de prestação continuada da previdência social.

Art. 190. A partir de 14 de outubro de 1996, não serão mais devidos os benefícios de legislação específica do jornalista profissional, do jogador profissional de futebol e do telefonista.

Parágrafo único. A aposentadoria especial do aeronauta nos moldes do Decreto-lei nº 158, de 10 de fevereiro de 1967, está extinta a partir de 16 de dezembro de 1998, passando a ser devida ao aeronauta os benefícios deste Regulamento.

Art. 191. É vedada a inclusão em regime próprio de previdência social do servidor de que tratam as alíneas "i", "l" e "m" do inciso I do caput do art. 9º, sendo automática sua filiação ao Regime Geral de Previdência Social a partir de 16 de dezembro de 1998.

Art. 192. Aos menores de dezesseis anos filiados ao Regime Geral de Previdência Social até 16 de dezembro de 1998 são assegurados todos os direitos previdenciários.

Art. 193. O Instituto Nacional do Seguro Social deverá rever:

I – as aposentadorias concedidas no período de 29 de abril de 1995 até a data da publicação deste Regulamento, com conversão de tempo de atividade sob condições especiais em tempo de atividade comum, considerando-se a legislação vigente quando do cumprimento dos requisitos necessários à concessão das referidas aposentadorias; e

II – as aposentadorias por tempo de serviço e especial e as certidões de tempo de serviço com cômputo de tempo de serviço rural concedidas ou emitidas a partir de 24 de julho de 1991 até a data da publicação deste Regulamento.

LIVRO III
DO CUSTEIO DA SEGURIDADE SOCIAL

TÍTULO I
DO FINANCIAMENTO DA SEGURIDADE SOCIAL

CAPÍTULO I
INTRODUÇÃO

Art. 194. A seguridade social é financiada por toda a sociedade, de forma direta e indireta, mediante recursos provenientes dos orçamentos da União, dos Estados, do Distrito Federal, dos Municípios e de contribuições sociais.

Art. 195. No âmbito federal, o orçamento da seguridade social é composto de receitas provenientes:

I – da União;

II – das contribuições sociais; e

III – de outras fontes.

Parágrafo único. Constituem contribuições sociais:

I – as das empresas, incidentes sobre a remuneração paga, devida ou creditada aos segurados e demais pessoas físicas a seu serviço, mesmo sem vínculo empregatício;

II – as dos empregadores domésticos, incidentes sobre o salário-de-contribuição dos empregados domésticos a seu serviço;

III – as dos trabalhadores, incidentes sobre seu salário-de-contribuição;

IV – as das associações desportivas que mantêm equipe de futebol profissional, incidentes sobre a receita bruta decorrente dos espetáculos desportivos de que participem em todo território nacional em qualquer modalidade desportiva, inclusive jogos internacionais, e de qualquer forma de patrocínio, licenciamento de uso de marcas e símbolos, publicidade, propaganda e transmissão de espetáculos desportivos;

V – as incidentes sobre a receita bruta proveniente da comercialização da produção rural;

VI – as das empresas, incidentes sobre a receita ou o faturamento e o lucro; e

VII – as incidentes sobre a receita de concursos de prognósticos.

CAPÍTULO II
DA CONTRIBUIÇÃO DA UNIÃO

Art. 196. A contribuição da União é constituída de recursos adicionais do Orçamento Fiscal, fixados obrigatoriamente na Lei Orçamentária anual.

Parágrafo único. A União é responsável pela cobertura de eventuais insuficiências financeiras da seguridade social, quando decorrentes do pagamento de benefícios de prestação continuada da previdência social, na forma da Lei Orçamentária anual.

Art. 197. Para pagamento dos encargos previdenciários da União poderão contribuir os recursos da seguridade social referidos no inciso VI do parágrafo único do art. 195, na forma da Lei Orçamentária anual, assegurada a destinação de recursos para as ações de saúde e assistência social.

CAPÍTULO III
DA CONTRIBUIÇÃO DO SEGURADO

Seção I
Da Contribuição do Segurado Empregado, Empregado Doméstico e Trabalhador Avulso

Art. 198. A contribuição do segurado empregado, inclusive o doméstico, e do trabalhador avulso é calculada por meio da aplicação da alíquota correspondente, de forma progressiva, sobre o seu salário de contribuição mensal, observado o disposto no art. 214, de acordo com a seguinte tabela, com vigência a partir de 1º de março de 2020: (Redação dada pelo Decreto nº 10.410, de 2020)

SALÁRIO DE CONTRIBUIÇÃO (R$)	ALÍQUOTA PARA FINS DE RECOLHIMENTOS AO INSS
ATÉ UM SALÁRIO-MÍNIMO	7,5
ACIMA DE UM SALÁRIO-MÍNIMO ATÉ 2.089,60	9%
DE 2.089,60 ATÉ 3.134,40	12%
DE 3.134,41 ATÉ 6.101,06	14%

Parágrafo único. A contribuição do segurado trabalhador rural a que se refere à alínea “r” do inciso I do art. 9º é de oito por cento sobre o respectivo salário-de-contribuição definido no inciso I do art. 214. (Incluído pelo Decreto nº 6.722, de 2008).

Seção II
Da Contribuição dos Segurados Contribuinte Individual e Facultativo

(Redação dada pelo Decreto nº 3.265, de 1999)

Art. 199. A alíquota de contribuição dos segurados contribuinte individual e facultativo é de vinte por cento aplicada sobre o respectivo salário-de-contribuição, observado os limites a que se referem os §§ 3º e 5º do art. 214.(Redação dada pelo Decreto nº 3.265, de 1999)

Art. 199-A. A partir da competência em que o segurado fizer a opção pela exclusão do direito ao benefício de aposentadoria por tempo de contribuição, é de onze por cento, sobre o valor correspondente ao limite mínimo mensal do salário-de--contribuição, a alíquota de contribuição: (Incluído pelo Decreto nº 6.042, de 2007).

I - do segurado contribuinte individual, que trabalhe por conta própria, sem relação de trabalho com empresa ou equiparado; (Incluído pelo Decreto nº 6.042, de 2007).

II - do segurado facultativo, observado o disposto no inciso II do § 1º; e (Redação dada pelo Decreto nº 10.410, de 2020)

III - até a competência abril de 2011, do MEI, de que trata o § 26 do art. 9º, cuja contribuição deverá ser recolhida na forma regulamentada em ato do Comitê Gestor do Simples Nacional. (Redação dada pelo Decreto nº 10.410, de 2020)

§ 1º A alíquota de contribuição de que trata o caput é de cinco por cento: (Redação dada pelo Decreto nº 10.410, de 2020)

I - a partir da competência maio de 2011, para o MEI, de que trata o § 26 do art. 9º, cuja contribuição deverá ser recolhida na forma regulamentada em ato do Comitê Gestor do Simples Nacional; e (Incluído pelo Decreto nº 10.410, de 2020)

II - a partir da competência setembro de 2011, para o segurado facultativo sem renda própria que se dedique exclusivamente ao trabalho doméstico no âmbito de sua residência, desde que pertencente a família de baixa renda, observado o disposto no § 5º. (Incluído pelo Decreto nº 10.410, de 2020)

§ 2º O segurado, inclusive aquele com deficiência, que tenha contribuído na forma do caput e do § 1º e pretenda contar o tempo de contribuição correspondente para fins de obtenção de aposentadoria por tempo de contribuição ou de contagem recíproca do tempo de contribuição deverá complementar a contribuição mensal. (Redação dada pelo Decreto nº 10.410, de 2020)

§ 3º A complementação de que trata o § 2º será feita por meio do recolhimento da diferença entre o percentual pago e o de vinte por cento sobre o valor correspondente ao limite mínimo mensal do salário de contribuição em vigor na competência a ser complementada, acrescido dos juros moratórios de que trata o § 3º do art. 5º da Lei nº 9.430, de 27 de dezembro de 1996. (Redação dada pelo Decreto nº 10.410, de 2020)

§ 4º A contribuição complementar referida nos § 2º e § 3º será exigida a qualquer tempo, sob pena do indeferimento ou do cancelamento da certidão emitida para fins de contagem recíproca ou da aposentadoria por tempo de contribuição, observado o disposto no art. 347-A. (Incluído pelo Decreto nº 10.410, de 2020)

§ 5º Para fins do disposto no inciso II do § 1º, considera-se de baixa renda a família inscrita no Cadastro Único para Programas Sociais do Governo Federal – CadÚnico cuja renda mensal seja de até dois salários-mínimos. (Incluído pelo Decreto nº 10.410, de 2020)

§ 6º O segurado facultativo que auferir renda própria não poderá recolher contribuição na forma prevista no § 1º, exceto se a renda for proveniente, exclusivamente, de auxílios assistenciais de natureza eventual e temporária e de valores oriundos de programas sociais de transferência de renda, observado o disposto no § 5º. (Incluído pelo Decreto nº 10.410, de 2020)

Seção III
Da Contribuição do Produtor Rural Pessoa Física e do Segurado Especial

Art. 200. A contribuição do empregador rural pessoa física, em substituição à contribuição de que tratam o inciso I do art. 201 e o art.202, e a do segurado especial, incidente sobre a receita bruta da comercialização da produção rural, é de: (Redação dada pelo Decreto nº 4.032, de 2001)

I – um inteiro e dois décimos por cento; e (Redação dada pelo Decreto nº 10.410, de 2020)

II – zero vírgula um por cento para o financiamento dos benefícios concedidos em razão do grau de incidência de incapacidade laborativa decorrente dos riscos ambientais do trabalho.

§ 1º (Revogado pelo Decreto nº 4.032, de 2001)

§ 2º O segurado especial referido neste artigo, além da contribuição obrigatória de que tratam os incisos I e II do caput, poderá contribuir, facultativamente, na forma do art. 199.(Redação dada pelo Decreto nº 6.042, de 2007).

§ 3º O produtor rural pessoa física de que trata a alínea «a» do inciso V do caput do art. 9º contribui, também, obrigatoriamente, na forma do art. 199, observando ainda o disposto nas alíneas «a» e «b» do inciso I do art. 216.

§ 4º Integra a receita bruta de que trata este artigo, além dos valores decorrentes da comercialização da produção relativa aos produtos a que se refere o § 5º, a receita proveniente: (Redação dada pelo Decreto nº 6.722, de 2008).

I – da comercialização da produção obtida em razão de contrato de parceria ou meação de parte do imóvel rural; (Incluído pelo Decreto nº 6.722, de 2008).

II – da comercialização de artigos de artesanato de que trata o inciso VII do § 8º do art. 9º; (Incluído pelo Decreto nº 6.722, de 2008).

III - de serviços prestados, de equipamentos utilizados e de produtos comercializados no imóvel rural, desde que em atividades turística e de entretenimento desenvolvidas no próprio imóvel, inclusive hospedagem, alimentação, recepção, recreação e atividades pedagógicas, bem como taxa de visitação e serviços especiais; (Incluído pelo Decreto nº 6.722, de 2008).

IV - do valor de mercado da produção rural dada em pagamento ou que tiver sido trocada por outra, qualquer que seja o motivo ou finalidade; e (Incluído pelo Decreto nº 6.722, de 2008).

V - de atividade artística de que trata o inciso VIII do § 8º do art. 9º. (Incluído pelo Decreto nº 6.722, de 2008).

§ 5º Integram a produção, para os efeitos dos incisos I e II do caput, observado o disposto no § 25 do art. 9º, os produtos de origem animal ou vegetal, em estado natural ou submetidos a processos de beneficiamento ou industrialização rudimentar, assim compreendidos, entre outros, os processos de lavagem, limpeza, descaroçamento, pilagem, descascamento, lenhamento, pasteurização, resfriamento, secagem, socagem, fermentação, embalagem, cristalização, fundição, carvoejamento, cozimento, destilação, moagem e torrefação, bem como os subprodutos e os resíduos obtidos por meio desses processos. (Redação dada pelo Decreto nº 6.722, de 2008).

§ 6º (Revogado pelo Decreto nº 6.722, de 2008).

§ 7º A contribuição de que trata este artigo será recolhida:

I - pela empresa adquirente, consumidora ou consignatária ou a cooperativa, que ficam sub-rogadas no cumprimento das obrigações do produtor rural pessoa física de que trata a alínea "a" do inciso V do caput do art. 9º e do segurado especial, independentemente de as operações de venda ou consignação terem sido realizadas diretamente com estes ou com intermediário pessoa física, exceto nos casos do inciso III;

II - pela pessoa física não produtor rural, que fica sub-rogada no cumprimento das obrigações do produtor rural pessoa física de que trata a alínea "a" do inciso V do caput do art. 9º e do segurado especial, quando adquire produção para venda, no varejo, a consumidor pessoa física; ou

III - pela pessoa física de que trata alínea "a" do inciso V do caput do art. 9º e pelo segurado especial, caso comercializem sua produção com adquirente domiciliado no exterior, diretamente, no varejo, a consumidor pessoa física, a outro produtor rural pessoa física ou a outro segurado especial.

§ 8º O produtor rural pessoa física continua obrigado a arrecadar e recolher ao Instituto Nacional do Seguro Social a contribuição do segurado empregado e do trabalhador avulso a seu serviço, descontando-a da respectiva remuneração, nos mesmos prazos e segundo as mesmas normas aplicadas às empresas em geral.

§ 9º Sem prejuízo do disposto no inciso III do § 7º, o produtor rural pessoa física e o segurado especial são obrigados a recolher, diretamente, a contribuição incidente sobre a receita bruta proveniente: (Incluído pelo Decreto nº 6.722, de 2008).

I – da comercialização de artigos de artesanato elaborados com matéria-prima produzida pelo respectivo grupo familiar; (Incluído pelo Decreto nº 6.722, de 2008).

II – de comercialização de artesanato ou do exercício de atividade artística, observado o disposto nos incisos VII e VIII do § 8º do art. 9º; e (Incluído pelo Decreto nº 6.722, de 2008).

III – de serviços prestados, de equipamentos utilizados e de produtos comercializados no imóvel rural, desde que em atividades turística e de entretenimento desenvolvidas no próprio imóvel, inclusive hospedagem, alimentação, recepção, recreação e atividades pedagógicas, bem como taxa de visitação e serviços especiais. (Incluído pelo Decreto nº 6.722, de 2008).

§ 10. O segurado especial é obrigado a arrecadar a contribuição de trabalhadores a seu serviço e a recolhê-la no prazo referido na alínea "b" do inciso I do art. 216. (Incluído pelo Decreto nº 6.722, de 2008).

§ 11. Não integram a base de cálculo da contribuição de que trata o caput a produção rural destinada ao plantio ou ao reflorestamento nem o produto animal destinado à reprodução ou à criação pecuária ou granjeira e à utilização como cobaia para fins de pesquisas científicas, quando vendido pelo próprio produtor a quem o utilize diretamente com essas finalidades e, no caso de produto vegetal, a pessoa ou entidade registrada no Ministério da Agricultura, Pecuária e Abastecimento que se dedique ao comércio de sementes e mudas no País. (Incluído pelo Decreto nº 10.410, de 2020)

§ 12. O produtor rural pessoa física poderá optar por contribuir na forma prevista no caput deste artigo ou na forma prevista no inciso I do caput do art. 201 e no art. 202, hipótese em que deverá manifestar a sua opção por meio do pagamento da contribuição incidente sobre a folha de salários relativa a janeiro de cada ano-calendário ou à primeira competência subsequente ao início da atividade rural. (Incluído pelo Decreto nº 10.410, de 2020)

§ 13. A opção de contribuição de que trata o § 12 será irretratável para todo o ano-calendário. (Incluído pelo Decreto nº 10.410, de 2020)

Art. 200-A. Equipara-se ao empregador rural pessoa física o consórcio simplificado de produtores rurais, formado pela união de produtores rurais pessoas físicas, que outorgar a um deles poderes para contratar, gerir e demitir trabalhadores rurais, na condição de empregados, para prestação de serviços, exclusivamente, aos seus integrantes, mediante documento registrado em cartório de títulos e documentos. (Incluído pelo Decreto nº 4.032, de 2001)

§ 1º O documento de que trata o caput deverá conter a identificação de cada produtor, seu endereço pessoal e o de sua propriedade rural, bem como o respectivo registro no Instituto Nacional de Colonização e Reforma Agrária ou informações relativas à parceria, arrendamento ou equivalente e à matrícula no INSS de cada um dos produtores rurais. (Incluído pelo Decreto nº 4.032, de 2001)

§ 2º O consórcio deverá ser matriculado no INSS, na forma por este estabelecida, em nome do empregador a quem hajam sido outorgados os mencionados poderes.(Incluído pelo Decreto nº 4.032, de 2001)

Art. 200-B. As contribuições de que tratam o inciso I do art. 201 e o art. 202, bem como a devida ao Serviço Nacional Rural, são substituídas, em relação à remuneração paga, devida ou creditada ao trabalhador rural contratado pelo consórcio simplificado de produtores rurais de que trata o art. 200-A, pela contribuição dos respectivos produtores rurais.(Incluído pelo Decreto nº 4.032, de 2001)

CAPÍTULO IV
DAS CONTRIBUIÇÕES DA EMPRESA E DO EMPREGADOR DOMÉSTICO

Seção I
Das Contribuições da Empresa

Art. 201. A contribuição a cargo da empresa, destinada à seguridade social, é de:

I – vinte por cento sobre o total das remunerações pagas, devidas ou creditadas, a qualquer título, no decorrer do mês, aos segurados empregado e trabalhador avulso, além das contribuições previstas nos arts. 202 e 204; (Redação dada pelo Decreto nº 3.265, de 1999)

II – vinte por cento sobre o total das remunerações ou retribuições pagas ou creditadas no decorrer do mês ao segurado contribuinte individual; (Redação dada pelo Decreto nº 3.265, de 1999)

III – (Revogado pelo Decreto nº 10.410, de 2020)

IV – um inteiro e sete décimos por cento sobre o total da receita bruta proveniente da comercialização da produção rural, em substituição às contribuições previstas no inciso I do caput e no art. 202, quando se tratar de pessoa jurídica que tenha como fim apenas a atividade de produção rural. (Redação dada pelo Decreto nº 10.410, de 2020)

§ 1º São consideradas remuneração as importâncias auferidas em uma ou mais empresas, assim entendida a totalidade dos rendimentos pagos, devidos ou creditados a qualquer título, durante o mês, destinados a retribuir o trabalho, qualquer que seja a sua forma, inclusive os ganhos habituais sob a forma de utilidades, ressalvado o disposto no § 9º do art. 214 e excetuado o lucro distribuído ao segurado empresário, observados os termos do inciso II do § 5º.

§ 2º Para fins do disposto no inciso II do caput, integra a remuneração a bolsa de estudos paga ou creditada ao médico-residente participante do programa de residência médica de que trata o art. 4º da Lei nº 6.932, de 1981. (Redação dada pelo Decreto nº 10.410, de 2020)

§ 3º Não havendo comprovação dos valores pagos ou creditados aos segurados de que tratam as alíneas «e» a «i» do inciso V do art. 9º, em face de recusa ou sonegação de qualquer documento ou informação, ou sua apresentação deficiente, a contribuição da empresa referente a esses segurados será de vinte por cento sobre: (Redação dada pelo Decreto nº 3.452, de 2000)

I – o salário-de-contribuição do segurado nessa condição; (Incluído pelo Decreto nº 3.452, de 2000)

II – a maior remuneração paga a empregados da empresa; ou (Incluído pelo Decreto nº 3.452, de 2000)

III – o salário mínimo, caso não ocorra nenhuma das hipóteses anteriores. (Incluído pelo Decreto nº 3.452, de 2000)

§ 4º Na contratação de serviços de transporte rodoviário de carga ou de passageiro ou de serviços prestados com a utilização de trator, máquina de terraplenagem, colheitadeira e assemelhados a base de cálculo da contribuição da empresa corresponde a vinte por cento do valor registrado na nota fiscal, na fatura ou no recibo, quando esses serviços forem prestados sem vínculo empregatício por condutor autônomo de veículo rodoviário, auxiliar de condutor autônomo de veículo rodoviário, inclusive por taxista e motorista de transporte remunerado privado individual de passageiros, e operador de máquinas. (Redação dada pelo Decreto nº 10.410, de 2020)

§ 5º No caso de sociedade civil de prestação de serviços profissionais relativos ao exercício de profissões legalmente regulamentadas, a contribuição da empresa referente aos segurados a que se referem as alíneas «g» a «i» do inciso V do art. 9º, observado o disposto no art. 225 e legislação específica, será de vinte por cento sobre: (Redação dada pelo Decreto nº 3.265, de 1999)

I – a remuneração paga ou creditada aos sócios em decorrência de seu trabalho, de acordo com a escrituração contábil da empresa; ou

II – os valores totais pagos ou creditados aos sócios, ainda que a título de antecipação de lucro da pessoa jurídica, quando não houver discriminação entre a remuneração decorrente do trabalho e a proveniente do capital social ou tratar-se de adiantamento de resultado ainda não apurado por meio de demonstração de resultado do exercício. (Redação dada pelo Decreto nº 4.729, de 2003)

§ 6º No caso de banco comercial, banco de investimento, banco de desenvolvimento, caixa econômica, sociedade de crédito, financiamento e investimento, sociedade de crédito imobiliário, inclusive associação de poupança e empréstimo, sociedade corretora, distribuidora de títulos e valores mobiliários, inclusive bolsa de mercadorias e de valores, empresa de arrendamento mercantil, cooperativa de crédito, empresa de seguros privados e de capitalização, agente autônomo de seguros privados e de crédito e entidade de previdência privada, aberta e fechada, além das contribuições referidas nos incisos I e II do caput e nos arts. 202 e 204, é devida a contribuição adicional de dois vírgula cinco por cento sobre a base de cálculo definida nos incisos I e II do caput. (Redação dada pelo Decreto nº 3.265, de 1999)

§ 7º A pessoa jurídica enquadrada na condição de microempresa ou de empresa de pequeno porte, na forma do art. 2º da Lei nº 9.317, de 5 de dezembro de 1996, que optar pela inscrição no Sistema Integrado de Pagamento de Impostos e Contribuições das Microempresas e Empresas de Pequeno Porte, contribuirá na forma estabelecida no art. 23 da referida Lei, em substituição às contribuições de que tratam os incisos I a IV do caput e os arts. 201-A, 202 e 204. (Redação dada pelo Decreto nº 4.032, de 2001)

§ 8º A contribuição será sempre calculada na forma do inciso II do caput quando a remuneração ou retribuição for paga ou creditada a pessoa física, quando ausentes os requisitos que caracterizem o segurado como empregado, mesmo que não esteja inscrita no Regime Geral de Previdência Social. (Redação dada pelo Decreto nº 3.265, de 1999)

§§ 9º a 14. (Revogados pelo Decreto nº 3.265, de 1999)

§ 15. Para fins do disposto no inciso IV do caput e no § 8º do art. 202, considera-se receita bruta o valor recebido ou creditado pela comercialização da produção, assim entendida a operação de venda ou consignação, observadas as disposições constantes dos § 5º e § 11 do art. 200. (Redação dada pelo Decreto nº 10.410, de 2020)

§ 16. A partir de 14 de outubro de 1996, as contribuições de que tratam o inciso IV do caput e o § 8º do art. 202 são de responsabilidade do produtor rural pessoa jurídica, não sendo admitida a sub-rogação ao adquirente, consignatário ou cooperativa.

§ 17. O produtor rural pessoa jurídica continua obrigado a arrecadar e recolher ao Instituto Nacional do Seguro Social a contribuição do segurado empregado e do trabalhador avulso a seu serviço, descontando-a da respectiva remuneração, nos mesmos prazos e segundo as mesmas normas aplicadas às empresas em geral.

§ 18. (Revogado pelo Decreto nº 4.032, de 2001)

§ 19. A cooperativa de trabalho não está sujeita à contribuição de que trata o inciso II do caput, em relação às importâncias por ela pagas, distribuídas ou creditadas aos respectivos cooperados, a título de remuneração ou retribuição pelos serviços que, por seu intermédio, tenham prestado a empresas. (Redação dada pelo Decreto nº 3.452, de 2000))

§ 20. (Revogado pelo Decreto nº 10.410, de 2020)

§ 21. O disposto no inciso IV do caput não se aplica às operações relativas à prestação de serviços a terceiros, cujas contribuições previdenciárias continuam sendo devidas na forma deste artigo e do art. 202.(Incluído pelo Decreto nº 4.032, de 2001)

§ 22. A pessoa jurídica, exceto a agroindústria, que, além da atividade rural, explorar também outra atividade econômica autônoma, quer seja comercial, industrial ou de serviços, no mesmo ou em estabelecimento distinto, independentemente de qual seja a atividade preponderante, contribuirá de acordo com os incisos I, II e III do art. 201 e art. 202.(Incluído pelo Decreto nº 4.032, de 2001)

§ 23. Nos contratos de trabalho intermitente, a empresa recolherá as contribuições previdenciárias da empresa e do empregado e o valor devido ao FGTS, o qual será calculado com base nos valores pagos no período mensal, e fornecerá ao empregado o comprovante de cumprimento dessas obrigações. (Incluído pelo Decreto nº 10.410, de 2020)

§ 24. Não integram a base de cálculo da contribuição de que trata o inciso IV do caput a produção rural destinada ao plantio ou ao reflorestamento nem o produto animal destinado à reprodução ou à criação pecuária ou granjeira e à utilização como cobaia para fins de pesquisas científicas, quando vendido pelo próprio produtor a quem o utilize diretamente com essas finalidades e, no caso de produto vegetal, a pessoa ou entidade registrada no Ministério da Agricultura, Pecuária e Abastecimento que se dedique ao comércio de sementes e mudas no País. (Incluído pelo Decreto nº 10.410, de 2020)

§ 25. O empregador rural pessoa jurídica poderá optar por contribuir na forma prevista no inciso I do caput deste artigo e no caput do art. 202 ou na forma prevista no inciso IV do caput deste artigo e no § 8º do art. 202, hipótese em que deverá manifestar a sua opção por meio do pagamento da contribuição incidente sobre a folha de salários relativa a janeiro de cada ano-calendário ou à primeira competência subsequente ao início da atividade rural. (Incluído pelo Decreto nº 10.410, de 2020)

§ 26. A opção de contribuição de que trata o § 25 será irretratável para todo o ano-calendário. (Incluído pelo Decreto nº 10.410, de 2020)

§ 27. A empresa contratante de serviços de hidráulica, eletricidade, pintura, alvenaria, carpintaria e manutenção ou reparo de veículos, executados por intermédio de MEI, mantém, em relação a essa contratação, a obrigatoriedade de recolhimento da contribuição a que se referem o inciso II do caput e o § 6º. (Incluído pelo Decreto nº 10.410, de 2020)

Art. 201-A. A contribuição devida pela agroindústria, definida como sendo o produtor rural pessoa jurídica cuja atividade econômica seja a industrialização de produção própria ou de produção própria e adquirida de terceiros, incidente sobre o valor da receita bruta proveniente da comercialização da produção, em substituição às previstas no inciso I do art. 201 e art. 202, é de: (Incluído pelo Decreto nº 4.032, de 2001)

I – dois vírgula cinco por cento destinados à Seguridade Social; e (Incluído pelo Decreto nº 4.032, de 2001)

II – zero vírgula um por cento para o financiamento do benefício previsto nos arts. 64 a 70, e daqueles concedidos em razão do grau de incidência de incapacidade para o trabalho decorrente dos riscos ambientais da atividade. (Incluído pelo Decreto nº 4.032, de 2001)

§ 1º Para os fins deste artigo, entende-se por receita bruta o valor total da receita proveniente da comercialização da produção própria e da adquirida de terceiros, industrializada ou não. (Incluído pelo Decreto nº 4.032, de 2001)

§ 2º O disposto neste artigo não se aplica às operações relativas à prestação de serviços a terceiros, cujas contribuições previdenciárias continuam sendo devidas na forma do art. 201 e 202, obrigando-se a empresa a elaborar folha de salários e registros contábeis distintos. (Incluído pelo Decreto nº 4.032, de 2001)

§ 3º Na hipótese do § 2º, a receita bruta correspondente aos serviços prestados a terceiros não integram a base de cálculo da contribuição de que trata o caput. (Incluído pelo Decreto nº 4.032, de 2001)

§ 4º O disposto neste artigo não se aplica: (Redação dada pelo Decreto nº 4.862, de 2003)

I – às sociedades cooperativas e às agroindústrias de piscicultura, carcinicultura, suinocultura e avicultura; e(Incluído pelo Decreto nº 4.862, de 2003)

II – à pessoa jurídica que, relativamente à atividade rural, se dedique apenas ao florestamento e reflorestamento como fonte de matéria-prima para industrialização própria mediante a utilização de processo industrial que modifique a natureza química da madeira ou a transforme em pasta celulósica. (Incluído pelo Decreto nº 4.862, de 2003)

§ 5º Aplica-se o disposto no inciso II do § 4º ainda que a pessoa jurídica comercialize resíduos vegetais ou sobras ou partes da produção, desde que a receita bruta decorrente dessa comercialização represente menos de um por cento de sua receita bruta proveniente da comercialização da produção. (Incluído pelo Decreto nº 4.862, de 2003)

Art. 201-B. Aplica-se o disposto no artigo anterior, ainda que a agroindústria explore, também, outra atividade econômica autônoma, no mesmo ou em estabelecimento distinto, hipótese em que a contribuição incidirá sobre o valor da receita bruta dela decorrente. (Incluído pelo Decreto nº 4.032, de 2001)

Art. 201-C. Quando a cooperativa de produção rural contratar empregados para realizarem, exclusivamente, a colheita da produção de seus cooperados, as contribuições de que tratam o art. 201, I, e o art. 202, relativas à folha de salário destes segurados, serão substituídas pela contribuição devida pelos cooperados, cujas colheitas sejam por eles realizadas, incidentes sobre a receita bruta da comercialização da produção rural, na forma prevista no art. 200, se pessoa física, no inciso IV do caput do art. 201 e no § 8º do art. 202, se pessoa jurídica. (Incluído pelo Decreto nº 4.032, de 2001)

§ 1º A cooperativa deverá elaborar folha de salários distinta e apurar os encargos decorrentes da contratação de que trata o caput separadamente dos relativos aos seus empregados regulares, discriminadamente por cooperado, na forma definida pelo INSS.(Incluído pelo Decreto nº 4.032, de 2001)

§ 2º A cooperativa é diretamente responsável pela arrecadação e recolhimento da contribuição previdenciária dos segurados contratados na forma deste artigo.(Incluído pelo Decreto nº 4.032, de 2001)

§ 3º O disposto neste artigo aplica-se à contribuição devida ao Serviço Nacional Rural.(Incluído pelo Decreto nº 4.032, de 2001)

Art. 201-D. As alíquotas de que tratam os incisos I e II do art. 201, em relação às empresas que prestam serviços de tecnologia da informação – TI e de tecnologia da informação e comunicação – TIC, ficam reduzidas de acordo com a aplicação sucessiva das seguintes operações: (Incluído pelo Decreto nº 6.945, de 2009) (Produção de efeito)

I – subtrair do valor da receita bruta total de venda de bens e serviços relativa aos doze meses imediatamente anteriores ao trimestre-calendário o valor correspondente aos impostos e às contribuições incidentes sobre venda; (Incluído pelo Decreto nº 6.945, de 2009) (Produção de efeito)

II – identificar, no valor da receita bruta total resultante da operação prevista no inciso I, a parte relativa aos serviços mencionados nos §§ 3º e 4º que foram exportados; (Incluído pelo Decreto nº 6.945, de 2009) (Produção de efeito)

III – dividir a receita bruta de exportação resultante do inciso II pela receita bruta total resultante do inciso I; (Incluído pelo Decreto nº 6.945, de 2009) (Produção de efeito)

IV – multiplicar a razão decorrente do inciso III por um décimo; (Incluído pelo Decreto nº 6.945, de 2009) (Produção de efeito)

V – multiplicar o valor encontrado de acordo com a operação do inciso IV por cem, para que se chegue ao percentual de redução; (Incluído pelo Decreto nº 6.945, de 2009) (Produção de efeito)

VI – subtrair de vinte por cento o percentual resultante do inciso V, de forma que se obtenha a nova alíquota percentual a ser aplicada sobre a base de cálculo da contribuição previdenciária. (Incluído pelo Decreto nº 6.945, de 2009) (Produção de efeito)

§ 1º A alíquota apurada na forma do inciso VI do caput será aplicada uniformemente nos meses que compõem o trimestre-calendário. (Incluído pelo Decreto nº 6.945, de 2009) (Produção de efeito)

§ 2º No caso de empresa em início de atividades ou sem receita de exportação até a data de publicação da Lei nº 11.774, de 17 de setembro de 2008, a apuração de que trata o caput poderá ser realizada com base em período inferior a doze meses, observado o mínimo de três meses anteriores. (Incluído pelo Decreto nº 6.945, de 2009) (Produção de efeito)

§ 3º Para efeito do caput, consideram-se serviços de TI e TIC: (Incluído pelo Decreto nº 6.945, de 2009) (Produção de efeito)

I - análise e desenvolvimento de sistemas; (Incluído pelo Decreto nº 6.945, de 2009) (Produção de efeito)

II - programação; (Incluído pelo Decreto nº 6.945, de 2009) (Produção de efeito)

III - processamento de dados e congêneres; (Incluído pelo Decreto nº 6.945, de 2009) (Produção de efeito)

IV - elaboração de programas de computadores, inclusive de jogos eletrônicos; (Incluído pelo Decreto nº 6.945, de 2009) (Produção de efeito)

V - licenciamento ou cessão de direito de uso de programas de computação; (Incluído pelo Decreto nº 6.945, de 2009) (Produção de efeito)

VI - assessoria e consultoria em informática; (Incluído pelo Decreto nº 6.945, de 2009) (Produção de efeito)

VII - suporte técnico em informática, inclusive instalação, configuração e manutenção de programas de computação e bancos de dados; e (Incluído pelo Decreto nº 6.945, de 2009) (Produção de efeito)

VIII - planejamento, confecção, manutenção e atualização de páginas eletrônicas. (Incluído pelo Decreto nº 6.945, de 2009) (Produção de efeito)

§ 4º O disposto neste artigo aplica-se também a empresas que prestam serviços de call center. (Incluído pelo Decreto nº 6.945, de 2009) (Produção de efeito)

§ 5º No caso das empresas que prestam serviços referidos nos §§ 3º e 4º, os valores das contribuições devidas a terceiros, denominados outras entidades ou fundos, com exceção do Fundo Nacional de Desenvolvimento da Educação - FNDE, ficam reduzidos no percentual resultante das operações referidas no caput e de acordo com a aplicação sucessiva das seguintes operações: (Incluído pelo Decreto nº 6.945, de 2009) (Produção de efeito)

I - calcular a contribuição devida no mês a cada entidade ou fundo, levando em consideração as regras aplicadas às empresas em geral; (Incluído pelo Decreto nº 6.945, de 2009) (Produção de efeito)

PREVIDENCIÁRIO

II - aplicar o percentual de redução, resultante do inciso V do caput, sobre o valor resultante do inciso I; (Incluído pelo Decreto nº 6.945, de 2009) (Produção de efeito)

III - subtrair, do valor apurado na forma do inciso I, o valor obtido no inciso II, o que resultará no valor a ser recolhido a cada entidade ou fundo no mês. (Incluído pelo Decreto nº 6.945, de 2009) (Produção de efeito)

§ 6º As reduções de que tratam o caput e o § 5º pressupõem o atendimento ao seguinte: (Incluído pelo Decreto nº 6.945, de 2009) (Produção de efeito)

I - até 31 de dezembro de 2009, a empresa deverá implementar o Programa de Prevenção de Riscos Ambientais e de Doenças Ocupacionais previsto em lei, caracterizado pela plena execução do Programa de Prevenção de Riscos Ambientais - PPRA e do Programa de Controle Médico de Saúde Ocupacional - PCMSO, conforme disciplinado nas normas regulamentadoras do Ministério do Trabalho e Emprego, devendo ainda estabelecer metas de melhoria das condições e do ambiente de trabalho que reduzam a ocorrência de benefícios por incapacidade decorrentes de acidentes do trabalho ou doenças ocupacionais em pelo menos cinco por cento em relação ao ano anterior; (Redação dada pelo Decreto nº 7.331, de 2010)

II - até 31 de dezembro de 2010, a empresa que comprovar estar executando o programa de prevenção de riscos ambientais e de doenças ocupacionais implantado nos prazo e forma estabelecidos no inciso I, terá presumido o atendimento à exigência fixada no inciso I do § 9º do art. 14 da Lei nº 11.774, de 2008; (Incluído pelo Decreto nº 6.945, de 2009) (Produção de efeito) (Vide Decreto nº 6.945, de 2009)

III - a partir de 1º de janeiro de 2011, a empresa deverá comprovar a eficácia do respectivo programa de prevenção de riscos ambientais e de doenças ocupacionais, por meio de relatórios que atestem o atendimento da meta de redução de sinistralidade nele estabelecida; (Incluído pelo Decreto nº 6.945, de 2009) (Produção de efeito) (Vide Decreto nº 6.945, de 2009)

IV - (Revogado pelo Decreto nº 7.331, de 2010)

§ 7º Sem prejuízo do disposto no § 6º, as empresas dos setores de TI e de TIC só farão jus às reduções de que tratam o caput e o § 5º se aplicarem montante igual ou superior a dez por cento do benefício auferido, alternativa ou cumulativamente em despesas: (Incluído pelo Decreto nº 6.945, de 2009) (Produção de efeito)

I - para capacitação de pessoal, relacionada a aspectos técnicos associados aos serviços de TI e TIC, referidos no § 3º, bem como a serviços de call centers, aí incluída a capacitação em temas diretamente relacionados com qualidade de produtos, processos ou sistemas, bem como a proficiência em línguas estrangeiras; (Incluído pelo Decreto nº 6.945, de 2009) (Produção de efeito)

II - relacionadas ao desenvolvimento de atividades de avaliação de conformidade, incluindo certificação de produtos, serviços e sistemas, realizadas com entidades ou especialistas do País ou do exterior; (Incluído pelo Decreto nº 6.945, de 2009) (Produção de efeito)

III – realizadas com desenvolvimento tecnológico de produtos, processos e serviços, sendo consideradas atividades de pesquisa e desenvolvimento em TI aquelas dispostas nos arts. 24 e 25 do Decreto no 5.906, de 26 de setembro de 2006; ou (Incluído pelo Decreto nº 6.945, de 2009) (Produção de efeito)

IV – realizadas no apoio a projetos de desenvolvimento científico ou tecnológico, por instituições de pesquisa e desenvolvimento, conforme definidos nos arts. 27 e 28 do Decreto no 5.906, de 2006, devidamente credenciadas pelo Comitê da Área de Tecnologia da Informação – CATI ou pelo Comitê das Atividades de Pesquisa e Desenvolvimento da Amazônia – CAPDA. (Incluído pelo Decreto nº 6.945, de 2009) (Produção de efeito)

§ 8º O valor do benefício e a especificação das contrapartidas referidos no § 7º deverão ser declarados formalmente pelas empresas beneficiárias, a cada exercício, ao Ministério da Ciência e Tecnologia, na forma a ser definida em ato daquele Ministério. (Incluído pelo Decreto nº 6.945, de 2009) (Produção de efeito)

§ 9º Para fins do § 8º, as empresas beneficiadas pela Lei nº 8.248, de 23 de outubro de 1991, poderão deduzir do montante previsto no § 7º as despesas efetivamente realizadas, no atendimento às exigências da referida Lei, observado o disposto no § 10. (Incluído pelo Decreto nº 6.945, de 2009) (Produção de efeito)

§ 10. O disposto no § 9º aplica-se exclusivamente às despesas de mesma natureza das previstas no § 7º. (Incluído pelo Decreto nº 6.945, de 2009) (Produção de efeito)

§ 11. A União compensará, mensalmente, o Fundo do Regime Geral de Previdência Social, de que trata o art. 68 da Lei Complementar no 101, de 4 de maio de 2000, no valor correspondente à renúncia previdenciária decorrente da desoneração de que trata este artigo, de forma a não afetar a apuração do resultado financeiro do Regime Geral de Previdência Social. (Incluído pelo Decreto nº 6.945, de 2009) (Produção de efeito)

§ 12. A renúncia de que trata o § 11 consistirá na diferença entre o valor da contribuição que seria devido, como se não houvesse incentivo, e o valor da contribuição efetivamente recolhido. (Incluído pelo Decreto nº 6.945, de 2009) (Produção de efeito)

§ 13. O valor estimado da renúncia será incluído na Lei Orçamentária Anual, sem prejuízo do repasse enquanto não constar na mencionada Lei. (Incluído pelo Decreto nº 6.945, de 2009) (Produção de efeito)

§ 14. O não-cumprimento das exigências de que tratam os §§ 6º e 7º implica a perda do direito das reduções de que tratam o caput e o § 5º, ensejando o recolhimento da diferença de contribuições com os acréscimos legais cabíveis. (Incluído pelo Decreto nº 6.945, de 2009) (Produção de efeito)

Art. 202. A contribuição da empresa, destinada ao financiamento da aposentadoria especial, nos termos dos arts. 64 a 70, e dos benefícios concedidos em razão do grau de incidência de incapacidade laborativa decorrente dos riscos ambientais do trabalho corresponde à aplicação dos seguintes percentuais, incidentes sobre o total da remuneração paga, devida ou creditada a qualquer título, no decorrer do mês, ao segurado empregado e trabalhador avulso:

I – um por cento para a empresa em cuja atividade preponderante o risco de acidente do trabalho seja considerado leve;

II – dois por cento para a empresa em cuja atividade preponderante o risco de acidente do trabalho seja considerado médio; ou

III – três por cento para a empresa em cuja atividade preponderante o risco de acidente do trabalho seja considerado grave.

§ 1º As alíquotas constantes do caput serão acrescidas de doze, nove ou seis pontos percentuais, respectivamente, se a atividade exercida pelo segurado a serviço da empresa ensejar a concessão de aposentadoria especial após quinze, vinte ou vinte e cinco anos de contribuição.

§ 2º O acréscimo de que trata o parágrafo anterior incide exclusivamente sobre a remuneração do segurado sujeito às condições especiais que prejudiquem a saúde ou a integridade física.

§ 3º Considera-se preponderante a atividade que ocupa, em cada estabelecimento da empresa, o maior número de segurados empregados e de trabalhadores avulsos. (Redação dada pelo Decreto nº 10.410, de 2020)

§ 3º-A Considera-se estabelecimento da empresa a dependência, matriz ou filial, que tenha número de Cadastro Nacional da Pessoa Jurídica – CNPJ próprio e a obra de construção civil executada sob sua responsabilidade. (Incluído pelo Decreto nº 10.410, de 2020)

§ 4º A atividade econômica preponderante da empresa e os respectivos riscos de acidentes do trabalho compõem a Relação de Atividades Preponderantes e correspondentes Graus de Risco, prevista no Anexo V.

§ 5º É de responsabilidade da empresa realizar o enquadramento na atividade preponderante, cabendo à Secretaria da Receita Previdenciária do Ministério da Previdência Social revê-lo a qualquer tempo. (Redação dada pelo Decreto nº 6.042, de 2007).

§ 6º Verificado erro no auto-enquadramento, a Secretaria da Receita Previdenciária adotará as medidas necessárias à sua correção, orientará o responsável pela empresa em caso de recolhimento indevido e procederá à notificação dos valores devidos. (Redação dada pelo Decreto nº 6.042, de 2007).

§ 7º O disposto neste artigo não se aplica à pessoa física de que trata a alínea «a» do inciso V do caput do art. 9º.

§ 8º Quando se tratar de produtor rural pessoa jurídica que se dedique à produção rural e contribua nos moldes do inciso IV do caput do art. 201, a contribuição referida neste artigo corresponde a zero vírgula um por cento incidente sobre a receita bruta proveniente da comercialização de sua produção.

§ 9º (Revogado pelo Decreto nº 3.265, de 1999)

§ 10. Será devida contribuição adicional de doze, nove ou seis pontos percentuais, a cargo da cooperativa de produção, incidente sobre a remuneração paga, devida ou creditada ao cooperado filiado, na hipótese de exercício de atividade que autorize a concessão de aposentadoria especial após quinze, vinte ou vinte e cinco anos de contribuição, respectivamente. (Incluído pelo Decreto nº 4.729, de 2003)

§ 11. Será devida contribuição adicional de nove, sete ou cinco pontos percentuais, a cargo da empresa tomadora de serviços de cooperado filiado a cooperativa de trabalho, incidente sobre o valor bruto da nota fiscal ou fatura de prestação de serviços, conforme a atividade exercida pelo cooperado permita a concessão de aposentadoria especial após quinze, vinte ou vinte e cinco anos de contribuição, respectivamente. (Incluído pelo Decreto nº 4.729, de 2003)

§ 12. Para os fins do § 11, será emitida nota fiscal ou fatura de prestação de serviços específica para a atividade exercida pelo cooperado que permita a concessão de aposentadoria especial. (Incluído pelo Decreto nº 4.729, de 2003)

§ 13. A empresa informará mensalmente, por meio da Guia de Recolhimento do Fundo de Garantia do Tempo de Serviço e Informações à Previdência Social - GFIP, a alíquota correspondente ao seu grau de risco, a respectiva atividade preponderante e a atividade do estabelecimento, apuradas de acordo com o disposto nos §§ 3º e 5º. (Incluído pelo Decreto nº 6.042, de 2007)

Art. 202-A. As alíquotas a que se refere o caput do art. 202 serão reduzidas em até cinquenta por cento ou aumentadas em até cem por cento em razão do desempenho da empresa, individualizada pelo seu CNPJ em relação à sua atividade econômica, aferido pelo Fator Acidentário de Prevenção - FAP. (Redação dada pelo Decreto nº 10.410, de 2020)

§ 1º O FAP consiste em multiplicador variável em um intervalo contínuo de cinco décimos a dois inteiros aplicado à respectiva alíquota, considerado o critério de truncamento na quarta casa decimal. (Redação dada pelo Decreto nº 10.410, de 2020)

§ 2º Para fins da redução ou da majoração a que se refere o caput, o desempenho da empresa, individualizada pelo seu CNPJ será discriminado em relação à sua atividade econômica, a partir da criação de índice composto pelos índices de gravidade, de frequência e de custo que pondera os respectivos percentis. (Redação dada pelo Decreto nº 10.410, de 2020)

§ 3º(Revogado pelo Decreto nº 6.957, de 2009)

§ 4º Os índices de freqüência, gravidade e custo serão calculados segundo metodologia aprovada pelo Conselho Nacional de Previdência Social, levando-se em conta: (Incluído pelo Decreto nº 6.042, de 2007).

I – para o índice de frequência, os registros de acidentes ou benefícios de natureza acidentária; (Redação dada pelo Decreto nº 10.410, de 2020)

II – para o índice de gravidade, as hipóteses de auxílio por incapacidade temporária, auxílio-acidente, aposentadoria por incapacidade permanente, pensão por morte e morte de natureza acidentária, aos quais são atribuídos pesos diferentes em razão da gravidade da ocorrência, da seguinte forma: (Redação dada pelo Decreto nº 10.410, de 2020)

a) pensão por morte e morte de natureza acidentária – peso de cinquenta por cento; (Redação dada pelo Decreto nº 10.410, de 2020)

b) aposentadoria por incapacidade permanente – peso de trinta por cento; e (Redação dada pelo Decreto nº 10.410, de 2020)

c) auxílio por incapacidade temporária e auxílio-acidente – peso de dez por cento para cada; e (Redação dada pelo Decreto nº 10.410, de 2020)

III – para o índice de custo, os valores dos benefícios de natureza acidentária pagos ou devidos pela previdência social. (Redação dada pelo Decreto nº 10.410, de 2020)

§ 5º O Ministério da Economia publicará, anualmente, no Diário Oficial da União, portaria para disponibilizar consulta ao FAP e aos róis dos percentis de frequência, gravidade e custo por subclasse da Classificação Nacional de Atividades Econômicas. (Redação dada pelo Decreto nº 10.410, de 2020)

§ 6º O FAP produzirá efeitos tributários a partir do primeiro dia do quarto mês subseqüente ao de sua divulgação. (Incluído pelo Decreto nº 6.042, de 2007).

§ 7º Para o cálculo anual do FAP, serão utilizados os dados de janeiro a dezembro de cada ano, até completar o período de dois anos, a partir do qual os dados do ano inicial serão substituídos pelos novos dados anuais incorporados. (Redação dada pelo Decreto nº 6.957, de 2009)

§ 8º O FAP será calculado a partir de 1º de janeiro do ano seguinte àquele ano em que o estabelecimento completar dois anos de sua constituição. (Redação dada pelo Decreto nº 10.410, de 2020)

§ 9º(Revogado pelo Decreto nº 10.410, de 2020)

§ 10. A metodologia aprovada pelo Conselho Nacional de Previdência indicará a sistemática de cálculo e a forma de aplicação de índices e critérios acessórios à composição do índice composto do FAP. (Redação dada pelo Decreto nº 10.410, de 2020)

§ 11. (Revogado pelo Decreto nº 10.410, de 2020)

§ 12. (Revogado pelo Decreto nº 10.410, de 2020)

Art. 202-B. (Revogado pelo Decreto nº 10.410, de 2020)

Art. 203. A fim de estimular investimentos destinados a diminuir os riscos ambientais no trabalho, o Ministério da Previdência e Assistência Social poderá alterar o enquadramento de empresa que demonstre a melhoria das condições do trabalho, com redução dos agravos à saúde do trabalhador, obtida através de investimentos em prevenção e em sistemas gerenciais de risco.

§ 1º A alteração do enquadramento estará condicionada à inexistência de débitos em relação às contribuições devidas ao Instituto Nacional do Seguro Social e aos demais requisitos estabelecidos pelo Ministério da Previdência e Assistência Social.

§ 2º O Instituto Nacional do Seguro Social, com base principalmente na comunicação prevista no art. 336, implementará sistema de controle e acompanhamento de acidentes do trabalho.

§ 3º Verificado o descumprimento por parte da empresa dos requisitos fixados pelo Ministério da Previdência e Assistência Social, para fins de enquadramento de que trata o artigo anterior, o Instituto Nacional do Seguro Social procederá à notificação dos valores devidos.

Art. 204. As contribuições a cargo da empresa, provenientes do faturamento e do lucro, destinadas à seguridade social, são arrecadadas, normatizadas, fiscalizadas e cobradas pela Secretaria da Receita Federal. (Redação dada pelo Decreto nº 4.729, de 2003)

I – até 31 de março de 1992, dois por cento sobre sua receita bruta, estabelecida segundo o disposto no § 1º do art. 1º do Decreto-lei nº 1.940, de 25 de maio de 1982, com a redação dada pelo art. 22 do Decreto-lei nº 2.397, de 21 de dezembro de 1987, e alterações posteriores; a partir de 1º de abril de 1992 até 31 de janeiro de 1999, dois por cento sobre o faturamento mensal, assim considerado a receita bruta das vendas de mercadorias, de mercadorias e serviços e de serviços de qualquer natureza, nos termos da Lei Complementar nº 70, de 30 de dezembro de 1991; a partir de 1º de fevereiro de 1999, três por cento sobre o faturamento, nos termos da Lei nº 9.718, de 27 de novembro de 1998; e

II – até 31 de dezembro de 1995, dez por cento sobre o lucro líquido do período-base, antes da provisão para o Imposto de Renda, ajustado na forma do art. 2º da Lei nº 8.034, de 12 de abril de 1990; a partir de 1º de janeiro de 1996, oito por cento sobre o lucro líquido, nos termos da Lei nº 9.249, de 26 de dezembro de 1995.

§§ 1º a 3º. (Revogado pelo Decreto nº 4.729, de 2003)

Art. 205. A contribuição empresarial da associação desportiva que mantém equipe de futebol profissional, destinada à seguridade social, em substituição às

PREVIDENCIÁRIO

previstas no inciso I do caput do art. 201 e no art. 202, corresponde a cinco por cento da receita bruta decorrente dos espetáculos desportivos de que participe em todo território nacional, em qualquer modalidade desportiva, inclusive jogos internacionais, e de qualquer forma de patrocínio, licenciamento de uso de marcas e símbolos, publicidade, propaganda e transmissão de espetáculos desportivos.

§ 1º Cabe à entidade promotora do espetáculo a responsabilidade de efetuar o desconto de cinco por cento da receita bruta decorrente dos espetáculos desportivos e o respectivo recolhimento ao Instituto Nacional do Seguro Social, no prazo de até dois dias úteis após a realização do evento.

§ 2º Cabe à associação desportiva que mantém equipe de futebol profissional informar à entidade promotora do espetáculo desportivo todas as receitas auferidas no evento, discriminando-as detalhadamente.

§ 3º Cabe à empresa ou entidade que repassar recursos a associação desportiva que mantém equipe de futebol profissional, a título de patrocínio, licenciamento de uso de marcas e símbolos, publicidade, propaganda e transmissão de espetáculos, a responsabilidade de reter e recolher, no prazo estabelecido na alínea «b» do inciso I do art. 216, o percentual de cinco por cento da receita bruta, inadmitida qualquer dedução.

§ 4º O Conselho Deliberativo do Instituto Nacional de Desenvolvimento do Desporto informará ao Instituto Nacional do Seguro Social, com a antecedência necessária, a realização de todo espetáculo esportivo de que a associação desportiva referida no caput participe no território nacional.

§ 5º O não-recolhimento das contribuições a que se referem os §§ 1º e 3º nos prazos estabelecidos no § 1º deste artigo e na alínea «b» do inciso I do art. 216, respectivamente, sujeitará os responsáveis ao pagamento de atualização monetária, quando couber, juros moratórios e multas, na forma do art. 239.

§ 6º O não-desconto ou a não-retenção das contribuições a que se referem os §§ 1º e 3º sujeitará a entidade promotora do espetáculo, a empresa ou a entidade às penalidades previstas no art. 283.

§ 7º O disposto neste artigo não se aplica às demais entidades desportivas, que continuam a contribuir na forma dos arts. 201, 202 e 204, a partir da competência novembro de 1991.

§ 8º O disposto no caput e §§ 1º a 6º aplica-se à associação desportiva que mantém equipe de futebol profissional e que se organize na forma da Lei nº 9.615, de 24 de março de 1998.

Seção II
Da Isenção de Contribuições

Art. 206. (Revogado pelo Decreto nº 7.237, de 2010).

Art. 207. (Revogado pelo Decreto nº 7.237, de 2010).

Art. 208. (Revogado pelo Decreto nº 7.237, de 2010).

Art. 209. (Revogado pelo Decreto nº 7.237, de 2010).

Art. 210. (Revogado pelo Decreto nº 7.237, de 2010).

Seção III
Da Contribuição do Empregador Doméstico

Art. 211. A contribuição previdenciária do empregador doméstico sobre o salário de contribuição do empregado doméstico a seu serviço será de: (Redação dada pelo Decreto nº 10.410, de 2020)

I – oito por cento de contribuição patronal; e (Incluído pelo Decreto nº 10.410, de 2020)

II – oito décimos por cento de contribuição social para financiamento do seguro contra acidentes do trabalho. (Incluído pelo Decreto nº 10.410, de 2020)

Art. 211-A. O empregador doméstico não poderá contratar o MEI, de que trata o § 26 do art. 9º, quando existentes os elementos da relação de emprego doméstico, sob pena de ficar sujeito às obrigações dela decorrentes, inclusive trabalhistas, tributárias e previdenciárias. (Incluído pelo Decreto nº 10.410, de 2020)

Art. 211-B. O Simples Doméstico, instituído pela Lei Complementar nº 150, de 1º de junho de 2015, assegurará o recolhimento mensal por meio de documento único de arrecadação dos seguintes valores: (Incluído pelo Decreto nº 10.410, de 2020)

I – sete inteiros e cinco décimos por cento a quatorze por cento de contribuição previdenciária, a cargo do segurado empregado doméstico, nos termos do disposto no art. 198; (Incluído pelo Decreto nº 10.410, de 2020)

II – oito por cento de contribuição patronal previdenciária, a cargo do empregador doméstico, nos termos do disposto no art. 211; (Incluído pelo Decreto nº 10.410, de 2020)

III – oito décimos por cento de contribuição social para financiamento do seguro contra acidentes do trabalho, nos termos do disposto no art. 211; (Incluído pelo Decreto nº 10.410, de 2020)

IV – oito por cento de contribuição para o FGTS; (Incluído pelo Decreto nº 10.410, de 2020)

V – três inteiros e dois décimos por cento de contribuição para fins de aplicação do disposto no art. 22 da Lei Complementar nº 150, de 2015; e (Incluído pelo Decreto nº 10.410, de 2020)

VI – quando couber, percentual referente ao imposto sobre a renda retido na fonte de que trata o inciso I do caput do art. 7º da Lei nº 7.713, de 22 de dezembro de 1988. (Incluído pelo Decreto nº 10.410, de 2020)

§ 1º As contribuições, os depósitos e o imposto de que tratam os incisos I ao VI do caput incidem sobre a remuneração paga ou devida no mês anterior a cada empregado doméstico, incluída na remuneração a gratificação de natal. (Incluído pelo Decreto nº 10.410, de 2020)

§ 2º A contribuição e o imposto de que tratam os incisos I e VI do caput serão descontados da remuneração do empregado doméstico pelo empregador doméstico, que é responsável por seu recolhimento. (Incluído pelo Decreto nº 10.410, de 2020)

§ 3º O produto da arrecadação das contribuições, dos depósitos e do imposto de que trata o caput será centralizado na Caixa Econômica Federal. (Incluído pelo Decreto nº 10.410, de 2020)

§ 4º A Caixa Econômica Federal, com base nos elementos identificadores do recolhimento, disponíveis no sistema do Simples Doméstico, transferirá para a Conta Única do Tesouro Nacional o valor arrecadado das contribuições e do imposto de que tratam os incisos I, II, III e VI do caput. (Incluído pelo Decreto nº 10.410, de 2020)

§ 5º O recolhimento de que trata o caput será efetuado em instituições financeiras integrantes da rede arrecadadora de receitas federais. (Incluído pelo Decreto nº 10.410, de 2020)

§ 6º O empregador doméstico fornecerá, mensalmente, ao empregado doméstico cópia do documento a que se refere o caput. (Incluído pelo Decreto nº 10.410, de 2020)

§ 7º O recolhimento mensal, por meio de documento único de arrecadação, e a exigência das contribuições, dos depósitos e do imposto, nos valores definidos nos incisos I ao VI do caput, somente serão devidos a partir da competência outubro de 2015. (Incluído pelo Decreto nº 10.410, de 2020)

Art. 211-C. O empregador doméstico fica obrigado a pagar a remuneração devida ao empregado doméstico e a arrecadar e a recolher as contribuições, os depósitos e o imposto a que se referem os incisos I ao VI do caput do art. 211-B até o dia 7 do mês seguinte ao da competência. (Incluído pelo Decreto nº 10.410, de 2020)

§ 1º Os valores a que se referem os incisos I, II, III e VI do caput do art. 211-B não recolhidos até a data de vencimento estarão sujeitos à incidência de encargos legais na forma prevista na legislação do imposto sobre a renda. (Incluído pelo Decreto nº 10.410, de 2020)

§ 2º Os valores a que se referem os incisos IV e V do caput referentes ao FGTS não recolhidos até a data de vencimento serão corrigidos e terão a incidência de multa, observado o disposto na Lei nº 8.036, de 11 de maio de 1990. (Incluído pelo Decreto nº 10.410, de 2020)

CAPÍTULO V
DA CONTRIBUIÇÃO SOBRE A RECEITA DE CONCURSOS DE PROGNÓSTICOS

Art. 212. Constitui receita da seguridade social a renda líquida dos concursos de prognósticos, excetuando-se os valores destinados ao Programa de Crédito Educativo.

§ 1º Consideram-se concurso de prognósticos todo e qualquer concurso de sorteio de números ou quaisquer outros símbolos, loterias e apostas de qualquer natureza no âmbito federal, estadual, do Distrito Federal ou municipal, promovidos por órgãos do Poder Público ou por sociedades comerciais ou civis.

§ 2º A contribuição de que trata este artigo constitui-se de:

I - renda líquida dos concursos de prognósticos realizados pelos órgãos do Poder Público destinada à seguridade social de sua esfera de governo;

II - cinco por cento sobre o movimento global de apostas em prado de corridas; e

III - cinco por cento sobre o movimento global de sorteio de números ou de quaisquer modalidades de símbolos.

§ 3º Para o efeito do disposto no parágrafo anterior, entende-se como:

I - renda líquida - o total da arrecadação, deduzidos os valores destinados ao pagamento de prêmios, de impostos e de despesas com administração;

II - movimento global das apostas - total das importâncias relativas às várias modalidades de jogos, inclusive o de acumulada, apregoadas para o público no prado de corrida, subsede ou outra dependência da entidade; e

III - movimento global de sorteio de números - o total da receita bruta, apurada com a venda de cartelas, cartões ou quaisquer outras modalidades, para sorteio realizado em qualquer condição.

CAPÍTULO VI
DAS OUTRAS RECEITAS DA SEGURIDADE SOCIAL

Art. 213. Constituem outras receitas da seguridade social:

I - as multas, a atualização monetária e os juros moratórios;

II - a remuneração recebida pela prestação de serviços de arrecadação, fiscalização e cobrança prestados a terceiros;

III - as receitas provenientes de prestação de outros serviços e de fornecimento ou arrendamento de bens;

IV - as demais receitas patrimoniais, industriais e financeiras;

V- as doações, legados, subvenções e outras receitas eventuais;

VI – cinqüenta por cento da receita obtida na forma do parágrafo único do art. 243 da Constituição Federal, repassados pelo Instituto Nacional do Seguro Social aos órgãos responsáveis pelas ações de proteção à saúde e a ser aplicada no tratamento e recuperação de viciados em entorpecentes e drogas afins;

VII – quarenta por cento do resultado dos leilões dos bens apreendidos pela Secretaria da Receita Federal; e

VIII – outras receitas previstas em legislação específica.

Parágrafo único. As companhias seguradoras que mantém seguro obrigatório de danos pessoais causados por veículos automotores de vias terrestres, de que trata a Lei nº 6.194, de 19 de dezembro de 1974, deverão repassar à seguridade social cinqüenta por cento do valor total do prêmio recolhido, destinados ao Sistema Único de Saúde, para custeio da assistência médico-hospitalar dos segurados vitimados em acidentes de trânsito.(Redação dada pelo Decreto nº 3.265, de 1999)

CAPÍTULO VII
DO SALÁRIO-DE-CONTRIBUIÇÃO

Art. 214. Entende-se por salário-de-contribuição:

I – para o empregado e o trabalhador avulso: a remuneração auferida em uma ou mais empresas, assim entendida a totalidade dos rendimentos pagos, devidos ou creditados a qualquer título, durante o mês, destinados a retribuir o trabalho, qualquer que seja a sua forma, inclusive as gorjetas, os ganhos habituais sob a forma de utilidades e os adiantamentos decorrentes de reajuste salarial, quer pelos serviços efetivamente prestados, quer pelo tempo à disposição do empregador ou tomador de serviços, nos termos da lei ou do contrato ou, ainda, de convenção ou acordo coletivo de trabalho ou sentença normativa;

II – para o empregado doméstico: a remuneração registrada na Carteira Profissional e/ou na Carteira de Trabalho e Previdência Social, observados os limites mínimo e máximo previstos nos §§ 3º e 5º;

III – para o contribuinte individual: a remuneração auferida em uma ou mais empresas ou pelo exercício de sua atividade por conta própria, durante o mês, observados os limites a que se referem os §§ 3º e 5º; (Redação dada pelo Decreto nº 3.265, de 1999)

IV – para o dirigente sindical na qualidade de empregado: a remuneração paga, devida ou creditada pela entidade sindical, pela empresa ou por ambas; e

V – para o dirigente sindical na qualidade de trabalhador avulso: a remuneração paga, devida ou creditada pela entidade sindical.

VI – para o segurado facultativo: o valor por ele declarado, observados os limites a que se referem os §§ 3º e 5º; (Incluído pelo Decreto nº 3.265, de 1999)

§ 1º Quando a admissão, a dispensa, o afastamento ou a falta do empregado, inclusive o doméstico, ocorrer no curso do mês, o salário-de-contribuição será proporcional ao número de dias efetivamente trabalhados, observadas as normas estabelecidas pelo Instituto Nacional do Seguro Social.

§ 2º O salário-maternidade é considerado salário-de-contribuição.

§ 3º O limite mínimo do salário de contribuição corresponde: (Redação dada pelo Decreto nº 10.491, de 2020)

I – para os segurados contribuinte individual e facultativo, ao salário-mínimo, tomado no seu valor mensal; e (Redação dada pelo Decreto nº 10.491, de 2020)

II – para os segurados empregado, inclusive o doméstico, e trabalhador avulso, ao piso salarial legal ou normativo da categoria ou, inexistindo este, ao salário mínimo, tomado no seu valor mensal, diário ou horário, conforme o ajustado e o tempo de trabalho efetivo durante o mês. (Incluído pelo Decreto nº 3.265, de 1999)

§ 4º A remuneração adicional de férias de que trata o inciso XVII do art. 7º da Constituição Federal integra o salário-de-contribuição.

§ 5º O valor do limite máximo do salário-de-contribuição será publicado mediante portaria do Ministério da Previdência e Assistência Social, sempre que ocorrer alteração do valor dos benefícios.

§ 6º A gratificação natalina – décimo terceiro salário – integra o salário-de-contribuição, exceto para o cálculo do salário-de-benefício, sendo devida a contribuição quando do pagamento ou crédito da última parcela ou na rescisão do contrato de trabalho.

§ 7º A contribuição de que trata o § 6º incidirá sobre o valor bruto da gratificação, sem compensação dos adiantamentos pagos, mediante aplicação, em separado, da tabela de que trata o art. 198 e observadas as normas estabelecidas pelo Instituto Nacional do Seguro Social.

§ 8º (Revogado pelo Decreto nº 10.410, de 2020)

§ 9º Não integram o salário-de-contribuição, exclusivamente:

I – os benefícios da previdência social, nos termos e limites legais, ressalvado o disposto no § 2º;

II – a ajuda de custo e o adicional mensal recebidos pelo aeronauta, nos termos da Lei nº 5.929, de 30 de outubro de 1973;

III – a parcela in natura recebida de acordo com programa de alimentação aprovado pelo Ministério do Trabalho e Emprego, nos termos da Lei nº 6.321, de 14 de abril de 1976;

IV – as importâncias recebidas a título de férias indenizadas e respectivo adicional constitucional, inclusive o valor correspondente à dobra da remuneração de férias de que trata o art. 137 da Consolidação das Leis do Trabalho;

V – as importâncias recebidas a título de:

a) indenização compensatória de quarenta por cento do montante depositado no Fundo de Garantia do Tempo de Serviço, como proteção à relação de emprego contra despedida arbitrária ou sem justa causa, conforme disposto no inciso I do art. 10 do Ato das Disposições Constitucionais Transitórias;

b) indenização por tempo de serviço, anterior a 5 de outubro de 1988, do empregado não optante pelo Fundo de Garantia do Tempo de Serviço;

c) indenização por despedida sem justa causa do empregado nos contratos por prazo determinado, conforme estabelecido no art. 479 da Consolidação das Leis do Trabalho;

d) indenização do tempo de serviço do safrista, quando da expiração normal do contrato, conforme disposto no art. 14 da Lei nº 5.889, de 8 de junho de 1973;

e) incentivo à demissão;

f) (Revogado pelo Decreto nº 6.727, de 2009)

g) indenização por dispensa sem justa causa no período de trinta dias que antecede a correção salarial a que se refere o art. 9º da Lei nº 7.238, de 29 de outubro de 1984;

h) indenizações previstas nos arts. 496 e 497 da Consolidação das Leis do Trabalho;

i) abono de férias na forma dos arts. 143 e 144 da Consolidação das Leis do Trabalho;

j) ganhos eventuais expressamente desvinculados do salário por força de lei; (Redação dada pelo Decreto nº 10.410, de 2020)

k) licença-prêmio indenizada; (Incluído pelo Decreto nº 10.410, de 2020)

l) outras indenizações, desde que expressamente previstas em lei; e (Redação dada pelo Decreto nº 10.410, de 2020)

m) importâncias, ainda que habituais, pagas a título de ajuda de custo, auxílio-alimentação, vedado o seu pagamento em dinheiro, e diárias para viagem; e (Redação dada pelo Decreto nº 10.410, de 2020)

n) prêmios e abonos; (Incluído pelo Decreto nº 10.410, de 2020)

VI – a parcela recebida a título de vale-transporte, ainda que paga em dinheiro, na forma da legislação própria; (Redação dada pelo Decreto nº 10.410, de 2020)

VII – a ajuda de custo, em parcela única, recebida exclusivamente em decorrência de mudança de local de trabalho do empregado, na forma do art. 470 da Consolidação das Leis do Trabalho;

VIII – (Revogado pelo Decreto nº 10.410, de 2020)

IX – a importância recebida a título de bolsa de complementação educacional de estagiário, quando paga nos termos do disposto na Lei nº 11.788, de 2008; (Redação dada pelo Decreto nº 10.410, de 2020)

X – a participação do empregado nos lucros ou resultados da empresa, quando paga ou creditada de acordo com lei específica;

XI – o abono do Programa de Integração Social/Programa de Assistência ao Servidor Público;

XII – os valores correspondentes a transporte, alimentação e habitação fornecidos pela empresa ao empregado contratado para trabalhar em localidade distante da de sua residência, em canteiro de obras ou local que, por força da atividade, exija deslocamento e estada, observadas as normas de proteção estabelecidas pelo Ministério do Trabalho e Emprego;

XIII – a importância paga ao empregado a título de complementação ao valor do auxílio-doença desde que este direito seja extensivo à totalidade dos empregados da empresa;

XIV – as parcelas destinadas à assistência ao trabalhador da agroindústria canavieira de que trata o art. 36 da Lei nº 4.870, de 1º de dezembro de 1965;

XV – o valor das contribuições efetivamente pago pela pessoa jurídica relativo a programa de previdência complementar privada, aberta ou fechada, desde que disponível à totalidade de seus empregados e dirigentes, observados, no que couber, os arts. 9º e 468 da Consolidação das Leis do Trabalho;

XVI – o valor relativo à assistência prestada por serviço médico ou odontológico, próprio ou não, inclusive o reembolso de despesas com medicamentos, óculos, aparelhos ortopédicos, próteses, órteses, despesas médico-hospitalares e outras similares, mesmo quando concedido em diferentes modalidades de planos e coberturas; (Redação dada pelo Decreto nº 10.410, de 2020)

XVII – o valor correspondente a vestuários, equipamentos e outros acessórios fornecidos ao empregado e utilizados no local do trabalho para prestação dos respectivos serviços;

XVIII – o ressarcimento de despesas pelo uso de veículo do empregado, quando devidamente comprovadas; (Redação dada pelo Decreto nº 3.265, de 1999)

XIX – o valor relativo a plano educacional ou bolsa de estudo que vise à educação básica de empregados e de seus dependentes e, desde que vinculada às atividades desenvolvidas pela empresa, à educação profissional e tecnológica de empregados, nos termos do disposto na Lei nº 9.394, de 20 de dezembro de 1996, observados os seguintes requisitos: (Redação dada pelo Decreto nº 10.410, de 2020)

a) o valor não ser utilizado em substituição de parcela salarial; e (Incluída pelo Decreto nº 10.410, de 2020)

b) o valor mensal do plano educacional ou da bolsa de estudo, considerado individualmente, não ultrapassar cinco por cento do valor da remuneração do segurado a que se destina ou o valor correspondente a cento e cinquenta por cento do valor do limite mínimo mensal do salário de contribuição, o que for maior; (Incluída pelo Decreto nº 10.410, de 2020)

XX – (Revogado pelo Decreto nº 3.265, de 1999)

XXI – os valores recebidos em decorrência da cessão de direitos autorais; e

XXII – o valor da multa paga ao empregado em decorrência da mora no pagamento das parcelas constantes do instrumento de rescisão do contrato de trabalho, conforme previsto no § 8º do art. 477 da Consolidação das Leis do Trabalho.

XXIII – o reembolso creche pago em conformidade com a legislação trabalhista, observado o limite máximo de seis anos de idade da criança, quando devidamente comprovadas as despesas; (Incluído pelo Decreto nº 3.265, de 1999)

XXIV – o reembolso babá, limitado ao menor salário-de-contribuição mensal e condicionado à comprovação do registro na Carteira de Trabalho e Previdência Social da empregada, do pagamento da remuneração e do recolhimento da contribuição previdenciária, pago em conformidade com a legislação trabalhista, observado o limite máximo de seis anos de idade da criança; e (Incluído pelo Decreto nº 3.265, de 1999)

XXV – o valor das contribuições efetivamente pago pela pessoa jurídica relativo a prêmio de seguro de vida em grupo, desde que previsto em acordo ou convenção coletiva de trabalho e disponível à totalidade de seus empregados e dirigentes, observados, no que couber, os arts. 9º e 468 da Consolidação das Leis do Trabalho. (Incluído pelo Decreto nº 3.265, de 1999)

XXVI – o valor correspondente ao vale-cultura. (Incluído pelo Decreto nº 10.410, de 2020)

§ 10. As parcelas referidas no parágrafo anterior, quando pagas ou creditadas em desacordo com a legislação pertinente, integram o salário-de-contribuição para todos os fins e efeitos, sem prejuízo da aplicação das cominações legais cabíveis.

§ 11. Para a identificação dos ganhos habituais recebidos sob a forma de utilidades, deverão ser observados:

I – os valores reais das utilidades recebidas; ou

II – os valores resultantes da aplicação dos percentuais estabelecidos em lei em função do salário mínimo, aplicados sobre a remuneração paga caso não haja determinação dos valores de que trata o inciso I.

§ 12. O valor pago à empregada gestante, inclusive à doméstica, em função do disposto na alínea «b» do inciso II do art. 10 do Ato das Disposições Constitucionais Transitórias da Constituição Federal, integra o salário-de-contribuição, excluídos os casos de conversão em indenização previstos nos arts. 496 e 497 da Consolidação das Leis do Trabalho.

§ 13. (Revogado pelo Decreto nº 10.410, de 2020)

§ 14. A incidência da contribuição sobre a remuneração das férias ocorrerá no mês a que elas se referirem, mesmo quando pagas antecipadamente na forma da legislação trabalhista.

§ 15. O valor mensal do auxílio-acidente integra o salário-de-contribuição, para fins de cálculo do salário-de-benefício de qualquer aposentadoria, observado, no que couber, o disposto no art. 32.

§ 16. Não se considera remuneração direta ou indireta os valores despendidos pelas entidades religiosas e instituições de ensino vocacional com ministro de confissão religiosa, membros de instituto de vida consagrada, de congregação ou de ordem religiosa em face do seu mister religioso ou para sua subsistência, desde que fornecidos em condições que independam da natureza e da quantidade do trabalho executado. (Incluído pelo Decreto nº 4.032, de 2001)

§ 17. Para fins de aplicação do disposto no § 16: (Incluído pelo Decreto nº 10.410, de 2020)

I – os critérios informadores dos valores despendidos pelas entidades religiosas e instituições de ensino vocacional aos ministros de confissão religiosa, membros de vida consagrada, de congregação ou de ordem religiosa não são taxativos e, sim, exemplificativos; e (Incluído pelo Decreto nº 10.410, de 2020)

II – os valores despendidos, ainda que pagos de forma e em montante diferenciados, em pecúnia ou a título de ajuda de custo de moradia, transporte ou formação educacional, vinculados exclusivamente à atividade religiosa não configuram remuneração direta ou indireta. (Incluído pelo Decreto nº 10.410, de 2020)

§ 18. Para fins do disposto neste artigo, consideram-se prêmios as liberalidades concedidas pelo empregador em forma de bens, serviços ou valores em dinheiro a empregado ou a grupo de empregados, em razão de desempenho superior ao ordinariamente esperado no exercício de suas atividades. (Incluído pelo Decreto nº 10.410, de 2020)

§ 19. O salário de contribuição do condutor autônomo de veículo rodoviário, inclusive o taxista e o motorista de transporte remunerado privado individual de passageiros, do auxiliar de condutor autônomo e do operador de trator, máquina de terraplanagem, colheitadeira e assemelhados, sem vínculo empregatício, a que se referem os incisos I e II do § 15 do art. 9º, e do cooperado filiado a cooperativa de transportadores autônomos corresponde a vinte por cento do valor bruto auferido pelo frete, carreto ou transporte e não se admite a dedução de qualquer valor relativo aos dispêndios com combustível e manutenção do veículo. (Incluído pelo Decreto nº 10.491, de 2020)

§ 20. (Revogado pelo Decreto nº 10.491, de 2020)

Art. 215. (Revogado pelo Decreto nº 3.265, de 1999)

CAPÍTULO VIII
DA ARRECADAÇÃO E RECOLHIMENTO DAS CONTRIBUIÇÕES

Seção I
Das Normas Gerais de Arrecadação

Art. 216. A arrecadação e o recolhimento das contribuições e de outras importâncias devidas à seguridade social, observado o que a respeito dispuserem o Instituto Nacional do Seguro Social e a Secretaria da Receita Federal, obedecem às seguintes normas gerais:

I – a empresa é obrigada a:

a) arrecadar a contribuição do segurado empregado, do trabalhador avulso e do contribuinte individual a seu serviço, descontando-a da respectiva remuneração; (Redação dada pelo Decreto nº 4.729, de 2003)

b) recolher o produto arrecadado na forma da alínea "a" e as contribuições a seu cargo incidentes sobre as remunerações pagas, devidas ou creditadas, a qualquer título, inclusive adiantamentos decorrentes de reajuste salarial, acordo ou convenção coletiva, aos segurados empregado, contribuinte individual e trabalhador avulso a seu serviço, e sobre o valor bruto da nota fiscal ou fatura de serviço, relativo a serviços que lhe tenham sido prestados por cooperados, por intermédio de cooperativas de trabalho, até o dia vinte do mês seguinte àquele a que se referirem as remunerações, bem como as importâncias retidas na forma do art. 219, até o dia vinte do mês seguinte àquele da emissão da nota fiscal ou fatura, antecipando-se o vencimento para o dia útil imediatamente anterior quando não houver expediente bancário no dia vinte; (Redação dada pelo Decreto nº 6.722, de 2008).

c) recolher as contribuições de que trata o art. 204, na forma e prazos definidos pela legislação tributária federal; (Redação dada pelo Decreto nº 4.729, de 2003)

II - os segurados contribuinte individual, quando exercer atividade econômica por conta própria ou prestar serviço a pessoa física ou a outro contribuinte individual, produtor rural pessoa física, missão diplomática ou repartição consular de carreira estrangeiras, ou quando tratar-se de brasileiro civil que trabalha no exterior para organismo oficial internacional do qual o Brasil seja membro efetivo, ou ainda, na hipótese do § 28, e o facultativo estão obrigados a recolher sua contribuição, por iniciativa própria, até o dia quinze do mês seguinte àquele a que as contribuições se referirem, prorrogando-se o vencimento para o dia útil subseqüente quando não houver expediente bancário no dia quinze, facultada a opção prevista no § 15; (Redação dada pelo Decreto nº 4.729, de 2003)

III - a empresa adquirente, consumidora ou consignatária ou a cooperativa são obrigadas a recolher a contribuição de que trata o art. 200 no prazo referido na alínea "b" do inciso I, no mês subseqüente ao da operação de venda ou consignação da produção rural, independentemente de estas operações terem sido realizadas diretamente com o produtor ou com o intermediário pessoa física;

IV - o produtor rural pessoa física e o segurado especial são obrigados a recolher a contribuição de que trata o art. 200 no prazo referido na alínea "b" do inciso I, no mês subseqüente ao da operação de venda, caso comercializem a sua produção com adquirente domiciliado no exterior, diretamente, no varejo, a consumidor pessoa física, a outro produtor rural pessoa física ou a outro segurado especial;

V - (Revogado pelo Decreto nº 3.452, de 2000)

VI - a pessoa física não produtor rural que adquire produção para venda, no varejo, a consumidor pessoa física é obrigada a recolher a contribuição de que trata o art. 200 no prazo referido na alínea "b" do inciso I, no mês subseqüente ao da operação de venda;

VII - o produtor rural pessoa jurídica é obrigado a recolher a contribuição de que trata o inciso IV do caput do art. 201 e o § 8º do art. 202 no prazo referido na alínea "b" do inciso I, no mês subseqüente ao da operação de venda; (Redação dada pelo Decreto nº 3.452, de 2000))

VIII - o empregador doméstico fica obrigado a arrecadar a contribuição do segurado empregado doméstico a seu serviço e recolhê-la, além dos demais valores de que trata o caput do art. 211-B, até o dia 7 do mês seguinte ao da competência; (Redação dada pelo Decreto nº 10.410, de 2020)

VIII-A - durante o período da licença-maternidade da empregada doméstica, o empregador doméstico fica obrigado a recolher apenas os valores de que tratam os incisos II ao V do caput do art. 211-B; (Incluído pelo Decreto nº 10.410, de 2020)

IX - a empresa que remunera empregado licenciado para exercer mandato de dirigente sindical é obrigada a recolher a contribuição deste, bem como as parcelas a seu cargo, na forma deste artigo;

X – a entidade sindical que remunera dirigente que mantém a qualidade de segurado empregado, licenciado da empresa, ou trabalhador avulso é obrigada a recolher a contribuição destes, bem como as parcelas a seu cargo, na forma deste artigo; e

XI – a entidade sindical que remunera dirigente que mantém a qualidade de segurado contribuinte individual é obrigada a recolher a contribuição prevista no inciso II do caput do art. 201 na forma deste artigo, observado o disposto no § 26; (Redação dada pelo Decreto nº 4.729, de 2003)

XII – a empresa que remunera contribuinte individual é obrigada a fornecer a este comprovante do pagamento do serviço prestado consignando, além dos valores da remuneração e do desconto feito, o número da inscrição do segurado no Instituto Nacional do Seguro Social; (Redação dada pelo Decreto nº 4.729, de 2003)

XIII – cabe ao empregador, durante o período de licença-maternidade da empregada, recolher apenas a parcela da contribuição a seu cargo. (Incluído pelo Decreto nº 3.452, de 2000)

§ 1º O desconto da contribuição do segurado incidente sobre o valor bruto da gratificação natalina – décimo terceiro salário – é devido quando do pagamento ou crédito da última parcela e deverá ser calculado em separado, observado o § 7º do art. 214, e recolhida, juntamente com a contribuição a cargo da empresa, até o dia vinte do mês de dezembro, antecipando-se o vencimento para o dia útil imediatamente anterior se não houver expediente bancário no dia vinte. (Redação dada pelo Decreto nº 4.729, de 2003)

§ 1º-A. O empregador doméstico pode recolher a contribuição do segurado empregado a seu serviço e a parcela a seu cargo relativas à competência novembro até o dia 20 de dezembro, juntamente com a contribuição referente à gratificação natalina – décimo terceiro salário – utilizando-se de um único documento de arrecadação. (Incluído pelo Decreto nº 6.722, de 2008).

§ 2º Se for o caso, a contribuição de que trata o § 1º será atualizada monetariamente a partir da data prevista para o seu recolhimento, utilizando-se o mesmo indexador definido para as demais contribuições arrecadadas pelo Instituto Nacional do Seguro Social.

§ 3º No caso de rescisão de contrato de trabalho, as contribuições devidas serão recolhidas no mesmo prazo referido na alínea «b» do inciso I, do mês subseqüente à rescisão, computando-se em separado a parcela referente à gratificação natalina – décimo terceiro salário.

§ 4º A pessoa jurídica de direito privado beneficiada pela isenção de que tratam os arts. 206 ou 207 é obrigada a arrecadar a contribuição do segurado empregado e do trabalhador avulso a seu serviço, descontando-a da respectiva remuneração, e recolhê-la no prazo referido na alínea «b» do inciso I.

§ 5º O desconto da contribuição e da consignação legalmente determinado sempre se presumirá feito, oportuna e regularmente, pela empresa, pelo empregador doméstico, pelo adquirente, consignatário e cooperativa a isso obrigados, não lhes sendo lícito alegarem qualquer omissão para se eximirem do recolhimento, ficando os mesmos diretamente responsáveis pelas importâncias que deixarem de descontar ou tiverem descontado em desacordo com este Regulamento.

§ 6º Sobre os valores das contribuições arrecadadas pelo Instituto Nacional do Seguro Social e não recolhidas até a data de seu vencimento serão aplicadas na data do pagamento as disposições dos arts. 238 e 239.

§ 7º Para apuração e constituição dos créditos a que se refere o § 1º do art. 348, a seguridade social utilizará como base de incidência o valor da média aritmética simples dos maiores salários de contribuição correspondentes a oitenta por cento de todo o período contributivo decorrido desde a competência julho de 1994, corrigidos mês a mês pelos mesmos índices utilizados para a obtenção do salário de benefício, observado o limite máximo a que se refere o § 5º do art. 214. (Redação dada pelo Decreto nº 10.410, de 2020)

§ 7º-A O valor do salário de contribuição mensal, calculado na forma prevista no § 7º, sofrerá desindexação para apropriação no CNIS, conforme critérios definidos pelo INSS. (Incluído pelo Decreto nº 10.410, de 2020)

§ 8º (Revogado pelo Decreto nº 6.722, de 2008).

§ 9º No caso de o segurado manifestar interesse em indenizar contribuições relativas a período em que o exercício de atividade remunerada não exigia filiação obrigatória à previdência social, aplica-se, desde que a atividade tenha se tornado de filiação obrigatória, o disposto no § 7º. (Redação dada pelo Decreto nº 6.722, de 2008).

§ 10. O disposto no § 7º não se aplica aos casos de contribuições em atraso de segurado contribuinte individual não alcançadas pela decadência do direito de a previdência social constituir o respectivo crédito, obedecendo-se, em relação a elas, às disposições do caput e §§ 2º a 6º do art. 239. (Redação dada pelo Decreto nº 6.722, de 2008).

§ 11. Para o segurado recolher contribuições relativas a período anterior à sua inscrição, aplica-se o disposto nos §§ 7º a 10.

§ 12. Somente será feito o reconhecimento da filiação nas situações referidas nos §§ 7º, 9º e 11 após o efetivo recolhimento das contribuições relativas ao período em que for comprovado o exercício da atividade remunerada. (Redação dada pelo Decreto nº 3.265, de 1999)

§ 13. No caso de indenização relativa ao exercício de atividade remunerada para fins de contagem recíproca correspondente a período de filiação obrigatória ou não, na forma do inciso IV do art. 127, a base de incidência será a remuneração da data do requerimento sobre a qual incidem as contribuições para o regime próprio de previdência social a que estiver filiado o interessado, observados os limites a que se referem os §§ 3º e 5º do art. 214. (Redação dada pelo Decreto nº 3.265, de 1999)

§ 14. Sobre os salários-de-contribuição apurados na forma dos §§ 7º a 11 e 13 será aplicada a alíquota de vinte por cento, e o resultado multiplicado pelo número de meses do período a ser indenizado, observado o disposto no § 8º do art. 239.

§ 15. É facultado aos segurados contribuinte individual e facultativo, cujos salários-de-contribuição sejam iguais ao valor de um salário mínimo, optarem pelo recolhimento trimestral das contribuições previdenciárias, com vencimento no dia quinze do mês seguinte ao de cada trimestre civil, prorrogando-se o vencimento para o dia útil subseqüente quando não houver expediente bancário no dia quinze. (Redação dada pelo Decreto nº 3.265, de 1999)

§ 16. (Revogado pelo Decreto nº 10.410, de 2020)

§ 17. A inscrição do segurado no segundo ou terceiro mês do trimestre civil não altera a data de vencimento prevista no § 15, no caso de opção pelo recolhimento trimestral.

§ 18. (Revogado pelo Decreto nº 10.410, de 2020)

§ 19. Fica autorizada, nos termos deste Regulamento, a compensação de contribuições devidas ao Instituto Nacional do Seguro Social, pelos hospitais contratados ou conveniados com o Sistema Único de Saúde com parcela dos créditos correspondentes a faturas emitidas para recebimento de internações hospitalares, cujo valor correspondente será retido pelo órgão pagador do Sistema Único de Saúde para amortização de parcela do débito, nos termos da Lei nº 8.870, de 1994.

§ 20. Na hipótese de o contribuinte individual prestar serviço a outro contribuinte individual equiparado a empresa ou a produtor rural pessoa física ou a missão diplomática e repartição consular de carreira estrangeiras, poderá deduzir, da sua contribuição mensal, quarenta e cinco por cento da contribuição patronal do contratante, efetivamente recolhida ou declarada, incidente sobre a remuneração que este lhe tenha pago ou creditado, no respectivo mês, limitada a nove por cento do respectivo salário-de-contribuição. (Redação dada pelo Decreto nº 4.729, de 2003)

§ 21. Para efeito de dedução, considera-se contribuição declarada a informação prestada na Guia de Recolhimento do Fundo de Garantia do Tempo de Serviço e Informações à Previdência Social ou declaração fornecida pela empresa ao segurado, onde conste, além de sua identificação completa, inclusive com o número no Cadastro Nacional de Pessoas Jurídicas, o nome e o número da inscrição do contribuinte individual, o valor da retribuição paga e o compromisso de que esse valor será incluído na citada Guia de Recolhimento do Fundo de Garantia do Tempo de Serviço e Informações à Previdência Social e efetuado o recolhimento da correspondente contribuição. (Incluído pelo Decreto nº 3.265, de 1999)

§ 22. (Revogado pelo Decreto nº 4.729, de 2003)

§ 23. O contribuinte individual que não comprovar a regularidade da dedução de que tratam os §§ 20 e 21 terá glosado o valor indevidamente deduzido, devendo complementar as contribuições com os acréscimos legais devidos. (Redação dada pelo Decreto nº 4.729, de 2003)

§ 24. (Revogado pelo Decreto nº 6.722, de 2008).

§ 25. Relativamente aos que recebem salário variável, o recolhimento da contribuição decorrente de eventual diferença da gratificação natalina (13º salário) deverá ser efetuado juntamente com a competência dezembro do mesmo ano.(Incluído pelo Decreto nº 3.265, de 1999)

§ 26. A alíquota de contribuição a ser descontada pela empresa da remuneração paga, devida ou creditada ao contribuinte individual a seu serviço, observado o limite máximo do salário-de-contribuição, é de onze por cento no caso das empresas em geral e de vinte por cento quando se tratar de entidade beneficente de assistência social isenta das contribuições sociais patronais. (Incluído pelo Decreto nº 4.729, de 2003)

§ 27. O contribuinte individual contratado por pessoa jurídica obrigada a proceder à arrecadação e ao recolhimento da contribuição por ele devida, cuja remuneração recebida ou creditada no mês, por serviços prestados a ela, for inferior ao limite mínimo do salário-de-contribuição, é obrigado a complementar sua contribuição mensal, diretamente, mediante a aplicação da alíquota estabelecida no art. 199 sobre o valor resultante da subtração do valor das remunerações recebidas das pessoas jurídicas do valor mínimo do salário-de-contribuição mensal. (Incluído pelo Decreto nº 4.729, de 2003)

§ 27-A. O segurado que, no somatório de remunerações auferidas no período de um mês, receber remuneração inferior ao limite mínimo mensal do salário de contribuição poderá solicitar o ajuste das competências pertencentes ao mesmo ano civil, na forma por ele indicada, ou autorizar que os ajustes sejam feitos automaticamente, para que o limite mínimo mensal do salário de contribuição seja alcançado, por meio da opção por: (Incluído pelo Decreto nº 10.410, de 2020)

I – complementar a sua contribuição, observado que: (Incluído pelo Decreto nº 10.410, de 2020)

a) o recolhimento da complementação deverá ser efetuado pelo próprio segurado até o dia quinze do mês seguinte ao da competência de referência e, após essa data, com incidência dos acréscimos legais de que tratam os art. 238 e art. 239; (Incluída pelo Decreto nº 10.410, de 2020)

b) para o empregado, o empregado doméstico e o trabalhador avulso, a complementação será efetuada por meio da aplicação da alíquota de sete inteiros e cinco décimos por cento, inclusive para o mês em que exista contribuição concomitante na condição de contribuinte individual; e (Incluída pelo Decreto nº 10.410, de 2020)

c) para o contribuinte individual que preste serviço a empresa, de que trata o § 26, e que contribua exclusivamente nessa condição, a complementação será efetuada por meio da aplicação da alíquota de vinte por cento; (Incluída pelo Decreto nº 10.410, de 2020)

II – utilizar o valor da contribuição que exceder o limite mínimo de uma competência em outra, observado que: (Incluído pelo Decreto nº 10.410, de 2020)

a) para efeito de utilização da contribuição, serão considerados os salários de contribuição apurados por categoria, consolidados na competência de origem; (Incluída pelo Decreto nº 10.410, de 2020)

b) o salário de contribuição poderá ser utilizado para complementar uma ou mais competências com valor inferior ao limite mínimo, mesmo que em categoria distinta; (Incluída pelo Decreto nº 10.410, de 2020)

c) poderão ser utilizados valores excedentes ao limite mínimo do salário de contribuição de mais de uma competência para compor o salário de contribuição de apenas uma competência; e (Incluída pelo Decreto nº 10.410, de 2020)

d) utilizado o valor excedente, caso o salário de contribuição da competência favorecida ainda permaneça inferior ao limite mínimo, esse valor poderá ser complementado nos termos do disposto no inciso I; ou (Incluída pelo Decreto nº 10.410, de 2020)

III – agrupar contribuições inferiores ao limite mínimo de diferentes competências, para aproveitamento em contribuições mínimas mensais, observado que: (Incluído pelo Decreto nº 10.410, de 2020)

a) as competências que não atingirem o valor mínimo do salário de contribuição poderão ser agrupadas desde que o resultado do agrupamento não ultrapasse o valor mínimo do salário de contribuição; (Incluída pelo Decreto nº 10.410, de 2020)

b) na hipótese de o resultado do agrupamento ser inferior ao limite mínimo do salário de contribuição, o segurado poderá complementar na forma prevista no inciso I ou utilizar valores excedentes na forma prevista no inciso II; e (Incluída pelo Decreto nº 10.410, de 2020)

c) as competências em que tenha havido exercício de atividade e tenham sido zeradas em decorrência do agrupamento poderão ser objeto de recolhimento pelo segurado, respeitado o limite mínimo. (Incluída pelo Decreto nº 10.410, de 2020)

§ 27-B. Para fins do disposto no § 27-A, o valor da contribuição referente ao décimo terceiro salário não poderá ser utilizado em decorrência do disposto no § 6º do art. 214. (Incluído pelo Decreto nº 10.410, de 2020)

§ 27-C. É vedada a reversão da utilização e do agrupamento de que trata o § 27-A. (Incluído pelo Decreto nº 10.410, de 2020)

§ 27-D. Caso ocorram eventos posteriores que gerem inconsistências no cálculo da contribuição na competência favorecida por complementação, utilização ou agrupamento, essa competência ficará pendente de regularização. (Incluído pelo Decreto nº 10.410, de 2020)

§ 28. Cabe ao próprio contribuinte individual que prestar serviços, no mesmo mês, a mais de uma empresa, cuja soma das remunerações superar o limite mensal do salário-de-contribuição, comprovar às que sucederem à primeira o valor ou valores sobre os quais já tenha incidido o desconto da contribuição, de forma a se observar o limite máximo do salário-de-contribuição. (Incluído pelo Decreto nº 4.729, de 2003)

§ 29. Na hipótese do § 28, o Instituto Nacional do Seguro Social poderá facultar ao contribuinte individual que prestar, regularmente, serviços a uma ou mais empresas, cuja soma das remunerações seja igual ou superior ao limite mensal do salário-de-contribuição, indicar qual ou quais empresas e sobre qual valor deverá proceder o desconto da contribuição, de forma a respeitar o limite máximo, e dispensar as demais dessa providência, bem como atribuir ao próprio contribuinte individual a responsabilidade de complementar a respectiva contribuição até o limite máximo, na hipótese de, por qualquer razão, deixar de receber remuneração ou receber remuneração inferior às indicadas para o desconto. (Incluído pelo Decreto nº 4.729, de 2003)

§ 30. Aplica-se o disposto neste artigo, no que couber e observado o § 31, à cooperativa de trabalho em relação à contribuição devida pelo seu cooperado. (Incluído pelo Decreto nº 4.729, de 2003)

§ 31. A cooperativa de trabalho fica obrigada a descontar vinte por cento do valor da quota distribuída ao cooperado contribuinte individual por serviços por ele prestados por seu intermédio a empresas, a pessoas físicas e a entidades em gozo de isenção e recolher o produto dessa arrecadação até o dia vinte do mês subsequente ao da competência a que se referir ou até o dia útil imediatamente anterior, se não houver expediente bancário naquele dia. (Redação dada pelo Decreto nº 10.410, de 2020)

§ 32. Ficam excluídos da obrigação de descontar a contribuição do contribuinte individual que lhe preste serviço: (Redação dada pelo Decreto nº 10.410, de 2020)

I – o produtor rural pessoa física; (Incluído pelo Decreto nº 10.410, de 2020)

II – o contribuinte individual equiparado a empresa; (Incluído pelo Decreto nº 10.410, de 2020)

III – a missão diplomática e a repartição consular de carreiras estrangeiras; e (Incluído pelo Decreto nº 10.410, de 2020)

IV – o proprietário ou dono de obra de construção civil, quando pessoa física. (Incluído pelo Decreto nº 10.410, de 2020)

§ 33. Na hipótese prevista no § 32, cabe ao contribuinte individual recolher a própria contribuição, sendo a alíquota, neste caso, de vinte por cento, observado o disposto nos §§ 20, 21 e 23. (Redação dada pelo Decreto nº 6.722, de 2008).

§ 34. O recolhimento da contribuição do produtor rural pessoa física ou produtor rural pessoa jurídica, quando houver, será efetuado pela Companhia Nacional de Abastecimento – CONAB, à conta do Programa de Aquisição de Alimentos, instituído pelo art. 19 da Lei nº 10.696, de 2 de julho de 2003, na aquisição de produtos agropecuários no âmbito do referido Programa. (Incluído pelo Decreto nº 6.722, de 2008).

§ 35. Na hipótese prevista no § 5º do art. 11, o segurado contribuirá com a mesma alíquota com a qual vinha contribuindo anteriormente. (Incluído pelo Decreto nº 10.410, de 2020)

§ 36. A Secretaria Especial da Receita Federal do Brasil do Ministério da Economia disponibilizará ao INSS as informações e os registros das contribuições referentes ao desconto dos empregados, inclusive o doméstico, e dos trabalhadores avulsos e às complementações previstas no § 27-A para fins de aplicação do disposto no § 9º do art. 19 sobre a contagem de tempo de contribuição, inclusive para instrução e revisão de direitos e outorga de benefícios. (Incluído pelo Decreto nº 10.410, de 2020)

§ 37.(Revogado pelo Decreto nº 10.491, de 2020)

Art. 216-A. Os órgãos da administração pública direta, indireta e fundações públicas da União, bem como as demais entidades integrantes do Sistema Integrado de Administração Financeira do Governo Federal ao contratarem pessoa física para prestação de serviços eventuais, sem vínculo empregatício, inclusive como integrante de grupo-tarefa, deverão obter dela a respectiva inscrição no Instituto Nacional do Seguro Social, como contribuinte individual, ou providenciá-la em nome dela, caso não seja inscrita, e proceder ao desconto e recolhimento da respectiva contribuição, na forma do art. 216. (Redação dada pelo Decreto nº 4.729, de 2003)

§ 1º Aplica-se o disposto neste artigo mesmo que o contratado exerça concomitantemente uma ou mais atividades abrangidas pelo Regime Geral de Previdência Social ou por qualquer outro regime de previdência social ou seja aposentado por qualquer regime previdenciário.(Incluído pelo Decreto nº 4.032, de 2001)

§ 2º O contratado que já estiver contribuindo para o Regime Geral de Previdência Social na condição de empregado ou trabalhador avulso sobre o limite máximo do salário-de-contribuição deverá comprovar esse fato e, se a sua contribuição nessa condição for inferior ao limite máximo, a contribuição como contribuinte individual deverá ser complementar, respeitando, no conjunto, aquele limite, procedendo-se, no caso, de conformidade com o disposto no § 28 do art. 216. (Redação dada pelo Decreto nº 4.729, de 2003)

§ 3º (Revogado pelo Decreto nº 4.729, de 2003)

§ 4º Aplica-se o disposto neste artigo às contratações feitas por organismos internacionais, em programas de cooperação e operações de mútua conveniência entre estes e o governo brasileiro.(Incluído pelo Decreto nº 4.032, de 2001)

Art. 217. Na requisição de mão de obra de trabalhador avulso efetuada em conformidade com o disposto na Lei nº 12.815, de 2013, e na Lei nº 9.719, de 27 de novembro de 1998, o responsável pelas obrigações previstas neste Regulamento, em relação aos segurados que lhe prestem serviços, é o operador portuário ou o tomador de mão de obra, inclusive o titular de instalação portuária de uso privativo, observadas as normas estabelecidas pelo INSS. (Redação dada pelo Decreto nº 10.410, de 2020)

§ 1º O operador portuário ou titular de instalação de uso privativo repassará ao órgão gestor de mão-de-obra, até vinte e quatro horas após a realização dos serviços:(Redação dada pelo Decreto nº 4.032, de 2001)

I - o valor da remuneração devida aos trabalhadores portuários avulsos, inclusive a referente às férias e à gratificação natalina; e (Incluído pelo Decreto nº 4.032, de 2001)

II - o valor da contribuição patronal previdenciária correspondente e o valor daquela devida a terceiros conforme o art. 274.(Incluído pelo Decreto nº 4.032, de 2001)

§ 2º O órgão gestor de mão-de-obra é responsável:(Redação dada pelo Decreto nº 4.032, de 2001)

I - pelo pagamento da remuneração ao trabalhador portuário avulso;(Incluído pelo Decreto nº 4.032, de 2001)

II - pela elaboração da folha de pagamento;(Incluído pelo Decreto nº 4.032, de 2001)

III - pelo preenchimento e entrega da Guia de Recolhimento do Fundo de Garantia do Tempo de Serviço e Informações à Previdência Social; e (Incluído pelo Decreto nº 4.032, de 2001)

IV - pelo recolhimento das contribuições de que tratam o art. 198, o inciso I do caput do art. 201 e os arts. 202 e 274, incidentes sobre a remuneração paga, devida ou creditada aos trabalhadores portuários avulsos, inclusive sobre férias e gratificação natalina, no prazo previsto na alínea "b" do inciso I do art. 216.(Incluído pelo Decreto nº 4.032, de 2001)

§ 3º (Revogado pelo Decreto nº 4.032, de 2001)

§ 4º O prazo previsto no § 1º pode ser alterado mediante convenção coletiva firmada entre entidades sindicais representativas dos trabalhadores e operadores portuários, observado o prazo legal para recolhimento dos encargos previdenciários.(Redação dada pelo Decreto nº 4.032, de 2001)

§ 5º A contribuição do trabalhador avulso, relativamente à gratificação natalina, será calculada com base na alíquota correspondente ao seu salário-de-contribuição mensal.(Redação dada pelo Decreto nº 4.032, de 2001)

§ 6º O salário-família devido ao trabalhador portuário avulso será pago pelo órgão gestor de mão-de-obra, mediante convênio, que se incumbirá de demonstrá-lo na folha de pagamento correspondente.

Art. 218. A empresa tomadora ou requisitante dos serviços de trabalhador avulso, cuja contratação de pessoal não seja abrangida pelo disposto na Lei nº 12.815, de 2013, e na Lei nº 9.719, de 1998, é responsável pelo cumprimento de todas as obrigações previstas neste Regulamento, além do preenchimento e da entrega da GFIP em relação aos segurados que lhe prestem serviços, observadas as normas estabelecidas pelo INSS. (Redação dada pelo Decreto nº 10.410, de 2020)

§ 1º O salário-família devido ao trabalhador avulso mencionado no caput será pago pelo sindicato de classe respectivo, mediante convênio, que se incumbirá de elaborar as folhas correspondentes.

§ 2º O tomador de serviços é responsável pelo recolhimento das contribuições de que tratam o art. 198, o inciso I do caput do art. 201 e os arts. 202 e 274, incidentes sobre a remuneração paga, devida ou creditada ao trabalhador avulso, inclusive sobre férias e gratificação natalina, no prazo previsto na alínea «b» do inciso I do art. 216.(Redação dada pelo Decreto nº 4.032, de 2001)

Seção II
Da Retenção e da Responsabilidade Solidária

Art. 219. A empresa contratante de serviços executados mediante cessão ou empreitada de mão-de-obra, inclusive em regime de trabalho temporário, deverá reter onze por cento do valor bruto da nota fiscal, fatura ou recibo de prestação de serviços e recolher a importância retida em nome da empresa contratada, observado o disposto no § 5º do art. 216. (Redação dada pelo Decreto nº 4.729, de 2003)

§ 1º Exclusivamente para os fins deste Regulamento, entende-se como cessão de mão-de-obra a colocação à disposição do contratante, em suas dependências ou nas de terceiros, de segurados que realizem serviços contínuos, relacionados ou não com a atividade fim da empresa, independentemente da natureza e da forma de contratação, inclusive por meio de trabalho temporário na forma da Lei nº 6.019, de 3 de janeiro de 1974, entre outros.

§ 2º Enquadram-se na situação prevista no caput os seguintes serviços realizados mediante cessão de mão-de-obra:

I – limpeza, conservação e zeladoria;

II – vigilância e segurança;

III – construção civil;

IV – serviços rurais;

V – digitação e preparação de dados para processamento;

VI – acabamento, embalagem e acondicionamento de produtos;

VII – cobrança;

VIII – coleta e reciclagem de lixo e resíduos;

IX – copa e hotelaria;

X – corte e ligação de serviços públicos;

XI – distribuição;

XII – treinamento e ensino;

XIII – entrega de contas e documentos;

XIV – ligação e leitura de medidores;

XV – manutenção de instalações, de máquinas e de equipamentos;

XVI – montagem;

XVII – operação de máquinas, equipamentos e veículos;

XVIII – operação de pedágio e de terminais de transporte;

XIX – operação de transporte de passageiros, inclusive nos casos de concessão ou sub-concessão; (Redação dada pelo Decreto nº 4.729, de 2003)

XX – portaria, recepção e ascensorista;

XXI – recepção, triagem e movimentação de materiais;

XXII – promoção de vendas e eventos;

XXIII – secretaria e expediente;

XXIV – saúde; e

XXV – telefonia, inclusive telemarketing.

§ 3º Os serviços relacionados nos incisos I a V também estão sujeitos à retenção de que trata o caput quando contratados mediante empreitada de mão-de-obra.

§ 4º O valor retido de que trata este artigo deverá ser destacado na nota fiscal, fatura ou recibo de prestação de serviços, sendo compensado pelo respectivo estabelecimento da empresa contratada quando do recolhimento das contribuições destinadas à seguridade social devidas sobre a folha de pagamento dos segurados.

§ 5º O contratado deverá elaborar folha de pagamento e Guia de Recolhimento do Fundo de Garantia do Tempo de Serviço e Informações à Previdência Social distintas para cada estabelecimento ou obra de construção civil da empresa contratante do serviço.

§ 6º A empresa contratante do serviço deverá manter em boa guarda, em ordem cronológica e por contratada, as correspondentes notas fiscais, faturas ou recibos de prestação de serviços, Guias da Previdência Social e Guias de Recolhimento do Fundo de Garantia do Tempo de Serviço e Informações à Previdência Social com comprovante de entrega.

§ 7º Na contratação de serviços em que a contratada se obriga a fornecer material ou dispor de equipamentos, fica facultada ao contratado a discriminação, na nota fiscal, fatura ou recibo, do valor correspondente ao material ou equipamentos, que será excluído da retenção, desde que contratualmente previsto e devidamente comprovado.

§ 8º Cabe ao Instituto Nacional do Seguro Social normatizar a forma de apuração e o limite mínimo do valor do serviço contido no total da nota fiscal, fatura ou recibo, quando, na hipótese do parágrafo anterior, não houver previsão contratual dos valores correspondentes a material ou a equipamentos.

§ 9º Na impossibilidade de haver compensação integral na própria competência, o saldo remanescente poderá ser compensado nas competências subseqüentes, inclusive na relativa à gratificação natalina, ou ser objeto de restituição, não sujeitas ao disposto no § 3º do art. 247. (Redação dada pelo Decreto nº 4.729, de 2003)

§ 10. Para fins de recolhimento e de compensação da importância retida, será considerada como competência aquela a que corresponder à data da emissão da nota fiscal, fatura ou recibo.

§ 11. As importâncias retidas não podem ser compensadas com contribuições arrecadadas pelo Instituto Nacional do Seguro Social para outras entidades.

§ 12º O percentual previsto no caput será acrescido de quatro, três ou dois pontos percentuais, relativamente aos serviços prestados pelos segurados empregado, cuja atividade permita a concessão de aposentadoria especial, após quinze, vinte ou vinte e cinco anos de contribuição, respectivamente. (Incluído pelo Decreto nº 4.729, de 2003)

Art. 220. O proprietário, o incorporador definido na Lei nº 4.591, de 1964, o dono da obra ou condômino da unidade imobiliária cuja contratação da construção, reforma ou acréscimo não envolva cessão de mão-de-obra, são solidários com o construtor, e este e aqueles com a subempreiteira, pelo cumprimento das obrigações para com a seguridade social, ressalvado o seu direito regressivo contra o executor ou contratante da obra e admitida a retenção de importância a este devida para garantia do cumprimento dessas obrigações, não se aplicando, em qualquer hipótese, o benefício de ordem.

§ 1º Não se considera cessão de mão-de-obra, para os fins deste artigo, a contratação de construção civil em que a empresa construtora assuma a responsabilidade direta e total pela obra ou repasse o contrato integralmente.

§ 2º O executor da obra deverá elaborar, distintamente para cada estabelecimento ou obra de construção civil da empresa contratante, folha de pagamento, Guia de Recolhimento do Fundo de Garantia do Tempo de Serviço e Informações à Previdência Social e Guia da Previdência Social, cujas cópias deverão ser exigidas pela empresa contratante quando da quitação da nota fiscal ou fatura, juntamente com o comprovante de entrega daquela Guia.

§ 3º A responsabilidade solidária de que trata o caput será elidida:

I – pela comprovação, na forma do parágrafo anterior, do recolhimento das contribuições incidentes sobre a remuneração dos segurados, incluída em nota fiscal ou fatura correspondente aos serviços executados, quando corroborada por escrituração contábil; e

II – pela comprovação do recolhimento das contribuições incidentes sobre a remuneração dos segurados, aferidas indiretamente nos termos, forma e percentuais previstos pelo Instituto Nacional do Seguro Social.

III – pela comprovação do recolhimento da retenção permitida no caput deste artigo, efetivada nos termos do art. 219.(Incluído pelo Decreto nº 4.032, de 2001)

§ 4º Considera-se construtor, para os efeitos deste Regulamento, a pessoa física ou jurídica que executa obra sob sua responsabilidade, no todo ou em parte.

Art. 221. Exclui-se da responsabilidade solidária perante a seguridade social o adquirente de prédio ou unidade imobiliária que realize a operação com empresa de comercialização ou com incorporador de imóveis definido na Lei nº 4.591, de 1964, ficando estes solidariamente responsáveis com o construtor, na forma prevista no art. 220.

Art. 221-A. O instituto da responsabilidade solidária não se aplica à administração pública direta, autárquica e fundacional, quando contratante de serviços, inclusive de obra de construção civil, reforma ou acréscimo, independentemente da forma de contratação. (Incluído pelo Decreto nº 10.410, de 2020)

Parágrafo único. A administração pública contratante de serviços, inclusive de construção civil executados por meio de cessão de mão de obra ou empreitada parcial, efetuará a retenção prevista no art. 219. (Incluído pelo Decreto nº 10.410, de 2020)

Art. 222. As empresas que integram grupo econômico de qualquer natureza, bem como os produtores rurais integrantes do consórcio simplificado de que trata o art. 200-A, respondem entre si, solidariamente, pelas obrigações decorrentes do disposto neste Regulamento.(Redação dada pelo Decreto nº 4.032, de 2001)

PREVIDENCIÁRIO

Art. 222-A. As empresas integrantes de consórcio constituído nos termos do disposto nos art. 278 e art. 279 da Lei nº 6.404, de 15 de dezembro de 1976, respondem pelas contribuições devidas, em relação às operações praticadas pelo consórcio, na proporção de sua participação no empreendimento. (Incluído pelo Decreto nº 10.410, de 2020)

§ 1º O consórcio que realizar a contratação, em nome próprio, de pessoas jurídicas e físicas, com ou sem vínculo empregatício, poderá efetuar a retenção das contribuições e cumprir as respectivas obrigações acessórias, hipótese em que as empresas consorciadas serão solidariamente responsáveis. (Incluído pelo Decreto nº 10.410, de 2020)

§ 2º Na hipótese de a retenção das contribuições ou o cumprimento das obrigações acessórias relativas ao consórcio ser realizado por sua empresa líder, as empresas consorciadas também serão solidariamente responsáveis. (Incluído pelo Decreto nº 10.410, de 2020)

§ 3º O disposto neste artigo abrange as contribuições destinadas a outras entidades e fundos, além da multa por atraso no cumprimento das obrigações acessórias. (Incluído pelo Decreto nº 10.410, de 2020)

Art. 223. O operador portuário e o órgão gestor de mão-de-obra são solidariamente responsáveis pelo pagamento das contribuições previdenciárias e demais obrigações, inclusive acessórias, devidas à seguridade social, arrecadadas pelo Instituto Nacional do Seguro Social, relativamente à requisição de mão-de-obra de trabalhador avulso, vedada a invocação do benefício de ordem.

Art. 224. Os administradores de autarquias e fundações públicas, criadas ou mantidas pelo Poder Público, de empresas públicas e de sociedades de economia mista sujeitas ao controle da União, dos Estados, do Distrito Federal ou dos Municípios, que se encontrarem em mora por mais de trinta dias, no recolhimento das contribuições previstas neste Regulamento, tornam-se solidariamente responsáveis pelo respectivo pagamento, ficando ainda sujeitos às proibições do art. 1º e às sanções dos arts. 4º e 7º do Decreto-lei nº 368, de 19 de dezembro de 1968.

Art. 224-A. O disposto nesta Seção não se aplica à contratação de serviços por intermédio de cooperativa de trabalho. (Incluído pelo Decreto nº 3.265, de 1999)

Seção III
Das Obrigações Acessórias

Art. 225. A empresa é também obrigada a:

I – preparar folha de pagamento da remuneração paga, devida ou creditada a todos os segurados a seu serviço, devendo manter, em cada estabelecimento, uma via da respectiva folha e recibos de pagamentos;

II – lançar mensalmente em títulos próprios de sua contabilidade, de forma discriminada, os fatos geradores de todas as contribuições, o montante das quantias descontadas, as contribuições da empresa e os totais recolhidos;

III – prestar ao Instituto Nacional do Seguro Social e à Secretaria da Receita Federal todas as informações cadastrais, financeiras e contábeis de interesse dos mesmos, na forma por eles estabelecida, bem como os esclarecimentos necessários à fiscalização;

IV – informar mensalmente ao Instituto Nacional do Seguro Social, por intermédio da Guia de Recolhimento do Fundo de Garantia do Tempo de Serviço e Informações à Previdência Social, na forma por ele estabelecida, dados cadastrais, todos os fatos geradores de contribuição previdenciária e outras informações de interesse daquele Instituto;

V – (Revogado pelo Decreto nº 10.410, de 2020)

VI – afixar cópia da Guia da Previdência Social, relativamente à competência anterior, durante o período de um mês, no quadro de horário de que trata o art. 74 da Consolidação das Leis do Trabalho.

VII – informar, anualmente, à Secretaria da Receita Federal do Brasil, na forma por ela estabelecida, o nome, o número de inscrição na previdência social e o endereço completo dos segurados de que trata o inciso III do § 15 do art. 9º, por ela utilizados no período, a qualquer título, para distribuição ou comercialização de seus produtos, sejam eles de fabricação própria ou de terceiros, sempre que se tratar de empresa que realize vendas diretas. (Incluído pelo Decreto nº 6.722, de 2008).

VIII – comunicar, mensalmente, os empregados a respeito dos valores descontados de sua contribuição previdenciária e, quando for o caso, dos valores da contribuição do empregador incidentes sobre a remuneração do mês de competência por meio de contracheque, recibo de pagamento ou documento equivalente. (Incluído pelo Decreto nº 10.410, de 2020)

§ 1º As informações prestadas na Guia de Recolhimento do Fundo de Garantia do Tempo de Serviço e Informações à Previdência Social servirão como base de cálculo das contribuições arrecadadas pelo Instituto Nacional do Seguro Social, comporão a base de dados para fins de cálculo e concessão dos benefícios previdenciários, bem como constituir-se-ão em termo de confissão de dívida, na hipótese do não-recolhimento.

§ 2º A entrega da Guia de Recolhimento do Fundo de Garantia do Tempo de Serviço e Informações à Previdência Social deverá ser efetuada na rede bancária, conforme estabelecido pelo Ministério da Previdência e Assistência Social, até o dia sete do mês seguinte àquele a que se referirem as informações. (Redação dada pelo Decreto nº 3.265, de 1999)

§ 3º A Guia de Recolhimento do Fundo de Garantia do Tempo de Serviço e Informações à Previdência Social é exigida relativamente a fatos geradores ocorridos a partir de janeiro de 1999.

§ 4º O preenchimento, as informações prestadas e a entrega da Guia de Recolhimento do Fundo de Garantia do Tempo de Serviço e Informações à Previdência Social são de inteira responsabilidade da empresa.

§ 5º A empresa manterá arquivados os documentos comprobatórios do cumprimento das obrigações de que trata este artigo e os documentos comprobatórios do pagamento de benefícios previdenciários reembolsados até que ocorra a prescrição relativa aos créditos decorrentes das operações a que os documentos se refiram, observados o disposto no § 22 e nas normas estabelecidas pela Secretaria Especial da Receita Federal do Brasil do Ministério da Economia e pelo Conselho Curador do Fundo de Garantia do Tempo de Serviço. (Redação dada pelo Decreto nº 10.410, de 2020)

§ 6º O Instituto Nacional do Seguro Social e a Caixa Econômica Federal estabelecerão normas para disciplinar a entrega da Guia de Recolhimento do Fundo de Garantia do Tempo de Serviço e Informações à Previdência Social, nos casos de rescisão contratual.

§ 7º (Revogado pelo Decreto nº 10.410, de 2020)

§ 8º O disposto neste artigo aplica-se, no que couber, aos demais contribuintes e ao adquirente, consignatário ou cooperativa, sub-rogados na forma deste Regulamento.

§ 9º A folha de pagamento de que trata o inciso I do caput, elaborada mensalmente, de forma coletiva por estabelecimento da empresa, por obra de construção civil e por tomador de serviços, com a correspondente totalização, deverá:

I – discriminar o nome dos segurados, indicando cargo, função ou serviço prestado;

II – agrupar os segurados por categoria, assim entendido: segurado empregado, trabalhador avulso, contribuinte individual; (Redação dada pelo Decreto nº 3.265, de 1999)

III – destacar o nome das seguradas em gozo de salário-maternidade;

IV – destacar as parcelas integrantes e não integrantes da remuneração e os descontos legais; e

V – indicar o número de quotas de salário-família atribuídas a cada segurado empregado ou trabalhador avulso.

§ 10. No que se refere ao trabalhador portuário avulso, o órgão gestor de mão-de-obra elaborará a folha de pagamento por navio, mantendo-a disponível para uso da fiscalização do Instituto Nacional do Seguro Social, indicando o operador portuário e os trabalhadores que participaram da operação, detalhando, com relação aos últimos:

I – os correspondentes números de registro ou cadastro no órgão gestor de mão-de-obra;

II – o cargo, função ou serviço prestado;

III – os turnos em que trabalharam; e

IV – as remunerações pagas, devidas ou creditadas a cada um dos trabalhadores e a correspondente totalização.

§ 11. No que se refere ao parágrafo anterior, o órgão gestor de mão-de-obra consolidará as folhas de pagamento relativas às operações concluídas no mês anterior por operador portuário e por trabalhador portuário avulso, indicando, com relação a estes, os respectivos números de registro ou cadastro, as datas dos turnos trabalhados, as importâncias pagas e os valores das contribuições previdenciárias retidas.

§ 12. Para efeito de observância do limite máximo da contribuição do segurado trabalhador avulso, de que trata o art. 198, o órgão gestor de mão-de-obra manterá resumo mensal e acumulado, por trabalhador portuário avulso, dos valores totais das férias, do décimo terceiro salário e das contribuições previdenciárias retidas.

§ 13. Os lançamentos de que trata o inciso II do caput, devidamente escriturados nos livros Diário e Razão, serão exigidos pela fiscalização após noventa dias contados da ocorrência dos fatos geradores das contribuições, devendo, obrigatoriamente:

I – atender ao princípio contábil do regime de competência; e

II – registrar, em contas individualizadas, todos os fatos geradores de contribuições previdenciárias de forma a identificar, clara e precisamente, as rubricas integrantes e não integrantes do salário-de-contribuição, bem como as contribuições descontadas do segurado, as da empresa e os totais recolhidos, por estabelecimento da empresa, por obra de construção civil e por tomador de serviços.

§ 14. A empresa deverá manter à disposição da fiscalização os códigos ou abreviaturas que identifiquem as respectivas rubricas utilizadas na elaboração da folha de pagamento, bem como os utilizados na escrituração contábil.

§ 15. A exigência prevista no inciso II do caput não desobriga a empresa do cumprimento das demais normas legais e regulamentares referentes à escrituração contábil.

§ 16. São desobrigadas de apresentação de escrituração contábil: (Redação dada pelo Decreto nº 3.265, de 1999)

I – o pequeno comerciante, nas condições estabelecidas pelo Decreto-lei nº 486, de 3 de março de 1969, e seu Regulamento;

II – a pessoa jurídica tributada com base no lucro presumido, de acordo com a legislação tributária federal, desde que mantenha a escrituração do Livro Caixa e Livro de Registro de Inventário; e

III – a pessoa jurídica que optar pela inscrição no Sistema Integrado de Pagamento de Impostos e Contribuições das Microempresas e Empresas de Pequeno Porte, desde que mantenha escrituração do Livro Caixa e Livro de Registro de Inventário.

§ 17. A empresa, agência ou sucursal estabelecida no exterior deverá apresentar os documentos comprobatórios do cumprimento das obrigações referidas neste artigo à sua congênere no Brasil, observada a solidariedade de que trata o art. 222.

§ 18. Para o cumprimento do disposto no inciso V do caput serão observadas as seguintes situações:

I – caso a empresa possua mais de um estabelecimento localizado em base geográfica diversa, a cópia da Guia da Previdência Social será encaminhada ao sindicato representativo da categoria profissional mais numerosa entre os empregados de cada estabelecimento;

II – a empresa que recolher suas contribuições em mais de uma Guia da Previdência Social encaminhará cópia de todas as guias;

III – a remessa poderá ser efetuada por qualquer meio que garanta a reprodução integral do documento, cabendo à empresa manter, em seus arquivos, prova do recebimento pelo sindicato; e

IV – cabe à empresa a comprovação, perante a fiscalização do Instituto Nacional do Seguro Social, do cumprimento de sua obrigação frente ao sindicato.

§ 19. O órgão gestor de mão-de-obra deverá, quando exigido pela fiscalização do Instituto Nacional do Seguro Social, exibir as listas de escalação diária dos trabalhadores portuários avulsos, por operador portuário e por navio.

§ 20. Caberá exclusivamente ao órgão gestor de mão-de-obra a responsabilidade pela exatidão dos dados lançados nas listas diárias referidas no parágrafo anterior.

§ 21. Fica dispensado do cumprimento do disposto nos incisos V e VI do caput o contribuinte individual, em relação a segurado que lhe presta serviço. (Redação dada pelo Decreto nº 3.265, de 1999)

§ 22. A empresa que utiliza sistema de processamento eletrônico de dados para o registro de negócios e atividades econômicas, escrituração de livros ou produção de documentos de natureza contábil, fiscal, trabalhista e previdenciária fica obrigada a arquivar e conservar, devidamente certificados, os sistemas e os arquivos, em meio eletrônico ou assemelhado, durante o prazo decadencial de que trata o art. 348, os quais ficarão à disposição da fiscalização. (Redação dada pelo Decreto nº 10.410, de 2020)

§ 23. A cooperativa de trabalho e a pessoa jurídica são obrigadas a efetuar a inscrição no Instituto Nacional do Seguro Social dos seus cooperados e contratados, respectivamente, como contribuintes individuais, se ainda não inscritos. (Incluído pelo Decreto nº 4.729, de 2003)

§ 24. A empresa ou cooperativa adquirente, consumidora ou consignatária da produção fica obrigada a fornecer ao segurado especial cópia do documento fiscal de entrada da mercadoria, onde conste, além do registro da operação realizada, o valor da respectiva contribuição previdenciária. (Incluído pelo Decreto nº 6.722, de 2008).

§ 25. A contribuição do empregador de que trata o inciso VIII do caput compreende aquela destinada ao seguro de acidentes do trabalho e ao financiamento da aposentadoria especial, sem prejuízo de outras contribuições incidentes sobre a remuneração do empregado. (Incluído pelo Decreto nº 10.410, de 2020)

Art. 226. O Município, por intermédio do órgão competente, fornecerá ao Instituto Nacional do Seguro Social, para fins de fiscalização, mensalmente, relação de todos os alvarás para construção civil e documentos de "habite-se" concedidos, de acordo com critérios estabelecidos pelo referido Instituto.

§ 1º A relação a que se refere o caput será encaminhada ao INSS até o dia dez do mês seguinte àquele a que se referirem os documentos.(Redação dada pelo Decreto nº 4.032, de 2001)

§ 2º O encaminhamento da relação fora do prazo ou a sua falta e a apresentação com incorreções ou omissões sujeitará o dirigente do órgão municipal à penalidade prevista na alínea «f» do inciso I do art. 283.

Art. 227. (Revogado pelo Decreto nº 8.302, de 2014)

Art. 228. O titular do Cartório de Registro Civil de Pessoas Naturais remeterá ao INSS, no prazo de um dia útil, pelo Sistema Nacional de Informações de Registro Civil, ou pelo sistema que venha a substituí-lo, a relação dos nascimentos, dos natimortos, dos casamentos, dos óbitos, das averbações, das anotações e das retificações registradas na serventia. (Redação dada pelo Decreto nº 10.410, de 2020)

§ 1º Para os Municípios que não dispõem de provedor de conexão à internet ou de qualquer meio de acesso à internet, fica autorizada a remessa da relação no prazo de cinco dias úteis, conforme critérios definidos pelo INSS. (Incluído pelo Decreto nº 10.410, de 2020)

§ 2º Os registros de nascimento e de natimorto conterão, obrigatoriamente, as seguintes informações do registrado e da filiação: (Incluído pelo Decreto nº 10.410, de 2020)

I – nome completo; (Incluído pelo Decreto nº 10.410, de 2020)

II – número de inscrição no CPF; (Incluído pelo Decreto nº 10.410, de 2020)

III – sexo; e (Incluído pelo Decreto nº 10.410, de 2020)

IV – data e local de nascimento. (Incluído pelo Decreto nº 10.410, de 2020)

§ 3º Os registros de casamento e de óbito conterão, obrigatoriamente, as seguintes informações do registrado: (Incluído pelo Decreto nº 10.410, de 2020)

I – nome completo; (Incluído pelo Decreto nº 10.410, de 2020)

II – número de inscrição no CPF; (Incluído pelo Decreto nº 10.410, de 2020)

III – sexo; e (Incluído pelo Decreto nº 10.410, de 2020)

IV – data e local de nascimento do registrado. (Incluído pelo Decreto nº 10.410, de 2020)

§ 4º Além das informações a que se refere o § 3º, constarão dos registros de casamento e de óbito, caso estejam disponíveis, os seguintes dados: (Incluído pelo Decreto nº 10.410, de 2020)

I – número de inscrição no PIS ou no Pasep; (Incluído pelo Decreto nº 10.410, de 2020)

II – NIT; (Incluído pelo Decreto nº 10.410, de 2020)

III – número de benefício previdenciário ou assistencial, se o falecido for titular de qualquer benefício pago pelo INSS; (Incluído pelo Decreto nº 10.410, de 2020)

IV – número de registro da carteira de identidade e órgão emissor; (Incluído pelo Decreto nº 10.410, de 2020)

V – número do título de eleitor; e (Incluído pelo Decreto nº 10.410, de 2020)

VI – número de registro e série da Carteira de Trabalho e Previdência Social. (Incluído pelo Decreto nº 10.410, de 2020)

§ 5º Na hipótese de não haver sido registrado nascimento, natimorto, casamento, óbito ou averbação, anotação e retificação no mês, o titular do Cartório de Registro Civil de Pessoas Naturais comunicará este fato ao INSS até o quinto dia útil do mês subsequente, na forma estabelecida pelo INSS. (Incluído pelo Decreto nº 10.410, de 2020)

§ 6º O descumprimento de obrigação imposta por este artigo e o fornecimento de informação inexata sujeitarão o titular do Cartório de Registro Civil de Pessoas Naturais, além de outras penalidades, à penalidade prevista na alínea "e" do inciso I do caput do art. 283 e a ação regressiva, na forma estabelecida pelo INSS. (Incluído pelo Decreto nº 10.410, de 2020)

Seção IV
Da Competência para Arrecadar, Fiscalizar e Cobrar

Art. 229. O Instituto Nacional do Seguro Social é o órgão competente para:

I – arrecadar e fiscalizar o recolhimento das contribuições sociais previstas nos incisos I, II, III, IV e V do parágrafo único do art. 195, bem como as contribuições incidentes a título de substituição;(Redação dada pelo Decreto nº 4.032, de 2001)

II - constituir seus créditos por meio dos correspondentes lançamentos e promover a respectiva cobrança;

III - aplicar sanções; e

IV - normatizar procedimentos relativos à arrecadação, fiscalização e cobrança das contribuições referidas no inciso I.

§ 1º Os Auditores Fiscais da Previdência Social terão livre acesso a todas as dependências ou estabelecimentos da empresa, com vistas à verificação física dos segurados em serviço, para confronto com os registros e documentos da empresa, podendo requisitar e apreender livros, notas técnicas e demais documentos necessários ao perfeito desempenho de suas funções, caracterizando-se como embaraço à fiscalização qualquer dificuldade oposta à consecução do objetivo. (Redação dada pelo Decreto nº 3.265, de 1999)

§ 2º Se o Auditor Fiscal da Previdência Social constatar que o segurado contratado como contribuinte individual, trabalhador avulso, ou sob qualquer outra denominação, preenche as condições referidas no inciso I do caput do art. 9º, deverá desconsiderar o vínculo pactuado e efetuar o enquadramento como segurado empregado. (Redação dada pelo Decreto nº 3.265, de 1999)

§ 3º A fiscalização das entidades fechadas de previdência privada, estabelecida na Lei nº 6.435, de 15 de julho de 1977, será exercida pelos Fiscais de Contribuições Previdenciárias do Instituto Nacional do Seguro Social, devidamente credenciados pelo órgão próprio, sem prejuízo das atribuições e vantagens a que fazem jus, conforme disposto no Decreto nº 1.317, de 29 de novembro de 1994.

§ 4º A fiscalização dos regimes próprios de previdência social dos servidores públicos e dos militares da União, dos Estados, do Distrito Federal e dos Municípios, nos termos da Lei nº 9.717, de 27 de novembro de 1998, será exercida pelos Fiscais de Contribuições Previdenciárias do Instituto Nacional do Seguro Social, devidamente credenciados pelo órgão próprio, sem prejuízo das atribuições e vantagens a que fazem jus, conforme orientação expedida pelo Ministério da Previdência e Assistência Social.

§ 5º Aplica-se à fiscalização de que tratam os §§ 3º e 4º o disposto na Lei nº 8.212, de 1991, neste Regulamento e demais dispositivos da legislação previdenciária, no que couber e não colidir com os preceitos das Leis nºs 6.435, de 1977, e 9.717, de 1998.

Art. 230. A Secretaria da Receita Federal é o órgão competente para:

I - arrecadar e fiscalizar o recolhimento das contribuições sociais previstas nos incisos VI e VII do parágrafo único do art. 195;

II - constituir seus créditos por meio dos correspondentes lançamentos e promover a respectiva cobrança;

III - aplicar sanções; e

IV – normatizar procedimentos relativos à arrecadação, fiscalização e cobrança das contribuições de que trata o inciso I.

Seção V
Do Exame da Contabilidade

Art. 231. É prerrogativa do Ministério da Previdência e Assistência Social, do Instituto Nacional do Seguro Social e da Secretaria da Receita Federal o exame da contabilidade da empresa, não prevalecendo para esse efeito o disposto nos arts. 17 e 18 do Código Comercial, ficando obrigados a empresa e o segurado a prestarem todos os esclarecimentos e informações solicitados.

Art. 232. A empresa, o servidor de órgão público da administração direta e indireta, o segurado da previdência social, o serventuário da Justiça, o síndico ou seu representante legal, o comissário e o liquidante de empresa em liquidação judicial ou extrajudicial são obrigados a exibir todos os documentos e livros relacionados com as contribuições previstas neste Regulamento.

Art. 233. Ocorrendo recusa ou sonegação de qualquer documento ou informação, ou sua apresentação deficiente, o Instituto Nacional do Seguro Social e a Secretaria da Receita Federal podem, sem prejuízo da penalidade cabível nas esferas de sua competência, lançar de ofício importância que reputarem devida, cabendo à empresa, ao empregador doméstico ou ao segurado o ônus da prova em contrário.

Parágrafo único. Considera-se deficiente o documento ou informação apresentada que não preencha as formalidades legais, bem como aquele que contenha informação diversa da realidade, ou, ainda, que omita informação verdadeira.

Art. 234. Na falta de prova regular e formalizada, o montante dos salários pagos pela execução de obra de construção civil pode ser obtido mediante cálculo da mão-de-obra empregada, proporcional à área construída e ao padrão de execução da obra, de acordo com critérios estabelecidos pelo Instituto Nacional do Seguro Social, cabendo ao proprietário, dono da obra, incorporador, condômino da unidade imobiliária ou empresa co-responsável o ônus da prova em contrário.

Art. 235. Se, no exame da escrituração contábil e de qualquer outro documento da empresa, a fiscalização constatar que a contabilidade não registra o movimento real da remuneração dos segurados a seu serviço, da receita ou do faturamento e do lucro, esta será desconsiderada, sendo apuradas e lançadas de ofício as contribuições devidas, cabendo à empresa o ônus da prova em contrário.

Art. 236. Deverá ser dado tratamento especial ao exame da documentação que envolva operações ou assuntos de caráter sigiloso, ficando o fiscal responsável obrigado à guarda da informação e à sua utilização exclusivamente nos documentos elaborados em decorrência do exercício de suas atividades.

Art. 237. A autoridade policial prestará à fiscalização, mediante solicitação, o auxílio necessário ao regular desempenho dessa atividade.

Seção VI
Das Contribuições e Outras Importâncias não Recolhidas até o Vencimento

Art. 238. Os créditos de qualquer natureza da seguridade social, constituídos ou não, vencidos até 31 de dezembro de 1991 e não pagos até 2 de janeiro de 1992, serão atualizados monetariamente com base na legislação aplicável e convertidos, nessa data, em quantidade de Unidade Fiscal de Referência diária.

§ 1º Os juros de mora calculados até 2 de janeiro de 1992 serão, também, convertidos em Unidade Fiscal de Referência, na mesma data.

§ 2º Sobre a parcela correspondente à contribuição, convertida em quantidade de Unidade Fiscal de Referência, incidirão juros moratórios à razão de um por cento, ao mês-calendário ou fração, a partir de fevereiro de 1992, inclusive, além da multa variável pertinente.

§ 3º Os créditos calculados e expressos em quantidade de Unidade Fiscal de Referência conforme o disposto neste artigo serão reconvertidos para moeda corrente, com base no valor da Unidade Fiscal de Referência na data do pagamento.

Art. 239. As contribuições sociais e outras importâncias arrecadadas pela Secretaria Especial da Receita Federal do Brasil do Ministério da Economia, incluídas ou não em notificação fiscal de lançamento, pagas com atraso, objeto ou não de parcelamento, ficam sujeitas a: (Redação dada pelo Decreto nº 10.410, de 2020)

I – atualização monetária, quando exigida pela legislação de regência;

II – juros de mora, de caráter irrelevável, incidentes sobre o valor atualizado, equivalentes a:

a) um por cento no mês do vencimento;

b) taxa referencial do Sistema Especial de Liquidação e de Custódia nos meses intermediários; e

c) um por cento no mês do pagamento; e

III – multa variável, de caráter irrelevável, nos seguintes percentuais, para fatos geradores ocorridos a partir de 28 de novembro de 1999: (Redação dada pelo Decreto nº 3.265, de 1999)

a) para pagamento após o vencimento de obrigação não incluída em notificação fiscal de lançamento:

1. oito por cento, dentro do mês de vencimento da obrigação; (Redação dada pelo Decreto nº 3.265, de 1999)

2. quatorze por cento, no mês seguinte; ou (Redação dada pelo Decreto nº 3.265, de 1999)

3. vinte por cento, a partir do segundo mês seguinte ao do vencimento da obrigação; (Redação dada pelo Decreto nº 3.265, de 1999)

b) para pagamento de obrigação incluída em notificação fiscal de lançamento:

1. vinte e quatro por cento, até quinze dias do recebimento da notificação; (Redação dada pelo Decreto nº 3.265, de 1999)

2. trinta por cento, após o décimo quinto dia do recebimento da notificação;(Redação dada pelo Decreto nº 3.265, de 1999)

3. quarenta por cento, após apresentação de recurso desde que antecedido de defesa, sendo ambos tempestivos, até quinze dias da ciência da decisão do Conselho de Recursos da Previdência Social; ou (Redação dada pelo Decreto nº 3.265, de 1999)

4. cinqüenta por cento, após o décimo quinto dia da ciência da decisão do Conselho de Recursos da Previdência Social, enquanto não inscrita em Dívida Ativa; e (Redação dada pelo Decreto nº 3.265, de 1999)

c) para pagamento do crédito inscrito em Dívida Ativa:

1. sessenta por cento, quando não tenha sido objeto de parcelamento; (Redação dada pelo Decreto nº 3.265, de 1999)

2. setenta por cento, se houve parcelamento; (Redação dada pelo Decreto nº 3.265, de 1999)

3. oitenta por cento, após o ajuizamento da execução fiscal, mesmo que o devedor ainda não tenha sido citado, se o crédito não foi objeto de parcelamento; ou (Redação dada pelo Decreto nº 3.265, de 1999)

4. cem por cento, após o ajuizamento da execução fiscal, mesmo que o devedor ainda não tenha sido citado, se o crédito foi objeto de parcelamento. (Redação dada pelo Decreto nº 3.265, de 1999)

§ 1º (Revogado pelo Decreto nº 6.224, de 2007).

§ 2º Nas hipóteses de parcelamento ou de reparcelamento, incidirá um acréscimo de vinte por cento sobre a multa de mora a que se refere o inciso III.

§ 3º Se houver pagamento antecipado à vista, no todo ou em parte, do saldo devedor, o acréscimo previsto no parágrafo anterior não incidirá sobre a multa correspondente à parte do pagamento que se efetuar.

§ 4º O valor do pagamento parcial, antecipado, do saldo devedor de parcelamento ou do reparcelamento somente poderá ser utilizado para quitação de parcelas na ordem inversa do vencimento, sem prejuízo da que for devida no mês de competência em curso e sobre a qual incidirá sempre o acréscimo a que se refere o § 2º.

§ 5º É facultada a realização de depósito à disposição da seguridade social, sujeito ao mesmo percentual do item 1 da alínea «b» do inciso III, desde que dentro do prazo legal para apresentação de defesa.

§ 6º À correção monetária e aos acréscimos legais de que trata este artigo aplicar-se-á a legislação vigente em cada competência a que se referirem.

§ 7º Às contribuições de que trata o art. 204, devidas e não recolhidas até as datas dos respectivos vencimentos, aplicam-se multas e juros moratórios na forma da legislação pertinente.

§ 8º Sobre as contribuições devidas e apuradas com fundamento no inciso IV do caput do art. 127 e no § 1º do art. 348 incidirão juros moratórios de cinco décimos por cento ao mês, capitalizados anualmente, limitados ao percentual máximo de cinquenta por cento, e multa de dez por cento. (Redação dada pelo Decreto nº 10.410, de 2020)

§ 8º-A A incidência de juros moratórios e multa de que trata o § 8º será estabelecida para fatos geradores ocorridos a partir de 14 de outubro de 1996. (Incluído pelo Decreto nº 10.410, de 2020)

§ 9º Não se aplicam as multas impostas e calculadas como percentual do crédito por motivo de recolhimento fora do prazo das contribuições, nem quaisquer outras penas pecuniárias, às massas falidas de que trata o art. 192 da Lei nº 11.101, de 9 de fevereiro de 2005, e às missões diplomáticas estrangeiras no Brasil e aos membros dessas missões quando assegurada a isenção em tratado, convenção ou outro acordo internacional de que o Estado estrangeiro ou organismo internacional e o Brasil sejam partes. (Redação dada pelo Decreto nº 6.042, de 2007).

§ 10. O disposto no § 8º não se aplica aos casos de contribuições em atraso a partir da competência abril de 1995, obedecendo-se, a partir de então, às disposições aplicadas às empresas em geral. (Incluído pelo Decreto nº 3.265, de 1999)

§ 11. Na hipótese de as contribuições terem sido declaradas no documento a que se refere o inciso IV do art. 225, ou quando se tratar de empregador doméstico ou de empresa ou segurado dispensados de apresentar o citado documento, a multa de mora a que se refere o caput e seus incisos será reduzida em cinqüenta por cento. (Incluído pelo Decreto nº 3.265, de 1999)

Art. 240. Os créditos de qualquer natureza da seguridade social, constituídos ou não, que forem objeto de parcelamento serão consolidados na data da concessão e expressos em moeda corrente.

§ 1º Os valores referentes a competências anteriores a 1º de janeiro de 1995 e expressos em Unidade Fiscal de Referência serão reconvertidos para moeda corrente, com base no valor da Unidade Fiscal de Referência na data do pagamento.

§ 2º O valor do crédito consolidado será dividido pela quantidade de parcelas mensais concedidas na forma da legislação pertinente.

§ 3º O valor de cada parcela mensal, por ocasião do pagamento, será acrescido de juros na forma da legislação pertinente.

§ 4º A parcela mensal com valores relativos a competências anteriores a janeiro de 1995 será determinada de acordo com as disposições do § 1º, acrescida de juros conforme a legislação pertinente.

Art. 241. No caso de parcelamento concedido administrativamente até o dia 31 de dezembro de 1991, cujo saldo devedor foi expresso em quantidade de Unidade Fiscal de Referência diária a partir de 1º de janeiro de 1992, mediante a divisão do débito, atualizado monetariamente, pelo valor da Unidade Fiscal de Referência diária no dia 1º de janeiro de 1992, terá o valor do débito ou da parcela expresso em Unidade Fiscal de Referência reconvertido para moeda corrente, multiplicando-se a quantidade de Unidade Fiscal de Referência pelo valor desta na data do pagamento.

Art. 242. Os valores das contribuições incluídos em notificação fiscal de lançamento e os acréscimos legais, observada a legislação de regência, serão expressos em moeda corrente.

§ 1º Os valores das contribuições incluídos na Guia de Recolhimento do Fundo de Garantia do Tempo de Serviço e Informações à Previdência Social, não recolhidos ou não parcelados, serão inscritos na Dívida Ativa do Instituto Nacional do Seguro Social, dispensando-se o processo administrativo de natureza contenciosa.

§ 2º Os juros e a multa serão calculados com base no valor da contribuição.

Art. 243. Constatada a falta de recolhimento de qualquer contribuição ou outra importância devida nos termos deste Regulamento, a fiscalização lavrará, de imediato, notificação fiscal de lançamento com discriminação clara e precisa dos fatos geradores, das contribuições devidas e dos períodos a que se referem, de acordo com as normas estabelecidas pelos órgãos competentes.

§ 1º Aplica-se o disposto neste artigo em caso de falta de pagamento de benefício reembolsado ou em caso de pagamento desse benefício sem observância das normas pertinentes estabelecidas pelo Instituto Nacional do Seguro Social.

§ 2º Recebida a notificação, o empregador doméstico, a empresa ou o segurado terão o prazo de trinta dias para efetuar o pagamento ou apresentar impugnação. (Redação dada pelo Decreto nº 6.103, de 2007)

§ 3º (Revogado pelo Decreto nº 6.722, de 2008).

§ 4º Após o prazo referido no parágrafo anterior, o crédito será inscrito em Dívida Ativa.

§ 5º Apresentada a defesa, o processo formado a partir da notificação fiscal de lançamento será submetido à autoridade competente, que decidirá sobre a procedência ou não do lançamento, cabendo recurso na forma da Subseção II da Seção II do Capítulo Único do Título I do Livro V.

§ 6º Ao lançamento considerado procedente aplicar-se-á o disposto no § 1º do art. 245, salvo se houver recurso tempestivo na forma da Subseção II da Seção II do Capítulo Único do Título I do Livro V.

§ 7º A liquidação de crédito incluído em notificação deve ser feita em moeda corrente, mediante documento próprio emitido exclusivamente pelo Instituto Nacional do Seguro Social.

Art. 244. (Revogado pelo Decreto nº 10.410, de 2020)

Art. 245. O crédito da seguridade social é constituído por meio de notificação fiscal de lançamento, auto-de-infração, confissão ou documento declaratório de valores devidos apresentado pelo contribuinte ou outro instrumento previsto em legislação própria.

§ 1º As contribuições, a atualização monetária, os juros de mora, as multas, bem como outras importâncias devidas e não recolhidas até o seu vencimento devem ser lançados em livro próprio destinado à inscrição em Dívida Ativa do Instituto Nacional do Seguro Social e da Fazenda Nacional, após a constituição do respectivo crédito.

§ 2º A certidão textual do livro de que trata este artigo serve de título para que o órgão competente, por intermédio de seu procurador ou representante legal, promova em juízo a cobrança da Dívida Ativa, segundo o mesmo processo e com as mesmas prerrogativas e privilégios da Fazenda Nacional, nos termos da Lei nº 6.830, de 22 de setembro de 1980.

§ 3º Os órgãos competentes podem, antes de ajuizar a cobrança da Dívida Ativa, promover o protesto de título dado em garantia de sua liquidação, ficando, entretanto, ressalvado que o título será sempre recebido pró solvendo.

§ 4º Considera-se Dívida Ativa o crédito proveniente de fato jurídico gerador das obrigações legais ou contratuais, desde que inscrito no livro próprio, de conformidade com os dispositivos da Lei nº 6.830, de 1980.

§ 5º As contribuições arrecadadas pelo Instituto Nacional do Seguro Social poderão, sem prejuízo da respectiva liquidez e certeza, ser inscritas em Dívida Ativa.

Art. 246. O crédito relativo a contribuições, atualização monetária, juros de mora, multas, bem como a outras importâncias, está sujeito, nos processos de falência, concordata ou concurso de credores, às disposições atinentes aos créditos da União, aos quais é equiparado.

Parágrafo único. O Instituto Nacional do Seguro Social reivindicará os valores descontados pela empresa do segurado empregado e trabalhador avulso, as decorrentes da sub-rogação de que tratam os incisos I e II do § 7º do art. 200 e as importâncias retidas na forma do art. 219 e não recolhidos, sendo que esses valores não estão sujeitos ao concurso de credores.

Seção VII
Da Restituição e da Compensação de Contribuições e Outras Importâncias

Art. 247. A restituição e a compensação de valores recolhidos indevidamente observarão os termos e as condições estabelecidos pela Secretaria Especial da Receita Federal do Brasil do Ministério da Economia. (Redação dada pelo Decreto nº 10.410, de 2020)

Art. 248. (Revogado pelo Decreto nº 10.410, de 2020)

Art. 249. (Revogado pelo Decreto nº 10.410, de 2020)

Art. 250. (Revogado pelo Decreto nº 10.410, de 2020)

Art. 251. (Revogado pelo Decreto nº 10.410, de 2020)

Art. 252. (Revogado pelo Decreto nº 10.410, de 2020)

Art. 253. (Revogado pelo Decreto nº 10.410, de 2020)

Art. 254. (Revogado pelo Decreto nº 10.410, de 2020)

Seção VIII
Do Reembolso de Pagamento

Art. 255. A dedução e o reembolso relativos a quotas do salário-família e do salário-maternidade e a compensação do adicional de insalubridade a que se refere o § 2º do art. 394-A da Consolidação das Leis do Trabalho, aprovada pelo Decreto-Lei nº 5.452, de 1943, observarão os termos e as condições estabelecidos pela Secretaria Especial da Receita Federal do Brasil do Ministério da Economia. (Redação dada pelo Decreto nº 10.410, de 2020)

§ 1º (Revogado pelo Decreto nº 10.410, de 2020)

§ 2º (Revogado pelo Decreto nº 3.265, de 1999)

§ 3º (Revogado pelo Decreto nº 10.410, de 2020)

CAPÍTULO IX
DA MATRÍCULA DA EMPRESA, DO PRODUTOR RURAL PESSOA FÍSICA E DO SEGURADO ESPECIAL

(Redação dada pelo Decreto nº 6.722, de 2008).

Art. 256. A matrícula da empresa será feita:

I - simultaneamente com a inscrição no Cadastro Nacional da Pessoa Jurídica; ou

II - perante o Instituto Nacional do Seguro Social, no prazo de trinta dias contados do início de suas atividades, quando não sujeita a inscrição no Cadastro Nacional da Pessoa Jurídica.

§ 1º Independentemente do disposto neste artigo, o Instituto Nacional do Seguro Social procederá à matrícula:

I - de ofício, quando ocorrer omissão; e

II - de obra de construção civil, mediante comunicação obrigatória do responsável por sua execução, no prazo do inciso II do caput.

§ 2º A unidade matriculada na forma do inciso II do caput e do § 1º receberá certificado de matrícula com número cadastral básico, de caráter permanente.

§ 3º O não cumprimento do disposto no inciso II do caput e no inciso II do § 1º sujeita o responsável à multa prevista no art. 283.

§ 4º O Departamento Nacional de Registro do Comércio, por intermédio das juntas comerciais, bem como os cartórios de registro civil de pessoas jurídicas, prestarão obrigatoriamente ao Instituto Nacional do Seguro Social todas as informações referentes aos atos constitutivos e alterações posteriores relativos a empresas neles registradas, sem ônus para o Instituto.

§ 5º São válidos perante o Instituto Nacional do Seguro Social os atos de constituição, alteração e extinção de empresa registrados nas juntas comerciais.

§ 6º O Ministério da Previdência e Assistência Social estabelecerá as condições em que o Departamento Nacional de Registro do Comércio, por intermédio das juntas comerciais, e os cartórios de registro civil de pessoas jurídicas cumprirão o disposto no § 4º.

Art. 256-A. A matrícula atribuída pela Secretaria da Receita Federal do Brasil ao produtor rural pessoa física ou segurado especial é o documento de inscrição do contribuinte, em substituição à inscrição no Cadastro Nacional de Pessoa Jurídica - CNPJ, a ser apresentado em suas relações: (Incluído pelo Decreto nº 6.722, de 2008).

I - com o Poder Público, inclusive para licenciamento sanitário de produtos de origem animal ou vegetal submetidos a processos de beneficiamento ou industrialização artesanal; (Incluído pelo Decreto nº 6.722, de 2008).

PREVIDENCIÁRIO

II – com as instituições financeiras, para fins de contratação de operações de crédito; e (Incluído pelo Decreto nº 6.722, de 2008).

III – com os adquirentes de sua produção ou fornecedores de sementes, insumos, ferramentas e demais implementos agrícolas. (Incluído pelo Decreto nº 6.722, de 2008).

§ 1º Para fins de recolhimento das contribuições previdenciárias, a matrícula de que trata o caput será atribuída ao grupo familiar no ato de sua inscrição. (Incluído pelo Decreto nº 6.722, de 2008).

§ 2º O disposto no caput não se aplica ao licenciamento sanitário de produtos sujeitos à incidência do IPI ou ao contribuinte cuja inscrição no CNPJ seja obrigatória. (Incluído pelo Decreto nº 6.722, de 2008).

CAPÍTULO X
DA PROVA DE INEXISTÊNCIA DE DÉBITO

Art. 257. (Revogado pelo Decreto nº 8.302, de 2014)

Art. 258. (Revogado pelo Decreto nº 8.302, de 2014)

Art. 259. (Revogado pelo Decreto nº 8.302, de 2014)

Art. 260. Serão aceitas as seguintes modalidades de garantia:

I – depósito integral e atualizado do débito em moeda corrente;

II – hipoteca de bens imóveis com ou sem seus acessórios;

III – fiança bancária;

IV – vinculação de parcelas do preço de bens ou serviços a serem negociados a prazo pela empresa;

V – alienação fiduciária de bens móveis; ou

VI – penhora.

Parágrafo único. A garantia deve ter valor mínimo de cento e vinte por cento do total da dívida, observado, em qualquer caso, o valor de mercado dos bens indicados, em conformidade com os critérios estabelecidos pelo Instituto Nacional do Seguro Social.

Art. 261. A autorização do órgão competente para outorga de instrumento em que se estipule o pagamento do débito da empresa no ato, ou apenas parte no ato e o restante em parcelas ou prestações do saldo do preço do bem a ser negociado pela empresa, com vinculação ao cumprimento das obrigações assumidas na confissão de dívida fiscal desta perante a seguridade social, na forma do inciso IV do art. 260, será dada mediante interveniência no instrumento.

Parágrafo único. A autorização para lavratura de instrumento de interesse da empresa em que a garantia oferecida pelo devedor não tem relação com o bem transacionado será dada mediante alvará.

Art. 262. (Revogado pelo Decreto nº 8.302, de 2014)

Art. 263. (Revogado pelo Decreto nº 8.302, de 2014)

Art. 264. A inexistência de débito em relação às contribuições devidas ao Instituto Nacional do Seguro Social é condição necessária para que os Estados, o Distrito Federal e os Municípios possam receber as transferências dos recursos do Fundo de Participação dos Estados e do Distrito Federal e do Fundo de Participação dos Municípios, celebrar acordo, contrato, convênio ou ajuste, bem como receber empréstimo, financiamento, aval ou subvenção em geral de órgão ou entidade da administração direta e indireta da União.

Parágrafo único. Para recebimento do Fundo de Participação dos Estados e do Distrito Federal e do Fundo de Participação dos Municípios e para a consecução dos demais instrumentos citados no caput, os Estados, o Distrito Federal e os Municípios deverão apresentar aos órgãos ou entidades responsáveis pela liberação dos fundos, celebração de acordos, contratos, convênios ou ajustes, concessão de empréstimos, financiamentos, avais ou subvenções em geral os comprovantes de recolhimento das suas contribuições ao Instituto Nacional do Seguro Social referentes aos três meses imediatamente anteriores ao mês previsto para a efetivação daqueles procedimentos.

Art. 265. Os Estados, o Distrito Federal e os Municípios serão, igualmente, obrigados a apresentar, para os fins do disposto no art. 264, comprovação de pagamento da parcela mensal referente aos débitos com o Instituto Nacional do Seguro Social objeto do parcelamento.

TÍTULO II
DAS DISPOSIÇÕES DIVERSAS RELATIVAS AO CUSTEIO DA SEGURIDADE SOCIAL

Art. 266. Os sindicatos poderão apresentar denúncia contra a empresa, junto ao Instituto Nacional do Seguro Social, nas seguintes hipóteses:

I – falta de envio da Guia da Previdência Social para o sindicato, na forma do inciso V do caput do art. 225;

II – não afixação da Guia da Previdência Social no quadro de horário, na forma do inciso VI do caput do art. 225;

III – divergência entre os valores informados pela empresa e pelo Instituto Nacional do Seguro Social sobre as contribuições recolhidas na mesma competência; ou

IV – existência de evidentes indícios de recolhimento a menor das contribuições devidas, constatados pela comparação com dados disponíveis sobre quantidade de empregados e de rescisões de contrato de trabalho homologadas pelo sindicato.

§ 1º As denúncias formuladas pelos sindicatos deverão identificar com precisão a empresa infratora e serão encaminhadas por seu representante legal, especificando nome, número no Cadastro Nacional da Pessoa Jurídica e endereço da empresa denunciada, o item infringido e outros elementos indispensáveis à análise dos fatos.

§ 2º A constatação da improcedência da denúncia apresentada pelo sindicato implicará a cessação do seu direito ao acesso às informações fornecidas pelas empresas e pelo Instituto Nacional do Seguro Social, pelo prazo de:

I – um ano, quando fundamentada nos incisos I, II e III do caput; e

II – quatro meses, quando fundamentada no inciso IV do caput.

§ 3º Os prazos mencionados no parágrafo anterior serão duplicados a cada reincidência, considerando-se esta a ocorrência de nova denúncia improcedente, dentro do período de cinco anos contados da data da denúncia não confirmada.

Art. 267. (Revogado pelo Decreto nº 4.032, de 2001)

Art. 268. O titular da firma individual e os sócios das empresas por cotas de responsabilidade limitada respondem solidariamente, com seus bens pessoais, pelos débitos junto à seguridade social.

Parágrafo único. Os acionistas controladores, os administradores, os gerentes e os diretores respondem solidariamente e subsidiariamente, com seus bens pessoais, quanto ao inadimplemento das obrigações para com a seguridade social, por dolo ou culpa.

Art. 269. Os orçamentos das entidades da administração pública direta e indireta devem consignar as dotações ao pagamento das contribuições devidas à seguridade social, de modo a assegurar a sua regular liquidação dentro do exercício.

Parágrafo único. O pagamento das contribuições devidas ao Instituto Nacional do Seguro Social terá prioridade absoluta nos cronogramas financeiros de desembolso dos órgãos da administração pública direta, das entidades de administração indireta e suas subsidiárias e das demais entidades sob controle acionário direto ou indireto da União, dos Estados, do Distrito Federal e dos Municípios, bem como de suas autarquias, e fundações instituídas ou mantidas pelo Poder Público.

Art. 270. A existência de débitos junto ao Instituto Nacional do Seguro Social, não renegociados ou renegociados e não saldados, nas condições estabelecidas em lei, importará na indisponibilidade dos recursos existentes, ou que venham a ingressar nas contas dos órgãos ou entidades devedoras de que trata o artigo anterior, abertas em quaisquer instituições financeiras, até o valor equivalente ao débito apurado na data de expedição de solicitação do Instituto Nacional do Seguro Social ao Banco Central do Brasil, incluindo o principal, corrigido monetariamente nos períodos em que a legislação assim dispuser, as multas e os juros.

Parágrafo único. Os Ministros da Fazenda e da Previdência e Assistência Social expedirão as instruções para aplicação do disposto neste artigo.

Art. 271. As contribuições referentes ao período de que trata o § 2º do art. 26, vertidas desde o início do vínculo do servidor com a administração pública ao Plano de Seguridade Social do Servidor Público, nos termos dos arts. 8º e 9º da Lei nº 8.162, de 1991, serão atualizadas monetariamente e repassadas de imediato ao Instituto Nacional do Seguro Social.

Art. 272. As alíquotas a que se referem o inciso II do art. 200 e os incisos I, II, III e § 8º do art. 202 são reduzidas em cinqüenta por cento de seu valor, a partir de 22 de janeiro de 1998, por sessenta meses, nos contratos de trabalho por prazo determinado, nos termos da Lei nº 9.601, de 21 de janeiro de 1998. (Redação dada pelo Decreto nº 4.032, de 2001)

Art. 273. A empresa é obrigada a preparar folha de pagamento dos trabalhadores contratados com base na Lei nº 9.601, de 1998, na forma do art. 225, agrupando-os separadamente.

Art. 274. O Instituto Nacional do Seguro Social poderá arrecadar e fiscalizar, mediante remuneração de três vírgula cinco por cento sobre o montante arrecadado, contribuição por lei devida a terceiros, desde que provenha de empresa, segurado, aposentado ou pensionista a ele vinculado, aplicando-se a essa contribuição, no que couber, o disposto neste Regulamento.

§ 1º O disposto neste artigo aplica-se às contribuições que tenham a mesma base utilizada para o cálculo das contribuições incidentes sobre a remuneração paga, devida ou creditada a segurados, bem como sobre as contribuições incidentes sobre outras bases a título de substituição.(Redação dada pelo Decreto nº 4.032, de 2001)

§ 2º As contribuições previstas neste artigo ficam sujeitas aos mesmos prazos, condições, sanções e privilégios das contribuições da seguridade social, inclusive no que se refere à cobrança judicial.

Art. 275. O Instituto Nacional do Seguro Social divulgará, trimestralmente, lista atualizada dos devedores com débitos inscritos na Dívida Ativa relativos às contribuições previstas nos incisos I, II, III, IV e V do parágrafo único do art. 195, acompanhada de relatório circunstanciado das medidas administrativas e judiciais adotadas para a cobrança e execução da dívida.

§ 1º O relatório a que se refere o caput será encaminhado aos órgãos da administração federal direta e indireta, às entidades controladas direta ou indiretamente pela União, aos registros públicos, cartórios de registro de títulos e documentos, cartórios de registro de imóveis e ao sistema financeiro oficial, para os fins do § 3º do art. 195 da Constituição Federal e da Lei nº 7.711, de 22 de dezembro de 1988.

§ 2º O Ministério da Previdência e Assistência Social fica autorizado a firmar convênio com os governos estaduais, do Distrito Federal e municipais para extensão, àquelas esferas de governo, das hipóteses previstas no art. 1º da Lei nº 7.711, de 1988.

Art. 276. Nas ações trabalhistas de que resultar o pagamento de direitos sujeitos à incidência de contribuição previdenciária, o recolhimento das importâncias devidas à seguridade social será feito no dia dois do mês seguinte ao da liquidação da sentença.

§ 1º No caso do pagamento parcelado, as contribuições devidas à seguridade social serão recolhidas na mesma data e proporcionalmente ao valor de cada parcela.

§ 2º Nos acordos homologados em que não figurarem, discriminadamente, as parcelas legais de incidência da contribuição previdenciária, esta incidirá sobre o valor total do acordo homologado.

§ 3º Não se considera como discriminação de parcelas legais de incidência de contribuição previdenciária a fixação de percentual de verbas remuneratórias e indenizatórias constantes dos acordos homologados, aplicando-se, nesta hipótese, o disposto no parágrafo anterior.

§ 4º A contribuição do empregado no caso de ações trabalhistas será calculada, mês a mês, aplicando-se as alíquotas previstas no art. 198, observado o limite máximo do salário-de-contribuição.

§ 5º Na sentença ou acordo homologado, cujo valor da contribuição previdenciária devida for inferior ao limite mínimo permitido para recolhimento na Guia da Previdência Social, é autorizado o recolhimento dos valores devidos cumulativamente com as contribuições normais de mesma competência. (Incluído pelo Decreto nº 4.032, de 2001)

§ 6º O recolhimento das contribuições do empregado reclamante deverá ser feito na mesma inscrição em que são recolhidas as contribuições devidas pela empresa. (Incluído pelo Decreto nº 4.032, de 2001)

§ 7º Se da decisão resultar reconhecimento de vínculo empregatício, deverão ser exigidas as contribuições, tanto do empregador como do reclamante, para todo o período reconhecido, ainda que o pagamento das remunerações a ele correspondentes não tenham sido reclamadas na ação, tomando-se por base de incidência, na ordem, o valor da remuneração paga, quando conhecida, da remuneração paga a outro empregado de categoria ou função equivalente ou semelhante, do salário normativo da categoria ou do salário mínimo mensal, permitida a compensação das contribuições patronais eventualmente recolhidas.(Incluído pelo Decreto nº 4.032, de 2001)

§ 8º Havendo reconhecimento de vínculo empregatício para empregado doméstico, tanto as contribuições do segurado empregado como as do empregador deverão ser recolhidas na inscrição do trabalhador.(Incluído pelo Decreto nº 4.032, de 2001)

§ 9º É exigido o recolhimento da contribuição previdenciária de que trata o inciso II do art. 201, incidente sobre o valor resultante da decisão que reconhecer a ocorrência de prestação de serviço à empresa, mas não o vínculo empregatício, sobre o valor total da condenação ou do acordo homologado, independentemente da natureza da parcela e forma de pagamento.(Incluído pelo Decreto nº 4.032, de 2001)

Art. 277. A autoridade judiciária deverá velar pelo fiel cumprimento do disposto no artigo anterior, executando, de ofício, quando for o caso, as contribuições devidas, fazendo expedir notificação ao Instituto Nacional do Seguro Social, para dar-lhe ciência dos termos da sentença, do acordo celebrado ou da execução.

Parágrafo único. O Instituto Nacional do Seguro Social fornecerá, quando solicitados, as orientações e dados necessários ao cumprimento do que dispõe este artigo.

Art. 278. Nenhuma contribuição é devida à seguridade social se a construção residencial for unifamiliar, com área total não superior a setenta metros quadrados, destinada a uso próprio, do tipo econômico e tiver sido executada sem a utilização de mão-de-obra assalariada.

Parágrafo único. Comprovado o descumprimento de qualquer das disposições do caput, tornam-se devidas as contribuições previstas neste Regulamento, sem prejuízo das cominações legais cabíveis.

TÍTULO III
DAS DISPOSIÇÕES TRANSITÓRIAS RELATIVAS AO CUSTEIO DA SEGURIDADE SOCIAL

(Incluído pelo Decreto nº 3.265, de 1999)

Art. 278-A. (Revogado pelo Decreto nº 4.729, de 2003)

LIVRO IV
DAS PENALIDADES EM GERAL

TÍTULO I
DAS RESTRIÇÕES

Art. 279. A empresa que transgredir as normas deste Regulamento, além de outras sanções previstas, sujeitar-se-á às seguintes restrições:

I - suspensão de empréstimos e financiamentos, por instituições financeiras oficiais;

II - revisão de incentivo fiscal de tratamento tributário especial;

III - inabilitação para licitar e contratar com qualquer órgão ou entidade da administração pública direta ou indireta federal, estadual, do Distrito Federal ou municipal;

IV – interdição para o exercício do comércio, se for sociedade mercantil ou comerciante individual;

V – desqualificação para impetrar concordata; e

VI – cassação de autorização para funcionar no País, quando for o caso.

Art. 280. A empresa em débito para com a seguridade social não pode:

I – distribuir bonificação ou dividendo a acionista; e

II – dar ou atribuir cota ou participação nos lucros a sócio cotista, diretor ou outro membro de órgão dirigente, fiscal ou consultivo, ainda que a título de adiantamento.

TÍTULO II
DAS INFRAÇÕES E DAS PENALIDADES

CAPÍTULO I
DOS CRIMES

Art. 281. (Revogado pelo Decreto nº 4.032, de 2001)

CAPÍTULO II
DA APREENSÃO DE DOCUMENTOS

Art. 282. A seguridade social, por meio de seus órgãos competentes, promoverá a apreensão de comprovantes de arrecadação e de pagamento de benefícios, bem como de quaisquer documentos pertinentes, inclusive contábeis, mediante lavratura do competente termo, com a finalidade de apurar administrativamente a ocorrência dos crimes previstos em lei.

Parágrafo único. O Instituto Nacional do Seguro Social e a Secretaria da Receita Federal estabelecerão normas específicas para:

I – apreensão de comprovantes e demais documentos;

II – apuração administrativa da ocorrência de crimes;

III – devolução de comprovantes e demais documentos;

IV – instrução do processo administrativo de apuração;

V – encaminhamento do resultado da apuração referida no inciso IV à autoridade competente; e

VI – acompanhamento de processo judicial.

CAPÍTULO III
DAS INFRAÇÕES

Art. 283. Por infração a qualquer dispositivo das Leis nos 8.212 e 8.213, ambas de 1991, e 10.666, de 8 de maio de 2003, para a qual não haja penalidade expressamente cominada neste Regulamento, fica o responsável sujeito a multa variável de R$ 636,17 (seiscentos e trinta e seis reais e dezessete centavos) a R$ 63.617,35 (sessenta e três mil, seiscentos e dezessete reais e trinta e cinco centavos), conforme a gravidade da infração, aplicando-se-lhe o disposto nos arts. 290 a 292, e de acordo com os seguintes valores: (Redação dada pelo Decreto nº 4.862, de 2003)

I - a partir de R$ 636,17 (seiscentos e trinta e seis reais e dezessete centavos) nas seguintes infrações:

a) deixar a empresa de preparar folha de pagamento das remunerações pagas, devidas ou creditadas a todos os segurados a seu serviço, de acordo com este Regulamento e com os demais padrões e normas estabelecidos pelo Instituto Nacional do Seguro Social;

b) deixar a empresa de se matricular no Instituto Nacional do Seguro Social, dentro de trinta dias contados da data do início de suas atividades, quando não sujeita a inscrição no Cadastro Nacional da Pessoa Jurídica;

c) deixar a empresa de descontar da remuneração paga aos segurados a seu serviço importância proveniente de dívida ou responsabilidade por eles contraída junto à seguridade social, relativa a benefícios pagos indevidamente;

d) deixar a empresa de matricular no Instituto Nacional do Seguro Social obra de construção civil de sua propriedade ou executada sob sua responsabilidade no prazo de trinta dias do início das respectivas atividades;

e) deixar o Titular de Cartório de Registro Civil de Pessoas Naturais de comunicar ao Instituto Nacional do Seguro Social, até o dia dez de cada mês, a ocorrência ou a não-ocorrência de óbitos, no mês imediatamente anterior, bem como enviar informações inexatas, conforme o disposto no art. 228;

f) deixar o dirigente dos órgãos municipais competentes de prestar ao Instituto Nacional do Seguro Social as informações concernentes aos alvarás, "habite-se" ou documento equivalente, relativos a construção civil, na forma do art. 226; e

g) deixar a empresa de efetuar os descontos das contribuições devidas pelos segurados a seu serviço; (Redação dada pelo Decreto nº 4.862, de 2003)

h) deixar a empresa de elaborar e manter atualizado perfil profissiográfico abrangendo as atividades desenvolvidas pelo trabalhador e de fornecer a este, quando da rescisão do contrato de trabalho, cópia autêntica deste documento; e (Incluída pelo Decreto nº 4.862, de 2003)

II – a partir de R$ 6.361,73 (seis mil trezentos e sessenta e um reais e setenta e três centavos) nas seguintes infrações:

a) deixar a empresa de lançar mensalmente, em títulos próprios de sua contabilidade, de forma discriminada, os fatos geradores de todas as contribuições, o montante das quantias descontadas, as contribuições da empresa e os totais recolhidos;

b) deixar a empresa de apresentar ao Instituto Nacional do Seguro Social e à Secretaria da Receita Federal os documentos que contenham as informações cadastrais, financeiras e contábeis de interesse dos mesmos, na forma por eles estabelecida, ou os esclarecimentos necessários à fiscalização;

c) deixar o servidor, o serventuário da Justiça ou o titular de serventia extrajudicial de exigir documento comprobatório de inexistência de débito, quando da contratação com o poder público ou no recebimento de benefício ou de incentivo fiscal ou creditício;

d) deixar o servidor, o serventuário da Justiça ou o titular de serventia extrajudicial de exigir o documento comprobatório de inexistência de débito, quando da alienação ou oneração, a qualquer título, de bem imóvel ou direito a ele relativo;

e) deixar o servidor, o serventuário da Justiça ou o titular de serventia extrajudicial de exigir a apresentação do documento comprobatório de inexistência de débito na alienação ou oneração, a qualquer título, de bem móvel incorporado ao ativo permanente da empresa, de valor superior a R$ 15.904,18 (quinze mil novecentos e quatro reais e dezoito centavos);

f) deixar o servidor, o serventuário da Justiça ou o titular de serventia extrajudicial de exigir documento comprobatório de inexistência de débito no registro ou arquivamento, no órgão próprio, de ato relativo a baixa ou redução de capital de firma individual, redução de capital social, cisão total ou parcial, transformação ou extinção de entidade ou sociedade comercial ou civil e transferência de controle de cotas de sociedades de responsabilidade limitada;

g) deixar o servidor, o serventuário da Justiça ou o titular de serventia extrajudicial de exigir documento comprobatório de inexistência de débito do proprietário, pessoa física ou jurídica, de obra de construção civil, quando da averbação de obra no Registro de Imóveis;

h) deixar o servidor, o serventuário da Justiça ou o titular de serventia extrajudicial de exigir documento comprobatório de inexistência de débito do incorporador, quando da averbação de obra no Registro de Imóveis, independentemente do documento apresentado por ocasião da inscrição do memorial de incorporação;

i) deixar o dirigente da entidade da administração pública direta ou indireta de consignar as dotações necessárias ao pagamento das contribuições devidas à seguridade social, de modo a assegurar a sua regular liquidação dentro do exercício;

j) deixar a empresa, o servidor de órgão público da administração direta e indireta, o segurado da previdência social, o serventuário da Justiça ou o titular de serventia extrajudicial, o síndico ou seu representante, o comissário ou o liquidante de empresa em liquidação judicial ou extrajudicial, de exibir os documentos e livros relacionados com as contribuições previstas neste Regulamento ou apresentá-los sem atender às formalidades legais exigidas ou contendo informação diversa da realidade ou, ainda, com omissão de informação verdadeira;

l) deixar a entidade promotora do espetáculo desportivo de efetuar o desconto da contribuição prevista no § 1º do art. 205;

m) deixar a empresa ou entidade de reter e recolher a contribuição prevista no § 3º do art. 205;

n) deixar a empresa de manter laudo técnico atualizado com referência aos agentes nocivos existentes no ambiente de trabalho de seus trabalhadores ou emitir documento de comprovação de efetiva exposição em desacordo com o respectivo laudo; e (Redação dada pelo Decreto nº 6.722, de 2008).

o) (Revogada pelo Decreto nº 4.882, de 2003)

§ 1º Considera-se dirigente, para os fins do disposto neste Capítulo, aquele que tem a competência funcional para decidir a prática ou não do ato que constitua infração à legislação da seguridade social.

§ 2º A falta de inscrição do segurado sujeita o responsável à multa de R$ 1.254,89 (mil, duzentos e cinqüenta e quatro reais e oitenta e nove centavos), por segurado não inscrito. (Redação dada pelo Decreto nº 6.722, de 2008).

§ 3º As demais infrações a dispositivos da legislação, para as quais não haja penalidade expressamente cominada, sujeitam o infrator à multa de R$ 636,17 (seiscentos e trinta e seis reais e dezessete centavos).

Art. 284. A infração ao disposto no inciso IV do caput do art. 225 sujeitará o responsável às seguintes penalidades administrativas:

I - valor equivalente a um multiplicador sobre o valor mínimo previsto no caput do art. 283, em função do número de segurados, pela não apresentação da Guia de Recolhimento do Fundo de Garantia do Tempo de Serviço e Informações à Previdência Social, independentemente do recolhimento da contribuição, conforme quadro abaixo:

0 a 5 segurados	½ valor mínimo
6 a 15 segurados	1 x o valor mínimo
16 a 50 segurados	2 x o valor mínimo
51 a 100 segurados	5 x o valor mínimo

101 a 500 segurados	10 x o valor mínimo
501 a 1000 segurados	20 x o valor mínimo
1001 a 5000 segurados	35 x o valor mínimo
acima de 5000 segurados	50 x o valor mínimo

II – cem por cento do valor devido relativo à contribuição não declarada, limitada aos valores previstos no inciso I, pela apresentação da Guia de Recolhimento do Fundo de Garantia do Tempo de Serviço e Informações à Previdência Social com dados não correspondentes aos fatos geradores, seja em relação às bases de cálculo, seja em relação às informações que alterem o valor das contribuições, ou do valor que seria devido se não houvesse isenção ou substituição, quando se tratar de infração cometida por pessoa jurídica de direito privado beneficente de assistência social em gozo de isenção das contribuições previdenciárias ou por empresa cujas contribuições incidentes sobre os respectivos fatos geradores tenham sido substituídas por outras; e (Redação dada pelo Decreto nº 4.729, de 2003)

III – cinco por cento do valor mínimo previsto no caput do art. 283, por campo com informações inexatas, incompletas ou omissas, limitada aos valores previstos no inciso I, pela apresentação da Guia de Recolhimento do Fundo de Garantia do Tempo de Serviço e Informações à Previdência Social com erro de preenchimento nos dados não relacionados aos fatos geradores.

§ 1º A multa de que trata o inciso I, a partir do mês seguinte àquele em que o documento deveria ter sido entregue, sofrerá acréscimo de cinco por cento por mês calendário ou fração.

§ 2º O valor mínimo a que se refere o inciso I será o vigente na data da lavratura do auto-de-infração.

Art. 285. A infração ao disposto no art. 280 sujeita o responsável à multa de cinqüenta por cento das quantias que tiverem sido pagas ou creditadas, a partir da data do evento.

Art. 286. A infração ao disposto no art. 336 sujeita o responsável à multa variável entre os limites mínimo e máximo do salário-de-contribuição, por acidente que tenha deixado de comunicar nesse prazo.

§ 1º Em caso de morte, a comunicação a que se refere este artigo deverá ser efetuada de imediato à autoridade competente.

§ 2º A multa será elevada em duas vezes o seu valor a cada reincidência.

§ 3º A multa será aplicada no seu grau mínimo na ocorrência da primeira comunicação feita fora do prazo estabelecido neste artigo, ou não comunicada, observado o disposto nos arts. 290 a 292.

Art. 287. Pelo descumprimento das obrigações contidas nos incisos V e VI do caput do art. 225, e verificado o disposto no inciso III do caput do art. 266, será aplicada multa de R$ 99,74 (noventa e nove reais e setenta e quatro centavos) a R$ 9.974,34 (nove mil, novecentos e setenta e quatro reais e trinta e quatro centavos), para cada competência em que tenha havido a irregularidade. (Redação dada pelo Decreto nº 4.032, de 2001)

Parágrafo único. O descumprimento das disposições constantes do art. 227 e dos incisos V e VI do caput do art. 257, sujeitará a instituição financeira à multa de:

I - R$ 22.165,20 (vinte e dois mil, cento e sessenta e cinco reais e vinte centavos), no caso do art. 227; e (Redação dada pelo Decreto nº 4.032, de 2001)

II - R$ 110.826,01 (cento e dez mil, oitocentos e vinte e seis reais e um centavo), no caso dos incisos V e VI do caput do art. 257.(Redação dada pelo Decreto nº 4.032, de 2001)

Art. 288. O descumprimento do disposto nos §§ 19 e 20 do art. 225 sujeitará o infrator à multa de:

I - R$ 173,00 (cento e setenta e três reais) a R$ 1.730,00 (um mil setecentos e trinta reais), no caso do § 19; e

II - R$ 345,00 (trezentos e quarenta e cinco reais) a R$ 3.450,00 (três mil quatrocentos e cinqüenta reais), no caso do § 20.

Art. 289. O dirigente de órgão ou entidade da administração federal, estadual, do Distrito Federal ou municipal responde pessoalmente pela multa aplicada por infração a dispositivos deste Regulamento, sendo obrigatório o respectivo desconto em folha de pagamento, mediante requisição dos órgãos competentes e a partir do primeiro pagamento que se seguir à requisição.

Parágrafo único. Ao disposto neste artigo não se aplica a multa de que trata o inciso III do art. 239.

CAPÍTULO IV
DAS CIRCUNSTÂNCIAS AGRAVANTES DA PENALIDADE

Art. 290. Constituem circunstâncias agravantes da infração, das quais dependerá a gradação da multa, ter o infrator:

I - tentado subornar servidor dos órgãos competentes;

II - agido com dolo, fraude ou má-fé;

III - desacatado, no ato da ação fiscal, o agente da fiscalização;

IV - obstado a ação da fiscalização; ou

V – incorrido em reincidência.

Parágrafo único. Caracteriza reincidência a prática de nova infração a dispositivo da legislação por uma mesma pessoa ou por seu sucessor, dentro de cinco anos da data em que se tornar irrecorrível administrativamente a decisão condenatória, da data do pagamento ou da data em que se configurou a revelia, referentes à autuação anterior. (Redação dada pelo Decreto nº 6.032, de 2007)

CAPÍTULO V
DAS CIRCUNSTÂNCIAS ATENUANTES DA PENALIDADE

Art. 291. (Revogado pelo Decreto nº 6.727, de 2009)

CAPÍTULO VI
DA GRADAÇÃO DAS MULTAS

Art. 292. As multas serão aplicadas da seguinte forma:

I – na ausência de agravantes, serão aplicadas nos valores mínimos estabelecidos nos incisos I e II e no § 3º do art. 283 e nos arts. 286 e 288, conforme o caso;

II – as agravantes dos incisos I e II do art. 290 elevam a multa em três vezes;

III – as agravantes dos incisos III e IV do art. 290 elevam a multa em duas vezes;

IV – a agravante do inciso V do art. 290 eleva a multa em três vezes a cada reincidência no mesmo tipo de infração, e em duas vezes em caso de reincidência em infrações diferentes, observados os valores máximos estabelecidos no caput dos arts. 283 e 286, conforme o caso; e

V – (Revogado pelo Decreto nº 6.727, de 2009)

Parágrafo único. Na aplicação da multa a que se refere o art. 288, aplicar-se-á apenas as agravantes referidas nos incisos III a V do art. 290, as quais elevam a multa em duas vezes.

Art. 293. Constatada a ocorrência de infração a dispositivo deste Regulamento, será lavrado auto-de-infração com discriminação clara e precisa da infração e das circunstâncias em que foi praticada, contendo o dispositivo legal infringido, a penalidade aplicada e os critérios de gradação, e indicando local, dia e hora de sua lavratura, observadas as normas fixadas pelos órgãos competentes. (Redação dada pelo Decreto nº 6.103, de 2007)

§ 1º Recebido o auto-de-infração, o autuado terá o prazo de trinta dias, a contar da ciência, para efetuar o pagamento da multa de ofício com redução de cinqüenta por cento ou impugnar a autuação. (Redação dada pelo Decreto nº 6.103, de 2007)

§ 2º Impugnada a autuação, o autuado, após a ciência da decisão de primeira instância, poderá efetuar o pagamento da multa de ofício com redução de vinte e cinco por cento, até a data limite para interposição de recurso. (Redação dada pelo Decreto nº 6.103, de 2007)

§ 3º O recolhimento do valor da multa, com redução, implica renúncia ao direito de impugnar ou de recorrer.(Redação dada pelo Decreto nº 4.032, de 2001)

§ 4º Apresentada impugnação, o processo será submetido à autoridade competente, que decidirá sobre a autuação, cabendo recurso na forma da Subseção II da Seção II do Capítulo Único do Título I do Livro V deste Regulamento. (Redação dada pelo Decreto nº 6.032, de 2007)

§ 5º (Revogado pelo Decreto nº 6.032, de 2007)

§ 6º (Revogado pelo Decreto nº 6.032, de 2007)

LIVRO V
DA ORGANIZAÇÃO DA SEGURIDADE SOCIAL

TÍTULO I
DO SISTEMA NACIONAL DE SEGURIDADE SOCIAL

Art. 294. As ações nas áreas de saúde, previdência social e assistência social, conforme o disposto no Capítulo II do Título VIII da Constituição Federal, serão organizadas em Sistema Nacional de Seguridade Social.

Parágrafo único. As áreas de que trata este artigo organizar-se-ão em conselhos setoriais, com representantes da União, dos Estados, do Distrito Federal, dos Municípios e da sociedade civil.

CAPÍTULO ÚNICO
DOS ÓRGÃOS COLEGIADOS

Seção I
Do Conselho Nacional de Previdência Social

Art. 295. O Conselho Nacional de Previdência Social, órgão superior de deliberação colegiada, terá como membros:

I – seis representantes do Governo Federal; e

II – nove representantes da sociedade civil, sendo:

a) três representantes dos aposentados e pensionistas;

b) três representantes dos trabalhadores em atividade; e

c) três representantes dos empregadores.

§ 1º Os membros do Conselho Nacional de Previdência Social e seus respectivos suplentes serão nomeados pelo Presidente da República, tendo os representantes titulares da sociedade civil mandato de dois anos, podendo ser reconduzidos, de imediato, uma única vez.

§ 2º Os representantes dos trabalhadores em atividade, dos aposentados, dos empregadores e seus respectivos suplentes serão indicados pelas centrais sindicais e confederações nacionais.

§ 3º O Conselho Nacional de Previdência Social reunir-se-á, ordinariamente, uma vez por mês, por convocação de seu Presidente, não podendo ser adiada a reunião por mais de quinze dias se houver requerimento nesse sentido da maioria dos conselheiros.

§ 4º Poderá ser convocada reunião extraordinária por seu Presidente ou a requerimento de um terço de seus membros, conforme dispuser o regimento interno do Conselho Nacional de Previdência Social.

Art. 296. Compete ao Conselho Nacional de Previdência Social:

I – estabelecer diretrizes gerais e apreciar as decisões de políticas aplicáveis à previdência social;

II – participar, acompanhar e avaliar, sistematicamente, a gestão previdenciária;

III – apreciar e aprovar os planos e programas da previdência social;

IV – apreciar e aprovar as propostas orçamentárias da previdência social, antes de sua consolidação na proposta orçamentária da seguridade social;

V – acompanhar e apreciar, mediante relatórios gerenciais por ele definidos, a execução dos planos, programas e orçamentos no âmbito da previdência social;

VI – acompanhar a aplicação da legislação pertinente à previdência social;

VII – apreciar a prestação de contas anual a ser remetida ao Tribunal de Contas da União, podendo, se for necessário, contratar auditoria externa;

VIII – estabelecer os valores mínimos em litígio, acima dos quais será exigida a anuência prévia do Procurador-Geral ou do Presidente do Instituto Nacional do Seguro Social para formalização de desistência ou transigência judiciais, conforme o disposto no art. 353;

IX – elaborar e aprovar seu regimento interno;

X – aprovar os critérios de arrecadação e de pagamento dos benefícios por intermédio da rede bancária ou por outras formas; e

XI – acompanhar e avaliar os trabalhos de implantação e manutenção do Cadastro Nacional de Informações Sociais.

Art. 296-A. Ficam instituídos, como unidades descentralizadas do Conselho Nacional de Previdência Social - CNPS, Conselhos de Previdência Social - CPS, que funcionarão junto às Gerências-Executivas do INSS. (Redação dada pelo Decreto nº 5.699, de 2006)

§ 1º Os CPS serão compostos por dez conselheiros e respectivos suplentes, designados pelo titular da Gerência Executiva na qual for instalado, assim distribuídos: (Redação dada pelo Decreto nº 5.699, de 2006)

I – quatro representantes do Governo Federal; e (Incluído pelo Decreto nº 4.874, de 2003)

II – seis representantes da sociedade, sendo: (Incluído pelo Decreto nº 4.874, de 2003)

a) dois dos empregadores; (Incluída pelo Decreto nº 4.874, de 2003)

b) dois dos empregados; e (Incluída pelo Decreto nº 4.874, de 2003)

c) dois dos aposentados e pensionistas. (Incluído pelo Decreto nº 4.874, de 2003)

§ 2º O Governo Federal será representado:(Incluído pelo Decreto nº 4.874, de 2003)

I – nas cidades onde houver mais de uma Gerência-Executiva: (Redação dada pelo Decreto nº 5.699, de 2006)

a) pelo Gerente-Executivo da Gerência-Executiva a que se refere o § 1º; e (Redação dada pelo Decreto nº 6.722, de 2008).

b) outros Gerentes-Executivos; ou (Redação dada pelo Decreto nº 6.722, de 2008).

c) servidores da Divisão ou do Serviço Benefícios ou de Atendimento ou da Procuradoria Federal Especializada junto ao INSS de Gerência-Executiva sediadas na cidade, ou de representante da Secretaria da Receita Federal do Brasil, ou de representante da DATAPREV; (Redação dada pelo Decreto nº 6.722, de 2008).

d) (Revogado pelo Decreto nº 6.722, de 2008).

II – nas cidades onde houver apenas uma Gerência-Executiva: (Redação dada pelo Decreto nº 5.699, de 2006)

a) pelo Gerente-Executivo; (Redação dada pelo Decreto nº 5.699, de 2006)

b) servidores da Divisão ou do Serviço de Benefícios ou de Atendimento ou da Procuradoria Federal Especializada junto ao INSS da Gerência-Executiva, ou de representante da Secretaria da Receita Federal do Brasil, ou de representante da DATAPREV. (Redação dada pelo Decreto nº 6.722, de 2008).

c) (Revogado pelo Decreto nº 6.722, de 2008).

d) (Revogado pelo Decreto nº 6.722, de 2008).

III – (Revogado pelo Decreto nº 5.699, de 2006)

a) (Revogado pelo Decreto nº 5.699, de 2006)

b) (Revogado pelo Decreto nº 5.699, de 2006)

§ 3º As reuniões serão mensais ou bimensais, a critério do respectivo CPS, e abertas ao público, cabendo a sua organização e funcionamento ao titular da Gerência-Executiva na qual for instalado o colegiado. (Redação dada pelo Decreto nº 5.699, de 2006)

§ 4º Os representantes dos trabalhadores, dos aposentados e dos empregadores serão indicados pelas respectivas entidades sindicais ou associações representativas. (Redação dada pelo Decreto nº 6.722, de 2008).

§ 5º Os CPS terão caráter consultivo e de assessoramento, competindo ao CNPS disciplinar os procedimentos para o seu funcionamento, suas competências, os critérios de seleção dos representantes da sociedade e o prazo de duração dos respectivos mandatos, além de estipular por resolução o regimento dos CPS. (Incluído pelo Decreto nº 4.874, de 2003)

§ 6º As funções dos conselheiros dos CPS não serão remuneradas e seu exercício será considerado serviço público relevante. (Incluído pelo Decreto nº 4.874, de 2003)

§ 7º A Previdência Social não se responsabilizará por eventuais despesas com deslocamento ou estada dos conselheiros representantes da sociedade. (Incluído pelo Decreto nº 4.874, de 2003)

§ 8º Nas cidades onde houver mais de uma Gerência-Executiva, o Conselho será instalado naquela indicada pelo Gerente Regional do INSS cujas atribuições abranjam a referida cidade. (Redação dada pelo Decreto nº 6.722, de 2008).

§ 9º Cabe ao Gerente-Executivo a designação dos conselheiros. (Incluído pelo Decreto nº 6.722, de 2008).

§ 10. É facultado ao Gerente Regional do INSS participar das reuniões do CPS localizados em região de suas atribuições e presidi-las. (Incluído pelo Decreto nº 6.722, de 2008).

Art. 297. Compete aos órgãos governamentais:

I – prestar toda e qualquer informação necessária ao adequado cumprimento das competências do Conselho Nacional de Previdência Social, fornecendo inclusive estudos técnicos; e

II – encaminhar ao Conselho Nacional de Previdência Social, com antecedência mínima de dois meses do seu envio ao Congresso Nacional, a proposta orçamentária da previdência social, devidamente detalhada.

Art. 298. As resoluções tomadas pelo Conselho Nacional de Previdência Social deverão ser publicadas no Diário Oficial da União.

Art. 299. As reuniões do Conselho Nacional de Previdência Social serão iniciadas com a presença da maioria absoluta de seus membros, sendo exigida para deliberação a maioria simples de votos.

Art. 300. As ausências ao trabalho dos representantes dos trabalhadores em atividade, decorrentes das atividades do Conselho Nacional de Previdência Social, serão abonadas, computando-se como jornada efetivamente trabalhada para todos os fins e efeitos legais.

Art. 301. Aos membros do Conselho Nacional de Previdência Social, enquanto representantes dos trabalhadores em atividade, titulares e suplentes, é assegurada a estabilidade no emprego, da nomeação até um ano após o término do mandato de representação, somente podendo ser demitidos por motivo de falta grave, regularmente comprovada mediante processo judicial.

Art. 302. Compete ao Ministério da Previdência e Assistência Social proporcionar ao Conselho Nacional de Previdência Social os meios necessários ao exercício de suas competências, para o que contará com uma Secretaria Executiva do Conselho Nacional de Previdência Social.

Seção II
Do Conselho de Recursos da Previdência Social

Subseção I
Da Composição

Art. 303. O Conselho de Recursos da Previdência Social – CRPS é órgão colegiado de julgamento, integrante da estrutura do Ministério da Economia. (Redação dada pelo Decreto nº 10.410, de 2020)

§ 1º O Conselho de Recursos da Previdência Social compreende os seguintes órgãos:

I – Juntas de Recursos, com a competência para julgar: (Redação dada pelo Decreto nº 10.491, de 2020)

a) os recursos das decisões proferidas pelo INSS nos processos de interesse de seus beneficiários; (Incluída pelo Decreto nº 10.410, de 2020)

b) os recursos das decisões proferidas pelo INSS relacionados à comprovação de atividade rural de segurado especial de que trata o art. art. 38-B da Lei nº 8.213, de 1991, ou às demais informações relacionadas ao CNIS de que trata o art. 29-A da referida Lei; (Incluída pelo Decreto nº 10.410, de 2020)

c) os recursos de decisões relacionadas à compensação financeira de que trata a Lei nº 9.796, de 5 de maio de 1999; (Incluída pelo Decreto nº 10.410, de 2020)

d) as contestações relativas à atribuição do FAP aos estabelecimentos da empresa; e (Incluída pelo Decreto nº 10.410, de 2020)

e) os recursos relacionados aos processos sobre irregularidades verificadas em procedimento de supervisão e de fiscalização nos regimes próprios de previdência social e aos processos sobre apuração de responsabilidade por infração às disposições da Lei nº 9.717, de 1998; (Incluída pelo Decreto nº 10.410, de 2020)

II – Câmaras de Julgamento, com sede em Brasília, Distrito Federal, com a competência para julgar os recursos interpostos contra as decisões proferidas pelas Juntas de Recursos; (Redação dada pelo Decreto nº 10.491, de 2020)

III – (Revogado pelo Decreto nº 3.668, de 2000)

IV – Conselho Pleno, com a competência para uniformizar a jurisprudência previdenciária mediante enunciados, podendo ter outras competências definidas no Regimento Interno do Conselho de Recursos da Previdência Social. (Redação dada pelo Decreto nº 6.857, de 2009).

§ 1º-A A quantidade de Juntas de Recursos e de Câmaras de Julgamento do CRPS será estabelecida no decreto que aprovar a estrutura regimental do Ministério da Economia. (Incluído pelo Decreto nº 10.491, de 2020)

§ 2º O CRPS é presidido por representante do Governo, com notório conhecimento da legislação previdenciária, nomeado pelo Ministro de Estado da Previdência Social, cabendo-lhe dirigir os serviços administrativos do órgão. (Redação dada pelo Decreto nº 6.722, de 2008).

§ 3º (Revogado pelo Decreto nº 3.668, de 2000)

§ 4º As Juntas de Recursos e as Câmaras de Julgamento, presididas por representante do Governo federal, são integradas por quatro conselheiros em cada turma, nomeados pelo Ministro de Estado da Economia, com a seguinte composição: (Redação dada pelo Decreto nº 10.410, de 2020)

I – para os órgãos com competência para processar e julgar as contestações ou os recursos de que tratam os incisos I, II e III do caput do art. 305: (Incluído pelo Decreto nº 10.410, de 2020)

a) dois representantes do Governo federal; (Incluída pelo Decreto nº 10.410, de 2020)

b) um representante das empresas; e (Incluída pelo Decreto nº 10.410, de 2020)

c) um representante dos trabalhadores; e (Incluída pelo Decreto nº 10.410, de 2020)

II – para os órgãos com competência para processar e julgar os recursos de que tratam os incisos IV e V do caput do art. 305: (Incluído pelo Decreto nº 10.410, de 2020)

a) dois representantes do Governo federal; (Incluída pelo Decreto nº 10.410, de 2020)

b) um representante dos entes federativos; e (Incluída pelo Decreto nº 10.410, de 2020)

c) um representante dos servidores públicos. (Incluída pelo Decreto nº 10.410, de 2020)

§ 5º O mandato dos conselheiros do CRPS é de três anos, permitida a recondução, cumpridos os seguintes requisitos: (Redação dada pelo Decreto nº 10.410, de 2020)

I – os representantes do Governo federal serão escolhidos entre servidores federais, preferencialmente do Ministério da Economia ou do INSS, ou de outro órgão da administração pública federal, estadual, municipal ou distrital, com graduação em Direito, os quais prestarão serviços exclusivos ao CRPS, sem prejuízo dos direitos e das vantagens percebidos no cargo de origem; (Redação dada pelo Decreto nº 10.410, de 2020)

II – os representantes das empresas e dos trabalhadores serão escolhidos entre os indicados em lista tríplice pelas entidades de classe ou sindicais das respectivas jurisdições, com graduação em Direito, e serão enquadrados como segurados obrigatórios do RGPS na condição de contribuintes individuais; (Redação dada pelo Decreto nº 10.410, de 2020)

III – os representantes dos entes federativos e dos servidores públicos serão escolhidos entre os indicados em lista tríplice pelo Conselho Nacional dos Regimes Próprios de Previdência Social, observadas as respectivas representações, com graduação em Direito, e manterão a qualidade de segurados do regime próprio a que estejam vinculados; e (Redação dada pelo Decreto nº 10.410, de 2020)

IV – os representantes não poderão incidir em situações que caracterizem conflito de interesses, nos termos do disposto no art. 10 da Lei nº 12.813, de 16 de maio de 2013. (Incluído pelo Decreto nº 10.410, de 2020)

§ 6º A gratificação dos membros de Câmara de Julgamento e Junta de Recursos será definida em ato do Ministro de Estado da Economia. (Redação dada pelo Decreto nº 10.410, de 2020)

I – (Revogado pelo Decreto nº 10.410, de 2020)

II – (Revogado pelo Decreto nº 10.410, de 2020)

III – (Revogado pelo Decreto nº 10.410, de 2020)

§ 7º Os servidores do Instituto Nacional do Seguro Social, mediante ato do Ministro de Estado da Previdência Social, poderão ser cedidos para terem exercício no Conselho de Recursos da Previdência Social, sem prejuízo dos direitos e das vantagens do respectivo cargo de origem, inclusive os previstos no art. 61 da Lei nº 8.112, de 11 de dezembro de 1990. (Redação dada pelo Decreto nº 4.729, de 2003)

§ 8º (Revogado pelo Decreto nº 3.452, de 2000)

§ 9º O conselheiro afastado por qualquer das razões elencadas no Regimento Interno do Conselho de Recursos da Previdência Social, exceto quando decorrente de renúncia voluntária, não poderá ser novamente designado para o exercício desta função antes do transcurso de cinco anos, contados do efetivo afastamento. (Redação dada pelo Decreto nº 5.699, de 2006)

§ 10. O limite máximo de composições por Câmara de Julgamento ou Junta de Recursos, do Conselho de Recursos da Previdência Social, será definido em ato do Ministro de Estado da Previdência Social, por proposta fundamentada do presidente do referido Conselho, em função da quantidade de processos em tramitação em cada órgão julgador. (Redação dada pelo Decreto nº 6496, de 2008)

§ 11. (Revogado pelo Decreto nº 6.857, de 2009).

§ 12. O afastamento do representante dos trabalhadores da empresa empregadora ou dos servidores do ente federativo não constitui motivo para alteração ou rescisão de seu vínculo contratual ou funcional. (Incluído pelo Decreto nº 10.410, de 2020)

Art. 304. Compete ao Ministro de Estado da Previdência Social aprovar o Regimento Interno do CRPS. (Redação dada pelo Decreto nº 6.722, de 2008).

Subseção II
Dos Recursos

Art. 305. Compete ao CRPS processar e julgar: (Redação dada pelo Decreto nº 10.410, de 2020)

I – os recursos das decisões proferidas pelo INSS nos processos de interesse de seus beneficiários; (Incluído pelo Decreto nº 10.410, de 2020)

II – as contestações e os recursos relativos à atribuição, pelo Ministério da Economia, do FAP aos estabelecimentos das empresas; (Incluído pelo Decreto nº 10.410, de 2020)

III – os recursos das decisões proferidas pelo INSS relacionados à comprovação de atividade rural de segurado especial de que trata o art. 19-D ou às demais informações relacionadas ao CNIS de que trata o art. 19; (Incluído pelo Decreto nº 10.410, de 2020)

IV – os recursos das decisões relacionadas à compensação financeira de que trata a Lei nº 9.796, de 1999; e (Incluído pelo Decreto nº 10.410, de 2020)

V - os recursos relacionados aos processos sobre irregularidades verificadas em procedimento de supervisão e de fiscalização nos regimes próprios de previdência social e aos processos sobre apuração de responsabilidade por infração às disposições da Lei nº 9.717, de 1998. (Incluído pelo Decreto nº 10.410, de 2020)

§ 1º O prazo para interposição de contestações e recursos ou para oferecimento de contrarrazões será de trinta dias, contado: (Redação dada pelo Decreto nº 10.410, de 2020)

I - no caso das contestações, da publicação no Diário Oficial da União das informações sobre a forma de consulta ao FAP; (Incluído pelo Decreto nº 10.410, de 2020)

II - no caso dos recursos, da ciência da decisão; e (Incluído pelo Decreto nº 10.410, de 2020)

III - no caso das contrarrazões, da interposição do recurso. (Incluído pelo Decreto nº 10.410, de 2020)

§ 2º (Revogado pelo Decreto nº 3.265, de 1999)

§ 3º O INSS, a Secretaria Especial de Previdência e Trabalho do Ministério da Economia e, quando for o caso, na hipótese prevista no inciso IV do caput, os entes federativos poderão reformar suas decisões e deixar de encaminhar, no caso de reforma favorável ao interessado, a contestação ou o recurso à instância competente ou de rever o ato para o não prosseguimento da contestação ou do recurso. (Redação dada pelo Decreto nº 10.410, de 2020)

§ 4º Se o reconhecimento do direito do interessado ocorrer na fase de instrução do recurso por ele interposto contra decisão de Junta de Recursos, ainda que de alçada, ou de Câmara de Julgamento, o processo, acompanhado das razões do novo entendimento, será encaminhado:

I - à Junta de Recursos, no caso de decisão dela emanada, para fins de reexame da questão; ou

II - à Câmara de Julgamento, se por ela proferida a decisão, para revisão do acórdão, na forma que dispuser o seu Regimento Interno.

§ 5º (Revogado pelo Decreto nº 6.722, de 2008).

§ 6º As contestações e os recursos a que se refere o inciso II do caput deverão dispor, exclusivamente, sobre razões relativas a divergências quanto aos elementos que compõem o cálculo do FAP. (Incluído pelo Decreto nº 10.410, de 2020)

§ 7º Exceto se houver disposição em contrário disciplinada em ato do INSS, as razões do indeferimento e os demais elementos que compõem o processo administrativo previdenciário substituirão as contrarrazões apresentadas pelo INSS, hipótese em que o processo poderá ser remetido ao CRPS imediatamente após a interposição do recurso pelo interessado, preferencialmente por meio eletrônico. (Incluído pelo Decreto nº 10.410, de 2020)

§ 8º Ato conjunto do INSS e do CRPS estabelecerá os procedimentos operacionais relativos à tramitação dos recursos das decisões proferidas pelo INSS. (Incluído pelo Decreto nº 10.410, de 2020)

Art. 306. (Revogado pelo Decreto nº 6.722, de 2008).

Art. 307. A propositura pelo interessado de ação judicial que tenha por objeto idêntico pedido sobre o qual verse o processo administrativo importará renúncia ao direito de contestar e recorrer na esfera administrativa, com a consequente desistência da contestação ou do recurso interposto. (Redação dada pelo Decreto nº 10.410, de 2020)

Art. 308. Os recursos interpostos tempestivamente contra decisões proferidas pelas Juntas de Recursos e pelas Câmaras de Julgamento do CRPS têm efeito suspensivo e devolutivo. (Redação dada pelo Decreto nº 10.410, de 2020)

§ 1º Para fins do disposto neste artigo, não se considera recurso o pedido de revisão de acórdão endereçado às Juntas de Recursos e Câmaras de Julgamento. (Incluído pelo Decreto nº 5.699, de 2006)

§ 2º É vedado ao INSS escusar-se de cumprir as diligências solicitadas pelo CRPS, bem como deixar de dar cumprimento às decisões definitivas daquele colegiado, reduzir ou ampliar o seu alcance ou executá-las de modo que contrarie ou prejudique seu evidente sentido. (Redação dada pelo Decreto nº 6.722, de 2008).

Art. 309. Na hipótese de haver controvérsia em matéria previdenciária, na aplicação de lei ou de ato normativo, entre órgãos do Ministério da Economia, entidades a ele vinculadas e, na hipótese prevista no inciso IV do caput do art. 305, entes federativos, ou ocorrência de questão previdenciária de relevante interesse público ou social, o órgão ministerial ou a entidade interessada poderá, por intermédio de seu dirigente, solicitar ao Ministro de Estado da Economia solução para a controvérsia ou questão. (Redação dada pelo Decreto nº 10.410, de 2020)

§ 1º A controvérsia na aplicação de lei ou ato normativo será relatada in abstracto e encaminhada com manifestações fundamentadas dos órgãos interessados, podendo ser instruída com cópias dos documentos que demonstrem sua ocorrência. (Incluído pelo Decreto nº 4.729, de 2003)

§ 2º A Procuradoria Geral Federal Especializada/INSS deverá pronunciar-se em todos os casos previstos neste artigo. (Incluído pelo Decreto nº 4.729, de 2003)

Art. 310. (Revogado pelo Decreto nº 6.722, de 2008).

TÍTULO II
DOS CONVÊNIOS, CONTRATOS, CREDENCIAMENTOS E ACORDOS

Art. 311. A empresa, o sindicato ou entidade de aposentados devidamente legalizada poderá, mediante convênio, encarregar-se, relativamente a seu empregado ou associado e respectivos dependentes, de processar requerimento de benefício, preparando-o e instruindo-o de maneira a ser despachado pela previdência social. (Redação dada pelo Decreto nº 6.722, de 2008).

Parágrafo único. Somente poderá optar pelo encargo de pagamento, as convenentes que fazem a complementação de benefícios, observada a conveniência administrativa do INSS. (Redação dada pelo Decreto nº 6.939, de 2009)

Art. 312. A concessão e manutenção de prestação devida a beneficiário residente no exterior devem ser efetuadas nos termos do acordo entre o Brasil e o país de residência do beneficiário ou, na sua falta, nos termos de instruções expedidas pelo Ministério da Previdência e Assistência Social.

Art. 313. Os convênios, credenciamentos e acordos da linha do seguro social deverão ser feitos pelos setores de acordos e convênios do Instituto Nacional do Seguro Social.

Parágrafo único. O Instituto Nacional do Seguro Social poderá ainda colaborar para a complementação das instalações e equipamentos de entidades de habilitação e reabilitação profissional, com as quais mantenha convênio, ou fornecer outros recursos materiais para a melhoria do padrão de atendimento aos beneficiários.

Art. 314. A prestação de serviços da entidade que mantém convênio, contrato, credenciamento ou acordo com o Instituto Nacional do Seguro Social não cria qualquer vínculo empregatício entre este e o prestador de serviço.

Art. 315. Os órgãos da administração pública direta, autárquica e fundacional dos Estados, do Distrito Federal e dos Municípios poderão, mediante convênio com a previdência social, encarregar-se, relativamente aos seus funcionários, de formalizar processo de pedido de certidão de tempo de contribuição para fins de contagem recíproca, preparando-o e instruindo-o de forma a ser despachado pelo Instituto Nacional do Seguro Social.

Art. 316. O Instituto Nacional do Seguro Social, de acordo com as possibilidades administrativas e técnicas das unidades executivas de reabilitação profissional, poderá estabelecer convênios e/ou acordos de cooperação técnico-financeira, para viabilizar o atendimento às pessoas portadoras de deficiência.

Art. 317. Nos casos de impossibilidade de instalação de órgão ou setor próprio competente do Instituto Nacional do Seguro Social, assim como de efetiva incapacidade física ou técnica de implementação das atividades e atendimento adequado à clientela da previdência social, as unidades executivas de reabilitação profissional poderão solicitar a celebração de convênios, contratos ou acordos com entidades públicas ou privadas de comprovada idoneidade financeira e técnica, ou seu credenciamento, para prestação de serviço, por delegação ou simples cooperação técnica, sob coordenação e supervisão dos órgãos competentes do Instituto Nacional do Seguro Social.

TÍTULO III
DA DIVULGAÇÃO DOS ATOS E DECISÕES DA PREVIDÊNCIA SOCIAL

Art. 318. A divulgação dos atos e decisões dos órgãos e autoridades da previdência social, sobre benefícios, tem como objetivo:

I – dar inequívoco conhecimento deles aos interessados, inclusive para efeito de recurso;

II – possibilitar seu conhecimento público; e

III – produzir efeitos legais quanto aos direitos e obrigações deles derivados.

Art. 319. O INSS notificará o interessado de sua decisão, preferencialmente por meio eletrônico, por meio de cadastramento prévio, na forma definida pelo INSS, realizado por procedimento em que seja assegurada a identificação adequada do interessado ou: (Redação dada pelo Decreto nº 10.410, de 2020)

I – por rede bancária, conforme definido em ato do INSS; (Incluído pelo Decreto nº 10.410, de 2020)

II – por via postal, por meio de carta simples destinada ao endereço constante do cadastro do segurado no INSS, hipótese em que o aviso de recebimento será considerado prova suficiente da notificação; ou (Incluído pelo Decreto nº 10.410, de 2020)

III – pessoalmente, quando entregue ao interessado em mão. (Incluído pelo Decreto nº 10.410, de 2020)

Art. 320. O conhecimento das decisões e demais atos dos órgãos do Ministério da Previdência e Assistência Social deve ser dado mediante publicação no Diário Oficial da União, boletim de serviço ou outro órgão de divulgação oficialmente reconhecido, ou na forma do art. 319.

Art. 321. O contrato, o convênio, o credenciamento e o acordo celebrados que impliquem pagamento de benefícios deverão ser publicados, em síntese, em boletim de serviço. (Redação dada pelo Decreto nº 10.410, de 2020)

Art. 322. O órgão do Instituto Nacional do Seguro Social, especialmente o pagador, só pode cumprir ato ou decisão de publicação obrigatória em boletim de serviço depois de atendida essa formalidade.

Parágrafo único. O administrador que determina e o servidor que realiza pagamento sem observar o disposto neste artigo são civilmente responsáveis por ele, ficando sujeitos também às penalidades administrativas cabíveis.

Art. 323. Os atos de que trata este Título serão publicados também no Diário Oficial da União, quando houver obrigação legal nesse sentido.

Art. 324. Os atos normativos ministeriais obrigam a todos os órgãos e entidades integrantes do Ministério da Previdência e Assistência Social, inclusive da administração indireta a ele vinculados.

Art. 325. Os atos e decisões normativas sobre benefícios dos órgãos e entidades da previdência social devem ser publicados na íntegra em boletim de serviço da entidade interessada, só tendo validade depois dessa publicação.

Parágrafo único. Os pareceres somente serão publicados quando aprovados pelas autoridades competentes e por determinação destas.

TÍTULO IV
DAS DISPOSIÇÕES DIVERSAS RELATIVAS À ORGANIZAÇÃO DA SEGURIDADE SOCIAL

Art. 326. O Instituto Nacional do Seguro Social, na forma da legislação específica, fica autorizado a contratar auditoria externa, periodicamente, para analisar e emitir parecer sobre demonstrativos econômico-financeiros e contábeis, arrecadação, cobrança e fiscalização de contribuições, bem como pagamento de benefícios, submetendo os resultados obtidos à apreciação do Conselho Nacional de Previdência Social.

Art. 327. A Auditoria e a Procuradoria do Instituto Nacional do Seguro Social deverão, a cada trimestre, elaborar relação das auditorias realizadas e dos trabalhos executados, bem como dos resultados obtidos, enviando-a à apreciação do Conselho Nacional de Previdência Social.

Art. 328. O Instituto Nacional do Seguro Social deverá implantar programa de qualificação e treinamento sistemático de pessoal, bem como promover reciclagem e redistribuição de funcionários conforme demandas dos órgãos regionais e locais, visando à melhoria da qualidade do atendimento, ao controle e à eficiência dos sistemas de arrecadação e fiscalização de contribuições, bem como de pagamento de benefícios.

Art. 329. O Cadastro Nacional de Informações Sociais é destinado a registrar informações de interesse da Administração Pública Federal e dos beneficiários da previdência social.

Parágrafo único. As contribuições aportadas pelos segurados e empresas terão o registro contábil individualizado, conforme dispuser o Ministério da Previdência e Assistência Social.

Art. 329-A. (Revogado pelo Decreto nº 10.410, de 2020)

Art. 329-B. (Revogado pelo Decreto nº 10.410, de 2020)

Art. 330. (Revogado pelo Decreto nº 10.410, de 2020)

Art. 331. O Instituto Nacional do Seguro Social fica autorizado a efetuar permuta de informações, em caráter geral ou específico, com qualquer órgão ou entidade da administração direta ou indireta da União, Estados, Distrito Federal ou Municípios, com a prestação, quando for o caso, de assistência mútua na fiscalização dos respectivos tributos.

§ 1º A permuta de informações sobre a situação econômica ou financeira dos sujeitos passivos ou de terceiros e sobre a natureza e o estado dos seus negócios ou atividades somente poderá ser efetivada com a Secretaria da Receita Federal ou com a Fazenda Pública dos Estados, do Distrito Federal ou dos Municípios.

§ 2º Até que seja totalmente implantado o Cadastro Nacional de Informações Sociais, as instituições e órgãos federais, estaduais, do Distrito Federal e municipais, detentores de cadastros de empresas e de contribuintes em geral, deverão colocar à disposição do Instituto Nacional do Seguro Social, mediante convênio, todos os dados necessários à permanente atualização dos seus cadastros.

§ 3º O convênio de que trata o parágrafo anterior estabelecerá, entre outras condições, a forma e a periodicidade de acesso ao cadastro e às alterações posteriores.

Art. 332. O INSS estabelecerá indicadores qualitativos e quantitativos para acompanhamento e avaliação das concessões de benefícios realizadas. (Redação dada pelo Decreto nº 10.410, de 2020)

Art. 333. O INSS adotará como prática o cruzamento das informações declaradas pelos segurados com as informações constantes das bases de dados de que dispuser quando da análise dos requerimentos dos benefícios. (Redação dada pelo Decreto nº 10.410, de 2020)

Art. 334. Haverá, no âmbito da previdência social, uma Ouvidoria-Geral, cujas atribuições serão definidas em regulamento específico.

Art. 335. Deverão ser enviadas ao Congresso Nacional, anualmente, acompanhando a proposta orçamentária da seguridade social, projeções atuariais relativas à seguridade social, abrangendo um horizonte temporal de, no mínimo, vinte anos, considerando hipóteses alternativas quanto às variações demográficas, econômicas e institucionais relevantes.

LIVRO VI
DAS DISPOSIÇÕES GERAIS

Art. 336. Para fins estatísticos e epidemiológicos, a empresa deverá comunicar à previdência social o acidente de que tratam os arts. 19, 20, 21 e 23 da Lei nº 8.213, de 1991, ocorrido com o segurado empregado, exceto o doméstico, e o trabalhador avulso, até o primeiro dia útil seguinte ao da ocorrência e, em caso de morte, de imediato, à autoridade competente, sob pena da multa aplicada e cobrada na forma do art. 286.(Redação dada pelo Decreto nº 4.032, de 2001)

§ 1º Da comunicação a que se refere este artigo receberão cópia fiel o acidentado ou seus dependentes, bem como o sindicato a que corresponda a sua categoria.

§ 2º Na falta do cumprimento do disposto no caput, caberá ao setor de benefícios do Instituto Nacional do Seguro Social comunicar a ocorrência ao setor de fiscalização, para a aplicação e cobrança da multa devida.

§ 3º Na falta de comunicação por parte da empresa, ou quando se tratar de segurado especial, podem formalizá-la o próprio acidentado, seus dependentes, a entidade sindical competente, o médico que o assistiu ou qualquer autoridade pública, não prevalecendo nestes casos o prazo previsto neste artigo. (Redação dada pelo Decreto nº 4.032, de 2001)

§ 4º A comunicação a que se refere o § 3º não exime a empresa de responsabilidade pela falta do cumprimento do disposto neste artigo.

§ 5º (Revogado pelo Decreto nº 3.265, de 1999)

§ 6º Os sindicatos e entidades representativas de classe poderão acompanhar a cobrança, pela previdência social, das multas previstas neste artigo.

Art. 337. O acidente do trabalho será caracterizado tecnicamente pela Perícia Médica Federal, por meio da identificação do nexo entre o trabalho e o agravo. (Redação dada pelo Decreto nº 10.491, de 2020)

I – (Revogado pelo Decreto nº 10.410, de 2020)

II – (Revogado pelo Decreto nº 10.410, de 2020)

III – (Revogado pelo Decreto nº 10.410, de 2020)

§ 1º O setor de benefícios do Instituto Nacional do Seguro Social reconhecerá o direito do segurado à habilitação do benefício acidentário.

§ 2º Será considerado agravamento do acidente aquele sofrido pelo acidentado quanto estiver sob a responsabilidade da reabilitação profissional.

§ 3º Considera-se estabelecido o nexo entre o trabalho e o agravo quando se verificar nexo técnico epidemiológico entre a atividade da empresa e a entidade mórbida motivadora da incapacidade, elencada na Classificação Internacional de Doenças – CID em conformidade com o disposto na Lista C do Anexo II deste Regulamento. (Redação dada pelo Decreto nº 6.957, de 2009)

§ 4º Para os fins deste artigo, considera-se agravo a lesão, doença, transtorno de saúde, distúrbio, disfunção ou síndrome de evolução aguda, subaguda ou crônica, de natureza clínica ou subclínica, inclusive morte, independentemente do tempo de latência. (Incluído pelo Decreto nº 6.042, de 2007).

§ 5º Reconhecidos pela Perícia Médica Federal a incapacidade para o trabalho e o nexo entre o trabalho e o agravo, na forma prevista no § 3º, serão devidas as prestações acidentárias a que o beneficiário tiver direito. (Redação dada pelo Decreto nº 10.491, de 2020)

§ 6º A Perícia Médica Federal deixará de aplicar o disposto no § 3º quando demonstrada a inexistência de nexo entre o trabalho e o agravo, sem prejuízo do disposto no § 7º e no § 12. (Redação dada pelo Decreto nº 10.491, de 2020)

§ 7º A empresa poderá requerer ao INSS a não aplicação do nexo técnico epidemiológico ao caso concreto mediante a demonstração de inexistência de correspondente nexo entre o trabalho e o agravo. (Redação dada pelo Decreto nº 6.939, de 2009)

§ 8º O requerimento de que trata o § 7º poderá ser apresentado no prazo de quinze dias da data para a entrega, na forma do inciso IV do art. 225, da GFIP que registre a movimentação do trabalhador, sob pena de não conhecimento da alegação em instância administrativa. (Incluído pelo Decreto nº 6.042, de 2007).

§ 9º Caracterizada a impossibilidade de atendimento ao disposto no § 8º, motivada pelo não conhecimento tempestivo do diagnóstico do agravo, o requerimento de que trata o § 7º poderá ser apresentado no prazo de quinze dias, contado da data em que a empresa tomar ciência da decisão a que se refere o § 5º. (Redação dada pelo Decreto nº 10.410, de 2020)

§ 10. Juntamente com o requerimento de que tratam os §§ 8º e 9º, a empresa formulará as alegações que entender necessárias e apresentará as provas que possuir demonstrando a inexistência de nexo entre o trabalho e o agravo. (Redação dada pelo Decreto nº 6.939, de 2009)

§ 11. A documentação probatória poderá trazer, entre outros meios de prova, evidências técnicas circunstanciadas e tempestivas à exposição do segurado, podendo ser produzidas no âmbito de programas de gestão de risco, a cargo da empresa, que possuam responsável técnico legalmente habilitado. (Incluído pelo Decreto nº 6.042, de 2007).

§ 12. O INSS informará ao segurado sobre a contestação da empresa para que este, querendo, possa impugná-la, obedecendo, quanto à produção de provas, ao disposto no § 10, sempre que a instrução do pedido evidenciar a possibilidade de reconhecimento de inexistência do nexo entre o trabalho e o agravo. (Redação dada pelo Decreto nº 6.939, de 2009)

§ 13. Da decisão do requerimento de que trata o § 7º cabe recurso, com efeito suspensivo, por parte da empresa ou, conforme o caso, do segurado ao Conselho de

Recursos da Previdência Social, nos termos dos arts. 305 a 310. (Incluído pelo Decreto nº 6.042, de 2007).

Art. 338. A empresa é responsável pela adoção e uso de medidas coletivas e individuais de proteção à segurança e saúde do trabalhador sujeito aos riscos ocupacionais por ela gerados.(Redação dada pelo Decreto nº 4.032, de 2001)

§ 1º É dever da empresa prestar informações pormenorizadas sobre os riscos da operação a executar e do produto a manipular.(Incluído pelo Decreto nº 4.032, de 2001)

§ 2º A Perícia Médica Federal terá acesso aos ambientes de trabalho e a outros locais onde se encontrem os documentos referentes ao controle médico de saúde ocupacional e aqueles que digam respeito ao programa de prevenção de riscos ocupacionais para verificar a eficácia das medidas adotadas pela empresa para a prevenção e o controle das doenças ocupacionais. (Redação dada pelo Decreto nº 10.410, de 2020)

§ 3º O INSS auditará a regularidade e a conformidade das demonstrações ambientais, incluindo-se as de monitoramento biológico, e dos controles internos da empresa relativos ao gerenciamento dos riscos ocupacionais, de modo a assegurar a veracidade das informações prestadas pela empresa e constantes do CNIS, bem como o cumprimento das obrigações relativas ao acidente de trabalho. (Redação dada pelo Decreto nº 4.882, de 2003)

§ 4º Sempre que a Perícia Médica Federal constatar o descumprimento do disposto neste artigo, esta comunicará formalmente aos demais órgãos interessados, inclusive para fins de aplicação e cobrança da multa devida. (Redação dada pelo Decreto nº 10.410, de 2020)

Art. 339. O Ministério do Trabalho e Emprego fiscalizará e os sindicatos e entidades representativas de classe acompanharão o fiel cumprimento do disposto nos arts. 338 e 343.

Art. 340. Por intermédio dos estabelecimentos de ensino, sindicatos, associações de classe, Fundação Jorge Duprat Figueiredo de Segurança e Medicina do Trabalho, órgãos públicos e outros meios, serão promovidas regularmente instrução e formação com vistas a incrementar costumes e atitudes prevencionistas em matéria de acidentes, especialmente daquele referido no art. 336.

Art. 341. O INSS ajuizará ação regressiva contra os responsáveis nas hipóteses de: (Redação dada pelo Decreto nº 10.410, de 2020)

I – negligência quanto às normas-padrão de segurança e higiene do trabalho indicadas para proteção individual e coletiva; e (Incluído pelo Decreto nº 10.410, de 2020)

II – violência doméstica e familiar contra a mulher, nos termos do disposto na Lei nº 11.340, de 7 de agosto de 2006. (Incluído pelo Decreto nº 10.410, de 2020)

PREVIDENCIÁRIO

§ 1º Os órgãos de fiscalização das relações de trabalho encaminharão à Procuradoria-Geral Federal os relatórios de análise de acidentes do trabalho com indícios de negligência quanto às normas-padrão de segurança e higiene do trabalho indicadas para proteção individual e coletiva. (Incluído pelo Decreto nº 10.410, de 2020)

§ 2º O pagamento de prestações pela previdência social em decorrência das hipóteses previstas nos incisos I e II do caput não exclui a responsabilidade civil da empresa, na hipótese de que trata o inciso I do caput, ou do responsável pela violência doméstica e familiar, na hipótese de que trata o inciso II do caput. (Incluído pelo Decreto nº 10.410, de 2020)

Art. 342. O pagamento pela previdência social das prestações decorrentes do acidente a que se refere o art. 336 não exclui a responsabilidade civil da empresa, do empregador doméstico ou de terceiros. (Redação dada pelo Decreto nº 10.410, de 2020)

Art. 343. Constitui contravenção penal, punível com multa, deixar a empresa de cumprir as normas de segurança e saúde do trabalho.

Art. 344. Os litígios e medidas cautelares relativos aos acidentes de que trata o art. 336 serão apreciados:

I – na esfera administrativa, pelos órgãos da previdência social, segundo as regras e prazos aplicáveis às demais prestações, com prioridade para conclusão; e

II – na via judicial, pela Justiça dos Estados e do Distrito Federal, segundo o rito sumaríssimo, inclusive durante as férias forenses, mediante petição instruída pela prova de efetiva notificação do evento à previdência social, através da Comunicação de Acidente do Trabalho.

Parágrafo único. O procedimento judicial de que trata o inciso II é isento do pagamento de quaisquer custas e de verbas relativas à sucumbência.

Art. 345. As ações referentes às prestações decorrentes do acidente de que trata o art. 336 prescrevem em cinco anos, observado o disposto no art. 347, contados da data:

I – do acidente, quando dele resultar a morte ou a incapacidade temporária verificada em perícia médica a cargo da Perícia Médica Federal; ou (Redação dada pelo Decreto nº 10.410, de 2020)

II – em que for reconhecido pela Perícia Médica Federal a incapacidade permanente ou o agravamento das sequelas do acidente. (Redação dada pelo Decreto nº 10.410, de 2020)

Art. 346. O segurado que houver sofrido o acidente a que se refere o art. 336 terá garantida, pelo prazo mínimo de doze meses, a manutenção de seu contrato de trabalho na empresa, após a cessação do auxílio por incapacidade temporária decorrente de acidente, independentemente da percepção de auxílio-acidente. (Redação dada pelo Decreto nº 10.410, de 2020)

Art. 347. É de dez anos o prazo de decadência de todo e qualquer direito ou ação do segurado ou beneficiário para a revisão dos atos de concessão, indeferimento, cancelamento ou cessação de benefício e dos atos de deferimento, indeferimento ou não concessão de revisão de benefício, contado: (Redação dada pelo Decreto nº 10.410, de 2020)

I - do primeiro dia do mês subsequente ao do recebimento da primeira prestação ou da data em que a prestação deveria ter sido paga com o valor revisto; ou (Incluído pelo Decreto nº 10.410, de 2020)

II - do dia em que o segurado tiver ciência da decisão de indeferimento, cancelamento ou cessação do seu pedido de benefício ou da decisão de deferimento ou indeferimento de revisão de benefício no âmbito administrativo.(Incluído pelo Decreto nº 10.410, de 2020)

§ 1º Prescreve em cinco anos, a contar da data em que deveriam ter sido pagas, toda e qualquer ação para haver prestações vencidas ou quaisquer restituições ou diferenças devidas pela previdência social, salvo o direito dos menores, incapazes e ausentes, na forma do Código Civil. (Incluído pelo Decreto nº 4.729, de 2003)

§ 2º Não é considerado pedido de revisão de decisão indeferitória definitiva, mas de novo pedido de benefício, o que vier acompanhado de outros documentos além dos já existentes no processo. (Incluído pelo Decreto nº 4.729, de 2003)

§ 3º Não terá seqüência eventual pedido de revisão de decisão indeferitória definitiva de benefício confirmada pela última instância do Conselho de Recursos da Previdência Social, aplicando-se, no caso de apresentação de outros documentos, além dos já existentes no processo, o disposto no § 2º. (Incluído pelo Decreto nº 4.729, de 2003)

§ 4º Nas hipóteses de requerimento de revisão de benefício em manutenção ou de recurso de decisão do INSS com apresentação de novos elementos extemporaneamente ao ato concessório, os efeitos financeiros serão fixados na data do pedido de revisão ou do recurso. (Redação dada pelo Decreto nº 10.410, de 2020)

Art. 347-A. O direito da Previdência Social de anular os atos administrativos de que decorram efeitos favoráveis para os seus beneficiários decai em dez anos, contados da data em que foram praticados, salvo comprovada má-fé. (Incluído pelo Decreto nº 5.545, de 2005)

§ 1º No caso de efeitos patrimoniais contínuos, o prazo decadencial contar-se-á da percepção do primeiro pagamento. (Incluído pelo Decreto nº 5.545, de 2005)

§ 2º Considera-se exercício do direito de anular qualquer medida de autoridade administrativa que importe impugnação à validade do ato. (Incluído pelo Decreto nº 5.545, de 2005)

Art. 348. O direito da seguridade social de apurar e constituir seus créditos extingue-se no prazo de cinco anos, contado: (Redação dada pelo Decreto nº 10.410, de 2020)

I - do primeiro dia do exercício seguinte àquele em que o crédito poderia ter sido constituído; ou

II – da data em que se tornar definitiva a decisão que houver anulado, por vício formal, a constituição de crédito anteriormente efetuado.

§ 1º Para comprovar o exercício de atividade remunerada, com vistas à concessão de benefícios, será exigido do contribuinte individual, a qualquer tempo, o recolhimento das correspondentes contribuições, observado o disposto nos §§ 7º a 14 do art. 216.(Redação dada pelo Decreto nº 3.265, de 1999)

§ 2º Na hipótese de ocorrência de dolo, fraude ou simulação, a seguridade social pode, a qualquer tempo, apurar e constituir seus créditos.

§ 3º O direito de pleitear judicialmente a desconstituição de exigência fiscal fixada pelo Instituto Nacional do Seguro Social no julgamento de litígio em processo administrativo fiscal extingue-se com o decurso do prazo de cento e oitenta dias, contado da intimação da referida decisão.

Art. 349. O direito da seguridade social de cobrar seus créditos, constituídos na forma prevista no art. 348, prescreverá no prazo de cinco anos, contado da data de sua constituição definitiva, observado o disposto nos art. 151 e art. 174 da Lei nº 5.172, de 25 de outubro de 1966 – Código Tributário Nacional. (Redação dada pelo Decreto nº 10.410, de 2020)

Art. 350. Será de responsabilidade da Procuradoria-Geral do Instituto Nacional do Seguro Social manter entendimentos com o Ministério Público, objetivando a agilização das causas judiciais necessárias à concessão e manutenção de benefícios.

Art. 351. O pagamento de benefícios decorrente de sentença judicial far-se-á com a observância da prioridade garantida aos créditos alimentícios.

Art. 352. Para fins de reconhecimento inicial de benefícios previdenciários, desde que este não acarrete revisão de ato administrativo anterior, o Presidente do INSS poderá editar súmulas administrativas, que terão caráter vinculante perante o INSS nas seguintes hipóteses: (Redação dada pelo Decreto nº 10.410, de 2020)

I – sobre tema a respeito do qual exista súmula ou parecer emitido pelo Advogado-Geral da União; e (Incluído pelo Decreto nº 10.410, de 2020)

II – sobre tema decidido pelo Supremo Tribunal Federal, em matéria constitucional, ou pelo Superior Tribunal de Justiça, no âmbito de suas competências, quando definido em sede de repercussão geral ou recurso repetitivo e não houver viabilidade de reversão da tese firmada em sentido desfavorável ao INSS, conforme disciplinado pelo Advogado-Geral da União, nos termos do disposto no § 2º do art. 19-D da Lei nº 10.522, de 19 de julho de 2002. (Incluído pelo Decreto nº 10.410, de 2020)

§ 1º A edição da súmula administrativa de que trata este artigo será precedida de avaliação de impacto orçamentário e financeiro pela Secretaria Especial de Previdência e Trabalho do Ministério da Economia. (Incluído pelo Decreto nº 10.410, de 2020)

§ 2º As súmulas administrativas serão numeradas em ordem cronológica e terão validade até que lei, decreto ou outra súmula discipline a matéria de forma diversa, e competirá ao INSS mantê-las atualizadas em seus sítios eletrônicos. (Incluído pelo Decreto nº 10.410, de 2020)

§ 3º Para fins do disposto neste artigo, a Procuradoria Federal Especializada junto ao INSS emitirá parecer conclusivo para propor a edição, a alteração ou o cancelamento de súmula administrativa, da qual deverá constar o fundamento para a sua edição. (Incluído pelo Decreto nº 10.410, de 2020)

Art. 353. A formalização de desistência ou transigência judiciais, por parte de procurador da previdência social, será sempre precedida da anuência, por escrito, do Procurador-Geral do Instituto Nacional do Seguro Social ou do Presidente deste órgão, quando os valores em litígio ultrapassarem os limites definidos pelo Conselho Nacional de Previdência Social.

Parágrafo único. Os valores, a partir dos quais se exigirá a anuência do Procurador-Geral ou do Presidente do Instituto Nacional do Seguro Social, serão definidos periodicamente pelo Conselho Nacional de Previdência Social, mediante resolução própria.

Art. 354. O Instituto Nacional do Seguro Social, nas causas em que seja interessado na condição de autor, réu, assistente ou oponente, gozará das mesmas prerrogativas e privilégios assegurados à Fazenda Pública, inclusive quanto à inalienabilidade e impenhorabilidade de seus bens.

§ 1º O Instituto Nacional do Seguro Social é isento do pagamento de custas, traslados, preparos, certidões, registros, averbações e quaisquer outros emolumentos, nas causas em que seja interessado na condição de autor, réu, assistente ou oponente, inclusive nas ações de natureza trabalhista, acidentária e de benefício.

§ 2º O Instituto Nacional do Seguro Social antecipará os honorários periciais nas ações de acidentes do trabalho.

Art. 355. O Instituto Nacional do Seguro Social poderá requisitar a qualquer órgão ou entidade da administração direta ou indireta da União, dos Estados, do Distrito Federal e dos Municípios, bem como das demais entidades sob seu controle, elementos de fato e de direito relativos às alegações e ao pedido do autor de ação proposta contra a previdência social, bem assim promover diligências para localização de devedores e apuração de bens penhoráveis, que serão atendidas prioritariamente e sob regime de urgência.

Art. 356. Nos casos de indenização na forma do art. 122 e da retroação da data do início das contribuições, conforme o disposto no art. 124, após a homologação do processo pelo setor de benefícios do Instituto Nacional do Seguro Social, este deverá ser encaminhado ao setor de arrecadação e fiscalização, para levantamento e cobrança do débito.

Art. 357. A Secretaria Especial de Previdência e Trabalho do Ministério da Economia e o INSS ficam autorizados a editar normas que disponham sobre os critérios e a forma de realização de pesquisas externas. (Redação dada pelo Decreto nº 10.410, de 2020)

Parágrafo único. Para efeito do disposto no caput, os servidores designados receberão, a título de indenização, o valor correspondente a um onze avos do valor mínimo do salário-de-contribuição do contribuinte individual, por deslocamento com pesquisa concluída. (Redação dada pelo Decreto nº 3.265, de 1999)

Art. 358. Na execução judicial da Dívida Ativa da União, suas autarquias e fundações públicas, será facultado ao exeqüente indicar bens à penhora, a qual será efetivada concomitantemente com a citação inicial do devedor.

§ 1º Os bens penhorados nos termos deste artigo ficam desde logo indisponíveis.

§ 2º Efetuado o pagamento integral da dívida executada, com seus acréscimos legais, no prazo de dois dias úteis contados da citação, independentemente da juntada aos autos do respectivo mandado, poderá ser liberada a penhora, desde que não haja outra execução pendente.

§ 3º O disposto neste artigo aplica-se também às execuções já processadas.

§ 4º Não sendo opostos embargos, no prazo legal, ou sendo eles julgados improcedentes, os autos serão conclusos ao juiz do feito, para determinar o prosseguimento da execução.

Art. 359. O Instituto Nacional do Seguro Social poderá contratar leiloeiros oficiais para promover a venda administrativa dos bens, adjudicados judicialmente ou que receber em dação de pagamento.

Parágrafo único. O Instituto Nacional do Seguro Social, no prazo de sessenta dias, providenciará alienação do bem por intermédio do leiloeiro oficial.

Art. 360. Nas execuções fiscais da Dívida Ativa do Instituto Nacional do Seguro Social, o leilão judicial dos bens penhorados realizar-se-á por leiloeiro oficial, indicado pelo credor, que procederá à hasta pública:

I – no primeiro leilão, pelo valor do maior lance, que não poderá ser inferior ao da avaliação; ou

II – no segundo leilão, por qualquer valor, excetuado o vil.

§ 1º Poderá o juiz, a requerimento do credor, autorizar seja parcelado o pagamento do valor da arrematação, na forma prevista para os parcelamentos administrativos de débitos previdenciários.

§ 2º Todas as condições do parcelamento deverão constar do edital de leilão.

§ 3º O débito do executado será quitado na proporção do valor de arrematação.

§ 4º O arrematante deverá depositar, no ato, o valor da primeira parcela.

§ 5º Realizado o depósito, será expedida carta de arrematação, contendo as seguintes disposições:

I - valor da arrematação, valor e número de parcelas mensais em que será pago;

II - constituição de hipoteca do bem adquirido, ou de penhor, em favor do credor, servindo a carta de título hábil para registro da garantia;

III - indicação do arrematante como fiel depositário do bem móvel, quando constituído penhor; e

IV - especificação dos critérios de reajustamento do saldo e das parcelas, que será sempre o mesmo vigente para os parcelamentos de créditos previdenciários.

§ 6º Se o arrematante não pagar no vencimento qualquer das parcelas mensais, o saldo devedor remanescente vencerá antecipadamente e será acrescido em cinqüenta por cento de seu valor a título de multa, devendo, de imediato, ser inscrito em Dívida Ativa e executado.

§ 7º Se no primeiro ou no segundo leilões a que se refere o caput não houver licitante, o Instituto Nacional do Seguro Social poderá adjudicar o bem por cinqüenta por cento do valor da avaliação.

§ 8º Se o bem adjudicado não puder ser utilizado pelo Instituto Nacional do Seguro Social e for de difícil venda, poderá ser negociado ou doado a outro órgão ou entidade pública que demonstre interesse na sua utilização.

§ 9º Não havendo interesse na adjudicação, poderá o juiz do feito, de ofício ou a requerimento do credor, determinar sucessivas repetições da hasta pública.

§ 10. O leiloeiro oficial, a pedido do credor, poderá ficar como fiel depositário dos bens penhorados e realizar a respectiva remoção.

Art. 361. O Instituto Nacional do Seguro Social poderá concordar com valores divergentes, para pagamento da dívida objeto de execução fiscal, quando a diferença entre os cálculos de atualização da dívida por ele elaborados ou levados a efeito pela contadoria do Juízo e os cálculos apresentados pelo executado for igual ou inferior a cinco por cento.

§ 1º O disposto neste artigo aplica-se somente a dívidas cuja petição inicial da execução tenha sido protocolada em Juízo até 31 de março de 1997.

§ 2º A extinção de processos de execução, em decorrência da aplicação do disposto neste artigo, não implicará condenação em honorários, custas e quaisquer outros ônus de sucumbência contra o exeqüente, oferecidos ou não embargos à execução, e acarretará a desistência de eventual recurso que tenha por razão a divergência de valores de atualização nos limites do percentual referido.

Art. 362. O Instituto Nacional do Seguro Social e a Secretaria da Receita Federal estabelecerão critérios para a dispensa de constituição ou exigência de crédito de valor inferior ao custo dessas medidas.

Art. 363. A arrecadação das receitas prevista nos incisos I, II, III, IV e V do parágrafo único do art. 195, bem como as contribuições incidentes a título de substituição, e o pagamento dos benefícios da seguridade social serão realizados pela rede bancária ou por outras formas, nos termos e condições aprovados pelo Conselho Nacional de Previdência Social. (Redação dada pelo Decreto nº 4.032, de 2001)

Art. 364. As receitas provenientes da cobrança de débitos dos Estados, do Distrito Federal e dos Municípios e da alienação, arrendamento ou locação de bens móveis ou imóveis pertencentes ao patrimônio do Instituto Nacional do Seguro Social deverão constituir reserva técnica, de longo prazo, que garantirá o seguro social instituído no Plano de Benefícios da Previdência Social.

Parágrafo único. É vedada a utilização dos recursos de que trata este artigo para cobrir despesas de custeio em geral, inclusive as decorrentes de criação, majoração ou extensão dos benefícios ou serviços da previdência social, admitindo-se sua utilização, excepcionalmente, em despesas de capital, conforme definido na lei orçamentária.

Art. 365. Mediante requisição do Instituto Nacional do Seguro Social, a empresa é obrigada a descontar, da remuneração paga aos segurados a seu serviço, a importância proveniente de dívida ou responsabilidade por eles contraída junto à seguridade social, relativa a benefícios pagos indevidamente, observado o disposto no art. 154.

Art. 366. O Presidente de Turma de Julgamento da Delegacia da Receita Federal do Brasil recorrerá de ofício sempre que a decisão: (Redação dada pelo Decreto nº 6.224, de 2007).

I – declarar indevida contribuição ou outra importância apurada pela fiscalização; e (Redação dada pelo Decreto nº 6.224, de 2007).

II – relevar ou atenuar multa aplicada por infração a dispositivos deste Regulamento. (Redação dada pelo Decreto nº 6.224, de 2007).

§ 1º (Revogado pelo Decreto nº 6.224, de 2007).

§ 2º O recurso de que trata o caput será interposto ao Segundo Conselho de Contribuintes do Ministério da Fazenda. (Redação dada pelo Decreto nº 6.224, de 2007).

§ 3º O Ministro de Estado da Fazenda poderá estabelecer limite abaixo do qual será dispensada a interposição do recurso de ofício previsto neste artigo. (Incluído pelo Decreto nº 6.224, de 2007).

Art. 367. O Instituto Nacional do Seguro Social e a Empresa de Processamento de Dados da Previdência Social confrontarão a relação dos óbitos com os cadastros da previdência social, determinando o cancelamento dos pagamentos, a partir da data do falecimento dos beneficiários identificados na comunicação a que se refere o art. 228.

Art. 368. Fica o Instituto Nacional do Seguro Social obrigado a:

I - enviar às empresas e aos contribuintes individuais, quando por eles solicitado, extrato de recolhimento das suas contribuições;

II - emitir automaticamente e enviar às empresas avisos de cobrança de débitos;

III - emitir e enviar aos beneficiários carta de concessão de benefícios, além da memória de cálculo do valor dos benefícios concedidos;

IV - reeditar versão atualizada da Carta dos Direitos dos Segurados;

V - divulgar, com a devida antecedência, pelos meios de comunicação, alterações das contribuições das empresas e dos segurados em geral;

VI - descentralizar, progressivamente, o processamento eletrônico das informações, mediante extensão dos programas de informatização aos Postos de Atendimento e às Gerências Regionais de Arrecadação e Fiscalização; e

VII - garantir a integração dos sistemas de processamento eletrônico de informações e sua compatibilidade com o Cadastro Nacional de Informações Sociais.

VIII - tornar disponível ao público, inclusive por meio de rede pública de transmissão de dados, informações atualizadas sobre as despesas do Regime Geral de Previdência Social, bem como os critérios e parâmetros adotados para garantir o seu equilíbrio financeiro e atuarial. (Incluído pelo Decreto nº 5.545, de 2005)

Parágrafo único. O fornecimento das informações a que se referem os incisos I e III do caput poderá ocorrer por meio da sua disponibilização pelos canais de atendimento do INSS previstos na Carta de Serviços ao Usuário do INSS. (Incluído pelo Decreto nº 10.410, de 2020)

Art. 369. Os depósitos judiciais e extrajudiciais referentes a contribuições sociais e outras importâncias arrecadadas pelo Instituto Nacional do Seguro Social serão efetuados na Caixa Econômica Federal mediante guia de recolhimento específica para essa finalidade, conforme modelo a ser aprovado pelo Instituto Nacional do Seguro Social e confeccionado e distribuído pela Caixa Econômica Federal.

§ 1º Quando houver mais de um interessado na ação, o depósito será efetuado, à ordem e disposição do Juízo, em nome de cada contribuinte, individualizadamente.

§ 2º A guia de recolhimento conterá, além de outros elementos fixados em ato normativo da autoridade competente, os dados necessários à identificação do órgão judicial em que tramita a ação.

§ 3º No caso de recebimento de depósito judicial, a Caixa Econômica Federal remeterá uma via da guia de recolhimento ao órgão judicial em que tramita a ação.

§ 4º A Caixa Econômica Federal tornará disponível para o Instituto Nacional do Seguro Social, por meio magnético, os dados referentes aos depósitos.

Art. 370. O valor dos depósitos recebidos será creditado pela Caixa Econômica Federal à Subconta da Previdência Social da Conta Única do Tesouro Nacional junto ao Banco Central do Brasil, no mesmo prazo fixado para recolhimento das contribuições arrecadadas pelo Instituto Nacional do Seguro Social.

Art. 371. Mediante ordem da autoridade judicial ou, no caso de depósito extrajudicial, da autoridade administrativa competente, o valor do depósito, após o encerramento da lide ou do processo litigioso, será:

I – devolvido ao depositante pela Caixa Econômica Federal, no prazo máximo de vinte e quatro horas, quando a sentença ou decisão lhe for favorável ou na proporção em que o for, acrescido de juros equivalentes à taxa referencial do Sistema Especial de Liquidação e de Custódia, para títulos federais, acumulada mensalmente, calculados a partir do mês subseqüente ao da efetivação do depósito até o mês anterior ao de seu levantamento, e de juros de um por cento relativamente ao mês em que estiver sendo efetivada a devolução; ou

II – transformado em pagamento definitivo, proporcionalmente à exigência do correspondente crédito, quando se tratar de sentença ou decisão favorável ao Instituto Nacional do Seguro Social.

§ 1º O documento contendo os dados relativos aos depósitos devolvidos ou transformados em pagamento definitivo, a ser confeccionado e preenchido pela Caixa Econômica Federal, deverá ser aprovado pelo Instituto Nacional do Seguro Social.

§ 2º O valor dos depósitos devolvidos pela Caixa Econômica Federal será debitado à Subconta da Previdência Social da Conta Única do Tesouro Nacional junto ao Banco Central do Brasil, a título de restituição, no mesmo dia em que ocorrer a devolução.

§ 3º O Banco Central do Brasil creditará, na conta de reserva bancária da Caixa Econômica Federal, no mesmo dia, os valores devolvidos.

§ 4º Os valores das devoluções, inclusive dos juros acrescidos, serão contabilizados como estorno da respectiva espécie de receita em que tiver sido contabilizado o depósito.

§ 5º No caso de transformação do depósito em pagamento definitivo, a Caixa Econômica Federal efetuará a baixa em seus controles e comunicará a ocorrência ao Instituto Nacional do Seguro Social.

§ 6º A Caixa Econômica Federal manterá controle dos valores depositados, devolvidos e transformados em pagamento definitivo, por contribuinte e por processo, devendo, relativamente aos valores depositados e respectivos acréscimos de juros, tornar disponível o acesso aos registros, emitir extratos mensais e remetê-los ao Instituto Nacional do Seguro Social.

§ 7º Os extratos referidos neste artigo conterão dados que permitam identificar o depositante, o processo administrativo ou judicial, a movimentação dos depósitos durante o mês, além de outros elementos considerados indispensáveis.

Art. 372. Pelo recebimento dos depósitos e pela prestação dos demais serviços previstos nos arts. 369 a 371, a Caixa Econômica Federal será remunerada pela tarifa fixada pelo Ministro de Estado da Fazenda, na forma do disposto no Decreto nº 2.850, de 27 de novembro de 1998.

Art. 373. Os valores expressos em moeda corrente referidos neste Regulamento, exceto aqueles referidos no art. 288, são reajustados nas mesmas épocas e com os mesmos índices utilizados para o reajustamento dos benefícios de prestação continuada da previdência social.

Art. 374. Serão aceitos os números de inscrição no Cadastro Geral de Contribuintes, até que seja concluída, pela Secretaria da Receita Federal, a implantação do Cadastro Nacional da Pessoa Jurídica.

Art. 375. Ficam anistiados, por força do art. 3º da Lei nº 9.476, de 23 de julho de 1997, os agentes políticos e os dirigentes de órgãos públicos estaduais, do Distrito Federal ou municipais, a quem foram impostas penalidades pecuniárias pessoais até 24 de julho de 1997, em decorrência do disposto no art. 289.

Art. 376. A multa de que trata a alínea "e" do inciso I do art. 283 retroagirá a 16 de abril de 1994, na que for mais favorável.

Art. 377. Os recursos a que se refere o Decreto nº 2.536, de 6 de abril de 1998, não têm efeito suspensivo.

Art. 378. (Revogado pelo Decreto nº 4.729, de 2003)

Art. 379. A pessoa jurídica de direito privado já beneficiária da isenção ou que já a tenha requerido e que atenda ao disposto nos arts. 206 ou 207 está dispensada do requerimento previsto no art. 208, devendo, até 30 de maio de 1999:

I – comunicar ao Instituto Nacional do Seguro Social que está enquadrada nos arts. 206 ou 207; e

II – apresentar ao Instituto Nacional do Seguro Social o plano de ação de atividades a serem desenvolvidas durante o ano em curso.

Parágrafo único. O Conselho Nacional de Assistência Social, mediante resolução que observe a natureza dos serviços assistenciais, poderá, por proposição da Secretaria de Estado de Assistência Social, considerar atendido o requisito de gratuidade, à vista de doações ou contribuições voluntárias feitas por terceiros, pelos responsáveis ou pelos próprios beneficiários dos serviços, desde que garantido o livre acesso a esses serviços, independentemente dessas doações e contribuições, não se lhes aplicando o disposto nos §§ 2º e 3º do art. 206.

Art. 380. Fica cancelada, a partir de 1º de abril de 1999, toda e qualquer isenção de contribuição para a seguridade social concedida, em caráter geral ou especial, em desacordo com os arts. 206 ou 207.

Art. 381. As normas deste Regulamento de natureza procedimental aplicam-se imediatamente a todos os processos pendentes no Ministério da Previdência e Assistência Social e no Instituto Nacional do Seguro Social.

Art. 382. Os tratados, convenções e outros acordos internacionais de que Estado estrangeiro ou organismo internacional e o Brasil sejam partes, e que versem sobre matéria previdenciária, serão interpretados como lei especial.(Incluído pelo Decreto nº 3.265, de 1999)

LEI COMPLEMENTAR ESTADUAL Nº 52, DE 30 DE DEZEMBRO DE 2019

– REORGANIZA O REGIME PRÓPRIO DE PREVIDÊNCIA SOCIAL DOS SERVIDORES PÚBLICOS DO ESTADO DE ALAGOAS – RPPS/AL, ATENDE DISPOSITIVOS DA EMENDA CONSTITUCIONAL FEDERAL Nº 103, DE 12 DE NOVEMBRO 2019, ESTABELECE O ÍNDICE DE ATUALIZAÇÃO MONETÁRIA DE DÉBITOS PREVIDENCIÁRIOS.

***ATUALIZADA ATÉ A LC Nº 54, DE 12 DE JULHO DE 2021.**

Art. 1º A cobertura das despesas administrativas para o funcionamento da ALAGOAS PREVIDÊNCIA deve ser custeada mediante cobrança de taxa de administração de 1,5% (um vírgula cinco por cento) do valor total do somatório da base de cálculo da contribuição de todo segurado ativo, relativo ao exercício financeiro anterior, sendo sua cobrança proporcional ao volume total de receitas de cada um dos Fundos de Natureza Previdenciária.

§ 1º A ALAGOAS PREVIDÊNCIA deve elaborar, anualmente, o Plano de Gestão Administrativa – PGA, com o objetivo de conferir maior transparência e visibilidade das despesas administrativas e de adoção de melhores práticas de gestão.

§ 2º O Plano de Gestão Administrativa – PGA deve indicar o percentual da taxa de administração, respeitado o limite do caput deste artigo, quando da aprovação do orçamento de cada exercício, para aprovação, publicação e acompanhamento, por intermédio de diversos indicadores de gestão do PGA, pelo Conselho Deliberativo da ALAGOAS PREVIDÊNCIA.

§ 3º A ALAGOAS PREVIDÊNCIA deve utilizar as sobras dos recursos oriundos da Taxa de Administração para pagamentos de benefícios previdenciários ou constituir um fundo para ser utilizado no exercício financeiro subsequente.

§ 4º Não serão utilizados recursos da taxa de administração para pagamento dos gastos envolvidos na aplicação de recursos em ativos financeiros, devendo essas despesas serem custeadas com os próprios rendimentos dessas aplicações.

Art. 2º O Conselho Deliberativo da ALAGOAS PREVIDÊNCIA, nomeado pelo Chefe do Poder Executivo, como última instância de alçada das decisões relativas à gestão do Regime Próprio de Previdência dos Servidores Públicos do Estado de Alagoas – RPPS/AL passa a ser paritário entre os representantes dos segurados e do Estado de Alagoas composto por 8 (oito) membros titulares e seus respectivos suplentes, com formação superior e comprovada experiência profissional mínima de 3 (três) anos na área previdenciária, financeira, administrativa, contábil, jurídica, de fiscalização, atuarial ou de auditoria, observado o seguinte:

I – 4 (quatro) membros efetivos e seus respectivos suplentes, representantes do Estado de Alagoas, sendo: 2 (dois) indicados pelo Governo do Estado, 01 (um) indicado pelo Presidente da Assembleia Legislativa do Estado de Alagoas e 1 (um) indicado pelo Presidente do Tribunal de Justiça do Estado de Alagoas; e

II – 4 (quatro) membros efetivos e seus respectivos suplentes, representantes dos segurados, indicados pelas entidades representativas dos servidores ativos, aposentados ou pensionistas do Estado de Alagoas.

§ 1º Fica vedada a indicação prevista no inciso II deste artigo, se o membro for detentor de mandato de direção ou representação em sindicato ou associação.

§ 2º Caberá aos membros dos representantes do Governo do Estado de Alagoas escolher, dentre eles, o Presidente, e aos membros dos representantes dos segurados, o Vice- Presidente, tendo este último a função de substituir o Presidente nos caso de ausência ou impedimento.

§ 3º O Presidente do Conselho Deliberativo proferirá voto de qualidade quando houver empate na votação.

§ 4º Os membros do Conselho Deliberativo e seus respectivos suplentes, representantes dos segurados, serão escolhidos pelas entidades de classe dos servidores ativos, aposentados e pensionistas, e indicados em lista tríplice.

§ 5º A ALAGOAS PREVIDÊNCIA publicará edital de convocação das entidades de classe dos servidores para, em até 30 (trinta) dias a contar da publicação desta Lei Complementar, apresentarem as listas dos seus indicados a serem encaminhados para escolha e nomeação pelo Chefe do Poder Executivo.

§ 6º Os membros do Conselho Deliberativo e seus respectivos suplentes deverão comprovar, em até 180 (cento e oitenta) dias após a sua posse, aprovação em exame de certificação organizado por entidade autônoma de reconhecida capacidade técnica e difusão no mercado brasileiro de capitais e habilitação, nos termos definidos em parâmetros gerais pelo Órgão Regulador e Fiscalizador Federal.

§ 7º A não comprovação dos requisitos exigidos acarretará na sua imediata substituição e devolução total da remuneração recebida pela função de Conselheiro.

§ 8º Em caso de vacância no Conselho Deliberativo, o novo membro será designado.

Art. 3º O Conselho Fiscal da ALAGOAS PREVIDÊNCIA, nomeado pelo Chefe do Poder Executivo, passa a ser paritário e composto por 8 (oito) membros titulares e seus respectivos suplentes, com formação superior e comprovada experiência profissional mínima de 3 (três) anos na área previdenciária, financeira, administrativa, contábil, jurídica, de fiscalização, atuarial ou de auditoria, observado o seguinte:

I – 4 (quatro) membros efetivos e seus respectivos suplentes, representantes do Estado de Alagoas, sendo: 2 (dois) indicados pelo Governo do Estado, 01 (um) pelo Presidente da Assembleia Legislativa do Estado de Alagoas e 1 (um) pelo Presidente do Tribunal de Justiça do Estado de Alagoas; e

II – 4 (quatro) membros efetivos e seus respectivos suplentes, representantes dos segurados, indicados pelas entidades representativas dos servidores ativos, aposentados ou pensionistas do Estado de Alagoas.

§ 1º É vedada a indicação prevista no inciso II deste artigo, ao membro detentor de mandato de direção ou representação em sindicato ou associação.

§ 2º Caberá aos membros representantes dos segurados escolher, dentre eles, o Presidente, e aos membros dos representantes do Governo, o Vice-Presidente, tendo este último a função de substituir o Presidente nos caso de ausência ou impedimento.

§ 3º O Presidente do Conselho Fiscal deverá proferir voto excepcional quando houver empate na votação.

§ 4º Os membros do Conselho Fiscal e seus respectivos suplentes, representantes dos segurados, serão escolhidos pelas entidades de classe dos servidores ativos, aposentados e pensionistas e indicados em lista tríplice.

§ 5º A ALAGOAS PREVIDÊNCIA publicará edital de convocação das entidades de classe dos servidores para, no prazo máximo de 30 (trinta) dias a contar da publicação desta Lei Complementar, apresentarem as listas dos seus indicados a serem encaminhados para escolha e nomeação pelo Chefe do Poder Executivo.

§ 6º Os membros do Conselho Fiscal e seus respectivos suplentes deverão comprovar, no prazo máximo de 180 (cento e oitenta) dias após a sua posse aprovação em exame de certificação organizado por entidade autônoma de reconhecida capacidade técnica e difusão no mercado brasileiro de capitais, bem como habilitação, nos termos definidos em parâmetros gerais pelo Órgão Regulador e Fiscalizador Federal.

§ 7º A não comprovação dos requisitos exigidos acarretará na sua imediata substituição e devolução total da remuneração recebida pela função de Conselheiro.

§ 8º Em caso de vacância no Conselho Fiscal, o novo membro será designado.

Art. 4º Os membros do Conselho Diretor da ALAGOAS PREVIDÊNCIA, nomeados pelo Chefe do Poder Executivo, com a mesma composição de que trata o art. 7º, incisos I a V, da Lei Estadual nº 7.751, de 9 de novembro de 2015, deverão comprovar formação superior e experiência profissional mínima de 3 (três) anos na área previdenciária, financeira, administrativa, contábil, jurídica, de fiscalização, atuarial ou de auditoria.

§ 1º O Diretor de Finanças deve ser segurado do RPPS/AL e escolhido pelas entidades de classe dos servidores ativos, aposentados e pensionistas, indicados em lista tríplice.

§ 2º A ALAGOAS PREVIDÊNCIA publicará edital de convocação das entidades de classe dos servidores para, no prazo de 30 (trinta) dias apresentarem as listas de indicados de que trata o parágrafo anterior deste artigo, a serem encaminhados para escolha e nomeação pelo Chefe do Poder Executivo.

§ 3º É vedada a indicação prevista no § 1º deste artigo, se o membro for detentor de mandato de direção ou representação em sindicato ou associação.

§ 4º O Diretor-Presidente será substituído nas suas ausências e impedimentos por um dos Diretores por ele designado.

§ 5º A substituição dos demais Diretores será feita por indicação do respectivo Diretor da área afim ao Diretor-Presidente que fará a designação.

§ 6º Os membros do Conselho Diretor deverão comprovar, em até 180 (cento e oitenta dias) após a sua posse, aprovação em exame de certificação organizado por entidade autônoma de reconhecida capacidade técnica e difusão no mercado brasileiro de capitais, bem como habilitação, nos termos definidos em parâmetros gerais pelo Órgão Regulador e Fiscalizador Federal.

§ 7º A não comprovação dos requisitos exigidos nesta Lei Complementar acarretará a perda do cargo do Diretor e sua imediata exoneração e substituição.

§ 8º Em caso de vacância no Conselho Diretor, um novo membro será nomeado.

Art. 5º Os membros do Comitê de Investimentos da ALAGOAS PREVIDÊNCIA de que trata o art. 10 da Lei Estadual nº 7.751, de 2015, devem comprovar formação superior e experiência profissional mínima de 3 (três) anos na área previdenciária, financeira, administrativa, contábil, jurídica, de fiscalização, atuarial ou de auditoria, bem como, em até 180 (cento e oitenta) dias, a aprovação em exame de certificação organizado por entidade autônoma de reconhecida capacidade técnica e difusão no mercado brasileiro de capitais, assim como habilitação, nos termos definidos em parâmetros gerais pelo Órgão Regulador e Fiscalizador Federal.

§ 1º A não comprovação dos requisitos exigidos no caput deste artigo acarretará a perda da função do membro do Comitê de Investimentos e a sua imediata substituição.

§ 2º Em caso de vacância no Comitê de Investimentos, um novo membro será designado.

Art. 6º Todos os membros dos Conselhos Deliberativo, Fiscal e Diretor do Comitê de Investimentos da ALAGOAS PREVIDÊNCIA e os demais responsáveis pelas ações de investimento e aplicação dos recursos previdenciários, inclusive os consultores, distribuidores, a instituição financeira administradora da carteira, o fundo de investimentos que tenha recebido os recursos e seus gestores e administradores serão solidariamente responsáveis, na medida de sua participação, pelo ressarcimento dos prejuízos decorrentes de aplicação em desacordo com a legislação vigente a que tiverem dado causa.

Art. 7º Todos os membros dos Conselhos Deliberativo, Fiscal, Diretor e do Comitê de Investimentos da ALAGOAS PREVIDÊNCIA devem comprovar, previamente a sua posse, não ter sofrido condenação criminal ou incidido em alguma das demais situações de inelegibilidade previstas no inciso I do caput do art. 1º da Lei Complementar Federal nº 64, de 18 de maio de 1990, observados os critérios e prazos previstos na referida Lei Complementar Federal.

Art. 8º Ao Conselho Deliberativo da ALAGOAS PREVIDÊNCIA compete:

I – propor as diretrizes gerais de atuação da ALAGOAS PREVIDÊNCIA, respeitadas as disposições legais aplicáveis e acompanhar a execução das políticas relativas à gestão do RPPS/AL;

II – elaborar, publicar e controlar a efetivação do Plano de Trabalho Anual do Conselho Deliberativo, estabelecendo os procedimentos, cronograma de reuniões, escopo a ser trabalhado e resultados obtidos;

III – acompanhar os resultados das auditorias dos órgãos de controle e supervisão, bem como acompanhar as providências adotadas;

IV – deliberar sobre a aceitação de bens e direitos para a amortização do passivo atuarial do RPPS/AL;

V – assentir o Plano de Trabalho Atuarial, o Resultado da Avaliação Atuarial, o Plano de Custeio dos Fundos e o Plano de Gestão Administrativa – PAGA;

VI – aprovar ou rejeitar a Política de Investimentos, estabelecendo normas para a aplicação de recursos previdenciários disponíveis;

VII – aprovar o Plano de Ação Anual e o Planejamento Estratégico da ALAGOAS PREVIDÊNCIA;

VIII – acompanhar e avaliar a gestão operacional, econômica e financeira dos recursos do RPPS/AL;

IX – admitir a prestação de contas anual a ser remetida ao Tribunal de Contas;

X – aprovar os relatórios de atividades e operações realizadas pela ALAGOAS PREVIDÊNCIA, publicando a cada 6 (seis) meses seus resultados no Diário Oficial do Estado – DOE/AL;

XI – autorizar previamente a alienação ou o recebimento de bens com encargos;

XII – elaborar, aprovar e alterar o Regimento Interno do próprio Conselho Deliberativo;

XIII – aprovar o Regimento Interno da Autarquia Previdenciária; e

XIV – pronunciar-se sobre qualquer outro assunto de interesse da ALAGOAS PREVIDÊNCIA, que lhe seja submetido por qualquer Chefe de Poder ou Órgão autônomo, Secretário de Estado, Conselho Diretor, Conselho Fiscal, Comitê de Investimentos ou por qualquer dos membros do Conselho Deliberativo.

Art. 9º Ao Conselho Fiscal da ALAGOAS PREVIDÊNCIA compete:

I – zelar pela gestão econômico-financeira da ALAGOAS PREVIDÊNCIA;

II – elaborar, publicar e controlar a efetivação do Plano de Trabalho Anual do Conselho Fiscal, estabelecendo os procedimentos, cronograma de reuniões, o escopo a ser trabalhado e os resultados obtidos;

III – acompanhar o cumprimento do plano de custeio em relação ao repasse das contribuições e aportes previstos;

IV – examinar e emitir parecer sobre as contas apuradas nos balancetes;

V – analisar e emitir parecer sobre balanço anual, contas e atos do Conselho Diretor, bem como sobre o cumprimento do plano de custeio e a coerência dos resultados da avaliação atuarial, inclusive em relação às hipóteses atuariais;

VI – compulsar, a qualquer tempo, livros e documentos da ALAGOAS PREVIDÊNCIA;

VII – verificar a coerência das premissas e resultados da avaliação atuarial;

VIII – relatar ao Conselho Deliberativo as irregularidades eventualmente apuradas, sugerindo medidas corretivas;

IX – elaborar, aprovar e alterar o próprio Regimento Interno do Conselho Fiscal;

X – solicitar, motivadamente, ao Conselho Deliberativo, a contratação de assessoramento de técnico ou empresa especializada, sem prejuízo do controle de contas externo; e

XI – pronunciar-se sobre qualquer outro assunto de interesse da ALAGOAS PREVIDÊNCIA que lhe seja submetido por qualquer Chefe de Poder ou Órgão autônomo, Secretário de Estado, Conselho Diretor, Conselho Fiscal, Comitê de Investimentos ou por qualquer dos membros do Conselho Deliberativo.

Art. 10. Ao Conselho Diretor da ALAGOAS PREVIDÊNCIA compete:

I – praticar todos os atos de gestão para a implementação das políticas traçadas pelo Conselho Deliberativo;

II – propor, elaborar, executar e sistematizar, para fins de exame e parecer do Conselho Fiscal, o Orçamento Anual do Órgão Gestor, os Balancetes Mensais e o Balanço Anual da ALAGOAS PREVIDÊNCIA, bem como demais documentos contábeis e financeiros exigidos pela legislação nacional aplicável à Previdência Social, acompanhados dos Pareceres da Consultoria Atuarial e Auditoria Externa;

III – encaminhar os Balancetes Mensais e as Contas Anuais da ALAGOAS PREVIDÊNCIA à Controladoria Geral do Estado – CGE e ao Tribunal de Contas do Estado de Alagoas –TCE/AL, estas acompanhadas do Parecer do Conselho Fiscal, da Avaliação Atuarial e do Parecer da Auditoria Externa Independente;

IV – aprovar e encaminhar a Política de Investimentos proposta pelo Comitê de Investimentos para a aprovação do Conselho Deliberativo;

V – elaborar e sistematizar, para a aprovação do Conselho Deliberativo, os Relatórios Gerenciais da ALAGOAS PREVIDÊNCIA, bem como o Plano de Trabalho Atuarial;

VI – acompanhar e controlar a execução dos Planos de Benefícios Previdenciários, do Plano de Custeio e da Política de Investimentos;

VII – organizar e supervisionar as atividades de sua área de atuação, desempenhar as atribuições previstas em Regimento Interno, além daquelas que lhes forem delegadas pelo Diretor-Presidente, desde que compatíveis com as funções e prerrogativas inerentes ao cargo;

VIII – autorizar, em conjunto, todos os contratos e convênios de qualquer natureza da ALAGOAS PREVIDÊNCIA;

IX – aprovar manuais e instruções de caráter técnico, operacional ou administrativo;

X – autorizar a baixa e alienação de bens do ativo permanente e a constituição de ônus reais sobre os mesmos, observados padrões e valores máximos a serem estabelecidos pelo Conselho Deliberativo;

XI – propor ao Conselho Deliberativo o orçamento-programa e suas alterações;

XII – aprovar as diretrizes e estratégias mensais propostas pelo Comitê de Investimentos;

XIII – elaborar o Plano de Ação Anual e o Planejamento Estratégico da ALAGOAS PREVIDÊNCIA, para aprovação do Conselho Deliberativo;

XIV – elaborar o Regimento Interno da Autarquia Especial, para aprovação do Conselho Deliberativo; e

XV – pronunciar-se sobre qualquer outro assunto de interesse da ALAGOAS PREVIDÊNCIA que lhe seja submetido por qualquer Chefe de Poder ou Órgão autônomo, Secretário de Estado, Conselho Diretor, Conselho Fiscal, Comitê de Investimentos ou por qualquer dos membros do Conselho Deliberativo.

Art. 11. Ao Comitê de Investimentos da ALAGOAS PREVIDÊNCIA compete:

I – elaborar a Política de Investimentos da ALAGOAS PREVIDÊNCIA e encaminhá-la ao Conselho Diretor;

II – propor, justificadamente, a revisão da política anual de investimentos no curso de sua execução, tendo em vista à adequação ao mercado ou à nova legislação;

III – analisar, avaliar e emitir recomendações sobre proposições de investimentos;

IV – acompanhar e avaliar o desempenho dos investimentos já realizados, com base nos relatórios elaborados pelo responsável pelas aplicações dos investimentos, bem como as proposições de modificações ou redirecionamento de recursos;

V – opinar sobre credenciamento de instituições habilitadas a receber investimentos da ALAGOAS PREVIDÊNCIA, nos termos da legislação vigente;

VI – avaliar mensalmente o desempenho das aplicações a cargo das instituições administradoras e adotar as medidas cabíveis no caso da constatação de performance insatisfatória;

VII – aprovar e alterar o Regimento Interno do Comitê de Investimentos;

VIII – fazer guarda dos documentos relacionados à política de investimentos, aos critérios para a contratação de pessoas jurídicas autorizadas para o exercício profissional de administração de carteira, bem como dos documentos de credenciamento e demais relacionados; e

IX – acompanhar e analisar conjuntura, cenários e perspectivas de mercado, avaliando opções de investimento e estratégias que envolvam compra, venda e/ou renovação dos ativos das carteiras.

Art. 12. A ALAGOAS PREVIDÊNCIA elaborará o Regimento Interno da autarquia previdenciária para aprovação pelo Conselho Deliberativo e posterior publicação no DOE/AL, no prazo máximo de 90 (noventa) dias úteis a contar da publicação da presente Lei Complementar.

Art. 13. A ALAGOAS PREVIDÊNCIA realizará recadastramento, no mínimo a cada 3 (três) anos, abrangendo todos os servidores públicos ativos, aposentados e pensionistas da Administração Direta, Autárquica e Fundacional, do Poder Executivo, do Poder Legislativo, do Poder Judiciário, do Ministério Público do Estado de Alagoas – MPE/AL, do Tribunal de Contas do Estado de Alagoas – TCE/AL e da Defensoria Pública do Estado de Alagoas – DPE/AL.

Art. 14. As contribuições previdenciárias dos segurados ativos, aposentados e pensionistas dos Poderes Executivo, Legislativo, Judiciário, do Ministério Público do Estado de Alagoas – MPE/AL, do Tribunal de Contas do Estado de Alagoas – TCE/AL e da Defensoria Pública do Estado de Alagoas – DPE/AL, Autarquias e Fundações, atendendo ao que determina o § 1º do art. 149 da Constituição Federal, relativamente ao RPPS/AL, vertidas em favor da ALAGOAS PREVIDÊNCIA, serão realizadas da seguinte forma:

I – os servidores ativos contribuirão, mensalmente, com o percentual de 14% (catorze por cento) a incidir sobre a totalidade da remuneração do cargo efetivo; e

II – os servidores aposentados e pensionistas contribuirão, mensalmente, com o percentual de 14% (catorze por cento) a incidir sobre a parcela dos proventos ou pensão que superem o limite máximo estabelecido para os benefícios do Regime Geral de Previdência Social de que trata o art. 201 da Constituição Federal. (Redação dada pela Lei Complementar nº 54, de 12.07.2021.)

Art. 15. A contribuição patronal do Poder Executivo, incluindo suas Autarquias e Fundações, do Poder Legislativo, do Poder Judiciário, do MPE/AL, do TCE/AL e da DPE/AL, ao Fundo Financeiro de que trata o art. 30 da Lei Estadual nº 7.751, de 2015, dar-se-á em montante equivalente àquela realizada em face dos servidores ativos, aposentados e pensionistas na alíquota de 28% (vinte e oito por cento) e correrá a cargo das dotações próprias de cada Poder ou Órgão integrante do RPPS/AL.

Art. 16. A contribuição patronal do Poder Executivo, incluindo suas Autarquias e Fundações, do Poder Legislativo, do Poder Judiciário, do MPE/AL, do TCE/AL e da DPE/AL, ao Fundo Previdenciário de que trata o art. 29 da Lei Estadual nº 7.751, de 2015, dar-se-á em montante equivalente àquela realizada em face dos servidores ativos, aposentados e pensionistas na alíquota de 14% (catorze por cento) e correrá a cargo das dotações próprias de cada Poder ou Órgão integrante do RPPS/AL.

Art. 17. As contribuições da parte patronal e as dos segurados ativos, aposentados e pensionistas do Poder Executivo, incluindo suas Autarquias e Fundações, do Poder Legislativo, do Poder Judiciário, do MPE/AL, do TCE/AL e da DPE/AL, não recolhidos até o prazo estabelecido devem ser atualizadas monetariamente pelo Índice Nacional de Preços ao Consumidor Amplo – IPCA, acrescidos de juros de 0,5% (zero virgula cinco por cento) ao mês e multa de 2% (dois por cento) aplicados sobre o montante apurado.

Parágrafo único. Qualquer dívida previdenciária, tanto dos segurados e pensionistas, quanto do Estado, com o RPPS/AL, deve ser atualizada monetariamente na forma do caput deste artigo e o seu parcelamento fica limitado ao prazo a que se refere o § 11 do art. 195 da Constituição.

Art. 18. O rol de benefícios do RPPS/AL passa a ser limitado às aposentadorias e à pensão por morte, compreendendo os seguintes:

I – em relação aos segurados:

a) aposentadoria por incapacidade permanente;

b) aposentadoria compulsória por implemento de idade; e

c) aposentadoria voluntária.

II – em relação aos dependentes:

a) pensão por morte; e

b) pensão por ausência ou morte presumida.

Parágrafo único. Os proventos de aposentadoria não poderão ser inferiores ao valor mínimo a que se refere o § 2º do art. 201 da Constituição Federal ou superiores ao limite máximo estabelecido para o Regime Geral de Previdência Social, observado o disposto nos §§ 14 a 16 do art. 40, da Constituição Federal.

Art. 19. O servidor será aposentado por incapacidade permanente para o trabalho, no cargo em que estiver investido, desde que seja considerado por Perícia Médica Oficial inapto para o exercício do cargo e insuscetível a processo de readaptação para exercício de cargo ou função cujas atribuições e responsabilidades sejam compatíveis com a limitação que tenha sofrido em sua capacidade física ou mental, enquanto permanecer nesta condição, mantida a remuneração do cargo de origem.

Parágrafo único. A doença, lesão ou deficiência de que o segurado era portador ao ingressar no cargo público não lhe confere o direito à aposentadoria por incapacidade permanente, salvo quando sobrevier incapacidade por motivo de progressão ou agravamento das causas de deficiência, após a sua posse no cargo.

Art. 20. O benefício de aposentadoria por incapacidade permanente deve ser mantido enquanto subsistir a situação de invalidez que lhe deu causa, devendo o segurado menor de 65 (sessenta e cinco) anos, sob pena de suspensão do benefício, submeter-se-á avaliação periódica, a critério da ALAGOAS PREVIDÊNCIA, para aferição da permanência da condição de inválido para o exercício do cargo.

§ 1º A avaliação periódica de que trata o caput deste artigo poderá ser dispensada nas hipóteses em que a Perícia Médica Oficial declare a absoluta incapacidade de recuperação da higidez física ou mental.

§ 2º A ALAGOAS PREVIDÊNCIA ao tomar conhecimento de que o aposentado por incapacidade permanente voltou a exercer qualquer atividade laboral, inclusive cargo eletivo ou em comissão, procederá de imediato à suspensão do benefício.

§ 3º O aposentado por incapacidade permanente que recuperar sua capacidade para o exercício do cargo, será submetido ao processo de reversão ao serviço ativo.

Art. 21. Para o cálculo dos proventos da aposentadoria por incapacidade permanente será utilizada a média aritmética simples dos salários de contribuição e das remunerações adotados como base para contribuições, atualizados monetariamente, correspondentes a 60% (sessenta por cento) do período contributivo desde a competência de julho de 1994 ou desde o início da contribuição, se posterior àquela competência, com acréscimo de 2% (dois por cento) para cada ano de contribuição que exceder o tempo de 20 (vinte) anos de contribuição.

§ 1º O valor do benefício de aposentadoria corresponderá a 100% (cem por cento) da média aritmética simples de que trata o caput deste artigo, caso a aposentadoria por incapacidade permanente decorra de acidente de trabalho, de doença profissional e de doença do trabalho.

§ 2º Equiparam-se ao acidente em serviço, para os efeitos desta Lei Complementar:

I – o acidente ligado ao serviço que, embora não tenha sido a causa única, haja contribuído diretamente para a redução ou perda da sua capacidade para o trabalho, ou produzido lesão que exija atenção médica para a sua recuperação; e

II – o acidente sofrido pelo segurado no local e no horário do trabalho, em consequência de:

a) ato de agressão, sabotagem ou terrorismo praticado por terceiro ou companheiro de serviço;

b) ofensa física intencional, inclusive de terceiro, por motivo de disputa relacionada ao serviço;

c) ato de imprudência, de negligência ou de imperícia de terceiro ou de companheiro de serviço;

d) ato de pessoa privada do uso da razão;

PREVIDENCIÁRIO

e) desabamento, inundação, incêndio e outros casos fortuitos ou decorrentes de força maior; e

f) a doença proveniente de contaminação acidental do segurado no exercício do cargo.

III – o acidente sofrido pelo segurado, ainda que fora do local e horário de serviço:

a) na execução de ordem ou na realização de serviço relacionado ao cargo;

b) na prestação espontânea de qualquer serviço ao Estado de Alagoas para lhe evitar prejuízo ou proporcionar proveito;

c) em viagem a serviço, inclusive para estudo, quando financiada pelo Estado de Alagoas dentro de seus planos para melhor capacitação da mão de obra, independentemente do meio de locomoção utilizado, inclusive veículo de propriedade do segurado; e

d) no percurso da residência para o local de trabalho ou deste para aquela, qualquer que seja o meio de locomoção, inclusive veículo de propriedade do segurado.

§ 3º Nos períodos destinados a refeição ou descanso, ou por ocasião da satisfação de outras necessidades fisiológicas, no local do trabalho ou durante este, o servidor é considerado no exercício do cargo.

§ 4º Para efeito de concessão de aposentadoria por incapacidade permanente com 100 (cem por cento) da média de que trata o caput deste artigo, consideram-se moléstia profissional ou doenças graves, contagiosas ou incuráveis, as seguintes: tuberculose ativa, hanseníase, alienação mental, esclerose múltipla, hepatopatia grave, neoplasia maligna, cegueira irreversível, paralisia irreversível e incapacitante, cardiopatia grave, doença de Parkinson, espondiloartrose anquilosante, nefropatia grave, estado avançado da doença de Paget (osteíte deformante), Síndrome da Deficiência Imunológica Adquirida (AIDS) ou contaminação por radiação, com base em conclusão da medicina especializada, aplicando-se ainda, no que couber, o rol estabelecido pelo Regime Geral de Previdência Social.

§ 5º O servidor aposentado por incapacidade permanente, se acometido de qualquer das moléstias especificadas no § 4º deste artigo, perceberá o valor correspondente a 100% (cem por cento) da média aritmética.

§ 6º Os proventos das aposentadorias concedidas nos termos do caput deste artigo não poderão ser inferiores ao valor mínimo a que se refere o § 2º do art. 201, observado o disposto nos §§ 14 a 16 do art. 40, todos da Constituição Federal, e não serão alcançados pela paridade e serão reajustados, anualmente, pelo Índice Nacional de Preços ao Consumidor – INPC, calculado pelo Instituto Brasileiro de Geografia e Estatística – IBGE, devendo a ALAGOAS PREVIDÊNCIA divulgar os percentuais a serem aplicados aos benefícios de que trata a presente Lei Complementar no Diário Oficial do Estado – DOE/AL.

Art. 22. O servidor, homem ou mulher, será aposentado compulsoriamente, com proventos proporcionais ao tempo de contribuição, aos 75 (setenta e cinco) anos de idade, na forma prevista na Lei Complementar Federal nº 152, de 3 de dezembro de 2015.

§ 1º Para o cálculo dos proventos da aposentadoria compulsória será utilizada a média aritmética simples dos salários de contribuição e das remunerações adotados como base para contribuições, atualizados monetariamente, correspondentes a 60% (sessenta por cento) do período contributivo desde a competência de julho de 1994 ou desde o início da contribuição, se posterior àquela competência, com acréscimo de 2% (dois) pontos percentuais para cada ano de contribuição que exceder o tempo de 20 (vinte) anos de contribuição.

§ 2º Os proventos das aposentadorias concedidas nos termos do caput deste artigo não poderão ser inferiores ao valor mínimo a que se refere o § 2º do art. 201, observado o disposto nos §§ 14 a 16 do art. 40, todos da Constituição Federal, e não serão alcançados pela paridade e serão reajustados, anualmente, pelo Índice Nacional de Preços ao Consumidor – INPC, calculado pelo Instituto Brasileiro de Geografia e Estatística – IBGE, devendo a ALAGOAS PREVIDÊNCIA divulgar os percentuais a serem aplicados aos benefícios de que trata a presente Lei Complementar no DOE/AL.

§ 3º Caberá ao órgão de recursos humanos de origem do servidor, sob pena de responsabilidade de seus gestores, iniciar o processo de aposentadoria do servidor que completar a idade limite para a aposentadoria compulsória e adotar as providências necessárias ao seu imediato afastamento do exercício do cargo.

§ 4º Serão imediatamente canceladas quaisquer verbas de caráter transitório, bem como o abono de permanência, quando o servidor completar a idade limite de aposentadoria compulsória, sob pena de responsabilidade funcional e devolução das quantias recebidas a maior, desde que comprovada má-fé do servidor.

Art. 23. O servidor titular de cargo efetivo que ingressar no serviço público do Estado de Alagoas a partir da publicação da presente Lei Complementar fará jus à aposentadoria voluntária por idade, preenchidos, cumulativamente, os seguintes requisitos:

I – 62 (sessenta e dois) anos de idade, se mulher, e 65 (sessenta e cinco) anos de idade, se homem; e

II – 25 (vinte e cinco) anos de contribuição, cumprido o tempo mínimo de 10 (dez) anos de efetivo exercício no serviço público e de 5 (cinco) anos no cargo efetivo em que for concedida a aposentadoria.

§ 1º Para o cálculo dos proventos da aposentadoria de que trata o caput deste artigo será utilizada a média aritmética simples dos salários de contribuição e das remunerações adotados como base para contribuições, atualizados monetariamente, correspondentes a 60% (sessenta por cento) do período contributivo desde a competência julho de 1994 ou desde o início da contribuição, se posterior àquela competência, com acréscimo de 2% (dois pontos percentuais) para cada ano de contribuição que exceder o tempo de 20 (vinte) anos de contribuição.

§ 2º Os proventos das aposentadorias concedidas nos termos do caput deste artigo não poderão ser inferiores ao valor mínimo a que se refere o § 2º do art. 201 da Constituição Federal ou superiores ao limite máximo estabelecido para o Regime Geral de Previdência Social, observado o disposto nos §§ 14 a 16 do art. 40, da Constituição Federal, não serão alcançados pela paridade e serão reajustados, anualmente, pelo Índice Nacional de Preços ao Consumidor - INPC, calculado pelo Instituto Brasileiro de Geografia e Estatística - IBGE, devendo a ALAGOAS PREVIDÊNCIA divulgar os percentuais a serem aplicados aos benefícios de que trata a presente Lei Complementar no DOE/AL.

Art. 24. O servidor titular de cargo efetivo que ingressar no serviço público do Estado de Alagoas a partir da publicação da presente Lei Complementar, com direito a idade mínima ou tempo de contribuição diferenciada da regra geral para concessão de aposentadoria, na forma dos §§ 4º-B, 4º-C e 5º do art. 40 da Constituição Federal, podem se aposentar, observados os seguintes requisitos:

I – o policial civil e os ocupantes dos cargos de agente penitenciário ou socioeducativo, farão jus à aposentadoria voluntária, desde que preencham, cumulativamente, os seguintes requisitos, para ambos os sexos:

a) 55 (cinquenta e cinco) anos de idade;

b) 30 (trinta) anos de contribuição; e

c) 25 (vinte e cinco) anos de efetivo exercício em cargo destas carreiras.

II – o professor (a) fará jus à aposentadoria voluntária, desde que preencha, cumulativamente, os seguintes requisitos:

a) 57 (cinquenta e sete) anos de idade, se mulher, e 60 (sessenta) anos de idade, se homem;

b) 25 (vinte e cinco) anos de contribuição exclusivamente em efetivo exercício das funções de magistério na educação infantil e no ensino fundamental e médio, para ambos os sexos;

c) 10 (dez) anos de efetivo exercício de serviço público, para ambos os sexos; e

d) 5 (cinco) anos no cargo efetivo em que for concedida a aposentadoria, para ambos os sexos.

III – O segurado cujas atividades sejam exercidas com efetiva exposição a agentes nocivos químicos, físicos e biológicos prejudiciais à saúde, ou associação destes agentes, vedados a caracterização por categoria profissional ou ocupação e o enquadramento por periculosidade, fará jus à aposentadoria voluntária, preenchidos, cumulativamente, os seguintes requisitos, para ambos os sexos:

a) 60 (sessenta) anos de idade;

b) 25 (vinte e cinco) anos de efetiva exposição e contribuição;

c) 10 (dez) anos de efetivo exercício de serviço público; e

d) 5 (cinco) anos no cargo efetivo em que for concedida a aposentadoria.

IV – O segurado com deficiência, cumpridos o tempo mínimo de 10 (dez) anos de efetivo exercício no serviço público e de 5 (cinco) anos no cargo efetivo em que for concedida a aposentadoria, fará jus à aposentadoria voluntária, observadas as seguintes condições:

a) aos 25 (vinte e cinco) anos de tempo de contribuição, se homem, e 20 (vinte) anos, se mulher, no caso de segurado com deficiência grave;

b) aos 29 (vinte e nove) anos de tempo de contribuição, se homem, e 24 (vinte e quatro) anos, se mulher, no caso de segurado com deficiência moderada;

c) aos 33 (trinta e três) anos de tempo de contribuição, se homem, e 28 (vinte e oito) anos, se mulher, no caso de segurado com deficiência leve; ou

d) aos 60 (sessenta) anos de idade, se homem, e 55 (cinquenta e cinco) anos de idade, se mulher, independentemente do grau de deficiência, desde que cumprido tempo mínimo de contribuição de 15 (quinze) anos e comprovada a existência de deficiência durante igual período.

§ 1º Considera-se para efeito de reconhecimento do direito à aposentadoria da pessoa com deficiência aquela que tem impedimentos de longo prazo de natureza física, mental, intelectual ou sensorial, os quais, em interação com diversas barreiras, podem obstruir sua participação plena e efetiva na sociedade em igualdade de condições com as demais pessoas.

§ 2º O grau de deficiência será atestado pela Perícia Médica Oficial do Estado de Alagoas por meio de instrumentos desenvolvidos para esse fim.

§ 3º A existência de deficiência anterior à data da vigência desta Lei Complementar deverá ser certificada, inclusive quanto ao seu grau, por ocasião da primeira avaliação, sendo obrigatória a fixação da data provável do início da deficiência.

§ 4º A comprovação de tempo de contribuição na condição de segurado com deficiência em período anterior à entrada em vigor desta Lei Complementar não será admitida por meio de prova exclusivamente testemunhal.

§ 5º Se o segurado, após a filiação ao RPPS/AL, tornar-se pessoa com deficiência, ou tiver seu grau de deficiência alterado, os parâmetros mencionados serão proporcionalmente ajustados, considerando-se o número de anos em que o segurado exerceu atividade laboral sem deficiência e com deficiência, observado o grau de deficiência correspondente.

§ 6º Aplicam-se para a aposentadoria do segurado com deficiência, os mesmos critérios de concessão para o segurado com deficiência do RGPS, estabelecido na Lei Complementar Federal nº 142, de 8 de maio de 2013.

§ 7º Para o cálculo dos proventos da aposentadoria de que tratam os incisos I a IV do caput deste artigo será utilizada a média aritmética simples dos salários de contribuição e das remunerações adotados como base para contribuições, atualizados monetariamente, correspondentes a 60% (sessenta por cento) do período contributivo desde a competência de julho de 1994 ou desde o início da contribuição, se posterior àquela competência, com acréscimo de 2% (dois) pontos percentuais para cada ano de contribuição que exceder o tempo de 20 (vinte) anos de contribuição.

§ 8º Os proventos das aposentadorias concedidas nos termos do caput deste artigo não poderão ser inferiores ao valor mínimo a que se refere o § 2º do art. 201 da Constituição Federal ou superiores ao limite máximo estabelecido para o Regime Geral de Previdência Social, observado o disposto nos §§ 14 a 16 do art. 40 da Constituição Federal, e não serão alcançados pela paridade e serão reajustados, anualmente, pelo Índice Nacional de Preços ao Consumidor - INPC, calculado pelo Instituto Brasileiro de Geografia e Estatística - IBGE, devendo a ALAGOAS PREVIDÊNCIA divulgar os percentuais a serem aplicados aos benefícios de que trata a presente Lei Complementar no DOE/AL.

§ 9º A aposentadoria a que se referem os incisos III e IV do caput deste artigo observará adicionalmente as condições e os requisitos estabelecidos pelo Regime Geral de Previdência Social, naquilo em que não conflitarem com as regras específicas aplicáveis ao RPPS/AL, vedada a conversão de tempo especial em comum.

Art. 25. O servidor titular de cargo efetivo que tenha ingressado no serviço público do Estado de Alagoas até a data de entrada em vigor desta Lei Complementar poderá aposentar-se voluntariamente uma vez preenchidos, cumulativamente, os seguintes requisitos:

I - 56 (cinquenta e seis) anos de idade, se mulher, e 61 (sessenta e um) anos de idade, se homem, observado o disposto no § 1º deste artigo;

II - 30 (trinta) anos de contribuição, se mulher, e 35 (trinta e cinco) anos de contribuição, se homem;

III - 20 (vinte) anos de efetivo exercício no serviço público;

IV - 5 (cinco) anos no cargo efetivo em que se der a aposentadoria; e

V – somatório da idade e do tempo de contribuição, incluídas as frações, equivalente a 86 (oitenta e seis) pontos, se mulher, e 96 (noventa e seis) pontos, se homem, observado o disposto nos §§ 2º e 3º deste artigo.

§ 1º A partir de 1º de janeiro de 2022, a idade mínima a que se refere o inciso I do caput deste artigo será elevada para 57 (cinquenta e sete) anos de idade, se mulher, e 62 (sessenta e dois) anos de idade, se homem.

§ 2º A partir de 1º de janeiro de 2020, a pontuação a que se refere o inciso V do caput deste artigo será acrescida a cada ano de 1 (um) ponto, até atingir o limite de 100 (cem) pontos, se mulher, e de 105 (cento e cinco) pontos, se homem.

§ 3º A idade e o tempo de contribuição serão apurados em dias para o cálculo do somatório de pontos a que se referem o inciso V do caput e o § 2º deste artigo.

§ 4º Para o titular do cargo de professor que comprovar exclusivamente tempo de efetivo exercício das funções de magistério na educação infantil e no ensino fundamental e médio, os requisitos de idade e de tempo de contribuição de que tratam os incisos I e II do caput deste artigo serão:

I – 51 (cinquenta e um) anos de idade, se mulher, e 56 (cinquenta e seis) anos de idade, se homem;

II – 25 (vinte e cinco) anos de contribuição, se mulher, e 30 (trinta) anos de contribuição, se homem; e

III – 52 (cinquenta e dois) anos de idade, se mulher, e 57 (cinquenta e sete anos) de idade, se homem, a partir de 1º de janeiro de 2022.

§ 5º O somatório da idade e do tempo de contribuição de que trata o inciso V do caput deste artigo para as pessoas a que se refere o § 4º deste artigo, incluídas as frações, será equivalente a:

I – 81 (oitenta e um) pontos, se mulher, e 91 (noventa e um), se homem; e

II – a partir de 1º de janeiro de 2020, será aplicado o acréscimo de 1 (um) ponto, até atingir o limite de 92 (noventa e dois) pontos, se mulher, e de 100 (cem) pontos, se homem.

§ 6º Os proventos das aposentadorias concedidas nos termos do disposto neste artigo corresponderão:

I – à totalidade da remuneração do servidor público no cargo efetivo em que se der a aposentadoria, observado o disposto no § 8º deste artigo, para o servidor público que tenha ingressado no serviço público em cargo efetivo até 31 de dezembro de 2003 e que não tenha feito a opção de que trata o § 16 do art. 40, da Constituição Federal, desde que se aposente aos 62 (sessenta e dois anos) de idade, se mulher, e aos 65 (sessenta e cinco) anos de idade, se homem, ou aos 57 (cinquenta e sete) anos de idade, se mulher, e aos 60 (sessenta) anos de idade, se homem, para os titulares do cargo de professor de que trata o § 4º deste artigo; e

II – para o servidor público não contemplado no inciso I, a média aritmética simples dos salários de contribuição e das remunerações adotados como base para contribuições, atualizados monetariamente, correspondentes a 60% (sessenta por cento) do período contributivo desde a competência de julho de 1994 ou desde o início da contribuição, se posterior àquela competência, com acréscimo de 2% (dois por cento) para cada ano de contribuição que exceder o tempo de 25 (vinte e cinco) anos de contribuição.

§ 7º Os proventos das aposentadorias concedidas nos termos do disposto neste artigo não serão inferiores ao valor a que se refere o § 2º do art. 201 da Constituição Federal e serão reajustados:

I – de acordo com o disposto no art. 7º da Emenda Constitucional nº 41, de 19 de dezembro de 2003, com a garantia da paridade, se concedidas nos termos do disposto no inciso I do §6º deste artigo; ou

II – anualmente pelo Índice Nacional de Preços ao Consumidor – INPC, calculado pelo Instituto Brasileiro de Geografia e Estatística – IBGE, sem a garantia da paridade, devendo a ALAGOAS PREVIDÊNCIA divulgar os percentuais a serem aplicados aos benefícios de que trata a presente Lei Complementar no DOE/AL, se concedidas na forma prevista no inciso II do § 6º deste artigo.

§ 8º Considera-se remuneração do servidor público no cargo efetivo, para fins de cálculo dos proventos de aposentadoria que tenham fundamento no disposto no inciso I do § 6º deste artigo, o valor constituído pelo subsídio, pelo vencimento e pelas vantagens pecuniárias permanentes do cargo, estabelecidos em Lei, acrescidos dos adicionais de caráter individual e das vantagens pessoais permanentes, observados os seguintes critérios:

I – se o cargo estiver sujeito a variações na carga horária, o valor das rubricas que refletem essa variação integrará o cálculo do valor da remuneração do servidor público no cargo efetivo em que se deu a aposentadoria e considerará a média aritmética simples dessa carga horária proporcional ao número de anos completos de recebimento e contribuição, contínuos ou intercalados, em relação ao tempo total exigido para a aposentadoria; e

II – se as vantagens pecuniárias permanentes forem variáveis, por estarem vinculadas a indicadores de desempenho, produtividade ou situação similar, o valor destas vantagens integrará o cálculo da remuneração do servidor público no cargo efetivo, estabelecido pela média aritmética simples do indicador, proporcional ao número de anos completos de recebimento e contribuição, contínuos ou intercalados, em relação ao tempo total exigido para a aposentadoria ou ao tempo total de instituição da vantagem, que será aplicada sobre o valor atual de referência das vantagens pecuniárias permanentes variáveis.

Art. 26. O policial civil e os ocupantes dos cargos de agente penitenciário ou socioeducativo que tenham ingressado na respectiva carreira até a data de entrada em vigor desta Lei Complementar, podem aposentar-se, na forma da Lei Complementar Federal nº 51, de 20 de dezembro de 1985, observada a idade mínima de 55 (cinquenta e cinco) anos para ambos os sexos ou o disposto no § 3º deste artigo.

§ 1º Os proventos das aposentadorias concedidas nos termos do disposto neste artigo não serão inferiores ao valor a que se refere o § 2º do art. 201 da Constituição Federal e serão reajustados de acordo com o disposto no art. 7º da Emenda Constitucional nº 41, de 2003, com a garantia da paridade.

§ 2º Serão considerados tempo de exercício em cargo de natureza estritamente policial, para os fins do inciso II do art. 1º da Lei Complementar Federal nº 51, de 1985, o tempo de atividade militar nas Forças Armadas, nas polícias militares e nos corpos de bombeiros militares e o tempo de atividade como agente penitenciário ou socioeducativo.

§ 3º Os servidores de que trata o caput deste artigo poderão se aposentar aos 52 (cinquenta e dois) anos de idade, se mulher, e aos 53 (cinquenta e três) anos de idade, se homem, desde que cumprido período adicional de contribuição correspondente ao tempo que, na data de entrada em vigor desta Emenda Constitucional, faltaria para atingir o tempo de contribuição previsto na Lei Complementar Federal nº 51, de 1985.

§ 4º Os proventos das aposentadorias concedidas nos termos do disposto neste artigo corresponderão à totalidade da remuneração do servidor público no cargo efetivo em que se der a aposentadoria, desde que não tenha feito a opção de que trata o § 16 do art. 40 da Constituição Federal.

§ 5º Considera-se remuneração do servidor público no cargo efetivo, para fins de cálculo dos proventos de aposentadoria que tenham fundamento no disposto no § 4º deste artigo, o valor constituído pelo subsídio, pelo vencimento e pelas vantagens pecuniárias permanentes do cargo, estabelecidos em Lei Complementar, acrescidos dos adicionais de caráter individual e das vantagens pessoais permanentes, observados os seguintes critérios:

I – se o cargo estiver sujeito a variações na carga horária, o valor das rubricas que refletem essa variação integrará o cálculo do valor da remuneração do servidor público no cargo efetivo em que se deu a aposentadoria e considerará a média aritmética simples dessa carga horária proporcional ao número de anos completos de recebimento e contribuição, contínuos ou intercalados, em relação ao tempo total exigido para a aposentadoria; e

II – se as vantagens pecuniárias permanentes forem variáveis, por estarem vinculadas a indicadores de desempenho, produtividade ou situação similar, o valor destas vantagens integrará o cálculo da remuneração do servidor público no cargo efetivo, estabelecido pela média aritmética simples do indicador, proporcional ao número de anos completos de recebimento e contribuição, contínuos ou intercalados, em relação ao tempo total exigido para a aposentadoria ou ao tempo total de instituição da vantagem, que será aplicada sobre o valor atual de referência das vantagens pecuniárias permanentes variáveis.

Art. 27. O servidor titular de cargo efetivo que tenha ingressado no serviço público do Estado de Alagoas até a data de entrada em vigor desta Lei Complementar poderá aposentar-se voluntariamente quando preencher, cumulativamente, os seguintes requisitos:

I – 57 (cinquenta e sete) anos de idade, se mulher, e 60 (sessenta) anos de idade, se homem;

II – 30 (trinta) anos de contribuição, se mulher, e 35 (trinta e cinco) anos de contribuição, se homem;

III – 20 (vinte) anos de efetivo exercício no serviço público e 5 (cinco) anos no cargo efetivo em que se der a aposentadoria; e

IV – período adicional de contribuição correspondente ao tempo em que, na data de entrada em vigor desta Lei Complementar, faltaria para atingir o tempo mínimo de contribuição referido no inciso II deste artigo.

§ 1º Para o professor que comprovar exclusivamente tempo de efetivo exercício das funções de magistério na educação infantil e no ensino fundamental e médio serão reduzidos, para ambos os sexos, os requisitos de idade e de tempo de contribuição em 5 (cinco) anos.

§ 2º Os proventos das aposentadorias concedidas nos termos do disposto neste artigo corresponderão:

I – em relação ao servidor público que tenha ingressado no serviço público em cargo efetivo até 31 de dezembro de 2003 e que não tenha feito a opção de que trata o § 16 do art. 40 da Constituição Federal, à totalidade da remuneração no cargo efetivo em que se der a aposentadoria; e

II – em relação aos demais servidores públicos não contemplado no inciso I deste artigo, será utilizada a média aritmética simples dos salários de contribuição e das remunerações adotados como base para contribuições, atualizados monetariamente, correspondentes a 60% (sessenta por cento) do período contributivo desde a competência de julho de 1994 ou desde o início da contribuição, se posterior àquela competência, com acréscimo de 2% (dois por cento) para cada ano de contribuição que exceder o tempo de 25 (vinte e cinco) anos de contribuição.

§ 3º Os proventos das aposentadorias concedidas nos termos do disposto neste artigo não serão inferiores ao valor a que se refere o § 2º do art. 201 da Constituição Federal e serão reajustados:

I - de acordo com o disposto no art. 7º da Emenda Constitucional nº 41, de 2003, se concedidas nos termos do disposto no inciso I do § 2º deste artigo; e

II - anualmente pelo Índice Nacional de Preços ao Consumidor - INPC, calculado pelo Instituto Brasileiro de Geografia e Estatística - IBGE, sem a garantia da paridade, devendo a ALAGOAS PREVIDÊNCIA divulgar os percentuais a serem aplicados aos benefícios de que trata a presente Lei Complementar no DOE/AL, se concedidas nos termos do disposto no inciso II do § 2º deste artigo.

§ 4º Considera-se remuneração do servidor público no cargo efetivo, para fins de cálculo dos proventos de aposentadoria que tenham fundamento no inciso I do § 2º deste artigo, o valor constituído pelo subsídio, pelo vencimento e pelas vantagens pecuniárias permanentes do cargo, estabelecidos em Lei Complementar, acrescidos dos adicionais de caráter individual e das vantagens pessoais permanentes, observados os seguintes critérios:

I - se o cargo estiver sujeito a variações na carga horária, o valor das rubricas que refletem essa variação integrará o cálculo do valor da remuneração do servidor público no cargo efetivo em que se deu a aposentadoria e considerará a média aritmética simples dessa carga horária proporcional ao número de anos completos de recebimento e contribuição, contínuos ou intercalados, em relação ao tempo total exigido para a aposentadoria; e

II - se as vantagens pecuniárias permanentes forem variáveis, por estarem vinculadas a indicadores de desempenho, produtividade ou situação similar, o valor destas vantagens integrará o cálculo da remuneração do servidor público no cargo efetivo, estabelecido pela média aritmética simples do indicador, proporcional ao número de anos completos de recebimento e contribuição, contínuos ou intercalados, em relação ao tempo total exigido para a aposentadoria ou ao tempo total de instituição da vantagem, que será aplicada sobre o valor atual de referência das vantagens pecuniárias permanentes variáveis.

Art. 28. O servidor titular de cargo efetivo que tenha ingressado no serviço público do Estado de Alagoas até a data de entrada em vigor desta Lei Complementar, cujas atividades tenham sido exercidas com efetiva exposição a agentes nocivos químicos, físicos e biológicos prejudiciais à saúde, ou associação desses agentes, vedada a caracterização por categoria profissional ou ocupação, desde que cumpridos, o tempo mínimo de 20 (vinte) anos de efetivo exercício no serviço público e de 5 (cinco) anos no cargo efetivo em que for concedida a aposentadoria, poderá aposentar-se quando o total da soma resultante da sua idade e do tempo de contribuição e o tempo de efetiva exposição forem, respectivamente, de:

I - 66 (sessenta e seis) pontos e 15 (quinze) anos de efetiva exposição;

II - 76 (setenta e seis) pontos e 20 (vinte) anos de efetiva exposição; e

III - 86 (oitenta e seis) pontos e 25 (vinte e cinco) anos de efetiva exposição.

PREVIDENCIÁRIO

§ 1º A partir de 1º de janeiro de 2020, as pontuações a que se referem os incisos I a III do caput deste artigo serão acrescidas de 1 (um) ponto a cada ano para o homem e para a mulher, até atingir, respectivamente, 81 (oitenta e um) pontos, 91 (noventa e um) pontos e 96 (noventa e seis) pontos, para ambos os sexos.

§ 2º A idade e o tempo de contribuição serão apurados em dias para o cálculo do somatório de pontos a que se referem o caput e o § 1º deste artigo.

§ 3º Para cálculo dos proventos de que trata o caput deste artigo será utilizada a média aritmética simples dos salários de contribuição e das remunerações adotados como base para contribuições, atualizados monetariamente, correspondentes a 60% (sessenta por cento) do período contributivo desde a competência de julho de 1994 ou desde o início da contribuição, se posterior àquela competência, com acréscimo de 2% (dois por cento) para cada ano de contribuição que exceder o tempo de 25 (vinte e cinco) anos de contribuição e não serão inferiores ao valor a que se refere o § 2º do art. 201 da Constituição Federal.

§ 4º Os proventos das aposentadorias concedidas nos termos do caput deste artigo, não serão alcançados pela paridade e serão reajustados, anualmente, pelo Índice Nacional de Preços ao Consumidor - INPC, calculado pelo Instituto Brasileiro de Geografia e Estatística - IBGE, devendo a ALAGOAS PREVIDÊNCIA divulgar os percentuais a serem aplicados aos benefícios de que trata a presente Lei Complementar no DOE/AL.

Art. 29. A aposentadoria do servidor titular de cargo efetivo com deficiência que tenha ingressado no serviço público do Estado de Alagoas até a data de entrada em vigor desta Lei Complementar, desde que cumpridos o tempo mínimo de 10 (dez) anos de efetivo exercício no serviço público e de 5 (cinco) anos no cargo efetivo em que for concedida a aposentadoria, será concedida na forma da Lei Complementar Federal nº 142, de 2013.

§1º O valor das aposentadorias concedidas nos termos do disposto neste artigo corresponderá:

I - em relação ao servidor público que tenha ingressado no serviço público em cargo efetivo até 31 de dezembro de 2003 e que não tenha feito a opção de que trata o § 16 do art. 40 da Constituição Federal, à totalidade da remuneração no cargo efetivo em que se der a aposentadoria, observado o disposto no § 3º deste artigo; e

II - em relação aos demais servidores públicos de que trata o caput deste artigo, será utilizada a média aritmética simples dos salários de contribuição e das remunerações adotados como base para contribuições, atualizados monetariamente, correspondentes a 60% (sessenta por cento) do período contributivo desde a competência de julho de 1994 ou desde o início da contribuição, se posterior àquela competência, com acréscimo de 2% (dois por cento) para cada ano de contribuição que exceder o tempo de 25 (vinte e cinco) anos de contribuição.

§ 2º O valor das aposentadorias concedidas nos termos do disposto neste artigo não será inferior ao valor a que se refere o § 2º do art. 201 da Constituição Federal e será reajustado:

I – de acordo com o disposto no art. 7º da Emenda Constitucional nº 41, de 2003, se cumpridos os requisitos previstos no inciso I do § 1º deste artigo; e

II – pelo Índice Nacional de Preços ao Consumidor – INPC, calculado pelo Instituto Brasileiro de Geografia e Estatística – IBGE, sem a garantia da paridade, devendo a ALAGOAS PREVIDÊNCIA divulgar os percentuais a serem aplicados aos benefícios de que trata a presente Lei Complementar no DOE/AL, se concedidas nos termos do disposto no inciso II do § 1º deste artigo.

§ 3º Considera-se remuneração do servidor público no cargo efetivo, para fins de cálculo dos proventos de aposentadoria que tenham fundamento no inciso I do § 1º deste artigo, o valor constituído pelo subsídio, pelo vencimento e pelas vantagens pecuniárias permanentes do cargo, estabelecidos em Lei Complementar, acrescidos dos adicionais de caráter individual e das vantagens pessoais permanentes, observados os seguintes critérios:

I – se o cargo estiver sujeito a variações na carga horária, o valor das rubricas que refletem essa variação integrará o cálculo do valor da remuneração do servidor público no cargo efetivo em que se deu a aposentadoria e considerará a média aritmética simples dessa carga horária proporcional ao número de anos completos de recebimento e contribuição, contínuos ou intercalados, em relação ao tempo total exigido para a aposentadoria; e

II – se as vantagens pecuniárias permanentes forem variáveis, por estarem vinculadas a indicadores de desempenho, produtividade ou situação similar, o valor destas vantagens integrará o cálculo da remuneração do servidor público no cargo efetivo, estabelecido pela média aritmética simples do indicador, proporcional ao número de anos completos de recebimento e contribuição, contínuos ou intercalados, em relação ao tempo total exigido para a aposentadoria ou ao tempo total de instituição da vantagem, que será aplicada sobre o valor atual de referência das vantagens pecuniárias permanentes variáveis.

Art. 30. A pensão por morte concedida a dependente de segurado do RPPS/AL passa a ser equivalente a uma cota familiar de 50% (cinquenta por cento) do valor dos proventos da aposentadoria recebida na data do óbito ou do valor da totalidade da remuneração do servidor em atividade no cargo efetivo em que se deu o falecimento, até o limite máximo estabelecido para os benefícios do Regime Geral de Previdência Social, mais 70% (setenta por cento) da parcela excedente a este limite, acrescida de cotas de 10% (dez por cento) por dependente, até o máximo de 100% (cem por cento), sendo, no caso do dependente menor de 18 (dezoito) anos, a cota será de 20% (vinte por cento). (Redação dada pela Lei Complementar nº 54, de 12.07.2021.)

§ 1º As cotas por dependente cessarão com a perda dessa qualidade e não serão reversíveis aos demais dependentes, preservado o valor de 100% (cem por cento) da pensão por morte quando o número de dependentes remanescente for igual ou superior a 5 (cinco).

§ 2º Na hipótese de existir dependente inválido ou com deficiência intelectual, mental ou grave, o valor da pensão por morte de que trata o caput deste artigo será equivalente a:

I – 100% (cem por cento) da aposentadoria recebida pelo servidor ou daquela a que teria direito se fosse aposentado por incapacidade permanente na data do óbito, até o limite máximo de benefícios do Regime Geral de Previdência Social; e

II – uma cota familiar de 50% (cinquenta por cento) acrescida de cotas de 10% (dez por cento) por dependente, até o máximo de 100% (cem por cento), para o valor que supere o limite máximo de benefícios do Regime Geral de Previdência Social.

§ 3º Quando não houver mais dependente inválido ou com deficiência intelectual, mental ou grave, o valor da pensão será recalculado na forma do disposto no caput deste artigo.

§ 4º O tempo de duração da pensão por morte e das cotas individuais por dependente até a perda dessa qualidade, o rol de dependentes e sua qualificação e as condições necessárias para enquadramento serão os mesmos estabelecidos na Lei Estadual nº 7.751, de 2015 e, no que couber, na Lei Federal nº 8.213, de 24 de julho de 1991.

§ 5º Para o dependente inválido ou com deficiência intelectual, mental ou grave, sua condição pode ser reconhecida previamente ao óbito do segurado, por meio de avaliação biopsicossocial realizada por equipe multiprofissional e interdisciplinar, observada revisão periódica na forma da legislação.

§ 6º A pensão por morte devida aos dependentes do policial civil e dos ocupantes dos cargos de agente penitenciário ou socioeducativo decorrente de agressão sofrida no exercício ou em razão da função será com paridade e equivalente à totalidade da última remuneração do cargo.

§ 7º Para concessão do benefício de pensão aos dependentes inválidos e incapazes será necessária a comprovação de que a invalidez ou incapacidade seja anterior ao fato gerador do benefício, não sendo admitida a inscrição daqueles que, mesmo nessa condição, não sejam solteiros ou possuam rendimentos.

§ 8º As provas de união estável e de dependência econômica exigem início de prova material contemporânea dos fatos, produzido em período não superior a 24 (vinte e quatro) meses anterior à data do óbito, não admitida a prova exclusivamente testemunhal.

§ 9º O rol de documentação necessária para comprovação de união estável e dependência econômica será o mesmo aplicado ao Regime Geral de Previdência Social.

Art. 31. As pensões por morte concedidas a partir da publicação desta Lei Complementar, não serão alcançadas pela paridade e serão reajustadas, anualmente, pelo Índice Nacional de Preços ao Consumidor - INPC, calculado pelo Instituto Brasileiro de Geografia e Estatística - IBGE, devendo a ALAGOAS PREVIDÊNCIA divulgar os percentuais a serem aplicados aos benefícios de que trata o caput deste artigo no Diário Oficial do Estado - DOE/AL.

Art. 32. É vedada a acumulação de mais de uma pensão por morte deixada por cônjuge ou companheiro, no âmbito do RPPS/AL, ressalvadas as pensões do mesmo instituidor decorrentes do exercício de cargos acumuláveis na forma do inciso XVI art. 37 da Constituição Federal.

§ 1º Será admitida, nos termos do § 2º deste artigo, a acumulação de:

I - pensão por morte deixada por cônjuge ou companheiro do RPPS/AL, com pensão por morte concedida por outro regime de previdência social ou com pensões decorrentes das atividades militares de que tratam os arts. 42 e 142 da Constituição Federal;

II - pensão por morte deixada por cônjuge ou companheiro do RPPS/AL, com aposentadoria concedida no âmbito do Regime Geral de Previdência Social ou do RPPS/AL, ou com proventos de inatividade decorrentes das atividades militares de que tratam os arts. 42 e 142 da Constituição Federal; e

III - pensões decorrentes de militares de que tratam os arts. 42 e 142 da Constituição Federal com aposentadoria concedida no âmbito do Regime Geral de Previdência Social ou de qualquer Regime Próprio de Previdência Social.

§ 2º Nas hipóteses das acumulações previstas no § 1º deste artigo, é assegurada a percepção do valor integral do benefício mais vantajoso e de uma parte de cada um dos demais benefícios, apurada cumulativamente de acordo com as seguintes faixas:

I - 60% (sessenta por cento) do valor que exceder 1 (um) salário mínimo, até o limite de 2 (dois) salários mínimos;

II - 40% (quarenta por cento) do valor que exceder 2 (dois) salários mínimos, até o limite de 3 (três) salários mínimos;

III - 20% (vinte por cento) do valor que exceder 3 (três) salários mínimos, até o limite de 4 (quatro) salários mínimos; e

IV - 10% (dez por cento) do valor que exceder 4 (quatro) salários mínimos.

§ 3º A aplicação do disposto no § 2º deste artigo poderá ser revista a qualquer tempo, a pedido do interessado, em razão de alteração de algum dos benefícios.

§ 4º As restrições previstas neste artigo não serão aplicadas se o direito aos benefícios houver sido adquirido antes da data de entrada em vigor desta Lei Complementar.

§ 5º Não se aplicam as restrições do caput deste artigo, quando existir dependente com deficiência intelectual, mental ou grave.

Art. 33. A concessão, cálculos e reajustes de aposentadoria ao servidor público do Estado de Alagoas e de pensão por morte aos respectivos dependentes serão asseguradas, a qualquer tempo, desde que tenham sido cumpridos os requisitos para obtenção desses benefícios até a data de entrada em vigor desta Lei Complementar, observados os critérios da legislação vigente na data em que foram atendidos os requisitos para a concessão da aposentadoria ou da pensão por morte.

Art. 34. Mantém-se as disposições da Lei Estadual nº 7.751, de 2015, naquilo em que não conflitarem com esta Lei Complementar, com as normas gerais previdenciárias e com a Constituição Federal e sua emendas reformadoras

Art. 35. O caput do art. 111 da Lei Estadual nº 7.751, de 9 de novembro de 2015 passa a ter a seguinte redação:

"Art. 111. O Concurso Público de Provas e Títulos será homologado pelo Diretor- Presidente da ALAGOAS PREVIDÊNCIA." (NR)

Art. 36. Revogam-se as disposições em contrário, em especial os §§ 2º e 4º do art. 4º, arts. 6º, 8º, 11, 15, 32, 37, 38, 46, 48, 60, 70, 71, 72, 73 e 77, todos da Lei Estadual nº 7.751, de 9 de novembro de 2015.

Art. 37. Esta Lei Complementar entra em vigor, quanto ao disposto nos arts. 12, 13 e 14 desta Lei Complementar, no primeiro dia do quarto mês subsequente ao da data de publicação desta Lei Complementar, e, nos demais casos, na data de sua publicação.

PALÁCIO REPÚBLICA DOS PALMARES, em Maceió, 31 de dezembro de 2019, 203º da Emancipação Política e 131º da República.

DIREITO

CIVIL E EMPRESARIAL

LEI COMPLEMENTAR FEDERAL Nº 182, DE 1º DE JUNHO DE 2021

- INSTITUI O MARCO LEGAL DAS STARTUPS E DO EMPREENDEDORISMO INOVADOR; E ALTERA A LEI Nº 6.404, DE 15 DE DEZEMBRO DE 1976, E A LEI COMPLEMENTAR Nº 123, DE 14 DE DEZEMBRO DE 2006.

ÍNDICE

CAPÍTULO I - DAS DEFINIÇÕES, DOS PRINCÍPIOS E DAS DIRETRIZES FUNDAMENTAIS - arts. 1º a 3º

CAPÍTULO II - DO ENQUADRAMENTO DE EMPRESAS STARTUPS - art. 4º

CAPÍTULO III - DOS INSTRUMENTOS DE INVESTIMENTO EM INOVAÇÃO - arts. 5º a 8º

CAPÍTULO IV - DO FOMENTO À PESQUISA, AO DESENVOLVIMENTO E À INOVAÇÃO - arts. 9º e 10

CAPÍTULO V - DOS PROGRAMAS DE AMBIENTE REGULATÓRIO EXPERIMENTAL (SANDBOX REGULATÓRIO) - art. 11

CAPÍTULO VI - DA CONTRATAÇÃO DE SOLUÇÕES INOVADORAS PELO ESTADO

Seção I - Disposições Gerais - art. 12

Seção II - Da Licitação - art. 13

Seção III - Do Contrato Público para Solução Inovadora - art. 14

Seção IV - Do Contrato de Fornecimento - art. 15

CAPÍTULO VII - DISPOSIÇÕES FINAIS - arts. 16 a 19

CAPÍTULO I
DAS DEFINIÇÕES, DOS PRINCÍPIOS E DAS DIRETRIZES FUNDAMENTAIS

Art. 1º Esta Lei Complementar institui o marco legal das startups e do empreendedorismo inovador.

Parágrafo único. Esta Lei Complementar:

I – estabelece os princípios e as diretrizes para a atuação da administração pública no âmbito da União, dos Estados, do Distrito Federal e dos Municípios;

II – apresenta medidas de fomento ao ambiente de negócios e ao aumento da oferta de capital para investimento em empreendedorismo inovador; e

III – disciplina a licitação e a contratação de soluções inovadoras pela administração pública.

Art. 2º Para os efeitos desta Lei Complementar, considera-se:

I – investidor-anjo: investidor que não é considerado sócio nem tem qualquer direito a gerência ou a voto na administração da empresa, não responde por qualquer obrigação da empresa e é remunerado por seus aportes;

II – ambiente regulatório experimental (sandbox regulatório): conjunto de condições especiais simplificadas para que as pessoas jurídicas participantes possam receber autorização temporária dos órgãos ou das entidades com competência de regulamentação setorial para desenvolver modelos de negócios inovadores e testar técnicas e tecnologias experimentais, mediante o cumprimento de critérios e de limites previamente estabelecidos pelo órgão ou entidade reguladora e por meio de procedimento facilitado.

Art. 3º Esta Lei Complementar é pautada pelos seguintes princípios e diretrizes:

I – reconhecimento do empreendedorismo inovador como vetor de desenvolvimento econômico, social e ambiental;

II – incentivo à constituição de ambientes favoráveis ao empreendedorismo inovador, com valorização da segurança jurídica e da liberdade contratual como premissas para a promoção do investimento e do aumento da oferta de capital direcionado a iniciativas inovadoras;

III – importância das empresas como agentes centrais do impulso inovador em contexto de livre mercado;

IV – modernização do ambiente de negócios brasileiro, à luz dos modelos de negócios emergentes;

V – fomento ao empreendedorismo inovador como meio de promoção da produtividade e da competitividade da economia brasileira e de geração de postos de trabalho qualificados;

VI – aperfeiçoamento das políticas públicas e dos instrumentos de fomento ao empreendedorismo inovador;

VII – promoção da cooperação e da interação entre os entes públicos, entre os setores público e privado e entre empresas, como relações fundamentais para a conformação de ecossistema de empreendedorismo inovador efetivo;

VIII – incentivo à contratação, pela administração pública, de soluções inovadoras elaboradas ou desenvolvidas por startups, reconhecidos o papel do Estado no fomento à inovação e as potenciais oportunidades de economicidade, de benefício e de solução de problemas públicos com soluções inovadoras; e

IX – promoção da competitividade das empresas brasileiras e da internacionalização e da atração de investimentos estrangeiros.

CAPÍTULO II
DO ENQUADRAMENTO DE EMPRESAS STARTUPS

Art. 4º São enquadradas como startups as organizações empresariais ou societárias, nascentes ou em operação recente, cuja atuação caracteriza-se pela inovação aplicada a modelo de negócios ou a produtos ou serviços ofertados.

§ 1º Para fins de aplicação desta Lei Complementar, são elegíveis para o enquadramento na modalidade de tratamento especial destinada ao fomento de startup o empresário individual, a empresa individual de responsabilidade limitada, as sociedades empresárias, as sociedades cooperativas e as sociedades simples:

I – com receita bruta de até R$ 16.000.000,00 (dezesseis milhões de reais) no ano-calendário anterior ou de R$ 1.333.334,00 (um milhão, trezentos e trinta e três mil trezentos e trinta e quatro reais) multiplicado pelo número de meses de atividade no ano-calendário anterior, quando inferior a 12 (doze) meses, independentemente da forma societária adotada;

II – com até 10 (dez) anos de inscrição no Cadastro Nacional da Pessoa Jurídica (CNPJ) da Secretaria Especial da Receita Federal do Brasil do Ministério da Economia; e

III – que atendam a um dos seguintes requisitos, no mínimo:

a) declaração em seu ato constitutivo ou alterador e utilização de modelos de negócios inovadores para a geração de produtos ou serviços, nos termos do inciso IV do caput do art. 2º da Lei nº 10.973, de 2 de dezembro de 2004; ou

b) enquadramento no regime especial Inova Simples, nos termos do art. 65-A da Lei Complementar nº 123, de 14 de dezembro de 2006.

§ 2º Para fins de contagem do prazo estabelecido no inciso II do § 1º deste artigo, deverá ser observado o seguinte:

I – para as empresas decorrentes de incorporação, será considerado o tempo de inscrição da empresa incorporadora;

II – para as empresas decorrentes de fusão, será considerado o maior tempo de inscrição entre as empresas fundidas; e

III – para as empresas decorrentes de cisão, será considerado o tempo de inscrição da empresa cindida, na hipótese de criação de nova sociedade, ou da empresa que a absorver, na hipótese de transferência de patrimônio para a empresa existente.

CAPÍTULO III
DOS INSTRUMENTOS DE INVESTIMENTO EM INOVAÇÃO

Art. 5º As startups poderão admitir aporte de capital por pessoa física ou jurídica, que poderá resultar ou não em participação no capital social da startup, a depender da modalidade de investimento escolhida pelas partes.

§ 1º Não será considerado como integrante do capital social da empresa o aporte realizado na startup por meio dos seguintes instrumentos:

I – contrato de opção de subscrição de ações ou de quotas celebrado entre o investidor e a empresa;

II – contrato de opção de compra de ações ou de quotas celebrado entre o investidor e os acionistas ou sócios da empresa;

III – debênture conversível emitida pela empresa nos termos da Lei nº 6.404, de 15 de dezembro de 1976;

IV – contrato de mútuo conversível em participação societária celebrado entre o investidor e a empresa;

V – estruturação de sociedade em conta de participação celebrada entre o investidor e a empresa;

VI – contrato de investimento-anjo na forma da Lei Complementar nº 123, de 14 de dezembro 2006;

VII – outros instrumentos de aporte de capital em que o investidor, pessoa física ou jurídica, não integre formalmente o quadro de sócios da startup e/ou não tenha subscrito qualquer participação representativa do capital social da empresa.

§ 2º Realizado o aporte por qualquer das formas previstas neste artigo, a pessoa física ou jurídica somente será considerada quotista, acionista ou sócia da startup após a conversão do instrumento do aporte em efetiva e formal participação societária.

§ 3º Os valores recebidos por empresa e oriundos dos instrumentos jurídicos estabelecidos neste artigo serão registrados contabilmente, de acordo com a natureza contábil do instrumento.

Art. 6º A Comissão de Valores Mobiliários (CVM) estabelecerá em regulamento as regras para aporte de capital na forma do art. 5º desta Lei Complementar por parte de fundos de investimento.

Art. 7º (VETADO).

Art. 8º O investidor que realizar o aporte de capital a que se refere o art. 5º desta Lei Complementar:

I – não será considerado sócio ou acionista nem possuirá direito a gerência ou a voto na administração da empresa, conforme pactuação contratual;

II – não responderá por qualquer dívida da empresa, inclusive em recuperação judicial, e a ele não se estenderá o disposto no art. 50 da Lei nº 10.406, de 10 de janeiro de 2002 (Código Civil), no art. 855-A da Consolidação das Leis do Trabalho (CLT), aprovada pelo Decreto-Lei nº 5.452, de 1º de maio de 1943, nos arts. 124, 134 e 135 da Lei nº 5.172, de 25 de outubro de 1966 (Código Tributário Nacional), e em outras disposições atinentes à desconsideração da personalidade jurídica existentes na legislação vigente.

Parágrafo único. As disposições do inciso II do caput deste artigo não se aplicam às hipóteses de dolo, de fraude ou de simulação com o envolvimento do investidor.

CAPÍTULO IV
DO FOMENTO À PESQUISA, AO DESENVOLVIMENTO E À INOVAÇÃO

Art. 9º As empresas que possuem obrigações de investimento em pesquisa, desenvolvimento e inovação, decorrentes de outorgas ou de delegações firmadas por meio de agências reguladoras, ficam autorizadas a cumprir seus compromissos com aporte de recursos em startups por meio de:

I – fundos patrimoniais de que trata a Lei nº 13.800, de 4 de janeiro de 2019, destinados à inovação, na forma do regulamento;

II – Fundos de Investimento em Participações (FIP), autorizados pela CVM, nas categorias:

a) capital semente;

b) empresas emergentes; e

c) empresas com produção econômica intensiva em pesquisa, desenvolvimento e inovação; e

III – investimentos em programas, em editais ou em concursos destinados a financiamento, a aceleração e a escalabilidade de startups, gerenciados por instituições públicas, tais como empresas públicas direcionadas ao desenvolvimento de pesquisa, inovação e novas tecnologias, fundações universitárias, entidades paraestatais e bancos de fomento que tenham como finalidade o desenvolvimento de empresas de base tecnológica, de ecossistemas empreendedores e de estímulo à inovação.

§ 1º O disposto no caput deste artigo não se aplica aos percentuais mínimos legais ou contratuais estabelecidos para serem aportados em fundos públicos.

§ 2º O representante legal do FIP, do fundo patrimonial ou da instituição pública que receber recursos nos termos do caput deste artigo emitirá certificado comprobatório para fins de eficácia liberatória quanto às obrigações legais ou contratuais de investimento em pesquisa, desenvolvimento e inovação, na exata proporção do seu aporte, por ocasião:

I – da efetiva transferência do recurso ao fundo patrimonial, após a celebração de instrumento de transferência de recursos, no valor das despesas qualificadas para esse fim;

II – do efetivo comprometimento do recurso, após a assinatura do boletim de subscrição do FIP, nos termos do regulamento editado pela CVM; e

III – do efetivo recebimento do recurso pela instituição pública para efetivação de programas e de editais direcionados às atividades referidas no inciso III do caput do art. 9º desta Lei Complementar.

§ 3º Para que o fundo patrimonial ou o FIP capte recursos perante as empresas que possuem obrigações legais ou contratuais de investimento em pesquisa, desenvolvimento e inovação, e para que essa captação tenha eficácia liberatória quanto às obrigações, a sua destinação estará adstrita às diretivas indicadas pela entidade setorial responsável por fiscalizar tais obrigações.

Art. 10. Ato do Poder Executivo federal regulamentará a forma de prestação de contas do FIP, do fundo patrimonial ou da instituição pública que receber recursos nos termos do art. 9º desta Lei Complementar e a fiscalização das obrigações legais ou contratuais de investimento em pesquisa, desenvolvimento e inovação.

CAPÍTULO V
DOS PROGRAMAS DE AMBIENTE REGULATÓRIO EXPERIMENTAL (SANDBOX REGULATÓRIO)

Art. 11. Os órgãos e as entidades da administração pública com competência de regulamentação setorial poderão, individualmente ou em colaboração, no âmbito de programas de ambiente regulatório experimental (sandbox regulatório), afastar a incidência de normas sob sua competência em relação à entidade regulada ou aos grupos de entidades reguladas.

§ 1º A colaboração a que se refere o caput deste artigo poderá ser firmada entre os órgãos e as entidades, observadas suas competências.

§ 2º Entende-se por ambiente regulatório experimental (sandbox regulatório) o disposto no inciso II do caput do art. 2º desta Lei Complementar.

§ 3º O órgão ou a entidade a que se refere o caput deste artigo disporá sobre o funcionamento do programa de ambiente regulatório experimental e estabelecerá:

I – os critérios para seleção ou para qualificação do regulado;

II – a duração e o alcance da suspensão da incidência das normas; e

III – as normas abrangidas.

CAPÍTULO VI
DA CONTRATAÇÃO DE SOLUÇÕES INOVADORAS PELO ESTADO

Seção I
Disposições Gerais

Art. 12. As licitações e os contratos a que se refere este Capítulo têm por finalidade:

I – resolver demandas públicas que exijam solução inovadora com emprego de tecnologia; e

II – promover a inovação no setor produtivo por meio do uso do poder de compra do Estado.

§ 1º Os órgãos e as entidades da administração pública direta, autárquica e fundacional de quaisquer dos Poderes da União, dos Estados, do Distrito Federal e dos Municípios subordinam-se ao regime disposto neste Capítulo.

§ 2º As empresas públicas, as sociedades de economia mista e suas subsidiárias poderão adotar, no que couber, as disposições deste Capítulo, nos termos do regulamento interno de licitações e contratações de que trata o art. 40 da Lei nº 13.303, de 30 de junho de 2016, e seus conselhos de administração poderão estabelecer valores diferenciados para os limites de que tratam o § 2º do art. 14 e o § 3º do art. 15 desta Lei Complementar.

§ 3º Os valores estabelecidos neste Capítulo poderão ser anualmente atualizados pelo Poder Executivo federal, de acordo com o Índice Nacional de Preços ao Consumidor Amplo (IPCA) ou outro que venha a substituí-lo.

Seção II
Da Licitação

Art. 13. A administração pública poderá contratar pessoas físicas ou jurídicas, isoladamente ou em consórcio, para o teste de soluções inovadoras por elas desenvolvidas ou a ser desenvolvidas, com ou sem risco tecnológico, por meio de licitação na modalidade especial regida por esta Lei Complementar.

§ 1º A delimitação do escopo da licitação poderá restringir-se à indicação do problema a ser resolvido e dos resultados esperados pela administração pública, incluídos os desafios tecnológicos a serem superados, dispensada a descrição de eventual solução técnica previamente mapeada e suas especificações técnicas, e caberá aos licitantes propor diferentes meios para a resolução do problema.

§ 2º O edital da licitação será divulgado, com antecedência de, no mínimo, 30 (trinta) dias corridos até a data de recebimento das propostas:

I – em sítio eletrônico oficial centralizado de divulgação de licitações ou mantido pelo ente público licitante; e

II – no diário oficial do ente federativo.

§ 3º As propostas serão avaliadas e julgadas por comissão especial integrada por, no mínimo, 3 (três) pessoas de reputação ilibada e reconhecido conhecimento no assunto, das quais:

I – 1 (uma) deverá ser servidor público integrante do órgão para o qual o serviço está sendo contratado; e

II – 1 (uma) deverá ser professor de instituição pública de educação superior na área relacionada ao tema da contratação.

§ 4º Os critérios para julgamento das propostas deverão considerar, sem prejuízo de outros definidos no edital:

I – o potencial de resolução do problema pela solução proposta e, se for o caso, da provável economia para a administração pública;

II – o grau de desenvolvimento da solução proposta;

III – a viabilidade e a maturidade do modelo de negócio da solução;

IV – a viabilidade econômica da proposta, considerados os recursos financeiros disponíveis para a celebração dos contratos; e

V – a demonstração comparativa de custo e benefício da proposta em relação às opções funcionalmente equivalentes.

§ 5º O preço indicado pelos proponentes para execução do objeto será critério de julgamento somente na forma disposta nos incisos IV e V do § 4º deste artigo.

§ 6º A licitação poderá selecionar mais de uma proposta para a celebração do contrato de que trata o art. 14 desta Lei Complementar, hipótese em que caberá ao edital limitar a quantidade de propostas selecionáveis.

§ 7º A análise da documentação relativa aos requisitos de habilitação será posterior à fase de julgamento das propostas e contemplará somente os proponentes selecionados.

§ 8º Ressalvado o disposto no § 3º do art. 195 da Constituição Federal, a administração pública poderá, mediante justificativa expressa, dispensar, no todo ou em parte:

I – a documentação de habilitação de que tratam os incisos I, II e III, bem como a regularidade fiscal prevista no inciso IV do caput do art. 27 da Lei nº 8.666, de 21 de junho de 1993; e

II – a prestação de garantia para a contratação.

§ 9º Após a fase de julgamento das propostas, a administração pública poderá negociar com os selecionados as condições econômicas mais vantajosas para a administração e os critérios de remuneração que serão adotados, observado o disposto no § 3º do art. 14 desta Lei Complementar.

§ 10. Encerrada a fase de julgamento e de negociação de que trata o § 9º deste artigo, na hipótese de o preço ser superior à estimativa, a administração pública poderá, mediante justificativa expressa, com base na demonstração comparativa entre o custo e o benefício da proposta, aceitar o preço ofertado, desde que seja superior em termos de inovações, de redução do prazo de execução ou de facilidade de manutenção ou operação, limitado ao valor máximo que se propõe a pagar.

Seção III
Do Contrato Público para Solução Inovadora

Art. 14. Após homologação do resultado da licitação, a administração pública celebrará Contrato Público para Solução Inovadora (CPSI) com as proponentes selecionadas, com vigência limitada a 12 (doze) meses, prorrogável por mais um período de até 12 (doze) meses.

§ 1º O CPSI deverá conter, entre outras cláusulas:

I – as metas a serem atingidas para que seja possível a validação do êxito da solução inovadora e a metodologia para a sua aferição;

II – a forma e a periodicidade da entrega à administração pública de relatórios de andamento da execução contratual, que servirão de instrumento de monitoramento, e do relatório final a ser entregue pela contratada após a conclusão da última etapa ou meta do projeto;

III – a matriz de riscos entre as partes, incluídos os riscos referentes a caso fortuito, força maior, risco tecnológico, fato do príncipe e álea econômica extraordinária;

CIVIL E EMPRESARIAL

IV – a definição da titularidade dos direitos de propriedade intelectual das criações resultantes do CPSI; e

V – a participação nos resultados de sua exploração, assegurados às partes os direitos de exploração comercial, de licenciamento e de transferência da tecnologia de que são titulares.

§ 2º O valor máximo a ser pago à contratada será de R$ 1.600.000,00 (um milhão e seiscentos mil reais) por CPSI, sem prejuízo da possibilidade de o edital de que trata o art. 13 desta Lei Complementar estabelecer limites inferiores.

§ 3º A remuneração da contratada deverá ser feita de acordo com um dos seguintes critérios:

I – preço fixo;

II – preço fixo mais remuneração variável de incentivo;

III – reembolso de custos sem remuneração adicional;

IV – reembolso de custos mais remuneração variável de incentivo; ou

V – reembolso de custos mais remuneração fixa de incentivo.

§ 4º Nas hipóteses em que houver risco tecnológico, os pagamentos serão efetuados proporcionalmente aos trabalhos executados, de acordo com o cronograma físico-financeiro aprovado, observado o critério de remuneração previsto contratualmente.

§ 5º Com exceção das remunerações variáveis de incentivo vinculadas ao cumprimento das metas contratuais, a administração pública deverá efetuar o pagamento conforme o critério adotado, ainda que os resultados almejados não sejam atingidos em decorrência do risco tecnológico, sem prejuízo da rescisão antecipada do contrato caso seja comprovada a inviabilidade técnica ou econômica da solução.

§ 6º Na hipótese de a execução do objeto ser dividida em etapas, o pagamento relativo a cada etapa poderá adotar critérios distintos de remuneração.

§ 7º Os pagamentos serão feitos após a execução dos trabalhos, e, a fim de garantir os meios financeiros para que a contratada implemente a etapa inicial do projeto, a administração pública deverá prever em edital o pagamento antecipado de uma parcela do preço anteriormente ao início da execução do objeto, mediante justificativa expressa.

§ 8º Na hipótese prevista no § 7º deste artigo, a administração pública certificar-se-á da execução da etapa inicial e, se houver inexecução injustificada, exigirá a devolução do valor antecipado ou efetuará as glosas necessárias nos pagamentos subsequentes, se houver.

Seção IV
Do Contrato de Fornecimento

Art. 15. Encerrado o contrato de que trata o art. 14 desta Lei Complementar, a administração pública poderá celebrar com a mesma contratada, sem nova licitação, contrato para o fornecimento do produto, do processo ou da solução resultante do CPSI ou, se for o caso, para integração da solução à infraestrutura tecnológica ou ao processo de trabalho da administração pública.

§ 1º Na hipótese prevista no § 6º do art. 13 desta Lei Complementar, quando mais de uma contratada cumprir satisfatoriamente as metas estabelecidas no CPSI, o contrato de fornecimento será firmado, mediante justificativa, com aquela cujo produto, processo ou solução atenda melhor às demandas públicas em termos de relação de custo e benefício com dimensões de qualidade e preço.

§ 2º A vigência do contrato de fornecimento será limitada a 24 (vinte e quatro) meses, prorrogável por mais um período de até 24 (vinte e quatro) meses.

§ 3º Os contratos de fornecimento serão limitados a 5 (cinco) vezes o valor máximo definido no § 2º do art. 14 desta Lei Complementar para o CPSI, incluídas as eventuais prorrogações, hipótese em que o limite poderá ser ultrapassado nos casos de reajuste de preços e dos acréscimos de que trata o § 1º do art. 65 da Lei nº 8.666, de 21 de junho de 1993.

CAPÍTULO VII
DISPOSIÇÕES FINAIS

Art. 16. A Lei nº 6.404, de 15 de dezembro de 1976, passa a vigorar com as seguintes alterações:

"Art. 143. A Diretoria será composta por 1 (um) ou mais membros eleitos e destituíveis a qualquer tempo pelo conselho de administração ou, se inexistente, pela assembleia geral, e o estatuto estabelecerá:

...." (NR)

"Art. 294. A companhia fechada que tiver receita bruta anual de até R$ 78.000.000,00 (setenta e oito milhões de reais) poderá:

I – (revogado);

II – (revogado);

III – realizar as publicações ordenadas por esta Lei de forma eletrônica, em exceção ao disposto no art. 289 desta Lei; e

IV – substituir os livros de que trata o art. 100 desta Lei por registros mecanizados ou eletrônicos.

....

§ 4º Na hipótese de omissão do estatuto quanto à distribuição de dividendos, estes serão estabelecidos livremente pela assembleia geral, hipótese em que não se aplicará o disposto no art. 202 desta Lei, desde que não seja prejudicado o direito dos acionistas preferenciais de receber os dividendos fixos ou mínimos a que tenham prioridade.

§ 5º Ato do Ministro de Estado da Economia disciplinará o disposto neste artigo." (NR)

"Art. 294-A. A Comissão de Valores Mobiliários regulamentará as condições facilitadas para o acesso de companhias de menor porte ao mercado de capitais, e será permitido dispensar ou modular a observância ao disposto:

I – no art. 161 desta Lei, quanto à obrigatoriedade de instalação do conselho fiscal a pedido de acionistas;

II – no § 5º do art. 170 desta Lei, quanto à obrigatoriedade de intermediação de instituição financeira em distribuições públicas de valores mobiliários, sem prejuízo da competência prevista no inciso III do § 3º do art. 2º da Lei nº 6.385, de 7 de dezembro de 1976;

III – no inciso I do caput do art. 109, nos §§ 1º e 2º do art. 111 e no art. 202 desta Lei, quanto ao recebimento de dividendo obrigatório;

IV – no art. 289 desta Lei, quanto à forma de realização das publicações ordenadas por esta Lei; e

V – (VETADO)."

"Art. 294-B. Para fins do disposto nesta Lei, considera-se companhia de menor porte aquela que aufira receita bruta anual inferior a R$ 500.000.000,00 (quinhentos milhões de reais).

§ 1º A regulamentação editada não prejudica o estabelecimento de procedimentos simplificados aplicáveis às companhias de menor porte, pela Comissão de Valores Mobiliários, com base nas competências previstas na Lei nº 6.385, de 7 de dezembro de 1976, especialmente quanto:

I – à obtenção de registro de emissor;

II – às distribuições públicas de valores mobiliários de sua emissão; e

III – à elaboração e à prestação de informações periódicas e eventuais.

§ 2º A Comissão de Valores Mobiliários poderá:

I – estabelecer a forma de atualização do valor previsto no caput deste artigo e os critérios adicionais para a manutenção da condição de companhia de menor porte após seu acesso ao mercado de capitais; e

II – disciplinar o tratamento a ser empregado às companhias abertas que se caracterizem como de menor porte nos termos do caput deste artigo."

Art. 17. A Lei Complementar nº 123, de 14 de dezembro de 2006, passa a vigorar com as seguintes alterações:

"Art. 61-A. ....

....

§ 2º O aporte de capital poderá ser realizado por pessoa física, por pessoa jurídica ou por fundos de investimento, conforme regulamento da Comissão de Valores Mobiliários, que serão denominados investidores-anjos.

....

§ 4º ....

I – não será considerado sócio nem terá qualquer direito a gerência ou a voto na administração da empresa, resguardada a possibilidade de participação nas deliberações em caráter estritamente consultivo, conforme pactuação contratual;

....

III – será remunerado por seus aportes, nos termos do contrato de participação, pelo prazo máximo de 7 (sete) anos;

IV – poderá exigir dos administradores as contas justificadas de sua administração e, anualmente, o inventário, o balanço patrimonial e o balanço de resultado econômico; e

V – poderá examinar, a qualquer momento, os livros, os documentos e o estado do caixa e da carteira da sociedade, exceto se houver pactuação contratual que determine época própria para isso.

....

§ 6º As partes contratantes poderão:

I – estipular remuneração periódica, ao final de cada período, ao investidor-anjo, conforme contrato de participação; ou

II – prever a possibilidade de conversão do aporte de capital em participação societária.

§ 7º O investidor-anjo somente poderá exercer o direito de resgate depois de decorridos, no mínimo, 2 (dois) anos do aporte de capital, ou prazo superior estabelecido no contrato de participação, e seus haveres serão pagos na forma prevista no art. 1.031 da Lei nº 10.406, de 10 de janeiro de 2002 (Código Civil), não permitido ultrapassar o valor investido devidamente corrigido por índice previsto em contrato.

...." (NR)

"Art. 61-D. Os fundos de investimento poderão aportar capital como investidores-anjos em microempresas e em empresas de pequeno porte, conforme regulamentação da Comissão de Valores Mobiliários." (NR)

"Art. 65-A. Fica criado o Inova Simples, regime especial simplificado que concede às iniciativas empresariais de caráter incremental ou disruptivo que se autodeclarem como empresas de inovação tratamento diferenciado com vistas a estimular sua criação, formalização, desenvolvimento e consolidação como agentes indutores de avanços tecnológicos e da geração de emprego e renda.

§ 1º (Revogado).

§ 2º (Revogado).

....

§ 4º ....

....

II – descrição do escopo da intenção empresarial inovadora, que utilize modelos de negócios inovadores para a geração de produtos ou serviços, e definição do nome empresarial, que conterá a expressão 'Inova Simples (I.S.)';

....

§ 7º No portal da Redesim, no espaço destinado ao preenchimento de dados do Inova Simples, será disponibilizado ícone que direcionará a ambiente virtual do Instituto Nacional da Propriedade Industrial (INPI), do qual constarão orientações para o depósito de pedido de patente ou de registro de marca.

§ 8º O exame dos pedidos de patente ou de registro de marca, nos termos deste artigo, que tenham sido depositados por empresas participantes do Inova Simples será realizado em caráter prioritário.

§ 9º (Revogado).

...." (NR)

Art. 18. Ficam revogados os seguintes dispositivos:

I – incisos I e II do caput do art. 294 da Lei nº 6.404, de 15 de dezembro de 1976; e

II – os §§ 1º, 2º e 9º do art. 65-A da Lei Complementar nº 123, de 14 de dezembro de 2006.

Art. 19. Esta Lei Complementar entra em vigor após decorridos 90 (noventa) dias de sua publicação oficial.

ANOTAÇÕES

ANOTAÇÕES

ANOTAÇÕES

EDITORA *Jus*PODIVM

www.editorajuspodivm.com.br

ar fernandez

Pensando em você e no futuro do planeta.